LAROUSSE

BÁSICO

DICCIONARIO
ESPAÑOL-INGLÉS
ENGLISH-SPANISH

LAROUSSE

BÁSICO

DICCIONARIO
ESPAÑOL-INGLÉS
ENGLISH-SPANISH

LAROUSSE

Aribau 197-199 3ª planta   Dinamarca 81   Valentín Gómez 3530   21 Rue du Montparnasse
08021 Barcelona   México 06600, D.F.   1191 Buenos Aires   75298 Paris Cedex 06

© Larousse, S.A.

© Larousse/VUEF, 2002

"D. R." © MMII, por Ediciones Larousse, S.A. de C.V.
                              Dinamarca núm. 81, México 06600, D.F.

CUARTA EDICIÓN — 9ª reimpresión

ISBN 2-03-402061-8 (Larousse/VUEF)
ISBN 970-22-0480-1 (Ediciones Larousse)

Prólogo

El *Diccionario Básico Español-Inglés/Inglés-Español* forma parte de la colección Larousse de diccionarios prácticos, actualizados y faciles de utilizar. Su cobertura incluye las palabras y expresiones de uso más frecuente y actual, e incorpora el vocabulario de una amplia gama de materias y actividades. Adicionalmente, el diccionario incluye todas las variantes más importantes americanas y europeas tanto en inglés como en español.

Cada entrada se presenta de manera clara para facilitar la búsqueda de palabras y sus diferentes sentidos. Lleno de ejemplos ilustrativos y modismos, este diccionario es una indispensable herramienta de trabajo para los usuarios de ambos idiomas. La *Gramática Inglesa* es una guía completa de las reglas del inglés, y la sección *Falsos Amigos* ayudará a evitar los problemas más comunes de traducción entre el inglés y el español.

Este diccionario práctico y sencillo es ideal para principiantes, al igual que para cualquiera que desee comprender y comunicarse en el otro idioma, ya sea en los estudios, los negocios o el turismo.

Preface

This *Spanish-English/English-Spanish Básico Dictionary* is part of the Larousse range of practical, up-to-date and user-friendly dictionaries. The coverage reflects the most commonly used words and expressions of current language and incorporates vocabulary from a wide range of subject areas. In addition, this dictionary covers all of the most important American and European variants for both English and Spanish.

Entries are presented clearly to make looking up words and meanings quick and easy. Full of illustrative phrases and idiomatic expressions, this dictionary is an indispensable tool for users of both languages. To further aid accurate communication the *Gramática Inglesa* is a comprehensive guide to the rules of English, and the section on *Falsos Amigos* helps avoid translation pitfalls between Spanish and English.

This handy and easy to use dictionary is ideal for beginners, as well as for anyone who wants to communicate in and understand the other language, whether for study, work or travel.

Abbreviations

Abreviaturas

abbreviation	*abbr./abr.*	abreviatura
accounting	ACC	contabilidad
acoustics	ACOUS/ACÚS	acústica
adjective	*adj*	adjetivo
adverb	*adv*	adverbio
aeronautics	AER	aeronáutica
agriculture	AGR	agricultura
America	*Amer*	América
anatomy	ANAT	anatomía
dated	ANT	antiguo
anthropology	ANTHR/ANTROP	antropología
archaic	ARCH	arcaico
archeology	ARCHEOL/ARQUEOL	arquelogía
architecture	ARCHIT/ARQ	arquitectura
Argentina	*Arg*	Argentina
arms	ARM	armas
article	*art*	artículo
fine arts	ARTE	bellas artes
artillery	ARTIL	artillería
astrology	ASTROL	astrología
astronomy	ASTRON	astronomía
astronautical	ASTRONAUT /ASTRONÁUT	astronáutica
automobile	AUTO	automovilismo
auxiliary	*aux*	auxiliar
aviation	AVIA	aviación
bible	BIBL/BÍBL	bíblico
biochemistry	BIOCHEM/BIOQUÍM	bioquímica
biology	BIOL	biología
bookbinding	BKB	
Bolivia	*Bol*	Bolivia
botany	BOT	botánica
Central America	*C Amer*	América Central
Costa Rica	*C Rica*	Costa Rica
Caribbean	*Carib*	Caribe
carpentry	CARP	carpintería
ceramics	CERAM/CERÁM	cerámica
	cf	consulte
science fiction	CIENC FIC	ciencia ficción
scientific	CIENT	científico
cinema	CINEM	cinematografía
surgery	CIR	cirugía
Colombia	*Col*	Colombia
colloquial	COLL	familiar
commerce	COM	comercio
comparative	*comp*	comparativo
computing	COMP	informática
conjunction	*conj*	conjunción
construction	CONSTR	construcción
contraction	*contr*	contracción
sewing	COST	costura
criminology	CRIMIN	criminología
culinary	CUL	culinario

Abbreviations

Abreviaturas

chemistry	CHEM	química
definite	*def*	definido
demonstrative	*dem*	demostrativo
dentistry	DENT	odontología
sports	DEP	deportes
law	DER	derecho
derogatory	DEROG/DESPEC	despectivo
dialect	DIAL	dialecto
drawing	DIB	dibujo
diplomacy	DIPL	diplomacia
Dominican Republic	*Dom Rep*	República Dominicana
ecology	ECOL	ecología
economics	ECON	economía
Ecuador	*Ecuad*	Ecuador
education	EDUC	educación
electricity	ELEC	electricidad
electronics	ELECTRON/ELECTRÓN	electrónica
engineering	ENGIN	ingeniería
entomology	ENTOM	entomología
equitation	EQUIT	equitación
sculpture	ESCULT	escultura
especially	*esp.*	especialmente
United States	EU	Estados Unidos
euphemism	EUPH/EUFEM	eufemismo
railway	FC	ferrocarril
feminine	*f*	femenino
familiar	FAM	familiar
pharmaceutics	FARM	farmacia
figurative	FIG	figurado
philosphy	FILOS	filosofía
finance	FIN	finanzas
physics	FÍS	física
physiology	FISIOL	fisiología
phonetics	FONÉT	fonética
forensics	FOR	forense
fortification	FORT	fortificación
photography	FOTOG	fotografía
Great Britain	GB	Gran Bretaña
geophysics	GEOPH/GEOF	geofísica
geography	GEOG	geografía
geology	GEOL	geología
geometry	GEOM	geometría
grammar	GRÁM	gramática
Guatemala	*Guat*	Guatemala
heraldry	HER	heráldica
history	HIST	historia
horticulture	HORT	horticultura
humorous	HUM	humorístico
intransitive	*i*	intransitivo
ichthyology	ICHTH/ICT	ictiología
printing	IMPR	imprenta
indefinite	*indef*	indefinido

Abbreviations

Abreviaturas

industry	INDUS	industria
engineering	ING	ingeniería
interjection	*interj*	interjección
interrogative	*interrog*	interrogativo
invariable	*in*	invariable
ironic	IRÓN	irónico
slang	JER	jerga
jewelry	JEWEL/JOY	joyería
journalism	JOURN	periodismo
literature	LIT	literatura
logic	LOG/LÓG	lógica
masculine	*m*	masculino
machinery	MACH/MAQ	maquinaria
maritime	MARIT/MARÍT	marítimo
masonry	MAS	
mathematics	MATH/MAT	matemáticas
mechanics	MECH/MEC	mecánica
medicine	MED	medicina
metallurgy	METAL	metalurgia
meteorology	METEOROL	meteorología
Mexico	*Mex*	México
military	MIL	militar
mineralogy	MIN	mineralogía
music	MUS/MÚS	música
mythology	MYTH/MITOL	mitología
Nicaragua	*Nic*	Nicaragua
numismatics	NUMIS	numismática
dentistry	ODONT	odontología
ophthalmology	OPHTHAL/OFTAL	oftalmología
optics	OPT/ÓPT	óptica
ornithology	ORNITH/ORNIT	ornitología
past	*p*	pasado
Puerto Rico	*P Rico*	Puerto Rico
painting	PAINT	pintura
paleontology	PALEON	paleontología
Panama	*Pan*	Panamá
Paraguay	*Par*	Paraguay
participle	*part*	participio
journalism	PERIOD	periodismo
person, personal	*pers*	personal
Peru	*Peru*	Perú
pharmaceutics	PHARM	farmacia
philosphy	PHILOS	filosofía
phonetics	PHONET	fonética
photography	PHOTO	fotografía
physics	PHYS	física
physiology	PHYSIOL	fisiología
painting	PINT	pintura
plural	*pl*	plural
poetry	POET/POÉT	poética
politics	POL	política
possessive	*poss/pos*	posesivo
preposition	*prep*	preposición
present	*pres*	presente

Abbreviations

Abreviaturas

preterite	*pret*	pretérito
printing	PRINT	imprenta
pronoun	*pron*	pronombre
psychology	PSYCH/PSIC	psicología
chemistry	QUÍM	química
reflexive	*r*	reflexivo
radio	RAD	radio
railway	RAIL	ferrocarril
regional	REG	regional
relative	*rel*	relativo
religion	RELIG	religión
rhetoric	RHET/RET	retórica
River Plate	RP	Río de la Plata
noun	*s*	sustantivo
South America	*S Amer*	Sudamérica
El Salvador	*Salv*	El Salvador
science	SCI	ciencia
sculpture	SCULP	escultura
sewing	SEW	costura
singular	*sing, sg*	singular
slang	SL	jerga
sociology	SOCIOL	sociología
Spain	*Sp*	España
sports	SPORT	deportes
subjunctive	*subj*	subjuntivo
superlative	*superl*	superlativo
surgery	SURG	cirugía
surveying	SURV	
transitive	*t*	transitivo
bullfighting	TAUR	tauromaquia
technical	TECH/TEC	tecnología
weaving	TEJ	tejeduría
telecommunications	TELEC/TEL	telecomunicaciones
television	TELEV	televisión
bookkeeping	TEN	teneduría de libros
textiles	TEX	industria textil
theatre	THEAT/TEAT	teatro
theology	THEOL/TEO	teología
topography	TOP	topografía
Uruguay	*Urug*	Uruguay
United States	US	Estados Unidos
verb	*v*	verbo
variant	*var*	variante
Venezuela	*Ven*	Venezuela
veterinary	VET	veterinaria
zoology	ZOOL	zoologia

Pronunciación Inglesa

Símbolo	Ejemplo inglés	Ejemplo español	Sonido aproximado
ă	pat	-	entre la *a* y la *e*
ā	pay, mate	rey	
âr	care, hair	-	parecido a *ea brea* (con la *r*)
ä	father	año	
b	bib	boca	
ch	church	chico	
d	deed, milled	dar	
ĕ	pet, feather	el	
ē	bee, me, piece	mil	
f	fife, phase, rough	fama	
g	gag	gato	
h	hat	joya	
hw	which	juez	
ĭ	pit	-	entre la *i* y la *e*
ī	pie, by	aire	
îr	pier, dear, mere	-	entre *ía* en *día* e *íe* en *fíe* (con la *r*)
j	judge	-	entre la *y* inicial y la *ch*
k	kick	casa	
kw	quick	cuan	
l	lid, needle	luz	
m	mum	muy	
n	no, sudden	no	
ng	thing	inglés	
ŏ	pot, swat	la	
ō	toe, go, boat	solo	
ô	caught, paw, for	corre	
oi	noise, boy	oigo	
ŏŏ	took	-	parecido a la *u* en *yogur*, más breve
ōō	boot, suit	uno	
ou	out, cow	auto	
p	pop	pan	
r	roar	-	una *ere* con la lengua curvada hacia atrás
s	sauce	sapo	
sh	ship, dish	-	una *che* sauvizada, más como la *ese*
t	tight, stopped	tu	
th	thin, path	-	parecido a la *ce* de Castilla
th	this, bathe	cada	
ŭ	cut, rough	-	parecido a una *o* que tira a la *a*
yōō	use, few	ciudad	

Simbolo	Ejemplo inglés	Ejemplo español	Sonido aproximado
ûr	**ur**ge, t**er**m, f**ir**m	-	parecido a una *e* que tira a la *o* (con la *r*)
v	**v**al**v**e	-	una *efe* sonora
w	**w**ith	c**u**al	
y	**y**es	**y**o	
z	**z**ebra, **x**ylem	mi**s**mo	
zh	vi**si**on, plea**s**ure	-	parecido a la *ll* de Argentina
ə	**a**bout, it**e**m, ed**i**ble	-	parecido a una *e* muy breve que tira a la *i*

Spanish pronunciation

Letter	Spanish Example	English Example	Description
a	pata	father	
b	boca	bib	At the beginning of a word
	cabo		Between vowels, closer to v
c	calco	cat	Before a, o, u, like k
	cedro	cedar	Before e, i like s; in much of Spain pronounced like th of thick
ch	chiste	church	
d	dar	die	At the beginning of a word
	cada		Between vowels, like th of rather
e	leche	café	
f	fácil	fat	
g	gente		Before e, i like a of ha!
	guerra	guide	With u before e, i a hard g
	gato	got	Before a, o, u, a hard g
h	honor		Always silent
i	silla	machine	
j	jugo		Like a of ha!
k	kilo	kite	
l	listo	list	
ll	llama		In Spain, like lli of million; elsewhere like Spanish consonant y
m	mamá	mum	
n	nona	none	
ñ	año		Like ny of canyon
o	solo	so	
p	papa	pipe	
q	quita	racquet	
r	caro	dragon	
rr	carro		Strongly trilled
s	soso	sass	
t	tonto	tight	
u	luto	lute	
	agüero	anguish	
v	vino		Identical to initial Spanish b
	lava		Identical to intervocalic Spanish b
w	wat		Pronounced either like English v or b

Letter	Spanish Example	English Example	Description
x	éxito	exit	Exception: in "México" x is like Spanish j
	mixto		Before a consonant may be pronounced s
y	y		Like i of machine
	yeso	yes	In River Plate, like s of vision
z	zona		Like s in sass; in much of Spain, like th of thick

Términos geográficos

౼	país o pueblo/country or city	
◆	adjetivo o compuesto/adjective or compound	
౼	idioma/language	
↗	habitante masculino/male inhabitant	
♀	habitante femenino/female inhabitant	
★	lugar geográfico/geographical place	

౼	África	Africa
◆	africano	African
↗	africano	African
♀	africana	African
౼	Albania	Albania
◆	albanés	Albanian
౼	albanés	Albanian
↗	albanés	Albanian
♀	albanesa	Albanian
౼	Alemania	Germany
◆	alemán	German
౼	alemán	German
↗	alemán	German
♀	alemana	German
౼	América	America
◆	americano	American
౼	americano	American
↗	americano	American
౼	América Central	Central America
◆	centroamericano	Central American
↗	centroamericano	Central American
♀	centroamericana	Central American
౼	América del Norte	North America
◆	norteamericano	North America
↗	norteamericano	North America
♀	norteamericana	North America
౼	América del Sur, Sudamérica	South America
◆	sudamericano	South American
↗	sudamericano	South American
♀	sudamericana	South American
౼	América latina	Latin America
◆	latinoamericano	Latin American
↗	latinoamericano	Latin American
♀	latinoamericana	Latin American
★	Andes	Andes
◆	andino	Andean

★	Antártida	Antarctica
◆	antártico	Antarctic
౼	Antillas	West Indies
౼	Arabia	Arabia
◆	árabe	Arab, Arabic
↗	árabe	Arab, Arabic
♀	árabe	Arab, Arabic
౼	Arabia Saudita	Saudi Arabia
◆	árabe saudita	Saudi, Saudi Arabian
↗	árabe saudita	Saudi, Saudi Arabian
♀	árabe saudita	Saudi, Saudi Arabian
★	Argel	Algiers
౼	Argelia	Algeria
◆	argelino	Algerian
↗	argelino	Algerian
♀	argelina	Algerian
౼	Argentina	Argentina
◆	argentino	Argentinian
↗	argentino	Argentinian
♀	argentina	Argentinian
★	Ártico, Océano	Arctic Ocean
౼	Asia	Asia
◆	asiático	Asian
↗	asiático	Asian
♀	asiática	Asian
★	Atlántico, Océano	Atlantic Ocean
౼	Australia	Australia
◆	australiano	Australian
↗	australiano	Australian
♀	australiana	Australian
౼	Austria	Austria
◆	austríaco	Austrian
↗	austríaco	Austrian
♀	austríaca	Austrian

	Spanish	English
♦	azteca	Aztec
↗	azteca	Aztec
♀	azteca	Aztec
⬡	Baleares, Islas	Balearic Islands
⬡	Bélgica	Belgium
♦	belga	Belgian
↗	belga	Belgian
♀	belga	Belgian
⬡	Bolivia	Bolivia
♦	boliviano	Bolivian
↗	boliviano	Bolivian
♀	boliviana	Bolivian
⬡	Brasil	Brazil
♦	brasileño	Brazilian
↗	brasileño	Brazilian
♀	brasileña	Brazilian
★	Británicas, Islas	British Isles
⬡	Bulgaria	Bulgaria
♦	búlgaro	Bulgarian
●	búlgaro	Bulgarian
↗	búlgaro	Bulgarian
♀	búlgara	Bulgarian
⬡	Canadá	Canada
♦	canadiense	Canadian
↗	canadiense	Canadian
♀	canadiense	Canadian
★	Canal de la Mancha	English Channel
★	Canarias	Canary Islands
★	Caribe, Mar Caribe	Caribbean (Sea)
♦	caribe, caribeño	Carib, Caribbean
⬡	Castilla	Castile
♦	castellano	Castilian
↗	castellano	Castilian
♀	castellana	Castilian
⬡	Cataluña	Catalonia
♦	catalán	Catalan, Catalonian
●	catalán	Catalan
↗	catalán	Catalan, Catalonian
♀	catalana	Catalan, Catalonian
⬡	Chile	Chile
♦	chileno	Chilean
↗	chileno	Chilean
♀	chilena	Chilean
⬡	China	China
♦	chino	Chinese
●	chino	Chinese
↗	chino	Chinese
♀	china	Chinese
⬡	Chipre	Cyprus
♦	chipriota	Cyprian
↗	chipriota	Cyprian, Cypriot
♀	chipriota	Cyprian, Cypriot
⬡	Colombia	Colombia
♦	colombiano	Columbian
↗	colombiano	Columbian
♀	colombiana	Columbian
⬡	Corea	Korea
♦	coreano	Korean
↗	coreano	Korean
♀	coreana	Korean
⬡	Costa Rica	Costa Rica
♦	costarricense	Costa Rican
↗	costarricense	Costa Rican
♀	costarricense	Costa Rican
⬡	Cuba	Cuba
♦	cubano	Cuban
↗	cubano	Cuban
♀	cubana	Cuban
⬡	Dinamarca	Denmark
♦	danés, dinamarqués	Danish
●	danés, dinamarqués	Danish
↗	danés, dinamarqués	Dane, Danish
♀	danesa, dinamarquesa	Dane, Danish
⬡	Ecuador	Ecuador
♦	ecuatoriano	Ecuadorian
↗	ecuatoriano	Ecuadorian
♀	ecuatoriana	Ecuadorian
⬡	EE.UU., E.U.	USA

	Spanish	English
🏳	Egipto	Egypt
◆	egipcio	Egyptian
➚	egipcio	Egyptian
♀	egipcia	Egyptian
🏳	Emiratos Árabes Unidos	United Arab Emirates
🏳	Escandinavia	Scandinavia
◆	escandinavo	Scandinavian
➚	escandinavo	Scandinavian
♀	escandinava	Scandinavian
🏳	Escocia	Scotland
◆	escocés	Scottish
➚	escocés	Scot, Scottish
♀	escocesa	Scot, Scottish
🏳	Eslovaquia	Slovakia
◆	eslovaco	Slovak
🐟	eslovaco	Slovak
➚	eslovaco	Slovak
♀	eslovaca	Slovak
🏳	Eslovenia	Slovenia
◆	esloveno	Slovenian
➚	esloveno	Slovenian
♀	eslovena	Slovenian
🏳	España	Spain
◆	español	Spanish
🐟	español	Spanish
➚	español	Spanish
♀	española	Spanish
🏳	Estados Unidos de América	United States of America
◆	estadounidense	American
➚	estadounidense	American
♀	estadounidense	American
🏳	Europa	Europe
◆	europeo	European
➚	europeo	European
♀	europea	European
🏳	Filipinas	Philippines
◆	filipino	Filipino, Philippine
➚	filipino	Filipino, Philippine
♀	filipina	Filipino, Philippine
🏳	Finlandia	Finland
◆	finlandés	Finnish
🐟	finlandés	Finnish
➚	finlandés	Finn, Finnish
♀	finlandesa	Fin, Finnish
🏳	Francia	France
◆	francés	French
➚	francés	French
➚	francés	French
♀	francesa	French
🏳	Gales	Wales
◆	galés	Welsh
🐟	galés	Welsh
➚	galés	Welsh
♀	galesa	Welsh
🏳	Galicia	Galicia
◆	gallego	Galician
🐟	gallego	Galician
➚	gallego	Galician
♀	gallega	Galician
🏳	Gran Bretaña	(Great) Britain
🏳	Grecia	Greece
◆	griego	Greek
🐟	griego	Greek
➚	griego	Greek
♀	griega	Greek
🏳	Guatemala	Guatemala
◆	guatemalteco	Guatemalan
➚	guatemalteco	Guatemalan
♀	guatemalteca	Guatemalan
🏳	Guayana, Guyana	Guyana
◆	guayanés	Guyanese
➚	guayanés	Guyanese
♀	guayanesa	Guyanese
🏳	Habana, la	Havana
🏳	Hispanoamérica	Spanish American
◆	hispano-americano	Spanish American
➚	hispano-americano	Spanish American
♀	hispano-americana	Spanish American
🏳	Holanda	Holland
◆	holandés	Dutch
➚	holandés	Dutch
♀	holandesa	Dutch
🏳	Honduras	Honduras
◆	hondureño	Honduran
➚	hondureño	Honduran
♀	hondureña	Honduran

⚑ Hungría	Hungary	⚑ Jamaica	Jamaica
♦ húngaro	Hungarian	♦ jamaicano	Jamaican
● húngaro	Hungarian	↗ jamaicano	Jamaican
↗ húngaro	Hungarian	♀ jamaicana	Jamaican
♀ húngara	Hungarian		
		⚑ Japón	Japan
♦ incaico	Inca, Incan	♦ japonés	Japanese
● inca	Inca, Incan	● japonés	Japanese
		↗ japonés	Japanese
⚑ India	India	♀ japonesa	Japanese
♦ indio, hindú	Indian		
↗ indio, hindú	Indian	● latin	Latin
♀ india, hindú	Indian		
★ Índico, Océano	Indian Ocean	⚑ Latinoamérica,	Latin America
		Latina América	
⚑ Inglaterra	England	♦ latinoamericano	Latin American
♦ inglés	English	↗ latinoamericano	Latin American
● inglés	English	♀ latinoamericana	Latin American
↗ inglés	English		
♀ inglesa	English	⚑ Líbano	Lebanon
		♦ libanés	Lebanese
⚑ Irán	Iran	↗ libanés	Lebanese
♦ iraní	Iranian	♀ libanesa	Lebanese
↗ iraní	Iranian		
♀ iraní	Iranian	⚑ Libia	Libya
		♦ libio	Libyan
⚑ Iraq	Iraq	● libio	Libyan
♦ iraquí	Iraqi	↗ libia	Libyan
↗ iraquí	Iraqi		
♀ iraquí	Iraqi	⚑ Londres	London
⚑ Irlanda	Ireland	⚑ Luxemburgo	Luxembourg
♦ irlandés	Irish	♦ luxemburgués	Luxembourgian
● irlandés	Irish	↗ luxemburgués	Luxembourgian
↗ irlandés	Irish	♀ luxemburguesa	Luxembourgian
♀ irlandesa	Irish		
		⚑ Madrid	Madrid
⚑ Islandia	Iceland	♦ madrileño	of Madrid
♦ islandés	Icelandic	↗ madrileño	from Madrid
● islandés	Icelandic	♀ madrileña	from Madrid
↗ islandés	Icelander, Icelandic		
♀ islandesa	Icelander, Icelandic	⚑ Malaysia	Malaysia
		♦ malayo	Malaysian
★ Islas Canarias	Canary Islands	↗ malayo	Malaysian
		♀ malaya	Malaysian
⚑ Israel	Israel		
♦ israelí, israelita	Israeli	⚑ Mallorca	Majorca
↗ israelí, israelita	Israeli	♦ mallorquino	Majorcan
♀ israelí, israelita	Israeli	↗ mallorquino	Majorcan
		♀ mallorquina	Majorcan
⚑ Italia	Italy		
♦ italiano	Italian		
● italiano	Italian		
↗ italiano	Italian		
♀ italiana	Italian		

	Español	English		Español	English
ꝑ	Marruecos	Morocco	ꝑ	País Vasco	Basque Country
◆	marroquí	Moroccan	◆	vasco	Basque
↗	marroquí	Moroccan	↗	vasco	Basque
♀	marroquí	Moroccan	↗	vasco	Basque
			♀	vasca	Basque
◆	mayá	Mayan			
↗	maya	Mayan	ꝑ	Pakistán	Pakistan
♀	maya	Mayan	◆	pakistaní	Pakistani
			↗	pakistaní	Pakistani
★	Mediterráneo, Mar	Mediterranean Sea	♀	pakistaní	Pakistani
◆	mediterráneo	Mediterranean	ꝑ	Palestina	Palestine
			◆	palestino	Palestinian
★	Menorca	Menorca	↗	palestino	Palestinian
			♀	palestina	Palestinian
ꝑ	México	Mexico			
◆	mexicano	Mexican	ꝑ	Panamá	Panama
↗	mexicano	Mexican	◆	panameño	Panamanian
♀	mexicana	Mexican	↗	panameño	Panamanian
			♀	panameña	Panamanian
ꝑ	Nicaragua	Nicaragua			
◆	nicaragüense	Nicaraguan	ꝑ	Paraguay	Paraguay
↗	nicaragüense	Nicaraguan	◆	paraguayo	Paraguayan
♀	nicaragüense	Nicaraguan	↗	paraguayo	Paraguayan
			♀	paraguaya	Paraguayan
ꝑ	Norteamérica	North America			
◆	norteamericano	North American	ꝑ	París	Paris
↗	norteamericano	North American			
♀	norteamericana	North American	ꝑ	Perú	Peru
			◆	peruano	Peruvian
ꝑ	Noruega	Norway	↗	peruano	Peruvian
◆	noruego	Norwegian	♀	peruana	Peruvian
●	noruego	Norwegian			
↗	noruego	Norwegian	★	Pirineos	Pyrenees
♀	noruega	Norwegian			
			ꝑ	Polonia	Poland
ꝑ	Nueva York	New York	◆	polaco	Polish
			●	polaco	Polish
ꝑ	Nueva Zelanda	New Zealand	↗	polaco	Pole, Polish
◆	neozelandés	New Zealand	♀	polaca	Pole, Polish
↗	neozelandés	New Zealander			
♀	neozelandesa	New Zealander	★	Polo Norte	North Pole
			★	Polo Sur	South Pole
★	Océano Pacifico	Pacific Ocean			
			ꝑ	Portugal	Portugal
★	Océano Indico	Indian Ocean	◆	portugués	Portuguese
			●	portugués	Portuguese
★	Océano Ártico	Arctic Ocean	↗	portugués	Portuguese
			♀	portuguesa	Portuguese
ꝑ	Países Bajos	Netherlands			
◆	neerlandés	Dutch	ꝑ	Puerto Rico	Puerto Rico
●	neerlandés	Dutch	◆	puertorriqueño	Puerto Rican
↗	neerlandés	Dutch	↗	puertorriqueño	Puerto Rican
♀	neerlandesa	Dutch	♀	puertorriqueña	Puerto Rican

	Español	English
⚑	Reino Unido	United Kingdom
⚑	República Checa	Czech Republic
♦	checo	Czech
●	checo	Czech
↗	checo	Czech
♀	checa	Czech
⚑	República Dominicana	Dominican Republic
♦	dominicano	Dominican
↗	dominicano	Dominican
♀	dominicana	Dominican
⚑	Roma	Rome
⚑	Rumanía, Rumania	Romania o Rumania
♦	rumano	Romanian o Rumanian
●	rumano	Romanian o Rumanian
↗	rumano	Romanian o Rumanian
♀	rumana	Romanian o Rumanian
⚑	Rusia	Russia
♦	ruso	Russian
●	ruso	Russian
↗	ruso	Russian
♀	rusa	Russian
⚑	Salvador, El	El Salvador
♦	salvadoreño	Salvadoran
↗	salvadoreño	Salvadoran
♀	salvadoreña	Salvadoran
⚑	Siria	Syria
♦	sirio	Syrian
↗	sirio	Syrian
♀	siria	Syrian
⚑	Sudáfrica	South Africa
♦	sudafricano	South African
↗	sudafricano	South African
♀	sudafricana	South African
⚑	Suecia	Sweden
♦	sueco	Swedish
●	sueco	Swedish
↗	sueco	Swede, Swedish
♀	sueca	Swede, Swedish
⚑	Suiza	Switzerland
♦	suizo	Swiss
↗	suizo	Swiss
♀	suiza	Swiss
⚑	Tailandia	Thailand
♦	tailandés	Thai
●	tailandés	Thai
↗	tailandés	Thai
♀	tailandesa	Thai
⚑	Taiwán	Taiwan
♦	taiwanés	Taiwanese
↗	taiwanés	Taiwanese
♀	taiwanesa	Taiwanese
⚑	Tokio	Tokyo
⚑	Turquía	Turkey
♦	turco	Turkish
●	turco	Turkish
↗	turco	Turk, Turkish
♀	turca	Turk, Turkish
⚑	Uruguay	Uruguay
♦	uruguayano	Uruguayan
↗	uruguayano	Uruguayan
♀	uruguayana	Uruguayan
⚑	Venezuela	Venezuela
♦	venezolano	Venezuelan
↗	venezolano	Venezuelan
♀	venezolana	Venezuelan
⚑	Yugoslavia	Yugoslavia
♦	yugoslavo	Yugoslavian
↗	yugoslavo	Yugoslav, Yugoslavian
♀	yugoslava	Yugoslav, Yugoslavian

Geographical Terms

🏠 country or city/país o pueblo
◆ adjective or compound/adjetivo o compuesto
🌐 language/idioma
🚹 male inhabitant/habitante masculino
♀ female inhabitant/habitante femenino
★ geographical place/lugar geográfico

	English	Spanish
🏠	Africa	África
◆	African	africano
🌐	African	africano
🚹	African	africano
♀	African	africana
🏠	Albania	Albania
◆	Albanian	albanés
🌐	Albanian	albanés
🚹	Albanian	albanés
♀	Albanian	albanesa
🏠	Algeria	Argelia
◆	Algerian	argelino
🚹	Algerian	argelino
♀	Algerian	argelina
★	Algiers	Argel
🏠	America	América
◆	American	americano
🌐	American	americano
🚹	American	americano
♀	American	americana
★	Andes	Andes
◆	Andean	andino
★	Antarctica	Antártida
◆	Antarctic	antártico
🏠	Arabia	Arabia
◆	Arab, Arabic	árabe
🚹	Arab, Arabic	árabe
♀	Arab, Arabic	árabe
★	Arctic Ocean	Ártico, Océano
🏠	Argentina	Argentina
◆	Argentinian	argentino
🚹	Argentinian	argentino
♀	Argentinian	argentina
🏠	Asia	Asia
◆	Asian	asiático
🚹	Asian	asiático
♀	Asian	asiática
★	Atlantic Ocean	Atlántico, Océano
🏠	Australia	Australia
◆	Australian	australiano
🚹	Australian	australiano
♀	Australian	australiana
🏠	Austria	Austria
◆	Austrian	austríaco
🚹	Austrian	austríaco
♀	Austrian	austríaca
◆	Aztec	azteca
🚹	Aztec	azteca
♀	Aztec	azteca
🏠	Balearic Islands	Baleares, Islas
🏠	Basque Country	País Vasco
◆	Basque	vasco
🌐	Basque	vasco
🚹	Basque	vasco
♀	Basque	vasca
🏠	Belgium	Bélgica
◆	Belgian	belga
🚹	Belgian	belga
♀	Belgian	belga
🏠	Bolivia	Bolivia
◆	Bolivian	boliviano
🚹	Bolivian	boliviano
♀	Bolivian	boliviana
🏠	Brazil	Brasil
◆	Brazilian	brasileño
🚹	Brazilian	brasileño
♀	Brazilian	brasileña
★	British Isles	Británicas, Islas
🏠	Bulgaria	Bulgaria
◆	Bulgarian	búlgaro
🌐	Bulgarian	búlgaro
🚹	Bulgarian	búlgaro
♀	Bulgarian	búlgara

	English	Spanish
⚑	Canada	Canadá
◆	Canadian	canadiense
↗	Canadian	canadiense
♀	Canadian	canadiense
★	Canary Islands	Canarias
◆	Carib, Caribbean	caribe, caribeño
★	Caribbean (Sea)	Caribe, Mar Caribe
⚑	Castile	Castilla
◆	Castilian	castellano
↗	Castilian	castellano
♀	Castilian	castellana
⚑	Catalonia	Cataluña
◆	Catalan, Catalonian	catalán
●	Catalan	catalán
↗	Catalan, Catalonian	catalán
♀	Catalan, Catalonian	catalana
⚑	Central America	América Central
◆	Central American	centroamericano
↗	Central American	centroamericano
♀	Central American	centroamericana
⚑	Chile	Chile
◆	Chilean	chileno
↗	Chilean	chileno
♀	Chilean	chilena
⚑	China	China
◆	Chinese	chino
●	Chinese	chino
↗	Chinese	chino
♀	Chinese	china
⚑	Colombia	Colombia
◆	Colombian	colombiano
↗	Colombian	colombiano
♀	Colombian	colombiana
⚑	Costa Rica	Costa Rica
◆	Costa Rican	costarricense
↗	Costa Rican	costarricense
♀	Costa Rican	costarricense
⚑	Cuba	Cuba
◆	Cuban	cubano
↗	Cuban	cubano
♀	Cuban	cubana
⚑	Cyprus	Chipre
◆	Cyprian	chipriota
↗	Cyprian, Cypriot	chipriota
♀	Cyprian, Cypriot	chipriota
⚑	Czech Republic	República Checa
◆	Czech	checo
●	Czech	checo
↗	Czech	checo
♀	Czech	checa
⚑	Denmark	Dinamarca
◆	Danish	danés, dinamarqués
●	Danish	danés, dinamarqués
↗	Dane, Danish	danés, dinamarqués
♀	Dane, Danish	danesa, dinamarquesa
⚑	Dominican Republic	República Dominicana
◆	Dominican	dominicano
↗	Dominican	dominicano
♀	Dominican	dominicana
⚑	Ecuador	Ecuador
◆	Ecuadorian	ecuatoriano
↗	Ecuadorian	ecuatoriano
♀	Ecuadorian	ecuatoriana
⚑	Egypt	Egipto
◆	Egyptian	egipcio
↗	Egyptian	egipcio
♀	Egyptian	egipcia
⚑	El Salvador	Salvador, El
◆	Salvadoran	salvadoreño
↗	Salvadoran	salvadoreño
♀	Salvadoran	salvadoreña
⚑	England	Inglaterra
◆	English	inglés
●	English	inglés
↗	English	inglés
♀	English	inglesa
★	English Channel	Canal de la Mancha
⚑	Europe	Europa
◆	European	europeo
↗	European	europeo
♀	European	europea

	English	Spanish
🏳	Finland	Finlandia
◆	Finnish	finlandés
●	Finnish	finlandés
↗	Finn, Finnish	finlandés
♀	Finn, Finnish	finlandesa
🏳	France	Francia
◆	French	francés
●	French	francés
↗	French	francés
♀	French	francesa
🏳	Galicia	Galicia
◆	Galician	gallego
●	Galician	gallego
↗	Galician	gallego
♀	Galician	gallega
🏳	Germany	Alemania
◆	German	alemán
●	German	alemán
↗	German	alemán
♀	German	alemana
🏳	(Great) Britain	Gran Bretaña
🏳	Greece	Grecia
◆	Greek	griego
●	Greek	griego
↗	Greek	griego
♀	Greek	griega
🏳	Guatemala	Guatemala
◆	Guatemalan	guatemalteco
↗	Guatemalan	guatemalteco
♀	Guatemalan	guatemalteca
🏳	Guyana	Guayana, Guyana
◆	Guyanese	guayanés
↗	Guyanese	guayanés
♀	Guyanese	guayanesa
🏳	Holland	Holanda
◆	Dutch	holandés
↗	Dutch	holandés
♀	Dutch	holandesa
🏳	Honduras	Honduras
◆	Honduran	hondureño
↗	Honduran	hondureño
♀	Honduran	hondureña
🏳	Hungary	Hungría
◆	Hungarian	húngaro
●	Hungarian	húngaro
↗	Hungarian	húngaro
♀	Hungarian	húngara
🏳	Iceland	Islandia
◆	Icelandic	islandés
●	Icelandic	islandés
↗	Icelander, Icelandic	islandés
♀	Icelander, Icelandic	islandesa
◆	Inca, Incan	incaico
●	Inca, Incan	inca
🏳	India	India
◆	Indian	indio, hindú
↗	Indian	indio, hindú
♀	Indian	india, hindú
★	Indian Ocean	Índico, Océano
🏳	Iran	Irán
◆	Iranian	iraní
↗	Iranian	iraní
♀	Iranian	iraní
🏳	Iraq	Iraq
◆	Iraqi	iraquí
↗	Iraqi	iraquí
♀	Iraqi	iraquí
🏳	Ireland	Irlanda
◆	Irish	irlandés
●	Irish	irlandés
↗	Irish	irlandés
♀	Irish	irlandesa
🏳	Israel	Israel
◆	Israeli	israelí, israelita
↗	Israeli	israelí, israelita
♀	Israeli	israelí, israelita
🏳	Italy	Italia
◆	Italian	italiano
●	Italian	italiano
↗	Italian	italiano
♀	Italian	italiana
🏳	Jamaica	Jamaica
◆	Jamaican	jamaicano
↗	Jamaican	jamaicano
♀	Jamaican	jamaicana

🏴	Japan	Japón	★	Mediterranean, Sea	Mediterráneo, Mar
◆	Japanese	japonés	◆	Mediterranean	mediterráneo
🌑	Japanese	japonés			
➚	Japanese	japonés	★	Menorca	Menorca
♀	Japanese	japonesa			
			🏴	Mexico	México
🏴	Korea	Corea	◆	Mexican	mexicano
◆	Korean	coreano	➚	Mexican	mexicano
➚	Korean	coreano	♀	Mexican	mexicana
♀	Korean	coreana			
			🏴	Morocco	Marruecos
🌑	Latin	latin	◆	Moroccan	marroquí
🏴	Latin America	Latinoamérica, América Latina	➚	Moroccan	marroquí
			♀	Moroccan	marroquí
◆	Latin American	latinoamericano			
➚	Latin American	latinoamericano	🏴	Netherlands	Países Bajos
♀	Latin American	latinoamericana	◆	Dutch	neerlandés
			🌑	Dutch	neerlandés
🏴	Lebanon	Líbano	➚	Dutch	neerlandés
◆	Lebanese	libanés	♀	Dutch	neerlandesa
➚	Lebanese	libanés			
♀	Lebanese	libanesa	🏴	New York	Nueva York
🏴	Libya	Libia	🏴	New Zealand	Nueva Zelanda
◆	Libyan	libio	◆	New Zealander	neozelandés
➚	Libyan	libio	➚	New Zealander	neozelandés
♀	Libyan	libia	♀	New Zealander	neozelandesa
🏴	London	Londres	🏴	Nicaragua	Nicaragua
			◆	Nicaraguan	nicaragüense
🏴	Luxembourg	Luxemburgo	➚	Nicaraguan	nicaragüense
◆	Luxembourgian	luxemburgués	♀	Nicaraguan	nicaragüense
➚	Luxembourgian	luxemburgués			
♀	Luxembourgian	luxemburguesa	🏴	North America	América del Norte
			◆	North American	norteamericano
🏴	Madrid	Madrid	➚	North American	norteamericano
◆	of Madrid	madrileño	♀	North American	norteamericana
➚	from Madrid	madrileño			
♀	from Madrid	madrileña	★	North Pole	Polo Norte
🏴	Majorca	Mallorca	🏴	Norway	Noruega
◆	Majorcan	mallorquino	◆	Norwegian	noruego
➚	Majorcan	mallorquino	🌑	Norwegian	noruego
♀	Majorcan	mallorquina	➚	Norwegian	noruego
			♀	Norwegian	noruega
🏴	Malaysia	Malaysia			
◆	Malaysian	malayo	★	Pacific Ocean	Océano Pacifico
➚	Malaysian	malayo			
♀	Malaysian	malaya	🏴	Pakistan	Pakistán
			◆	Pakistani	pakistaní
◆	Mayan	maya	➚	Pakistani	pakistaní
➚	Mayan	maya	♀	Pakistani	pakistaní
♀	Mayan	maya			

	English	Spanish
㊉	Palestine	Palestina
◆	Palestinian	palestino
↗	Palestinian	palestino
♀	Palestinian	palestina
㊉	Panama	Panamá
◆	Panamanian	panameño
↗	Panamanian	panameño
♀	Panamanian	panameña
㊉	Paraguay	Paraguay
◆	Paraguayan	paraguayo
↗	Paraguayan	paraguayo
♀	Paraguayan	paraguaya
㊉	Paris	París
㊉	Peru	Perú
◆	Peruvian	peruano
↗	Peruvian	peruano
♀	Peruvian	peruana
㊉	Philippines	Filipinas
◆	Filipino, Philippine	filipino
↗	Filipino, Philippine	filipino
♀	Filipino, Philippine	filipina
㊉	Poland	Polonia
◆	Polish	polaco
👤	Polish	polaco
↗	Polish	polaco
♀	Polish	polaca
㊉	Portugal	Portugal
◆	Portuguese	portugués
↗	Portuguese	portugués
↗	Portuguese	portugués
♀	Portuguese	portuguesa
㊉	Puerto Rico	Puerto Rico
◆	Puerto Rican	puertorriqueño
↗	Puerto Rican	puertorriqueño
♀	Puerto Rican	puertorriqueña
★	Pyrenees	Pirineos
㊉	Romania or Rumania	Rumanía, Rumania
◆	Romanian or Rumanian	rumano
👤	Romanian or Rumanian	rumano
↗	Romanian or Rumanian	rumano
♀	Romanian or Rumanian	rumana
㊉	Rome	Roma
㊉	Russia	Rusia
◆	Russian	ruso
👤	Russian	ruso
↗	Russian	ruso
♀	Russian	russa
㊉	Saudi Arabia	Arabia Saudita
◆	Saudi, Saudi Arabian	árabe saudita
↗	Saudi, Saudi Arabian	árabe saudita
♀	Saudi, Saudi Arabian	árabe saudita
㊉	Scandinavia	Escandinavia
◆	Scandinavian	escandinavo
↗	Scandinavian	escandinavo
♀	Scandinavian	escandinava
㊉	Scotland	Escocia
◆	Scottish	escocés
↗	Scottish	escocés
♀	Scottish	escocesa
㊉	Slovakia	Eslovaquia
◆	Slovak	eslovaco
👤	Slovak	eslovaco
↗	Slovak	eslovaco
♀	Slovak	eslovaca
㊉	Slovenia	Eslovenia
◆	Slovenian	esloveno
↗	Slovenian	esloveno
♀	Slovenian	eslovena
㊉	South Africa	Sudáfrica
◆	South African	sudafricano
↗	South African	sudafricano
♀	South African	sudafricana

	English	Spanish
📖	South America	América del Sur, Sudamérica
◆	South American	sudamericano
↗	South American	sudamericano
♀	South American	sudamericana
★	South Pole	Polo Sur
📖	Spain	España
◆	Spanish	español
😐	Spanish	español
↗	Spanish	español
♀	Spanish	española
📖	Spanish America	Hispanoamérica
◆	Spanish-American	hispano-americano
↗	Spanish American	hispanoamericano
♀	Spanish American	hispanoamericana
📖	Sweden	Suecia
◆	Swedish	sueco
😐	Swedish	sueco
↗	Swede, Swedish	sueco
♀	Swede, Swedish	sueca
📖	Switzerland	Suiza
◆	Swiss	suizo
↗	Swiss	suizo
♀	Swiss	suiza
📖	Syria	Siria
◆	Syrian	sirio
↗	Syrian	sirio
♀	Syrian	siria
📖	Taiwan	Taiwán
◆	Taiwanese	taiwanés
↗	Taiwanese	taiwanés
♀	Taiwanese	taiwanesa
📖	Thailand	Tailandia
◆	Thai	tailandés
😐	Thai	tailandés
↗	Thai	tailandés
♀	Thai	tailandesa
📖	Tokyo	Tokio
📖	Turkey	Turquía
◆	Turkish	turco
😐	Turkish	turco
↗	Turk, Turkish	turco
♀	Turk, Turkish	turca
📖	United Arab Emirates	Emiratos Árabes Unidos
📖	United Kingdom	Reino Unido
📖	United States of America	Unidos Estados de América
📖	Uruguay	Uruguay
◆	Uruguayan	uruguayano
↗	Uruguayan	uruguayano
♀	Uruguayan	uruguayana
📖	Venezuela	Venezuela
◆	Venezuelan	venezuelano
↗	Venezuelan	venezuelano
♀	Venezuelan	venezuelana
📖	USA	EE.UU., E.U.
📖	Wales	Gales
◆	Welsh	galés
😐	Welsh	galés
↗	Welsh	galés
♀	Welsh	galesa
📖	West Indies	Antillas
📖	Yugoslavia	Yugoslavia
◆	Yugoslavian	yugoslavo
↗	Yugoslav, Yugoslavian	yugoslavo
♀	Yugoslav, Yugoslavian	yugoslava

Spanish-English

A

a prep (dirección) to, into, forward; (destino) in, at; (lugar) on, to; (distancia) up to; (hora) at, in; (método) on, in, by, with, according to; (tasa) at, per, a, by.

abad m abbot.

abadesa f abbess.

abadía f abbey.

abajo -1 adv down; (en una casa) downstairs; (posición) below, underneath ♦ **echar abajo** to demolish; POL to overthrow • **hacia abajo** downward(s) **-2** interj down with <¡abajo el rey!> down with the king!>.

abalanzarse vr to fling, hurl (oneself).

abanderado m standard-bearer.

abanderizarse vr Amer to join (a cause).

abandonado, a adj abandoned; (descuidado) careless; (desaliñado) slovenly.

abandonar vt to abandon, desert; (desertar) to leave; (renunciar a) to give up; (descuidar) to neglect ♦ **abandonarse a** vr (entregarse a) to abandon oneself to.

abandono m abandonment; (descuido) neglect; (desenfrenamiento) abandon.

abanicar vt & vr to fan (oneself).

abanico m fan.

abarajar vt RP (parar) to block, parry (a blow); (agarrar) to catch (in flight).

abaratar vt to reduce (prices) ♦ **abaratarse** vr to become cheaper.

abarcar vt (contener) to embrace, cover; Amer to stockpile.

abarrotado, a adj full, crowded.

abarrotar vt (llenar) to fill up; Amer (acaparar) to stockpile.

abarrotes m pl Amer (comestibles) groceries; (tienda) grocery store.

abarrotería f C Amer hardware store.

abarrotero, a m/f Amer hardware storekeeper.

abastecedor, ra m/f supplier.

abastecer vt to supply, provide (de with).

abastecimiento m (provisión) supply; (aprovisionamiento) supplying.

abasto m ♦ **no dar abasto (a)** not to be able to keep up (with) ♦ pl supplies, provisions.

abatatarse vr Amer to become embarrassed.

abatible adj collapsible, folding.

abatidamente adv despondently.

abatido, a adj despondent.

abatimiento m low spirits.

abatir vt (derribar) to knock down, demolish; (desanimar) to depress, discourage ♦ **abatirse** vr (desanimarse) to become discouraged.

abdicar vi to abdicate.

abdomen m abdomen.

abecé m alphabet; (rudimentos) rudiments.

abecedario m alphabet.

abedul m birch.

abeja f bee.

abejorro m bumblebee.

aberración f aberration.

abertura f opening; (hendidura) crack, fissure; PHOTOG aperture.

abeto m fir.

abierto, a -1 see **abrir -2** adj open; S Amer generous.

abigarrado, a adj variegated, multicolored.

abismo m abyss.

abjurar vt to abjure, renounce.

ablandar vt to soften ♦ **ablandarse** vr to soften; (calmarse) to calm down.

ablande m Amer, AUTO break-in (period).

abnegado, a adj unselfish.

abocado, a adj involved, engaged (a in); (vino) mild, smooth.

abochornado, a adj (avergonzado) ashamed.

abochornar vt (avergonzar) to embarrass; (hacer sonrojar) to make blush ♦ **abochornarse** vr (avergonzarse) to become embarrassed; (sonrojarse) to blush.

abofetear vt to slap.

abogacía f law (profession).

abogado, a m/f lawyer, attorney.

abolengo m ancestry, lineage.

abolición f abolition, repeal.

abolir vt to abolish, repeal.

abollado, a adj dented; Amer, COLL (sin dinero) penniless, broke.

abolladura f dent.

abollar vt to dent.

abombado, a adj convex; Amer (aturdido) stupefied; (comida) bad, spoiled.

abombar vt Amer (aturdir) to stupefy ♦ **abombarse** vr Amer to go bad.

abominable adj abominable.

abonado, a m/f subscriber, season ticket holder; (viajero) commuter.

abonar vt (acreditar) to vouch for, guarantee; AGR to fertilize; (pagar) to pay ♦ **abonarse** vr to subscribe.

abono m (estiércol) fertilizer; (billete) subscription; Amer payment, installment.

abordar vt MARIT to board; (emprender) to tackle (a problem).

aborrecer vt to hate, abhor.

abortar vt & vi to abort.

aborto m abortion; FIG failure.

abotonar vt & vr to button (up).

abrasar vt (quemar) to burn; (calentar) to overheat.

abrazadera f clamp, bracket.

abrazar vt to embrace, hug ♦ **abrazarse** vr to embrace (each other).

abrazo m embrace, hug.

abreboca m/f Arg absent-minded person, featherbrain.

abrecartas m inv letter opener.

abrelatas m inv can opener.

abrevadero m watering hole o trough.

abreviar vt (reducir) to abbreviate; (libros) to abridge; (acelerar) to shorten, hasten.

abreviatura f abbreviation.

abridor m (abrebotellas) bottle opener; (abrelatas) can opener.

abrigar vt (proteger) to shelter; (cubrir) to keep warm; (sospechas) to harbor ♦ **abrigarse** vr to wrap oneself up.

abrigo m (protección) shelter, cover; (sobretodo) overcoat.

abril m April.

abrillantar vt to polish; Amer to glaze (fruit).

abrir vt to open; (desplegar) to spread out; (encabezar) to lead, head; (horadar) to dig ♦ **abrirse** vr to open; (aclarar) to clear up (weather) • **abrirse con** to confide in, open up to.

abrochador m S Amer stapler.

abrochar vt (con botones) to button (up); (con broches) to fasten; (zapatos) to lace, tie; S Amer to staple.

abrumar vt to overwhelm, oppress.

abrupto, a adj abrupt; (escarpado) craggy, rugged.

absceso m abscess.

absentismo m absenteeism.

absolución f absolution.

absoluto adj absolute ♦ **en absoluto** absolutely not, not at all.

absolver vt to absolve; LAW to acquit.

absorbente adj absorbent; (cautivante) absorbing.

absorber vt to absorb.

absorción f absorption.

absorto, a -1 see **absorber -2** adj engrossed, entranced.

abstemio, a m/f teetotaler, non-drinker.

abstención f abstention.

abstenerse vr to abstain, refrain (de from).

abstinencia f abstinence.

abstracción f abstraction.

abstracto, a adj abstract.

abstraer vt to abstract ♦ **abstraerse** vr to become withdrawn o lost in thought.

abstraído, a -1 see **abstraer -2** adj (distraído) absorbed; (retirado) withdrawn.

absurdo, a adj absurd.

abuchear vt to boo, hiss.

abuela f grandmother.

abuelo m grandfather; (viejo) old man ♦ pl grandparents.

abultado, a adj large, bulky.

abultar vt (engrosar) to enlarge; (hinchar) to swell -vi to be bulky.

abundancia f abundance.

abundante adj abundant, plentiful.

abundar vi to abound.

aburrido, a adj (cansado) bored; (tedioso) boring, tiresome.

aburridor, ra adj boring, tedious.

aburrimiento m boredom, tedium.

aburrir vt to bore ♦ **aburrirse** vr to become bored.

abusador, ra adj Amer abusive.

abusar vi to go too far, exceed ♦ **abusar de** to abuse, misuse.

abuso m excess; (injusticia) injustice.

acá adv here, over here ♦ **acá y allá** here and there, everywhere • **más acá** closer.

acabado, a -1 adj finished; (arruinado) ruined **-2** m finish.

acabar vt to finish, complete; (perfeccionar) to put the finishing touches on; (pulir) to give a finish to; (consumir) to use up -vi to end, stop ◆ **¡acabáramos!** finally!, at last! • **acabar con** to put an end to, destroy • **acabar de** to have just • **acabar por** to end up ◆ **acabarse** vr to end, terminate; to run out of <se me acabó el tiempo I ran out of time> • **¡se acabó!** that's the end of that!

academia f academy.

académico, a adj academic.

acaecer vi to happen, occur.

acalorado, a adj heated, warm.

acalorarse vr (hacerse vivo) to get heated; (irritarse) to get excited.

acampar vi to camp.

acantilado m cliff.

acaparar vt (acumular) to stockpile, hoard; (monopolizar) to monopolize.

acápite m S Amer (párrafo) paragraph; (subtítulo) subheading.

acariciar vt to caress; (abrigar) to cherish, hold dear.

acarrear vt (transportar) to cart, transport; (ocasionar) to occasion, cause.

acaso adv perhaps, maybe ◆ **por si acaso** just in case.

acatar vt (respetar) to respect; (obedecer) to observe, comply with.

acatarrarse vr to catch a cold.

acceder vi (consentir) to agree, consent; (al trono) to accede.

accesible adj accessible.

acceso m (entrada) access, entry; (accesibilidad) accessibility; (arrebato) outburst, fit; MED attack, fit.

accesorio, a adj & m accessory.

accidentado, a adj rough, uneven.

accidental adj accidental.

accidente m accident; (del terreno) roughness, unevenness.

acción f action; (hecho) act, deed; (judicial) legal action, lawsuit; MIL battle; COM share (of stock) ◆ **acción de gracias** thanksgiving.

accionar vt to work, operate.

accionista m/f shareholder, stockholder.

acechar vt to watch, spy on.

aceite m oil.

aceitera f Amer oil cruet.

aceitoso, a adj oily.

aceituna f olive.

acelerador m accelerator.

acelerar vt to speed up; (facilitar) to expedite -vi to hurry.

acelga f chard, beet.

acento m accent.

acentuar vt to accent; (hacer resaltar) to accentuate ◆ **acentuarse** vr to stand out.

aceptar vt to accept; (admitir) to believe in; (aprobar) to approve of.

acequia f irrigation ditch.

acera f sidewalk.

acerado, a adj steel, steely.

acerca de prep about, concerning.

acercar vt to bring near ◆ **acercarse** vr to approach, draw near.

acero m steel.

acérrimo, a adj staunch, stalwart.

acertado, a adj correct, accurate.

acertar vt to guess correctly -vi (tener razón) to hit the mark, be correct ◆ **acertar a** to happen to • **acertar con** to come upon o across.

acertijo m riddle.

acervo m (patrimonio) common property.

achacar vt to attribute, to impute.

achacoso, a adj sickly, frail.

achaque m ailment, illness ◆ pl C Amer morning sickness.

achicar vt (disminuir) to reduce; (humillar) to humiliate; MARIT to bail out.

achicoria f chicory.

achicharrar vt to scorch ◆ **achicharrarse** vr to burn.

acholado, a adj Amer (mestizo) half-Indian; (avergonzado) red in the face.

acholar Amer vt to embarrass ◆ **acholarse** vr (acriollarse) to adopt mestizo ways; (avergonzarse) to be a-shamed.

achura f Amer offal.

achurar/rear vt Amer to gut, disembowel; COLL (matar) to stab to death.

aciago, a adj fateful, unlucky.

acicalar vt & vr to dress o spruce up.

acicate m spur.

acidez f acidity.

ácido, a -1 adj acid; (agrio) sour, tart **-2** m acid; COLL L.S.D.

acierto *m (logro)* good shot, hit; *(éxito)* success; *(cordura)* good sense; *(habilidad)* skill, dexterity, knack.

aclamar *vt* to acclaim, hail.

aclaración *f* clarification, explanation.

aclarar *vt* to clarify; *(explicar)* to explain; *(aguar)* to thin; *(enjuagar)* to rinse -*vi (clarear)* to clear up ♦ **aclararse** *vr (hacerse inteligible)* to become clear; *(clarear)* to clear up • **aclararse la voz** to clear one's throat.

aclaratorio, a *adj* clarifying, explanatory.

aclimatarse *vr* to become acclimatized o acclimated.

acné *m* acne.

acobardarse *vr* to become intimidated.

acogedor, ra *adj (cordial)* welcoming; *(cómodo)* inviting, cozy.

acoger *vt (dar bienvenida)* to welcome; *(amparar)* to shelter ♦ **acogerse** *vr (refugiarse)* to take refuge • **acogerse a** to have recourse in, resort to.

acogida *f* reception, welcome.

acolchado, a -1 *adj* padded, quilted -2 *m (relleno)* padding; *Arg* bedspread.

acometer *vt* to attack; *(intentar)* to undertake.

acometida *f* attack, assault.

acomodado, a *adj (rico)* welloff.

acomodador, ra *m/f* usher.

acomodar *vt (arreglar)* to arrange, put in order; *(adaptar)* to adapt; *(colocar)* to accommodate ♦ **acomodarse** *vr Amer* to set oneself up.

acomodo *m Amer* connections.

acompañante, a *m/f* companion; MUS accompanist.

acompañar *vt* to accompany; *(escoltar)* to escort; *(agregar)* to enclose ♦ **acompañar en el sentimiento** to express one's condolences.

acomplejar *vt* to give a complex to ♦ **acomplejarse** *vr* to get a complex.

acondicionado, a *adj* conditioned ♦ **bien, mal acondicionado** in good, bad condition.

acondicionar *vt (disponer)* to prepare; *(reparar)* to repair.

acongojar *vt* to distress.

aconsejar *vt* to advise, counsel.

acontecer *vi* to happen, occur.

acontecimiento *m* event, occurrence.

acopio *m (provisiones)* stock; *Amer (abundancia)* abundance.

acoplado *m Amer* trailer.

acoplar *vt (unir)* to couple, join; *(conciliar)* to reconcile.

acorazado, a -1 *adj* armored, armorplated -2 *m* battleship.

acordar *vt (concordar)* to agree; *(decidir)* to decide; *Amer* to grant, accord ♦ **acordarse** *vr (recordar)* to remember.

acorde -1 *adj (conforme)* in agreement; *(con armonía)* harmonious -2 *m* chord.

acordeón *m* accordion.

acordonar *vt (rodear)* to cordon off, surround.

acorralar *vt (atrapar)* to corner; *(intimidar)* to scare.

acortar *vt* to shorten, reduce.

acosar *vt* to harass.

acostar *vt* to put to bed ♦ **acostarse** *vr* to go to bed • **acostarse con** COLL to sleep with.

acostumbrado, a *adj (habituado)* accustomed o used to; *(habitual)* customary.

acostumbrar *vt & vr* to accustom (oneself).

acotar *vt (fijar)* to set limits on; *(anotar)* to annotate.

acre⁻¹ *m* acre.

acre⁻² *adj* acrid.

acrecentar *vt* to increase.

acreditar *vt (embajador)* to accredit; *(afamar)* to make famous; *(asegurar)* guarantee, vouch for; COM to credit.

acreedor, ra -1 *adj* worthy, deserving *(de of)* -2 *m/f* creditor.

acribillar *vt (agujerear)* to riddle *(a with)*; *(molestar)* to hound.

acrílico, a *adj* acrylic.

acróbata *m/f* acrobat.

acta *f (informe)* record; *(minutas)* minutes; *(certificado)* certificate ♦ **acta notarial** affidavit.

actitud *f* attitude.

actividad *f* activity ♦ **en (plena) actividad** in (full) operation.

activo, a -1 *adj* active -2 *m* COM assets.

acto *m* act ♦ **acto seguido** immediately after • **acto de presencia** token appearance • **en el acto** at once.

actor *m* actor.

actriz *f* actress.

actuación *f* performance; *(acción)* action.

actual *adj* present-day, current.

actualidad *f* *(ahora)* present (time) ♦ **en la actualidad** nowadays ♦ *pl* news, current events.

actualizar *vt* to modernize.

actualmente *adv* at present, nowadays.

actuar *vi* *(obrar)* to act; THEAT to perform ♦ **actuar de** to act as.

acuarela *f* water color.

acuario *m* aquarium.

acuático, a/til *adj* aquatic.

acuatizar *vi Amer* to land on water.

acuchillar *vt* *(apuñalar)* to slash, cut; *(herir)* to knife, stab; CARP to plane, scrape.

acudir *vi* *(presentarse)* to go, come; *(asistir)* to attend, show up ♦ **acudir a** to turn to • **acudir en ayuda de** to go to the aid of.

acuerdo *m* *(convenio)* agreement, accord; *(dictamen)* opinion, ruling ♦ **de acuerdo con** in agreement *o* accordance with.

acumular *vt* to accumulate, gather.

acuñar *vt* to coin.

acupuntura *f* acupuncture.

acurrucarse *vr* to curl up; FIG to crouch.

acusación *f* accusation, charge.

acusar *vt* to accuse; *(denunciar)* to give away.

acuse *m* ♦ **acuse de recibo** acknowledgment of receipt.

acústico, a -1 *adj* acoustic, acoustical **-2** *f* acoustics.

adagio *m* *(refrán)* adage; MUS adagio.

adaptación *f* adaptation, adjustment.

adaptador *m* MECH adapter.

adaptar *vt & vr* to adapt, adjust (oneself).

adecuado, a *adj* appropriate, suitable.

adecuar *vt* to make suitable, adapt.

adelantado, a *adj* *(precoz)* precocious, advanced; *(reloj)* fast ♦ **por adelantado** in advance.

adelantar *vt* *(avanzar)* to move forward; *(acelerar)* to speed up; *(anticipar)* to advance; *(aventajar)* to surpass; AUTO to overtake, pass; *(relojes)* to set

ahead *o* forward *-vi (avanzar)* to advance, go forward; *(relojes)* to be fast; FIG *(progresar)* to make progress ♦ **adelantarse** *vr* to get ahead • **adelantarse a** to get ahead of.

adelante *adv* forward, ahead ♦ **¡adelante!** come in! ♦ **más adelante** from now on • **más adelante** farther on.

adelanto *m* *(de paga)* advance; *(progreso)* progress.

adelgazar *vi* to lose weight, become slim.

ademán *m* gesture ♦ **en ademán de** as if about to ♦ *pl* manners.

además *adv* besides, in addition.

adentro *adv* within, inside ♦ **ser de tierra adentro** *Amer* to be from the interior.

adepto, a *m/f* follower.

aderezar *vt* *(condimentar)* to season; *(adornar)* to adorn.

aderezo *m* *(condimento)* seasoning; *(adorno)* adornment.

adeudar *vt* *(deber)* to owe; ACC, COM to debit.

adherir *vt* to affix, stick on ♦ **adherirse** *vr (pegarse)* to stick, adhere; *(consentir)* to support, adhere.

adhesión *f* adhesion, adherence.

adhesivo, a *adj & m* adhesive.

adición *f* addition; *Amer* bill, check.

adicto, a -1 *adj* addicted **-2** *m/f* addict.

adiestrar *vt* to train.

adiós *interj & m* goodbye.

adivinanza *f* riddle, puzzle.

adivinar *vt* *(predecir)* to predict; *(conjeturar)* to guess.

adivino, a *m/f* fortuneteller.

adjetivo *m* adjective.

adjudicar *vt* to award ♦ **adjudicarse** *vr* to appropriate (for oneself).

adjuntar *vt* to attach, enclose.

adjunto, a -1 *adj* attached, enclosed; *(persona)* assistant, adjunct **-2** *m/f* associate.

administración *f* *(dirección)* administration, management; *(oficina)* headquarters.

administrador, ra *m/f* administrator, manager.

administrar *vt* *(dirigir)* to manage; *(conferir)* to administer, give.

administrativo, a *a* *adj* administrative.

admiración f admiration; *(sorpresa)* surprise, wonder; GRAM exclamation point.

admirar vt to admire; *(sorprender)* to surprise, amaze ♦ **admirarse** vr to marvel *(de* at).

admisible adj admissible.

admisión f *(acción)* admission; *(aceptación)* acceptance.

admitir vt *(entrada)* to admit; *(aceptar)* to accept.

adobar vt to marinate.

adoctrinar vt to indoctrinate, instruct.

adolecer vi ♦ **adolecer de** to suffer from.

adolescencia f adolescence.

adolescente adj & m/f adolescent.

adonde conj where.

adónde adv where.

adondequiera adv wherever, anywhere.

adopción f adoption.

adoptar vt to adopt.

adoptivo, a adj adoptive, adopted.

adoquín m paving stone.

adorar vt & vi to adore, worship.

adormecer vt to put to sleep ♦ **adormecerse** vr to doze off, get sleepy.

adormecido, a adj *(soñoliento)* sleepy, drowsy; *(un miembro)* numb, asleep.

adornar vt to adorn.

adorno m adornment ♦ **de adorno** decorative.

adosar vt to place *o* lean against; *(unir)* to join; *Amer (agregar)* to attach.

adquirir vt to acquire, buy.

adquisición f acquisition, purchase.

adrede adv on purpose, deliberately.

adscribir vt *(atribuir)* to attribute, ascribe; *(designar)* to assign.

aduana f customs.

aducir vt to adduce, cite.

adueñarse vr to take possession.

adular vt to adulate, flatter.

adulterar vt to adulterate.

adulterio m adultery.

adúltero, a -1 adj adulterous **-2** m adulterer *-f* adulteress.

adulto, a adj & m/f adult.

adusto, a adj austere, severe.

advenedizo, a -1 adj foreign, alien **-2** m/f immigrant, foreigner.

advenimiento m advent, arrival.

adverbio m adverb.

adversario, a m/f adversary, opponent.

adversidad f adversity, misfortune.

adverso, a adj adverse, unfavorable.

advertencia f *(admonición)* warning; *(noticia)* notice; *(prefacio)* preface, foreword.

advertir vt *(fijar)* to notice; *(avisar)* to warn.

adyacente adj adjacent.

aéreo, a adj air, aerial.

aerodinámico, a -1 adj aerodynamic, aerodynamical **-2** f aerodynamics.

aeródromo m airdrome, aerodrome *GB*.

aerolínea f airline.

aeromozo, a m/f flight attendant *-m* steward *-f* stewardess.

aeronave f airship.

aeroplano m airplane.

aeropuerto m airport.

aerosol m aerosol.

afable adj affable, genial.

afamado, a adj famous, renowned.

afán m *(fervor)* eagerness, zeal; *(anhelo)* urge, desire.

afanoso, a adj *(fervoroso)* eager, zealous; *(trabajador)* hardworking, diligent.

afección f affection.

afectación f affectation.

afectado, a adj affected.

afectar vt to affect; *(impresionar)* to move; *(influir)* to influence.

afecto m affection, fondness.

afectuoso, a adj affectionate, loving.

afeitadora f electric razor *o* shaver.

afeitar vt & vr to shave (oneself).

afeminado, a adj effeminate.

aferrar vt to grasp ♦ **aferrarse** vr to cling *(a* to); *(insistir)* to persist *(a* in).

afianzar vt to secure ♦ **afianzarse** vr *(asegurarse)* to steady oneself; *(establecerse)* to establish oneself.

afición f *(inclinación)* inclination, liking *(a* for); *(aficionados)* fans, enthusiasts.

aficionado, a -1 adj fond *(a* of); *(novicio)* amateur **-2** m/f *(diletante)* fan, enthusiast; *(novicio)* amateur.

aficionarse vr to become fond *(a* of).

afiebrarse vr Amer to become feverish.

afilado, a adj sharp.

afilar vt to sharpen; *Amer*, COLL to woo.

afiliado, a m/f affiliate, member.

afiliarse vr to become affiliated, join (a with).

afín adj (próximo) adjacent; (parecido) similar.

afinar vt (perfeccionar) to refine; (purificar) to refine; MUS to tune -vi (cantar) to sing in tune; (tocar) to play in tune.

afincarse vr to establish oneself.

afirmación f affirmation.

afirmado m roadbed.

afirmar vt (declarar) to affirm; (afianzar) to secure.

afirmativo, a adj affirmative.

afligido, a adj distressed; (por muerte) bereaved.

afligir vt (apenar) to cause pain; (pesar) to trouble, distress.

aflojar vt to loosen, slacken -vi (disminuir) to diminish; (decaer) to grow lax, slack ♦ **aflojarse** vr to become loose o slack.

aflorar vi to emerge.

afluencia f (de gente) crowding.

afluir vi (manar) to flow; (acudir) to flock.

afónico, a o **áfono, a** adj aphonic, hoarse.

aforo m capacity.

afortunado, a adj fortunate, lucky; (feliz) happy.

afrontar vt to face (up to), confront.

afuera -1 adv out, outside **-2** f pl outskirts.

agachar vt to bow, bend ♦ **agacharse** vr to crouch, squat.

agalla f ICHTH gill ♦ pl FIG, COLL guts, courage.

agarradera f Amer handle, holder.

agarrado, a adj (mezquino) stingy.

agarrar vt (asir) to grab, grasp; (enfermedad) to get, catch; (conseguir) to get, wangle; Amer (vehículo) take -vi (pegarse) to take hold, stick; (arraigar) to take root ♦ **agarrar para** S Amer to head for ♦ **agarrarse** vr (asirse) to cling, hold on; (pelearse) to grapple, come to blows.

agarre m grabbing; Amer, COLL influence.

agarrotado, a adj stiff, tense.

agasajar vt (festejar) to entertain; (regalar) to lavish gifts on.

agazaparse vr (agacharse) to squat; (esconderse) to hide out.

agencia f agency; (oficina) bureau ♦ **agencia de viajes** travel agency.

agenda f notebook.

agente m agent ♦ **agente de bolsa** stockbroker, broker • **agente de policía** policeman.

ágil adj agile, nimble.

agilitar vt Amer to activate, hasten.

agitación f agitation; (alboroto) excitement.

agitador, ra m/f (provocador) agitator.

agitar vt to shake; (alborotar) to excite ♦ **agitarse** vr to wave, flutter; (perturbarse) to be agitated; MARIT to get rough o choppy.

aglomeración f (gentío) crowd.

aglomerar vt to agglomerate ♦ **aglomerarse** vr to be amassed o heaped together; (apiñarse) to crowd.

agobiar vt (cargar) to weigh down; (cansar) to weary; (deprimir) to depress.

agobio m (carga) burden; (fatiga) fatigue.

agolparse vr (apiñarse) to flock; (venirse encima) to come all at once.

agonía f agony, anguish.

agonizante adj dying.

agonizar vi to be at death's door.

agosto m August.

agotado, a adj exhausted; (libros) out-of-print; COM sold-out; Amer dead (battery).

agotamiento m (abatimiento) exhaustion; (disminución) depletion.

agotar vt to exhaust ♦ **agotarse** vr to be used up o depleted; (cansarse) to be exhausted; (libros) to be out of print.

agradable adj agreeable, pleasant.

agradar vt & vi to please.

agradecer vt to thank; (sentir gratitud) to be grateful for.

agradecimiento m gratitude, thanks.

agrado m (placer) pleasure; (gusto) taste, liking.

agrandar vt to enlarge.

agravar vt & vr to worsen.

agravio m offense.

agredir vt to attack, assault.

agregado, a m aggregate; P Rico day laborer ♦ **agregado militar** military attaché.

agregar vt (añadir) to add, attach; (unir) to gather, collect.

agresión f aggression.

agresivo, a adj aggressive.

agresor, ra m/f aggressor.

agrícola adj agricultural, farming.

agricultor, ra m/f farmer.

agricultura f agriculture, farming.

agridulce adj bittersweet.

agrietar vt & vr to crack, split.

agrimensor, ra m/f surveyor.

agrio, a adj sour; (áspero) rude, disagreeable.

agropecuario, a adj ✦ **la industria agropecuaria** agriculture and livestock.

agrupación m (grupo) group; (asociación) association, union.

agrupar vt & vr to group, cluster (together).

agua f water; ARCHIT slope ✦ **agua corriente** running water • **agua de colonia** toilet water • **agua nieve** sleet • **agua oxigenada** CHEM hydrogen peroxide ✦ pl (reflejos) wavy pattern; (destellos) sparkle; (orina) urine.

aguacate m avocado.

aguacero m downpour.

aguachento, a adj Amer thin.

aguafiestas m/f inv killjoy.

aguafuerte m/f etching (print or plate).

aguanieve f sleet ✦ pl wagtail.

aguantador, ra adj Amer, COLL patient.

aguantar vt to endure, tolerate; (sostener) to hold up; (contener) to hold, retain ✦ **aguantarse** vr to control o contain oneself.

aguante m (paciencia) tolerance; (fuerza) endurance.

aguar vt to water down; (malograr) to spoil, mar.

aguardar vt to wait for, await -vi to wait.

aguarrás m turpentine oil.

aguatero m Amer water carrier.

agudeza f sharpness; (ingenio) wit.

agudizar vt to worsen.

agudo, a adj sharp, pointed; (chillón) shrill; (perspicaz) keen; MUS high-pitched; GEOM, GRAM acute.

agüero m omen.

aguijón m sting.

águila f eagle.

aguinaldo m Christmas bonus.

aguja f needle; (del reloj) hand; ARCHIT steeple.

agujerear vt to pierce, perforate.

agujero m hole.

agujetas f pl MED soreness.

aguzar vt to sharpen.

ahí adv there ✦ **ahí no más** right over there • **de ahí que** hence • **por ahí** thereabouts.

ahijado, a m/f godchild -m godson -f goddaughter.

ahínco m eagerness, zeal.

ahíto, a adj stuffed.

ahogar vt to drown; (sofocar) to choke; (oprimir) to oppress ✦ **ahogarse** vr to drown; (sentir sofocación) to choke.

ahogo m (en el pecho) shortness of breath; (angustia) anguish.

ahondar vt to go deeper into -vi to go deep.

ahora -1 adv now; (pronto) soon; (hace poco) just now, a few moments ago ✦ **ahora bien** o **pues** well, now then • **ahora mismo** right now • **por ahora** for the time being -2 conj now then, well then.

ahorcar vt & vr to hang (oneself).

ahorita adv COLL right now, this minute.

ahorrar vt to save; (evitar) to spare ✦ **ahorrarse** vr to save o spare oneself.

ahorro m saving ✦ pl savings.

ahuecar vt to hollow out; (mullir) to fluff up; (la voz) to make deep.

ahumado, a adj CUL smoked, cured.

ahuyentar vt to drive o scare away.

aindiado, a adj Indian-like.

airado, a adj angry, irate.

aire m air; (viento) wind; (apariencia) air, appearance; (gracia) grace; MUS air, tune; MED, COLL crick, stiff neck ✦ **aire acondicionado** air conditioning • **al aire libre** in the open air.

airear vt to ventilate, aerate; (discutir) to discuss, air out.

airoso, a adj gallant.

aislado, a adj isolated; (solo) alone; (apartado) remote; ELEC insulated.

aislar vt to isolate; (retirar) to seclude; ELEC to insulate ✦ **aislarse** vr to withdraw.

ajarse *vr* to get crumpled o wrinkled; BOT to wither.

ajedrez *m* chess; *(piezas)* chess set.

ajeno, a *adj* another's, someone else's; *(libre)* free, devoid.

ajetreo *m* bustle, rush.

ají *m* [pl **íes**] red o green pepper.

ajo *m* garlic.

ajuar *m* trousseau.

ajustado, a *adj* tight.

ajustar *vt* to adjust, adapt; *(modificar)* to alter, fit; *(apretar)* to tighten; *(precios)* to fix; COM to settle; MECH to fit -*vi* to fit ♦ **ajustarse** *vr (acomodarse)* to adjust, conform.

ajuste *m* adjustment; *(modificación)* alteration, fitting; *(arreglo)* arrangement; COM settlement; MECH fitting.

al *contr* of **a** and **el**.

ala *f* wing; *(del sombrero)* brim; *(de la hélice)* blade; ARCHIT eave.

alabanza *f* praise.

alabar *vt* to praise, laud.

alabastro *m* alabaster.

alacena *f* cupboard, closet.

alacrán *m* scorpion.

alambrada *f* wire netting.

alambre *m* wire ♦ **alambre de púas** barbed wire.

álamo *m* poplar.

alarde *m* show, display.

alardear *vi* to boast, brag.

alargar *vt* to lengthen; *(extender)* to extend, prolong; *(estirar)* to stretch (out); *(cuerda)* to play out ♦ **alargarse** *vr* to get longer; DEROG to drag out.

alarido *m* yell, howl.

alarma *f* alarm; *(inquietud)* anxiety ♦ **dar la alarma** to sound the alarm.

alarmador, ra/mante *adj* alarming.

alarmar *vt* to alarm.

alba *f* dawn, daybreak ♦ **al alba** at dawn.

albañil *m* bricklayer, mason.

albaricoque *m* apricot.

alberca *f (tanque)* reservoir, tank; Mex swimming pool.

albergar *vt* to lodge, house; *(una esperanza)* to cherish; *(una duda)* to harbor ♦ **albergarse** *vr* to stay, take lodgings.

albergue *m (alojamiento)* lodging; *(refugio)* shelter, refuge.

albino, a *adj & m/f* albino.

albóndiga *f* meatball.

albornoz *m (capa)* burnoose; *(bata)* bathrobe.

alborotar *vt (agitar)* to agitate; *(incitar)* to incite; *(excitar)* to excite -*vi* to make a racket ♦ **alborotarse** *vr* to get excited o agitated; *(el mar)* to become rough.

alboroto *m (jaleo)* uproar; *(ruido)* racket; *(motín)* riot; Mex *(alegría)* joy.

alborozo *m* joy, jubilation.

álbum *m* album.

alcachofa *f* artichoke.

alcahuete, a *m/f* COLL gossip; Amer squealer -*m* pimp -*f* madam.

alcalde *m* mayor.

alcance *m (distancia)* reach; *(extensión)* range, scope; *(talento)* talent ♦ **al alcance** accessible, within reach *(de* to, of) • **dar alcance a** to catch up with.

alcancía *f* piggy bank.

alcanfor *m* camphor.

alcantarilla *f (cloaca)* sewer, drain; *(en un camino)* culvert.

alcanzar *vt* to reach (up to); *(tomar)* to catch; *(conseguir)* to attain; *(comprender)* to grasp; *(igualar)* to catch up with; Amer to pass, hand over -*vi* to reach; *(durar)* to be sufficient o enough ♦ **alcanzar a** to manage to, be able to.

alcaparra *f* caper.

alcaucil *m* artichoke.

alce *m* elk, moose.

alcoba *f* bedroom.

alcohol *m* alcohol.

alcoholismo *m* alcoholism.

alcornoque *m* cork oak; FIG blockhead.

aldaba *f (door)* knocker.

aldea *f* village, hamlet.

aleación *f* alloy.

aleccionar *vt (enseñar)* to instruct, teach; *(amaestrar)* to train.

alegación *f* allegation; Amer argument.

alegar *vt* to allege; *(aseverar)* to claim -*vi* to argue.

alegato *m* allegation; Amer argument.

alegoría *f* allegory.

alegrar *vt* to cheer; *(avivar)* to enliven ♦ **alegrarse** *vr* to rejoice, be happy; *(achisparse)* to get tipsy.

alegre *adj* happy, glad; *(jovial)* cheerful, sunny; *(brillante)* lively, bright; *(achispado)* tipsy.

alegría *f* happiness, joy.

alejamiento m removal, withdrawal; *(enajenación)* estrangement; *(distancia)* distance.

alejar vt to put farther away; *(enajenar)* to estrange ◆ **alejarse** vr to move away, withdraw.

alentador, ra adj encouraging.

alentar vt to encourage.

alergia f allergy.

alero m eaves.

alerta -1 adv on the alert ◆ **¡alerta!** watch out! -2 m alert, warning.

aleta f ICHTH fin; *(hélice)* blade; MECH leaf.

aletargar vt to make drowsy.

aletear vi to flutter, flap.

alfabetizar vt to alphabetize; EDUC to make literate, teach literacy skills to.

alfabeto m alphabet.

alfarería f pottery.

alfarero, a m/f potter, ceramist.

alféizar m window sill.

alférez m second lieutenant.

alfil m bishop (in chess).

alfiler m pin ◆ **alfiler de gancho** Amer safety pin.

alfombra f carpet; *(tapete)* rug, mat.

alforja f knapsack.

alga f alga, seaweed.

algarabía f uproar, din.

algarroba f *(planta)* vetch; *(fruto)* carob bean.

álgebra f algebra.

álgido, a adj icy, cold.

algo -1 indef pron something; *(en negaciones e interrogaciones)* anything; *(cantidad)* some ◆ **algo es algo** something is better than nothing • **por algo** for some reason -2 adv somewhat, a little.

algodón m cotton.

alguacil m sheriff; RP dragonfly.

alguien indef pron someone, somebody; *(en negaciones e interrogaciones)* anyone, anybody.

algún adj some -see **alguno**.

alguno, a -1 adj some; *(en negaciones e interrogaciones)* any ◆ **alguna vez** sometime -2 indef pron someone ◆ **alguno que otro** a few, one or two ◆ pl some.

alhaja f jewel, gem.

alhajera f/o m Amer jewelry box.

alhelí m [pl íes] BOT wallflower, stock.

aliado, a -1 m/f ally -2 adj allied, confederate.

alianza f *(unión)* alliance; *(anillo)* wedding ring.

aliar vt to ally, join ◆ **aliarse** vr to become allies.

alias adv & m alias.

alicaído, a adj depressed.

alicates m pl pliers, pincers.

aliciente m incentive.

alienar vt to alienate.

aliento m breath.

aligerar vt to lighten; *(acelerar)* to quicken.

alimentación f *(acción)* feeding; *(comida)* food; *(manutención)* support.

alimentar vt to feed, nourish; *(mantener)* to support; *(fomentar)* to nurture ◆ **alimentarse** vr to take nourishment • **alimentarse con** to feed on.

alimenticio, a adj nourishing, nutritious.

alimento m food, nourishment ◆ pl alimony.

alineación f *(línea)* alignment; *(colocación)* aligning; SPORT line-up.

aliñar vt CUL to season.

aliño m CUL seasoning.

alisar vt to smooth; *(el pelo)* to slick.

alistar vt to list; MIL to recruit ◆ **alistarse** vr to enlist; Amer to get ready.

aliviar vt to alleviate, ease; *(aligerar)* to lighten.

alivio m alleviation, easing; *(cese)* relief.

aljibe m cistern.

allá adv there, over there; *(en tiempo remoto)* way back ◆ **allá tú** that's your business, it's up to you • **más allá** farther • **más allá de** beyond • **por allá** over there.

allanamiento m raid ◆ **allanamiento de morada** search of premises.

allanar vt *(nivelar)* to flatten; *(invadir)* to raid; *(superar)* to overcome.

allegado, a m/f *(pariente)* relative, relation; *(partidario)* supporter, adherent.

allí adv there ◆ **por allí** *(sitio)* over there; *(camino)* that way.

alma f soul.

almacén m store; *(depósito)* warehouse; ARTIL magazine; S Amer grocery store ◆ **grandes almacenes** department store.

almacenaje m *(costo)* storage charge; *(almacenamiento)* storage.

almacenar vt to store, warehouse; FIG to stock up (with).

almacenero m warehouseman; S Amer grocer.

almanaque m calendar.

almeja f clam.

almendra f almond.

almendro m almond tree.

almíbar m syrup.

almidón m starch.

almidonar vt to starch.

almirante m admiral.

almizcle m musk.

almohada f pillow.

almohadilla f *(cojincillo)* small cushion; *(para sellos)* inkpad; Amer pincushion.

almohadillar vt to pad, stuff.

almorranas f pl hemorrhoids, piles.

almorzar vi to eat lunch, lunch -vt to eat for lunch, lunch on.

almuerzo m lunch.

¡aló! interj Amer *(al teléfono)* hello.

alocado, a adj thoughtless, crazy.

alojamiento m lodging(s); *(vivienda)* housing.

alojar vt to lodge; *(albergar)* to house ♦ **alojarse** vr to lodge, stay.

alojo m Amer var of **alojamiento**.

alondra f lark.

alpaca f alpaca.

alpargata f rope-soled sandal.

alpinista m/f mountain climber.

alpino, a adj alpine.

alpiste m birdseed.

alquilar vt to rent, lease; *(personas)* to hire ♦ **se alquila** to let, for hire.

alquiler m *(acción)* renting, hiring; *(renta)* rent ♦ **alquiler de coches** car-rental service • **de alquiler** for hire, for rent.

alquimia f alchemy.

alquitrán m tar, pitch.

alrededor -1 adv *(en torno)* around; *(cerca de)* about, approximately -2 m pl *(cercanías)* surroundings; *(afueras)* out-skirts.

alta f see **alto, a**.

altanero, a adj arrogant, haughty.

altar m altar.

altavoz m loudspeaker.

alteración f alteration; *(alboroto)* disturbance.

alterar vt to alter; *(perturbar)* to upset; *(enfadar)* to annoy ♦ **alterarse** vr to change; *(perturbarse)* to get upset.

altercación f/**do** m altercation, argument.

alternar vt & vi to alternate ♦ **alternar con** to mix with.

alternativa f alternative, choice.

alternativo, a adj alternating, alternate.

alterno, a adj alternating; BOT, GEOM alternate.

Alteza f Highness.

altibajos m pl ups and downs.

altillo m *(colina)* hillock; S Amer *(desván)* attic.

altiplanicie f high plateau, altiplano.

altitud f altitude, height.

altivo, a adj haughty, proud.

alto, a -1 adj high; *(estatura)* tall; *(piso)* upper; *(voz)* loud; *(crecido)* swollen; *(ideales)* lofty ♦ **alta fidelidad, frecuencia** high fidelity, frequency • **alto horno** blast furnace • **altas horas** late hours • **en alto** on high -2 m height, elevation; MUS alto; MIL halt, stop; Amer pile, heap ♦ **de alto** high • **de lo alto** from on high, from above • **hacer alto** to stop, come to a stop ♦ pl Amer upper floors -f MED discharge; *(ingreso)* entry ♦ **dar de alta** MIL to admit; MED to discharge -3 adv *(arriba)* up high, above; *(en voz fuerte)* aloud, loudly ♦ **pasar por alto** to overlook, omit -4 interj halt!, stop!

altoparlante m loudspeaker.

altura f height; *(altitud)* altitude; *(nivel)* level; FIG loftiness ♦ **a estas alturas** at this point o stage.

alubia f French o kidney bean.

alucinación f hallucination.

alucinar vt & vi to hallucinate.

alud m avalanche.

aludir vi to allude, refer *(a* to).

alumbrado m lighting.

alumbramiento m *(parto)* childbirth.

alumbrar vt to light (up), illuminate; FIG to enlighten, illuminate -vi to give light; *(dar a luz)* to give birth.

aluminio m aluminum, aluminium GB.

alumno, a m/f pupil, student.

alunado, a adj RP, COLL grouchy

alunarse vr Amer (herida) to fester; RP, COLL to get grouchy.

alusión f allusion.

aluvión m flood.

alverja f Amer pea.

alza f rise, increase ♦ **en alza** on the rise.

alzamiento m POL uprising.

alzar vt to raise, lift (up); (recoger) to gather ♦ **alzarse** vr to rise, get up; POL to rebel, rise • **alzarse con** COLL to make off with, steal.

ama f (señora) lady of the house, mistress; (dueña) proprietress ♦ **ama de casa** housewife • **ama de cría** o **de leche** wet nurse • **ama de llaves** housekeeper.

amabilidad f kindness.

amable adj kind.

amadrinar vt Amer to train (horses), to follow the lead.

amaestrar vt to train.

amagar vt (amenazar) to threaten (a, con to); (fingir) to feign.

amago m (amenaza) threat; (señal) sign; MIL mock attack.

amainar vi to die down, let up.

amamantar vt to suckle, nurse.

amanecer -1 vi to dawn -2 m dawn, daybreak ♦ **al amanecer** at dawn o daybreak.

amansador, ra m/f Amer horsebreaker -f RP a long wait.

amansar vt (un animal) to tame; (un caballo) to break.

amante -1 adj fond (de of) -2 m/f lover.

amañar vt DEROG to fix, falsify.

amapola f poppy.

amar vt to love.

amargado, a adj bitter, embittered.

amargo, a -1 adj bitter -2 m Amer sugarless maté.

amargura f bitterness.

amarillo, a adj & m yellow.

amarrar vt to tie (up), fasten; MARIT to moor.

amarrete adj Arg, Peru stingy.

amasar vt to knead; FIG to amass.

amasijo m Arg, COLL thrashing, beating.

amateur adj & m/f amateur.

amatista f MIN amethyst.

amazona f horsewoman.

ambages m pl circumlocution ♦ **hablar sin ambages** not to beat around the bush.

ámbar m amber.

ambición f ambition.

ambicioso, a adj & m/f ambitious.

ambientación f atmosphere; LIT setting.

ambiente m atmosphere; FIG ambiance; RP room.

ambigüedad f ambiguity.

ambiguo, a adj ambiguous.

ámbito m (campo) field.

ambos, as adj & indef pron both.

ambulancia f ambulance.

ambulante -1 adj traveling, itinerant -2 m Amer peddler; Mex ambulance driver.

amedrentar vt to scare, frighten.

amén adv amen ♦ **amén de** besides, in addition to.

amenaza f threat, menace.

amenazar vt to threaten.

amenizar vt & vi to make pleasant; FIG to enliven.

ameno, a adj pleasant, agreeable.

americanismo m Spanish American word, custom o trait.

americano, a adj & m/f American -f jacket.

ametralladora f machine gun.

amianto m amianthus, asbestos.

amigable adj amicable.

amígdala f tonsil, amygdala.

amigdalitis f inv tonsilitis.

amigo, a -1 m/f friend ♦ **hacerse amigo de** to make friends with • **hacerse amigos** to become friends -2 adj friendly.

amigote m COLL great friend, pal.

amilanar vt to frighten, intimidate.

aminorar vt to reduce, diminish.

amistad f friendship ♦ **trabar** o **estrechar amistad** to make friends ♦ pl friends, acquaintances.

amistoso, a adj amicable, friendly.

amnesia f amnesia.

amnistía f amnesty.

amo m master; (dueño) owner, proprietor.

amolador m Amer grinder, sharpener.

amolar vt FIG to irritate, annoy.

amoldar vt to mold, model; FIG to adapt, adjust ♦ **amoldarse** vr to adapt oneself.

amonestación f (represión) reprimand; (advertencia) warning.

amonestar vt (reprender) to reprimand; (advertir) to warn.

amoniaco/níaco m ammonia.

amontonar vt (apilar) to heap o pile (up); (acumular) to accumulate, gather; (riquezas) to hoard ♦ **amontonarse** vr (apilarse) to pile up; (acumularse) to crowd (together).

amor m love; (afecto) affection; (querido) darling, beloved ♦ **amor propio** pride • **hacer el amor** to make love • **¡por amor de Dios!** for goodness sake! ♦ pl love affairs, romances.

amoratado, a adj purplish; Amer black-and-blue, bruised.

amoratar vt Amer to bruise ♦ **amoratarse** vr to turn blue o purple; (magullarse) to bruise, turn black-and-blue.

amordazar vt (una persona) to gag; (un perro) to muzzle; FIG to silence, gag.

amorfo, a adj amorphous, shapeless.

amorío m fling, love affair.

amoroso, a adj loving, affectionate; (enamoradizo) amorous; Amer charming.

amortajar vt to shroud.

amortiguador m shock absorber.

amortiguar vt (golpes) to absorb; (ruidos) to muffle; (luces) to dim; (colores, música) to tone down; FIG to alleviate.

amortizar vt LAW to amortize; (un bono) to redeem; (una deuda) to repay, pay off.

amotinar vt to incite to riot ♦ **amotinarse** vr to rebel; MIL to mutiny.

amparar vt to protect; (defender) to defend ♦ **ampararse** vr to protect oneself; (acogerse) to seek protection.

amparo m protection; (defensa) aid.

amperio m ampere.

ampliación f (extensión) extension, expansion; PHOTOG enlargement.

ampliar vt to expand; (desarrollar) to elaborate on; (aumentar) to increase; (ensanchar) to widen; PHOTOG to enlarge.

amplificador m ELEC, RAD amplifier.

amplificar vt (aumentar) to amplify; (con microscopio) to magnify.

amplio, a adj (espacioso) spacious, roomy; (extenso) ample, broad; (ancho) full, wide.

amplitud f (anchura) fullness; (extensión) extent.

ampolla f blister; MED ampoule.

amputar vt to amputate, cut off.

amueblar vt to furnish.

amurallar vt to wall, fortify with walls.

anacronismo m anachronism.

ánade m/f duck.

anales m pl annals.

analfabeto, a adj & m/f illiterate.

analgésico, a adj & m analgesic.

análisis m inv analysis ♦ **análisis de sangre** blood test.

analista m/f analyst.

analizar vt to analyze, examine.

analogía f analogy ♦ **por analogía** by analogy.

análogo, a adj analogous, similar (a to).

ananá(s) m [pl na(s)es] pineapple.

anaquel m shelf.

anarquía f anarchy.

anarquista m/f anarchist.

anatomía f anatomy.

anca f rump.

ancho, a -1 adj wide, broad; (holgado) 'oose, full **-2** m width, breadth ♦ **de ancho** wide.

anchoa f anchovy.

anchura f width, breadth; (amplitud) fullness.

anciano, a -1 adj old, elderly **-2** m old o elderly man; RELIG elder -f old o elderly woman.

ancla f anchor.

anclar/corar vi to anchor, drop o cast anchor.

andamio m scaffold; (tablado) platform.

andar[1] vi to walk; (marchar) to go, move; (funcionar) to work, function; (transcurrir) to go by, elapse; (estar) to be; (sentirse) to feel ♦ **¡anda!** (como exhortación) get going!, move along!; (expresando admiración) no kidding! • **¡ándale!** COLL hurry up! • **andar en** (envolverse) to be mixed up o engaged in; (escudriñar) rummage through, search; (en edad) to be going on, be about • **andar tras** to go after, pursue

• **¿cómo andas de salud?** how is your health? -vt to travel, go ♦ **andarse** vr to leave, go away • **andarse en** to be mixed up in.

andar² m pace, gait.

andariego, a adj wandering, roving.

andén m station o railway platform; Amer sidewalk, pavement GB.

andinismo m mountaineering.

andinista m/f mountain climber.

andrajo m tatter, rag.

andrajoso, a adj tattered, ragged.

anécdota f anecdote.

anecdótico, a adj anecdotal.

anegar vt to flood, inundate ♦ **anegarse** vr be inundated.

anejo, a -1 adj attached, annexed -2 m annex; LIT appendix.

anestesia f anesthesia.

anestesista m/f anesthetist.

anexo, a -1 adj joined; (documento) enclosed -2 m (suplemento) annex; (apéndice) enclosure.

anfetamina f amphetamine.

anfibio, a -1 adj amphibious, amphibian -2 m ZOOL amphibian.

anfiteatro m amphitheater.

anfitrión, ona m host -f hostess.

ángel m angel.

anglicano, a adj & m/f Anglican.

angloparlante adj English-speaking.

anglosajón, ona adj & m/f Anglo-Saxon -m (idioma) Anglo-Saxon.

angora adj & m Angora, angora.

angosto, a adj narrow, tight.

angostura f BOT, CUL angostura.

anguila f eel.

ángulo m angle; (esquina) corner, angle.

anguloso, a adj angular, sharp.

angurria f Amer (hambre) hunger; (avaricia) greed.

angurriento, a adj Amer (avaro) greedy; (hambriento) starved.

angustia f anguish.

angustiar vt to anguish, cause anguish ♦ **angustiarse** vr to become anguished o distressed.

anhelante adj yearning.

anhelar vt to yearn o long for.

anhelo m yearning, longing.

anhídrido m ♦ **anhídrido carbónico** carbon dioxide.

anidar vi to nest.

anillo m ring.

ánima f soul, spirit.

animación f (viveza) liveliness; (movimiento) animation.

animado, a adj (vivo) lively; (activo) bustling; (movido) motivated; Amer better (of health).

animador, ra m/f (de ceremonias) master of ceremonies; (artista) entertainer.

animadversión f animadversion.

animal -1 adj animal -2 m FIG beast.

animar vt (dar vida a) to give life to; (avivar) to enliven; (estimular) to stimulate; (alentar) to encourage ♦ **animarse** vr (avivarse) to become animated o lively; (atreverse) to feel encouraged • **animarse a** to decide to, get in the mood to.

ánimo m spirit; (energía) energy, vitality ♦ **¡ánimo!** courage!

animoso, a adj spirited, courageous.

aniquilar vt to annihilate, destroy.

anís m anise; (grano) aniseed; (licor) anisette.

aniversario m anniversary.

ano m anus.

anoche adv last night, yesterday evening.

anochecer -1 vi to get dark, fall (night) -2 m nightfall, dusk.

anómalo, a adj anomalous.

anonimato m anonymity.

anónimo, a -1 adj anonymous -2 m (anonimato) anonymity; (carta) anonymous letter.

anormal adj abnormal.

anotación f (acción) noting; (nota) note.

anotar vt (poner notas) to annotate; (apuntar) to make note of.

anquilosamiento m MED stiffening; FIG paralysis.

ánsar m goose.

ansia f (inquietud) anxiety; (angustia) anguish; (anhelo) yearning.

ansiar vt to yearn o long for.

ansiedad f anxiety.

ansioso, a adj (preocupado) anxious; (deseoso) eager.

antagónico, a adj antagonistic.

antagonista m/f antagonist, rival.

antaño *adv* in days gone by.

ante¹ *m* ZOOL elk.

ante² *prep (delante de)* before, in front of; *(considerando)* in view of, regarding.

anteanoche *adv* the night before last.

anteayer *adv* the day before yesterday.

antebrazo *m* forearm.

antecedente -1 *adj* preceding -2 *m* antecedent ♦ *pl* back-ground.

anteceder *vt & vi* to precede, antecede.

antecesor, ra *m/f (predecesor)* predecessor.

antelación *f* ♦ **con antelación** in advance • **con antelación a** prior to.

antemano *adv* ♦ **de antemano** in advance.

antena *f* ZOOL antenna; RAD, TELEV aerial.

anteojera *f pl* blinders.

anteojos *m pl (gafas)* eyeglasses.

antepasado, a *m/f* ancestor.

antepecho *m (baranda)* rail, railing; *(alféizar)* window sill.

anteponer *vt (poner delante)* to place in front; FIG to put before.

anteproyecto *m* draft, blueprint.

anterior *adj* previous, before *(a* to); ANAT, ZOOL front, fore.

anterioridad *f* ♦ **con anterioridad** beforehand, in advance • **con anterioridad a** prior to.

antes -1 *adj & adv* before; *(antiguamente)* previously, formerly; *(más bien)* rather, sooner ♦ **antes de** before, prior to • **antes de ayer** the day before yesterday • **antes que** before; *(en vez de)* rather than -2 *conj* rather, on the contrary.

antesala *f* anteroom.

antiaéreo, a *adj* antiaircraft.

antibiótico, a *adj & m* antibiotic.

anticipación *f* anticipation ♦ **con anticipación** in advance.

anticipado, a *adj* advance, advanced ♦ **por anticipado** in advance.

anticipar *vt* to advance, move forward; *(prestar)* to advance; S Amer to foresee, anticipate ♦ **anticiparse** *vr* to be o arrive early • **anticiparse a** to get ahead of.

anticipo *m* anticipation; *(dinero)* advance (payment).

anticonceptivo, a *adj & m* contraceptive.

anticongelante -1 *adj* antifreezing -2 *m* antifreeze.

anticuado, a *adj (en desuso)* antiquated; *(pasado de moda)* old-fashioned.

anticuario *m* antique dealer.

anticuerpo *m* antibody.

antídoto *m* antidote.

antifaz *m* mask.

antigualla *f* COLL relic, old-fashioned item.

antiguamente *adv (antes)* formerly, once; *(en tiempos remotos)* in ancient times.

antigüedad *f (vejez)* old age; *(época)* ancient times; *(en el empleo)* seniority ♦ *pl* antiques.

antiguo, a *adj (viejo)* ancient, old; *(anterior)* former.

antílope *m* antelope.

antipatía *f* antipathy, dislike.

antipático, a *adj* disagreeable, unpleasant.

antipatizar *vt* Amer to dislike.

antiséptico, a *adj & m* antiseptic.

antítesis *f inv* antithesis.

antojadizo, a *adj* capricious.

antojarse *vr (gustar)* to fancy, feel like; *(parecer)* to seem.

antojo *m (capricho)* whim; *(de comida)* craving; *(lunar)* birthmark.

antología *f* anthology.

antónimo, a -1 *m* antonym -2 *adj* antonymous.

antorcha *f* torch.

antro *m* grotto; FIG den, lair.

antropófago, a *m/f* cannibal.

antropología *f* anthropology.

anual *adj* annual, yearly.

anualidad *f* annual payment.

anuario *m* yearbook, annual.

anudar *vt (hacer nudos)* to tie in knots; *(atar)* to tie together.

anulación *f* annulment, nullification.

anular¹ *m* ring finger.

anular² *vt* to annul; *(desautorizar)* to remove from power.

anunciación *f* announcement.

anunciante -1 *adj* advertising -2 *m/f* advertiser.

anunciar vt to announce; (publicar) to advertise; (presagiar) to foreshadow.

anuncio m announcement; (cartel) poster; (señal) sign; COM advertisement.

anzuelo m fishhook; FIG lure.

añadidura f addition ♦ **por añadidura** besides.

añadir vt to add; (aumentar) to increase; (conferir) to lend.

añejo, a adj aged, mature.

añicos m pl bits, pieces ♦ **hacerse añicos** to break into pieces.

añil -1 m BOT indigo; (para lavado) bluing -2 adj indigo, blue.

año m year ♦ **año bisiesto** leap year • **año lectivo** school year • **año luz** lightyear • **tener... años** to be... years old.

añoranza f nostalgia.

añorar vt & vi to long, yearn (for).

apabullar vt to crush, squash.

apacentar vt & vr to graze, pasture.

apache m/f Apache.

apacible adj calm, gentle.

apaciguar vt (sosegar) to appease; (un dolor) to relieve ♦ **apaciguarse** vr to calm down.

apadrinar vt (patrocinar) to sponsor; (apoyar) to support; (a un niño) to be godfather to; (en una boda) to be best man for.

apagado, a adj (extinguido) extinguished; (apocado) shy; FIG dull, subdued.

apagar vt (el fuego) to put out; (la luz) to turn out; (la cal) to slake; (el ruido) to silence; (el color) to tone down ♦ **apagarse** vr to fade.

apagón m blackout, power failure.

apalabrar vt to agree to.

apalear vt to thrash.

apañar vt (asir) to grasp; (apoderarse) to seize; (reparar) to repair, mend; Arg, Peru to cover up for, protect; Mex to excuse, forgive ♦ **apañarse** vr (darse maña) to manage.

aparador m (armario) sideboard, cupboard; (escaparate) window.

aparato m apparatus, device; FIG pomp, show; ANAT, ZOOL system.

aparatoso, a adj pompous, ostentatious.

aparcamiento m parking lot, garage.

aparcar vt to park.

aparcero, a m/f sharecropper; Amer comrade.

aparecer vi & vr to appear; (mostrarse) to show up, turn up.

aparejado, a adj ♦ **ir aparejado con** to go hand in hand with • **traer aparejado** to mean, involve.

aparejo m preparation; (arreo) harness; (poleas) derrick; Amer saddle.

aparentar vt (fingir) to pretend, feign; (parecer) to seem, look.

aparente adj (presumible) apparent, seeming; (visible) apparent, visible.

aparición f (acción) appearance; (fantasma) apparition, specter.

apariencia f appearance ♦ **en apariencia** apparently.

apartado, a -1 adj remote, isolated -2 m (casilla postal) post office box; (párrafo) paragraph, section.

apartamento m apartment, flat GB.

apartar vt (separar) to separate; (llevar aparte) to take aside; (alejar) to put aside ♦ **apartarse** vr to withdraw, move away.

aparte -1 adv (por separado) apart, separate; (a un lado) aside, to one side ♦ **aparte de** besides, apart from -2 m paragraph; THEAT aside.

apasionante adj exciting, thrilling.

apasionar vt to enthuse, excite ♦ **apasionarse** vr to become enthused o excited.

apatía f apathy, indifference.

apático, a adj apathetic, indifferent.

apátrida adj stateless.

apeadero m RAIL way station.

apearse vr (de un caballo) to dismount; (de un vehículo) to get out of; Amer to stay, lodge.

apego m FIG attachment, fondness.

apelación f appeal.

apelar vi to appeal ♦ **apelar a** o **ante** to appeal to.

apelativo m Amer, COLL last name, surname.

apellido m last name, surname.

apelmazar vt to compress, compact.

apenar vt to grieve, pain.

apenas adv (casi no) scarcely, hardly; (con dificultad) with difficulty; (enseguida que) as soon as.

apéndice m appendage; ANAT appendix.

apendicitis f inv appendicitis.

apercibir vt (advertir) to warn ♦ **apercibirse** vr to notice.

aperitivo m apéritif, appetizer.

aperos m pl (utensilios) equipment, gear; Amer riding gear.

apertura f (principio) opening, commencement; (ajedrez) opening move; POL opening.

apesadumbrar vt to grieve, distress ♦ **apesadumbrarse** vr to be grieved o distressed (de, por by).

apestar vi to stink.

apetecer vt (ansiar) to long for, crave; FIG to desire -vi to be appealing o attractive.

apetecible adj appealing, appetizing.

apetito m appetite ♦ **abrir, dar** o **despertar el apetito** to whet one's appetite.

apetitoso, a adj appetizing, delicious.

apiadarse vr to (have) pity ♦ **apiadarse de** to take pity on.

ápice m (cima) apex, top, pinnacle; FIG (nonada) iota, whit.

apicultura f beekeeping, apiculture.

apilar vt to pile o heap.

apiñar vt & vr to cram, jam.

apio m celery.

apisonadora f steamroller.

aplacar vt to appease, placate.

aplanar vt (allanar) to level, flatten.

aplastante adj overwhelming.

aplastar vt (estrujar) to crush; (vencer) to overwhelm.

aplaudir vt to applaud.

aplauso m applause.

aplazamiento m postponement.

aplazar vt (diferir) to postpone, put off; Amer to fail, flunk.

aplicación f application; (esmero) diligence.

aplicado, a adj diligent.

aplicar vt to apply ♦ **aplicarse** vr to apply oneself.

aplique m light fixture.

aplomo m aplomb.

apocado, a adj diffident, timid.

apodar vt to nickname.

apoderado, a m/f manager, agent.

apoderarse vr ♦ **apoderarse de** (apropiarse) to take possession of; (dominarse) to overwhelm.

apodo m nickname.

apogeo m ASTRON apogee; FIG height.

apolillarse vr to be moth-eaten; Amer, COLL to snooze, doze.

apoltronarse vr to get lazy.

aporreado m Cuba beef stew.

aporrear vt (golpear) to beat; (instrumento) to bang on.

aportar vt (traer) to bring; (contribuir) to contribute.

aporte m Amer contribution, donation.

aposentar vt & vr to lodge.

aposento m (habitación) room; (hospedaje) lodging.

apostar vt (jugar) to wager; (colocar) to post ♦ **apostarse** vr to position oneself.

apostilla f marginal note, annotation.

apóstol m apostle.

apostólico, a adj (de los apóstoles) apostolic; (del papa) papal, pontific.

apóstrofo m GRAM apostrophe.

apoteósico, a adj magnificent.

apoyar vt (estribar) to lean, rest; (ayudar) to aid, support ♦ **apoyarse** vr to lean, rest (en on); FIG to rely (en on).

apoyo m support.

apreciación f (valorización) appraisal; (aprecio) appreciation.

apreciar vt (estimar) to appraise; to appreciate.

aprecio m COM appraisal; (estima) esteem; Mex attention ♦ **no hacer aprecio a** not to pay attention to.

aprehender vt (apresar) to apprehend; (confiscar) to seize.

apremiante adj pressing, urgent.

apremiar vt to press.

aprender vt to learn (a to).

aprendiz, za m/f apprentice.

aprendizaje m apprenticeship.

aprensión f (miedo) apprehension; (sospecha) suspicion.

aprensivo, a adj apprehensive.

apresar vt to capture.

aprestar vt (preparar) to make ready; TEX to size ♦ **aprestarse** vr to prepare oneself.

apresurar vt to hurry, hasten ♦ **apresurarse** vr to hurry, make haste (a, por to).

apretado, a adj cramped, tight.

apretar vt (nudo) to tighten; (estrujar) to squeeze; (comprimir) to compress -vi (la ropa) to be too tight.

apretón m grip, squeeze ♦ **apretón de manos** handshake.

aprieto m jam, fix.

aprisa adv quickly, swiftly.

aprisionar vt to bind.

aprobación f approval.

aprobar vt (consentir) to approve of; (examen) to pass; LAW to ratify -vi to pass an examination.

apronte m RP (de caballos) trial (race); FIG dry run.

apropiado, a adj appropriate, suitable.

apropiar vt Amer, FIN to earmark ♦ **apropiarse** vr to take possession (de of).

aprovechar vt to make good use of ♦ **aprovecharse de** to take advantage of.

aproximación f (proximidad) nearness; (estimación) approximation.

aproximadamente adv approximately, about.

aproximar vt to bring near ♦ **aproximarse** vr to draw near.

aptitud f aptitude ♦ pl gift, talent.

apto, a adj (hábil) competent; (conveniente) fit.

apuesto, a -1 adj elegant -2 f bet, wager.

apunarse vr Amer to be overcome by altitude sickness.

apuntador, ra m/f THEAT prompter.

apuntalar vt to prop up, shore up.

apuntar vt (arma) to aim, point; (señalar) to point to o at, indicate; (tomar nota) to make a note of; (sugerir) to cue, clue; (insinuar) to hint at, suggest; THEAT to prompt -vi to begin to show.

apunte m note, notation ♦ **llevar el apunte** RP, COLL (escuchar) to pay attention; (en el galanteo) to accept someone's attentions.

apuñalar vt to stab, knife.

apurado, a adj Amer in a hurry.

apurar vt Amer to hurry, press; (purificar) to refine; (agotar) to use o finish up; (enfadar) to annoy ♦ **apurarse** vr Amer to hurry.

apuro m hurry ♦ **estar en apuros** (dificultades) to be in a jam; (dinero) to be hard up (for money).

aquejar vt to afflict.

aquel, lla dem adj [pl llos, llas] that (...over there) ♦ pl those.

aquél, lla dem pron [pl llos, llas] that one (over there); (el primero) the former ♦ pl those.

aquello neut dem pron that, that matter ♦ **aquello de** that business about.

aquerenciado, a adj Mex in love, enamored.

aquí adv (en este lugar) here; (ahora) now; (entonces) then, at that point ♦ **de aquí en adelante** from now on, from here on in • **por aquí** (alrededor) around here; (por este lado) this way.

ara f ♦ **en aras de** for the sake of.

arado m plow.

arancel m tariff, duty.

arandela f MECH washer; Amer frills, flounce.

araña f spider; (candelabro) chandelier.

arañar vt (rasgar) to scratch, scrape; COLL (recoger) to scrape together.

arañazo m scratch.

arar vt to plow.

araucano, a adj & m/f Araucanian.

arbitraje m arbitration; COM arbitrage.

arbitrar vt to arbitrate; SPORT to referee, umpire -vi to arbitrate.

arbitrario, a adj arbitrary.

árbitro m arbiter, arbitrator; SPORT referee.

árbol m tree; MECH axle; MARIT mast.

arboleda f grove, wood.

arbusto m bush, shrub.

arca f (cofre) chest.

arcada f ARCHIT arcade; (de un puente) span; (basca) retch.

arcaico, a adj archaic, old-fashioned.

arce m maple (tree).

archipiélago m archipelago.

archivador m filing cabinet.

archivar vt (clasificar) to file, put into a file; FIG to shelve.

archivo m archives; (de oficina) files.

arcilla f clay.

arco m GEOM arc; ARCHIT, ANAT arch; ARM, MUS bow; SPORT goal ♦ **arco iris** rainbow.

arder vi to burn.

ardid m ruse, scheme.

ardiente adj burning; FIG ardent.

ardilla f squirrel.

ardoroso, a adj hot; FIG ardent.

arduo, a adj arduous, difficult.

área f area.

arena f sand ♦ **arenas movedizas** quicksand.

arenal m sandy ground.

arenga f harangue.

arenque m herring.

arete m (aro) hoop, ring; (pendiente) earring.

argamasa f mortar, plaster.

argolla f ring; S Amer (anillo) wedding o engagement ring; Mex, COLL luck.

argot m slang, jargon.

argucia f subtlety.

argüir vi to argue.

argumentación f argument.

argumentar vi to argue.

argumento m (razonamiento) line of reasoning; (trama) plot; (sumario) summary.

aria f aria.

aridez f aridity, aridness.

árido, a adj arid.

ario, a adj & m/f Aryan.

arisco, a adj (desabrido) unfriendly; (salvaje) wild.

arista f edge.

aristocracia f aristocracy.

aristócrata m/f aristocrat.

aritmética f arithmetic.

arlequín m harlequin, clown.

arma f weapon, arm ♦ **arma blanca** bladed weapon • **arma de fuego** firearm.

armado, a -1 adj armed; CONSTR reinforced -2 f armada, (naval) fleet.

armadura f armor.

armamento m armament.

armar vt (dar armas) to arm; (montar) to assemble; FIG to create ♦ **armarla** to cause a scandal ♦ **armarse** vr to arm oneself; S Amer to strike it rich, get lucky.

armario m closet, wardrobe.

armatoste m monstrosity.

armazón m o f framework, frame.

armiño m ermine.

armisticio m armistice.

armonía f harmony.

armónico, a -1 adj harmonic, harmonious -2 m harmonic -f harmonica.

armonizar vt & vi to harmonize.

arnés m armor ♦ pl harness.

aro m (círculo) hoop, ring; RP earring.

aroma m aroma, scent.

aromatizador m Amer atomizer.

arpa f harp.

arpía f harpy; COLL shrew, hag.

arpillera f burlap, sackcloth.

arpón m harpoon.

arquear vt to curve -vi Amer to audit ♦ **arquearse** vr to curve.

arqueo m COM audit.

arqueología f archaeology.

arqueólogo, a m/f archaeologist.

arquero m (soldado) archer; SPORT goalie.

arquetipo m archetype.

arquitecto, a m/f architect.

arquitectura f architecture.

arrabal m slum ♦ pl outskirts.

arraigar vi BOT to take root -vt Amer, LAW to limit o restrict movement ♦ **arraigarse** vr BOT to take root; (establecerse) to establish oneself; (vicio, virtud) to become deeply rooted.

arrancar vt (de raíz) to pull up; (con violencia) to pull out; (conseguir) to obtain, seize -vi (salir) to get started; (provenir) to stem (de from); AUTO to start (up); RAIL to pull out.

arranque m (arrebato) outburst; AUTO starter.

arrasar vt (allanar) to level; (arruinar) to destroy.

arrastrar vt to pull, drag; (los pies) to drag, shuffle; (atraer) to attract ♦ **arrastrarse** vr to crawl, grovel.

arrear vt (ganado) to herd; Amer to steal.

arrebatador, ra adj (cautivante) charming; (excitante) exciting.

arrebatar vt (arrancar) to snatch; FIG (conmover) to move, stir.

arrebato m (arranque) fit; (furor) rage; (éxtasis) ecstasy.

arreciar vi (empeorarse) to worsen; (el tiempo) to blow o rain harder.

arrecife m reef.

arreglar vt (ordenar) to put in order; (acomodar) to tidy up; (reparar) to repair; (*solucionar*) to resolve; MUS to arrange; *Arg, Mex* to settle (a debt) ♦ **arreglarse** *vr* (*ataviarse*) to get dressed (up) • **arreglárselas** COLL to manage.

arreglo *m* (*acción*) arrangement; (*orden*) order; (*convenio*) understanding; (*compostura*) repair; MUS arrangement ♦ **con arreglo a** in accordance with.

arremeter *vt* to attack.

arrendador, ra *m/f* (*propietario*) landlord; (*inquilino*) tenant.

arrendamiento *m* (*acción*) rental; (*alquiler*) rent.

arrendar *vt* to rent.

arrendatario, a *m/f* tenant.

arreo *m Amer* herd, drove ♦ *pl* harness.

arrepentimiento *m* repentance.

arrepentirse *vr* to repent; FIG to regret.

arrestar *vt* to arrest, place under arrest.

arresto *m* (*detención*) arrest; (*reclusión*) imprisonment; (*audacia*) boldness.

arriar *vt* MARIT to lower; (*aflojar*) to slacken.

arriba *adv* above; (*en una casa*) upstairs; (*en lo alto*) overhead ♦ **¡arriba!** (*para animar*) get up!, come on!; (*para vitorear*) hurrah for...! • **arriba citado** above-mentioned • **de arriba** from above; *Amer*, COLL free, gratis • **de arriba abajo** COLL (*de cabo a rabo*) from top to bottom; (*desde el principio al fin*) from beginning to end; (*completamente*) from head to foot • **más arriba** higher *o* farther up • **para arriba** upwards, up.

arribar *vi* to arrive.

arribeño, a *Amer* -1 *adj* highland -2 *m/f* highlander.

arribo *m* arrival.

arriendo *m* (*acción*) renting; (*precio*) rent; (*contrato*) lease.

arriesgado, a *adj* (*peligroso*) risky; (*audaz*) daring.

arriesgar *vt & vr* to risk.

arrimar *vt* to bring *o* draw near ♦ **arrimarse** *vr* to lean; (*juntarse*) to join together.

arrinconar *vt* (*en un rincón*) to put in a corner; (*acorralar*) to corner; (*abandonar*) to neglect.

arriscar *Amer vt* to turn up, fold up ♦ **arriscarse** *vr* to dress up.

arrodillarse *vr* to kneel (down).

arrogancia *f* arrogance.

arrogante *adj* arrogant.

arrojar *vt* (*hurl*, fling; (*emitir*) to emit; (*vomitar*) to throw up; COM to show ♦ **arrojarse** *vr* to throw *o* hurl oneself.

arrojo *m* boldness.

arrollador, ra *adj* overwhelming.

arrollar *vt* (*atropellar*) to trample; (*derrotar*) to crush.

arropar *vt* to wrap with clothes ♦ **arroparse** *vr* to wrap up *o* clothe oneself.

arrorró/ú *m Amer*, COLL lullaby.

arroyo *m* brook; (*cuneta*) gutter.

arroz *m* rice ♦ **arroz con leche** rice pudding.

arruga *f* (*en la piel*) wrinkle, line; (*en la ropa*) wrinkle, crease.

arrugar *vt* (*fruncir*) to wrinkle; (*hacer arrugas*) to crease ♦ **arrugarse** *vr* to wrinkle, become wrinkled; (*plegarse*) to become wrinkled *o* creased.

arruinar *vt* to ruin; FIG to destroy ♦ **arruinarse** *vr* to fall into ruin.

arrullar *vt* to coo; (*adormecer*) to lull *o* sing to sleep.

arrurruz *m* arrowroot.

arsenal *m* (*astillero*) shipyard; MIL arsenal; (*depósito*) storehouse.

arsénico *m* arsenic.

arte *m o f* art; (*habilidad*) skill ♦ **bellas artes** fine arts.

artefacto *m* appliance.

arteria *f* artery.

artero, a *adj* cunning, sly.

artesanía *f* (*habilidad*) craftsmanship; (*producto*) crafts.

artesano, a *m/f* artisan, craftsman -*f* craftswoman.

ártico, a *adj & m* Arctic.

articulación *f* ANAT, MECH joint; (*pronunciación*) enunciation.

articular *vt* (*pronunciar*) to enunciate; MECH to join.

artículo *m* article; (*cosa*) item, thing; (*escrito*) essay; LAW section ♦ *pl* goods.

artífice *m/f* FIG architect.

artificial *adj* artificial.

artificio *m* (*habilidad*) ability; (*aparato*) device; (*ardid*) trick.

A

artilugio m (aparato) contraption; (trampa) gimmick.

artillería f artillery.

artimaña f (trampa) trick; (astucia) cunning.

artista m/f artist; (actor, actriz) actor -f actress.

artístico, a adj artistic.

artritis f MED arthritis.

arveja f Amer green pea.

arzobispo m archbishop.

as m ace.

asa f handle.

asado m (carne) roasted meat; Amer barbecued meat; (comida) cookout, barbecue.

asalariado, a m/f salaried worker.

asaltador, ra/tante m/f assailant.

asaltar vt (atacar) to assault; (sobrevenir) to overtake.

asalto m (ataque) assault; (en el boxeo) round.

asamblea f (reunión) meeting; (congreso) conference.

asar vt to roast.

ascendencia f ancestry.

ascendente -1 adj ascending, upward **-2** m ASTROL ascendant.

ascender vi to rise; (de categoría) to be promoted ♦ **ascender a** to amount to, reach -vt to promote.

ascendiente m/f ancestor -m influence.

ascensión f ascension, rise.

ascenso m (adelanto) promotion; (subida) ascent, rise.

ascensor m elevator, lift GB.

ascético, a adj ascetic.

asco m disgust, revulsion ♦ **dar asco** COLL to sicken o disgust.

ascua f ember.

aseado, a adj (limpio) clean; (ordenado) neat, tidy.

asear vt (lavar) to wash; (limpiar) to clean; (ordenar) to tidy (up).

asediar vt (sitiar) to besiege; (importunar) to pester.

asedio m siege.

asegurador, ra m/f insurance agent.

asegurar vt (afirmar) to secure; (garantizar) to guarantee; (tranquilizar) to assure; COM to insure ♦ **asegurarse** vr (cerciorarse) to make sure; COM to take out insurance.

asemejarse vr to resemble.

asentar vt (colocar) to place; (afirmar) to affirm; COM to enter; Mex to sadden; Arg to iron ♦ **asentarse** vr (establecerse) to establish oneself; (los líquidos) to settle.

asentir vi to assent, agree ♦ **asentir con la cabeza** to nod (one's approval).

aseo m (limpieza) cleanliness; (orden) neatness, tidiness.

asequible adj (accesible) accessible; (comprensible) understandable.

aserradero m sawmill.

aserrar vt to saw.

asesinar vt to murder; POL to assassinate.

asesinato m murder; POL assassination.

asesino, a m/f killer, murderer; POL assassin.

asesor, ra m/f adviser, counselor.

asesorar vt to advise ♦ **asesorarse** vr to seek advice.

asesoría f consultant's office.

asestar vt to deal.

asfalto m asphalt.

asfixia f asphyxia, suffocation.

asfixiar vt to asphyxiate ♦ **asfixiarse** vr to suffocate.

así -1 adv (de esta manera) so, this way; (de esa manera) that way, like that ♦ **así así** so-so, fair • **así como** as soon as • **así de (grande)** so (big) • **así no más** just like that • **así y todo** even so • **o algo así** or thereabouts, or something like that **-2** conj (en consecuencia) therefore, thus; (aunque) even if, even though ♦ **así pues** therefore, and so **-3** adj such.

asidero m (asa) handle; Arg basis.

asiduo, a adj (persistente) assiduous; (frecuente) frequent.

asiento m seat; (silla) chair; (poso) sediment; COM entry.

asignación f (distribución) allotment; (cita) appointment.

asignar vt to assign.

asignatura f subject, course (in school).

asilo m asylum; (establecimiento) home; (refugio) shelter.

asimilación f assimilation.

asimilar vt to assimilate.

asimismo adv (igualmente) likewise, in like manner; (también) also, too.

asir vt & vi to grasp.

asistencia f (concurrencia) attendance; (ayuda) aid; Mex parlor ♦ **asistencia pública** Amer health clinic.

asistente, a m/f (ayudante) assistant -m MIL aide.

asistir vi to attend -vt (acompañar) to accompany; (ayudar) to aid; (cuidar) to nurse.

asma f asthma.

asno m donkey; FIG jackass.

asociación f association.

asociado, a -1 adj associated -2 m/f associate.

asociar vt to associate.

asolar vt to ravage.

asomar vi to appear -vt to show ♦ **asomarse** vr (mostrarse) to show oneself, appear; (una ventana) to look o lean out.

asombrar vt to amaze, astonish ♦ **asombrarse** vr to be amazed o astonished.

asombro m amazement.

asombroso, a adj amazing, astonishing.

asomo m hint.

aspa f (cruz) X-shaped cross; (de molinos) blade.

aspaventarse vr C Amer to become frightened o alarmed.

aspaviento m ♦ **hacer aspavientos** to make a fuss.

aspecto m aspect.

áspero, a adj (rugoso) rough; (escabroso) rugged; (brusco) gruff.

aspersión f sprinkling.

aspiración f PHYSIOL inhalation; (anhelo) aspiration.

aspiradora f vacuum cleaner.

aspirante m/f candidate.

aspirar vt to inhale ♦ **aspirar a** to aspire to.

aspirina f aspirin.

asquear vt to disgust.

asqueroso, a adj (repugnante) repulsive; (sucio) filthy.

asta f (lanza) spear; (de lanza) shaft; (de bandera) flagpole; (mango) handle; (cuerno) horn, antler ♦ **a media asta** at half-staff.

asterisco m asterisk.

asteroide m asteroid.

astilla f splinter.

astillero m shipyard.

astringente adj & m astringent.

astro m star.

astrología f astrology.

astrólogo, a m/f astrologist.

astronauta m/f astronaut, cosmonaut.

astronave f spaceship, spacecraft.

astronomía f astronomy.

astrónomo, a m/f astronomer.

astucia f (listeza) astuteness; (ardid) trick.

astuto, a adj (listo) astute, clever; (mañoso) crafty, shrewd.

asueto m holiday.

asumir vt to assume, take on.

asuntar vi Dom Rep to pay attention; C Amer to investigate, pry.

asunto m (tópico) topic; (tema) subject matter ♦ pl business.

asustar vt to frighten, scare ♦ **asustarse** vr to be frightened o scared (de, por, con by).

atacador, ra/cante m/f attacker.

atacar vt to attack.

atado m Arg cigarette pack.

atadura f (cuerda) cord; (traba) restriction.

atajada f Amer, SPORT catch.

atajar vt to stop; Amer (tomar) to catch (in midair) ♦ **atajar un golpe** Amer to parry a blow -vi to take a short cut.

atajo m short cut.

atañer vi to concern, pertain.

ataque m attack.

atar vt to tie, fasten.

atardecer -1 vi to get dark -2 m late afternoon, dusk ♦ **al atardecer** at dusk.

atascar vt (obstruir) to clog; (impedir) to hamper ♦ **atascarse** vr (estancarse) to get stuck o clogged.

atasco m obstruction.

ataúd m coffin, casket.

ataviar vt to adorn, deck out.

atemorizar vt to frighten ♦ **atemorizarse** vr to be frightened (de, por by).

atención f attention ♦ **llamar la atención** (atraer) to catch the eye; (reprender) to reprimand • **prestar atención** to pay attention ♦ pl courtesies.

atender vt (hacer caso de) to pay attention to; (cuidar) to take care of; COM to wait on -vi to pay attention.

atenerse vr ♦ **atenerse a** (adherirse a) to rely on; (sujetarse) to abide by.

atentado m attempt.

atento, a -1 see **atender** -2 adj (observador) attentive; (cortés) considerate.

atenuante adj LAW extenuating.

atenuar vt to attenuate.

ateo, a -1 adj atheistic -2 m/f atheist.

aterido, a adj numb with cold.

aterrador, ra adj terrifying.

aterrar vt to terrify.

aterrizaje m landing.

aterrizar vi to land.

aterrorizar vt to terrorize.

atesorar vt to store up; FIG to possess.

atestado, a adj full to the rim.

atestar[1] vt to stuff.

atestar[2] vt to attest, witness.

atestiguar vt to attest.

atiborrar vt to cram ♦ **atiborrarse** vr COLL to stuff oneself.

ático m attic.

atinar vt (encontrar) to find; (acertar) to hit upon ♦ **atinar a** to manage tò, succeed in.

atisbar vt to watch.

atisbo m (indicio) glimmer.

atizar vt (el fuego) to poke; COLL (pegar) to strike.

atlas m inv atlas.

atleta m/f athlete.

atmósfera f atmosphere.

atolondrado, a adj (impulsivo) reckless; (turbado) bewildered.

atolladero m bog; FIG obstruction.

atómico, a adj atomic.

atomizador m atomizer, sprayer.

átomo m atom.

atónito, a adj astonished, amazed.

atontamiento m (embrutecimiento) stupefaction; (aturdimiento) confusion.

atorar vt to clog ♦ **atorarse** vr to choke.

atormentar vt to torment; (torturar) to torture ♦ **atormentarse** vr to worry.

atornillar vt to screw in o on.

atoro m blockage, obstruction.

atorrante m RP, COLL bum.

atortolarse vr Arg to fall in love.

atracar vt (asaltar) to hold up; (hartar) to stuff; MARIT to bring alongside -vi to dock ♦ **atracarse** vr to stuff oneself.

atracción f attraction.

atraco m holdup, robbery.

atracón m COLL (comida) big feed; Amer brawl.

atractivo, a -1 adj attractive -2 m (encanto) charm; (aliciente) attraction.

atraer vt to attract.

atragantarse vr to choke (con on).

atrancar vt to bolt ♦ **atrancarse** vr Mex to be stubborn.

atrapar vt COLL (apresar) to catch; (conseguir) to land.

atrás adv back, behind; (antes) back, ago ♦ **dar marcha atrás** AUTO to back up • **ir hacia atrás** to go backward.

atrasado, a adj (reloj) slow; (persona) late; (cuenta) in arrears; (revista) back; (país) underdeveloped.

atrasar vt (retardar) to delay; (reloj) to set back -vi to be slow ♦ **atrasarse** vr to be late.

atraso m delay; (retraso) tardiness ♦ pl arrears.

atravesar vt (pasar) to cross (over); (poner oblicuo) to put or lay across; (traspasar) to pierce.

atrayente adj attractive.

atreverse vr to dare ♦ **atreverse a** to dare to • **atreverse con** o **contra** (descararse) to be disrespectful to; (retar) to take on.

atrevido, a -1 see **atreverse** -2 adj (osado) bold; (descarado) impudent.

atribución f attribution; (función) duty ♦ pl authority.

atribuir vt (otorgar) to credit; (imputar) to grant ♦ **atribuirse** vr to take credit for.

atributo m attribute.

atrincherarse vr to entrench oneself, dig in.

atrocidad f atrocity.

atropellado, a adj hasty, hurried.

atropellar vt (pisotear) tò trample (on); (derribar) to run over; (agraviar) to bully ♦ **atropellarse** vr to act hastily.

atropello m assault; FIG abuse.

atroz adj atrocious; FIG enormous.

atuendo m attire.

atún m tuna (fish), tunny GB.

aturdir vt (atontar) to stun; (turbar) to confuse.

audacia f audacity.

audaz adj audacious.

audición f (facultad) hearing; THEAT audition.

audiencia f audience.

audífono m hearing aid.

auditor, ra m/f counselor; COM auditor.

auditoría f auditing.

auditorio m (público) audience; (sala) auditorium.

auge m (apogeo) peak; COM boom.

augurar vt to augur, predict.

augurio m augury, omen.

aula f classroom, lecture hall.

aullido o **aúllo** m howl, wail.

aumentar vt to increase; OPT to magnify; (salario) to raise -vi to increase.

aumento m increase; OPT magnification; (de sueldo) raise ♦ **ir en aumento** to be on the increase.

aun adv even ♦ **aun así** even so • **aun cuando** although, even though.

aún adv still, yet ♦ **aún no** not yet • **más aún** furthermore.

aunque conj (si bien) although, even though; (a pesar de) even if.

aureola f RELIG halo; ASTRON aureole.

auricular m TELEC earpiece ♦ pl earphones.

aurora f dawn.

auscultar vt to ausculate, diagnose by sound.

ausencia f absence.

ausentarse vr to leave.

ausente -1 adj absent -2 m/f absentee.

auspiciar vt Amer to sponsor.

auspicioso, a adj Amer auspicious.

austeridad f austerity.

austero, a adj austere.

austral adj austral, southern.

autenticar vt to authenticate.

auténtico, a adj authentic, genuine.

auto¹ m LAW ·judicial decree o ruling ♦ pl LAW case file.

auto² m COLL car, auto.

autoadhesivo, a adj self-adhesive.

autobiografía f autobiography.

autobús m bus.

autocar m bus, motorcoach.

autóctono, a adj & m/f native.

autodeterminación f self-determination.

autógrafo m autograph.

autómata m automaton; FIG robot.

automático, a -1 adj automatic -2 m (corchete) snap.

automatización f automatization.

automóvil m automobile, car.

automovilismo m motoring; (industria) automobile industry.

automovilista m/f driver, motorist.

autonomía f autonomy.

autónomo, a adj autonomous.

autopista f expressway, superhighway.

autopsia f autopsy.

autor, ra m/f author; (escritor) writer; LAW perpetrator.

autoridad f authority; (oficial) official; (experto) expert.

autoritario, a adj authoritarian.

autorización f authorization.

autorizado, a adj (digno de respeto) authoritative; (oficial) authorized.

autorizar vt to authorize; (legalizar) to legalize.

autorretrato m self-portrait.

autoservicio m self-service.

auto-stop m hitchhiking ♦ **hacer auto-stop** to hitchhike.

auxiliar¹ -1 adj auxiliary -2 m/f assistant.

auxiliar² vt to assist, aid.

auxilio m assistance, aid ♦ **primeros auxilios** first aid.

aval m COM endorsement; (garantía) guarantee.

avalancha f avalanche.

avaluar vt to appraise.

avance¹ m advance; Cuba vomit; Mex looting.

avance² m preview.

avanzar vt to advance; Cuba to vomit; Mex to loot -vi to advance.

avaricia f avarice, greed.

avaricioso/riento, a adj (tacaño) miserly; (codicioso) greedy.

avaro, a m/f (tacaño) miser; (codicioso) greedy person.

avasallar vt to subjugate.

ave f bird ♦ **ave de rapiña** bird of prey.

avellano, a m hazel (tree) -f hazelnut.

avena f oat, oats.

avenida f (calle) avenue; (desbordamiento) flood.

avenirse vr (entenderse) to come to an agreement; (armonizar) to go together.

aventajar vt (superar) to surpass; (ganar) to beat; (llevar ventaja) to be ahead of.

aventar vt (echar al aire) to cast to the winds, to winnow (grain); Cuba, Mex, AGR to dry in the sun.

aventura f adventure.

aventurarse vr to take a risk.

aventurero, a m adventurer -f adventuress.

avergonzar vt to shame ♦ **avergonzarse** vr to be ashamed (de to, por of).

avería f breakdown.

averiarse vr (estropearse) to become damaged; (descomponerse) to break (down).

averiguar vt (comprobar) to ascertain; (investigar) to investigate; (verificar) to verify.

aversión f aversion.

avestruz m ostrich.

aviación f aviation; MIL air force.

aviador, ra m/f pilot.

avicultura f poultry breeding.

avidez f (ansia) avidity; (codicia) greed.

ávido, a adj (ansioso) avid; (codicioso) greedy.

avío m (provisiones) provisions; Amer loan ♦ pl equipment, materials.

avión m airplane, plane ♦ **avión a chorro o de reacción** jet plane.

avioneta f light airplane.

avisar vt (informar) to inform; (advertir) to warn.

aviso m (notificación) notice; (advertencia) warning; (anuncio) advertisement.

avispa f wasp.

avispado, a adj COLL clever.

avispero m wasps' nest.

avispón m hornet.

avistar vt to sight.

avituallar vt to provision, supply with food.

avivar vt (animar) to spur on; (colores) to brighten; (un fuego) to stoke ♦ **avivarse** vr to revive, liven up.

axila f armpit.

axioma m axiom.

¡ay! interj (dolor) ow!, ouch!; (aflicción) oh dear!, alas!

ayer -1 adv yesterday; (en el pasado) formerly, in the past **-2** m yesterday, past.

ayuda f (auxilio) help, aid.

ayudante, a m/f assistant, aide; MIL adjutant.

ayudar vt to help, aid ♦ **ayudar a** to help to.

ayunar vi to fast.

ayunas f pl ♦ **en ayunas** (sin comer) fasting; (sin desayunar) before breakfast; (sin saber) in the dark, all at sea.

ayuno m fast, fasting.

ayuntamiento m (corporación) city council; (edificio) city hall.

azabache m jet.

azada f hoe.

azadonar vt to hoe.

azafata f stewardess.

azafrán m saffron.

azahar f orange, lemon o citron blossom.

azar m (casualidad) chance; (desgracia) misfortune ♦ **al azar** at random • **por azar** by chance.

azogue m quicksilver.

azoramiento m (sobresalto) alarm; (turbación) fluster.

azorarse vr (sobresaltarse) to be alarmed o startled; (confundirse) to become confused o bewildered.

azotar vt to flog; FIG to beat upon.

azote m (látigo) whip; (golpe) lash; (zurra) spanking; (embate) beating.

azotea f terraced roof.

azúcar m o f sugar.

azucarado, a adj sweet.

azucarar vt (endulzar) to sugar-coat; COLL (suavizar) to sweeten ♦ **azucararse** vr Amer (cristalizar) to become crystallized.

azucarero, a -1 adj sugar **-2** f (recipiente) sugar bowl; (fábrica) sugar factory.

azucena f white o Madonna lily.

azufre m sulfur, sulphur.

azul adj & m blue ♦ **azul marino** navy blue.

azulejo m glazed tile.

azuzar vt to set the dogs on; FIG to stir.

B

baba f spittle ♦ **echar baba** to drool.
babear vi to drool.
babero m bib.
babor m port.
baboso, a -1 adj drooling; FIG mushy; C Amer foolish **-2** f ZOOL slug.
babucha f slipper ♦ **a babucha** Arg piggyback.
bacalao m codfish.
bacán m Amer (amante) sugar daddy; RP (holgazán) loafer.
bache m pothole; AER air pocket; FIG rough spot.
bachillerato m studies which enable a student to enter an advanced university program.
bacilo m bacillus.
bacinica/lla f (orinal) chamber pot.
bacteria f bacterium.
báculo m staff.
badulaquear vi Amer (engañar) to cheat; (ser terco) to be stubborn.
bagaje m stock of knowledge; S Amer luggage.
bagatela f trifle.
bagazo m bagasse; C Amer creep.
bagre m catfish; S Amer hag.
¡bah! interj bah!
bahía f bay.
bailar vi & vt to dance.
bailarín, ina m/f dancer.
baile m dance; THEAT ballet.
bailongo m Amer public o village dance.
baja f (disminución) drop; MIL loss ♦ **dar de baja** to expel; MIL to discharge • **darse de baja** to drop out.
bajada f drop; (camino) sloped path.
bajamar f low tide.
bajante f Amer low tide.
bajar vi to descend; (apearse) to get off; (disminuir) to drop -vt to lower; (llevar abajo) to bring o take down; (disminuir) to lower; (inclinar) to bow; (apear) to help down ♦ **bajarse** vr to go down; (apearse) to get down u off; (agacharse) to bend down.
bajeza f lowliness; (villanía) baseness.
bajío m (banco de arena) sandbank; (terreno bajo) low-lying ground.

bajo -1 m (voz) bass ♦ pl (piso) ground floor **-2** adv (en voz baja) low **-3** prep under.
bajo, a adj (poco elevado) low; (de estatura) short; (inclinado) downcast; (poco vivo) pale; (sonido) low; (vulgar) vulgar; (abyecto) abject; (humilde) humble; (barato) cheap.
bajón m drop.
bala f (proyectil) bullet; (de cañón) cannonball; (fardo) bale.
balada f ballad(e).
baladí adj [pl íes] trivial.
baladronada f boast.
balance m balance.
balancear vi to rock; FIG to vacillate, waver -vt to balance ♦ **balancearse** vr to rock.
balanceo m rocking.
balancín m (juguete) seesaw; (mecedora) rocking chair.
balandro m small sloop.
balanza f scales ♦ **balanza comercial o mercantil** ECON balance of trade.
balar vi to bleat.
balaustrada f balustrade.
balazo m (golpe) shot; (herida) bullet wound.
balboa m Pan, FIN balboa.
balbuceo m stammering.
balbucir vi to stammer.
balcón m balcony.
baldar vt to cripple.
balde¹ m pail.
balde² adv ♦ **de balde** (gratuitamente) free; (sin motivo) without reason • **en balde** in vain.
baldío, a -1 adj AGR uncultivated; (vano) useless **-2** m uncultivated land.
baldosa f floor tile.
balear vt Amer to shoot (at); C Amer to swindle ♦ **balearse** vr to shoot at one another.
balero m Amer cup and ball.
balido m bleating.
balín m pellet ♦ pl buckshot.
baliza f MARIT buoy; AVIA beacon.
ballena f whale.
ballesta f crossbow; MECH spring.
ballet m [pl -s] ballet.
balneario m bathing resort; (medicinal) spa.
balón m football.

baloncesto *m* basketball.
balonmano *m* handball.
balonvolea *m* volleyball.
balota *f* ballot.
balotaje *m Amer* balloting.
balsa *f (charca)* pool; *(embarcación)* raft; BOT balsa ♦ **balsa de aceite** tranquil place.
bálsamo *m* balsam.
baluarte *m* bulwark.
bambolear *vi & vr* to wobble.
bamboleo *m* wobble.
bambú *m* [*pl* úes] bamboo.
banal *adj* banal.
banana *f/no m* banana.
banca *f (asiento)* bench; COM banking ♦ **tener banca** *RP* to have influence.
bancario, a *adj* bank.
bancarrota *f* bankruptcy.
banco *m* bench; *(caballete)* workbench; COM bank; MARIT bank; *(cardumen)* school ♦ **banco de arena** sandbar • **banco de datos** data bank • **banco de nieve** snowbank • **banco de pruebas** TECH testing bench.
banda[1] *f (faja)* band; *(cinta)* ribbon; *(lado)* side ♦ **banda sonora** *o* **de sonido** soundtrack.
banda[2] *f* MIL band; *(pandilla)* gang; *(partido)* faction; MUS band.
bandada *f (de aves)* flock; *(de peces)* school.
bandeja *f* tray.
bandera *f (pabellón)* flag; *(estandarte)* banner.
banderilla *f* TAUR banderilla; *Amer* swindle.
banderín *m* pennant.
banderola *f* pennant.
bandido *m* bandit; COLL rascal.
bando *m (edicto)* edict; *(facción)* faction.
bandolero *m* bandit.
bandoneón *m* concertina.
banjo *m* banjo.
banquero *m* banker.
banqueta *f* stool.
banquete *m* banquet.
banquillo *m* stool; *(para los pies)* footstool; *(del acusado)* defendant's seat.
bañadera *f Amer* bathtub.
bañado *m Amer* swamp.

bañador *m Amer (persona)* bather; *(traje de baño)* bathing suit.
bañar *vt* to bathe; *(sumergir)* to immerse; *(cubrir)* to coat ♦ **bañarse** *vr* to bathe.
bañera *f* bathtub.
bañista *m/f* swimmer.
baño *m (ducha)* bath; *(bañera)* bathtub; *(cuarto de baño)* bathroom; *(capa)* coat ♦ **baño de María** CUL double boiler ♦ *pl* spa.
baqueta *f* MIL ramrod.
baquiano, a *adj & m/f S Amer* expert.
bar *m* barroom.
baraja *f (naipes)* deck (of cards); *Amer* playing card.
barajar *vt (los naipes)* to shuffle; *(mezclar)* to jumble; *(cifras)* to juggle.
baranda *f* banister.
barandilla *f* banister, handrail; *(balaustrada)* railing.
baratija *f* trinket, bauble ♦ *pl* junk.
baratillo *m (mercancías)* secondhand goods; *(tienda)* junk shop; *(venta)* bargain sale.
barato, a **-1** *adj & adv* cheap(ly), inexpensive(ly) **-2** *f Col, Mex* bargain sale; *Chile, Perú* cockroach.
barba *f (barbilla)* chin; *(pelo)* beard.
barbacoa *f* barbecue; *Amer* makeshift cot.
barbaridad *f* barbarity; *(necedad)* foolish act, nonsense; COLL enormous amount ♦ **¡qué barbaridad!** how awful!
barbarie *f* barbarousness, barbarity.
bárbaro, a **-1** *adj* barbaric, barbarous; *(inculto)* barbarian; COLL *(espléndido)* tremendous, terrific; *(grande)* huge **-2** *m/f* barbarian.
barbería *f* barbershop.
barbero, a *m* barber.
barbilla *f* chin.
barbotar/tear *vt & vi* to mutter, mumble.
barbudo, a *adj* heavily bearded.
barca *f* small boat.
barcaza *f* launch.
barco *m* boat, ship.
barítono *m* baritone.
barniz *m* varnish, lacquer.
barnizar *vt* to varnish, lacquer.
barómetro *m* barometer.
barón *m* baron.

baronesa f baroness.

barquero m boatman.

barquillo m cone.

barra f bar; (barandilla) railing; (mostrador) counter, bar; MECH rod, lever; Amer public, spectators ♦ **barra de labios** lipstick.

barraca f hut, cabin; Amer warehouse.

barranco m/ca f ravine, gorge.

barrena f (instrumento) drill, gimlet; (barra) (drill) bit; AVIA spin.

barrenar vt MECH to drill, bore.

barrendero, a m/f street sweeper.

barreno m MIN blasting hole.

barrer vt & vi to sweep.

barrera f barrier; FIG obstacle, hindrance.

barriada f neighborhood, district.

barrial m Amer (barrizal) bog.

barricada f barricade, barrier.

barrido, a m sweep, sweeping -f S Amer sweep, police raid.

barriga f abdomen, stomach; COLL paunch, belly.

barril m barrel, keg.

barrillo m blackhead, pimple.

barrio m neighborhood ♦ **barrios bajos** slums.

barro m (lodo) mud; (arcilla) clay.

barroco, a adj baroque; (extravagante) ornate, elaborate.

barrote m heavy bar, rail.

barruntar vt to suspect, guess.

bártulos m pl belongings.

barullo m COLL racket, rowdiness.

basalto m basalt.

basamento m base of a column.

basar vt to build on a base; FIG to base, support ♦ **basarse** vr to be based.

basca f nausea, queasiness.

báscula f platform scale, balance.

base f base; FIG (fundamento) basis, foundation ♦ **a base de** with • **en base a** on the basis of.

básico, a adj basic.

basílica f basilica.

bastante -1 adj enough, sufficient -2 adv enough, sufficiently; (muy) rather, quite.

bastar vi to suffice ♦ **¡basta!** that's enough of that! ♦ **bastarse** vr to be self-sufficient.

bastardilla f italics.

bastardo, a adj & m/f bastard.

bastidor m (armazón) frame, framework; THEAT flat, wing; AUTO chassis ♦ **entre bastidores** FIG behind the scenes; THEAT off-stage.

basto, a adj coarse, rough.

bastón m cane, walking stick; (vara) truncheon, staff.

basura f garbage, trash.

basural m Amer (garbage) dump.

basurear vt Arg, COLL to sling mud on.

basurero m garbage collector; (cubo) garbage o trash can; (basural) dump.

bata f housecoat; (de trabajo) frock, smock.

batalla f battle ♦ **dar** o **librar batalla** to do battle • **de batalla** ordinary, everyday.

batallar vi to battle, fight.

batallón m battalion.

batata f sweet potato, yam.

batatazo m Amer lucky shot, fluke ♦ **dar batatazo** (ganar los caballos) to win by an upset; (tener chiripa) to make a lucky shot.

bate m SPORT bat; Cuba busybody.

bateador, ra m/f SPORT batter, hitter.

batear vt SPORT to bat, hit.

batería f battery; MUS drums, percussion ♦ **batería de cocina** kitchen utensils.

batido, a -1 adj beaten, welltrodden -2 m (bebida) shake <batido de leche milkshake> -f (cacería) beat, beating; (registro) search; (de policía) police raid.

batidor, ra m CUL beater -f Amer mixing bowl.

batifondo m Arg rumpus, uproar.

batir vt to beat, hit; (derribar) to demolish, knock down; (martillar) to hammer; (revolver) to beat, mix; (agitar) to beat, flap; (registrar) to scour, search; (vencer) to beat, defeat; (superar) to beat, outdo; Amer to rinse ♦ **batirse** vr to fight • **batirse en retirada** to beat a retreat.

batuquear vt Amer to shake, shake up.

batuta f MUS baton ♦ **llevar la batuta** COLL to be the boss.

baúl m trunk; (cofre) coffer, chest.

bautismo m baptism, christening.

bautizar vt to baptize, christen; (mezclar con agua) to water (down), dilute.

bautizo m baptism, christening.

bayo, a adj & m bay.

bayoneta f bayonet; Amer yucca.

baza f trick (in cards) ♦ **meter baza** COLL to butt in.

bazar m bazaar, marketplace.

bazo m ANAT spleen.

bazofia f (comida) slop, swill.

beato, a adj (piadoso) pious; (santurrón) prudish.

bebé m baby.

bebedero m watering place o trough.

bebedor, ra m/f drinker; (borracho) heavy drinker, boozer.

beber vt & vi to drink.

bebido, a -1 adj tipsy, drunk -2 f drink, beverage.

beca f grant, scholarship.

becerro, a m yearling bull -f yearling calf.

bechamel f white o béchamel sauce.

bedel m EDUC proctor.

béisbol m baseball.

bejuco m rattan.

belén m crèche, nativity scene.

bélico, a adj bellicose, warlike.

belicoso, a adj bellicose.

beligerante adj belligerent.

bellaco, a -1 adj (astuto) sly, cunning; (pícaro) knavish, roguish -2 m/f rascal, rogue.

belleza f beauty.

bello, a adj beautiful, lovely.

bellota f acorn.

bemba f/**bo** m Amer muzzle, snout.

bembón, ona/budo, a adj Amer, DEROG thick-lipped.

bemol m & adj MUS flat.

bencina f benzin(e).

bendecir vt to bless.

bendición f blessing ♦ **echar la bendición a** to give one's blessing to.

bendito, a -1 see **bendecir** -2 adj (santo) holy, blessed; (dichoso) fortunate, lucky; (tonto) simple, simpleminded -3 m/f (tonto) simpleton -m Amer (nicho) niche.

benedictino, a adj & m/f Benedictine.

beneficencia f welfare, public assistance.

beneficiar vt to benefit; Amer to slaughter.

beneficiarse vr to profit (de by, from).

beneficiario, a m/f beneficiary.

beneficio m benefit, advantage; (ganancia) profit, gain; Amer slaughter; C Amer processing plant, refinery ♦ **a beneficio de** for the benefit of.

beneficioso, a adj beneficial.

benéfico, a adj charitable.

beneplácito m approval, consent.

benevolencia f benevolence, kindness.

benévolo, a adj benevolent, kind.

benigno, a adj benign.

berberecho m cockle.

berenjena f eggplant.

bermejo, a adj bright red.

bermuda f pl Bermuda shorts.

berrear vi (balar) to bleat; (gritar) to howl.

berrinche m COLL rage, tantrum.

berro m watercress.

berza f cabbage.

besar vt to kiss; (rozar) to graze, touch ♦ **besarse** vr to kiss one another.

beso m kiss.

bestia -1 f beast, animal -m/f COLL (bruto) beast, brute; (imbécil) idiot, blockhead ♦ **bestia de carga** beast of burden -2 adj stupid, ignorant.

bestial adj bestial, beastly; (magnífico) fabulous; (enorme) gigantic.

bestialidad f beastliness, bestiality; (estupidez) stupidity.

besugo m sea bream; FIG, COLL (idiota) idiot, twerp.

besuquear vt COLL to smooch, lavish kisses.

betarraga/ta f Chile, Perú beet.

betún m shoe polish.

betunar/near vt Cuba, Ecuad (pulir) to shine, polish; (asfaltar) to tar, asphalt.

biberón m baby bottle.

biblia f bible ♦ **Biblia** Bible.

bibliografía f bibliography.

biblioteca f library; Amer bookcase.

bibliotecario, a m/f librarian.

bicarbonato m bicarbonate ♦ **bicarbonato de sodio** bicarbonate of soda; CUL baking soda.

bíceps m inv biceps.

bicho m bug, insect; (animal) beast, animal; (toro) bull.

bici f COLL bike.

bicicleta f bicycle.

bicoca f trifle, trinket; (ganga) bargain.

bidé m bidet.

bidón m large can, drum.

biela f connecting rod, pitman.

bien -1 m good, goodness; (provecho) good, benefit ♦ **en bien de** for the good of • **hacer (el) bien** to do good ♦ pl property, goods • **bienes inmuebles** o **raíces** real estate • **bienes muebles** chattels, personal property **-2** adv well; (justamente) right, correctly; (con éxito) successfully; (de buena gana) willingly, readily; (sin dificultad) easily; (bastante) quite, very; (si) okay ♦ **más bien** rather • **no bien** just as, as soon as • **o bien** or else, otherwise • **pues bien** then, well now • **y bien** well then **-3** adj well-to-do.

bienal adj & f biennial.

bienaventurado, a adj & m/f (afortunado) fortunate, lucky (person).

bienestar m well-being, comfort.

bienhechor, ra -1 adj beneficent, beneficial **-2** m benefactor -f benefactress.

bienvenida f welcome, greeting.

bife m Amer steak, beefsteak; RP slap.

bifurcación f (de un camino) fork; (en ferrocarriles) junction.

bifurcarse vr to bifurcate, branch (off); (dividirse un camino) to fork.

bigamia f bigamy.

bígamo, a -1 adj bigamous **-2** m/f bigamist.

bigote m mustache.

bikini m bikini.

bilingüe adj bilingual.

bilis f inv bile.

billar m (juego) billiards; (mesa) billiard table; (lugar) billiard room.

billete m ticket; (de lotería) lottery ticket; (papel moneda) bill.

billetera f/**ro** m wallet, billfold.

billón m trillion US, billion GB.

biografía f biography.

biógrafo, a m/f biographer.

biología f biology.

biólogo, a m/f biologist.

biombo m folding screen.

biopsia f biopsy.

bioquímico, a -1 adj biochemical **-2** m/f biochemist -f biochemistry.

bipartidismo m two-party system.

birlar vt COLL to steal, swipe.

bis adv bis, again.

bisabuelo, a m/f great-grandparent.

bisagra f hinge.

biselar vt to bevel.

bisexual adj & m/f bisexual.

bisiesto adj & m leap (year).

bisnieto, a m/f great-grandchild.

bisonte m bison.

bisoñé m toupee, hairpiece.

bisoño, a adj & m/f inexperienced (person).

bisté/tec m beefsteak.

bisutería f costume jewelry, paste.

bizantino, a adj Byzantine; FIG intricate, decadent.

bizco, a adj & m/f cross-eyed (person).

bizcocho m sponge cake.

bizquear vi COLL to squint.

blanca f MUS half note ♦ **estar sin blanca** COLL to be broke.

blanco, a -1 adj white **-2** m/f white (person) -m white; (tiro) target; (centro) center; (espacio) blank space, blank; (fin) goal, aim ♦ **dar en el blanco** to hit the nail on the head • **pasar una noche en blanco** to spend a sleepless night.

blancura f/**cor** m whiteness.

blandir vt to brandish, wave.

blando, a adj soft; (tierno) tender; (fláccido) flabby; (amable) gentle, kind.

blandura f softness; (ternura) tenderness; (flaccidez) flabbiness; (amabilidad) gentleness, kindness.

blanquear vt to whiten; (dar cal) to whitewash; (lavar) to bleach (clothes) -vi to turn white o whitish.

blanquecino, a adj whitish.

blasfemar vi to blaspheme.

blasfemia f blasphemy.

blasón m heraldry; (escudo) coat of arms, escutcheon.

bledo m ♦ **no importarle un bledo** not to give a darn o hoot about.

blindado, a armored, armorplated.

bloc m writing pad o tablet.

bloque m block; (grupo) bloc, coalition.

bloquear vt MIL to blockade; *(impedir)* to block, obstruct; *(obstruir)* to jam, block; COM to freeze (assets).

bloqueo m MIL blockade; *(obstáculo)* block, obstacle; COM freeze.

blusa f blouse.

boa f boa (constrictor).

bobada f foolish act o remark.

bobina f spool, reel; SEW bobbin; ELEC coil.

bobo, a -1 adj *(tonto)* silly, foolish; *(cándido)* gullible, naive -2 m/f *(tonto)* idiot, fool -m *(gracioso)* clown, jester.

boca f mouth; ZOOL pincer; GEOG mouth; FIG entrance, opening; *(persona)* mouth, person ♦ **boca abajo, arriba** face down, up • **boca de agua** o **de riego** hydrant • **¡cállate la boca!** COLL be quiet! shut up!

bocacalle f intersection.

bocadillo m sandwich.

bocado m mouthful, bite; EQUIT bridle, bit ♦ **bocado de Adán** Adam's apple.

bocajarro adv ♦ **a bocajarro** *(a quemarropa)* pointblank; *(de improviso)* unexpectedly.

bocanada f swallow, swig; *(de humo)* puff; *(de aire)* gust, rush; *(de gente)* throng.

bocaza m/f COLL bigmouth, blabbermouth.

boceto m sketch, draft.

bochar vt Amer to reject, rebuff; Arg to fail, flunk.

boche m COLL *(repulsa)* rebuff, slight.

bochinche m COLL uproar, commotion.

bochinchear vi Amer to cause an uproar.

bochorno m *(vergüenza)* embarrassment, shame; *(sonrojo)* flush, blush; *(calor)* suffocating heat.

bochornoso, a adj shameful, embarrassing; *(sofocante)* suffocating, stifling.

bocina f horn; MARIT foghorn; MUS trumpet, horn; *(megáfono)* megaphone.

bocinazo m COLL honk, toot.

boda f wedding, marriage.

bodega f wine cellar; MARIT hold; *(taberna)* tavern, bar; *(depósito)* warehouse; Amer grocery store.

bodegón m ARTS still life.

bodeguero, a m/f Amer grocer.

bodrio m Amer, COLL muddle, confusion.

bofetada f slap.

boga f *(moda)* fashion, vogue -m/f *(bogador)* rower.

bohemio, a adj & m/f bohemian.

bohío m Amer hut, shack.

boicotear vt to boycott.

boicoteo m boycott, boycotting.

boina f beret, cap.

boj o **boje** m box tree, boxwood.

bola f ball; *(canica)* marble; *(betún)* shoe polish; *(mentira)* lie, fib; Chile kite; Cuba rumor, gossip; Mex *(tumulto)* tumult, uproar ♦ **bola del mundo** globe • **bola de nieve** snowball.

bolada f stroke, billiard shot; Amer opportunity, lucky break; *(mentira)* lie, fib.

bolazo m *(mentira)* lie, fib; Arg *(disparate)* silly o foolish remark.

boleadoras f pl RP bolas.

bolear vt Amer to entangle, entrap -vi *(jugar)* to play (billiards) for fun; COLL *(mentir)* to fib, lie ♦ **bolearse** vr Amer ro rear and fall, roll over (horses); *(ruborizarse)* to get flustered; RP *(tropezar)* to stumble, falter.

boleo m bowling; *(sitio)* bowling alley.

bolero, a -1 adj *(truhán)* truant; *(mentiroso)* lying, fibbing -2 m/f *(novillero)* truant; *(mentiroso)* liar, fibber -m MUS bolero -f bowling alley.

boleta f admission ticket; Amer ballot.

boletería f Amer ticket office, box office.

boletero, a m/f Amer ticket seller.

boletín m bulletin.

boleto m Amer ticket.

boliche m *(bolín)* jack; *(juego)* bowling, ninepins; Amer, COLL *(almacén)* small store; *(taberna)* dive, cheap restaurant.

bolígrafo m ballpoint pen.

bolillo m bobbin ♦ pl S Amer, FIN drumsticks.

bolívar m Ven, FIN bolivar.

bollo m bun, roll; *(hueco)* dent; *(chichón)* lump, bump; *(lío)* fuss, to-do.

bolo m *(palo)* pin, ninepin ♦ pl bowling, ninepins.

bolsa f *(saco)* sack, bag; *(bolso)* purse, pocketbook; ANAT pocket, sac;

MIN pocket, lode; FIN stock market; SPORT purse, prize money.

bolsillo m pocket.

bolsista m/f Amer pickpocket.

bolso m purse, pocketbook.

bolsón m Amer school bag.

bomba f MIL bomb, shell; TECH pump; (sorpresa) bombshell, stunning news; Amer (mentira) lie, fib; (borrachera) drinking bout ♦ **a prueba de bombas** bombproof • **bomba de mano** MIL grenade • **estar en bomba** Amer to be drunk.

bombacha(s) f(pl) RP baggy trousers.

bombardear vt to bombard, bomb.

bombardeo m bombardment, bombing.

bombardero m (avión) bomber.

bombear vt (sacar) to pump.

bombero m fireman, firefighter.

bombilla f light bulb.

bombín m COLL bowler, derby.

bombo m (tambor) bass drum; (publicidad) fanfare, buildup ♦ **dar bombo a** COLL to make a fuss over.

bombón m bonbon, chocolate; COLL (persona) gem, peach.

bonachón, ona adj & m/f COLL (bueno) good-natured (person).

bondad f goodness, kindness ♦ **tener la bondad de** to be so kind as to.

bondadoso, a adj good, kind.

bonetería f Amer notions shop.

boniato m sweet potato.

bonito, a -1 adj (lindo) pretty, nicelooking; (bueno) good, satisfactory **-2** m tuna.

bono m (vale) voucher, certificate; COM (fianza) bond.

boquerón m anchovy.

boquete m narrow entrance; (agujero) hole.

boquiabierto, a adj openmouthed, gaping; (atónito) amazed, astonished.

boquilla f MUS mouthpiece; (del cigarrillo) cigarette holder; (filtro) filter tip; (mechero) nozzle.

borbotar/tear vi to boil, bubble.

borboteo m boiling, bubbling.

borda f MARIT gunwale.

bordado m embroidery, embroidering.

bordar vt to embroider.

borde m border, edge; (canto) brim, rim.

bordear vt to border; (ir por el borde) to skirt, go around; (aproximarse) to approach.

bordillo m curb.

bordo m MARIT board, shipboard.

borla f (hebras) tassel; (de polvera) powder puff.

borlarse vr Amer to get one's doctorate.

borrachera f (ebriedad) drunkenness; (parranda) binge, spree.

borrachín m COLL drunkard, sot.

borracho, a -1 adj (ebrio) drunk; (alcoholizado) drunken, alcoholic; (dominado) blind, wild **-2** m/f drunken person; (alcohólico) drunkard, alcoholic.

borrador m (escrito) rough draft; (papel) scratch pad; (de borrar) eraser.

borrar vt to erase.

borrasca f storm, tempest.

borrego, a m/f lamb; FIG simpleton, fool.

borrico m ass, donkey; (idiota) ass, dimwit.

borrón m (mancha) ink blot, smudge; FIG blemish ♦ **borrón y cuenta nueva** FIG, COLL clean slate.

borroso, a adj blurred, fuzzy.

bosque m woods, forest.

bosquejar vt to sketch, outline.

bosquejo m sketch, outline, draft.

bostezar vi to yawn.

bostezo m yawn.

bota f boot; (odre) wineskin.

botado, a Amer **-1** adj (expulsado) fired, kicked out; (barato) cheap **-2** m/f foundling.

botánico, a -1 adj botanical **-2** m/f botanist -f botany.

botar vt to fling, hurl; COLL (despedir) to dismiss, fire; (lanzar al agua) to launch; Amer (tirar) to throw away; (malgastar) to waste, squander -vi to bounce.

botarate m (tonto) fool, idiot; Amer spendthrift, squanderer.

bote m (golpe) thrust, blow; (brinco) prance, caper; (rebote) bounce; (pote) pot, jar; (lata) tin can; (barco) rowboat.

botella f bottle.

botica f pharmacy, drugstore.

boticario, a m/f pharmacist, druggist.

botija f C Amer buried treasure.

botijo m earthenware jug.

botín¹ m (bota) ankle boot, half boot.

botín² m (presa) booty, spoils.

botiquín m medicine · hest o cabinet; (estuche) first-aid kit

botón m button; (llamador) doorbell, buzzer ♦ **al botón** Amer in vain • **botón de arranque** AUTO starter.

botones m pl bellboy, bellhop.

bóveda f vault; (techo) dome, cupola ♦ **bóveda celeste** firmament, heavens.

boxeador m boxer.

boxear vi to box.

boxeo m boxing.

boya f buoy.

bozal m muzzle; Amer halter, headstall.

bracero m laborer, worker.

braga f (pañal) diapers; (calzón femenino) panties.

bragueta f fly (of pants).

bramar vi to roar, bellow; FIG to howl.

bramido m roar, bellow.

branquia f branchia, gill.

brasa f live o hot coal.

brasca f fettling.

brasero m brazier.

brasil m brazilwood.

bravata f (reto) dare, threat; (jactancia) boast, brag.

bravío, a adj wild, untamed.

bravo, a adj brave, valiant; (excelente) excellent, great; (feroz) ferocious, wild ♦ **¡bravo!** bravo!, well done!

bravura f bravery, courage; (fiereza) fierceness, ferocity.

braza f MARIT fathom; (modo de nadar) breaststroke.

brazada f Amer fathom.

brazalete m bracelet.

brazo m arm; ZOOL foreleg; (de balanza) arm, crosspiece ♦ **a brazo partido** (sin armas) bare-fisted; FIG fast and furiously • **asidos o cogidos del brazo** arm in arm ♦ pl (jornaleros) hands, laborers.

brea f tar, pitch.

brebaje m unpalatable concoction o brew.

brecha f MIL breach; (abertura) gap, opening.

bregar vi (pelear) to fight, scrap; (trabajar) to toil, slave away; (esforzarse) to struggle, fight.

brete m (aprieto) jam, tight spot.

breva f (higo) early fig.

breve adj brief, short ♦ **en breve** (pronto) shortly, soon; (con brevedad) in brief.

brevedad f briefness, brevity.

bribón, ona adj & m/f roguish (person).

brida f bridle.

brigada f brigade; (división) squad, unit; (equipo) gang, team.

brillante adj brilliant.

brillantina f brilliantine.

brillar vi to shine.

brillo m (lustre) brilliance, shine; (gloria) distinction, glory ♦ **dar o sacar brillo a** to shine, polish.

brincar vi to jump, leap about; (retozar) to frolic, gambol.

brinco m jump, hop.

brindar vi to toast, drink a toast -vt (ofrecer) to offer ♦ **brindarse** vr to offer; volunteer.

brindis m toast.

brío m strength, vigor.

brisa f breeze, light wind.

brizna f bit, piece.

broca f MECH drill, bit.

broceo m Amer depletion (of a mine).

brocha f paintbrush; (de afeitar) shaving brush.

broche m clasp, hook and eye; (prendedor) brooch; Amer paper clip ♦ pl Amer cuff links.

broma f joke, prank; (diversión) fun, jest ♦ **gastar o hacer una broma a** to play a joke on.

bromear vi to joke, jest.

bromista m/f joker.

bronca f see **bronco, a**.

bronce m bronze.

bronceado, a -1 adj (tostado) tanned, bronzed -2 m (piel tostada) suntan.

broncearse vr to get a tan, suntan.

bronco, a -1 adj (tosco) rough, coarse; (desapacible) harsh, gruff -2 f row, quarrel ♦ **armar bronca** to kick up a rumpus, start a row.

bronquio m bronchus, bronchial tube.

bronquitis f bronchitis.

brotar vi BOT to bud, sprout; *(agua)* to spring, flow; *(estallar)* to break out, spring up.

brote m bud, sprout; *(estallido)* outbreak, rash.

bruces adv ♦ **a** o **de bruces** face down, on one's face.

bruja f witch, sorceress.

brujería f witchcraft, sorcery.

brujo m *(adivino)* sorcerer, wizard; *(de una tribu)* witch doctor, medicine man.

brújula f compass.

brulote m Amer *(palabrota)* swear word; *(escrito)* satiric article.

bruma f fog, mist.

bruñir vt to burnish, polish; Amer to annoy, pester.

brusco, a adj brusque.

brutal adj brutal; *(formidable)* terrific, tremendous.

brutalidad f brutality; *(incapacidad)* stupidity, foolishness; *(gran cantidad)* loads, slew.

bruto, a -1 adj brutish, boorish; *(necio)* stupid, ignorant; *(diamante)* rough, uncut; COM gross -2 m *(persona)* brute; *(animal)* beast, animal.

bucear vi to swim under water; *(oficio)* to work as a diver.

bucle m ringlet, curl; AVIA spin, loop.

budín m pudding.

buen adj contr of **bueno**.

bueno, a -1 adj good; *(bondadoso)* kind, benevolent; *(útil)* fit, appropriate; *(sano)* well, healthy; *(agradable)* nice, polite; *(grande)* considerable, goodly; *(bonachón)* innocent, naive ♦ **a la buena de Dios** carelessly, any old way • **buenas noches, tardes** good night, afternoon • **buenos días** morning • **de buenas a primeras** all of a sudden • **estar de buenas** to be in a good mood -2 adv all right, okay -3 m good.

buey m ox, bullock.

búfalo m buffalo.

bufanda f scarf, muffler.

bufar vi to snort.

bufete m *(escritorio)* writing desk o table; *(despacho)* lawyer's office.

bufón m buffoon.

buharda/dilla f attic, garret.

búho m horned owl.

buitre m vulture.

bujía f ELEC spark plug.

bulbo m bulb.

bul(l)dog m bulldog.

bulevar m boulevard.

bulla f *(ruido)* noise, racket Amer argument, row.

bullicio m bustle, hubbub.

bullicioso, a adj *(animado)* bustling; *(alborotador)* riotous, tumultuous.

bullir vi to boil; *(moverse)* to bustle about.

bulto m *(tamaño)* bulk, size; *(forma)* form, shape; *(fardo)* package, bundle; MED swelling, lump; Amer briefcase, satchel ♦ **a bulto** broadly; COM wholesale.

bumerán/ang m boomerang.

buñuelo m fried dough, fritter.

buque m ship, vessel.

burbuja f bubble.

burbujear vi to bubble.

burdel m brothel.

burdeos adj maroon, deep red.

burdo, a adj coarse, rough.

burgués, esa adj & m/f bourgeois.

burguesía f bourgeoisie, middle class.

burla f *(mofa)* jeer, taunt; *(chanza)* joke, jest; *(engaño)* trick, hoax ♦ **hacer burla de** to make fun of, mock.

burlar vt to make fun of ♦ **burlarse** vr to make fun, joke • **burlarse de** to make fun of, ridicule.

burocracia f bureaucracy.

burócrata m/f bureaucrat.

burro m donkey, jackass; *(borrico)* ass, dunce.

bursátil adj stock, stock market.

busca f search ♦ **ir en** o **a la busca de** to go in search of.

buscar vt to search o look for, seek ♦ **buscársela** *(ingeniarse)* to get by, manage; *(provocar)* to look for trouble.

búsqueda f search.

busto m ANAT, SCULP bust.

butaca f armchair, easy chair; THEAT orchestra o box seat.

butano m butane.

buzo m (deep-sea) diver.

buzón m mailbox, letter box.

C

cabal adj (exacto) precise, fair; (completo) complete ✦ FIG **no estar en sus cabales** not to be in one's right mind.

cabalgar vi to ride horseback.

caballa f mackerel.

caballada f Amer asinine remark o action.

caballería f (animal) mount, steed; MIL cavalry.

caballeriza f stable; (criados) stablehands.

caballero m (noble) nobleman; (persona condecorada) knight; (señor) gentleman; (como cortesía) sir.

caballete m (soporte) sawhorse; (trípode) easel.

caballo m horse; (en ajedrez) knight ✦ **a caballo** on horseback • **caballo de fuerza** MECH horsepower.

cabaña f hut, cabin.

cabaret m night club, cabaret.

cabecear vi (de sueño) to nod (sleepily) -vt SPORT to head (a ball).

cabecera f (lugar principal) head; (de una cama) headboard.

cabecilla m ringleader.

cabellera f head of hair.

cabello m hair.

caber vi (tener lugar) to fit; (ser posible) to be possible ✦ **cabe decir** one might say.

cabestrillo m MED sling.

cabeza f head; (jefe) chief ✦ **a la cabeza de** (delante) at the head of; (en control) in charge of • **cabeza de ajo** garlic bulb • **cabeza de turco** scapegoat.

cabezada f (inclinación) nod.

cabezazo m (golpe) butt; SPORT header.

cabezón, ona adj COLL pigheaded.

cabida f room, capacity.

cabildo m town council.

cabina f booth; MARIT cabin; AVIA cockpit; AUTO cab; CINEM projection booth ✦ **cabina telefónica** phone booth, phone box GB.

cabizbajo, a adj crestfallen, downhearted.

cable m cable.

cabo m end; (pedazo) stub, bit; GEOG cape; MARIT cable; MIL corporal ✦ **al** **cabo de** at the end of • **llevar a cabo** to carry out.

cabra f goat.

cabrero, a -1 m/f goatherd **-2** adj RP, COLL hot-tempered.

cabritilla f lambskin, kid.

cabrito m kid, young goat.

cabrón m goat; SL (cornudo) cuckold; (cretino) bastard.

cacahuete m peanut.

cacao m cacao; CUL cocoa.

cacarear vi to cackle.

cacatúa f cockatoo.

cacería f hunting.

cacerola f casserole, pot.

cacha f Amer (engaño) trick, deceit.

cachada f RP joke.

cachar vt (burlar) to tease; (agarrar) to nab; (sorprender) to catch; (robar) to rob, steal.

cacharro m (vasija) crock; COLL (trasto) piece of junk; Amer jail, prison ✦ pl (trastos) junk; (utensilios) tools.

cachear vt to search, frisk.

cachemira f cashmere.

cachetada f Amer slap.

cachete m (mejilla) cheek; (cachetada) slap.

cachetear vt Amer to slap.

cachimba f pipe.

cachiporra f club, bludgeon.

cachivache m piece of junk.

cacho m (pedazo) piece; Amer (cuerno) horn; RP (plátanos) bunch of bananas.

cachondearse vr COLL **cachondearse de** to tease.

cachondeo m COLL teasing.

cachondo, a adj (en celo) in heat; (libidinoso) lustful.

cachorro, a m/f (perro) puppy; (de otros mamíferos) cub.

cacique m (indio) Indian chief; COLL (jefe) political boss; (déspota) tyrant.

caco m burglar.

cacto/tus m cactus.

cada adj each, every ✦ **cada cual** o **uno** each one, everyone • **¿cada cuánto?** how often? • **cada vez más** more and more • **cada vez que** whenever.

cadalso m gallows.

cadáver m corpse, cadaver.

cadena f chain ♦ **cadena de emisoras** network • **cadena de fabricación** o **de montaje** assembly line • **cadena de montañas** mountain range • **cadena perpetua** life imprisonment.

cadencia f cadence, rhythm.

cadenero m *Amer (caballo)* workhorse.

cadera f hip, hip joint.

cadete m MIL cadet.

caducar vi to lapse, expire.

caduco, a adj lapsed, expired; *(senil)* senile, decrepit.

caer vi to fall; *(derrumbarse)* to fall down, collapse; *(los precios, intereses)* to drop; *(morir)* to die ♦ **caer bien a** *(prenda)* to suit; *(persona)* to make a good impression on; *(alimento)* to agree with • **caer en** *(fecha)* to fall on • **caer en la cuenta** to realize ♦ **caerse** vr to fall; *(de las manos)* to drop; *(cabello)* to fall out <se me cayó el libro I dropped the book>.

café m coffee; *(establecimiento)* café, coffee shop; *S Amer,* COLL scolding ♦ **café negro** o **solo** black coffee.

cafetal m coffee plantation.

cafetalero m *Amer* coffee grower.

cafetería f coffee shop, café.

cafetero, a -1 adj coffee -2 m/f *(comerciante)* coffee merchant; *(dueño)* café owner -f CUL coffeepot.

cagar vi SL to shit.

caída f fall, falling; *(de tela)* hang; *(de temperatura, precios)* drop; *(ruina)* downfall.

caimán m alligator.

caja f box; *(ventanilla)* cashier's window; *(tambor)* drum; ARCHIT shaft ♦ **caja de ahorros** savings bank • **caja de cambios** o **velocidades** AUTO transmission • **caja de herramientas** toolbox • **caja de hierro** *Amer* safe • **caja fuerte** safe • **caja registradora** cash register.

cajero m teller, cashier.

cajetilla f *(paquete)* pack -m *RP,* COLL dandy.

cajón m *(caja grande)* case; *(gaveta)* drawer; *S Amer (ataúd)* coffin.

cal f lime.

cala f GEOG cove.

calabaza f squash.

calabozo m jail cell.

calador m *Amer (sonda)* probe.

calamar m squid.

calambre m cramp.

calamidad f *(desastre)* misfortune; COLL *(persona)* disgrace.

calaña f nature, character.

calar vt *(mojar)* to drench; *(penetrar)* to penetrate; COLL *(descubrir)* to see through; *(cortar)* to cut a sample of; *RP* to stare at ♦ **calarse** vr *(mojarse)* to get drenched.

calavera f skull -m reveler.

calcar vt to trace FIG to copy.

calceta f knee-high sock o stocking ♦ **hacer calceta** to knit (socks).

calcetín m sock.

calcinar vt to burn.

calcio m calcium.

calco m tracing; FIG copy.

calcomanía f decal, transfer.

calculador, ra -1 adj calculating -2 f calculator.

calcular vt *(computar)* to calculate; *(proyectar)* to estimate.

cálculo m calculation; MED stone, calculus.

caldear vt to heat o warm (up); FIG to enliven.

caldera f boiler.

caldo m *(consomé)* broth; *(jugo)* juice.

calefacción f heat, heating.

calefactor m heater.

calendario m calendar; *(programa)* schedule.

calentador m heater.

calentar vt to warm o heat (up) ♦ **calentarse** vr to warm oneself up; *Amer* to get angry.

calentura f fever.

calibrar vt *(medir)* to gauge; *(graduar)* to calibrate.

calibre m ARM caliber; TECH *(tubo)* diameter; *(importancia)* importance.

calidad f quality ♦ **en calidad de** as.

cálido, a adj warm.

caliente adj hot; FIG *(acalorado)* angry.

calificación f *(clasificación)* classification; *(nota)* grade.

calificar vt *(clasificar)* to classify; *(dar una nota a)* to grade.

cáliz m chalice; BOT calyx.

calizo, a -1 adj calcareous, limy -2 f limestone.

callado, a adj (silencioso) silent; (reservado) reserved.

callar vi to be o become silent -vt (silenciar) to silence; (guardar secreto) to keep secret; (no mencionar) not to mention ♦ **callarse** vr (guardar silencio) to be quiet o silent; (quedarse callado) to keep quiet • **¡cállate!** be quiet!

calle f street.

callejero m street guide o atlas.

callejón m alley ♦ **callejón sin salida** blind alley; FIG deadlock.

callo m corn ♦ pl tripe.

calma f (tranquilidad) calm; (serenidad) calmness; COLL (pachorra) sluggishness.

calmante adj & m sedative.

calmar vt & vi to calm (down), abate ♦ **calmarse** vr to calm down.

calor m warmth, heat ♦ **hacer calor** (tiempo) to be hot o warm.

caloría f calorie.

calumnia f calumny, slander.

calumniador, ra adj slanderous.

calumniar vt to calumniate, slander.

caluroso, a adj warm, hot; FIG warm, enthusiastic.

calvario m calvary.

calvez/vicie f baldness.

calvo, a -1 adj bald **-2** f bald spot.

calza f (cuña) wedge.

calzada f highway, road.

calzado m footwear.

calzador m shoehorn.

calzar vt to put shoes on; (poner calzos) to wedge ♦ **¿qué número calza?** what size do you take?

calzón m (pantalones) pants, trousers; RP panties; Mex chaps ♦ pl pants, trousers.

calzoncillos m pl underwear, shorts.

cama f bed ♦ **cama matrimonial** double bed.

camada f litter.

camafeo m cameo.

camaleón m chameleon.

camandulear vi RP, COLL to be hypocritical, intrigue.

camandulero, a RP, COLL **-1** adj sly, cunning **-2** m/f hypocrite.

cámara f (sala) hall; (junta) chamber; POL house; PHOTOG camera ♦ **cámara lenta** slow motion.

camarada m/f comrade.

camarero, a m/f waiter, waitress; MARIT steward, stewardess.

camarilla f clique, coterie.

camarón m shrimp, prawn.

camarote m cabin, berth.

cambalache m COLL (trueque) swap; RP secondhand store.

cambalachero, a m/f RP owner of a secondhand store.

cambiador m Chile, Mex, RAIL switchman.

cambiar vt to change; (trocar) to exchange -vi to change; METEOROL to shift ♦ **cambiar de color** to change color • **cambiar de parecer** to change one's mind ♦ **cambiarse** vr to change.

cambiavía m Amer switchman.

cambio m change; (trueque) exchange; COM (tipo de cambio) rate of exchange ♦ **a cambio de** in exchange for • **cambio de marchas** o **velocidades** gearshift • **en cambio** (en vez de) instead; (por otra parte) on the other hand.

cambista m/f moneychanger, broker -m RP switchman.

camelar vt COLL (halagar) to flatter; (enamorar) to woo; (engañar) to deceive; Mex to watch.

camello m camel.

camerino m THEAT dressing room.

camilla f stretcher.

caminar vi to walk.

caminata f walk, hike.

camino m road; (senda) path, trail ♦ **abrir camino** to make way • **a medio camino** halfway • **en camino** on the way.

camión m truck, lorry GB; Mex bus.

camionero, a m/f truck driver.

camioneta f van.

camisa f shirt ♦ **camisa de fuerza** straitjacket.

camiseta f T-shirt; (ropa interior) undershirt; SPORT jersey.

camisón m nightgown.

camorra f COLL ♦ **armar camorra** to pick a fight • **buscar camorra** to go looking for trouble.

camote m Amer (batata) sweet potato; COLL (enamoramiento) infatuation ♦ **tener un camote** to be infatuated.

campamento m camp.

campana f bell; RP lookout.
campanada f stroke, ring (of a bell).
campanario m bell tower, belfry.
campanear vi RP (mirar) to be the lookout.
campanilla f (timbre) doorbell; ANAT uvula.
campaña f plain; MIL, POL campaign; Amer countryside.
campechano, a adj COLL good-natured.
campeón, ona m/f champion.
campeonato m championship.
campesino, a m/f peasant.
campestre adj rural.
campo m country, countryside; (plantío) field; MIL, SPORT field.
camposanto m cemetery, graveyard.
camuflaje m camouflage.
cana f see cano, a.
canal m canal; (estrecho) strait, channel; (de puerto) navigation channel; (tubo) pipe, conduit, tube; ANAT tract; ARCHIT gutter; RAD, TELEV channel.
canaleta f conduit; RP gutter.
canalizar vt (abrir canales) to canalize; (controlar aguas) to channel; (por tuberías) to pipe; FIG to channel.
canalla m COLL scoundrel.
canalón m gutter, drainpipe.
canapé m (sofá) sofa; CUL canapé.
canario m canary.
canasta f basket; (naipes) canasta.
canastilla f Amer trousseau.
canasto m basket.
cancela f iron gate.
cancelar vt to cancel.
cáncer m cancer.
cancha f (campo) field; (de tenis) court ♦ **dar cancha a** Arg, Chile, C Rica to give the advantage to • **estar uno en su cancha** RP, COLL to be in one's element • **tener cancha** RP, COLL to be experienced.
canchero, a -1 m/f RP expert; Amer groundskeeper -2 adj RP expert, skilled.
canciller m chancellor.
canción f song ♦ **canción de cuna** lullaby.
candado m padlock.
candeal m Arg, Chile, Peru hot beverage made with cognac, milk and eggs.
candela f candle; COLL (lumbre) heat; (fire) light.

candelabro m candelabrum; Arg cactus.
candente adj white-hot; (grave) burning, important.
candidato, a m/f candidate.
candidez f naiveté.
cándido, a adj naive.
candil m oil lamp.
candilejas f pl footlights.
candombe m Amer dance of South American blacks.
candor m naiveté.
canela f cinnamon.
canelones m pl cannelloni (pasta).
cangrejo m crab.
canguro m kangaroo.
caníbal m/f cannibal.
canica f marble.
canilla f ANAT shinbone; Amer (del agua) tap; Mex, FIG (fuerza) strength; Amer, COLL (pierna) skinny leg.
canillita m S Amer newspaper boy.
canino, a adj & m canine.
canjear vt to exchange, trade.
cano, a -1 adj gray-haired -2 f white o gray hair; Amer, COLL jail.
canoa f canoe.
canon m canon.
canónigo m canon, prebendary.
canonizar vt to canonize.
canoso, a adj gray-haired.
cansado, a adj tired ♦ **a las cansadas** RP after much delay.
cansancio m tiredness.
cansar vt to tire, make tired; (aburrir) to bore; (fastidiar) to annoy ♦ **cansarse** vr to become o get tired -vi to be tiring; (aburrir) to be boring.
cantante m/f singer, vocalist.
cantar[1] m song.
cantar[2] vt & vi to sing.
cántaro m jug ♦ **llover a cántaros** COLL to rain cats and dogs.
cantera f quarry, pit.
cantero m (pedrero) stonemason; RP flowerbed.
cantidad f quantity.
cantimplora f canteen.
cantina f canteen; Amer saloon.
canto[1] m (canción) song; (arte) singing; (monótono) chant.
canto[2] m (extremo) edge; (borde) border; (guijarro) pebble ♦ **canto rodado** boulder.

canturrear/rriar *vi* COLL to sing softly.

canuto *m* tube.

caña *f* reed; *(de azúcar)* cane; *(tallo)* stalk ♦ **caña de pescar** fishing rod.

cañada *f* ravine; *Amer* stream.

cañadón *m Amer (barranca)* ravine; *(arroyo profundo)* deep stream.

cáñamo *m* hemp.

cañería *f (tubo)* pipe; *(tubería)* pipeline.

caño *m* pipe.

cañón *m* MIL cannon; ARM barrel; GEOG canyon, gorge.

caoba *f* mahogany.

caos *m* chaos.

capa *f (manto)* cape; *(de pintura)* coat; GEOL layer.

capacidad *f* capacity; *(espacio)* room; *(talento)* ability.

capacitar *vt (instruir)* to train; *(calificar)* to qualify; *(autorizar)* to empower.

caparazón *m* shell, carapace.

capataz *m* foreman.

capaz *adj* capable *(de* of).

capcioso, a *adj* deceitful ♦ **pregunta capciosa** tricky question.

capellán *m* chaplain.

caperuza *f* hood.

capilla *f* chapel.

capital **-1** *adj* capital; *(esencial)* vital **-2** *m* capital; *(el que produce intereses)* principal *-f* capital, capital city.

capitalista *adj & m/f* capitalist.

capitalizar *vt* to capitalize.

capitán *m* captain.

capitolio *m* capitol.

capitulación *f* capitulation.

capitular *vi* to capitulate.

capítulo *m* chapter.

capó *m* AUTO hood, bonnet *GB.*

capón *m RP* castrated sheep.

caporal *m* foreman.

capota *f* hood, bonnet *GB.*

capote *m* cape.

capricho *m* whim; MUS caprice.

caprichoso, a *adj* whimsical.

cápsula *f* capsule.

captar *vt (atraer)* to attract, win; *(aprehender)* to grasp.

captura *f* capture, apprehension.

capturar *vt* to capture, apprehend.

capucha *f* hood.

capullo *m (brote)* bud; *(de larva)* cocoon.

caqui *m (tela y color)* khaki.

cara **-1** *f* face; *(semblante)* look; *(superficie)* surface; *(aspecto)* appearance; COLL *(descaro)* nerve ♦ **cara a cara** face to face • **cara dura** nerve, cheek • **cara o cruz** heads o tails • **dar la cara** to face the consequences **-2** *adv* ♦ **cara a** o **de cara** facing.

carabina *f* carbine.

caracol *m* snail; *(concha)* conch; *(rizo)* curl.

caracola *f* conch.

carácter *m* character; *(índole)* nature; *(rasgo)* trait ♦ **carácter de imprenta** typeface.

característico, a *adj* characteristic *-f* characteristic; *Arg* telephone exchange.

caracterizar *vt* to characterize ♦ **caracterizarse** *vr* THEAT to make up.

caracú *m Amer* bone marrow.

caradura *adj & m/f* shameless (person).

¡carajo! *interj Amer,* SL hell!

¡caramba! *interj (asombro)* good heavens!; *(enfado)* damn it!

carámbano *m* icicle.

caramelo *m* caramel; *(dulce)* candy.

carancho *m Amer* carrion hawk.

carátula *f (careta)* mask; *Amer* title page.

caravana *f* caravan.

carbón *m* coal; *(de leña)* charcoal; *(papel)* carbon (paper).

carboncillo *m* ARTS charcoal pencil.

carbonilla *f* coal dust; *Arg* charcoal pencil.

carbonizar *vt* to carbonize, char.

carbono *m* carbon.

carburador *m* carburetor.

carburante *m* fuel.

carcajada *f* loud laughter.

carcamán *m Amer* pretentious person; *Cuba* low-class foreigner.

cárcel *f* jail.

carcelero, a *m/f* jailer.

carcomer *vt* to eat away, gnaw.

cardar *vt* TEX to card, comb.

cardenal *m* cardinal; COLL *(mancha)* bruise.

cárdeno, a *adj* purple.

cardiaco/díaco, a *adj & m/f* cardiac.

cardinal *adj* cardinal.

cardo *m* thistle.

carear vt (confrontar) to bring face to face; (cotejar) to compare.

carecer vi ✦ **carecer de** to lack.

carencia f lack; MED deficiency.

carente adj lacking (in), devoid of.

carestía f scarcity; COM high prices.

careta f mask.

carey m sea turtle; (caparazón) tortoiseshell.

carga f load; (acción) loading; (flete) cargo; (peso) burden; (obligación) duty; MIL attack; (de armas) charge; ELEC charge.

cargado, a -1 adj laden; (sabor) strong; (atmósfera) heavy; ELEC charged **-2** f Mex loading; RP practical joke.

cargamento m load, cargo.

cargar vt to load; (llenar) to fill; COLL (importunar) to pester; MIL to charge; COM to debit; Amer to carry ✦ **cargar con** to carry; FIG to shoulder ✦ **cargarse** vr METEOR to become cloudy • **cargarse de** to have a lot of.

cargo m (dignidad) position; (acusación) charge; COM debit ✦ **cargo de conciencia** remorse • **hacerse cargo de** to take charge of.

cargosear vt Amer to pester, bother.

cargoso, a adj Amer bothersome, tiresome.

carguero m freighter.

caribe m ICHTH caribe, piranha.

caricatura f caricature.

caricia f caress ✦ **hacer caricias a** to caress.

caridad f charity.

caries f inv MED caries, decay.

cariño m (afecto) affection; (caricia) caress; (esmero) care.

cariñoso, a adj affectionate, loving.

carisma m charisma.

caritativo, a adj charitable.

cariz m COLL prospects, outlook.

carmelita adj Carmelite; Amer brown.

carmesí adj & m [pl íes] crimson.

carmín m lipstick.

carnada f bait.

carnaval m carnival.

carne f flesh; CUL meat; BOT pulp.

carnear vt Amer to slaughter.

carnero m sheep; (macho) ram; CUL mutton; RP scab.

carnet/né m [pl nés] card.

carnicería f butcher shop; FIG carnage.

carnicero, a m/f butcher.

carnívoro, a -1 adj carnivorous **-2** m carnivore.

caro, a -1 adj expensive **-2** adv at a high price.

carozo m stone, pit.

carpa¹ f (pez) carp.

carpa² f Amer (tienda) tent; (toldo) awning.

carpeta f folder.

carpincho m Amer, ZOOL capybara.

carpintería f (oficio) carpentry; (taller) carpenter shop.

carpintero m carpenter; ORNITH woodpecker.

carraspear vi to clear one's throat.

carrera f (espacio recorrido) run; (competencia) race; (profesión) career.

carreta f wagon.

carrete m (bobina) bobbin; (de la caña de pescar) reel.

carretel m Amer spool.

carretera f highway, road ✦ **carretera de circunvalación** bypass.

carretilla f (carro pequeño) cart; (de una rueda) wheelbarrow.

carril m (surco) groove; (de tránsito) lane; RAIL rail.

carrillo m jowl.

carro m (vehículo) cart; Amer (automóvil) car; (de máquina) carriage; MIL tank.

carrocería f AUTO body.

carromato m covered wagon.

carroña f carrion.

carroza f Amer hearse.

carrusel m carousel, merry-go-round.

carta f letter; (naipe) playing card; (de derechos) charter ✦ **a la carta** a la carte • **echar una carta al correo** to mail a letter.

cartapacio m Amer portfolio.

cartel m poster; FIN cartel.

cartelera f billboard; (de un periódico) entertainment section.

cartera f (de hombre) wallet; (de mujer) pocketbook; (portadocumentos) briefcase; (ministerio) cabinet post; COM, FIN portfolio.

carterista m pickpocket.

cartero m mailman, postman.

cartilla f (abecedario) primer; (folleto) booklet.

cartón *m (papel)* cardboard; *(de cigarrillos)* carton ♦ **cartón piedra** papier-mâché.

cartucho *m* cartridge.

cartulina *f* pasteboard, fine cardboard.

casa *f* house; *(residencia)* home; *(establecimiento)* firm ♦ **casa de altos** *RP* multistory building • **casa de departamentos** *S Amer* apartment house • **casa de la moneda** mint • **en casa** at home, in.

casadero, a *adj* of marrying age.

casado, a *adj* married ♦ **recién casados** newlyweds.

casamiento *m* marriage, wedding.

casar *vt* to marry (off); PRINT to impose ♦ **casarse** *vr* to get married • **casarse con** to get married to.

cascabel *m* small bell.

cascada *f* waterfall.

cascanueces *m inv* nutcracker.

cascar *vt (quebrar)* to crack; COLL *(pegar)* to beat ♦ **cascarse** *vr* to crack.

cáscara *f* shell; *(de fruta)* skin; *(de queso, fruta)* rind; *(de cereal)* husk.

cascarilla -1 *f Amer* quick-tempered person **-2** *adj Amer* quick-tempered.

casco *m* MIL helmet; MARIT hull; ZOOL hoof.

cascote *m* rubble, debris.

caserío *m* country house *o* estate.

casero, a -1 *adj (de la casa)* domestic; *(de la familia)* family; *(hecho en casa)* homemade; *(hogareño)* home-loving **-2** *m/f (dueño)* owner, landlord; *(administrador)* caretaker *-f* landlady.

caseta *f* booth.

casete *m o f* cassette, tape cartridge.

casi *adv* almost, nearly ♦ **casi casi** COLL very nearly • **casi nada** next to nothing • **casi nunca** hardly ever.

casilla *f (caseta)* hut; *Amer* post-office box ♦ **casilla telefónica** *Amer* telephone booth.

casillero *m* filing cabinet with pigeonholes.

casino *m* casino.

caso *m* case ♦ **el caso es que** that fact is that • **en caso de** in the event of • **en caso de que** in case • **en todo caso** in any case • **hacer** *o* **venir al caso** to be relevant • **hacer caso de** to pay attention to.

caspa *f* dandruff.

cassette *m o f* cassette.

casta *f (de personas)* lineage; *(de la sociedad)* caste; ZOOL breed.

castañetear *vi* to chatter.

castaño, a -1 *adj* chestnut, brown **-2** *m* chestnut; *(puñetazo)* punch.

castañuela *f* castanet.

castellano *m* Spanish.

castidad *f* chastity.

castigar *vt* to punish; SPORT to penalize.

castigo *m* punishment; SPORT penalty.

castillo *m* castle.

castizo, a -1 *adj (verdadero)* genuine; *(típico)* typical **-2** *m/f Amer* quadroon (offspring of a mestizo and a Spaniard).

casto, a *adj* chaste.

castor *m* beaver.

castrar *vt* to castrate.

casual *adj* chance, coincidental.

casualidad *f* chance ♦ **dar la casualidad que** to just so happen that • **de casualidad** by chance.

cataclismo *m* cataclysm; FIG upheaval.

catalizador *m* catalyst.

catálogo *m* catalogue.

catar *vt* to sample, taste.

catarata *f* waterfall; MED cataract.

catarro *m* cold, catarrh.

catástrofe *f* catastrophe.

cátedra *f* professorship.

catedral *f* cathedral.

catedrático *m* university professor.

categoría *f* category; *(clase)* type; FIG standing ♦ **de categoría** important.

categórico, a *adj* categorical.

catinga *f Amer* foul smell, body odor.

católico, a *adj & m/f* Catholic.

catorce *adj & m* fourteen(th).

catre *m* cot.

cauce *m* riverbed.

caucho *m* rubber.

caudal *m (riqueza)* wealth; *(de agua)* volume; *(abundancia)* abundance.

caudaloso, a *adj (río)* deep; *(persona)* wealthy.

caudillo *m* leader; *Amer* political boss.

causa *f* cause; *(motivo)* reason; LAW lawsuit ♦ **a** *o* **por causa de** because of.

causar *vt* to cause.

cautela *f* caution.

cauteloso, a *adj* cautious.

cautivar vt (aprisionar) to capture; FIG (interés, atención) (fascinar) to captivate.

cautiverio f captivity.

cautivo, a adj & m/f captive.

cauto, a adj cautious.

cavar vt to dig.

caverna f cavern, cave.

caviar m caviar.

cavidad f cavity.

cavilar vi to ponder, ruminate.

cayo m MARIT key, islet.

caza f (cacería) hunt; (animales) game -m AVIA fighter plane, fighter.

cazabe m Amer, CUL cassava bread.

cazador, ra m hunter, huntsman -f (chaqueta) hunting jacket.

cazar vt to hunt; (coger) to catch.

cazo m CUL (cucharón) ladle; (cacerola) saucepan.

cazuela f casserole; (guisado) stew.

cebada f BOT barley.

cebado, a adj Amer, ZOOL fattened.

cebar vt (engordar) to fatten; (un anzuelo) to bait; ARM to prime; RP to brew (maté).

cebiche m Amer marinated raw fish.

cebo m (alimento) feed; (detonador) charge; (del anzuelo) bait.

cebolla f onion.

cebolleta f BOT chive.

cebollino m BOT, CUL chive(s).

cebra f zebra.

cecear vi to lisp.

ceceo m lisp.

cecina f cured meat; Arg jerky, charqui.

cedazo m sieve.

ceder vt to cede; (transferir) to transfer; SPORT to pass -vi to cede; (rendirse) to yield, give in o up; (disminuirse) to abate.

cedro m cedar.

cédula f document ♦ **cédula de identidad** Amer identification card o papers.

cegar vt to blind; (tapar) to clog ♦ **cegarse** vr FIG to be blinded.

ceguedad/ra f blindness.

ceja f eyebrow; MUS bridge.

cejar vi to slacken.

celada f ambush; FIG trap.

celador, ra m/f (en la escuela) monitor; (de prisión) guard.

celda f cell.

celebración f celebration.

celebrar vt to celebrate; (alabar) to praise; (una reunión) to hold ♦ **celebrarse** vr (cumpleaños) to be o fall on; (una reunión) to take place.

célebre adj celebrated, famous.

celeridad f speed.

celeste adj sky-blue.

celestial adj heavenly.

celibato m celibacy.

célibe adj & m/f celibate.

celo m (cuidado) diligence; (entusiasmo) zeal ♦ **estar en celo** to be in heat ♦ pl jealousy • **tener celo** to be jealous.

celofán m cellophane.

celoso, a adj (con celos) jealous; (suspicaz) suspicious; (consciente) zealous.

célula f cell.

celulitis f inv cellulitis.

celulosa f cellulose.

cementerio m cemetery.

cemento m cement; (hormigón) concrete.

cena f dinner, supper.

cenagal m swamp.

cenar vi & vt to have dinner o supper.

cenicero m ashtray.

cenit m zenith.

ceniza f ash, ashes.

censo m census; (lista) roll.

censura f censure; (de expresión, arte) censorship.

censurar vt to censor; (criticar) to criticize.

centavo, a -1 adj hundredth -2 m Amer cent.

centella f (rayo) flash; (chispa) spark.

centellear/llar vi (fulgurar) to sparkle; (destellar) to twinkle; (chispear) to flicker.

centenar m (one) hundred.

centenario, a m/f centenarian -m centennial.

centeno m rye.

centésimo, a -1 adj hundredth -2 m Pan, Urug centesimo (coin).

centígrado, a adj centigrade.

centímetro m centimeter.

céntimo m cent.

centinela m/f sentinel, sentry.

central -1 *adj* central -2 *f (oficina)* headquarters.

centralizar *vt* to centralize.

centrar *vt* to center.

céntrico, a *adj* central, centric.

centrifugar *vt* to centrifuge.

centro *m* center; *(ciudad)* downtown ♦ **centro comercial** shopping center.

ceñir *vt (atar)* to bind; *(ropa)* to be tight on; *(abreviar)* to condense ♦ **ceñirse** *vr (moderarse)* to limit oneself; *(ajustarse)* to adjust.

ceño *m* frown ♦ **arrugar** *o* **fruncir el ceño** to frown.

cepa *f* vine.

cepillar *vt (limpiar)* to brush; CARP to plane.

cepillo *m* brush; CARP plane ♦ **cepillo de dientes** toothbrush.

cera *f* wax; *(de los oídos)* earwax.

cerámica *f* ceramics.

cerca -1 *adv* nearby, close by ♦ **cerca de** *(cercano a)* near, close to; *(alrededor de)* about • **de cerca** closely -2 *f* fence.

cercanía *f* nearness, proximity ♦ *pl* outskirts.

cercano, a *adj* close.

cercar *vt (con cerco)* to fence in; *(rodear)* to surround; MIL to besiege.

cerciorarse *vr* to make sure.

cerco *m (círculo)* circle; *(borde)* edge; *(cercado)* enclosure; MIL siege.

cerda *f* bristle.

cerdo *m* pig ♦ **carne de cerdo** pork.

cereal *adj* & *m* cereal.

cerebro *m* brain; FIG brains.

ceremonia *f* ceremony.

ceremonioso, a *adj* ceremonious.

cereza *f* cherry (fruit).

cerilla *f (fósforo)* match; *(de los oídos)* earwax.

cerillo *m* C Amer, Mex match.

cerner *o* **cernir** *vt* to sift, sieve ♦ **cernerse** *vr* to loom.

cero *m* zero.

cerrado, a *adj* closed ♦ **cerrado de mollera** COLL dense.

cerradura *f* lock.

cerrajero *m* locksmith.

cerrar *vt* to close (up), shut; *(con cerrojo)* to bolt; *(cercar)* to enclose; *(paquete, abertura)* to seal (up); *(negocio, fábrica)* to close down; *(llave, canilla)* to turn off; *(camino, acceso)* to block off; *(debate, polémica)* to conclude; *(cuenta bancaria)* to close out ♦ **cerrar con llave** to lock ♦ **cerrarse** *vr* to close, shut; *(insistir)* to persist; MED to close up.

cerro *m* hill.

cerrojo *m* bolt, latch.

certamen *m* contest, competition.

certero, a *adj* accurate, skillful.

certeza/tidumbre *f* certainty, certitude.

certificado *m* certificate.

certificar *vt (verificar)* to certify; *(cartas)* to register.

cervecería *f (fábrica)* brewery; *(taberna)* bar, pub.

cerveza *f* beer, ale ♦ **cerveza de barril** draft beer.

cesante *adj* & *m/f* Amer unemployed (person) ♦ **dejar cesante** to dismiss.

cesantía *f* suspension; *(desempleo)* unemployment.

cesar *vi* to end, stop ♦ **sin cesar** unceasingly.

cesárea *f* Caesarean section.

cese *m (suspensión)* cessation; *(revocación)* dismissal.

cesión *f* cession.

césped *m* lawn, grass.

cesta *f* basket.

cesto *m* basket.

cetro *m* scepter.

chabacanear *vi* Amer to behave in a coarse *o* crude way.

chabacano, a *adj (sin gusto)* tasteless; *(grosero)* crude; *(mal hecho)* shoddy.

chacal *m* jackal.

chacarero, a *m/f* Amer farmer, peasant *f* RP peasant dance.

cháchara *f* COLL chatter ♦ **estar de cháchara** to make small talk.

chacra *f* Amer farm.

chajá *m* Arg crested screamer.

chafar *vt (aplastar)* to crush; *(estropear)* to ruin.

chal *m* shawl.

chala *f* Amer corn husk *o* shuck.

chalán, ana *m/f* Amer horse trainer.

chalado, a *adj* COLL crazy.

chaleco *m* vest ♦ **chaleco de fuerza** Amer straitjacket • **chaleco salvavidas** life jacket.

chalet *m* [pl **s**] chalet; *(de lujo)* villa.

CHALINA 44

chalina f Amer (chal) narrow shawl.
chalupa f boat; Amer small canoe.
chamaco, a m/f Carib, Mex kid.
chambergo m Amer broadbrimmed soft hat.
chambero, a m/f Mex itinerant worker.
chambonada f Amer bungle.
chambonear vi Amer to bungle.
chamizar vt Amer to thatch.
chamizo m (choza) thatched hut.
champán/paña m champagne.
champiñón m mushroom, champignon.
champú m [pl (e)s] shampoo.
champurrado m Amer hodgepodge, mess.
chamullar vi Amer, SL to talk, speak.
chamuscar vt (quemar) to scorch; Mex to sell cheaply ♦ **chamuscarse** vr (quemarse) to get singed o scorched.
chancadora f Amer, MIN crusher, grinder.
chancar vt Amer to crush, grind.
chance m chance.
chanchada f Amer, COLL dirty trick; (porquería) mess.
chancho, a -1 adj Amer dirty, filthy -2 m pig, hog ♦ **quedar como chancho** Amer to let someone down • **ser como chanchos** to be close friends -f Amer sow.
chancleta f (zapatilla) slipper; Amer, COLL baby girl.
chandal m tracksuit.
changador m Arg, Bol porter.
changar vi Amer (picholear) to do odd jobs; Arg, Bol to work as a porter.
chango, a -1 adj Carib, Mex playful -2 m/f (bromista) prankster; Mex youngster -m RP youngster.
chantaje m blackmail.
chapa f (de metal, madera) sheet; Amer, AUTO license plate.
chapapote m asphalt.
chapar vt (con metal) to plate; (con madera) to veneer; Amer, SL (agarrar) to grasp; (apresar) to catch.
chaparro, a -1 adj short and thick -2 m dwarf o scrub oak; Mex (niño) kid.
chaparrón m downpour.
chapear vt Amer to clear (the land).
chapotear vi to splash.
chapucear vt (engañar) to deceive.

chapucero, a -1 COLL adj sloppy -2 m/f careless worker.
chapuza f COLL botched job.
chaqueta f jacket.
charamusca f Mex candy twist; Amer (leña) brushwood; Cuba, P Rico noise.
charango m Amer small five-stringed Andean guitar.
charape m Mex spicy fermented beverage.
charca f pond, pool.
charco m puddle, pool.
charla f (conversación) chat; (conferencia) talk.
charlar vi to chat.
charlatán, ana m/f (parlanchín) chatterbox; (curandero) quack.
charol m (barniz) lacquer; (cuero) patent leather; Amer (bandeja) tray.
charque m Arg, Mex jerky.
charquear vt Amer to dry, cure.
charqui m Amer jerky.
charro, a -1 adj Amer (diestro) skilled in horsemanship; Mex (pintoresco) picturesque -2 m Mex cowboy.
charrúa m/f Uruguayan.
chasco m disappointment.
chasis m inv chassis.
chasquear vt (látigo) to crack; (dedos) to snap.
chasqui m messenger.
chasquido m crack, snap.
chatarra f scrap iron.
chato, a -1 adj (la nariz) flat; (bajo) low; Amer, COLL ordinary ♦ **dejar chato** Amer to defeat; Mex to swindle -2 -f (embarcación) barge; (bacín) bedpan; Amer (carro) flatcar.
¡chau! interj Amer goodbye, ciao.
chaucha f S Amer (patata) new potato; (dinero) money; Arg (judía) string bean.
chaval, la m youngster -f young girl.
¡che! interj Amer hey!, listen!
cheque m check, cheque GB ♦ **cheque de viajero** traveler's check.
chequear vt Amer (inspeccionar) to check, inspect; MED to give a check-up to.
chequeo m Amer check; MED checkup.
chequera f checkbook.
chicana f Amer chicanery, trickery.

chicano, a adj & m/f Chicano, Mexi-can-American.

chicha f (bebida) chicha; coLL (carne) meat ♦ **estar chicha** Mex to be pleasant o amusing.

chícharo m pea; Col, coLL bad cigar.

chicharrón m crisp pork rind.

chiche -1 m Amer (persona) elegant person; (lugar) well-decorated place; Arg (juguete) toy; Arg, Chile (alhaja) trinket, bauble; Mex (nodriza) wet nurse **-2** adj C Amer easy, comfortable.

chichón m bump (on the head).

chichonear vi S Amer, coLL to make o play jokes.

chichota f Amer bump; (legumbre) chickpea.

chicle m chewing gum; Mex (suciedad) filth.

chico, a -1 adj small, little **-2** m boy -f girl.

chicote m Amer whip.

chifla f whistling; Mex bad mood.

chiflado, a adj (loco) nuts.

chiflar vi to whistle; Mex, ORNITH to sing -vt to boo.

chiflido m whistle.

chihuahua m chihuahua.

chile m Amer pepper, chili; C Amer (patraña) hoax.

chillar vi (gritar) to shriek; (chirriar) to squeak ♦ **chillarse** vr Amer to take offense.

chillido m (grito) shriek; (chirrido) squeak.

chillón, ona adj coLL (gritón) shrieking; (estridente) loud.

chimenea f chimney; (hogar) fireplace, hearth.

chimpancé m chimpanzee.

china f see **chino, a**.

chinampa f. Mex floating garden near Mexico City.

chinche f bedbug -m/f coLL boring person.

chincheta f thumbtack.

chinchilla f chinchilla.

chinchorro m (red) sweep net; Mex small herd.

chinchudo, a adj Arg hot-tempered.

chinga f Amer (barato) fee paid by gamblers; zooL skunk; C Amer cigar butt.

chingar vt C Rica to cut the tail off of; Mex, Salv to harass ♦ **chingarse** vr Amer (fracasar) to be a flop.

chingo, a adj Amer .(corto) ill-fitting; (desnudo) without a stitch; (rabón) tailless; C Amer (mocho) blunt.

chino, a -1 adj Amer of mixed ancestry; Mex kinky, curly **-2** m/f Amer (mestizo) person of mixed ancestry; (niño) kid; (criado) servant; (cariño) honey -f (india) Indian woman; (sirvienta) maid.

chiquilín m Amer, coLL small boy.

chiquito, a -1 adj tiny **-2** m/f hild ♦ **esperar un chiquito** coLL to wait just a minute.

chirimoya f cherimoya.

chiripa f stroke of luck ♦ **de** o **por chiripa** coLL by a fluke.

chiripá m RP gaucho's trousers.

chirola f Amer (moneda) coin of little value.

chirriar vi to squeak.

chirrido m screeching.

chisguete m Amer, BOT rubber tree.

chisme m (murmuración) gossip; coLL (baratija) trinket.

chismoso, a -1 adj gossipy **-2** m/f gossipmonger.

chispa -1 f (chiribita) spark; (poquito) little bit; (viveza) wit **-2** adj Mex amusing, funny.

chispar vt Mex to take out ♦ **chisparse** vr coLL to get drunk o tipsy.

chispear vi (destellar) to spark; (lloviznar) to drizzle ♦ **chispearse** vr Amer to get tipsy.

chisporrotear vi to spark, crackle.

chiste m joke.

chistoso, a adj funny.

chiva f Amer (barba) goatee; C Amer (manta) blanket ♦ pl Mex odds and ends.

chivo, a m/f zooL kid ♦ **chivo expiatorio** scapegoat.

chocante adj (desagradable) offensive; Mex annoying.

chocar vi (topar) to crash; (pelear) to clash; coLL (disgustar) to offend.

chochear/char vi to be senile.

chocho, a adj (caduco) senile; coLL (lelo) doting.

choclo m Amer (maíz) ear of corn; Peru (conjunto) bunch, group; (dificul-

tad) difficulty ♦ **meter el choclo** *Mex* to make a mistake.

choco -1 *m Chile, Peru* spaniel; *Amer* disabled person **-2** *adj Amer* disabled.

chocolate *adj & m* chocolate.

chófer *o* **chofer** *m* chauffeur.

cholo, a *adj & m/f* half-breed, mestizo.

chomba/pa *f* jersey, sweater.

chongo *m Guat* curl, lock (of hair); *Mex (moño)* bun, chignon; *(dulce)* sweet, dessert; COLL *(broma)* joke; *Peru (querido)* darling.

chopo *m* black poplar.

choque *m (colisión)* collision; *(impacto)* impact; *(pelea)* clash; *(disputa)* dispute; ELEC, MED shock.

chorizo *m* sausage.

chorrear *vi (fluir)* to gush; *(gotear)* to trickle *-vt RP* to steal.

chorro *m (de líquido)* spout; *(de luz)* flood; *RP,* COLL thief.

choza *f* hut, shack.

chubasco *m* downpour.

chúcaro, a *adj Amer (salvaje)* wild; *(huraño)* shy.

chucho, a *m (perro)* dog; *Amer (escalofrío)* shivers; *Arg (susto)* fright *-f* bodyodor.

chueco, a *adj (patizambo)* bowlegged; *(torcido)* crooked.

chulear *vt Mex* to court, flirt with.

chuleta *f* cutlet.

chulo *m (rufián)* rascal; *(alcahuete)* pimp.

chumbar *vt RP* to bark.

chuño *m Amer* potato starch.

chupado, a *adj* COLL emaciated; *Arg, Chile, Cuba* drunk.

chupar *vt* to suck; *(absorber)* to soak up; *Amer (fumar)* to smoke; COLL *(extraer)* to bleed *-vi* to suck; *Amer (beber)* to drink ♦ **chuparse** *vr* to become emaciated, waste away.

chupete *m (de niños)* pacifier; *(de mamadera)* nipple; *Amer (dulce)* lollipop.

chupón *m Amer (biberón)* baby bottle; *(chupete)* pacifier; *(de mamadera)* nipple.

churrasco *m Amer* grilled *o* broiled steak.

churrasquear *vi Amer* to have a barbecue.

churro *m* CUL fritter; COLL *(chapuza)* botch.

chusma *f (gentuza)* riffraff; COLL *(multitud)* crowd.

chuzo *m Amer (látigo)* horsewhip.

cianuro *m* cyanide.

ciática *f* sciatica, lumbago.

cicatriz *f* scar.

cicatrizar *vt & vi* to heal.

ciclista *m/f* cyclist.

ciclo *m* cycle.

ciclomotor *m* moped, motorbike.

ciclón *m* cyclone.

cicuta *f* hemlock.

ciego, a *adj & m/f* blind (person).

cielo *m* sky; *(paraíso)* heaven; *(querido)* darling ♦ *pl* **¡cielos!** good heavens!

ciempiés *m inv* centipede.

cien *adj* apocope of **ciento**.

ciénaga *f* swamp, marsh.

ciencia *f* science ♦ **a** *o* **de ciencia cierta** for certain.

cieno *m* muck.

científico, a -1 *adj* scientific **-2** *m/f* scientist.

ciento *adj & m* one hundred, a hundred ♦ **ciento por ciento** one hundred per cent.

ciernes *m pl* ♦ **en ciernes** in blossom.

cierre *m (acción)* closing; *(clausura)* shutdown; *(cremallera)* zipper ♦ **cierre patronal** *RP* lockout • **cierre relámpago** zipper.

cierto, a -1 *adj* certain; *(verdadero)* true; *(alguno)* some **-2** *adv* certainly ♦ **por cierto** *(a propósito)* incidentally.

ciervo *m* deer, stag.

cifra *f (número)* digit; *(cantidad)* quantity; *(clave)* cipher.

cifrar *vt* to encode ♦ **cifrar en** FIG to place in.

cigarra *f* cicada.

cigarrería *f Amer* tobacco *o* smoke shop.

cigarrillo *m* cigarette.

cigarro *m* cigar.

cigüeña *f* stork.

cilindro *m* cylinder.

cima *f (cumbre)* summit; FIG pinnacle.

cimentar *vt* CONSTR to lay the foundation of; *(afirmar)* to consolidate.

cimiento *m* CONSTR foundation; FIG basis.

cinc *m* zinc.

cincel *m* chisel.

cincho *m Amer* girth.

cinco *adj & m* five.

cincuenta *adj & m* fifty.

cine *m* cinema; COLL *(espectáculo)* movies; *(teatro)* movie theater.

cineasta *m/f* filmmaker.

cinematográfico, a *adj* cinematographic.

cínico, a -1 *adj* cynical **-2** *m/f* cynic.

cinismo *m* cynicism.

cinta *f* ribbon; *(película)* film ♦ **cinta adhesiva** adhesive tape • **cinta magnetofónica** recording tape • **cinta métrica** tape measure • **cinta transportadora** conveyor belt.

cinto *m* belt.

cintura *f* waist, waistline.

cinturón *m* belt ♦ **cinturón de seguridad** seat *o* safety belt.

ciprés *m* cypress.

circo *m* circus; GEOL cirque.

circuito *m* circuit ♦ **corto circuito** short circuit.

circulación *f* circulation; *(tráfico)* traffic.

circular[1] **-1** *adj* circular **-2** *f* flier.

circular[2] *vi & vt* to circulate.

círculo *m* circle.

circuncisión *f* circumcision.

circundar *vt* to surround, encircle.

circunferencia *f* circumference.

circunscribir *vt* to circumscribe ♦ **circunscribirse** *vr* to restrict *o* limit oneself.

circunspecto, a *adj* circumspect.

circunstancia *f* circumstance.

cirio *m* church candle.

cirrosis *f inv* cirrhosis.

ciruela *f* plum; *(pasa)* prune.

cirugía *f* surgery ♦ **cirugía plástica** *o* **estética** plastic *o* cosmetic surgery.

cirujano, a *m/f* surgeon.

cisne *m* swan; RP powder puff.

cisterna *f* cistern, reservoir.

cita *f (entrevista)* appointment, meeting; *(con novio, amigo)* date; *(referencia)* quote.

citación *f* subpoena.

citar *vt (convocar)* to make an appointment *o* date with; *(referirse)* to cite; LAW to summon.

cítricos *m pl* citrus fruits.

ciudad *f* city.

ciudadanía *f (derecho)* citizenship; *(población)* citizenry.

ciudadano, a *m/f* citizen.

cívico, a *adj* civic.

civil -1 *adj* civil **-2** *m/f* civilian.

civilización *f* civilization.

civilizado, a *adj* civilized.

civismo *m* civic-mindedness.

cizaña *f (disensión)* discord.

clamar *vi* to clamor *-vt* to cry out for.

clamor *m* clamor, outcry.

clandestino, a *adj* clandestine.

clara *f* see **claro, a**.

claraboya *f* skylight.

clarear *vt & vi* to dawn.

clarete *adj & m* claret (wine).

claridad *f* clarity; *(luz)* brightness; *(nitidez)* clearness.

clarificar *vt* to clarify.

clarín *m* clarion.

clarinete *m* clarinet.

clarividencia *f* clairvoyance.

claro, a -1 *adj* clear; *(luminoso)* bright; *(despejado)* cloudless; *(obvio)* obvious; *(inteligible)* intelligible; *(sin ambages)* straightforward **-2** *adv* plainly ♦ **¡claro!** *o* **¡claro que sí!** of course!, sure! **-3** *m (abertura)* gap; *(espacio)* clearing *-f* white (of egg).

clase *f* class; *(lección)* lesson; *(aula)* classroom ♦ **toda clase de** all kinds of.

clásico, a *adj* classic, classical.

clasificación *f* classification.

clasificar *vt* to classify; *(archivar)* to file ♦ **clasificarse** *vr* SPORT to qualify.

claudicar *vi* to back down.

claustro *m* cloister; EDUC faculty.

cláusula *f* clause.

clausura *f (estado)* monastic life; *(conclusión)* closing ceremony; *Amer (cierre)* closing.

clausurar *vt* to bring to a close.

clavar *vt* to nail; *(hincar)* to thrust, drive.

clave -1 *f (cifra)* code; *(esencia)* key; MUS clef **-2** *m* clavichord **-3** *adj* key.

clavel *m* carnation.

clavícula *f* clavicle, collarbone.

clavija *f* peg; ELEC plug.

clavo *m* nail; BOT clove; RP *(mercadería)* white elephant.

claxon *m* horn.

clemencia f clemency.
cleptómano, a adj & m/f kleptomaniac.
clérigo m clergyman.
clero m clergy.
cliché m cliché; *(negativo)* negative.
cliente m/f client, customer.
clientela f customers, clientele.
clima m climate; FIG atmosphere.
climatizar vt to air-condition.
clínico, a -1 adj clinical **-2** m clinician **-f** private hospital.
clip m paper clip.
cloaca f sewer.
cloro m chlorine.
club m [pl **(e)s**] club.
coacción f coercion; LAW duress.
coaccionar vt to coerce.
coagular vt & vr to coagulate; *(leche)* to curdle.
coágulo m clot; *(leche)* curd.
coalición f coalition.
coartada f alibi.
coartar vt to hinder.
cobarde -1 adj cowardly **-2** m/f coward.
cobardía f cowardice, cowardliness.
cobertizo m *(protección)* shelter; *(barraca)* shed.
cobertor m bedspread.
cobertura f cover, covering.
cobija f Amer blanket; Mex *(chal)* short shawl, wrap.
cobijar vt to cover (up); FIG to harbor.
cobra f cobra.
cobrador, ra m/f bill o tax collector.
cobrar vt *(recibir)* to collect; *(recuperar)* to retrieve; *(precios)* to charge; *(un cheque)* to cash.
cobre m copper; Amer cent ♦ **quedarse sin un cobre** Amer to be broke.
cobro m collection, collecting; *(de un cheque)* cashing ♦ **cobro a la entrega** collect on delivery.
coca f coca; PHARM cocaine.
cocaína f cocaine.
cocción f cooking; *(hervor)* boiling; *(en un horno)* baking.
cocer vt to cook; *(hervir)* to boil; *(en un horno)* to bake **-vi** to boil.
coche m *(carruaje)* carriage; *(automóvil)* car ♦ **coche cama** sleeper, sleeping car • **coche de alquiler** rental car • **coche fúnebre** hearse.

cochera f garage.
cochinillo m piglet, suckling pig.
cochino, a -1 m/f pig **-2** adj filthy.
cocido m stew.
cociente m quotient.
cocina f *(cuarto)* kitchen; *(aparato)* stove, range; *(estilo)* cuisine.
cocinar vt & vi to cook.
cocinero, a m/f cook, chef.
coco m coconut.
cocodrilo m crocodile.
cocotero m coconut palm.
cóctel m cocktail.
codazo m jab, poke (with one's elbow) ♦ **dar un codazo** to jab.
codearse vr COLL to rub elbows with.
codicia f greed.
codiciar vt to covet, desire.
codicioso, a adj & m/f greedy (person).
codificar vt to encode; LAW to codify.
código m code ♦ **código postal** zip code.
codo m elbow.
coeficiente adj & m coefficient.
coerción f coercion.
coetáneo, a adj & m/f contemporary.
coexistir vi to coexist.
cofradía f *(de hombres)* brotherhood; *(de mujeres)* sisterhood; *(gremio)* guild.
cofre m *(arca)* chest; *(caja)* box.
coger vt to grab, grasp; *(recoger)* to gather up; *(apresar)* to capture; *(alcanzar)* to catch up with; *(sorprender)* to catch by surprise; *(enfermedad)* to catch.
cogollo m heart (of vegetables).
cogote m back of the neck.
cogotudo, a Amer, COLL m/f & adj *(rico)* wealthy o influential (person); *(orgulloso)* arrogant (person).
cohecho m bribe, bribery.
coherente adj coherent.
cohesión f cohesion.
cohete m rocket ♦ **al cohete** Arg, Bol, COLL in vain.
cohibir vt to inhibit.
coima f Amer bribe, payola.
coincidencia f coincidence.
coincidir vi to coincide; *(concordar)* to agree.
coito m coitus, sexual intercourse.
cojear vi to limp; *(una mesa)* to wobble.

cojera f limp, lameness.

cojín m cushion.

cojinete m small cushion ♦ **cojinete de bolas** ball bearing ♦ pl Col, Mex, Ven saddlebags.

cojo, a -1 adj (tullido) crippled; (un mueble) wobbly -2 m/f cripple.

col f cabbage ♦ **col de Bruselas** Brussels sprouts.

cola f tail; (fila) queue; (parte final) rear ♦ **cola de caballo** (pelo) ponytail • **hacer cola** to line up -f glue, gum.

colaborador, ra m/f collaborator; LIT contributor.

colaborar vi to collaborate; LIT to contribute.

colador m strainer.

colapso m collapse ♦ **colapso nervioso** nervous breakdown.

colar vt to strain; COLL to pass o foist (off); METAL to cast -vi to squeeze through ♦ **colarse** vr to sneak in.

colcha f bedspread.

colchón m mattress.

colchoneta f light mattress.

colección f collection; LIT anthology.

coleccionar vt to collect.

coleccionista m/f collector.

colecta f collection.

colectividad f community.

colectivo, a -1 adj collective; (mutuo) joint -2 m Arg, Bol, Peru small bus.

colega m colleague, associate.

colegial, la m/f schoolboy, schoolgirl.

colegio m (primario) elementary school; (secundario) high school; (asociación) college, association.

cólera f anger.

colérico, a adj choleric. irascible.

colesterol f cholesterol.

coleta f (pelo) pigtail; Amer (lona) coarse canvas.

colgante -1 adj hanging -2 m pendant.

colgar vt to hang (up) -vi to hang; (caer) to hang down.

colibrí m [pl íes] hummingbird.

cólico m colic.

coliflor f cauliflower.

colilla f cigarette butt.

colina f hill.

colindante adj adjacent, adjoining.

colisión f collision; FIG conflict.

colla adj Bol Andean; Arg Bolivian.

collar m (adorno) necklace; (de animal) collar.

colmado, a -1 adj (lleno) full, filled; (cucharada) heaping -2 m grocery store.

colmar vt (llenar) to fill (up), fill to the brim; (satisfacer) to fulfill, satisfy.

colmena f beehive, hive.

colmillo m canine tooth, eyetooth; (del elefante) tusk; (del perro) fang.

colmo m limit ♦ **para colmo de desgracias** to make matters worse.

colocación f (acción) placing; (empleo) position.

colocar vt to place, position; (dinero) to invest.

colón m C Rica, Salv, FIN colon.

colonia f colony; (perfume) cologne; Mex district.

colonizador, ra m/f colonizer, settler.

colonizar vt to colonize, settle.

colono m settler; AGR tenant farmer.

coloquio m (conversación) talk; (conferencia) seminar.

color m color.

colorado, a adj red.

colorante m colorant.

colorear vt to color.

colorete m rouge.

colorido m (acción) coloring; (color) color.

colorinche m RP gaudy combination of colors.

columna f column, pillar ♦ **columna vertebral** spine, spinal column.

columpiar vt to swing ♦ **columpiarse** vr to sway.

columpio m swing.

coma[1] f comma.

coma[2] m coma.

comadrear vi COLL to gossip.

comadreja f weasel; Arg opossum.

comandancia f (grado) command; (edificio) headquarters.

comandante m commander.

comandar vt to command, lead.

comarca f region, district.

comba f skipping rope.

combar vt & vr (encorvar) to bend, curve; (alabear) to warp.

combate m combat.

combatiente m combatant, fighter.

combatir vi to battle -vt to fight.

combinación f combination; (prenda) slip; (plan) plan; CHEM compound; RAIL connection.

combinado m Arg stereo.

combinar vt & vr to combine.

combo m Arg, Chile (martillo) sledge hammer; Chile (puñetazo) punch, blow.

combustible m fuel.

combustión f combustion.

comedia f comedy; (obra) play.

comediante, a m (comic) actor -f (comic) actress.

comedido, a adj S Amer obliging.

comedor m dining room.

comensal m/f mealtime companion.

comentar vt to comment on.

comentario m commentary ♦ **sin comentario** no comment.

comentarista m/f commentator.

comenzar vt & vi to begin, start ♦ **comenzar a** to begin to.

comer vt to eat; (en los juegos) to take ♦ **comerse** vr to eat up; (pasar) to skip over.

comercial -1 adj commercial, business -2 m Amer commercial, advertisement.

comerciante m/f merchant, shopkeeper.

comerciar vi to trade, deal.

comercio m (negocio) business; (tienda) store.

comestible -1 adj edible -2 m pl groceries.

cometa m comet -f (juguete) kite.

cometer vt (un crimen) to commit; (un error) to make.

cometido m assignment.

comezón f itch.

comicios m pl elections.

cómico, a -1 adj comical, funny -2 m comic actor -f comic actress.

comida f (almuerzo, cena) food, meal; (almuerzo) lunch.

comienzo m beginning, start ♦ **dar comienzo** to begin, start.

comillas f pl quotation marks ♦ **entre comillas** in quotes.

comilón, ona m/f glutton -f COLL feast, spread.

comino m cumin.

comisaría m police station.

comisario m commissioner.

comisión f commission.

comité m committee.

como -1 adv as; (de tal modo) like; (casi) about, approximately ♦ **como quiera que** no matter how • **como sea** one way or the other -2 conj (puesto que) as, since; (si) if; (así que) as; (por ejemplo) such as, like ♦ **así como** as soon as • **como si** as if.

cómo adv (en qué condiciones) how; (por qué) why, how come ♦ **¿a cómo?** how much? • **¡cómo no!** of course!

cómoda f chest of drawers, bureau.

comodidad f comfort.

comodín m Amer comfort lover; (naipes) wild card.

cómodo, a adj (confortable) comfortable; (útil) convenient.

comoquiera adv anyway, anyhow.

compacto, a adj (apretado) compact; (denso) tight.

compadecer vt to sympathize (with), feel sorry (for).

compadre m COLL pal.

compadrear vi RP, COLL (jactarse) to brag.

compañero, a m/f companion; (colega) colleague; (de una pareja) mate ♦ **compañero de clase** classmate.

compañía f company.

comparación f comparison ♦ **en comparación con** in comparison with o to.

comparar vt to compare.

comparativo, a adj & m comparative.

comparecer vi LAW to appear.

comparsa m/f THEA extra.

compartim(i)ento m compartment.

compartir vt to share.

compás m MATH compasses; MARIT compass; MUS (ritmo) rhythm; (unidad métrica) measure.

compasión f compassion, pity.

compasivo, a adj compassionate.

compatible adj compatible.

compatriota m/f compatriot.

compendiar vt to summarize, abridge.

compendio m summary, abridgment.

compenetración f mutual understanding.

compenetrarse vr to understand each other.

compensación f compensation.

compensar vt to compensate.

competencia f competition; *(rivalidad)* rivalry; *(incumbencia)* responsibility; *(aptitud)* competence; *(campo)* field.

competente adj *(adecuado)* suitable; *(apto)* competent; LAW competent.

competición f competition.

competir vi to compete.

compilar vt to compile.

compinche m/f COLL pal, chum; *(cómplice)* accomplice.

complacencia f complacency; *(tolerancia)* tolerance.

complacer vt to please, gratify ♦ **complacerse** vr **complacerse en** o **de** to delight in, take pleasure in.

complaciente adj *(satisfecho)* satisfied; *(obsequioso)* complaisant.

complejo, a adj & m complex.

complemento m complement; GRAM object.

completar vt to complete; *(acabar)* to finish.

completo, a adj complete; *(acabado)* finished; *(lleno)* full ♦ **por completo** completely.

complicado, a adj complicated.

complicar vt to complicate.

cómplice m/f accomplice.

complot m plot; *(intriga)* scheme.

componer vt to compose; *(reparar)* to fix; *(arreglar)* to arrange; S Amer, MED to set (bones) -vi to compose ♦ **componerse** vr to be composed o made up *(de of)*; *(calmarse)* to compose oneself • **componérselas** COLL to fend for oneself.

comportamiento m behavior, conduct.

comportar vt to entail ♦ **comportarse** vr to behave.

composición f composition.

compositor, ra m/f composer.

compostura f *(reparación)* repair; *(decoro)* decorum; *(calma)* composure.

compota f compote, stewed fruit.

compra f purchase ♦ pl **hacer compras** to shop • **ir de compras** to go shopping.

comprador, ra m/f purchaser.

comprar vt to buy, purchase.

comprender vt to understand; *(contener)* to include.

comprensión f understanding.

comprensivo, a adj comprehensive.

compresa f compress; *(para menstruación)* sanitary napkin.

compresor m compressor.

comprimido m tablet, pill.

comprimir vt to compress; FIG to repress.

comprobante m proof; COM voucher.

comprobar vt *(cotejar)* to check; *(verificar)* to verify.

comprometer vt *(poner en peligro)* to endanger; *(poner en apuros)* to compromise; *(obligar)* to oblige ♦ **comprometerse** vr *(obligarse)* to commit oneself; *(ponerse en peligro)* to compromise oneself • **comprometerse a** to undertake to.

compromiso m *(obligación)* obligation; *(apuro)* jam; *(convenio)* agreement.

compuesto, a -1 see **componer -2** adj compound; *(arreglado)* decked out; *(mesurado)* calm **-3** m compound, composite.

computadora f computer.

cómputo m computation, calculation.

comulgar vi to take communion.

común -1 adj common; *(compartido)* shared, joint **-2** m general public o population.

comuna f commune; Amer municipality.

comunicación f communication.

comunicado m communiqué ♦ **comunicado de prensa** press release.

comunicar vt to communicate.

comunicativo, a adj communicative.

comunidad f community.

comunión f communion.

comunista m/f communist.

con prep with; *(a pesar de)* in spite of, despite; *(hacia)* to, towards ♦ **con que** so then • **con tal (de) que** provided that • **con todo** nevertheless.

conato m attempt.

cóncavo, a adj concave, hollow.

concebir vt & vi to conceive.

conceder vt *(otorgar)* to grant; *(admitir)* to concede.

concejal, la m/f (town) councilor.

concentración f concentration.

concentrar vt & vr to concentrate.

concepción f conception.

concepto m concept; (juicio) opinion ♦ **en** o **por concepto de** as, by way of.

concernir vt to concern, be pertinent to.

concertar vt (coordinar) to arrange, coordinate.

concesionario m concessionaire, licensee.

concha f zool shell.

conchabar vt Amer to hire on ♦ **conchabarse** vr coll to band together.

conciencia f conscience; (conocimiento) consciousness ♦ **a conciencia** conscientiously • **tener** o **tomar conciencia** to be o become aware of.

concienzudo, a adj conscientious.

concierto m concert; (obra) concerto.

conciliar vt to conciliate, reconcile.

concilio m council.

conciso, a adj concise, succinct.

conciudadano, a m/f fellow citizen.

concluir vt to conclude, finish; (deducir) to deduce -vi to finish, end.

conclusión f conclusion.

concluyente adj conclusive, decisive.

concordar vi to agree.

concordia f (armonía) concord; (ajuste) agreement.

concretar vt to specify.

concreto, a -1 adj concrete; (definido) specific, definite ♦ **en concreto** in short **-2** m Amer concrete.

concurrencia f audience, crowd.

concurrido, a adj (animado) busy, crowded; (popular) well-attended.

concurrir vi (converger) to converge; (presenciar) to attend; (coincidir) to coincide.

concursante m/f competitor, contestant.

concurso m competition, contest.

condado m county.

conde m count, earl.

condecoración f medal.

condecorar vt to decorate, award.

condena f (juicio) sentence; (declaración) conviction.

condenar vt (castigar) to condemn, sentence; (declarar culpable) to convict; (reprobar) to censure.

condensar vt (reducir) to condense; (abreviar) to shorten.

condesa f countess.

condescender vi to acquiesce.

condición f condition ♦ **a condición de que** on the condition that ♦ pl (aptitud) talent; (circunstancias) circumstances.

condicional adj conditional.

condicionar vt ♦ **condicionar a** to make (something) conditional on.

condimentar vt to season, flavor.

condimento m condiment, seasoning.

condominio m condominium.

condón m condom.

cóndor m condor.

conducir vt (guiar) to lead; (dirigir) to manage; auto to drive -vi to lead; auto to drive ♦ **conducirse** vr to conduct oneself.

conducta f conduct.

conducto m conduit.

conductor, ra m/f driver.

conectar vt to connect; (enchufar) to plug in.

conejo m rabbit.

conexión f connection.

confabularse vr to plot.

confección f (fabricación) manufacture; (ropa hecha) ready-to-wear clothing.

confeccionar vt to make, manufacture.

confederación f confederation; (liga) league.

conferencia f conference; (discurso) lecture.

conferir vt to confer, bestow.

confesar vt to confess; (admitir) to admit.

confesión f confession; (admisión) admission.

confeti m confetti.

confiado, a adj (en sí mismo) confident; (en los demás) trusting.

confianza f confidence; (seguridad) self-confidence; (familiaridad) closeness.

confiar vi to trust -vt (encargar) to entrust; (un secreto) to confide.

confidencia f confidence.

confidencial adj confidential.

confidente m/f (consejero) confidant; (informante) informant.

CONSEJERO

configurar vt to shape, form.

confín m border ♦ pl confines.

confinar vt (encarcelar) to confine; (desterrar) to exile.

confirmar vt to confirm.

confiscar vt to confiscate, appropriate.

confite m candy, sweet.

confitería f candy shop; Amer tearoom, café.

confitura f confiture, preserve.

conflicto m conflict.

confluir vi to converge.

conformar vt to shape, fashion -vi to agree (con, en with, on) ♦ **conformarse** vr to resign oneself.

conforme -1 adj ♦ **conforme a** consistent with • **conforme en** in agreement on **-2** adv as soon as ♦ **conforme a** in accordance with.

conformidad f consent.

conformista adj & m/f conformist.

confort m comfort.

confortable adj comfortable.

confrontar vt to confront; (comparar) to compare.

confundir vt to confuse; (desordenar) to mix up; (desconcertar) to perplex ♦ **confundirse** vr (mezclarse) to be mixed up; (en una multitud) to mingle; (equivocarse) to get mixed up; (turbarse) to be confused o perplexed.

confusión f confusion.

confuso, a -1 see **confundir -2** adj (mezclado) mixed up; (no claro) unclear; (desconcertado) perplexed.

conga f Amer, MUS conga.

congelador m freezer.

congelar vt to freeze ♦ **congelarse** vr to become frozen.

congeniar vi to be compatible, get along.

congestionar vt to congest ♦ **congestionarse** vr to become o be congested.

conglomerado m conglomerate.

congoja f (angustia) anguish; (pena) grief.

congregación f congregation.

congregar vt & vr to congregate.

congresal/sista m/f Amer congressman/woman, delegate.

congreso m (reunión) congress, meeting; POL Congress (of the United States).

conjetura f conjecture, guess.

conjeturar vt to conjecture, guess.

conjugar vt to combine; GRAM to conjugate.

conjunción f conjunction.

conjunto m (totalidad) whole; (vestido) outfit; MUS band ♦ **conjunto motriz** Arg power plant • **en conjunto** altogether.

conjurar vt (exorcizar) to exorcise; (alejar) to ward off ♦ **conjurarse** vr to conspire.

conmemorar vt to commemorate, celebrate.

conmigo pron with me.

conminar vt to threaten, menace.

conmoción f commotion; (tumulto) upheaval ♦ **conmoción cerebral** concussion.

conmovedor, ra adj moving, touching.

conmover vt (emocionar) to move, touch; (sacudir) to shake ♦ **conmoverse** vr to be moved o touched.

cono m cone.

conocedor, ra m/f connoisseur.

conocer vt to know; (tener contacto) to meet; (reconocer) to recognize -vi ♦ **conocer de** to know about.

conocido, a -1 adj well-known, famous **-2** m/f acquaintance.

conocimiento m knowledge; MED consciousness.

conque conj (and) so.

conquista f conquest.

conquistador, ra m/f conqueror.

conquistar vt to conquer.

consagrar vt RELIG to consecrate; (dedicar) to devote; (confirmar) to establish.

consciente adj (enterado) aware; MED conscious.

conscripción f Amer conscription.

conscripto m Amer conscript, draftee.

consecuencia f consequence; (resultado) outcome.

consecuente adj & m consequent.

consecutivo, a adj consecutive.

conseguir vt (obtener) to obtain; (llegar a hacer) to attain; (lograr) to manage.

consejero, a m/f (guía) counselor; (de un consejo) councilor.

consejo m advice; POL council ♦ **consejo de guerra** court-martial.

consenso m consensus.

consentimiento m consent.

consentir vt (autorizar) to consent; (mimar) to spoil, pamper; (soportar) to bear.

conserje m (custodio) concierge; (portero) porter.

conservación f conservation; (cuidado) up-keep.

conservador, ra adj & m/f POLconservative.

conservar vt to conserve; (preservar) preserve; (guardar) to keep; (cuidar) to keep up ♦ **conservarse** vr (permanecer) to survive; (cuidarse) to take care of oneself.

conservas f pl canned food.

conservatorio m conservatory.

considerable adj considerable.

consideración f consideration; (respeto) regard.

considerado, a adj (respetuoso) considerate; (respetado) respected.

considerar vt to consider.

consigna f (órdenes) orders; (depósito) checkroom.

consigo pron with him, her, them, you.

consiguiente adj consequent, resulting ♦ **por consiguiente** consequently, therefore.

consistencia f consistency; (coherencia) coherence.

consistente adj consistent.

consistir vi to consist (en of, in).

consola f console table.

consolar vt & vr to console (oneself).

consolidar vt to consolidate; (asegurar) to strengthen.

consomé m consommé.

consonante adj & f consonant.

conspiración f conspiracy.

conspirar vi to conspire.

constancia f constancy; (perseverancia) perseverance; (evidencia) record; Amer proof.

constante -1 adj constant; (perseverante) persevering **-2** f constant.

constar vi (ser cierto) to be clear o evident; (quedar registrado) to be on record; (consistir) to consist (de of) ♦ **hacer constar** to point out.

constatar vt to verify, confirm.

constipado m cold, head cold.

constiparse vr to catch a cold.

constitución f constitution.

constituir vt to constitute; (establecer) to establish.

constitutivo, a/yente adj & m component.

constreñir vt to constrict.

construcción f construction; (edificio) building.

constructor, ra m/f constructor.

construir vt to construct, build.

consuelo m consolation, solace.

cónsul m consul.

consulado m consulate.

consulta f consultation.

consultar vt to consult.

consultor, ra -1 adj advisory **-2** m advisor.

consultorio m MED doctor's office.

consumar vt to consummate.

consumición f consumption; (bebida) drink ♦ **consumición mínima** cover charge.

consumidor, ra m/f consumer.

consumir vt to consume.

consumo m consumption.

contabilidad f (teneduría de libros) bookkeeping; (profesión) accountancy.

contable m/f accountant.

contacto m contact ♦ **ponerse en contacto** to get in touch.

contado, a adj rare ♦ **al contado** (in) cash.

contador, ra m/f accountant -m TECH meter.

contagiar vt MED to contaminate.

contagio m MED contagion.

contagioso, a adj MED contagious; FIG catching.

contaminación f contamination; (del aire, agua) pollution.

contaminar vt to contaminate; (aire, agua) to pollute.

contar vt to count (up); (referir) to tell -vi to count ♦ **contar con** (confiar) to count o rely on; (tener en cuenta) to figure on.

contemplación f contemplation.

contemplar vt & vi to contemplate.

contemporáneo, a adj & m/f contemporary.

contendiente *m/f* contender, competitor.

contener *vt* to contain; *(impedir)* to hold back ♦ **contenerse** *vr* to contain o control oneself.

contenido *m* content(s).

contentarse *vr* to be content.

contento, a *adj (alegre)* happy, pleased; *(satisfecho)* satisfied, content.

contestación *f* answer.

contestador *m* ♦ **contestador automático** answering machine.

contestar *vt & vi* to answer.

contexto *m* context.

contienda *f (pelea)* battle; *(competencia)* contest.

contigo *pron* with you.

contiguo, a *adj* contiguous, adjacent.

continente *adj & m* continent.

contingente *adj & m* contingent.

continuación *f* continuation; *(prolongación)* continuance ♦ **a continuación** next, following.

continuar *vt & vi* to continue (on).

continuo, a *adj* continuous; *(constante)* constant.

contorno *m* contour, outline; *(perímetro)* perimeter ♦ *pl* surroundings.

contorsión *f* contortion.

contra -1 *prep* against ♦ **en contra de** against **-2** *m* con -f *(la contra)* Nic the Contra.

contraataque *m* counterattack.

contrabandista *m/f* smuggler.

contrabando *m (mercancía)* contraband; *(acción)* smuggling.

contracción *f* contraction.

contrachapado, a *adj & m* plywood.

contradecir *vt* to contradict.

contradicción *f* contradiction.

contradictorio, a *adj* contradictory.

contraer *vt* to contract; *(deudas)* to incur; *(enfermedad)* to catch.

contralor *m* comptroller, inspector.

contramaestre *m* MARIT boatswain.

contrapartida *f* COM cross entry.

contrapelo *adv* ♦ **a contrapelo** against the grain; FIG contrary to normal practice.

contrapesar *vt* to counterbalance.

contrapeso *m* counterbalance.

contraproducente *adj* counterproductive.

contrariar *vt (contradecir)* to contradict; *(enfadar)* to vex.

contrariedad *f (desazón)* annoyance; *(contratiempo)* setback; *(percance)* mishap.

contrario, a -1 *adj* opposite; *(adverso)* adverse ♦ **al contrario** to the contrary • **por el contrario** on the contrary • **todo lo contrario** quite the opposite **-2** *m/f* opponent, adversary -f ♦ **llevar la contraria** to contradict.

contrarrestar *vt* to offset.

contrasentido *m (contradicción)* contradiction; *(disparate)* absurdity.

contraseña *f* password.

contrastar *vi* to contrast -*vt* to verify.

contraste *m* contrast.

contratar *vt* to contract for; *(emplear)* to hire.

contratiempo *m* setback.

contratista *m/f* contractor.

contrato *m* contract.

contravenir *vi* LAW to contravene.

contraventana *f (puerta, ventana)* storm window; *(postigo)* shutter.

contribución *f* contribution; *(impuesto)* tax.

contribuir *vt & vi* to contribute.

contribuyente *m/f (que contribuye)* contributor; *(que paga impuestos)* taxpayer.

contrincante *m* rival, opponent.

control *m* control; *(inspección)* inspection; *(lugar)* checkpoint; *(examen)* examination.

controlar *vt* to control; *(inspeccionar)* to inspect.

controversia *f* controversy, dispute.

contundente *adj* overwhelming.

contusión *f* bruise, contusion.

convalecencia *f* convalescence.

convalecer *vi* to convalesce.

convaleciente *adj & m/f* convalescent (patient).

convalidar *vt* to confirm, ratify.

convencer *vt* to convince.

convencimiento *m* conviction.

convención *f* convention.

conveniencia *f (provecho)* advantage; *(comodidad)* convenience.

conveniente *adj* convenient; *(oportuno)* suitable.

convenio *m* agreement.

convenir *vi (acordar)* to concur; *(venir bien)* to suit.

conventillero, a *m/f RP* gossip, meddler.

conventillo *m Amer* tenement house.

convento *m* convent.

converger *vi* to converge; *(concurrir)* to concur.

conversación *f* conversation.

conversar *vi* to converse, talk.

conversión *f* conversion.

convertir *vt (cambiar)* to change, turn; *(persuadir)* to convert ♦ **convertirse** *vr* **convertirse en** to turn into.

convicción *f* conviction.

convicto, a -1 see **convencer -2** *adj* convicted **-3** *m/f* convict.

convidado, a *m/f* guest.

convidar *vt* to invite.

convincente *adj* convincing.

convite *m (invitación)* invitation; *(banquete)* banquet, feast.

convivencia *f* living together; *(coexistencia)* coexistence.

convivir *vi* to live together.

convocar *vt* to convoke, summon.

convocatoria *f* summons, notice.

convulsión *f* convulsion.

conyugal *adj* conjugal, connubial.

cónyuge *m/f* spouse ♦ *pl* husband and wife.

coñac *m* [pl **s**] cognac, brandy.

cooperación *f* cooperation.

cooperar *vi* to cooperate.

cooperativa *f* cooperative.

coordinar *vt* to coordinate.

copa *f* glass, goblet; *(trago)* drink; *(de árbol)* treetop; SPORT cup ♦ **tomarse una copa** to have a drink o cocktail.

copetín *m Amer,* COLL drink, cocktail.

copia *f* copy; CINEM, PHOTOG print.

copiar *vt* to copy.

copioso, a *adj* copious, abundant.

copla *f* ballad.

copo *m* snowflake.

copropietario, a *m/f* co-owner.

coquetear *vi* to flirt.

coqueto, a *adj (agradable)* charming; *(mujer)* flirtatious.

coraje *m (valor)* courage; *(ira)* anger.

coral¹ *m* coral *-f* coral snake.

coral² **-1** *adj* choral **-2** *f* chorale.

coraza *f (armadura)* cuirass; ZOOL shell.

corazón *m* heart ♦ **de corazón** sincerely.

corazonada *f (impulso)* impulse; *(presentimiento)* premonition.

corbata *f* tie, necktie.

corchete *m* hook and eye, clasp.

corcho *m* cork; *(de la pesca)* float.

cordel *m* cord, thin rope.

cordero *m* lamb.

cordial *adj* cordial, warm.

cordillera *f* chain of mountains, cordillera.

córdoba *m Nic,* FIN cordoba.

cordón *m* cord; ELEC, ANAT cord.

cornamenta *f* horns; *(de ciervo)* antlers.

corneta *f* bugle.

coro *m* chorus, choir.

corona *f* crown; *(de laureles)* wreath.

coronación *f* crowning, coronation.

coronar *vt* to crown.

coronel *m* colonel.

coronilla *f* crown ♦ **estar hasta la coronilla** COLL to be fed up.

corpiño *m RP* bra, brassiere.

corporación *f* corporation.

corpóreo, a *adj (material)* corporeal; *(corporal)* corporal.

corpulencia *f* corpulence.

corral *m* corral; *(redil)* pen.

correa *f (de cuero)* strap; *(cinturón)* belt; TECH belt.

corrección *f (modificación)* adjustment; *(urbanidad)* propriety.

correccional *m* reformatory, prison.

correcto, a -1 see **corregir -2** *adj* correct.

corredizo, a *adj (puerta)* sliding; *(nudo)* slip.

corredor, ra *m/f* runner *-m (pasillo)* corridor; *(galería)* gallery; COM agent.

corregir *vt* to correct ♦ **corregirse** *vr* to mend one's ways.

correlativo, a *adj & m* correlative.

correntada *f Amer* strong current.

correo *m* mail; *(mensajero)* messenger ♦ **correo aéreo** air mail ♦ *pl (servicio)* mail service; *(oficina)* post office.

correr *vi* to run; *(en una carrera)* to race; *(aguas)* to flow; *(rumor)* to circulate *-vt* to race; *(riesgo)* to run; *(muebles)* to move; *(cortinas)* to draw; *(cerrojo)* to slide; *Amer* to throw (someone) out ♦ **correr-**

se *vr (deslizarse)* to slide; *(moverse)* to slide over.

correspondencia *f (relación)* relationship; *(cartas)* correspondence, mail.

corresponder *vi (ser igual a)* to correspond, match; *(incumbir)* to fall to; *(tocar)* to be one's turn; *(pertenecer)* to belong ♦ **corresponderse** *vr (escribir)* to correspond; *(amarse)* to love each other.

correspondiente *adj* corresponding.

corresponsal *adj & m/f* correspondent.

corretear *vt C Amer (despedir)* to dismiss.

corrida *f* ♦ **corrida de toros** bullfight.

corrido *m* ballad.

corriente -1 *adj (que corre)* running; *(actual)* current; *(usual)* usual; *(ordinario)* ordinary **-2** *f* current; FIG trend.

corro *m (de personas)* circle of talkers; *(espacio)* ring.

corroborar *vt* to corroborate.

corroer *vt (carcomer)* to corrode; GEOL to erode; FIG to eat away at.

corromper *vt* to corrupt.

corrosivo, a *adj* corrosive.

corrupción *f* corruption.

corsé *m* corset, corselet.

cortacésped *m* lawnmower.

cortacircuitos *m inv* circuit breaker.

cortado, a -1 *adj (estilo)* disjointed; COLL *(sin palabras)* speechless; *Amer (sin dinero)* broke **-2** *m* coffee with milk **-f** *Amer* cut, gash.

cortante *adj* cutting, sharp.

cortar *vt* to cut; *(carne, aves)* to carve; *(en porciones)* to cut up; *(separar)* to cut off; *(omitir)* to cut out; *RP (ahorrar camino)* to cut (through o across) **-vi** to cut ♦ **cortarse** *vr (turbarse)* to become flustered; *(la piel)* to chap; *(la leche)* to curdle.

cortaúñas *m inv* nail clipper.

corte[1] *m (acción)* cutting; *(de tela)* length; *(estilo)* cut ♦ **corte de pelo** haircut • **corte y confección** dressmaking.

corte[2] *f Amer* court of law.

cortejar *vt* to court.

cortejo *m* entourage ♦ **cortejo fúnebre** funeral cortege.

cortés *adj* courteous, polite.

cortesía *f* courtesy.

corteza *f (de árbol)* bark; *(del pan)* crust; *(de queso, tocino)* rind.

cortina *f* curtain; FIG screen.

corto, a *adj* short; *(breve)* brief; *(tímido)* shy ♦ **corto de vista** shortsighted.

cortocircuito *m* short circuit.

cosa *f* thing; *(asunto)* business.

cosecha *f* harvest.

cosechadora *f* combine.

cosechar *vt & vi* to harvest.

coser *vt & vi* to sew.

cosmético, a *adj & m* cosmetic.

cosquillas *f pl* ♦ **hacer cosquillas** to tickle • **tener cosquillas** to be ticklish.

costa *f* shore ♦ **a toda costa** at all costs ♦ *pl* LAW fees, costs.

costado *m* side.

costar *vi* to cost; *(ser difícil)* to find it difficult to.

coste *m* cost.

costear *vt* to finance ♦ **costearse** *vr RP* to arrive with difficulty.

costero, a *adj* coastal.

costilla *f* ANAT rib; *(chuleta)* cutlet, chop.

costo *m* cost ♦ **costo de la vida** cost of living.

costoso, a *adj* costly.

costra *f* crust; MED scab.

costumbre *f* custom; *(hábito)* habit.

costura *f* needlework; *(unión)* seam.

costurera *f* seamstress.

costurero *m* sewing basket.

cotejar *vt* to compare.

cotidiano, a *adj* daily, everyday.

cotización *f* COM quotation.

cotizar *vt* COM to quote; *(valorar)* to price.

coto *m* reserved area ♦ **coto de caza** game preserve.

cotorra *f* parakeet; COLL chatterbox.

covacha *f Amer* shack.

coyote *m* coyote.

coyuntura *f* ANAT joint; *(oportunidad)* chance; *(circunstancias)* circumstance.

coz *f* kick.

cráneo *m* cranium, skull.

cráter *m* crater.

creación *f* creation.

creador, ra -1 *adj* creative **-2** *m/f* creator.

crear *vt* to create.

crecer *vi* to grow; *(aumentar)* to increase.

creces *f pl* ♦ **con creces** amply.

crecido, a *adj (grande)* large; *(adulto)* grown.

creciente -1 *adj (que crece)* growing; *(que aumenta)* increasing; *(la luna)* crescent -2 *m* HER crescent.

crecimiento *m (acción)* growth; *(aumento)* increase.

credencial *f* credential.

crédito *m (reputación)* reputation; COM credit ♦ **a crédito** on credit.

credo *m* creed.

crédulo, a *adj* credulous, gullible.

creencia *f* belief.

creer *vt* to believe; *(imaginar)* to think ♦ **¡ya lo creo!** COLL I should say so! -vi to believe ♦ **creerse** *vr* to consider o regard oneself.

creíble *adj* credible, believable.

creído, a -1 see **creer** -2 *adj (vanidoso)* conceited.

crema *f* cream; *(natillas)* custard; *(cosmética)* cold cream.

cremallera *f* zipper.

crepitar *vi* to crackle.

crepúsculo *m* twilight.

crespo, a *adj (cabello)* kinky; *(hoja)* curly.

cresta *f* crest.

creyente *m/f* believer.

cría *f* raising; *(animal)* offspring.

criadero *m* BOT nursery; ZOOL breeding place.

criado, a *m* servant -f maid.

criador, ra *m/f* breeder.

crianza *f* nurturing; ZOOL raising; *(cortesía)* manners.

criar *vt (nutrir)* to nurse; *(animales)* to raise; *(niños)* to bring up.

criatura *f (niño)* infant; *(cosa creada)* creature.

criba *f* screen, sieve.

cribar *vt* to sift, screen.

crimen *m* crime.

criminal *adj & m/f* criminal.

crin *f* horsehair.

crío *m* COLL *(de pecho)* infant; *(niño)* kid.

criollo, a *adj & m/f* native.

crisis *f inv* crisis ♦ **crisis nerviosa** nervous breakdown.

crispar *vt* ANAT to contract; FIG to irritate.

cristal *m* crystal; *(vidrio)* glass; *(hoja de vidrio)* pane of glass.

cristalino, a -1 *adj (de cristal)* crystalline; *(diáfano)* crystal clear -2 *m* crystalline lens.

cristalizar *vt, vi & vr* to crystallize.

cristiandad *f* Christendom.

cristianismo *m* Christianity.

cristiano, a *adj & m/f* Christian.

Cristo *m* Christ.

criterio *m (regla)* criterion; *(juicio)* judgment.

criticar *vt* to criticize.

crítico, a -1 *adj* critical; *(crucial)* crucial -2 *m/f* critic, reviewer -f criticism; *(reseña)* review.

cromo *m* METAL chrome.

crónico, a -1 *adj* chronic -2 *f (historia)* chronicle; *(artículo)* article.

cronómetro *m* chronometer.

croqueta *f* CUL croquette.

croquis *m inv* sketch.

cruce *m* crossing; *(punto)* intersection; *(híbrido)* cross, hybrid.

crucero *m* cruise.

crucial *adj* crucial.

crucificar *vt* to crucify.

crucifijo *m* crucifix.

crucigrama *m* crossword puzzle.

crudeza *f (estado)* rawness; *(rudeza)* harshness.

crudo, a -1 *adj* raw; *(clima)* harsh; FIG cruel -2 *m* crude oil.

cruel *adj* cruel.

crueldad *f* cruelty.

crujido *m (de hoja, tela)* rustling; *(de puerta)* creaking; *(de dientes)* rattling; *(de huesos)* cracking.

crujir *vi (hoja, tela)* to rustle; *(puerta, madera)* to creak; *(dientes)* to rattle, chatter; *(huesos)* to crack; *(grava)* to crunch.

cruz *f* cross; *(reverso)* tails.

cruzado, a -1 *adj* crossed; BIOL, ZOOL hybrid -2 *m* crusader -f HIST Crusade; FIG crusade.

cruzar *vt* to cross ♦ **cruzarse** *vr* to cross one another.

cuaderno *m* notebook.

cuadra *f* stable; *Amer (de casas)* block.

cuadrado, a *adj & m* square.

cuadrar vt to square -vi *(conformar)* agree ♦ **cuadrarse** vr MIL to stand at attention.

cuadrilla f *(de obreros)* crew; *(de malhechores)* gang; TAUR team assisting a bullfighter.

cuadro m square; ARTS painting; THEAT scene ♦ **a cuadros** checkered.

cuádruplo, a adj & m quadruple.

cuajar vt to coagulate, congeal; *(leche)* to curdle; *(adornar)* to cover -vi *(tener éxito)* to turn out well ♦ **cuajarse** vr to coagulate, congeal; *(leche)* to curdle.

cual -1 rel pron ♦ **al cual** *(persona)* to whom; *(cosa)* to which • **cada cual** each one, every one • **el cual** *(persona)* who; *(cosa)* which • **por lo cual** whereby, because of which -2 adv like, as.

cuál rel pron which (one).

cualidad f quality, characteristic.

cualquier adj [pl **cuales**] apocope of **cualquiera** used before nouns.

cualquiera -1 adj [pl **cuales**] (just) any, any ordinary -2 indef pron any(one), anybody ♦ **un (hombre) cualquiera** a nobody -3 rel pron *(persona)* whoever; *(cosa)* whatever; *(nadie)* nobody.

cuando -1 adv when, since ♦ **cuando más** o **mucho** at the most • **cuando menos** at least • **de cuando en cuando** from time to time -2 conj when; *(aunque)* although, even if; *(puesto que)* since ♦ **aun cuando** even though, although • **cuando no** if not, otherwise -3 prep *(durante)* at the time of, as <*cuando niño* as a child>.

cuándo adv when.

cuantioso, a adj *(grande)* large; *(abundante)* abundant; *(numeroso)* numerous.

cuanto -1 adv *(todo lo que)* as much as; *(todo el tiempo que)* as long as ♦ **cuanto antes** as soon as possible • **en cuanto** as soon as • **en cuanto a** as to, as for -2 adj & pron see **cuanto, a.**

cuánto -1 adv how ♦ **¡cuánto me alegro!** how happy I am! -2 adj & pron see **cuánto, ta.**

cuanto, a -1 adj as much as ♦ **cuanto más... (tanto) más** the more... the more • **cuanto menos** the less • **cuan-**

tos as many • **unos cuantos** a few, some -2 pron all that, everything, as much as ♦ **unos cuantos** some, a few.

cuánto, a -1 adj how much ♦ **¿cada cuánto tiempo?** how often? • **cuántos, cuántas** how many -2 pron how much ♦ **¿a cuántos estamos hoy?** what is today's date? • **¿cuánto cuesta...?** how much is...? • **cuántos, cuántas** how many.

cuarenta adj & m forty.

cuarentena f quarantine.

cuaresma f Lent.

cuarta f *(medida)* span (of the hand) ♦ **andar de la cuarta al pértigo** RP, COLL to live from hand to mouth.

cuartear vt to quarter ♦ **cuartearse** vr to crack.

cuartel m MIL barracks.

cuarto, a -1 adj fourth -2 m *(habitación)* room; *(cantidad)* fourth, quarter ♦ **cuarto de baño** bathroom • **cuarto de estar** living room.

cuarzo m quartz.

cúbico, a adj cubic.

cubierto, a -1 see **cubrir** -2 m *(de mesa)* table setting; *(abrigo)* shelter; *(comida)* meal (at a fixed price) ♦ **a cubierto de** under the protection of -f *(cobertura)* cover; MARIT deck; AUTO tire.

cubilete m dicebox.

cubo m cube; *(balde)* bucket.

cubrir vt to cover (up); *(proteger)* to protect ♦ **cubrirse** vr *(ponerse ropa)* to cover oneself; *(protegerse)* to protect oneself.

cucaracha f cockroach.

cuchara f spoon; TECH scoop.

cucharada f spoonful.

cucharón m ladle.

cucheta f Amer cabin, berth.

cuchichear vi to whisper.

cuate, a Amer m/f *(gemelo)* twin; *(amigo)* buddy, pal.

cuatrerear vt RP to steal, rustle (cattle).

cuatrero, a m/f *(de caballos)* horse thief; Amer *(de vacas)* cattle-rustler; Mex, COLL joker.

cuatro -1 adj four -2 m four; S Amer four-string guitar.

cuatrocientos, as adj & m four hundred.

cuba f cask.

cuchilla f *(hoja)* blade; *(de afeitar)* razor blade.

cuchillo m knife.

cuchitril m COLL pigsty.

cuclillas adv ♦ **en cuclillas** squatting, crouching.

cuco, a -1 adj COLL *(bonito)* cute; *(astuto)* crafty **-2** m/f ORNITH cuckoo.

cucurucho m cone.

cuello m neck; *(tira de tela)* collar.

cuenca f ANAT eye socket; GEOG valley.

cuenta f *(de restaurante)* check; *(cálculo)* calculation; *(acción de contar)* counting; *(bolita)* bead; COM account; *(explicación)* account ♦ **caer en la cuenta** COLL to realize • **cuenta corriente** checking account • **cuenta de ahorros** savings account • **darse cuenta de** to realize • **más de la cuenta** too much • **tener en cuenta** to bear in mind ♦ pl accounts • **a fin de cuenta** in the final analysis.

cuentakilómetros m inv odometer.

cuento m story, tale; LIT short story.

cuerda f *(cordón)* cord, string; *(del reloj)* watch spring; MUS string ♦ **cuerda floja** tightrope • **dar cuerda a un reloj** to wind a watch.

cuerdo, a adj & m/f sane, sensible *(person)*.

cuerear vt Amer *(desollar)* to skin; RP *(criticar)* to slander.

cuerno m horn ♦ pl **¡cuernos!** Mex fat chance!

cuero m *(piel)* hide; *(de zapatos)* leather ♦ **cuero cabelludo** scalp • **en cueros** naked.

cuerpear vi Amer to dodge.

cuerpo m body ♦ **cuerpo diplomático** diplomatic corps.

cuervo m crow, raven.

cuesta f slope, hill ♦ **a cuestas** on one's shoulders.

cuestión f *(asunto)* question, matter; *(duda)* dispute.

cuestionario m questionnaire.

cueva f cave ♦ **cueva de ladrones** COLL den of thieves.

cuidado m care; *(cautela)* caution; *(miedo)* concern ♦ **¡cuidado!** be careful!, watch out! • **cuidado con** beware of • **tener cuidado** to be careful.

cuidadoso, a adj *(cauteloso)* careful; *(atento)* attentive.

cuidar vt & vi ♦ **cuidar de** to take care of ♦ **cuidarse** vr to take care of oneself.

culata f butt.

culebra f snake.

culinario, a adj culinary.

culminación f culmination.

culo m bottom.

culpa f blame, guilt; *(falta)* fault ♦ **por culpa de** through the fault of • **echar la culpa a uno** to blame someone • **tener la culpa** to be to blame, be guilty.

culpabilidad f guilt.

culpable -1 adj guilty **-2** m/f culprit.

culpar vt to accuse.

cultivar vt to cultivate.

cultivo m *(labor)* cultivation; *(cosecha)* crop.

culto, a -1 adj *(civilizado)* cultured; *(instruido)* learned **-2** m *(secta)* cult, religion; *(homenaje)* worship.

cultura f culture.

cultural adj cultural.

cumbre m summit.

cumpleaños m inv birthday.

cumplido, a -1 adj *(completo)* complete; *(cortés)* courteous **-2** m compliment.

cumplidor, ra adj trustworthy, reliable.

cumplir vt *(llevar a cabo)* to carry out; *(los años)* to be; *(la ley)* to obey; *(una condena)* to serve -vi ♦ **cumplir con** *(promesa)* to fulfill; *(obligaciones)* to fulfill one's obligations to ♦ **cumplirse** vr COM to fall due.

cúmulo m pile.

cuna f cradle.

cundir vi *(extenderse)* to spread.

cuneta f ditch.

cuña f wedge ♦ **tener cuñas** RP to have pull o influence.

cuñado, a m/f brother/sister-in-law.

cuota f *(parte)* quota, share; *(pago)* fee, dues.

cupo m quota.

cupón m coupon.

cúpula f dome, cupola.

cura¹ m RELIG priest.

cura² f *(curación)* cure; *(apósito)* dressing.

curación f cure, treatment.

curar vi ♦ **curar de** MED to recover from -vt MED *(sanar)* to cure; *(tratar)* to

treat; *(cueros)* to tan; *(carnes)* to cure
♦ **curarse** *vr (recobrarse)* to get well;
(sanarse) to heal.
curare *m* curare.
curiosear *vi* to snoop, pry.
curiosidad *f* curiosity.
curioso, a -1 *adj* curious; *(limpio)*
neat; *(excepcional)* odd **-2** *m/f* curious
person; *(entremetido)* busybody.
curriculum vitae *m* resumé.
cursi *adj (presumido)* pretentious; *(de
mal gusto)* tasteless.
cursiva *f* PRINT italics.
curso *m* course; FIN circulation ♦ **en
curso** under way.

cursor *m* COMPUT cursor.
curtir *vt (adobar)* to tan; *(acostumbrar)*
to inure ♦ **curtirse** *vr (por la intempe-
rie)* to become weather-beaten; *(acostumbrarse)* to become inured.
curva *f* curve.
curvo, a *adj* curved, bent.
cúspide *f* summit; FIG pinnacle.
custodia *f* custody.
custodiar *vt (cuidar)* to take care of;
(vigilar) to watch over.
custodio *m* guardian.
cutis *m inv* skin, complexion.
cuyo, a *rel pron* whose; *(personas)* of
whom; *(cosas)* of which.

C

D

dádiva f present, gift.

dadivoso, a adj generous, lavish.

dado m die.

daga f dagger; Amer machete.

daltonismo m colorblindness.

dama f lady; (en damas) king; (en ajedrez, naipes) queen ♦ pl checkers, draughts GB.

damasco m damask.

damnificado, a m/f victim.

danta f tapir.

danza f dance.

danzar vt & vi to dance.

dañar vt to damage, harm ♦ **dañarse** vr to become damaged.

dañino, a adj damaging, harmful.

daño m damage, harm ♦ **hacer daño** (doler) to hurt; (perjudicar) to harm, injure.

dar vt to give; (conferir) to grant; (sacrificar) to give up; (repartir) to deal; (producir) to produce, bear; (sonar) to strike <el reloj dio las dos the clock struck two>; THEAT to show; (aplicar) to apply, put on; (comunicar) to express, convey ♦ **dar como** to regard, consider • **darle ganas de** to feel like, have a mind to • **dar gusto a** to please, make happy • **dar por** to consider, regard • **dar una vuelta, paseo** to take a stroll, walk -vi (tener vista de) to overlook, face ♦ **dar con** (encontrar) to find, hit on; (encontrarse) to meet, run into; (chocar) to hit, bang • **dar en** (caer) to fall; (empeñarse) to be bent on; (acertar) to catch on to, get • **dar igual o lo mismo** to be all the same • **darle por** to take it into one's head ♦ **darse** vr (suceder) to arise, occur; (dedicarse a) to devote oneself to; (tomar el hábito de) to take to, give in to • **darse a conocer** to introduce oneself • **darse con o contra** to hit, bump against • **dárselas de** to consider oneself, to act like.

dardo m dart, arrow.

dársena f inner harbor, dock.

datar vt to date ♦ **datar de** to date from.

dátil m date.

dato m fact, datum ♦ pl data, information.

de prep (posesión) of, -'s, -s; (asunto) of, about, on; (contenido) of; (origen) from; (distancia) from; (manera) in, with, on, as; (hora) in, at, by, from; (causa) with, out of; (comparación) than, of, in.

deambular vi to wander o roam around.

debajo adv underneath, below ♦ **debajo de** underneath, below • **por debajo** underneath, below.

debate m debate, discussion.

debatir vt to debate, discuss.

deber[1] vt to owe; (hay que) to ought to ♦ **deber de** to be probable ♦ **deberse** vr **deberse a** to be due to.

deber[2] m duty, obligation ♦ pl Amer homework.

debido, a adj proper, fitting ♦ **debido a** due to.

débil adj weak; (marchito) faint, faded.

debilidad f weakness.

debilitar vt & vr to weaken.

debut m debut.

debutar vi to begin; THEAT to debut.

década f decade.

decadencia f decadence, decline.

decadente adj & m/f decadent.

decaer vi to decline, fall.

decaído, a -1 see **decaer** -2 adj depressed, discouraged.

decaimiento m (debilidad) weakness; (desaliento) discouragement.

decano m/f EDUC dean.

decapitar vt to decapitate, behead.

decena f group of ten.

decencia f decency.

decente adj decent.

decepción f disappointment.

decepcionar vt to disappoint.

decidido, a adj determined, resolute.

decidir vt to decide; (persuadir) topersuade -vi to decide ♦ **decidirse** vr make up one's mind.

décimo, a adj & m tenth.

decir[1] m (refrán) saying; (suposición) figure of speech.

decir[2] vt to say; (relatar, divulgar) to tell; (hablar) to talk, speak ♦ **como quien dice** o **como si dijéramos** COLL so to speak • **decir entre** o **para sí** to say to oneself • **¡diga!** hello! • **es decir** that is (to say) • **querer decir** to mean.

decisión f decision; *(firmeza)* determination.

decisivo, a adj decisive, conclusive.

declaración f declaration, statement.

declarar vt to declare; LAW to find, pronounce -vi to declare; LAW to testify, give evidence ♦ **declararse** vr to declare oneself.

declinar vi & vt to decline.

declive m slope; *(decadencia)* decline.

decomisar vt to confiscate, seize.

decoración f decoration.

decorado m THEAT scenery, set.

decorar vt to decorate.

decorativo, a adj decorative, ornamental.

decoro m respect, honor; *(recato)* decorum, propriety.

decrecer vi to decrease, diminish.

decrépito, a adj decrepit, aged.

decreto m decree, order.

dedal m thimble.

dedicación f dedication.

dedicar vt & vr to dedicate (oneself).

dedicatoria f dedication.

dedo m *(de la mano)* finger; *(del pie)* toe.

deducción f deduction.

deducir vt to deduce; *(rebajar)* to deduct.

defecto m defect, flaw; *(falta)* absence, lack.

defectuoso, a adj defective, faulty.

defender vt to defend.

defendido, a adj defendant.

defensa f defense.

defensivo, a adj defensive.

defensor, ora m/f defender, protector -m LAW defense counsel.

deficiencia f deficiency, lack.

deficiente adj deficient; *(defectuoso)* defective.

déficit m [pl **s**] COM deficit.

definición f definition.

definir vt to define; *(determinar)* to determine, decide.

definitivo, a adj definitive, final ♦ **en definitiva** *(de verdad)* really, exactly; *(en resumen)* in short.

deformación f deformation.

deformar vt to deform.

deforme adj deformed, misshapen.

defraudar vt to defraud, cheat; *(decepcionar)* to disappoint.

degenerado, a adj & m/f degenerate.

degenerar vi to degenerate.

degollar vt *(guillotinar)* to cut o slit the throat of; *(decapitar)* to behead, decapitate.

degradar vt & vr to degrade o debase (oneself).

degustación f tasting, sampling.

dejadez f carelessness, negligence; *(desaliño)* slovenliness, untidiness; *(pereza)* laziness.

dejar vt to leave; *(consentir)* to let, allow; *(producir)* to yield, produce; *(desamparar)* to abandon, desert; *(cesar)* to stop, quit; *(prestar)* to lend, loan ♦ **dejar caer** to drop, let go of -vi ♦ **dejar de** to stop, leave off • **no dejar de** not to neglect to, not to fail to.

dejo m *(acento)* accent, lilt.

del contr of **de** and **el**.

delantal m *(sin peto)* apron; *(con peto)* pinafore.

delante adv *(con prioridad)* in front, ahead; *(enfrente)* facing, opposite ♦ **delante de** in front of.

delantero, a -1 adj front fore -2 n SPORT forward -f *(frente)* front, front part; *(ventaja)* advantage, lead.

delatar vt to denounce, inform on.

delegación f delegation; *(sucursal)* branch.

delegado, a m/f delegate representative.

delegar vt to delegate.

deletrear vt to spell (out).

deleznable adj brittle; FIG frail, weak.

delfín m dolphin.

delgado, a adj *(esbelto)* slender, slim; *(flaco)* thin; *(tenue)* tenuous, delicate.

deliberado, a adj deliberate, intentional.

deliberar vi to deliberate, ponder.

delicadeza f delicacy; *(discreción)* tactfulness, discretion.

delicado, a adj delicate; *(exigente)* demanding, exacting.

delicia f delight, pleasure.

delicioso, a adj *(agradable)* delightful; *(sabroso)* delicious.

delincuencia f delinquency.

delincuente adj & m/f delinquent.

D

delinear vt to delineate, outline.

delinquir vi to break the law.

delirante adj delirious.

delirar vi to be delirious.

delirio m delirium; (disparate) raving.

delito m offense, crime.

demacrado, a adj emaciated, wasted away.

demagogo, a m/f demagogue.

demanda f demand; (petición) appeal, request; LAW (acción) lawsuit, action.

demandado, a m/f defendant.

demandante m/f plaintiff.

demandar vt LAW to sue, file suit against.

demarcar vt to demarcate, delimit.

demás adj other ♦ **lo demás** the rest • **por lo demás** otherwise, other than that.

demasía f ♦ **en demasía** excessively.

demasiado, a -1 adj too much o many **-2** adv too, too much.

demencia f madness.

demente -1 adj insane **-2** m/f lunatic.

democracia f democracy.

demócrata m/f democrat.

democrático, a adj democratic.

demoler vt to demolish, destroy.

demolición f demolition, destruction.

demonio m demon, devil ♦ pl ¿cómo demonios...? how in the hell...? • ¡demonios! hell!, damn!

demora f delay, wait.

demorar vt to delay, hold up ♦ **demorarse** vr to take a long time, delay.

demostración f demonstration; (ostentación) show, display.

demostrar vt to demonstrate, show.

demostrativo, a adj & m demonstrative.

denegar vt (rechazar) to refuse, reject; (negar) to deny.

denigrar vt (desacreditar) to denigrate, disparage; (injuriar) to insult.

denominar vt to denominate, name.

denotar vt to denote.

densidad f density.

denso, a adj dense, thick.

dentada f Amer bite.

dentadura f (set of) teeth.

dentera f ♦ **dar a alguien dentera** to set someone's teeth on edge.

dentífrico m toothpaste.

dentista m/f dentist.

dentro adv inside ♦ **dentro de** (en el interior de) in, inside; (en el plazo de) in, within • **dentro de poco** shortly, soon • **de** o **desde dentro** from (the) inside • **por dentro** (on the) inside.

denuncia f accusation, denunciation; (declaración) declaration, report.

denunciar vt to accuse, denounce.

departamento m department, section; (distrito) province, district; (compartimiento) compartment; (piso) apartment, flat GB.

departir vi to talk, converse.

dependencia f dependence, reliance; (sucursal) branch (office) ♦ pl accessories.

depender vi to depend (de on).

dependienta f clerk, salesperson.

dependiente -1 adj dependent **-2** m/f clerk, salesperson.

depilar vt to depilate, remove hair from.

deplorar vt to deplore, lament.

deportar vt to deport, exile.

deporte m sport.

deportista m/f sportsman/woman.

deportivo, a adj sporting, sports.

depositante m/f depositor.

depositar vt to deposit; (encomendar) to place ♦ **depositarse** vr to settle.

depositario, a m/f depositary, trustee.

depósito m deposit; (almacén) warehouse, storehouse; (cisterna) cistern, tank; MIL depot, dump.

depravado, a -1 adj depraved, corrupted **-2** m/f depraved per degenerate.

depreciar vt to depreciate.

depresión f depression.

deprimente adj depressing.

deprimido, a adj depressed.

deprimir vt to depress ♦ **deprimirse** vr to get depressed.

deprisa adv quickly.

depuración f purification; POL purge.

depurar vt to purify; POL to purge.

derecho, a -1 adj right; right-hand; (vertical) upright; (recto) straight; Amer lucky **-2** f (lado derecho) right side, right-hand side; (diestra) right hand; POL right, right wing ♦ **a la derecha** to o on the right **-m** (privilegio) right; (conjunto de leyes) law ♦ **tener derecho a**

to have a right to ♦ *pl (impuestos)* duties, taxes • **derechos de autor** royalties **-3** *adv* straight, right.

deriva *f* ♦ **ir a la deriva** to drift.

derivado *m* derivative.

derivar *vt & vi* to derive.

derramamiento *m* spilling ♦ **derramamiento de sangre** bloodshed.

derramar *vt (verter)* to spill, pour out; *(lágrimas)* to shed; *(dispersar)* to scatter, spread ♦ **derramarse** *vr* to overflow, spill over.

derrame *m (derramamiento)* spilling, pouring out; *(pérdida)* leakage, waste; *(rebosamiento)* overflow ♦ **derrame cerebral** cerebral hemorrhage.

derredor *m* ♦ **en derredor** around.

derretir *vt* to melt, thaw.

derribar *vt* to knock down; *(subvertir)* to overthrow, topple; MIL to shoot down.

derrocar *vt* to oust, overthrow.

derrochar *vt* to squander, waste.

derroche *m* squandering, waste.

derrota *f* defeat, rout.

derrotar *vt* to defeat, beat.

derrotero *m (rumbo)* course.

derrotista *adj & m/f* defeatist.

derruir *vt* to knock down, demolish.

derrumbamiento *m* collapse.

derrumbar *vt (demoler)* to knock down, demolish ♦ **derrumbarse** *vr* to collapse, fall; *(tirarse)* to throw oneself headfirst; MIN to cave in, collapse; *Amer* to fail.

desabotonar *vt* to unbutton, undo ♦ **desabotonarse** *vr* to come unbuttoned.

desabrido, a *adj* METEOR unpleasant; FIG gruff, surly.

desabrochar *vt* to undo, unfasten ♦ **desabrocharse** *vr* to undo o unfasten one's clothing.

desacato *m* disrespect, irreverence; LAW contempt.

desacertado, a *adj* mistaken, misguided.

desacierto *m* error, mistake.

desacostumbrado, a *adj* unusual, uncommon.

desacreditar *vt* to discredit, disgrace.

desacuerdo *m* disagreement, discord.

desafiar *vt* to challenge, dare.

desafinar *vi* MUS to be out of tune.

desafío *m (reto)* challenge, defiance; *(duelo)* duel.

desaforado, a *adj* huge.

desafortunado, a *adj* unfortunate.

desagradable *adj* disagreeable.

desagradar *vt* to displease, offend.

desagradecido, a *adj* ungrateful.

desagrado *m* displeasure, discontent.

desagravio *m* compensation, amends.

desagüe *m* draining, drainage; *(desaguadero)* drain, outlet.

desahogado, a *adj (despejado)* clear, open; *(espacioso)* roomy, spacious; *(acomodado)* relaxing, easy.

desahogar *vt (aliviar)* to alleviate, ease; *(dar rienda suelta)* to vent, give rein to ♦ **desahogarse** *vr* to let off steam.

desahogo *m (alivio)* relief, alleviation; *(comodidad)* comfort, ease.

desahuciar *vt (desesperar)* to lose hope for; *(inquilino)* to evict.

desaire *m* slight, snub.

desajustar *vt* to disturb, put out of order.

desajuste *m (mal ajuste)* maladjustment; *(avería)* breakdown, failure.

desalentar *vt* to discourage, dishearten.

desaliento *m* discouragement.

desaliñado, a *adj* slovenly, untidy.

desalmado, a *adj* heartless, cruel.

desalojar *vt (sacar)* to remove, expel; *(desplazar)* to dislodge, displace; *(abandonar)* to abandon, evacuate *-vi* to leave.

desamparar *vt* to forsake, abandon.

desandar *vt* to retrace (one's steps).

desangrarse *vr* to bleed profusely; *(morir)* to bleed to death.

desanimado, a *adj* downhearted, discouraged.

desanimar *vt* to discourage, depress ♦ **desanimarse** *vr* to become discouraged o depressed.

desapacible *adj* unpleasant, disagreeable.

desaparecer *vt Amer* to make disappear, cause to vanish ♦ **desaparecerse** *vr* to disappear, vanish.

desaparición *f* disappearance, vanishing.

desapasionado, a *adj* dispassionate.

desapego *m* indifference, estrangement.

desapercibido, a *adj* unprepared, unready; *(inadvertido)* unnoticed, unseen.

desaprensivo, a *adj* unscrupulous.

desaprobar *vt* to disapprove (of).

desaprovechar *vt* to waste, misuse.

desarmar *vt* to disarm; *(desmontar)* to take apart, dismantle.

desarme *m* disarmament.

desarraigo *m* uprooting.

desarreglado, a *adj* untidy, disorderly.

desarreglar *vt* to make untidy, mess (up).

desarreglo *m* untidiness, disorder.

desarrollado, a *adj* developed.

desarrollar *vt* to develop; *(explicar)* to expound, elaborate ♦ **desarrollarse** *vr* to develop; *(tener lugar)* to take place.

desarrollo *m* development; *(explicación)* exposition.

desarticular *vt* to dislocate, throw out of joint; *(desmontar)* to disassemble, take apart.

desaseado, a *adj & m/f (sucio)* dirty (person); *(desarreglado)* messy (person).

desasosiego *m* uneasiness, restlessness.

desastre *m* disaster, catastrophe.

desastroso, a *adj* disastrous, catastrophic.

desatar *vt* to untie, undo; *(soltar)* to unleash, let go ♦ **desatarse** *vr* to come untied *o* undone; *(soltarse)* to break away *o* loose; *(descomedirse)* to be rude, let oneself go.

desatascar *vt* to clear, unblock.

desatender *vt* to neglect; to ignore, disregard.

desatino *m* nonsense, foolishness; *(acción)* silly *o* foolish act.

desatrancar *vt (puerta)* to unbar, unbolt; *(desatrampar)* to clear, unblock.

desautorizar *vt* to deprive of authority; *(desmentir)* to deny; *(prohibir)* to prohibit.

desavenencia *f* discord, enmity.

desayunar *vi* to have breakfast *-vt* have for breakfast.

desayuno *m* breakfast.

desazón *f (disgusto)* annoyance; *(desasosiego)* anxiety; MED upset, discomfort.

desbancar *vt* to supplant, replace.

desbarajuste *m* confusion, disorder.

desbaratar *vt* to ruin, wreck.

desbocado, a *S Amer* overflowing.

desbocarse *vr* EQUIT to bolt, run away.

desbordar *vt* to pass, go beyond ♦ **desbordarse** *vr* to overflow.

descabellado, a *adj* wild, crazy.

descafeinado, a *adj & m* decaffeinated (coffee).

descalabro *m* setback, misfortune; MIL defeat.

descalificar *vt* to disqualify.

descalzarse *vr* to take off shoes.

descalzo, a *adj* barefoot(ed), shoeless.

descambiar *vt* to exchange.

descampado *m* open field.

descansar *vi* to rest, take a rest; *(yacer)* to lie, rest *-vt* to rest, give rest to.

descanso *m* rest, repose; *(alivio)* relief; *(período)* break; *(licencia)* leave; SPORT half time; THEAT intermission; ARCHIT landing.

descapotable *adj & m* convertible.

descarado, a *adj & m/f* shameless (person).

descarga *f* unloading; ARM discharge.

descargar *vt* to unload; *(disparar)* to discharge; *(golpe)* to deal.

descargo *m* COM entry; *(excusa)* excuse.

descaro *m* shamelessness, brazenness.

descarriar *vt* to misdirect, send the wrong way; *(apartar de la razón)* to lead astray ♦ **descarriarse** *vr (desviarse)* to stray, get lost; *(apartarse de la razón)* to err, go astray.

descarrilamiento *m* RAIL derailment.

descarrilar *vi* to be derailed, jump the track.

descartar *vt* to discard, put aside.

descascarillarse *vr* to peel.

descendencia *f (hijos)* descendants, offspring; *(linaje)* descent, origin.

descender *vi* to descend, go down; *(de nivel)* to drop, fall; *(proceder)* to descend *o* be descended from *-vt* to descend, go down.

descendiente *m/f* descendant, off-spring.

descenso *m* descent; *(de nivel)* fall, drop.

deschavetado, a *adj* Amer crazy, loony.

descifrar *vt* to decipher; *(con clave)* to decode.

descodificar *vt* to decode.

descolgar *vt (quitar)* to take down; *(bajar)* to lower, let down; *(teléfono)* to pick up ♦ **descolgarse** *vr (caer)* to come o fall down; *(bajarse)* to climb o come down.

descolorido, a *adj* discolored; *(pálido)* pallid; *(desteñido)* faded.

descomponer *vt (desordenar)* to disarrange; *(podrir)* to decompose, cause to rot; Amer, MECH to break, put out of order ♦ **descomponerse** *vr (corromperse)* to rot, decompose; MECH to break down.

descomposición *f* decomposition, decay.

descompostura *f* disorder, disarrangement; MECH breakdown.

descompuesto, a -1 see **descomponer -2** *adj* decomposed, rotten; Amer, MECH out of order, broken; S Amer tipsy.

descomunal *adj* enormous, huge.

desconcertar *vt* to disconcert, upset ♦ **desconcertarse** *vr* to be disconcerted.

desconectar *vt* to disconnect.

desconfiado, a *adj* distrustful, suspicious.

desconfiar *vi* to distrust, mistrust.

descongelar *vt (la nevera)* to defrost; COM to unfreeze.

descongestionar *vt* to clear.

desconocer *vt* not to know; *(negar)* to deny, disavow.

desconocido, a -1 *adj* unknown **-2** *m/f* stranger; *(recién llegado)* newcomer.

desconocimiento *m* ignorance.

desconsiderado, a *adj* inconsiderate, thoughtless.

desconsolar *vt* to distress, grieve ♦ **desconsolarse** *vr* to lose heart, become distressed.

desconsuelo *m* grief, distress.

descontado, a *adj* ♦ **dar por descontado** to take something for granted.

descontar *vt (quitar)* to deduct, take away; *(rebajar)* discount.

descontento, a -1 *adj* discontented, dissatisfied **-2** *m* discontent, dissatisfaction.

descorazonar *vt* to discourage, dishearten.

descorchar *vt* to uncork.

descorrer *vt (cortinas)* to draw back, open.

descortés *adj* discourteous, rude.

descoser *vt* to unstitch, rip ♦ **descoserse** *vr* to come unstitched, rip.

descoyuntar *vt* to dislocate.

descrédito *m* discredit, disrepute.

descreído, a *m/f* disbeliever.

describir *vt* to describe.

descripción *f* description.

descuartizar *vt* to quarter, cut up.

descubierto, a -1 see **descubrir -2** *adj* uncovered, exposed; *(yermo)* bare, barren; *(sin sombrero)* bareheaded ♦ **al descubierto** openly, in the open • **estar en descubierto** COM to be overdrawn **-3** *m* COM deficit, shortage.

descubrimiento *m* discovery; *(revelación)* disclosure, revelation.

descubrir *vt* to discover; *(revelar)* to reveal, uncover; *(alcanzar a ver)* to be able to see, make out; *(enterarse)* to find out ♦ **descubrirse** *vr (el sombrero)* to take off o remove one's hat; *(dejarse ver)* to reveal oneself, show oneself.

descuento *m* discount.

descuerar *vt* Amer to skin, flay; *(criticar)* to criticize, tear apart.

descuidado, a *adj (negligente)* careless; *(desaliñado)* untidy; *(desprevenido)* unprepared; *(abandonado)* neglected.

descuidar *vt* to neglect, forget ♦ **descuidarse** *vr* to be careless; *(desaliñarse)* to neglect oneself, not take care of oneself.

descuido *m* carelessness, negligence; *(olvido)* forgetfulness; *(desatención)* slip, oversight ♦ **en un descuido** Amer when least expected.

desde *prep (lugar)* from; *(tiempo)* since ♦ **desde hace** for <*no le hemos visto desde hace un año*> we have not seen him for a year> • **desde luego** of course • **desde que** since • **desde ya** Amer right now.

desdecirse vr ♦ **desdecirse de** to retract, withdraw.

desdén m disdain, scorn.

desdeñar vt to disdain, scorn.

desdicha f (desgracia) misfortune; (pobreza) poverty, misery.

desdichado, a -1 adj (desgraciado) unfortunate; (infeliz) unhappy **-2** m/f wretch.

desdoblar vt to unfold, spread out.

desear vt to wish, desire.

desechar vt to reject.

desecho m residue; (desperdicio) waste, rubbish.

desembalar vt to unpack.

desembarazado, a adj free, clear; (desenvuelto) free and easy.

desembarazar vt to clear, rid of obstacles; Amer to give birth to ♦ **desembarazarse** vr to free oneself, get rid (de of).

desembarcar vt & vi to disembark.

desembocadura f outlet.

desembocar vi (río) to flow, run; (calle) to lead to.

desembolso m disbursement, payment.

desembragar vt MECH to disengage.

desempacar vt Amer to unpack, unwrap.

desempaquetar vt to unpack, unwrap.

desempatar vi to break a tie between.

desempeñar vt (rescatar) to recover, redeem; (cumplir) to fulfill, carry out.

desempeño m (rescate) redemption, redeeming; (cumplimiento) fulfillment.

desempleado, a adj & m/f unemployed (person).

desempleo m unemployment.

desencadenar vt to unchain, unfetter; (liberar) to free, unleash ♦ **desencadenarse** vr to break loose; (sucesos) to unfold.

desencajar vt MED to dislocate; (desconectar) to disconnect.

desencanto m disenchantment.

desenchufar vt to unplug, disconnect.

desenfadado, a adj (desenvuelto) confident, self-assured; (despreocupado) carefree, uninhibited.

desenfado m (desenvoltura) confidence, self-assurance; (facilidad) ease, naturalness.

desenfreno m wantonness, licentiousness.

desenganchar vt to unhook, unfasten; (caballerías) to unhitch, unharness.

desengañar vt to disillusion ♦ **desengañarse** vr to become disillusioned.

desengaño m disillusionment.

desenlace m LIT denouement, ending; (resultado) result, outcome.

desenmarañar vt to untangle, unravel.

desenmascarar vt to unmask.

desenredar vt to disentangle, unravel.

desenrollar vt to unroll, unwind.

desentenderse vr to pretend not to know ♦ **desentenderse de** to take no part in, have nothing to do with.

desenterrar vt to unearth, dig up.

desentonar vi MUS to be out of tune; FIG to clash, not to match.

desentrañar vt (solucionar) to get to the bottom of.

desentumecer vt to rid of numbness.

desenvoltura f (confianza) naturalness, confidence; (elocuencia) eloquence, facility.

desenvolver vt to unroll, unwrap ♦ **desenvolverse** vr to come unrolled o unwrapped.

deseo m desire, wish.

deseoso, a adj desirous (de of), anxious (de to).

desequilibrado, a adj unbalanced.

desequilibrio m lack of equilibrium, imbalance; (de la mente) derangement.

desertar vi to desert.

desértico, a adj desert.

desesperado, a adj hopeless, desperate ♦ **a la desesperada** in desperation.

desesperar vt & vi to drive to despair, discourage; (irritar) to exasperate ♦ **desesperarse** vr to lose hope, despair.

desestimar vt to hold in low esteem.

desfachatez f cheek, nerve.

desfalco m embezzlement, defalcation.

desfallecer vi to weaken; (desmayarse) to faint, pass out.

desfasado, a adj out of phase.

desfavorable adj unfavorable, adverse.

desfigurar vt (afear) to disfigure; (deformar) to deform.

desfiladero *m* defile, narrow pass.

desfilar *vi* to parade, march.

desfile *m* march, procession; MIL parade.

desfogarse *vr* to let off steam.

desgajar *vt* to rip *o* tear off ♦ **desgajarse** *vr* to come *o* break off.

desgana *f* lack of appetite; *(renuencia)* reluctance, unwillingness.

desganado, a *adj* without appetite, not hungry.

desgañitarse *vr* to scream loudly.

desgarbado, a *adj* awkward, ungainly.

desgarrador, ra *adj (que da miedo)* bloodcurdling; *Amer* heartbreaking, heartrending.

desgarrar *vt* to rip, tear.

desgastar *vt* to wear away *o* down; *(debilitar)* to weaken ♦ **desgastarse** *vr (perder fuerza)* to become weak *o* feeble; *(agotarse)* to wear oneself out.

desgaste *m (daño)* damage, wear; *(debilitación)* weakening, debilitation.

desgracia *f* misfortune; *(accidente)* mishap, setback; *(pérdida de favor)* disgrace ♦ **por desgracia** unfortunately.

desgraciado, a *adj* unfortunate, unlucky; *(infeliz)* unhappy; *(sinvergüenza)* wretched, despicable.

desgraciar *vt Amer (seducir)* to seduce.

deshabitado, a *adj* uninhabited.

deshacer *vt* to undo; *(destruir)* to destroy, ruin; *(desgastar)* to wear out; *(desarmar)* to take apart; *(disolver)* to melt, dissolve; *(desconcertar)* to break ♦ **deshacerse** *vr (descomponerse)* to fall apart, break; *(disolverse)* to melt, dissolve • **deshacerse de** to get rid of • **deshacerse en** to dissolve into.

deshecho, a -1 see **deshacer** -2 *adj* undone; *(cansado)* tired, worn out.

desheredar *vt* to disinherit.

deshidratación *f* dehydration.

deshidratarse *vr* to become dehydrated.

deshielo *m* thawing.

deshilacharse *vr* to fray, become frayed.

deshinchar *vt* to deflate ♦ **deshincharse** *vr* to go down.

deshonesto, a *adj* indecent, improper.

deshonra *f* dishonor.

deshonrar *vt* to dishonor.

deshora *f* ♦ **a deshora** at, an inconvenient time.

deshuesar *vt (carne)* to debone.

desidia *f* negligence.

desierto, a -1 *adj* deserted -2 *m* desert.

designar *vt (nombrar)* to designate, appoint; *(fijar)* to decide on, fix.

designio *m* design, plan.

desigual *adj* unequal; *(quebrado)* uneven; *(inconstante)* changeable.

desilusión *f* disillusionment.

desilusionar *vt* to disillusion ♦ **desilusionarse** *vr* to become disillusioned.

desinfectante *adj & m* disinfectant.

desinfectar *vt* to disinfect.

desinflar *vt & vr* to deflate.

desintegración *f* disintegration.

desinterés *m* unselfishness.

desintoxicar *vi* to detoxify.

desistir *vi* to desist *(de* from).

desleal *adj* disloyal.

deslealtad *f* disloyalty.

desleír *vt* to dissolve, liquefy.

deslenguado, a *adj* foulmouthed, coarse.

desliar *vt (desatar)* to untie, undo; *(desenvolver)* to unwrap.

desligar *vt (desatar)* to untie, unfasten; *(desenredar)* to untangle, unravel ♦ **desligarse** *vr* to extricate oneself, break away.

desliz *m* slip.

deslizar *vt* to slip, slide ♦ **deslizarse** *vr* to slide, slip; *(sobre el agua)* to glide.

deslucido, a *adj (sin brillo)* tarnished, dull; *(sin vida)* lackluster, mediocre.

deslumbrar *vt* to dazzle.

desmalezar *vt Amer* to weed.

desmán *m* outrage, abuse.

desmandarse *vr* to go too far, get out of hand.

desmantelar *vt (una casa)* to vacate, abandon.

desmayarse *vr* to faint, swoon.

desmayo *m (síncope)* faint, swoon; *(estado)* unconsciousness.

desmedido, a *adj* excessive, immoderate.

desmejorar *vi & vr* to deteriorate, get worse.

desmembrar vt to dismember.

desmemoriado, a adj forgetful.

desmentir vt to contradict; (refutar) to refute, disprove.

desmenuzar vt to crumble, break into pieces.

desmerecer vt to be unworthy o undeserving of.

desmesurado, a adj excessive, inordinate.

desmontar vt & vi to dismantle, disassemble; (arma de fuego) to uncock.

desmoralizar vt to demoralize ♦ **desmoralizarse** vr to become demoralized.

desmoronar vt to wear away, erode ♦ **desmoronarse** vr to crumble, fall to pieces.

desmovilizar vt to demobilize.

desnatado, a adj skimmed.

desnivel m unevenness; (diferencia) difference, disparity.

desnucarse vr to break one's neck.

desnudar vt to strip, undress ♦ **desnudarse** vr to get undressed, strip.

desnudo, a -1 adj naked, nude ♦ **desnudo de** devoid of, lacking **-2** m ARTS nude.

desnutrición f malnutrition.

desobedecer vt to disobey.

desobediente adj disobedient.

desocupado, a -1 adj Amer unemployed; (sitio) vacant **-2** m/f Amer (sin empleo) unemployed person.

desocupar vt (una casa) to vacate, move out of; (una vasija) to empty.

desodorante m deodorant.

desodorizar vt to deodorize.

desoír vt to ignore, pay no attention to.

desolación f desolation.

desolar vt to desolate.

desollar vt to skin, flay.

desorden m disorder; (lío) muddle, mess.

desorganizar vt to disorganize.

desorientar vt to disorient; (confundir) to confuse.

despabilado, a adj (despierto) wideawake; (listo) clever, sharp.

despabilarse vr (despertarse) to wake up; (avivarse) to liven up; Amer to leave, disappear.

despachante m Arg clerk, employee.

despachar vt to complete, conclude; (resolver) to resolve, settle; (enviar) to dispatch, send; (vender) to sell; (expedir) to expedite, hurry along ♦ **despacharse** vr Amer (darse prisa) to hurry up.

despacho m (envío) dispatch; (oficina) office; (tienda) store, shop; (venta) sale.

despacio adv slow, slowly; Amer in a low voice, quietly.

desparpajo m, (desenvoltura) ease, confidence; (descaro) pertness, freshness.

desparramar vt to spread; (derramar) to spill, splash.

despavorido, a adj terrified, afraid.

despecho m spite ♦ **a despecho de** in spite of • **por despecho** out of spite.

despectivo, a adj disparaging, pejorative.

despedazar vt to break o tear to pieces.

despedida f good-bye, farewell.

despedir vt (soltar) to throw (out), eject; (decir adiós) to say good-bye; (despachar) to dismiss, fire; (emitir) to emit, give off ♦ **despedirse** vr to say good-bye (de to).

despegar vt to unstick; (separar) to detach -vi AVIA to take off ♦ **despegarse** vr to become unstuck; (separarse) to become detached.

despegue m takeoff.

despeinar vt to disarrange the hair of.

despejado, a adj clear.

despejar vt to clear; (aclarar) to clear up, sort out ♦ **despejarse** vr to clear up.

despellejar vt (desollar) to skin; (criticar) to flay.

despensa f larder, pantry.

despeñadero m precipice, cliff.

desperdiciado, a adj wasted, squandered.

desperdiciar vt to waste, squander; (no aprovecharse de) not to take advantage of, miss.

desperdicio m waste, squandering; (residuo) waste, remains.

desperdigar vt to scatter, disperse.

desperezarse vr to stretch.

desperfecto m flaw, blemish; (deterioro) wear and tear.

despertador m alarm clock.

despertar vt to wake up; *(suscitar)* to revive; *(excitar)* to excite ♦ **despertarse** vr to wake up, awaken.

despiadado, a adj pitiless, merciless.

despido m dismissal, firing.

despierto, a -1 see **despertar -2** adj awake; *(listo)* clever, sharp.

despilfarrar vt to squander, waste.

despistado, a adj absent-minded.

despistar vt to lead astray ♦ **despistarse** vr to be disoriented, lose one's bearings.

desplazamiento m displacement; *(traslado)* moving, shifting.

desplazar vt to displace; *(trasladar)* to move, shift.

desplegar vt to unfold, spread out; *(mostrar)* to display, show.

despliegue m *(muestra)* display.

desplomarse vr to collapse; ECON to plummet.

desplumar vt to pluck; COLL to fleece, skin.

despoblar vt to depopulate.

despojar vt to deprive, dispossess.

despojo m ZOOL offal; ORNITH giblets ♦ pl *(sobras)* leftovers.

desposado, a m/f newlywed.

desposeer vt to dispossess, divest.

déspota m/f despot, tyrant.

despreciar vt to disdain, look down on; *(desairar)* to slight, snub.

desprecio m disdain, scorn; *(desaire)* slight, snub.

desprender vt to unfasten, detach; *(soltar)* to loosen; *(emitir)* to emit, give off ♦ **desprenderse** vr to come undone, become detached; *(ser emitido)* to issue, emanate ♦ **desprenderse de** to give up, part with.

desprendido, a adj generous, unselfish.

desprendimiento m detachment; *(emisión)* emission, release; *(caída de tierra)* landslide; *(generosidad)* generosity, largesse.

despreocupado, a adj unconcerned, nonchalant; *(descuidado)* untidy, sloppy.

despreocuparse vr to stop worrying ♦ **despreocuparse de** *(olvidarse de)* to forget, neglect; *(no hacer caso de)* not to care about.

desprestigiar vt to ruin (someone's) reputation.

desprevenido, a adj unprepared, off guard.

desproporcionado, a adj disproportionate.

después adv *(más tarde)* afterward, later; *(entonces)* next, then ♦ **después de (que)** after.

desquite m revenge, retaliation.

destacar vt to emphasize, highlight; MIL to detail, assign -vi to stand out, be outstanding ♦ **destacarse** vr to stand out, be outstanding; *(aventajarse)* to break away, draw ahead.

destajo m ♦ **a destajo** by the piece; Amer, COLL at a guess, roughly.

destapar vt to open, uncover; *(una botella)* to uncork, uncap; *(descubrir)* to reveal, discover.

destartalado, a adj ramshackle, dilapidated.

destello m flash (of light); *(centelleo)* sparkle, glitter.

destemplado, a adj immoderate, intemperate; MUS out of tune; MED indisposed.

destemplarse vr Amer to have one's teeth on edge.

desteñir vt & vi to fade, discolor.

desternillarse vr ♦ **desternillarse de risa** to split one's sides laughing.

desterrar vt to exile, banish.

destiempo adv ♦ **a destiempo** adv inopportunely.

destierro m exile, banishment.

destilar vt to distill.

destilería f distillery.

destinar vt to destine; *(asignar)* to assign, appoint; *(mandar)* to send; COM to allot, earmark.

destinatario, a m/f *(de una carta)* addressee; *(de un giro)* payee.

destino m destiny, fate; *(destinación)* destination; *(empleo)* job, position; *(uso)* use, function ♦ **con destino a** bound for.

destituir vt to dismiss.

destornillador m screwdriver.

destornillar vt to unscrew.

destreza f skill, dexterity.

destronar vt to dethrone.

destrozar vt to smash, break into pieces; *(arruinar)* to destroy, ruin; *(estropear)* to spoil, shatter.

destrozo m (daño) damage; (destrucción) destruction, ruin.

destrucción f destruction.

destructor m MARIT destroyer.

destruir vt to destroy.

desuso m disuse, obsolescence.

desvalido, a adj needy, destitute.

desvalijar vt to rob, plunder.

desván m attic, garret.

desvanecer vt to make vanish o disappear; (disipar) to remove, dispel ♦ **desvanecerse** vr to vanish, disappear; (evaporarse) to evaporate; (desmayarse) to become dizzy, faint.

desvanecimiento m disappearance; (desmayo) dizziness, faintness; (evaporación) evaporation.

desvariar vi to be delirious.

desvarío m delirium.

desvelar vt to keep awake ♦ **desvelarse** vr to stay awake, go without sleep • **desvelarse por** to take great care over.

desventaja f disadvantage, drawback.

desventura f misfortune, bad luck.

desvergonzado, a adj & m/f impudent, shameless (person).

desvestir vt & vr to undress.

desviación f (rodeo) detour, diversion; (de una norma) deviation.

desviar vt to divert, deflect ♦ **desviarse** vr to turn off; (mudar de dirección) to change direction; (hacer un rodeo) to take a detour; (apartarse) to deviate.

desvío m detour, diversion.

desvirtuar vt to spoil, impair.

desvivirse vr (mostrar interés) to be eager; (esforzarse) to do one's utmost (por for).

detallar vt to detail; (especificar) to itemize.

detalle m detail; (gesto) gesture, kind thought.

detallista m/f COM retailer.

detectar vt to detect.

detective m detective.

detener vt to stop; (retrasar) to delay; (arrestar) to arrest; (retener) to keep ♦ **detenerse** vr to stop; (retardarse) to linger, tarry.

detenido, a -1 adj (cuidadoso) thorough, close; (preso) detained, in custody **-2** m/f person under arrest.

detergente m detergent.

deteriorarse vr (dañarse) to damage, harm; (desgastarse) to wear out.

deterioro m deterioration.

determinación f (decisión) decision; (resolución) determination.

determinado, a adj determined; (preciso) specific, particular.

determinar vt to determine; (fijar) to specify, fix; (causar) to cause, bring about.

detestar vt to detest, hate.

detonar vi to detonate, explode.

detrás adv behind ♦ **detrás de** in back of • **por detrás** behind one's back.

detrimento m ♦ **en detrimento de** to the detriment of.

deuda f debt.

deudor, ra m/f debtor.

devaluación f devaluation.

devastar vt to devastate, destroy.

devengar vt (interés) to earn.

devoción f devotion.

devolución f return; COM refund.

devolver vt to return; (vomitar) to throw up, vomit; COM to refund ♦ **devolverse** vr Amer to return.

devorar vt to devour.

devoto, a -1 adj devout, pious **-2** m/f devotee, enthusiast.

día m day; (tiempo de claridad) daytime, daylight; (tiempo) weather ♦ **al día** per day, a day; (al corriente) up to date • **al otro día** on the following day, the next day • **de día** by day • **día de fiesta** holiday • **día entre semana** weekday • **hoy (en) día** nowadays, these days ♦ pl ¡**buenos días!** good morning • **todos los días** every day, daily.

diabético, a adj & m/f diabetic.

diablo m devil, demon.

diablura f deviltry, prank.

diadema f diadem, crown.

diáfano, a adj diaphanous, transparent.

diafragma m diaphragm.

diagnosticar vt to diagnose.

diagnóstico m diagnosis.

diagrama m diagram.

dialéctica f dialectics.

dialecto m dialect.

diálogo m dialogue.

diamante *m* diamond.

diana *f (blanco)* bull's eye; MIL reveille.

diapositiva *f* slide, transparency.

diario, a -1 *adj* daily -2 *m* daily (paper); *(relación)* diary, journal -3 *adv* daily ♦ **a diario** every day • **de diario** *(ordinario)* everyday.

diarrea *f* diarrhea.

dibujar *vt* to draw, sketch.

dibujo *m* drawing, sketch ♦ *pl* **dibujos animados** cartoons.

diccionario *m* dictionary.

dicho, a -1 *adj* said, aforementioned ♦ **mejor dicho** rather, more accurately -2 *m* saying, proverb.

diciembre *m* December.

dictado *m* dictation ♦ *pl* dictates.

dictador *m* dictator.

dictadura *f* dictatorship.

dictáfono *m* dictaphone.

dictamen *m* opinion, judgment.

dictar *vt* to dictate; *(sentencia)* to pronounce, pass; *Amer (una conferencia)* to give, deliver; *Amer (una clase)* to give, teach.

diecinueve *adj & m* nineteen(th).

dieciocho *adj & m* eighteen(th).

dieciséis *adj & m* sixteen(th).

diecisiete *adj & m* seventeen(th).

diente *m* tooth; ZOOL fang; *(de una rueda)* cog; *(de un tenedor)* prong; BOT clove ♦ **dientes postizos** false teeth • **hablar entre dientes** to mumble, mutter.

diéresis *f inv* diaeresis.

dieta *f* diet.

diez *m* ten.

difamar *vt* to defame, slander.

diferencia *f* difference ♦ **a diferencia de** unlike, in contrast to.

diferenciar *vt* to differentiate, distinguish ♦ **diferenciarse** *vr* to differ, be different.

diferente *adj* different ♦ **diferentes** various, several.

diferir *vt* to defer, postpone -vi to differ, be different.

difícil *adj* difficult.

dificultad *f* difficulty.

dificultar *vt* to make difficult, complicate.

difundir *vt* to diffuse; *(divulgar)* to divulge, make known ♦ **difundirse** *vr* to spread, be diffused.

difunto, a *m/f* dead person.

digerir *vt* to digest.

digestión *f* digestion.

digital *adj* digital.

dignarse *vr* to deign, condescend.

dignidad *f* dignity.

digno, a *adj* worthy.

dilatar *vt* to dilate, expand; *(retrasar)* to postpone, delay ♦ **dilatarse** *vr* to dilate, expand.

dilema *m* dilemma.

diligencia *f* diligence, care; *(recado)* errand, task; LAW proceeding.

diligente *adj* diligent.

diluir *vt* to dilute.

diluvio *m* flood.

dimensión *f* dimension.

diminuto, a *adj* diminutive.

dimisión *f* resignation (from office).

dimitir *vi & vt* to resign.

dinámico, a -1 *adj* dynamic -2 *f* dynamics.

dinamita *f* dynamite.

dinamo *o* **dínamo** *f* dynamo.

dinerada *f/ral m* fortune.

dinero *m* money ♦ **dinero al contado** *o* **al contante** ready cash.

dios *m* god ♦ **Dios** God • **¡Dios mío!** my God!, oh my!

diosa *f* goddess.

diploma *m* diploma, certificate.

diplomacia *f* diplomacy.

diplomado, a *adj* having a diploma.

diplomático, a -1 *adj* diplomatic -2 *m/f* diplomat.

diputado, a *m/f* delegate, representative.

dique *m* dike.

dirección *f* direction; *(junta)* board of directors, executive board; *(cargo)* directorship, managership; *(señas)* address; AUTO, TECH steering ♦ **dirección general** headquarters, head office.

directo, a -1 *adj* direct; *(derecho)* straight -2 *f* AUTO high gear.

director, ra -1 *adj* directing -2 *m/f* director, manager; *(de escuela)* principal, headmaster; MUS conductor.

directorio, a -1 *adj* directory -2 *m (instrucción)* manual, directory; *(junta)* directorate.

dirigente *m/f* leader, director.

dirigir *vt* to direct; *(administrar)* to manage; *(una carta)* to address; MUS to conduct; CINEM, THEAT to direct ♦ **dirigirse** vr • **dirigirse a** to go to, make one's way to; (hablar) to address, speak to.

discernir vt to discern, distinguish.

disciplina f discipline.

discípulo, a m/f disciple.

disco m disk, disc; (para escuchar) record; (para el tránsito) traffic signal; SPORT discus; COMPUT diskette.

disconforme adj disagreeing, differing.

discordia f discord, disagreement.

discoteca f discotheque.

discreción f discretion, tact.

discrepancia f discrepancy; (desacuerdo) disagreement.

discreto, a adj discreet.

discriminar vt to discriminate.

disculpa f (por una ofensa) apology; (excusa) excuse.

disculpar vt to excuse, pardon ♦ **disculparse** vr to apologize (con to, de, por for).

discurrir vi to roam, wander; (reflexionar) to reflect, ponder; (fluir) to flow, run; (el tiempo) to pass.

discurso m speech.

discusión f discussion; (disputa) argument.

discutible adj debatable, disputable.

discutir vt to discuss -vi (debatir) to discuss, talk; (disputar) to argue.

disecar vt to stuff.

diseminar vt to disseminate, spread.

disentir vi to dissent, differ.

diseñar vt to design; (dibujar) to draw, sketch.

diseño m design; (dibujo) drawing, sketch.

disfraz m disguise.

disfrazar vt & vr to disguise (oneself).

disfrutar vt (gozar) to enjoy; (aprovechar) to make the most of -vi to enjoy.

disgustar vt to annoy, displease ♦ **disgustarse** vr to be annoyed o displeased; (desazonarse) to fall out.

disgusto m (desagrado) annoyance, displeasure; (contienda) quarrel, disagreement ♦ **a disgusto** unwillingly.

disidente adj & m/f dissident.

disimular vt (encubrir) to conceal, hide; (fingir) to feign, pretend -vi to dissimulate, dissemble.

disipar vt (derrochar) to squander, waste; (una duda) to dispel ♦ **disiparse** vr to disappear, vanish.

disminución f diminution.

disminuir vt & vi to diminish.

disolvente m solvent; (para pintura) thinner.

disolver vt to dissolve; (dispersar) to break up; COM to liquidate ♦ **disolverse** vr to dissolve.

disparador m PHOTOG shutter release.

disparar vt & vi to fire, shoot ♦ **dispararse** vr ARM to go off; Amer (irse corriendo) to rush o dash off.

disparate m absurd o nonsensical thing.

disparo m shot.

dispensar vt to dispense, give out; (perdonar) to forgive, excuse.

dispersar vt & vr to disperse, scatter.

disponer vt (colocar) to arrange; (preparar) to prepare, get ready; (ordenar) to order -vi ♦ **disponer de** (poseer) to have, have at one's disposal ♦ **disponerse** vr to prepare (a to).

disponible adj available, on hand.

disposición f disposition; (posesión) disposal; (aptitud) aptitude, talent; LAW (precepto) provision.

dispositivo m device, mechanism.

dispuesto adj ♦ **bien dispuesto** well-disposed • **estar dispuesto a** to be prepared o willing to.

disputar vt to dispute -vi to argue, quarrel.

disquete m COMPUT floppy disk, diskette.

distancia f distance ♦ **a distancia** at o from a distance.

distanciar vt to separate, space out; (dejar atrás) to outdistance.

distante adj distant.

distinción f distinction; (claridad) distinctness.

distinguir vt to distinguish ♦ **distinguirse** vr (ser distinto) to be distinguished; (sobresalir) to distinguish oneself.

distintivo m badge, emblem.

distinto, a adj distinct.

distracción f distraction; (error) slip, oversight.

distraer vt to distract; (descaminar) to lead astray; (entretener) to amuse, entertain -vi to be entertaining ♦ **dis-**

traerse vr (entretenerse) to amuse oneself; (descuidarse) to be distracted.

distraído, a -1 see **distraer** -2 adj (divertido) amusing; (desatento) absentminded.

distribución f distribution.

distribuir vt to distribute.

distrito m district, zone.

disturbio m disturbance, trouble.

disuadir vt to dissuade, discourage.

diurno, a adj diurnal.

divagar vi to digress, ramble.

diván m divan, couch.

divergencia f divergence.

diversidad f diversity.

diversión f diversion.

diverso, a adj diverse ♦ pl several, various.

divertido, a adj amusing, entertaining; Amer drunk.

divertir vt to amuse, entertain ♦ **divertirse** vr to amuse oneself, have a good time.

dividir vt to divide.

divino, a adj divine.

divisa f emblem, insignia; COM currency.

divisar vt to make out.

división f division.

divorciar vt to divorce ♦ **divorciarse** vr to divorce, get divorced.

divorcio m divorce.

divulgar vt to divulge, disclose; (popularizar) to popularize ♦ **divulgarse** vr to be divulged.

do m MUS do, C.

dobladillo m hem.

doblar vt to double; (encorvar) to bend <doblar la esquina to turn the corner>; CINEM to dub -vi to toll, ring; THEAT to double, stand in ♦ **doblarse** vr (plegarse) to fold; (encorvarse) to double over.

doble -1 adj double; (disimulado) two-faced -2 m double -3 adv doubly.

doce m twelve.

docena f dozen.

docente adj teaching, educational.

dócil adj docile.

doctor, ra m/f doctor.

doctrina f doctrine.

documentación f documentation.

documental m documentary.

documento m document.

dogma m dogma.

dólar m dollar.

doler vi to hurt ♦ **dolerse** vr (compadecerse) to sympathize, be sorry; (quejarse) to complain.

dolor m pain, ache ♦ **dolor de cabeza** headache • **dolor de muelas** toothache.

dolorido, a adj sore, aching.

doloroso, a adj painful.

domar vt to tame.

domesticar vt to domesticate.

doméstico, a adj domestic.

domicilio m domicile, residence ♦ **domicilio social** head office, corporate headquarters.

dominante adj dominant; (avasallador) domineering.

dominar vt to dominate; (saber a fondo) to know well, master -vi to dominate ♦ **dominarse** vr to control o restrain oneself.

domingo m Sunday.

dominio m power; (superioridad) dominance, supremacy; (maestría) command; (tierra) domain, dominion.

don[1] m gift.

don[2] m Don (title of respect used before a man's first name).

donar vt to donate, give.

donativo m donation, gift.

donde -1 adv where ♦ **en donde** in which • **por donde** whereby -2 prep S Amer to o at the house of.

dónde adv where ♦ **¿a dónde?** where? • **¿de dónde?** from where? • **¿por dónde?** why?

dondequiera adv anywhere ♦ **dondequiera que** wherever • **por dondequiera** everywhere, all over the place.

doña f Mrs, Madame.

dorado, a adj golden.

dormir vi to sleep; (pernoctar) to spend the night ♦ **dormirse** vr to fall asleep -vt ♦ **dormir la siesta** to take a nap.

dormitorio m bedroom; (residencia) dormitory.

dorso m back.

dos m two.

doscientos m two hundred.

dosis f dose.

dotado, a adj gifted ♦ **dotado de** endowed with.

dotar vt to endow.

dote m o f dowry -f endowment; *(habilidad)* talent, ability.

dragón m dragon.

drama m drama.

dramático, a adj dramatic.

dramaturgo, a m/f playwright, dramatist.

drástico, a adj drastic.

droga f drug; *Amer* bad debt.

drogadicto, a m/f drug addict.

droguería f drugstore, pharmacy.

ducha f shower.

duchar vt & vr to shower.

duda f doubt, uncertainty ♦ **poner en duda** to question, doubt.

dudar vt & vi to doubt.

dudoso, a adj doubtful, uncertain; *(sospechoso)* dubious.

duelo[1] m duel.

duelo[2] m *(dolor)* grief, sorrow; *(luto)* mourning, bereavement.

duende m goblin, ghost; FIG magic.

dueña f owner; *(ama)* lady of the house.

dueño m owner; *(amo)* master (of a house).

dulce -1 adj sweet **-2** m candy, sweet.

dulzura f sweetness; *(mansedumbre)* mildness, gentleness.

duplicado m copy, duplicate.

duplicar vt to duplicate.

duque m duke.

duquesa f duchess.

duración f duration.

duradero, a adj durable, lasting.

durante prep during.

durar vi to last, endure; *(quedar)* to remain.

durazno m *Amer* peach.

dureza f hardness.

duro, a -1 adj hard; *(fuerte)* tough, strong; *(cruel)* callous, cruel; *(áspero)* harsh **-2** adv hard.

E

e *conj* and.

ebanista *m* cabinetmaker, woodworker.

ébano *m* ebony.

ebrio, a *adj* drunk.

ebullición *f* boiling.

echar *vt (arrojar)* to throw; *(expulsar)* to throw out; *(destituir)* to fire; *(emitir)* to emit, give off; *(verter)* to pour; *(añadir)* to add; BOT to sprout, begin to grow; *(representar)* to put on ♦ **echar a perder** *(arruinar)* to spoil, ruin; *(pervertir)* to corrupt; *(malograr)* to waste • **echar de menos a** to miss -*vi* ♦ **echar a** to begin, start • **echar a reír, llorar** to burst out laughing, crying ♦ **echarse** *vr* to throw oneself; *(tenderse)* to lie down, stretch out.

eclesiástico, a *adj & m* ecclesiastic.

eclipse *m* eclipse.

eco *m* echo ♦ **tener eco** to catch on.

ecología *f* ecology.

economía *f* economy; *(ciencia)* economics; *(escasez)* scarcity.

económico, a *adj* economic; *(barato)* economical.

ecuación *f* equation.

ecuador *m* equator.

ecuánime *adj* levelheaded.

edad *f* age; *(época)* era ♦ **Edad Media** Middle Ages; **¿qué edad tienes?** how old are you?

edición *f* publication; *(conjunto de libros o periódicos)* edition; *(conjunto de revistas)* issue.

edicto *m* edict.

edificar *vt* to build.

edificio *m* building; FIG structure.

editar *vt* to publish.

editor, ra *m/f* publisher; *(redactor)* editor.

editorial -1 *adj* publishing -2 *m* editorial -*f* publishing house.

educación *f* education.

educado, a *adj (cortés)* polite.

educar *vt* to educate; *(criar)* to raise, bring up.

efectivamente *adv (en realidad)* really; *(por supuesto)* indeed, certainly.

efectivo, a -1 *adj* effective; *(verdadero)* real, actual -2 *m (dinero)* (hard) cash.

efecto *m* effect; *(rotación)* spin ♦ **a efectos de** for the purpose of • **en efecto** *(efectivamente)* in fact; *(en conclusión)* indeed, precisely • **surtir efecto** to have the desired effect, work ♦ *pl* effects, *(mercancía)* goods; FIN bills, securities.

efectuar *vt* to effect, bring about.

eficacia *f* effectiveness.

eficaz *adj* effective.

eficiencia *f* efficiency.

eficiente *adj* efficient.

efusivo, a *adj* effusive.

egoísta *adj & m/f* egoistic (person).

egresado, a *Amer adj & m/f* graduate.

egresar *vi Amer* to graduate.

eje *m* axis; MECH, TECH shaft, axle.

ejecución *f* execution, realization; CRIMIN execution; MUS performance, rendition.

ejecutar *vt* to execute, carry out; CRIMIN to execute; MUS to perform, play.

ejecutivo, a *adj & m* executive.

ejemplar -1 *adj* exemplary -2 *m* example; PRINT copy; *(número)* number, issue; SCI specimen.

ejemplo *m* example ♦ **por ejemplo** for example.

ejercer *vt* to exercise; *(desempeñar)* to practice -*vi* practice a profession.

ejercicio *m* exercise; *(desempeño)* practice; *(prueba)* examination; POL tenure ♦ **ejercicio económico** fiscal year.

ejército *m* army.

el -1 *def art* the -2 *pron* the one ♦ **el que** the one that; *(él)* he who.

él *pron* [*pl* **ellos**] *(sujeto)* he; *(complemento de persona)* him <para él for him>; *(complemento de cosa)* it ♦ *pl (sujeto)* they; *(complemento)* them.

elaborar *vt (fabricar)* to manufacture, produce; *(crear)* to make, create; *(preparar)* to prepare, work out.

elasticidad *f* elasticity; FIG flexibility.

elástico, a -1 *adj* elastic; *(flexible)* flexible -2 *m* elastic, elastic band -*f Amer* undershirt, T-shirt.

elección *f* election; *(selección)* selection, choice.

electorado *m* electorate.

electricidad *f* electricity.

electricista *m/f* electrician.

eléctrico, a *adj* electric(al).

electrodoméstico m household appliance.

electrocutar vt to electrocute.

electroimán m electromagnet.

electrónico, a -1 adj electronic **-2** f electronics.

electrotecnia f electrical engineering.

elefante m elephant.

elegancia f elegance.

elegante adj elegant.

elegir vt to choose, select; POL to elect.

elemental adj (obvio) elementary; (fundamental) fundamental.

elemento m element; (miembro) member; Amer dimwit, blockhead ♦ pl rudiments, basic principles; (condiciones atmosféricas) elements.

elevación f elevation; (construcción) erection, building.

elevado, a adj tall, high; (sublime) elevated, lofty.

elevador m Amer elevator.

elevar vt to elevate.

eliminar vt to eliminate.

eliminatoria f preliminary round.

élite f elite.

ella pron (sujeto) she; (complemento de persona) her; (complemento de cosa) it ♦ pl (sujeto) they; (complemento) them.

ello pron it.

ellos, ellas pron see **él, ella**.

elocuencia f eloquence.

elogiar vt to praise.

elogio m praise.

eludir vt to elude, avoid.

emanar vi to emanate, flow.

emancipar vt to emancipate ♦ **emanciparse** vr to become emancipated.

embadurnar vt to smear, daub.

embajada f embassy.

embajador, ra m/f ambassador.

embalar vt to pack, crate ♦ **embalarse** vr FIG to be carried away.

embalsamar vt to embalm.

embalse m dam.

embarazada -1 adj pregnant **-2** f pregnant woman.

embarazo m (preñez) pregnancy; (dificultad) difficulty; (timidez) embarrassment.

embarazoso, a adj troublesome.

embarcación f boat, vessel.

embarcadero m landing stage; Amer loading platform.

embarcar vt to embark; (poner a bordo) to load, ship aboard; Amer to deceive ♦ **embarcarse** vr to embark; (enredarse) to get involved in, engage in.

embargar vt to lay an embargo on, distrain.

embargo m MARIT embargo; LAW seizure, distraint ♦ **sin embargo** however, nevertheless.

embarque m loading, shipment.

embaucar vt to deceive, swindle.

embeber vt to absorb, soak up; (empapar) to soak, wet ♦ **embeberse** vr to be absorbed o engrossed.

embellecer vt to beautify, embellish.

embestida f attack, onslaught.

embestir vi to attack.

emblema m emblem.

embochinchar vt Amer to raise a ruckus.

émbolo m piston.

emborracharse vr to get drunk.

emboscada f ambush.

embotar vt to blunt, dull.

embotellamiento m bottling; (de la circulación) traffic jam, bottleneck.

embotellar vt to bottle.

embrague m AUTO clutch.

embriagar vt to intoxicate.

embrión m embryo.

embrollar vt to confuse, embroil.

embrollo m confusion, tangle.

embromar vt Amer to annoy ♦ **embromarse** vr Amer to get annoyed.

embrujar vt to bewitch, cast a spell on.

embudo m funnel.

embuste m lie, fib.

embustero, a -1 adj lying **-2** m/f liar.

embutido m CUL sausage.

embutir vt to stuff, cram; (taracear) to inlay.

emergencia f (surgimiento) emergence; (accidente) emergency.

emerger vi to emerge.

emigrante m/f emigrant, émigré.

emigrar vi to emigrate; ZOOL to migrate.

eminencia f eminence.

eminente adj eminent, distinguished.

emisario, a m/f emissary, secret agent.

emisión f emission; TELEC transmission, broadcast; COM issuance, issue.

emisor, ra -1 adj COM issuing **-2** f TELEC broadcasting station.

emitir vt to emit; (poner en circulación) to issue; (expresar) to express -vi to broadcast.

emoción f emotion, feeling.

emocionante adj (conmovedor) moving; (apasionante) thrilling.

emocionar vt (conmover) to move; (apasionar) to thrill.

emotivo, a adj emotional.

empacar vt to pack; Amer to annoy, anger -vi to pack.

empacho m indigestion; (apuro) embarrassment.

empadronar vt to take a census of.

empalagoso, a adj cloying; (fastidioso) tiresome.

empalmar vt to join; PHOTOG to splice ♦ **empalmarse** vr to meet, join; RAIL to connect, join.

empalme m join, joint; RAIL, AUTO junction; PHOTOG splice.

empanado, a -1 adj CUL breaded **-2** f CUL turnover.

empañar vt to mist.

empapar vt to soak ♦ **empaparse** vr to get soaked.

empapelar vt (forrar) to paper; (cubrir paredes) to wallpaper.

empaquetar vt to pack, wrap.

emparedado m sandwich.

empastar vt DENT to fill.

empaste m DENT (tooth) filling.

empatar vt to tie, equal; Amer to couple, join -vi to tie.

empate m tie, draw; (unión) joint, connection.

empedernido, a adj hardened, inveterate.

empedrado m cobblestones.

empedrar vt to pave.

empeine m instep.

empeñar vt to pawn ♦ **empeñarse** vr (entramparse) to go into debt; (insistir) to insist, persist • **empeñarse en** to be bent on o determined to.

empeño m pawn, pledge; (constancia) insistence, tenacity.

empeorar vt to make worse -vi to worsen, deteriorate.

empequeñecer vt to make small; (desprestigiar) to belittle.

emperador m emperor.

emperatriz f empress.

empezar vt & vi to begin (a to, por by).

empinado, a adj very high, lofty; FIG proud, haughty.

empinar vt to set straight; (elevar) to raise ♦ **empinarse** vr (un caballo) to rear; (una persona) to stand on tiptoe.

empírico, a adj empirical.

emplasto m plaster, poultice.

emplazar vt to convene; LAW to summon to appear in court.

empleado, a m/f employee.

emplear vt to employ.

empleo m employment; (puesto) job; (uso) use.

emplomar vt (diente) to fill.

empobrecer vt to impoverish ♦ **empobrecerse** vr to become impoverished.

empollar vt (estudiar mucho) to bone up on -vi (estudiar mucho) to grind, cram.

empolvar vt to powder.

emporio m emporium; (lugar famoso) capital, center; Amer department store.

empotrado, a adj (mueble) built-in, fitted.

emprender vt to begin, set about.

empresa f enterprise; (sociedad) company, firm.

empresario, a m/f manager, director; THEAT impresario.

empujar vt to push.

empuje m (presión) pressure; (energía) energy, drive.

empujón m push, shove.

empuñar vt to seize, grasp.

emular vt to emulate.

en prep (lugar) in <en la nevera in the refrigerator>, at <en el trabajo at work>; (encima de) on; (dirección) into; (tiempo) in <en julio, dos días in July, two days>, at <en Navidad at Christmas>; (modo) in; (diferencia, medio de transporte) by; (precio) for.

enajenación f alienation ♦ **enajenación mental** madness.

enajenar vt to alienate; (turbar) to drive crazy.

enamorado, a -1 adj in love (de with) **-2** m/f lover.

E

enamorarse *vr* to fall in love (*de* with).

enano, a *m/f* dwarf.

enardecer *vt* to inflame.

encabezamiento *m* (*titular*) headline; (*de una carta*) heading.

encabezar *vt* to head.

encadenar *vt* to chain; (*conectar*) to connect, link.

encajar *vt* to fit, insert; (*ajustar*) to force; (*golpe*) to deal, land *-vi* to fit (well).

encaje *m* lace.

encalar *vt* to whitewash.

encallar *vi* MARIT to run aground.

encaminar *vt* to direct, guide ♦ **encaminarse** *vr* to make for, set out for.

encamotado, a *adj Amer* in love.

encamotarse *vr Amer* to fall in love.

encandilar *vt* to dazzle.

encantado, a -1 *adj* (*muy feliz*) delighted; (*casa*) haunted **-2** *interj* pleased to meet you!

encantador, ra -1 *adj* charming **-2** *m/f* charmer.

encantar *vt* to charm; (*hechizar*) to bewitch, cast a spell on.

encantos *m pl* charms.

encapotado, a *adj* overcast, cloudy.

encapricharse *vr* to take a fancy (*por, con* to).

encaramar *vt* to lift; (*a un puesto elevado*) to elevate ♦ **encaramarse** *vr* to climb up; *Amer* to blush.

encarar *vt* to confront, face.

encarcelar *vt* to incarcerate, imprison.

encarecerse *vr* to become more expensive.

encargado, a *m/f* person in charge.

encargar *vt* to entrust, put in charge; (*ordenar*) to order, request ♦ **encargarse** *vr* to take charge o responsibility.

encargo *m* (*recado*) errand; (*trabajo*) assignment, job.

encariñarse *vr* to become fond (*con* of).

encarnación *f* incarnation.

encarnado *adj & m* red.

encarnizado, a *adj* fierce.

encarrilar *vt* (*colocar sobre rieles*) to put on tracks; (*dar buena orientación*) to put on the right track.

encasillar *vt* to pigeonhole; (*clasificar*) to classify, class.

encauzar *vt* to channel, direct.

encendedor *m* lighter.

encender *vt* to light; (*incendiar*) to set on fire; (*luz, aparato*) to turn on; (*excitar*) to arouse, excite ♦ **encenderse** *vr* to light; (*incendiarse*) to catch on fire.

encendido *m* AUTO ignition.

encerado *m* (*pizarra*) blackboard.

encerar *vt* to wax, polish.

encerrar *vt* to enclose, confine; (*incluir*) to hold, contain.

encharcar *vt* to flood.

enchilada *f* enchilada.

enchilado, a *adj Amer* seasoned with chili; (*rojo*) (bright) red, vermillion.

enchivarse *vr Amer* to fly into a rage.

enchufar *vt* ELEC to connect, plug in; (*ejercer influencia*) to pull strings for.

enchufe *m* ELEC, TECH (*hembra*) socket; (*macho*) plug; COLL (*puesto*) cushy job; (*relaciones*) contacts, pull.

encía *f* gum.

enciclopedia *f* encyclop(a)edia.

encierro *m* (*clausura*) seclusion; (*retiro*) retirement.

encima *adv* (*sobre*) on top; (*además*) in addition, besides ♦ **encima de** (*sobre*) on top of; (*más arriba que*) above • **por encima** FIG superficially • **por encima de** over.

encina *f* holm oak, ilex.

encinta *adj* pregnant.

enclave *m* enclave.

enclenque *adj & m/f* weak, sickly (person).

encoger *vt* to shrink ♦ **encogerse** *vr* to shrink • **encogerse de hombros** to shrug one's shoulders.

encolar *vt* to glue, stick.

encolerizar *vt* to anger, enrage.

encomendar *vt* to entrust, commend ♦ **encomendarse** *vr* to entrust o commend oneself.

encomiar *vt* to praise, extol.

encomienda *f* commission, task; *Amer* postal parcel o package.

encono *m* rancor, ill will.

encontrar *vt* to find; (*topar*) to meet, encounter ♦ **encontrarse** *vr* (*chocar*) to clash, differ; (*estar*) to be • **encontrarse con** to meet, run into.

encorvar *vt* to bend, curve ♦ **encorvarse** *vr* to stoop, bend down.

encresparse vr (el pelo) to curl; (el mar) to get rough; (una persona) to become irritated.

encrucijada f crossroads, intersection.

encuadernación f bookbinding.

encuadernar vt to bind.

encuadrar vt to frame.

encubrir vt to hide, conceal; (criminal) to harbor.

encuentro m meeting, encounter; (choque) crash, collision; SPORT match, game.

encuesta f survey, poll.

encumbrar vt FIG to exalt, honor.

endeble adj weak, flimsy.

endemoniado, a adj possessed; FIG devilish, fiendish.

enderezar vt to straighten; (poner vertical) to set o stand up straight; (enmendar) to correct ♦ **enderezarse** vr to become straight.

endeudarse vr to fall into debt.

endiablado, a adj devilish.

endibia f endive.

endilgar vt COLL to foist o palm off.

endomingarse vr to dress up.

endosar vt to endorse; (encajar) to palm off.

endulzar vt to sweeten; (suavizar) to soften, ease.

endurecer vt to harden; (robustecer) to toughen (up), make hardy ♦ **endurecerse** vr to harden; (robustecerse) to become tough o hardy.

enemigo, a m/f enemy.

enemistad f enmity.

enemistar vt to antagonize ♦ **enemistarse** vr to become enemies.

energía f energy; (ánimo) spirit.

enérgico, a adj energetic.

enero m January.

enfadado, a adj angry.

enfadar vt to anger, annoy ♦ **enfadarse** vr to get angry o annoyed.

enfado m annoyance, anger.

énfasis m emphasis.

enfático, a adj emphatic.

enfermar vi to become sick -vt to make ill.

enfermedad f illness, sickness.

enfermería f infirmary.

enfermero, a m/f nurse.

enfermizo, a adj sickly, unhealthy.

enfermo, a adj & m/f sick (person).

enflaquecer vi to grow thin, lose weight; (desanimarse) to weaken, lose heart.

enfocar vt to focus.

enfoque m focus.

enfrentar vt to bring o put face to face ♦ **enfrentarse** vr to confront, face.

enfrente adv facing, opposite; (delante) in front ♦ **enfrente de** opposite.

enfriar vt to cool ♦ **enfriarse** vr to be cold; (contraer un catarro) to catch a cold.

enfurecer vt to madden, infuriate ♦ **enfurecerse** vr to become furious, lose one's temper.

engalanar vt to adorn, decorate.

enganchar vt to hook; MIL to enlist, recruit ♦ **engancharse** vr to get caught o hooked up; MIL to enlist.

enganche m (acción) hook (up); (gancho) hook; (acoplamiento) coupling; MIL enlistment, recruitment; Mex (pago) deposit.

engañar vt to deceive, trick -vi to be deceptive o misleading ♦ **engañarse** vr to deceive oneself.

engaño m (trampa) deception, trick; (estafa) swindle, fraud.

engañoso, a adj (deshonesto) dishonest, deceitful; (mentiroso) misleading, wrong.

engarzar vt to string, thread; (engastar) to set, mount; (encadenar) to link, join.

engastar vt JEWEL to set, mount.

engatusar vt COLL to cajole, coax.

engendrar vt to engender.

engendro m fetus; (monstruo) monster, freak.

englobar vt to include, comprise.

engomar vt to glue, gum.

engordar vt to fatten -vi to get fat.

engorroso, a adj annoying, troublesome.

engranaje m MECH gear.

engrandecer vt to augment, increase; (alabar) to laud, praise; (exagerar) to exaggerate.

engrasar vt to grease; (aceitar) to oil.

engreído, a adj conceited, arrogant; Amer spoiled.

engreír vt Amer (mimar) to spoil, pamper.

engrosar vt (aumentar) to increase, swell.

engrudo m paste.

engullir vt to gulp down, gobble.

enhebrar vt to thread, string; FIG to link, connect.

enhorabuena f congratulations.

enigma m enigma, riddle.

enjabonar vt to soap, wash with soap.

enjambre m swarm; FIG crowd, throng.

enjaular vt to cage.

enjuagar vt & vr to rinse.

enjuague m rinse.

enjugamanos m inv Amer towel.

enjugar vt to dry; (cancelar) to wipe out.

enjuiciar vt (juzgar) to judge, examine; (someter) to indict, prosecute.

enjuto, a adj skinny, lean.

enlace m connection, link; (casamiento) marriage, matrimony; (intermediario) intermediary, liaison.

enlatar vt to can, put in cans.

enlazar vt to lace, interlace; (trabar) to link, connect; (agarrar) to lasso, rope -vi RAIL to connect.

enloquecer vt to drive mad o insane -vi to go insane o crazy.

enlozar vt Amer to coat with enamel.

enlutado, a adj in mourning.

enmarañar vt to entangle, snarl; (confundir) to muddle, confuse ♦ **enmarañarse** vr to become tangled; (confundirse) to become muddled.

enmarcar vt to frame.

enmascarar vt to mask; (disfrazar) to conceal, disguise ♦ **enmascararse** vr to put on a mask.

enmendar vt to correct, amend; (resarcir) to make amends for, compensate ♦ **enmendarse** vr to mend one's ways.

enmienda f amendment; (reparo) reparation, compensation.

enmudecer vt to silence, hush -vi to be silent, keep quiet.

ennegrecer vt to blacken; (obscurecer) to darken ♦ **ennegrecerse** vr to turn black; (obscurecerse) to darken.

ennoblecer vt to ennoble.

enojadizo, a adj quick-tempered, touchy.

enojar vt to anger, make angry ♦ **enojarse** vr to become angry.

enojo m anger; (molestia) bother, annoyance.

enojoso, a adj bothersome, annoying.

enorgullecerse vr to be proud, pride oneself.

enorme adj enormous, huge.

enraizar vi to take root.

enredadera f climbing plant, creeper.

enredar vt (enmarañar) to tangle up, snarl; (enemistar) to cause trouble between; (embrollar) to complicate, confuse; (comprometer) to involve, embroil -vi to get into mischief, cause trouble ♦ **enredarse** vr to get tangled up, become snarled; (complicarse) to become complicated o confused; (comprometerse) to become involved; COLL (amancebarse) to get involved, have an affair.

enredo m (maraña) tangle, snarl; (engaño) deceit; (lío) mess; (trama) plot.

enrevesado, a adj intricate, complicated.

enrielar vt Amer (poner rieles) to put rails on; (encarrilar) to put on rails.

enriquecer vt to enrich, make wealthy ♦ **enriquecerse** vr to get rich, become wealthy.

enrojecer vt to redden -vi to blush, turn red.

enrolar vt to sign up, recruit.

enrollar vt to roll o wind up.

enroscar vt to coil, twist; (atornillar) to screw in.

enrular vt Amer to curl.

ensalada f salad.

ensaladera f salad bowl.

ensalzar vt to exalt, glorify.

ensambladura m joint.

ensamblar vt to join.

ensanchar vt to widen, expand; (extender) to stretch, extend.

ensanche m extension, expansion; (barrio nuevo) suburban development.

ensangrentar vt to stain with blood.

ensañarse vr to be cruel o merciless.

ensartar vt to string, thread ♦ **ensartarse** vr Amer to get stuck with.

ensayar vt to test, try out; THEAT to rehearse, practice.

ensayo m test, trial; (ejercicio) exercise, practice; (intento) attempt; LIT essay; THEAT rehearsal.

enseguida o **en seguida** adv immediately, at once.

ensenada f cove, inlet.

enseñanza f teaching; *(instrucción)* training; *(educación)* education.

enseñar vt to teach; *(mostrar)* to show.

enseres m pl equipment, accouterments.

ensillar vt to saddle.

ensimismado, a adj pensive, absorbed in thought; *Amer (engreído)* conceited, vain.

ensordecedor, ra adj deafening.

ensordecer vi to go o become deaf.

ensuciar vt to dirty, soil; *(desacreditar)* to stain, besmirch ♦ **ensuciarse** vr to become dirty o soiled.

ensueño m dream; *(fantasía)* fantasy, illusion.

entablado m floor.

entablar vt to board (up); *(empezar)* to begin, start; LAW to file -vi Amer to tie, draw ♦ **entablarse** vr to begin, start.

entablillar vt to splint, put in a splint.

entallar vt SEW to tailor, adjust -vi to fit well.

ente m entity, being; COM firm, company.

entender -1 vt to understand; *(creer)* to believe, think; *(querer decir)* to mean -vi ♦ **entender en** o **de** *(tener aptitud)* to be good at; *(tener autoridad)* to be in charge of • **dar a entender** to insinuate • **entender mal** to misunderstand ♦ **entenderse** vr to be understood; *(interpretarse)* to be meant; *(ponerse de acuerdo)* to come to an agreement; *(llevarse bien)* to get along -2 m opinion.

entendido, a m/f connoisseur.

entendimiento m understanding; *(juicio)* judgment, sense.

enterado, a adj well-informed ♦ **estar enterado de** to know about.

enterar vt Amer to pay; S Amer to complete, make up ♦ **enterarse** vr to find out.

entereza f *(cualidad)* integrity; *(fortaleza)* fortitude.

enternecer vt to touch, move ♦ **enternecerse** vr to be touched o moved.

entero, a -1 adj entire, complete; *(firme)* steadfast, resolute ♦ **por entero**

entirely, completely -2 m FIN point; Amer payment.

enterrar vt to bury.

entidad f entity; *(organización)* organization; COM company.

entierro m burial; *(funerales)* funeral.

entomología f entomology.

entonación f intonation.

entonar vt *(empezar a cantar)* to intone -vi *(cantar)* to sing in tune; *(armonizar)* to harmonize; PAINT to match (colors).

entonces adv then ♦ **en aquel entonces** o **por entonces** around that time, at that time.

entornar vt to half-close, leave ajar.

entorno m environment.

entorpecer vt to hamper, obstruct.

entrada f entry, entrance; *(ingreso)* admission; *(billete)* admission ticket; *(desembolso)* down payment; COM entry; CUL entrée; MECH intake; COMPUT, ELEC input ♦ **de entrada** from the start ♦ pl FIN income, receipts.

entrante adj next, coming.

entraña f entrails, innards; *(esencia)* core, essence; *(centro)* center, middle.

entrañable adj intimate, close; *(querido)* beloved, dear.

entrañar vt to entail.

entrar vi to enter, come in; *(ingresar)* to join; *(encajar)* to go, fit ♦ **entrar en** to enter, go in -vt *(meter)* to bring o put inside.

entre prep between; *(en el número de)* among, amongst; *(en)* in ♦ **de entre** out of, from among • **entre tanto** meanwhile.

entreabrir vt to open halfway, set ajar.

entrecejo m ♦ **arrugar** o **fruncir el entrecejo** to frown.

entrecortado adj *(voz)* faltering; *(respiración)* laboured.

entredicho m prohibition, interdiction ♦ **estar en entredicho** to be in question.

entrega f delivery.

entregar vt *(dar)* to deliver; *(poner en manos)* to hand over o in; *(traicionar)* to betray ♦ **entregarse** vr *(rendirse)* to surrender; *(abandonarse)* to abandon oneself *(a* to).

entrelazar vt to interlace, interweave.

entremedias *adv* in between, half-way.

entremés *m* hors d'oeuvre.

entremeterse *vr* to meddle, interfere.

entremetido, a *adj* meddlesome, interfering.

entremezclar *vt* to intermingle.

entrenador, ra *m/f* trainer, coach.

entrenar *vt & vr* to train.

entrepierna *f* crotch.

entresacar *vt* to pick out, select.

entresuelo *m* mezzanine.

entretanto *adv* meanwhile, in the meantime.

entretecho *m* *Amer* attic, loft.

entretejer *vt* to interweave.

entretener *vt* to entertain, amuse; *(detener)* to detain, delay ♦ **entretenerse** *vr* *(detenerse)* to dally, dawdle; *(divertirse)* to be entertained o amused.

entretenido, a *adj* amusing, entertaining.

entretenimiento *m* amusement, entertainment.

entrever *vt* to half-see, see partially.

entrevero *m* confusion, jumble.

entrevista *f* meeting; JOURN interview.

entrevistar *vt* to interview ♦ **entrevistarse** *vr* to hold an interview o a meeting.

entristecer *vt* to sadden ♦ **entristecerse** *vr* to become sad.

entumecer *vt* to (make) numb ♦ **entumecerse** *vr* to go o become numb.

enturbiar *vt* to cloud ♦ **enturbiarse** *vr* to become cloudy.

entusiasmar *vt* to enthuse ♦ **entusiasmarse** *vr* to become enthusiastic.

entusiasmo *m* enthusiasm.

entusiasta -1 *adj* enthusiastic **-2** *m/f* enthusiast.

enumerar *vt* to enumerate.

enunciación *f* enunciation.

envainar *vt* to sheathe.

envasar *vt* to pack, package; *(embotellar)* to bottle.

envase *m* packing, packaging; *(paquete)* package; *(botella)* bottle.

envejecer *vt* to grow old, age.

envenenar *vt* to poison.

envergadura *f* FIG importance.

envés *m* other side, back.

enviado *m* envoy.

enviar *vt* to send.

envidia *f* envy.

envidiar *vt* to envy, be envious of.

envío *m* sending, dispatch; *(paquete)* package, parcel; *(dinero)* remittance; *(mercancías)* shipment, consignment.

enviudar *vi* to be widowed.

envoltorio *m* wrapper.

envolver *vt* *(cubrir)* to envelop, cover; *(empaquetar)* to pack, bundle up; FIG to involve, mix up.

enyesar *vt* to plaster; MED to set in plaster.

¡epa! *interj* *Amer* *(¡hola!)* hey!, hello!; *(¡ea!)* come on!; *(¡cuidado!)* whoa!

épico, a *adj* epic.

epidemia *f* epidemic.

epilepsia *f* epilepsy.

epílogo *m* epilogue.

episodio *m* episode.

epitafio *m* epitaph.

época *f* epoch, era; *(período)* time, period; GEOL age ♦ **hacer época** to make history.

equidad *f* equity.

equidistante *adj* equidistant.

equilibrar *vt & vr* to balance.

equilibrio *m* equilibrium.

equilibrista *m/f* acrobat; *(volatinero)* tightrope walker.

equipaje *m* luggage, baggage ♦ **equipaje de mano** hand luggage o baggage.

equipar *vt* to equip, outfit.

equiparar *vt* to compare.

equipo *m* equipment, gear; SPORT team; *(de trabajadores)* shift, crew.

equitación *f* riding, equitation.

equitativo, a *adj* equitable, fair.

equivalente *adj & m* equivalent.

equivaler *vi* to be equivalent, equal.

equivocación *f* error, mistake.

equivocado, a *adj* wrong, mistaken.

equivocarse *vr* to be mistaken.

equívoco, a -1 *adj* equivocal **-2** *m* ambiguity; *(malentendido)* misunderstanding.

era *f* era.

erario *m* treasury.

erguir *vt* to raise, lift up ♦ **erguirse** *vr* to straighten up.

erigir *vt* to erect, build ♦ **erigirse** *vr* to establish oneself.

erizado, a adj bristly, spiky.

erizarse vr to stand on end.

erizo m hedgehog.

ermitaño, a m/f hermit.

erogación f Amer donation.

erosión f erosion.

erótico, a adj erotic.

erotismo m eroticism.

erradicar vt to eradicate.

errante adj errant, wandering.

errar vt to miss -vi (vagar) to wander, roam; (equivocarse) to be mistaken, make a mistake.

erróneo, a adj mistaken.

error m error, mistake.

eructar vi to burp, belch.

erudito, a adj & m/f erudite.

erupción f eruption.

es see ser².

esa adj see ese, esa.

ésa pron see ése, ésa.

esbelto, a adj slender.

esbozo m sketch, outline.

escabeche m (adobo) marinade; (pescado) marinated fish salad.

escabroso, a adj (desigual) rough, rugged; (atrevido) dirty, smutty.

escabullirse vr to escape.

escafandra f/dro diver's o diving suit.

escala f scale; (escalera de mano) ladder, stepladder; MARIT port of call.

escalafón m list.

escalar vt to scale, climb.

escaldar vt to scald, burn.

escalera f stairs, staircase; (escalerilla) ladder ♦ **escalera de caracol** winding staircase • **escalera mecánica** o **automática** escalator.

escalerilla f stepladder.

escalfar vt to poach.

escalinata f flight of steps.

escalofrío m shiver.

escalón m step, stair.

escalope m escalope.

escama f scale.

escamotear vt to make disappear o vanish (by sleight of hand); COLL (robar) to filch, steal.

escampar vt & vi to clear (up).

escandalizar vt to scandalize, shock ♦ **escandalizarse** vr to be shocked.

escándalo m scandal; (alboroto) uproar, ruckus.

escandaloso, a adj scandalous, shocking; (alborotoso) noisy, uproarious.

escapar vi & vr to escape.

escaparate m shop o display window; Amer (ropero) wardrobe, closet.

escape m escape, flight; AUTO exhaust (pipe).

escarabajo m beetle.

escaramuza f skirmish.

escarbar vt to scrape, scratch; (averiguar) to poke around, investigate.

escarcha f frost.

escarlata adj scarlet.

escarlatina f scarlet fever.

escarmentar vt to teach a lesson to -vi to learn one's lesson.

escarnio m ridicule, mocking.

escarola f escarole.

escarpado, a adj (pendiente) steep, sheer; (escabroso) craggy, rugged.

escarpia f hook.

escasear vi to become o be scarce.

escasez f scarcity, lack; (pobreza) poverty, need.

escaso, a adj scarce, limited.

escatimar vt to skimp on, spare.

escena f scene; THEAT stage.

escenario m stage, scene.

escenografía f scenery.

escéptico, a -1 adj skeptical -2 m/f skeptic.

escindir vt & vr to split.

esclarecer vt to clarify, elucidate.

esclavo, a m/f slave -f bracelet, bangle.

esclusa f lock, sluice; (compuerta) floodgate.

escoba f broom.

escobillar vt Amer to brush.

escocer vi to sting, smart.

escoger vt to choose, select.

escolar -1 adj school -2 m/f pupil student.

escollo m reef, rock; FIG stumbling block.

escolta f escort.

escoltar vt to escort.

escombro m rubble, debris.

esconder vt & vr to hide, conceal.

escondite m hiding place; (juego) hide-and-seek.

escondrijo m hiding place.

escopeta f shotgun, rifle.

E

escoria f scoria.

escorpión m scorpion.

escote m neckline ♦ **ir** o **pagar a escote** to go Dutch.

escotilla f hatch(way).

escribir vt & vi to write ♦ **escribir a máquina** to type ♦ **escribirse** vr to write to each other, correspond; (deletrearse) to be spelled.

escrito, a -1 see **escribir -2** m document, writing ♦ **por escrito** in writing.

escritor, ra m/f writer.

escritorio m desk.

escritura f writing; (sistema de signos) script; (contrato) deed.

escrúpulo m scruple.

escrupuloso, a adj scrupulous.

escrutar vt to scrutinize.

escrutinio m scrutiny.

escuadra f CARP carpenter's square; MIL squad, squadron.

escuadrilla f squadron.

escuadrón m squadron.

escuálido, a adj squalid, filthy.

escuchar vt to listen to.

escudilla f wide bowl.

escudo m shield.

escudriñar vt to scrutinize.

escuela f school ♦ **escuela de artes y oficios** trade o technical school.

escueto, a adj concise, direct.

esculpir vt to sculpt, carve.

escultor, ra m/f sculptor -f sculptress.

escultura f sculpture, carving.

escupidera f chamber pot.

escupir vt & vi to spit.

escurridizo, a adj slippery.

escurridor m colander.

escurrir vt to drain; (hacer que chorree) to wring (out) -vi to drip, trickle ♦ **escurrirse** vr to slip.

ese, esa adj [pl esos, esas] that ♦ pl those.

ése, ésa pron [pl ésos, ésas] that one; (el primero) the former ♦ pl those.

esencia f essence.

esencial adj essential.

esfera f sphere; (del reloj) dial, face.

esférico, a adj spherical.

esferográfica f Arg ball-point pen.

esforzado, a adj brave, courageous.

esforzarse vr to strive.

esfuerzo m effort.

esfumarse vr to disappear, vanish.

esgrima f fencing.

esguince m sprain, twist.

eslabón m link.

esmaltar vt to enamel.

esmalte m enamel ♦ **esmalte de** o **para uñas** nail polish.

esmerado, a adj careful, meticulous.

esmeralda f emerald.

esmerarse vr take great care.

esmero m extreme care, meticulousness.

esnob m/f snob.

eso pron that ♦ **a eso de** about, around • **eso es** that's it • **eso mismo** exactly, the same • **por eso** (por lo tanto) therefore; (por esa razón) that's why.

espacial adj (del espacio) space.

espaciar vt to space o spread out.

espacio m space.

espacioso, a adj spacious, roomy.

espada f sword.

espagueti m spaghetti.

espalda f back ♦ **volver la espalda** to turn one's back ♦ pl back • **a espaldas de alguien** behind someone's back.

espantapájaros m inv scarecrow.

espantar vt to frighten, scare.

espanto m fright, scare.

espantoso, a adj frightening, terrifying.

esparadrapo m adhesive tape.

esparcir vt to scatter, spread.

espárrago m asparagus.

esparto m esparto.

espasmo m spasm.

espátula f spatula.

especia f spice.

especial adj special ♦ **en especial** especially.

especialidad f specialty.

especialista adj & m/f specialist.

especializar vt, vi & vr to specialize.

especie f species; (tipo) type, kind.

especificar vt to specify.

específico, a adj & m specific.

espécimen m [pl -címenes] specimen.

espectáculo m spectacle.

espectador, ra m/f spectator.

espectro m ghost.

especular vi to speculate.

espejismo m mirage.

espejo *m* mirror.

espeluznante *adj* COLL hair-raising.

espera *f* wait.

esperanza *f* hope.

esperar *vt (tener esperanza)* to hope (for); *(aguardar)* to wait for, await; *(confiar en)* to expect -*vi* to wait.

esperma *f* sperm.

espesar *vt* to thicken.

espeso, a *adj* thick.

espesor *m* thickness.

espía *m/f* spy.

espiar *vt* to spy on -*vi* to spy.

espiga *f* BOT ear.

espina *f* thorn; *(de pez)* fishbone; ANAT spine, backbone.

espinaca *f* spinach.

espinazo *m* spine, backbone.

espinilla *f (hueso)* shinbone; *(granillo)* blackhead.

espino *m* hawthorn, thornbush.

espinoso, a *adj* thorny.

espionaje *m* espionage, spying.

espiral -1 *adj* spiral -2 *f* spiral.

espirar *vt & vi* to exhale, breathe out.

espiritista *m/f* spiritualist, spiritist.

espíritu *m* spirit ♦ **espíritu de cuerpo** esprit de corps.

espiritual *adj & m* spiritual.

espita *f* tap.

espléndido, a *adj* splendid; *(generoso)* generous.

esplendor *m* splendor.

espolear *vt* to spur.

espoleta *f* ARM fuse.

espolvorear *vt* to dust (off).

esponja *f* sponge.

esponjoso, a *adj* spongy.

espontaneidad *f* spontaneity.

espontáneo, a *adj* spontaneous.

esposa *f* wife, spouse ♦ *pl* handcuffs.

esposar *vt* to handcuff, put handcuffs on.

esposo *m* husband, spouse.

espuela *f* spur.

espuma *f* foam; *(de un líquido)* froth; *(de jabón)* lather.

espumadera *f* skimmer.

espumoso, a *adj* frothy, foamy.

esqueleto *m* skeleton.

esquema *m* scheme, outline.

esquí *m* [pl **s**] ski; *(deporte)* skiing.

esquiar *vi* to ski.

esquilar *vt* to shear, fleece.

esquina *f* corner.

esquinazo *m Arg, Chile* serenade.

esquivar *vt* to avoid.

esquivo, a *adj* cold, disdainful.

estabilidad *f* stability.

estable *adj* stable.

establecer *vt* to establish ♦ **establecerse** *vr* to establish oneself.

establecimiento *m* establishment.

establo *m* stable.

estaca *f* stake; *(garrote)* club.

estacar *vt Amer* to fasten down with stakes.

estación *f (tiempo)* season; RAIL, TELEC station.

estacionamiento *m* AUTO parking place *o* space.

estacionar *vt* AUTO to park.

estada/día *f* stay, stop.

estadio *m* stadium; *(fase)* phase, stage.

estadista *m* statesman.

estadística *f* statistics; *(dato)* statistic.

estado *m* state; *(resumen)* statement ♦ **estado civil** marital status • **estado mayor** general staff.

estafa *f* swindle.

estafar *vt* to swindle.

estafeta *f* post office.

estallar *vi* to burst, explode; *(sobrevenir)* to break out.

estallido/llo *m (explosión)* explosion; FIG outbreak, outburst.

estampa *f (imagen)* print; *(aspecto)* aspect, appearance.

estampado *m* printing.

estampar *vt* to print, stamp; *(grabar)* to emboss, engrave.

estampida *f* stampede.

estampido *m* explosion, bang.

estampilla *f Amer* postage stamp.

estancar *vt* to dam up, stem ♦ **estancarse** *vr* to stagnate, become stagnant; *(detenerse)* to come to a standstill.

estancia *f (habitación)* room; *(estadía)* stay; *Amer* ranch, farm.

estanciero *m Amer* rancher, farmer.

estanco *m* tobacconist's.

estandarte *m* standard, banner.

estanque *m (charca)* pond, pool; *(depósito)* tank, reservoir.

estante *m* shelf.

estantería *f* shelving, shelves.

estaño m tin.

estar vi to be ♦ **¿a cuántos estamos?** o **¿a qué estamos?** what is the date? • **¿cómo estás?** how are you? • **está bien** (de acuerdo) okay, all right • **estar a** (de precio) to sell at, cost • **estar bien** (convenir) to be suitable; (de salud) to be well • **estar mal** (no convenir) to be unsuitable; (de salud) to be ill • **estar para** (tener ganas de) to be in the mood for; (disponerse a) to be about to • **estar por** (favorecer) to be for, be in favor of; (quedar) to remain to be; (tener ganas) to have a mind to, be inclined to.

estatal adj state, of the state.

estático, a adj static.

estatua f statue.

estatura f stature.

estatuto m (ley) statute; (regla) rule.

este m east.

este, a adj [pl **estos, tas**] this ♦ pl these.

éste, a pron [pl **éstos, tas**] this one; (el segundo) the latter ♦ pl these.

estela f AVIA trail; MARIT wake.

estera f matting.

estéreo adj & f stereo.

estereotipo m stereotype.

estéril adj sterile; (árido) barren.

esterilizar vt to sterilize.

esterlina adj sterling.

estero m Amer (pantano) marsh, swamp; Amer (charca) puddle, pool.

estético, a -1 adj aesthetic **-2** f aesthetics.

estiércol m dung, manure.

estigma m stigma.

estilizarse vr to be in fashion.

estilo m style ♦ **algo por el estilo** something like that.

estilográfica f fountain pen, stylograph.

estima f esteem, respect.

estimar vt to esteem, hold in esteem; COM to estimate, appraise; (juzgar) to consider, deem.

estimulante -1 adj stimulating **-2** m stimulant.

estimular vt to stimulate.

estímulo m stimulus.

estío m summer.

estipular vt to stipulate.

estirado, a adj stretched; (vanidoso) pompous, haughty.

estirar vt to stretch.

estirón m yank, tug ♦ **dar un estirón** to shoot up.

estirpe f stock, lineage.

esto pron this; (asunto) this business o matter ♦ **por esto** for this reason.

estofado m stew.

estoico, a adj & m/f stoic.

estómago m stomach.

estorbar vt to obstruct; (dificultar) to hinder.

estorbo m obstacle; (dificultad) hindrance; (molestia) bother, annoyance.

estornudar vi to sneeze.

estrafalario, a COLL adj outlandish, bizarre; (desaliñado) slovenly.

estrago m destruction, devastation.

estragón m tarragon.

estrangulador, ra m/f strangler.

estrangular vt to strangle.

estrategia f strategy.

estratégico, a adj strategic.

estrato m stratum.

estrechar vt (reducir) to narrow; (sisar) to take in; (abrazar) to hug ♦ **estrechar la mano a** to shake hands with ♦ **estrecharse** vr to narrow.

estrechez f narrowness; (amistad) closeness, intimacy; (pobreza) poverty, need.

estrecho, a -1 adj narrow; (apretado) tight; (íntimo) close, intimate; (limitado) narrow-minded **-2** m strait.

estrella f star ♦ **estrella de mar** starfish.

estrellar vt COLL to smash, shatter ♦ **estrellarse** vr to become starry; COLL (romperse) to smash, crash.

estremecer vt to shake ♦ **estremecerse** vr to shake, tremble.

estremecimiento m shake, shudder; (de frío) shiver, shivering.

estrenar vt to use o wear for the first time; (representar) to première, open ♦ **estrenarse** vr to première, debut.

estreno m opening, debut; (representación) première.

estreñido, a adj constipated.

estreñimiento m constipation.

estrépito m uproar, din.

estrepitoso, a adj noisy, deafening.

estría f groove.

estribar vi lie (en in).

estribillo m POET refrain; MUS chorus.

estribo m stirrup; *(de carruaje)* footboard ♦ **perder los estribos** to lose one's head.

estribor m starboard.

estricto, a adj strict.

estropajo m scourer.

estropear vt to damage, ruin ♦ **estropearse** vr to get damaged.

estructura f structure.

estruendo m clamor, uproar.

estrujar vt to squeeze, crush.

estuario m estuary.

estuche m case, box.

estudiante m student, pupil.

estudiar vt & vi to study.

estudio m study; *(cuarto)* studio.

estudioso, a adj studious.

estufa f stove, heater.

estupefaciente m narcotic.

estupefacto, a adj stupefied, astonished.

estupendo, a adj tremendous.

estupidez f stupidity.

estúpido, a adj stupid.

estupor m stupefaction, astonishment.

esvástica f swastika.

etapa f phase, stage.

etcétera adv et cetera.

eternidad f eternity.

eterno, a adj eternal.

ético, a -1 adj ethical **-2** f ethics.

etimología f etymology.

etiqueta f etiquette, ceremony; *(rótulo)* tag, label.

étnico, a adj ethnic.

eucaristía f Eucharist.

eufemismo m euphemism.

euforia f euphoria.

eutanasia f euthanasia.

evacuar vt to evacuate.

evadir vt to evade, avoid ♦ **evadirse** vr to escape.

evaluar vt to evaluate, assess.

evangelio m gospel.

evaporar vt & vr to evaporate.

evasión f escape.

evasivo, a -1 adj evasive **-2** f evasion.

evento m event.

eventual adj unexpected, incidental.

evidencia f obviousness; *Amer* proof, evidence.

evidenciar vt *(probar)* to prove, demonstrate; *(hacer patente)* to make evident o clear.

evidente adj evident, clear.

evitar vt to avoid.

evocar vt to evoke.

evolución f evolution.

evolucionar vi to evolve.

exacerbar vt to exacerbate, aggravate.

exactitud f exactness; *(puntualidad)* punctuality.

exacto, a adj exact, precise; *(puntual)* punctual.

exageración f exaggeration.

exagerar vt to exaggerate.

exaltado, a adj over-excited.

exaltar vt to exalt, glorify ♦ **exaltarse** vr to get worked up.

examen m examination.

examinar vt to examine ♦ **examinarse** vr to take an exam.

exasperar vt to exasperate ♦ **exasperarse** vr to become exasperated.

excavar vt to excavate, dig.

excedente adj & m excess, surplus.

exceder vt to exceed, surpass ♦ **excederse** vr to go too far.

excelente adj excellent.

excelso, a adj sublime, lofty.

excéntrico, a adj eccentric.

excepción f exception.

excepcional adj exceptional.

excepto prep except, excepting.

exceptuar vt to exclude.

excesivo, a adj excessive.

exceso m excess; COM surplus.

excitación f excitement; BIOL excitation.

excitar vt to excite ♦ **excitarse** vr to become excited.

exclamación f exclamation.

exclamar vi to exclaim.

excluir vt to exclude.

exclusivo, a -1 adj exclusive **-2** f *(repulsa)* rejection; *(privilegio)* sole right.

excomulgar vt to excommunicate.

excursión f excursion.

excursionista m/f sightseer.

excusa f excuse.

excusado m toilet.

excusar vt to excuse ♦ **excusarse** vr to apologize.

E

exento, a -1 see **eximir -2** adj exempt, free.

exequias f pl funeral rites, obsequies.

exhalar vt to exhale; (suspiros) to breathe.

exhaustivo, a adj exhaustive.

exhausto, a adj exhausted.

exhibición f exhibition.

exhibir vt to exhibit, display.

exhortar vt to exhort.

exigencia f demand.

exigente adj & m/f demanding (person).

exigir vt to demand.

exil(i)ado, a -1 adj exiled **-2** m/f exile.

exilio m exile.

eximio, a adj distinguished, eminent.

eximir vt to exempt.

existencia f existence ♦ pl stock, goods.

existir vi to exist.

éxito m success ♦ **tener éxito** to be successful.

exitoso, a adj Amer successful.

exonerar vt to exonerate.

exorcizar vt to exorcise.

exótico, a adj exotic.

expandir vt & vr to expand.

expansión f expansion.

expatriarse vr to go into exile.

expectación f expectation.

expectativa f expectation.

expedición f expedition; (prontitud) speed.

expediente m (archivo) file, dossier; LAW proceedings.

expedir vt (enviar) to send, ship; (dictar) to issue.

expeditar vt S Amer to expedite, dispatch.

expedito, a adj ready, free; (una vía) clear.

expendedor, ra m/f dealer, retailer.

expendio m Amer (tienda) store, shop; (venta al por menor) retailing.

expensas f pl ♦ **a expensas de** at the expense of.

experiencia f experience.

experimentado, a adj experienced.

experimentar vt to try out, test; (sentir en sí) to experience.

experimento m experiment.

experto adj & m expert.

expiar vt to atone for.

expirar vi to expire.

explayarse vr (dilatarse) to speak at length; (divertirse) to relax, unwind; (confiarse) to confide (con in).

explicación f explanation.

explicar vt to explain; (enseñar) to teach ♦ **explicarse** vr to explain oneself.

explícito, a adj explicit.

explorador, ra m/f explorer -m boy scout.

explorar vt & vi to explore.

explosión f explosion.

explosivo, a m explosive.

explotación f exploitation; (operación) running.

explotar vt to exploit; (operar) to run, operate; (una mina) to work -vi to go off, explode.

exponente m exponent.

exponer vt to expose; (explicar) to explain; (exhibir) to exhibit ♦ **exponerse** vr to expose oneself.

exportación f exporting; (mercancías) exports; (artículo) export (item).

exportar vt & vi to export.

exposición f exhibition, show; (explicación) explanation; (orientación) exposure.

expositor, ra m/f exhibitor.

expresar vt & vr to express (oneself).

expresión f expression.

expreso, a -1 see **expresar -2** adj express **-3** m (tren) express train.

exprimidor m squeezer, juicer.

exprimir vt to squeeze.

expropiar vt to expropriate.

expuesto, a -1 see **exponer -2** adj dangerous, hazardous.

expulsar vt to expel.

expulsión f ejection, expulsion.

exquisito, a adj exquisite.

éxtasis m inv ecstasy.

extender vt to extend, enlarge; (desdoblar) to spread out, spread; (despachar) to draw up, issue ♦ **extenderse** vr to stretch, extend; (dilatarse) to speak at length; (propagarse) to spread.

extensión f extension; (amplitud) expanse, stretch; (dimensión) extent, size.

extenso, a -1 see **extender -2** adj extensive.

extenuado, a *adj* debilitated, weakened.

exterior -1 *adj* exterior, outer; *(extranjero)* foreign **-2** *m* exterior, outside; *(apariencia)* personal appearance.

exterminar *vt* to exterminate.

exterminio *m* extermination.

externo, a -1 *adj* external, outward **-2** *m/f* day school pupil.

extinguir *vt* to extinguish ◆ **extinguirse** *vr (apagarse)* to fade, go out; *(desaparecer)* to become extinct, die out.

extinto, a *adj* extinct.

extintor *m* fire extinguisher.

extra -1 *adj* extra **-2** *m/f* CINEM, THEAT extra; *(gasto)* extra charge o expense.

extracto *m* extract.

extraer *vt* to extract.

extranjero, a -1 *adj* foreign **-2** *m/f* foreigner, abroad.

extrañar *vt Amer* to miss ◆ **extrañarse** *vr* to be surprised o astonished *(de* at).

extraño, a *adj (extranjero)* foreign, alien; *(raro)* strange, odd.

extraordinario, a -1 *adj* extraordinary; *(extraño)* strange, odd **-2** *f (remuneración)* bonus.

extravagancia *f* extravagance.

extravagante *adj* extravagant.

extraviado, a *adj* lost, missing.

extraviar *vt (desviar)* to lead astray, misguide; *(perder)* to misplace, lose ◆ **extraviarse** *vr* to get lost.

extremar *vt* to carry to an extreme.

extremidad *f* extremity ◆ *pl* extremities.

extremo, a -1 *adj (último)* last; *(intenso)* extreme **-2** *m* extreme.

extrovertido, a -1 *adj* extroverted **-2** *m/f* extrovert.

exuberancia *f* exuberance.

exuberante *adj* exuberant.

eyacular *vi* to ejaculate.

E

F

fábrica f factory, works; (edificio) building, construction; (invención) fabrication.

fabricar vt to manufacture, make; (construir) to build, construct; (inventar) to fabricate, invent.

fábula f fable.

fabuloso, a adj fabled, imaginary; (extraordinario) fabulous.

faceta f facet; FIG aspect.

facha f look, appearance.

fachada f façade.

fácil -1 adj easy; (probable) likely, probable; (dócil) easygoing; (liviana) loose, of easy virtue -2 adv easily.

facilidad f facility, ease; (oportunidad) opportunity, chance ♦ **tener facilidad de** to be apt to • **tener facilidad para** to have a gift o an aptitude for ♦ pl terms.

facilitar vt to facilitate, make easy; (proporcionar) to supply, furnish.

facsímil/i m facsimile.

factor m factor; COM factor, agent.

factoría f colonial trading post; Amer plant, factory; Ecuad, Peru foundry, ironworks.

factura f making; COM invoice, bill.

facturar vt to invoice, bill.

facultad f faculty; (virtud) gift, advantage; (derecho) power, right; (licencia) license, permission; EDUC school, college, faculty.

faena f manual labor; (quehacer) task, chore; COLL (trastada) dirty trick.

faisán m pheasant.

faja f strip, belt; (corsé) girdle, corset; (tira de papel) wrapper; Amer belt, waistband.

fajadura f banding, belting; Amer attack, beating.

fajar vt to band, belt; (vendar) to bandage, swathe; (envolver) to wrap; Amer to attack, assault ♦ **fajarse** vr to set out to do something • **fajarse con** o **a** to attack, fall on.

fajo m bundle, sheaf; (de billetes) wad, roll; Amer shot, swig.

falangista adj & m/f Falangist.

falda f skirt; (de un monte) foot; (regazo) lap.

faldero, a adj skirt; lap <perro faldero lap dog>.

falla f see **fallo, a**.

fallar vt to fail, disappoint -vi to fail ♦ **sin fallar** without fail.

fallecer vi (morir) to die, expire; (faltar) to run out, end.

fallo, a -1 adj void, lacking a suit (in cards) -2 m (sentencia) ruling, judgment; (falta) error, fault -f defect, fault; GEOG, MIN fault; Amer fault, failure.

falsificar vt to falsify; (copiar) to counterfeit, forge.

falso, a adj false; (erróneo) fallacious; (engañoso) deceitful, false; (falsificado) counterfeit, fake; (inexacto) inexact, inaccurate; (fingido) fake, phony.

falta f lack, shortage; (ausencia) absence; (defecto) defect, flaw; (infracción) misdemeanor; (culpa) fault; (error) error, mistake ♦ **a falta de** for lack of, for want of • **hacer falta** (faltar) to be lacking, need; (ser necesario) to be necessary; to miss <me haces falta I miss you> • **sin falta** without fail.

faltar vi (hacer falta) to lack, need; (carecer de) to be lacking; (estar ausente) to be missing; (no acudir a) to be absent, miss; (ofender) to insult ♦ **faltar mucho para** to be a long way off • **faltar... para** to be... to <faltan diez minutos para las ocho it is ten minutes to eight> • **faltar poco para** not to be long before • **faltar por** to remain to be.

fama f fame; (reputación) reputation.

familia f family.

familiar -1 adj (relativo a la familia) familial, family; (llano) casual; (conocido) familiar; (corriente) colloquial, familiar -2 m family o household member.

familiarizar vt & vr to familiarize (oneself).

famoso, a adj famous.

fanático, a -1 adj fanatic(al) -2 m/f fanatic; (entusiasta) fan.

fanfarrón, ona -1 adj COLL bragging; (presumido) flashy, showy -2 m/f COLL braggart.

fango m mud, mire.

fantasía f fantasy.

fantasma m ghost, apparition; (visión) vision, illusion.

fantástico, a *adj* fantastic.

farándula *f* theater, show business; *(compañía)* troupe.

faraón *m* Pharaoh, pharaoh.

fardo *m* large bundle o parcel

faringe *f* pharynx.

farmacéutico, a -1 *adj* pharmaceutical **-2** *m/f* pharmacist, druggist.

farmacia *f* pharmacy.

faro *m (torre)* lighthouse; AUTO headlight.

farol *m (linterna)* lantern; *(luz pública)* street lamp; *(luz)* light.

farola *f* streetlight, street lamp.

farra *f* Amer binge, spree.

farrear *vi* Amer to go on a binge, carouse.

farrero, a/rrista Amer **-1** *adj* carousing, reveling **-2** *m/f* carouser, reveler.

farsa *f* farce.

farsear *vi* Amer to fool around.

fascículo *m* fascicle.

fascinar *vt* to fascinate.

fascista *adj & m/f* fascist, Fascist.

fase *f* phase; TECH stage.

fastidiar *vt (molestar)* to annoy ♦ **fastidiarse** *vr* to get annoyed.

fastidio *m (molestia)* annoyance, bother; *(repugnancia)* repugnance; *(aburrimiento)* boredom.

fatal *adj* fatal; *(funesto)* mournful, unfortunate.

fatalidad *f (destino)* fate, destiny; *(desgracia)* misfortune, calamity.

fatiga *f* fatigue; *(respiración)* shortness of breath ♦ *pl (dificultades)* difficulties; *(penas)* sorrows.

fatigar *vt* to fatigue ♦ **fatigarse** *vr* to get tired.

fauna *f* fauna, animal life.

favor *m* favor; *(amparo)* protection ♦ **a favor de** in favor of, in behalf of • **de favor** complimentary, free • **en favor de** in favor of • **por favor** please.

favorable *adj* favorable.

favorecer *vt* to favor, support; Amer to protect ♦ **favorecerse** *vr* to help one another • **favorecerse de** to avail oneself of.

favorito, a *adj & m/f* favorite.

fe *f* faith; *(documento)* certificate ♦ **a buena fe** undoubtedly, doubtless • **dar fe a** to confirm, certify.

febrero *m* February.

fecha *f* date; *(día)* day; *(momento actual)* now, the present ♦ **con** o **de fecha de** dated • **hasta la fecha** so far, to date.

fechador *m* Amer *(matasellos)* postmark.

fechar *vt* to date.

fécula *f* starch.

fecundar *vt* to make fertile; *(engendrar)* to fertilize, fecundate.

fecundo, a *adj* fecund.

federal *adj & m/f* federal.

felicidad *f* felicity, happiness; *(suerte feliz)* good luck ♦ *pl (enhorabuena)* congratulations; *(deseos amistosos)* best o warm wishes.

felicitación *f* congratulation(s).

felicitar *vt* to congratulate; *(desear bien)* to wish well ♦ **felicitarse** *vr* to congratulate oneself; *(contentarse)* to be happy.

felino, a *adj & m* feline.

feliz *adj* happy; *(acertado)* felicitous, apt; *(oportuno)* lucky.

felpa *f* TEX plush.

felpudo *m* mat, rug.

femenino, a *adj & m* feminine.

feminista *adj & m/f* feminist.

fémur *m* femur, thighbone.

fenomenal *adj* phenomenal.

fenómeno *m* phenomenon; *(monstruo)* freak, monster.

feo, a -1 *adj* ugly **-2** *adv* Amer nasty, awful **-3** *m* COLL *(desaire)* insult, slight.

feria *f (mercado)* market; *(exposición)* fair; *(día de fiesta)* holiday.

feriado, a *adj* ♦ **día feriado** holiday.

fermentar *vt & vi* to ferment.

feroz *adj (cruel)* ferocious, fierce.

ferrar *vt* to plate o trim with iron.

ferretería *f* ironworks, foundry; *(comercio)* hardware store; *(quincalla)* hardware.

ferrocarril *m* railroad, railway.

fértil *adj* fertile.

festejar *vt* to entertain; *(celebrar)* to celebrate; *(galantear)* to court, woo; Mex to beat, thrash.

festejo *m* entertainment, feast; *(galanteo)* courting, wooing; Amer celebration, party.

festival *m* festival.

festividad *f* festivity.

F

festivo, a *adj* festive; *(agudo)* witty, humorous.

fetiche *m* fetish.

fiambre -1 *adj* CUL (served) cold **-2** *m* cold cut; *Amer,* COLL boring party.

fiambrería *f S Amer* delicatessen.

fianza *f* guaranty; *(depósito)* security, deposit.

fiar *vt* to guaranty; *(vender)* to sell on credit; *(confiar)* to entrust ♦ **fiarse** *vr* to trust *(de,* a in).

fibra *f* fiber; *(de madera)* grain; MIN vein; TEX staple.

ficción *f* fiction.

ficha *f* *(en los juegos)* counter, chip; *(disco de metal)* token; *(tarjeta)* index card *-m Amer* rogue, rascal.

fichar *vt* to keep on an index card; *(en bares, restaurantes)* to keep a tab; *(en fábricas)* to punch in o out.

fichero *m* file (cabinet).

ficticio, a *adj* fictitious.

fidelidad *f* fidelity; *(exactitud)* exactness, accuracy.

fideo *m* noodle.

fiebre *f* fever ♦ **tener fiebre** to run a fever.

fiel *adj* faithful, loyal; *(exacto)* exact, accurate; *(honrado)* honest, trustworthy; *(religioso)* faithful.

fieltro *m* felt; *(sombrero)* felt hat.

fiero, a -1 *adj* fierce, ferocious; *(grande)* enormous, huge **-2** *m* bluff, threat ♦ **echar fieros** to bluster, make threats *-f (bestia)* wild animal o beast; *(persona irritada)* hothead, ornery person; *(persona cruel)* beast, brute.

fierro *m Amer* brand, mark ♦ *pl* tools.

fiesta *f* party, celebration; *(feriado)* holiday; RELIG feast, holy day ♦ **hacer fiesta** to take a holiday.

figura *f* figure; *(cara)* face, countenance; *(actor)* character; *(naipe)* face card.

figurar *vt* to represent, depict; *(fingir)* to feign, simulate *-vi* to figure, take part ♦ **figurarse** *vr* to imagine, figure • **¡figúrate!** just imagine!

fijación *f* fixing, fixation.

fijador, ra -1 *adj* fixing **-2** *m (para el pelo)* hair spray.

fijamente *adv* firmly.

fijar *vt* to fix, fasten; *(establecer)* to establish ♦ **fijar los ojos** *(mirar)* to stare

♦ **fijarse** *vr* to settle, become fixed; *(atender)* to pay attention • **¡fíjate!** just imagine!

fijo, a *adj* fixed; *(permanente)* permanent; *(estable)* stable, steady ♦ **de fijo,** a certainly, surely.

fila *f (hilera)* file; *(cola)* line, queue; *(línea)* row, tier; COLL dislike, aversion; SL *(rostro)* face; MIL rank.

filete *m* CUL fillet.

filial -1 *adj* filial; COM subsidiary, branch **-2** *f* branch (office); *(subdivisión)* subsidiary.

film o **filme** *m* film, movie.

filmar *vt* to film, shoot.

filo *m* (cutting) edge; *C Amer, Mex* hunger.

filón *m* MIN vein, lode; FIG gold mine.

filoso, a *adj Amer* sharp, sharp-edged.

filosofía *f* philosophy.

filósofo, a -1 *adj* philosophic(al) **-2** *m/f* philosopher.

filtrar *vt & vi* to filter ♦ **filtrarse** *vr* *(pasarse)* to filter, pass through.

filtro *m* filter; *(bebedizo)* love potion, philter.

fin *m* end; *(meta)* aim, end ♦ **a fin de** in order to • **a fin de cuentas** in the final analysis • **a fin de que** so that • **a fines de** at the end of • **al fin** at last, finally • **al fin y al cabo** after all, when all is said and done • **dar fin a** to finish off • **en fin** *(finalmente)* finally; *(en resumen)* in brief, in short • **fin de semana** weekend • **poner fin a** to finish, put an end to • **por fin** finally, at last • **sin fin** endless • **un sin fin** no end.

final -1 *adj* final, last **-2** *m (fin)* end, ending; MUS finale *-f* SPORT final ♦ **al final** in o at the end.

finalidad *f* purpose, objective.

finalista *m/f* finalist.

finalizar *vt* to finish, conclude *-vi* to (come to an) end.

financiar *vt* to finance.

finanzas *f pl* finance(s).

finca *f* property, real estate; *Amer* farm.

fincar *vt & vi* to acquire property o real estate; *(establecerse)* to settle, get established; *Amer* to rest, lie ♦ **fincarse** *vr* to acquire property.

fingir *vt* to pretend, feign.

fino, a *adj* fine; *(precioso)* precious; *(puro)* pure; *(cortés)* refined, elegant; *(delicado)* delicate.

fiord o **fiordo** *m* fjord, fiord.

firma *f* signature; COM firm, company.

firmamento *m* firmament, heavens.

firmar *vt & vr* to sign.

firme -1 *adj* firm; *(constante)* steadfast, staunch ♦ **de firme** hard • **en firme** final, definitive **-2** *m* foundation, bed **-3** *adv* firmly, steadily ♦ **mantenerse** o **ponerse firme** to stand firm.

firmeza *f* firmness.

firuletes *m pl Amer* ornaments.

fiscal -1 *adj* fiscal **-2** *m (tesorero)* treasurer; *(abogado)* district attorney, public prosecutor *GB*.

fisgar *vt & vi* to spear, harpoon; *(husmear)* to pry into, snoop on.

fisgonear *vt* COLL to snoop, pry.

físico, a -1 *adj* physical **-2** *m/f (persona)* physicist *-m* physique, appearance *-f* physics.

flaco, a *adj* thin, lean; *(sin fuerza)* weak, feeble.

flamenco, a -1 *adj* flamenco; *C Amer, Mex* skinny **-2** *m (cuchillo)* dagger, sheath knife; ORNITH flamingo.

flan *m* flan, caramel custard.

flaquear *vi* to weaken.

flaqueza *f* thinness, leanness; *(debilidad)* weakness.

flato *m* flatus, gas; *Amer* melancholy.

flauta *f* flute ♦ **entre pitos y flautas** one thing or another • **¡la gran flauta!** *Amer,* COLL my God!

flecha *f* arrow.

flechazo *m (disparo)* arrow shot o wound; COLL *(amor)* love at first sight.

fleco *m (adorno)* fringe; *(borde desgastado)* frayed edge.

flemático, a *adj* phlegmatic(al).

flequillo *m* bangs.

fletar *vt (alquilar)* to charter; *Amer* to hire, rent.

flete *m (alquiler)* charter fee; *(carga)* freight, cargo; *Amer* freightage; *(precio de transporte)* freightage; *Amer (caballo)* spirited horse.

flexible -1 *adj* flexible **-2** *m* electric cord.

flexión *f* flexion; GRAM inflection.

flirtear *vi* to flirt.

flojear *vi (obrar con flojedad)* to slacken, idle; *(flaquear)* to weaken.

flojera *f* laziness, carelessness.

flojo, a -1 *adj (suelto)* loose, slack; *(fláccido)* limp, flabby; *(débil)* weak; *(holgazán)* lazy, shiftless **-2** *m/f* idler, loafer.

flor *f* flower; blossom, bloom <en flor in bloom>; *(piropo)* compliment ♦ **flor y nata** the cream of the crop.

flora *f* flora.

florecer *vi* to flower, bloom; *(prosperar)* to thrive, flourish ♦ **florecerse** *vr* to become moldy.

floreciente *adj* flowering, blooming; *(próspero)* thriving, prosperous.

florería *f* flower o florist's shop.

florero, a -1 *adj* joking, jesting **-2** *m/f* florist *-m* (flower) vase.

florido, a *adj* flowery.

florista *m/f* florist.

flota *f (buques)* fleet; *(aviones)* squadron.

flotador *m* float.

flotar *vi* to float.

flote *m* ♦ **a flote** afloat.

fluctuar *vi* to fluctuate; *(dudar)* to vacillate, waver.

fluidez *f* fluidity.

fluido, a -1 *adj* fluid **-2** *m* fluid; ELEC current.

fluir *vi* to flow; *(brotar)* to gush, stream.

flúor *m* fluorine.

fluorescente -1 *adj* fluorescent **-2** *m* strip light.

fluvial *adj* fluvial, river.

flux *m inv* flush ♦ **estar a flux de todo** *Amer* to have nothing • **hacer flux** to squander everything.

fobia *f* phobia.

foca *f* seal.

foco *m* focus; *(fuente)* source; *(reflector)* spotlight.

fofo, a *adj* soft, spongy.

fogata *f* bonfire.

fogón *m (cocina)* stove, range; *Amer* bonfire.

fogoso, a *adj* fiery, spirited.

foja *f* leaf, sheet (of paper).

folio *m* page, leaf; PRINT running head o title.

folklore *m* folklore.

folletín *m* serial.

folleto *m* pamphlet, brochure.

fomentar vt (instigar) to foment, stir up; (promover) to promote, foster.

fonda f (posada) inn; (restaurante) restaurant; Amer tavern, bar; Chile refreshment stand.

fondeado, a adj Amer rich, wealthy.

fondear vt to sound, fathom -vi to anchor, drop anchor ♦ **fondearse** vr Amer to get rich.

fondillo m rear (end), butt ♦ pl seat of the pants.

fondo m (base) bottom; (hondura) depth, bed; (parte más lejos) rear, back; (campo) ground, background; (colección) collection; (índole) character, nature; (lo principal) essence, bottom; (reserva) store, reservoir ♦ **a fondo** completely, thoroughly • **bajos fondos** scum, dregs • **sin fondo** bottomless ♦ pl funds, capital • **estar con fondo** to have money.

foráneo, a adj foreign, alien.

forastero, a -1 adj foreign, alien -2 m/f stranger, outsider.

forcejar/jear vi to struggle, resist.

forense adj forensic.

forestal adj forest(al).

forja f (fragua) forge; (ferrería) ironworks, foundry.

forjadura m forging.

forjar vt to forge, hammer; (fabricar) to make, form; (inventar) to invent, make up ♦ **forjarse** vr to forge; Amer to make a bundle.

forma f form; (dimensiones) shape; (silueta) figure, outline; (molde) mold, pattern; (formato) format; (documento) form, questionnaire; (manera) way, method ♦ **de forma que** so that, in such a way that • **en debida forma** in due form, duly • **guardar las formas** to keep up appearances • **hacer forma** to line up.

formación f (educación) upbringing, training.

formal adj formal.

formalidad f formality.

formalizar vt to formalize ♦ **formalizarse** vr to take offense.

formar vt to form; (moldear) to shape; (criar) to bring up, rear -vi MIL to fall in ♦ **formarse** vr to take form; (desarrollarse) to develop.

formato m format; (tamaño) size.

formidable adj formidable.

formón m firmer chisel.

fórmula f formula; CUL recipe; (expresión) formality.

formular vt to formulate.

formulario m formulary.

forraje m forage, fodder.

forrar vt (coser) to line; (cubrir) to cover ♦ **forrarse** vr Amer, COLL (enriquecerse) to get rich; (atiborrarse) to stuff oneself.

forro m lining; (cubierta) cover, covering.

fortalecer vt to fortify.

fortaleza f (vigor) strength, vigor; (fortín) fortress, stronghold.

fortificación f fortification.

fortuito, a adj fortuitous, chance.

fortuna f fortune ♦ **por fortuna** fortunately.

forzar vt to force; (capturar) to take by force; (violar) to rape; (obligar) to force, compel.

forzoso, a adj unavoidable, inevitable.

forzudo, a adj strong, robust.

fosa f (sepultura) grave, tomb; ANAT fossa ♦ **fosas nasales** nostrils.

fosforescente adj phosphorescent.

fósforo m phosphorus; (cerilla) match.

fósil -1 m fossil -2 adj fossil, fossilized.

foso m pit, ditch; THEAT pit; MIL moat, trench.

foto f photo, picture ♦ **sacar fotos** to take o snap pictures.

fotocopia f photocopy.

fotocopiar vt to photocopy.

fotogénico, a adj photogenic.

fotografía f photography; (retrato) photograph, picture.

fotografiar vt to photograph.

fotógrafo, a m/f photographer.

frac m [pl **s** o **-ques**] tails, formal coat.

fracasado, a -1 adj failed, unsuccessful -2 m/f failure, unsuccessful person.

fracasar vi to fail.

fracaso m failure.

fracción f fraction.

fraccionamiento m (división) division, breaking (into parts).

fraccionar vt to divide, break (into parts).

fractura f fracture, break.

fracturar *vt* to fracture, break.

fragancia *f* fragrance, perfume.

fragata *f* MARIT frigate.

frágil *adj* fragile.

fragmento *m* fragment; *(trozo)* passage, excerpt.

fragua *f* forge, smithy.

fraguar *vt (hierro)* to forge; *(inventar)* to plan, plot -*vi* to set, harden.

fraile *m* friar, monk.

frambuesa *f* raspberry.

francachela *f* COLL *(comilona)* feast, spread; *(parranda)* spree, binge.

franciscano/co, a *adj & m/f* Franciscan.

franco, a -1 *adj (sincero)* frank; *(liberal)* generous; *(desembarazado)* open, clear; *(exento)* exempt, free -**2** *m* FIN franc.

franela *f* TEX flannel; *Amer* undershirt.

franja *f* fringe, border; *(banda)* strip, band.

franquear *vt (eximir)* to exempt; *(conceder)* to grant; *(desembarazar)* to clear, open; *(pagar el porte)* to frank; *(liberar)* to free, enfranchise; *(atravesar)* to cross, pass through.

franqueo *m (de correo)* franking; *(sellos)* postage.

franqueza *f* frankness, candor; *(exención)* freedom, exemption.

franquicia *f* exemption ♦ **franquicia postal** frank, franking privilege.

frasco *m* small bottle; *(redoma)* flask, vial; ARM powder flask.

frase *f* sentence, phrase ♦ **frase hecha** set expression.

fraternal *adj* brotherly, fraternal.

fraternidad *f* brotherhood, fraternity.

fraternizar *vi* to fraternize.

fraude *m* fraud.

fraudulento, a *adj* fraudulent.

fray *m* Fra, Brother.

frazada *f* blanket.

frecuencia *f* frequency.

frecuentar *vt* to frequent.

frecuente *adj* frequent; *(común)* habitual.

fregadero *m* kitchen sink.

fregado, a -1 *m* scrubbing, scouring; *(enredo)* mess, tangle -**2** *adj Amer* stubborn, obstinate.

fregar *vt* to scour, scrub; *(lavar)* to wash; *Amer,* COLL *(molestar)* to annoy,

bother ♦ **fregarse** *vr Amer* to become annoyed.

fregón, ona -1 *adj Amer* bothersome, annoying -**2** *m/f Amer* pest, annoyance -*f* scullery maid.

freír *vt* CUL to fry; *(fastidiar)* to pester, annoy; *Amer,* COLL *(matar a tiros)* to kill, shoot.

frenar *vt (caballo)* to bridle; *(vehículo)* to brake, apply the brake to.

frenazo *m* sudden braking.

frenesí *m* [*pl* **íes**] *(delirio)* frenzy.

frenético, a *adj* frenetic, frenzied; *(colérico)* mad, furious.

freno *m* EQUIT bit; MECH brake; *(obstáculo)* obstacle, check.

frente *f* forehead, brow; *(rostro)* face, countenance ♦ **frente a frente** face to face -*m* front; *(fachada)* face, façade; MIL, METEOROL front ♦ **al** *o* **en frente** in front, opposite • **al frente de** at the head of, in charge of • **frente a** facing, opposite.

fresa *adj & f* strawberry.

fresco, a -1 *adj* cool; *(nuevo)* fresh; *(descarado)* fresh, cheeky, impudent ♦ **¡qué fresco!** what a nerve! -**2** *m* cool, coolness; *(aire)* fresh air; ARTS fresco; *Amer* cool drink ♦ **al fresco** in the open air, in the fresh air.

frescor *m* freshness, coolness.

frescura *f* freshness, coolness; *(chanza)* fresh remark; *(descuido)* coolness.

frialdad *f* coldness, frigidity; *(indiferencia)* indifference.

friega *f (fricción)* massage, rubdown; *Amer,* COLL *(fastidio)* bother, annoyance.

frigorífico, a -1 *adj* refrigerator, refrigerating -**2** *m* refrigerator; *(establecimiento industrial)* cold-storage plant.

fríjol *o* **frijol** *m* bean.

frío, a -1 *adj* cold; *(sin gracia)* graceless, insipid -**2** *m* cold, coldness ♦ **hacer frío** to be cold <*hace mucho frío hoy* it is very cold today> • **tener frío** to be cold <*tengo frío* I am cold> ♦ *pl Amer* malaria; *(helados)* frozen treats.

friolento, a *adj* sensitive to the cold.

fritada *f* fried dish, fry.

frito, a -1 see **freír** -**2** *adj* fried.

frívolo, a *adj* frivolous.

frondoso, a *adj* frondose, leafy.

F

frontal *adj* frontal.

frontera *f* border, frontier.

frontón *m* SPORT *(pared)* front wall of a handball court; *(cancha)* handball court.

frotar *vt* to rub ♦ **frotarse** *vr* to rub (together).

fructificar *vi* to bear o produce fruit; *(producir utilidad)* to be fruitful.

fruncir *vt* SEW to gather, shirr; *(los labios)* to purse; *(la frente)* to frown, knit one's brow.

frustración *f* frustration.

frustrar *vt* to frustrate, thwart ♦ **frustrarse** *vr* *(fracasar)* to fail; *(privarse)* to be frustrated.

fruta *f* fruit; COLL *(resultado)* result.

frutal -1 *adj* fruit -2 *m* fruit tree.

frutería *f* fruit store o stand.

frutilla *f* rosary bead.

fruto *m* fruit.

fuego *m* fire; *(llama)* flame, heat; *(hogar)* hearth, home; *(fósforo)* light <¿tienes fuego? do you have a light?>; *(ardor)* heat, passion; MIL fire, discharge ♦ **a fuego lento** slowly, little by little; CUL on a low flame • **¡fuego!** fire!, shoot! • **fuegos artificiales** fireworks.

fuelle *m (implemento)* bellows.

fuente *f (manantial)* spring; *(aparato)* fountain, water fountain; *(pila)* font; *(plato)* platter, serving dish; *(origen)* source, origin.

fuera *adv* outside, out ♦ **¡fuera!** get out! • **fuera de** outside of; *(además de)* besides, except for • **fuera de que** aside from the fact that • **fuera de sí** beside oneself • **por fuera** on the outside.

fuerte -1 *adj* strong; *(fortificado)* fortified; *(intenso)* powerful, forceful; loud <un grito fuerte a loud shout> -2 *m* fort, fortress; *(talento)* forte, strong point -3 *adv* hard; *(en voz alta)* loudly.

fuerza *f* force, strength; *(violencia)* force, coercion; *(poder)* power ♦ **a fuerza de** by dint of • **a la fuerza** o **por fuerza** by force, forcibly; *(forzosamente)* perforce, necessarily.

fuga *f* flight, escape; *(escape)* leak, leakage.

fugarse *vr* to flee, run away; *(salirse)* leak (out).

fugaz *adj* fleeting.

fugitivo, a *adj & m/f* fugitive.

fulano, a *m/f* so-and-so.

fulminar *vt (un rayo)* to strike (and kill) by lightning; *(hacer morir bruscamente)* to strike down o dead.

fumada *f* puff (of smoke).

fumador, ra *m/f* smoker.

fumar *vi & vt* to smoke.

fumigar *vt* to fumigate.

función *f* function; *(empleo)* position; THEAT show, performance.

funcionamiento *m* functioning, operating.

funcionar *vi* to work, run.

funcionario, a *m/f* civil servant, official.

funda *f* cover, case.

fundación *f* foundation.

fundador, ra -1 *adj* founding -2 *m/f* founder.

fundamental *adj* fundamental.

fundamento *m* foundation; *(razón)* reason, ground.

fundar *vt* to build, raise; *(instituir)* to found, establish; *(apoyar)* to base, rest ♦ **fundarse** *vr* FIG to be founded o based.

fundir *vt* METAL to melt, smelt; *(moldear)* to cast, mold; *(bombilla)* to burn out ♦ **fundirse** *vr* to merge, fuse; *Amer* to go bankrupt.

funeral *adj & m* funeral.

funicular -1 *adj* funicular -2 *m* cable car.

furgón *f (carro)* van, wagon; RAIL boxcar.

furgoneta *f* van, truck.

furia *f* fury.

furioso, a *adj* furious.

fusil *m* rifle, gun.

fusilar *vt* to shoot.

fusionar *vi* to merge.

fútbol o **futbol** *m* soccer, football *GB* ♦ **fútbol americano** football.

futbolista *m/f* soccer player, footballer *GB*.

futuro -1 *adj* future -2 *m* future.

G

gabardina f gabardine; (sobretodo) raincoat.

gabinete m (cuarto) study, office.

gacela f gazelle.

gaceta f gazette, journal.

gacho, a -1 adj (inclinado) bowed, bent ♦ **a gachas** on all fours -2 m Amer slouch hat -f mush, paste ♦ pl porridge.

gafas f pl inv (eye)glasses.

gafe m COLL jinx.

gaita f MUS bagpipe; (organillo) hurdy-gurdy.

gajo m (racimo) bunch; (división) section; Amer curl.

gala f (vestido) full dress; (gracia) elegance; Cuba, Mex tip.

galán m handsome man; (pretendiente) beau, suitor; THEAT leading man.

galante adj gallant; (amatorio) flirtatious.

galantear vt (cortejar) to woo, court; (coquetear) to flirt with.

galantería f gallantry; (gracia) grace, elegance.

galápago m ZOOL sea turtle.

galardón m reward.

galaxia f galaxy.

galeón m galleon.

galería f gallery.

galgo, a m/f greyhound.

galguear vi Amer to be starved.

gallardear vi to act with ease and grace.

gallardía f (bizarría) elegance, grace; (valor) gallantry, bravery.

galleta f (bizcocho de mar) sea biscuit, hardtack; (bizcocho) biscuit, cracker ♦ **colgar** o **dar la galleta a alguien** Amer to fire, dismiss someone.

gallina f hen, chicken -m/f FIG coward ♦ **gallina ciega** blindman's buff.

gallinero m (jaula) chicken coop, henhouse; (sitio ruidoso) madhouse.

gallo m ORNITH cock, rooster; (nota falsa) false note; Amer (valiente) cocky person ♦ **gallo de pelea** gamecock, fighting cock.

galón m (de líquidos) gallon; (cinta) braid, galloon; MIL stripe.

galopante adj galloping.

galopar/pear vi to gallop.

galope m gallop ♦ **ir a(l) galope** to gallop, go at a gallop.

galpón m Amer large shed.

gama f gamut.

gamba f prawn.

gambarse vr Amer to become bow-legged.

gambeta f Amer caper, prance.

gamuza f chamois.

gana f (deseo) desire, longing; (apetito) appetite ♦ **darle ganas** o **darle la gana de** to feel like • **de buena, mala gana** willingly, unwillingly ♦ pl con **ganas** heartily • **tener ganas de** to want to, feel like.

ganadería f (ganado) cattle, livestock; (raza) breed, strain.

ganadero, a -1 adj cattle -2 m/f cattle rancher, cattleman.

ganado m livestock, stock; Amer cattle.

ganador, ra -1 adj winning, victorious -2 m/f (el que gana) winner.

ganancia f profit, gain.

ganar vt (lograr) to gain; (llevarse) to win, get; (recibir) to earn, make; (triunfar) to win; (vencer) to beat, defeat; (aventajar) to surpass; (captar) to win over; (merecer) to earn, merit; (alcanzar) to reach, arrive at -vi to earn; (mejorar) to improve, advance.

ganchillo m (aguja) crochet needle; (labor) crochet.

gancho m (garfio) hook; (cayado) crook, staff; (puñetazo) hook; (atractivo) charm, allure; Amer hairpin.

gandul, la -1 adj COLL lazy, shiftless -2 m/f COLL loafer, good-for-nothing.

gandulear vi to loaf, idle.

ganga f bargain, steal.

gangrena f gangrene.

gansear vi COLL to do o say silly things.

ganso, a m gander -f goose.

ganzúa f picklock.

garabato m scribble.

garaje m garage.

garantía f guarantee; (fianza) security, deposit.

garantizar vt to guarantee.

garbanzo m chickpea.

garbo m (gallardía) elegance, grace; (generosidad) generosity.

garboso, a adj (airoso) elegant, graceful; (generoso) generous.

gardenia f gardenia.

garfio m grappling iron, grapple.

garganta f throat; (desfiladero) gorge.

gargantilla f necklace, choker.

gárgara f gargling ♦ pl Amer gargle.

garita f (de centinela) sentry box; (portería) porter's office.

garito m gambling house.

garnucho m Mex rap, fillip.

garra f claw, talon; MARIT hook; Amer (fuerza) bite, kick ♦ caer en las garras de alguien to fall into someone's clutches • como una garra Amer very thin ♦ pl Amer tatters, rags.

garrafa f carafe, decanter.

garrafal adj COLL huge, enormous.

garrapata f tick, mite.

garrapiñar vt to grab, snatch.

garrotazo m blow.

garrote m (palo) club; Mex brake.

garrotear vt Amer to club.

garúa/rúa f Amer drizzle, fine rain.

garuar vi Amer to drizzle.

garufa f Arg, SL spree, binge.

garufear vi Arg, SL to go on a spree.

garzo, a -1 adj blue -2 f heron.

gas m gas.

gasa f gauze; (de luto) crepe.

gasear vt to carbonate.

gaseoso, a -1 adj gaseous -2 f carbonated beverage.

gasificar vt to gasify.

gasoducto m gas pipeline.

gas oil o **gasoil/sóleo** m gas o diesel oil.

gasolina f gasoline, gas.

gasolinera f gas station.

gastado, a adj (debilitado) worn-out, exhausted; (usado) worn, threadbare; (trillado) hackneyed, worn-out.

gastador, ra adj & m/f spendthrift.

gastar vt (pagar) to spend; (consumir) to consume, exhaust; (echar a perder) to wear out; (malgastar) to waste, squander; (llevar) to sport, wear ♦ gastarlas COLL to behave, act -vi to spend ♦ gastarse vr (consumirse) to be used up, run out; (deteriorarse) to wear out.

gasto m (desembolso) expenditure, expense; (consumo) use, consumption; (deterioro) wear and tear.

gástrico, a adj gastric.

gastritis f gastritis.

gastronomía f gastronomy.

gata f see gato, a.

gatear vi to crawl, walk on all fours.

gatillo m ARM (percusor) hammer, firing pin; (disparador) trigger.

gato, a m cat, tomcat; (cric) jack -f cat, tabby; MEX maid.

gauchada f Amer, COLL clever trick.

gauchesco, a adj gaucho.

gaucho, a adj & m gaucho.

gavilán m sparrow hawk.

gavilla f (cereales) sheaf of grain.

gaviota f seagull, gull.

gazapera f (madriguera) rabbit warren.

gazapo m young rabbit; COLL (disparate) slip of the tongue o pen.

gazapón m gambling house.

gaznatada f blow to the throat; Amer slap.

gaznate m (garguero) throat, windpipe; (fruta de sartén) fritter.

gazpacho m gazpacho.

géiser m geyser.

gelatina f gelatin.

gema f gem; BOT bud, gemma.

gemelo, a -1 adj twin -2 m/f twin ♦ m pl (anteojos) binoculars, field glasses; (de camisa) cuff links.

gemido m moan, groan.

gemir vi (quejarse) to moan, groan; (aullar) to howl, wail.

gen o **gene** m [pl -es] gene.

gendarme m gendarme, policeman.

gendarmería f gendarmerie.

generación f generation.

generador, ra -1 adj generating, engendering -2 m ELEC, MECH generator.

general -1 adj general ♦ en general o por lo general generally, in general -2 m general ♦ general de brigada brigadier general • general de división major general • general en jefe commander in chief.

generalizar vt to generalize; (ampliar) to widen, expand.

generar vt to generate, produce.

genérico, a adj generic.

género m type, kind; (manera) manner, style; COM commodity; TEX fabric, material; BIOL genus; GRAM gender; ARTS, LIT genre.

generoso, a adj generous.

genético, a -1 adj genetic -2 f genetics.

genial *adj* brilliant, inspired; COLL *(agradable)* genial, pleasant.

genio *m (carácter)* temperament, disposition; *(talento)* genius ♦ **de mal genio** bad-tempered.

genital *adj & m* genital ♦ *pl* genitals, genitalia.

gente *f* people; *(nación)* nation, folk; COLL *(facción)* clan, gang; *(familia)* family, folks; *Amer* decent folk ♦ **gente bien** upper class.

gentil *adj* kind, nice.

gentileza *f (gracia)* genteelness; *(cortesía)* courtesy; *(amabilidad)* kindness.

gentío *m* crowd, mob.

gentuza *f* riffraff, rabble.

genuino, a *adj* genuine.

geografía *f* geography.

geógrafo, a *m/f* geographer.

geología *f* geology.

geólogo, a *m/f* geologist.

geometría *f* geometry.

geranio *m* geranium.

gerencia *f (gestión)* management; *(cargo)* managership, directorship; *(oficina)* manager's o director's office.

gerente *m/f* manager, director.

geriátrico, a *adj* geriatric.

germen *m* germ.

germinar *vi* to germinate.

gestar *vt* to gestate, carry ♦ **gestarse** *vr* to develop, grow.

gesticular *vi (hacer muecas)* to grimace, make faces; *(hacer ademanes)* to gesture, gesticulate.

gestión *f (dirección)* administration, management; *(trámite)* step, measure.

gestionar *vt* to take steps o measures to obtain.

gesto *m (expresión)* look, facial expression; *(mueca)* grimace, face; *(ademán)* gesture, gesticulation.

gestor, ra -1 *adj* managing **-2** *m/f* manager, administrator.

géyser *m* geyser.

giba *f* hump, hunch.

gigante -1 *adj* giant, gigantic **-2** *m* giant.

gigantesco, a *adj* gigantic, huge.

gígolo *m* gigolo.

gimnasia *f* gymnastics.

gimnasio *m* gymnasium, gym.

gimnasta *m/f* gymnast.

gimotear *vi* COLL to whine.

ginebra *f* gin.

ginecólogo, a *m/f* gynecologist.

gira *f* trip, outing.

giradiscos *m inv* record player, phonograph.

girar *vi (dar vueltas)* to revolve, rotate; *(moverse alrededor de un eje)* to gyrate; *(torcer)* to turn, veer; *(enviar)* to wire; COM to draw *-vt (rodar)* to rotate, turn.

girasol *m* sunflower.

giratorio, a *adj* turning, rotating.

giro *m (rotación)* revolution, rotation; *(vuelta)* turn; *(aspecto)* turn; *(frase)* turn of phrase, expression; COM draft ♦ **giro postal** money order.

gis *m (tiza)* chalk.

gitano, a *adj & m/f* gypsy.

glaciación *f* glaciation.

glacial *adj* glacial; *(helado)* icy, frozen; FIG icy, cold.

glaciar -1 *m* glacier **-2** *adj* glacial.

gladíolo/dio *m* gladiolus.

glándula *f* gland.

glicerina *f* glycerine, glycerol.

global *adj* global; COM total.

globo *m* globe; *(Tierra)* Earth; *(de goma)* balloon.

glóbulo *m* globule; ANAT corpuscle.

gloria *f* glory; *(honor)* fame, renown; *(esplendor)* splendor, greatness; *(cielo)* heaven ♦ **estar en la gloria** o **en su gloria** to be in seventh heaven.

glorieta *f* plaza, square; *(cenador)* bower, arbor.

glorificar *vt* to glorify, praise ♦ **glorificarse** *vr* to glory.

glorioso, a *adj* glorious; *(bendito)* blessed.

glosa *f* gloss.

glosar *vt* to gloss; *(comentar)* to comment.

glosario *m* glossary.

glotón, ona -1 *adj* gluttonous **-2** *m/f* glutton.

glotonería *f* gluttony.

glucosa *f* glucose.

gluten *m* gluten.

gnomo *m* gnome.

gobernación *f* government ♦ **Ministerio de la Gobernación** Ministry of the Interior.

gobernador, a -1 *adj* governing **-2** *m/f* governor.

G

gobernanta f Arg governess.

gobernante -1 adj ruling, governing **-2** m/f ruler, leade.

gobernar vt to govern; (dirigir) to control; (conducir) to steer -vi MARIT to steer.

gobierno m government; (oficio y duración) governorship; (edificio) governor's house.

goce m enjoyment, pleasure.

gol m [pl (e)s] goal ♦ **marcar** o **meter un gol** to make o score a goal.

gola f (garganta) gullet, throat.

golear vt to score many goals against -vi to score.

goleta f schooner.

golf m golf.

golfo, a m/f urchin -m gulf <el Golfo de México the Gulf of Mexico>; bay <el Golfo de Vizcaya the Bay of Biscay>.

golondrina f swallow.

golosina f (manjar agradable) delicacy; (chuchería) trifle, frivolity.

goloso, a -1 m/f sweet-toothed person **-2** adj (glotón) sweet-toothed; (apetitoso) appetizing, tempting.

golpe m blow, hit <el policía le dio un golpe the policeman dealt him a blow>; (sacudida) bump; (latido) heartbeat; (explosión) gust, blast; (desgracia) blow, shock ♦ **al golpe** Amer instantly • **de golpe** suddenly • **de golpe y porrazo** hastily, hurriedly • **golpe de estado** coup d'état • **golpe de fortuna** o **de suerte** stroke of luck • **no dar golpe** not to do a lick of work.

golpear vt & vi to beat, strike.

golpiza f Ecuad, Mex beating, thrashing.

goma f (savia) gum; (caucho) rubber; (pegamento) glue; (elástico) rubber band ♦ **goma de borrar** eraser • **goma de mascar** chewing gum.

gomal m Amer rubber plantation.

gomero m Amer rubber tree; (obrero) rubber-plantation worker.

gomina f hair cream o dressing.

gomoso, a adj gummy; C Amer hungover.

góndola f gondola.

gordo, a -1 adj (obeso) fat, plump; (abultado) big; (graso) fatty, greasy; (grueso) thick, coarse **-2** m/f fat person -m (sebo) fat, suet; (premio) first prize.

gorila m gorilla.

gorra f (sombrero) cap; (de bebé) (baby) bonnet ♦ **de gorra** COLL at another's expense.

gorrear vi Amer to freeload.

gorrino, a m/f ZOOL piglet, suckling pig.

gorrión m ORNITH sparrow; Amer hummingbird.

gorro m (sombrero) cap; (de niños) bonnet.

gorrón, ona -1 adj sponging, freeloading; Amer (egoísta) selfish, greedy **-2** m/f sponger, freeloader.

gorronería f Amer (avaricia) selfishness, greediness.

gota f drop; MED gout ♦ **gota a gota** bit by bit, little by little.

gotear vi to drip, trickle.

gotera f (gotas de agua) leak; (señal de agua) water mark ♦ pl acbes and pains; Amer outskirts, environs.

gotero m Amer eyedropper.

gozar vt (poseer) to have, enjoy -vi (disfrutar) to enjoy, take pleasure in.

gozo m joy, pleasure.

grabación f recording.

grabado m (arte, obra) engraving; (ilustración) print, illustration.

grabador, ra m/f engraver -f tape recorder.

grabar vt ARTS to engrave; (registrar sonidos) to record, tape; (fijar) to engrave, imprint.

gracia f (donaire) charm, grace; (beneficio) favor, kindness ♦ **hacer gracia** (agradar) to please; (divertir) to amuse, strike as funny • **tener gracia** to be funny ♦ pl thank you, thanks • **dar gracias** to give thanks • **gracias a** thanks to, owing to.

gracioso, a adj (encantador) charming, graceful; (divertido) amusing, funny.

grada f (peldaño) step, stair; (asientos) tier ♦ pl Amer atrium.

gradería f/o m (gradas) tiers, rows (of seats).

grado m (calidad) grade, quality; (nivel) degree; (fase) stage, step ♦ **de buen, mal grado** willingly, unwillingly.

graduación f graduation; (proporción de alcohol) alcoholic strength; MIL rank, grade.

gradual *adj* gradual.

graduar *vt (evaluar)* to gauge; *(dividir en grados)* to graduate; EDUC to graduate, confer a degree on ♦ **graduarse** *vr* to graduate.

gráfico, a -1 *adj* graphic **-2** *m/f* graph, chart.

gragea *f (confite)* Jordan almond; *(píldora)* sugar-coated pill.

grajo *m* rook, crow; *Amer* body odor.

gramática *f* grammar.

gramo *m* gram, gramme *GB*.

gramófono *m* gramophone, phonograph.

gran *adj* contr of **grande**.

granada *f* see **granado, a**.

granadino, a *m* pomegranate flower -*f (jarabe)* grenadine.

granada *f* BOT pomegranate (fruit); MIL grenade.

granate *adj & m* garnet.

grande -1 *adj (enorme)* large, big; *(considerable)* great; *(grandioso)* grand, impressive; *(eminente)* great, eminent **-2** *m* Spanish grandee.

grandeza *f (tamaño)* size; *(magnitud)* bigness, largeness; *(nobleza)* greatness, grandeur.

grandioso, a *adj* grand, magnificent.

granel *m* ♦ **a granel** in bulk, loose.

granero *m* granary.

granito *m* granite.

granizado *m* iced drink.

granizar *vi* to hail.

granizo *m* hail.

granja *f (hacienda)* farm, grange; *(lechería)* dairy.

granjero, a *m/f* farmer.

grano *m (semilla)* grain, seed;·*(fruto)* grain, cereal; *(partícula)* grain, particle; *(de la piel)* grain ♦ **ir al grano** COLL to get down to brass tacks.

granuja *m/f* COLL ragamuffin, street urchin.

grapa *f (para los papeles)* staple.

grasiento, a *adj* greasy.

graso, a -1 *adj* fatty, greasy **-2** *f (sebo)* fat, grease; *(suciedad)* grime.

grasoso, a *adj* greasy, oily.

gratamente *adv (de manera grata)* pleasingly; *Amer* gratefully.

gratificación *f (recompensa)* reward, recompense; *S Amer* gratification.

gratificar *vt (recompensar)* to reward; *(dar una propina)* to tip; *(satisfacer)* to gratify.

gratis *adv* gratis, free.

grato, a *adj (placentero)* pleasing; *Amer* grateful.

gratuito, a *adj (gratis)* free (of charge); *(arbitrario)* gratuitous.

grave *adj (serio)* grave, serious; *(importante)* important; *(bajo)* deep, low.

gravedad *f (seriedad)* gravity, seriousness; *(importancia)* importance; PHYS gravity.

gremio *m (sindicato)* union, trade union; *(asociación)* association, society; HIST guild.

grieta *f* crack, crevice.

grifo, a -1 *adj Amer (intoxicado por la marijuana)* stoned, high **-2** *m (caño)* tap, spigot.

grillo *m* cricket.

grima *f* annoyance, disgust.

gringo, a -1 *adj (extranjero)* foreign; *(norteamericano)* Yankee; *S Amer* blond, fair **-2** *m/f (extranjero)* foreigner; *(norteamericano)* Yankee; *S Amer* blond, fair-haired person -*m* COLL gibberish.

gripe *f* grippe, flu.

gris *adj & m* grey.

gritar *vi* to shout, scream.

grito *m (alarido)* shout, scream; *(clamor)* outcry, clamor ♦ **dar gritos** to shout, scream.

grosella *f* currant ♦ **grosella silvestre** gooseberry.

grosero, a -1 *adj (basto)* coarse, crude; *(descortés)* rude **-2** *m* boor.

grosor *m* thickness.

grúa *f (máquina)* crane, derrick; *(camión de auxilio)* wrecker, tow truck.

grueso, a -1 *adj (corpulento)* stout, fat; *(grande)* big, bulky; *(de grosor)* thick **-2** *m (espesor)* thickness.

grulla *m* ORNITH crane.

grumo *m (de líquido)* lump.

gruñir *vi (un cerdo)* to grunt; *(un perro)* to growl; *(refunfuñar)* to grumble.

grupo *m* group.

gruta *f* grotto, cavern.

guaca *f Amer (sepultura)* Indian tomb; *(tesoro)* hidden treasure; *(hucha)* money box.

G

guacamol/mole *m C Amer, Mex* guacamole.

guacho, a -1 *adj S Amer* orphaned; *Chile, Peru (desparejo)* unmatched, odd (sock) -2 *m (pollo)* chick, baby bird; *S Amer* orphan, foundling.

guaco -1 *m* BOT guaco; ORNITH currasow -2 *adj Amer* harelipped.

guagua *f (cosa baladí)* trifle, triviality; *S Amer (nene)* baby, infant; *Carib (autobús)* bus ♦ **de guagua** free, gratis.

guajiro, a -1 *adj Amer* rustic, boorish -2 *m/f* peasant.

guano *m* guano, fertilizer; *Cuba* palm tree; *Amer* money, cash.

guante *m* glove.

guantear *vt Amer* to slap.

guapear *vi Amer (fanfarronear)* to brag, boast.

guapo, a *adj (lindo)* good-looking, attractive.

guaquero, a *m/f Amer* hunter of buried treasure.

guaracha *f Cuba, P Rico (diversión)* merrymaking, revelry; *Amer (bulla)* noise, hubbub.

guarache *m Mex* huarache, sandal.

guarango, a *adj RP* boorish, ill-mannered; *S Amer* dirty, filthy.

guaranguear *vi RP* to behave boorishly.

guaraní *m Par,* FIN guarani.

guarapón *m Amer* broad-brimmed hat.

guarda *m/f* guard, custodian *-f (tutela)* custody, guardianship.

guardabarros *m pl* fender, mudguard.

guardabosque *m* forest ranger, forester.

guardacostas *m inv* coast guard cutter.

guardaespaldas *m inv* bodyguard.

guardafango *m Amer* var of **guardabarros**.

guardameta *m* goalkeeper, goalie.

guardapolvo *m (vestido)* duster.

guardar *vt (vigilar)* to guard, watch over; *(proteger)* to protect; *(animales)* to keep, tend; *(cumplir)* to keep; *(conservar)* to save, put away ♦ **guardarse** *vr (reservarse)* to keep.

guardarropa *m (cuarto)* cloakroom, checkroom.

guardería *f (local)* daycare center, nursery.

guardia *f (tropas)* guard; *(defensa)* defense, protection ♦ **guardia municipal** city police force *-m (centinela)* guard, guardsman; *(policía)* policeman.

guardián, ana *m/f* guardian, custodian; *(vigilante)* watchman.

guardilla *f* attic, garret.

guarecer *vt* to shelter, protect ♦ **guarecerse** *vr* to hide, take refuge.

guarida *f (de animales)* lair, den; *(refugio)* shelter, refuge.

guarnición *f* CUL garnish.

guasca *f Chile, Peru* whip.

guascazo *m Amer* lash.

guasería *f Arg, Chile* coarseness.

guaso, a -1 *m/f Amer* farmer, peasant *-f* COLL *(pesadez)* slowness, dullness; *(burla)* joke, jest -2 *adj Amer* crude, coarse.

guayaba *f* BOT guava; *(jalea)* guava jelly.

guayabero, a *Amer* -1 *adj* lying -2 *m/f* liar *-f* lightweight shirt.

guayabo *m* guava.

guerra *f (combate)* war; *(ciencia)* warfare.

guerrear *vi (luchar)* to war, fight.

guerrero, a -1 *adj (que guerrea)* warring, fighting -2 *m* warrior, fighter.

guerrilla *f* MIL guerrilla warfare.

guerrillero *m* guerrilla.

guía *m/f* guide; *(consejero)* adviser; *(director)* director, leader *-f (poste)* guidepost; *(libro)* guide, directory ♦ reins.

guiar *vt* to guide, lead; *(conducir)* to drive.

guillotina *f* guillotine.

guinche *o* **güinche** *m Amer* winch, hoist.

guinda *f* sour cherry.

guindilla *f* red pepper.

guiñar *vt* to wink.

guiño *m* wink.

guión *m* CINEM THEAT script; GRAM hyphen.

güiro *m Amer* gourd, calabash.

guisado *m* stew.

guisante *m* pea.

guisar *vt (cocinar)* to cook.

guiso *m (estofado)* stew; *(plato)* cooked dish.

guita *f* SL *(dinero)* bucks.

guitarra *f* guitar.

guitarrista *m/f* guitarist, guitar player.

gula *f* gluttony.

gurí, isa *m/f Arg* Indian child.

gusano *m* worm; ENTOM caterpillar.

gustar *vt (probar)* to taste, to try *-vi* to like; *(agradar)* to please, be pleasing (to).

gusto *m* taste; *(sabor)* flavor; *(placer)* pleasure; *(capricho)* whim, fancy ♦ **a gusto** comfortable • **con mucho gusto** with pleasure • **tener el gusto de** to have the pleasure of.

gustosamente *adv* with pleasure.

gustoso, a *adj (sabroso)* tasty, savory.

G

H

haba f (planta) fava bean; (fruto, semilla) bean.

haber v aux to have ◆ **haber de** to have to, must -v impers ◆ **hay** there is, there are • **hay que** it is necessary • **no hay de qué** don't mention it, you're welcome • **¿qué hay?** what's up?, what's happening? -vt (poseer) to have; (alcanzar) to get one's hands on; (capturar) to catch.

hábil adj (capaz) capable; (diestro) skillful.

habilidad f (capacidad) capability; (ingeniosidad) skill.

habitación f (cuarto) room; (domicilio) dwelling; (aposento) room.

habitante m/f inhabitant.

habitar vt to inhabit, live in.

hábito m (costumbre) habit; RELIG habit.

habitual adj habitual.

habituar vt to habituate ◆ **habituarse** vr to become accustomed (a to).

habla f (facultad) speech; (idioma) language ◆ **al habla** in contact.

hablado, a -1 adj spoken -2 f Mex gossip ◆ **bien hablado** well-spoken • **mal hablado** foul-mouthed.

hablador, ra -1 adj talkative -2 m/f (charlatán) chatterbox; Mex boaster.

habladuría f (charla) chatter; (rumor) rumor; (chisme) gossip.

hablar vi to speak, talk ◆ **hablar alto** to speak loudly • **hablar bajo** to speak softly • **hablar bien de** to speak well of • **hablar claro** to speak frankly • **hablar de** to talk about • **hablar mal de** to speak ill of • **hablar por hablar** to talk for talking's sake • **hablar por los codos** to talk a blue streak • **¡ni hablar!** out of the question! -vt to speak; (decir) to talk; (dar a entender) to speak of ◆ **hablarse** vr to speak to one another.

hacer vt to make; (efectuar) to do; (formar) to form; (componer) to compose; (causar) to cause; (obligar) to force; (representar) to play the part of; (igualar) to equal; (suponer) to assume to be ◆ **hacer caso de** o a to pay attention to • **hacer daño** to hurt • **hacer falta** (faltar) to be needed; (echar de menos) to be missed • **hacer**

saber to let know • **hacer una maleta** to pack a suitcase • **hacer una pregunta** to ask a question • **hacer una visita** to pay a visit -vi to matter, be relevant ◆ **hacer de** to serve as -v impers ◆ **desde hace** for • **hace frío** it is cold • **hace mucho** long ago • **hace poco** a little while ago • **hace tanto tiempo** so long ago ◆ **hacerse** vr (volverse) to grow, become; (convertirse) to turn into; (aumentarse) to grow; (proveerse) to provide oneself; (acostumbrarse) to get used to.

hacha f ax, axe.

hachís m hashish.

hacia prep toward; (alrededor de) about, around ◆ **hacia abajo** downward • **hacia acá** here, this way • **hacia adelante** forward • **hacia arriba** upward • **hacia atrás** backward.

hacienda f (finca) ranch; (fortuna) fortune; Amer livestock.

hada f fairy.

hado m destiny, fate.

halagar vt (lisonjear) to flatter; (mostrar afecto) to show affection for; (agradar) to please; (adular) to cajole.

halar vt (tirar) to pull toward oneself.

halcón m falcon, hawk.

hálito m breath.

hallar vt (por casualidad) to come across; (encontrar) to find; (averiguar) to find out; (notar) to note; (descubrir) to discover ◆ **hallarse** vr (encontrarse) to be, find oneself; (estar) to be.

hamaca f hammock; Amer swing.

hambre f hunger; (deseo) longing ◆ **morir** o **morirse de hambre** to be starving • **tener hambre** to be hungry.

hambriento, a adj (famélico) starved; (con hambre) hungry.

hamburguesa f hamburger.

hampa f underworld.

haraganear vi to be idle, loaf.

harapiento, a adj tattered.

harina f (trigo molido) flour; (cereal molido) meal; (polvo) powder.

hartar vt (saciar el apetito) to stuff; (satisfacer) to satisfy; (fastidiar) to annoy; (aburrir) to bore; (cansar) to tire.

harto, a -1 adj (saciado) satiated; (cansado) fed up -2 adv (bastante) enough; (muy) very.

hasta -1 *prep* until, up to, as far as ♦ **hasta la vista** o **hasta luego** see you, so long • **hasta mañana** see you tomorrow • **hasta que** until -2 *adv* even.

hastío *m (repugnancia)* repugnance; *(fastidio)* annoyance; *(tedio)* boredom.

hato *m (de ganado)* herd; *(cabaña)* pastor's hut.

haz[1] *m (fardo)* bundle; *(de leña)* fagot; PHYS pencil (of light rays).

haz[2] *f (cara)* countenance; *(de tela)* right side.

hazaña *f* feat, exploit.

hazmerreír *m* COLL laughingstock.

he *adv* lo, behold ♦ **he allí** there is o are • **he aquí** here is o are.

hebilla *f* buckle, clasp.

hebra *f (hilo)* thread; *(fibra)* fiber; *(filamento)* filament ♦ **de una hebra** Chile all at once, in one breath.

hechicero, a -1 *adj* bewitching -2 *m (brujo)* sorcerer; *(encantador)* charmer -f *(bruja)* sorceress; *(encantadora)* charmer.

hechizar *vt (encantar)* to bewitch; *(cautivar)* to charm.

hechizo *m (sortilegio)* spell; *(encanto)* charm.

hecho, a -1 see **hacer** -2 *adj (perfecto)* complete; *(terminado)* finished; *(acostumbrado)* used to; *(proporcionado)* proportioned; *(maduro)* mature; *(cocido)* done -3 *m (acto)* act, action; *(hazaña)* deed; *(suceso)* event; *(realidad)* fact; *(asunto)* point ♦ **de hecho** *(en realidad)* as a matter of fact; LAW de facto.

hedor *m* stench, stink.

heladería *f* ice-cream parlor.

helado, a -1 *adj* frozen; *(muy frío)* freezing, icy -2 *m (manjar)* ice cream; *(sorbete)* sherbet -f frost.

heladora *f* ice cream machine.

helar *vt (congelar)* to freeze ♦ **helarse** *vr* to freeze.

hélice *f* helix; AVIA propeller.

helicóptero *m* helicopter.

hembra *f (mujer)* woman; *(animal)* female.

hemisferio *m* hemisphere ♦ **hemisferio austral** southern hemisphere • **hemisferio boreal** northern hemisphere.

hemorragia *f* hemorrhage.

hemorroide *f* hemorrhoid ♦ *pl* hemorrhoids, piles.

hendidura *f* crack.

heno *m* hay.

herbívoro, a -1 *adj* herbivorous -2 *m* herbivore.

herbolario *m* herbalist's shop.

heredar *vt (recibir)* to inherit; LAW *(dar)* to bequeath.

heredero, a -1 *adj* inheriting -2 *m/f* inheritor -m heir -f heiress.

hereditario, a *adj* hereditary.

hereje *m/f* heretic.

herencia *f (patrimonio)* inheritance; *(tradición)* heritage; BIOL heredity.

herido, a *adj & m/f (lesionado)* wounded; *(ofendido)* offended -f *(lesión)* wound.

herir *vt (lesionar)* to wound; *(hacer doler)* to hurt; *(ofender)* to offend.

hermana *f* see **hermano, a**.

hermanastro, a *m/f* stepbrother/sister.

hermandad *f (fraternidad)* brotherhood; *(de hermanas)* sisterhood.

hermano, a *m* brother ♦ **hermano político** brother-in-law -f sister • **hermana política** sister-in-law.

hermético, a *adj (cerrado)* airtight; *(incomprensible)* impenetrable.

hermoso, a *adj (bello)* beautiful; *(tiempo)* fine.

héroe *m* hero; *(protagonista)* main character.

heroico, a *adj* heroic.

heroína *f* heroine; PHARM heroin.

herradura *f (hierro)* horseshoe.

herramienta *f (instrumento)* tool; *(conjunto de instrumentos)* tools, set of tools.

herrar *vt (caballos)* to fit with horseshoes; *(ganado)* to brand.

herrería *f (fábrica)* foundry; *(taller)* blacksmith's shop.

herrero *m* blacksmith.

hervidero *m* boiling.

hervidor *m (utensilio)* kettle.

hervir *vi* to boil ♦ **hervir a fuego lento** to simmer.

heterodoxia *f* heterodoxy.

heterosexual *adj & m/f* heterosexual.

hibernar *vi* to hibernate.

hidalgo, a *adj & m/f* noble.

hidratar *vt* to hydrate.

hidrato *m* hydrate.

hidroavión *m* hydroplane.

hidrógeno *m* hydrogen.

hidrosfera *f* hydrosphere.

hiedra *f* ivy.

hiel *f* bile.

hielo *m* ice.

hiena *f* hyena.

hierba *f (pasto)* grass; *(medicinal)* herb; COLL *(droga)* grass ♦ **hierba mate** *o* **del Paraguay** maté ♦ *pl (pastos)* pasture.

hierbabuena *f* mint.

hierro *m* iron.

hígado *m* liver ♦ *pl* COLL guts.

higiénico, a *adj* hygienic.

higo *m* fig.

higuera *f* fig tree ♦ **estar en la higuera** COLL to be in another world.

hijo, a *m* son; *(en nombres)* junior ♦ **hijo político** son-in-law *f (niña)* daughter ♦ **hija política** daughter-in-law *-m/f (niño)* child; *(nativo)* native; *(descendiente)* descendant; *(querido)* dear ♦ *pl* children; *(descendientes)* descendants.

hila *f (fila)* line, row.

hilar *vt* to spin; FIG to ponder.

hilera *f (línea recta)* row, file; *(hilo)* thread.

hilo *m (hebra)*, thread; *(filamento)* filament; *(alambre)* fine wire; *(tejido)* linen; *(de conversación)* thread.

hilvanar *vt* to baste, tack; *(enlazar)* to coordinate.

himno *m* hymn ♦ **himno nacional** national anthem.

hincapié *m* ♦ **hacer hincapié en** COLL to insist on, stress.

hincar *vt (clavar)* to sink, drive (in); *(apoyar)* to brace, plant (against) ♦ **hincarse** *vr* **hincarse de rodillas** to kneel down.

hinchado, a *adj (inflado)* inflated, blown up; *(lleno)* full, filled up.

hinchar *vt (aumentar)* to swell; *(inflar)* to inflate, blow up; *(exagerar)* to exaggerate ♦ **hincharse** *vr (comer)* to fill *o* stuff oneself.

hinojo *m* fennel.

hipertensión *f* hypertension, high blood pressure.

hípico, a *adj* horse, equine *-f* showjumping.

hipnosis *f* hypnosis.

hipnotizar *vt* to hypnotize.

hipo *m* hiccup.

hipocresía *f* hypocrisy.

hipócrita -1 *adj* hypocritical -2 *m/f* hypocrite

hipódromo *m* racetrack.

hipopótamo *m* hippopotamus.

hipoteca *f* mortgage.

hipotecar *vt* to mortgage.

hipotensión *f* hypotension, low blood pressure.

hipótesis *f* hypothesis.

hispanohablante *adj & m/f* Spanish-speaking (person), Hispanophone.

histeria *f* hysteria.

histérico, a *adj (alterado)* hysteric(al) *-m/f* hysteric, hysterical person.

historia *f* history; *(cuento)* story, tale; *(chisme)* gossip ♦ **dejarse de historias** to get to the point.

historiador, ra *m/f* historian.

historial *m (archivo)* file, dossier; *(reseña personal)* résumé, curriculum vitae.

histórico, a *adj* historic(al).

historieta *f* story, anecdote.

hito *m (señal de límite)* boundary marker; *(señal de distancia)* milestone.

hocico *m* ZOOL muzzle, snout; COLL *(boca)* mouth.

hockey *m* hockey ♦ **hockey sobre hielo** ice hockey.

hogar *m (de una chimenea)* hearth, fireplace; *(casa)* home; *(vida familiar)* home *o* family life.

hogareño, a *adj* home-loving, domestic.

hoguera *f* bonfire.

hoja *f* leaf; *(pétalo)* petal; *(de papel)* sheet, leaf; *(lámina de metal)* sheet, foil; *(folio)* leaf, page; *(cuchilla)* blade; *(de una puerta)* leaf; *(de ventana)* pane, sheet (of glass); *(espada)* sword.

hojalata *f* tin plate.

hojaldre *m* puff pastry.

hojear *vt* to skim *o* leaf (through).

hojuela *f (masa frita)* pancake.

¡hola! *interj* hello!, hi!

holgado, a *adj (ancho)* big, loose; *(que vive con bienestar)* comfortable, well-off.

holgazán, ana -1 *adj* lazy -2 *m/f* loafer.

holgazanear vi to loaf, be idle.

hollín m soot.

hombre m man; (humanidad) mankind; COLL (esposo) husband, man ♦ ¡hombre! what a surprise!, my goodness! • **hombre rana** frogman.

hombrear vi COLL (echárselas de hombre) to act in a manly way; (querer igualarse) to strive to equal; Mex to work in masculine occupations (said of women) ♦ **hombrearse** vr to strive to equal.

hombrera f shoulder pad.

hombría f manliness.

hombro m shoulder ♦ **a hombros** piggyback • **encogerse de hombros** to shrug.

homenaje m homage.

homicida -1 adj homicidal, murderous -2 m/f homicide, murderer.

homicidio m homicide.

homilía f homily.

homogéneo, a adj homogeneous.

homónimo, a -1 adj homonymous -2 m homonym -m o f namesake.

homosexual adj & m/f homosexual.

hondo, a adj (profundo) deep; (bajo) low; (intenso) intense; (recóndito) innermost.

hondonada f ravine, gorge.

hondura f depth, profundity.

honestidad f (honradez) honesty; (decencia) decency.

honesto, a adj (honrado) honest; (decente) decent.

hongo m BOT mushroom; (sombrero) derby, bowler (hat).

honor m (virtud) honor; (recato) virtue; (buena reputación) (good) reputation, prestige; (celebridad) fame, glory.

honra f (dignidad propia) honor, self-respect; (buena fama) reputation; (pudor) virtue.

honradez f honesty, integrity.

honrado, a adj honest, honorable.

honrar vt to honor, respect.

hora f hour; (momento) time ♦ **a la hora** on time, punctually • **a primera hora** first thing in the morning • **¿a qué hora?** at what time?, when? • **a última hora** at the last minute; (por la noche) last thing at night • **dar la hora** to strike • **de última hora** last-min-ute • **pedir hora** to request an appointment • **por hora** per hour, by the hour • **¿qué hora es?** what time is it?

horario, a adj hourly; RAIL schedule, timetable.

horca f gallows.

horcón m Amer wooden column supporting ceiling beams.

horizontal adj & f horizontal.

horizonte m horizon.

horma f (forma) form, mold; (de zapatero) (shoemaker's) last; (para zapatos) shoetree; (de sombrero) hat block.

hormiga f ant.

hormigón m concrete.

hormigueo m (multitud) swarm, throng; (sensación) tingling.

hormona f hormone.

hornear vi & vt to bake.

hornillo m stove.

horno m oven; TECH furnace; CERAM kiln.

horóscopo m horoscope.

horqueta f Amer fork (in a road).

horquilla f hairpin, hair clip.

horrible adj horrible.

horror m horror; (temor) terror; (repulsión) revulsion; (atrocidad) atrocity; COLL (cantidad) tons, loads.

horrorizar vt to horrify ♦ **horrorizarse** vr to be horrified.

horroroso, a adj (horrible) horrible; COLL (feo) hideous; (muy malo) terrible.

hortaliza f vegetable.

hortensia f hydrangea.

hospedar vt to lodge, put up ♦ **hospedarse** vr to lodge o stay (at).

hospedería f (hotel) inn, hostel; (hospedaje) lodging; RELIG hospice.

hospedero, a m/f innkeeper.

hospicio m (para pobres) poorhouse; (para huérfanos) orphanage.

hospital m hospital.

hospitalario, a adj (cordial) hospitable; (acogedor) inviting.

hospitalidad f (cordialidad) hospitality; (permanencia) hospital stay.

hospitalizar vt to hospitalize.

hostelería f (profesión) hotel management; (industria) hotel trade o business.

hostelero, a m/f innkeeper.

hostería f inn, hostel.

hostia f RELIG wafer; SL (golpe) punch.

H

hostil *adj* hostile.

hostilidad *f* hostility.

hotel *m* hotel.

hotelero, a -1 *adj* hotel **-2** *m/f (dueño)* hotelkeeper, hotel owner.

hoy *adv (en este día)* today; *(en el tiempo presente)* nowadays ♦ **de o desde hoy en adelante** from now on, from this day forward • **hoy (en) día** nowadays • **hoy mismo** this very day.

hoyo *m (cavidad)* hole; *(sepultura)* grave.

hoz *f* sickle.

hucha *f* chest.

hueco, a -1 *adj (vacío)* hollow; *(retumbante)* deep; *(mullido)* spongy **-2** *m (cavidad)* hollow; *(agujero)* hole; *(espacio)* space; *(vacío)* gap, void.

huelga *f* strike.

huella *f (del pie)* footprint; *(de un animal)* track, print; *(vestigio)* trace, mark ♦ **huella digital** o **dactilar** fingerprint.

huérfano, a *adj & m/f* orphan(ed).

huerta *f (sembrado)* large vegetable garden; *(de árboles)* orchard; *Sp (regadío)* irrigated land.

huerto *m (jardín)* vegetable garden; *(de árboles)* orchard.

hueso *m* ANAT bone; BOT pit, stone; *(cosa difícil)* drudgery; *(empleo oficial)* government job ♦ **hueso colorado** *Mex* northerly wind • **meterse a hueso de puerco** *Mex* to swagger, show off.

huésped, a *m/f* guest.

hueva *f* roe.

huevo *m* egg ♦ **huevo duro** hard-boiled egg • **huevo escalfado** poached egg • **huevo estrellado** o **frito** fried egg • **huevo pasado por agua** soft-boiled egg • **huevos revueltos** scrambled eggs.

huida *f (fuga)* escape; *(pretexto)* pretext.

huillón, ona *Amer* **-1** *adj* cowardly **-2** *m/f* coward.

huir *vi (escapar)* to escape, run away; *(evitar)* to avoid, flee from; *(alejarse)* to slip away.

hule *m (caucho)* rubber; *(tela)* oilcloth.

humanidad *f* humanity; *(género)* mankind; *(bondad)* humaneness ♦ *pl* humanities.

humanitario, a *adj* humanitarian.

humano, a -1 *adj* human; *(benévolo)* humane **-2** *m* human (being).

humear *vi (echar humo)* to smoke; *(echar vapor)* to steam; *(permanecer)* to smolder; *(presumir)* to become conceited -*vt Amer* to fumigate.

humedad *f* humidity; *(calidad de húmedo)* dampness, moisture.

humedecedor *m* humidifier.

humedecer *vt* to humidify; *(mojar)* to dampen, moisten ♦ **humedecerse** *vr* to become damp o moist.

húmedo, a *adj* humid; *(mojado)* damp, moist.

humildad *f* humility, humbleness.

humilde *adj (sumiso)* humble, meek; *(bajo)* humble, lowly.

humillar *vt (rebajar)* to humble; *(avergonzar)* humiliate.

humo *m (gas)* smoke; *(vapor)* steam ♦ **echar humo** to smoke ♦ *pl* airs • **bajarle los humos a uno** to put someone in his place • **tener muchos humos** to put on airs.

humor *m* humor; *(talante)* mood, humor; *(agudeza)* humor, wit.

humorista *m/f* humorist.

humorístico, a *adj* humorous.

hundido, a *adj (sumido)* sunken.

hundir *vt (sumergir)* to sink; *(arruinar)* to ruin; *(derrotar)* to defeat ♦ **hundirse** *vr (sumergirse)* to sink; *(caer)* to fall down, collapse.

huracán *m* hurricane.

huraño, a *adj* unsociable.

hurgar *vt* to poke o rummage around in.

hurtadillas *adv* ♦ **a hurtadillas** secretly, furtively.

hurtar *vt* to steal, thieve.

hurto *m* theft, robbery.

husmeador, ra *adj* snooping, prying.

husmear *vt (olfatear)* to scent, smell out; *(indagar)* to snoop, pry -*vi (curiosear)* to snoop, pry.

huso *m* ♦ **huso horario** time zone.

I

ibis f inv ibis.

ida f (acción) going; (viaje) trip ♦ **ida y vuelta** round trip • **idas y venidas** comings and goings.

idea f idea; (concepto) concept; (noción) notion; (imagen) image, picture; (ingenio) imagination ♦ **cambiar de idea** to change one's mind • **¡ni idea!** search me!

ideal -1 adj ideal; (perfecto) perfect **-2** m ideal ♦ **lo ideal** the perfect thing.

idear vt (concebir) to think up, plan; (inventar) to invent, design.

idéntico, a adj identical.

identidad f identity.

identificar vt to identify ♦ **identificarse** vr to identify (oneself) with, be identified with.

ideología f ideology.

idioma m language, tongue.

idiosincrasia f idiosyncrasy.

idiota -1 adj foolish, idiotic **-2** m/f idiot, imbecile.

ídolo m idol.

idóneo, a adj (apto) capable, apt; (conveniente) suitable, fit.

iglesia f church.

ignorancia f ignorance.

ignorante -1 adj (sin educación) ignorant, uneducated; (que ignora) uninformed, unaware **-2** m/f ignoramus.

ignorar vt to be ignorant of, not to know.

igual -1 adj equal; (semejante) similar, alike; (mismo) like; (parejo) even, level ♦ **darle a uno igual** to be the same to one • **ser igual a** (ser lo mismo) to be the same as; (igualar) to equal **-2** m MATH equal sign -m/f equal ♦ **al igual que** just like • **igual que** the same as.

igualar vt (hacer igual) to equalize, make equal; (allanar) to smooth; (juzgar igual) to consider equal, equate; (comparar) to compare; SPORT to tie ♦ **igualarse** vr (ser iguales) to be equal; SPORT to be tied.

igualmente adv equally; (también) also, too; (en la misma manera) the same, in the same way.

iguana m iguana.

ilegal adj illegal.

ilegítimo, a adj illegitimate.

iluminación f illumination; (alumbrado) lighting; (espiritual) enlightenment.

iluminado, a adj (alumbrado) lit (up), illuminated; (realizado) enlightened.

iluminar vt to illuminate; (alumbrar) to light.

ilusión f illusion; (esperanza) hope ♦ **tener ilusión por** to look forward to.

ilusionarse vr to have hopes (of).

ilusionista m/f illusionist, magician.

ilustración f illustration; (grabado) picture ♦ **la Ilustración** the Enlightenment.

ilustrador, ra -1 adj illustrative **-2** m/f illustrator.

ilustrar vt to illustrate; (aclarar) to elucidate.

ilustre adj illustrious, distinguished.

imagen f image.

imaginación f imagination ♦ **pasar por la imaginación** to occur, cross one's mind.

imaginar vt to imagine; (inventar) to invent; (suponer) to suppose, presume ♦ **imaginarse** vr to imagine.

imán m magnet; FIG magnetism.

imbécil adj & m/f imbecile.

imitación f imitation.

imitar vt to imitate, mimic.

impaciencia f impatience.

impacientarse vr to lose one's patience.

impaciente adj impatient, restless.

impacto m impact; (choque) shock; (repercusión) repercussion.

impar adj odd, uneven.

imparcial adj impartial.

impedimento m impediment.

impedir vt to prevent, obstruct.

impensable adj unthinkable, unimaginable.

imperdible m safety pin.

imperdonable adj inexcusable.

imperial adj imperial.

imperio m empire; (autoridad) authority; (duración) reign.

impermeable -1 adj impermeable, waterproof **-2** m raincoat, mackintosh.

impersonal adj impersonal.

impertinente adj impertinent; (insolente) insolent; (molesto) meddlesome.

ímpetu m impetus; *(violencia)* violence; *(energía)* energy; *(fogosidad)* impetuosity.

impetuoso, a adj *(violento)* violent; *(fogoso)* impetuous, impulsive.

implacable adj implacable.

implicar vt to implicate; *(significar)* to imply, mean ♦ **implicarse** vr to become involved.

imponente adj *(grandioso)* imposing; COLL *(atractivo)* good-looking.

imponer vt *(ordenar)* to impose; *(infundir)* to inspire, instill ♦ **imponerse** vr *(ser impuesto)* to be imposed on o upon; *(obligarse)* to take on • **imponerse a** to dominate.

importación f importation, importing; *(bienes importados)* imported goods.

importador, ra m/f importer.

importancia f importance; *(valor)* significance; *(autoridad)* authority; *(influencia)* influence.

importante adj important.

importar vi to be important, matter -vt *(introducir en un país)* to import.

importe m amount, cost.

imposibilitado, a adj *(tullido)* disabled, crippled; *(impedido)* prevented.

imposible adj impossible; *(inservible)* useless; *(intratable)* intractable, difficult; *Amer* dirty, filthy.

impostor, ra -1 adj slanderous -2 m impostor, slanderer.

impotente adj & m impotent (man).

impregnar vt to impregnate.

imprenta f *(arte)* printing; *(establecimiento)* printing house.

imprescindible adj indispensable.

impresión f impression; *(edición)* printing; *(obra)* edition ♦ **tener la impresión de** o **que** to have the impression that.

impresionante adj impressive.

impresionar vt *(conmover)* to move, touch ♦ **impresionarse** vr to be moved.

impresionista adj & m/f impressionist.

impreso, a -1 see **imprimir** -2 adj printed -3 m leaflet.

impresor, ra m/f owner of a printing house -m printer.

imprevisto, a -1 adj unforeseen, unexpected -2 m ♦ pl incidental expenses.

imprimir vt *(reproducir)* to print; *(estampar)* to stamp, imprint.

improbable adj improbable.

impropio, a adj *(inadecuado)* inappropriate; *(no exacto)* incorrect.

improvisado, a adj makeshift, improvised.

improvisar vt to improvise.

improviso, a adj ♦ **al** o **de improviso** unexpectedly, suddenly.

imprudencia f imprudence.

imprudente adj & m/f imprudent (person).

impuesto, a -1 see **imponer** -2 m tax, duty.

impulsar vt to impel, drive.

impulsivo, a adj & m/f impulsive (person).

impulso m impulse.

impuro, a adj impure.

imputar vt *(atribuir)* to impute, charge with; COM *(asignar)* to assign.

inaccesible adj inaccessible.

inactivo, a adj inactive.

inadmisible adj inadmissible.

inadvertido, a adj *(sin cuidado)* careless; *(no advertido)* unnoticed.

inagotable adj inexhaustible, endless.

inaguantable adj unbearable, insufferable.

inanimado, a adj inanimate, lifeless.

inaudito, a adj unprecedented.

inauguración f inauguration, opening.

inaugurar vt to inaugurate, open.

incalculable adj incalculable.

incansable adj untiring, indefatigable.

incapacitado, a adj incapacitated.

incapaz adj incapable, unable; *(incompetente)* incompetent.

incautarse vr to seize, confiscate.

incendiar vt to set on fire, set fire to ♦ **incendiarse** vr to catch fire.

incendio m fire.

incentivo m incentive.

incertidumbre f uncertainty, doubt.

incesable/sante adj incessant.

incidente adj & m incident.

incienso m incense.

incierto, a adj uncertain, doubtful.

incineración f incineration, cremation.

incisión f incision.

incisivo, a adj cutting, incisive.
incitar vt to incite, instigate.
inclinación f inclination; (del cuerpo) bowing; (pendiente) slope, slant; (tendencia) inclination.
inclinar vt (la cabeza) to bow, lower; (torcer) to slant, tilt ♦ **inclinarse** vr (doblarse) to bow; (desviar) to slant, slope; (estar dispuesto) to be o feel inclined.
incluir vt to include; (encerrar) to enclose; (contener) to contain; (comprender) to comprise.
inclusive adv inclusive, included.
incluso, a -1 see **incluir -2** adv even <incluso le avisé ! even warned him>.
incógnito, a -1 adj ♦ **de incógnito** incognito **-2** f MATH unknown quantity; (misterio) question.
incoloro, a adj (sin color) colorless; (sin brillo) dull.
incombustible adj incombustible, fireproof.
incomible adj COLL inedible.
incomodar vt to inconvenience, bother ♦ **incomodarse** vr to become angry.
incómodo, a adj uncomfortable, awkward.
incomparable adj incomparable.
incomunicado, a adj (aislado) isolated, cut off.
inconfundible adj unmistakable.
incongruente adj incongruous.
inconsciente -1 adj (sin conocimiento) unconscious; (sin consciencia) unaware; (irreflexivo) thoughtless **-2** m unconscious.
inconsistente adj inconsistent.
inconstante adj & m/f fickle (person).
incontable adj (innumerable) countless; (que no puede narrarse) unrepeatable.
incontrolable adj uncontrollable.
inconveniente -1 adj inconvenient; (inapropiado) inappropriate; (grosero) crude **-2** m (obstáculo) obstacle; (objeción) objection; (desventaja) drawback.
incorporación f incorporation.
incorporar vt to incorporate ♦ **incorporarse** vr (sentarse) to sit up; (formar parte) to join.

incorrecto, a adj incorrect.
incrédulo, a adj incredulous.
increíble adj incredible, unbelievable.
incrementar vt to increase, augment.
incubadora f incubator.
incubar vt & vi to incubate.
inculto, a adj uncultured, uneducated.
incurable adj incurable.
incurrir vi ♦ **incurrir en** to commit, incur.
indagar vt to investigate, inquire into.
indecente adj indecent.
indeciso, a adj (irresoluto) undecided; (incierto) indecisive.
indefenso, a adj (sin defensa) defenseless; (desamparado) helpless.
indefinido, a adj (no definido) undefined; (indeterminado) indefinite; GRAM indefinite.
indemnización f indemnity.
indemnizar vt to indemnify.
independencia f independence.
independiente -1 adj & m/f independent **-2** adv independently.
independizarse vr to become independent.
indescriptible adj indescribable.
indeterminado, a adj indeterminate; GRAM indefinite.
indicación f indication; (señal) sign; (sugerencia) suggestion; (señas) directions; (instrucción) direction; (observación) remark.
indicado, a adj (adecuado) suitable; (aconsejado) recommended.
indicador m indicator ♦ **indicador de carretera** road sign.
indicar vt to indicate; (mostrar) to show; (sugerir) to suggest.
índice m (general) table of contents; (alfabético) index; (de biblioteca) catalogue; (coeficiente) rate; (dedo) index finger.
indicio m indication, sign ♦ pl clues.
indiferente adj indifferent.
indígena adj & m/f native.
indigestarse vr (tener indigestión) to have indigestion; COLL (no agradar) to dislike.
indigestión f indigestion.
indignar vt to anger, infuriate ♦ **indignarse** vr to become indignant.
índigo m indigo.

indirecto, a -1 *adj* indirect **-2** *f* hint.

indiscreto, a *adj & m/f* indiscreet (person).

indispensable *adj* indispensable.

indispuesto, a *adj* indisposed.

individual *adj* individual; *(habitación)* single.

individuo *m* individual; *(de una sociedad)* member.

indocumentado, a -1 *adj* undocumented **-2** *m/f* person without identification papers.

índole *f (naturaleza)* nature; *(tipo)* type.

indoloro, a *adj* indolent, painless.

inducir *vt (llevar)* to induce, lead; *(deducir)* to induce, infer.

indudable *adj* indubitable, certain.

indultar *vt (perdonar)* to pardon; *(exonerar)* to exempt; LAW to grant amnesty.

indumentaria *f* clothing, garments.

industria *f* industry.

industrial -1 *adj* industrial **-2** *m* industrialist.

inédito, a *adj* unpublished.

ineficaz *adj* ineffective, inefficacious.

inepto, a *adj & m/f* inept (person).

inercia *f* inertia.

inesperado, a *adj* unexpected.

inestable *adj* unstable.

inevitable *adj* inevitable.

inexistente *adj* inexistent, nonexistent.

inexperto, a *adj & m/f* inexperienced (person).

inexplicable *adj* inexplicable.

inexplorado, a *adj* unexplored.

infancia *f* infancy.

infanta *f (niña)* infant; *(del rey)* infanta.

infante *m (niño)* infant; *(del rey)* infante.

infantería *f* infantry.

infantil *adj* infantile; FIG childish.

infarto *m* infarct, infarction.

infatigable *adj* indefatigable, untiring.

infección *f* infection.

infectar *vt* to infect ♦ **infectarse** *vr* to become infected.

infeliz -1 *adj (desgraciado)* unfortunate; *(miserable)* wretched **-2** *m/f (pobre diablo)* poor devil.

inferior -1 *adj (de abajo)* lower; *(menor)* inferior; *(menos)* less **-2** *m* inferior.

infernal *adj* infernal.

infiel -1 *adj (falta de fidelidad)* unfaithful; *(desleal)* disloyal **-2** *m/f* RELIG infidel.

infierno *m* hell; FIG madhouse.

infiltrar *vt & vr* to infiltrate.

infinitivo, a *adj & m* GRAM infinitive.

infinito, a -1 *adj* infinite **-2** *m* MATH, PHYS infinity **-3** *adv* ♦ **a lo infinito, a** ad infinitum.

inflación *f* inflation.

inflador *m* air pump, inflater.

inflamación *f* inflammation.

inflamarse *vr (encenderse)* to catch fire; *(enardecerse)* to become aroused.

inflar *vt* to inflate ♦ **inflarse** *vr* to become conceited o puffed up.

inflexible *adj* inflexible, rigid.

influencia *f* influence.

influenciar *vt Amer* to influence.

influir *vi* to have influence.

influjo *m* influence.

información *f* information; *(datos)* data.

informal *adj* informal; *(de poco fiar)* unreliable.

informar *vt (comunicar)* to inform ♦ **informarse** *vr* to find out.

informática *f* data processing.

informativo, a *adj* informative.

informe *m* report, piece of information.

infracción *f* infraction, transgression.

infringir *vt* to infringe, violate.

infusión *f* infusion.

ingeniar *vt* to devise ♦ **ingeniarse** *vr* to manage *(para* to) • **ingeniárselas** to manage.

ingeniería *f* engineering.

ingeniero *m* engineer.

ingenio *m (habilidad)* ingenuity; *(talento)* talent; *(agudeza)* wit.

ingenioso, a *adj* ingenious.

ingenuo, a *adj & m/f* naive (person).

ingle *f* groin.

ingrato, a *adj (desagradecido)* ungrateful.

ingrediente *m* ingredient.

ingresar *vi (entrar)* to enter; *(hacerse miembro)* to become a member of **-vt** to deposit.

ingreso *m (acción)* entrance; *(entrada)* entryway; *(de dinero)* income ♦ *pl* earnings.

inhabitado, a *adj* uninhabited, deserted.

inhalar *vt* to inhale.

inhumano, a *adj* inhuman, cruel.

inicial *adj & f* initial.

iniciar *vt* to initiate; *(admitir)* to introduce.

iniciativa *f* initiative.

inicio *m* beginning.

injerto *m* graft, transplant.

injuria *f (insulto)* insult; *(daño)* injury.

injusticia *f* injustice.

injusto, a *adj* unjust.

inmaduro, a *adj (fruta)* unripe, green; *(persona)* immature.

inmediato, a *adj* next to, adjoining ◆ **de inmediato** immediately, at once.

inmenso, a *adj* immense.

inmigración *f* immigration.

inmigrante *adj & m/f* immigrant.

inminente *adj* imminent.

inmiscuirse *vr* to meddle, interfere.

inmobiliario, a *adj* real estate.

inmoral *adj* immoral.

inmortal *adj* immortal.

inmóvil *adj* immobile.

inmovilizar *vt* to immobilize.

inmueble -1 *adj* ◆ **bienes inmuebles** real estate **-2** *m* building.

inmunidad *f* immunity.

inmutarse *vr* to lose one's composure.

innato, a *adj* innate.

innovación *f* innovation.

inocente *adj & m/f* innocent.

inodoro, a -1 *adj* odorless **-2** *m* toilet.

inolvidable *adj* unforgettable.

inoportuno, a *adj* inopportune.

inoxidable *adj* rustproof ◆ **acero inoxidable** stainless steel.

inquietar *vt (perturbar)* to disturb; *(alarmar)* to alarm ◆ **inquietarse** *vr* to worry.

inquieto, a *adj (intranquilo)* restless; *(desasosegado)* worried, anxious.

inquilino, a *m/f* tenant.

inquisición *f* HIST Inquisition.

insatisfecho, a *adj (no satisfecho)* unsatisfied; *(desilusionado)* dissatisfied.

inscribirse *vr* to register, enroll.

inscripción *f (matriculación)* enrollment; *(epígrafe)* inscription.

insecticida *m* insecticide.

insecto *m* insect.

inseguro, a *adj* insecure.

insensato, a -1 *adj* foolish, senseless **-2** *m/f* fool, dolt.

insensible *adj* unfeeling.

inseparable *adj* inseparable.

insignia *f* badge, emblem.

insignificante *adj* insignificant.

insinuar *vt* to insinuate ◆ **insinuarse** *vr* to ingratiate oneself.

insípido, a *adj* tasteless; FIG dull.

insistir *vi* to insist *(en* on).

insolación *f* sunstroke, overexposure.

insólito, a *adj* unusual, uncommon.

insoportable *adj* unbearable, intolerable.

inspeccionar *vt* to inspect, examine.

inspector, ra *m/f* inspector.

inspiración *f* inspiration.

inspirarse *vr* to be inspired *(en* by).

instalación *f* equipment.

instalar *vt* to install ◆ **instalarse** *vr* to establish oneself.

instantáneo, a *adj* instantaneous.

instante *m* instant, moment ◆ **al instante** immediately.

instinto *m* instinct.

institución *f* institution.

instituto *m* institute; *(escuela)* school.

instrucción *f* instruction; MIL drill.

instruir *vt* to instruct, teach.

instrumento *m* instrument.

insubordinado, a -1 *adj* insubordinate **-2** *m/f* rebel.

insuficiente *adj* insufficient.

insulina *f* insulin.

insultar *vt* to insult.

insulto *m* insult.

intacto, a *adj* intact.

íntegro, a *adj* whole, complete.

intelectual *adj & m/f* intellectual.

inteligencia *f* intelligence.

inteligente *adj & m/f* intelligent (person).

intención *f* intention; *(voluntad)* wish ◆ **con intención** intentionally • **tener malas intenciones** to be up to no good.

intensidad *f* intensity, strength.

intenso, a *adj* intense.

intentar *vt* to try, attempt.

intento *m* attempt.

intercambio *m* interchange, exchange.

interés *m* interest.

interesado, a -1 *adj* selfish **-2** *m/f* interested person o party.

interesante *adj* interesting.

interesar *vt* to interest, arouse interest in ♦ **interesarse** *vr* to be o become interested (*en, por* in).

interior -1 *adj (interno)* interior, inner; *(íntimo)* inner, innermost **-2** *m (parte interna)* interior, inside.

interlocutor, ra *m/f* interlocutor.

intermedio, a -1 *adj* intermediate **-2** *m (intervalo)* interval; THEAT intermission.

interminable *adj* interminable.

intermitente *adj* intermittent.

internacional *adj* international.

internado *m* boarding school.

internar *vt (hospitalizar)* to hospitalize; *(encerrar)* to confine.

interno, a *adj* internal; *(interior)* interior, inside.

interponerse *vr (intervenir)* to intervene; *(estorbar)* to get in the way of.

interpretación *f* interpretation.

interpretar *vt* to interpret; MUS to perform; THEAT to play.

interrogación *f* interrogation; *(pregunta)* question; GRAM question mark.

interrogante *m* question; *(incógnita)* unanswered question.

interrogar *vt* to interrogate, question.

interrogatorio *m* interrogation.

interrumpir *vt* to interrupt; *(obstruir)* to block, obstruct.

interruptor *m* switch.

intervalo *m* interval.

intervención *f (mediación)* intervention, mediation; *(participación)* participation ♦ **intervención quirúrgica** surgical procedure, operation.

intervenir *vi (participar)* to participate, take part; *(interceder)* to mediate; *(interponerse)* to intervene.

intestino *m* intestine.

intimar *vi* to become friendly.

intimidad *f* privacy.

intimidar *vt* to intimidate.

íntimo, a -1 *adj (estrecho)* intimate, close; *(privado)* private **-2** *m/f* intimate o close friend.

intoxicación *f* intoxication.

intranquilo, a *adj* uneasy.

intransitable *adj* impassable.

intransitivo, a *adj* intransitive.

intriga *f* intrigue.

intrigar *vi & vt* to intrigue.

introducción *f* introduction; *(prefacio)* preface; *(preámbulo)* preamble.

introducir *vt (meter)* to put in o into, stick in; *(insertar)* to insert ♦ **introducirse** *vr* to enter, get in.

introvertido, a *adj* introverted.

intruso, a *m/f* intruder.

intuición *f* intuition.

intuir *vt* to intuit, sense.

inundación *f* flood.

inútil -1 *adj (inservible)* useless; *(vano)* vain, fruitless **-2** *m/f* good-for-nothing.

invadir *vt* to invade.

inválido, a *m/f* invalid, disabled person.

invasión *f* invasion.

invasor, ra *m/f* invader.

inventar *vt* to invent.

invento *m* invention.

invernadero *m* greenhouse.

inversión *f* inversion; FIN investment.

inverso, a *adj* inverse, inverted ♦ **a la inversa** the opposite way.

invertebrado, a *adj & m* invertebrate.

invertir *vt* to invert; COM, FIN to invest; *(tiempo)* to spend time.

investigación *f* investigation; *(estudio)* research.

investigador, ra *m/f* investigator; *(científico)* researcher.

investigar *vt* to investigate; *(estudiar)* to research, study.

investir *vt* to invest, confer (on).

invierno *m* winter.

invisible *adj* invisible.

invitación *f* invitation.

invitado, a *m/f* guest.

invitar *vt* to invite.

involuntario, a *adj* involuntary.

invulnerable *adj* invulnerable.

inyección *f* injection.

inyectar *vt* to inject.

ir *vi* to go; *(moverse)* to move; *(caminar)* to walk; *(viajar)* to travel; *(quedar bien)* to suit, become ♦ **¿cómo le va?** how is it going? • **¿cómo va el asunto?** how is the matter going? • **ir a** *(estar a punto de)* to be about to, to be going to <voy a comer en casa I am going to eat at home> • **ir adelante** to progress, go forward • **ir de compras**

to go shopping • **ir de paseo** to go for a walk • **ir de viaje** to go on a trip ♦ **irse** vr *(partir)* to go away, leave • **vámonos** let's go.

ira f *(cólera)* anger; *(furia)* fury.

iris m iris ♦ **arco iris** rainbow.

ironía f irony.

irracional adj irrational.

irreal adj unreal.

irregular adj irregular.

irreparable adj irreparable.

irresistible adj irresistible.

irresponsable adj & m/f irresponsible.

irritación f irritation.

irritar vt to irritate.

isla f island.

islámico, a adj Islamic.

istmo m isthmus.

itinerario m itinerary.

izquierdo, a -1 adj left **-2** f *(mano)* left hand; *(lado)* left ♦ **a la izquierda** *(dirección)* to the left; *(sitio)* on the left.

I

J

jabalí m [pl íes] wild boar.
jabalina f javelin.
jabón m soap ♦ **dar un jabón a** *RP*, COLL to frighten • **tener jabón** *RP*, COLL to be afraid.
jabonada f *Amer* soaping.
jabonoso, a *adj* soapy.
jaca f pony, small horse.
jaco m *(jamelgo)* hack, nag.
jactarse *vr* to boast *(de about)*.
jade m jade.
jadear *vi* to pant, gasp.
jaguar m jaguar.
jaguay m *Amer* watering trough.
jagüey m *Amer* pond.
jalar *vt* COLL *(tirar)* to pull; *C Amer* to make love to; *Col, Ven* to do, perform *-vi Amer* to leave.
jalea f jelly.
jalear *vt (animar)* to encourage; *(incitar)* to urge on; *Amer* to pester.
jaleo m *(animación)* clapping and cheering; *(incitación)* urging; COLL *(tumulto)* fuss, uproar.
jalón m *Amer*, COLL *(tirón)* pull; *(trecho)* stretch, distance.
jamás *adv (nunca)* never; *(alguna vez)* ever ♦ **nunca jamás** never again.
jamón m ham ♦ **jamón serrano** cured ham.
jaque m check ♦ **jaque mate** checkmate.
jaqueca f migraine headache.
jarabe m syrup.
jarana f *(alboroto)* fuss, uproar; *Amer (chanza)* joke.
jaranear *vi Amer (chancear)* to joke.
jardín m garden ♦ **jardín de la infancia** kindergarten.
jardinera f flower stand *o* box.
jardinería f gardening.
jardinero, a *m/f* gardener.
jarra f *(vasija)* jug, pitcher; *(de cerveza)* mug, beer mug.
jarro m pitcher, jug.
jarrón m urn, vase.
jaspe m jasper.
jaula f cage.
jauría f pack (of animals).
jazmín m jasmine.
jebe m *Amer*, BOT rubber plant.

jefatura f *(dirección)* management; *(oficina)* headquarters.
jefe, a m *(superior)* boss; *(gerente)* manager; *(líder)* leader; *(cabeza)* head ♦ **jefe de estación** stationmaster.
jengibre m ginger.
jerarquía f hierarchy, rank.
jerez m sherry.
jerga[1] f *Amer* saddle blanket.
jerga[2] f *(jerigonza)* jargon; *(galimatías)* gibberish.
jeringa f syringe; *Amer*, COLL *(molestia)* nuisance.
jeringón, ona *adj Amer* annoying.
jeringuear *vt Amer* to annoy, pester.
jeringuilla f small syringe.
jeroglífico, a -1 *adj* hieroglyphic **-2** m hieroglyph.
jeta f COLL *(cara)* mug.
jibia f cuttlefish.
jilguero m goldfinch, linnet.
jilipollada/llez f *SL (acción)* stupid thing to do; *(dicho)* stupid thing to say.
jineta[1] f ZOOL genet.
jineta[2] f horsewoman.
jinete m horseman.
jinetear *vt Amer* to break in (horses).
jipar *vi Amer*, COLL *(hipar)* to hiccup.
jipido m *Amer*, COLL hiccup, hiccough.
jipijapa m straw hat, Panama hat.
jira f *(tira)* strip; *(jirón)* shred; *(excursión)* excursion.
jirafa f giraffe.
jirón m *(pedazo)* shred, piece; *(ropa)* facing.
jofaina f washbasin, washbowl.
jolgorio m merriment, fun.
jornada f *(viaje)* journey, trip; *(día de trabajo)* day's journey.
jornal m day's wage.
jornalero, a *m/f* day laborer.
joroba f hump.
jota[1] f bit ♦ **no decir ni jota** COLL not to say a word.
jota[2] f *Amer* sandal.
joven -1 *adj* young, youthful **-2** *m/f* young person, youth.
joya f jewel ♦ *pl* jewelry.
joyería f jewelry trade *o* business; *(tienda)* jewelry store.
joyero, a *m/f* jeweler, jeweller *GB -m (caja)* jewelry box; *Amer* goldsmith.

jubilación f *(retiro)* retirement; *(rental)* pension.

jubilado, a *adj & m/f* retired (person).

jubilar *vt & vr* to retire.

júbilo *m* jubilation, joy.

judía f see **judío, a**.

judicial *adj* judicial, juridical.

judío, a -1 *adj* Jewish **-2** *m/f* Jew -f Jew, Jewess; BOT bean.

juego *m (recreo)* play, game; *(deporte)* sport; *(en tenis)* game; *(vicio)* gambling; *(de loza, cristal)* set; *(de muebles)* set, suite ◆ **a juego** matching • **juego de azar** o **de suerte** game of chance • **juego de manos** sleight of hand • **juego de palabras** pun, play on words.

juerga f COLL fun.

jueves *m inv* Thursday.

juez *m* judge; *(en los deportes)* referee.

jugada f play, move.

jugador, ra *m/f (en los juegos)* player; *(en el azar)* gambler.

jugar *vi (divertirse)* to play, cavort; *(en el azar)* to gamble -vt to play; *(apostar)* to wager; *(hacer juego)* to match ◆ **jugarse** *vr* to risk.

jugarreta f COLL dirty trick.

jugo *m (zumo)* juice.

juguete *m* toy.

juguetería f toy store.

juicio *m* judgment; *(opinión)* opinion; *(sentido común)* common sense; *(cordura)* good sense; LAW *(pleito)* trial ◆ **perder el juicio** to lose one's mind.

julepe *m Amer* scare, fright.

julio *m* July.

jumarse *vr Amer*, COLL to get drunk.

junco¹ *m* BOT rush.

junco² *m* Chinese junk.

junio *m* June.

júnior *m* junior.

junta f see **junto, a**.

juntar *vt (unir)* to join; *(reunir)* to assemble ◆ **juntarse** *vr (reunirse)* to gather; *(asociarse)* to get together; *Amer* to live together.

junto, a -1 *adj (unido)* united, joined **-2** *adv* together, at the same time ◆ **junto a** close to, near • **junto con** along with, together with **-3** f *(de personas)* board, junta; *(reunión)* meeting,

session; *(unión)* union, junction; *Amer* junction (of two rivers).

jura f swearing in.

jurado *m (tribunal)* jury; *(miembro del tribunal)* juror; *(de una competición)* panel of judges.

juramento *m* oath.

jurar *vt (prestar juramento)* to swear, take an oath; *(prometer)* to swear, pledge (allegiance) -vi *(blasfemar)* to swear, curse.

jurel *m* saurel, jack mackerel.

jurídico, a *adj* juridical.

jurisdicción f jurisdiction.

jurista *m/f* jurist, lawyer.

justamente *adv* exactly, precisely.

justicia f justice; *(equidad)* fairness; *(castigo)* retribution.

justificación f justification; *(prueba)* proof, evidence.

justificante *m* voucher.

justificar *vt* to justify; *(defender)* to defend ◆ **justificarse** *vr (explicarse)* to justify o explain oneself.

justo, a -1 *adj* just, fair; *(legítimo)* justified, legitimate; *(honrado)* righteous, upright; *(exacto)* exact, precise; *(apretado)* tight **-2** *m/f* just person **-3** *adv* exactly.

juvenil *adj* young, youthful.

juventud f *(edad)* youth ◆ **la juventud** *(los jóvenes)* the youth.

juzgado *m* court, tribunal.

juzgar *vt* to judge, pass judgment on; *(considerar)* to consider; *(estimar)* to assess.

K

kanguro *m* kangaroo.

karate *m* karate.

kerosene/sén *m Amer* kerosene.

ketchup *s* katchup, catsup.

kilo *m* kilo, kilogram.

kilogramo *m* kilogram.

kilómetro *m* kilometer.

kilovatio *m* kilowatt.

kirsch *m* kirsch, cherry brandy.

kiwi *m* kiwi.

klaxon *m* horn.

koala *m* koala.

L

la¹ -1 *def art* the **-2** *pron* her <*la miré* I looked at her>; it <*buscó la cinta y finalmente la encontró* she looked for the· ribbon and finally found it>; you <*no la vi a usted en la fiesta, Ana* I didn't see you at the party, Ann>.

la² *f* MUS la.

laberinto *m* labyrinth.

labio *m* lip; *(borde)* rim; *(órgano del habla)* lip, mouth.

labor *f* *(trabajo)* work; *(faena)* task, job; *(bordado)* embroidery.

laborable *adj* work, working.

laboral *adj* labor.

laborar *vt* FAM *(trabajar)* to work.

laboratorio *m* laboratory.

labrado, a -1 *adj* *(forjado)* wrought; *(tallado)* carved; *(arado)* plowed **-2** *m* *(campo)* cultivated o tilled land; *(de metales)* working; *(de madera, piedra)* carving; *(arada)* plowing.

labrador, ra *m/f* *(agricultor)* farmer; *(arador)* plowman; *(campesino)* peasant.

labranza *f* farming.

labrar *vt* to work; *(tallar)* to carve; *(cultivar)* to cultivate; *(arar)* to plow.

laca *f* *(resina)* lac; *(pintura)* lacquer, shellac; *(pelo)* hair spray ♦ **laca de uñas** nail polish.

lacio, a *adj* *(cabello)* straight; *(flojo)* limp.

lacra *f* *(señal)* scar; *(defecto)* blemish.

lacrimógeno, a *adj* tear-producing ♦ **gas lacrimógeno** tear gas.

lactante -1 *adj* nursing suckling **-2** *m/f* nursing infant.

lácteo, a *adj* milky ♦ **Vía Láctea** Milky Way.

ladearse *vr* to lean, tilt.

ladera *f* slope.

lado *m* side; *(sitio)* room; *(aspecto)* aspect; *(camino)* way; SPORT end ♦ **al lado** near, close at hand • **al lado de** beside, next to • **a un lado** aside • **por el lado de** toward, in the direction of • **por otro lado** on the other hand • **por un lado** on the one hand.

ladrar *vi* to bark.

ladrillo *m* brick.

ladrón, ona -1 *adj* thieving **-2** *m/f* thief, robber.

lagaña *f* rheum.

lagartija *f* small lizard.

lagartijo *m* small lizard; Mex sharp dresser.

lagarto *m* lizard; Amer alligator.

lago *m* lake.

lágrima *f* tear ♦ *pl* sorrows, troubles.

laguna *f* lagoon; *(texto)* hiatus; *(falta)* gap.

laico, a *adj* lay, laical.

lama *f* *(cieno)* mud; Amer slime.

lamber *vt* Amer *(lamer)* to lick.

lamentar *vt* *(sentir)* to regret, be sorry for ♦ **lamentarse** *vr* to grieve, lament.

lamento *m* lament.

lamer *vt* *(con la lengua)* to lick.

lametada *f/* zo *m* Amer licking, lick.

lámina lamina, plate; PRINT engraved plate; *(estampa)* print.

lámpara *f* lamp; RAD, TELEV valve, tube.

lamparilla *f* nightlight.

lana *f* wool; Mex, COLL *(dinero)* dough, bread; Amer *(mentira)* lie.

lancha *f* boat.

langosta *f* ENTOM locust; ZOOL lobster.

langostino/tín *m* crayfish.

lánguido, a *adj* languid.

lanolina *f* lanolin.

lanza -1 *f* lance, spear **-2** *adj* Mex crafty, deceptive.

lanzallamas *m inv* flame thrower.

lanzamiento *m* throw, throwing.

lanzar *vt* *(arrojar)* to throw, hurl; *(dardos, flechas)* to shoot, fire; *(un proyectil)* to launch; *(una bomba)* to drop ♦ **lanzarse** *vr* *(arrojarse)* to throw o hurl oneself; *(saltar)* to jump • **lanzar a** to launch into, embark upon.

lapicero *m* pencil; Arg, Peru penholder.

lápida *f* tombstone.

lapidar *vt* to stone to death; Amer to carve gems.

lápiz *m* pencil ♦ **lápiz de color** colored pencil • **lápiz de labios** lipstick.

lapso *m* lapse, interval.

lapsus *m* lapsus, slip.

largamente *adv* at length.

largar *vt* *(soltar)* to release, let go; *(tirar)* to throw, hurl; COLL *(decir)* to let out, let fly <*largar una palabrota* to let fly an obscenity>; *(una bofetada)* to deal ♦ **largarse** *vr* COLL *(marcharse)* to beat it, scram.

largo, a -1 *adj* long; *(extenso)* lengthy; *(alto)* tall; *(abundante)* abundant ♦ **a la larga** *(con el tiempo)* in the long run; *(poco a poco)* little by little • **a lo largo** lengthwise; *(por)* along; *(a través)* throughout **-2** *m* length ♦ **de largo** long <*la piscina tiene quince pies de largo* the pool is fifteen feet long> **-3** *interj* get out! ♦ **¡largo de aquí!** get out of here!

laringe *f* larynx.

laringitis *f* laryngitis.

larva *f* [pl **vae**] larva.

las -1 *def art* the **-2** *pron* them.

láser *m* laser ♦ **rayo láser** laser beam.

lástima *f* *(sentimiento)* pity, compassion; *(cosa)* pity, shame ♦ **dar lástima** to be pitiful • **es una lástima que** it's a shame that.

lastimar *vt* *(dañar)* to injure, hurt; *(agraviar)* to hurt, offend ♦ **lastimarse** *vr* to hurt o injure oneself.

lastre *m* AER, MARIT ballast.

lata *f* *(hoja de lata)* tin plate; *(envase)* tin can, can; *Amer,* COLL *(persona)* pest, nuisance ♦ **dar la lata** COLL to annoy.

latear *vt* *Amer,* COLL to bore, bend (someone's) ear.

lateral *adj* lateral, side.

latido *m* beat, beating.

latigazo *m* *(golpe)* whiplash; *(chasquido)* whip-cracking.

látigo *m* *(azote)* horsewhip; *Col, Ecuad, Peru* whiplash.

latiguear *vi Amer* to flog, whip.

latir *vi* *(el corazón)* to beat; *Mex* to have an inkling o a hunch.

latitud *f* *(ancho)* width, breadth; *(extensión)* extent, scope; GEOG latitude.

latón *m* brass.

latoso, a *adj* COLL annoying, bothersome.

laúd *m* MUS lute.

laurel *m* laurel, bay.

lava *f* lava.

lavabo *m* *(lavamanos)* wash basin; *(cuarto)* bathroom.

lavacoches *m inv* car washer.

lavadero *m* laundry.

lavado *m* *(acción)* washing, wash ♦ **lavado en seco** dry cleaning.

lavadora *f* washing machine.

lavamanos *m inv* washbasin, washbowl.

lavanda *f* lavender.

lavandería *f* laundry, laundromat.

lavaplatos *m inv* dishwasher.

lavar *vt* *(limpiar)* to wash; *(purificar)* to wipe away, clean ♦ **lavarse** *vr* to wash (oneself).

lazo *m* *(nudo)* knot; *(para animales)* lasso; *(asechanza)* trap; *(vínculo)* bond, tie.

le *pron* him <*la niña le siguió* the little girl followed him>; you <*no le vi a usted* I didn't see you>; to him, to her, to it, to you <*le dimos un regalo* we gave a present to him>; for him, for her, for it, for you <*le compré una cámara I* bought a camera for her>; from him, from her, from it, from you <*el gobierno le quitó la tierra* the government took his land from him>.

lealtad *f* loyalty, fidelity.

lección *f* lesson.

lechar *vt Amer* to milk; *C Amer, Mex* to whitewash.

leche *f* milk.

lechería *f* *(tienda)* dairy store; *Amer* dairy farm.

lechero, a *adj* *(vaca)* milk cow *-m* milkman.

lecho *m* bed; GEOL bed, layer.

lechón *m* *(cochinillo)* suckling pig.

lechoso, a *m* papaya tree *-f* papaya.

lechuga *f* lettuce.

lechuza *f* owl.

lector, ra -1 *adj* reading **-2** *m/f* reader.

lectura *f* reading.

leer *vt & vi* to read.

legado *m* legacy.

legal *adj* legal.

legalizar *vt* to legalize; *(certificar)* to authenticate, validate.

legar *vt* to leave, bequeath.

legendario, a *adj* legendary, fabled.

legión *f* legion; *(multitud)* legion, multitude ♦ **la Legión Extranjera** the Foreign Legion.

legionario, a *adj & m* legionary.

legislación *f* legislation.

legislatura *f* legislature.

legítimo, a *adj* legitimate; *(válido)* valid.

legua *f* league ♦ **a la legua** far away, miles away.

legumbre *f* legume.

lejano, a *adj* distant, remote.

lejía *f* bleach.

lejos *adv* far (away) ♦ **a lo lejos** in the distance, far away • **de** *o* **desde lejos** from afar, from a distance • **ir lejos** to go too far, go a long way • **lejos de** far from, a long way from.

lema *m* motto.

lempira *m* HOND lempira.

lencería *f* underwear.

lengua *f* tongue; *(idioma)* language ♦ **írsele a uno la lengua** COLL to talk too much, run off at the mouth • **lengua materna** mother tongue, native language • **morderse la lengua** to bite one's tongue • **sacar la lengua a** to stick one's tongue out at • **tirar de la lengua** to make someone talk.

lenguado *m* sole, flounder.

lenguaje *m* language, speech.

lengüeta *f* *(de zapato)* tongue; MUS reed.

lente *m o f* lens ♦ **lente de contacto** contact lens ♦ *pl.* eyeglasses, spectacles.

lenteja *f* lentil.

lentejuela *f* sequin.

lentilla *f* contact lens.

lento, a *adj* slow.

leña *f* *(madera)* firewood ♦ **echar leña al fuego** to add fuel to the fire.

leñador, ra *m/f* woodcutter.

leñazo *m* Amer *(golpe)* blow, wallop.

leño *m* *(trozo de árbol)* log; *(madera)* wood.

león *m* lion; Amer puma.

leona *f* lioness.

leonero, a -1 *adj* Amer rowdy, disorderly -2 *m* Mex place where brawls occur -*m/f* lionkeeper -*f* *(jaula)* lion cage; *(cuarto desarreglado)* messy room.

leopardo *m* leopard.

leotardo *m* leotard.

lepra *f* leprosy.

leproso, a -1 *adj* leprous -2 *m/f* leper.

les *pron* to them, to you <déles el libro give the book to them>; for them, for you <quiero comprarles unos zapatos I want to buy shoes for you>; from them, from you <les quitaron la oportunidad they took the opportunity away from you>.

lesbiana/bia *adj & f* lesbian.

lesión *f* lesion, injury.

lesionado, a *adj* injured, wounded.

lesionar *vt (herir)* to wound, injure; *(dañar)* to damage ♦ **lesionarse** *vr* to get hurt, get injured.

leso, a *adj* injured, wronged; Amer silly, stupid.

letra *f* letter; *(modo de escribir)* handwriting, writing; *(sentido)* letter, literal meaning; MUS lyrics, words; COM draft, bill of exchange ♦ **letra de imprenta** type • **letra mayúscula** capital letter • **letra minúscula** lowercase letter.

letrado, a *m/f* attorney lawyer.

letrero *m (señal)* sign; *(etiqueta)* label.

letrina *f* latrine, privy.

leucemia *f* leukemia.

levadizo, a *adj* which can be raised ♦ **puente levadizo** drawbridge.

levadura *f (fermento)* yeast ♦ **levadura de cerveza** brewer's yeast.

levantador, ra *m/f* lifter.

levantamiento *m* uprising.

levantar *vt (alzar)* to raise, lift; *(elevar)* to lift up; *(construir)* to raise, erect; *(establecer)* to found, set up; *(producir)* to raise; *(los ánimos, la voz)* to raise; *(campamento)* to break ♦ **levantar cabeza** to improve one's condition in life ♦ **levantarse** *vr (elevarse)* to rise; *(ponerse de pie)* to stand up; *(de la cama)* to get out of bed; *(sobresalir)* to stand out; METEOROL to rise.

levar *vt* MARIT to weigh.

leve *adj (ligero)* light; *(de poca importancia)* slight, trivial.

léxico, a -1 *adj* lexical -2 *m (diccionario)* lexicon; *(de un escritor)* vocabulary.

ley *f* law, statute; *(regla)* rule, regulation; *(acto)* act, bill; *(norma)* standard.

leyenda *f* legend, myth.

liar *vt (atar)* to tie, bind; *(un cigarrillo)* to roll; COLL *(engañar)* to take in, fool; *(mezclar)* to mix up in ♦ **liarse** *vr (unirse)* to live together • **liarse a palos** to come to blows.

libélula *f* dragonfly.

liberación *f* liberation.

liberal *adj & m/f* liberal.

liberar *vt* to free, liberate ♦ **liberarse** *vr* to be released *o* discharged.

libertad *f* liberty, freedom; *(derecho)* right, liberty.

libra f pound ♦ **libra carnicera** kilogram • **libra esterlina** pound sterling.

librar vt (salvar) to save free, deliver; (eximir) to exempt, release; (batalla, duelo) to wage ♦ **librarse** vr to avoid, escape.

libre adj free; (vacante) free, unoccupied; (exento) free, exempt; (en la natación) freestyle ♦ **libre de** free from • **libre de derechos** duty-free.

librería f (tienda) bookstore, bookshop; (armario) bookcase, bookshelf; (biblioteca) library.

librero m (vendedor) bookseller, book dealer; Amer (armario) bookcase, bookshelf.

libreta f notebook ♦ **libreta de ahorros** savings book, passbook.

libro m book; (registro) register ♦ **examinar los libros** COM to audit • **libro de cuentas** account book • **libro de texto** textbook.

licencia f license, permit; (permiso) permission; EDUC licentiate degree; MIL discharge.

licenciado, a m/f university graduate, bachelor; Amer lawyer.

licenciar vt EDUC to graduate, license; MIL discharge ♦ **licenciarse** vr to graduate.

liceo m Amer (escuela) grammar high school.

lícito, a adj licit.

licor m liquor, spirits.

licuadora f mixer, blender.

líder m leader, chief.

lidiar vt (torear) to fight -vi (luchar) to fight, battle.

liebre f hare ♦ **liebre corrida** Mex whore • **dar gato por liebre** to swindle.

lienzo m (tela) linen, canvas; PAINT canvas.

liga f (de medias) garter; (venda) band; (aleación) alloy; (confederación) alliance, league; SPORT league.

ligamento m ANAT ligament.

ligar vt (atar) to tie, bind; (unir) to join, link; (obligar) to bind, commit -vi Amer (entenderse) to get along well ♦ **ligarse** vr to unite.

ligero, a -1 adj light; (rápido) quick, swift; (ágil) agile, nimble; (inconstante) fickle -2 adv quickly, swiftly ♦ **a la**

ligera (de prisa) quickly, swiftly; (sin reflexión) without much thought.

lija -1 f (pez) dogfish; (papel) sandpaper ♦ **darse lija** Amer to put on airs -2 adj Mex, P Rico shrewd, sharp.

lijar vt to sand, sandpaper.

lila f & adj lilac.

lima[1] m (fruto) lime; (limero) lime tree.

lima[2] f file ♦ **lima para las uñas** nail file.

limar vt (desbastar) to file down; (pulir) to polish, refine.

limatón m Amer roof beam.

limitar vt to limit; (delimitar) to delimit; (restringir) to restrict -vi to be bounded ♦ **limitarse** vr to limit oneself.

límite m limit; (frontera) boundary ♦ **fecha límite** deadline.

limón m lemon; (árbol) lemon tree; Amer (de escalera) string, shaft.

limonada f lemonade.

limonero m lemon tree.

limosna f charity, alms.

limosnero, a m/f Amer beggar.

limpia f (limpieza) cleaning.

limpiabotas m inv shoe shiner, bootblack.

limpiaparabrisas m inv windshield wiper.

limpiar vt to clean, cleanse; COLL (robar) to swipe; Mex to beat, whip.

limpieza f (calidad) cleanliness; (acción) cleaning, cleansing ♦ **limpieza en seco** dry cleaning.

limpio, a -1 adj clean, spotless; (sin mezcla) pure; (cantidad) net; (exento) free, clear; (aseado) neat, tidy ♦ **en limpio** free and clear, net -2 adv fair **poner en limpio** to make a clean copy • **sacar algo en limpio** to understand, get a clear idea (of).

linaje m lineage, ancestry.

lince m lynx.

linchar vt to lynch.

lindar vi to border (on), be adjacent (to).

lindo, a -1 adj pretty, lovely -2 adv RP prettily, nicely ♦ **de lo lindo** much, a lot.

línea f line; (límite) limit, boundary; (silueta) figure, outline ♦ **estar en línea** Amer to be slim, in shape • **guardar la línea** to keep one's figure • **línea**

aérea airline • **línea férrea** railway • **línea telegráfica** telegraph line.

lingote *m* ingot.

lingüístico, a -1 *adj* lingüistic **-2** *f* lingüistics.

linimento *m* liniment.

lino *m* flax; *(tela)* linen; *Arg, P Rico* flaxseed, linseed.

linóleo/leum *m* linoleum.

linterna *f (luz)* lantern, flashlight; *(lámpara)* lamp, light.

lío *m (bulto)* bundle, package; COLL *(embrollo)* jam, mess ✦ **armar un lío** COLL to make a fuss o racket • **hacerse un lío** COLL to get into a jam o fix.

liquen *m* lichen.

liquidación *f (un negocio)* liquidation; *(venta)* clearance sale.

liquidar *vt (vender)* to sell off, liquidate; *(pagar)* to settle, clear; *(poner fin)* to resolve; *Amer,* COLL *(matar)* to eliminate.

líquido, a -1 *adj* liquid; *(sin gravamen)* net **-2** *m* liquid fluid.

lira *f* MUS lyre; FIN lira.

lírico, a *adj* lyric(al).

lirio *m* iris.

lisiar *vt* to cripple, disable.

liso, a *adj (parejo)* smooth, even; *(llano)* flat.

lista *f* list; *(de personas)* roll; *(tira)* strip; *(raya)* stripe.

listado, a *adj* striped.

listo, a *adj (inteligente)* smart, clever; *(preparado)* ready; *(sagaz)* shrewd; **¿estás listo?** are you ready?

listón *m* ribbon; CARP lath, cleat.

lisura *f Amer* boldness, impudence.

litera *f (vehículo)* litter; *(en tren)* berth, bunk.

literal *adj* literal.

literario, a *adj* literary.

literato, a *m/f* man o woman of letters.

literatura *f* literature.

litografía *f* lithography.

litoral *adj & m* littoral, coast.

litro *m* liter.

liturgia *f* liturgy.

llaga *f* wound, sore; *(úlcera)* ulcer, sore.

llama[1] *f* flame.

llama[2] *f* ZOOL llama.

llamada *f* call, calling; *(de timbre)* ring; *(de puerta)* knock; *(telefónica)* telephone call; *Mex* cowardice.

llamamiento *m* call.

llamar *vt* to call; *(convocar)* summon; *(atraer)* attract; *(suplicar)* to call upon, appeal to ✦ **llamar por teléfono** to telephone, phone -*vi* -*(hacer sonar un timbre)* to ring a doorbell; *(tocar a la puerta)* to knock at the door; *(por teléfono)* to call, telephone ✦ **¿cómo se llama usted?** what's your name? • **¿quién llama?** who is it? ✦ **llamarse** *vr* to be called o named.

llamarada *f* flare.

llamativo, a *adj* showy, flashy.

llano, a -1 *adj (superficie)* flat, even; *(sencillo)* simple, straightforward; *(estilo)* clear **-2** *m* GEOG plain.

llanta *f (de una rueda)* rim; *Amer* tire.

llanto *m* crying, weeping.

llanura *f* plain.

llave *f* key; *(grifo)* tap, faucet; ELEC switch; MECH wrench; *(corchete)* bracket; MUS clef; *(en lucha libre)* lock ✦ **echar llave** to lock • **llave de paso** water valve • **llave inglesa** monkey wrench.

llavero *m* key ring.

llegada *f* arrival; SPORT finish.

llegar *vi* to arrive, come; *(alcanzar)* to reach, extend <*la falda le llega hasta las rodillas* the skirt reaches her knees>; *(ascender)* to amount, come <*la cuenta llegó a quinientos pesos* the bill came to five hundred pesos> ✦ **llegar a** *(destino)* to arrive at, reach; *(acuerdo)* to reach; *(lograr)* to manage to <*llegó a controlar la situación* he managed to control the situation> • **llegar a ser** to become ✦ **llegarse** *vr (acercarse)* to move closer, come near; *(ir)* to stop by.

llenar *vt* to fill (up) <*llene el vaso de vino* fill the glass with wine>; *(sitio)* to crowd, make full; *(ocupar)* to fill, while away <*llena el tiempo leyendo* he fills his time reading>; *(formulario)* to fill out; *(satisfacer)* to satisfy <*el trabajo llena su vida* work satisfies his life>; *(colmar)* to heap <*llenar de insultos* a to heap insults on> ✦ **llenarse** *vr* to fill up, be filled <*la sala se llenaba de gente* the room was filling up with people>; COLL *(hartarse)* to stuff oneself, gorge.

lleno, a *adj* full, filled ✦ **lleno de** full of, filled with.

llevar vt to carry, take <*le llevó flores al hospital* he took her flowers to the hospital>; *(vestir)* to wear <*lleva medias negras* he is wearing black socks>; *(traer)* to carry, have <*no llevo dinero* I do not carry any money>; *(conducir)* to take, lead <*este camino te llevará a Barcelona* this road will take you to Barcelona>; *(encargarse de)* to manage, run <*ella lleva las cuentas de la casa* she manages the household accounts>; *(pasar)* to have spent, have been <*llevo cinco noches sin dormir* I have spent five nights without sleep>; *(existir diferencia)* to be older, to have (over) <*nuestro equipo lleva una gran ventaja al contrario* our team has a great advantage over the opponent> ♦ **llevar a cabo** to carry out • **llevar adelante** to go ahead o forward with *-vi* to lead <*la carretera lleva a la ciudad* the highway leads to the city> ♦ **llevarse** vr *(obtener)* to take away, carry off <*se llevó el premio gordo* she carried off the first prize>; *(coger)* to take <*se llevó el dinero del banco* he took the money from the bank>; *(conseguir)* to get <*se llevó lo que quería* he got what he wanted> • **llevarse bien, mal** to get along well, badly.

llorar vi to cry, weep.

lloriquear vi to whine, whimper.

llorón, ona -1 adj crying, weeping *-2* m/f weeper.

lloroso, a adj tearful; *(triste)* sad, sorrowful.

llover vi to rain ♦ **llover a cántaros** o **a mares** to rain cats and dogs, rain buckets.

llovizna f drizzle.

lluvia f rain.

lluvioso, a adj rainy, wet.

lo -1 def art the...thing, the...part <*lo mejor* the best part>; how <*no puedo creer lo rico que es* I cannot believe how rich he is> ♦ **lo de** the matter of, the business of <*¿y lo de vender la casa?* and the matter of selling the house?> • **lo que** what, which <*no revelarán lo que les dijiste* they will not reveal what you told them> • **lo que es** as to, as for *-2* pron it <*no lo creo* I don't believe it>; him <*lo vi* I saw him>; [not translated]

<*¿eres estudiante? no, no lo soy* are you a student? no, I am not>.

loba f female wolf.

lobo m wolf; *Amer*, ZOOL coyote ♦ **lobo de mar** old salt, sea dog • **lobo marino** seal.

lóbulo m lobe, lobule.

local -1 adj local *-2* m *(edificio)* premises; *(lugar)* locale, site.

localidad f *(población)* district, locality; THEAT *(asiento)* seat; *(billete)* ticket.

localizar vt to localize; *(encontrar)* to locate, find.

locería f *Amer* pottery shop, china shop.

loción f lotion.

loco, a -1 adj mad, crazy ♦ **andar** o **volverse loco** to go mad, go crazy *-2* m/f madman.

locomoción f locomotion.

locomotora f locomotive.

locución f expression; GRAM phrase.

locura f madness; FIG folly, lunacy.

locutor, ra m/f radio announcer.

lodo m mud, sludge.

lógico, a -1 adj logical *-2* m/f logician *-f* logic.

logística f logistics.

lograr vt *(obtener)* to get, obtain; *(realizar)* to achieve.

logro m success, achievement.

loma f hillock, knoll.

lombriz f worm, earthworm.

lomo m ANAT, CUL loin; ZOOL back; *(de un libro)* spine.

lonche m *Amer* lunch.

longaniza f pork sausage.

longitud f length; GEOG longitude.

lonja f slice; COM *(edificio)* marketplace, exchange; *RP* leather strap.

loquera f *Amer* madness, insanity.

loquería f *Amer* insane asylum.

loquero m row, uproar.

loro m parrot; COLL hag.

los -1 def art the *-2* pron them.

losa f slab, stone.

lote m lot, share.

lotería f lottery, raffle.

loza f glazed pottery.

lubricante m lubricant.

lucero m bright star; *(planeta)* Venus.

lucha f struggle, conflict; SPORT wrestling.

luchar *vi* to fight, struggle.

lúcido, a *adj (inteligente)* brilliant, intelligent.

luciérnaga *f* glowworm, firefly.

lucir *vi* to shine; *(tener apariencia)* to show -*vt (alardear)* to show off, display ◆ **lucirse** *vr (vestir bien)* to dress up; *(salir bien)* to come out with flying colors.

lucrativo, a *adj* lucrative.

lucro *m* profit, gain.

luego -1 *adv (después)* then, afterward; *(más tarde)* later, later on; *(pronto)* soon ◆ **desde luego** of course, naturally • **hasta luego** so long, until later; • **luego que** as soon as -2 *conj* therefore.

lugar *m (sitio)* place; *(espacio)* room, space; *(puesto)* position ◆ **en lugar de** instead of • **tener lugar** to take place, happen.

lugarteniente *m* lieutenant.

lujo *m* luxury.

lujoso, a *adj* luxurious.

lujuria *f* lust, lechery.

lumbago *m* lumbago.

lumbre *f (luz)* light; *(fuego)* fire.

lumbrera *f* Mex box (in a bullring).

luminoso, a *adj* luminous; *(idea)* bright, brilliant.

luna *f* moon; *(vidrio)* plate glass; *(espejo)* mirror; *(lente)* lens ◆ **luna de miel** honeymoon • **luna llena** full moon • **media luna** Amer *(pastry)* croissant.

lunar[1] *m* mole, beauty mark.

lunar[2] *adj* lunar.

lunático, a *adj & m/f* lunatic.

lunes *m* Monday.

luneta *f* lens.

lupa *f* magnifying glass, loupe.

lustrabotas *m inv* Amer shoe shiner.

lustrar *vt* to polish, shine.

lustre *m* luster, shine; *(betún)* shoe polish.

luto *m* mourning.

luz *f (claridad)* light; *(lámpara)* lamp; *(día)* day, daylight ◆ **dar a luz** PHYSIOL to give birth • **sacar a luz** *(revelar)* to bring to light; *(publicar)* to bring out, publish • **salir a luz** *(publicarse)* to come out, publish; *(descubrirse)* to come to light.

M

macabro, a adj macabre, funereal.

macarrón m macaroon ♦ pl macaroni.

macerar vt to macerate.

maceta[1] f (mango) handle; Amer mallet.

maceta[2] f flowerpot.

macetero m flowerpot stand.

machacar vt to crush, pound -vi (importunar) to bother, pester; (insistir) to insist, go on about.

machete m machete.

macho -1 adj male; (fuerte) strong, tough; (viril) manly, virile **-2** m (animal) male; ELEC plug; COLL (fuerte) he-man.

machona adj Amer mannish woman.

machucar vt to pound, beat.

macizo, a -1 adj (fuerte) strong, solid; (sin hueco) solid **-2** m (masa) mass; GEOG, GEOL massif.

mácula f stain, spot.

macuto m alms basket.

madeja f skein; (de pelo) mop (of hair).

madera f wood ♦ **de madera** wooden, of wood.

madero m log, length of timber.

madrastra f stepmother.

madre f mother; (cauce) riverbed; (acequia) main irrigation ditch; (causa) cause ♦ ¡**madre mía!** my goodness! • **madre política** mother-in-law.

madreselva f honeysuckle.

madriguera f burrow, hole.

madrina f (de bautismo) godmother; (de boda) bridesmaid; (protectora) protectress, patroness.

madrugada f (amanecer) dawn; (levantada) early rising ♦ **a las dos de la madrugada** at two o'clock in the morning • **de madrugada** at daybreak.

madrugador, ra -1 adj early rising **-2** m/f early riser.

madrugar vi to get up early -vt Arg, Mex, SL to get the better of (someone).

madurar vt & vi AGR to ripen, mature; (persona) to mature.

madurez f AGR ripeness; (edad adulta) maturity.

maduro, a adj AGR ripe; (juicioso) wise; (entrado en años) mature.

maestría f mastery, skill; Amer (título avanzado) Master's degree.

maestro, a -1 adj (perfecto) master; (principal) main, principal **-2** m (profesor) teacher, schoolmaster; (artesano) master; MUS maestro ♦ **maestro de capilla** choirmaster -f (profesora) teacher, schoolmistress.

magia f magic.

mágico, a adj magic(al).

magisterio m (profesión) teaching profession; (conjunto) teaching staff.

magistrado m magistrate; Amer Prime Minister.

magistral adj skillful, masterful.

magnánimo, a adj magnanimous.

magnate m magnate.

magnesio m magnesium.

magnético, a adj magnetic.

magnetismo m magnetism.

magnetófono/tofón m tape recorder.

magnífico, a adj (hermoso) magnificent, beautiful; (excelente) excellent; (generoso) generous.

magnitud f (tamaño) magnitude, size; (importancia) importance, order.

magnolia f magnolia.

mago m magician, wizard.

magro, a -1 adj lean, thin **-2** m lean pork.

magulladura f bruise, contusion.

magullar vt to bruise, batter.

magullón m Amer bruise.

maicena f cornstarch.

maíz m [pl íces] GB corn, maize ♦ **rosetas de maíz** popcorn.

maizal m cornfield.

maja f see **majo, a.**

majada f Arg, Chile flock of sheep.

majadero, a -1 adj silly, foolish **-2** m/f silly person, fool.

majar vt to mash, pound; COLL (molestar) to annoy, bother.

majestad f majesty, sovereignty ♦ **Su Majestad** Your Majesty.

majestuoso, a adj majestic, grand.

majo, a Sp **-1** adj (vistoso) flashy, showy; (bonito) pretty, attractive; (simpático) nice, sweet; (elegante) smart, well-dressed **-2** f Sp flashy young woman.

mal[1] **-1** adj see **malo, a -2** m (vicio) evil; (daño) damage, harm; (desgracia) misfortune; (enfermedad) illness, disease ♦ **mal de mar** seasickness • **mal de montaña** altitude sickness.

mal² adv (pobremente) badly, poorly; (desacertadamente) wrongly, incorrectly; (difícilmente) hardly <mal puedo ayudarte I can hardly help you> ♦ **menos mal** just as well.

malabarista m juggler.

malacate m Amer spindle.

malacostumbrado, a adj having bad habits; (mal criado) spoiled.

malacrianza f Amer bad manners.

malagradecido, a adj Amer ungrateful, unappreciative.

malaria f malaria.

malaventura f misfortune, adversity.

malaventurado, a -1 adj ill-fated, unfortunate **-2** m/f unfortunate person, poor soul.

malbaratar vt (malvender) to undersell; (malgastar) to squander.

malcriadez/deza f Amer bad manners, lack of breeding.

malcriado, a adj spoiled, ill-bred.

malcriar vt to spoil, pamper.

maldad f (carácter de malo) wickedness, evil; (acto) evil act.

maldecir vt (echar una maldición) to curse, damn; (calumniar) to slander; (renegar de) to curse -vi to curse.

maldición -1 f curse, damnation **-2** interj damn!, damnation!

maldito, a adj (desagradable) damned, lousy <esta maldita lluvia this damned rain>; (de mal carácter) bad, wicked; (condenado) damned, condemned.

maleante -1 adj wicked **-2** m/f crook, evildoer.

malear vt (estropear) to spoil, ruin; (pervertir) to pervert, corrupt ♦ **malearse** vr (pervertirse) to be perverted o corrupted.

malecón m sea wall, dike.

maleducado, a adj bad-mannered.

maleficio m spell, curse.

malentendido m misunderstanding.

malestar m (del cuerpo) malaise, indisposition; (inquietud) malaise, uneasiness.

maleta f suitcase, valise ♦ **hacer la maleta** to pack one's bag.

maletera f Amer (coche) boot, trunk.

maletero m station porter; AUTO trunk.

maletín m small suitcase.

maletón m Amer hunchback, humpback.

maletudo, a adj Amer hunchbacked.

maleza f (hierbas) weeds; (zarzales) underbrush.

malformación f malformation.

malgastar vt to waste, misspend.

malhablado, a adj foul-mouthed, vulgar.

malhaya adj Amer, COLL damned, cursed; **¡malhaya sea!** damn it!

malhumorado, a adj bad-tempered.

malicia f (perversidad) malice, wickedness; (disimulo) slyness, cunning; (travesura) mischievousness, naughtiness.

malicioso, a -1 adj malicious **-2** m/f malicious person.

maligno, a adj malignant.

malintencionado, a adj & m/f ill-intentioned (person).

malla f (de red) mesh, netting; Amer (traje de baño) swimsuit, bathing trunks.

malo, a -1 adj bad; (pobre) poor; (perverso) evil; (dañino) harmful; (desagradable) unpleasant, nasty; (enfermo) sick, ill; (nocivo) noxious <un mal olor a noxious odor> ♦ **a la mala** Amer by force • **de malas** (con desgracia) out of luck <estar de malas to be out of luck>; (con mala intención) with bad intentions; COLL (molesto) upset, out of sorts <hoy estoy de malas I am out of sorts today> • **por las malas** by force **-2** m ♦ **el malo** the bad guy, the villain.

malograr vt to waste, lose; (estropear) to spoil, ruin ♦ **malograrse** vr (fracasar) to fail, come to nothing; (morir prematuramente) die before one's time.

malón m Amer surprise Indian attack.

malpensado, a adj & m/f evil-minded o malicious (person).

malsonante adj (que suena mal) ill-sounding, harsh; (indecente) nasty, offensive.

malta f malt; RP black beer.

maltratar vt to maltreat, mistreat.

maltrecho, a adj damaged, battered.

malva f mallow; Mex, COLL marijuana, weed -m & adj (color) mauve, light violet.

malvado, a -1 adj evil, wicked **-2** m/f evildoer, wicked person.

malversación f embezzlement.

mama f mamma, mammary gland; COLL (madre) mama, mommy.

mamá COLL mama, mommy.

mamadera f Amer (biberón) baby bottle.

mamar vt (chupar) to suckle, nurse -vi to suck, nurse ♦ **mamarse** vr Amer, COLL to get drunk o smashed.

mamífero -1 adj mammalian -2 m mammal, mammalian.

mamotreto m Amer (armatoste) monstrosity.

mampara f (cancel) movable room divider o partition; (biombo) screen.

mamporro m COLL bump (on the head).

manada f flock, herd; (de lobos) pack ♦ **a manadas** COLL in droves o crowds.

manantial -1 adj spring, running -2 m (fontanal) spring, source.

manar vt & vi to run o flow (de from).

manazas -1 adj clumsy, all thumbs -2 m/f inv clumsy person.

mancarrón m Amer nag, worn-out horse.

manceba f mistress, concubine.

mancebo m young man, youth.

mancha f stain, spot; (borrón) blot, smudge.

manchar vt (hacer manchas) to stain, spot; (ensuciar) to soil, dirty ♦ **mancharse** vr (hacerse manchas) to become stained o spotted; (ensuciarse) to get dirty, become soiled.

mancillar vt to stain, blemish.

manco, a -1 adj (de una mano) one-handed; (de un brazo) one-armed; (sin el uso de un miembro) maimed, disabled -2 m/f (persona con una sola mano) one-handed person; (persona con un solo brazo) one-armed person; (persona sin el uso de un miembro) person with a disabled extremity.

mancomunidad f (asociación) association, union; (comunidad) community.

mancuerna f ♦ pl Mex cuff links.

mandado m (orden) order; (encargo) task, assignment; (recado) errand.

mandamiento m order, command; BIBL commandment.

mandar vt (ordenar) to order, command; (enviar) to send ♦ **mandar a volar** Mex, COLL to kiss off, get rid of • **mandar a paseo** COLL to send packing -vi to be in command, be in charge ♦ **¿mande?** Mex pardon me?, come again?

mandarina f mandarin orange, tangerine.

mandatario m agent, mandatary ♦ **el primer mandatario** the president.

mandato m (orden) order, command; (encargo) charge, trust; DIPL, POL mandate.

mandíbula f jaw, mandible.

mandil m (delantal) apron, pinafore; Amer (manta de caballo) horse blanket.

mandioca f cassava, manioc; (tapioca) tapioca.

mando m (autoridad) authority, power; (dirección) command, leadership; POL term of office; MECH control.

mandolina f mandolin.

mandón, ona adj & m/f bossy (person).

mandril m mandrill.

manecilla f (del reloj) hand; (broche) clasp; (palanquilla) small lever.

manejar vt to handle; (empresa) to run, manage; (automóvil) to drive ♦ **manejarse** vr (comportarse) to behave -vi Amer to drive.

manejo m handling, management; (de auto) driving.

manera f manner; (modo) way; (tipo) type; (estilo) style ♦ **de manera que** so, so that • **de ninguna manera** by no means, in no way • **de otra manera** otherwise • **de todas maneras** at any rate, anyway • **manera de ser** personality, the way one is.

manga f sleeve; (manguera) hose; (colador) strainer; MARIT beam, breadth ♦ **sin mangas** sleeveless.

mangar vt Amer (pedir) to mooch, sponge.

mango[1] m handle, haft.

mango[2] m mango (tree and fruit).

mangón m Amer corral; Col pastureland.

mangonear vi Amer to profit by illicit means; Mex to steal.

mangosta f mongoose.

manguear vt Amer (caza) to flush, startle.

manguera f (de riego) hose, garden hose.

maní m [pl níes] peanut.

manía f (locura) mania; (capricho) craze, fad; (costumbre) habit; COLL (tirria) dislike, aversion.

maníaco, a adj & m/f maniac.

maniatar vt to manacle, handcuff.

M

maniático, a -1 adj maniacal **-2** m/f maniac.

manicomio m insane asylum.

manicuro, a m/f manicurist -f manicure.

manifestación f manifestation.

manifestar vt (expresar) to manifest, express; (anunciar) to show, reveal.

manifiesto, a -1 adj manifest, obvious **-2** m manifest.

manija f (mango) handle; (abrazadera) clamp.

manilargo, a adj Amer (ladrón) light-fingered.

manillar m handlebars (of a bicycle).

maniobra f (acto) handling, operation; (artificio) maneuver, stratagem ♦ pl MARIT, MIL maneuvers.

maniobrar vi & vt to maneuver.

manipular vt to manipulate; (manejar) to handle.

maniquí m [pl íes] mannequin.

manirroto, a adj & m/f spendthrift.

manivela f crank.

manjar m (alimento) food; (plato) dish.

mano -1 f hand; (pata) forefoot, foot paw; (capa) coat; (lado) side <el río está a mano izquierda the river is on the left side>; (ayuda) hand, help ♦ **a la mano** on hand, at hand • **a mano** by hand <escrito a mano written by hand>; (cerca) at hand, on hand • **a mano armada** armed, by force • **darse las manos** (unirse) to join hands, unite; (saludarse) to shake hands • **de mano** hand <equipaje de mano hand luggage> • **estrechar la mano a** to shake hands with • **mano de obra** labor.

**mano² ** m Amer, COLL friend, pal.

manojo m (haz) bundle, bunch; (puñado) handful.

manosear vt to handle, touch.

mansión f residence.

manso, a -1 adj (suave) gentle, mild; (domesticado) tame **-2** m bellwether (of a flock).

manta f (frazada) blanket; (mantón) shawl; Amer (poncho) poncho; Col, Mex (algodón) coarse cotton cloth; Amer, ICHTH manta ray.

manteca f (grasa) grease, fat; (de cerdo) lard; (de vaca) butter.

mantel m (de la mesa) tablecloth; (del altar) altar cloth.

mantelería f table linen.

mantener vt (alimentar) to feed; (sustentar) to maintain, support; (sostener) to support, hold up; (conservar) to maintain, keep; (continuar) to maintain, keep up; (afirmar) to affirm ♦ **mantenerse** vr (alimentarse) to feed oneself; (sustentarse) to maintain o support oneself; (perseverar) to remain o stand firm; (permanecer) to remain, keep oneself.

mantenimiento m (mantenencia) maintenance; (sostenimiento) support; (sustento) sustenance, food.

mantequero m butter dish.

mantequilla f (de vaca) butter; (con azúcar) butter cream.

mantequillera f Amer butter dish.

mantilla f mantilla; (de un niño) swaddling clothes.

manto m (capa) cloak, mantle; (mantilla) long mantilla; (vestidura) robe; Mex, BOT bellflower.

mantón m shawl.

manual adj & m manual.

manubrio m TECH crank; (manija) handle; (de bicicleta) handlebars; Amer (de coche) steering wheel.

manufactura f (fábrica) factory; (fabricación) manufacture.

manuscrito, a -1 adj handwritten **-2** m manuscript.

manutención f (acción) maintenance; (conservación) conservation.

manzana f apple; (cuadra) block.

manzanar m apple orchard.

manzanilla f chamomile; (infusión) chamomile tea; (aceituna) olive; (jerez) manzanilla.

manzano m apple tree.

maña f skill, dexterity; (astucia) craftiness, guile.

mañana -1 f morning ♦ **de** o **en** o **por la mañana** in the morning **-m** tomorrow, future **-2** adv (el próximo día) tomorrow; (en el futuro) in the future ♦ **hasta mañana** see you tomorrow • **pasado mañana** the day after tomorrow.

mañanitas f pl Amer (canción) birthday song.

mañero, a adj RP (mañoso) hard to manage.

mapa m map, chart.

mapache/chín m raccoon.

mapamundi *m* map of the world.

maquear *vt* to lacquer; *Mex* to varnish.

maquillaje *m* *(acción)* making up (of one's face); *(cosmético)* makeup, cosmetics.

maquillar *vt* to make up (one's face), apply cosmetics to.

máquina *f* *(aparato)* machine; *(motor)* engine; *(locomotora)* locomotive, engine ♦ **máquina de escribir** typewriter • **máquina registradora** *S Amer* cash register.

maquinar *vt* to plot, scheme.

maquinaria *f* *(conjunto)* machinery; *(mecanismo)* mechanism.

maquinilla *f* small machine o device ♦ **maquinilla de afeitar** o **de seguridad** safety razor.

maquinista *m* RAIL engineer, engine driver.

mar *m* o *f* sea; *(marejada)* tide, swell ♦ **alta mar** high seas • **la mar de** *(muchos)* loads of, lots of <*la mar de trabajo* loads of work>; *(muy)* very <*él es la mar de tonto* he is very foolish> • **llover a mares** to rain cats and dogs.

maraña *f* tangle, mess.

maratón *m* marathon.

maravilla *f* *(fenómeno)* wonder, marvel; *(asombro)* wonder, astonishment ♦ **a las mil maravillas** wonderfully, excellently.

maravillar *vt* to amaze, astonish ♦ **maravillarse** *vr* to marvel, be amazed *(con, de* at, by).

maravilloso, a *adj* marvelous, wonderful.

marca *f* *(señal)* mark; *(de ganadería)* brand; *(tipo)* make, brand <*¿de qué marca es su auto?* what make is your car?>; *(estampa)* stamp; COM trademark; SPORT mark, record ♦ **de marca** excellent, outstanding • **marca registrada** (registered) trademark.

marcador *m* scoreboard.

marcapaso(s) *m* pacemaker.

marcar *vt* to mark; *(indicar)* to say, indicate <*la balanza marca tres kilos* the scale indicates three kilos>; *(subrayar)* to mark, underline; *(un número de teléfono)* to dial; SPORT to score ♦ **marcar el compás** MUS to keep time.

marcha *f* *(movimiento)* march, movement; *(velocidad)* speed, velocity; *(salida)* departure; *(curso)* course, progress; *(funcionamiento)* operation, running ♦ **dar marcha atrás** to go into reverse • **estar en marcha** *(comenzar)* to be underway; *(funcionar)* to be running o working • **marcha atrás** AUTO reverse • **poner en marcha** to start • **sobre la marcha** on the double.

marchar *vi* *(ir)* to go; *(funcionar)* to run, work; *(progresar)* to go, proceed <*todo marcha bien* everything is going well>; MIL to march ♦ **marcharse** *vr* to go (away), leave.

marchitar *vt* *(secar)* to wilt; *(debilitar)* to debilitate, weaken ♦ **marchitarse** *vr* *(secarse)* to wilt; *(debilitarse)* to become weak, languish.

marcial *adj* martial; *(militar)* military.

marco *m* *(cerco)* frame; FIN mark (monetary unit); *(estructura)* framework <*dentro del marco del pensamiento hegeliano* within the framework of Hegelian thought>.

marea *f* tide; *(viento)* sea breeze.

mareado, a *adj* *(malo)* sick; *(en el mar)* seasick; *(bebido)* drunk; *(aturdido)* dizzy.

marear *vt* to navigate, sail; *(fastidiar)* to annoy, bother ♦ **marearse** *vr* *(tener náuseas)* to become nauseated; *(en barcos)* to become seasick.

marejada *f* swell, turbulence.

mareo *m* *(náusea)* sickness, nausea; *(en barcos)* seasickness.

marfil *m* ivory.

margarina *f* margarine.

margarita *f* BOT daisy.

margen *m* *(borde)* margin, border; *(amplitud)* leeway, margin <*me dejaron margen en mi trabajo* they gave me leeway in my work> ♦ **al margen** on the fringe <*vive al margen de la sociedad* he lives on the fringe of society> -f bank.

marginal *adj* marginal.

marginar *vt* to leave out.

marica *m* COLL, DEROG gay man, sissy.

maricón *m* SL, DEROG *(homosexual)* gay man.

marido *m* husband, spouse.

mariguana/huana/juana *f* marijuana.

marimba f (tambor) drum; Amer (tímpano) kettledrum; (xilófono) marimba, xylophone.

marina f see **marino, a**.

marinero, a -1 adj marine, sea **-2** m sailor, mariner -f Chile, Ecuad, Peru marinera (folkdance).

marino, a -1 adj marine, sea **-2** m sailor, mariner -f MIL navy.

marioneta f marionette, puppet.

mariposa f butterfly.

mariquita f ENTOM (coleóptero) ladybug; (hemíptero) firebug.

marisco m shellfish, crustacean.

marisma f salt marsh.

marítimo, a adj maritime, sea.

marmita f pot, saucepan.

mármol m marble.

marmota f marmot; FIG sleepyhead.

maromero, a m/f Amer tightrope walker.

marqués m marquis.

marquesa f (persona) marquise, marchioness; Amer (sillón) armchair, easy chair.

marquesina f marquee, canopy.

marrano, a -1 adj dirty, filthy **-2** m ZOOL pig, hog; COLL (sucio) pig, slob.

marro m Mex mallet.

marrón -1 adj brown **-2** m (color) brown; (castaña) candied chestnut.

marta f pine marten ♦ **marta cebellina** ZOOL sable.

martes m Tuesday.

martillero m Amer auctioneer.

martillo m hammer; ICHTH hammerhead (shark).

mártir m/f martyr.

martirio m martyrdom.

marzo m March.

mas conj but <no lo vi, mas lo escuché I didn't see it, but I heard it>.

más -1 adv more <más importante more important>; most <la alumna más inteligente the most intelligent student>; longer <durar más to last longer> ♦ **de más** too much, extra • **más allá** further • **más bien** rather • **más de** more than • **más que** more than <yo sé más que él I know more than he>; (sino) but, except <nadie puede hacerlo más que Carlos no one can do it except Charles> • **por más que** no matter how much **-2** m plus sign

-3 prep plus <cinco más ocho son trece five plus eight is thirteen>.

masa f mass; (volumen) volume, bulk; (cuerpo compacto) lump <una masa de arcilla a lump of clay>; (el pueblo) people, masses; (pasta) dough.

masacre m massacre.

masaje m massage.

masajista m masseur -f masseuse.

mascar vt (masticar) to chew; COLL (mascullar) to mumble.

máscara f (careta) mask; (traje) disguise, costume ♦ **máscara antigás** gas mask • **máscara de oxígeno** oxygen mask.

mascarada f masquerade, masked ball.

mascota f mascot.

masculino, a -1 adj male; (propio de los hombres) masculine, manly; GRAM masculine **-2** m GRAM masculine (gender).

masilla f putty.

masivo, a adj massive.

masoquista adj & m/f masochist.

masticar vt to chew, masticate.

mástil m mast; (palo) pole.

masturbar vt & vr to masturbate.

mata f (arbusto) bush, shrub; (pie de una planta) sprig, tuft; (campo de árboles) orchard, grove.

matadero m slaughterhouse.

matador, ra m/f TAUR bullfighter, matador.

matambre m Amer (fiambre) stuffed rolled beef.

matamoscas m inv fly swatter.

matanza f killing, slaughtering; (de personas) massacre; (de animales) slaughtering, butchering.

matar vt to kill; (animales) to butcher, slaughter ♦ **matarse** vr (quitarse la vida) to kill oneself, to be killed <su hijo se mató en un accidente his son was killed in an accident> -vi to kill.

matarratas m inv rat poison.

matasanos m COLL quack (doctor).

matasellos m inv (instrumento) canceller; (marca) postmark, cancellation.

mate¹ adj (sin brillo) matte; (apagado) dull.

mate² m checkmate, mate ♦ **jaque mate** to checkmate.

mate³ m Amer, BOT (arbusto) maté tree; (calabaza) maté gourd; (bebida) maté ♦ **yerba mate** maté (tea).

matemático, a -1 adj mathematical **-2** m/f mathematician -f mathematics ♦ pl mathematics.

materia f matter; (material) material, substance; EDUC subject ♦ **en materia de** as regards, in the matter of • **índice de materias** table of contents • **materia prima** raw material.

material -1 adj material; (corpóreo) physical; (materialista) materialistic **-2** m (aparato) materials, equipment; (substancia) material, substance <hecho de buen material made of good material>; (ingrediente) ingredient.

materialista -1 adj materialistic **-2** m/f materialist.

maternal adj maternal.

maternidad f (estado) maternity; (establecimiento) maternity hospital.

materno, a adj (maternal) maternal, motherly; (nativo) mother, native <lengua materna native language>.

matinal adj morning, matinal.

matiz m (de color) shade, tint; (aspecto) shade, nuance.

matizar vt (teñir) to tint, shade; (variar) to vary <matizar la voz to vary one's tone of voice>.

matón m COLL bully.

matorral m thicket.

matrero m Amer bandit.

matriarcal adj matriarchal.

matrícula f (lista) register, list; (inscripción) registration, matriculation; AUTO registration.

matricular vt & vr to register, matriculate.

matrimonial adj matrimonial.

matrimonio m (casamiento) marriage, matrimony; COLL (marido y mujer) married couple ♦ **contraer matrimonio** to marry.

matriz f womb, uterus; MATH, MIN matrix.

matrona f (madre de familia) matron; (partera) midwife; (encargada) matron.

maullar vi to meow, mew.

mausoleo m mausoleum.

máximo, a -1 adj maximum, greatest; highest <el punto máximo the highest point>; greatest <el pensador máximo de su tiempo the greatest thinker of his time> **-2** m maximum ♦ **como máximo**

at the most -f (temperatura) maximum temperature.

mayo m May.

mayólica f majolica ware.

mayonesa f mayonnaise.

mayor -1 adj (más grande) bigger, larger <la mayor parte the larger part>; (el más grande) biggest, largest; (importante) greater; (el más importante) greatest <el problema mayor the greatest problem>; (de más edad) older, elder <mi hermano mayor my older brother>; elderly <un señor mayor an elderly gentleman>; (el más viejo) oldest, eldest; (adulto) adult; (principal) main <calle mayor main street> ♦ **mayor de edad** of age **-2** m MIL major; (jefe) chief ♦ pl elders, ancestors.

mayordomo m majordomo.

mayorco m Amer (al mayor) wholesale.

mayoría f majority ♦ **en su mayoría** in the main • **mayoría de edad** legal age.

mayorista -1 adj wholesale **-2** m wholesaler.

mayúsculo, a -1 adj (letra) capital; (importante) important, prominent **-2** f capital letter.

maza f (arma) mace; (utensilio para machacar) mallet.

mazamorra f cornmeal mush.

mazapán m marzipan.

mazmorra f dungeon.

mazo m (martillo) mallet; (manojo) bunch.

mazorca f ear, cob (of corn).

me pron me <me vieron en el jardín they saw me in the garden>; me, to me <dame la llave give me the key>; me, for me <ella me compró un regalo she bought a present for me>; from me <me quitó el pañuelo he took the handkerchief from me>; myself <me miré en el espejo I looked at myself in the mirror>.

mecánico, a -1 adj (de la mecánica) mechanical, machine-operated; (automático) automatic, machine-like **-2** m (maquinista) mechanic -f (ciencia) mechanics; (mecanismo) mechanism.

mecanismo m (aparato) mechanism, working parts; (estructura) structure, workings.

mecanografía f typing, typewriting.

mecanógrafo, a m/f typist.

mecapal *m Amer (correa)* leather strap.
mecedora *f* rocking chair, rocker.
mecenas *m inv* patron (of the arts).
mecer *vt (acunar)* to rock; *(columpiar)* to swing ♦ **mecerse** *vr* to rock <*mecer en una mecedora* to rock in a rocking chair>; *(columpiarse)* to swing.
mecha *f (para encender)* match; *(mechón)* lock; *Amer (del taladro)* drill bit.
mechar *vt* to stuff.
mechero *m* burner, jet <*mechero de gas* gas burner>; *(encendedor)* lighter; *(del candelero)* candle socket.
mechón *m (de pelo)* lock, tuft; *(de lana)* tuft.
medalla *f* medal; *(joya)* medallion.
medallón *m* medallion; *(joya)* locket.
media *f (de mujer)* stocking; *(de hombre)* sock; *(tiempo)* half past <*las dos y media* half past two>.
mediado, a *adj* half full ♦ **a mediados de** halfway through, in the middle of.
mediano, a *adj (regular)* average, medium; COLL *(mediocre)* mediocre, poor.
medianoche *f* midnight.
mediante **-1** *adj* interceding **-2** *adv* through, by means of.
mediar *vi* to intercede, come between; *(transcurrir)* to elapse, go by.
medicación *f* medication, medical treatment.
medicamento *m* medicine, medicament.
medicina *f (ciencia)* medicine, art of healing; *(medicamento)* medicine, medication.
medicinal *adj* medicinal.
médico, a **-1** *adj* medical **-2** *m/f* doctor, physician ♦ **médico de cabecera** family doctor.
medida *f* measure, measurement <*medida para líquidos* liquid measure>; *(medición)* measuring, measurement; *(prevención)* measure, step <*tomó medidas para evitar más problemas* he took steps to avoid further problems>; *(prudencia)* measure, moderation ♦ **a medida que** as, while • **en la medida en que** insofar as • **(hecho) a (la) medida** made-to-order.
medidor *m Amer* meter.
medieval *adj* medieval.

medio, a **-1** *adj* half <*tres horas y media* three and a half hours>; *(mediano)* middle, medium <*una persona de talla media* a person of medium height>; *(central)* middle, midway <*el punto medio* the midway point>; *(regular)* average <*el español medio* the average Spaniard>; MATH average, mean ♦ **media luna** half-moon **-2** *m (centro)* middle, center; *(ambiente)* environment, medium; *(medida)* measure, step <*procedió adoptando los medios necesarios* he proceeded, taking the necessary measures>; MATH half; BIOL medium ♦ **de por medio** in between • **medio ambiente** environment • **por medio de** by means of **-3** *adv* half, partially <*medio terminado* half-finished> ♦ **a medio** half <*a medio vestir* half-dressed> • **a medias** halfway <*no lo reparó sino a medias* he just repaired it halfway>; *(no del todo)* half <*dormido a medias* half asleep>.
mediocre *adj* mediocre.
mediodía *m* midday, noon.
medir *vt* to measure; *(comparar)* to compare; *(moderar)* to weigh <*mide sus palabras cuidadosamente* he weighs his words carefully>.
meditar *vt & vi* to meditate.
medula *o* **médula** *f* medulla, marrow ♦ **medula espinal** spinal cord.
medusa *f* medusa, jellyfish.
megáfono *m* megaphone.
mejilla *f* cheek.
mejillón *m* mussel.
mejor **-1** *adj (superior)* better <*este coche es mejor que el otro* this car is better than the other>; best <*el mejor estudiante de la clase* the best student in the class> ♦ **lo mejor posible** as well as possible **-2** *adv (más bien)* better <*ella escribe mejor que él* she writes better than he does>; *(antes)* rather <*mejor morirme que perder la honra* I would rather die than lose my honor> ♦ **a lo mejor** maybe, perhaps • **mejor dicho** rather, more specifically.
mejora *f* improvement.
mejorar *vt (poner mejor)* to improve, make better; *(aumentar)* to raise ♦ **mejorarse** *vr (ponerse mejor)* to improve, get better; *(el tiempo)* to clear up.

mejoría f (mejora) improvement, betterment; (convalecencia) improvement.

melancolía f melancholy, sadness.

melancólico, a adj & m/f melancholy (person).

melena f long hair, mop (of hair).

mellizo, a m/f & adj twin.

melocotón m (fruto) peach; (árbol) peach tree.

melodía f (canto) melody, tune.

melódico, a adj melodic, tuneful.

melodrama m melodrama.

melón m melon.

meloso, a adj (dulce) sweet, honeyed; (suave) smooth.

membrana f membrane.

membrete m (del remitente) letterhead; (del destinatario) addressee's name and address.

membrillo m (árbol) quince tree; (fruta) quince; (dulce) quince jam o jelly.

memorable adj memorable.

memoria f memory; (recuerdo) remembrance ♦ **de memoria** by heart • **en memoria de** in memory of ♦ pl (libro) memoirs.

memorizar vt to memorize, learn by heart.

mención f mention.

mencionar vt to mention.

mendigar vt & vi to beg (for).

mendigo, a m/f beggar, mendicant.

menear vt & vr (mover) to move; (agitar) to shake, wag; (oscilar) to sway, swing.

menguante adj diminishing, decreasing; ASTRON waning.

menguar vi (disminuir) to diminish, decrease; ASTRON to wane.

menopausia f menopause.

menor -1 adj less, lesser <de menor importancia of lesser importance>; least <no tengo la menor idea I don't have the least idea>; (más joven) younger <mi hermano menor my younger brother>; (el más joven) youngest; COLL (más pequeño) smaller; (el más pequeño) smallest ♦ **menor de edad** minor, under age **-2** m minor, juvenile.

menorista m Amer retailer, retail dealer.

menos -1 adv less <ella tiene menos dinero que él she has less money than

he>; least <Paco es el menos listo de la clase Frank is the least clever boy in the class>; fewer <había menos de cincuenta personas en la reunión there were fewer than fifty people at the meeting> ♦ **al menos** at least • **a menos que** unless • **de menos** short <dos kilos de menos two kilograms short> • **echar a alguien de menos** to miss someone • **más o menos** more or less • **menos de** less than <menos de cien dólares less than one hundred dollars> • **menos que** less than • **por lo menos** at least **-2** m minus sign **-3** conj but, except <todo menos eso all but that> **-4** prep minus <quince menos siete son ocho fifteen minus seven is eight>.

menospreciar vt (despreciar) to despise; (subestimar) to underestimate, underrate.

mensaje m message.

mensajero, a adj & m/f messenger.

menstruación f menstruation.

mensual adj monthly.

mensualidad f (salario) monthly wage; (pago) monthly installment.

menta f mint.

mental adj mental.

mentalidad f mentality, mind.

mente f mind, intellect; (pensamiento) mind <tener en la mente to have in mind>.

mentecato, a -1 adj silly, foolish **-2** m/f fool, simpleton.

mentir vi to lie, tell lies.

mentira f lie, falsehood.

mentiroso, a -1 adj lying **-2** m/f liar.

mentolado, a adj mentholated.

menú m menu, bill of fare.

menudeo m retail ♦ **vender al menudeo** to sell retail.

menudo, a adj small, little; (sin importancia) insignificant ♦ **a menudo** often, frequently.

meñique -1 adj (del dedo) little, baby **-2** m little finger, pinkie.

mercado m (feria) market; (sitio) marketplace ♦ **mercado exterior** foreign market.

mercancía f (artículo) piece of merchandise, article; (existencias) merchandise, goods.

mercantil adj mercantile, commercial.

M

mercenario, a *adj & m* mercenary.

mercería *f* notions shop.

mercurio *m* mercury.

merecer *vt* to deserve, be worthy of ♦ **merecer la pena** to be worthwhile, be worth the trouble ♦ **merecerse** *vr* to be deserving o worthy.

merecido *m* just deserts, due *<llevar su merecido* to get one's just deserts>.

merendar *vt* to snack on *-vi* to have a snack.

merengue *m* meringue; *RP* COLL mess.

meridiano, a *adj & m* meridian.

merienda *f* snack.

mérito *m* (*virtud*) merit; *(valor)* worth, value.

merluza *f* hake.

mermelada *f* marmalade.

mero, a *adj* mere, pure; *Mex (verdadero)* real ♦ **ser el mero malo** to be wickedness itself.

merodear *vi* to maraud, plunder.

mes *m* month; *(sueldo)* month's pay.

mesa *f* table; *(junta)* board, council ♦ **de mesa** table *<vino de mesa* table wine>* • **mesa de noche** night table, nightstand.

mesero, a *m Mex (camarero)* waiter *-f (camarera)* waitress.

meseta *f* GEOG plateau.

mesón *m* inn, tavern.

mestizo, a -1 *adj* of mixed parentage *-2 m/f* mestizo (of white and Indian parentage).

meta *f* goal, objective; *(de carrera)* finish.

metal *m* metal; *(latón)* brass.

metálico, a -1 *adj* metallic *-2 m* cash, currency.

metalurgia *f* metallurgy.

meteorito *m* meteorite.

meteorología *f* meteorology.

meter *vt (introducir)* to put in, insert *<ella metió el dinero en el bolsillo* she put the money in her pocket>; *(causar)* to make *<meter ruido* to make noise>; *(implicar)* to involve, get into *<metió a su hermano en el negocio* he got his brother into the business> ♦ **meter de contrabando** to smuggle in ♦ **meterse** *vr (entrar)* to get into, enter *<se metieron en el coche* they got into the car>; *(entremeterse)* to intervene, butt in • **meterse a** *(empezar)* to start; *(ha-*

cerse) to set oneself up as • **meterse con** to provoke, annoy • **meterse de** *Amer* to become • **meterse en todo** to meddle.

meticuloso, a *adj* meticulous.

metido, a -1 see **meter -2** *adj Amer* meddlesome *-3 m/f Amer* meddler.

metódico, a *adj* methodical.

método *m* method, technique.

metralleta *f* submachine gun, tommy gun.

métrico, a *adj* metric.

metro[1] *m* GB *(medida)* meter, metre.

metro[2] *m* abbr. of **metropolitano.**

metropolitano, a -1 *adj* metropolitan *-2 m GB* subway, underground.

mezcal *m Amer (aguardiente)* mezcal, spirit distilled from maguey.

mezcla *f* mixture, combination.

mezclar *vt (unir)* to mix, blend; *(reunir)* to mix, mingle; *(desordenar)* to mix up; **mezclarse** *vr (unirse)* to mix, blend; *(meterse)* to become involved o mixed up.

mezquino, a -1 *adj (pobre)* poor; *(avaro)* miserly *-2 m Mex* wart.

mezquita *f* mosque.

mí *pron* [pl **used after prepositions**] me *<lo compró para mí* he bought it for me> ♦ **me toca a mí** it's my turn.

mi *m* MUS E.

mi, mis *adj* my *<mis hermanas* my sisters>.

mico *m* mico, long-tailed monkey.

micrero *m Amer* minibus driver.

microbio *m* microbe.

microbús *m* microbus, minibus.

micrófono *m* microphone.

microscopio *m* microscope.

miedo *m* fear, dread ♦ **dar miedo a** to frighten • **tener miedo a** o **de** to be afraid of, fear.

miedoso, a -1 *adj* fearful, cowardly *-2 m* coward.

miel *f* honey; *(jarabe)* molasses ♦ **miel de caña** molasses.

miembro *m* member; ANAT *(extremidad)* limb.

mientras -1 *adv* ♦ **mientras tanto** meanwhile, in the meantime *-2 conj (durante)* while, as long as *<mientras la huelga duraba* while the strike lasted>; *(pero)* while, whereas *<mi casa es pequeña mientras la tuya es grande* my

house is small whereas yours is large>
♦ **mientras que** while.

miércoles *m inv,* Wednesday ♦ **¡miércoles!** *Amer,* COLLshoot!, darn it!

mies *f (cereal)* grain; *(tiempo de la siega)* harvest time ♦ *pl* grain fields.

miga *f* bit, scrap; *(del pan)* crumb.

migaja *f (del pan)* crumb ♦ *pl* scraps.

migración *f* migration.

mil -1 *adj* thousand; *(milésimo)* thousandth; *(muchos)* thousand, countless <*mil veces* a thousand times> **-2** *m* a thousand, one thousand.

milagro *m* miracle.

milagroso, a *adj* miraculous.

mili *f* COLL military service.

milicia *f (arte militar)* art of war; *(tropa)* military, soldiery; *(servicio militar)* military service.

milímetro *m* millimeter.

militante -1 *adj* militant **-2** *m/f* militant, activist.

militar¹ -1 *adj* military **-2** *m* soldier.

militar² *vi (como soldado)* to serve; *(en un partido)* to be active.

milla *f (medida inglesa)* mile; MARIT nautical mile.

millar *m (conjunto de mil)* thousand <*un millar de hombres* a thousand men>.

millón *m* million.

millonario, a *adj & m/f* millionaire.

milpa *m Amer (maíz)* coin, coin plant, field of maize.

mimar *vt (acariciar)* to caress, fondle; *(consentir)* to pamper, spoil.

mimbre *m (arbusto)* osier; *(tallo)* wicker.

mímica *f* THEAT mime; *(imitación)* imitation, mimicry.

mimo *m* THEAT mime; *(caricia)* caressing, fondling.

mina *f* mine; *(de lápiz)* pencil lead; *Amer* mistress.

minar *vt* to mine.

mineral *adj & m* mineral.

minería *f (trabajo)* mining.

minero, a -1 *adj* mining **-2** *m (trabajador)* miner.

miniatura *f* miniature.

minifalda *f* miniskirt.

mínimo, a -1 *adj* minimum, least **-2** *m* minimum ♦ **como mínimo** at least, at the very least *-f* METEOROL minimum temperature.

ministerio *m* ministry.

ministro *m/f* minister ♦ **primer ministro** POL prime minister.

minoría *f* minority.

minorista -1 *adj* retail **-2** *m/f* retailer.

minucioso, a *adj* thorough, minute.

minúsculo, a -1 *adj (muy pequeño)* minuscule, tiny; *(insignificante)* insignificant **-2** *f* small o lowercase letter.

minuta *f (cuenta)* lawyer's bill; *(de una comida)* menu, bill of fâre.

minutero *m* minute hand.

minuto *m* minute ♦ **al minuto** at once.

mío, a -1 *adj* mine <*estos libros son míos* these books are mine>; of mine <*un amigo mío* a friend of mine>; my <*¡Dios mío!* my God!> **-2** *pron* mine <*¿dónde está el mío?* where is mine?> ♦ **los míos** my people, my folks.

miope -1 *adj* myopic, nearsighted **-2** *m/f* myope, myopic person.

mira *f* aim, intention ♦ **con miras a** with an eye to, with a view to.

mirada *f (acción)* look, glance; *(apariencia)* look, expression ♦ **echar una mirada a** to cast a glance at.

mirador *m (balcón)* balcony, terrace.

mirar *vt (ver)* to look at; *(observar)* to watch, observe; *(contemplar)* to gaze at; *(reflexionar)* to think about, consider ♦ **mirar de reojo** to look askance at • **mirar por** to look out for, look after <*sólo miran por sus intereses* they only look out for their own interests>; to look out (of) <*miraban por la ventana* they were looking out the window> *-vi (ver)* to look; *(observar)* to watch; *(dar a)* to look out on, overlook <*el balcón mira a la plaza* the balcony overlooks the plaza> ♦ **¡mira!** *(como advertencia)* watch out!, be careful!; *(como amenaza)* look here! • **mire** well, let me say this ♦ **mirarse** *vr* to look at oneself <*me miré en el espejo* I looked at myself in the mirror>; to look at one another <*se miraban con amor* they looked at one another lovingly>.

mirilla *f* peephole.

mirlo *m* blackbird.

mirón, ona *adj & m/f* nosy o inquisitive (person).

misa *f* Mass.

miserable -1 adj (pobre) poor, wretched; (tacaño) stingy, miserly; (lastimoso) miserable, pitiful; (despreciable) despicable, vile **-2** m/f (pobre) wretch, unfortunate person; (tacaño) miser, skinflint; (canalla) cad, scoundrel.

miseria f (infortunio) misery, suffering; (pobreza) poverty, COLL (cosa pequeña) pittance ♦ **estar en la miseria** to be down and out.

misericordia f mercy, compassion.

misil m missile.

misión f mission.

misionero, a adj & m/f missionary.

mismo, a adj & pron (idéntico) same <leí el mismo libro I read the same book> ♦ **ahora mismo** right now • **así mismo** (de esta manera) in the same way, likewise; (también) also • **lo mismo** the same thing • **por lo mismo** for that reason, for that very reason • **yo mismo** I myself.

misterio m mystery.

misterioso, a adj mysterious.

mitad f (una de dos partes) half <la mitad de la población half of the population>; (medio) middle <durante la mitad de la película during the middle of the movie> ♦ **a o en la mitad de** in the middle of • **por la mitad** in half, in two.

mitin m [pl **mítines**] meeting, rally.

mito m (relato) myth; (leyenda) legend.

mitología f mythology.

mixto, a adj (mezclado) mixed; (mestizo) of mixed race.

mobiliario m furniture, furnishings.

mocasín m moccasin.

mochila f pack, knapsack.

moco m mucus, COLL snot.

mocoso, a -1 adj snotty, bratty **-2** m/f snotty kid, brat.

moda f style, fashion ♦ **a la moda** o **de moda** fashionable, in fashion • **pasado de moda** old-fashioned.

modalidad f modality, nature.

modelar vt to model.

modelo -1 m model -m/f fashion model **-2** adj model, exemplary.

moderado, a adj & m/f moderate.

moderador, ra -1 adj moderating **-2** m/f moderator.

moderar vt (templar) to moderate, regulate; (contener) contain, restrain

♦ **moderarse** vr to contain o restrain oneself.

modernista -1 adj modernist, modernistic **-2** m/f modernist.

modernizar vt to modernize.

moderno, a adj & m/f modern.

modestia f modesty.

modesto, a adj & m/f modest (person).

modificar vt to modify ♦ **modificarse** vr to change, become modified.

modista m/f dressmaker, modiste.

modo m (manera) manner, way ♦ **a mi modo** in my own way • **del mismo modo** in the same way • **de modo que** so that • **de ningún modo** by no means • **de todos modos** at any rate, in any case • **modo de ser** character, way of being ♦ pl manners.

modorra f drowsiness, heaviness.

modular vt & vi to modulate.

mofa f mockery, ridicule.

mofar vi & vr to mock, ridicule ♦ **mofarse de** to mock, ridicule.

moho m (hongo) mold, mildew; (herrumbre) rust, corrosion.

mohoso, a adj moldy, mildewed; (herrumbroso) rusty, corroded.

mojar vt (humedecer) to wet, make wet; (empapar) to drench, soak, to dip <mojar el pan en aceite to dip the bread in oil> ♦ **mojarse** vr to get wet.

mojón m (de término) boundary marker; (de guía) road marker.

molar adj & m molar.

molcajete m Amer (mortero) stone o pottery mortar for grinding spices.

molde m mold; (forma) pattern, model; PRINT form ready for printing.

moldeado m molding, casting.

molécula f molecule.

moler vt (trigo) to grind, mill; (caña) to press ♦ **moler a golpes** o **palos** to beat to a pulp.

molestar vt (fastidiar) to bother, annoy; (interrumpir) to disturb, disrupt; (causar dolor) to bother, trouble ♦ **molestarse** vr to bother, take the trouble • **no se moleste** don't bother.

molestia f (fastidio) bother, annoyance; (incomodidad) inconvenience, trouble; (malestar) discomfort.

molesto, a adj (fastidioso) bothersome, annoying; (enojado) bothered, annoyed; *(incómodo)* uncomfortable, awkward; *(inconveniente)* inconvenient, troublesome.

molido, a *adj (aplastado)* ground, milled; *(derrengado)* beat, worn-out.

molinete *m* ventilating fan.

molinillo *m (para moler)* mill, grinder; *(para batir)* whisk, beater.

molino *m* mill.

mollera *f(cráneo)* crown (of the head); *(fontanela)* fontanelle; *(seso)* brains, ability.

molusco *m* mollusk.

momentáneo, a *adj* momentary.

momento *m* moment; *(ocasión)* occasion, time ♦ **al momento** immediately, at once • **de momento** at present, for the moment • **¡un momento!** just a minute!

momio, a -1 *adj* lean, thin **-2** *m* cushy job *-f* mummy.

mona *f(hembra)* female monkey; *(borrachera)* drunkenness; *Mex* coward.

monaguillo *m* acolyte, altar boy.

monarca *m* monarch, sovereign.

monarquía *f* monarchy.

monasterio *m* monastery.

mondadientes *m inv* toothpick.

mondar *vt (fruta)* to peel, skin; *(nueces)* to shell; *(podar)* to prune, trim.

moneda *f* coin; FIN mint.

monedero *m* change purse.

monetario, a -1 *adj* monetary **-2** *m* coin collection.

monitor *m (admonitor)* monitor, adviser; *(entrenador)* trainer; COMPUT monitor.

monja *f* nun; *Mex* round sweet bread.

monje *m (fraile)* monk; *(solitario)* recluse.

mono, a -1 *adj* COLL cute, darling **-2** *m* monkey, ape; *(traje)* coveralls.

monolito *m* monolith.

monólogo *m* monologue, soliloquy.

monopolio *m* monopoly.

monopolizar *vt* to monopolize.

monotonía *f* monotony.

monótono, a *adj* monotonous.

monstruo *m* monster.

monstruoso, a *adj* monstrous.

monta *f* sum, total ♦ **de poca monta** of no account, insignificant.

montacargas *m inv* freight-elevator.

montaje *m* assembly, installation; CINEM montage.

montaña *f* mountain ♦ **montaña rusa** rollercoaster ♦ *pl* highlands.

montañés, esa -1 *adj* mountain, highland **-2** *m/f* mountain dweller, highlander.

montañoso, a *adj* mountainous.

montar *vi (subir)* to mount, get on; *(cabalgar)* to ride (horseback); *(alcanzar)* to reach ♦ **montar en** to ride <montar en bicicleta to ride a bicycle> *-vt (subir)* to mount <montar un caballo to mount a horse>; *(valer)* to mount o amount to <sus cuentas montaron mil dólares his bills mounted to one thousand dollars>; *(armar)* to assemble, set up; *(establecer)* to set up <montar un negocio to set up a business>; CINEM to edit; THEAT to produce.

monte *m (montaña)* mount, mountain; *(bosque)* forest, woodland.

montés *adj* wild, undomesticated.

montículo *m* knoll, hillock.

monto *m* amount, total.

montón *m* pile, heap; *(mucho)* heaps, lots.

montura *f* mount; JEWEL setting.

monumental *adj* monumental, huge.

monumento *m* monument.

monzón *m/f* monsoon.

moño *m (de la mujer)* bun, chignon.

moquear *vi* to snivel, have a runny nose.

morado, a -1 *adj* purple, violet **-2** *m* purple *-f (casa)* house, dwelling; *(estancia)* stay, sojourn.

moral -1 *adj* moral **-2** *f (ética)* morals, ethics; *(ánimo)* morale, spirits.

moraleja *f* moral.

morboso, a *adj* morbid.

morcilla *f* CUL blood pudding o sausage; THEAT, COLL ad lib, improvisation.

mordaz *adj (corrosivo)* corrosive, mordant; *(picante)* burning, pungent; *(punzante)* biting, mordant.

mordaza *f* gag.

mordedura *f* bite.

morder *vt* to bite.

mordisco *m* nibble, bite.

moreno, a -1 *adj (pardo)* brown; *(tostado)* brown-skinned, dark-skinned; *(pelo)* brown, brunet; *Amer*, COLL *(mulato)* mulatto **-2** *m/f (negro)* Black, Negro; *(de pelo castaño)* brunet, brunette; *Amer (mulato)* mulatto.

M

moribundo, a -1 *adj* moribund, dying -2 *m/f* dying person.

morir *vi* to die; *(extinguirse)* to go out; *(desaparecer)* to die, die out ♦ **morirse** *vr (fallecer)* to die; *(extinguirse)* go out.

moroso, a *adj (lento)* slow; *(perezoso)* lazy; *(tardío)* tardy; *(en el pago)* in arrears, delinquent.

morralla *f Mex (calderilla)* small charge.

morro *m* snout, nose.

morsa *f* walrus.

morse *m* Morse code.

mortaja *f* shroud.

mortal -1 *adj* mortal; FIG dreadful, awful -2 *m* man, mortal.

mortalidad *f* mortality.

mortero *m* mortar.

mortífero, a *adj* fatal, lethal.

mortificar *vt* to mortify; FIG to annoy.

mosca *f* fly; *(cebo)* fly (for fishing); COLL *(dinero)* dough, bread; COLL *(persona)* pest, pain in the neck -*m Mex* stowaway, tramp.

moscatel *adj* muscatel.

mosquear *vi Mex* to travel as a tramp, stow away.

mosquero *m (trampa)* flytrap; *Amer* swarm of flies.

mosquitero *m* mosquito net.

mosquito *m* mosquito.

mostaza *f* mustard.

mosto *m (zumo)* must; *(vino)* wine.

mostrador *m* counter, table top.

mostrar *vt (enseñar)* to show; *(explicar)* to demonstrate, show; *(indicar)* to point out; *(expresar)* to show, express ♦ **mostrarse** *vr (darse a conocer)* to show oneself o prove to be; *(aparecer)* to show oneself, appear.

mote[1] *m* nickname.

mote[2] *m Amer* stewed corn.

motel *m* motel.

motín *m* insurrection, riot.

motivar *vt (causar)* to motivate, cause; *(explicar)* to explain; *(justificar)* justify.

motivo *m (causa)* motive, cause ♦ **sin motivo** without reason.

moto *f* COLL cycle, motorcycle.

motocicleta *f* motorcycle.

motoneta *f Amer (moto)* moto scooter, vespa.

motor, ra -1 *adj* motor -2 *m* motor engine.

motorista *m/f (motociclista)* motorcyclist; *(de automóvil)* motorist.

mover *vt* to move; *(la cabeza)* to shake; MECH to drive, power; *(incitar)* to incite, provoke ♦ **moverse** *vr* to move.

móvil -1 *adj (que puede moverse)* mobile, movable -2 *m (motivo)* motive, reason.

movilizar *vt* to mobilize.

movimiento *m* movement, motion; *(actividad)* activity, movement; MECH motion.

mozo, a -1 *adj* young -2 *m (camarero)* waiter ♦ **buen mozo** *Amer* handsome • **mozo de caballos** stable boy, groom -*f* girl • **buena moza** *Amer* good-looking.

muchachada *f Amer* group of youngsters.

muchacho, a *m/f (niño)* child, youngster; COLL *(adolescente)* youth, kid -*m (chico)* boy; *(mozo)* houseboy, servant -*f (chica)* girl; *(moza)* maid, servant.

muchedumbre *f* multitude, crowd.

mucho, a -1 *adj (abundante)* much, a lot of <mucha agua a lot of water>; very <hace mucho frío it is very cold> ♦ *pl* many, a lot of <muchos problemas many problems> -2 *pron* a lot <¿tienes dinero? no, pero mi amiga tiene mucho do you have any money? no, but my friend has a lot> ♦ *pl* many <muchos vinieron tarde many came late> -3 *adv* a lot, much <ellos trabajan mucho they work a lot>; much <mucho después much later>; *(largo tiempo)* for a long time <hace mucho que viven en Portugal they have lived in Portugal for a long time>.

muda *f (de ropa)* change of clothing; *(de plumas)* molting, molt.

mudanza *f (cambio)* change; *(traslado)* move, moving.

mudar *vt (cambiar)* to change; *(trasladar)* to move; ORNITH, ZOOL to molt, shed ♦ **mudarse** *vr (cambiarse)* to change; *(trasladarse)* to move.

mudo, a -1 *adj* mute, dumb; *(silencioso)* silent, mute -2 *m/f* dumb o mute person.

mueble *m* piece of furniture ♦ *pl* furniture.

mueca *f* face, grimace.

muela *f* tooth.

muelle[1] *m* spring.

muelle² *m* pier, dock; RAIL loading platform.

muérdago *m* mistletoe.

muerte *f* death; *(homicidio)* murder, homicide ♦ **a muerte** to the death *<un duelo a muerte* a duel to the death>.

muerto, a -1 see **morir -2** *adj* dead; *(apagado)* lifeless; *(marchito)* faded; *(cansado)* exhausted ♦ **muerto de** dying of *<estoy muerto de sed* I am dying of thirst> **-3** *m/f (difunto)* dead person; *(cadáver)* corpse.

muestra¹ *f (ejemplo)* sample, specimen; *(señal)* sign, indication *<una muestra de buena fe* an indication of good faith>; *(modelo)* model, guide.

muestra² *f* show, exhibition.

mugir *vi (las vacas)* to moo; *(los toros)* to bellow; *(bramar)* to roar, howl.

mugre *f* filth, grime.

mugriento, a *adj* filthy, grimy.

mujer *f (hembra)* woman; *(esposa)* wife ♦ **mujer de la limpieza** cleaning woman.

mujeriego *adj* womanizing, philandering.

mula *f* female mule.

mulato, a -1 *adj (de raza mixta)* mulatto; *(de color moreno)* dark, dark-skinned **-2** *m/f (persona)* mulatto; *Amer,* MIN dark silver ore.

muleta *f (para andar)* crutch; *(sostén)* support.

mullido, a -1 *adj* fluffy, soft **-2** *m* stuffing, filling.

mulo *m* mule; FIG brute, beast.

multa *f* fine.

multar *vt* to fine.

multinacional *adj* multinational.

múltiple *adj* multiple.

multiplicación *f* multiplication.

multiplicar *vt & vr* to multiply.

multitud *f* multitude.

mundial -1 *adj (del mundo)* world; *(universal)* worldwide, universal **-2** *m* world championship *<mundial de fútbol* world soccer championship>.

mundo *m (universo)* world; *(Tierra)* Earth; *(género humano)* world, society; *(agrupación)* world *<el mundo de las artes* the art world> ♦ **todo el mundo** everyone, everybody.

munición *f (pertrechos)* ammunition, munitions; *(bastimentos)* provisions, rations.

municipal *adj* municipal.

municipio *m (ayuntamiento)* town council, municipality; *(pueblo)* township, district.

muñeca *f* wrist; *(juguete)* doll; *(maniquí)* mannequin.

muñeco *m* doll; *(marioneta)* puppet.

mural *adj & m* mural.

muralla *f* wall, rampart.

murciélago *m* bat.

murmullo *m* murmur, murmuring; *(del agua)* babbling, gurgle; *(del viento)* sighing, sigh; *(de las hojas)* rustling, rustle.

murmuración *f* gossip.

murmurar *vi* to murmur; *(hablar quedo)* to whisper; *(agua)* to babble, gurgle; *(viento)* to sigh; *(hojas)* to rustle COLL *(chismear)* to gossip.

muro *m (pared)* wall.

musa *f* muse.

muscular *adj* muscular.

músculo *m* muscle.

museo *m* museum.

musgo *m* moss.

musical *adj & m* musical.

músico, a -1 *adj* musical **-2** *m/f (instrumentista)* musician *-f (arte)* music.

musitar *vt* to whisper.

muslo *m* thigh; *(de pollo)* drumstick, leg.

mustio, a *adj (triste)* sad, gloomy; *(marchito)* withered, wilted; *Mex* hypocritical.

mutación *f* mutation.

mutilado, a -1 *adj* mutilated; *(inválido)* disabled **-2** *m/f* disabled person, cripple.

mutilar *vt* to mutilate.

mutualidad *f (corporación)* mutual benefit society.

mutuo, a *adj* mutual.

muy *adv* very, quite *<muy alto* very tall>; greatly, quite *<estoy muy satisfecho* I am quite satisfied>; *(demasiado)* too *<ella es muy joven para ocupar ese puesto* she is too young to occupy that post>; quite a, very much a *<él es muy hombre* he is quite a man>.

M

N

nabo m turnip.

nácar m nacre, mother-of-pearl.

nacer vi (venir al mundo) to be born; (salir del huevo) to be hatched; (germinar) to sprout, begin to grow; (florecer) to bud, blossom; (los astros) to rise; (brotar) to rise, start to flow ♦ **nacer para** to be born to <nació para cantar he was born to sing> • **volver a nacer** COLL to have a narrow escape.

nacido, a -1 adj born ♦ **recién nacido** newborn -2 m human being.

naciente adj (inicial) incipient, initial; (reciente) recent, growing; rising <el sol naciente the rising sun>.

nacimiento m birth; (de ríos) source; (natividad) crèche, Nativity scene.

nación f nation; (pueblo) country, people.

nacional adj national, domestic.

nacionalidad f nationality, citizenship ♦ **doble nacionalidad** dual citizenship.

nacionalista adj & m/f nationalist.

nacionalizar vt (convertir en nacional) to nationalize; (naturalizar) to naturalize ♦ **nacionalizarse** vr to become naturalized.

nada -1 pron nothing, not anything <no he visto nada I have not seen anything> ♦ **antes de nada** first, before anything else • **de nada** you're welcome • **nada menos** no less, nothing less -2 adv in no way, not at all <no es nada extraño it's not at all strange> -3 f (inexistencia) nothingness.

nadador, ra -1 adj swimming -2 m/f swimmer.

nadar vi to swim ♦ **nadar en** to have an abundance of.

nadie -1 pron nobody, no one -2 m a nobody ♦ **un don nadie** a nobody, an unimportant person.

nafta f Amer gasoline.

naftalina f naphthalene; COLL (contra la polilla) mothballs.

naipe m card, playing card ♦ pl deck (of cards).

nalga f buttock ♦ pl bottom, behind.

nana f COLL (abuela) granny; (arrullo) lullaby; Amer (niñera) nanny.

naranja -1 f orange -m orange (color) ♦ **media naranja** COLL better half -2 adj orange.

naranjada f orangeade.

naranjo m orange tree.

narcótico, a adj & m narcotic.

narcotraficante m drug dealer.

nardo m nard, spikenard.

nariz f nose; (cada orificio) nostril; (olfato) sense of smell ♦ **estar hasta las narices** to have had it up to here, be fed up • **meter las narices en** COLL to interfere, stick one's nose into • **sonarse la nariz** to blow one's nose.

narración f (narrativa) narrative, account; (acción) narration.

narrador, ra m/f narrator.

narrar vt to narrate, relate.

narrativo, a adj & f narrative.

nasal adj & f nasal.

nata f (crema) cream; (capa) skim; Amer (de metal) scum.

natación f swimming.

natal adj native.

natalidad f natality, birthrate.

natillas f pl custard.

Natividad f Christmas.

nativo, a adj & m/f native.

nato, a adj born, natural.

natura f nature.

natural -1 adj natural; (nativo) native ♦ **al natural** naturally, without adornment -2 m/f native.

naturaleza f nature ♦ **naturaleza muerta** still life.

naturalidad f naturalness.

naturalizar vt to naturalize, nationalize ♦ **naturalizarse** vr to be naturalized o nationalized.

naufragar vi MARIT to be shipwrecked.

naufragio m MARIT shipwreck.

náufrago, a adj & m/f shipwrecked (person).

náusea f nausea; (repugnancia) disgust ♦ **dar náuseas** to disgust, nauseate.

náutico, a -1 adj nautical -2 f navigation.

navaja f jackknife, penknife; ZOOL razor clam.

naval adj naval.

nave f ship, vessel; ARCHIT nave.

navegación f navigation, sailing.

navegar vi (viajar) to travel by boat, sail; Mex to tolerate, bear -vt to navigate, steer.

Navidad f Christmas, Nativity ♦ ¡Feliz Navidad! Merry Christmas!

naviero, a -1 adj shipping -2 m/f ship owner.

navío m ship, vessel.

neblina f mist, fog.

necesario, a adj necessary; (esencial) essential.

neceser m (de tocador) toilet case, dressing case.

necesidad f necessity, need; (pobreza) need, poverty; (menester) jam, tight spot ♦ por necesidad out of necessity.

necesitado, a -1 adj (pobre) needy, poor; (falto) in need, lacking -2 m/f needy person.

necesitar vt (hacer falta) to need, want; (requerir) to require, necessitate; (deber) to have to, need to -vi ♦ necesitar de to need, be in need of.

necio, a -1 adj (tonto) foolish; Arg, P Rico touchy -2 m/f fool.

néctar m nectar.

nectarina f nectarine.

nefasto, a adj ominous, unlucky.

negación f (negativa) negation, denial; (denegación) refusal; GRAM negative (particle).

negar vt to deny; (contradecir) to deny, refute; (rehusar) to refuse ♦ negarse vr (rehusar) to refuse (a to).

negativo, a -1 adj negative -2 m PHOTOG negative -f (negación) negation, denial; (rechazo) refusal, denial.

negligencia f (irresponsabilidad) negligence, carelessness; (descuido) neglect, disregard.

negociante m/f (comerciante) merchant, dealer; (de negocios) businessman/woman.

negociar vi (tratar) to negotiate, discuss; (comerciar) to deal, do business (con, en in) -vt to negotiate.

negocio m (comercio) business; (transacción) transaction, deal; RP shop, store ♦ de negocios business <hombre de negocios businessman>.

negrilla f PRINT boldface (type).

negro, a -1 adj black ♦ pasarlas negras COLL to have a hard time • ver todo

negro to be pessimistic -2 m/f (persona) Black, Negro; Amer (querido) dear, darling -m (color) black -f MUS quarter note.

nene, a m/f (bebé) baby, infant; (querido) dear, darling.

nenúfar m water lily.

neón m neon.

nervio m nerve; BOT rib, vein ♦ pl tener los nervios de punta to be on edge.

nervioso, a adj nervous; nerve <célula nerviosa nerve cell> ♦ ponerse nervioso to get nervous.

neto, a adj (claro) pure, simple; net <precio neto net price>.

neumático m tire ♦ neumático de repuesto spare tire.

neumonía f pneumonia.

neurona f neuron(e).

neurótico, a adj & m/f neurotic.

neutral adj & m/f neutral.

neutralizar vt to neutralize ♦ neutralizarse vr to be neutralized.

neutro, a adj neutral; BIOL, GRAM neuter.

nevado, a -1 adj snowy -2 f snowfall.

nevar vi to snow.

nevera f refrigerator, icebox.

nevisca f light snowfall, snow flurry.

neviscar vt to snow lightly.

nexo m nexus, link.

ni conj neither ... nor <no tomo ni fumo I neither drink nor smoke>; not even <ni (siquiera) me hablaron they did not even speak to me> ♦ ni que not even if.

nicho m niche.

nicotina f nicotine.

nido m nest ♦ patearle el nido a RP to pull the rug out from under.

niebla f fog, mist.

nieto, a m/f grandchild, grandson/daughter ♦ pl grandchildren.

nieve f snow.

nilón m nylon.

ningún adj contr of ninguno.

ninguno, a -1 adj none, no, not any <no tengo ninguna opinión I have no opinion> ♦ de ninguna manera o de ningún modo in no way, by no means • en ninguna parte nowhere -2 pron none, not any <no quiero ninguno de ellos I do not want any of them>; (nadie) no one, nobody.

N

niña *f* see **niño, a.**

niñería *f* childish act; FIG trifle.

niñero, a -1 *adj* fond of children **-2** *f* nursemaid, babysitter.

niñez *f* childhood.

niño, a -1 *adj (joven)* young, childlike **-2** *m/f (muchacho)* child; *S Amer* master (used by servants); *Chile* scoundrel *-m* boy ♦ **de niño** as a child • **niño explorador** Boy Scout ♦ *pl* children *-f (muchacha)* girl; *(del ojo)* pupil (of the eye).

níquel *m* nickel; *Amer* coin.

nítido, a *adj (claro)* clear; *(de fotos)* sharp.

nitrato *m* nitrate.

nitrógeno *m* nitrogen.

nitroglicerina *f* nitroglycerin.

nivel *m (altura)* level, height; *(grado)* level, standard ♦ **nivel de vida** standard of living • **paso a nivel** railroad crossing.

nivelar *vt (igualar)* to make level; *(equilibrar)* to balance.

no -1 *adv* no <¿puedes verlo? no can you see it? no>; not <no vengo I'm not coming>; non <no intervención nonintervention> ♦ **¿a qué no?** COLL do you want to bet? • **¿cómo no?** of course, why not? • **no bien** no sooner • **no más** no more, only; *Amer,* COLL feel free to <continúe no más feel free to continue> • **no obstante** nevertheless, notwithstanding • **no sea que** in case, lest **-2** *m* no <un no definitivo a definite no>.

noble -1 *adj* noble, aristocratic **-2** *m/f* nobleman/woman.

nobleza *f* nobility, aristocracy.

noche *f (anochecer)* night, evening; *(oscuridad)* darkness ♦ **buenas noches** good evening, good night • **de la noche a la mañana** suddenly, overnight • **de noche** *(por la noche)* at night; evening, night <traje de noche evening gown> • **esta noche** tonight • **hacerse de noche** to grow dark • **por la noche** at night.

noción *f* notion, idea.

nocivo, a *adj* noxious, harmful.

noctámbulo, a -1 *adj* nightwandering **-2** *m/f* night owl.

nocturno, a -1 *adj* nocturnal, nightly **-2** *m* MUS nocturne.

nodriza *f* wet nurse.

nogal *m* walnut.

nómada/de -1 *adj* nomadic **-2** *m/f* nomad.

nombrado, a *adj (célebre)* renowned, famous; *(sobredicho)* aforementioned.

nombrar *vt (llamar)* to name, mention by name; *(nominar)* to nominate, appoint.

nombre *m* name; GRAM noun; *(renombre)* name, reputation ♦ **nombre y apellido** full name.

nomeolvides *f inv* forget-me-not.

nómina *f (lista)* list, roll; COM payroll.

nominal *adj* nominal; COM face.

nominar *vt* to nominate, appoint.

non -1 *adj* odd, uneven **-2** *m* MATH odd number ♦ *pl* repeated denial.

nono, a *m RP,* COLL grandpa *-f* grandma.

nordeste o **noreste** *m* northeast.

noria *f* water wheel.

norma *f (modelo)* norm; *(regla)* rule.

normal *adj* normal, standard ♦ **escuela normal** teachers training school.

normalidad *f* normality, normalcy.

normalista *m/f* student teacher.

normalizar *vt* to normalize; INDUS to standardize.

noroeste *m* northwest.

norte *m* north; *(guía)* guide, lodestar.

norteño, a -1 *adj* northern **-2** *m/f* northerner.

nos *pron* us <ellos nos vieron they saw us>; us, to us, for us, from us <él nos vendió la casa he sold the house to us>; one another, each other <nos queremos we love each other>; ourselves <nos estamos mirando en el espejo we are looking at ourselves in the mirror>.

nosotros, as *pron* we <nosotros lo hicimos we did it>; us, ourselves <no es para nosotros it is not for us>.

nostalgia *f* nostalgia, homesickness.

nota *f (comentario)* note, observation; *(apostilla)* note, notation; *(calificación)* grade, mark; MUS note.

notable *adj (apreciable)* notable, noteworthy; *(superior)* outstanding, striking.

notar *vt (observar)* to notice, observe ♦ **notarse** *vr* to see, notice <se nota la diferencia one can see the difference>.

notario, a *m* notary, notary public.

noticia f news item, piece of news ♦ pl news.

noticiario m RAD newscast; CINEM new sreel.

noticiero m news report.

noticioso m Amer news report.

notificar vt to notify, inform.

novato, a COLL -1 adj beginning -2 m/f beginner, novice.

novecientos, as adj & m nine hundred.

novedad f (calidad de nuevo) newness; (innovación) novelty, innovation; (cambio) change; (noticia) recent event.

novedoso, a adj novel, new.

novela f novel.

novelista m/f novelist.

noveno, a adj & m ninth.

noventa -1 adj ninety; (nonagésimo) ninetieth -2 m ninety.

novia f see **novio, a**.

noviazgo m (relaciones amorosas) courtship.

noviembre m November.

novillo, a m young bull -f heifer, young cow.

novio, a m (amigo) boyfriend; (prometido) fiancé; (recién casado) groom ♦ pl (casados) newlyweds; (prometidos) engaged couple -f (amiga) girlfriend; (prometida) fiancée; (recién casada) bride.

nube f cloud; (multitud) swarm, multitude ♦ **estar en las nubes** to have one's head in the clouds • **por las nubes** sky-high.

nublado, a adj cloudy, overcast.

nublarse vr to become cloudy o overcast.

nubosidad f cloudiness.

nuboso, a adj cloudy, overcast.

nuca f nape (of the neck).

nuclear adj nuclear.

núcleo m nucleus; ELEC core; (esencial) core, essence.

nudillo m knuckle.

nudista m/f nudist.

nudo m (lazo) knot; ANAT node, lump; BOT, MARIT knot; (lazo) bond, tie ♦ **tener un nudo en la garganta** to have a lump in one's throat.

nuera f daughter-in-law.

nuestro, a -1 adj our, of ours <nuestro coche our car> -2 pron ours, of ours <el nuestro es rojo ours is red> ♦ **los nuestros** our people, our side.

nueve -1 adj nine; (noveno) ninth ♦ **las nueve** nine o'clock -2 m nine.

nuevo, a -1 adj new; (otro) new, another ♦ **de nuevo** again • **¿qué hay de nuevo?** what's new? -2 f news, tidings.

nuez f nut; (del nogal) walnut; ANAT Adam's apple ♦ **nuez moscada** o **de especie** nutmeg.

nulidad f nullity; (incapacidad) inability, incompetence; (persona) useless person.

nulo, a adj null, void; (sin mérito) useless, worthless.

numeración f numeration, numbering; (números) numbers, numerals.

numerar vt (foliar) to number; (contar) to count, enumerate.

numérico, a adj numerical.

número m number; (signo) numeral; (ejemplar) issue, copy; (medida) size; THEAT number, act ♦ **número redondo** round number • **número uno** the best, the first • **sin número** countless, numberless.

numeroso, a adj numerous.

nunca adv never, not ever ♦ **más que nunca** more than ever • **nunca jamás** o **nunca más** never again.

nupcial adj nuptial.

nupcias f pl nuptials, wedding.

nutria f otter.

nutrición f nutrition.

nutrido, a adj (alimentado) nourished, fed; (abundante) large, abundant.

nutrir vt (alimentar) to nourish, feed; (fortalecer) to nurture, strengthen.

nutritivo, a adj nutritious, nutritive.

Ñ

ñame *m* yam.

ñandú *m* American ostrich.

ñapa *f Amer* bonus, extra ♦ **de ñapa** to boot, into the bargain.

ñato, a *adj Amer* snub-nosed.

ñeque -1 *m Amer* strength, vigor; *C Amer, Mex* slap, blow **-2** *adj Amer* strong, vigorous ♦ **hombre de ñeque** COLL he-man.

ñoñería *o* **ñoñez** *f* foolishness, simple-mindedness.

ñoño, a *adj & m/f* COLL *(apocado)* bashful (person); *(soso)* dull (person).

ñoque/qui *m Amer* gnocchi.

ñorbo *m Arg, Ecuad, Peru* passionflower.

ñudo *m* ARCH knot ♦ **al ñudo** *RP* in vain.

O

o *conj* or; either <*lo harás o de buen grado o por la fuerza* you will do it, either willingly or unwillingly> ◆ **o sea** that is to say.

oasis *m inv* oasis.

obcecar *vt* to blind.

obedecer *vt* to obey *-vi* ◆ **obedecer a** *(responder a)* to respond to; *(deberse a)* to be due to.

obediencia *f* obedience.

obediente *adj* obedient.

obelisco *m* obelisk.

obertura *f* overture.

obesidad *f* obesity.

obeso, a *adj* obese.

obispo *m* bishop.

objeción *f* objection.

objetar *vt* to object to, raise objections to ◆ **no tener nada que objetar** to have no objection o objections.

objetividad *f* objectivity.

objetivo, a *adj & m* objective.

objeto *m* object; *(fin)* aim ◆ **con objeto de** in order to • **ser objeto de** to be the object of.

oblicuo, a *adj (inclinado)* oblique, slanting; ANAT, GEOM oblique.

obligación *f* obligation, duty; FIN bond ◆ *pl* family obligations.

obligar *vt (imponer)* to oblige, force; *(favorecer)* to oblige, favor <*nos obligó con su presencia* he favored us with his presence> ◆ **obligarse** *vr* to obligate oneself.

obligatorio, a *adj* obligatory, compulsory.

obra *f* work; *(acto)* act; *(labor)* workmanship, labor; *(construcción)* construction site ◆ **¡manos a la obra!** let's get to work! • **obra maestra** masterpiece • **obras públicas** public works.

obrar *vt* to work *-vi* to act, proceed.

obrero, a -1 *adj* working *-2 m/f (trabajador)* worker; *(jornalero)* laborer.

obsceno, a *adj* obscene.

obsequiar *vt (regalos)* to give as a gift; *(agasajar)* to entertain.

obsequio *m (regalo)* gift, present; *(agasajo)* attention, kindness.

obsequioso, a *adj Mex* fond of giving gifts.

observación *f* observation; *(nota aclaratoria)* observation, explanatory note o remark ◆ **hacer una observación** to make a remark.

observador, ra -1 *adj* observant, observing *-2 m/f* observer.

observar *vt* to observe; *(cumplir)* to obey; *(espiar)* to watch; *(notar)* to notice.

observatorio *m* observatory.

obsesión *f* obsession.

obsesionar *vt* to obsess.

obsesivo, a *adj* obsessive.

obseso, a *adj & m/f* obsessive.

obstaculizar *vt* to obstruct, hinder.

obstáculo *m* obstacle ◆ **poner obstáculos** *(impedir)* to obstruct, hinder.

obstante *adj* ◆ **no obstante** nevertheless, however.

obstinado, a *adj* obstinate.

obstinarse *vr* to be o become obstinate.

obstrucción *f* obstruction.

obstruir *vt* to obstruct.

obtener *vt (conseguir)* to obtain, get; *(conservar)* to have, keep.

obturar *vt* to obturate, stop up.

obtuso, a *adj* obtuse.

obviar *vt* to obviate, prevent *-vi* to stand in the way.

obvio, a *adj* obvious.

ocasión *f* occasion; *(oportunidad)* opportunity; *(tiempo)* time <*en aquella ocasión* at that time>; *Amer* bargain ◆ **aprovechar una ocasión** to take advantage of an opportunity • **de ocasión** *(de segunda mano)* secondhand; *(de precio reducido)* bargain • **en cierta ocasión** once, on a certain occasion • **en ocasiones** sometimes.

ocasional *adj* occasional; *(fortuito)* chance.

ocasionar *vt* to cause.

ocaso *m (del sol)* sunset; *(decadencia)* decline.

occidental -1 *adj* western, occidental *-2 m/f* westerner, occidental.

occidente *m* west, occident.

océano *m* ocean.

ochenta *adj & m* eighty.

ocho -1 *adj* eight; *(octavo)* eighth ◆ **las ocho** eight o'clock • **ocho días** a week *-2 m* eight.

ochocientos, as adj & m eight hundred.

ocio m (inactividad) idleness, inactivity; (tiempo libre) leisure, free time.

ocioso, a -1 adj idle -2 m/f idler, loafer.

ocre m ocher, ochre.

octavo, a adj & m eighth -f MUS octave.

octubre m October.

ocular adj ocular, pertaining to the eye.

oculista m/f oculist.

ocultar vt (esconder) to hide, conceal (de from); (callar) to hush, silence.

ocultismo m occultism.

oculto, a adj hidden.

ocupación f occupation; (empleo) profession, trade; (trabajo) daily activities o routine.

ocupado, a adj (teléfono, línea) engaged, busy; (ciudad, territorio) occupied; (seat) taken <¿está ocupado este asiento? is this seat taken?>.

ocupante -1 adj occupying -2 m/f occupant.

ocupar vt (apoderarse) to occupy, take possession of; (llenar) to occupy, fill; (habitar) to occupy, live in; to hold, fill <ocupó el puesto de ministro he held the post of minister> ♦ **ocuparse** vr (emplearse) to occupy oneself; (interesarse) to concern oneself; (atender a) to attend, pay attention (de to).

ocurrencia f (chiste) witticism ♦ **tener ocurrencias** to be witty.

ocurrir vi (suceder) to occur, happen ♦ **¿qué ocurre?** what's the matter? ♦ **ocurrirse** vr to occur to, strike.

odiar vt to hate, loathe.

odio m hatred, loathing.

odioso, a adj odious.

odisea f odyssey.

odontólogo, a m/f odontologist, dentist.

oeste m west.

ofender vt (injuriar) to offend, insult; (dañar) to hurt, injure -vi to be offensive ♦ **ofenderse** vr to take offense.

ofensa f offense.

ofensivo, a adj & f offensive.

oferta f (propuesta) offer, proposal; COM bid, tender.

ofertar vt Amer to offer.

oficial -1 adj official -2 m (funcionario) official, officer; (obrero) skilled worker; MIL officer.

oficina f office ♦ **horas de oficina** business hours • **oficina de colocación** employment agency.

oficinista m/f clerk, office worker.

oficio m (ocupación) labor, work; (empleo) office, post; (función) function, role ♦ **artes y oficios** arts and crafts • **de oficio** (oficialmente) ex officio, officially; (de profesión) by trade.

ofrecer vt to offer ♦ **ofrecerse** vr to offer oneself, volunteer.

ofrenda f offering, gift.

oftalmólogo m ophthalmologist.

ofuscar vt (cegar) to blind, dazzle; (confundir) to confuse, bewilder.

ogro m ogre.

¡oh! interj oh!

oído -1 see **oír** -2 m (sentido) hearing, sense of hearing; ANAT ear; MUS ear <ella tiene buen oído she has a good ear> ♦ **al oído** confidentially • **de oído** by ear • **ser todo oídos** to be all ears.

oír vt (escuchar) to hear; (atender) to listen to, pay attention to ♦ **¡oye!** o **¡oiga!** (para llamar la atención) listen!; (para reprender) look here!

ojal m buttonhole.

¡ojalá! interj would to God!, I hope that.

ojeada f glance, glimpse.

ojear vt (mirar) to eye, look at.

ojera f dark circle o ring (under the eyes).

ojo m eye; (agujero) hole <ojo de la cerradura keyhole>; (de un puente) span, arch; (atención) attention <pon ojo en lo que haces pay attention to what you are doing>; (aptitud) eye <él tiene buen ojo he has a good eye> ♦ **a ojo** o **a ojo de buen cubero** roughly, by a rough estimate • **con mucho ojo** very carefully • **en un abrir y cerrar de ojos** COLL in the twinkling of an eye • **no pegar ojo** not to sleep a wink • **¡ojo!** look out!, watch out! • **ojo morado** black eye.

ojota f Amer sandal.

ola f wave ♦ **ola de frío** cold spell.

oleada f (embate de ola) beating of waves; (cantidad) wave.

oleaje *m* swell.

óleo *m* oil.

oleoducto *m* oil pipeline.

oler *vt* to smell -*vi* (*tener olor*) to smell; (*parecer*) to smell of *o* like.

olfatear *vt* (*oler*) to sniff.

olfato *m* (*sentido*) sense of smell; (*instinto*) instinct ◆ **tener olfato para los negocios** to have a good nose for business.

oligarquía *f* oligarchy.

olimpiada/píada *f* Olympic games.

olímpico, a *adj* Olympian, Olympic ◆ **juegos olímpicos** Olympic games.

oliva *adj* & *f* olive.

olivar *m* olive grove.

olivo *m* olive tree.

olla *f* (*vasija*) pot, kettle; (*cocido*) stew ◆ **olla de presión** pressure cooker.

olmo *m* elm (tree).

olor *m* (*sensación*) smell; (*perfume*) smell, odor ◆ **tener olor a** to smell of.

olvidadizo, a *adj* forgetful.

olvidar *vt* & *vr* (*no recordar*) to forget; (*dejar*) to leave (behind) <*me olvidé los libros* I left the books behind> ◆ **olvidarse de** to forget to.

olvido *m* (*desmemoria*) forgetfulness; (*estado*) oblivion <*los planes cayeron en el olvido* the plans fell into oblivion>.

ombligo *m* navel.

omisión *f* omission.

omitir *vt* to omit.

ómnibus *m* omnibus, bus.

omnipotente *adj* omnipotent.

omóplato *m* shoulder blade.

once -**1** *adj* eleven; (*undécimo*) eleventh ◆ **las once** eleven o'clock -**2** *m* eleven.

onda *f* wave ◆ **estar en la onda** COLL to be with it.

ondear *vi* to ripple.

ondulado, a *adj* wavy.

ondular *vt* to wave -*vi* to undulate.

onza *f* ounce.

opa *Amer* -**1** *adj* stupid, foolish -**2** *m/f* COLL fool, dolt.

opaco, a *adj* opaque.

ópalo *m* opal.

opción *f* option, choice.

opcional *adj* optional.

ópera *f* opera.

operación *f* operation; FIN transaction.

operar *vi* to operate; COM to deal, do business -*vt* to operate on.

operario, a *m/f* operator, worker.

operativo, a *adj* operative.

opinar *vi* (*formar opinión*) to think, have an opinion; (*expresar la opinión*) to express an opinion ◆ **opinar en** *o* **sobre** to give an opinion on.

opinión *f* opinion.

opio *m* opium.

oponer *vt* (*contraponer*) to set up *o* put against; (*poner enfrente*) to oppose, put opposite ◆ **oponerse** *vr* (*objetar*) to oppose, object to; (*ser contrario*) to be in opposition to, be contrary.

oporto *m* port (wine).

oportunidad *f* opportunity.

oportuno, a *adj* (*conveniente*) opportune, timely; (*apropiado*) suitable, fitting; (*ocurrente*) witty.

oposición *f* opposition.

opositor, ra *m/f* opponent.

opresión *f* oppression.

opresivo, a *adj* oppressive.

opresor, ra -**1** *adj* oppressive -**2** *m/f* oppressor.

oprimir *vt* (*tiranizar*) to oppress, tyrannize; (*apretar*) to press, squeeze.

optar *vt* to choose, select.

optativo, a *adj* optional.

óptico, a -**1** *adj* optical -**2** *m* optician -*f* PHYS optics.

optimista -**1** *adj* optimistic -**2** *m/f* optimist.

óptimo, a *adj* optimal, best.

opuesto, a -**1** see **oponer** -**2** *adj* (*enfrente*) opposite; (*contrario*) opposing, contrary.

oración *f* RELIG prayer; GRAM (*frase*) sentence.

orador, ra *m/f* orator.

oral *adj* oral.

orangután *m* orangutan.

orar *vi* to pray.

oratorio *m* (*capilla*) oratory, chapel; MUS oratorio.

órbita *f* orbit; (*esfera*) sphere, field.

orden *m* (*disposición*) order; (*sistema*) method, system; (*paz*) order, peace <*el orden público* public order>; (*categoría*) nature, character; ARCHIT, BIOL order ◆ **en orden** in order • **por orden** in its turn -*f* order.

O

ordenado, a adj orderly, methodical.
ordenador m computer.
ordenanza f ordinance -m MIL orderly; (empleado) messenger.
ordenar vt (organizar) to order, put in order; (arreglar) to arrange; (mandar) to order, command.
ordeñador, ra -1 adj milking -2 m/f milker -f milking machine.
ordeñar vt to milk.
ordinario, a adj (común) ordinary, common; (inculto) coarse, uncouth; (mediocre) ordinary, mediocre; (diario) daily.
oreja f ear.
orejera f earflap.
orejón m (fruta) dried peach half; HIST Inca nobleman.
orfanato m orphanage.
orfebre m goldsmith o silversmith.
orfebrería f (arte) gold o silver work; (taller) gold o silver workshop.
orfelinato m orphanage.
organillo m barrel organ, hurdy-gurdy.
organismo m organism; (organización) organization, institution.
organización f organization.
organizar vt to organize ♦ **organizarse** vr to be organized.
órgano m organ.
orgasmo m orgasm.
orgía f orgy.
orgullo m pride.
orgulloso, a -1 adj proud -2 m/f proud person.
orientación f orientation; (colocación) positioning; (consejo) guidance, direction.
oriental -1 adj oriental, eastern -2 m/f oriental.
orientar vt (colocar) to position; (un edificio) to orient, orientate; (encaminar) to guide.
oriente m east, orient.
orificio m orifice, opening.
origen m origin; (principio) source; (linaje) birth; (cause) cause ♦ **dar origen a** to give rise to.
original -1 adj original; (primero) first; (nuevo) new, novel; (raro) odd, singular -2 m original.
originar vt & vr to originate.
originario, a adj coming o arising (de from).

orilla f (borde) border, edge; (del mar) shore; (de un río) bank.
orín[1] m rust.
orín[2] m urine.
orina f/**nes** m inv urine.
orinal m urinal.
orinar vi to urinate ♦ **orinarse** vr to wet oneself, wet one's pants.
oriundo, a adj native ♦ **ser oriundo de** to come from, be native to.
ornamento m (adorno) ornament.
oro m gold; (riqueza) wealth, riches ♦ **de oro** gold, golden • **oro negro** black gold, oil ♦ pl suit in Spanish deck of cards.
orquesta f orchestra.
orquestal adj orchestral.
orquídea f orchid.
ortiga f nettle.
ortodoxo, a adj orthodox.
ortografía f orthography.
ortopédico, a -1 adj orthopedic -2 m/f orthopedist.
oruga f ENTOM caterpillar; AUTO caterpillar tread.
orujo m marc, residue (of pressed grapes).
orzuelo m sty.
os pron you <os vi en el museo I saw you in the museum>; you, to you <os dieron la oportunidad de discutirlo they gave you the opportunity to discuss it>; you, for you <os buscaba un asiento he was looking for a seat for you>; from you <os robaron un coche they stole a car from you>; yourselves <vosotros os laváis you wash yourselves>; each other <vosotros os amáis you love each other>.
osado, a adj bold, daring.
osar vi to dare.
oscilar vi to oscillate; (fluctuar) to fluctuate, vary.
oscurecer vt (volver oscuro) to obscure, darken -vi to be getting dark ♦ **oscurecerse** vr (ponerse oscuro) to darken, grow dark.
oscuridad f (sombra) darkness; (imprecisión) obscurity.
oscuro, a adj (sin luz) dark; (negro) dark; (confuso) hazy, unclear; (incierto) uncertain; (nebuloso) overcast ♦ **a oscuras** in the dark.

óseo, a adj osseous, bony.

oso m bear ♦ **oso gris** grizzly bear.

ostentación f ostentation.

ostentar vt (mostrar) to show; (hacer gala) to flaunt, make a show of.

ostra f oyster.

otitis f otitis, inflammation of the ear.

otoñal adj autumnal.

otoño m autumn, fall.

otorgar vt (consentir) to grant, give.

otro, a -1 adj (distinto) other, another <¿quieres otra taza de café? do you want another cup of coffee?>; (igual) another <ella es otra María Callas she is another Maria Callas> ♦ **otra vez** again • **por otra parte** on the other hand **-2** pron another one <no tengo otro I do not have another one> ♦ **¡otra!** THEAT encore! • **unos a otros** each other, one another ♦ pl others.

ovación f ovation.

ovacionar vt to give an ovation to.

oval o **ovalado, a** adj oval.

ovario m ovary.

oveja f ewe, female sheep.

ovillo m (de hilo) ball.

ovino, a adj ovine, of sheep.

ovni m UFO, unidentified flying object.

ovulación f ovulation.

ovular vi to ovulate.

óvulo m ovule.

oxidar vt & vr to oxidize, rust.

óxido m oxide.

oxigenado, a adj oxygenated ♦ **agua oxigenada** hydrogen peroxide.

oxígeno m oxygen.

oyente -1 adj hearing, listening **-2** m/f (persona que oye) hearer, listener ♦ **los oyentes** the audience.

ozono m ozone.

O

P

pabellón m (edificio) pavilion; ANAT outer ear.

pacer vi to graze.

pachorra f Amer, COLL slowness, sluggishness.

paciencia f patience.

paciente adj & m/f patient.

pacificar vt to pacify.

pacífico, a adj peaceful, pacific.

pacifista adj & m/f pacifist.

pactar vt to agree to o upon -vi to come to an agreement, make a pact.

pacto m pact, agreement.

padecer vt (sufrir) to suffer (de from); (soportar) to endure, bear; (ser víctima) to be the victim of -vi (sufrir) to suffer; (recibir daño) to be damaged.

padrastro m stepfather; (pellejo) hangnail.

padre m father; FIG father, creator; RELIG father, priest ◆ **padre político** father-in-law ◆ pl parents.

padrenuestro m Lord's Prayer, Our Father.

padrillo m Amer sire, stallion.

padrino m (de niño) godfather; (de boda) best man; (patrocinador) sponsor ◆ pl godparents.

padrón m (censo) census, register; Amer sire, stallion.

paga f payment; (sueldo) wages.

pagano, a adj & m/f pagan.

pagar vt to pay; (recompensar) to repay <pagar un favor to repay a favor> ◆ **pagar a crédito** o **a plazos** to pay in installments • **pagar por adelantado** to pay in advance -vi to pay.

pagaré m promissory note.

página f page.

pago¹ adj COLL paid.

pago² m (entrega) payment; (recompensa) repayment, recompense.

país m (territorio) country, nation; (región) region, territory.

paisaje m landscape.

paisano, a -1 adj of the same country o region **-2** m/f (campesino) peasant; (compatriota) fellow countryman/woman.

paja f straw; (lo desechable) deadwood, chaff; (para beber) (drinking) straw.

pajar m straw loft, barn.

pájaro m bird ◆ **pájaro carpintero** woodpecker.

pala f (herramienta) shovel, spade; (contenido) shovelful; (parte plana) blade; (del remo) blade.

palabra f word; (facultad) speech; (elocuencia) eloquence; (promesa) word, promise ◆ **no tener palabras** to be unreliable • **tomar la palabra** to take the floor.

palabrota f COLL swearword, dirty word ◆ **decir palabrotas** to swear.

palacio m palace ◆ **palacio de justicia** courthouse.

paladar m (de la boca) palate, roof of the mouth; (gusto) taste.

palanca f lever ◆ **palanca de cambio** gearshift.

palangana f washbasin.

palco m THEAT box.

paleolítico, a adj & m Paleolithic.

paleta f small shovel o spade; (del pintor) palette; (del albañil) trowel; ANAT shoulder blade.

paletilla f shoulder blade.

palidecer vi (ponerse pálido) to turn pale, grow pale.

pálido, a adj (descolorido) pale, pallid.

palillo m (palito) small stick; (mondadientes) toothpick.

palito m small stick ◆ **pisar el palito** Amer, COLL to fall into the trap.

paliza f beating, thrashing.

palma f (de la mano) palm; (palmera) palm (tree); (hoja) palm leaf ◆ pl applause.

palmada f (golpe) slap, pat; (ruido) hand clap ◆ **dar palmadas** to clap one's hands.

palmar¹ m palm grove.

palmar² vi COLL to die, kick the bucket.

palmear vi (batir palmas) to clap, applaud -vt RP to pat, slap.

palmera f palm tree.

palmito m palm heart.

palmo m span, palm.

palo m (vara) stick, pole; (mango) stick, handle ◆ **palo ensebado** Amer greased pole.

paloma f dove, pigeon.

palomar m dovecote, pigeon loft.

palomita f popcorn.

palomo m (macho) cock pigeon; (paloma torcaz) ring-necked dove.

palpable *adj* palpable.

palpar *vt (tocar)* to touch, feel; *(experimentar)* to appreciate.

palpitación *f* palpitation.

palpitar *vi (temblar)* to palpitate, throb; *(latir)* to beat.

palta *f Amer* avocado.

paludismo *m* malaria.

pampa *f* pampa, plain.

pampero, a -1 *adj* of o from the pampas **-2** *m/f Amer* pampero (inhabitant).

pan *m* bread; *(pieza)* loaf of bread ♦ **pan integral** whole-wheat bread.

pana *f* corduroy.

panadería *f* bakery.

panadero, a *m/f* baker.

panal *m* honeycomb.

panamá *m* Panama hat.

panamericano, a *adj* Pan-American.

panatela *f* long thin sponge cake.

pancho, a COLL **-1** *adj* calm, unruffled ♦ **quedarse tan pancho** to keep one's cool **-2** *m RP* hot dog.

páncreas *m inv* pancreas.

panda *m* panda.

pandereta *f* tambourine.

pandilla *f* gang, band.

panecillo *m* roll, bun.

panel *m* panel ♦ *pl* paneling.

panera *f* breadbasket.

panfleto *m* pamphlet.

pánico, a *adj & m* panic.

panorama *m* panorama.

panorámico, a *adj* panoramic.

panqueque *m Amer* pancake.

pantalla *f (de lámpara)* lamp shade; *(de hogar)* fire screen; *(telón)* movie screen; *(de cine)* film.

pantalón *m/***lones** *m pl (de hombre)* trousers, pants; *(de mujer)* slacks ♦ **pantalón corto** shorts • **pantalón vaquero** jeans.

pantano *m* marsh.

pantanoso, a *adj* boggy, marshy.

panteón *m* pantheon.

pantera *f* panther.

pantorrilla *f* calf.

pantufla *f* slipper.

panza *f* COLL *(barriga)* belly, paunch.

pañal *m* diaper.

paño *m (tela)* cloth; *(de lana)* woolen cloth; *(trapo)* rag.

pañuelo *m* handkerchief; *(pañoleta)* scarf.

papa[1] *m* Pope.

papa[2] *f Amer* potato ♦ **papa dulce** sweet potato ♦ *pl* COLL *(comida)* food, grub; *(puches)* pap, mush.

papá *m* papa, daddy ♦ **Papá Noel** Father Christmas.

papagayo *m* parrot.

papal -1 *adj* papal **-2** *m Amer* potato field.

papalote/pe *m C Amer, Mex* kite.

papaya *f* papaya.

papel *m* paper; *(hoja)* piece of paper; *(documento)* document; *(función)* role; THEAT role ♦ **papel de cartas** stationery • **papel de lija** sandpaper • **papel higiénico** o **sanitario** toilet paper • **papel moneda** paper money ♦ *pl (documentos)* papers, documents; *(identificación)* identification papers.

papeleo *m* FIG red tape, paper work.

papelera *f (cesto)* wastepaper basket.

papeleta *f (cédula)* card; *(de voto)* ballot paper.

papelón *m* ♦ **hacer un papelón** to make a fool of oneself.

papera *f* goiter ♦ *pl* mumps.

papila *f* papilla.

papilla *f* pap, soft food.

paquete -1 *m (bulto)* package; *(caja)* pack, packet **-2** *adj Amer* smart, elegant.

par -1 *adj (igual)* equal; MATH even; ZOOL paired **-2** *m (dos)* couple *<un par de huevos* a couple of eggs>; pair *<un par de pantalones* a pair of pants>; MATH even number ♦ **a la par** *(igualmente)* on a par, equally; *(a un tiempo)* at the same time • **de par en par** wide *<abierto de par en par* wide open>.

para *prep (movimiento)* for, towards; *(destino, fin)* to, in order to; *(duración, tiempo)* for, by, about to, on the point of, to, for ♦ **para que** so that, in order that • **¿para qué?** why *<¿para qué has venido?* why have you come?>; for what *<¿para qué sirve esa manija?* what is this handle for?> • **para siempre** forever.

parabrisas *m inv* windshield, windscreen *GB*.

paracaídas *f inv* parachute.

parachoques *m inv* bumper, fender.

P

parada *f* see **parado, a.**
paradero *m (sitio)* whereabouts; *(destino)* destination.
paradisiaco/síaco, a *adj* heavenly.
parado, a -1 *adj (inmóvil)* stationary; *(detenido)* stopped; *(inactivo)* idle; *(sin empleo)* unemployed; *Amer* standing **-2** *f (acto)* stop; *(suspensión)* halt; *(sitio)* stop <*parada de autobús* bus stop> ♦ **parada de taxis** taxi o cab stand.
paradoja *f* paradox.
parador *m* inn, roadhouse.
paraguas *m inv* umbrella.
paragüero *m* umbrella stand.
paraíso *m* paradise.
paraje *m (lugar)* spot; *(región)* area.
paralelo, a -1 *adj* parallel **-2** *m* GEOG parallel; *(comparación)* comparison *-f (línea)* parallel line.
parálisis *f inv* paralysis.
paralítico, a *adj & m/f* paralytic.
paralizar *vt* to paralyze ♦ **paralizarse** *vr* to become paralyzed.
parámetro *m* parameter.
parangón *m* ♦ **sin parangón** matchless.
paranoico, a *adj & m/f* paranoid.
parar *vi (cesar)* to stop, halt; COLL *(terminar)* to end up ♦ **ir a parar** to end up • **sin parar** ceaselessly, nonstop *-vt (detener)* to stop, halt; *(impedir)* to check; *(prevenir)* to forestall ♦ **parar la oreja** *Amer* to prick up one's ears ♦ **pararse** *vr (detenerse)* to stop; *Amer* to stand up • **pararse a** to stop, pause <*pararse a pensar* to stop to think>.
pararrayos *m* lightning rod.
parásito, a -1 *adj* parasitic **-2** *m* parasite.
parasol *m* parasol.
parcela *f* parcel, plot.
parche *m (emplasto)* plaster; *(remiendo)* patch.
parcial -1 *adj* partial, part **-2** *m (partidario)* partisan, follower.
parco, a *adj (corto)* sparing <*parco en el hablar* sparing in words>; *(frugal)* frugal, economical; *(moderado)* moderate.
pardo, a -1 *adj (moreno)* brown; *(oscuro)* dark **-2** *m/f Amer* mulatto.
parecer[1] *m (opinión)* opinion, view; *(aspecto)* appearance ♦ **al parecer** apparently.

parecer[2] *vi (dar la impresión)* to seem; *(querer)* to like <*si te parece, saldremos inmediatamente* if you like, we will leave immediately>; *(semejarse)* to resemble, seem like; *(tener cierto aspecto)* to look, appear ♦ **parecerse** *vr* to look alike • **parecerse a** to resemble, look like.
parecido, a -1 *adj* similar **-2** *m* similarity.
pared *f* wall.
parejo, a -1 *adj (igual)* alike, equal; *(liso)* even, smooth • **ir parejos** *(cosas, personas)* to be equal **-2** *f (par)* pair; *(hombre y mujer)* couple; *(de baile)* dancing partner; *(deporte)* doubles ♦ **por parejas** two by two, in pairs.
parentela *f* relations, relatives.
parentesco *m (vínculo)* kinship; *(lazo)* tie.
paréntesis *m inv.* parenthesis; *(interrupción)* break, interruption ♦ **entre paréntesis** in parentheses.
pariente, a *m/f* relative, relation.
parir *vi & vt* to give birth (to).
parlamentario, a/rista -1 *adj* parliamentary.**-2** *m/f* member of parliament.
parlamento *m* parliament.
parlanchín, ina -1 *adj* talkative, chattering **-2** *m/f* chatterbox.
paro *m (suspensión)* stoppage, standstill; *(desempleo)* unemployment.
parcdia *f* parody.
parodiar *vt* to parody.
parpadear *vi (párpados)* to blink; *(luz)* to flicker; *(estrellas)* to twinkle.
párpado *m* eyelid.
parque *m* park ♦ **parque de atracciones** amusement park.
parqué *m* parquet.
parquear *vt Amer* to park.
parqueo *m (acción)* parking; *(lugar)* parking lot.
parquímetro *m* parking meter.
parra *f* grapevine.
párrafo *m* paragraph.
parranda *f* COLL party, spree.
parrilla *f* grill; *Amer* roof rack.
parrillada *f* dish of grilled fish o seafood; *RP* dish of grilled meats.
párroco *m* parish priest.
parroquia *f (territorio)* parish; *(habitantes)* parishioners; *(iglesia)* parish church.

parsimonia f *(templanza)* moderation; *(calma)* calm.

parte f part; *(porción)* portion; *(cantidad asignada)* share; *(sitio)* place, spot; *(lado)* side; *(facción)* side; COM, LAW party ♦ **de parte de** *(a nombre de)* in the name of, on behalf of; *(en favor de)* on the side of; *(por orden de)* at the command of • **¿de parte de quién?** who's calling? • **en alguna parte** somewhere • **en cualquier parte** anywhere • **en ninguna parte** nowhere • **en parte** partly • **en** o **por todas partes** everywhere • **ponerse de parte de** to side with • **por mi parte** as far as I am concerned • **por otra parte** on the other hand • **por partes** step by step • **tener** o **tomar parte en** to take part in, participate in *-m (escrito)* note; *(despacho)* message; *(informe)* report ♦ **dar parte** to report.

partera f midwife.

partero m Mex gynaecologist; male midwife.

participación f participation; *(contribución)* contribution; *(de lotería)* share in a lottery ticket.

participante m/f participant; SPORT competitor.

participar vt to inform -vi *(tomar parte)* to participate, take part; *(compartir)* to share.

partícula f particle.

particular -1 adj *(privado)* private; *(individual)* individual, personal; *(especial)* particular, special -2 m/f *(individuo)* individual, private person; *(asunto)* matter, point.

partidario, a adj & m/f partisan.

partido, a -1 adj divided -2 m *(bando)* (political) party; *(provecho)* profit, advantage; SPORT game ♦ **sacar partido de** to benefit from • **tomar partido** *(decidir)* to decide; *(ponerse de parte)* to take sides *-f (salida)* departure; *(mano de juego)* hand, round.

partir vt *(dividir)* to divide, split; to crack <partir nueces to crack nuts>; *(romper)* to break, split open; *(repartir)* to share -vi to leave ♦ **a partir de** as of, starting from.

partitura f score.

parto m childbirth, delivery.

pasadizo m passage.

pasado, a -1 adj past <en años pasados in past years>; *(anterior)* last <el mes pasado last month>; GRAM past, preterit; CUL *(podrido)* spoiled; *(poco fresco)* stale; *(muy cocido)* overdone ♦ **pasado de moda** old-fashioned • **pasada la una** after one (o'clock) • **pasado mañana** day after tomorrow **-2** m past *-f (acto)* passage, passing ♦ **mala pasada** dirty trick.

pasador, ra m *(barra)* bolt; *(chaveta)* cotter (pin); *(de pelo)* hairpin.

pasaje m passage; *(billete)* ticket; *(pasajeros)* passengers; *(paso público)* passageway.

pasajero, a -1 adj passing, fleeting **-2** m/f passenger, traveler.

pasaporte m passport.

pasar vt *(alcanzar)* to pass, hand; *(atravesar)* to cross; *(ir más allá)* to go beyond <pasar los límites to go beyond the limits>; COLL *(contrabandear)* to smuggle; *(poner en circulación)* to circulate; *(transferir)* to transfer; *(colar)* to filter; *(disfrutar)* to spend, pass <pasamos el verano en la playa we spent the summer at the beach>; *(sufrir)* to suffer, undergo <hemos pasado muchas desgracias we have undergone many misfortunes>; *(desecar)* to dry in the sun; *(aprobar)* to pass <pasar un examen to pass a test> ♦ **pasar lista** to call roll • **pasarla bien, mal** to have a good, bad time *-vi (transcurrir)* to go by; *(entrar)* to come in; *(ocurrir)* to happen, occur <¿qué pasó? what happened?>; *(durar)* to last; *(cesar)* to pass, be over; *(conceder)* to yield, pass; *(transferirse)* to be handed down ♦ **hacerse pasar por** to pass oneself off as • **pasar a** to proceed to • **pasar a ser** to become • **pasar de** *(exceder)* to exceed, surpass; *(edad)* to be over • **pasar de moda** to go out of fashion • **pasar por** *(simular ser)* to pretend to be; *(padecer)* to go through, undergo ♦ **pasarse** vr *(cambiar de partido)* to go over; *(olvidarse)* to forget; *(deslizar)* to run <se pasó la mano por la frente she ran her hand across her brow>; *(excederse)* to go too far; *(echarse a perder)* to go bad; *(estar muy*

P

cocido) to be overcooked • **pasarse de** to be too.

pasarela *f* footbridge; MARIT gangway.

pasatiempo *m* pastime.

Pascua *f (de resurrección)* Easter; *(Navidad)* Christmas; *(fiesta judía)* Passover ♦ *pl* Christmastide.

pase *m* pass.

pasear *vi* to go for a walk *-vt* to take for a walk ♦ **pasearse** to walk.

paseo *m (caminata)* stroll; *(a caballo, coche)* ride; *(avenida)* avenue ♦ **dar un paseo** *(andar)* to go for a walk; *(en coche)* to go for a ride • **echar** o **mandar a paseo** to send (someone) packing.

pasillo *m* corridor.

pasión *f* passion.

pasmado, a *adj* COLL astounded, astonished; *(helado)* frozen.

pasmar *vt (dejar atónito)* to stun; *(asombrar)* to astound.

pasa *f* raisin ♦ **pasa de Corinto** currant.

paso *m* step; *(marcha)* walk; *(distancia)* pace; *(acción)* passing, passage; *(camino)* passage; GEOG pass; MARIT strait; *(pisada)* footstep ♦ **a cada paso** at every turn • **a ese paso** at that rate • **ceder el paso** to step aside • **cortar el paso** to cut off • **de paso** in passing • **paso a nivel** grade crossing • **paso a paso** little by little • **paso por paso** step by step.

pasta *f* paste ♦ **pasta de dientes** toothpaste.

pastel *m (dulce)* cake; *(de carne, queso)* pie; PAINT pastel.

pastelería *f* pastry shop; *(oficio)* pastry-making.

pastilla *f (de jabón)* bar, cake; *(medicinal)* pill, tablet.

pasto *m (hierba)* grass; *(sitio)* pasture.

pastor, ra *m (ovejero)* shepherd; *(prelado)* pastor *-f* shepherdess.

pata *f (pie)* paw, foot; *(pierna)* leg; *(base)* leg *<las patas de la mesa* the legs of the table>; ORNITH female duck ♦ **meter la pata** to put one's foot in it • **patas arriba** COLL *(boca arriba)* upside-down; *(en desorden)* topsy-turvy • **tener mala pata** COLL to be unlucky.

patada *f* kick ♦ **a patadas** COLL in abundance.

patata *f* potato ♦ **patatas fritas** French fries.

patear *vt* COLL to kick *-vi (dar patadas)* to stamp one's feet; *Amer,* COLL *(andar mucho)* to chase all over the place; *(cocear)* to kick.

patente -1 *adj* patent, obvious ♦ **hacer patente** to make evident **-2** *f (permiso)* warrant; *(licencia)* licence.

patillas *f pl* sideburns.

patín *m* skate.

patinaje *m* skating.

patinar *vi (con patines)* to skate; *(un vehículo)* to skid; *(resbalar voluntariamente)* to slide; *(resbalar sin querer)* to slip; *(meter la pata)* to slip up.

patio *m* patio, courtyard.

pato *m (ave)* duck; *(pato macho)* drake; *Amer (bacineta)* bedpan ♦ **pagar el pato** COLL to take the rap.

patota *f RP* street gang.

patotero *m RP* COLL member of a street gang.

patria *f* homeland, native land ♦ **madre patria** motherland.

patriarca *m* patriarch.

patrimonio *m* patrimony, heritage.

patriota *m/f* patriot.

patrocinador, ra -1 *adj* sponsoring **-2** *m/f* sponsor, patron.

patrocinar *vt* to sponsor, patronize.

patrón, ona *m/f* RELIG patron saint *-m (amo)* master, boss; MARIT skipper, captain; *(modelo)* pattern; *(unidad)* standard.

patronato *m (protección)* patronage, sponsorship; *(organización)* board, council.

patrono, a *m/f (jefe)* boss; *(empresario)* employer; *(santo)* patron saint *-m (dueño)* landlord; *(señor)* lord *-f (casera)* landlady; *(señora)* lady.

patrullar *vi & vt* to patrol.

paulatino, a *adj* gradual.

pausa *f* pause, break.

pausado, a -1 *adj* slow **-2** *adv* slowly.

pauta *f (regla)* rule, guide; *(rayas)* guidelines.

pava¹ *f* turkey hen.

pava² *f RP* teapot.

pavada *f* stupidity, foolishness.

pavimentar *vt (piso)* to floor; *(calle)* to pave.

pavimento *m* pavement.
pavo *m* turkey; *(hombre soso)* fool
♦ **pavo real** peacock.
pavor *m* fright, terror.
payada *f* RP improvisation by singing gauchos.
payador *m* RP singing gaucho.
payar *vi* RP *(cantar)* to improvise songs; *(contar cuentos)* to tell stories.
payaso *m* clown, buffoon.
paz *f* peace; *(tranquilidad)* peacefulness, tranquility ♦ **dejar en paz** to leave alone • **hacer las paces** to make peace.
peaje *m* toll.
peatón *m* pedestrian.
pebete, a *m/f* RP kid, child.
peca *f* freckle.
pecado *m* sin.
pecador, ra -1 *adj* sinful **-2** *m/f* sinner.
pecar *vi* to sin; *(faltar)* to transgress.
pecera *f* fishbowl, aquarium.
pechador *m* Amer, COLL sponger.
pechar *vt* Amer, COLL *(dinero)* to hit for a loan.
pechazo *m* RP touch for a loan.
pecho *m* chest; *(busto)* breast; *(seno)* bosom, breast.
pechuga *f* breast.
pecoso, a *adj* freckled.
peculiar *adj* peculiar.
pedal *m* pedal, treadle.
pedalear *vi* to pedal.
pedante -1 *adj* pedantic **-2** *m/f* pedant.
pedazo *m* piece ♦ **hacer pedazos** *(romper)* to smash into pieces; *(desgarrar)* to tear into pieces.
pedestal *m* pedestal.
pediatra/diatra *m/f* pediatrician.
pedido *m* *(encargo)* order; *(petición)* request ♦ **hacer un pedido** to place an order.
pedir *vt* *(rogar)* to ask, request; to ask for <le pedí diez dólares I asked him for ten dollars>; *(demandar)* to demand; *(mendigar)* to beg; to order <pidió una taza de café he ordered a cup of coffee> ♦ **pedir prestado** to borrow.
pedrusco *m* COLL rough *o* uncut stone.
pega *f* snag.
pegadizo, a *adj* *(que se pega)* adhesive; *(que capta la atención)* catchy.

pegajoso, a *adj* *(pegadizo)* adhesive; *(contagioso)* catching.
pegamento *m* glue.
pegapega *f* Amer birdlime.
pegar *vt* *(engomar)* to glue; *(arrimar)* to move closer; *(unir)* to fasten; *(golpear)* to hit; to give <pegar un grito to give a yell> *-vi (adherir)* to adhere; *(golpear)* to hit; *(armonizar)* to go together ♦ **pegarse** *vr (unirse)* to adhere, CUL *(quemarse)* to stick to the pan; to pick up <el vicio de fumar se le pegó de mí she picked up the vice of smoking from me> • **pegarse un tiro** to shoot oneself.
peinado *m* hair style, coiffure.
peinador, ra *m/f* hairdresser.
peinar *vt* *(el cabello)* to comb ♦ **peinarse** *vr* to comb one's hair.
peine *m* comb.
peineta *f* ornamental comb.
pelado, a -1 *adj* *(calvo)* bald; *(con el pelo cortado)* shorn; *(frutos)* peeled; *(desplumado)* plucked; *(desértico)* barren; *(pobre)* broke **-2** *m (corte de pelo)* haircut; *(esquileo)* shearing; *(pobre)* pauper *-f (cabeza)* bald head.
pelagatos *m inv* COLL poor devil.
pelar *vt* *(cortar el pelo)* to cut; *(mondar)* to peel; *(desplumar)* to pluck; *(quitar la piel)* to strip.
peldaño *m* rung.
pelea *f* fight.
pelear *vi* to fight; *(disputar)* to quarrel; *(batallar)* to battle.
peletería *f* *(oficio)* fur trade; *(tienda)* fur shop.
pelícano *m* pelican.
película *f* *(piel)* skin; *(telilla)* film; PHOTOG film; CINEM motion picture ♦ **de película** COLL extraordinary • **película del oeste** western.
peligro *m* danger ♦ **correr el peligro de** to run therisk of • **poner en peligro** to endanger.
peligroso, a *adj* dangerous.
pelirrojo, a -1 *adj* red-haired, red-headed **-2** *m/f* redhead.
pellejo *m (de animal)* hide; *(de fruta)* peel; *(piel)* skin ♦ **jugarse el pellejo** to risk one's neck.
pellizcar *vt (apretar)* to pinch; *(comer un poco)* to nibble.

pelo m (cabello) hair; (de la barba) whisker; (de cepillo) bristle; ZOOL (piel) fur, coat; (del tejido) nap ♦ **por los pelos** o **por un pelo** by the skin of one's teeth • **tomar a alguien el pelo** to pull someone's leg.

pelota f ball; (juego) ball game.

pelotón m squad.

peluca f wig.

peludo, a adj hairy, shaggy.

peluquería f (para hombres) barber shop; (para mujeres) beauty shop o parlor.

peluquero, a m/f (para hombres) barber; (para hombres y mujeres) hairdresser.

pelusa f (de plantas) down; (de telas) fuzz.

pelvis f inv pelvis.

pena f (castigo) punishment; (aflicción) sorrow; (dolor) pain ♦ **a duras penas** with great difficulty • **dar pena** to grieve • **pena de muerte** death penalty • **¡qué pena!** what a shame! • **valer la pena** to be worthwhile.

penal -1 adj penal -2 m prison.

penar vt to punish -vi to suffer.

pender vi (colgar) to hang.

pendiente -1 adj (colgante) hanging; (sin solucionar) pending -2 m (arete) earring; (colgante) pendant -f (cuesta) slope; (del tejado) pitch.

pene m penis.

penetrante adj (que penetra) penetrating; (inteligencia) acute; (voz, mirada) piercing; (frío) biting.

penetrar vt to penetrate; (empapar) to permeate -vi to penetrate, enter.

penicilina f penicillin.

península f peninsula.

peninsular adj peninsular.

penitencia f (sentimiento) penitence; (castigo) penance.

penitenciario, a adj & m penitentiary.

penoso, a adj (difícil) arduous; (triste) sad.

pensado, a adj ♦ **el día menos pensado** when least expected • **mal pensado** (con pensamientos malos) evil-minded • **tener pensado** to have in mind.

pensador, ra -1 adj thinking -2 m thinker.

pensamiento m thought; (idea) idea; (mente) mind.

pensar vt (considerar) to think about, consider; (creer) to think, believe; (planear) to intend -vi to think ♦ **pensar en** o **sobre** to think about • **¿qué piensas de...?** what is your opinion about...?

pensión f (en un hotel) room and board; (de retiro) pension, annuity; (de estudios) grant; (casa) boarding house.

pensionista m/f pensioner; (en hotel) boarder.

pentagrama m MUS stave, staff.

penúltimo, a adj & m/f penultimate.

penumbra f shadow; PHYS penumbra.

peña f (roca) boulder; (círculo) circle.

peñón m craggy rock ♦ **peñón de Gibraltar** Rock of Gibraltar.

peón m Amer farmhand, peon; (jornalero) unskilled laborer; (en ajedrez) pawn; (en damas) man.

peonada m gang of laborers.

peor -1 adj worse <éste es peor que el otro this one is worse than the other>; worst <soy el peor jugador I am the worst player> -2 adv worse -3 m/f worse <soy el peor de los dos I am the worse of the two>; worst <ella es la peor de las bailarinas she is the worst of the dancers> ♦ **lo peor** the worst thing.

pepa f Amer pip, seed.

pepino m cucumber.

pepita f pip, seed; VET pip; MIN nugget.

pequeño, a -1 adj small; (corto) short; (joven) young -2 m/f child.

pera f (fruta) pear.

peral m pear tree.

percance m mishap.

percatarse vr to become aware.

percepción f perception.

percha f (madero) pole, prop; (perchero) clothes rack; (de colgar) hanger, coat hanger.

perchero m clothes rack.

percibir vt (distinguir) to perceive, sense; (cobrar) to collect, receive.

percusión f percussion.

perdedor, ra -1 adj losing -2 m/f loser.

perder vt to lose; (desperdiciar) to waste, miss ♦ **echar a perder** to spoil -vi to lose ♦ **perderse** vr to lose, mislay; (desorientarse) to get lost • **perderse de vista** to disappear.

perdición f ruin.

pérdida f loss, waste; *(daño)* damage, harm.

perdido, a adj lost; *(incorregible)* dissolute.

perdiz f partridge.

perdón m pardon, forgiveness ♦ **¡perdón!** sorry!

perdonar vt *(disculpar)* to pardon, forgive.

perdurable adj *(eterno)* eternal, everlasting; *(duradero)* durable, lasting.

perdurar vi to last.

perecedero, a adj perishable.

perecer vi to perish, die.

peregrinación f/**je** m pilgrimage.

peregrino, a -1 adj *(que viaja)* traveling; *(en una peregrinación)* on a pilgrimage **-2** m/f pilgrim.

perejil m parsley.

perenne adj perennial.

pereza f *(holgazanería)* laziness; *(lentitud)* slowness.

perezoso, a -1 adj *(holgazán)* lazy; *(pesado)* slow **-2** m ZOOL sloth.

perfección f perfection.

perfeccionar vt *(hacer perfecto)* to make perfect; *(mejorar)* to improve.

perfeccionista adj & m/f perfectionist.

perfecto, a adj perfect.

perfil m profile; *(contorno)* outline ♦ **de perfil** in profile ♦ pl features.

perfilado, a adj *(rostro)* long and thin; *(nariz)* well-formed.

perfilar vt to outline ♦ **perfilarse** vr *(destacarse)* to be outlined; *(tomar forma)* to take shape.

perforación f perforation; MIN drilling.

perforador, ra -1 adj MIN drilling **-2** f MIN drill.

perforar vt to perforate; MIN to drill.

perfumar vt to perfume.

perfume m perfume.

perfumería f perfumery.

pergamino m *(papel)* parchment.

pérgola f pergola.

pericia f skill, expertise.

periferia f periphery.

perilla f *(barbilla)* goatee ♦ **venir de perillas** COLL to come in handy.

perímetro m perimeter.

periódico, a -1 adj periodic(al) **-2** m newspaper.

periodismo m journalism.

periodista m/f journalist.

período/ríodo m period; GEOL age.

peripecia f vicissitude.

periquete m ♦ **en un periquete** COLL in a jiffy.

periquito m parakeet.

perito, a adj & m/f expert.

perjudicar vt *(dañar)* to damage; *(estropear)* to harm.

perjudicial adj harmful, detrimental.

perjuicio m *(material)* damage; *(moral)* injury.

perjurar vi to commit perjury.

perla f pearl; FIG treasure.

permanecer vi to stay, remain.

permanencia f *(duración)* permanence; *(estancia)* stay.

permanente -1 adj permanent **-2** f permanent wave.

permiso m *(autorización)* permission; *(documento)* permit; MIL leave ♦ **con (su) permiso** *(perdóneme)* excuse me; *(con su autorización)* with your permission • **permiso de conducir** driver's license.

permitido, a adj permitted, allowed.

permitir vt to allow ♦ **permitirse** vr to be permitted o allowed.

permuta/ción f exchange.

permutar vt to exchange.

pernera f pant leg.

pero -1 conj but <es bonita pero antipática she is pretty but disagreeable>; yet <gana mucho dinero pero nunca tiene un centavo he earns a lot of money yet he is always broke> **-2** m ♦ **no hay pero que valga** COLL there are no buts about it • **poner peros** to raise objections.

peroné m/f fibula.

perorata f long-winded speech.

perpendicular adj & f perpendicular.

perpetrar vt to perpetrate.

perpetuar vt to perpetuate ♦ **perpetuarse** vr to be perpetuated.

perpetuidad f perpetuity.

perpetuo, a adj perpetual ♦ **cadena perpetua** life imprisonment.

perplejo, a adj perplexed.

perrera f *(lugar)* dog kennel; *(carro)* dogcatcher's wagon.

perrería f *(mala acción)* dirty trick.

perro, a -1 *m/f* dog; FIG dirty dog *-f* bitch; COLL *(moneda)* five o ten-cent piece **-2** *adj* lousy, rotten.

persecución *f (tormento)* persecution; *(seguimiento)* pursuit, chase.

perseguir *vt (seguir)* to pursue, chase; *(acosar)* to persecute.

perseverante *adj* persevering.

perseverar *vi* to persevere.

persiana *f* blind.

persignar *vt* to cross.

persistente *adj* persistent.

persistir *vi* to persist.

persona *f* person ♦ **por persona** per person, each ♦ *pl* people.

personaje *m* celebrity; LIT character.

personal -1 *adj* personal **-2** *m* personnel.

personalidad *f* personality; *(personaje)* public figure.

personalizar *vt* to personalize.

personificar *vt* to personify.

perspectiva *f* perspective; *(vista)* view.

perspicacia/cidad *f* perspicacity.

perspicaz *adj (agudo)* sharp, keen; *(sagaz)* shrewd, perspicacious.

persuadir *vt (a hacer)* to persuade ♦ **persuadirse** *vr* to be persuaded o convinced.

persuasión *f* persuasion.

persuasivo, a *adj* persuasive.

pertenecer *vi* to belong, be.

perteneciente *adj* pertaining (a to).

pertenencia *f (derecho)* ownership; *(posesión)* belonging.

pértiga *f* pole.

pertinaz *adj* obstinate, tenacious.

pertinente *adj* pertinent, relevant.

pertrechar *vt* MIL to supply, equip.

perturbación *f* disturbance.

perturbador, ra -1 *adj* disturbing **-2** *m/f* disturber.

perturbar *vt (trastornar)* to disturb; *(desasosegar)* to perturb.

perú *m* ♦ **valer un perú** to be worth a fortune.

perversión *f* perversion.

perverso, a *adj & m* wicked (person).

pervertido, a -1 *adj* perverted **-2** *m/f* pervert.

pervertir *vt* to pervert ♦ **pervertirse** *vr* to become perverted.

pesa *f* weight ♦ *pl* dumbbells, weights.

pesadez *f (calidad)* heaviness; *(molestia)* nuisance.

pesadilla *f* nightmare.

pesado, a *adj (que pesa)* heavy; *(sue)* deep; *(aburrido)* boring; *(molesto)* annoying; *(difícil)* tough.

pesadumbre *f (pesar)* grief.

pésame *m* condolence ♦ **dar el pésame** to express condolences.

pesar¹ *m (pena)* sorrow; *(arrepentimiento)* regret ♦ **a pesar de** in spite of, despite.

pesar² *vt (determinar el peso)* to weigh *-vi (tener peso)* to weigh; *(ser pesado)* to weigh a lot; *(ser importante)* to carry weight.

pesaroso, a *adj (arrepentido)* sorry; *(triste)* sad.

pesca *f (acción)* fishing; *(lo pescado)* catch.

pescadería *f* fish market.

pescadilla *f* whiting.

pescado *m* fish (out of water).

pescador *m* fisherman.

pescar *vt (coger peces)* to fish (for); *(lograr)* to land; *(sorprender)* to catch.

pescuezo *m (de animal)* neck; *(de persona)* scruff of the neck.

pesebre *f* manger.

peseta *f* FIN peseta.

pesimista -1 *adj* pessimistic **-2** *m/f* pessimist.

pésimo, a *adj* very bad, terrible.

peso *m* weight; FIN peso; SPORT shot.

pespunte *m* backstitch.

pesquero, a *adj* fishing.

pesquisa *f (averiguación)* investigation *-m Arg, Ecuad* secret police.

pestaña *f* eyelash.

pestañear *vi* to blink, wink.

peste *f* plague; *(olor)* stench ♦ *pl* **echar pestes** to complain bitterly.

pestilencia *f* stench, stink.

pestillo *m* bolt (of a lock).

petaca *f (bolsa)* tobacco pouch; *(estuche)* cigarette case.

pétalo *m* petal.

petardo *m (cohete)* firecracker.

petate *m (de ropa)* bundle.

petición *f* petition; LAW claim ♦ **a petición de** at the request of.

petiso, a *Amer* **-1** *adj* short **-2** *m* small horse.

petrificar vt to petrify ♦ **petrificarse** vr to become petrified.

petrodólares m pl petrodollars.

petróleo m petroleum, oil.

petrolero, a -1 adj oil, petroleum -2 m oil tanker.

petrolífero, a adj oil-bearing.

petroquímico, a adj petrochemical.

petulante adj arrogant.

peyorativo, a adj pejorative.

peyote m peyote.

pez[1] m fish ♦ **pez gordo** COLL big shot.

pez[2] f pitch, tar.

pezón m (de la teta) nipple.

pezuña f (cloven) hoof.

piadoso, a adj (que compadece) compassionate; (devoto) pious.

pianista m/f pianist.

piano -1 m piano -2 adv MUS softly.

piar vi to cheep, chirp.

pibe, a m/f RP, COLL kid.

picadero m (para caballos) ring.

picadillo m chopped meat ♦ **hacer picadillo** to make mincemeat of.

picado, a adj (perforado) perforated; COLL (ofendido) ticked off.

picadura f bite.

picaflor m Amer flirt.

picana f RP goad.

picanear vt RP to goad.

picante adj spicy.

picaporte m (barrita) latch; (llave) latchkey; (aldaba) doorknocker.

picar vt (punzar) to prick; (agujerear) to punch; (morder) to bite; ICHTH to bite; ORNITH to peck (at); (comer) to nibble; (quemar) to burn, sting; (cortar) to mince; (estimular) to arouse, pique -vi (escocer) to itch; (morder) to sting; (calentar) to be hot; ICHTH to bite ♦ **picarse** vr (agujerearse) to become motheaten; (avinagrarse) to turn sour, MARIT to become choppy; (irritarse) to get annoyed.

picardía f (acción baja) dirty trick; (travesura) mischief.

pícaro, a -1 adj (astuto) sly; (malicioso) wicked -2 m/f (bribón) scoundrel; (astuto) sly person; (en sentido cariñoso) rascal -m LIT rogue.

pichón m (paloma) young pigeon; Amer novice.

pico m (de aves) beak; (punta) tip; (herramienta) pick; (cima) peak ♦ **callar** o **cerrar el pico** COLL to shut one's trap • **y pico** odd <veinte dólares y pico twenty-odd dollars>; a little after <son las ocho y pico it is a little after eight>.

picor m itching.

picotear vt (con el pico) to peck; (comer) to nibble, pick (at).

pie m foot; (base) base, stand; (sedimento) sediment; (tronco) trunk; (tallo) stalk ♦ **a pie** on foot • **con pies de plomo** (lentamente) slowly; (con prudencia) cautiously • **dar pie a** to give rise to • **de pie** upright • **de pies a cabeza** from head to foot • **no tener pies ni cabeza** to make no sense whatsoever • **ponerse de pie** to stand up.

piedad f (devoción) piety; (lástima) pity.

piedra f (peña) stone, rock; (granizo) hailstone ♦ **piedra de chispa** flint • **piedra pómez** pumice stone • **piedra preciosa** precious stone.

piel f skin; (pelo) fur, pelt; (cuero) leather; BOT peel ♦ **de piel** (de cuero) leather; fur <abrigo de piel fur coat> • **piel de gallina** goose pimples.

pienso m fodder.

pierna f leg; RP player (in a card game).

pieza f piece; (de maquinaria) part; (moneda) coin; (de tela) bolt; (habitación) room; (animal) head; (ficha) man ♦ **de una pieza** (sólido) solid; (honesto) honest • **pieza de repuesto** spare part.

pifia f COLL (error) slip.

pifiar vi & vt COLL (chapucear) to bungle; Amer to mock.

pigmento m pigment.

pigmeo adj & m/f pygmy.

pijama m pajamas.

pila f (recipiente) basin; (de cocina) sink; (fuente) fountain; (montón) pile; ELEC battery, cell ♦ **nombre de pila** Christian name.

pilar m (columna) pillar, column; (de puente) pier.

pilcha f RP piece of clothing.

píldora f pill.

pileta f (pila) sink; Amer (piscina) swimming pool.

P

pillar vt (robar) to plunder; (coger) to catch.

pillo, a COLL **-1** adj mischievous **-2** m/f scoundrel.

pilón[1] m (pila) basin, trough.

pilón[2] m ARCHIT pylon.

pilotar/tear vt to pilot; (conducir) to drive.

piloto -1 m pilot; (llama) pilot light ◆ **piloto automático** automatic pilot **-2** adj pilot, model.

piltrafa f (persona) wretch.

pimentón m paprika.

pimienta f pepper.

pimiento m BOT pepper; (pimentón) paprika ◆ **pimiento chile** chili pepper • **pimiento morrón** sweet pepper.

pinacoteca f art gallery.

pinar m pine grove.

pincel m brush.

pinchar vt to puncture; FIG to annoy.

pinche -1 m (de cocina) kitchen boy; Amer (de oficina) clerk **-2** adj Mex, COLL miserable, lousy.

pincho m (aguijón) prickle, thorn.

pingajo m COLL tatter, rag.

pingo m RP fast horse.

pingüino m penguin.

pino m pine (tree).

pinta f see **pinto, a**.

pintado, a adj spotted, mottled ◆ **como pintado** just right • **no poder ver (a alguien) ni pintado** COLL not to be able to stand (someone).

pintar vt to paint; (describir) to depict -vi to paint ◆ **pintarse** vr to put on make-up.

pintarrajar/jear COLL vt to paint amateurishly ◆ **pintarrajarse** vr to put on heavy make-up.

pinto, a -1 adj speckled **-2** f (mancha) spot; COLL (aspecto) look; (medida) pint ◆ **tener pinta de** COLL to look like.

pintón, ona adj RP (elegante) sharp.

pintor, ra m/f painter.

pintoresco, a adj picturesque.

pintura f (arte) painting; (cuadro) painting, picture; (color) paint.

pinza f (de langosta) claw ◆ pl (tenacillas) tweezers; (tenazas) tongs.

piña f (del pino) cone; (ananás) pineapple; COLL (puñetazo) blow ◆ **darse piñas** Amer, COLL to come to blows.

piñón[1] m (simiente) pine nut; (arbusto) nut pine.

piñón[2] m MECH pinion (wheel).

pío, a -1 adj (devoto) pious; (compasivo) compassionate **-2** m ◆ **no decir ni pío** COLL not to say a word.

piojo m louse.

piojoso, a adj (lleno de piojos) lousy; (sucio) dirty.

piola f string, cord.

pionero, a adj & m/f pioneer.

pipa[1] f (tonel) barrel; (para fumar) pipe.

pipa[2] f pip, seed.

pipermín m peppermint.

pipí m COLL wee-wee ◆ **hacer pipí** to make wee-wee.

pipón, ona adj Amer (lleno) full; (barrigón) paunchy.

pique[1] m resentment.

pique[2] m ◆ **irse a pique** to sink; FIG to be ruined.

piqueta f pick.

piquete m picket, squad.

piragua f pirogue.

pirámide f pyramid.

piraña f Amer piranha.

pirarse vr COLL to take off, leave.

pirata m & adj pirate.

pirómano, a -1 adj pyromaniacal **-2** m/f pyromaniac.

piropo m (requiebro) flattering remark ◆ **decir piropos** to pay flirtatious compliments (a to).

pirotecnia f pyrotechnics, pyrotechny.

pirueta f pirouette.

pirulí m [pl ís] lollipop.

pis m COLL wee-wee ◆ **hacer pis** to pee.

pisada f (huella) footprint.

pisapapeles m inv paperweight.

pisar vt (andar) to step o walk on.

piscina f swimming pool.

piscolabis m inv COLL snack.

piso m (suelo) ground; (de una habitación) floor; (pavimento) pavement; (planta) floor, story; (apartamento) apartment, flat GB ◆ **piso bajo** ground floor • **primer piso** second floor, first floor GB.

pisotear vt (pisar) to trample; (maltratar) to abuse.

pisotón m ◆ **dar un pisotón** to step on someone's foot.

pista f (huella) trail; (de carrera) racetrack; (de bailar) dance floor; (del circo)

ring; *(de aterrizaje)* runway; *(indicio)* clue; *(camino)* trail.

pistacho *m* pistachio (nut).

pistola *f (arma)* pistol; *(para pintar)* paint sprayer.

pistolero *m* COLL gunman.

pistón *m* piston; *Amer* cornet.

pita *f* BOT agave.

pitada *f* whistle; *Amer* puff, drag.

pitar *vi (tocar el pito)* to blow a whistle; *S Amer (fumar)* to smoke ♦ **salir pitando** to go off like a shot *-vt (silbar)* to hiss at; *S Amer (fumar)* to smoke.

pitido *m* whistling.

pitillera *f* cigarette case.

pitillo *m* cigarette.

pito *m* whistle ♦ **no darle** o **importarle a uno un pito** COLL not to give a damn • **no valer un pito** to be worthless.

pitón[1] *m* ZOOL python.

pitón[2] *m (cuerno)* horn; *(pitorro)* spout; *Amer* nozzle.

pitonisa *f* pythoness.

pivote *m* pivot.

piyama *m* var of **pijama**.

pizarra *f (troca)* slate; *(pizarrón)* blackboard.

pizarrín *m* slate pencil.

pizarrón *m Amer* blackboard.

pizca *f* pinch ♦ **ni pizca** COLL not (at all).

placa *f* plaque; *(insignia)* badge; ELEC, PHOTOG plate; COMPUT chip ♦ **placa de matrícula** license plate.

placentero, a *adj* pleasant.

placer[1] *m* pleasure.

placer[2] *vt* to please *<me place hacerlo* it pleases me to do it>.

plácido, a *adj (quieto)* placid; *(grato)* pleasant.

plaga *f* plague; BOT blight.

plagar *vt* to plague ♦ **plagarse** *vr* to become infested with.

plagiar *vt* to plagiarize.

plagio *m* plagiarism.

plan *m* plan; *(proyecto)* project; *(programa)* program.

plana *f (página)* page.

plancha *f (lámina)* sheet; *(utensilio)* iron *<plancha a vapor* steam iron>; COLL *(error)* blooper; PRINT plate ♦ **a la plancha** grilled.

planchada *f (puentecillo)* gangplank; *Amer*, COLL *(metedura de pata)* blunder.

planchar *vt* to iron.

planchazo *m* COLL blunder.

planeador *m* glider.

planear *vt* to plan *-vi* AER to glide.

planeta *m* planet.

planicie *f* plain.

planificación *f* planning.

planificar *vt* to plan.

planilla *f Amer (lista)* list; *(cuadro)* table; *(formulario)* form.

plano, a -1 *adj* flat **-2** *m* plane; *(superficie)* surface; *(mapa)* map, chart.

planta *f* plant; *(del pie)* sole; *(piso)* floor; *(proyecto)* plan, project ♦ **planta baja** ground floor, first floor • **primera planta** second floor, firstfloor GB.

plantación *f (explotación)* plantation.

plantado, a *adj* planted ♦ **bien plantado** COLL good-looking • **dejar (a alguien) plantado** to stand (someone) up.

plantar *vt* to plant, sow; *(colocar)* to put; COLL *(un golpe)* to land; *(abandonar)* to leave ♦ **plantarse** *vr (resistir)* to stand firm; COLL *(pararse)* to balk; *(en naipes)* to stand pat.

planteamiento *m (exposición)* exposition; *(propuesta)* proposal; *(enfoque)* focus.

plantear *vt (exponer)* to expound; *(proponer)* to propose.

plantel *m (conjunto)* group; *(criadero)* nursery, seedbed.

plantilla *f (suela)* insole; TECH *(patrón)* template.

plantón *m* ♦ **dar un plantón** to keep (someone) waiting.

plañidero, a *adj* plaintive.

plañir *vi* to lament.

plasmar *vt* to shape, mold.

plástico, a *adj* & *m* plastic *-f* plastic arts.

plata *f* silver; *(moneda)* silver (coin); *Amer* money.

plataforma *f* platform; FIG *(trampolín)* stepping stone; *(vagón)* open wagon ♦ **plataforma de lanzamiento** launching pad.

platal *m Amer*, COLL fortune.

plátano *m (de banano)* banana; *(de sombra)* plane tree.

P

platea *f* orchestra seat o section.

plateado, a -1 *adj (bañado)* silver-plate; *(de color)* silvery; *Mex* wealthy **-2** *m* silver plating.

platicar *vi* to chat, talk *(sobre* over, about).

platillo *m (plato pequeño)* saucer; *(balanza)* tray; MUS cymbal ♦ **platillo volador** flying saucer.

platino *m* platinum.

plato *m* plate, dish; *(contenido)* plateful, dish; *(comida)* dish; course <*plato fuerte* main course>; *(de la balanza)* pan ♦ **pagar los platos rotos** COLL to pay the consequences.

platudo, a *adj Amer,* COLL rich, wealthy.

playa *f* beach ♦ **playa de estacionamiento** *Amer* parking lot.

plaza *f (lugar público)* plaza, square; *(mercado)* marketplace; *(sitio)* place; *(empleo)* position ♦ **plaza de toros** bullring.

plazo *m (término)* term, period; *(pago)* installment ♦ **a corto plazo** short-term • **a largo plazo** long-term • **comprar a plazos** to buy on credit.

plazoleta *f* small square.

pleamar *f* high tide.

plebiscito *m* plebiscite.

plegable *adj* folding, collapsible.

plegar *vt (hacer pliegues)* to pleat; *(doblar)* to fold ♦ **plegarse** *vr (doblarse)* to bend, fold; *(someterse)* to yield.

plegaria *f* prayer.

pleito *m* LAW lawsuit; *(disputa)* quarrel ♦ **entablar pleito** to bring suit.

plenitud *f* fullness; FIG prime.

pleno, a -1 *adj* full ♦ **en pleno** right in the middle of <*en plena calle* right in the middle of the street> • **en pleno día** in broad daylight **-2** *m* joint session.

pliego *m (hoja de papel)* sheet of paper; *(documento cerrado)* sealed document.

pliegue *m* fold; SEW pleat.

plisado *m (acción)* pleating; *(efecto)* pleat.

plomero *m Amer* plumber.

plomo, a -1 *adj* leaden **-2** *m* lead; COLL *(bala)* bullet; *(persona)* bore ♦ **a plomo** plumb.

pluma *f* feather; *(para escribir)* quill; *(estilográfica)* pen ♦ *Amer* **pluma fuente** o **estilográfica** fountain pen.

plumero *m (para polvo)* feather duster; *(penacho)* plume.

plural *adj & m* plural.

pluralidad *f* plurality.

pluvial *adj* pluvial, rain.

población *f* population; *(ciudad)* city; *(pueblo)* town.

poblado *m (habitantes)* population; *(ciudad)* city; *(pueblo)* town.

poblador, ra *m/f* resident, inhabitant.

poblar *vt* to populate ♦ **poblarse** *vr* to become populated; *(llenarse)* to become crowded *(de* with).

pobre -1 *adj* poor; *(desprovisto)* lacking *(de, en* in); FIG unfortunate **-2** *m* beggar, pauper.

pobretón, ona -1 *adj* wretched **-2** *m/f* wretch.

pobreza *f* poverty.

pocilga *f* pigsty.

pocillo *m* cup.

pócima *f (cocimiento medicinal)* potion.

poción *f* potion.

poco, a -1 *adj* little ♦ **poco tiempo** short while o time ♦ *pl* few, not many • **pocas veces** not very often, rarely **-2** *m* little ♦ **dentro de poco** in a short while, soon • **otro poco** a little more • **un poco de** a little, some <*tiene un poco de dinero* he has a little money> ♦ *pl* few <*pocos saben la respuesta* few know the answer> **-3** *adv (con escasez)* little, not much <*habló poco durante la clase* he spoke little during the class>; *(en corta duración)* not long, a short while <*tardó poco en terminar* he did not take long to finish>; *(no muy)* not very ♦ **a poco de** shortly after <*a poco de comer fuimos al cine* shortly after eating, we went to the movies> • **falta poco para** it will not be long before <*falta poco para comer* it will not be long before we eat> • **hace poco** a short time ago • **poco a poco** little by little • **poco más o menos** more or less • **por poco** almost.

podar *vt* to prune.

poder[1] *m* power; *(autoridad)* authority; *(fuerza física)* strength; *(capacidad)* capacity; *(posesión)* hands <*tengo en mi poder su carta del once de mayo* I have in my hands your letter of the eleventh of May>.

poder[2] *vt (lograr)* to be able to *<podremos salir a las ocho we will be able to leave at eight o'clock>; can <¿puedes acompañarme? can you come with me?>* -vi to be able, can *<me gustaría ayudarte pero no puedo I would like to help you but I am not able to>;* to be possible, may *<puede que llueva mañana it may rain tomorrow>* ♦ **no poder más** *(estar fatigado)* to be exhausted; *(estar harto)* to be fed up • **no puede ser** that is not possible • **puede ser** maybe • **¿se puede?** may I?

poderoso, a *adj (fuerte)* powerful; *(rico)* wealthy.

podrido, a *adj* rotten ♦ **estar podrido en plata** *Amer, COLL* to be rolling in money.

podrir *vt & vr* to rot, putrefy.

poema *m* poem.

poesía *f* poetry; *(poema)* poem.

poeta *m* poet.

poética *adj* poetic.

poetisa *f* poetess.

póker *m* poker.

polar *adj* polar.

polea *f* pulley.

polémico, a -1 *adj* polemic(al) **-2** *f (arte)* polemics; *(controversia)* polemic.

polen *m* pollen.

policía *f* police -*m* policeman.

policiaco/cíaco, a *adj (de policía)* police, detective ♦ **novela policiaca** detective novel.

policial *adj (de policía)* police; *(de detective)* detective.

poligamia *f* polygamy.

polilla *f* moth.

polio(mielitis) *f* polio, poliomyelitis.

politécnico, a *adj* polytechnic.

político, a -1 *adj* political; *(de parentesco)* in-law *<hermana política sister-in-law>* **-2** *m/f* politician· -*f* politics; *(modo de obrar)* policy.

póliza *f (de seguros)* insurance policy; *(contrato)* contract.

polizón *m* stowaway.

pollera *f* henouse; *Amer* skirt.

pollería *f* poultry shop.

pollo *m (cría)* chick; *CUL* chicken.

polo[1] *m* pole. .

polo[2] *m* polo.

poltrón, ona -1 *adj* lazy **-2** *f* easy chair.

polución *f* pollution.

polvareda *f (nube)* cloud of dust; *(alboroto)* rumpus.

polvo *m (tierra)* dust; *(substancia pulverizada)* powder ♦ **estar hecho polvo** COLL *(exhausto)* to be exhausted; *(desmoralizado)* to be overwhelmed ♦ *pl* cosmetic powder.

pólvora *f* powder, gunpowder.

polvoriento, a *adj* dusty.

pomelo *m (fruta)* grapefruit; *(árbol)* grapefruit tree.

pomo *m (para licores)* flagon; *(para perfumes)* perfume bottle.

pompa *f* pomp; *(procesión)* procession; *(burbuja)* bubble ♦ **pompas fúnebres** funeral.

pomposo, a *adj (espléndido)* magnificent; *(arrogante)* pompous.

pómulo *m* cheekbone.

ponche *m* punch.

poncho *m* poncho.

ponderar *vt (alabar)* to praise; *(examinar)* to ponder; *(pesar)* to weigh.

poner *vt (colocar)* to put, place *<¿dónde pusiste la tijera? where did you put the scissors?>; (disponer)* to set *<María puso la mesa Mary set the table>; (suponer)* to suppose *<pongamos que esto es así let's suppose that this is so>; (asignar)* to assign *<le pusimos a hacer las decoraciones we assigned him to do the decorations>; (nombrar)* to give *<le pusieron el apodo de Paco they gave him the nickname of Frank>;* ORNITH to lay; THEAT to put on; *(apostar)* to put, stake; *(contribuir)* to contribute; *(exponer)* to put *<sin darme cuenta puse a Tomás en una situación peligrosa without realizing it I put Thomas in a dangerous situation>; (causar)* to put *<eso lo pondrá de mal humor that will put him in a bad mood>; (enviar)* to send *<me puso un telegrama she sent me a telegram>* ♦ **poner en claro** to make clear • **poner en duda** to call into question • **poner en venta** to put up for sale • **poner fin a** to put a stop to • **poner por escrito** to put in writing -*vi* ORNITH to lay ♦ **ponerse** *vr (colocarse)* to put o place oneself; *(vestirse)* to put on *<se puso el sombrero he put on his hat>; (arriesgarse)* to put oneself *<poner*

en peligro to put oneself in danger>; ASTRON to set; *(hacerse)* to become <se pusieron furiosos they became furious>; *(dedicarse)* to apply oneself • **ponerse a** to begin to • **ponerse bien** to get well • **ponerse colorado** to blush.

poniente *m (occidente)* west; *(viento)* west wind.

pontífice *m* RELIG pontiff ♦ **Sumo Pontífice** Sovereign Pontiff.

pontón *m (barco chato)* pontoon; *(puente)* pontoon bridge.

popa *f* stern.

popular *adj (del pueblo)* of the people, people's; *(grato al pueblo)* popular, well-liked; *(coloquial)* colloquial; *(música)* folk.

popularidad *f* popularity.

popularizar *vt* to popularize ♦ **popularizarse** *vr* to become popular.

póquer *m* poker.

por *prep (sitio)* by, on, along, through, around, over, throughout; *(tiempo)* for, around, about, in, at, not yet; *(agente)* by, via; *(causa, motivo)* because of, out of, on account of, on behalf of, for, for the sake of, in order to; *(modo)* by, by means of, in, after, as, for; *(distributiva)* for, in exchange for, per, a, by, times ♦ **por acá** o **aquí** around here • **por ahí** o **allí** around there • **por ahora** for the time being • **por causa de** because of • **por cierto** indeed • **por correo** by mail • **por desgracia** unfortunately • **¡por Dios!** for Heaven's sake! • **por eso** therefore • **por lo menos** at least • **por lo tanto** therefore • **¿por qué?** why? • **por si acaso** in case • **por sí mismo** by oneself • **por supuesto** of course • **por todos lados** everywhere.

porcelana *f* porcelain; *(vajilla)* china.

porcentaje *m* percentage.

porción *f* portion; *(parte)* part; *(cuota)* share.

pordiosero, a *m/f* beggar.

porfiar *vi (disputar)* to argue stubbornly; *(insistir)* to persist.

pormenor *m* detail, particular.

pornografía *f* pornography.

poro *m* interstice; BIOL pore.

poroso, a *adj* porous.

poroto *m* Amer bean.

porque *conj (por causa de que)* because <trabajo porque quiero comer I work because I want to eat>; *(para que)* in order that, so that.

porqué *m* reason *(de* for*)*, cause.

porquería *f (suciedad)* filth; *(basura)* garbage; *(grosería)* vulgarity; *(jugarreta)* dirty trick; *(cosa de poco valor)* junk.

porra *f (clava)* club; *(de herrero)* sledgehammer.

porrazo *m (golpe)* blow; *(choque)* bump ♦ **pegarse un porrazo contra algo** to bump into something.

porro *m* leek.

portada *f* ARCHIT facade; *(tapa)* cover.

portaequipajes *m inv (baúl)* trunk (of a car); *(rejilla)* luggage rack.

portafolio *m* briefcase.

portal *m (zaguán)* entrance hall; *(porche)* porch.

portar *vt* to carry, bear ♦ **portarse** *vr* to behave.

portátil *adj* portable.

portavoz *m/f* spokesman/woman.

portazo *m* slam ♦ **dar un portazo a alguien** to slam the door in someone's face.

porte *m (acción)* transporting; *(costo)* transport charge; *(presencia)* demeanor.

porteño, a -1 *adj* of Buenos Aires -2 *m/f* native of Buenos Aires.

portero, a *m/f (conserje)* concierge; *(de vivienda)* janitor; SPORT goalkeeper.

pórtico *m* portico.

portillo *m (de muro)* opening; *(puerta)* gate.

porvenir *m* future.

pos *adv* ♦ **en pos de** in pursuit of.

posada *f (mesón)* inn; *(hospedaje)* shelter.

posaderas *f pl* buttocks.

posar *vi (descansar)* to rest; *(las aves)* to perch; PAINT, PHOTOG to pose ♦ **posarse** *vr (las aves)* to perch; AVIA to land -*vt* to put.

posdata *f* postscript.

pose *f* pose.

poseedor, ra -1 *adj* who possesses -2 *m/f (dueño)* owner, holder.

poseer *vt* to possess; *(tener)* to have <ella posee una buena biblioteca she has a good library>; to hold <posee el

record mundial he holds the world record>.

poseído, a *adj* possessed *(de* by).

posesión *f* possession; *(propiedad)* property; *Amer* property, estate ♦ *pl* possessions, personal property.

posibilidad *f* possibility ♦ *pl* chances.

posibilitar *vt* to make possible.

posible *adj* possible ♦ **hacer (todo) lo posible** to do everything possible • **lo antes posible** as soon as possible.

posición *f* position; *(postura)* posture; *(condición social)* status.

posponer *(poner detrás)* to put behind; *(diferir)* to postpone.

postal **-1** *adj* postal **-2** *f* postcard.

poste *m* post.

postergar *vt (aplazar)* to postpone.

posteridad *f* posterity.

posterior *adj (ulterior)* subsequent *(a* to), later; *(trasero)* rear, back.

posterioridad *f* posteriority ♦ **con posterioridad** later *(a* than), subsequently *(a* to).

postigo *m (contraventana)* shutter.

postizo, a **-1** *adj* false <*dentadura postiza* false teeth>; artificial <*brazo postizo* artificial arm> **-2** *m* hair piece.

postrar *vt (humillar)* to humiliate; *(debilitar)* to debilitate ♦ **postrarse** *vr (arrodillarse)* to kneel down; *(debilitarse)* to become debilitated.

postre *m* dessert ♦ **a la postre** in the end.

póstumo, a *adj* posthumous.

postura *f* posture; *(posición)* position; *(actitud)* attitude.

potable *adj* potable.

potaje *m (guiso)* stew; *(bebida)* brew.

pote *m* pot, jar.

potencia *f (poder)* power; *(fuerza)* strength.

potentado *m (soberano)* potentate; *(rico)* tycoon.

potente *adj (poderoso)* powerful.

poto *m S Amer,* COLL buttocks.

potranca *f* young mare.

potro *m* colt; SPORT horse; *(de tormento)* rack.

pozo *m (de agua)* well; *(en un río)* deep pool; *(hoyo)* pit; FIG mine, source.

practicar *vt* to practice; *(hacer)* to perform, carry out.

práctico, a **-1** *adj* practical; *(conveniente)* useful **-2** *m* MARIT pilot -*f* practice; *(experiencia)* experience.

pradera *f* meadow.

prado *m (campo)* meadow; *(paseo)* promenade.

preámbulo *m (prólogo)* preamble; *(rodeo)* digression.

precaución *f* precaution; *(prudencia)* caution.

precaver *vt* to take precautions against ♦ **precaverse** *vr* to take precautions.

precavido, a *adj* cautious.

precedente **-1** *adj* preceding **-2** *m* precedent.

preceder *vt* to precede.

precepto *m* precept.

preciado, a *adj (de valor)* precious; *(estimado)* prized.

precintar *vt (un paquete)* to bind, strap; *(sellar)* to seal, stamp.

precio *m (valor pecuniario)* price, cost; *(valor)* value, worth <*es una obra de gran precio* it is a work of great worth>; *(sacrificio)* price, cost ♦ **precio al contado** cash price • **precio de venta** selling price.

preciosidad *f (objeto)* beauty; *(persona)* jewel.

precioso, a *adj (de valor)* precious, valuable; *(lindo)* lovely.

precipicio *m* precipice, cliff.

precipitación *f* precipitation ♦ **con precipitación** hastily.

precipitar *vt (lanzar)* to hurl; *(apresurar)* to hasten ♦ **precipitarse** *vr (darse prisa)* to hurry; *(lanzarse)* to rush headlong.

precisamente *adv (justamente)* precisely; *(especialmente)* specially.

precisar *vt (explicar)* to explain; *(fijar)* to set; *(necesitar)* to need ♦ **precisarse** *vr* to be necessary o needed.

precisión *f* precision.

preciso, a *adj (necesario)* necessary; *(fijo)* precise; *(exacto)* exact.

precolombi(a)no, a *adj* pre-Columbian.

preconcebido, a *adj* preconceived.

precoz *adj* precocious.

precursor, ra **-1** *adj* precursory **-2** *m/f* precursor.

predecir *vt* to predict.

predicador, ra -1 adj preaching **-2** m preacher.

predicar vt & vi to preach.

predicción f prediction.

predilección f predilection.

predilecto, a adj favorite.

predisponer vt to predispose ♦ **predisponer contra** to prejudice against.

predisposición f predisposition.

predominante adj predominant:

predominar vi to prevail.

preescolar adj preschool.

prefabricado, a adj prefabricated.

prefacio m preface.

preferencia f preference.

preferir vt to prefer.

prefijo m prefix; TELEC area code.

pregón m street vendor's shout.

pregonar vt (publicar) to proclaim; (un vendedor) to hawk; (revelar) to divulge.

pregunta f question ♦ **hacer una pregunta** to ask a question.

preguntar vt (una pregunta) to ask; (interrogar) to question ♦ **preguntar por** (noticias) to inquire about; (persona) to ask for ♦ **preguntarse** vr to wonder.

prehistórico, a adj prehistoric.

prejuicio m prejudice.

preliminar adj & m preliminary.

preludio m prelude.

prematuro, a adj premature.

premiar vt (recompensar) to reward; (en certamen) to award a prize to.

premio m (recompensa) reward; (en certamen) prize; FIN premium.

premonición f premonition.

premura f urgency.

prenatal adj prenatal.

prenda f (garantía) guaranty; (de vestir) article of clothing.·

prendar vt to pawn ♦ **prendarse** vr to become fond.

prendedor m (broche) clasp; JEWEL pin.

prender vt (asir) to grasp; (encarcelar) to put in prison; (clavar) to fasten; Amer (con fuego) to light; (un aparato) to turn o switch on -vi (planta) to take root; (fuego) to catch fire.

prensa f press; (imprenta) printing press.

prensar vt to press.

preñado, a adj pregnant.

preñez f pregnancy.

preocupación f preoccupation; (inquietud) anxiety.

preocupar vt to preoccupy; (inquietar) to worry ♦ **preocuparse** vr (inquietarse) to worry (con, de, por about); (cuidarse) to take care.

preparación f preparation.

preparar vt & vr to prepare (oneself).

presa f (acción) capture; (cosa apresada) catch; (en la caza) prey; (víctima) victim; (conducto) ditch.

presagiar vt to presage.

presagio m (señal) omen; (adivinación) premonition.

prescindir vi (ignorar) to ignore; (privarse) to do without.

prescribir vt & vi to prescribe.

prescripción f prescription.

presencia f presence; (figura) appearance.

presenciar vt to witness.

presentación f presentation; (exhibición) exhibition.

presentar vt to present; (mostrar) to show; (exhibir) to display; (dar) to give; (proponer) to nominate; (introducir) to introduce ♦ **presentarse** vr (mostrarse) to present oneself; (venir) to show up <el alumno se presentó al terminar la clase the student showed up as the class ended>; (aparecer) to present itself, appear; (dar el nombre) to introduce oneself.

presente -1 adj present; (actual) current ♦ **hacer presente** (declarar) to state; (notificar) to notify • **tener presente** to keep in mind **-2** m (regalo) present, gift.

presentimiento m premonition.

presentir vt to have a premonition of.

preservar vt to preserve.

preservativo, a -1 adj preservative **-2** m (remedio) preservative; (anticonceptivo) prophylactic, condom.

presidencia f (de nación) presidency; (de reunión) chairmanship.

presidenta f (woman) president; (de reunión) chairwoman.

presidente m president; (de reunión) chairman.

presidiario m convict.

presidio m prison.

presidir vt (dirigir) to preside over; (predominar) to dominate.

presión *f* pressure ♦ **olla a presión** pressure cooker.

presionar *vt* *(apretar)* to press; *(hacer presión)* to put pressure on.

preso, a -1 see **prender -2** *adj* under arrest **-3** *m/f* prisoner.

prestamista *m/f* moneylender.

préstamo *m* loan.

prestar *vt* to lend ♦ **prestar atención** to pay attention ♦ **prestarse** *vr* *(ser apto para)* to lend itself *(a, para to)*; *(ofrecerse)* to offer.

presteza *f* promptness.

prestidigitador, ra *m/f* prestidigitator.

prestigio *m* prestige.

prestigioso, a *adj* prestigious.

presto, a -1 *adj* prompt **-2** *adv* promptly.

presumir *vt* to presume **-vi** ♦ **presumir de** to think oneself.

presunción *f* *(vanidad)* presumptuousness; *(suposición)* presumption.

presunto, a *adj* presumed.

presuntuoso, a *adj & m/f* presumptuous o conceited (person).

presuponer *vt* to presuppose.

presupuesto, a -1 see **presuponer -2** *m* budget estimate.

pretencioso, a *adj* pretentious.

pretender *vt* *(buscar)* to seek; *(intentar)* to try, attempt; *(a una mujer)* to court; *(afirmar)* to claim.

pretendiente, a -1 *adj* *(que reclama)* seeking; *(al trono)* pretending to **-2** *m/f* *(reclamante)* claimant; *(a un puesto)* candidate *-m* suitor.

pretensión *f* *(aspiración)* desire; *(derecho)* claim; *Amer* *(vanidad)* pretentiousness.

pretexto *m* pretext.

prevalecer *vi* *(sobresalir)* to prevail; BOT to take root.

prevención *f* prevention; *(apresto)* preparedness; *(providencia)* foresight.

prevenido, a *adj* *(preparado)* prepared; *(advertido)* forewarned; *(precavido)* prudent.

prevenir *vt* *(preparar)* to prepare; *(prever)* to foresee; *(impedir)* to prevent; *(avisar)* to forewarn ♦ **prevenirse** *vr* *(disponerse)* to prepare oneself; *(tomar precauciones)* to take precautions.

prever *vt* to foresee.

previo, a *adj* *(anterior)* previous, former; *(preparatorio)* preliminary, prior <*previo aviso* prior notice>; *(después)* after, upon <*previo pago* after o upon payment>.

previsión *f* *(clarividencia)* foresight; *(prudencia)* precaution.

previsto, a -1 see **prever -2** *adj* *(anticipado)* foreseen; *(estipulado)* provided.

prieto, a *adj* dark.

prima see **primo, a**.

primario, a *adj* primary; *(primero)* first.

primavera *f* *(estación)* spring; *(época)* springtime; *(de la vida)* prime.

primero, a -1 *adj* first; *(mejor)* best <*ella es la primera alumna de la clase* she is the best student in the class>; *(fundamental)* basic <*las primeras necesidades* the basic needs> ♦ **de primera** first-class **-2** *m/f* first <*Pedro fue el primero en llegar* Peter was the first to arrive>; *(el mejor)* best **-3** *adv* first; *(más bien)* first, sooner <*primero morir que pedir ayuda* sooner dead than ask for help>.

primitivo *adj & m/f* primitive.

primo, a -1 *adj* MATH prime **-2** *m/f* cousin ♦ **primo hermano** o **carnal** first cousin.

primogénito, a *adj & m/f* first-born.

primordial *adj* primordial.

princesa *f* princess.

principal *adj* principal; *(más importante)* main; *(esencial)* essential.

príncipe *m* prince.

principiante, a -1 *adj* beginning **-2** *m/f* beginner.

principio *m* *(comienzo)* beginning; *(fundamento)* principle; *(causa primitiva)* source ♦ **al principio** at first, in o at the beginning ♦ **dar principio a** to start off • **por principio** on principle.

pringoso, a *adj* greasy.

prioridad *f* priority.

prisa *f* *(apuro)* haste; *(velocidad)* speed; *(urgencia)* urgency ♦ **darse prisa** to hasten, hurry (up) • **tener prisa** to be in a hurry *(por, en to)*.

prisión *f* prison; *(de afecto)* bond, tie.

prisionero, a *m/f* prisoner.

prismáticos *m pl* binoculars.

privado, a *adj* private.

privar *vt* *(despojar)* to deprive; *(prohibir)* to forbid ♦ **privarse** *vr* to abstain *(de from)*.

P

privatizar vt to privatize.
privilegiar vt to favor.
privilegio m privilege.
pro m/f profit, benefit ♦ **en pro de** pro, in favor of.
proa f prow, bow.
probabilidad f probability.
probable adj probable; (demostrable) provable.
probar vt (ensayar) to test; (confirmar) to prove; (ropa) to try on; (comida) to taste -vi to try ♦ **probarse** vr to try on.
probeta f test tube.
problema m problem.
procedencia f (origen) origin; (punto de salida) point of departure.
procedente adj (que procede) (coming) from; LAW admissible.
proceder[1] m conduct.
proceder[2] vi (originarse) to originate in; (ejecutar) to go on (to); (portarse) to behave; (continuar) to go on o ahead with; (ser apropiado) to be fitting o appropriate.
procedimiento m (método) procedure; (proceso) process.
procesar vt LAW to prosecute; COMPUT to process.
procesión f procession.
proceso m process; (transcurso) course; LAW (causa) trial.
proclamar vt & vr to proclaim (oneself).
procreación f procreation.
procrear vt to procreate.
procurar vt (intentar) to endeavor; (obtener) to obtain ♦ **procurarse** vr to obtain.
prodigio m (persona) prodigy; (fenómeno) wonder.
prodigioso, a adj marvelous.
pródigo, a adj (malgastador) prodigal, wasteful.
producción f production; (producto) product.
producir vt to produce; (elaborar) to manufacture; (ocasionar) to cause ♦ **producirse** vr to take place.
productividad f productivity.
productivo, a adj productive; (lucrativo) lucrative.
producto, a m product; COM (beneficio) profit.

proeza f feat.
profanar vt (maltratar) to desecrate; (deshonrar) to disgrace.
profano, a -1 adj profane **-2** m/f layman/woman.
profecía f prophecy.
profesar vt (ejercer) to practice; (declarar) to profess.
profesión f profession.
profesional adj & m/f professional.
profesor, ra m/f (de escuela) teacher; (de universidad) professor.
profeta m prophet.
profetizar vt to prophesy.
prófugo, a adj & m/f fugitive.
profundidad f depth.
profundizar vt (estudiar) to delve into -vi to go deeply into a subject.
profundo, a adj (hondo) deep; (intenso) profound.
profusión f profusion.
progenitor m ancestor ♦ pl (padres) parents.
programa m program.
programación f programming.
programador, ra -1 adj programming **-2** m/f programmer.
programar vt (planificar) to plan; o COMPUT to program.
progresar vi to progress.
progresista adj & m/f progressive.
progresivo, a adj progressive.
progreso m progress.
prohibición f prohibition.
prohibido, a adj prohibited, forbidden.
prohibir vt to prohibit, forbid.
prójimo m (otra persona) fellow man; COLL (sujeto) fellow.
prole f progeny.
proletariado m proletariat.
proletario, a adj & m/f proletarian.
proliferar vi to proliferate.
prolijo, a adj (pesado) longwinded; (meticuloso) meticulous.
prólogo m prologue.
prolongación f prolongation; (parte) continuation.
prolongado, a adj prolonged.
prolongar vt (continuar) to prolong; (alargar) to lengthen ♦ **prolongarse** vr (durar más tiempo) to last longer.
promedio m average; (mitad) middle.

promesa f promise.

prometer vt to promise -vi to be promising ♦ **prometerse** vr (esperar) to expect; (apalabrar) to become engaged.

prometido, a m fiancé -f fiancée.

prominente adj prominent.

promiscuo, a adj promiscuous.

promoción f promotion; EDUC graduating class.

promocionar vt to promote.

promotor, ra -1 adj (que promociona) promoting; (instigador) instigating -2 m/f (que promociona) promoter; (instigador) instigator.

promover vt to promote; (fomentar) to foster; (provocar) to cause.

promulgar vt to promulgate; (proclamar) to proclaim.

pronombre m pronoun.

pronosticar vt to prognosticate, predict.

pronóstico m (predicción) prediction; (señal) omen.

pronto, a -1 adj (veloz) quick; (diligente) prompt; (preparado) ready -2 adv (velozmente) quickly; (diligentemente) promptly; (en seguida) at once; (dentro de poco) soon; (temprano) early.

pronunciación f pronunciation.

pronunciar vt to pronounce; (decir) to utter; (discurso) to deliver ♦ **pronunciarse** vr (sublevarse) to rebel; (sentencia) to pass; (declararse) to declare oneself.

propaganda f propaganda; (publicidad) advertising.

propagar vt & vr to propagate; FIG to spread.

propenso, a adj prone (a to).

propiciar vt Amer to sponsor.

propicio, a adj propitious.

propiedad f property; (posesión) ownership; (heredad) estate <es dueño de una gran propiedad he's the owner of a great estate>; (conveniencia) appropriateness ♦ **hablar con propiedad** to speak correctly.

propietario, a m owner, proprietor -f owner, proprietress.

propina f tip.

propio, a adj own <mató a su propio padre he killed his own father>; (original) own, very <ésas son sus propias palabras those are her very words>; (mismo) self <el propio interesado debe asistir a la reunión the interested party himself must attend the meeting>; (conveniente) proper, suitable <no es propio para este caso it is not suitable for this case>; (característico) typical, characteristic <eso es propio de ella that is typical of her>.

proponer vt (sugerir) to propose; (exponer) to propound; (plantear) to pose ♦ **proponerse** vr to intend to do.

proporción f proportion; (tamaño) size ♦ pl dimensions.

proporcionar vt (suministrar) to provide ♦ **proporcionarse** vr to get, obtain.

proposición f proposition; (propuesta) proposal.

propósito m (intención) intention; (objetivo) purpose ♦ **a propósito** (por cierto) by the way; (adrede) deliberately.

propuesta f (oferta) proposal.

propulsor, ra -1 adj propellant -2 m propeller.

prórroga f extension.

prorrogar vt to extend.

prorrumpir vi to burst (en into).

prosa f prose.

proseguir vt & vi (seguir) to pursue; (continuar) to carry on with.

prospecto m prospectus, brochure.

prosperar vi to prosper.

prosperidad f prosperity.

próspero, a adj prosperous.

prostíbulo m brothel.

prostitución f prostitution.

prostituir vt & vr to prostitute (oneself).

prostituta f prostitute.

protagonista m/f protagonist.

protagonizar vt to star in.

protección f protection.

protector, ra -1 adj (defensor) protective -2 m/f (defensor) protector.

proteger vt to protect.

protegido, a m protégé -f protégée.

proteína f protein.

protesta f protest; LAW protestation.

protestante adj & m/f RELIG Protestant.

protestar vt (asegurar) to affirm; COM to protest -vi to protest.

P

protocolo *m* protocol.

prototipo *m* prototype.

provecho *m* advantage; *(beneficio)* benefit ♦ **¡buen provecho!** COLL enjoy your meal! • **sacar provecho de** *(beneficiarse)* to benefit from.

proveer *vt (suministrar)* to provide *(de* with); *(conferir)* to grant.

provenir *vi (proceder)* to proceed *(de* from); *(originarse)* to come *(en* from).

proverbio *m* proverb.

provincia *f* province.

provinciano, a *adj* & *m/f* provincial.

provisión *f* provision; *(surtido)* supply; *(medida)* measure.

provisional *adj* temporary.

provisorio, a *adj Amer* temporary.

provocación *f* provocation; *(desafío)* challenge.

provocar *vt (incitar)* to provoke; *(motivar)* to move; *(despertar)* to rouse; *(causar)* to cause.

provocativo, a *adj* inviting, tempting.

proximidad *f* proximity.

próximo, a *adj (cercano)* near; *(siguiente)* next <el año próximo next year>.

proyectar *vt (lanzar)* to hurl; *(planear)* to plan; *(sombra)* to cast; CINEM to project.

proyectil *m* projectile, missile.

proyecto *m (plan)* plan; *(boceto)* design; *(bosquejo)* draft.

proyector *m (reflector)* searchlight; CINEM projector.

prudencia *f* prudence.

prudente *adj* prudent.

prueba *f (razón)* proof, evidence; *(indicio)* sign; *(examen)* test; *(dificultad)* ordeal; COM trial <a prueba on trial> ♦ **a prueba de agua** waterproof • **poner a prueba** to put to the test.

psicoanálisis *m* o *f* psychoanalysis.

psicología *f* psychology.

psicólogo, a *m/f* psychologist.

psicópata *m/f* psychopath.

psicosis *f inv* psychosis.

psiquiatra/quiatra *m/f* psychiatrist.

psiquiatría *f* psychiatry.

psíquico, a *adj* psychic.

púa *f (punta)* sharp point; BOT thorn; *(espolón)* spur.

pubertad *f* puberty.

pubis *m inv (vientre)* pubic region; *(hueso)* pubis (bone).

publicación *f* publication.

publicar *vt (proclamar)* to proclaim; *(editar)* to publish.

publicidad *f* publicity; *(anuncio)* advertisement ♦ **agencia de publicidad** advertising agency.

público, a -1 *adj* public; *(patente)* known -2 *m (auditorio)* audience; *(espectadores)* spectators.

puchero *m* CUL stew; COLL *(alimento diario)* daily bread; COLL *(gesto)* pout.

pucho *m* COLL *(colilla)* cigarette stub; *(poco)* trifle, bit; *(sobrante)* leftover.

púdico, a *adj* modest.

pudiente *adj* & *m/f* rich o wealthy (person).

pudor *m (recato)* shyness; *(vergüenza)* shame.

pudrir *vt (descomponer)* to rot; COLL *(molestar)* to annoy ♦ **pudrirse** *vr (descomponerse)* to rot; COLL *(molestarse)* to be annoyed -vi to rot.

pueblo *m (población)* town; *(habitantes)* population; *(nación)* people, nation; *(gente común)* (the) common o working people.

puente *m* bridge.

puerco, a -1 *adj (sucio)* filthy; *(asqueroso)* disgusting -2 *m* ZOOL pig, hog; COLL *(hombre)* pig, swine -f ZOOL sow.

pueril *adj* childish.

puerro *m* leek.

puerta *f* door; *(armazón)* gate; *(entrada)* doorway; *(camino)* gateway.

puerto *m* port, harbor; *(ciudad)* port, seaport.

pues -1 *conj* since, as <cómpralo, pues a ti te gusta buy it, since you like it> -2 *adv (en tal caso)* well, all right <¿no quieres escucharme? ¡pues te arrepentirás! you don't want to listen to me? well, you'll regret it!>; *(partícula continuativa)* then <repito, pues, que hace bien I repeat, then, that he's doing the right thing> ♦ **pues bien** well then • **¡pues claro!** of course! • **¿pues qué?** so what? • **sí pues** yes, of course.

puesto, a -1 see **poner** -2 *adj* dressed <bien puesto well dressed> -3 *m (sitio)* place; *(de venta)* stall; *(cargo)* position ♦ **puesto que** since, as -f ASTRON setting ♦ **puesta del sol** sunset • **puesta en marcha** start.

púgil *m (gladiador)* pugilist; SPORT boxer.

pugna *f (lucha)* battle; *(oposición)* conflict.

pugnar *vi* to struggle *(por* to).

pujanza *f* strength.

pujar *vt* to raise (a bid) *-vi* to struggle *(por, para* to).

pulcro, a *adj* neat.

pulga *f* flea.

pulgada *f* inch.

pulgar *adj & m* thumb.

pulir *vt (bruñir)* to polish; *(alisar)* to smooth; FIG to put the finishing touches on; *(perfeccionar)* to polish; *(civilizar)* to refine.

pulla *f (palabra grosera)* obscenity; *(chanza)* gibe; *(crítica mordaz)* cutting remark.

pulmón *m* lung.

pulmonía *f* pneumonia.

pulpa *f* pulp.

pulpo *m* octopus.

pulsar *vt (tocar)* to touch; *(apretar)* to push *-vi* to beat.

pulsera *f* bracelet.

pulso *m (latido)* pulse; *(muñeca)* wrist; *(seguridad)* steady hand; *(cuidado)* caution.

pulverizar *vt (reducir a polvo)* to pulverize; *(perfume)* to spray.

puma *m* puma, American panther.

punta *f* point; *(extremidad)* tip; *(cima)* top ♦ **punta de lanza** spearhead • **sacar punta a** to sharpen.

puntada *f* SEW stitch.

puntal *m (madero)* brace; *(elemento principal)* foundation.

puntapié *m* kick *<dar un puntapié* to kick>.

puntería *f* aim ♦ **afinar la puntería** to aim carefully.

puntero, a *-1 adj* leading *-2 m (vara)* pointer.

puntiagudo, a *adj* sharp, pointed.

puntilla *f (tachuela)* tack; *(encaje)* lace trim.

punto *m* point; *(señal pequeña)* dot; *(sitio)* spot; *(asunto)* matter; GRAM *(de oración)* period, full stop GB; *(puntada)* stitch ♦ **a punto** just in time • **de punto** knitted • **en punto** on the dot, sharp *<llegaron a las dos en punto* they arrived at two on the dot> • **hasta cierto punto** up to a point • **punto de vista** point of view, viewpoint • **punto final** period.

puntuación *f* punctuation; *(calificación)* grade.

puntual *adj* punctual.

puntualizar *vt (concretar)* to finalize; *(referir detalladamente)* to describe in detail.

punzada *f (dolor agudo)* stabbing pain; *(herida)* stab.

punzante *adj* sharp.

punzar *vt* to prick.

puñado *m* handful.

puñal *m* dagger.

puñalada *f* stab; FIG stab of pain.

puñetazo *m* punch.

puño *m/f* fist; SEW cuff.

pupilo, a *m/f* student (at a boarding school) *-f* ANAT pupil.

pupitre *m* writing desk.

puré *m* CUL purée.

pureza *f* purity.

purga *f (medicina)* purgative; *(eliminación)* purge.

purgante *adj & m* laxative.

purgar *vt (eliminar)* to purge; *(limpiar)* to cleanse; *(purificar)* to purify; POL to purge ♦ **purgarse** *vr* to take a purgative.

purificar *vt (volver puro)* to purify; *(limpiar)* to cleanse *-vi* to become purified.

puritano, a *-1 adj* Puritan; *(estricto)* puritan(ical) *-2 m/f* Puritan; *(estricto)* puritan.

puro, a *-1 adj* pure; *(casto)* chaste; *(mero)* mere *<por pura casualidad* by mere chance>; *(simple)* absolute *<la pura verdad* the absolute truth> *-2 m* cigar.

púrpura *f (color)* purple.

pus *m* pus.

putrefacción *f* rotting.

P

Q

que **-1** *rel pron* that, which <*el coche que compraron es azul* the car that they bought is blue>; who <*los niños, que jugaban afuera, no vieron nada* the children, who were playing outside, saw nothing>; whom <*los amigos con que cuento* the friends on whom I am relying> ♦ **el que** he who, the one who *o* that • **la que** she who, the one who *o* that • **las que** *o* **los que** those who, the ones who *o* that • **lo que** which <*murió joven, lo que no le permitió alcanzar fama* he died young, which did not allow him to achieve fame>; what <*no entiendo lo que dices* I don't understand what you are saying> **-2** *conj* that <*me escribieron que venían* they wrote to me that they were coming>; than <*yo sé más que tú* I know more than you>; *(porque)* because, since; that <*habla tan rápido que no lo comprendemos* he speaks so fast that we do not understand him>; that <*te pido que salgas* I ask that you leave; [not translated] <*hay mucho que hacer* there is a lot to do>.

qué **-1** *adj* which <*¿qué libros necesitan ustedes?* which books do you need?>; what <*¡qué tiempo hace!* what nice weather we're having!> **-2** *pron* what <*¿qué quieres?* what do you want?> **-3** *adv* how <*¡qué precioso!* how lovely!> ♦ **¿para qué?** what for? • **¿por qué?** why? • **¿qué hay?** *o* **¿qué tal?** how goes it? • **¿qué pasa?** what's the matter?

quebrada *f Amer* stream.

quebrantar *vt (romper)* to break; *(hender)* to crack; *(machacar)* to crush; *(debilitar)* to weaken; *(la ley)* to break ♦ **quebrantarse** *vr (romperse)* to break; *(henderse)* to crack.

quebrar *vt (romper)* to break <*quebrar un vaso* to break a glass>; *(interrumpir)* to interrupt *-vi* COM to go bankrupt ♦ **quebrarse** *vr (romperse)* to be broken.

queda *f* curfew ♦ **toque de queda** curfew bell *o* signal.

quedar *vi (permanecer)* to remain, stay; *(estar)* to be <*el teatro queda muy lejos* the theater is very far away>; *(res-*
tar) to be left <*me quedan cinco dólares* I have five dollars left>; *(acabar)* to be, end up <*quedamos conformes* we are in agreement> ♦ **quedar en** to agree • **quedar mal** to come out badly • **quedar por** to remain to be <*el contrato queda por firmar* the contract remains to be signed> ♦ **quedarse** *vr (permanecer)* to stay; *(estar)* to be <*se quedó perplejo* he was perplexed>; to become <*quedar sordo* to become deaf>.

queja *f (lamento)* moan, groan; *(resentimiento)* grudge.

quejarse *vr (gemir)* to moan; *(lamentarse)* to whine, complain *(de* about).

quejido *m* moan, groan.

quemado, a *adj* burned, burnt ♦ **quemado por el sol** sunburned.

quemador, ra *m/f (incendiario)* arsonist, incendiary *-m* burner <*quemador de gas* gas burner>.

quemadura *f* burn.

quemar *vt (arder)* to burn; *(incendiar)* to set on fire; *(consumir con fuego)* to burn (up); *(destruir con fuego)* to burn (down); *(calentar mucho)* to heat up *-vi (arder)* to burn; *(estar muy caliente)* to be burning hot ♦ **quemarse** *vr (arderse)* to burn, be *o* get burned; to burn oneself <*se quemó con la plancha* she burned herself on the iron>; *(consumir con fuego)* to burn (up); *(destruirse)* to burn (down); *(broncearse)* to get a tan.

quemarropa *adv* ♦ **a quemarropa** at pointblank range.

quena *f Amer* Peruvian reed flute.

querendón, ona *adj Amer* loving, affectionate.

querer¹ *m* love, affection.

querer² *vt (desear)* to want; *(amar)* to love; *(requerir)* to require ♦ **cuando quiera** at any time • **sin querer** *(sin intención)* unintentionally; *(por acaso)* by chance.

querido, a **-1** *adj* dear, beloved **-2** *f (amante)* lover *-m/f* COLL darling, dear.

quesadilla *f Amer* cornmeal pie filled with cheese.

queso *m* cheese.

quetzal *m* ORNITH quetzal.

quicio *m* pivot hole ♦ **sacar de quicio** COLL to exasperate.

quid *m* gist, crux.

quiebra *f (rotura)* break; *(en la tierra)* crack; *(pérdida)* loss; COM bankruptcy.

quien *pron* [pl **es**] who *<los jefes, quienes estaban ausentes, tenían la información necesaria* the managers, who were absent, had the necessary information>; whom *<la chica de quien hablo se llama Isabel* the girl of whom I am speaking is named Elizabeth>.

quién *pron* [pl **es**] who *<¿quién es ese chico?* who is that boy?>; whom *<no sé de quién hablas* I do not know of whom you are speaking> ✦ **de quién** *o* **de quiénes** whose *<¿de quién es ese libro?* whose book is that?>.

quieto, a *adj (inmóvil)* still; *(sosegado)* quiet.

quietud *f (inmovilidad)* motionlessness; *(sosiego)* calm, tranquillity.

quilo *m* kilo, kilogram.

quilombo *m RP*, SL brothel.

química *f* chemistry.

químico, a -1 *adj* chemical **-2** *m/f* chemist.

quince -1 *adj* fifteen; *(decimoquinto)* fifteenth ✦ **quince días** fortnight **-2** *m* fifteen.

quincena *f (quince días)* fortnight, fifteen days; *(paga)* fortnightly pay.

quincenal *adj* biweekly, semimonthly.

quinielas *f pl* betting against the bank (on football and other games), quinella.

quinientos, as *adj & m* five hundred.

quinta *f* see **quinto, a.**

quinto, a -1 *adj* fifth **-2** *m* fifth *-f (casa)* country house.

quiosco *m* kiosk ✦ **quiosco de periódicos** newsstand.

quirófano *m* operating room.

quirquincho *m Amer*, ZOOL armadillo.

quisquilloso, a *adj & m/f (melindroso)* finicky (person); *(susceptible)* touchy (person).

quiste *m* cyst.

quitaesmalte *m* nail polish remover.

quitamanchas *m o f inv* stain remover.

quitar *vt (apartar)* to take away; *(hurtar)* to rob of; *(restar)* to subtract ✦ **quitar la mesa** to clear the table ✦ **quitarse** *vr* to take off *<se quitó la chaqueta* he took off his jacket; *(mancha)* to come out • **quitarse de encima** to get rid of.

quizá(s) *adv* maybe, perhaps.

Q

R

rábano *m* radish.

rabia *f* rabies; FIG fury ♦ **dar rabia** to infuriate.

rabiar *vi* to have rabies; FIG to be furious.

rabieta *f* COLL tantrum.

rabillo *m* (cola) small tail; (de una hoja) leaf stalk; (de una fruta) stem.

rabino *m* rabbi.

rabioso, a *adj* rabid; FIG furious.

rabo *m* tail.

racha *f* (viento) gust; (suerte) run (of luck) ♦ **a rachas** by fits and starts.

racial *adj* racial.

racimo *m* raceme; FIG cluster.

ración *f* ration.

racional *adj* rational.

racionalizar *vt* to rationalize.

racionar *vt* to ration.

racista *adj & m/f* racist.

radar *m* radar.

radiactivo, a *adj* radioactive.

radiador *m* radiator.

radial *adj* radial; RP radio <*locutor radial* radio announcer>.

radiante *adj* radiant.

radiar *vi* to radiate; RAD to broadcast.

radical *adj & m/f* radical.

radicar *vi* (estar) to be located; (habitar) to reside ♦ **radicarse** *vr* (domiciliarse) to establish oneself.

radio¹ *m* radius.

radio² *m* radium.

radio³ *m o f* radio.

radioaficionado, a *m/f* ham radio operator.

radiodifusión *f* broadcasting.

radiografía *f* (técnica) radiography; (imagen) x-ray.

ráfaga *f* gust (of wind); (de ametralladora) burst.

raído, a *adj* worn.

raíz *f* root; FIG origin ♦ **a raíz de** as a result of • **echar raíces** to take root; (instalarse) to settle (down).

raja *f* (hendidura) crack; (de madero) splinter; (de fruta) slice.

rajado, a *adj* cracked.

rajar *vt* (dividir) to slice; (hender) to crack; RP, COLL to fire ♦ **rajarse** *vr* (henderse) to crack; C Amer to spend lavishly; RP, to rush off.

rallador *m* grater.

rallar *vt* to grate; COLL (molestar) to grate on.

rama *f* branch.

ramada *f* grove.

ramaje *m* branches.

ramal *m* (cabo) strand; (ronzal) halter; (de escalera) flight; (ramificación) branch.

rambla *f* boulevard; Amer promenade.

ramificación *f* ramification.

ramificarse *vr* to branch off o out.

ramillete *m* (conjunto) cluster; (de flores) bouquet.

ramo *m* branch.

rampa *f* ramp.

rana *f* frog.

ranchería *f* settlement.

ranchero *m* (cocinero) camp cook; (dueño) rancher.

rancho *m* Amer (choza) hut; (granja) farm; (comida) mess; (campamento) camp; RP straw hat.

rancio, a *adj* (comida) rancid; (anticuado) old-fashioned.

rango *m* rank; Amer pomp.

ranura *f* groove.

rapacería *f* childish prank.

rapar *vt* (la barba) to shave; (el pelo) to crop.

rapaz, a -1 *m/f* youngster **-2** *adj* rapacious.

rape *m* (afeitada) quick shave; COLL (reprensión) scolding.

rapé *adj & m* powdered (tobacco).

rapidez *f* speed.

rápido, a -1 *adj* quick **-2** *m* (tren) express train; (en un río) rapids **-3** *adv* quickly.

rapiña *f* robbery ♦ **ave de rapiña** bird of prey.

raptar *vt* to abduct.

rapto *m* (arrebato) burst; (delito) kidnaping.

raqueta *f* racket.

raquítico, a *adj & m/f* rachitic (person).

raramente *adv* rarely.

rareza *f* rarity; (cosa rara) rare thing.

raro, a *adj* rare; (extraño) odd; (insigne) notable.

ras *m* ♦ **a ras de** level with.

rasante -1 *adj* touching **-2** *f* slope.

rasar *vt* to brush.

rascacielos *m inv* skyscraper.

rascar vt *(con la uña)* to scratch; *(raspar)* to scrape ♦ **rascarse** vr to scratch oneself.

rasero m leveler.

rasgado, a -1 adj *(desgarrado)* torn; *(ojos)* almond-shaped **-2** m tear.

rasgadura f tear.

rasgar vt to tear.

rasgo m *(trazo)* stroke; *(carácter)* trait, feature ♦ **a grandes rasgos** in broad strokes ♦ pl features.

rasguño m scratch.

raso, a -1 adj *(llano)* flat; *(el cielo)* clear; *(hasta el borde)* level; MIL private ♦ **al raso** in the open air • **cielo raso** ceiling **-2** m satin.

raspa f *(de pescado)* spine; Amer, COLL reprimand.

raspadura f scraping.

raspar vt *(raer)* to scrape (off); *(rasar)* to graze.

raspón m Amer *(reprimenda)* scolding.

rasquiña f Amer itch.

rastra f *(señal)* trail; *(ristra)* string of dried fruit ♦ **a rastras** dragging.

rastreador, ra -1 adj tracking **-2** m tracker.

rastrear vt *(seguir el rastro)* to trail; *(pescar)* to trawl; *(indagar)* to inquire into; MARIT to dredge.

rastreo m tracking; *(pesca)* trawling; MARIT dragging.

rastrero, a adj trailing; *(bajo)* vile.

rastrillo m rake; TEX comb.

rastro m *(pista)* trail; *(señal)* trace.

rasurar vt *(afeitar)* to shave; *(raer)* to scrape.

rata f rat.

ratero, a -1 adj *(ladrón)* thieving **-2** m/f thief.

ratificar vt to ratify.

rato m while ♦ **a cada rato** all the time • **al poco rato** shortly after.

ratón m mouse.

ratonera f *(trampa)* mousetrap; *(agujero)* mousehole.

raudal m torrent; FIG abundance.

ravioles m pl ravioli.

raya¹ f *(lista)* stripe; *(línea)* line; *(veta)* streak; *(límite)* limit; GRAM, TELEC dash; SPORT mark; Amer hopscotch; Mex pay ♦ **a rayas** striped • **pasarse de la raya**

COLL to go too far • **tener a raya** to keep at bay.

raya² f ICHTH ray.

rayar vt to draw lines on -vi *(lindar)* to be next to; *(aparecer)* to appear; *(arañar)* to scratch ♦ **rayarse** vr to get scratched.

rayo m ray; *(persona)* fast worker; *(relámpago)* flash of lightning.

rayuela f pitch and toss; Amer hopscotch.

raza f race; *(de animales)* breed.

razón f reason; *(recado)* message; *(cómputo)* rate ♦ **dar la razón a alguien** to side with someone • **tener razón** to be right.

razonable adj reasonable.

razonar vi *(pensar)* to reason; *(hablar)* to speak -vt to give reasons for.

re m MUS D.

reacción f reaction.

reaccionar vi to react.

reaccionario, a adj & m/f reactionary.

reacio, a adj stubborn.

reactivación f ECON recovery.

reactor m jet engine; PHYS reactor.

reajustar vt to readjust.

reajuste m readjustment.

real¹ adj real.

real² **-1** adj royal; FIG fine **-2** m *(moneda)* real.

realeza f royalty.

realidad f reality ♦ **en realidad** actually.

realista adj & m/f *(realidad)* realist.

realización f *(ejecución)* execution; *(cumplimiento)* fulfillment; CINEM production.

realizador, ra -1 adj fulfilling **-2** m/f CINEM producer.

realizar vt *(cumplir)* to realize; *(ejecutar)* to accomplish.

realzar vt to enhance.

reanimar vt to revive ♦ **reanimarse** vr to recover.

reanudar vt to resume ♦ **reanudarse** vr to begin again.

reaparición f reappearance.

reavivar vt to revive.

rebaja f *(descuento)* discount.

rebajar vt *(reducir)* to reduce; *(bajar)* to lower; *(humillar)* to humiliate ♦ **rebajarse** vr to degrade oneself.

R

rebanada f slice.

rebanar vt to slice.

rebaño m herd.

rebasar vt to surpass -vi to overflow.

rebatir vt (argumento) refute; (ataque) to ward off.

rebelarse vr to rebel.

rebelde -1 adj rebellious -2 m/f rebel.

rebeldía f rebelliousness.

rebelión f rebellion.

rebenque m Amer whip.

rebién adv COLL extremely well.

rebosante adj ♦ **rebosante de** bursting with.

rebosar vi & vr to overflow (de with).

rebotar vi (pelota) to bounce; (bala) to ricochet.

rebote m rebound ♦ **de rebote** on the rebound.

rebuscado, a adj pedantic.

rebuznar vi to bray.

recado m (mensaje) message; (mandado) errand; Amer riding gear ♦ **mandar recado** to send word.

recaer vi to relapse ♦ **recaer en** to fall to.

recaída f relapse.

recalar vt S Amer to arrive.

recalcar vt to stress.

recalentar vt (volver a calentar) to reheat; (calentar demasiado) to overheat.

recámara f dressing room; Mex bedroom.

recambio m (pieza) spare part.

recapacitar vt to reconsider.

recapitular vt to recapitulate.

recargado, a adj overloaded; FIG overdone.

recargar vt (aumentar) to increase; (sobrecargar) to overload; (adornar) to overdecorate; TECH to recharge.

recargo m surcharge.

recatado, a adj (cauteloso) reserved; (tímido) shy; (pudoroso) modest.

recatar vt to cover up.

recauchutar vt Amer to retread.

recaudación f (cobranza) collection; (cantidad) receipts.

recaudador m tax collector.

recaudar vt to collect.

recelar vt to suspect.

recelo m suspicion.

receloso, a adj suspicious.

recepción f reception; (admisión) admission; (reunión) party; (en un hotel) front desk.

recepcionista m/f receptionist.

receptivo, a adj receptive.

receptor, ra -1 adj receiving -2 m receiver.

recesión f recession.

receso m Amer adjournment.

receta f MED prescription; CUL recipe; FIG formula.

recetario m prescription book.

rechazar vt to reject; (declinar) to refuse; (repeler) to repel; (tentación) to resist.

rechazo m rejection.

rechinar vi (hacer ruido) to grate; (los dientes) to grind.

recibidor m hall.

recibimiento m reception.

recibir vt & vi to receive ♦ **recibirse** vr **recibirse de** to graduate as.

recibo m receipt ♦ **acusar recibo de** to acknowledge receipt of.

reciclaje m (persona) retraining; (cosa) recycling.

reciclar vt to recycle.

recién adv recently ♦ **recién nacido** newborn.

reciente adj recent; (moderno) modern.

recinto m place.

recio, a adj (vigoroso) strong; (tiempo) severe; (lluvia) heavy; (veloz) swift.

recipiente m container.

recíproco, a adj reciprocal.

recital m MUS recital; LIT reading.

recitar vt to recite.

reclamación f (petición) claim; (protesta) complaint.

reclamador, ra -1 adj claiming <parte reclamadora claiming party> -2 m/f claimant.

reclamar vt (pedir) to claim; (exigir) to demand; LAW to summon -vi to protest.

reclamo m claim; COM advertisement.

reclinar vt to lean o rest on ♦ **reclinarse** vr to recline.

recluir vt (encerrar) to seclude; (encarcelar) to imprison ♦ **recluirse** vr to shut oneself in.

reclusión f (encierro) seclusion; (prisión) imprisonment.

recluta f recruitment -m recruit.
reclutamiento m recruitment.
recobrar vt & vr to recover.
recodo m bend.
recogedor, ra m/f collector -m AGR gleaner.
recoger vt (volver a coger) to pick up; (juntar) to gather; (coleccionar) to save; (dar asilo) to shelter; AGR to harvest ♦ **recogerse** vr to withdraw.
recogido, a -1 adj (apartado) withdrawn; (tranquilo) quiet, tranquil -2 f gathering.
recogimiento m retirement.
recolección f collection; (resumen) summary; AGR harvest.
recolector, ra m/f (de cosechas) harvester; (recaudador) collector.
recomendación f recommendation.
recomendar vt to recommend.
recompensa f reward.
recompensar vt (premiar) to recompense; (compensar) to compensate.
reconciliación f reconciliation.
reconciliar vt & vr to reconcile.
reconocer vt to recognize; (identificar) to identify; (agradecer) to appreciate; (examinar) to examine; MIL to reconnoiter ♦ **reconocerse** vr to be clear o apparent; (confesar) to confess <reconocerse culpable to admit one's guilt>.
reconocido, a adj (agradecido) grateful; (aceptado) recognized.
reconocimiento m (identificación) recognition; (confesión) acknowledgement; (gratitud) gratitude; (examinación) examination ♦ **en reconocimiento de** in gratitude for.
reconquistar vt to recover.
reconstrucción f reconstruction; CONSTR rebuilding.
reconstruir vt to reconstruct; CONSTR to rebuild.
recopilar vt to compile.
récord m & adj inv record.
recordar vt to remember; (avisar) to remind; (evocar) to remind of -vi to remember ♦ **recordarse** vr to be remembered.
recorrer vt (viajar) to travel; (mirar) to look over ♦ **recorrer el mundo** to see the world.

recorrido m (viaje) journey; (trayecto) path; (de cartero, recadero) route.
recortar vt (cortar) to trim; (reducir) to reduce.
recorte m (acción) trimming; (de periódico) newspaper clipping; (de pelo) trim.
recostar vt to lean (on) ♦ **recostarse** vr (reclinarse) to recline; (acostarse) to lie down.
recova f poultry market; Amer market.
recrear vt (divertir) to entertain ♦ **recrearse** vr to enjoy.
recreativo, a adj (divertido) entertaining, recreational.
recreo m (en escuela) recess ♦ **de recreo** pleasure.
recriminar vi & vr to recriminate (each other).
recrudecer vi & vr to worsen.
recta f see recto, a.
rectángulo -1 adj rectangular -2 m rectangle.
rectificar vt (enderezar) to straighten; (corregir) to rectify.
recto, a -1 adj (derecho) straight; (honrado) honest; GEOM right -2 m ANAT rectum -f GEOM straight line ♦ **recta final** home stretch -3 adv straight.
rector, ra -1 adj ruling -2 m/f (de colegio) principal -m (cura) parish priest; (de universidad) president.
recuadro m ARCHIT panel; PRINT box.
recuento m (segunda enumeración) recount; (enumeración) count.
recuerdo m (memoria) memory; (regalo) souvenir ♦ pl regards.
recuperación f recovery.
recuperar vt (recobrar) to recover; (fuerzas, sentido) to regain consciousness; (reconquistar) to win back; (una pérdida) to recoup; (el tiempo) to make up for ♦ **recuperarse** vr to recover.
recurrir vi to turn o appeal (to); (volver) to return o revert (to).
recurso m (acción) recourse; (medio) means, resource <recursos naturales natural resources>.
red f net; (malla) mesh; (de tiendas) chain; RAIL, TELEC network.
redacción f (escritura) writing; (oficina) editorial office; (personal) editorial staff.
redactar vt to draft.

R

redactor, ra -1 adj writing **-2** m/f (escritor) writer; (revisor) editor ◆ **redactor jefe** editor in chief.

redada f (de la policía) roundup, dragnet.

redecilla f (tejido) mesh; (para el pelo) hairnet.

rededor m ◆ **al rededor** around.

redil m fold.

redoblar vi to roll.

redoble m roll.

redonda f see redondo, a.

redondear vt to round off.

redondel m COLL circle.

redondo, a -1 adj round ◆ **en redondo** around • **salir redondo (a alguien)** to go well (for someone) **-2** f MUS whole note ◆ **a la redonda** around.

reducción f reduction; (sumisión) subjecting.

reducido, a adj reduced; (estrecho) narrow; (pequeño) small, limited.

reducir vt to reduce; (sujetar) to subjugate ◆ **reducirse** vr to be reduced.

redundante adj redundant.

reembolsable adj reimbursable.

reembolsar vt to reimburse.

reembolso m reimbursement ◆ **enviar contra reembolso** to send C.O.D.

reemplazar vt to replace.

reemplazo m replacement.

refacción f (reparación) renovation.

refaccionar vt Amer to renovate.

referencia f reference.

referente adj referring (a to).

referir vt to refer; (contar) to relate, tell ◆ **referirse** vr to refer (a to).

refilón adv ◆ **de refilón** obliquely; (de pasada) in passing.

refinar vt to refine.

refinería f refinery.

reflector m (proyector) spotlight; MIL searchlight.

reflejar vt to reflect ◆ **reflejarse** vr to be reflected.

reflejo, a -1 adj PHYS reflected; PHYSIOL reflex **-2** m reflection; PHYSIOL reflex; (brillo) gleam.

reflexión f reflection.

reflexionar vi & vt to reflect (en, sobre on).

reflexivo, a adj reflective; GRAM reflexive.

reforestación f Amer reforestation.

reforma f reform; (modificación) alteration.

reformar vt to reform; (mejorar) to improve; (restaurar) to renovate; (modificar) to alter ◆ **reformarse** vr to reform.

reformatorio, a adj & m reformatory.

reforzar vt to reinforce; FIG to encourage.

refrán m saying.

refrescante adj refreshing.

refrescar vt to refresh ◆ **refrescarse** vr to become cool; (tomar fuerzas) to refresh (oneself).

refresco m soft drink.

refrigeración f refrigeration; (de aire) air conditioning.

refrigerador, ra m/f refrigerator.

refrigerar vt to refrigerate.

refrigerio m snack.

refuerzo m reinforcement; (sostén) support.

refugiado, a adj & m/f refugee.

refugiar vt to give refuge ◆ **refugiarse** vr to take refuge.

refugio m refuge.

regadera f watering can.

regadío, a -1 adj irrigable **-2** m irrigated land.

regalar vt (dar) to give (as a present); (donar) to give away.

regaliz f licorice.

regalo m present, gift.

regalón, ona adj COLL spoiled.

regañadientes ◆ **a regañadientes** COLL grudgingly.

regañar vi (reñir) to quarrel, argue; (refunfuñar) to grumble -vt COLL to scold.

regar vt to water.

regata f regatta.

regateador, ra Amer **-1** adj haggling **-2** m/f haggler.

regatear vt to bargain for; (vender) to retail -vi to bargain.

regazo m lap.

regenerar vt to regenerate.

regentar/tear vt to direct.

régimen m regime; (sistema) system; (reglas) regulations; MED diet.

regimiento m government; MIL regiment.

regio, a adj regal; FIG magnificent.

región f region.

regional adj regional.
regir vt (gobernar) to govern; (manejar) to run -vi to apply ♦ **regirse** vr **regirse por** to be guided by.
registrar vt (inspeccionar) to examine; (en un registro) to register; (rebuscar) to search; (anotar) to note -vi to search ♦ **registrarse** vr to register; (ocurrir) to happen.
registro m (acción) registration; (inspección) examination; (libro) register; (oficina) registry; (padrón) census list; (género de voces) register.
regla f (para trazar) ruler; (norma) rule; (modelo) model; (instrucciones) instructions; (menstruación) period ♦ **en regla** by the book.
reglamentario, a adj prescribed.
reglamento m rules.
regresar vt, vi & vr Amer to return.
regreso m return.
regulación f regulation; (control) control.
regulado, a adj (regular) according to rule; (ajustado) regulated; (controlado) controlled.
regulador m regulator; RAD control knob.
regular[1] adj regular; (aceptable) fairly good; (mediano) average ♦ **por lo regular** as a rule.
regular[2] vt (ajustar) to regulate; (controlar) to control; (ordenar) to put in order.
regularidad f regularity ♦ **con regularidad** regularly.
rehabilitar vt to rehabilitate; (en un puesto) to reinstate.
rehacer vt (hacer) to redo; (elaborar) to remake.
rehén m hostage.
rehuir vt to avoid.
rehusar vt to refuse.
reina f queen.
reinado m reign.
reinante adj ruling; FIG prevailing.
reinar vi to reign.
reincidente -1 adj (que recae) relapsing; CRIMIN recidivous -2 m/f recidivist.
reincidir vi to relapse.
reincorporar vt to reincorporate.
reino m kingdom.
reintegrar vt (restablecer) to reintegrate; (reembolsar) to refund ♦ **rein-**

tegrarse vr (recibir reembolso) to be reimbursed; (volver) to rejoin.
reír vi to laugh; (los ojos) to sparkle ♦ **reír de** to laugh at ♦ **reírse** vr to laugh; (burlarse de) to laugh at.
reivindicar vt to claim.
reja f (del arado) plowshare; (de ventana) grating.
rejilla f grille; (de una silla) wickerwork; (de un horno) fire grate; RAIL luggage rack.
rejuvenecer vt, vi & vr to rejuvenate.
relación f relation; (conexión) connection; (relato) account; (informe) report; (lista) list ♦ **con** o **en relación a** in relation to ♦ pl (cortejo) courtship; (conocidos) acquaintances • **mantener relaciones con** to be in touch with • **tener buenas relaciones** to be well-connected.
relacionado, a adj related (con to, with).
relacionar vt to relate ♦ **relacionarse** vr to be related; (hacer amistades) to make friends.
relajación f relaxation; (aflojamiento) loosening.
relajado, a adj relaxed; (aflojado) loose; Amer (depravado) depraved.
relajar vt (mente, cuerpo) to relax ♦ **relajarse** vr to relax.
relajo m Amer, COLL (desorden) commotion; (depravación) debauchery.
relámpago m lightning; FIG flash.
relampaguear vi to flash with lightning; FIG to sparkle.
relatar vt to narrate.
relatividad f relativity.
relativo, a adj & m GRAM relative ♦ **en lo relativo a** with regard to.
relato m narration; (informe) account; (cuento) story.
relegar vt to relegate.
relevante adj outstanding.
relevar vt (sustituir) to relieve (de of, from) ♦ **relevarse** vr to take turns.
relevo m relief; SPORT relay.
relieve m ART, GEOG relief; (estampado) embossing ♦ **poner en relieve** to emphasize.
religión f religion.
religioso, a -1 adj religious -2 m monk -f nun.
reliquia f relic ♦ **reliquia de familia** family heirloom.

R

rellano m landing.

rellenar vt (llenar) to refill; CUL to stuff.

relleno, a -1 adj stuffed **-2** m stuffing.

reloj m (de pared) clock; (de pulsera) watch.

relojería f (arte) watchmaking, clockmaking; (taller) watch o clock factory; (tienda) jewelry store.

relojero, a m/f watchmaker.

reluciente adj shining.

relucir vi to shine ♦ **sacar a relucir** (mencionar) to bring up; (poner en relieve) to bring out. ·

remache m rivet.

remanente m remnant; COM surplus.

remanso m backwater.

remar vi to row.

rematador, ra m goal scorer -m/f RP auctioneer.

rematar vt (acabar) to finish (off); (agotar) to use up; SPORT to shoot, kick (a goal) -vi to end.

remate m (fin) conclusion; (toque final) finishing touch; (liquidación) auction; SPORT shot ♦ **de remate** utter.

remediable adj remediable.

remediar vt (ayudar) to remedy; (ayudar) to assist; (evitar) to prevent.

remedio m remedy; (ayuda) relief ♦ **como último remedio** as a last resort • **no haber (más) remedio** to be unavoidable • **no tener más remedio** to have no alternative (que but).

rememorar vt to remember.

remendar vt to mend; SEW to darn.

remero, a m/f rower.

remilgo m affectedness.

remisión f remittance.

remitente -1 adj remitting **-2** m/f sender.

remitir vt (enviar) to send; (dinero) to remit; (referir) to refer; COM to ship -vi to diminish ♦ **remitirse** vr to refer (a to).

remo m (grande) oar; (pequeño) paddle; SPORT rowing.

remojo m soaking ♦ **poner en remojo** to soak.

remolacha f beet.

remolcador, ra -1 adj towing **-2** m AUTO tow truck; MARIT tugboat.

remolcar vt to tow.

remolino m (de agua) whirlpool; (de aire) whirlwind; (de pelo) cowlick.

remolque m tow truck ♦ **a remolque** in tow.

remontar vt (un río) to go up; (superar) to surmount; (elevar) to raise ♦ **remontarse** vr (volar) to soar; (hasta el origen) to go back (a to).

remorder vi ♦ **remorder la conciencia** to weigh on one's conscience.

remordimiento m remorse.

remoto, a adj remote.

remover vt (mover) to move; (quitar) to remove; (destituir) to dismiss; (mezclar) to stir; (recuerdos) to revive ♦ **removerse** vr to shake.

remunerar vt to remunerate.

renacentista -1 adj Renaissance **-2** m/f expert on the Renaissance.

renacer vi (nacer de nuevo) to be reborn; (recobrar fuerzas) to recover; (reaparecer) to reappear.

renacimiento m revival ♦ **Renacimiento** Renaissance.

renacuajo m tadpole; FIG shrimp.

rencor m rancor.

rencoroso, a adj resentful.

rendición f surrender.

rendido, a adj (sumiso) submissive; (cansado) exhausted.

rendija f crack.

rendimiento m output.

rendir vt (vencer) to defeat; (producir) to yield; (dar fruto) to bear; (cansar) to tire out; (las armas) to lay down -vi (durar mucho) to last longer than usual ♦ **rendirse** vr (someterse) to surrender; (entregarse) to yield; (cansarse) to exhaust oneself.

renegar vi RELIG to apostasize; (blasfemar) to swear; COLL (quejarse) to grumble ♦ **renegar de** to renounce.

renglón m (línea) line (of words).

rengo, a adj & m/f lame (person).

renguear vi Amer to limp.

reno m reindeer.

renombrado, a adj renowned.

renombre m renown.

renovación f (extensión) renewal; (restauración) renovation.

renovar vt (extender) to renew; (reemplazar) to replace; (restaurar) to renovate.

renta f (ingresos) income; (ganancia) profit; (interés) interest; (alquiler) rent;

(anual) annuity; *(deuda pública)* national debt.

rentar *vt Amer (alquilar)* to rent.

renuncia *f (abandono)* renunciation; *(a un puesto)* resignation.

renunciar *vt (abandonar)* to renounce; *(a un puesto)* to resign; *(no aceptar)* to reject.

reñidero *m* pit ♦ **reñidero de gallos** cockpit.

reñido, a *adj (enemistado)* at odds; *(difícil)* hard-fought ♦ **reñido con** contrary to.

reñir *vi* to quarrel ♦ **reñir por** to fight for o over -*vt (regañar)* to scold.

reojo *adv* ♦ **mirar de reojo** to look out of the corner of one's eye.

reparación *f* repair.

reparar *vt (componer)* to repair; *(notar)* to notice; *(remediar)* to redress; *(restablecer)* to restore -*vi* **no reparar en nada** to stop at nothing.

reparo *m (objeción)* objection; *(duda)* misgiving.

repartidor, ra *m/f (que reparte)* distributor; *(entregador)* deliverer.

repartija *f Amer,* COLL var of **reparto.**

repartir *vt (dividir)* to divide; *(distribuir)* to distribute; *(entregar)* to deliver; *(esparcir)* to spread out.

reparto *m (distribución)* distribution; *(entrega)* delivery; CINEM, THEAT cast.

repasador *m Amer* dishcloth.

repasar *vt (pasar)* to pass (by) again; *(examinar)* to review; *(hojear)* to glance over; *(explicar, hacer)* to go over again -*vi* to pass (by) again.

repaso *m* review ♦ **dar un repaso a** to look over o through.

repatriación *f* repatriation.

repatriado, a -**1** *adj* repatriated -**2** *m/f* repatriate.

repatriar *vt* to repatriate.

repeler *vt* to repel; *(rechazar)* to reject.

repente *m* ♦ **de repente** suddenly.

repentino, a *adj* sudden.

repercusión *f* repercussion.

repercutir *vi (rebotar)* to rebound; *(resonar)* to reverberate ♦ **repercutir en** to have repercussions on.

repertorio *m* repertory, repertoire.

repetición *f* repetition.

repetir *vt* to repeat; *(comer más)* to have a second helping of -*vi* to repeat.

repicar *vi* to ring out.

repiqueteo *m (de campanas)* lively ringing.

repisa *f* shelf.

replantear *vt* to restate.

repleto, a *adj* full ♦ **repleto de** packed with.

réplica *f (contestación)* retort; *(copia)* replica.

replicar *vi* to retort.

repoblar *vt* to repopulate.

repollo *m* cabbage.

reponer *vt (poner)* to put back; *(reemplazar)* to replace; THEAT to revive ♦ **reponerse** *vr (recuperarse)* to recover; *(serenarse)* to calm down.

reportaje *m (artículo)* report; *(de noticias)* news coverage.

reportar *vt* to bring ♦ **reportarse** *vr* to control oneself.

reporte *m (chisme)* gossip; *(noticia)* news.

reportero, a *m/f* reporter.

reposar *vi (descansar)* to rest; *(yacer)* to lie.

reposición *f* THEAT revival.

reposo *m* repose.

repostería *f* confectionery.

repostero, a *m/f* confectioner.

reprender *vt* to reprimand.

represa *f* dam.

represalia *f* reprisal.

represar *vt* to dam.

representación *f* representation; THEAT performance.

representante -**1** *adj* representing -**2** *m/f* representative.

representar *vt* to represent; *(aparentar)* to appear to be; THEAT to perform.

represión *f* repression.

represor, ra -**1** *adj* repressing -**2** *m/f* repressor.

reprimenda *f* reprimand.

reprimir *vt & vr* to repress (oneself).

reprochar *vt* to reproach.

reproche *m* reproach.

reproducción *f* reproduction.

reproducir *vt & vr* to reproduce.

reproductor, ra -**1** *adj* BIOL reproductive; ZOOL breeding -**2** *m/f* BIOL reproducer; ZOOL breeder.

reptil -1 *adj* reptilian **-2** *m* reptile.

república *f* republic.

republicano, a *adj & m/f* republican.

repuesto, a -1 see **reponer -2** *m (reserva)* supply; *(pieza)* spare (part).

repugnante *adj* repugnant.

repugnar *vi* to detest.

repulsivo, a *adj* repulsive.

reputación *f* reputation.

requemar *vt* to burn.

requerir *vt (necesitar)* to require; *(solicitar)* to request.

requesón *m (queso)* cottage o pot cheese; *(cuajada)* curd.

requisa *f* Amer search.

requisar *vt* Amer to search.

requisito *m* requirement.

res *f* animal ♦ **res vacuna** head of cattle.

resaca *f* MARIT undertow.

resaltar *vi* to jut out; FIG to stand out ♦ **hacer resaltar** to stress.

resbalar *vi* to slip; AUTO to skid.

resbalón *m* slip; AUTO skid.

rescatar *vt (recobrar)* to recover; *(cautivos)* to ransom; *(salvar)* to rescue.

rescate *m (acción)* rescue; *(recobro)* recovery; *(dinero)* ransom money.

resecar *vt & vr* to dry out.

resentirse *vr (sentir los efectos)* to feel the effects; *(debilitarse)* to be impaired; FIG to feel hurt.

reseña *f (descripción)* outline; *(relación)* account; *(análisis)* review.

reseñar *vt (describir)* to describe; *(analizar)* to review.

resero *m* Amer herdsman.

reserva *f* reserve; *(provisión)* stock; *(discreción)* discretion.

reservado, a -1 *adj* reserved; *(discreto)* discreet; *(confidencial)* confidential **-2** *m* reserved room o area.

reservar *vt* to reserve; *(guardar)* to save; *(no comunicar)* to withhold ♦ **reservarse** *vr* to save one's strength o oneself.

resfriado *m* cold.

resfriarse *vr* to catch a cold.

resguardar *vt & vr* to protect (oneself).

residencia *f* residence.

residencial *adj* residential.

residente *adj & m/f* resident.

residir *vi* to reside.

residuo *m* residue ♦ *pl* waste.

resignación *f* resignation.

resignar *vt & vr* to resign (oneself).

resina *f* resin.

resistencia *f* resistance; *(aguante)* endurance.

resistente *adj* resistant; BOT hardy.

resistir *vi* to resist; *(durar)* to endure -*vt* to resist; *(aguantar)* to bear ♦ **resistirse** *vr* to resist; *(luchar)* to fight; *(negarse)* to refuse (a to).

resolución *f* resolution; *(decisión)* decision; *(solución)* solution.

resolver *vt* to resolve; *(solucionar)* to solve ♦ **resolverse** *vr* to resolve; *(ser solucionado)* to resolve itself.

resonancia *f* resonance; FIG repercussion ♦ **tener resonancia** to cause a stir.

resonar *vi* to resound; FIG to have repercussions.

resorte *m* spring.

respaldar *vt (apuntar)* to endorse; *(garantizar)* to back ♦ **respaldarse** *vr* to lean back; *(basarse)* to base oneself *(en* on).

respaldo *m (de silla)* back; *(garantía)* backing.

respectivo, a *adj* respective.

respecto *m* respect ♦ **al respecto** about the matter • **respecto a** o **de** with respect to.

respetar *vt* to respect.

respeto *m* respect.

respiración *f* respiration.

respirar *vi & vt* to breathe.

respiro *m (descanso)* rest, respite.

resplandecer *vi* to shine.

resplandor *m* brightness; *(de llamas)* glow; *(brillo)* shine.

responder *vt* to answer -*vi (contestar)* to answer; *(corresponder)* to return; *(replicar)* to answer back; *(resultar)* to perform <*la máquina nueva responde bien* the new machine performs well>; *(reaccionar)* to respond ♦ **responder por** to be responsible for.

responsabilidad *f* responsibility.

responsabilizar *vt* to make responsible ♦ **responsabilizarse** *vr* to take the responsibility.

responsable *adj* responsible; LAW liable.

respuesta *f* answer.

resta *f* subtraction.

restablecer *vt* to reestablish ♦ **restablecerse** *vr* to recover.

restante -1 *adj* remaining **-2** *m* remainder.

restar *vt* MATH to subtract; *(quitar)* to take away *-vi* to remain; MATH to subtract.

restauración *f* restoration.

restaurante *m* restaurant.

restaurar *vt* to restore.

restituir *vt* to restore.

resto *m* remainder ♦ *pl* leftovers.

restregar *vt* to rub.

restricción *f* restriction.

restringir *vt* to restrict.

resucitar *vt & vi* to resuscitate; FIG to revive.

resuelto, a -1 see **resolver -2** *adj* determined.

resultado *m* result; *(consecuencia)* outcome.

resultar *vi* to turn out to be; *(salir)* to turn out <*la investigación no resultó como pronosticaban* the investigation didn't turn out as they predicted>; *(funcionar)* to work (out); *(encontrar)* to find <*ella me resulta muy simpática* I find her very nice> ♦ **resultar que** to turn out that.

resumen *m* summary ♦ **en resumen** in short.

resumidero *m* Amer sewer.

resumir *vt* to summarize ♦ **resumirse** *vr* to be summed up • **resumirse en** to boil down to.

resurgir *vi* to reappear.

resurrección *f* resurrection.

retahíla *f* string.

retar *vt* to challenge.

retardar *vt* to delay.

retardo *m* delay.

retener *vt* to retain.

retina *f* retina.

retirada *f* retreat.

retirado, a -1 *adj* secluded; *(jubilado)* retired **-2** *m/f* retired person.

retirar *vt (remover)* to remove; *(de circulación)* to withdraw; *(jubilar)* to retire ♦ **retirarse** *vr (apartarse)* to withdraw; *(jubilarse)* to retire.

retiro *m (retirada)* withdrawal; *(lugar)* retreat; *(jubilación)* retirement; *(pensión)* pension.

reto *m* challenge.

retobado, a *adj* Amer stubborn.

retobar Amer *vt* to wrap in leather ♦ **retobarse** *vr* to become irritated.

retocar *vt* PHOTOG to touch up.

retomar *vt* to take back.

retoño *m* sprout.

retoque *m* PHOTOG retouching.

retorcer *vt* to twist ♦ **retorcerse** *vr* to twist; *(de dolor)* to writhe.

retorno *m* return; *(trueque)* exchange.

retortijón *m* twisting ♦ **retortijón de tripas** stomach cramps.

retractar *vt & vr* to retract.

retraído, a *adj (solitario)* reclusive; *(poco comunicativo)* withdrawn.

retransmitir *vt* to retransmit; *(difundir)* to rebroadcast; TELEC to relay.

retrasado, a *adj (tardío)* late; *(país)* backward.

retrasar *vt (demorar)* to delay; *(aplazar)* to postpone; *(un reloj)* to set back *-vi* to lag, fall behind ♦ **retrasarse** *vr* to be late o delayed.

retraso *m* delay; *(subdesarrollo)* backwardness ♦ **con retraso** late.

retratar *vt* PAINT to paint a portrait of; PHOTOG to photograph.

retrato *m* PAINT portrait; *(descripción)* trait, description; Amer photograph.

retreta *f* Amer *(retahíla)* series, string.

retrete *m* toilet.

retribuir *vt (pagar)* to pay; *(recompensar)* to reward; Amer to reciprocate.

retroceder *vi (volver atrás)* to go back; *(un paso)* to step back; *(nivel)* to recede.

retroceso *m (regresión)* retrocession; MECH return.

retrovisor *m* rearview mirror.

retrucar *vi* RP, COLL to retort.

retumbar *vi* to resound.

reúma o **reuma** *m* var of **reumatismo**.

reumatismo *m* rheumatism.

reunión *f (de negocios)* meeting; *(de ex-alumnos)* reunion.

reunir *vt (juntar)* to unite; *(agrupar)* to gather; *(requisitos)* to fulfill; *(fondos)* to collect ♦ **reunirse** *vr (juntarse)* to unite; *(en una reunión)* to meet.

revalorizar *vt* to revalue.

revancha *f* revenge.

revelación *f* revelation.

R

revelado m PHOTOG developing.

revelar vt to reveal; PHOTOG to develop.

reventa f resale.

reventar vi (globo) to burst; (neumático) to blow -vt to burst; (aplastar) to smash; (cansar) to exhaust ♦ **reventarse** vr to burst.

reventón m burst; (de neumático) flat tire.

reverencia f bow ♦ **hacer una reverencia** to bow.

reverendo, a adj reverend.

reverso, a adj & m reverse.

revés m (envés) back; (desgracia) setback ♦ **al revés** (al contrario) backwards; (con lo de dentro fuera) inside out • **al revés de** contrary to.

revestir vt to cover.

revisar vt to check.

revisión f revision.

revisor, ra -1 adj revising, checking -2 m/f inspector.

revista f magazine; (revisión) review; THEAT revue.

revitalizar vt to revitalize.

revivir vi to revive.

revocar vt (anular) to repeal; (destituir) to dismiss.

revolcar vt to knock down ♦ **revolcarse** vr (en el suelo) to roll; (en el fango) to wallow.

revolotear vi to flutter.

revoltijo/llo m jumble ♦ **revoltijo de huevos** scrambled eggs.

revoltoso, a -1 adj troublemaking -2 m/f troublemaker; (rebelde) rebel.

revolución f revolution.

revolucionario, a adj & m/f revolutionary.

revolver vt (mezclar) to mix; (líquidos) to stir; (agitar) to shake; (desordenar) to mix up; (producir náuseas) to turn ♦ **revolverse** vr (dar vueltas) to turn around; (revolcarse) to roll; (retorcerse) to writhe.

revólver m revolver.

revuelo m (revoloteo) fluttering; (turbación) commotion.

revuelta f revolt; (riña) quarrel.

revuelto, a -1 see **revolver** -2 adj (en desorden) jumbled; (inquieto) turbulent; (travieso) mischievous.

rey m king.

reyerta f quarrel.

rezagar vt (dejar atrás) to leave behind ♦ **rezagarse** vr to lag behind.

rezar vt to say -vi to pray.

rezo m prayer.

riacho/chuelo m stream.

ribera f shore.

ribereño/rano, a -1 adj the shore, riparian -2 shore dweller.

ribete m trimming.

ribetear vt to trim.

rico, a -1 adj rich; (acaudalado) wealthy; (fértil) fertile; (abundante) abundant; (sabroso) delicious -2 m/f rich person.

ridiculez f absurdity; (insignificancia) trifle.

ridiculizar vt to ridicule.

ridículo, a -1 adj ridiculous -2 m ridiculous situation ♦ **hacer el ridículo** to make a fool of oneself • **poner en ridículo** to make a fool of.

riel m rail.

rienda f rein.

riesgo m risk.

rifa f raffle.

rifar vt to raffle.

rifle m rifle.

rígido, a adj stiff.

rigor m rigor.

riguroso, a adj rigorous.

rimar vi & vt to rhyme.

rímel m mascara.

rincón m corner.

rinconera f corner furniture.

rinoceronte m rhinoceros.

riña f quarrel.

riñón m kidney ♦ pl lower back.

río m river; FIG flood.

riqueza f (abundancia) wealth; (opulencia) opulence; (fecundidad) richness ♦ pl riches • **riquezas naturales** natural resources.

risa f laugh; laughter <no hizo caso de la risa de los estudiantes he took no notice of the students' laughter>; (hazmerreír) laughingstock ♦ **desternillarse** o **reventar de risa** to burst with laughter.

ristra f string.

ritmo m rhythm.

rito m rite, ceremony.

ritual adj & m ritual.

rival *adj & m/f* rival.
rivalidad *f* rivalry.
rizado *m* curling.
rizar *vt (pelo)* to curl ♦ **rizarse** *vr (pelo)* to curl (up); *(mar)* to become choppy.
rizo *m* ringlet.
robar *vt* to rob; *(saquear)* to burgle.
roble *m* oak.
robo *m* robbery.
robusto, a *adj* robust.
roca *f* rock.
roce *m (acción)* rubbing; *(toque)* touch; *(fricción)* animosity.
rociar *vi* to fall (dew) *-vt (mojar)* to sprinkle.
rocoso, a *adj* rocky.
rodaballo *m* turbot, flounder.
rodado *m RP* vehicle.
rodaja *f (de metal)* disc; *(de fruta)* slice.
rodaje *m* CINEM filming.
rodar *vi (girar)* to roll; *(funcionar)* to run; *(moverse con ruedas)* to run (on wheels); *(caer dando vueltas)* to tumble (down); *(vagar)* to roam; CINEM to shoot *-vt (hacer rodar)* to roll; CINEM to shoot.
rodear *vi* to go around; *(ir por el camino más largo)* to go by a roundabout way *-vt* to surround; *(dar la vuelta)* to go around; *Amer* to round up ♦ **rodearse** *vr* **rodearse de** to surround oneself with.
rodeo *m (camino indirecto)* roundabout way; *(fiesta)* rodeo; *(de ganado)* roundup.
rodilla *f* knee ♦ **de rodillas** on one's knees.
rodillo *m* roller; CUL rolling pin.
roer *vt* to gnaw; *(gastar)* to erode.
rogar *vt* to beg *-vi* to pray.
rojo, a *-1 adj* red; *(mejillas)* ruddy ♦ **ponerse rojo** to blush *-2 m/f* red, revolutionary *-m (color)* red ♦ **estar al rojo vivo** to be heated o tense.
rollo *m* roll <*un rollo de cinta adhesiva* a roll of adhesive tape>; *(de escritura)* scroll; *(de cuerda)* coil; MECH, TECH roller.
romance *m* LIT ballad; POET romance.
romano, a *adj* Roman.
romántico, a *adj & m/f* romantic.
rombo *m* rhombus.
rompecabezas *m inv* jigsaw puzzle; FIG riddle.

rompenueces *m inv* nutcracker.
rompeolas *m inv* breakwater.
romper *vt* to break; *(en pedazos)* to tear o rip (up); *(surcar)* to plow; *(iniciar)* to begin; *(cancelar)* to break off *-vi* to break ♦ **romper con** to break up with ♦ **romperse** *vr (quebrarse)* to break; *(separarse en pedazos)* to tear; *(partirse)* to snap; MED to fracture • **romperse la cabeza** to rack one's brains.
ron *m* rum.
roncar *vi* to snore.
roncha *f (herida)* welt; *(cardenal)* bruise.
ronco, a *adj (afónico)* hoarse; *(áspero)* harsh.
ronda *f (de gente)* circle.
rondana *f Amer* pulley wheel.
rondar *vi (vigilar)* to patrol; *(vagar)* to prowl around *-vt (dar vueltas)* to hover around; *(galantear)* to court.
ronquido *m* snore.
roña *f* filth; *(tacañería)* stinginess.
roñoso, a *adj* filthy; COLL *(tacaño)* stingy.
ropa *f* clothes, clothing ♦ **ropa de cama** bed linen • **ropa interior** underwear • **ropa sucia** laundry.
ropero *m* closet.
rosa *-1 f* rose; *(color)* pink *-2 adj* pink.
rosado, a *-1 adj (color)* pink; *(vino)* rosé *-2 m* rosé.
rosal *m* rosebush; *Amer* rose garden.
rosario *m* rosary; FIG string.
rosbif *m* roast beef.
rosca *f (círculo)* ring, circle; *(espiral)* thread; *RP (discusión)* argument.
rostro *m* face.
rotativo *m* newspaper.
roto, a *-1* see **romper** *-2 adj (dañado)* broken; *(quebrado)* smashed.
rotoso, a *adj Amer* tattered.
rotulado *m* label.
rotulador *m* labeler.
rotular *vt* to label.
rótulo *m* label ♦ *pl* CINEM subtitles.
rotundo, a *adj (sonoro)* resounding; *(definitivo)* categorical.
rozar *vt (frotar)* to rub; *(raer)* to scrape; *(tocar)* to brush against; *(volar a ras de)* to skim; *(rayar en)* to border on *-vi* to touch lightly.
roznido *m* braying noise.

R

rubí *m* [pl **íes**] ruby.
rubio, a -1 *adj* blond(e) -2 *m* blond -f blonde.
rublo *m* ruble.
rubor *m* blush; *(vergüenza)* embarrassment.
ruborizarse *vr* to blush.
rúbrica *f* rubric; *(firma)* signature flourish.
rudeza *f* roughness.
rudimentario, a *adj* rudimentary.
rudo, a *adj (tosco)* rough; *(tiempo)* severe.
rueda *f* wheel; *(de un mueble)* roller; *(corro)* ring (of people).
ruedo *m (borde)* edge ♦ **dar la vuelta al ruedo** TAUR to go around the bullring receiving applause • **echarse al ruedo** to enter the fray.
ruego *m* request.
rufián *m (chulo)* pimp; *(granuja)* ruffian.
rugido *m* roar.
rugir *vi* to roar; FIG to howl.
ruido *m* noise; *(alboroto)* din.
ruidoso, a *adj* noisy, loud.

ruin *adj (despreciable)* despicable; *(avaro)* stingy; *(miserable)* poor.
ruina *f (destrucción)* ruin; *(hundimiento)* downfall.
ruiseñor *m* nightingale.
ruleta *f* roulette.
rulo *m (cilindro)* roller; RP *(de pelo)* ringlet.
rumba *f* rumba.
rumbear *vi* Amer to head *(para, hacia* for).
rumbo *m* direction; AER, MARIT course ♦ **con rumbo a** bound for • **ir con rumbo a** to be heading for.
rumiante *adj & m* ruminant.
rumor *m* murmur; *(de árboles)* rustle; *(chismes)* rumor.
rumorearse/rarse *vr* to be rumored.
ruptura *f (acción)* breaking; MED fracture; *(de relaciones)* breakup.
rural -1 *adj* rural -2 *m/f* Amer peasant.
rústico, a -1 *adj* rustic; *(grosero)* rough -2 *m/f* peasant.
ruta *f* route.
rutina *f* routine.

S

sábado *m* Saturday; RELIG Sabbath.
sabana *f Amer* savannah.
sábana *f* bed sheet ♦ **pegársele a uno las sábanas** COLL to oversleep.
sabañón *m* chilblain.
saber[1] *m* learning, knowledge.
saber[2] *vt* to know <*ella sabe lo que ocurrió* she knows what happened>; *(tener habilidad)* to know how <*¿sabes cocinar?* do you know how to cook?>; to learn <*supe la noticia demasiado tarde* I learned the news too late> ♦ **hacer saber** to inform • **¿qué sé yo?** how should I know? • **sin saberlo yo** without my knowledge • **un no sé qué** a certain something • **véte a saber** your guess is as good as mine -*vi* to know; *(acostumbrar)* to be in the habit of <*él sabe llegar temprano* he is in the habit of arriving early> ♦ **a saber** namely • **no se sabe** nobody knows • **saber de** *(conocer)* to know about, be familiar with; to hear from <*hace mucho tiempo que no sabemos de José* we have not heard from Joe in a long time> ♦ **saberse** *vr* to be known.
sabido, a *adj (conocido)* known.
sabiduría *f* knowledge.
sabiendas *adv* ♦ **a sabiendas** knowingly.
sabihondo, a COLL *adj & m/f* know-it-all.
sabio, a -1 *adj* learned -2 *m/f* learned person.
sablazo *m* COLL sponging ♦ **dar un sablazo a alguien** COLL to sponge money off someone.
sable *m* saber.
sablear *vi* COLL to sponge.
sabor *m (gusto)* taste, flavor ♦ **sin sabor** tasteless • **tener sabor a** to taste of.
saborear *vt (notar el sabor)* to taste; *(apreciar)* to relish.
sabotaje *m* sabotage.
sabotear *vt* to sabotage.
sabrosura *f Amer* delicious *o* tasty thing.
sabroso, a *adj (delicioso)* tasty; *(picante)* racy.
sacacorchos *m inv* corkscrew.
sacapuntas *m inv* pencil sharpener.

sacar *vt* to take out <*sacó su cartera del bolsillo* he took his wallet out of his pocket>; *(quitar)* to remove <*sacar una mancha* to remove a stain>; *(arrancar)* to pull out; *(un arma)* to draw; *(de un apuro)* to bail out; *(información)* to get out; *(deducir)* to take it; *(conseguir)* to get; *(ganar)* to win; *(elegir)* to elect; *(moda, estilo)* to come out with; *(publicar)* to publish; *(restar)* to subtract; *(fotografiar)* to take <*quiero sacar una foto del grupo* I want to take a picture of the group>; SPORT to serve ♦ **sacar adelante** *(lograr)* to carry out; *(criar)* to bring up • **sacar a luz** *(revelar)* to bring to light; *(publicar)* to publish • **sacar de quicio** *o* **de sí** to infuriate • **sacar en claro** *o* **en limpio** to understand • **sacar una copia** to make a copy • **sacar ventaja** to take advantage ♦ **sacarse** *vr* to take off.
sacarina *f* saccharin.
sacerdote *m* priest.
sacerdotisa *f* priestess.
saciar *vt* to satiate ♦ **saciar la sed** to quench one's thirst ♦ **saciarse** *vr* to be satiated.
saco *m (bolsa)* bag; *Amer (chaqueta)* jacket ♦ **saco de dormir** sleeping bag.
sacramento *m* sacrament ♦ **recibir los sacramentos** to receive the last rites.
sacrificio *m* sacrifice; *(de animales)* slaughter.
sacrilegio *m* sacrilege.
sacristán *m* sacristan.
sacro, a -1 *adj (sagrado)* sacred -2 *m* ANAT sacrum.
sacudida *f* shake; *(sismo)* tremor.
sacudir *vt (agitar)* to shake; *(quitar el polvo)* to dust; *(golpear)* to beat; *(alterar)* to jolt ♦ **sacudirse** *vr (agitarse)* to shake; *(la ropa)* to shake *o* brush off.
sacudón *m Amer* var of **sacudida**.
sádico, a -1 *adj* sadistic -2 *m/f* sadist.
saga *f* saga.
sagrado, a *adj* sacred.
saíno *m* peccary.
sake *m* sake.
sal *f* salt; *(gracia)* charm ♦ **sal de mesa** table salt • **sales de baño** bath salts.
sala *f* living room; *(cuarto grande)* large room; *(teatro)* house; MED hospi-

tal ward ♦ **sala de espera** waiting room • **sala de estar** living room.

salado, a *adj* salt, salty; *(gracioso)* witty, amusing; *RP (caro)* expensive.

salamandra *f* salamander.

salame *m Amer* salami.

salar *vt* to salt; *(curar)* to cure.

salario *m* wage.

salchicha *f* pork sausage.

salchichería *f* sausage shop.

salchichón *m* sausage.

saldar *vt* COM *(liquidar)* to pay off; *(vender)* to remainder.

saldo *m* COM *(liquidación)* payment; *(cifra)* balance; *(mercancías)* remnants.

salero *m (de mesa)* saltshaker; *(gracia)* wit.

salida *f (acción)* departure; *(abertura)* exit; *(solución)* solution; *(ocurrencia)* witty remark; COM *(venta)* sale; ACC entry; ELEC, MECH outlet ♦ **dar salida a** to vent • **salida del sol** sunrise • **tener salida** COM to sell well.

salino, a -1 *adj* saline **-2** *f* salt mine o pit.

salir *vi* to leave <*salimos de la casa a las tres* we left the house at three o'clock>; to go out <*no es prudente salir por la noche solo* it is not wise to go out alone at night>; *(partir)* to leave *(para* for); *(librarse)* to get out; *(el sol)* to rise; *(flor, fruto)* to come up *(de* from); *(idea, concepto)* to emerge; *(libro)* to come out; *(oportunidad)* to come o turn up <*cuando salga la oportunidad* when the opportunity comes up>; *(costar)* to cost; *(cálculo)* to work out; *(parecerse)* to take after; *(ser elegido)* to be elected ♦ **salga lo que salga** COLL come whàt may • **salir adelante** to get ahead • **salir bien, mal** to turn out well, badly • **salir del paso** to get out of a jam • **salir pitando** *(correr)* to run out quickly ♦ **salirse** *vr (derramarse)* to leak; *(rebosar)* to boil over • **salirse con la suya** to get one's own way.

salitre *m* saltpeter.

saliva *f* saliva, spit.

salivadera *f Amer* spittoon.

saliveras *f pl* knobs on a horse's bit.

salmo *m* psalm.

salmón *m* salmon.

salón *m (sala grande)* hall; *(para visitas)* drawing room ♦ **salón de actos** o **sesiones** assembly hall • **salón de belleza** beauty parlor.

salpicar *vt (con un líquido)* to splash; *(rociar)* to sprinkle; *(motear)* to fleck.

salpimentar *vt* to season.

salsa *f* sauce, gravy.

salsera *f* gravy boat.

salsero *m Chile* salt vendor.

saltamontes *m inv* grasshopper.

saltar *vi (brincar)* to jump *(de* with); *(levantarse)* to jump up; *(dar saltitos)* to hop; *(desprenderse)* to come off; *(enfadarse)* to blow up *-vt (atravesar)* to jump over; *(omitir)* to skip over.

saltear *vt (hacer algo con interrupciones)* to skip; *(sofreír)* to sauté.

saltimbanqui *m* juggler.

salto *m (brinco)* jump; *(despeñadero)* ravine; *(juego)* leapfrog; SPORT jump.

salud -1 *f* health ♦ **estar bien, mal de salud** to be in good, bad health **-2** *interj* COLL *(al estornudar)* (God) bless you!; *(brindis)* cheers!

saludable *adj (sano)* healthy; *(provechoso)* beneficial.

saludar *vt* to greet; MARIT to dip the flag to ♦ **Le saluda atentamente** Yours faithfully o truly.

saludo *m (cortesía)* greeting; *(inclinación)* bow; MIL salute ♦ *pl* regards.

salva *f* see **salvo, a**.

salvada *f Amer,* COLL good fortune o luck.

salvaje -1 *adj (no domesticado)* untamed; *(feroz)* savage **-2** *m/f* COLL *(bruto)* boor.

salvamento *m* rescue.

salvar *vt (librar)* to save; *(resolver)* to overcome; *(evitar)* to avoid; RELIG to save ♦ **salvarse** *vr* to escape • **¡sálvese quien pueda!** every man for himself! • **salvarse por los pelos** COLL to escape by the skin of one's teeth.

salvavidas *m inv; (artefacto)* life preserver; *(bote)* lifeboat *-m/f (bañero)* lifeguard.

salvia *f* sage.

salvo, a -1 *adj* safe ♦ **a salvo de** safe from • **poner a salvo** to rescue • **ponerse a salvo** to reach safety **-2** *adv* except (for), save ♦ **salvo que** unless **-3** *f* MIL salvo.

salvoconducto *m* safe-conduct.

san adj apócope of **santo.**

sanar vt to heal -vi to recover (from illness).

sanatorio m sanatorium.

sanción f punishment.

sancionar vt to punish.

sancochar vt to parboil.

sancocho m Amer stew containing parboiled meat, yucca and bananas; FIG mishmash.

sandalia f sandal.

sandía f watermelon.

sanfasón m ♦ **a la sanfasón** Amer, COLL carelessly.

sangrar vt & vi to bleed.

sangre f blood; (linaje) lineage ♦ **a sangre fría** in cold blood • **llevar en la sangre** to have in one's blood • **pura sangre** thoroughbred.

sangría f (bebida) sangria.

sangriento, a adj (que echa sangre) bloody; (manchado de sangre) bloodstained.

sanguijuela f leech.

sanguíneo, a adj blood <grupo sanguíneo blood group>.

sanidad f health, healthiness.

sanitario, a adj sanitary.

sano, a adj (de salud) healthy; (saludable) healthful; (sin daño) unharmed ♦ **cortar por lo sano** to take drastic measures • **sano y salvo** safe and sound.

sanseacabó adv COLL that's the end of it <no voy y sanseacabó I'm not going and that's the end of it>.

santiamén m COLL jiffy.

santificar vt to sanctify.

santiguarse vr to cross oneself.

santísimo, a -1 adj most holy **-2** m Holy Sacrament.

santo, a -1 adj holy; (bendito) blessed; COLL blessed <esperamos todo el santo día we waited the whole blessed day> ♦ **Santo Padre** Holy Father **-2** m/f saint -m (imagen) image of a saint; (festividad) saint's day ♦ **¿a santo de qué?** what on earth for?

santuario m sanctuary.

sapo m toad.

saque m (tenis) serve; (fútbol) kickoff; (raya) service line.

saquear vt to plunder.

saqueo m plundering.

sarampión m measles.

sarao m soirée, evening party.

sarcástico, a adj sarcastic.

sarcófago m sarcophagus.

sardina f sardine.

sarga f TEX serge; PAINT painted wall fabric.

sargazo m sargasso.

sargento m sergeant.

sarna f scabies.

sarpullido m rash.

sarro m DENT tartar.

sartén f frying pan; (sartenada) panful ♦ **tener la sartén por el mango** COLL to have the upper hand.

sastre m tailor; THEAT costumer ♦ **traje sastre** woman's tailored suit.

sastrería f tailor's (shop).

satélite adj & m satellite.

satén/tín m satin.

satinado, a adj satiny ♦ **papel satinado** glossy o coated paper.

sátira f satire.

satírico, a -1 adj satiric(al) **-2** m/f satirist.

satisfacción f satisfaction.

satisfacer vt to satisfy; (cumplir) to meet.

satisfecho, a -1 see **satisfacer -2** adj satisfied ♦ **darse por satisfecho con** to be satisfied o content with • **estar o quedar satisfecho** to be full o sated.

saturado, a adj saturated.

sauce m willow ♦ **sauce llorón** weeping willow.

savia f sap.

saxófono/fón m saxophone.

sazonado, a adj seasoned, flavorful.

sazonar vt to season.

se vr pron oneself, himself, herself, yourself, itself, themselves, yourselves <las chicas se están mirando en el espejo the girls are looking at themselves in the mirror>; to oneself, to himself, to herself, to yourself, to itself, to themselves, to yourselves <ese viejo se habla a sí mismo that old man talks to himself>; [to indicate the owner of the direct object of a verb] <Juan se puso el sombrero John put on his hat>; [to provide reflex form to verbs not reflex in meaning] <mi tío se murió my uncle died>; (uno a otro) each other,

S

one another <*mis padres se aman* my parents love each other>; to each other, to one another <*ellos se mandaron regalos* they sent presents to one another> -*indef pron* one, they, people <*se dice que la economía mejorará* they say that the economy will improve> -*aux pron* [to give passive meaning to active verbs] <*se venden libros aquí* books are sold here> -*pers pron* [used instead of **le** o **les** before **lo, la, los** o **las**] to him, to her, to you, to it, to them <*Ana se lo dijo a él* Ann said it to him>; for him, for her, for you, for it, for them <*se la voy a comprar a usted* I am going to buy it for you>; from him, from her, from you, from it, from them <*él se lo robó a ellos* he stole it from them>.

seca *f* see **seco, a.**

secador *m* hair dryer.

secadora *f* clothes dryer.

secante -1 *adj (que seca)* drying; GEOM secant -2 *f* GEOM secant.

secar *vt* to dry ♦ **secarse** *vr* to dry (out); *(ríos y fuentes)* to dry up, run dry; BOT to wither.

sección *f* section; *(división)* department.

seccionar *vt* to section.

secesión *f* secession.

seco, a -1 *adj* dry; *(desecado)* dried; *(corto y brusco)* sharp <*un golpe seco* a sharp blow>; *(poco cariñoso)* undemonstrative; *(desabrido)* laconic ♦ **a secas** curtly • **en seco** *(bruscamente)* suddenly; *(sin causa)* without cause o reason -2 *f* drought.

secoya *f* sequoia.

secretaría *f* secretary's office ♦ **Secretaría de Estado** State Department.

secretario, a *m/f* secretary.

secretear *vi* COLL to whisper.

secreter *m* writing desk.

secreto, a -1 *m* secret; *(reserva)* secrecy ♦ **en secreto** secretly -2 *adj* secret; *(confidencial)* confidential.

secta *f* sect.

sector *m* sector.

secuencia *f* sequence.

secuestrar *vt (personas)* to kidnap; *(vehículos)* to hijack.

secuestro *m (de personas)* kidnapping; *(de vehículos)* hijacking.

secular *adj* secular.

secundar *vt* to second.

secundario, a *adj & m* secondary.

sed *f* thirst.

seda *f* silk ♦ **como una seda** *(suave)* as smooth as silk; *(dócil)* as gentle as a lamb.

sedal *m* fishing line.

sedante *adj & m* sedative.

sede *f (del gobierno)* seat; *(de organización)* headquarters.

sedentario, a *adj* sedentary.

sediento, a *adj (con sed)* thirsty; *(deseoso)* desirous.

sedimento *m* sediment.

sedoso, a *adj* silky.

seducción *f* seduction.

seducir *vt* to seduce; *(cautivar)* to captivate.

segador, ra -1 *adj* mowing -2 *m/f* harvester -*f (máquina)* harvester, combine.

segar *vt (la mies)* to harvest; *(la hierba)* to mow; FIG to cut off.

seglar -1 *adj* secular -2 *m/f* layman/woman.

segmento *m* segment.

segregar *vt* to segregate; MED to secrete.

seguido, a -1 *adj (continuo)* continuous; *(consecutivo)* consecutive -2 *adv* Amer often ♦ **en seguida** immediately, at once.

seguidor, ra -1 *adj* following -2 *m/f* follower.

seguir *vt* to follow; *(venir después)* to come after; *(continuar)* to keep o go on; *(ir en pos)* to pursue; *(perseguir)* to chase; *(observar)* to watch <*seguir los acontecimientos mundiales* to watch world events>; *(estudiar)* to study -*vi (continuar)* to continue; *(estar de salud)* to feel.

según -1 *prep* according to <*según este informe* according to this report> -2 *adv (como)* depending on <*según como te comportes te llevaré al cine* depending on how you behave I'll take you to the movies>.

segundero *m* second hand.

segundo, a -1 *adj* second; *(otro)* another ♦ **de segunda mano** secondhand • **segunda enseñanza** secondary education • **segunda intención**

double meaning -2 *m* second *-f* AUTO second gear.
seguramente *adv* probably.
seguridad *f* security, safety ♦ **de seguridad** safety <*cinturón de seguridad* safety belt> • **tener la seguridad de que** to be certain that.
seguro, a -1 *adj* (*protegido*) safe; (*cierto*) certain; (*confiado*) sure; (*confiable*) trustworthy; (*firme*) stable **-2** *m* (*aseguración*) insurance; (*dispositivo*) safety catch **-3** *adv* certainly, for sure.
seis -1 *adj* six; (*sexto*) sixth **-2** *m* six.
seiscientos, tas *adj* & *m* six hundred.
selección *f* selection.
seleccionar *vt* to select.
selecto, a *adj* select.
sellar *vt* (*imprimir*) to stamp; (*cerrar*) to seal, close; FIG to conclude.
sello *m* stamp; (*de documento*) seal ♦ **sello de correo** o **sello postal** postage stamp.
selva *f* (*bosque*) woods; (*jungla*) jungle.
semáforo *m* semaphore.
semana *f* week.
semanario *m* weekly publication.
semántico, a -1 *adj* semantic **-2** *f* semantics.
semblante *m* (*rostro*) face; (*apariencia*) appearance.
sembrador, ra -1 *adj* sowing **-2** *m/f* (*persona*) sower *-f* (*máquina*) seed drill.
sembrar *vt* to sow; (*esparcir*) to scatter.
semejante *adj* (*similar*) similar; (*tal*) such, like that.
semen *m* semen, sperm; BOT seed.
semestral *adj* semiannual, biannual.
semestre *m* six months, semester.
semicírculo *m* semicircle.
semilla *f* seed.
seminario *m* seminary.
semipesado *adj* & *m* light heavyweight.
sémola *f* semolina.
senado *m* senate.
senador, ra *m/f* senator.
sencillez *f* simplicity.
sencillo, a -1 easy (*fácil*) easy; (*sin adorno*) plain **-2** *m* Amer change.
senda *m* path.
senil *adj* senile.

seno *m* (*pecho*) breast; (*hueco*) hollow.
sensación *f* sensation; (*impresión*) feeling.
sensacionalista *adj* sensational (istic).
sensato, a *adj* sensible.
sensibilidad *f* (*emotividad*) sensitivity, sensitiveness; (*susceptibilidad*) sensibility.
sensibilizar *vt* to sensitize.
sensible *adj* (*sentimental*) sentimental; (*impresionable*) sensitive.
sensorial *adj* sensorial.
sensual *adj* sensual.
sensualidad *f* sensuality.
sentado, a -1 *adj* seated; (*juicioso*) judicious ♦ **dar por sentado** to take for granted **-2** *f* sitting.
sentar *vt* to sit; (*establecer*) to set *-vi* (*la comida*) to agree with; (*favorecer*) to become ♦ **sentarse** *vr* to sit (down).
sentencia *f* sentence.
sentenciar *vt* to sentence.
sentido *m* sense; (*interpretación*) interpretation; (*conciencia*) consciousness; (*dirección*) direction ♦ **doble sentido** double meaning • **no tener sentido** not to make sense • **poner los cinco sentidos en** to give one's all to • **sin sentido** (*insensato*) meaningless; (*inconsciente*) unconscious.
sentimental *adj* sentimental.
sentimiento *m* (*emoción*) sentiment; (*pesar*) sorrow.
sentir[1] *m* feeling.
sentir[2] *vt* to feel; (*lamentar*) to regret ♦ **lo siento** I'm sorry *-vi* to feel ♦ **sentirse** *vr* to feel; Amer (*ofenderse*) to take offense.
seña *f* (*indicio*) sign; MIL password ♦ **hacer señas** to signal • **señas personales** description.
señal *f* (*marca*) sign; (*para libros*) bookmark; (*aviso*) signal; (*síntoma*) symptom.
señalar *vt* (*poner señal*) to put a mark o sign on; (*indicar*) to point (at); (*determinar*) to determine, set; Amer (*ganado*) to brand.
señalización *f* (*señales*) road o railway signs.
señalizar *vt* to place signposts.
señor, a *m* Mister, Mr; sir <*siéntese, señor* sit down, sir>; (*dueño*) master; (*noble*) lord; (*caballero*) gentleman

S

♦ **¡Señor!** COLL Good Lord! -f Mistress, Mrs; madam <buenas tardes, señora good afternoon, madam>; (dueña, noble) lady; (esposa) wife.

señorita f (joven) young lady; (antes del apellido) Miss.

señorito m (joven) young man; COLL (amo) master; DEROG (ocioso) rich kid.

señuelo m (para aves) decoy; (trampa) trap.

separado, a -1 adj separate, separated ♦ **por separado** separately **-2** m/f separated man/woman.

separar vt to separate; (partir) to divide; (despedir) to dismiss ♦ **separarse** vr to separate.

separatista adj & m/f separatist.

sepia f sepia.

septentrional adj northern(ly).

septiembre m September.

séptimo, a adj & m seventh.

sepulcro m sepulcher.

sepultar vt to bury.

sepultura f (entierro) burial; (tumba) grave.

sequía f drought.

séquito m entourage.

ser¹ m being ♦ **ser humano** human being • **ser vivo** living creature.

ser² aux to be <el Nuevo Mundo fue descubierto por Colón en 1492 the New World was discovered by Columbus in 1492> -vi to be ♦ **a no ser que** unless • **así sea** so be it • **¡cómo es eso!** what do you mean by that! • **de no ser así** otherwise • **no es para menos** COLL rightly so • **no sea que** lest • **o sea** o **esto es** that is to say • **o sea que** in other words • **sea como sea** one way or the other • **ser de** (pertenecer) to belong to <este libro es de Marta this book belongs to Martha>; to be made of <la cadena es de oro the chain is made of gold>; (tener origen) to be o come from <mi madre era de Inglaterra my mother was from England>; (suceder) to become of <¿que será de nosotros? what will become of us?>; (corresponder) to be suitable for <su conducta no es la de un profesional his conduct is not suitable for a professional> • **ser de lo que no hay** COLL to be unique.

serenarse vr to grow calm.

serenidad f serenity.

sereno, a adj calm.

serial adj & m serial.

serie f series ♦ **fuera de serie** COLL out of sight.

seriedad f seriousness; (comportamiento) dependability.

serio, a adj serious ♦ **en serio** (gravemente) seriously; (sinceramente) truly.

sermón m sermon.

serpiente f snake.

serranía f mountains.

serrar vt to saw.

serrucho m saw.

servicial adj obliging.

servicio m service; (criados) help; (utilidad) usefulness; (retrete) bathroom ♦ **al servicio de** in the service of.

servilleta f napkin.

servilletero m napkin ring.

servir vi to serve ♦ **servir de** (hacer el papel de) to act o serve as; (valer) to be of use • **servir para** to be of use -vt to serve; (a un cliente) to wait on ♦ **servirse** vr (valerse) to make use of.

sésamo m sesame.

sesenta -1 adj sixty; (sexagésimo) sixtieth **-2** m sixty.

sesgo m slant ♦ **al sesgo** obliquely; SEW on the bias.

sesión f session, meeting ♦ **levantar la sesión** to adjourn the meeting.

seso m brain; FIG sense.

setecientos, as adj & m seven hundred.

setenta -1 adj seventy; (septuagésimo) seventieth **-2** m seventy.

setiembre m September.

seto m fence.

seudónimo, a LIT **-1** adj pseudonymous **-2** m pseudonym.

severidad f severity; (rigidez) strictness.

severo, a adj severe; (rígido) strict.

sexo m sex; (órganos) genitals.

sexto, a adj & m sixth.

sexual adj sexual.

sexualidad f sexuality.

si¹ m MUS B.

si² conj if, whether <no sabemos si está casado o no we do not know whether he is married or not> ♦ **como si** as if

• **por si acaso** just in case • **si bien** although • **si no** if not, otherwise.

sí[1] *pron* oneself, himself, herself, yourself, itself, themselves, yourselves ♦ **dar de sí** to give of oneself • **sí mismo** oneself.

sí[2] **-1** *adv* yes; *(en votación)* aye; so <*creo que sí* I think so> **-2** *m* yes <*un sí categórico* a categorical yes>; *(consentimiento)* consent, permission <*conseguimos el sí del maestro* we got the teacher's permission>.

SIDA *m* AIDS.

siderurgia *f* iron and steel industry.

sidra *f* alcoholic cider.

siega *f* *(acción)* harvesting; *(temporada, cosecha)* harvest.

siembra *f* *(acción)* sowing; *(temporada)* sowing season.

siempre *adv* always ♦ **como siempre** as always • **de siempre** usual • **para o por siempre** forever • **siempre que** *(cada vez)* every time; *(a condición de)* provided that.

sien *f* temple.

sierra *f* *(instrumento)* saw; ICHTH sawfish; GEOL mountain range.

siervo, a *m/f* slave.

siesta *f* afternoon nap ♦ **dormir o echar la siesta** to take a nap after lunch.

siete **-1** *adj* seven; *(séptimo)* seventh **-2** *m* seven.

sífilis *f* syphilis.

sifón *m* *(tubería)* U-bend; COLL *(agua gaseosa)* soda water.

sigla *f* acronym.

siglo *m* century; *(época)* age <*el siglo del átomo* the atomic age>; FIG ages.

significado *m* meaning.

significar *vt* *(querer decir)* to mean; *(representar)* to signify.

significativo, a *adj* significant.

signo *m* sign; *(de puntuación)* mark.

siguiente *adj* following, next.

sílaba *f* syllable.

silbar *vi* to whistle; *(chiflar)* to boo.

silbatina *f* Amer booing.

silbato *m* whistle.

silbido *m* *(silbo)* whistle; *(de culebra)* hissing.

silenciar *vt* *(guardar en silencio)* to keep silent about; *(ocultar)* to hush up.

silencio *m* silence.

silencioso, a *adj* quiet, silent.

silicona *f* silicone.

silla *f* *(asiento)* chair; *(para montar)* saddle ♦ **silla de ruedas** wheelchair.

sillín *m* *(de bicicleta)* seat.

sillón *m* armchair.

silueta *f* outline.

silvestre *adj* wild.

simbólico, a *adj* symbolic(al).

símbolo *m* symbol.

simetría *f* symmetry.

simiente *f* seed.

similar *adj* similar.

similitud *f* similarity.

simio, a *m/f* simian.

simpatía *f* affection.

simpático, a *adj* pleasant.

simpatizante **-1** *adj* sympathizing **-2** *m/f* sympathizer.

simpatizar *vi* to get along (together).

simple **-1** *adj* simple; *(fácil)* easy; *(sin adornos)* plain; *(tonto)* simple-minded **-2** *m/f* simpleton.

simplicidad *f* simplicity.

simplificar *vt* to simplify.

simposio/sium *m* symposium.

simulacro *m* pretense; MIL war games.

simular *vt* to feign.

simultáneo, a *adj* simultaneous.

sin *prep* without <*salió sin abrigo* he went out without a coat>; *(fuera de)* not including <*nos cobraron cien dólares sin los gastos de envío* they charged us one hundred dollars, not including the postage>; without <*salieron sin advertirnos* they went out without telling us>; un <*dejaron mucho sin hacer* they left much undone>; less <*me quedé sin un centavo* I was left penniless> ♦ **sin embargo** however, nevertheless • **sin que** without <*robaron el banco sin que la policía los capturara* they robbed the bank without being caught by the police>.

sinagoga *f* synagogue.

sinceridad *f* sincerity.

sincero, a *adj* sincere.

síncope *m* GRAM, MED syncope ♦ **síncope cardíaco** heart attack.

sincronizar *vt* to synchronize **-vi** RAD to tune in.

sindical *adj* trade-union.

S

sindicalista -1 *adj* trade-union **-2** *m/f* trade unionist.

sindicato *m* labor o trade union.

síndrome *m* syndrome ♦ **síndrome de inmunodeficiencia adquirida** acquired immune deficiency syndrome.

sinfonía *f* symphony.

sinfónico, a *adj* symphonic, symphony.

singular -1 *adj* single; *(excepcional)* unique; *(peculiar)* peculiar **-2** *m* GRAM singular ♦ **en singular** in particular.

sino¹ *m/*fate.

sino² *conj* but <*no llegué el martes sino el jueves* I did not arrive on Tuesday but on Thursday> ♦ **no sólo...sino** not only...but also.

sinónimo *m* synonym.

sinopsis *f inv* synopsis.

síntesis *f inv* synthesis.

sintético, a *adj* synthetic.

sintetizar *vt* to synthesize.

síntoma *m* symptom.

sintonía *f* tuning (in).

sintonizar *vt* to tune (in) ♦ **sintonizar con** to be tuned to.

sinvergüenza *adj & m/f* COLL shame.

sinvergüenzada *f* Amer, COLL dirty trick.

siquiatra/quiatra *m/f* psychiatrist.

siquiatría *f* psychiatry.

síquico, a *adj* psychic.

siquiera -1 *conj* even though, if only **-2** *adv* at least <*espéreme diez minutos siquiera* wait for me for ten minutes at least> ♦ **ni siquiera** not even.

sirena *f* siren; MYTH mermaid.

sirvienta *f* maid.

sirviente *m* servant.

sisa *f* armhole.

sísmico, a *adj* seismic.

sismógrafo *m* seismograph.

sistema *m* system ♦ **con sistema** systematically • **sistema métrico (decimal)** metric system • **sistema nervioso** nervous system.

sistemático, a -1 *adj* systematic **-2** *f* systematics.

sitiar *vt* MIL to lay siege.

sitio *m* *(localidad)* site; *(lugar)* place; MIL siege.

situación *f* situation; *(estado)* position.

situar *vt* to place.

smoking *m* tuxedo.

snob -1 *adj* snobbish **-2** *m/f* snob.

soasar *vt* to roast lightly, brown.

sobaco *m* armpit.

sobar *vt* *(la masa)* to knead; *(toquetear)* to fondle; *Amer (adular)* to flatter.

soberano, a *adj & m/f* sovereign.

soberbio, a -1 *adj* *(orgulloso)* arrogant; *(magnífico)* superb **-2** *f* arrogance.

sobornar *vt* to bribe.

soborno *m* bribery.

sobra *f* excess ♦ **de sobra** superfluous • **estar de sobra** to be one too many ♦ *pl* leftovers.

sobrar *vt* to surpass **-vi** *(estar de más)* to be more than enough; *(quedar)* to remain.

sobre¹ *m* envelope.

sobre² *prep* *(encima)* above, over; *(en)* on, on top of; *(acerca de)* about, on; *(más o menos)* about; on <*un impuesto sobre la mercancía importada* a tax on imported goods>; *(de)* in, out of <*seis sobre cien* six out of one hundred> ♦ **sobre manera** exceedingly • **sobre todo** especially.

sobrecargar *vt* to overload; FIG to overburden.

sobrecoger *vt* to scare ♦ **sobrecogerse** *vr* to be scared.

sobrehumano, a *adj* superhuman.

sobrellevar *vt* to bear.

sobremesa *f* after-dinner conversation ♦ **de sobremesa** after-dinner.

sobrenatural *adj* supernatural.

sobrenombre *m* nickname.

sobrentender *vt* to understand ♦ **sobrentenderse** *vr* to be understood.

sobrepasar *vi* to surpass.

sobreponerse *vr* *(controlarse)* to control oneself; *(vencer)* to triumph.

sobrepuesto, a -1 see **sobreponer** **-2** *adj* *(puesto encima)* superimposed; SEW appliqué.

sobresaliente -1 *adj* outstanding **-2** *m* highest mark.

sobresalir *vi* to project.

sobresaltarse *vr* to be startled *(con, por* by, at).

sobresalto *m* fright.

sobrestimar *vt* to overestimate.

sobresueldo *m* bonus.

sobretodo *m* overcoat.

sobrevenir vi to occur unexpectedly.

sobrevivir vi to survive.

sobriedad f moderation.

sobrino, a m nephew -f niece.

sobrio, a adj (sin beber) sober; (conservador) moderate.

socarrón, ona adj & m/f sarcastic (person).

socavar vt to excavate; FIG to undermine.

socavón m (mina) tunnel; (hundimiento) cave-in.

sociable adj sociable.

social adj social.

socialista adj & m/f socialist.

sociedad f society; COM corporation.

socio, a m/f (asociado) member; (accionista) business associate; COLL (amigo) pal.

socioeconómico, a adj socioeconomic.

sociología f sociology.

sociológico, a adj sociological.

sociólogo, a m/f sociologist.

socorrer vt to aid.

socorro -1 m (apoyo) aid; MIL (tropas) relief ♦ **señal de socorro** distress signal **-2** interj help!

sodio m sodium.

sofá f sofa.

sofisticado, a adj sophisticated.

sofocar vt (asfixiar) to suffocate; (un fuego) to put out; (una rebelión) to suppress ♦ **sofocarse** vr to suffocate; FIG to get embarrassed.

sofoco m suffocation; (ahogo) choking sensation ♦ **pasar un sofoco** to suffer an embarrassment.

sofreír vt to fry lightly.

sofrito -1 see **sofreír -2** m lightly-fried dish.

soga f rope.

soja f soya, soybean.

sol¹ m sun; (luz) sunlight; Peru, FIN sol ♦ **al ponerse el sol** at sunset • **al salir el sol** at sunrise • **de sol a sol** from sunrise to sunset • **tomar el sol** to sunbathe.

sol² m MUS G.

solamente adv only.

solapa f (de sobre) flap; (de chaqueta) lapel.

solar¹ adj solar.

solar² m lot; (bajo construcción) building site.

solarium/rio m solarium.

soldado m soldier.

soldador m (persona) solderer; (soplete) blow torch.

soldar vt to solder.

soledad f (aislamiento) solitude; (sentirse solo) loneliness.

solemnidad f solemnity.

soler vi usually, often <yo suelo levantarme tarde I usually get up late>; <suele nevar mucho aquí it often snows a lot here>.

solfeo m solfeggio.

solicitación f request.

solicitar vt (pedir) to request; (gestionar) to apply for; (atraer) to attract.

solicitud f (petición) request; (instancia) petition.

solidaridad f solidarity.

solidarizarse vr to join together.

solidificar vt & vr to solidify.

sólido, a -1 adj solid; (fuerte) strong **-2** m solid.

solista m/f soloist.

solitario, a adj solitary -m (diamante) solitaire -f ZOOL tapeworm.

sollozar vi to sob.

sollozo m sob.

solo, a -1 adj (sin compañía) alone; (único) sole; (aislado) lonely ♦ **a solas** alone **-2** m MUS solo.

sólo adv only.

solomillo m sirloin.

soltar vt (aflojar) to loosen; (desasir) to let go of; (liberar) to free; (decir) to blurt out ♦ **soltarse** vr (adquirir soltura) to become proficient.

soltero, a -1 adj single **-2** m bachelor -f unmarried woman.

solterón, ona m confirmed bachelor -f spinster; COLL old maid.

soltura f (seguridad) confidence; (al hablar) fluency ♦ **con soltura** confidently.

soluble adj soluble.

solución f solution; (desenlace) ending.

solucionar vt to solve.

solventar vt (pagar) to settle; (resolver) to resolve.

sombra f shadow; (penumbra) shade.

S

sombreador *m* eye shadow.

sombrear *vt* to shade.

sombrerera *f (caja)* hatbox.

sombrero *m* hat; BOT, MECH cap.

sombrilla *f* parasol.

sombrío, a *adj (lugar)* gloomy; *(persona)* sullen.

someter *vt (subordinar)* to subordinate; to subject o put to <*lo sometieron a una prueba científica* they subjected it to a scientific test> ♦ **someterse** *vr* to undergo <*someterse a una operación* to undergo an operation>.

somnífero *m* sleeping pill.

son *m* COLL tune ♦ **sin ton ni son** COLL without rhyme or reason.

sonado, a *adj (muy divulgado)* talked-about; SL *(chiflado)* crazy.

sonajero *m* rattle.

sonámbulo, a -1 *adj* sleep **-2** *m/f* sleepwalker.

sonar *vi (producir sonido)* to sound; *(tintinear)* to ring; *(recordar)* to ring abell <*ese nombre no me suena* that name does not ring a bell with me>; PHONET to be pronounced ♦ **como suena** literally ♦ **sonarse** *vr* to blow.

sonda *f* MED, TECH probe.

sondeo *m (encuesta)* poll.

soneto *m* sonnet.

sonido *m* sound.

sonoridad *f* sonority.

sonoro, a *adj (sonido)* sound; *(resonante)* sonorous.

sonreír *vi* to smile; FIG to smile on <*la fortuna le sonríe* luck smiles on him> ♦ **sonreírse** *vr* to smile.

sonriente *adj* smiling.

sonrisa *f* smile.

sonrojarse *vr* to blush.

sonsacar *vt* to wheedle.

sonsear *vi Amer* to fool around.

sonso, a *Amer,* COLL **-1** *adj* silly **-2** *m/f* fool.

sonsonete *m* singsong.

soñador, ra -1 *adj* dreamy **-2** *m/f* dreamer.

soñar *vt & vi* to dream ♦ **¡ni soñarlo!** not on your life! ♦ **soñar con** to dream of o about.

sopa *f* soup ♦ **estar** o **quedar hecho una sopa** COLL to be soaking wet.

sopapo *m* slap.

sopera *f* soup tureen.

sopesar *vt* to weigh.

sopetón *m* slap ♦ **de sopetón** suddenly.

soplar *vi* to blow *-vt (velas)* to blow out; *(globos)* to blow up; COLL *(apuntar)* to prompt; *(hurtar)* to swipe.

soplete *m* blowtorch.

soplo *m* blow; FIG instant.

soponcio *m* COLL faint.

soporífero/fico, a -1 *adj* sleep-inducing; FIG boring **-2** *m* sleeping pill.

soportar *vt (sostener)* to support; *(sufrir)* to bear.

soprano *m/f* soprano.

sor *f* RELIG sister.

sorber *vt (beber)* to sip; *(absorber)* to absorb.

sorbete *m* sherbet.

sorbo *m* sip; *(trago)* swallow, gulp.

sordera *f* deafness.

sordo, a -1 *adj* deaf; FIG indifferent; GRAM voiceless **-2** *m/f (persona)* deaf person; GRAM surd.

sordomudo, a *adj & m/f* deafmute.

sorocharse *vr Amer,* COLL to get mountain sickness.

soroche *m Amer* mountain sickness.

sorprender *vt (coger desprevenido)* to take by surprise; *(asombrar)* to surprise; *(descubrir)* to discover ♦ **sorprenderse** *vr* to be surprised o amazed.

sorpresa *f* surprise; *(asombro)* amazement.

sortear *vt (echar a suertes)* to draw lots for; *(rifar)* to raffle; *(evitar)* to avoid.

sorteo *m (acción)* drawing; *(rifa)* raffle.

sortija *f* ring.

sosegado, a *adj* quiet, peaceful.

sosegarse *vr* to calm down.

soso, a *adj* tasteless; *(zonzo)* dull.

sospecha *f* suspicion.

sospechar *vt* to suspect *-vi* to be suspicious.

sospechoso, a *adj & m/f* suspicious (person).

sostén *m (acción)* sustenance; *(apoyo)* support; *(prenda)* bra.

sostener *vt (sujetar)* to hold (up); *(mantener)* to keep up; *(defender)* to uphold ♦ **sostenerse** *vr (mantenerse parado)* to hold oneself up; *(mantenerse)* to support oneself.

sotana *f* soutane.

sótano *m* basement.

sotavento *m* MARIT leeward ♦ **a sotavento** to leeward.

Sr *m* [abbr of **Señor**] Mr.

Sra *f* [abbr of **Señora**] Mrs.

standard *adj & m* standard.

su, sus *adj* one's, his, her, your, its, their.

suave *adj* soft; *(liso)* smooth; *(dulce)* sweet; *(tranquilo)* gentle.

suavidad *f* softness; *(lisura)* smoothness; *(dulzura)* sweetness; *(tranquilidad)* gentleness.

suavizar *vt* to soften; *(hacer plano)* to smooth; *(moderar)* to temper ♦ **suavizarse** *vr* to soften; *(moderarse)* to be tempered.

suba *f* RP rise.

subacuático, a *adj* underwater.

subasta *f* auction.

subastar *vt* to auction.

subconsciente -1 *adj* subconscious **-2** *m* subconscious mind.

subdesarrollado, a *adj* underdeveloped.

subdirector, ra *m/f* assistant manager.

súbdito, a *m/f* *(de un monarca)* subject; *(ciudadano)* citizen.

subdivisión *f* subdivision.

subestimar *vt* to underestimate.

subido, a -1 *adj* *(fuerte)* deep <*rojo subido* deep red>; *(elevado)* high **-2** *f* *(ascensión)* climb; *(aumento)* increase; *(cuesta)* hill.

subir *vt* *(escalar)* to climb, go up <*subí la cuesta* I climbed the hill>; *(llevar arriba)* to take *o* carry up; *(levantar, extender)* to raise; *(aumentar)* to raise -*vi* *(elevarse)* to rise <*el humo subía* the smoke was rising>; *(ascender)* to go up; *(montar)* to get on *o* into <*sube al coche* get into the car>; *(cabalgar)* to mount; *(crecer)* to rise; *(alcanzar)* to come *o* amount to <*la cuenta sube a cincuenta dólares* the bill comes to fifty dollars>; *(aumentar)* to rise <*los precios han subido* prices have risen>; *(agravarse)* to get worse <*le subió la fiebre* his fever got worse> ♦ **subirse** *vr* *(ascender)* to go up; *(montar)* to get on *o* into • **subírsele a uno a la cabeza** to go to one's head.

subjefe *m* assistant manager.

subjetivo, a *adj & m* subjective.

subjuntivo, a *adj & m* subjunctive.

sublevarse *vr* to revolt.

sublime *adj* sublime.

submarino, a *adj & m* submarine.

suboficial *adj* MIL non-commissioned *o* warrant officer; MARIT petty officer.

subordinado, a *adj & m/f* subordinate.

subordinar *vt* to subordinate -*vi* to become subordinate.

subrayar *vt* *(señalar)* to underline; *(poner énfasis)* to emphasize.

subsanar *vt* to correct.

subscribirse *vr* to subscribe *(a* to).

subscripción *f* subscription.

subsecretario, a *m/f* *(en una oficina)* assistant secretary; *(de un ministro)* undersecretary.

subsidio *m* subsidy.

subsistencia *f* subsistence.

subsistir *vi* *(vivir)* to subsist; *(permanecer)* to remain.

substancia *f* substance; *(materia)* matter; *(esencia)* essence; *(jugo)* extract.

substancial *adj* substantial.

substantivo *m* noun.

substitución *f* substitution.

substituir *vt* to substitute.

substituto, a *m/f* replacement.

substracción *f* *(robo)* theft; MATH subtraction.

substraer *vt* *(robar)* to steal; MATH to subtract ♦ **substraerse** *vr* to avoid.

substrato *m* substratum.

subsuelo *m* basement; GEOL subsoil.

subte *m* RP, COLL subway.

subterráneo, a -1 *adj* underground **-2** *m* Amer *(tren)* subway.

subtítulo *m* subtitle.

suburbano, a -1 *adj* suburban **-2** *m/f* suburbanite.

suburbio *m* suburb.

subvencionar *vt* to subsidize.

subversivo, a *adj* subversive.

subyugar *vt* to subjugate; FIG to captivate.

sucedáneo, a *adj & m* substitute.

suceder *vi* *(ocurrir)* to occur ♦ **sucederse** *vr* to follow one another.

suceso *m* event.

S

sucesor, ra -1 adj succeeding **-2** m/f successor; (heredero) heir.

suciedad f (mugre) dirt; (inmundicia) filth.

sucio, a adj (no limpio) dirty; (asqueroso) filthy; (vil) vile; (deshonesto) indecent.

sucre m Ecuad, FIN sucre.

suculento, a adj succulent.

sucumbir vi to succumb.

sucursal -1 adj branch **-2** f (oficina) branch (office); (de empresa) subsidiary.

sudar vi to sweat; FIG to work hard **-vt** (empapar en sudor) to sweat; FIG to work hard for.

sudestada f RP rainy southeast wind.

sudeste m southeast.

sudoeste m southwest.

sudor m sweat.

sudoroso, a adj sweaty.

suegra f mother-in-law.

suegro m father-in-law ♦ pl in-laws.

suela f sole ♦ **media suela** half sole.

sueldo m salary ♦ **a sueldo** on a salary.

suelo m (tierra) ground; (terreno) soil; (territorio) land; (piso) floor ♦ **estar por los suelos** COLL to be dirt cheap.

suelto, a -1 adj loose; (desatado) untied; (que no hace juego) odd; (ágil) nimble; (atrevido) daring **-2** m (dinero) loose change.

sueño m (acto) sleep; (adormecimiento) drowsiness; (ilusión) dream; (encanto) dream <este bebé es un sueño this baby is a dream> ♦ **caerse de sueño** to be falling asleep on one's feet • **dar sueño** to make sleepy • **echar un sueño** to take a nap • **entre sueños** while half asleep • **quitar el sueño** to keep awake • **tener sueño** to be sleepy.

suero m serum; (de la leche) whey.

suerte f (destino) fate; (fortuna) luck; (condición) lot ♦ **buena suerte** good luck • **dar** o **traer suerte** to bring luck • **estar de mala suerte** to be out of luck • **estar de suerte** to be in luck • **por suerte** (por casualidad) by chance; (por fortuna) luckily • **tener suerte** to be lucky.

suéter m sweater.

sufijo m suffix.

sufragar vt to pay (for) **-vi** Amer to vote.

sufragio m (derecho) suffrage; (voto) vote.

sufrimiento m suffering.

sufrir vt (padecer) to suffer; (soportar) to endure **-vi** (padecer) to suffer; (preocuparse) to worry ♦ **sufrir de** to suffer from.

sugerencia f suggestion.

sugerir vt to suggest.

sugestivo, a adj suggestive.

suicidarse vr to commit suicide.

suicidio m suicide.

sujetador m (sostén) bra.

sujetar vt (fijar) to fasten; (agarrar) to grasp; (dominar) to subject ♦ **sujetarse** vr (someterse) to subject oneself; (agarrarse) to hang o hold on; (ajustarse) to conform.

sujeto, a -1 see **sujetar -2** adj (susceptible) subject (a to); (fijado) fastened **-3** m subject; COLL (tipo) individual.

sulfato m sulfate, sulphate.

sulfuro m sulfide.

suma f sum; MATH (adición) addition; (cantidad) amount of money ♦ **en suma** in short.

sumando m addend.

sumar vt (totalizar) to add up to ♦ **sumarse** vr **sumarse a** to join (in).

sumario m indictment.

sumergir vt to submerge; FIG plunge ♦ **sumergirse** vr to dive, submerge • **sumergir en** to become immersed o absorbed in.

suministrar vt to supply.

suministro m supply.

sumirse vr (hundirse) to sink; (en duda, depresión) to become immersed.

sumiso, a adj (sometido) submissive; (obediente) obedient.

sumo, a adj greatest; FIG enormous ♦ **a lo sumo** at (the) most • **de sumo** completely.

suntuoso, a adj sumptuous.

superar vt (sobrepujar) to surpass; (dificultades) to overcome; (adversario) to beat ♦ **estar superado** to be over o finished ♦ **superarse** vr to improve oneself.

superávit m [pl inv o **s**] surplus.

superdotado, a *adj & m/f* exceptionally gifted (child).

superficial *adj* superficial; FIG shallow.

superficie *f* surface; GEOM area.

superfluo, a *adj* superfluous.

superintendente *m/f* superintendent.

superior -1 *m* superior **-2** *adj (de más altura)* upper; *(más alto)* higher; *(mejor)* better; *(excelente)* superior.

superiora *f* mother superior.

superioridad *f (calidad)* superiority; *(autoridad)* higher authority.

superlativo, a *adj & m* superlative.

supermercado *m* supermarket.

superstición *f* superstition.

supersticioso, a *adj* superstitious.

supervisar *vt* to supervise.

supervisor, ra -1 *adj* supervisory **-2** *m/f* supervisor.

supervivencia *f* survival.

suplantar *vt* to supplant.

suplemento *m* supplement; RAIL, THEAT supplementary o extra charge.

suplente -1 *adj (que suple)* substitute; SPORT reserve **-2** *m/f* replacement; SPORT reserve player.

suplicar *vt* to implore.

suplicio *m* torture.

suplir *vt (compensar)* to make up for; *(reemplazar)* to replace.

suponer¹ *m* COLL supposition.

suponer² *vt (presumir)* to suppose; *(imaginar)* to imagine; *(traer consigo)* to entail <*el proyecto supone grandes gastos* the project entails a considerable outlay> ♦ **ser de suponer** to be possible o likely.

suposición *f* supposition; *(conjetura)* assumption.

supositorio *m* suppository.

suprimir *vt* to eliminate.

supuesto, a -1 see **suponer²** **-2** *adj (fingido)* assumed; *(que se supone)* supposed; *(hipotético)* hypothetical ♦ **por supuesto** of course **-3** *m* supposition ♦ **en el supuesto de que** supposing that.

supurar *vi* to suppurate.

sur *m* south.

surcar *vt* AGR to plow; MARIT to cut o plow through.

surgir *vi (surtir)* to shoot up; *(aparecer)* to arise.

surrealista -1 *adj* surrealistic **-2** *m/f* surrealist.

surtido, a -1 *adj* assorted **-2** *m* selection.

surtidor, ra -1 *adj* supplying **-2** *m (chorro)* spout; *(fuente)* fountain ♦ **surtidor de gasolina** filling station.

surtir *vt* to supply ♦ **surtir efecto** to have the desired effect **-vi** to gush.

susceptible *adj* susceptible; *(quisquilloso)* sensitive.

suspender *vt* to suspend; *(colgar)* to hang; *(interrumpir)* to interrupt; *(reprobar)* to fail; LAW to adjourn.

suspensión *f* suspension.

suspensivo, a *adj* suspensive ♦ **puntos suspensivos** ellipsis.

suspenso, a -1 see **suspender** **-2** *m* EDUC failing mark ♦ **de suspenso** suspense <*una película de suspenso* a suspense movie>.

suspensores *m pl* Amer suspenders.

suspirar *vi* to sigh ♦ **suspirar por** to long for.

suspiro *m* sigh.

sustentar *vt (alimentar)* to sustain; *(apoyar)* to support; *(afirmar)* to uphold ♦ **sustentarse** *vr (alimentarse)* to nourish oneself; *(mantenerse)* to support oneself.

sustento *m (alimento)* sustenance; *(apoyo)* support.

susto *m* scare ♦ **darse** o **pegarse un susto** COLL to get a scare • **dar un susto a alguien** to frighten someone.

susurrar *vi* to whisper.

susurro *m* whisper.

sutil *adj* subtle; *(perspicaz)* sharp.

sutura *f* suture.

suturar *vt* to suture.

suyo, a -1 *adj* his, her, your, their; of his, of hers, of yours, of theirs <*ese amigo suyo* that friend of yours> **-2** *pron* his, hers, yours, theirs <*estos libros son suyos* these books are yours> ♦ **hacer de las suyas** COLL to be up to one's old tricks • **ir a lo suyo** to look after one's own interest • **lo suyo** one's share • **los suyos** one's friends o family • **salirse con la suya** COLL to get one's way.

svástica *f* swastika.

S

T

tabacal *m* tobacco field.

tabacalero, a -1 *adj* tobacco **-2** *m/f* (*cultivador*) tobacco grower o dealer.

tabaco *m* tobacco.

tábano *m* gadfly.

tabaquería *f* tobacco store.

taberna *f* tavern.

tabernero, a *m/f* bartender.

tabique *m* partition ♦ **tabique nasal** nasal bone.

tabla *f* (*de madera*) board; (*de mármol*) slab; (*índice*) index; (*lista*) table; PAINT, SEW panel ♦ **tabla de lavar** washboard • **tabla de planchar** ironing board ♦ *pl* (*empate*) tie; THEAT boards.

tablado *m* (*tablas*) floorboards; (*plataforma*) wooden platform; THEAT stage.

tablao *m Sp* stage of flamenco nightclub.

tablero *m* (*tabla*) board; (*en el juego*) <*tablero de ajedrez* chessboard>; (*pizarra*) blackboard; ELEC switchboard.

tableta *f* tablet.

tablón *m* thick plank.

tabú *adj & m* [*pl* **-úes**] taboo.

taburete *m* stool.

tacañería *f* stinginess.

tacaño, a -1 *adj* stingy **-2** *m/f* miser.

tacha¹ *f* flaw ♦ **sin tacha** upright.

tacha² *f* large tack.

tachar *vt* to cross out ♦ **tachar de** to accuse of.

tacho *m Amer* can ♦ **irse al tacho** *RP,* COLL to fail • **tacho de basura** *Amer* garbage can.

tachuela *f* tack.

tácito, a *adj* tacit.

taciturno, a *adj* taciturn.

taco *m* (*cuña*) wedge; (*en billar*) billiard cue; (*canuto*) blowpipe; (*de papel*) pad; (*de billetes*) book of tickets; (*atasco*) obstruction; *Mex* taco.

tacón *m* heel.

táctica *f* tactics.

táctil *adj* tactile.

tacto *m* (*sentido*) (sense of) touch; (*delicadeza*) tact.

tacuara *f Arg,* BOT kind of bamboo.

tajada *f* slice ♦ **sacar tajada** to benefit o profit (*de from*).

tajante *adj* sharp; FIG categorical.

tajo *m* (*corte*) cut.

tal -1 *adj* such (a) <*nunca he visto tal cosa* I have never seen such a thing>; (*cierto*) certain <*un tal José Gómez te llamó* a certain Joseph Gómez called you> ♦ **tal cual** such as <*te lo venderé tal cual es* I will sell it to you such as it is> • **tal vez** perhaps, maybe **-2** *pron* such a thing <*yo no haría tal* I would not do such a thing>; (*alguno*) some, someone ♦ **tal para cual** COLL two of a kind **-3** *adv* thus, so ♦ **con tal que** provided that • **¿qué tal?** COLL how goes it?

taladrador, ra -1 *adj* drilling **-2** *f* (*máquina*) drill.

taladrar *vt* to drill.

taladro *m* (*taladradora*) drill; (*agujero*) drill hole.

talante *m* (*humor*) mood; (*voluntad*) will.

talar *vt* (*un árbol*) to fell, cut down; (*destruir*) to destroy.

talco *m* talc; PHARM talcum powder.

talento *m* talent.

talismán *m* talisman.

talla *f* (*estatura*) height; (*medida*) size; (*escultura*) wood carving.

tallado, a -1 *adj* (*madera*) carved; JEWEL cut **-2** *m* (*en madera*) carving; JEWEL cutting.

tallar *vt* (*en madera*) to carve; JEWEL to cut; ARTS to sculpt.

tallarín *m* noodle.

talle *m* (*figura*) figure; (*cintura*) waist.

taller *m* (*de obreros*) shop; (*de artistas*) studio ♦ **taller de reparaciones** AUTO body shop.

tallo *m* stem.

talón *m* heel; (*de cheque*) stub.

talonario *m* (*de recibos*) receipt book; (*de cheques*) checkbook.

tamal *m Amer,* CUL tamale.

tamango *m RP,* COLL shoe.

tamaño, a -1 *adj* so large o big, such a large o big <*nunca podremos reembolsar tamaña deuda* we can never repay such a large debt> **-2** *m* size ♦ **del tamaño de** as large as • **tamaño natural** life-size.

tambalear *vi* to stagger.

también *adv* also, too.

tambo *m RP,* dairy farm.

tambor *m* drum; ANAT eardrum **-m/f** (*persona*) drummer.

tambora *f* drum.

tamiz m sieve.

tamizar vt (con tamiz) to sift.

tampoco adv neither, nor.

tampón m ink pad; PHARM tampon.

tan adv so, as <no soy tan alto como Enrique I am not as tall as Henry> ♦ **tan pronto como** as soon as • **tan siquiera** at least • **tan sólo** only.

tanda f (turno) turn; (de trabajadores) shift; COLL (gran cantidad) bunch.

tangente adj & f tangent ♦ **irse o salirse por la tangente** to go off on a tangent.

tangible adj tangible.

tango m tango.

tanguear vi to tango.

tanque m tank; (barco) tanker.

tantear vt (calcular) to do a rough calculation of; (medir) to gauge; (explorar) to test -vi to feel one's way.

tanteo m rough calculation.

tanto, a -1 adj so much, so many <jamás he visto tanto dinero I have never seen so much money> **-2** pron that <a tanto arrastra la codicia that is what greed leads to> ♦ **las tantas** wee hours • **por (lo) tanto** therefore • **tanto como o cuanto** as much as **-3** m (cantidad) certain amount; (en deportes) point ♦ **a tantos de** on a certain date in <a tantos de junio on a certain date in June> • **en o entre tanto** in the meantime • **no ser para tanto** not to be so bad • **otro tanto** the same thing • **tanto por ciento** per cent • **y tantos** and some, odd <mil y tantos a thousand odd> **-4** adv (de tal modo) so much <comí tanto I ate so much>; so long <tardaron tanto it took them so long>; (hasta tal grado) to such an extent ♦ **tanto como** as much as • **tanto mejor** all the better • **tanto que** so much that.

tapa f (de olla) lid; (de libro) cover; (bocado) hors d'oeuvre.

tapado m coat.

tapar vt (cubrir) to cover (up); (cerrar) to plug up; (ocultar) to block; FIG to conceal ♦ **taparse** vr to cover oneself up.

taparrabo m loincloth.

tapete m (de mesa) table runner.

tapia f (pared de tierra) mud o adobe wall; (cerca) (adjoining) wall.

tapiar vt to wall in.

tapicería f (de tapices) tapestry-making; (de muebles) upholstery; (tienda) upholsterer's shop.

tapioca f tapioca.

tapir m tapir.

tapiz m tapestry.

tapizar vt (muebles) to upholster.

tapón m (de botellas) cork; (de tonel) plug.

taponar vt (un agujero) to plug.

tapujo m ♦ **andar con tapujos** COLL to be full of secrecy.

taquigrafía f stenography.

taquilla f (ventanilla) box office; (cantidad) receipts.

taquillero, a m/f ticket agent.

tara f (peso) tare; (defecto) defect.

tarado, a adj & m/f Amer, COLL idiot.

tarambana m/f scatterbrain.

tarántula f tarantula.

tararear vt to hum.

tardanza f delay.

tardar vi (demorarse) to delay; (durar) to take; (tomar tiempo) to take a long time; (llegar tarde) to be late ♦ **a más tardar** at the latest.

tarde -1 f afternoon, (early) evening ♦ **buenas tardes** good afternoon **-2** adv (a hora avanzada) late; (fuera de tiempo) too late ♦ **por o en la tarde** in the afternoon • **tarde o temprano** sooner or later.

tardío, a adj late.

tarea f task.

tarifa f (tasa) tariff; (precio) fare; (tabla) price list.

tarima f movable platform.

tarjeta f card <tarjeta de identidad identity card> ♦ **tarjeta de crédito** credit card • **tarjeta postal** post card.

tarro m (vasija) jar; (de lata) tin can.

tarta f pie.

tartamudear vi to stammer.

tartamudo, a -1 adj stammering **-2** m/f stammerer.

tartera f baking pan.

tarugo m (taco) wooden block; FIG blockhead.

tasa f rate.

tasajear vt Amer, CUL to jerk.

tasajo m jerky.

tasar vt (poner precio) to set the price of; (valorar) to appraise.

T

tasca *f* SL dive, joint.

tata *m Amer*, COLL daddy.

tatuaje *m* tattoo.

taurino, a *adj* taurine.

tauromaquia *f* bullfighting.

taxi *m* taxi.

taxímetro *m (reloj)* meter.

taxista *m/f* taxi driver.

taxonomía *f* taxonomy.

taza *f* cup; *(contenido)* cupful; *(de retrete)* bowl.

tazón *m* large cup.

te *pron* you <*te quiero* I love you>; you, to you <*te mandaron una carta* they sent a letter to you>; you, for you <*te compré un regalo* I bought a present for you>; from you <*no le dejes quitarte la pelota* don't let him take the ball from you>; yourself <*cálmate* calm yourself>.

té *m* ↑tea ♦ **té del Paraguay** maté.

tea *f* torch.

teatro *m* theater.

techo *m (tejado)* roof; *(parte interior)* ceiling.

tecla *f* key.

teclado *m* keyboard.

teclear *vi (las teclas)* to finger a keyboard; *(el piano)* to play the piano.

técnico, a -1 *adj* technical **-2** *m/f (especialista)* technician *-f (método, habilidad)* technique; *(tecnología)* technology.

tecnología *f* technology.

tecnológico, a *adj* technological.

teja *f (mosaico)* tile; *(de techo)* slate.

tejado *m* roof.

tejedora *f Amer* weaving machine.

tejemaneje *m* COLL intrigue.

tejer *vi (con telar)* to weave; *(hacer punto)* to knit.

tejido *m (tela)* fabric; ANAT, BIOL tissue.

tejo *m (juego)* quoits; *Mex*, TECH step bearing.

tejón *m* ZOOL badger.

tela *f (paño)* fabric; *(de araña)* web; ARTS *(lienzo)* canvas.

telar *m* TEX loom.

telaraña *f* spider web.

telecomunicación *f* telecommunication.

teledirigido, a *adj* remote-controlled.

telefonear *vt* to phone.

telefonía *f* telephony.

telefónico, a *adj* phone ♦ **cabina telefónica** phone booth • **guía telefónica** telephone directory.

telefonista *m/f* telephone operator.

teléfono *m* telephone.

telegrafiar *vt* to telegraph.

telégrafo *m* telegraph.

telegrama *m* telegram.

telepatía *f* telepathy.

telescopio *m* telescope.

telespectador, ra *m/f* television viewer.

teletipo *m* teletype.

televidente *m/f* television viewer.

televisar *vt* to televise.

televisión *f* television.

televisor *m* television (set).

télex *m* telex.

telón *m* THEAT curtain; *Mex* riddle.

tema *m (asunto)* subject; MUS theme.

temblar *vi (temblequear)* to tremble; *(tener miedo)* to be afraid.

temblor *m* tremor; *Amer* earthquake ♦ **temblor de tierra** earthquake.

tembló(ro)so, a *adj* shaking.

temer *vt & vi* to fear ♦ **temer a** to be afraid of • **temer por** to fear for.

temeroso, a *adj (temible)* frightening.

temor *m* fear.

témpano *m (de hielo)* iceberg.

temperamental *adj* temperamental.

temperamento *m (naturaleza)* temperament.

temperatura *f* temperature.

tempestad *f* storm.

templado, a *adj (moderado)* moderate; *(tibio)* lukewarm; *(el clima)* mild.

templanza *f (sobriedad)* temperance; *(moderación)* moderation; *(del clima)* mildness.

templar *vt (moderar)* to temper; *(la temperatura)* to make lukewarm; *(apaciguar)* to appease *-vi* to warm up.

templo *m* temple.

temporada *f (del año)* season; *(período)* period.

temporal -1 *adj (pasajero)* temporary **-2** *m (tempestad)* storm; *(lluvia persistente)* rainy spell.

temporáneo/rario, a *adj* temporary.

temprano, a *adj & adv* early.

tenaz *adj* tenacious.

tenaza(s) *f(pl) (herramienta)* pliers; ZOOL pincers; *(del fuego)* tongs.

tendedero *m* clothesline.

tendencia *f* tendency, trend.

tendencioso, a *adj* tendentious.

tender *vt* (*extender*) to spread (out); (*alargar*) to stretch out <*me tendió la mano* he stretched out his hand to me>; (*ropa*) to hang out; (*cable*) to lay; (*puente*) to build -*vi* to tend (*a* to) ♦ **tenderse** *vr* to lie down.

tendero, a *m/f* shopkeeper.

tendido, a -1 *adj* (*extendido*) stretched o spread out -2 *m* (*ropa*) load of wash.

tendiente *adj Amer* tending.

tendón *m* tendon.

tenebroso, a *adj* (*sombrío*) dark; (*secreto*) shady; (*oscuro*) obscure.

tenedor *m* fork.

tener *vt* to have; (*poseer*) to possess; (*asir*) to take hold of <*ten el cable* take hold of the rope>; (*contener*) to contain; (*mantener*) to maintain; to be <*tiene sesenta años de edad* he is sixty years of age> • **tener calor, frío** to be hot, cold • **tener cuidado** to be careful • **tener en cuenta** to take into account • **tener ganas de** to feel like • **tener hambre, sed** to be hungry, thirsty • **tener por** to consider <*lo tengo por sabio* I consider him wise> • **tener prisa** to be in a hurry • **tener que** to have to <*tenemos que hacerlo* we have to do it> • **tener razón** to be right • **tener sueño** to be sleepy ♦ **tenerse** *vr* to steady oneself • **tenerse por** to consider oneself.

teniente *m* lieutenant.

tenis *m* tennis ♦ **tenis de mesa** Ping-Pong.

tenista *m/f* tennis player.

tenor *m* MUS tenor.

tensar *vt* to stretch.

tensión *f* tension; (*emocional*) stress ♦ **tensión arterial** blood pressure.

tenso, a *adj* (*tirante*) tense; (*nervios, situación*) strained; (*emocionalmente*) stressed.

tentación *f* temptation.

tentáculo *m* tentacle.

tentar *vt* (*seducir*) to tempt; (*intentar*) to try.

tentativa *f* attempt.

tenue *adj* (*delgado*) thin; (*luz*) soft.

teñir *vt* to dye.

teología *f* theology.

teorema *m* theorem.

teoría *f* theory.

teórico, a -1 *adj* theoretical **-2** *m/f* theoretician.

tequila *f* tequila.

terapéutico, a *adj* therapeutic.

terapia *f* therapy.

tercer *adj* apocope of **tercero**.

tercermundista *adj* third-worldist.

tercero, a -1 *adj* third **-2** *m* (*mediador*) mediator; LAW third party -*f* MUS third; AUTO third gear.

terceto *m* POET tercet; MUS trio.

tercio, a *adj & m* third.

terciopelo *m* velvet.

terco, a *adj* stubborn.

tergiversar *vt* to distort.

termas *f pl* hot baths o springs.

terminación *f* ending.

terminal -1 *adj* terminal **-2** *m* ELEC terminal -*f* (*estación*) terminal.

terminante *adj* definite.

terminar *vt* to finish -*vi* (*tener término*) to come to an end ♦ **terminar de** (*acabar de*) to have just; (*concluir*) to finish • **terminar en** to end up in • **terminar por** to end up <*terminó por marcharse enfadada* he ended up going away angry> ♦ **terminarse** *vr* to come to an end.

término *m* (*conclusión*) end; (*palabra, tiempo*) term; (*límite*) boundary; LOG, MATH term ♦ **dar término a** to finish off • **en último término** in the last analysis • **poner término a** to put an end to • **término medio** MATH average.

termita *f* termite.

termo *m* thermos (bottle).

termómetro *m* thermometer.

termostato *m* thermostat.

ternera *f* (*animal*) female calf; (*carne*) veal.

ternero *m* male calf.

terno *m* three-piece suit.

ternura *f* tenderness.

terracota *f* terra cotta.

terraplén *m* embankment.

terráqueo, a *adj* terrestrial ♦ **globo terráqueo** the earth.

terrateniente *m* landowner.

terraza *f* (*balcón*) terrace; (*azotea*) roof terrace; (*de un café*) veranda.

T

terremoto *m* earthquake.

terrenal *adj* earthly.

terreno, a -1 *adj (terrestre)* earthly; *(terrenal)* worldly -2 *m (tierra)* land; *(campo)* piece of land; GEOL terrain; SPORT field.

terrestre *adj* terrestrial.

terrible *adj* terrible.

terrícola *m/f* earthling.

territorio *m* territory.

terrón *m (de tierra)* clod; *(de azúcar)* lump.

terror *m* terror.

terrorífico, a *adj* terrifying.

terrorista *adj & m/f* terrorist.

tertulia *f (reunión)* social gathering.

tesis *f inv* thesis.

tesón *m* tenacity.

tesorero, a *m/f* COM treasurer.

tesoro *m (dinero)* treasure; *(fondos públicos)* treasury; FIG gem.

testamento *m* will.

testar *vi* to make a will.

testarudo, a *adj & m/f* stubborn (person).

testículo *m* testicle.

testificar *vt* to testify (to).

testigo *m/f* witness.

testimonio *m* testimony.

teta *f (pecho)* breast; *(de vaca)* udder; *(pezón)* nipple.

tétano(s) *m* tetanus.

tetera *f* teapot.

tetilla *f (de mamíferos)* teat; *(de biberón)* nipple.

textil *adj & m* textile.

texto *m (contenido)* text; *(libro)* textbook.

textual *adj* textual.

textura *f* texture.

tez *f* complexion.

ti *pron* you <lo compré para ti I bought it for you>; yourself <hazlo para ti do it for yourself>.

tía *f* aunt; *(mujer cualquiera)* dame.

tibia *f* tibia.

tibio, a *adj* lukewarm.

tiburón *m* shark.

tic *m* tic.

tiempo *m* time; *(época)* times; ME TEOROL weather ♦ **al mismo tiempo** at the same time • **a tiempo** in *o* on time • **con tiempo** *(por adelantado)* in ad-

vance • **fuera de tiempo** at the wrong time • **perder el tiempo** to waste time.

tienda *f* dress shop ♦ **ir de tiendas** to go shopping • **tienda de campaña** tent.

tienta *f* ♦ **a tientas** gropingly • **andar a tientas** to feel one's way.

tiento *m (pulso)* steady hand; *(prudencia)* caution ♦ **con tiento** cautiously.

tierno, a *adj (afectuoso)* loving; *(blando)* soft, tender <carne tierna tender meat>.

tierra *f (superficie)* land <viajar por tierra to travel by land>; *(suelo)* ground; *(patria)* country ♦ **caer a tierra** to fall down • **Tierra** Earth.

tieso, a *adj (rígido)* stiff; *(estirado)* arrogant.

tiesto *m* flowerpot.

tifón *m* typhoon.

tifus *m* typhus.

tigre *m* tiger ♦ **tigre americano** jaguar.

tigresa *f* tigress.

tigrillo *m Amer* wildcat.

tijera(s) *f(pl) (instrumento)* scissors.

tijereta *f* ENTOM earwig.

tildar *vt (llamar)* to call <tildar a alguien de necio to call someone a fool>.

tilde *m/f (sobre la ñ)* tilde; *(acento)* accent.

tilingo, a *adj & m/f* COLL silly (person).

tilo *m* linden.

timar *vt* to cheat.

timba *f* COLL *(partida)* hand of cards; *(garito)* gambling den.

timbal *m* kettledrum; CUL meat pie.

timbrar *vt* to stamp.

timbre *m (sello)* stamp; *(sello oficial)* tax stamp; *(aparato)* buzzer; *(sonido)* ring; *(sonoridad)* timbre.

timidez *f* timidity.

tímido, a *adj* timid.

timo *m* swindle.

timón *m* MARIT rudder.

timonel *m* helmsman.

tímpano *m* ANAT eardrum.

tina *o* **tinaja** *f (vasija)* large earthen vat; *(cubo)* vat; *(baño)* bathtub.

tinglado *m (cobertizo)* shed; *(tablado)* platform.

tinieblas *f pl* darkness.

tino *m (puntería)* good aim; *(juicio)* good judgment.

tinta *f* ink ♦ **sudar tinta** to sweat blood • **tinta china** India ink ♦ *pl* colors • **a medias tintas** vaguely.

tinte *m (colorante)* dye; *(color)* tint.

tintero *m* inkwell.

tinto, a -1 *adj* dark-red **-2** *m* red wine.

tintorería *f* dry cleaner's shop.

tiña *f* MED ringworm.

tío *m (pariente)* uncle; COLL *(persona cualquiera)* fellow ♦ *pl* aunt and uncle.

tiovivo *m* merry-go-round.

tipa *f Amer,* DEROG trollop.

típico, a *adj* typical.

tiple *m* MUS *(voz)* soprano -*m/f* MUS soprano.

tipo *m (clase)* kind; *(modelo)* type; *(figura)* figure; *(persona)* guy <¿*quién es ese tipo?* who is that guy?>; COM rate <*tipo de interés* interest rate>.

tira *f* strip.

tirabuzón *m (sacacorchos)* corkscrew; *(bucle)* ringlet.

tirada *f (lanzamiento)* throw; *(distancia)* distance ♦ **de una tirada** at one stretch.

tirado, a *adj* dirt-cheap.

tirador, ra *m (de cajón)* knob; *(de campanilla)* bellpull, catapult ♦ *pl* suspenders.

tiralíneas *m inv* ruling pen.

tiranía *f* tyranny.

tirano, a -1 *adj* tyrannical **-2** *m/f* tyrant.

tirante -1 *adj (tenso)* tight; *(relaciones)* strained **-2** *m (correa)* strap ♦ *pl* suspenders.

tirar *vt (arrojar)* to throw; *(desechar)* to throw away; *(derribar)* to knock down; *(estirar)* to stretch; *(disparar)* to fire; *(malgastar)* to waste -*vi (atraer)* to attract; *(traer hacia sí)* to pull; *(producir corriente)* to draw <*esta chimenea no tira bien* this chimney does not draw well>; *(torcer)* to turn, go <*tirar hacia la izquierda* to turn towards the left>; *(durar)* to last; *(asemejarse)* to take after <*ella tira a su madre* she takes after her mother>; *(parecerse)* to have a touch of <*este color tira a rojo* this color has a touch of red>; COLL *(funcionar)* to run ♦ **ir tirando** COLL to manage • **tirar de** to pull ♦ **tirarse** *vr (arrojarse)* to throw o hurl oneself.

tiritar *vi* to shiver.

tiro *m (lanzada)* throw; *(disparo)* shot; *(de tela)* length; *(caballos)* team (of horses); *(de chimenea)* draft ♦ **darse** o **pegarse un tiro** to shoot oneself • **ni a tiros** COLL not by a long shot.

tirón *m* pull ♦ **de un tirón** in one stretch.

tirotear *vt* to snipe o fire at.

tirria *f* COLL dislike.

tisana *f* infusion.

tísico, a *adj* & *m/f* consumptive.

tisis *f* tuberculosis.

títere *m* puppet ♦ *pl* puppet show.

titiritar *vi* to tremble.

titubear *vi (oscilar)* to stagger; *(vacilar)* to hesitate.

titulado, a *adj (libro)* entitled; *(persona)* titled.

titular¹ -1 *adj (que tiene título)* titular; regular <*el profesor titular* the regular professor> **-2** *m* PRINT headline -*m/f* holder (of a passport, office).

titular² *vt* to entitle -*vi* to receive a title ♦ **titularse** *vr* EDUC to receive one's degree.

título *m* title; *(encabezado)* heading; *(diploma)* degree.

tiza *f* chalk.

toalla *f* towel.

toallero *m* towel rack.

tobillera *f* ankle support.

tobillo *m* ankle.

tobogán *m (para niños)* slide.

tocadiscos *m inv* record player.

tocador *m (mueble)* dressing table; *(cuarto)* dressing room.

tocante *adj* ♦ **tocante a** concerning.

tocar *vt* to touch; *(palpar)* ᵗ ᵉeel; *(manosear)* to handle; *(hacer sonar)* to sound; *(tañer)* to ring; MUS to play; *(aludir)* to touch on -*vi (corresponder)* to be up to, fall to <*me toca a mí darle la noticia* it is up to me to give him the news>; to be one's turn <¿*a quién le toca?* whose turn is it?>; *(recibir)* to get; *(caer en suerte)* to win <*le tocó el premio gordo* he won the grand prize>; *(llamar)* to knock; *(llegar el momento)* to be time.

tocayo, a *m/f* namesake.

tocino *m* salt pork.

todavía *adv* still <*todavía están durmiendo* they are still sleeping>; *(sin* *embargo)* nevertheless; *(aún)* even *<él es todavía más inteligente que ella* he is even more intelligent than she> ♦ **todavía no** not yet.

todo, a -1 *adj* all *<se comió todo el pan* he ate all the bread>; *(cada)* each, every *<todo delito merece castigo* every crime deserves punishment>; all *<este jardín es todo hierbas* this garden is all weeds>; whole, entire *<todo el universo* the whole universe> ♦ **todo el mundo** everybody -2 *m* whole *<el todo es mayor que sus partes* the whole is greater than its parts> -3 all, everything *<todo está listo* everything is ready> ♦ **ante todo** first of all • **así y todo** for all that • **con todo** still • **del todo** entirely • **sobre todo** above all ♦ *pl* everybody, everyone -4 *adv* all.

todopoderoso, a *adj* almighty.

toldo *m* awning.

tolerante *adj* tolerant.

tolerar *vt* to tolerate.

toma *f (captura)* capture; *(dosis)* dose; CINEM take ♦ **toma de corriente** ELEC plug • **toma y daca** give-and-take.

tomador, ra -1 *adj Amer* drinking -2 *m/f (bebedor)* drinker; COM drawee.

tomadura *f* ♦ **tomadura de pelo** practical joke.

tomar *vt* to take; *(capturar)* to capture; *(comer)* to have; *(beber)* to have; *(agarrar)* to take up; *(cobrar)* to gather *<tomar fuerzas* to gather strength>; *(robar)* to steal; *(considerar)* to mistake *<lo tomé por el jefe* I mistook him for the boss>; *(alquilar)* to rent; *(contratar)* to hire; *(padecer)* to catch *<tomar frío* to catch cold> ♦ **tomar a bien, mal** to take well, badly • **tomar asiento** to take a seat • **tomar el fresco** to take the air • **tomar el pelo a alguien** to pull someone's leg • **tomar parte** to participate • **tomar prestado** to borrow -*vi* to go *<tomamos por la izquierda* we went to the left>; *(beber)* to drink ♦ **¡toma!** really!

tomate *m* tomato.

tómbola *f* charity raffle.

tomillo *m* thyme.

tomo *m* tome.

ton *m* ♦ **sin ton ni son** without rhyme or reason.

tonada *f Amer* regional accent.

tonel *m* barrel.

tonelada *f* ton.

tónica *f (tendencia)* trend.

tonificar *vt* to tone.

tono *m* tone ♦ **a tono** in tune • **fuera de tono** out of place.

tontear *vi* to act foolishly.

tontería/dad/ra *f (cualidad)* foolishness; *(dicho)* stupid remark; *(nadería)* trifle ♦ **decir tonterías** to talk nonsense.

tonto, a -1 *adj* foolish -2 *m/f (necio)* fool ♦ **hacerse el tonto** to play the fool.

topacio *m* topaz.

topar *vi (chocar)* to bump (into) ♦ **topar con** o **contra** to bump into.

tope -1 *m (extremo)* butt; *(para sostener)* catch -2 *adj* top *<precio tope* top price>.

tópico *m* topic.

topo *m* ZOOL mole.

toque *m* touch; *(de campana)* chime; *(de sirena)* blast; *(de tambor)* beat ♦ **toque de queda** curfew.

toquetear *vt* to handle.

tórax *m* thorax.

torbellino *m (viento)* whirlwind; *(agua)* vortex; FIG lively.

torcer *vt* to twist; *(doblar)* to bend -*vi* to turn ♦ **torcerse** *vr (estar torcido)* to be twisted; *(doblarse)* to be bent.

torcido, a *adj (no recto)* crooked; *(doblado)* bent.

tordo *m* ORNITH thrush.

torear *vt* to fight -*vi* to fight bulls.

toreo *m* bullfighting.

torero, a -1 *adj* of bullfighting -2 *m* bullfighter.

tormenta *f* storm.

tormento *m* torment.

tormentoso, a *adj* stormy.

tornado *m* tornado.

torneo *m* tournament.

tornillo *m* screw ♦ **faltarle un tornillo** to have a loose screw.

torniquete *m* tourniquet.

torno *m* lathe ♦ **en torno a** around.

toro *m* bull ♦ *pl* bullfight.

toronja *f* grapefruit.

torpe *adj (desmañado)* clumsy; *(necio)* stupid.

torpedo *m* MIL torpedo.

torpeza *f (cualidad)* clumsiness; *(necedad)* stupidity.

torre f tower; (de ajedrez) castle; (de petróleo) oil derrick.

torreja f French toast.

torrencial adj torrential.

torrente m (de agua) torrent.

torreón m large fortified tower.

torsión f torsion.

torso m torso.

torta f cake; COLL (bofetada) slap; Mex sandwich ♦ **ni torta** COLL not a thing.

tortazo m COLL blow.

tortera f baking pan.

tortícoli(s) m stiff neck.

tortilla f CUL omelet; Amer tortilla.

tórtola f turtledove.

tortuga f turtle.

tortura f torture.

torturar vt to torture.

tos f cough, coughing.

toser vi to cough.

tostado, a -1 adj (pan) toasted; (café) roasted; FIG tanned **-2** f toast.

tostador, ra m/f toaster.

tostar vt (pan) to toast; (café) roast; (calentar mucho) to scorch; (la piel) to tan ♦ **tostarse** vr to become tanned.

tostón m crouton; Mex silver coin ♦ pl Carib, CUL fried plantain chips.

total -1 adj & m total **-2** adv so <total, que se fue so, he left>.

totalidad f totality.

totalitario, a adj & m/f totalitarian.

tótem m [pl es o **totems**] totem.

totora f Amer cattail.

tóxico, a adj toxic.

toxicómano, a -1 m/f drug addict **-2** adj addicted to drugs.

tozudo, a adj stubborn.

traba f (estorbo) obstacle ♦ **poner trabas a** to put obstacles in the way of.

trabajador, ra -1 adj hard-working **-2** m/f worker.

trabajar vi to work ♦ **trabajar de** to work as -vt to work.

trabajo m work; (labor) labor <trabajo manual manual labor>; (empleo) job; (esfuerzo) trouble <tomarse el trabajo de to take the trouble to> ♦ **costar trabajo** to be hard.

trabalenguas m inv tongue twister.

trabar vt (unir) to join; (atar) to fasten; (echar trabas a) to hobble -vi (espesar)

to thicken ♦ **trabarse** vr (atascarse) to jam; (enredarse) to get tangled up.

trabilla f (del pantalón) foot strap; (de cintura) half belt.

trabuco m blunderbuss.

tracción f traction.

tractor m tractor.

tradición f tradition.

traducción f translation.

traducir vt to translate.

traductor, ra -1 adj translating **-2** m/f translator.

traer vt to bring; (llevar) to wear; (causar) to bring about <esto trae muchos problemas this brings about many problems>; (alegar) to adduce <traer ejemplos to adduce examples>; (publicar) to carry ♦ **traer cola** (tener consecuencias) to have serious consequences • **traer consigo** to entail.

traficante -1 adj dealing **-2** m/f dealer.

traficar vi to deal (en, con in).

tráfico m traffic.

tragaluz m skylight.

tragaperras adj COLL coin-operated.

tragar vi to swallow -vt (ingerir) to swallow; (aceptar) to fall for; (soportar) to stomach <no trago a ese chico I cannot stomach that boy>.

tragedia f tragedy.

trágico, a adj tragic.

trago m (bebida) drink; (porción) gulp.

traición f treason.

traicionar vt to betray.

traidor, ra -1 adj traitorous **-2** m/f traitor.

traílla f leash.

traje m (vestido) dress; (conjunto) suit; THEAT costume ♦ **traje de baño** bathing suit.

trajeado, a adj dressed.

trajín m (trabajo) work; COLL (ajetreo) hustle and bustle.

trajinar vt to carry -vi COLL to bustle about.

trama f (de un tejido) weft; (intriga) scheme; (de novela) plot.

tramar vt (un tejido) to weave; COLL (maquinar) to scheme.

tramitar vt to take the necessary steps.

trámite m procedure ♦ pl formalities.

tramo m (de terreno) stretch; (de una escalera) flight.

trampa f (cepo) trap; (puerta) trap door; (ardid) trick ♦ **hacer trampas** to cheat.

trampolín m (del gimnasta) trampoline; (del nadador) diving board.

tramposo, a -1 adj COLL cheating **-2** m/f (engañador) swindler; (en naipes) cardsharp.

tranca f (garrote) cudgel; (de puerta) crossbar; Amer gate.

trancazo m (garrotazo) blow with a stick; (gripe) flu.

trance m (crisis) crisis; (apuro) tight spot.

tranco m Amer gallop.

tranquera f Amer gate.

tranquilidad f tranquility.

tranquilizante -1 adj tranquilizing **-2** m tranquilizer.

tranquilizar vt to quiet ♦ **tranquilizarse** vr to be quieted.

tranquilo, a adj tranquil ♦ **¡déjame tranquilo!** leave me alone!

transar vi Amer to compromise.

transatlántico, a -1 adj transatlantic **-2** m ocean liner.

transbordador m ferry.

transbordo m transfer, transshipment.

transcribir vt to transcribe.

transcurrir vi to elapse.

transcurso m course.

transeúnte -1 adj passing, transient **-2** m/f (que pasa) passerby; (que reside transitoriamente) transient.

transexual adj & m/f transsexual.

transferencia f transfer(ence).

transferir vt to transfer.

transformación f transformation.

transformador m ELEC transformer.

transformar vt (cambiar) to transform ♦ **transformarse** vr to undergo a transformation.

tránsfuga m/f/**go** m (fugitivo) fugitive; (desertor) deserter.

transfusión f transfusion.

transgredir vt to transgress.

transición f transition.

transigente adj accommodating.

transigir vi to compromise.

transistor m transistor.

transitar vi (pasar) to go; (viajar) to travel.

transitivo, a adj transitive.

tránsito m (paso) transit; (tráfico) traffic.

transitorio, a adj temporary.

translúcido, a adj translucent.

transmisión f RAD, TELEV broadcast.

transmisor m ELEC transmitter.

transmitir vt (comunicar) to transmit; RAD, TELEV to broadcast.

transoceánico, a adj transoceanic.

transparentarse vr (verse) to show through; (ser transparente) to be transparent; (ser evidente) to be obvious.

transparente adj (un objeto) transparent; (evidente) obvious.

transpirar vi (sudar) to perspire; (rezumarse) to leak out.

transportar vt (llevar) to transport ♦ **transportarse** vr FIG to get carried away.

transporte m transportation.

transportista m/f carrier.

transversal adj transverse.

tranvía m streetcar.

trapear vt Amer to mop.

trapecio m (de gimnasia) trapeze.

trapecista m/f trapeze artist.

trapero, a m/f ragpicker.

trapiche m Amer (ingenio) sugar plantation.

trapo m rag ♦ **a todo trapo** under full sail ♦ pl clothing.

tráquea o **traquearteria** f trachea.

traqueteo m Amer (ruido) bang; (movimiento) shaking.

tras prep (después de) after <día tras día day after day>; (detrás de) behind <caminaban tras un carretón they walked behind a wagon>; (en busca de) in search of.

trascendencia f PHILOS transcendence; (importancia) significance.

trascendental adj PHILOS transcendental; (importante) very significant.

trasegar vt (trastornar) to mix up; (un líquido) to decant.

trasero, a -1 adj back **-2** m ANAT behind; ZOOL rump.

trasfondo m background.

traslación f (transporte) moving; MECH, PHYS translation.

trasladar vt (mover) to move; (a un empleado) to transfer; (aplazar) to postpone ♦ **trasladarse** vr to change residence.

traslado m *(de un empleado)* transfer; *(de residencia)* change of residence.

trasluz m *(luz)* light seen through a transparent body; *(luz reflejada)* reflected light ♦ **al trasluz** against the light.

trasnochar vi to stay up all night.

traspapelar vt to misplace ♦ **traspapelarse** vr to get lost.

traspasar vt *(perforar)* to pierce; *(atravesar)* to cross <traspasar el río to cross the river>; *(transferir)* to transfer ♦ **traspasarse** vr to go too far.

traspaso m *(cesión)* transfer; *(venta)* sale; *(precio)* transfer fee.

traspié m stumble ♦ **dar traspiés** to stumble.

trasplantar vt to transplant ♦ **trasplantarse** vr to uproot oneself.

trasplante m *(acción)* transplanting; *(injerto)* transplant.

trasquilar vt *(el pelo)* to clip; *(el ganado)* to shear.

trastabillar vi to stagger.

trastada f COLL dirty trick.

traste m MUS fret; *Amer,* COLL behind ♦ **ir al traste** to fall through.

trastienda f stock room.

trasto m *(utensilio)* utensil <trastos de cocina kitchen utensils>; *(cosa inútil)* piece of junk ♦ *pl* gear.

trastocar vt to twist ♦ **trastocarse** vr to go mad.

trastornar vt *(perturbar)* to disrupt; *(inquietar)* to worry; *(enloquecer)* to drive mad ♦ **trastornarse** vr to go mad.

trastorno m upset.

trata f slave trade.

tratable adj sociable.

tratado m *(obra)* treatise; *(entre gobiernos)* treaty; *(entre compañías)* agreement.

tratamiento m treatment; *(título)* form of address; TECH process.

tratar vt to treat <no me trates mal do not treat me badly>; *(manejar)* to handle; *(dar el tratamiento de)* to address as; MED to treat -vi ♦ **tratar con** to have dealings with • **tratar de** *(discutir)* to be about; *(procurar)* to try to ♦ **tratarse** vr to treat each other • **tratarse de** to be a question of <se trata de encontrar una solución it is a question of finding a solution>.

trato m treatment; *(título)* form of address; *(relaciones)* dealings; *(convenio)* agreement ♦ **¡trato hecho!** COLL it's a deal!

trauma m trauma.

traumatizar vt to traumatize.

través m *(inclinación)* slant ♦ **a** o **al través** through • **de través** crosswise.

travesaño m *(barra)* crossbeam.

travesía f *(camino)* crossroad; *(de una carretera)* part of a highway that goes through a town; *(viaje)* crossing.

travestí/tido m transvestite.

travesura f mischief.

travieso, a adj mischievous.

trayecto m *(distancia)* distance; *(recorrido)* way.

trayectoria f trajectory.

traza f *(diseño)* design; *(plan)* plan; *(aspecto)* appearance.

trazado m *(diseño)* design; *(plan)* plan.

trazar vt *(diseñar)* to design; *(bosquejar)* to outline; *(discurrir)* to draw up.

trazo m *(línea)* line; *(diseño)* design; *(de una letra)* stroke.

trébol m BOT clover ♦ *pl* clubs.

trece -1 adj thirteen; *(decimotercero)* thirteenth **-2** m thirteen.

trecho m *(distancia)* stretch; *(de tiempo)* spell.

tregua f truce.

treinta -1 adj thirty; *(trigésimo)* thirtieth **-2** m thirty.

tremendo, a adj *(horrendo)* horrible; COLL *(grandísimo)* tremendous, terrible.

tren m *(ferrocarril)* train; MIL convoy; *Mex, Urug* streetcar ♦ **tren de vida** way of life • **tren directo** o **expreso** express train.

trenza f braid.

trenzar vt to braid.

trepar vi to climb.

tres -1 adj three; *(tercero)* third ♦ **las tres** three o'clock **-2** m three.

trescientos, as adj & m three hundred.

tres cuartos m three-quarter-length coat.

tresillo m *(sofá)* three-piece suite.

treta f *(ardid)* trick; SPORT feint.

triangular adj triangular.

triángulo -1 adj triangular **-2** m triangle.

tribu f tribe.

T

tribuna f *(de un orador)* rostrum; SPORT bleachers.

tribunal m *(lugar)* court; *(magistrados)* bench; *(jueces de exámenes)* board of examiners.

tributar vt to pay.

tributo m *(impuesto)* tax; *(respeto)* tribute.

triciclo m tricycle.

tricornio m three-cornered hat.

tricot m tricot.

tridimensional adj three-dimensional.

trifulca f COLL rumpus <armar una trifulca to kick up a rumpus>.

trigal m wheat field.

trigo m wheat.

trigonometría f trigonometry.

trillado, a adj *(muy común)* trite; *(camino)* beaten.

trillar vt to thresh.

trillizo, a -1 adj triple **-2** m/f triplet.

trillo m Amer path, lane.

trillón m one million billion US; trillion GB.

trimestral adj quarterly.

trimestre -1 adj trimestral **-2** m *(tres meses)* quarter; *(pago)* quarterly payment.

trinar vi ORNITH to warble.

trincar vt to smash.

trinchador m Mex carving board.

trinchar vt to carve.

trinchera f MIL trench; Mex sharp instrument.

trineo m sleigh.

trío m trio.

tripa f intestine.

triple adj & m triple.

triplicar vt to triplicate.

trípode -1 m/f tripod **-2** adj three-legged.

tríptico m triptych.

tripulación f AVIA, MARIT crew.

tripulante m/f crew member.

triquinosis f trichinosis.

triquiñuela f COLL trick, ruse ♦ **andar con triquiñuelas** to have tricks up one's sleeve.

tris m ♦ **estar en un tris de** COLL to be within an inch of.

triste adj sad; *(melancólico)* melancholy; *(deplorable)* miserable.

tristeza f sadness.

triturar vt TECH to triturate; *(moler)* to crush; *(mascar)* to chew.

triunfador, ra -1 adj triumphant **-2** m/f winner.

triunfal adj triumphal; *(brillante)* triumphant.

triunfar vi to win; FIG to succeed.

triunfo m triumph; FIG success.

trivial adj trivial.

triza f piece ♦ **hacer trizas** to tear to pieces.

trocar vt *(cambiar)* to barter; *(confundir)* to mix up ♦ **trocarse** vr to change.

trocear vt to divide into pieces.

trocha f *(camino)* path; Amer, RAIL gauge.

trofeo m trophy.

trolebús m trolley bus.

trolero, a COLL **-1** adj lying **-2** m/f liar.

tromba f waterspout.

trombón m *(instrumento)* trombone; *(músico)* trombonist.

trompa f MUS horn; ZOOL trunk; ENTOM proboscis **-m** MUS horn player.

trompada f COLL *(golpe)* punch; *(encontrón)* bump.

trompazo m punch.

trompear vt Amer to punch.

trompeta f trumpet **-m/f** *(persona)* trumpeter.

trompetista m/f trumpeter.

trompicón m *(tropezón)* trip; Amer, COLL *(mojicón)* punch in the nose ♦ **a trompicones** by fits and starts.

trompo m top.

trompón m *(juguete)* large spinning top; *(golpe)* blow.

trompudo, a adj Amer thick-lipped.

tronada f thunderstorm.

tronadora f Mex begonia.

tronar vi to thunder.

troncha f Amer *(tajada)* chunk, slice; COLL *(ganga)* cushy job.

tronchar vt *(un árbol)* to fell; *(romper)* to split ♦ **troncharse de risa** COLL to split one's sides laughing.

tronco m trunk; GEOM frustum; COLL *(torpe)* dimwit, blockhead ♦ **dormir como un tronco** COLL to sleep like a log.

tronera f *(en billar)* pocket.

trono m throne.

tropa f *(muchedumbre)* crowd; MIL *(ejército)* army; Amer *(ganado)* herd ♦ *pl* troops.

tropezar vi *(dar un traspié)* to stumble; *(encontrar un estorbo)* to trip; *(cometer* *un error)* to slip up ♦ **tropezar con** COLL to bump into.

tropezón *m (traspiés)* stumble; *(obstáculo)* stumbling block; *(desliz)* slip ♦ **a tropezones** COLL by fits and starts.

tropical *adj* tropical.

trópico, a *m* tropic ♦ **trópico de Cáncer, Capricornio** Tropic of Cancer, Capricorn.

tropiezo *m (obstáculo)* stumbling block; *(traspiés)* stumble; *(desliz)* slip.

troquel *m* (stamping) die.

trotador, ra *adj* trotting.

trotamundos *m/f inv* globetrotter.

trotar *vi* to trot; FIG to run around.

trote *m (andar)* trot; COLL *(actividad)* bustle ♦ **al trote** *(trotando)* trotting • **de o para todo trote** COLL for everyday use.

trovador *m* troubadour.

trozo *m (pedazo)* piece; *(de madera, queso)* chunk; *(de una obra)* excerpt.

truco *m* trick; *(juego de naipes)* card game.

truculento, a *adj (cruel)* ferocious; *(atroz)* atrocious.

trucha *f* ICHTH trout.

trueno *m* thunder.

trueque *m* barter.

trufa *f* truffle.

truhán, ana -1 *adj* crooked -2 *m/f* scoundrel.

trunco, a *adj* Amer incomplete.

tú *pron* you, thou ♦ **tratar de tú** to address as.

tu, tus *adj* your *<tu amigo* your friend>.

tubérculo *m* BOT tuber; MED tubercle.

tuberculosis *f* tuberculosis.

tuberculoso, a -1 *adj* MED tubercular -2 *m/f* tuberculosis sufferer.

tubería *f (serie)* pipes; *(tubo)* pipe.

tubo *m* tube; ANAT, ZOOL canal ♦ **tubo de escape** exhaust pipe.

tucán *m* toucan.

tuco *m* RP *(salsa)* tomato sauce.

tuerca *f* MECH nut.

tuerto, a -1 *adj (torcido)* crooked; *(que no ve)* one-eyed -2 *m/f* one-eyed person -*m* wrong.

tueste *m* toasting.

tuétano *m* marrow.

tufo *m* fume; FIG stench.

tugurio *m (habitación)* hole, dump; *(casucha)* shack; *(bar)* dive, joint.

tul *m* tulle.

tulipa *f (pantalla)* tulip-shaped lampshade; BOT small tulip.

tulipán *m* tulip.

tullido, a *adj* crippled.

tumba *f (sepulcro)* tomb.

tumbar *vt (derribar)* to knock down; COLL *(atontar)* to knock out *<tanto alcohol nos tumbó* so much alcohol knocked us out> -*vi (caer)* to fall down ♦ **tumbarse** *vr* to lie down.

tumbo *m (caída)* fall; *(sacudida)* jolt ♦ **dar tumbos** to jolt.

tumbón, ona -1 *adj* COLL lazy -2 *m/f* lazy person -*f* deck chair.

tumor *m* tumor.

tumulto *m* tumult.

tumultuoso, a *adj* tumultuous.

tuna *f* prickly pear.

tunda *f* COLL *(azotaina)* beating.

tundra *f* tundra.

túnel *m* tunnel.

túnica *f* tunic.

tupé *m (pelo)* toupee; COLL *(descaro)* gall.

tupido, a *adj (espeso)* thick, dense; *(paño)* tightly-woven.

turba[1] *f* mob.

turba[2] *f* peat.

turbación *f (emoción)* upset; *(desorden)* confusion.

turbante *m* turban.

turbar *vt (perturbar)* to upset; *(desconcertar)* to embarrass ♦ **turbarse** *vr* to be upset.

turbina *f* turbine.

turbio, a *adj (un líquido)* muddy; *(un negocio)* shady; *(agitado)* turbulent *<un período turbio* a turbulent period>; *(vista)* blurred; *(oscuro)* confused.

turbión *m* shower.

turbulencia *f* turbulence.

turista *m/f* tourist.

turístico, a *adj* tourist.

turnar *vi & vr* to take turns.

turno *m (vez)* turn; *(de obreros)* shift ♦ **de turno** on duty.

turquesa *f* turquoise.

turrón *m* nougat.

tusa *f* Amer *(del maíz)* cornhusk; *(cigarro)* cigar rolled in a cornhusk; *(del caballo)* mane.

tusar *vt* Amer, COLL to trim.

T

tutear vt to address as tú.
tutela f (de personas) guardianship; (de territorios) trusteeship.
tutelar adj protective.
tutor, ra m/f guardian.
tutoría f guardianship.

tuyo, a -1 adj yours <¿es tuyo el coche? is the car yours?>; of yours <un pariente tuyo a relative of yours> **-2** pron yours <¿quién tiene el tuyo? who has yours?> ♦ **lo tuyo** your affair • **los tuyos** your people.

U

u *conj* var of **o** used before (h)o.

ubicar *vt Amer* to locate ♦ **ubicarse** *vr* to be located.

Ud., Uds *pron* abbrev. of **usted, ustedes**.

úlcera *f* ulcer.

últimamente *adv (recientemente)* lately.

ultimar *vt (acabar)* to conclude; *Amer*, COLL to finish off.

último, a *adj (final)* last *<la última partida de la temporada* the last game of the season>; *(de dos)* latter; *(más reciente)* latest, most recent ♦ **a últimos de** at *or* towards the end of (a month) • **por último** lastly.

ultrajar *vi* to insult, outrage.

ultraje *m* insult, outrage.

ultramar *m* overseas country.

ultramarino, a -1 *adj* overseas -2 *m pl (comestibles)* imported foods; *(tienda)* grocery store.

umbral *m* threshold.

un apocope of **uno**.

unanimidad *f* unanimity ♦ **por unanimidad** unanimously.

undécimo, a *adj & m* eleventh.

único, a -1 *adj (solo)* only; *(extraordinario)* unique -2 *m/f* only one *<es el único que me queda* it's the only one I have left>.

unidad *f (acuerdo)* unity; *(armonía)* harmony; *(cada uno)* each (one) *<valen veinte pesos la unidad* they cost twenty pesos each> ♦ **unidad monetaria** monetary unit.

unido, a *adj (juntos)* united; *(que se quieren)* close.

unificar *vt* to unify.

uniforme -1 *adj (igual)* uniform; *(terreno)* level; *(ritmo)* steady; *(sin variedad)* plain -2 *m* uniform.

unión *f (juntar)* union; *(armonía)* unity; *(conexión)* joint.

unir *vt (juntar)* to unite; *(combinar)* to join (together); *(mezclarse)* to mix; *(aliar)* to combine ♦ **unirse** *vr (juntarse)* to join; *(mezclarse)* to mix • **unirse a** to join.

universal *adj* universal; *(del mundo)* world.

universidad *f* university.

universitario, a -1 *adj* university -2 *m/f* university student.

universo *m* universe.

uno, a -1 *m* one -2 *adj* ♦ **la una** one o'clock ♦ *pl* some, a few *<unos estudiantes* some students>; about, approximately *<unos veinte kilómetros de aquí* about twenty kilometers from here> -3 *indef pron* one *<uno de mis amigos* one of my friends>; one, you *<uno no puede escaparse de aquí* you cannot escape from here>; *(alguien)* somebody *<uno lo hizo* somebody did it> ♦ **cada uno** each one, every one • **uno a otro o con otro** each other, one another ♦ *pl* **unos a otros** one another • **unos cuantos** a few, some -4 *indef art* a, an *<necesito una pluma* I need a pen>.

untar *vt (engrasar)* to grease; *(manchar)* to smear; to spread *<untar el pan con mermelada* to spread bread with jam>; MED to rub ♦ **untar la mano a alguien** COLL to grease someone's palm.

unto *m* ♦ **unto de México** COLL bribe.

uña *f (de la mano)* fingernail; *(del pie)* toenail; *(garra)* claw; *(pezuña)* hoof.

urbanístico, a *adj (de la ciudad)* urban; *(del urbanismo)* city-planning.

urbanización *f (urbanismo)* urbanization, city planning.

urbanizar *vt (civilizar)* to civilize; *(un terreno)* to develop.

urbano, a *adj (de la ciudad)* urban; *(cortés)* urbane.

urbe *f* large city.

urdimbre *f* TEX warping; FIG scheming.

urdir *vt* TEX to warp; FIG to scheme.

urgencia *f* urgency ♦ **con urgencia** urgently • **cura de urgencia** first aid.

urgente *adj* urgent.

urna *f (vasija)* urn; *(arca)* ballot box; *(caja de cristales)* glass case.

usado, a *adj (deteriorado)* worn-out; *(de segunda mano)* secondhand.

usar *vt (emplear)* to use; *(llevar ropa)* to wear ♦ **sin usar** unused ♦ **usarse** *vr (estar de moda)* to be the custom or the fashion; *(estar en uso)* to be used.

uso m (empleo) use; (costumbre) custom; (desgaste) wear and tear ♦ **para todo uso** all-purpose.

usted pron you ♦ **de usted** yours ♦ pl you, all of you.

usual adj usual.

usuario, a m/f user.

usurpar vt to usurp.

utensilio m utensil.

útil -1 adj (que sirve) useful; (apto) fit -2 m tool, utensil ♦ pl implements.

utilidad f (cualidad) usefulness; (provecho) profit.

utilizar vt to utilize.

uva f grape ♦ **uva pasa** raisin.

úvula f uvula.

V

vaca f cow; CUL beef.
vacación f vacation ◆ **estar de vacaciones** to be on vacation.
vacante -1 adj vacant **-2** f vacancy.
vaciar vt (dejar vacío) to empty <vaciar una caja to empty a box>; (verter) to drain; (ahuecar) to hollow out -vi to empty ◆ **vaciarse** vr to empty.
vacilar vi (moverse) to sway; (la luz) to flicker; (dudar) to hesitate; Mex to go on aspree.
vacío, a -1 adj empty; (desocupado) vacant; (hueco) hollow; (falto) devoid <una cabeza vacía de ideas a mind devoid of ideas> **-2** m (hueco) hollow; (espacio) empty space; PHYS vacuum ◆ **envasado al vacío** vacuum-packed.
vacunar vt to vaccinate.
vacuno, a adj bovine ◆ **ganado vacuno** cattle.
vadear vt (un río) to ford.
vado m (de un río) ford.
vagabundear vi to wander.
vagabundo, a adj & m/f vagabond.
vagancia f (ociosidad) idleness.
vagar vi (errar) to wander.
vagina f vagina.
vago, a -1 adj (indeterminado) vague; (holgazán) lazy **-2** m/f lazy person, idler.
vagón m RAIL car, coach; (para mercancías) truck, van.
vagoneta f small wagon o cart.
vaguedad f (cualidad) vagueness; (expresión vaga) vague remark.
vaho m steam.
vaina -1 f (envoltura) sheath; BOT pod; Amer, COLL (molestia) nuisance **-2** adj Amer, COLL annoying.
vainilla f vanilla.
vaivén m (balanceo) swaying.
vajilla f tableware.
vale m (pagaré) voucher; (recibo) receipt.
valedero, a adj valid.
valentía f (valor) bravery.
valer -1 vi (tener valor) to be worth; (tener mérito) to be of value; (ser válido) to be valid <esta moneda no vale this coin is not valid>; (servir) to be useful, be of use ◆ **más vale** it is better **-vt** (tener un valor de) to be worth; (costar) to be <¿cuánto vale? how much is it?>; (representar) to be worth <una blanca vale dos negras a half note is worth two quarter notes>; (producir) to yield <esa inversión le valió cien mil pesos that investment yielded him a hundred thousand pesos> ◆ **valer la pena** to be worthwhile ◆ **valerse** vr to manage for oneself • **valerse de** to make use of **-2** m worth.
valeroso, a adj courageous.
valía f worth.
validar vt to validate.
válido, a adj valid.
valiente -1 adj (valeroso) brave; COLL a fine <¡valiente amigo eres tú! a fine friend you are!> **-2** m/f (valeroso) brave person.
valija f (maleta) suitcase; (saco de correo) mailbag.
valioso, a adj valuable.
valla f (cerca) fence; SPORT hurdle.
vallar vt to fence in.
valle m (entre montañas) valley; (de un río) river basin.
valor m (precio) price; (importancia) importance; (osadía) nerve <tener el valor de negarlo to have the nerve to deny it>; MATH, MUS value ◆ **de valor** valuable ◆ pl COM securities.
valorar vt (dar mérito) to appreciate; (valuar) to appraise; (aumentar el valor) to increase the value of.
valorizar vt (aumentar el valor) to increase the value of.
vals m waltz.
valuar vt to appraise, value.
válvula f valve.
vampiresa f vamp.
vampiro m vampire.
vanagloriarse vr to boast.
vandalismo m vandalism.
vanguardia f MIL vanguard; ARTS, LIT avant-garde.
vanguardista adj & m/f avant-garde (artist).
vanidad f vanity.
vanidoso, a adj & m/f vain o conceited (person).
vano, a adj (inútil) vain; (frívolo) frivolous ◆ **en vano** in vain, vainly.
vapor m (gas) steam; (vaho) vapor ◆ **al vapor** CUL steamed.

vaporizar vt to vaporize.

vapulear vt to thrash.

vaquero, a -1 adj pertaining to cow-hands ♦ **pantalón vaquero** jeans **-2** m cowboy.

vara f (palo) stick; (rama) rod; BOT stalk.

varar MARIT vt to beach **-vi** to run aground.

variable adj & f MATH variable.

variación f variation.

variado, a adj varied.

variante -1 adj varying **-2** f variant.

variar vt & vi to vary.

varice f varicose vein.

varicela f chicken pox.

variedad f variety ♦ pl (cosas diversas) miscellany; THEAT variety show.

varilla f (vara) rod; (de un paraguas) rib; Mex peddler's wares.

vario, a -1 adj (que varía) varied ♦ pl several **-2** pron ♦ pl several <varios piensan que sí several think so>.

varón m (hombre) male; (niño) boy.

varonil adj virile.

vasallo, a m/f HIST vassal; (súbdito) subject.

vasectomía f vasectomy.

vaselina f Vaseline (trademark).

vasija f container.

vaso m glass; ANAT, BOT vessel.

vástago m (hijo) offspring.

vasto, a adj vast.

vaticinar vt to predict.

vaticinio m prediction.

vatio m watt.

vecinal adj local.

vecindario m neighbourhood.

vecino, a -1 adj (próximo) next ♦ **ve-cino** o de near **-2** m/f neighbour.

veda f (prohibición) prohibition; HUNT closed season.

vedado, a adj prohibited.

vedar vt to prohibit.

vegetación f vegetation.

vegetal -1 adj vegetable **-2** m vegeta-ble; (planta) plant.

vegetar vi to vegetate.

vegetariano, a adj & m/f vegetarian.

vehemente adj vehement.

vehículo m vehicle.

veintavo, a adj & m twentieth.

veinte -1 adj twenty; (vigésimo) twen-tieth **-2** m twenty.

veintidós adj & m twenty-two.

veintiuno, a -1 adj twenty-one; (vi-gésimo primero) twenty-first **-2** m twenty-one.

vejación f vexation.

vejar vt to vex.

vejestorio m DEROG (persona) old fool; (cosa) old wreck.

vejez f old age.

vejiga f ANAT bladder.

vela[1] f (vigilia) vigil; (luz) candle; Mex reprimand ♦ **en vela** awake.

vela[2] f MARIT sail.

velada f evening.

velado, a adj (oculto) veiled; (imagen) blurred.

velador m (mesita) night table; RP bedside lamp; Mex glass lampshade.

velar vt (cuidar) to sit up with; (escon-der) to hide **-vi** (no dormir) to stay awake ♦ **velar por** to care for, look after ♦ **velarse** vr PHOTOG to blur.

velero, a -1 adj swift-sailing **-2** m sail-boat.

veleta f weather vane **-m/f** COLL weath-ercock.

vello m (pelo) hair; (pelusilla) fuzz.

velludo, a adj hairy.

velo m veil ♦ **velo del paladar** soft palate.

velocidad f velocity; AUTO gear ♦ **exce-so de velocidad** speeding • **velocidad límite** speed limit.

velocímetro m speedometer.

velódromo m velodrome.

velorio m RP dull party.

veloz adj swift.

vena f vein; (inspiración) inspiration ♦ **darle a uno la vena** to feel like doing something crazy.

venado m stag; CUL venison ♦ **pintar el venado** Mex to play hooky.

vencedor, ra -1 adj winning **-2** m/f winner.

vencer vt (derrotar) to defeat; (aventa-jar) to surpass; (superar) to overcome; to be overcome <le venció el sueño he was overcome by sleep>; to control, master <vencer las pasiones to control one's emotions> **-vi** (ganar) to win; COM (una deuda) to fall due ♦ **vencerse** vr (romperse) to collapse.

vencido, a -1 adj (derrotado) defeated **-2** m/f loser.

vencimiento *m* COM *(término)* expiration; *(de una deuda)* maturity.

venda *f* bandage.

vendaje *m* bandage.

vendar *vt* to bandage.

vendaval *m* gale.

vendedor, ra -1 *adj* selling **-2** *m/f (persona que vende)* seller; *(de tienda)* salesperson.

vender *vt* to sell ♦ **venderse** *vr* to sell, be sold; *(dejarse sobornar)* to sell oneself • **se vende** for sale.

vendimia *f* grape harvest.

veneno *m (toxina)* poison; FIG venom.

venenoso, a *adj* poisonous.

veneración *f* veneration.

venerar *vt* to venerate.

venéreo, a *adj & m* venereal (disease).

venganza *f* vengeance.

vengar *vt & vr* to avenge (oneself) ♦ **vengarse de alguien** to take revenge on someone.

vengativo, a *adj* vindictive.

venida *f (llegada)* arrival; *(regreso)* return.

venidero, a *adj* coming, upcoming.

venir *vi* to come; *(llegar)* to arrive; *(ropa)* to fit *<esta chaqueta ya no me viene* this jacket no longer fits me>; *(tener)* to get *<me vino un dolor de cabeza* I got a headache>; *(presentarse)* to occur *<la idea me vino inesperadamente* the idea occurred to me unexpectedly>; *(resultar)* to end up *<viene a ser lo mismo* it ends up being all the same>; *(repetir)* to have been *<vengo diciéndolo desde hace cinco meses* I have been saying so for five months> ♦ **que viene** next *<el año que viene* next year> • **venir al caso** to be relevant.

venta *f* sale ♦ **venta al contado** cash sale • **venta a crédito** credit sale.

ventaja *f (superioridad)* advantage; *(en una carrera)* lead ♦ **llevar ventaja a** to have the lead over.

ventajoso, a *adj* advantageous.

ventana *f* window; ANAT nostril.

ventanal *m* large window.

ventanilla *f (de vehículo)* window; *(taquilla)* box office.

ventilación *f* ventilation.

ventilador *m* fan.

ventilar *vt (un lugar)* to air out; *(discutir)* to air; *(hacer público)* to make public ♦ **ventilarse** *vr* COLL to get some fresh air.

ventisca *f* blizzard.

ventolera *f* gust of wind ♦ **darle a uno la ventolera de hacer algo** COLL to take it into one's head to do something.

ventosidad *f* gas.

ventoso, a *adj* windy.

ventura *f (felicidad)* happiness; *(suerte)* luck.

venturoso, a *adj* fortunate.

ver[1] *m (opinión)* opinion *<a mi ver* in my opinion>.

ver[2] *vt* to see; *(mirar)* to look at; *(televisión, películas)* to watch ♦ **a ver** let's see • **estar** o **quedar en veremos** *Amer* to be a long way off • **tener que ver con** to have to do with • **ver venir** to see it coming ♦ **verse** *vr (ser visto)* to be seen; *(ser obvio)* to be obvious o clear; *(mirarse)* to see oneself *<verse en el espejo* to see oneself in the mirror>; *(encontrarse)* to meet *<verse con los amigos* to meet with friends> • **véase** see (in references) • **vérselas con** COLL to have to deal with.

vera *f* edge ♦ **a la vera de** next to.

veraneante *m/f* summer resident.

veranear *vi* to spend the summer.

veraneo *m* vacationing ♦ **ir de veraneo** to go on vacation.

veraniego, a *adj* summer.

verano *m* summer.

veras *f pl (verdad)* truth ♦ **de veras** really.

veraz *adj* truthful.

verbal *adj* verbal.

verbena *f* verbena, vervain; *(fiesta)* festival held on the eve of a saint's day.

verbo *m* GRAM verb.

verdad *f* truth *<decir la verdad* to tell the truth>; *(veracidad)* truthfulness ♦ **de verdad** *(de veras)* truly; *(verdadero)* real *<él es un héroe de verdad* he is a real hero> • **¿de verdad?** really? • **en verdad** truly • **¿verdad?** is that so?

verdadero, a *adj (real)* true; *(auténtico)* genuine; *(veraz)* truthful.

verde -1 *adj* green; unseasoned *<leña verde* unseasoned wood>; *(inmaduro)* unripe; *(obsceno)* dirty ♦ **poner verde**

V

a uno to tell someone off **-2** m (color) green; RP maté.

verdín m (de las plantas) fresh green; (musgo) moss.

verdoso, a adj greenish.

verdugo m (de justicia) executioner.

verdulería f grocery store.

verdulero, a m/f greengrocer.

verdura f vegetable.

vereda f (senda) trail; Amer sidewalk.

veredicto m verdict.

vergonzoso, a -1 adj (ignominioso) shameful; (tímido) shy **-2** m/f shy person.

vergüenza f (bochorno) shame; (desconcierto) embarrassment; (timidez) shyness ♦ **no tener vergüenza** to be shameless • **¡que vergüenza!** what a disgrace! • **tener vergüenza** to be ashamed.

verídico, a adj true.

verificar vt (la verdad) to verify; (una máquina) to check ♦ **verificarse** vr (una predicción) to come true.

verja f (de cerca) railings; (de ventana) grating.

vermut/mú m (aperitivo) vermouth -f Amer, CINEM, THEAT matinée.

verosímil adj probable.

verruga f wart.

versar vi ♦ **versar sobre** to deal with.

versátil adj versatile; FIG changeable.

versículo m versicle.

versión f version.

verso m verse; (poema) poem ♦ **echar versos** Mex to gab.

vértebra f vertebra.

vertebrado, a adj & m vertebrate.

vertebral adj vertebral.

vertedero m (desaguadero) drain; (de basura) garbage dump.

verter vt (derramar) to spill; (lágrimas, sangre) to shed; (vaciar) to empty out; (volcar) to turn upside down -vi to flow.

vertical adj & f vertical.

vértice m apex.

vertiente -1 adj flowing **-2** f (declive) slope; (manantial) spring.

vertiginoso, a adj vertiginous.

vértigo m vertigo ♦ **tener vértigo** to feel dizzy.

vesícula f vesicle.

vestíbulo m (antesala) vestibule; (en un hotel, teatro) lobby.

vestido m (de mujer) dress; (de hombre) suit.

vestigio m vestige.

vestimenta f clothes.

vestir vt to dress; (llevar) to wear <vestía un traje rosado she was wearing a pink suit>; (cubrir) to cover; (proveer con ropa) to clothe; (hacer ropa) to dress -vi (ir vestido) to dress; (lucir) to look good <la seda viste mucho silk looks very good> ♦ **vestir de** to wear <él viste de uniforme he wears a uniform> ♦ **vestirse** vr (ataviarse) to get dressed; (ir vestido) to dress.

vestuario m wardrobe; (cuarto) dressing room; SPORT locker room.

veta f (de madera) grain; MIN vein.

vetar vt to veto.

veteranía f seniority.

veterano, a adj & m/f veteran.

veterinario, a -1 adj veterinary **-2** m/f veterinarian -f veterinary medicine.

veto m veto.

vez f time; (turno) turn ♦ **a la vez** at the same time • **a la vez que** while • **algunas veces** sometimes • **a su vez** in turn • **a veces** at times • **cada vez** every time • **cada vez más** more and more • **cada vez menos** less and less • **cada vez que** whenever • **de una vez** all at once • **de vez en cuando** from time to time • **en vez de** instead of • **muchas veces** often • **otra vez** again • **tal vez** perhaps • **una vez que** as soon as.

vía¹ prep via <vamos vía Quito we are going vía Quito>.

vía² f (camino) road; (ruta) route; RAIL (carril) track; ANAT tract; CHEM process; LAW proceedings ♦ **en vías de** in the process of • **vía de comunicación** channel of communication • **Vía Láctea** Milky Way.

viable adj viable.

viaducto m viaduct.

viajante adj & m traveling (salesman).

viajar vi to travel.

viaje m trip ♦ **¡buen viaje!** bon voyage! • **de un viaje** Amer all at once • **viaje de ida y vuelta** round trip ♦ pl travel.

viajero, a -1 adj traveling **-2** m/f traveler.

vial adj road, traffic.

víbora *f* viper.

vibración *f* vibration.

vibrar *vi (sacudirse)* to vibrate; *(sentirse conmovido)* to be moved.

vicegobernador, ra *m/f* lieutenant governor.

vicepresidente *m/f (en un país)* vice president; *(en reunión)* vice chairman.

viceversa *adv* vice versa.

viciar *vt (contaminar)* to pollute; *(pervertir)* to corrupt; *(adulterar)* to adulterate* ♦ **viciarse** *vr (contaminarse)* to become polluted; *(entregarse al vicio)* to become corrupt.

vicio *m (perversión)* vice; *(mala costumbre)* bad habit.

vicioso, a -1 *adj (depravado)* depraved **-2** *m/f (persona depravada)* depraved person.

vicisitud *f* vicissitude.

víctima *f* victim.

victoria *f* victory.

vicuña *f* vicuña.

vid *f* grapevine.

vida *f* life; *(duración)* lifetime; *(sustento)* living <*ganarse la vida* to earn one's living>; *(modo de vivir)* way of life; *(biografía)* life story; *(viveza)* liveliness* ♦ **en la vida** never • **vida mía** COLL my dear.

vidente *m/f* clairvoyant.

video *m o f* video.

videocasete *m o f* videocassette.

vidorra *f* COLL life of ease.

vidriera *f* window.

vidrio *m* glass; *RP* window-pane.

viejo, a -1 *adj* old **-2** *m* old man ♦ *pl* old folks *-f* old woman.

viento *m* wind; *(cuerda)* guide rope ♦ **hacer viento** to be windy.

vientre *m (abdomen)* belly; *(intestino)* bowels <*evacuar el vientre* to move one's bowels>.

viernes *m inv* Friday ♦ **Viernes Santo** Good Friday.

viga *f (madero)* beam; *(de metal)* girder.

vigencia *f* force <*en vigencia* in force>.

vigente *adj* in force.

vigía *m/f* MARIT lookout.

vigilancia *f* vigilance.

vigilante -1 *adj* vigilant **-2** *m (guarda)* watchman; *Amer* policeman.

vigilar *vt* to watch over.

vigilia *f (vela)* vigil; *(falta de sueño)* sleeplessness; *(víspera)* eve.

vigor *m* vigor; *(de una ley)* force, effect <*entrar en vigor* to go into force>.

vigorizar *vt* to invigorate.

vihuela *f* guitar.

vil *adj & m/f* base, despicable (person).

villa *f (pueblo)* village; *(casa)* villa.

villancico *m* Christmas carol.

vilo *adv* ♦ **en vilo** up in the air.

vinagre *m* vinegar.

vinagrera *f* vinegar bottle ♦ *pl* cruet.

vinagreta *f* vinaigrette.

vincha *f* headband.

vinculación *f* link.

vincular *vt (enlazar)* to link.

vínculo *m* link.

vinícola -1 *adj* wine-making **-2** *m* winemaker.

vinicultura *f* viniculture.

vino *m* wine ♦ **vino de Jerez** sherry • **vino tinto** red wine.

viña *f* vineyard.

viñatero, a *Amer* **-1** *adj* grape-growing **-2** *m/f* grape grower.

viñedo *m* vineyard.

viñeta *f* vignette.

violación *f* violation; *(de mujer)* rape; *(profanación)* desecration.

violador, ra *m/f* violator *-m* rapist.

violar *vt (las leyes)* to violate; *(a una mujer)* to rape; *(cosas sagradas)* to desecrate.

violencia *f (fuerza)* violence; *(turbación)* embarrassment.

violentar *vt (forzar)* to force; *(entrar por fuerza)* to break into.

violento, a *adj* violent; *(intenso)* intense <*una discusión violenta* an intense discussion>; *(molesto)* embarrassing.

violeta *f & adj* violet.

violín *m* violin *-m/f* violinist.

violinista *m/f* violinist.

violonc(h)elo *m* cello.

virar *vt & vi (de rumbo)* to turn.

virgen *adj & f* virgin.

virginidad *f* virginity.

virgo *m (virginidad)* virginity; ANAT hymen.

viril *adj* virile.

virilidad *f* virility.

virtual *adj* virtual.

virtud f (cualidad) virtue; (eficacia) ability ♦ **en virtud de** by virtue of.

viruela f (enfermedad) smallpox.

virus m inv virus.

viruta f shavings.

visa f Amer visa.

víscera f organ ♦ pl viscera.

viscoso, a adj viscous.

visera f visor.

visibilidad f visibility.

visible adj visible; COLL (decente) decent.

visillo m window curtain.

visión f vision; (vista) eyesight.

visita f (acción) visit; (persona) visitor.

visitar vt & vr to visit (one another).

vislumbrar vt to glimpse.

viso m (reflejo) sheen; (apariencia) appearance <tener visos de verdad to have the appearance of truth>.

visón m mink.

visor m PHOTOG viewfinder; ARTIL sight.

víspera f eve ♦ **en víspera de** on the eve of.

vistazo m glance ♦ **dar un vistazo a** to take a glance at.

visto, a -1 see ver[2] -2 adj ♦ **bien visto** proper • **es** o **está visto** it is commonly accepted • **mal visto** improper • **nunca visto** unheard-of • **por lo visto** apparently -3 f (visión) sight; eyesight <él tiene buena vista he has good eyesight>; (panorama) view; (cuadro) scene; (mirada) eyes; LAW hearing ♦ **a simple vista** (de paso) at a glance; (con los ojos) with the naked eye • **con vistas a** with a view to • **conocer de vista** to know by sight • **en vista de** considering • **hasta la vista** so long • **perder de vista** to lose sight of • **saltar a la vista** to hit the eye • **volver la vista atrás** to look back.

vistoso, a adj colorful.

visual adj visual.

visualizar vt Amer to visualize.

vital adj vital.

vitalicio, a adj life.

vitalidad f vitality.

vitamina f vitamin.

vitorear vt to cheer.

vitrina f (caja) display case; (de tienda) window.

viudez f (de viudo) widowerhood; (de viuda) widowhood.

viudo, a -1 adj widowed -2 m widower -f (mujer) widow.

vivac m [pl -ques] MIL bivouac.

vivaracho, a adj COLL lively.

vivaz adj quick-witted; BOT perennial.

vivencia f (personal) experience.

víveres m pl provisions.

vivero m BOT nursery; (de peces) fish hatchery; (de moluscos) farm.

viveza f (vivacidad) liveliness; (agudeza) sharpness; (brillo) vividness.

vividor, ra m/f COLL sponger.

vivienda f (lugar) housing; (morada) dwelling; (casa) house.

viviente adj living.

vivir vi to live ♦ **¡viva!** hurrah! • **vivir de** to live on o off <ella vive de sus rentas she lives off her investments> -vt to live; (experimentar) to go through.

vivo, a adj (con vida) alive; (intenso) deep; (brillante) vivid; (listo) sharp.

vizcacha f viscacha.

vizconde m viscount.

vizcondesa f viscountess.

vocablo m term.

vocabulario m vocabulary.

vocación f vocation.

vocal -1 adj vocal -2 m/f (en una junta) board o committee member -f vowel.

vocalista m/f vocalist.

vocalizar vi to vocalize.

voceador m Mex street hawker.

vocear vi & vt to shout.

vocero, a m/f spokesman.

vociferar vt & vi to shout.

volante -1 adj flying -2 m MECH flywheel; AUTO steering wheel; (papel) flier.

volantín m S Amer (cometa) small kite.

volar vi to fly; (irse volando) to fly away; (desaparecer) to disappear -vt to blow up.

volcán m volcano.

volcánico, a adj volcanic.

volcar vt (verter) to dump -vi to overturn ♦ **volcarse** vr (entregarse) to do one's utmost.

voltaje m voltage.

voltear vt (volcar) to turn over; (dar la vuelta a) to turn around; (poner al revés) to turn upside down; (derribar) to knock down o over -vi to tumble.

voltereta f somersault.

voltio m volt.

volumen m volume; *(cuerpo)* bulk.

voluminoso, a adj voluminous.

voluntad f *(facultad)* will; *(firmeza)* will power *<faltarle la voluntad de hacerlo* to lack the will power to do it>; *(intención)* intention ♦ **a voluntad** at will • **buena, mala voluntad** good, ill will • **fuerza de voluntad** will power.

voluntario, a -1 adj voluntary **-2** m/f volunteer.

voluntarioso, a adj willing.

voluptuoso, a adj voluptuous.

volver vt to turn *<volver la hoja* to turn the page>; *(dar vuelta)* to turn around; to turn over *<volver el colchón* to turn over the mattress>; to turn inside out *<volver los calcetines* to turn socks inside out>; *(dirigir)* to turn *<volvió los ojos hacia la puerta* she turned her eyes toward the door>; to return *<¿volviste el libro al estante?* did you return the book to the shelf?> *-vi (regresar)* to return *<volvimos a casa muy tarde* we returned home very late>; *(reanudar)* to get back ♦ **volver a** to... again *<volví a empezar* I began again> • **volver en sí** to come to ♦ **volverse** vr *(darse vuelta)* to turn around; *(convertirse en)* to become.

vomitar vt & vi to vomit.

vómito m *(acción)* vomiting; *(resultado)* vomit.

voraz adj voracious.

vos pron you, thou, ye; *S Amer* you.

vosear vt to address as *vos*.

voseo m use of *vos* in addressing someone.

vosotros, as pron you, yourselves *<entre vosotros* among yourselves>.

votación f *(acción)* voting; *(voto)* vote.

votante m/f voter.

votar vi & vt *(en elección)* to vote.

voto m vote *<depositar un voto* to cast a vote>; vow *<voto de castidad* vow of chastity>.

voz f voice; *(vocablo)* term; *(rumor)* rumor *<se corrió la voz* the rumor got around> ♦ **a voces** shouting • **en voz alta** in a loud voice.

vuelco m overturning.

vuelo m *(acción)* flight; *(de falda)* flare.

vuelto, a -1 see **volver -2** f *(giro)* turn; *(regreso)* return *<te veré a la vuelta* I will see you upon my return>; SPORT lap; SEW facing ♦ **a la vuelta** *(al volver)* on the way back • **dar** o **darse una vuelta** *(pasear)* to take a walk; *(en auto)* to go for a ride • **de ida y vuelta** round-trip • **media vuelta** MIL about-face -m *Amer* change *<quédese con el vuelto* keep the change>.

vuestro, a poss adj *(su)* your; *(suyo)* (of) yours *<uno de vuestros parientes* a relative of yours> ♦ **los vuestros** o **las vuestras** yours.

vulgar adj *(común)* common; *(grosero)* vulgar.

vulgaridad f vulgarity.

vulgarismo m vulgarism.

vulnerable adj vulnerable.

vulva f vulva.

W

whisky *m* whiskey.

X

xenofobia *f* xenophobia.
xerografía *f* xerography.
xilófono *m* xylophone.

Y

y *conj* and.
ya *adv (finalmente)* already <*ya hemos terminado* we have already finished>; *(ahora)* now <*ya es famoso* now he is famous>; *(pronto)* soon; *(en seguida)* right away; *(por último)* now <*ya es hora de tomar una decisión* now it is time to make a decision> ♦ **ya no** no longer • **ya que** since.
yac *m* yak.
yacaré *m Amer* alligator.
yacimiento *m* GEOL deposit.
yaguar *m* jaguar.
yanqui *adj & m/f* Yankee.
yapa *f Amer (adehala)* bonus; *Mex* gratuity.
yarda *f* yard.
yate *m* yacht.
yegua *f* mare.

yeguada *f C Amer* blunder.
yeguarizo *m RP* stud.
yema *f (del huevo)* yolk; BOT bud ♦ **yema del dedo** finger tip.
yen *m* FIN yen.
yerba *f* grass; *S Amer* maté.
yerbal *m RP* field of maté.
yerbatero, a *adj Amer* of maté.
yerno *m* son-in-law.
yerra *f Amer* cattle branding.
yerto, a *adj* ♦ **yerto de frío** frozen stiff.
yeso *m* GEOL gypsum; ARTS, CONSTR plaster; *(vaciado)* plaster cast.
yo -1 *pron* I <*yo lo hice* I did it> ♦ **soy yo** it's I o me • **yo mismo** I myself **-2** *m* ego.
yodo *m* iodine.
yoga *m* yoga.
yog(h)i *m* yogi.
yogur(t) *m* yogurt.
yoyo *m* yo-yo.
yuca *f (mandioca)* manioc; *(izote)* yucca.
yucal *m* yucca field.
yugo *m (arreo)* yoke; *(opresión)* oppression; *(carga pesada)* burden.
yugular *adj & f* jugular.
yunque *m* anvil.
yute *m* jute.
yuxtaponer *vt* to juxtapose.
yuyal *m Amer* weed patch.
yuyo *m Amer* weed.

Z

zafado, a adj & m/f RP brazen (person).

zafar vt (una vela) to unbend ♦ **zafarse** vr Amer, ANAT to become dislocated.

zafarrancho m COLL (trastorno) havoc.

zafiro m sapphire.

zaga f (parte) rear; SPORT defense ♦ **a la zaga** behind.

zaguán m front hall, vestibule.

zalamero, a -1 adj flattering -2 m/f flatterer.

zamarra f (chaqueta) sheepskin jacket; (piel) sheepskin.

zamarro m (chaqueta) sheepskin jacket; (piel) sheepskin.

zambo, a adj & m/f bowlegged (person).

zambomba f zambomba (drum-like folk instrument).

zambra f (fiesta morisca) Moorish festival; (baile gitano) Andalusian gypsy dance.

zambullir vt to plunge ♦ **zambullirse** vr (en el agua) to dive; (esconderse) to hide, duck out of sight.

zambullo m Amer waste barrel.

zampar vt (esconder) to hide quickly; (comer) to gobble.

zampoña f reed flute.

zanahoria f carrot; RP FIG nitwit.

zanca f bird's leg; COLL (pierna) long thin leg.

zancada f stride.

zancadilla f (caída) tripping; COLL (engaño) trick; (trampa) trap.

zancajo m (hueso) heel bone; (talón) heel.

zanco m stilt.

zancudo, a -1 adj long-legged; ORNITH wading -2 f pl wading birds -m Amer mosquito.

zángano f ENTOM drone; COLL (holgazán) parasite.

zanja f ditch, trench.

zanjar vt to dig a ditch around, trench.

zapador m sapper.

zapallo m Amer pumpkin.

zapar vi to sap, mine.

zapata f (calzado) half-boot.

zapateado m heel-tapping dance.

zapatear vt to tap-dance -vi to tap one's feet.

zapatería f (taller) shoemaker's shop; (tienda) shoe store.

zapatero, a m/f (fabricación) shoemaker; (venta) shoe seller.

zapatilla f (pantufla) slipper; (de baile) dancing shoe.

zapato m shoe.

zapote m sapodilla tree o fruit.

zar m CZAR.

zarandar/dear vt to shake ♦ **zarandarse** vr to be on the go.

zarandeo m (criba) sifting; (sacudida) shaking.

zarcillo m earring; BOT tendril.

zarina f czarina.

zarpa f claw.

zarpar vt to weigh -vi to set sail.

zarpazo m lash of a paw.

zarza f bramble.

zarzamora f blackberry.

zarzaparrilla f sarsaparilla.

zarzuela f MUS, THEAT Spanish comedy o operetta; Sp, CUL rice and seafood dish.

zenit m zenith.

zigoto m zygote.

zigzag m zigzag.

zinc m zinc.

zíngaro, a adj & m/f gypsy.

zócalo m (de edificio) socle; (pedestal) plinth; (de pared) skirting board; Mex public square.

zodiaco/díaco m zodiac.

zona f zone; (distrito) district.

zoo m zoo.

zoológico, a adj zoological ♦ **jardín zoológico** zoo.

zoom m zoom lens.

zopenco, a COLL -1 adj dumb, dopey -2 m/f dummy, dope.

zopilote m buzzard.

zoquete m (de madera) chunk of wood; (de pan) hunk of bread; (tonto) dummy.

zorra f fox; (hembra) vixen; (astuta) sly fox; COLL (borrachera) drunkenness.

zorrillo/no m Amer skunk.

zorro m fox; COLL (astuto) sly fox.

zozobra f (hundimiento) capsizing, sinking; METEOROL dangerous weather; (inquietud) anxiety.

zueco *m* clog.

zumbar *vi (un insecto)* to buzz; *(los oídos)* to ring.

zumbido *m (de insecto)* buzzing; *(de los oídos)* ringing.

zumo *m* juice.

zurcido *m* darn.

zurcir *vt* to darn.

zurdo, a -1 *adj* left-handed **-2** *m/f* left-handed person.

zurra *f* tanning; FIG thrashing.

zurrar *vt* to tan; FIG to give a beating.

zurrón *m (bolsa)* leather bag; BOT husk.

Gramática inglesa

Los nombres

1. Los nombres y sus plurales

■ Plurales regulares

En inglés, la mayor parte de los plurales se forman añadiendo una **-s**:

shop	→	shop**s**	bike →	bike**s**
car	→	car**s**	hand →	hand**s**

Sin embargo, algunos plurales se forman de otra manera:

● **-es**

Se añade **-es** a los nombres que terminan en **-s**, **-sh**, **-ch** o **-x**:

bus	→	bus**es**	box → box**es**
dish	→	dish**es**	watch → watch**es**

● **-y → -ies**

La **-y** se transforma en **-ies** en nombres que terminan en '*consonante* + **y**':

baby	→	bab**ies**	city → cit**ies**

● **-f** o **-fe → -ves**

La mayor parte de los nombres que terminan en **-f** o **-fe** cambian la terminación por **-ves**:

calf	→	cal**ves**	life → li**ves**

■ Plurales irregulares

● Fíjate cómo cambia la vocal en los siguientes casos:

foot	→	feet	tooth → teeth
man	→	men	mouse → mice

one child   two children

● Algunos nombres son iguales en singular y en plural:

sheep · fish · deer · series · aircraft

2. Los nombres contables e incontables

■ Nombres contables

● Los nombres contables son aquéllos que tienen forma singular y forma plural.

2

● Delante de nombres contables se puede usar **a, the, some** o un número:

Singular	Plural
a book	*some* books
the book	*the* books
one book	*three* books

■ Nombres incontables

● Los nombres incontables sólo tienen una forma. Se les llama incontables porque no se pueden contar:

money • snow • water • food • rain • advice

● Delante de un nombre incontable NO se puede poner **a/an** o un número. Sí que pueden ir acompañados de **the** o **some**:

Can you lend me *some* <u>money</u>? **I want *some* <u>toast</u>.**
I want *some* <u>food</u>. **I need *some* <u>advice</u>.**
He's playing in *the* <u>snow</u>. **Where's *the* <u>milk</u>?**

3. El genitivo sajón

■ Formas

En inglés se suele utilizar la terminación **-'s** para indicar posesión:

● A los nombres singulares se añade **-'s**:
Lucy's tent • Tom's apple

● A los nombres con plural regular se añade **-'**:
the students' textbooks • the boys' father

● A los nombres con plural irregular se añade **-'s**:
children's toys • men's clothes

■ Uso

● El nombre con genitivo va delante del nombre de la cosa poseída:
our *uncles'* houses (= the houses of our uncles)

● El nombre con genitivo puede aparecer en solitario después del verbo **to be**:
That bag over there, is it *Lucy's*?

● El nombre con genitivo se utiliza a menudo en solitario para referirse a una tienda:
Dad has gone to the *butcher's*. (= the butcher's shop)
I am going to the *newsagent's*. (= the newsagent's shop)

● El genitivo puede utilizarse también para especificar un periodo de tiempo:
I took a *week's* holiday at Easter.

■ -'s o of?

● El apóstrofo se utiliza normalmente con personas:
Lucy's tent (Y NO the tent of Lucy)

● La construcción con **of** se utiliza normalmente con cosas:
the corner of the room (Y NO the room's corner)

Los artículos

Hay dos tipos de artículo en inglés: el indeterminado y el determinado.

I. El artículo indeterminado: 'a' o 'an'

■ Formas

- El artículo **a** se usa delante de palabras que comienzan con consonante: **a cup** • **a game**
- **a** también se usa delante de palabras que empiezan con **u** cuando la 'u' se pronuncia como la palabra **you**: **a university** • **a union**
- **an** se usa delante de palabras que comienzan con vocal: **an arm** • **an old boat**
- **an** también se usa delante de palabras que comienzan con una 'h' muda: **an honour** • **an hour**

– <u>an</u> owl

– <u>a</u> branch

■ Uso

- **a** y **an** sólo se usan con nombres contables en singular (→ *página 2*).
- **a** y **an** se utilizan para referirse a una cosa o persona por primera vez:
  Adam has bought *a* new computer game.
- **a** se utiliza delante de ciertos números:
  a dozen • **a hundred** • **a thousand** • **a million**
- **a** y **an** se usan para describir la profesión de alguien:
  Tom's father is *an* engineer

> ✗ Ten cuidado de no confundir **a** o **an** con el numeral **one**.
> Compara: – ***A*** car is no good. We need a van.
> – ***One*** car is no good. We need two or three.

2. El artículo determinado: 'the'

■ Forma

- **the** es el artículo determinado que se usa con todos los nombres:
  the table • **the world** • **the glass**

■ Uso

- **the** se usa para indicar que la persona o cosa a la que acompaña es un ejemplo específico:
  Tom dropped a book and a pen. *The* pen is green.
- **the** se utiliza cuando sólo hay una persona o cosa:
  Lucy met *the* Queen • ***The* sun is shining.**
- **the** se utiliza con instrumentos musicales: **Adam plays *the* piano.**

Los adjetivos

I. Uso de los adjetivos

■ Forma

● Los adjetivos ingleses no cambian en función del género del nombre:

a *young* **boy** • **a** *young* **girl**
young **boys** • *young* **girls**

■ Posición

● Los adjetivos pueden ir delante de un nombre:

Adam bought a *blue* **scarf.**

● También pueden ir después de verbos como be, seem, look, get:

Tom's eyes are *blue.* • **Lucy looks** *happy.*

■ Orden

● Cuando se usan varios adjetivos para describir un nombre, siguen el siguiente orden:

Tamaño/Forma + Edad + Color + Nacionalidad + Material

a *small cotton* **T-shirt** • **a** *new yellow* **bicycle**

2. Comparación del adjetivo

■ Formas

	Adjetivos cortos	Adjetivos largos
Positivo	**a** *tall* **tree**	**a** *famous* **woman**
Comparativo	**a** *taller* **tree**	**a more** *famous* **woman**
Superlativo	**the** *tallest* **tree** in the garden	**the most** *famous* **woman** in the world

■ Comparación

En general, el comparativo y el superlativo se forman como sigue:

● a los adjetivos cortos (de una sílaba) se les añade **-er** y **-est**:

fast > faster > fastest   **long > longer > longest**

<u>Ortografía</u>: *la consonante final se dobla después de una vocal breve*:

big > bigger > biggest   **fat > fatter > fattest**

● con los adjetivos largos (de dos sílabas o más) se usa **more** y **most**:

difficult > more difficult > most difficult
beautiful > more beautiful > most beautiful

● Los siguientes adjetivos tienen comparativos y superlativos irregulares:

good > better > best   **little > less > least**
bad > worse > worst   **much/many > more > most**

5

Los pronombres personales

I. Formas

	Pronombre sujeto	Pronombre objeto
Singular		
1ª persona	I	me
2ª persona	you	you
3ª persona		
– masculino	he	him
– femenino	she	her
– impersonal	one	one
– con cosas	it	it
Plural		
1ª persona	we	us
2ª persona	you	you
3ª persona	they	them

2. Uso

Los nombres en inglés no tienen género gramatical. Sin embargo, el pronombre personal cambia dependiendo del género de la persona o cosa a la que se refiere.

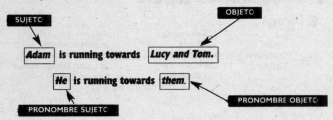

- **he** y **him** se usan para personas y animales del sexo masculino:
  Have you met Tom's uncle? *He's* a pilot.
  Do you know *him*?
- **she** y **her** se usan para personas y animales del sexo femenino:
  There's Lucy's mother. *She's* a dentist.
  Have you met *her*?
- **it** se usa para objetos y para animales cuando no se conoce su sexo:
  I bought a new car. *It's* a convertible.
  I like *it* very much.
- **you** es la misma forma para el singular y el plural, y equivale tanto a 'tú' como a 'usted'.

6

Los adjetivos y pronombres posesivos

1. Formas

	Adjetivo posesivo	Pronombre posesivo
Singular		
1ª persona	my	mine
2ª persona	your	yours
3ª persona		
– masculino	his	his
– femenino	her	hers
– impersonal	one's	
– con cosas	its	
Plural		
1ª persona	our	ours
2ª persona	your	yours
3ª persona	their	theirs

2. Uso

El adjetivo posesivo se usa delante de nombres. El pronombre posesivo se usa en lugar de la construcción '*adjetivo posesivo + nombre*' cuando el nombre o ya ha sido mencionado o es obvio.

This bike belongs to Lucy. • It's *her* bike. • It's *hers*.

- Recuerda que la elección de adjetivo o pronombre posesivo depende del género del propietario, no del objeto poseído:
  There's Tom's bike. • It's *his* bike. • It's *his*.
- Recuerda que el artículo determinado no se usa nunca con pronombres posesivos:
  This is my bag – *yours* is over there. (NO *the yours is over there*)
- Con las partes del cuerpo se usa el adjetivo posesivo:
  Adam hurt *his* leg. • Lucy broke *her* arm.

> ✗ Ten cuidado de no confundir its con it's:
> **This is my new teddy bear. *It's* brown and *its* name is 'Ted'.**
> **it's = it is   its = adjetivo posesivo**

Las preposiciones

Preposiciones de lugar

- The cat is **on** the table
- The mouse is **under** the table

- The vase is **on top of** the fireplace
- The picture is **above** the fireplace

- The tractor is **in front of** the car
- The bus is **behind** the car

- Adam is **next to** Lucy
- Tom is standing **near** Adam and Lucy
- Lucy is **between** Adam and Tom

- Lucy is **in** the tent
- The plane is flying **below** the clouds

Preposiciones de movimiento

- Tom is going **up** the steps
- Lucy is going **down** the slide

- Tom is diving **into** the pool
- Adam is getting **out of** the pool

- The cat is crawling **through** the hedge
- The dog is jumping **over** the hedge

- Lucy is walking **across** the street
- Tom is walking **along** the street

- Adam is running **towards** his friends

Los adverbios

I. Uso de los adverbios

Formas

● Los adverbios en inglés se forman normalmente añadiendo **-ly** al adjetivo:

ADJETIVO	+	-ly	→	ADVERBIO

| brave | → | brave**ly** | quick | → | quick**ly** |
| mad | → | mad**ly** | careful | → | careful**ly** |

Sin embargo, algunos adverbios se forman de manera diferente:

● **-y → -ily**

La **-y** se transforma en **-ily** en adjetivos que terminan en '*consonante* + y':

| happy | → | happ**ily** | shaky | → | shak**ily** |

● **-le → -ly**

El **-le** se transforma en **-ly** en adjetivos que terminan en **-le**:

| gentle | → | gent**ly** | simple | → | simp**ly** |

● **-ll → -lly**

A los adjetivos que terminan en **-ll** se les añade **-y**:

| full | → | full**y** | dull | → | dull**y** |

● **-ic → -ically**

A los adjetivos que terminan en **-ic** se les añade **-ally**:

| drastic | → | drastic**ally** | historic | → | historic**ally** |

● Algunos adverbios son iguales que el adjetivo:

| late | → | late | early | → | early |
| hard | → | hard | fast | → | fast |

● El adverbio de **good** es **well**.

Posición

Los adverbios pueden colocarse de la manera siguiente:

● Después de un verbo intransitivo:

Lucy's gran walks *slowly*. • **Tom went to bed *early*.**

● Después del complemento de un verbo:

Tom ate his sweets *quickly*.

(Y NO *Tom ate quickly his sweets*)

Comparación

● Los comparativos y superlativos de la mayor parte de los adverbios se forman añadiendo las palabras **more** and **most**:

Adam writes *more clearly* than Tom.

● Algunos comparativos y superlativos se forman añadiendo **-er** y **-est**:

They completed their homework *sooner* than I'd expected.

10

Los verbos

I. Formas

La mayoría de los verbos ingleses no tienen más de cinco formas. Por ejemplo, el verbo **write**:

- **Forma base:** write
- FORMA **-s** (o tercera persona del singular): Lucy **writes** letters
- FORMA **-ing** (o participio de presente): I am **writing** a letter
- el pasado: I **wrote** a letter
- el participio pasado: I have **written** a letter

2. Tiempos

■ Presente simple

☐ Formación

● El presente simple se forma así:

Forma base: play

SINGULAR   I/you *play*
              he/she/it *plays*

PLURAL   we/you/they *play*

● Con la mayor parte de los verbos, se añade
-s a la forma base después de **he/she/it**:

     eat   →   he/she/it eat**s**

I **like** ice cream.
Tom <u>likes</u> ice cream too.

● Sin embargo, cuando la forma base termina en:

   – **-o, -ss, -sh, -ch, -x** o **-z**, se añade **-es** después de **he/she/it**:

     wash   →   he/she/it wash**es**

   – '*consonante* + **y**', se reemplaza la **-y** con **-ies** después de **he/she/it**:

     cry   →   he/she/it cr**ies**

☐ Uso

El presente simple se utiliza:

- para expresar un hecho: **They are Spanish.**
- para expresar acciones que se repiten: **She plays tennis every Saturday.**
- para expresar sentimientos: I **love** chocolate.

■ Presente continuo

☐ Formación

● El presente continuo se forma así:

     BE   +   FORMA **-ing**

● La forma **-ing** is construye normalmente añadiendo **-ing** a la forma base:

     watch   →   watch**ing**   I **am watching** TV.

11

● Sin embargo, cuando la forma base termina en:
  – 'consonante + e', la -e desaparece de delante de -ing:

  take → tak**ing**   save → sav**ing**

  – -ie, la terminación se convierte en -ying: die → d**ying**
  – 'una vocal breve tónica + una consonante', la consonante normalmente se dobla: rob → rob**bing**   sit → sit**ting**

☐ Uso

El presente continuo se usa:
● para hablar de hechos que están ocurriendo:
  It**'s raining.**
● para hablar de hechos que ocurren durante un periodo de tiempo limitado incluyendo el momento actual: I**'m learning** English.
● para hablar de planes y preparativos:
  I**'m going** to the beach tomorrow.

– Adam *is reading a book*

■ Pasado simple

☐ Formación

● El pasado simple de muchos verbos se forma así:

| FORMA BASE | + | -ed | I/you/he/she/it/we/they *watched* TV |

● Sin embargo, cuando la forma base termina en:
  – 'consonante + e', a la forma base se añade -d:
    wave → wave**d**   hope → hope**d**
  – 'consonante + y', se reemplaza la -y con -ied:
    cry → cr**ied**   try → tr**ied**
  – 'una vocal breve tónica + una consonante', la consonante normalmente se dobla:
    stop → stop**ped**   tap → tap**ped**
● En la página 14 encontrarás una lista de verbos ingleses con el pasado simple irregular.

☐ Uso

El pasado simple se utiliza para describir hechos y situaciones que ya han sido finalizados: Lucy **shouted** at Tom. • I **washed** the dishes.

■ Pretérito perfecto

☐ Formación

● El pretérito perfecto se forma así:

| have | + | PARTICIPIO PASADO |

I *have eaten* my ice cream. • Adam *has arrived* home.

● Los participios pasados regulares se forman de la misma manera que el pasado simple. En la página 14 encontrarás una lista de participios pasados irregulares.

☐ Uso

El pretérito perfecto se usa:
● para hablar de hechos recientes: **Tom *has finished* his homework**.
● para hablar de hechos pasados que todavía continúan en el presente:
    I *have worked* here for three years.

3. Verbos auxiliares

Los verbos **be**, **have** y **do** son muy importantes porque además de funcionar como verbos principales, se utilizan también delante de otros verbos para formar nuevos tiempos verbales.

■ El verbo 'be'

FORMA COMPLETA	FORMA CONTRAÍDA	FORMA NEGATIVA CONTRAÍDA	PASADO SIMPLE
I am	I'm	I'm not	I was
you are	you're	you're not	you were
he/she/it is	he's/she's/it's	he/she/it isn't	he/she/it was
we are	we're	we aren't	we were
you are	you're	you aren't	you were
they are	they're	they aren't	they were
GERUNDIO ***being*** PARTICIPIO PASADO ***had***			

● El verbo **be** se usa para formar el presente continuo (*forma* **be** + -ing) y la pasiva (**be** + *participio pasado*).

■ El verbo 'have'

FORMA COMPLETA	FORMA CONTRAÍDA	FORMA NEGATIVA CONTRAÍDA	PASADO SIMPLE
I have	I've	I havent	I had
you have	you've	you haven't	you had
he/she/it has	he's/she's/it's	he/she/it hasn't	he/she/it had
we have	we've	we haven't	we had
you have	you've	you haven't	you had
they have	they've	they haven't	they had
GERUNDIO ***having*** PARTICIPIO PASADO ***had***			

● El verbo **have** se utiliza para formar el pretérito perfecto (**have** + *participio pasado*) y el pluscuamperfecto (**had** + *participio perfecto*).

■ El verbo 'do'

FORMA COMPLETA	FORMA NEGATIVA CONTRAÍDA	PASADO SIMPLE
I do	I don't	I did
you do	you don't	you did
he/she/it does	he/she/it doesn't	he/she/it did
we do	we don't	we did
you do	you don't	you did
they do	they don't	they did
GERUNDIO ***doing*** PARTICIPIO PASADO ***done***		

● El verbo **do** se utiliza para formar frases negativas e interrogativas.

Verbos irregulares del inglés

Infinitivo	Pasado simple	Partícipio pasado
arise	arose	arisen
awake	awoke	awoken
be	was/were	been
bear	bore	born(e)
beat	beat	beaten
begin	began	begun
bend	bent	bent
bet	bet/betted	bet/betted
bid	bid	bid
bind	bound	bound
bite	bit	bitten
bleed	bled	bled
blow	blew	blown
break	broke	broken
breed	bred	bred
bring	brought	brought
build	built	built
burn	burnt/burned	burnt/burned
burst	burst	burst
buy	bought	bought
can	could	-
cast	cast	cast
catch	caught	caught
choose	chose	chosen
come	came	come
cost	cost	cost
creep	crept	crept
cut	cut	cut
deal	dealt	dealt
dig	dug	dug
do	did	done
draw	drew	drawn
dream	dreamed/dreamt	dreamed/dreamt
drink	drank	drunk
drive	drove	driven
eat	ate	eaten
fall	fell	fallen
feed	fed	fed
feel	felt	felt

Infinitivo	Pretérito Simples	Particípio
fight	fought	fought
find	found	found
fling	flung	flung
fly	flew	flown
forget	forget	forgotten
freeze	froze	frozen
get	got	gotten (*Brit* got)
give	gave	given
go	went	gone
grind	ground	ground
grow	grew	grown
hang	hung/hanged	hung/hanged
have	had	had
hear	heard	heard
hide	hid	hidden
hit	hit	hit
hold	held	held
hurt	hurt	hurt
keep	kept	kept
kneel	knelt/kneeled	knelt/kneeled
know	knew	known
lay	laid	laid
lead	led	led
lean	leant/leaned	leant/leaned
leap	leapt/leaped	leapt/leaped
learn	learnt/learned	learnt/learned
leave	left	left
lend	lent	lent
let	let	let
lie	lay	lain
light	lit/lighted	lit/lighted
lose	lost	lost
make	made	made
may	might	-
mean	meant	meant
meet	met	met
mow	mowed	mown/mowed
pay	paid	paid
put	put	put

Infinitivo	Pretérito Simples	Particípio
rise	rose	risen
run	ran	run
saw	sawed	sawn
say	said	said
see	saw	seen
seek	sought	sought
sell	sold	sold
send	sent	sent
set	set	set
shake	shook	shaken
shall	should	-
shed	shed	shed
shine	shone	shone
shoot	shot	shot
show	showed	shown
shrink	shrank	shrunk
shut	shut	shut
sing	sang	sung
sink	sank	sunk
sit	sat	sat
sleep	slept	slept
slide	slid	slid
sling	slung	slung
smell	smelt/smelled	smelt/smelled
sow	sowed	sown/sowed
speak	spoke	spoken
speed	sped/speeded	sped/speeded
spell	spelt/spelled	spelt/spelled
spend	spent	spent
spill	spilt/spilled	spilt/spilled
spin	spun	spun
spit	spat	spat
split	split	split
spoil	spoiled/spoilt	spoiled/spoilt
spread	spread	spread
spring	sprang	sprung
stand	stood	stood
steal	stole	stolen
stick	stuck	stuck
sting	stung	stung

Infinitivo	Pretérito Simples	Particípio
stink	stank	stunk
strike	struck	struck/stricken
swear	swore	sworn
sweep	swept	swept
swell	swelled	swollen/swelled
swim	swam	swum
swing	swung	swung
take	took	taken
teach	taught	taught
tear	tore	torn
tell	told	told
think	thought	thought
throw	threw	thrown
tread	trod	trodden
wake	woke/waked	woken/waked
wear	wore	worn
weave	wove/weaved	woven/weaved
weep	wept	wept
win	won	won
wind	wound	wound
wring	wrung	wrung
write	wrote	written

Los números

1. Números cardinales

Los números cardinales se usan para contar. Los más importantes son:

0	zero	18	eighteen	70	seventy
1	one	19	nineteen	80	eighty
2	two	20	twenty	90	ninety
3	three	21	twenty-one	100	one hundred
4	four	22	twenty-two	101	one hundred and one
5	five	23	twenty-three		
6	six	24	twenty-four	102	one hundred and two
7	seven	25	twenty-five		
8	eight	26	twenty-six	110	one hundred and ten
9	nine	27	twenty-seven		
10	ten	28	twenty-eight	200	two hundred
11	eleven	29	twenty-nine	201	two hundred and one
12	twelve	30	thirty		
13	thirteen	31	thirty-one	202	two hundred and two
14	fourteen	32	thirty-two		
15	fifteen	40	forty	300	three hundred
16	sixteen	50	fifty	400	four hundred
17	seventeen	60	sixty	500	five hundred

1,000	one thousand	10,000	ten thousand
1,001	one thousand and one	100,000	one hundred thousand
1,002	one thousand and two		
1,100	one thousand one hundred	1,000,000	one million
1,200	one thousand two hundred	2,000,000	two million
2,000	two thousand	1,000,000,000	one billion

● En inglés, algunos números como **one thousand** o **forty million** suelen ir con comas y no con puntos (**1,000**; **40,000,000**) o también separados por espacios (**1 000**; **40 000 000**); si tienen sólo cuatro cifras pueden ir todos juntos (**1000**).

2. Números ordinales

Los números ordinales se usan para poner cosas en orden:

1st	first	10th	tenth	72nd	seventy-second
2nd	second	11th	eleventh	83rd	eighty-third
3rd	third	12th	twelfth	94th	ninety-fourth
4th	fourth	13th	thirteenth	100th	one hundredth
5th	fifth	20th	twentieth	101st	one hundred and first
6th	sixth	30th	thirtieth	1,000th	one thousandth
7th	seventh	40th	fortieth		
8th	eighth	50th	fiftieth		
9th	ninth	61st	sixty-first		

La fecha

- La manera más normal de preguntar la fecha es:

    What date is it today?
    What's the date today?
    What's today's date?

- La respuesta se haría de la siguiente manera:

    It's July fifth (un hablante norteamericano)
    It's July the fifth ⎱
    It's the fifth of July ⎰ (un hablante británico)

- Ésta es otra diferencia importante entre el inglés norteamericano y el británico: el **8.10.02** en los Estados Unidos es el 10° día del 8° mes (= **10 August 2002**), mientras que en Gran Bretaña es el 8° día del 10° mes (= **8 October 2002**).

Los días de la semana son:

Monday
Tuesday
Wednesday
Thursday
Friday
Saturday
Sunday

Los meses del año son:

January
February
March
April
May
June
July
August
September
October
November
December

- Fíjate que los días de la semana y los meses del año siempre empiezan con mayúscula en inglés.

La hora

● La manera más normal de preguntar la hora es:

What time is it?
What's the time?

● Éstas son algunas de las posibles respuestas:
[*Am = inglés norteamericano; Br = inglés británico*]

it's five o'clock OR **it's five a.m. / p.m.**

it's five past five / five after five *Am*

it's (a) quarter past five / (a) quarter after five *Am*

it's five thirty / half past five *Br*

it's twenty-five to six / twenty-five of six *Am*

it's (a) quarter to six / (a) quarter of six *Am*

it's one o'clock (in the morning/afternoon)

it's twelve noon / it's midnight

Falsos amigos

Los falsos amigos son pares de palabras en dos idiomas, de apariencia o sonido similar, pero con significados diferentes. A continuación encontrará algunos ejemplos comunes de los falsos amigos en inglés y en español. Primero aparece la palabra en inglés y un ejemplo de su uso, seguidos por la traducción al español. Después aparece la palabra que se le asemeja en español con su ejemplo, junto con su traducción al inglés. Comparándolas así es fácil observar que aunque dos palabras tengan aspecto similar, sus significados pueden ser muy diferentes.

ass ≠ as

He's such an *ass!* → ¡Es tan *burro!*

¡Eres un verdadero *as* para los negocios! → You're an *ace* businessman!

actual ≠ actual

It's an *actual* case. → Es un caso *real*.

El gobierno *actual* se encuentra indefenso. → The *present* government seems defenceless.

actually ≠ actualmente

They are not *actually* related. → No son familia *realmente*.

Actualmente es lo mejor del mercado. → It's the best thing on the market *at the moment*.

balloon ≠ balón

The *balloon* went up in the air. → El *globo* subió por los aires.

El *balón* estaba ponchado. → The *ball* was punctured.

conductor ≠ conductor

Here's the *conductor* asking for the tickets. → Aquí viene el *revisor* para checar los boletos.

Es *conductor* de autobús. → He's a bus *driver*.

content ≠ contento

He's *content* with his fate. → *Se conforma* con su suerte.

Estoy muy *contento* de verte. → I'm very *happy* to see you.

contest ≠ contestar

I am not going to *contest* that. → No voy a *discutir* eso.

No ha *contestado* a la pregunta. → She hasn't *answered* the question.

creature ≠ criatura

All sorts of strange *creatures* were wriggling around in the soil. → Todo tipo de *seres extraños* se arrastraban por el suelo.

La pobre *criatura* no dejaba de llorar. → The poor *child* won't stop crying.

current ≠ corriente

At the *current* prices we wouldn't be able to buy it. → A los precios *actuales* no podríamos comprarlo.

No es un método *corriente*. → It's not a *common* method.

demand ≠ demandar

I *demand* to know the reason. → *Exijo* saber la razón.

Han *demandado* al periódico. → They've *sued* the newspaper.

emotional ≠ emocionante

It was a very *emotional* meeting. → Fue un encuentro muy *emotivo*.

El argumento del libro es muy *emocionante*. → The plot of the book is very *exciting*.

eventual ≈ eventual

What was the *eventual* outcome of the negociations? → ¿Cuál fue el resultado *final* de las negociaciones?

Enfrentados a una *eventual* derrota, decidieron conceder el partido. → Faced with a *possible* defeat, they decided to give up.

eventually ≈ eventualmente

When we *eventually* convinced him... → Cuando *finalmente* lo convencimos...

Las objeciones que *eventualmente* pudieran surgir en la reunión... → The objections which might *possibly* arise in the meeting...

fastidious ≈ fastidioso

She is very *fastidious* with her food. → Es muy *maniática* para la comida.

¡Qué hombre más *fastidioso*! → What an *irritating* man!

floor ≈ flor

I had left my jacket on the *floor*. → Había dejado la chaqueta en el *suelo*.

No pises las *flores*. → Keep off the *flowers*.

gracious ≈ gracioso

She gave me a *gracious* smile. → Me dirigió una sonrisa *cortés*.

Es muy *graciosa*. → She's very *funny*.

humid ≈ húmedo

A very *humid* climate. → Un clima muy *bochornoso*.

La pared está *húmeda*. → The wall is *damp*.

library ≈ librería

I have to return these books to the *library*. → Tengo que devolver estos libros a la *biblioteca*.

Una *librería* especializada en literatura infantil. → A *bookshop* specialising in children's literature.

luxury ≈ lujuria

The shop sells *luxury* items. → La tienda vende artículos *de lujo*.

Una mirada *de lujuria*. → A *lecherous* look.

molest ≈ molestar

He is accused of *molesting* children. → Se le acusa de *abusar sexualmente* de unos niños.

No quiero *molestarte*. → I don't want to *disturb* you.

notice ≈ noticia

There's a *notice* on the board. → Hay un *aviso* en el tablero.

Tengo una buena *noticia*. → I've got some good *news*.

notorious ≈ notorio

He's *notorious* for being late. → Tiene *mala fama* porque siempre llega tarde.

Su interés era *notorio*. → His interest was *obvious*.

pan ≈ pan

Put a litre of milk in a *pan*. → Pon un litro de leche en una *cacerola*.

Saca el *pan* del horno. → Take the *bread* out of the oven.

to be particular ≈ ser particular

He's very *particular* about his clothes. → Es muy *especial* para la ropa.

Es un tipo muy *particular*. → He is a very *peculiar* person.

pie ≈ pie

Warm the *pies* in the oven. → Calienta las *empanadas* en el horno.

Unos calcetines que mantienen los *pies* calientes. → A pair of socks that keep your *feet* warm.

rest ≈ restar

Let's *rest* for a while → Vamos a *descansar* un poco.

Intentó *restar* la cantidad mentalmente → He tried to *subtract* the amount in his head.

22

senior ≠ señor

Mr Abraham *senior.* → El señor Abraham *padre.*

El *señor* Ramírez al teléfono. → *Mr* Ramírez on the phone.

sensible ≠ sensible

Be *sensible!* You can't do it on your own. → Se *razonable*, no lo puedes hacer tú sola.

Es un niño muy *sensible* al que se le puede hacer daño fácilmente. → He's a very *sensitive* child and gets hurt easily.

support ≠ soportar

These columns *support* the weight. → Estas columnas *aguantan* el peso.

No *soporto* a su marido. → I can't *stand* her husband.

sympathetic ≠ simpático

Try to be a bit more *sympathetic.* → Intenta ser un poco más *comprensivo.*

Tu hermana es muy *simpática.* → Your sister is very *friendly.*

tap ≠ tapa

Turn the *tap* on. → Abre el *grifo.*

Sa ha roto la *tapa.* → The *lid* is broken.

vase ≠ vaso

Put the flowers in a *vase.* → Pon las flores en un *jarrón.*

¿Me das un *vaso* de agua? → Could I have a *glass* of water?

English-Spanish

A

a [ə, ā], **an** [ən, ăn] *art indef* un <*a book* un libro>; *(per)* a, por, cada, el <*twice an hour* dos veces por hora>.

aback [ə-băk'] *adv* ♦ **to be taken aback** quedar desconcertado.

abandon [ə-băn'dən] **-1** *vt* abandonar ♦ **to abandon oneself to** entregarse a **-2** *s* abandono, desenfreno.

abash [ə-băsh'] *vt* avergonzar.

abate [ə-bāt'] *vi* menguar, amainar.

abbey [ăb'ē] *s* abadía, convento.

abbot [ăb'ət] *s* abad.

abbreviate [ə-brē'vē-āt'] *vt* abreviar.

abbreviation [-'-ā'shən] *s (shortening)* abreviación f; *(shortened form)* abreviatura.

abdicate [ăb'dĭ-kāt'] *vt & vi* abdicar.

abdomen [ăb'də-mən] *s* abdomen m; vientre m.

abduct [ăb-dŭkt'] *vt* secuestrar, raptar.

aberration [ăb'ə-rā'shən] *s* aberración f.

abet [əbĕt'] *vt* **-tt-** ♦ **to aid and abet** ser cómplice de.

abeyance [ə-bā'əns] *s* ♦ **in abeyance** en suspenso.

abhor [ăb-hôr'] *vt* **-rr-** aborrecer, detestar.

abide [ə-bīd'] *vt* **-d** *or* **abode** tolerar, soportar ♦ **to abide by** cumplir con, acatar.

ability [ə-bĭl'ĭ-tē] *s (skill)* capacidad f, habilidad f; *(talent)* aptitud f.

abject [ăb'jĕkt'] *adj* abyecto, vil.

ablaze [ə-blāz'] *adj* ardiente, encendido.

able [ā'bəl] *adj* **-er, -est** capaz, hábil ♦ **to be able to** poder, ser capaz (de).

able-bodied [:bŏd'ēd] *adj* sano.

ably [ā'blē] *adv* hábilmente, diestramente.

abnormal [ăb-nôr'məl] *adj* anormal.

aboard [ə-bôrd'] *adv & prep* a bordo (de).

abolish [ə-bŏl'ĭsh] *vt* abolir, eliminar.

abolition [ăb'ə-lĭsh'ən] *s* abolición f.

aborigine [ăb'ə-rĭj'ə-nē] *s* aborigen m/f, indígena m/f.

abort [ə-bôrt'] *vt & vi* abortar.

abortion [ə-bôr'shən] *s* aborto.

abortive [:tĭv] *adj* fracasado, frustrado.

abound [ə-bound'] *vi* abundar.

about [ə-bout'] **-1** *prep (concerning)* acerca de, sobre; *(with regard to)* con respecto a; *(approximately)* alrededor de <*about ten o'clock* alrededor de las diez> ♦ **how about that!** ¡qué te parece! • **how about you?** ¿y tú? • **to be about to** estar a punto de **-2** *adv* aproximadamente; *(all around)* aquí y allá, por todas partes.

above [ə-bŭv'] **-1** *adv* en lo alto, encima; *(in a text)* más arriba ♦ **above all** sobre todo **-2** *prep* sobre, por encima de.

aboveboard [:bôrd'] *adj* franco, abierto.

above-mentioned [:mĕn'shənd] *adj* anteriormente citado, de referencia.

abrasive [əbrā'sĭv] *adj & s* abrasivo.

abreast [ə-brĕst'] *adv* en línea ♦ **to keep abreast of** mantenerse al corriente de.

abridge [ə-brĭj'] *vt* abreviar, condensar.

abroad [ə-brôd'] *adv* en el extranjero ♦ **to go abroad** ir al extranjero.

abrupt [ə-brŭpt'] *adj (curt)* brusco; *(sudden)* repentino.

abscess [ăb'sĕs'] *s* absceso.

absence [ăb'səns] *s* ausencia, falta.

absent [ăb'sənt] *adj* ausente.

absentee [ăb'sən-tē'] *s* ausente m/f.

absenteeism [:ĭz'əm] *s* absentismo.

absent-minded [ăb'sənt-mīn'dĭd] *adj* distraído.

absolute [ăb'sə-lōot'] *adj* absoluto.

absolve [ăb-zŏlv'] *vt* absolver.

absorb [əb-sôrb'] *vt* absorber.

absorbed [əb-sôrbd'] *adj* absorto, abstraído.

absorbent [əb-sôr'bənt] *adj & s* absorbente m.

absorption [əb-sôrp'shən] *s* absorción f.

abstain [ăb-stān'] *vi* abstenerse *(from* de).

abstinence [ăb'stə-nəns] *s* abstinencia.

abstract -1 *adj* [ăb-străkt'] abstracto **-2** *s* ['] sumario, resumen m ♦ **in the abstract** en abstracto.

absurd [əb-sûrd´] *adj* absurdo, ridículo.

abundant [ə-bŭn´-dənt] *adj* abundante.

abuse -1 *vt* [ə-byōōz´] abusar de; *(to hurt)* maltratar; *(to berate)* insultar -2 *s* [ə-byōōs´] abuso; *(insult)* insulto.

abusive [ə-byōō´sĭv] *adj* insultante.

abysmal [ə-bĭz´məl] *adj* malísimo, pésimo.

abyss [ə-bĭs´] *s* abismo.

academic [ăk´ĕdĕm´ĭk] -1 *adj* académico, universitario; *(speculative)* teórico -2 *s* catedrático.

academy [ə-kăd´ə-mē] *s* academia.

accelerate [ăk-sĕl´ə-rāt´] *vt* acelerar, apresurar -*vi* apresurarse, darse prisa.

accelerator [:rā´tər] *s* acelerador *m.*

accent [ăk´sĕnt] *s* acento.

accept [ăk-sĕpt´] *vt* aceptar; *(to admit)* admitir.

acceptable [ăk-sĕp´tə-bəl] *adj* aceptable.

acceptance [:təns] *s* aceptación *f.*

access [ăk´sĕs] *s* acceso, entrada.

accessible [-´ə-bəl] *adj* accesible.

accessory [ăk-sĕs´ə-rē] *s* accesorio; DER cómplice *m/f.*

accident [ăk´sĭ-dənt] *s (mishap)* accidente *m; (chance)* casualidad *f* ♦ **by accident** por casualidad.

accidentally [´-dĕn´tl-ē] *adv (by chance)* por casualidad; *(unintentionally)* sin querer.

acclaim [ə-klām´] -1 *vt* aclamar, ovacionar -2 *s* aclamación *f,* ovación *f.*

acclimate [ăk´lə-māt´] *vt & vi* aclimatar(se).

accolade [ăk´ə-lād´] *s* elogio.

accommodate [ə-kŏm´ə-dāt´] *vt (to oblige)* complacer; *(to hold)* dar cabida a.

accommodating [:dā´tĭng] *adj* solícito.

accommodation [-´-dā´shən] *s* alojamiento.

accompany [ə-kŭm´pə-nē] *vt* acompañar.

accomplice [ə-kŏm´plĭs] *s* cómplice *m/f.*

accomplish [ə-kŏm´plĭsh] *vt* lograr, realizar.

accomplished [:plĭsht] *adj* consumado.

accomplishment [:plĭsh-mənt] *s (completion)* realización *f,* logro; *(skill)* pericia.

accord [ə-kôrd´] -1 *vt* conceder -2 *s* acuerdo ♦ **of one's own accord** de propia voluntad.

accordance [ə-kôr´dns] *s* ♦ **in accordance with** de conformidad con.

accordingly [:dĭng-lē] *adv (in keeping with)* en conformidad; *(consequently)* por consiguiente.

according to *prep* conforme a, según.

accordion [ə-kôr´dē-ən] *s* acordeón *m.*

accost [ə-kôst´] *vt* abordar, dirigirse a.

account [ə-kount´] -1 *s (report)* informe *m;* COM cuenta ♦ **of no account** de poca monta • **on account of** a causa de, por • **on no account** de ninguna manera • **to take into account** tomar en cuenta ♦ *pl* COM estado de cuenta -2 *vi* ♦ **to account for** dar razón de.

accountable [ə-koun´tə-bəl] *adj* responsable *(for* por).

accountant [:tənt] *s* contador *m;* contable *m/f.*

accredited [ə-krəd´d´-tĭd] *adj* autorizado.

accrue [ə-krōō´] *vi* acumularse.

accumulate [ə-kyōōm´yə-lāt´] *vt & vi* acumular(se), amontonar(se).

accuracy [ăk´yər-ə-sē] *s* exactitud *f,* precisión *f.*

accurate [ăk´yər-ĭt] *adj* exacto, preciso.

accusation [ăk´yə-zā´shən] *s* acusación *f.*

accuse [ə-kyōōz´] *vt* acusar.

accused [ə-kyōōzd´] *adj* acusado ♦ **the accused** el acusado.

accustomed [ə-kŭs´təmd] *adj* acostumbrado a.

ace [ās] *s* as *m.*

ache [āk] -1 *vi* doler -2 *s* dolor *m.*

achieve [ə-chēv´] *vt* llevar a cabo, lograr.

achievement [:mənt] *s (act)* realización *f; (accomplishment)* logro.

acid [ăs´ĭd] -1 *s* ácido -2 *adj* ácido; *(sour)* agrio.

acknowledge [ăk-nŏl´ĭj] *vt* reconocer; *(a gift)* agradecer ♦ **to acknowledge receipt of** acusar recibo de.

acknowledg(e)ment [ăj-mənt] *s* reconocimiento; *(receipt)* acuse *m* de recibo.

acne [ăk′nē] *s* acné *m*.

acorn [ā′kôrn′] *s* bellota.

acoustic/tical [ə-kōō′stĭk] *adj* acústico ♦ **acoustics** *s sg* acústica.

acquaint [ə-kwānt′] *vt* poner al corriente ♦ **to be acquainted** conocerse • **to be acquainted with** conocer, estar al corriente de.

acquaintance [ə-kwān′təns] *s (knowledge)* conocimiento; *(person)* conocido.

acquiesce [ăk′wē-ĕs′] *vi* consentir.

acquire [ə-kwīr′] *vt* adquirir, obtener.

acquisition [ăk′wĭ-zĭsh′ən] *s* adquisición *f*.

acquisitive [ə-kwĭz′ĭ-tĭv] *adj* codicioso.

acquit [ə-kwĭt′] *vt* -**tt**- absolver, exculpar ♦ **to acquit oneself** portarse, conducirse.

acquittal [:l] *s* absolución *f*.

acre [ā′kər] *s* acre *m*.

acrid [ăk′rĭd] *adj* acre, cáustico.

acrobat [ăk′rə-băt′] *s* acróbata *m/f*.

acronym [ăk′rə-nĭm′] *s* siglas.

across [ə-krôs′] -**1** *prep (through)* por, a través de; *(on the other side of)* al *or* en el otro lado de -**2** *adv (on the other side)* del otro lado; *(crosswise)* transversalmente ♦ **to be ten feet across** tener diez pies de ancho • **to go across** atravesar, cruzar.

acrylic [ə-krĭl′ĭk] *adj* acrílico.

act [ăkt] -**1** *vi* actuar; *(to behave)* comportarse -*vt* representar, hacer el papel de -**2** *s (action)* acto; *(deed)* acción *f*; *(performance)* número; TEAT acción *f*; *(pretense)* simulación *f*; *(a law)* ley *f*.

acting [ăk′tĭng] -**1** *adj* interino, suplente -**2** *s* TEAT actuación *f*.

action [ăk′shən] *s* acción *f*; *(act)* acto; MIL acción *f*, de guerra ♦ **to put out of action** inutilizar • **to take action** tomar medidas ♦ *pl* conducta.

activate [ăk′tə-vāt′] *vt* activar.

active [ăk′tĭv] *adj* activo; *(energetic)* enérgico.

activist [ăk′tə-vĭst] *adj & s* activista *m/f*.

activity [ăk-tĭv′ĭ-tē] *s* actividad *f*.

actor [ăk′tər] *s* actor *m*.

actress [ăk′trĭs] *s* actriz *f*.

actual [ăk′chōō-əl] *adj* real, verdadero.

actually [′-ə-lē] *adv* en realidad.

acumen [ə-kyōō′mən] *s* perspicacia.

acute [ə-kyōōt′] *adj* agudo.

ad [ăd] *s* FAM anuncio.

adamant [ăd′ə-mənt] *adj* inflexible.

adapt [ə-dăpt′] *vt & vi* adaptar(se).

adaptable [ə-dăp′tə-bəl] *adj* adaptable.

adapter/tor [ə-dăp′tər] *s* adaptador *m*.

add [ăd] *vt* añadir, agregar; MAT sumar ♦ **to add up** FAM tener sentido.

adder [ăd′ər] *s* víbora.

addict -**1** *vt* [ə-dĭkt′] ♦ **addicted to** *(drugs)* adicto a; FAM entregado a -**2** *s* [ăd′ĭkt] adicto, fanático.

addiction [ə-dĭk′shən] *s* vicio; FAM afición *f*.

addictive [:tĭv] *adj* que forma hábito.

addition [ə-dĭsh′ən] *s* adición *f*; MAT suma ♦ **in addition** además, también.

additive [ăd′ĭ-tĭv] *s* aditivo.

address -**1** *s* [ə-drĕs′, ăd′rĕs′] *(postal)* dirección *f*, señas; *(lecture)* discurso ♦ **home address** (dirección de) domicilio -**2** *vt* [ədrĕs′] *(a person)* dirigirse a; *(a group)* dar un discurso a; *(letter)* dirigir.

adept [ə-dĕpt′] *adj* perito.

adequate [ăd′ĭ-kwĭt] *adj* adecuado.

adhere [ăd-hîr′] *vi (to stick)* pegarse; *(to follow)* ceñirse.

adhesive [ăd-hē′sĭv] *adj* adhesivo ♦ **adhesive tape** cinta adhesiva.

adjacent [ə-jā′sənt] *adj* adyacente, contiguo.

adjective [ăj′ĭk-tĭv] *s* adjetivo.

adjoining [ə-joi′nĭng] *adj* contiguo.

adjourn [ə-jûrn′] *vt* suspender, levantar (una sesión) -*vi* aplazarse.

adjust [ə-jŭst′] *vt (to fit)* ajustar; *(to fix)* arreglar; *(to adapt)* adaptar.

adjustable [ə-jŭs′tə-bəl] *adj* ajustable.

adjustment [ə-jŭst′mənt] *s* ajuste *m*; *(fixing)* arreglo.

ad lib [ăd lĭb′] *adv* de manera improvisada.

administer [ăd-mĭn′ĭ-stər] *vt* administrar.

administration [-′-strā′shən] *s* administración *f*, manejo; POL dirección *f*, gobierno ♦ **the Administration** el gobierno.

admiral [ăd′mər-əl] *s* almirante *m*.

admiration [ăd′mə-rā′shən] *s* admiración *f*.

admire [ăd-mīr′] vt admirar.
admirer [:ər] s admirador m.
admission [ăd-mĭsh′ən] s (fee) entrada; (acceptance) ingreso (al foro, universidad); (confession) admisión, concesión f.
admit [ăd-mĭt′] vt -tt- (to let in) admitir, dar entrada a; (to confess) confesar, reconocer.
admittance [:ns] s entrada.
admonish [ăd-mŏn′ĭsh] vt amonestar.
adolescence [ăd′l-ĕs′əns] s adolescencia.
adolescent [:ənt] s & adj adolescente m/f.
adopt [ə-dŏpt′] vt adoptar.
adopted [ə-dŏp′tĭd] adj (a child) adoptivo.
adoption [:shən] s adopción f.
adore [ə-dôr′] vt adorar.
adorn [ə-dôrn′] vt adornar, decorar.
adrift [ə-drĭft′] adv & adj a la deriva.
adult [ə-dŭlt′, ăd′ŭlt′] s adulto ♦ pl mayores.
adultery [ə-dŭl′tə-rē] s adulterio.
advance [ăd-văns′] -1 vt avanzar, adelantar; (to lend) anticipar -vi avanzar -2 s avance m; (progress) progreso; (loan) anticipo ♦ pl propuesta amorosa -3 adj adelantado, anticipado ♦ in advance por anticipado, de antemano.
advanced [ăd-vănst′] adj (in level, degree) avanzado, superior; (in time, ability) adelantado.
advantage [ăd-văn′tĭj] s ventaja ♦ to take advantage of aprovechar.
advantageous [′-tā′jəs] adj ventajoso.
advent [ăd′vĕnt′] s advenimiento, llegada.
adventure [ăd-vĕn′chər] s aventura.
adventurous [:əs] adj aventurero.
adverb [ăd′vûrb′] s adverbio.
adversary [ăd′vər-sĕr′ē] s adversario.
adverse [ăd-vûrs′, ″] adj adverso.
adversity [ăd-vûr′sĭ-tē] s adversidad f.
advertise [ăd′vər-tīz′] vt anunciar ♦ to advertise for buscar por medio de avisos -vi poner un anuncio.
advertisement [:mənt, ăd-vûr′tĭs-] s anuncio.
advertiser [ăd′vər-tī′zər] s anunciante m/f.

advertising [:zĭng] s publicidad f.
advice [ăd-vīs′] s consejo ♦ to take advice seguir el consejo.
advisable [ăd-vī′zə-bəl] adj prudente.
advise [ăd-vīz′] vt aconsejar; (to notify) notificar.
adviser/sor [ăd-vī′zər] s consejero, asesor m.
advisory [:zə-rē] adj consultivo, asesor.
advocate -1 vt [ăd′və-kāt′] abogar por (causa, idea) -2 s [or :kĭt] defensor m, partidario, GB abogado.
aerial [âr′ē-əl] -1 adj aéreo, de aire -2 s antena.
aerosol [âr′ə-sôl′] s aerosol m.
aesthetic [ĕs-thĕt′ĭk] adj estético.
afar [ə-fär′] adv ♦ from afar de lejos.
affair [ə-fâr′] s (business) asunto; (liaison) amorío.
affect [ə-fĕkt′] vt afectar.
affected [ə-fĕk′tĭd] adj afectado.
affection [:shən] s afecto, cariño.
affectionate [:shə-nĭt] adj afectuoso, cariñoso.
affiliate [ə-fĭl′ē-āt′] vt & vi afiliar(se), asociar(se) (with a).
affinity [ə-fĭn′ĭ-tē] s afinidad f, semejanza.
affirm [ə-fûrm′] vt afirmar, aseverar.
affirmative [ə-fûr′mə-tĭv] -1 adj afirmativo -2 s afirmativa.
affix [ə-fĭks′] vt (to attach) pegar; (a signature) poner.
afflict [ə-flĭkt′] vt afligir, acongojar.
affluence [ăf′lōō-əns] s riqueza, opulencia.
affluent [:ənt] adj rico, opulento.
afford [ə-fôrd′] vt (monetarily) tener con qué comprar; (to provide) proporcionar, dar.
affront [ə-frŭnt′] s afrenta.
afield [ə-fēld′] adv ♦ far afield muy lejos.
afloat [ə-flōt′] adv (floating) a flote; (at sea) a bordo.
afoot [ə-fŏŏt′] adv FIG en marcha.
afraid [ə-frād′] adj asustado ♦ to be afraid (of) tener miedo (de, a) • to be afraid that temer que.
afresh [ə-frĕsh′] adv de nuevo, otra vez.
after [ăf′tər] -1 prep (in place, order) después de, detrás de; (in time) des-

pués de; *(following)* tras <day after day día tras día>; *(in pursuit of)* en pos, tras ♦ **after all** al fin y al cabo **-2** *conj* después (de) que **-3** *adv (afterward)* después; *(behind)* atrás.

aftereffect [:ĭ-fĕkt´] *s* consecuencia.

afterlife [:līf´] *s* vida venidera.

aftermath [:măth´] *s* consecuencias, resultados.

afternoon [:nōōn´] *s* tarde *f* ♦ **good afternoon!** ¡buenas tardes!

aftertaste [:tăst´] *s (taste)* dejo, resabio; FIG sabor *m*, impresión *f*.

afterward(s) [:wərd[z]] *adv* después, luego.

again [ə-gĕn´] *adv* otra vez, de nuevo ♦ **again and again** una y otra vez.

against [ə-gĕnst´] *prep (touching)* contra; *(in opposition to)* en contra de.

age [āj] **-1** *s* edad *f*; *(era)* época, era ♦ **to come of age** llegar a la mayoría de edad • **under age** menor de edad **-2** *vt & vi* envejecer.

aged [ā´jĭd] *adj (old)* anciano; *(of the age of)* de la edad de.

agency [ā´jən-sē] *s (a means)* medio; *(business)* agencia.

agenda [ə-jĕn´də] *s* agenda, temario.

agent [ā´jənt] *s* agente *m/f*, representante *m/f*.

aggravate [ăg´rə-vāt´] *vt (to worsen)* agravar; *(to annoy)* exasperar.

aggregate [ăg´rĭ-gĭt] *adj & s* agregado.

aggression [ə-grĕsh´ən] *s* agresión *f*.

aggressive [ə-grĕs´ĭv] *adj (hostile)* agresivo; *(assertive)* emprendedor.

aggrieve [ə-grēv´] *vt* apenar, afligir.

aghast [ə-găst´] *adj* espantado, horrorizado.

agile [ăj´əl, ăj´īl´] *adj* ágil, ligero.

agitate [ăj´ĭ-tāt´] *vt (physically)* agitar; *(to upset)* inquietar.

ago [ə-gō´] *adj & adv* hace <two years ago hace dos años> ♦ **how long ago?** ¿cuánto tiempo hace?

agog [ə-gŏg´] *adj* ansioso, anhelante.

agonize [ăg´ə-nīz´] *vi* atormentarse.

agony [:nē] *s (pain)* dolor *m*; *(anguish)* angustia.

agree [ə-grē´] *vi (to consent)* consentir, acceder (to a); *(to concur)* estar de acuerdo, coincidir; *(to match)* corresponder, concordar ♦ **don't you agree?**

¿no le parece? • **to agree that** quedar en • **to agree with one** sentarle bien.

agreeable [:ə-bəl] *adj* agradable.

agreed [ə-grēd´] *adj* convenido, entendido.

agreement [ə-grē´mənt] *s (accord)* concordancia; *(contract)* acuerdo ♦ **in agreement with** de acuerdo con.

agricultural [ăg´rĭ-kŭl´chər-əl] *adj* agrícola.

agriculture [ăg´rĭ-kŭl´chər] *s* agricultura.

aground [ə-ground´] *adv* ♦ **to run aground** encallar.

ahead [ə-hĕd´] *adv (at or to the front)* delante; *(in advance)* por adelantado ♦ **ahead of** antes que • **go ahead!** ¡adelante! • **to be ahead of** llevar ventaja a.

aid [ād] **-1** *vt & vi* ayudar, auxiliar **-2** *s* ayuda, auxilio ♦ **first aid** primeros auxilios.

AIDS [ādz] *s* SIDA.

ailment [āl´mənt] *s* dolencia, enfermedad *f*.

aim [ām] **-1** *vt* apuntar *-vi (to aspire)* aspirar **-2** *s (of a weapon)* puntería; *(goal)* objetivo ♦ **to take aim at** apuntar a.

aimless [:lĭs] *adj* sin objeto, a la deriva.

ain't [ānt] FAM *contr de* **am not, is not, are not, has not,** y **have not.**

air [âr] **-1** *s* aire *m*; *(aura)* apariencia ♦ **air conditioning** aire acondicionado • **air force** fuerza aérea • **air mattress** colchón de aire • **to be on the air** RAD, TELEV estar emitiéndose **-2** *vt* ventilar; FIG hacer público, divulgar.

airborne [âr´bôrn´] *adj (by aircraft)* aerotransportado; *(pollen, seeds)* llevado por el aire.

aircraft [âr´krăft´] *s inv* nave aérea ♦ **aircraft carrier** portaaviones.

airfield [âr´fēld´] *s* campo de aviación.

airlift [âr´lĭft´] *s* puente aéreo.

airline [âr´līn´] *s* aerolínea.

airliner [âr´lī´nər] *s* avión *m* de pasajeros.

airmail [âr´māl´] *s* ♦ **by airmail** por vía aérea.

airplane [âr´plăn´] *s* avión *m*, aeroplano.

airport [âr´pôrt´] *s* aeropuerto, aeródromo.

airsick [âr'sĭk'] adj mareado (en avión).

airstrip [âr'strĭp'] s pista de aterrizaje.

airtight [âr'tīt'] adj hermético.

airy [âr'ē] adj -i- (breezy) bien ventilado; (delicate) ligero; (light-hearted) alegre.

aisle [īl] s pasillo; (of church) nave f.

ajar [ə-jär'] adv & adj entreabierto.

akin [ə-kĭn'] adj ♦ akin to parecido a.

alacrity [ə-lăk'rĭ-tē] s presteza, prontitud f.

alarm [ə-lärm'] -1 s alarma ♦ alarm clock (reloj) despertador -2 vt alarmar.

albeit [ôl-bē'ĭt] conj aunque, si bien.

album [ăl'bəm] s álbum m; (record) elepé m.

alcohol [ăl'kə-hôl'] s alcohol m.

alcoholic ['-hô'lĭk] adj & s alcohólico.

alcove [ăl'kōv'] s trasalcoba.

alderman [ôl'dər-mən] s |pl -men| concejal m.

ale [āl] s ale f.

alert [ə-lûrt'] -1 adj alerta -2 s alarma ♦ to be on the alert estar sobre aviso -3 vt alertar.

algebra [ăl'jə-brə] s álgebra.

alias [ā'lē-əs] -1 s alias m -2 adv alias.

alibi [ăl'ə-bī'] s DER coartada.

alien [ā'lē-ən] -1 adj (foreign) extranjero; (unfamiliar) ajeno, extraño ♦ alien to contrario a -2 s extranjero.

alienate [āl'yə-nāt'] vt enajenar.

alight[1] [ə-līt'] vi -ed or alit bajar, apearse.

alight[2] adj iluminado.

align [ə-līn'] vt & vi alinear(se).

alike [ə-līk'] -1 adj semejante -2 adv igualmente.

alimony [ăl'ə-mō'nē] s pensión f (por divorcio or separación).

alive [ə-līv'] adj vivo.

all [ôl] -1 adj todo ♦ and all that y otras cosas por el estilo • of all things! ¡imagínate! -2 pron todo(s), todo el mundo ♦ above all sobre todo • after all al fin y al cabo • all in all en resumen • not at all nada, en absoluto; (you're welcome) no hay de qué • that's all eso es todo, nada más -3 adv (completely) completamente; (apiece) por (cada) bando <a score of five al cinco puntos por bando> ♦ all over (finished) terminado; (everywhere) por todas partes

• **all the better, worse** tanto mejor, peor • **all too** demasiado, muy.

allay [ə-lā'] vt calmar, aquietar.

allegation [ăl'ĭ-gā'shən] s alegación f.

allege [ə-lĕj'] vt alegar; sostener.

allegiance [ə-lē'jəns] s lealtad f.

allergy [ăl'ər-jē] s alergia.

alleviate [ə-lē'vē-āt'] vt aliviar.

alley [ăl'ē] s (street) callejón m, callejuela; (in bowling) pista ♦ **blind alley** callejón sin salida.

alliance [ə-lī'əns] s alianza, unión f.

allied [ə-līd', ăl'īd'] adj aliado.

alligator [ăl'ĭ-gā'tər] s caimán m.

allocate [ăl'ə-kāt'] vt destinar, asignar.

allocation ['-kā'shən] s asignación f, reparto.

allot [ə-lŏt'] vt -tt- asignar.

all-out [ôl'out'] adj extremo, máximo.

allow [ə-lou'] vt (to permit) dejar, permitir; (to give) conceder, dar; (to set aside) dar, poner aparte; (to admit) confesar, admitir ♦ **to allow for** tener en cuenta.

allowance [:əns] s (permission) permiso; (rebate) rebaja; (money) dinero de bolsillo (que se da a los niños) ♦ **to make allowance for** tener en cuenta.

alloy [ăl'oi'] s aleación f.

all-right [ôl'rīt'] adj JER bueno, excelente.

all-time [ôl'tīm'] adj nunca visto or alcanzado.

allude [ə-lood'] vi aludir, referirse.

ally -1 vt & vi [əlī'] unir(se), aliar(se) -2 s [ăl'ī'] aliado.

almighty [ôl-mī'tē] adj todopoderoso.

almond [ä'mənd] s almendra.

almost [ôl'mōst', -'] adv casi, por poco.

alms [ämz] s pl limosna, caridad f.

aloft [ə-lôft'] adv en el aire.

alone [ə-lōn'] -1 adj solo ♦ **let alone** sin mencionar • **to leave** or **let alone** dejar en paz -2 adv (only) sólo, solamente; (by oneself) a solas.

along [ə-lông'] -1 adv (forward) adelante; (with one) consigo ♦ **all along** desde el principio • **along with** junto con -2 prep a lo largo de, por.

alongside [:sīd'] adv & prep a lo largo (de), junto (a); MARÍT al costado (de).

aloof [ə-loof'] adj distante, reservado.

aloud [ə-loud′] *adv* en voz alta.

alphabet [ăl′fə-bĕt′] *s* alfabeto, abecedario.

alphabetic/ical [′-′ĭk] *adj* alfabético.

already [ôl-rĕd′ē] *adv* ya.

also [ôl′sō] *adv* también, además.

altar [ôl′tər] *s* altar *m*.

alter [ôl′tər] *vt* alterar; COST arreglar.

alternate -1 *vt & vi* [ôl′tər-nāt′] alternar -2 *adj* [:nĭt] alterno.

alternately [:nĭt-lē] *adv* alternativamente.

alternative [ôl-tûr′nə-tĭv] -1 *s* alternativa -2 *adj* alternativo.

although [ôl-thō′] *conj* aunque, si bien.

altitude [ăl′tĭ-tood′] *s* altitud *f*, altura.

alto [ăl′tō] *s* contralto.

altogether [ôl′tə-gĕth′ər] *adv (entirely)* enteramente, del todo.

aluminum [ə-loo′mə-nəm] *s* aluminio.

always [ôl′wāz] *adv* siempre; *(forever)* para siempre.

am [ăm, əm] primera persona sing de **be**.

amalgamate [ə-măl′gə-māt′] *vt & vi* amalgamar(se).

amass [ə-măs′] *vt* acumular, amontonar.

amateur [ăm′ə-tûr′, -ə-chŏŏr′] -1 *s* amateur *m/f* -2 *adj* amateur.

amaze [ə-māz′] *vt* asombrar, sorprender.

amazement [ə-māz′mənt] *s* asombro.

amazing [ə-mā′zĭng] *adj* asombroso.

ambassador [ăm-băs′ə-dər] *s* embajador *m*.

amber [ăm′bər] *s* ámbar *m*.

ambiguity [ăm′bĭ-gyōō′ĭ-tē] *s* ambigüedad *f*.

ambiguous [ăm-bĭg′yōō-əs] *adj* ambiguo.

ambition [ăm-bĭsh′ən] *s* ambición *f*.

ambitious [:əs] *adj* ambicioso.

amble [ăm′bəl] *vi* deambular.

ambulance [ăm′byə-ləns] *s* ambulancia.

ambush [ăm′bŏŏsh′] -1 *s* emboscada -2 *vt* tender una emboscada a.

amenable [ə-mē′nə-bəl] *adj* receptivo.

amend [ə-mĕnd′] *vt* enmendar.

amendment [:mənt] *s* enmienda.

amends [ə-mĕndz′] *s pl* ♦ **to make amends for** dar satisfacción por.

American [ə-mĕr′ĭ-kən] *adj* americano; *(of USA)* norteamericano.

amiable [ā′mē-ə-bəl] *adj* amable, afable.

amicable [ăm′ĭ-kə-bəl] *adj* amigable.

amid(st) [ə-mĭdŭst:′] *prep* en medio de, entre.

amiss [ə-mĭs′] *adv* ♦ **to go amiss** salir mal • **to take amiss** tomar a mal.

ammonia [ə-mōn′yə] *s* amoníaco.

ammunition [ăm′yə-nĭsh′ən] *s* municiones *f*.

amnesia [ăm-nē′zhə] *s* amnesia.

amnesty [ăm′nĭ-stē] *s* amnistía.

among(st) [ə-mŭngŭ(st)′] *prep* entre, en medio de.

amount [ə-mount′] -1 *s* cantidad *f* -2 *vi* **to amount to** *(to come to)* ascender a; *(to be equivalent to)* (venir a) ser lo mismo que.

ampere [ăm′pîr′] *s* amperio.

ample [ăm′pəl] *adj* -er, -est *(large)* extenso, amplio; *(generous)* generoso; *(adequate)* suficiente.

amplifier [ăm′plə-fī′ər] *s* amplificador *m*.

amputate [ăm′pyə-tāt′] *vt* amputar.

amuck [ə-mŭk′] *adv* ♦ **to run amuck** abandonarse a la furia, volverse loco.

amuse [ə-myōōz′] *vt* entretener, divertir ♦ **to amuse oneself** divertirse, entretenerse.

amusement [:mənt] *s (pastime)* entretenimiento; *(laughter)* risa.

amusing [ə-myōō′zĭng] *adj* entretenido, divertido.

anagram [ăn′ə-grăm′] *s* anagrama *m*.

analogy [ə-năl′ə-jē] *s* analogía.

analysis [ə-năl′ĭ-sĭs] *s* [pl -ses] análisis *m*; PSIC psicoanálisis *m*.

analyst [ăn′ə-lĭst] *s* analista *m/f*.

analytic/ical [′-lĭt′ĭk] *adj* analítico.

analyze [ăn′ə-līz′] *vt* analizar; PSIC psicoanalizar.

anarchist [ăn′ər-kĭst] *s* anarquista *m/f*.

anarchy [:kē] *s* anarquía.

anathema [ə-năth′ə-mə] *s* anatema.

anatomy [ə-năt′ə-mē] *s* anatomía.

ancestor [ăn′sĕs′tər] *s* antepasado.

anchor [ăng′kər] -1 *s* ancla ♦ **to cast anchor** echar anclas • **to weigh anchor** levar anclas -2 *vi* anclar -*vt* sujetar.

anchorman [:măn′] s [pl **-men**] locutor m; anunciador m.

anchovy [ăn′chō′vē] s [pl inv or **-vies**] anchoa.

ancient [ān′shənt] adj antiguo.

ancillary [ăn′sə-lěr′ē] adj auxiliar.

and [ənd, ănd] conj y, e ♦ **try and come** trata de venir • **go and see** anda a ver.

anemic [ə-nē′mĭk] adj anémico.

anesthetic [ăn′ĭs-thĕt′ĭk] s & adj anestésico.

anew [ə-nōō′] adv nuevamente, de nuevo.

angel [ān′jəl] s ángel.

anger [ăng′gər] **-1** s ira, enojo **-2** vt & vi airar(se), enojar(se).

angle [ăng′gəl] s ángulo; (corner) esquina.

angler [:glər] s pescador m (de caña).

Anglican [ăng′glĭ-kən] adj & s anglicano.

angling [:glĭng] s pesca con caña.

angry [ăng′grē] adj **-i-** enojado, enfadado ♦ **to be angry at** or **about (something)** estar enojado por (algo).

anguish [ăng′gwĭsh] s angustia, congoja.

animal [ăn′ə-məl] adj & s animal m.

animate -1 vt [ăn′ə-māt′] animar **-2** adj [:mĭt] animado.

animated [:mā′tĭd] adj animado.

animosity [ăn′ə-mŏs′ĭ-tē] s animosidad.

anisette [ăn′ĭ-sĕt′] s anisete m.

ankle [ăng′kəl] s tobillo.

annihilate [ə-nī′ə-lāt′] vt aniquilar.

anniversary [ăn′ə-vûr′sə-rē] s aniversario.

announce [ə-nouns′] vt anunciar.

announcement [:mənt] s anuncio.

announcer [ə-noun′sər] s locutor m.

annoy [ə-noi′] vt molestar, fastidiar.

annoyance [:əns] s molestia, fastidio.

annoying [:ĭng] adj molesto, irritante.

annual [ăn′yōō-əl] **-1** adj anual **-2** s (yearbook) anuario; BOT planta anual.

annul [ə-nŭl′] vt **-ll-** anular, invalidar.

anomaly [ə-nŏm′ə-lē] s anomalía.

anonymity [ăn′ə-nĭm′ĭ-tē] s anonimato.

anonymous [ə-nŏn′ə-məs] adj anónimo.

another [ə-nŭth′ər] **-1** adj otro; (different) (otro) distinto ♦ **another one** otro

más **-2** pron otro ♦ **one another** uno(s) a otro(s).

answer [ăn′sər] **-1** s respuesta, contestación f; (solution) solución f **-2** vi responder ♦ **answering machine** contestador automático • **to answer back** replicar -vt responder a, contestar a; (correctly) resolver, solucionar ♦ **to answer for** ser responsable por • **to answer the telephone** contestar el teléfono.

answerable [:ə-bəl] adj responsable (for por).

ant [ănt] s hormiga.

antagonism [ăn-tăg′ə-nĭz′əm] s antagonismo, rivalidad f.

antagonize [-′-nĭz′] vt provocar la hostilidad de.

antelope [ăn′tl-ōp′] s [pl inv or **-s**] antílope m.

antenna [ăn-tĕn′ə] s antena.

anthem [ăn′thəm] s himno <national anthem himno nacional>.

anthology [ăn-thŏl′ə-jē] s antología.

anthropology [ăn′thrə-pŏl′ə-jē] s antropología.

antiaircraft [ăn′tēâr′krăft′] adj antiaéreo.

antibiotic [ăn′tēbī-ŏt′ĭk] s & adj antibiótico.

antibody [ăn′tī-bŏd′ē] s anticuerpo.

antics [ăn′tĭks] s pl travesuras.

anticipate [ăn-tĭs′ə-pāt′] vt (to foresee) anticipar, prever; (to expect) esperar, contar con; (to forestall) adelantarse, anticiparse a.

anticipation [-′-pā′shən] s (act) anticipación f; (expectation) expectación f; (eagerness) ilusión f.

antidote [ăn′tī-dōt′] s antídoto.

antifreeze [:frēz′] s anticongelante m.

antihistamine [ăn′tē-hĭs′tə-mēn′] s antihistamínico.

antipathy [ăn-tĭp′ə-thē] s antipatía.

antique [ăn-tēk′] **-1** adj antiguo **-2** s antigüedad f, antigualla.

antiseptic [ăn′tī-sĕp′tĭk] adj & s antiséptico.

antitheft device [ăn′tĕthĕft′ dĭ- vĭz′] s dispositivo antirrobo.

antler [ănt′lər] s asta.

anus [ā′nəs] s ano.

anvil [ăn′vĭl] s yunque m.

anxiety [ăng-zī′ĭ-tē] s ansiedad f, ansia.

anxious [ăngk'shəs] *adj (worried)* inquieto; *(eager)* deseoso.

any [ĕn'ē] **-1** *adj (no matter which)* cualquier <*any book* cualquier libro>; *(some)* algún <*do you have any doubt?* ¿tienes alguna duda?>; *(negative)* algún, ningún <*there isn't any reason* no hay ninguna razón>; *(every)* cualquiera, todo <*we must avoid any contact* debemos evitar todo contacto> ♦ **at any rate** *or* **in any case** de todos modos **-2** *pron* alguno, cualquiera; *(negative)* ninguno ♦ **if any** si los hay **-3** *adv* algo <*do you feel any better?* ¿te sientes algo mejor?>; *(negative)* nada <*I don't feel any better* no me siento nada mejor> ♦ **any longer** más tiempo, todavía.

anybody [:bŏd'ē] *pron* cualquiera <*anybody could do it* cualquiera podría hacerlo>; *(interrogative)* alguien <*did you see anybody?* ¿viste a alguien?>; *(negative)* nadie <*I didn't see anybody* no vi a nadie>.

anyhow [:hou'] *adv (even so)* de todas maneras, de todos modos; *(carelessly)* de cualquier manera.

anymore ['-môr'] *adv (negative)* ya más, ya no <*I don't run anymore* ya no corro más>; *(interrogative)* aún, todavía <*do you run anymore?* ¿corres todavía?>.

anything [:thĭng'] *pron (interrogative)* algo <*are you doing anything now?* ¿estás haciendo algo ahora?>; *(negative)* nada <*I can't see anything* no veo nada>; *(affirmative)* cualquier cosa <*take anything you like* toma todo lo que quieras> ♦ **anything else?** ¿algo más?, ¿alguna otra cosa?

anytime [:tīm'] *adv* a cualquier hora, en cualquier momento.

anyway [:wā'] *adv* de todos modos.

anywhere [:hwâr'] *adv (affirmative)* dondequiera; *(negative)* en or por ninguna parte or ningún lado; *(interrogative)* en algún lugar, en alguna parte.

apart [ə-pärt'] *adv* aparte ♦ **apart from** aparte de • **to come apart** desprenderse.

apartment [ə-pärt'mənt] *s (residence)* departamento, apartamento; *(room)* cuarto ♦ **apartment house** casa, edificio de departamentos.

apathetic [ăp'ə-thĕt'ĭk] *adj* apático.

ape [āp] *s* mono.

apéritif [ä-pĕr'ĭ-tēf'] *s* aperitivo.

apex [ā'pĕks'] *s* [pl **-es** or **-pices**] ápice; FIG cumbre *m.*

apiece [ə-pēs'] *adv* por cabeza, cada uno.

apologetic [ə-pŏl'ə-jĕt'ĭk] *adj* lleno de disculpas.

apologize [:jīz'] *vi* disculparse *(for* por, de) *(to* con).

apology [:jē] *s* disculpa.

apostle [ə-pŏs'əl] *s* apóstol *m/f.*

apostrophe [ə-pŏs'trə-fē] *s* apóstrofo.

appalling [ə-pô'lĭng] *adj* horrendo.

apparatus [ăp'ə-rā'təs, -răt'əs] *s* [pl inv or **-es**] aparato.

apparent [ə-păr'ənt] *adj* aparente.

apparently [:lē] *adv* aparentemente, por lo visto.

appeal [ə-pēl'] **-1** *s (plea)* súplica; *(petition)* petición *f;* *(charm)* atracción *f,* encanto; DER apelación *f* **-2** *vi* ♦ **to appeal to** suplicar a; DER apelar a; *(to be attractive)* tener atractivo para.

appealing [ə-pē'lĭng] *adj* atrayente.

appear [ə-pîr'] *vi* aparecer; *(to seem)* parecer; *(in court)* comparecer.

appearance [:əns] *s (act)* aparición *f;* *(looks)* apariencia.

appease [ə-pēz'] *vt* apaciguar, aplacar.

appendicitis [ə-pĕn'dĭ-sī'tĭs] *s* apendicitis.

appendix [ə-pĕn'dĭks] *s* [pl **-es** or **-dices**] apéndice *m.*

appetite [ăp'ĭ-tīt'] *s* apetito, apetencia.

appetizer [:tī'zər] *s* aperitivo.

applaud [ə-plôd'] *vt & vi* aplaudir.

applause [ə-plôz'] *s* aplauso.

apple [ăp'əl] *s* manzana ♦ **apple tree** manzano.

appliance [ə-plī'əns] *s* aparato.

applicant [ăp'lĭ-kənt] *s* aspirante *m/f.*

application ['-kā'shən] *s* aplicación *f;* *(form)* solicitud *f.*

apply [ə-plī'] *vt (to put on)* aplicar; *(to use)* emplear, *(to* para) ♦ **to apply for** solicitar.

appoint [ə-point'] *vt* nombrar, designar.

appointment [ə-point'mənt] *s (act)* nombramiento; *(post)* puesto, cargo; *(date)* cita.

appraisal [ə-prā'zəl] *s* tasación *f.*

appreciable [ə-prē'shə-bəl] *adj* perceptible, sensible.

appreciate [ə-prē'shē-āt'] *vt (to recognize)* darse cuenta de; *(to value)* apreciar; *(to be grateful for)* agradecer -*vi* valorizarse.

appreciation [-'-ā'shən] *s (recognition)* apreciación *f*; reconocimiento; *(gratitude)* gratitud *f*; COM valorización *f*.

apprehensive [:sĭv] *adj* aprensivo.

apprentice [ə-prĕn'tĭs] *s* aprendiz *m*.

approach [ə-prōch'] **-1** *vi* aproximarse, acercarse -*vt* aproximarse a, acercarse a **-2** *s (act)* acercamiento; *(access)* acceso; *(overture)* proposición *f*, propuesta; *(method)* método, enfoque *m*.

appropriate -1 *adj* [ə-prō'prē-ĭt] apropiado, adecuado **-2** *vt* [:āt'] *(to set apart)* destinar; *(to seize)* apropiarse de.

approval [ə-prōō'vəl] *s* aprobación *f* ♦ **on approval** a prueba.

approve [ə-prōōv'] *vt* aprobar.

approximate [ə-prŏk'sə-mĭt] *adj* aproximado.

apricot [ăp'rĭ-kŏt', ā'prĭ-] *s* albaricoque *m*.

April [ā'prəl] *s* abril *m*.

apron [ā'prən] *s* delantal *m*.

apt [ăpt] *adj (suitable)* apropiado, acertado; *(inclined)* propenso; *(bright)* apto, listo.

aptitude [ăp'tĭ-tōōd'] *s* aptitud *f*.

aquarium [ə-kwâr'ē-əm] *s* [pl -s *or* -ia] acuario.

aquatic [ə-kwŏt'ĭk] *adj* acuático.

aqueduct [ăk'wĭ-dŭkt'] *s* acueducto.

arable [ăr'ə-bəl] *adj* cultivable.

arbitrary [är'bĭ-trĕr'ē] *adj* arbitrario.

arbitration [är'bĭ'-trā'shən] *s* arbitraje *m*.

arcade [är-kād'] *s* arcada; *(roofed passageway)* galería.

arch [ärch] **-1** *s* arco **-2** *vt* arquear.

archaeologist [:ŏl'ə-jĭst] *s* arqueólogo.

archaeology [:jē] *s* arqueología.

archaic [är-kā'ĭk] *adj* arcaico.

archbishop [ärch-bĭsh'əp] *s* arzobispo.

archenemy [ärch-ĕn'ə-mē] *s* enemigo acérrimo.

archer [är'chər] *s* arquero.

archery [är'chə-rē] *s* tiro de arco y flecha.

archipelago [är'kə-pĕl'ə-gō'] *s* [pl (e)s] archipiélago.

architect [är'kĭ-tĕkt'] *s* arquitecto.

architecture [är'kĭ-tĕk'chər] *s* arquitectura.

archive [är'kīv'] *s* archivo.

ardent [är'dnt] *adj* ardiente.

arduous [är'jōō-əs] *adj* arduo, penoso.

are [är] segunda persona *sing* y *pl* de **be**.

area [âr'ē-ə] *s* área; *(region)* zona, región *f* ♦ **area code** prefijo telefónico.

arena [ə-rē'nə] *s* arena.

aren't [ärnt, är'ənt] *contr* de **are not**.

argue [är'gyōō] *vt* argumentar -*vi (to debate)* argumentar, argüir; *(to quarrel)* discutir.

argument [är'gyə-mənt] *s (debate)* debate *m*; *(quarrel)* pelea; *(contention)* argumento.

arid [är'ĭd] *adj* árido.

arise [ə-rīz'] *vi* **arose, -n** *(to get up)* levantarse; *(to ascend)* elevarse; *(to originate)* surgir.

aristocrat [ə-rĭs'tə-krăt'] *s* aristócrata *m/f*.

arithmetic [ə-rĭth'mĭ-tĭk] *s* aritmética.

arm¹ [ärm] *s* ANAT brazo ♦ **arm in arm** tomados del brazo.

arm² -1 *s* MIL arma ♦ **arms race** carrera de armamentos **-2** *vt* armar.

armament [är'mə-mənt] *s* armamento.

armchair [:châr'] *s* sillón *m*; butaca.

armor [är'mər] *s* armadura; *(metal plating)* blindaje *m*.

armory [är'mə-rē] *s* arsenal *m*.

armpit [ärm'pĭt'] *s* axila.

army [är'mē] *s* ejército.

aroma [ə-rō'mə] *s* aroma *m*, fragancia.

around [ə-round'] **-1** *adv (in all directions)* por todos lados; *(in a circle)* alrededor **-2** *prep* alrededor de.

around-the-clock [-'thə-klŏk'] *adj* continuamente.

arouse [ə-rouz'] *vt* despertar.

arrange [ə-rānj'] *vt* arreglar; *(to settle upon)* fijar, señalar; *(to plan)* preparar.

arrangement [:mənt] *s* arreglo; *(order)* disposición *f*; *(agreement)* convenio ♦ *pl* planes, medidas.

array [ə-rā'] *s* conjunto; MIL orden *m* de batalla.

arrears [ə-rîrz'] *s pl* ♦ **to be in arrears** estar atrasado en pagos de deuda.

arrest [ə-rĕst'] -1 vt detener -2 s arresto, detención f ♦ **under arrest** detenido.

arrival [ə-rī'vəl] s llegada, arribo.

arrive [ə-rīv'] vi llegar, arribar.

arrogant [ăr'ə-gənt] adj arrogante, altivo.

arrow [ăr'ō] s flecha.

arson [är'sən] s incendio premeditado.

art [ärt] s arte m ♦ **fine arts** bellas artes.

artery [är'tə-rē] s arteria.

arthritis [är-thrī'tĭs] s artritis f.

artichoke [är'tĭ-chōk'] s alcachofa.

article [är'tĭ-kəl] s artículo ♦ **article of clothing** prenda de vestir.

articulate -1 adj [är-tĭk'yə-lĭt] articulado; (well-expressed) inteligible, claro -2 vt [:lāt'] articular.

artificial [är-tə'-fĭsh'əl] adj artificial.

artillery [är-tĭl'ə-rē] s artillería.

artisan [är'tĭ-zən] s artesano, artífice m/f.

artist [är'tĭst] s artista m/f.

artistic [är-tĭs'tĭk] adj artístico.

artistry [är'tĭ-strē] s arte m/f, talento artístico.

artless [ärt'lĭs] adj (naive) sencillo, ingenuo.

as [ăz, əz] -1 adv ♦ **as ... as** tan ... como <as strong as an ox tan fuerte como un buey> -2 conj (while) mientras; (because) ya que, porque ♦ **as from** a partir de • **as if** como si • **as if to** como para • **as yet** hasta ahora -3 prep como ♦ **as a rule** por regla general • **as for** en cuanto a.

asbestos [ăs-bĕs'təs] s asbesto, amianto.

ascend [ə-sĕnd'] vi ascender -vt subir.

ascent [ə-sĕnt'] s ascención f.

ascertain [ăs'ər-tān'] vt determinar.

ascribe [ə-skrīb'] vt atribuir.

ash¹ [ăsh] s (from fire) ceniza.

ash² s BOT fresno.

ashamed [ə-shāmd'] adj avergonzado.

ashen [ăsh'ən] adj pálido.

ashore [ə-shôr'] adv a or en tierra.

ashtray [ăsh'trā'] s cenicero.

aside [ə-sīd'] adv a un lado ♦ **aside from** a no ser por.

ask [ăsk] vt preguntar; (to request) solicitar, pedir; (to invite) invitar ♦ **to ask a question** hacer una pregunta -vi

preguntar (about, after por) ♦ **to ask for** pedir.

askance [ə-skăns'] adv con recelo.

askew [ə-skyōō'] adv ladeado, torcido.

asleep [ə-slēp'] adj dormido ♦ **to fall asleep** dormirse, quedarse dormido.

asparagus [ə-spăr'ə-gəs] s espárrago.

aspect [ăs'pĕkt'] s aspecto.

asphalt [ăs'fôlt'] s asfalto.

asphyxiation [ăs-fĭk'sē-'-ā'shən] s asfixia.

aspiration [ăs'pə-rā'shən] s aspiración f.

aspire [ə-spīr'] vi aspirar a, ambicionar.

aspirin [ăs'pər-ĭn] s aspirina.

ass [ăs] s asno, burro.

assailant [ə-sā'lənt] s asaltante m/f.

assassin [ə-săs'ĭn] s asesino.

assassinate [:ə-nāt'] vt asesinar.

assassination [-'-nā'shən] s asesinato.

assault [ə-sôlt'] -1 s asalto -2 vt & vi asaltar.

assemble [ə-sĕm'bəl] vt (to gather) reunir; MEC montar -vi reunirse.

assembly [:blē] s (meeting) asamblea; MEC montaje m ♦ **assembly line** línea de montaje.

assent [ə-sĕnt'] -1 vi asentir -2 s asentimiento, aprobación f.

assert [ə-sûrt'] vt (to declare) afirmar; (one's right) hacer valer.

assess [ə-sĕs'] vt (to appraise) tasar (at en); (to levy) gravar; (to evaluate) evaluar, juzgar.

assessment [:mənt] s (appraisal) tasación f.

assessor [:ər] s tasador m.

asset [ăs'ĕt'] s (item) posesión f; (advantage) ventaja ♦ pl bienes, activo.

assign [ə-sīn'] vt asignar; DER transferir.

assignment [ə-sīn'mənt] s (act) asignación f; (task) tarea.

assist [ə-sĭst'] vt & vi asistir, auxiliar.

assistance [ə-sĭs'təns] s asistencia, ayuda.

assistant [:tənt] s ayudante m/f.

associate -1 vt & vi [ə-sō'shē-āt', -sē-] asociar(se) -2 s [:ĭt] socio -3 adj [:ĭt] asociado.

association [-'-ā'shən] s asociación f.

assorted [ə-sôr'tĭd] adj surtido, variado.

assortment [ə-sôrt'mənt] *s* surtido.

assume [ə-sōōm'] *vt* asumir; *(to presume)* suponer.

assumed [ə-sōōmd'] *adj (feigned)* simulado.

assumption [ə-sŭmp'shən] *s (act)* asunción *f; (supposition)* suposición *f*.

assurance [ə-shōōr'əns] *s (guarantee)* garantía, promesa; *(certainty)* certeza, seguridad *f; (self-confidence)* aplomo.

assure [ə-shōōr'] *vt* asegurar.

astern [ə-stûrn'] *adv* a *or* de popa.

asthma [ăz'mə] *s* asma.

astonish [ə-stŏn'ĭsh] *vt* asombrar.

astonishment [:ĭsh-mənt] *s* asombro.

astound [ə-stound'] *vt* maravillar, asombrar.

astray [ə-strā'] *adv* ♦ **to go astray** extraviarse • **to lead astray** descarriar.

astride [ə-strīd'] *adv & prep* a horcajadas (sobre).

astrology [ə-strŏl'ə-jē] *s* astrología.

astronaut [ăs'trə-nôt'] *s* astronauta *m/f*.

astronomic/ical [ăs'trə-nŏm'ĭk] *adj* astronómico.

astronomy [ə-strŏn'ə-mē] *s* astronomía.

astute [ə-stōōt'] *adj* astuto, sagaz.

asylum [ə-sī'ləm] *s* asilo.

at [ăt, ət] *prep* en <at right angles en ángulo recto>; a <at noon al mediodía>; por <to be angry at something enfadado por algo>; de <don't laugh at me! ¡no te rías de mí!>; en casa de <I'll be at Roberto's estaré en casa de Roberto>.

atheist [:ĭst] *s* ateo.

athlete [ăth'lēt'] *s* atleta *m/f*.

athletic [ăth-lĕt'ĭk] *adj* atlético ♦ **athletics** *s* atletismo.

atlas [ăt'ləs] *s* atlas *m*.

atmosphere [ăt'mə-sfîr'] *s* atmósfera.

atom [ăt'əm] *s* átomo ♦ **atom bomb** bomba atómica.

atomic [ə-tŏm'ĭk] *adj* atómico.

atomizer [:mī'zər] *s* atomizador *m*.

atone [ə-tōn'] *vi* dar reparación *(for* por), expiar.

atrocious [ə-trō'shəs] *adj* atroz, abominable.

attach [ə-tăch'] *vt (to fasten)* sujetar; *(to bond)* unir; *(to ascribe)* atribuir.

attaché [ăt'ə-shā'] *s* agregado ♦ **attaché case** portafolio, maletín.

attached [ə-tăcht'] *adj* ♦ **attached to** *(fond of)* encariñado con.

attachment [ə-tăch'mənt] *s (extra part)* accesorio; *(affection)* cariño.

attack [ə-tăk'] **-1** *vt* atacar; FIG acometer **-2** *s* ataque *m*.

attacker [:ər] *s* agresor *m*, asaltante *m/f*.

attain [ə-tān'] *vt (to accomplish)* lograr, conseguir; *(to arrive at)* alcanzar.

attempt [ə-tĕmpt'] **-1** *vt* intentar, tratar de **-2** *s (try)* intento; *(attack)* atentado.

attend [ə-tĕnd'] *vt* atender ♦ **to attend to** prestar atención a.

attendance [ə-tĕn'dəns] *s* asistencia, concurrencia.

attendant [:dənt] **-1** *s* asistente *m*, mozo **-2** *adj* concomitante.

attention [ə-tĕn'shən] *s* atención *f* ♦ **attention!** MIL ¡firmes! • **to pay attention (to)** prestar atención (a).

attentive [:tĭv] *adj* atento.

attest [ə-tĕst'] *vi* dar fe de.

attic [ăt'ĭk] *s* desván *m*, buhardilla.

attitude [ăt'ĭ-tōōd'] *s* actitud *f*.

attorney [ə-tûr'nē] *s* abogado, apoderado ♦ **attorney general** fiscal, procurador general.

attract [ə-trăkt'] *vt & vi* atraer.

attraction [ə-trăk'shən] *s* atracción *f; (allure)* atractivo.

attractive [:tĭv] *adj* atractivo, atrayente.

attribute **-1** *vt* [ə-trĭb'yōōt] atribuir **-2** *s* [ăt'rə-byōōt'] atributo.

auburn [ô'bərn] *adj* castaño.

auction [ôk'shən] **-1** *s* subasta, remate *m* **-2** *vt* subastar, rematar.

auctioneer [ôk'shə-nîr'] *s* subastador *m*.

audacious [ô-dā'shəs] *adj (bold)* audaz; *(insolent)* atrevido, descarado.

audience [ô'dē-əns] *s (public)* auditorio; *(formal hearing)* audiencia.

audio-visual [ô'dē-ô' vĭzh'ōō-əl] *adj* audiovisual ♦ **audio aids** material audiovisual.

audit [ô'dĭt] **-1** *s* intervención *f* (de cuentas) **-2** *vt* intervenir.

audition [ô-dĭsh'ən] *s* audición *f*.

auditor [:tər] *s* auditor *m*, interventor *m*.

augment [ôg-mĕnt'] *vt & vi* aumentar(se).

August [ô′gəst] s agosto.

aunt [ănt, änt] s tía.

aura [ôr′ə] s aura.

auspice [ô′spīs] s ♦ **under the auspices of** bajo los auspicios de.

auspicious [ô-spĭsh′əs] adj propicio.

austerity [ô-stĕr′ĭ-tē] s austeridad f.

authentic [ô-thĕn′tĭk] adj auténtico.

author [ô′thər] s autor m.

authoritarian [ə-thôr′ĭ-târ′ē-ən] adj & s autoritario.

authoritative [ə-thôr′ĭ-tā′tĭv] adj (official) autorizado; (imperious) autoritario.

authority [.ĭ-tē] s autoridad f.

authorize [ô′thə-rīz′] vt autorizar.

auto [ô′tō] s FAM automóvil m, auto.

autobiography [′- -ōg′rə-fē] s autobiografía.

autograph [ô′tə-grăf′] s autógrafo.

automatic [′-mắt′ĭk] -1 adj automático -2 s arma automática.

automation [:mā′shən] s automatización f.

automobile [ô′tə-mō-bēl′] s automóvil m.

autonomy [ô-tŏn′ə-mē] s autonomía.

autopsy [ô′tŏp′sē] s autopsia.

autumn [ô′təm] s otoño.

auxiliary [ôg-zīl′yə-rē] adj & s auxiliar m/f.

avail [ə-vāl′] -1 vt ♦ **to avail oneself of** aprovecharse de, valerse de -2 s ♦ **of** or **to no avail** en vano.

available [-′-bəl] adj disponible.

avalanche [ăv′ə-lănch′] s avalancha.

avant-garde [ä′vänt-gärd′] adj & s (de) vanguardia.

avenge [ə-vĕnj′] vt & vi vengar(se).

avenue [ăv′ə-nōō′] s avenida.

average [ăv′ər-ĭj] -1 s promedio, término medio ♦ **on the average** por término medio -2 adj (de término) medio; (ordinary) regular -3 vt (to compute) calcular el promedio de; (to obtain) alcanzar un promedio de; (to prorate) prorratear.

averse [ə-vûrs′] adj ♦ **to be averse to** oponerse a.

avert [ə-vûrt′] vt (to turn away) apartar; (to prevent) prevenir.

aviary [ā′vē-ĕr′ē] s pajarera.

avid [ăv′ĭd] adj ávido.

avocado [ăv′ə-kä′dō] s aguacate m, palta.

avoid [ə-void′] vt evitar.

await [ə-wāt′] vt & vi esperar, aguardar.

awake [ə-wāk′] -1 vt & vi awoke, -d despertar(se) -2 adj despierto.

awakening [:kə-nĭng] s despertar m.

award [ə-wôrd′] -1 vt (to bestow) premiar; (legally) adjudicar -2 s (prize) premio, recompensa; (decision) decisión f, fallo.

aware [ə-wâr′] adj consciente ♦ **to become aware of** enterarse de.

awareness [:nĭs] s conciencia, conocimiento.

awash [ə-wŏsh′] adj & adv inundado.

away [ə-wā′] adv lejos de, <a house two miles away from here una casa a dos millas de aquí>; (continuously) sin parar <to fire away disparar sin parar> ♦ **far away** lejos • **right away** inmediatamente.

awe [ô] s temor m or admiración f reverente.

awesome [ô′səm] adj pasmoso, asombroso.

awful [ô′fəl] adj horrible.

awfully [ô′fə-lē] adv (atrociously) horriblemente; (very) muy.

awhile [ə-hwīl′] adv un rato, algún tiempo.

awkward [ôk′wərd] adj (clumsy) torpe; (embarrassing) embarazoso; (situation) delicado; (shape) difícil de manejar.

awning [ô′nĭng] s toldo.

awry [ə-rī′] adv de soslayo ♦ **to go awry** salir mal.

ax(e) [ăks] -1 s hacha -2 tr cortar (con hacha).

axis [ăk′sĭs] s [pl **axes**] eje m.

axle [ăk′səl] s eje m, árbol m.

ay(e) [ī] -1 s [pl **-es**] ♦ **the ayes** los que votan a favor -2 adv sí.

B

B [bē] *s* MÚS si *m*.

baa [bă, bä] **-1** *vi* balar **-2** *s* balido.

babble [băb'əl] **-1** *vi* (*to prattle*) barbotar; (*to chatter*) parlotear; (*a brook*) murmurar, susurrar **-2** *s* (*prattle*) barboteo; (*chatter*) parloteo; (*murmur*) murmullo.

baby [bā'bē] *s* (*infant*) bebé *m*, nene *m*; (*childish person*) niño; JER (*girl*) bebé, monada ♦ **baby brother, sister** hermanito, hermanita.

baby-sit [:sĭt'] *vi* **-sat, -tting** cuidar niños.

bachelor [băch'ə-lər] *s* soltero; (*graduate*) bachiller *m*.

back [băk] **-1** *s* (*person*) espalda; (*animal*) lomo, espinazo; (*reverse side*) envés *m*, revés *m*, (*coin, check*) dorso, reverso; (*chair*) respaldo; (*room, house*) fondo; DEP defensa, zaga **-2** *adv* ♦ **to be back** estar de vuelta • **to go** *or* **come back** volver, regresar • **years back** años atrás, hace años **-3** *adj* (*in the rear*) de atrás, posterior; (*remote*) lejano; (*overdue*) atrasado ♦ **back door, stairs** puerta, escalera de servicio **-4** *vt* mover hacia atrás; (*to support*) respaldar, apoyar *-vi* moverse hacia atrás, retroceder ♦ **to back away** alejarse retrocediendo.

backache ['āk'] *s* dolor *m* de espalda.

backbone [:bōn'] *s* (*spine*) espinazo, columna vertebral.

backgammon [:găm'ən] *s* chaquete *m*.

background [:ground'] *s* fondo, trasfondo; (*of events*) antecedentes *m*.

backstage [:stāj'] *adv* entre bastidores.

backstroke [:strōk'] *s* (*backhand*) revés *m*; (*in swimming*) brazada de espalda.

backward [:wərd] **-1** *adv or* **-wards** hacia *or* para atrás <*to look backward* mirar para atrás>; de espaldas <*to fall backward* caerse de espaldas> **-2** *adj* hacia atrás <*a backward look* una mirada hacia atrás>; (*motion*) de retroceso.

backwater [:wô'tər] *s* (*water*) agua estancada; (*place*) lugar atrasado.

bacon [bā'kən] *s* tocino.

bad [băd] **worse, worst** *adj* malo; (*shoddy*) inferior; (*naughty*) desobediente; (*harmful*) perjudicial; (*rotten*) podrido ♦ **to feel bad** (*ill*) sentirse mal; (*sad*) estar triste • **to go bad** echarse a perder.

badge [băj] *s* distintivo, insignia.

badly [:lē] *adv* mal; (*very much*) mucho, con urgencia; (*seriously*) gravemente.

badminton [băd'mĭn'tən] *s* volante *m*.

bad-tempered [:tĕm'pərd] *adj* (*character*) de mal genio.

baffle [băf'əl] *vt* (*to bewilder*) confundir, desconcertar.

bag [băg] **-1** *s* bolsa, saco; (*purse*) bolso, cartera; (*suitcase*) valija, maletín *m*; DEP caza ♦ *pl* **equipaje -2** *vt* **-gg-** meter en una bolsa *-vi* formar bolsas, abultarse.

baggage [:ĭj] *s* equipaje *m*, maletas.

baggy [:ē] *adj* **-i-** bombacho.

bagpipe [:pīp'] *s* gaita.

bait [bāt] **-1** *s* cebo, carnada **-2** *vt* poner el cebo en (*anzuelo, trampa*); (*to torment*) atormentar.

baize [bāz] *s* bayeta.

bake [bāk] **-1** *vt* cocer al horno *-vi* cocerse **-2** *s* cocción *f* (al horno).

baker [bā'kər] *s* panadero.

bakery [bā'kə-rē] *s* panadería.

balance [băl'əns] **-1** *s* (*scale*) balanza; (*equilibrium*) equilibrio; (*equality*) balance *m*; (*difference*) saldo ♦ **balance due** saldo deudor **-2** *vt* (*to bring into equilibrium*) balancear, equilibrar *-vi* equilibrarse; (*to sway*) balancearse.

balanced [:ənst] *adj* balanceado, equilibrado.

balcony [băl'kə-nē] *s* balcón *m*; TEAT galería, paraíso.

bald [bôld] *adj* calvo.

bald-faced [:fāst'] *adj* descarado.

bale [bāl] **-1** *s* bala, fardo **-2** *vt* embalar, enfardar.

balk [bôk] *vi* (*to stop*) plantarse; (*to refuse*) oponerse (at a) *-vt* impedir, frustrar.

ball¹ [bôl] *s* bola; DEP pelota, balón *m*.

ball² *s* baile *m* de etiqueta.

ballad [băl'əd] *s* balada.

ballast [băl'əst] *s* (*weight*) lastre *m*; (*gravel*) balasto.

ballet [bă-lā'] *s* ballet *m*.

balloon [bə-lōon'] **-1** s globo **-2** vi (to swell) hincharse, inflarse.

ballot [băl'ət] s (paper) papeleta (electoral); (voting) votación f.

ballroom [bôl'rōom'] s salón m de baile.

balm [bäm] s bálsamo.

balustrade [băl'ə-strād'] s balaustrada.

bamboo [băm-bōo'] s (tree) bambú m; (stem) caña (de bambú).

ban [băn] **-1** vt **-nn-** prohibir, proscribir **-2** s prohibición f, proscripción f.

banana [bə-năn'ə] s plátano, banana.

band[1] [bănd] **-1** s banda, faja; (of paper) tira; (stripe) franja, lista; (on hat, dress) cinta **-2** vt fajar, atar.

band[2] s banda; (gang) cuadrilla; MÚS (military) banda; (jazz) orquesta; (rock) conjunto.

bandage [băn'dĭj] **-1** s venda **-2** vt vendar.

bandit [băn'dĭt] s bandido, bandolero.

bang [băng] **-1** s (explosion) estallido; (loud slam) golpe m, golpetazo **-2** vt (to bump, pound) golpear; (to slam) cerrar de un golpetazo -vi (to explode) detonar; (to make a loud noise) dar un golpetazo.

bangs [băngz] s pl cerquillo, flequillo.

bangle [băng'gəl] s esclava, ajorca.

banish [băn'ĭsh] vt (to exile) exiliar, desterrar.

banister [băn'ĭ-stər] s barandilla, baranda.

banjo [băn'jō] s [pl (e)s] banjo.

bank[1] [băngk] s (of a river) ribera, orilla; (hillside) loma; (of snow) montón m.

bank[2] s COM banco; (in gambling) banca ♦ **bank account** cuenta bancaria • **bank note** billete de banco.

banking [:kĭng] s (occupation) banca; (bank business) operaciones bancarias.

bankrupt [:rəpt] adj COM insolvente; (ruined) arruinado ♦ **to go bankrupt** declararse en quiebra, quebrar.

bankruptcy [:sē] s quiebra, bancarrota.

banner [băn'ər] s bandera, estandarte m.

banns [bănz] s pl amonestaciones f.

banquet [băng'kwĭt] s banquete m.

baptism [băp'tĭz'əm] s bautismo.

baptize [tīz'] vt bautizar.

bar [bär] **-1** s barra; (of gold) lingote m; (lever) palanca; (of a prison) barrote m; (of soap) pastilla; (of chocolate) tableta; (obstacle) obstáculo; (tavern) bar m **-2** vt **-rr-** (to fasten) cerrar con barras; (to obstruct) obstruir.

barbaric [bär'ĭk] adj bárbaro.

barbecue [bär'bĭ-kyōo'] **-1** s barbacoa, parrillada **-2** vt asar a la parrilla.

barber [bär'bər] s barbero, peluquero.

barbershop [:shŏp'] s barbería, peluquería.

bare [bâr] **-1** adj desnudo; (head) descubierto; (plain) puro, sencillo **-2** vt desnudar.

bareback [bäk'] adv & adj a or en pelo.

barefaced [:fāst'] adj descarado.

barefoot(ed) [:fŏot'(ĭd)] adv & adj descalzo.

barely [bâr'lē] adv apenas.

bargain [bär'gən] **-1** s (deal) pacto, convenio; (good buy) ganga **-2** vi (to negotiate) negociar, pactar; (to haggle) regatear.

barge [bärj] **-1** s barcaza, gabarra **-2** vi ♦ **to barge in** entrometerse.

bark[1] [bärk] **-1** s ladrido **-2** vt & vi ladrar.

bark[2] s BOT corteza.

barley [bär'lē] s cebada.

barn [bärn] s (for grain) granero; (for livestock) establo.

barnyard [bärn'yärd'] adj & s (de) corral m.

barometer [bərŏm'ĭtər] s barómetro.

baron [băr'ən] s barón m.

baroness [:ə-nĭs] s baronesa.

baroque [bə-rōk'] adj & s barroco.

barracks [băr'əks] s pl cuartel m, barraca.

barrel [băr'əl] **-1** s barril m, tonel m **-2** vt entonelar, embarrilar.

barren [băr'ən] **-1** adj (sterile) estéril, infecundo **-2** s ♦ pl tierra yerma, páramo.

barricade [băr'ĭ-kād'] **-1** s barricada, barrera **-2** vt levantar barricadas.

barrier [băr'ē-ər] s barrera, valla.

barrow [băr'ō] s carretilla.

bartender [bär'tĕn'dər] s camarero, barman m.

barter [bär'tər] **-1** vi & vt trocar, cambiar **-2** s trueque m, cambio.

base¹ [bās] **-1** s base f **-2** adj de la base **-3** vt ♦ **to base (up)on** basar en or sobre.

base² adj (vile) ruin; (lowly) bajo.

baseball ['bôl'] s béisbol m; (ball) pelota.

basement [:mənt] s sótano.

basic [bā'sĭk] **-1** adj básico **-2** s base f.

basil [băz'əl, bā'zəl] s albahaca.

basin [bā'sĭn] s palangana, jofaina; (washbowl) pila, pileta; GEOG cuenca.

basis [bā'sĭs] s [pl **-ses**] base f, fundamento.

basket [băs'kĭt] s cesta, canasta.

basketball [:bôl'] s baloncesto.

bass [bās] s (voice) bajo; (instrument) contrabajo.

bastard [băs'tərd] **-1** s bastardo; JER (scoundrel) canalla **-2** adj ilegítimo.

bastion [băs'chən] s baluarte m.

bat [băt] **-1** s DEP bate m; ZOOL murciélago **-2** vt **-tt-** golpear; DEP batear.

batch [băch] s CUL hornada; (lot) partida, lote m.

bath [băth] s baño.

bathe [bāth] vi bañarse -vt (to wet) bañar.

bathing suit [bā'thĭng] s traje m de baño.

bathroom [:rōōm'] s cuarto de baño.

bathtub [:tŭb'] s bañera.

baton [bə-tŏn'] s batuta.

battalion [bə-tăl'yən] s batallón m.

batter [băt'ər] vt (to beat) golpear, apalear.

battery [băt'ə-rē] s ELEC, MIL batería; (dry cell) pila.

battle [băt'l] **-1** s MIL batalla, combate m; FIG lucha **-2** vi & vt combatir, luchar.

battlefield [:fēld'] s campo de batalla.

battleship [:shĭp'] s acorazado.

bawdy [bô'dē] adj **-i-** obsceno.

bawl [bôl] vi (to cry) llorar; (to shout) gritar -vt vociferar.

bay¹ [bā] s GEOG bahía.

bay² vi & vt ladrar (a), aullar (a).

bay³ s BOT laurel m.

baza(a)r [bə-zär'] s bazar m.

be [bē] vi **-1** (inherent quality, time, possession, passive voice) ser <ice is cold el hielo es frío> <what time is it? ¿qué hora es?> <is it yours? ¿es tuyo?> <it was done yesterday fue hecho ayer>

<it is possible es posible> **-2** (location, impermanence) estar <where are you? ¿dónde estás?> <my coffee is cold mi café está frío> **-3** (age, physical sensation) tener; (weather) haber, hacer; (reaction) quedarse <she was speechless se quedó sin palabras> ♦ **to be to** tener que, deber <you are to leave tonight tienes que or debes partir esta noche>.

beach [bēch] **-1** s playa **-2** vt varar.

beacon [bē'kən] s (lighthouse) faro; (signal fire) almenara.

bead [bēd] s (ornament) cuenta, abalorio; (drop) gota.

beak [bēk] s pico.

beam [bēm] **-1** s (of light) haz m, rayo **-2** vi (to shine) destellar, irradiar.

bean [bēn] s habichuela, judía, frijol m.

bear¹ [bâr] vt bore, born(e) (to support) sostener; (to carry, display) llevar; (a grudge) guardar; (to endure) aguantar ♦ **to bear in mind** tener en cuenta • **to bear with** tener paciencia con -vi (to go) mantenerse sobre <bear right manténgase sobre la derecha>.

bear² s oso.

beard [bîrd] s barba.

bearer [bâr'ər] s (carrier) porteador m; (of message, check) portador m.

bearing [:ĭng] s (poise) porte m.

beast [bēst] s bestia, bruto.

beastly [:lē] adj **-i-** bestial, brutal.

beat [bēt] **-1** s vt **beat, beat(en)** (to hit) golpear; (to flog) pegar, aporrear; (to pound, flap, stir) batir; (to defeat) vencer, derrotar -vi (to hit) golpear; (to throb) latir, pulsar; (drums) redoblar **-2** s (throb) latido, pulsación f; (tempo) compás m, ritmo.

beating [bē'tĭng] s (thrashing) paliza; (defeat) derrota.

beautiful [byōō'tə-fəl] adj bello, hermoso.

beautifully [:fə-lē] adj (attractively) bellamente; (very well) espléndidamente.

beauty [byōō'tē] s belleza, hermosura; (person, thing) belleza ♦ **beauty parlor** or **salon** salón de belleza.

beaver [bē'vər] s castor m.

because [bǐ-kôz', -kŭz'] conj porque.

beckon [běk'ən] vt & vi (to summon) hacer señas; (to entice) atraer, llamar.

become [bĭ-kŭm´] vi **-came, -come** (to turn into) llegar a ser; convertirse en; (angry, etc) hacerse, ponerse, volverse.

becoming [:ĭng] adj (suitable) apropiado, conveniente; (attractive) que sienta bien.

bed [bĕd] s cama, lecho; (lodging) alojamiento ♦ **bed and board** pensión completa • **to go to bed** acostarse.

bedclothes [:klōthz´] s pl ropa de cama.

bedroom [:rōōm´] s dormitorio, alcoba.

bedspread [:sprĕd´] s cubrecama m, colcha.

bedtime [:tīm´] s hora de acostarse.

bee [bē] s abeja.

beech [bēch] s haya.

beef [bēf] s (pl **-ves**) carne f de res.

beefsteak [´stāk´] s bistec m or bíftec m.

beehive [bē´hīv´] s colmena.

been [bĭn] part p de **be**.

beer [bĭr] s cerveza.

beet [bēt] s remolacha.

beetle [bēt´l] s escarabajo.

before [bĭ-fôr´] **-1** adv (earlier) antes; (in the past) anteriormente, ya una vez **-2** prep (in time) antes de or que; (in space) delante de; (in front of) ante **-3** conj (in advance) antes de que; (rather than) antes que.

beforehand [:hănd´] adv (earlier) antes; (in anticipation) de antemano.

beg [bĕg] vt & vi **-gg-** (for charity) mendigar, pedir (limosna); (to entreat) suplicar, rogar.

beggar [bĕg´ər] s mendigo.

begin [bĭ-gĭn´] vt & vi **-gan, -gun, -nn-** empezar, comenzar.

beginner [:ər] s principiante m/f.

beginning [:ĭng] s comienzo, principio; (source) origen m.

behave [bĭ-hāv´] vt & vi portarse, comportarse.

behavior [:yər] s comportamiento, conducta.

behead [bĭ-hĕd´] vt decapitar, descabezar.

behind [bĭ-hīnd´] **-1** adv (in back) atrás, detrás **-2** prep (in back of) detrás de; (in a prior place) atrás; (underlying) detrás **-3** s FAM trasero, nalgas.

beige [bāzh] s & adj beige m.

being [bē´ĭng] s existencia; (entity, essence) ser m ♦ **human being** ser humano.

belfry [bĕl´frē] s campanario.

belie [bĭ-lī´] vt **-lying** desmentir, contradecir.

belief [bĭ-lēf´] s creencia, fe f; (conviction) convicción f, opinión f.

believe [bĭ-lēv´] vt creer -vi (to trust) confiar.

belittle [bĭ-lĭt´l] vt menospreciar.

bell [bĕl] s campana; (of a door) timbre m; (of animals) cencerro; (of collar) cascabel m.

bellboy [:boi´] s botones m, paje m.

belligerent [:ənt] adj & s beligerante m/f.

bellow [bĕl´ō] **-1** vi bramar, rugir -vt vociferar **-2** s bramido, rugido.

bellows [bĕl´ōz] s fuelle m, barquín m.

belly [bĕl´ē] s vientre m; (stomach) estómago; FAM (paunch) panza, barriga.

belong [bĭ-lông´] vi (to have a place) deber estar, corresponder ♦ **to belong to** (as property) pertenecer a, ser de; (as a member) ser miembro de.

belongings [:ĭngz] s pl efectos personales.

below [bĭ-lō´] **-1** adv abajo; (in a text) más abajo **-2** prep (por) debajo de; (on a scale) bajo <below zero bajo cero>.

belt [bĕlt] **-1** s cinturón m, cinto; (region) zona, faja ♦ **seat** or **safety belt** cinturón de seguridad **-2** vt (clothing) ceñir; JER (to punch) golpear.

bench [bĕnch] s (seat, workbench) banco.

bend [bĕnd] **-1** vt bent (the head) inclinar; (the knee) doblar; (one's back) encorvar -vi (to curve) doblarse, curvarse; (to swerve) desviarse, torcer **-2** s (curve) curva; (turn) vuelta, recodo.

beneath [bĭ-nēth´] **-1** prep (below) (por) debajo de; (under) bajo **-2** adv (below) abajo; (underneath) debajo.

benefactor [bĕn´ə-făk´tər] s benefactor.

beneficial [bĕn´ə-fĭsh´əl] adj provechoso.

benefit [bĕn´ə-fĭt] **-1** s (profit) beneficio, provecho; (advantage) ventaja **-2** vt beneficiar -vi ♦ **to benefit by** or **from** sacar provecho de.

benevolent [:lənt] *adj* benévolo; *(philanthropic)* benéfico.

benign [bĭ-nīn'] *adj* benigno.

bent [bĕnt] -1 *cf* **bend** -2 *adj (crooked)* doblado, torcido; *(determined)* empeñado.

bequest [bĭ-kwĕst'] *s* legado.

beret [bə-rā'] *s* boina.

berry [bĕr'ē] *s* baya.

berth [bûrth] *s (on a train)* litera; MARÍT *(cabin)* camarote *m; (at a wharf)* atracadero.

beseech [bĭ-sēch'] *vt* **-ed** *or* **-sought** suplicar, implorar.

beset [bĭ-sĕt'] *vt* **-set, -tting** asediar, acosar.

beside [bĭ-sīd'] *prep* junto a, al lado de.

besides [bĭ-sīdz'] -1 *adv (in addition)* además, también; *(moreover)* además -2 *prep (in addition to)* además de; *(except)* aparte de, fuera de.

besiege [bĭ-sēj'] *vt* MIL sitiar; *(to hem in)* rodear; *(to harass)* asediar.

best [bĕst] [*superl* de **good**] -1 *adj* mejor; *(favorite)* favorito <*my best friend* mi amigo favorito> ◆ **best man** padrino (de una boda) -2 *adv* mejor; *(most)* más <*which do you like best?* ¿cuál te gusta más?> -3 *s* el mejor, lo mejor.

bet [bĕt] -1 *s* apuesta -2 *vt* **bet(ted), -tting** apostar.

betray [bĭ-trā'] *vt* traicionar; *(to inform on)* delatar; *(a secret)* revelar.

betrayal [:əl] *s* traición *f*, delación *f; (of a secret)* revelación *f*.

better [bĕt'ər] [*comp* de **good**] -1 *adj* mejor; *(preferable)* más apropiado, preferible -2 *adv* mejor ◆ **much the better** tanto mejor • **to get better** mejorar -3 *vt* & *vi* mejorar(se) -4 *s* el mejor.

bettor [bĕt'ər] *s* apostador *m*, apostante *m/f*.

between [bĭ-twēn'] -1 *prep* entre ◆ **between you and me** entre nosotros -2 *adv* en medio, de por medio ◆ **in between** mientras tanto.

beverage [bĕv'ər-ij] *s* bebida.

bevy [bĕv'ē] *s (of birds)* bandada; *(of people)* grupo.

beware [bĭ-wâr'] -1 *vt* & *vi* tener cuidado (con) ◆ **beware of** cuidado con -2 *adj* ¡cuidado!

bewilder [bĭ-wĭl'dər] *vt* aturdir, dejar perplejo.

bewitch [bĭ-wĭch'] *vt* hechizar.

beyond [bĭ-yŏnd'] -1 *prep (greater than)* más allá, fuera de; *(after)* después de ◆ **beyond belief** increíble -2 *adv* más lejos, más allá.

biannual [bī-ăn'yōō-əl] *adj* semestral.

bias [bī'əs] -1 *s (tendency)* inclinación *f; (prejudice)* prejuicio; *(partiality)* preferencia -2 *vt* predisponer, influenciar.

bib [bĭb] *s* babero; *(of an apron)* peto.

Bible [bī'bəl] *s* Biblia ◆ **bible** biblia.

bibliography [bĭb'lē-ŏg'rə-fē] *s* bibliografía.

bicarbonate [bī-kär'bə-nāt'] *s* bicarbonato ◆ **bicarbonate of soda** bicarbonato de sosa.

bicentennial [bī'sĕn-tĕn'ē-əl] *adj* & *s* bicentenario.

biceps [bī'sĕps'] *s* [*pl inv or* **-es**] bíceps *m*.

bicycle [bī'sĭk'əl] -1 *s* bicicleta -2 *vi* montar *or* ir en bicicleta.

bid [bĭd] -1 *vt* **bid** *or* **bade, bid(den), -dd-** *(to order)* ordenar, mandar; *(to offer)* licitar; *(in cards)* declarar *-vi* hacer una oferta -2 *s (offer)* licitación *f*, oferta.

bidder [:ər] *s* postor *m*.

bifocal [bī-fō'kəl] -1 *adj* bifocal -2 *s* ◆ *pl* anteojos bifocales.

bifurcation [bī'fər-kā'shən] *s* bifurcación *f*.

big [bĭg] **-gg-** *adj* gran, grande; *(great in intensity)* fuerte; *(important)* importante, de gran significado.

bigamy [bĭg'ə-mē] *s* bigamia.

bike [bīk] -1 *s (bicycle)* bici *f; (motorcycle)* moto *f* -2 *vi* montar en bici, manejar una moto.

biker [bī'kər] *s* motociclista *m/f*.

bilateral [bī-lăt'ər-əl] *adj* bilateral.

bile [bīl] *s* bilis *f*.

bilingual [bī-lĭng'gwəl] *adj* bilingüe.

bill¹ [bĭl] -1 *s (invoice)* cuenta, factura; *(bank note)* billete *m* ◆ **bill of exchange** letra de cambio -2 *vt (a customer)* pasar la cuenta a; *(expenses, goods)* facturar.

bill² *s (beak)* pico; *(visor)* visera.

billboard ['bôrd'] *s* cartelera.

billet [bĭl'ĭt] *s* alojamiento.

billfold [bĭl'fōld'] *s* billetera, cartera.

billiards [bǐl'yərdz] s sg billar m.
billion [bǐl'yən] s EU mil millones m;
GB billón m.
bin [bǐn] s (box) cajón m; (container)
recipiente m, compartimiento.
bind [bǐnd] vt bound (to tie) amarrar,
atar; (to restrain) ceñir; (a wound) vendar; (morally, legally) obligar, comprometer a; (by sentiment) ligar, vincular;
(a book) encuadernar, empastar -vi (to
be tight) apretar; (a mix) aglutinarse.
binding [:ǐng] -1 s IMPR encuadernación f -2 adj (tight) apretado.
binocular [bə-nǒk'yə-lər] -1 adj binocular -2 s ♦ pl gemelos, prismáticos.
biography [bǐ-ǒg'rə-fē] s biografía.
biology [:jē] s biología.
biped [bǐ'pěd'] s & adj bípedo.
biplane [bǐ'plān'] s biplano.
bird [bûrd] s pájaro; (large) ave f;
(game) caza de pluma.
birth [bûrth] s nacimiento; MED parto
♦ **birth control** control de la natalidad
• **to give birth to** dar a luz a.
birthday [ˈdā'] s cumpleaños.
birthplace [:plās'] s lugar m de nacimiento.
biscuit [bǐs'kǐt] s bizcocho; GB galletita.
bisect [bǐ-sěkt'] vt bisecar.
bisexual [bǐ-sěk'shoō-əl] adj & s bisexual m/f.
bishop [bǐsh'əp] s obispo; (in chess)
alfil m.
bit[1] [bǐt] s (piece) pedacito, trocito;
(amount) poco <a bit larger un poco
más grande> ♦ **a good bit** bastante • **a
little bit** un poquito.
bit[2] s (drill) broca, barrena; (of a bridle)
freno, bocado.
bitch [bǐch] s (dog) perra; JER (shrew)
zorra, arpía.
bite [bǐt] -1 vt & vi bit, bit(ten) morder; (insects, snakes, fish) picar; (to cut
into) cortar -2 s mordisco, dentellada;
(wound) mordedura; (sting) picada; (in
fishing) picada.
bitter [bǐt'ər] adj -er, -est amargo;
(wind, cold) cortante, penetrante; (fierce)
encarnizado, implacable; (resentful) resentido, amargado.
bitterness [:nǐs] s amargura; (fierceness) encarnizamiento; (resentment)
rencor m.

bittersweet [:swēt'] adj agridulce.
bizarre [bǐ-zär'] adj extravagante, extraño.
black [blăk] -1 s negro -2 adj negro;
(gloomy) sombrío ♦ **black market** mercado negro -3 vt ♦ **to black out** MIL
apagar las luces; MED perder el conocimiento.
blackboard [:bôrd'] s pizarra, pizarrón m.
blacken [:ən] vt ennegrecer; (to defame) mancillar, difamar -vi ennegrecerse.
blackjack [:jăk'] s (bludgeon) cachiporra; (game) veintiuna.
blackmail [:māl'] -1 s chantaje m -2 vt
chantajear.
blacksmith [:smǐth'] s herrero.
bladder [blăd'ər] s vejiga.
blade [blād] s hoja; (of a razor, skate)
cuchilla; (of an oar) pala; (of grass) brizna.
blame [blām] -1 vt ♦ **to be to blame
for** tener la culpa de • **to blame on**
echar la culpa a -2 s culpa ♦ **to put the
blame on** echar la culpa a.
blameless [ˈlǐs] adj libre de culpa.
bland [blănd] adj (mild) suave; (dull)
insulso.
blank [blăngk] -1 adj (paper, tape) en
blanco; (wall) liso ♦ **blank check** cheque en blanco -2 s (space) blanco,
vacío; (cartridge) cartucho de fogueo.
blanket [blăng'kǐt] s manta, frazada.
blare [blâr] -1 vi resonar -vt proclamar,
pregonar -2 s estruendo.
blasé [blä-zā'] adj hastiado, indiferente.
blasphemy [blăs-fə-mē] s blasfemia.
blast [blăst] -1 s (gust) ráfaga; (explosion) explosión f; (explosive) carga ex-
plosiva; (shock) onda de choque; MÚS
toque m, soplido ♦ **blast furnace** alto
horno -2 vt (to blow up) volar; (hopes)
acabar con; (a hole) abrir, perforar (con
barrenos).
blastoff or **blast-off** [blăst'ôf'] s lanzamiento.
blaze [blāz] -1 s llamarada; (glare) resplandor m; (fire) fuego, hoguera -2 vi
arder.
blazer [blā'zər] s chaqueta deportiva.
bleach [blēch] -1 vt blanquear; (hair)
de(s)colorar -vi de(s)colorarse -2 s
lejía.

bleak [blēk] *adj* desolado, frío; *(dreary)* sombrío; *(prospect)* poco prometedor.

bleed [blēd] *vi* **bled** sangrar, perder sangre; ʙᴏᴛ exudar, perder savia -*vt* desangrar a, sacar sangre a; *(liquids)* sangrar.

blemish [blĕm'ĭsh] -**1** *vt* manchar, mancillar -**2** *s* mancha; *(flaw)* tacha.

blend [blĕnd] -**1** *vt* **-ed** *or* **blent** *(to mix)* mezclar; *(to harmonize)* armonizar -*vi (to mix)* mezclarse, entremezclarse; *(to harmonize)* armonizar, hacer juego -**2** *s* mezcla.

blender [blĕn'dər] *s* licuadora, batidora.

blessing [blĕs'ĭng] *s* bendición *f*; *(benefit)* ventaja.

blind [blīnd] -**1** *adj* ciego; *(hidden)* escondido; *(street)* sin salida -**2** *s* persiana -**3** *adv* a ciegas -**4** *vt* cegar; *(to dazzle)* deslumbrar.

blinders [blīn'dərz] *s pl* anteojeras.

blindfold [blīnd'fōld'] -**1** *vt* vendar los ojos a -**2** *s* venda.

blinding [:ĭng] *adj* cegador, deslumbrante.

blindly [:ē] *adv* ciegamente, a ciegas.

blindness [:nĭs] *s* ceguera.

blink [blĭngk] *vi* parpadear, pestañear; *(signal)* brillar intermitentemente.

bliss [blĭs] *s* dicha, felicidad *f*.

blissful ['fəl] *adj* dichoso, feliz.

blister [blĭs'tər] -**1** *s* ampolla; ʙᴏᴛ verruga -**2** *vt & vi* ampollar(se).

blizzard [blĭz'ərd] *s* ventisca; ꜰɪɢ torrente *m*.

bloat [blōt] *vt & vi* hinchar(se), inflar(se).

blob [blŏb] *s* masa informe; *(of color)* mancha.

block [blŏk] -**1** *s* bloque *m*; *(chunk)* trozo; *(chock)* calza; *(of a city)* cuadra, manzana; *(street)* calle *f*, cuadra -**2** *vt (to obstruct)* bloquear, obstruir (tráfico, avance); *(a wheel)* calzar.

blockade [blŏ-kād'] -**1** *s* bloqueo -**2** *vt* bloquear.

blond [blŏnd] *s & adj* rubio.

blonde [blŏnd] *s & adj* rubia.

blood [blŭd] *s* sangre *f*; *(bloodshed)* derrame *m* de sangre; *(lineage)* linaje *m* ♦ **blood bath** matanza.

bloodhound [:hound'] *s* sabueso.

bloodshed [:shĕd'] *s* derramamiento de sangre.

bloodstream [:strĕm'] *s* corriente sanguínea.

bloodthirsty [:thûr'stē] *adj* sanguinario.

bloody [:ē] -**1** *adj* **-i-** sangriento; ɢʙ ᴊᴇʀ maldito, infame -**2** *adv* ɢʙ ᴊᴇʀ muy.

bloom [blōōm] -**1** *s* flor *f*; *(flowering)* florecimiento -**2** *vi* florecer.

blossom [blŏs'əm] -**1** *s* flor *f*; *(flowering)* florecimiento ♦ **in blossom** en flor -**2** *vi* florecer.

blot [blŏt] -**1** *s* mancha, borrón *m* -**2** *vt* **-tt-** manchar; *(ink)* secar.

blouse [blous] *s* blusa; *(smock)* blusón *m*.

blow¹ [blō] -**1** *vi* **blew, -n** soplar; *(a horn)* sonar; *(a whale)* resoplar; *(a fuse)* quemarse; *(of paint)* resollar; *(to burst)* explotar ♦ **to blow up** *(to explode)* explotar -*vt* soplar; *(instrument)* tocar; *(smoke)* echar; *(the nose)* sonarse; *(a fuse)* fundir ♦ **to blow out** soplar, apagar • **to blow up** *(to destroy)* volar, hacer saltar -**2** *s* soplido, soplo; *(storm)* tormenta.

blow² *s* golpe *m*; *(setback)* revés *m*.

blow-dryer [:drī'ər] *s* secador *m* de cabello.

blowout [:out'] *s* ᴀᴜᴛᴏ reventón *m*, pinchazo.

blue [blōō] -**1** *s* azul *m* ♦ *pl* melancolía; ᴍús jazz melancólico -**2** *adj* azul; *(gloomy)* tristón, melancólico.

bluff [blŭf] -**1** *vt (to fool)* engañar -*vi* farolear, aparentar -**2** *s* engaño, farol *m*.

blunder [blŭn'dər] -**1** *s* error craso, metida de pata -**2** *vi (to move)* andar a tropezones; *(to err)* cometer un error craso.

blunt [blŭnt] -**1** *adj* desafilado; *(frank)* franco, brusco -**2** *vt* desafilar, embotar.

blur [blûr] *vt* **-rr-** empañar, nublar -*vi* ponerse borroso.

blush [blŭsh] -**1** *vi* ruborizarse, sonrojarse -**2** *s* rubor *m*, sonrojo.

bluster [blŭs'tər] -**1** *vi (wind)* bramar; *(to boast)* echar bravatas -**2** *s* fanfarronada.

boar [bôr] *s (hog)* verraco; *(wild pig)* jabalí *m*.

board [bôrd] -**1** *s* madero, tabla; *(for games)* tablero; *(meals)* pensión *f* ♦ **on**

board a bordo ♦ *pl* TEAT tablas, escenario **-2** *vt* embarcar(se) **-vi** hospedarse con comida.

boarder [bôr'dər] *s* pensionista *m/f*.

boardinghouse [:dǐng-hous'] *s* pensión *f*.

boast [bôst] **-1** *vi* jactarse, alardear **-vt** ostentar **-2** *s* jactancia, alarde *m*.

boat [bôt] *s (small craft)* bote *m*, barca; *(ship)* barco, buque *m*.

boatman [bôt'mən] *s* [*pl* **-men**] lanchero.

bob [bŏb] **-1** *s (dip)* sacudida **-2** *vi* **-bb-** balancear(se) (esp. en el agua).

bode [bôd] *vt* presagiar ♦ **to bode well, ill** ser de buen, mal agüero.

body [bŏd'ē] *s* cuerpo; *(trunk)* torso; *(corpse)* cadáver *m*; *(organization)* organismo; *(group)* grupo, conjunto.

bodyguard [:gärd'] *s* guardaespaldas *m*.

bog [bôg] **-1** *s* pantano, ciénaga **-2** *vt & vi* **-gg-** ♦ **to bog down** empantanar(se), atascar(se).

boggle [bŏg'əl] *vt & vi* sobresaltar(se).

boil¹ [boil] **-1** *vi* hervir; *(to cook)* cocer; FIG bullir **-vt** hacer hervir; *(to cook)* cocer, herventar; *(an egg)* pasar por agua **-2** *s* hervor *m*.

boil² *s* MED furúnculo, divieso.

boiler [boi'lər] *s* caldera.

boiling [:ĭng] **-1** *adj* hirviente **-2** *s* ebullición *f*.

boisterous [boi'stər-əs] *adj* bullicioso, alborotador.

bold [bôld] *adj (fearless)* intrépido; *(daring)* audaz; *(impudent)* descarado.

bolster [bôl'stər] **-1** *s* cabezal *m* **-2** *vt (to strengthen)* reforzar, apoyar; *(to hearten)* animar.

bolt [bôlt] **-1** *s* MEC tornillo, perno; *(lock)* cerrojo, pestillo **-2** *vt (to lock)* echar el cerrojo a, cerrar con pestillo; *(to fasten)* sujetar con tornillos or pernos; *(to gulp)* engullir **-vi** *(to dash off)* fugarse; *(a horse)* desbocarse.

bomb [bŏm] **-1** *s* bomba **-2** *vt* bombardear **-vi** arrojar bombas.

bombard [-bärd'] *vt (to bomb)* bombardear; *(to harass)* abrumar, acosar.

bomber [:ər] *s* bombardero.

bombing [:ĭng] *s* bombardeo.

bona fide [bŏ'nə fīd'] *adj* auténtico.

bonanza [bə-năn'zə] *s* bonanza, mina.

bond [bŏnd] *s* lazo, atadura; DER fianza, garantía ♦ **in bond** en depósito afianzado.

bondage [bŏn'dĭj] *s* esclavitud *f*.

bone [bôn] **-1** *s* hueso; *(of fish)* espina **-2** *vt* deshuesar.

bone-dry [′drī′] *adj* completamente seco.

bonfire [bon'fir'] *s* fogata, hoguera.

bonnet [bon'it] *s (hat)* gorra, cofia.

bonus [bo nəs] *s* plus *m*, sobresueldo.

bony [bô'nē] *adj* **-i-** óseo; *(thin)* esquelético, flaco; *(fish)* espinoso.

boo [boo] **-1** *s* abucheo, rechifla **-2** *interj* ¡bú! **-3** *vi & vt* abuchear (a), rechiflar (a).

book [book] **-1** *s* libro; *(notebook)* libreta; *(register)* registro **-2** *vt (a suspect)* asentar, registrar; *(to reserve)* reservar, hacer reservación de; *(to hire)* contratar (artistas) ♦ **to be booked up** *(hotel, restaurant)* estar completo.

booking [:ĭng] *s (engagement)* contratación *f*; *(reservation)* reservación *f*, reserva.

bookkeeping [:kē'pĭng] *s* teneduría de libros, contabilidad *f*.

booklet [:lĭt] *s* folleto.

bookshelf [:shĕlf'] *s* [*pl* **-ves**] estante *m* para libros.

bookstore [:stôr'] *s* librería.

bookworm [:wûrm'] *s (larva)* polilla (que roe los libros); FIG ratón *m* de biblioteca.

boom [boom] **-1** *s (sound)* estampido, trueno; COM auge *m* **-2** *vi (to thunder)* tronar, retumbar; COM estar en auge.

boon [boon] *s* bendición *f*, dicha.

boost [boost] **-1** *vt (to lift)* alzar, levantar; *(to increase)* aumentar **-2** *s (push)* impulso; *(increase)* aumento.

boot [boot] **-1** *s* bota; GB *(trunk)* portaequipajes *m*.

booth [booth] *s (compartment)* cabina; *(stand)* puesto, quiosco.

booze [booz] FAM **-1** *s* bebida alcohólica **-2** *vi* beber.

border [bôr'dər] **-1** *s (boundary)* frontera; *(edge)* borde *m*, orilla **-2** *vt (to edge)* bordear; *(to adjoin)* lindar con.

borderline [:lĭn'] *s* frontera.

bore¹ [bôr] **-1** *vt & vi (to drill)* taladrar, barrenar **-2** *s (hole)* agujero; *(diameter)* diámetro interior; *(caliber)* calibre *m*.

bore² **-1** *vt (to weary)* aburrir, cansar **-2** *s (person)* pesado, pelmazo.

boring [bôr'ĭng] *adj* aburrido, pesado.

born [bôrn] **-1** cf **bear⁻¹** ♦ **to be born** nacer; *(to originate)* originarse **-2** *adj* nato.

borrow [bŏr'ō] *vt (a loan)* tomar prestado *-vi* tomar un préstamo.

bosom [bŏŏz'əm] *s* pecho; FIG seno.

boss [bôs] *s (supervisor)* supervisor *m,* capataz *m; (leader)* jefe *m,* cacique *m.*

botany [bŏt'n-ē] *s* botánica.

botch [bŏch] **-1** *vt* chapucear **-2** *s* chapucería.

both [bōth] **-1** *pron & adj* ambos, los dos ♦ **both of us, you** nosotros, vosotros dos **-2** *conj* ...y...además <*he is both strong and healthy* él es fuerte y sano además>.

bother [bŏth'ər] **-1** *vt & vi* molestar(se) *(about, with por)* **-2** *s* molestia, fastidio.

bottle [bŏt'l] **-1** *s* botella; *(baby's)* biberón *m* **-2** *vt* embotellar, envasar.

bottleneck [:nĕk'] *s* cuello; FIG embotellamiento.

bottom [bŏt'əm] *s* fondo; *(of a list)* final *m; (foot)* pie *m; (of sea, river)* lecho; *(essence)* meollo, base *f;* FAM *(buttocks)* trasero.

bottomless [:lĭs] *adj* sin fondo.

boulder [bōl'dər] *s* canto rodado.

boulevard [bōōl'ə-värd'] *s* bulevar *m.*

bounce [bouns] **-1** *vi* rebotar; *(to jump)* saltar, dar brincos; FAM *(a check)* ser rechazado *-vt* hacer rebotar **-2** *s (leap)* salto, brinco; *(rebound)* rebote *m.*

bound¹ [bound] **-1** *vi* saltar, dar brincos **-2** *s (leap)* salto, brinco.

bound² **-1** cf **bind -2** *adj (tied)* atado, amarrado; *(obliged)* obligado.

bound³ *adj* ♦ **bound for** con destino a.

boundary [boun'də-rē] *s* límite *m,* frontera.

boundless [bound'lĭs] *adj* ilimitado, infinito.

bouquet [bō-kā', bōō-] *s (of flowers)* ramillete *m; (of wine)* buqué *m.*

bourgeois [bōōr-zhwä'] *s & adj* burgués *m.*

bout [bout] *s (contest)* combate *m; (spell)* ataque *m* (de una enfermedad).

bow¹ [bou] *s* MARÍT proa.

bow² [bou] **-1** *vi (to stoop)* inclinarse, doblegarse; *(in obeisance)* inclinarse, hacer una reverencia *-vt (the head, body)* inclinar; *(the knee)* doblar **-2** *s (obeisance)* reverencia; *(greeting)* saludo.

bow³ [bō] *s* ARM, MÚS arco; *(knot)* lazo; *(curve)* arco, curva ♦ **bow tie** corbata de lazo.

bowl¹ [bōl] *s (dish)* fuente *f,* cuenco; *(cup)* tazón *m.*

bowl² *vi* DEP jugar a los bolos *-vt* lanzar, tirar (la bola).

bowler¹ [bō'lər] *s* jugador *m* de bolos.

bowler² *s (hat)* sombrero hongo, bombín *m.*

bowling [bō'lĭng] *s* bolos ♦ **bowling alley** bolera.

box¹ [bŏks] **-1** *s* caja; *(small)* estuche *m; (printed)* cuadro; TEAT palco ♦ **box office** taquilla, boletería **-2** *vt* ♦ **to box up** encajonar, empaquetar.

box² *vi* boxear.

boxer [bŏk'sər] *s* boxeador *m,* púgil *m.*

boxing [:sĭng] *s* boxeo ♦ **boxing glove** guante de boxeo.

boy [boi] **-1** *s* niño; *(youth, servant)* muchacho **-2** *interj* ¡chico!, ¡hombre!

boycott [boi'kŏt'] **-1** *vt* boicotear **-2** *s* boicoteo, boicot *m.*

boyfriend [boi'frĕnd'] *s* FAM novio.

boyhood [:hŏŏd'] *s* niñez *f,* infancia.

bra [brä] *s* sostén *m,* corpiño.

brace [brās] **-1** *s (support)* refuerzo, puntal *m* **-2** *vt (to support)* apuntalar, reforzar; *(to hold steady)* asegurar.

bracelet [brās'lĭt] *s* brazalete *m,* pulsera.

bracing [brā'sĭng] *adj* fortificante, vigorizante.

bracket [brăk'ĭt] **-1** *s (support)* soporte *m,* escuadra; *(category)* categoría, grupo; IMPR corchete *m* **-2** *vt* agrupar.

brag [brăg] **-1** *vt & vi* **-gg-** jactarse (de) **-2** *s* jactancia, alarde *m.*

braid [brād] **-1** *vt (to plait)* trenzar; COST galonear **-2** *s (plait)* trenza; *(trim)* galón *m.*

brain [brān] *s* cerebro ♦ *pl* CUL sesos; *(intelligence)* cabeza.

brainwash [:wŏsh'] *vt* lavar el cerebro.

brainy [brā'nē] *adj* **-i-** FAM inteligente, listo.

brake [brāk] **-1** s freno **-2** vt frenar -vi aplicar el freno.

bran [brăn] s salvado, afrecho.

branch [brănch] **-1** s rama; (division) ramo, rama; (of a river) brazo; FC ramal m **-2** vi (trees) echar ramas; (to spread out) ramificarse; (to split) bifurcarse.

brand [brănd] **-1** s COM marca (de fábrica); (type) clase f; (on cattle) marca (de hierro) **-2** vt (cattle) marcar, herrar.

brandish [brăn'dĭsh] vt blandir, esgrimir.

brand-new [brănd'nōō'] adj flamante.

brandy [brăn'dē] s coñac m, aguardiente m.

brass [brăs] s latón m ♦ pl MÚS cobres.

brassiere [brɔ-zîr'] s sostén m, corpiño.

brat [brăt] s niño malcriado, mocoso.

brave [brāv] **-1** adj valiente, bravo **-2** s guerrero indio **-3** vt (to face) afrontar; (to defy) desafiar.

bravery [brā'vɔ-rē] s valentía, valor m.

brawl [brôl] **-1** s pelea **-2** vi pelear.

bray [brā] **-1** s rebuzno **-2** vi rebuznar.

brazen [brā'zɔn] adj descarado.

brazier [brā'zhɔr] s brasero.

bread [brĕd] **-1** s pan m; JER (money) plata, pasta **-2** vt CUL empanar.

breadth [brĕdth] s (width) anchura; (scope) extensión f; (openness) liberalidad f.

breadwinner [brĕd'wĭn'ɔr] s sostén m de la familia.

break [brāk] **-1** vt broke, broken romper; (to crack) quebrar, fracturar; (to damage) estropear; (a law) infringir, violar; (a blow, fall) amortiguar, parar; (a bill) cambiar; (a record) batir ♦ to break down (to analyze) detallar, analizar • to break off (to detach) romper, separar; (relations) romper • to break open abrir forzando, forzar • to break up (to put an end to) acabar, terminar; (to upset) quebrantar -vi (to shatter) romperse; (to come apart) partirse; (to become unusable) estropearse, descomponerse; (the voice) fallar ♦ to break down (to malfunction) averiarse, descomponerse; (emotionally) abatirse, sufrir un colapso • to break in (to enter) entrar forzadamente (con intención de robar) • to break loose (to come off)

soltarse, desprenderse • to break off (to come off) soltarse, desprenderse **-2** s (act) ruptura, rompimiento; (fracture) fractura; (crack) grieta, raja; (gap) abertura; (pause) intervalo, pausa; (escape) fuga, evasión f; ELEC interrupción, corte m ♦ at the break of day al amanecer.

breakage [:kĭj] s rotura; (loss) daños de rotura.

breakdown [brāk'doun'] s MEC avería; MED colapso, depresión f.

breakfast [brĕk'fɔst] **-1** s desayuno **-2** vi desayunar, tomar el desayuno.

breakwater [:wô'tɔr] s rompeolas m.

breast [brĕst] s pecho; (of a woman) pecho, seno; (of a fowl) pechuga ♦ breast stroke brazada de pecho.

breast-feed [:fēd'] vt -fed amamantar.

breath [brĕth] s respiración f, aliento; (of an animal) hálito; (of air) soplo ♦ out of breath sin aliento.

breathe [brēth] vi respirar; (to blow) soplar suavemente -vt respirar.

breathing [:thĭng] s respiración f.

breathless [brĕth'lĭs] adj sin aliento; (panting) jadeante.

breathtaking [:tā'kĭng] adj impresionante.

breed [brēd] **-1** vt bred (to engender) engendrar; (to raise, bring up) criar -vi procrear, reproducirse **-2** s (strain) raza; (type) casta.

breeder [brē'dɔr] s criador m.

breeding [:dĭng] s crianza, educación f.

breeze [brēz] s brisa.

breezy [brē'zē]· adj -i- (windy) ventoso; (casual) despreocupado.

brevity [brĕv'ĭ-tē] s brevedad f.

brew [brōō] vt (beer) fabricar; (tea) preparar, hacer -vi (to loom) amenazar.

brewer ['ɔr] s cervecero.

brewery [:ɔ-rē] s cervecería.

bribe [brīb] **-1** s soborno **-2** vt sobornar.

bribery [brī'bɔ-rē] s soborno.

bric-a-brac [brĭk'ɔ-brăk'] s baratijas.

brick [brĭk] **-1** s ladrillo **-2** vt ♦ to brick up tapiar con ladrillos.

bricklayer [:lā'ɔr] s albañil m.

bridal [brīd'l] **-1** s boda, casamiento **-2** adj nupcial.

bride [brīd] s novia, desposada.

bridegroom ['grōōm'] s novio, desposado.

bridesmaid [brĭdz'mād'] s dama de honor.

bridge [brĭj] **-1** s puente; (of the nose) caballete **-2** vt (to build) tender un puente sobre.

bridle [brĭd'l] **-1** s brida ♦ **bridle path** camino de herradura **-2** vt (a horse) embridar; (passions) refrenar, dominar.

brief [brēf] **-1** adj (in time) breve; (succinct) conciso **-2** s (summary) sumario, resumen m ♦ pl calzoncillos **-3** vt informar; (to give instructions) dar instrucciones.

briefcase ['kās'] s portafolio, cartera.

brigadier [brĭg'ə-dîr'] s general m de brigada.

bright [brīt] adj (shining) brillante, resplandeciente; (smart) inteligente, despierto.

brighten ['n] vt & vi (with light) aclarar(se), iluminar(se); (with joy) alegrar(se), animar(se).

brilliant [brĭl'yənt] adj (shining) brillante; (inventive) genial; (splendid) magnífico.

brim [brĭm] **-1** s (of a cup) borde m; (of a hat) ala **-2** vi **-mm-** estar lleno hasta el tope.

brine [brīn] s CUL salmuera.

bring [brĭng] vt brought traer; (to carry) llevar; (to persuade) convencer ♦ **to bring about** (to cause) causar, provocar • **to bring back** (to return) devolver; (to cause to return) traer de vuelta • **to bring down** (to lower) bajar; (to overthrow) derribar • **to bring on** ocasionar, causar • **to bring out** (a product) presentar; (to highlight) hacer resaltar • **to bring up** (children) criar, educar.

brink [brĭngk] s borde m, margen f.

brisk [brĭsk] adj (energetic) enérgico, vigoroso; (invigorating) estimulante.

bristle [brĭs'əl] **-1** s cerda **-2** vi ♦ **to bristle with** estar lleno, erizado de.

brittle [brĭt'l] adj **-er, -est** quebradizo, frágil.

broach [brōch] **-1** s broche m **-2** vt (a subject) abordar, sacar a colación.

broad [brôd] **-1** adj (wide) ancho; (spacious) extenso, amplio; (general) general; (accent) marcado ♦ **broad jump** salto de longitud **-2** adv plenamente, completamente.

broadcast [brôd'kăst'] **-1** vt **-cast(ed)** RAD emitir, radiar; TELEV transmitir, televisar; (to make known) difundir, divulgar -vi RAD emitir, radiar un programa; TELEV transmitir, televisar un programa **-2** s (act) transmisión f, emisión f; (program) programa m.

broadcasting [:tĭng] s radiodifusión f; TELEV transmisión f, difusión f.

broaden [:n] vt & vi ensanchar(se).

broad-minded [:mĭn'dĭd] adj tolerante, comprensivo.

broccoli [brŏk'ə-lē] s brécol m, bróculi m.

brochure [brō-shŏŏr'] s folleto.

broil [broil] vt asar a la parrilla -vi asarse, achicharrarse.

broke [brōk] **-1** cf break **-2** adj JER pelado.

broken [brō'kən] **-1** cf break **-2** adj roto, quebrado; (out of order) descompuesto; (ground) accidentado.

broker [brō'kər] s agente m/f, corredor m de bolsa.

bronchitis [brŏng-kī'tĭs] s bronquitis f.

bronze [brŏnz] **-1** s bronce m **-2** adj de bronce.

brooch [brōch, brōōch] s broche m.

brood [brōōd] **-1** s ORNIT nidada; (children) progenie f, prole f **-2** vt & vi empollar.

brook[1] [brŏŏk] s arroyo.

brook[2] vt tolerar, aguantar.

broom [brōōm] s escoba; BOT retama.

broomstick ['stĭk'] s palo de escoba.

broth [brôth] s caldo.

brothel [brŏth'əl] s burdel m.

brother [brŭth'ər] s hermano; (fellow member) compañero.

brother-in-law [:ĭnlô'] s [pl brothers-] cuñado, hermano político.

brow [brou] s (eyebrow) ceja; (forehead) frente f.

brown [broun] **-1** s marrón m, castaño **-2** adj marrón; (hair) castaño; (skin, sugar) moreno **-3** vt & vi CUL dorar(se).

brownie [brou'nē] s bizcocho de chocolate.

browse [brouz] vi (shop) curiosear; (book) hojear un libro.

bruise [brōōz] **-1** s (skin) magulladura, contusión f **-2** vt magullar, contusionar, dañar.

brunch [brŭnch] *s* combinación de desayuno y almuerzo.

brunet [brōō-nět'] *adj & s* moreno.

brunette [brōōnět'] *s* morena.

brush [brŭsh] **-1** *s* cepillo; *(paintbrush)* brocha; *(of an artist)* pincel *m* **-2** *vt* cepillar; *(to sweep)* quitar, barrer *(off de)*; *(to graze)* rozar al pasar.

brushwood [:wŏŏd'] *s* maleza.

brusque or **brusk** [brŭsk] *adj* brusco.

brutal [brōōt'l] *adj* brutal, bestial.

brute [brōōt] **-1** *s (animal)* bestia; *(person)* bestia *m/f*, bruto **-2** *adj (instinctive)* bruto; *(cruel)* brutal.

bubble [bŭb'əl] **-1** *adj* burbuja; *(of soap)* pompa ♦ **bubble gum** chicle de globo **-2** *vi* burbujear.

buck¹ [bŭk] *vi (horse)* botar, corcovear ♦ **to buck up** FAM animarse.

buck² *s* JER dólar *m*.

bucket [bŭk'ĭt] *s* cubo, balde *m*.

buckle¹ [bŭk'əl] **-1** *s (fastener)* hebilla **-2** *vt & vi* abrochar(se).

buckle² *vt & vi (to bend)* combar(se).

bud [bŭd] **-1** *s (shoot)* brote *m*, yema; *(flower)* capullo **-2** *vi* **-dd-** *(plant)* echar brotes or capullos.

buddy [bŭd'ē] *s* FAM amigo, compadre *m*.

budge [bŭj] *vt & vi (object)* mover(se) un poco; *(person)* (hacer) ceder.

budget [bŭj'ĭt] **-1** *s* presupuesto **-2** *vt* presupuestar.

buff¹ [bŭf] **-1** *s (leather)* cuero, ante *m* **-2** *adj* de color del ante.

buff² *s* FAM entusiasta *m/f*.

buffalo [bŭf'ə-lō'] *s [pl inv or -es]* búfalo, bisonte *m*.

buffer [bŭf'ər] *s (shock absorber)* amortiguador *m*.

buffet¹ [bə-fā'] *s (sideboard)* aparador *m*; *(restaurant)* cantina, buffet *m*.

buffet² [bŭf'ĭt] **-1** *s* bofetada **-2** *vt* abofetear.

bug [bŭg] **-1** *s* insecto, bicho; JER *(germ)* microbio; *(microphone)* micrófono oculto **-2** *vt* **-gg-** JER *(to pester)* fastidiar, importunar; *(a room, phone)* instalar un micrófono oculto en.

bugle [byōō'gəl] *s* clarín *m*, corneta.

build [bĭld] **-1** *vt* **built** construir, edificar; *(monuments)* erigir; *(to assemble)* armar ♦ **to build up** *(theory)* elabo-

rar; *(reputation)* crear; *(sales)* aumentar; *(health)* fortalecer *-vi* ♦ **to build up** *(to increase)* aumentar; *(to intensify)* intensificarse, ir en aumento **-2** *s* talle *m*, figura.

builder [bĭl'dər] *s* constructor *m*, contratista *m/f*.

building [:dĭng] *s* edificio, casa.

built-in [bĭlt'ĭn'] *adj (closet)* empotrado.

built-up [:ŭp'] *adj* urbanizado.

bulb [bŭlb] *s* BOT bulbo; *(lamp)* bombilla.

bulge [bŭlj] **-1** *s* protuberancia, bulto; *(in wall)* pandeo **-2** *vi & vt*, hinchar(se), abultar.

bulging [bŭl'jĭng] *adj (swollen)* hinchado; *(protuberant)* saltón.

bulk [bŭlk] *s* volumen *m*, tamaño; *(largest part)* grueso ♦ **in bulk** *(loose)* a granel; *(in large amounts)* en grandes cantidades.

bulky [bŭl'kē] *adj* **-i-** voluminoso.

bull [bŏŏl] *s* toro.

bulldog ['dôg'] *s* buldog *m*, dogo.

bullet [bŏŏl'ĭt] *s* bala.

bulletin [bŏŏl'ĭ-tn] *s (periodical)* boletín *m*; *(report)* comunicado ♦ **bulletin board** tablero de anuncios.

bullfight [bŏŏl'fīt'] *s* corrida de toros.

bullfighter [:fī'tər] *s* torero.

bullring [:rīng'] *s* plaza de toros.

bull's-eye [bŏŏlz'ī'] *s (target)* blanco; *(shot)* acierto.

bully [bŏŏl'ē] **-1** *s* matón *m*, abusador *m* **-2** *vt* intimidar, amedrentar *-vi* abusar.

bum [bŭm] **-1** *s (hobo)* vagabundo; *GB*, FAM *(buttocks)* trasero **-2** *vt & vi* **-mm-** gorronear, sablear.

bumblebee [bŭm'bəl-bē'] *s* abejorro.

bump [bŭmp] **-1** *vt (to collide with)* topar, chocar contra; *(to knock against)* golpear contra *-vi* chocar contra; *(to jolt)* moverse a sacudidas **-2** *s (collision)* choque *m*, topetón *m*; *(swelling)* hinchazón *f*, chichón *m*; *(in a road)* bache *m*.

bumper [bŭm'pər] *s* parachoques *m*.

bumpy [bŭm'pē] *adj* **-i-** *(uneven)* desigual, accidentado.

bun [bŭn] *s* CUL bollo, panecillo; *(hair)* moño.

bunch [bŭnch] *s (of grapes)* racimo; *(of flowers)* ramillete *m*; *(handful)* montón *m*, puñado; FAM *(of people)* grupo.

bundle [bŭn'dl] -1 *s* bulto, fardo; *(papers)* fajo; *(tied)* atado -2 *vt (to tie)* atar; *(to wrap)* envolver -*vi* ◆ **to bundle up** arroparse, abrigarse.

bungle [bŭng'gǝl] -1 *vt & vi* chapucear -2 *s* chapucería.

bunion [bŭn'yǝn] *s* juanete *m*.

bunk [bŭngk] *s (bed)* litera.

buoy [bōō'ē, boi] -1 *s* boya ◆ **life buoy** salvavidas -2 *vt (to keep afloat)* mantener a flote; FIG *(to hearten)* animar, alentar.

buoyancy [boi'ǝn-sē] *s (capacity)* flotabilidad *f*.

buoyant [:ǝnt] *adj* boyante; *(animated)* animado; *(cheerful)* optimista.

burden [bûr'dn] -1 *s* carga -2 *vt (to load)* cargar.

bureau [byŏŏr'ō] *s* [pl **s** *or* **-x**] *(dresser)* tocador *m*; POL departamento; *(business)* agencia; *GB (desk)* escritorio.

bureaucracy [byŏŏ-rŏk'rǝ-sē] *s* burocracia.

burger [bûr'gǝr] *s* FAM hamburguesa.

burglar [bûr'glǝr] *s* ladrón *m* ◆ **burglar alarm** alarma antirrobo.

burial [bĕr'ē-ǝl] *s* entierro.

burn [bûrn] -1 *vt* -**ed** *or* -**t** quemar; *(a building)* incendiar ◆ **to burn down** incendiar • **to burn up** *(to consume)* consumir -*vi* quemarse, arder; *(building)* consumirse; *(food)* quemarse ◆ **to burn down** quemarse por completo • **to burn out** *(fire)* apagarse -2 *s (injury)* quemadura.

burning [:nĭng] *adj (hot)* ardiente, abrasador.

bursar [bûr'sǝr] *s* tesorero.

burst [bûrst] -1 *vi* **burst** *(to break open)* estallar, reventarse; *(to explode)* explotar; *(to be full)* rebosar *(with* de) ◆ **to burst into flame(s)** estallar en llamas • **to burst out** *(to exclaim)* exclamar; *(to emerge)* surgir -*vt (to shatter)* reventar ◆ **to burst into** *(a room)* irrumpir en -2 *s* reventón *m*, explosión *f*; *(of laughter)* estallido.

bury [bĕr'ē] *vt* enterrar; *(to inter, conceal)* sepultar.

bus [bŭs] *s* [pl **es** *or* **-ses**] autobús *m*, ómnibus *m*.

bush [bŏŏsh] *s (shrub)* arbusto; *(land)* matorral *m*.

bushy [:ē] *adj* -**i-** *(land)* breñoso; *(hair)* tupido, espeso.

business [bĭz'nĭs] *s (establishment)* comercio, negocio; *(firm)* firma, empresa; *(commerce)* negocios; *(matter, concern)* asunto.

businessman [:măn'] *s* [pl **-men**] hombre *m* de negocios.

businesswoman [:wŏŏm'ǝn] *s* [pl **-women**] mujer *f* de negocios.

bust¹ [bŭst] *s* ARTE, ANAT busto.

bust² FAM -1 *vt (to break)* romper; *(to damage)* descomponer -*vi* romperse, descomponerse -2 *s (arrest)* arresto; *(raid)* redada, batida.

bustle [bŭs'ǝl] -1 *vi* apresurarse -2 *s* bullicio, animación *f*.

busy [bĭz'ē] *adj* -**i-** *(person)* atareado, ocupado; *(place)* concurrido; *(telephone)* ocupado ◆ **busy signal** señal de ocupado.

but [bŭt, bǝt] -1 *conj (on the other hand)* pero, mas; *(rather)* sino; *(nevertheless)* no obstante; *(except)* excepto -2 *adv* nada más que, solamente ◆ **to do nothing but** no hacer más que -3 *prep* menos, excepto ◆ **but for** a no ser por.

butcher [bŏŏch'ǝr] -1 *s* carnicero ◆ **butcher shop** carnicería -2 *vt (animals)* matar.

butler [bŭt'lǝr] *s* mayordomo.

butt¹ [bŭt] *vt & vi* topar, dar un topetazo.

butt² *s (of a rifle)* culata; *(cigarette end)* colilla; JER *(cigarette)* pitillo.

butter [bŭt'ǝr] -1 *s* mantequilla -2 *vt* untar con mantequilla.

butterfly [:flī'] *s* mariposa.

buttock [bŭt'ǝk] *s* nalga ◆ *pl* trasero.

button [bŭt'n] -1 *s* botón *m*; *(switch)* pulsador *m* -2 *vt & vi* abotonar(se), abrochar(se).

buttonhole [:hōl'] *s* ojal *m*.

buxom [bŭk'sǝm] *adj* rollizo, frescachón.

buy [bī] -1 *vt* **bought** comprar, adquirir -2 *s (purchase)* compra.

buyer [bī'ǝr] *s* comprador *m*.

buzz [bŭz] -1 *vi (insect, motor)* zumbar; *(buzzer)* sonar -2 *s (drone)* zumbido; *(murmur)* murmullo.

buzzer [bŭz'ǝr] *s* timbre *m*.

by [bī] **-1** prep (agent, measure, route) por <made by hecho por> <by the dozen por docena> <by mail por correo>; (origin, time) de <by birth de nacimiento> <by night de noche>; (next to) junto a, cerca de <by the bed junto a la cama>; (according to) según, de acuerdo con <by the rules de acuerdo con las reglas>; (not later than) para <by noon para el mediodía>; (after) a <day by day día a día> **-2** adv (nearby) cerca, al lado de; (aside) a un lado, aparte.

bye(-bye) [bī(-bī)] interj FAM ¡adiós!, ¡chau!

bygone [bī′gôn′] adj pasado.

by-pass or **bypass** [bī′păs′] **-1** s (road) carretera de circunvalación **-2** vt evitar, pasar por alto.

byroad [bī′rōd′] s carretera secundaria.

byte [bīt] s byte m, octeto.

C

C [sē] s MÚS do.

cab [kăb] s taxi m; (of vehicle) cabina.

cabaret [kăb'ə-rā'] s cabaret m.

cabbage [kăb'ĭj] s col f, berza.

cabin [kăb'ĭn] s (house) barraca, choza; (of ship) camarote m; (of plane) cabina.

cable [kā'bəl] -1 s cable m; (cablegram) cablegrama m; TELEV televisión f por cable ♦ **cable car** funicular -2 vt & vi cablegrafiar.

cablegram [:grăm'] s cablegrama m.

cacao [kə-kā'ō] s cacao.

cackle [kăk'əl] -1 vi (hen) cacarear; (to laugh) reírse estridentemente -2 s (of hens) cacareo; (laughter) risa estridente.

cactus [kăk'təs] s [pl **es** or **-ti**] cactus m, cacto.

café/fe [kăfā'] s café m.

caffein(e) [kă-fēn'] s cafeína.

cage [kāj] -1 s jaula -2 vt enjaular.

cake [kāk] s pastel m; (sponge) bizcocho; (pancake) torta.

calcify [kăl'sə-fī'] vt & vi calcificar(se).

calculate [kăl'kyə-lāt'] vt calcular -vi hacer cálculos.

calculation ['-'shən] s cálculo.

calculator ['-'tər] s calculadora.

calendar [kăl'ən-dər] s calendario; (schedule) agenda.

calf[1] [kăf] s [pl **-ves**] (of cow) becerro, ternero; (of whale, elephant) cría.

calf[2] s [pl **-ves**] ANAT pantorrilla.

caliber [kăl'ə-bər] s calibre m.

calibrate [kăl'ə-brāt'] vt calibrar.

call [kôl] -1 vt llamar; (a meeting) convocar; (to telephone) telefonear, llamar a; (to label) calificar (de) ♦ **to call back** hacer volver; TEL volver a llamar • **to call off** (to cancel) cancelar • **to call oneself** llamarse • **to call (one's) attention to** hacer notar o reparar en • **to call again** venir otra vez • **to call back** volver a llamar por teléfono • **to call on** or **upon** (to visit) visitar a, ir a ver a • **to call out** exclamar, gritar -2 s llamada; (short visit) visita ♦ **to pay a call on** hacer visita a.

calligraphy [kə-lŭg'rə-fē] s caligrafía.

calm [käm] -1 adj sereno, tranquilo -2 s calma -3 vt & vi aplacar(se), calmar(se).

calmness ['nĭs] s tranquilidad f.

calorie [kăl'ə-rē] s caloría.

calumny [kăl'əm-nē] s calumnia.

calyx [kā'lĭks] s [pl **es** or **-ce**] cáliz m.

camel [kăm'əl] s camello.

camera [kăm'ər-ə] s FOTOG cámara, máquina; CINEM cámara.

cameraman [:măn'] s [pl **-men**] cameraman m.

camouflage [kăm'ə-fläzh'] -1 s camuflaje m -2 vt & vi camuflar.

camp [kămp] -1 s campo; (encampment) campamento -2 vi & vt acampar.

campaign [kăm-pān'] vi & s (hacer una) campaña.

camper [kăm'pər] s AUTO campista m/f; caravana.

campsite [:sīt'] s camping m.

campus [kăm'pəs] s [pl **-es**] ciudad universitaria.

can[1] [kăn, kən] aux [pret **could**] (to be able to) poder; (to know how to) saber ‹he can cook él sabe cocinar›.

can[2] [kăn] -1 s (tin) lata; (for trash) tacho, cubo ♦ **can opener** abrelatas -2 vt **-nn-** (food) enlatar.

canal [kə-năl'] s canal m.

canary [kə-nâr'ē] s canario.

cancel [kăn'səl] vt anular, cancelar; (to cross out) tachar.

cancellation ['sə-lā'shən] s cancelación f; (of stamp) matasellos m.

cancer [kăn'sər] s cáncer m.

candid [kăn'dĭd] adj (frank) franco; (not posed) espontáneo.

candidate [kăn'dĭ-dāt'] s candidato.

candle [kăn'dl] s vela, bujía; (in church) cirio.

candleholder [:hōl'dər] s candelero.

candlelight [:līt'] s luz f de una vela.

candy [kăn'dē] -1 s caramelo -2 vt & vi escarchar(se).

cane [kān] s (stick) bastón m; (switch) vara; (plant) caña; (wicker) mimbre m; (sugar cane) caña de azúcar.

canned [kănd] adj enlatado.

cannibal [kăn'ə-bəl] s caníbal m, antropófago.

cannon [kăn'ən] s [pl inv or **-s**] cañón m.

cannot [kăn'ŏt', kə-nŏt'] negación de **can**[1].

canoe [kə-nōō'] *vi* **-oeing** & *s* (ir en) canoa.

canon [kăn'ən] *s* (*church law*) canon *m*; (*priest*) canónigo.

can't [kănt] *contr* de **cannot**.

canteen [kăn-tēn'] *s* (*store, cafeteria*) cantina.

canvas [kăn'vəs] *s* lona; (*painting*) lienzo; (*sails*) velamen *m*.

canyon [kăn'yən] *s* cañón *m*.

cap [kăp] *s* (*hat*) gorro, gorra; (*academic*) birrete *m*; (*cover*) tapa; (*limit*) tope *m*.

capable [kā'pə-bəl] *adj* capaz.

capacity [kə-păs'ĭ-tē] *s* capacidad *f*; (*production*) rendimiento máximo.

cape[1] [kāp] *s* GEOG cabo.

cape[2] *s* (*garment*) capa.

capital[1] [kăp'ĭ-tl] **-1** *s* (*city*) capital *f*; (*assets, wealth*) capital *m*; IMPR (*letter*) mayúscula **-2** *adj* (*foremost*) capital; (*excellent*) excelente; (*involving death*) capital; IMPR mayúscula.

capital[2] *s* ARQ capitel *m*.

capitalism [:ĭz'əm] *s* capitalismo.

capitalist [:ĭst] *s* capitalista *m/f*.

capsule [kăp'səl, -sōōl] *s* cápsula; (*summary*) resumen *m* breve.

captain [kăp'tən] **-1** *s* capitán *m* **-2** *vt* capitanear.

caption [kăp'shən] **-1** *s* (*of picture*) pie *m*, leyenda; CINEM subtítulo; (*heading*) encabezamiento **-2** *vt* (*to title*) encabezar; (*a picture*) poner una leyenda.

captive [kăp'tĭv] **-1** *s* cautivo **-2** *adj* (*confined*) cautivo; (*charmed*) cautivado.

captivity [-ĭ-tē] *s* cautividad *f*, cautiverio.

capture [:chər] **-1** *vt* capturar; (*a prize*) ganar **-2** *s* captura.

car [kär] *s* AUTO coche *m*, carro; FC coche *m*, vagón *m*; (*tramcar*) tranvía *m*.

caramel [kăr'ə-məl] *s* (*candy*) caramelo; (*burnt sugar*) azúcar quemado.

carat [kăr'ət] *s* quilate *m*.

caravan [kăr'ə-văn'] *s* caravana.

carbohydrate [kär'bō-hī'drāt'] *s* carbohidrato.

carbon [kär'bən] *s* QUIM carbono; (*paper*) papel *m* carbón; (*copy*) copia

♦ **carbon copy** copia al carbón.

carburetor [kär'bəbə-rā'tər] *s* carburador *m*.

card [kärd] *s* (*playing*) naipe *m*, carta; (*greeting*) tarjeta; (*post*) (tarjeta) postal *f*; (*index*) ficha; (*ID*) carnet *m*.

cardboard ['bôrd'] *s* cartón *m*.

cardiac [kär'dē-ăk'] *adj* cardiaco, cardíaco.

cardigan [kär'dĭ-gən] *s* chaqueta de punto.

care [kâr] **-1** *s* (*worry*) inquietud *f*, preocupación *f*; (*charge*) cargo <*in my care* a mi cargo>; (*caution*) cuidado <*with care* con cuidado> ♦ **(in) care of** para entregar a • **to take care (not to)** tener cuidado (de que no) • **to take care of** (*person*) cuidar de; (*expenses*) correr con **-2** *vi* (*to be concerned*) preocuparse; (*to mind*) importar <*I don't care* no me importa>.

career [kə-rîr'] *s* carrera, profesión *f*.

careful [kâr'fəl] *adj* (*cautious*) cauteloso, prudente; (*thorough*) cuidadoso ♦ **to be careful** tener cuidado.

caress [kə-rĕs'] **-1** *s* caricia **-2** *vt* acariciar.

carfare [kär'fâr'] *s* precio de trayecto.

cargo [kär'gō] *s* [pl **(e)s**] carga, cargamento.

carnation [kär-nā'shən] *s* clavel *m*.

carnival [kär'nə-vəl] *s* carnaval *m*.

carnivorous [kär-nĭv'ər-əs] *adj* carnívoro.

carol [kär'əl] *s* villancico.

carpenter [kär'pən-tər] *s* carpintero.

carpentry [:trē] *s* carpintería.

carpet [kär'pĭt] **-1** *s* alfombra **-2** *vt* alfombrar.

carrier [kär'ē-ər] *s* portador *m*, transportador *m*; COM transportista *m/f*.

carrot [kär'ət] *s* zanahoria.

carry [kär'ē] *vt* llevar; (*a disease*) transmitir; (*merchandise*) tener surtido de; (*a penalty*) llevar aparejado, acarrear; (*to extend*) prolongar, extender; (*to contain*) contener; MAT llevar ♦ **to carry on** (*conversation*) mantener, sostener • **to carry out** realizar, llevar a cabo.

carsick [kär'sĭk'] *adj* mareado.

cart [kärt] **-1** *s* carro; (*handcart*) carretilla **-2** *vt* acarrear; (*to lug*) arrastrar ♦ **to cart away** *or* **off** llevar.

carton [kär'tn] *s* caja de cartón.

cartoon [kär-tōōn'] s *(political)* caricatura; *(comic)* tira, historieta; *(film)* dibujos animados.

cartwheel [kärt'hwēl'] s voltereta lateral.

carve [kärv] vt CUL trinchar; ARTE *(to sculpt)* tallar, cincelar; *(to engrave)* grabar.

carving [kär'vĭng] s talla, escultura.

case[1] [kās] s *(instance)* caso; *(example)* ejemplo; *(matter)* cuestión f <a case of honor una cuestión de honor>; *(argument)* argumento ♦ **in any case** en todo caso.

case[2] s *(box)* caja; *(outer covering)* estuche m; *(slipcover)* funda.

cash [kăsh] -1 s efectivo ♦ **cash register** caja registradora • **to pay (in) cash** pagar al contado -2 vt hacer efectivo, cobrar.

cashew [kăsh'ōō] s anacardo.

cashier [kă-shîr'] s cajero.

cashmere [kăzh'mîr'] s cachemira.

casino [kə-sē'nō] s casino.

cask [kăsk] s barril m, tonel m.

casket [kăs'kĭt] s ataúd m; *(box)* estuche m.

casserole [kăs'ə-rōl'] s cazuela, cacerola.

cassette [kə-sĕt'] s *(film)* cartucho; *(tape)* casete m/f.

cast [kăst] -1 vt **cast** *(to hurl)* tirar, arrojar; *(anchor)* echar; *(vote)* depositar; *(actor)* asignar una parte a; METAL *(to mold)* moldear ♦ **to cast off** desechar -2 s tirada, lanzamiento; *(of dice)* tirada; *(appearance)* apariencia; CINEM, TEAT reparto.

castaway [kăst'ə-wā'] adj & s náufrago.

caste [kăst] s casta.

cast-iron [kăst'ī'ərn] adj de hierro fundido.

castle [kăs'əl] s castillo; *(in chess)* torre f, roque m.

castrate [kăs'trāt'] vt castrar, capar.

casual [kăzh'ōō-əl] adj *(accidental)* casual; *(occasional)* que ocurre de vez en cuando; *(informal)* informal.

casually [:ē] adv *(by chance)* casualmente; *(informally)* informalmente.

casualty [:tē] s *(accident)* accidente m; *(victim)* accidentado, víctima; MIL baja.

cat [kăt] s gato.

catalog(ue) [kăt'l-ôg'] -1 s catálogo -2 vt catalogar -vi hacer un catálogo.

catalyst [kăt'l-ĭst] s catalizador m.

cataract [kăt'ə-răkt'] s catarata.

catastrophe [kə-tăs'trə-fē] s catástrofe f.

catch [kăch, kĕch] vt **caught** *(with the hands)* coger, agarrar; *(to capture)* prender, capturar; *(animals)* atrapar, cazar; *(an illness)* coger, contraer; *(to surprise)* coger desprevenido, sorprender ♦ **to catch hold of** agarrarse a, asirse a -vi *(to hold)* agarrar, enganchar; *(to catch fire)* encenderse ♦ **to catch on** *(to understand)* comprender; *(to become aware)* caer en la cuenta • **to catch up** ponerse al día, al corriente.

catching [:ĭng] adj contagioso.

categorize [kăt'ĭ-gə-rīz'] vt clasificar.

category [:gôr'ē] s categoría.

cater [kā'tər] vi abastecer de comida or servicios.

caterer [kā'tər-ər] s encargado de banquetes.

catering [:ĭng] s servicio de banquetes.

caterpillar [kăt'ər-pĭl'ər] s oruga.

cathedral [kə-thē'drəl] s catedral f.

catholic [kăth'ə-lĭk] adj & s ♦ **Catho-lic** católico.

cattle [kăt'l] s ganado vacuno.

catty [kăt'ē] adj -i- malicioso.

cauliflower [kô'lĭ-flou'ər] s coliflor f.

cause [kôz] -1 s causa; *(reason)* motivo, razón f -2 vt causar, provocar.

caustic [kô'stĭk] adj & s cáustico.

caution [kô'shən] -1 s cautela, precaución f; *(warning)* advertencia -2 vt advertir, amonestar.

cautious [kô'shəs] adj cauteloso, precavido.

cave [kāv] -1 s cueva ♦ **cave dweller** or **man** cavernícola, troglodita -2 vi ♦ **to cave in** *(to collapse)* derrumbarse.

cavern [kăv'ərn] s caverna.

cavity [kăv'ĭ-tē] s cavidad f; ODONT caries f.

cayenne pepper [kī-ĕn'] s pimienta del ají.

cease [sēs] -1 vt *(to stop)* dejar de; *(to discontinue)* suspender ♦ **cease fire!** MIL ¡alto el fuego! -vi cesar -2 s cese m.

cedar [sē'dər] s cedro.

ceiling [sē'lĭng] s cielo raso, techo.
celebrate [:brāt'] vt celebrar; *(an occasion)* festejar, conmemorar -vi festejarse.
celebration ['-'shən] s celebración f.
celery [sĕl'ə-rē] s apio.
celibate [:bĭt] adj & s célibe m/f.
cell [sĕl] s *(room)* celda; BIOL, ELEC, POL célula.
cellar [sĕl'ər] s sótano; *(of wines)* bodega.
cello [chĕl'ō] s violoncelo.
cellophane [sĕl'ə-fān'] s celofán m.
cement [sĭ-mĕnt'] -1 s cemento; *(glue)* pegamento -2 vt unir con cemento; *(to glue)* pegar.
cemetery [sĕm'ĭ-tĕr'ē] s cementerio.
censor [sĕn'sər] -1 s censor m -2 vt censurar.
censure [sĕn'shər] -1 s censura -2 vt censurar.
census [sĕn'səs] s censo.
cent [sĕnt] s centavo, céntimo.
centennial [sĕn-tĕn'ē-əl] adj & s centenario.
center [sĕn'tər] -1 s centro -2 centrar.
centigrade [sĕn'tĭ-grād'] adj centígrado.
centiliter [:lē'tər] s centilitro.
centimeter [:mē'tər] s centímetro.
centipede [:pēd'] s ciempiés m.
central [sĕn'trəl] adj central.
centric [:trĭk] adj céntrico, central.
century [sĕn'chə-rē] s siglo.
ceramic [sə-răm'ĭk] s *(clay)* arcilla, barro ♦ **ceramics** sg cerámica.
cereal [sîr'ē-əl] s cereal m.
ceremony [sĕr'ə-mō'nē] s ceremonia.
certain [sûr'tn] adj *(definite)* cierto; *(sure)* seguro; *(some)* algunos, ciertos ♦ **for certain** por cierto • **to make certain** asegurarse.
certainly [:lē] adv *(of course)* por supuesto.
certainty [:tē] s certeza; *(fact)* cosa segura.
certificate [sər-tĭf'ĭ-kĭt] s certificado, partida.
certify [sûr'tə-fī'] vt & vi certificar.
cession [sĕsh'ən] s cesión f.
chafe [chāf] vt *(to rub)* rozar; *(to annoy)* irritar; *(to warm)* frotar -vi rozarse ♦ **to chafe at** enfadarse por.

chain [chān] -1 s cadena ♦ **chain reaction** reacción en cadena • **chain store** sucursal de una cadena de tiendas -2 vt encadenar.
chair [châr] s silla; *(chairman)* presidente m.
chairman ['mən] s [pl -men] presidente m.
chalk [chôk] s MIN creta; *(marker)* tiza.
challenge [chăl'ənj] -1 s desafío, reto -2 vt desafiar, retar; *(to contest)* disputar.
challenging [:jĭng] adj arduo, difícil.
champagne [shăm-pān'] s champaña m.
champion [chăm'pē-ən] s campeón m.
championship [:shĭp'] s campeonato.
chance [chăns] -1 s casualidad f; *(luck)* suerte f; *(opportunity)* oportunidad f <*give me a chance to go* déme la oportunidad de ir>; *(possibility)* posibilidad f; *(risk)* riesgo <*to take a chance* correr un riesgo> ♦ **by any chance** por casualidad -2 vi suceder, acaecer -vt arriesgar.
chandelier [shăn'də-lîr'] s araña.
change [chānj] -1 vt & vi cambiar (de); *(clothes, color)* mudar (de); *(to transform)* convertir(se) ♦ **to change over** cambiar -2 s *(act)* cambio; *(substitution)* substitución f, relevo; *(of clothing)* muda; *(money)* cambio, vuelto; *(coins)* suelto.
channel [chăn'əl] -1 s canal m; *(riverbed)* cauce m; *(groove)* ranura -2 vt canalizar.
chant [chănt] -1 s canto -2 vt & vi cantar.
chaos [kā'ŏs'] s caos m.
chap [chăp] s FAM *(fellow)* tipo, muchacho.
chapel [chăp'əl] s capilla.
chaplain [chăp'lĭn] s capellán m.
chapter [chăp'tər] s capítulo.
character [kăr'ək-tər] s carácter m; LIT *(role)* personaje m, papel m.
characteristic ['-tə-rĭs'tĭk] -1 adj característico -2 s característica.
charcoal [chär'kōl'] s carbón m vegetal or de leña; DIB carboncillo.
charge [chärj] -1 vt *(to entrust)* encargar, encomendar; *(a price)* pedir, cobrar; *(on credit)* cargar -2 s *(management)* cargo, dirección f ♦ **in charge of** encargado de • **to be in charge** ser el encargado.

charisma [kə-rĭz'mə] *s* carisma *m*.

charity [chăr'ĭ-tē] *s* caridad *f*, beneficencia; *(institution)* beneficencia.

charm [chärm] -1 *s* encanto; *(amulet)* amuleto -2 *vt* encantar.

charming [:mĭng] *adj* encantador.

chart [chärt] -1 *s* MARÍT carta de navegación -2 *vt* trazar.

chase [chās] -1 *vt* perseguir *(after a)* -*vi* ir corriendo -2 *s* persecución *f*; *(quarry)* caza.

chassis [shăs'ē, chăs'ē] *s inv* chasis *m*.

chastise [chăs-tīz'] *vt* castigar.

chat [chăt] -1 *vi* -tt- charlar, platicar -2 *s* charla, plática.

chatter [chăt'ər] -1 *vi* parlotear, chacharear; *(teeth)* castañetear -2 *s* parloteo, cháchara.

chauvinist [shō'və-nĭst] *s* chauvinista *m/f*.

cheap [chēp] -1 *adj* barato; *(inferior)* de mala calidad; *(tawdry)* charro; *(stingy)* tacaño -2 *adv* barato.

cheapen [chē'pən] *vt* rebajar.

cheaply [chēp'lē] *adv* barato, a bajo precio ♦ **cheaply made** de baja calidad.

cheat [chēt] -1 *vt (to swindle)* defraudar, estafar; *(to deceive)* engañar -*vi* hacer trampa -2 *s (swindler)* tramposo; *(trick)* trampa; *(swindle)* estafa.

check [chĕk] -1 *s (halt)* parada, detención *f*; *(verification)* comprobación *f*, chequeo; *(mark)* marca, señal *f*; *(ticket)* talón *m*; *(bill)* cuenta (de restaurante); *(bank draft)* cheque *m* -2 *vt (to halt)* detener; *(to restrain)* refrenar, contener; *(to test)* examinar, controlar; *(to verify)* verificar; *(luggage)* facturar ♦ **to check with** consultar con -*vi (to halt)* detenerse; *(to agree)* concordar (listas, cifras) ♦ **to check in (to)** registrarse (en un hotel) • **to check out (of)** pagar la cuenta y marcharse (de un hotel).

checkbook [‍'boŏk'] *s* chequera, talonario.

checkerboard [:ər'bôrd'] *s* tablero de damas.

checkpoint [:point'] *s* lugar *m* de inspección.

checkroom [:roōm'] *s* guardarropa *m*; *(for luggage)* consigna.

cheek [chēk] *s* mejilla; *(impudence)* descaro.

cheekbone ['bōn'] *s* pómulo.

cheeky [chē'kē] *adj* -i- descarado, caradura.

cheer [chîr] -1 *vt (to gladden)* animar, alegrar; *(to encourage)* alentar; *(to shout)* vitorear, ovacionar ♦ **to cheer up** alegrar, animar -*vi* aplaudir ♦ **to cheer up** alegrarse -2 *s* alegría, ánimo; *(shout)* viva, hurra ♦ *pl* **cheer!** ¡salud!

cheerful ['fəl] *adj* alegre.

cheese [chēz] *s* queso.

chef [shĕf] *s* cocinero, jefe *m* de cocina.

chemical [kĕm'ĭ-kəl] -1 *adj* químico -2 *s* sustancia química.

chemist [kĕm'ĭst] *s* químico; *GB (pharmacist)* farmacéutico.

chemistry [kĕm'ĭ-strē] *s* química.

cherry [chĕr'ē] *s* cereza.

chess [chĕs] *s* ajedrez *m*.

chessboard ['bôrd'] *s* tablero de ajedrez.

chessman [:măn'] *s* [pl -men] trebejo.

chest [chĕst] *s* pecho; *(box)* cofre *m*, arca *m*; *(dresser)* cómoda.

chestnut [chĕs'nət] *s (nut)* castaña ♦ **chestnut tree** castaño.

chew [choō] *vt & vi* masticar, mascar.

chewing ['ĭng] *s* masticación *f* ♦ **chewing gum** chicle, goma de mascar.

chicken [chĭk'ən] *s* gallina, pollo ♦ **chicken pox** varicela.

chief [chēf] -1 *s* jefe *m* -2 *adj* principal.

chieftain [:tən] *s* cacique *m*, caudillo.

child [chīld] *s* [pl -ren] niño; *(offspring)* hijo ♦ **child's play** juego de niños.

childbirth [:bûrth'] *s* parto, alumbramiento.

childhood [:hoŏd'] *s* niñez *f*, infancia.

childish [chīl'dĭsh] *adj* infantil, pueril.

chili [chĭl'ē] *s* chile *m*, ají *m*.

chill [chĭl] -1 *s (coolness)* frío; *(shiver)* escalofrío -2 *adj* frío -3 *vt (to cool)* enfriar.

chilly [:ē] *adj* -i- frío.

chime [chīm] -1 *s (sound)* repique *m* -2 *vi* repicar, sonar.

chimney [chĭm'nē] *s* chimenea; *(of a lamp)* tubo de vidrio.

chimpanzee [chĭm'păn-zē'] *s* chimpancé *m*.

chin [chĭn] *s* barbilla, mentón *m*.

china [chĭ'nə] s china, porcelana; (crockery) loza.

chink [chĭngk] s (crack) grieta, rajadura.

chip [chĭp] **-1** s pedacito, trozo; (splinter) astilla; (of stone) lasca; (in gambling) ficha ♦ pl patatas fritas **-2** vt **-pp-** (to splinter) hacer astillas; (to chisel) cincelar -vi (china) desportillarse; (wood) astillarse.

chirp [chûrp] **-1** s (bird) gorjeo; (cricket) chirrido **-2** vi (bird) gorjear; (cricket) chirriar.

chisel [chĭz'əl] **-1** s cincel m **-2** vt cincelar.

chitchat [chĭt'chăt'] s charla, cháchara.

chive [chĭv] s cebollino.

chocolate [chŏk'lĭt] adj & s (de) chocolate m.

choice [chois] **-1** s elección f, selección f; (option) opción f; (assortment) surtido; (alternative) alternativa ♦ **to make a choice** escoger, elegir **-2** adj escogido.

choir [kwīr] s coro.

choke [chōk] **-1** vt (to strangle) estrangular, ahogar; (to suffocate) sofocar; (food) atragantar -vi sofocarse, ahogarse; (on food) atragantarse **-2** s sofocación f, ahogo.

cholera [kŏl'ər-ə] s MED cólera m.

choose [choōz] vt chose, chosen elegir, escoger; (to prefer) preferir.

choosing [choō'zĭng] s elección f, selección f.

chop [chŏp] **-1** vt **-pp-** cortar; (to mince) picar **-2** s corte m, tajo; CUL chuleta.

chopsticks [chŏp'stĭks'] s pl palillos chinos.

choral [kôr'əl] adj & s coral f.

chorus [kôr'əs] s [pl **-es**] coro; (refrain) estribillo ♦ **chorus girl** corista; • **in chorus** al unísono.

chosen [chō'zən] **-1** cf **choose -2** adj & s elegido, escogido.

christen [krĭs'ən] vt bautizar.

christening [:ĭng] s bautismo, bautizo.

Christian [krĭs'chən] adj & s cristiano ♦ **Christian name** nombre de pila.

Christianity ['chē-ăn'ĭ-tē] s cristianismo; (Christendom) cristiandad f.

Christianize ['chə-nīz'] vt cristianizar.

Christmas [krĭs'məs] s Navidad f.

chronic [krŏn'ĭk] adj crónico.

chronicle [krŏn'ĭ-kəl] **-1** s crónica **-2** vt hacer la crónica de.

chronologic/ical [krŏn'ə-lŏj'ĭk] adj cronológico.

chuckle [chŭk'əl] **-1** vi reírse entre dientes **-2** s risita, risa ahogada.

chunk [chŭngk] s pedazo, trozo; (amount) cantidad f grande.

church [chûrch] s iglesia.

churchyard [:yärd'] s camposanto.

churn [chûrn] **-1** s mantequera **-2** vt CUL hacer (mantequilla); (to shake) agitar, revolver ♦ **to churn out** producir en profusión -vi agitarse, revolverse.

cider [sī'dər] s sidra.

cigar [sĭ-gär'] s cigarro, puro.

cigaret(te) [sĭg'ə-rĕt'] s cigarrillo.

cinder [sĭn'dər] s carbonilla ♦ pl cenizas.

cinema [sĭn'ə-mə] s cine m.

cinematography [:mə-tŏg'rə-fē] s cinematografía.

cinnamon [sĭn'ə-mən] s canela.

cipher [sī'fər] **-1** s (code) cifra; (zero) cero **-2** vi hacer un cálculo -vt cifrar.

circle [sûr'kəl] **-1** s círculo; (orbit) órbita; (turn) vuelta **-2** vt (to enclose) cercar, rodear; (to revolve around) girar alrededor de -vi dar vueltas.

circuit [sûr'kĭt] **-1** s circuito **-2** vi & vt dar la vuelta (a).

circular [sûr'kyə-lər] adj & s circular f.

circulate [:lāt'] vi & vt circular.

circulation ['-'shən] s circulación f.

circumference [sər-kŭm'fər-əns] s circunferencia.

circumstance [sûr'kəm-stăns'] s circunstancia ♦ pl situación, posición.

circus [sûr'kəs] s circo.

cite [sīt] vt (to quote) citar; MIL mencionar.

citizen [sĭt'ĭ-zən] s ciudadano.

citric [sĭt'rĭk] adj cítrico.

city [sĭt'ē] s ciudad f ♦ **city hall** ayuntamiento.

civic [sĭv'ĭk] adj cívico.

civil [sĭv'əl] adj civil ♦ **civil servant** empleado público • **civil service** administración pública.

civilian [sĭ-vĭl'yən] adj & s civil m, (de) paisano.

civilization [sĭv′ə-lĭ-zā′shən] *s* civilización *f.*

civilize [sĭv′ə-līz′] *vt* civilizar.

clack [klăk] **-1** *vi* castañetear **-2** *s* castañeteo.

claim [klām] **-1** *vt (to demand)* reclamar; *(to state)* afirmar; *(to deserve)* merecer **-2** *s (demand)* reclamación *f; (assertion)* afirmación *f.*

clairvoyant [klăr-voi′ənt] *adj & s* clarividente *m/f.*

clam [klăm] **-1** *s* almeja **-2** *vi* **-mm-** pescar almejas.

clamber [klăm′bər] *vi* subir gateando.

clamp [klămp] **-1** *s* TEC grapa, abrazadera; CARP cárcel *f* **-2** *vt* sujetar con abrazadera; FIG agarrar firmemente.

clandestine [klăn-děs′tĭn] *adj* clandestino.

clap [klăp] **-1** *vi* **-pp-** dar palmadas -*vt* aplaudir **-2** *s* aplauso.

clarify [klăr′ə-fī′] *vt & vi* aclarar(se).

clarity [klăr′ĭ-tē] *s* claridad *f.*

clash [klăsh] **-1** *vi (to collide)* chocar; *(to conflict)* chocar, estar en conflicto **-2** *s (noise)* estruendo; *(collision)* choque *m.*

clasp [klăsp] **-1** *s (device)* cierre *m,* broche *m* **-2** *vt (to hook)* abrochar, enganchar; *(to hug)* abrazar.

class [klăs] *s* clase *f.*

classic [klăs′ĭk] *adj & s* clásico.

classified [klăs′ə-fīd′] *adj* clasificado; *(secret)* secreto.

classify [klăs′ə-fī′] *vt* clasificar; *(to restrict)* restringir.

clatter [klăt′ər] **-1** *vi* traquetear **-2** *s* traqueteo; *(din)* estruendo.

claw [klô] *s* garra; *(of cat)* uña; *(of crab)* tenaza, pinza.

clay [klā] *s* arcilla.

clean [klēn] **-1** *adj* limpio; *(pure)* puro **-2** *adv* limpiamente **-3** *vt* limpiar; *vi* limpiar(se).

cleaner [klē′nər] *s* limpiador *m* ♦ **cleaner's** tintorería.

cleaning [:nĭng] *s* limpieza.

cleanup [:ŭp′] *s* limpieza general *or* a fondo.

clear [klîr] **-1** *adj* claro; *(sky, view)* despejado; *(air, water)* transparente; *(evident)* evidente **-2** *adv* claro, con claridad **-3** *vt (to make clear)* aclarar; *(to unob-*

struct) despejar; *(the table)* levantar; *(to remove)* quitar; *(customs)* sacar de la aduana *-vi (to become clear)* aclararse; *(sky)* despejarse; *(impurities)* limpiarse ♦ **to clear through** pasar por, ser aprobado por.

clearance [′əns] *s (removal)* despejo; *(sale)* liquidación *f,* saldo; *(by customs)* despacho.

clearly [klîr′lē] *adv* claramente.

clench [klěnch] **-1** *vt* apretar **-2** *s* apretón *m.*

clergy [klûr′jē] *s* clero.

clergyman [:mən] *s [pl* **-men]** clérigo.

clerk [klûrk] *s (in office)* oficinista *m/f; (in store)* dependiente *m/f.*

clever [klěv′ər] *adj* **-er, -est** *(bright)* listo, inteligente; *(witty)* ingenioso; *(skillful)* hábil.

click [klĭk] **-1** *s* chasquido, ruido seco **-2** *vi* chasquear; -*vt (tongue)* chasquear; *(heels)* taconear.

client [klī′ənt] *s* cliente *m/f.*

cliff [klĭf] *s* acantilado, precipicio.

climate [klī′mĭt] *s* clima *m.*

climax [klī′măks′] **-1** *s* culminación *f;* LIT, RET clímax *m* **-2** *vi* culminar.

climb [klīm] **-1** *vt & vi* subir; *(to scale)* escalar, trepar ♦ **to climb down** descender, bajar **-2** *s* subida, ascenso.

climber [klī′mər] *s* alpinista *m/f.*

climbing [:mĭng] *s* alpinismo.

clinch [klĭnch] *vt (a nail)* remachar; *(to secure)* afianzar.

cling [klĭng] *vi* **clung** *(to hold fast)* asirse, agarrarse; *(to stick)* pegarse.

clinic [klĭn′ĭk] *s* clínica.

clink [klĭngk] *vt & vi* tintinear.

clip¹ [klĭp] *vt* **-pp-** cortar, recortar; *(to trim)* podar; *(to shear)* esquilar *(ovejas).*

clip² **-1** *s (fastener)* sujetador *m; (for paper)* sujetapapeles *m; (for hair)* horquilla **-2** *vt* **-pp-** sujetar.

cloak [klōk] **-1** *s* capa, manto; **-2** *vt* encubrir.

cloakroom [′rōōm′] *s* guardarropa *m.*

clock [klŏk] *s* reloj *m* (de pie, de mesa).

clockwise [′wīz′] *adv & adj* en el sentido de las agujas del reloj.

clog [klŏg] **-1** *s (blockage)* obstrucción *f,* atasco; *(shoe)* zueco **-2** *vt & vi* **-gg-** obstruir(se), atascar(se).

close -1 *adj* [klōs] cercano; *(relationship)* íntimo; *(similar)* parecido; *(contest)* reñido; *(resemblance)* casi igual; *(tight-fitting)* apretado; *(confining)* estrecho **-2** *vt* [klōz] cerrar; *(letter)* concluir; *(session)* levantar; *(gap, distance)* acortar ♦ **to close up** *(shop)* cerrar; *(opening)* tapar **-3** *s* [klōz] final *m*, conclusión *f* **-4** *adv* [klōs] cerca ♦ **close at hand** a mano • **close by** muy cerca • **close to** muy cerca de, junto a.
closed [klōzd] *adj* cerrado.
closely [klōs′lē] *adv* (de) cerca; *(intimately)* estrechamente; *(exactly)* con fidelidad.
closet [klŏz′ĭt] *s* armario, ropero.
close-up [klōs′ŭp′] *s* primer plano.
clot [klŏt] **-1** *s* coágulo **-2** *vi* **-tt-** coagularse, cuajarse.
cloth [klôth] *s* [pl **-s**] tela, paño; *(strip)* trapo.
clothe [klōth] *vt* **-d** *or* **clad** vestir, arropar.
clothes [klōthz] *s pl* ropa, vestimenta.
clothing [klō′thĭng] *s* ropa, indumentaria.
cloud [kloud] **-1** *s* nube *f*; *(shadow)* sombra **-2** *vt & vi* nublar(se), anublar(se).
cloudy [klou′dē] *adj* **-i-** *(overcast)* nublado; *(vague)* nebuloso; *(liquid)* turbio.
clove [klōv] *s (spice)* clavo de especia; *(of garlic)* diente *m*.
clover [klō′vər] *s* trébol *m*.
clown [kloun] **-1** *s* payaso **-2** *vi* payasear.
club [klŭb] **-1** *s (cudgel)* porra; *(in cards)* trébol *m*, basto; *(association)* club *m* **-2** *vt* **-bb-** aporrear.
clue [klōō] *s* pista, indicio.
clumsy [klŭm′zē] *adj* **-i-** *(awkward)* torpe; *(unwieldy)* incómodo; *(unrefined)* crudo.
cluster [klŭs′tər] **-1** *s* grupo; *(bunch)* racimo, ramo **-2** *vt & vi* agrupar(se), arracimar(se).
clutch [klŭch] **-1** *vt* agarrar, asir **-2** *s (grasp)* apretón *m*; MEC embrague *m*.
coach [kōch] **-1** *s (carriage)* coche *m*, carruaje *m*; *(bus)* ómnibus *m*; FC vagón *m* de pasajeros; *(trainer)* entrenador *m* **-2** *vt & vi (to train)* entrenar.
coal [kōl] *s* carbón *m*, hulla.

coarse [kôrs] *adj (inferior)* basto; *(uncouth)* vulgar; *(rough)* áspero, tosco.
coast [kōst] **-1** *s* costa ♦ **coast guard** guardacostas **-2** *vi (to slide)* deslizarse.
coastline [kōst′līn′] *s* costa, litoral *m*.
coat [kōt] **-1** *s (overcoat)* abrigo; *(jacket)* saco, chaqueta; *(of animal)* piel *f*, pelo; *(paint)* mano *f*, capa; *(coating)* baño **-2** *vt (to cover)* revestir; *(to paint)* dar una mano *or* capa; *(to plate)* bañar.
coax [kōks] *vt* engatusar.
cobbler [kŏb′lər] *s* zapatero; *(pie)* tarta de fruta.
cobra [kō′brə] *s* cobra.
cobweb [kŏb′wĕb′] *s* telaraña.
coca [kō′kə] *s* coca.
cocaine [kō-kān′] *s* cocaína.
cock [kŏk] **-1** *s (rooster)* gallo; *(male bird)* macho **-2** *vt* ARM amartillar.
cockfight [kŏk′fīt′] *s* pelea de gallos.
cockle [kŏk′əl] *s* berberecho.
cockpit [kŏk′pĭt′] *s (arena)* cancha; AVIA cabina.
cockroach [kŏk′rōch′] *s* cucaracha.
cocktail [kŏk′tāl′] *s* cóctel *m*.
cocoa [kō′kō] *s* cacao.
coco(a)nut [kō′kə-nət] *s* coco.
code [kōd] *s* código; *(cipher)* clave *f*, cifra.
codfish [kŏd′fĭsh′] *s* [pl inv *or* **-es**] bacalao.
cod-liver oil [kŏd′lĭv′ər] *s* aceite *m* de hígado de bacalao.
coerce [kō-ûrs′] *vt* coaccionar, obligar.
coffee [kô′fē] *s* café *m* ♦ **coffee shop** café, cafetería.
coffeepot [:pŏt′] *s* cafetera.
coffin [kô′fĭn] *s* ataúd *m*.
cognac [kŏn′yăk′] *s* coñac *m*.
coherent [kō-hîr′ənt] *adj* coherente.
coil [koil] **-1** *s* rollo; *(single)* anillo, vuelta; *(of pipe)* serpentín *m*; ELEC bobina **-2** *vt & vi* enrollar(se).
coin [koin] **-1** *s* moneda **-2** *vt (to mint)* acuñar.
coincide [kō′ĭn-sīd′] *vi* coincidir.
coincidence [kō-ĭn′sĭ-dəns] *s (identicalness)* coincidencia; *(chance)* casualidad *f*.
colander [kŭl′ən-dər] *s* colador *m*.
cold [kōld] **-1** *adj* frío; *(impassive)* impasible; *(fact, truth)* mero, sencillo ♦ **to be cold** *(object)* estar frío; *(person)*

tener frío; *(weather)* hacer frío **-2** *adv*
(totally) completamente; *(unprepared)*
sin preparación, en seco **-3** *s* frío; MED
catarro, resfriado ♦ **to catch (a) cold**
resfriarse.

cold-blooded [ˈblŭdˈĭd] *adj* impasible; *(murder)* a sangre fría; ZOOL de
sangre fría.

coleslaw [kōlˈslô'] *s* ensalada de col.

colic [kŏlˈĭk] *s* cólico.

collaborate [kə-lăbˈə-rāt'] *vi* colaborar.

collapse [kə-lăps'] **-1** *vi* caerse, derrumbarse; *(person)* desplomarse *-vt*
plegar **-2** *s* caída, derrumbe *f; (business)*
fracaso; MED colapso.

collar [kŏlˈər] *s* cuello; JOY, MEC collar
m; (harness) collera.

collateral [kə-lătˈər-əl] *adj* colateral;
(evidence) corroborante.

colleague [kŏlˈēg'] *s* colega *m/f.*

collect [kə-lĕkt'] **-1** *vt (to gather)* juntar, reunir; *(as hobby)* coleccionar;
(payments) recaudar *-vi* juntarse, acú-
mularse **-2** *adj & adv (telephone call)* de
cobro revertido.

collection [:shən] *s* colección *f; (of
money)* cobro.

collective [:tĭv] *adj* colectivo.

collector [:tər] *s* colector *m; (of taxes)*
recaudador *m; (as hobby)* coleccionista *m/f.*

college [kŏlˈĭj] *s* universidad *f; (department)* facultad *f;* RELIG colegio.

collision [kə-lĭzhˈən] *s* choque *m.*

colloquial [kə-lōˈkwē-əl] *adj* familiar.

colon¹ [kōˈlən] *s* GRAM dos puntos.

colon² *s* [pl **s** *or* **-la**] ANAT colon *m.*

colonel [kûrˈnəl] *s* coronel *m.*

colonial [kə-lōˈnē-əl] **-1** *adj (of a colony)* colonial; *(colonizing)* colonizador
-2 *s* colono.

colonize [:nīz'] *vt* colonizar.

colony [kŏlˈə-nē] *s* colonia.

color [kŭlˈər] **-1** *s* color *m;* ARTE, MÚS
colorido ♦ **in color** en colores ♦ *pl (flag)*
bandera, estandarte; *(of school)* insignia;
(character) carácter *m* **-2** *vt* colorear; *(to
paint)* pintar; *(to dye)* teñir; *(to distort)*
alterar, embellecer; *(to influence)* influir
en *-vi* sonrojarse, ruborizarse.

colorblind [ˈər-blīnd'] *adj* MED dalto-
niano; FIG insensible a distinciones
raciales.

colored [:ərd] **-1** *adj* coloreado, de
color; *(person)* de color **-2** *s* persona
de color.

colorful [:fəl] *adj (vivid)* de gran colorido.

column [kŏlˈəm] *s* columna.

columnist [:nĭst] *s* columnista *m/f.*

coma [kōˈmə] *s* coma *m.*

comb [kōm] **-1** *s* peine *m;* ORNIT *(crest)*
cresta **-2** *vt* peinar.

combat **-1** *vt* [kəm-băt', kŏmˈbăt']
combatir **-2** *s* [kŏmˈbăt'] combate *m.*

combination [kŏmˈbə-nāˈshən] *s* combinación *f; (mix)* mezcla.

combine [kəm-bīn'] *vt & vi* combinar-
(se); *(to mix)* mezclar.

come [kŭm] **-1** *vi* came, come venir; *(to
arrive at, extend to)* llegar; *(to amount
to)* ascender a ♦ **to come about** suceder, ocurrir • **to come across** *(to
find)* encontrarse con • **to come along**
(to accompany) acompañar; *(to progress)* progresar • **to come back** volver
• **to come by** *(to visit)* hacer una visita •
to come down bajar • **to come down
on** *(to collapse)* caer encima • **to come
out** salir; *(to detach)* desprenderse; *(to
result)* resultar (bien, mal) • **to come up**
subir • **to come up with** *(to propose)*
sugerir, proponer **-2** *interj* ¡venga!, ¡ven!
♦ **come in!** ¡adelante!, ¡pase! • **come
on!** *(hurry up!)* ¡date prisa!, ¡apúrate!;
(you're kidding!) ¡no me digas!

comedian [kə-mēˈdē-ən] *s (entertainer)* cómico; *(actor)* comediante *m.*

comedy [kŏmˈĭ-dē] *s* comedia.

comet [kŏmˈĭt] *s* cometa *m.*

comfort [kŭmˈfərt] **-1** *vt* confortar,
consolar **-2** *s (well-being)* confort *m;
(relief)* alivio; *(consolation)* consuelo.

comfortable [:fər-tə-bəl] *adj (easy)*
confortable, cómodo.

comic [kŏmˈĭk] *adj & s* cómico.

coming [kŭmˈĭng] **-1** *adj* venidero **-2** *s*
venida, llegada.

comma [kŏmˈə] *s* GRAM coma.

command [kə-mănd'] **-1** *vt* mandar;
(to give orders) ordenar; *(to rule)* regir; *(to overlook)* dominar *-vi* mandar,
dar órdenes **-2** *s* mando; *(order)* orden
f; (authority) mandato, mando; *(mastery)* dominio ♦ **to be in command of**
estar al mando de • **under the command of** al mando de.

commemorate [kə-měm′ə-rāt′] *vt* conmemorar.

commence [kə-měns′] *vt* & *vi* comenzar.

commend [kə-měnd′] *vt (to praise)* elogiar, alabar; *(to entrust)* encomendar.

comment [kŏm′ĕnt′] **-1** *s* comentario; *(remark)* observación *f* **-2** *vi* comentar, observar.

commentary [:ən-tĕr′ē] *s* comentario.

commerce [kŏm′ərs] *s* comercio.

commercial [kə-mûr′shəl] **-1** *adj* comercial **-2** *s* anuncio.

commiserate [kə-mĭz′ə-rāt′] *vi* compadecerse *(with* de).

commissar [kŏm′ĭ-sär′] *s* comisario.

commission [kə-mĭsh′ən] **-1** *s* comisión *f*; MIL nombramiento ♦ **to work on commission** trabajar a comisión **-2** *vt* MIL nombrar; *(to order)* encargar, mandar a hacer.

commissioner [:ə-nər] *s* miembro de una comisión; *(official)* comisario.

commit [kə-mĭt′] *vt* **-tt-** cometer; *(to entrust)* encomendar; *(to jail)* encarcelar.

commitment [:mənt] *s (pledge)* compromiso.

committee [kə-mĭt′ē] *s* comité *m*.

common [kŏm′ən] **-1** *adj* **-er, -est** común; *(public)* público; *(widespread)* general ♦ **common cold** resfriado, catarro • **common sense** sentido común **-2** *s* ejido, campo comunal.

commoner [:ə-nər] *s* plebeyo.

commonplace [:plās′] **-1** *adj* común, ordinario **-2** *s* lugar *m* común.

communal [kə-myōō′nəl] *adj* comunal.

communicate [kə-myōō′nĭ-kāt′] *vt* & *vi* comunicar(se).

communication [-′-kā′shən] *s* comunicación *f*.

communion [kə-myōōn′yən] *s* comunión *f*.

communism [kŏm′yə-nĭz′əm] *s* comunismo.

communist [:nĭst] *s* & *adj* comunista *m/f*.

community [kə-myōō′nĭ-tē] *s* comunidad *f*; *(local inhabitants)* vecindario.

commute [kə-myōōt′] **-1** *vt* conmutar *-vi* viajar diariamente al lugar en que se trabaja **-2** *s* viaje diario.

compact -1 *adj* [kəm-păkt′, kŏm′păkt′] compacto; *(concise)* conciso **-2** *vt* [kəm-păkt′] comprimir **-3** *s* [kŏm′păkt′] polvera; AUTO automóvil compacto.

companion [kəm-păn′yən] *s* compañero.

company [kŭm′pə-nē] *s* compañía.

comparative [kəm-păr′ə-tĭv] **-1** *adj* comparativo; *(relative)* relativo **-2** *s* comparativo.

compare [kəm-pâr′] *vt* & *vi* (poderse) comparar.

comparison [:ĭ-sən] *s* comparación *f*.

compartment [kəm-pärt′mənt] *s* compartimiento.

compass [kŭm′pəs] *s (magnetic)* brújula, compás *m*.

compassion [kəm-păsh′ən] *s* compasión *f*.

compatible [kəm-păt′ə-bəl] *adj* compatible.

compensate [kŏm′pən-sāt′] *vt* compensar ♦ **to compensate for** compensar.

compensation [′-sā′shən] *s* compensación *f*; COM indemnización *f*.

competence [kŏm′pĭ-tns] *s* competencia.

competent [:tnt] *adj* competente.

competition [′-tĭsh′ən] *s* competencia ♦ **the competition** nuestros competidores.

competitive [kəm-pĕt′ĭ-tĭv] *adj* competitivo; *(person)* competidor; *(spirit)* de competencia.

competitor [:tər] *s* competidor *m*.

compile [kəm-pīl′] *vt* compilar, recopilar.

complain [kəm-plān′] *vi* quejarse *(about* de).

complaint [:plānt′] *s* queja; *(protest)* reclamación *f*.

com plement [kŏm′plə-mənt] **-1** *s* complemento **-2** *vt* complementar.

complementary [′-mĕn′tə-rē] *adj* complementario.

complete [kəm-plēt′] **-1** *adj* completo; *(thorough)* total **-2** *vt* completar, llevar a cabo; *(a form)* llenar; *(to conclude)* terminar.

complex -1 *adj* [kəm-plĕks′, kŏm′plĕks′] *(composite)* compuesto **-2** *s* [kŏm′plĕks′] complejo.

complexion [kəm-plĕk'shən] s *(skin)* tez f; *(character)* aspecto, carácter m.

complicate [kŏm'plĭ-kāt'] vt complicar.

complicated [:kā'tĭd] adj complicado.

compliment [kŏm'plə-mənt] **-1** s *(praise)* elogio; *(honor)* honor m; *(flattery)* piropo ♦ **to pay a compliment to** elogiar ♦ pl saludos **-2** vt elogiar, felicitar.

complimentary ['-mĕn'tə-rē] adj elogioso, halagador; *(free)* de favor.

component [kəm-pō'nənt] **-1** s componente m, elemento **-2** adj componente; *(system)* de elementos.

compose [kəm-pōz'] vt & vi componer ♦ **to be composed of** estar integrado por.

composer [:pō'zər] s compositor m.

composition [kŏm'pə-zĭsh'ən] s composición f.

compound [kŏm'pound'] **-1** adj compuesto **-2** s compuesto; GRAM palabra compuesta **-3** vt [kəm-pound'] *(to combine)* mezclar, combinar.

comprehend [kŏm'prĭ-hĕnd'] vt comprender.

comprehensive [:sĭv] adj *(broad)* amplio, general; *(overall)* de conjunto; *(insurance)* a todo riesgo.

compress **-1** vt [kəm-prĕs'] comprimir **-2** s [kŏm'prĕs'] compresa.

comprise [kəm-prīz'] vt *(to include)* comprender, incluir; *(to consist of)* constar de.

compromise [kŏm'prə-mīz'] **-1** s compromiso, acuerdo **-2** vt *(to endanger)* comprometer -vi hacer concesiones.

compulsion [kəm-pŭl'shən] s compulsión f.

compulsive [:sĭv] adj *(desire)* incontrolable.

compulsory [:sə-rē] adj *(required)* obligatorio.

computer [kəm-pyōō'tər] s computadora, ordenador m.

computerize [:tə-rīz'] vt *(data)* computarizar; *(office)* instalar computadoras en.

comrade [kŏm'răd'] s camarada m/f.

conceal [kən-sēl'] vt ocultar; *(a crime)* encubrir.

conceive [kən-sēv'] vt & vi concebir.

concentrate [kŏn'sən-trāt'] **-1** vt & vi concentrar(se) **-2** s concentrado.

concentration ['-trā'shən] s concentración f.

concept [kŏn'sĕpt'] s concepto.

concern [kən-sûrn'] **-1** vt *(to be about)* tratar de; *(to affect)* concernir a; *(to trouble)* preocupar **-2** s *(affair)* asunto; *(interest)* interés m; *(worry)* preocupación f ♦ **to be of no concern** carecer de importancia.

concerning [:sûr'nĭng] prep referente a.

concert -1 s [kŏn'sûrt'] concierto **-2** vt & vi [kən-sûrt'] concertar(se).

concession [kən-sĕsh'ən] s concesión f.

concise [kən-sīs'] adj conciso, sucinto.

conclude [kən-klōōd'] vt & vi concluir.

conclusion [:klōō'zhən] s conclusión f.

concrete -1 adj [kŏn-krēt'] concreto; CONSTR ['] de concreto **-2** s ['] concreto.

concussion [kən-kŭsh'ən] s *(shock)* concusión f; *(injury)* conmoción f cerebral.

condemn [kən-dĕm'] vt condenar.

condensation [kŏn'dĕn-sā'shən] s condensación f.

condense [kən-dĕns'] vt & vi condensar(se).

condiment [kŏn'də-mənt] s condimento.

condition [kən-dĭsh'ən] **-1** s condición f; *(health)* estado de salud ♦ **on condition that** a condición que **-2** vt *(to qualify, train)* condicionar; *(to make fit)* poner en condiciones; *(by exercising)* poner en forma.

conditional [:ə-nəl] adj condicional ♦ **to be conditional on** depender de.

conditioner [:nər] s acondicionador m.

condolence [kən-dō'ləns] s condolencia.

condom [kŏn'dəm] s preservativo.

condone [kən-dōn'] vt condonar.

condor [kŏn'dôr'] s cóndor m.

conduct -1 vt [kən-dŭkt'] *(to direct)* dirigir (negocio, orquesta); *(a tour)* servir de guía a **-2** s [kŏn'dŭkt'] *(behavior)* conducta, comportamiento.

conductor [kən-dŭk'tər] s *(train, bus)* conductor m, cobrador m; MÚS director m.

cone [kōn] s cono; CUL barquillo, cucurucho.

confection [kən-fĕk'shən] *s* confección *f; (sweet)* confitura.

confectioner [:shə-nər] *s* confitero.

conference [kŏn'fər-əns] *s (assembly)* conferencia, congreso.

confess [kən-fĕs'] *vt & vi* confesar.

confession [:fĕsh'ən] *s* confesión *f*.

confetti [kən-fĕt'ē] *s pl* confeti *m*.

confidence [kŏn'fĭ-dəns] *s* confianza; *(secret)* confidencia.

confident [:dənt] *s (certain)* seguro; *(self-assured)* confiado; *(manner)* de confianza.

confidential ['-dĕn'shəl] *adj* confidencial, privado.

confine [kən-fīn'] *vt (person)* confinar, recluir; *(answer)* limitar ♦ **to be confined to bed** tener que guardar cama.

confinement [:mənt] *s (seclusion)* confinamiento, reclusión *f; (restriction)* limitación *f*.

confirm [kən-fûrm'] *vt* confirmar.

confirmed [:fûrmd'] *adj* confirmado.

confiscate [kŏn'fĭ-skāt'] *vt* confiscar.

conflict [kŏn'flĭkt'] *s* conflicto.

conflicting [kən-flĭk'tĭng] *adj* contradictorio.

conform [kən-fôrm'] *vi* conformarse, concordar -*vt* ajustar.

confront [kən-frŭnt'] *vt (to face)* enfrentar, hacer frente a.

confuse [kən-fyōōz'] *vt* confundir.

confused [:fyōōzd'] *adj (bewildered)* confundido, desconcertado; *(disordered)* confuso.

confusing [:fyōō'zĭng] *adj* confuso.

confusion [:zhən] *s* confusión *f*.

congestion [kən-jĕs'chən] *s* congestión *f*.

congratulate [kən-grăch'ə-lāt'] *vt* felicitar.

congratulation [-'-lā'shən] *s* felicitación *f*, congratulación *f* ♦ **congratulations!** ¡felicidades!, ¡enhorabuena!

congregate [kŏng'grĭ-gāt'] *vi & vt* congregar(se).

congregation ['-gā'shən] *s* congregación *f*, reunión *f*.

congress [kŏng'grĭs] *s* congreso.

conjugal [kŏn'jə-gəl] *adj* conyugal.

conjugation [kŏn'jə-gā'shən] *s* conjugación *f*.

conjunction [kən-jŭngk'shən] *s* conjunción *f*.

connect [kə-nĕkt'] *vt (to join)* conectar; *(to associate)* vincular; TEL poner en comunicación -*vi (rooms)* comunicarse; *(buses, trains)* hacer combinación.

connected [kə-nĕk'tĭd] *adj* conectado; *(socially)* relacionado, enchufado.

connection [:shən] *s* conexión *f; (association)* vínculo, relación *f; (social)* enchufe *m*, relación; *(buses, trains)* combinación *f*.

connive [kə-nīv'] *vi* intrigar, conspirar.

conquer [kŏng'kər] *vt* conquistar; *(enemy, disease)* vencer -*vi* triunfar.

conqueror [:ər] *s* conquistador *m*, vencedor *m*.

conquest [kŏng'kwĕst'] *s* conquista.

conscience [kŏn'shəns] *s* conciencia.

conscientious [kŏn'shē-ĕn'shəs] *adj* concienzudo.

conscious [kŏn'shəs] *adj* consciente; *(intentional)* deliberado.

consciousness [:nĭs] *s (awareness)* conciencia.

consecutive [kən-sĕk'yə-tĭv] *adj* consecutivo.

consent [kən-sĕnt'] **-1** *vi* consentir **-2** *s* consentimiento.

consequence [kŏn'sĭ-kwĕns'] *s* consecuencia.

conservation [kŏn'sər-vā'shən] *s* conservación *f*.

conservative [:tĭv] **-1** *adj (traditional)* conservador; *(moderate)* moderado **-2** *s* conservador *m*.

conservatory [:tôr'ē] *s (school)* conservatorio; *(for plants)* invernadero.

conserve [kən-sûrv'] *vt* conservar.

consider [kən-sĭd'ər] *vt & vi* considerar.

considerate [:ĭt] *adj* considerado.

consideration [kən-sĭd'ə-rā'shən] *s* consideración *f; (payment)* retribución *f*.

consign [kən-sīn'] *vt* consignar.

consignment [:sīn'mənt] *s* consignación *f*.

consist [kən-sĭst'] *vi* consistir *(of, in* en).

consistency [:sĭs'tən-sē] *s (agreement)* coherencia; *(texture)* consistencia.

consistent [:tənt] *adj (in agreement)* coherente; *(uniform)* consistente.

consonant [kŏn'sə-nənt] *adj & s* consonante *f*.

conspicuous [kən-spĭk′yōō-əs] *adj* *(noticeable)* destacado, evidente; *(remarkable)* conspicuo.

conspiracy [kən-spîr′ə-sē] *s* conspiración *f.*

conspire [kən-spīr′] *vi* conspirar.

constant [kŏn′stənt] **-1** *adj* constante; *(changeless)* invariable **-2** *s* constante *f.*

consternation [kŏn′stər-nā′shən] *s* consternación *f.*

constipation [kŏn′stə-pā′shən] *s* estreñimiento.

constituent [kən-stĭch′ōō-ənt] **-1** *adj* constituyente; *(electoral)* electoral **-2** *s* componente *m; (voter)* elector *m.*

constitute [kŏn′stĭ-tōōt′] *vt* constituir.

constitution [′-tōō′shən] *s* constitución *f.*

construct [kən-strŭkt′] *vt* construir.

construction [:strŭk′shən] *s* construcción *f; (structure)* estructura.

consul [kŏn′səl] *s* cónsul *m.*

consulate [:sə-lĭt] *s* consulado.

consult [kən-sŭlt′] *vt & vi* consultar.

consume [kən-sōōm′] *vt* consumir; *(food)* tragar; *(time, effort)* tomar.

consumer [:sōō′mər] *s* consumidor *m.*

consummate -1 *vt* [kŏn′sə-māt′] consumar **-2** *adj* [:mət, kən-sŭm′ĭt] consumado.

consumption [kən-sŭmp′shən] *s* consumo.

contact [kŏn′tăkt′] **-1** *s* contacto; *(connection)* relación *f* **-2** *vt* ponerse en contacto con.

contagious [kən-tā′jəs] *adj* contagioso.

contain [kən-tān′] *vt* contener.

container [:tā′nər] *s* recipiente *m*, envase *m.*

contaminate [:nāt′] *vt* contaminar.

contemplate [kŏn′təm-plāt′] *vt* contemplar; *(to intend)* pensar, proyectar.

contemporary [kən-tĕm′pə-rĕr′ē] *adj & s* contemporáneo, coetáneo.

contempt [kən-tĕmpt′] *s* desprecio, desdén *m.*

content¹ [kŏn′tĕnt′] *s* contenido; *(meaning)* significado.

content² [kən-tĕnt′] **-1** *adj* contento, satisfecho **-2** *vt* contentar, satisfacer **-3** *s* satisfacción *f.*

contest -1 [kŏn′tĕst′] *s (struggle)* contienda; *(competition)* competencia,

concurso **-2** *vt* cuestionar, impugnar -vi contender.

contestant [kən-tĕs′tənt] *s (rival)* contendiente *m/f; (participant)* concursante *m/f.*

context [kŏn′tĕkst′] *s* contexto.

continent [kŏn′tə-nənt] *adj & s* continente *m.*

continental [kŏn′tə-nĕn′tl] *adj* continental.

continuation [kən-tĭn-yōō-ā′shən] *s* continuación *f.*

continue [kən-tĭn′yōō] *vi* continuar, seguir; *(to last)* prolongarse, durar -vt continuar; *(to prolong)* prolongar.

continuous [kən-tĭn′yōō-əs] *adj* continuo.

contraceptive [kŏn′trə-sĕp′tĭv] *adj & s* anticonceptivo.

contract -1 *s* [kŏn′trăkt] contrato **-2** *vt* [kən-trăkt′] *(to agree to)* contratar; *(to shrink)* encoger -vi contraerse, encogerse.

contraction [kən-trăk′shən] *s* contracción *f.*

contradict [kŏn′trə-dĭkt′] *vt* contradecir.

contradiction [:dĭk′shən] *s* contradicción *f.*

contrary [kŏn′trĕr′ē] **-1** *adj* contrario **-2** *s* lo contrario, lo opuesto ♦ **on** *or* **to the contrary** al, por el contrario.

contrast -1 *vt & vi* [kən-trăst′] (hacer) contrastar **-2** *s* [kŏn′trăst′] contraste *m.*

contribute [kən-trĭb′yōōt] *vt* contribuir; *(information)* aportar -vi contribuir.

contribution [kŏn′trĭ-byōō′shən] *s* contribución *f.*

control [kən-trōl′] **-1** *vt* **-ll-** controlar, dirigir; *(to regulate)* regular; *(passions)* dominar **-2** *s* control *m; (restraint)* dominio.

controversy [kŏn′trə-vûr′sē] *s* controversia, polémica.

convalescence [kŏn′və-lĕs′əns] *s* convalecencia.

convenience [kən-vēn′yəns] *s (suitability)* conveniencia; *(comfort)* comodidad *f.*

convenient [:yənt] *adj (suitable)* conveniente; *(handy)* útil.

convent [kŏn′vənt] *s* convento.

convention [kən-vĕn′shən] *s* convención *f; (custom)* costumbre *f,* regla convencional.

conventional [:shə-nəl] *adj* convencional; *(accepted)* corriente; *(war, weapons)* clásico.

conversation [kŏn'vər-sā'shən] *s* conversación *f.*

conversely [kən-vûrs'lē] *adv* a la inversa.

conversion [kən-vûr'zhən] *s* conversión *f.*

convert [kən-vûrt'] *vt & vi* convertir(se).

convex [kŏn'vĕks', kən-vĕks'] *adj* convexo.

convict -1 *vt* [kən-vĭkt'] declarar culpable, condenar -2 *s* [kŏn'vĭkt'] convicto.

convince [kən-vĭn'] *vt* convencer.

convoy [kŏn'voi'] -1 *vt* convoyar -2 *s* convoy *m.*

convulsion [kən-vŭl'shən] *s* convulsión *f; (laughter)* ataque *m* de risa.

cook [kŏŏk] -1 *vt* cocinar, guisar; TEC cocer -vi *(food)* cocinarse; *(chef)* cocinar -2 *s* cocinero.

cookbook ['bŏŏk'] *s* libro de cocina.

cooking [:ĭng] *adj & s* (de) cocina.

cooky [:ē] *s* galletita, bizcochito.

cool [kŏŏl] -1 *adj* fresco; *(calm)* tranquilo; *(unenthusiastic)* frío; *(excellent)* fenomenal -2 *vt & vi* refrescar(se), enfriar(se); *(passions)* entibiar(se) -3 *s* fresco, frescor *m.*

cooling [kŏŏ'lĭng] *adj* refrescante.

coolness [:nĭs] *s* frescor *m*, fresco; *(calmness)* calma.

coop [kŏŏp] *s* gallinero.

cooperate [kŏŏp'ərāt'] *vi* cooperar.

cooperative [:ər-ə-tĭv] -1 *adj (joint)* cooperativo; *(helpful)* servicial -2 *s* cooperativa.

coordinate [kō-ôr'dn-ĭt] -1 *s* coordenada -2 *adj* coordinado; *(equal)* igual, semejante -3 *vt & vi* [:āt'] coordinar(se).

cop [kŏp] *s* FAM policía *m.*

cope [kŏp] *vi (to strive)* arreglárselas *(with* para); *(to face up)* hacer frente *(with* a).

copilot [kŏ'pī'lət] *s* copiloto.

copious [kŏ'pē-əs] *adj* copioso, abundante.

copper [kŏp'ər] -1 *s* cobre *m* -2 *adj* (de) cobre; *(color)* cobrizo.

copy [kŏp'ē] -1 *s* copia; *(book, magazine)* ejemplar *m* -2 *vt* copiar, sacar en limpio; *(to imitate)* imitar -vi hacer una copia.

copyright [:rīt'] *s* propiedad literaria.

coral [kôr'əl] *adj & s* (de) coral *m.*

cord [kôrd] *s* cuerda; ELEC cordón *m.*

cordial [kôr'jəl] -1 *adj* amable -2 *s* cordial *m.*

cordon [kôr'dn] *s* cordón *m.*

corduroy [kôr'də-roi'] *s* pana ♦ *pl* pantalones de pana.

core [kôr] -1 *s (essence)* corazón *m*, médula; *(center)* núcleo, foco; *(of fruit)* corazón; *(of reactor)* núcleo -2 *vt* quitar el corazón de.

coriander [kôr'ē-ăn'dər] *s* cilantro.

cork [kôrk] -1 *s* corcho -2 *vt* encorchar.

corkscrew [kôrk'skrŏŏ'] *s* tirabuzón *m*, sacacorchos *m.*

corn [kôrn] *s* maíz *m*; JER *(sentimentality)* sensiblería ♦ **corn flakes** copos de maíz • **corn on the cob** maíz en la mazorca.

corncob [:kŏb'] *s* mazorca.

cornea [kôr'nē-ə] *s* córnea.

corner [kôr'nər] -1 *s* esquina; *(inside)* rincón *m*; *(of eye)* rabillo; *(of mouth)* comisura; *(spot, region)* rincón ♦ **to turn the corner** doblar la esquina -2 *vt (to trap)* arrinconar, acorralar.

cornmeal [kôrn'mēl'] *s* harina de maíz.

cornstarch [:stärch'] *s* maicena.

coronation [kôr'ə-nā'shən] *s* coronación *f.*

corporal [kôr'pər-əl] *adj* corporal.

corporate [kôr'pər-ĭt] *adj* corporativo; *(joint)* colectivo.

corporation ['pə-rā'shən] *s* corporación *f*, sociedad anónima.

corps [kôr] *s inv* cuerpo.

corpse [kôrps] *s* cadáver *m.*

corpulent [kôr'pyə-lənt] *adj* corpulento.

correct [kə-rĕkt'] -1 *vt* corregir; *(to remedy)* remediar; *(to adjust)* ajustar -vi hacer correcciones *or* ajustes -2 *adj* correcto.

correction [kə-rĕk'shən] *s* corrección *f; (punishment)* castigo.

correspond [kôr'ĭ-spŏnd'] *vi* corresponder; *(to write)* escribirse.

correspondence [:spŏn'dəns] *s* correspondencia.

correspondent [:dənt] **-1** *s* correspondiente *m/f;* PERIOD corresponsal *m/f* **-2** *adj* correspondiente.

corridor [kôr'ĭ-dər] *s* pasillo, corredor *m.*

corrosion [kə-rō'zhən] *s* corrosión *f.*

corrosive [:sĭv] *adj* corrosivo.

corrugate [kôr'ə-gāt'] *vt & vi* estriar(se).

corrugated [:gā'tĭd] *adj (cardboard)* estriado; *(metal)* acanalado.

corrupt [kə-rŭpt'] **-1** *adj* corrompido; *(dishonest)* corrupto **-2** *vt & vi* corromper(se).

corruption [:shən] *s* corrupción *f.*

cosmetic [kŏz-mĕt'ĭk] *s & adj* cosmético.

cosmic [kŏz'mĭk] *adj* cósmico.

cosmopolitan [kŏz'mə-pŏl'ĭ-tn] *adj & s* cosmopolita *m/f.*

cost [kôst] **-1** *s* costo, coste *m; (in time, effort)* costa ◆ *pl* gastos; *(risks)* riesgos **-2** *vi* **cost** costar.

costly [kôst'lē] *adj* **-i-** caro; *(entailing loss)* costoso.

costume [kŏs'tōōm'] *s (dress)* traje *m; (disguise)* máscara, disfraz *m.*

costumer [:tōō'mər] *s* sastre *m* de teatro.

cot [kŏt] *s* catre *m.*

cottage [kŏt'ĭj] *s* casa de campo, chalet *m* ◆ **cottage cheese** requesón, cuajada.

cotton [kŏt'n] *s* algodón *m.*

couch [kouch] *s* sofá *m.*

cough [kôf] **-1** *vi* toser **-2** *s* tos *f.*

council [koun'səl] *s* consejo, junta.

council(l)or [koun'sə-lər] *s* consejero.

counsel [koun'səl] **-1** *s (advice)* consejo; *(consultation)* consulta; *(attorney)* abogado **-2** *vt* aconsejar *-vi* consultar.

counsel(l)or [:sə-lər] *s (adviser)* consejero; *(lawyer)* abogado.

count[1] [kount] **-1** *vt* contar; *(to deem)* considerar ◆ **to count in** incluir • **to count on** contar con *-vi (to matter)* tener importancia, valer **-2** *s (act)* cuenta; *(number)* cómputo, cálculo.

count[2] *s (nobleman)* conde *m.*

counter [koun'tər] *s* mostrador *m; (of a kitchen)* tablero; *(chip, token)* ficha.

counteract ['-äkt'] *vt* contrarrestar.

counterattack **-1** *s* ['-ə-tăk'] contrataque *m* **-2** *vi & vt* ['-ə-tăl'] contraatacar.

counterclockwise ['-klŏk'wīz'] *adv & adj* en sentido contrario de las agujas del reloj.

counterpart [:pärt'] *s* complemento.

counterproductive ['-prədŭk'tĭv] *adj* contraproducente.

counterweight [:wāt'] *s* contrapeso.

countess [koun'tĭs] *s* condesa.

countless [kount'lĭs] *adj* incontable.

country [kŭn'trē] *s* país *m; (homeland)* patria.

countryside [:sīd'] *s* campo, paisaje *m.*

county [koun'tē] *s* condado, distrito.

coup [kōō] *s* golpe maestro; *(coup d'état)* golpe (de estado).

couple [kŭp'əl] **-1** *s* par *m; (of people)* pareja **-2** *vt* juntar; TEC acoplar *-vi* juntarse; *(to mate)* acoplarse.

coupon [kōō'pŏn'] *s* cupón *m.*

courage [kûr'ĭj] *s* coraje *m,* valor *m.*

courageous [kə-rā'jəs] *adj* valiente.

courier [kōōr'ē-ər] *s* correo, cosario.

course [kôrs] *s (flow, path)* curso; *(duration)* transcurso; *(route)* rumbo; *(of a meal)* plato; *(subject)* curso; *(racetrack)* pista ◆ **of course** por supuesto, claro.

court [kôrt] **-1** *s (tribunal)* tribunal *m; (session)* audiencia; DEP cancha **-2** *vt (to curry favor)* cortejar; *(to woo)* enamorar.

courteous [kûr'tē-əs] *adj* cortés, atento.

courtesy [kûr'tĭ-sē] *s* cortesía.

courthouse [kôrt'hous'] *s* palacio de justicia.

court-martial [:mär'shəl] *s* [pl **courts-**] consejo de guerra.

courtyard [:yärd'] *s* patio.

cousin [kŭz'ĭn] *s* primo.

cove [kōv] *s* abra, cala.

covenant [kŭv'ə-nənt] *s* convenio, pacto.

cover [kŭv'ər] **-1** *vt* cubrir; *(to coat)* revestir; *(with a lid)* tapar; *(a book, chair)* forrar; *(a subject)* tratar; *(to encompass)* abarcar; *(to conceal)* ocultar; *(to insure)* asegurar *-vi* cubrir; *(to shield)* encubrir, servir de pantalla **-2** *s* cubierta; *(lid)* tapa; *(slipcover, case)* funda, forro; *(jacket)* forro; *(of a magazine)* portada; *(bedspread)* sobrecama; *(shelter)* refugio; *(table setting)* cubierto ♦ **cover charge** precio del cubierto.

coverage [ːɪj] *s (of a topic)* tratamiento; *(news)* reportaje *m; (insurance)* riesgos incluidos, protección *f.*

covert [kŭvʹərt, kō-vûrtʹ] *adj* secreto, clandestino.

covet [kŭvʹĭt] *vt* codiciar.

cow[1] [kou] *s* vaca.

cow[2] *vt* intimidar, atemorizar.

coward [kouʹərd] *s* cobarde *m/f.*

cowboy [ːboiʹ] *s* vaquero.

coyote [kī-ōʹtē, kīʹōtʹ] *s* coyote *m.*

cozy [kōʹzē] *adj* -i- cómodo, calentito.

crab [krăb] -**1** *s* cangrejo; *(louse)* ladilla ♦ **crab apple** manzana silvestre -**2** *vi* -**bb**- pescar cangrejos.

crack [krăk] -**1** *vi (to break)* romperse; *(whip)* restallar; *(to snap)* chasquear; *(bones, knuckles)* crujir; *(to split)* rajarse, agrietarse -**vt** *(a whip)* chasquear; *(to pop)* hacer crujir; *(to split)* rajar, agrietar; *(eggs, nuts)* cascar -**2** *s (snap)* chasquido; *(of a whip)* restallido; *(of the knuckles)* crujido; *(split)* rajadura, grieta; *(slit)* rendija.

cracker [krăkʹər] *s* galleta.

crackle [krăkʹəl] -**1** *vi* crepitar, crujir -**vt** hacer crujir -**2** *s* crepitación *f,* chisporroteo; *(rustle)* crujido.

cradle [krādʹl] -**1** *s* cuna; *(of a phone)* horquilla, gancho -**2** *vt* mecer en los brazos.

craft [krăft] *s* habilidad *f,* arte *m; (trade)* oficio.

craftsman [krăftsʹmən] *s* [pl **-men**] artesano.

crag [krăg] *s* risco, peñasco.

cram [krăm] *vt* -**mm**- *(to force)* meter a la fuerza; *(to stuff)* abarrotar, rellenar; *(with food)* atiborrarse de.

cramp [krămp] -**1** *s* MED calambre *m* ♦ *pl* retortijones -**2** *vi* **to cramp up** acalambrarse.

cranium [krāʹnē-əm] *s* [pl **s** or **-ia**] cráneo.

crank [krăngk] *s* manivela; *(grouch)* cascarrabias *m/f; (eccentric)* chiflado.

crash [krăsh] -**1** *vi* estrellarse, chocar; *(to break)* hacerse pedazos; *(to resound)* retumbar -**2** *s (noise)* estrépito;

(collision) choque *m,* colisión *f;* AVIA caída -**3** *adj (course, diet)* intensivo.

crate [krāt] *s* cajón *m.*

crater [krāʹtər] *s* cráter *m.*

craven [krāʹvən] *adj* & *s* cobarde *m/f.*

crawl [krôl] *vi* arrastrarse, reptar; *(baby)* gatear; DEP nadar estilo crol.

crazy [krāʹzē] *adj* -i- loco; *(foolish)* de locos, disparatado ♦ **to go crazy** volverse loco.

creak [krēk] -**1** *vi* crujir, chirriar -**2** *s* crujido, chirrido.

cream [krēm] *s* crema.

crease [krēs] -**1** *s* pliegue *m; (of trousers)* filo, raya; *(wrinkle)* arruga -**2** *vt* plegar; *(to press)* hacer el filo a -**vi** arrugarse.

create [krē-āt'] *vt* crear; *(to cause)* producir.

creation [ːāʹshən] *s* creación *f.*

creative [ːtĭv] *adj* creador, imaginativo.

creator [krē-āʹtər] *s* creador *m.*

creature [krēʹchər] *s* criatura; *(being)* ente *m,* ser *m; (animal)* bestia, bicho.

credential [krĭ-dĕnʹshəl] *s* credencial *f.*

credible [krĕdʹə-bəl] *adj* creíble.

credit [krĕdʹĭt] -**1** *s* crédito; *(merit)* mérito; *(recognition)* reconocimiento ♦ **credit card, line** tarjeta, límite de crédito • **on credit** a crédito • **to give credit** COM dar crédito; *(to praise, name)* reconocer (el mérito, a un autor) -**2** *vt* dar crédito a, creer; *(to recognize)* otorgar reconocimiento; *(to attribute)* atribuir; COM abonar en cuenta.

creditor [ːtər] *s* acreedor *m.*

creep [krēp] -**1** *vi* **crept** arrastrarse, deslizarse; *(to crawl)* gatear; *(cautiously)* avanzar con cautela; *(slowly)* ir a paso de tortuga; BOT trepar -**2** *s (crawl)* gateado; *(pace)* paso lento.

cremation [krĭ-māʹshən] *s* cremación *f.*

crepe [krāp] *s (fabric)* crespón *m,* crepé *m; (rubber)* crepé; CUL panqueque *m.*

crescent [krĕsʹənt] -**1** *s* medialuna; *(semicircle)* semicírculo -**2** *adj* creciente.

crest [krĕst] *s* cresta; *(on a helmet)* penacho, cimera.

cretin [krētʹn] *s* cretino.

crew [krōō] *s* AVIA, MARÍT tripulación *f; (of workers)* equipo.

crib [krĭb] *s* cuna; *(corncrib)* granero; *(plagiarism)* plagio.

crick [krĭk] *s* ♦ **crick in the neck** tortícolis *f.*

cricket[1] [krĭk'ĭt] *s* ENTOM grillo.

cricket[2] *s* DEP críquet *m.*

crime [krīm] *s* crimen *m.*

criminal [krĭm'ə-nəl] *adj & s* criminal *m/f* ♦ **criminal record** antecedentes penales.

crimson [krĭm'zən] **-1** *adj & s* carmesí *m* **-2** *vt* teñir de carmesí *-vi* sonrojarse.

cripple [krĭp'əl] **-1** *s* lisiado, cojo **-2** *vt* lisiar, tullir.

crisis [krī'sĭs] *s* [pl **-ses**] crisis *f.*

crisp [krĭsp] *adj* *(crunchy)* tostado, crujiente; *(fresh)* fresco; *(bracing)* vivificante; *(precise)* preciso, claro.

criterion [krī-tîr'ē-ən] *s* [pl **s** *or* **-ia**] criterio.

critic [krĭt'ĭk] *s* crítico.

criticize [:sīz'] *vt & vi* criticar.

croak [krōk] **-1** *s* *(of frog)* croar *m*; *(of crow)* graznido **-2** *vi* *(frog)* croar; *(crow)* graznar.

crochet [krō-shā'] *vt & s* (tejer a) ganchillo.

crockery [krŏk'ə-rē] *s* vajilla de barro, loza.

crocodile [krŏk'ə-dīl'] *s* cocodrilo.

crocus [krō'kəs] *s* [pl **es** *or* **-ci**] azafrán *m.*

crook [krŏŏk] *s* *(staff)* báculo; *(curve)* ángulo; *(of river, path)* recodo.

crooked [:ĭd] *adj* *(road, thief)* torcido; *(nose)* corvo; *(back)* encorvado.

crop [krŏp] **-1** *s* cosecha; *(variety)* cultivo **-2** *vt* **-pp-** *(to trim)* cortar, recortar.

cross [krôs] **-1** *s* cruz *f*; *(mixture)* mezcla; *(crossbreed)* híbrido **-2** *vt* cruzar; *(one's arms)* cruzarse de *-vi* *(to intersect, breed)* cruzarse; *(to go across)* cruzar, atravesar **-3** *adj* *(intersecting)* transversal; *(angry)* de mal humor.

cross-country [:kŭn'trē] *adj* a campo traviesa.

cross-eyed [krôs'īd'] *adj* bizco.

crossfire ['fīr'] *s* fuego cruzado.

crossing [krô'sĭng] *s* cruce *m*; *(ford)* vado; FC paso a nivel.

crossroad [:rōd'] *s* vía transversal *f* ♦ *pl* encrucijada.

crosswalk [:wôk'] *s* paso de peatones.

crossword puzzle [:wûrd'] *s* crucigrama *m.*

crotch [krŏch] *s* *(of tree)* horquilla; ANAT entrepiernas.

crouch [krouch] *vi* agacharse, acuclillarse.

crow[1] [krō] *s* cuervo.

crow[2] **-1** *vi* **-ed** *or* **crew** cantar, cacarear **-2** *s* canto, cacareo.

crowd [kroud] **-1** *s* multitud *f*, muchedumbre *f*; *(mob)* gentío **-2** *vi* apiñarse, amontonarse; *(to fill)* atestar, llenar.

crowded [krou'dĭd] *adj* lleno, concurrido; *(cramped)* apiñado.

crown [kroun] **-1** *s* corona; *(of a hat, tree)* copa; *(summit, honor)* cima; *(achievement)* coronación *f* **-2** *vt* coronar; *(to top off)* rematar.

crucial [krōō'shəl] *adj* crucial, decisivo.

crucifix [krōō'sə-fĭks'] *s* crucifijo.

crucifixion ['-fĭk'shən] *s* crucifixión *f.*

crude [krōōd] *adj* *(vulgar)* ordinario, grosero; *(rough)* tosco, basto; *(raw)* crudo, bruto.

cruel [krōō'əl] *adj* **-er, -est** cruel, despiadado.

cruelty [:tē] *s* crueldad *f.*

cruise [krōōz] **-1** *vi* *(to sail)* navegar; *(as a tourist)* hacer un crucero *-vt* *(ship)* cruzar; *(car)* circular, patrullar por **-2** *s* crucero.

cruiser [krōō'zər] *s* *(warship)* crucero.

crumb [krŭm] *s* miga, migaja.

crumble [krŭm'bəl] *vt & vi* desmigajar(se).

crusade [krōō-sād'] *s & vi* (hacer una) cruzada.

crush [krŭsh] **-1** *vt* *(to squash)* aplastar; *(to squeeze)* exprimir; *(to crumple)* estrujar; *(enemy, revolt)* aplastar **-2** *s* aplastamiento.

crust [krŭst] **-1** *s* *(bread, pie)* corteza **-2** *vt & vi* encostrar(se).

crutch [krŭch] *s* muleta.

cry [krī] **-1** *vi* llorar; *(to shout)* gritar; *(animals)* aullar *-vt* gritar, decir a gritos; *(in public)* pregonar **-2** *s* grito; *(weeping)* llanto; *(peddler's call)* pregón *m.*

cryptic [krĭp'tĭk] *adj* enigmático, misterioso.

crystal [krĭs'təl] **-1** *s* cristal *m* **-2** *adj* de cristal; *(transparent)* cristalino.

cub [kŭb] s cachorro; *(novice)* novato.

cube [kyo͞ob] -1 s cubo -2 vt MAT cubicar.

cubic [kyo͞o'bĭk] adj cúbico.

cubicle ['bĭ-kəl] s compartimiento.

cucumber [kyo͞o'kŭm'bər] s pepino.

cue [kyo͞o] -1 s *(billiard stick)* taco -2 vt dar el pie or la señal a.

cuff[1] [kŭf] s *(shirt)* puño; *(pant)* bajos, vuelta ♦ **cuff links** gemelos ♦ *pl* esposas.

cuff[2] -1 vt abofetear -2 s bofetada.

cuisine [kwĭ-zēn'] s cocina, arte culinario.

culminate [kŭl'mə-nāt'] vi culminar.

cult [kŭlt] s culto.

cultivate [kŭl'tə-vāt'] vt cultivar.

cultural [kŭl'chər-əl] adj cultural.

culture [kŭl'chər] s cultura.

cumbersome [kŭm'bər-səm] adj embarazoso, incómodo.

cumin [kŭm'ĭn] s comino.

cunning [kŭn'ĭng] -1 adj *(crafty)* astuto, taimado -2 s astucia.

cup [kŭp] -1 s taza; *(trophy)* copa -2 vt **-pp-** ahuecar.

cupboard [kŭb'ərd] s *(cabinet)* aparador m; *(closet)* alacena.

curate [kyo͞or'ĭt] s cura m.

curator [kyo͞o-rā'tər] s conservador m.

curdle [kûr'dl] vt & vi cuajar(se).

cure [kyo͞or] -1 s cura; *(remedy)* remedio -2 vt & vi curar(se).

curfew [kûr'fyo͞o] s (toque m de) queda.

curiosity [kyo͞or'ē-ŏs'ĭ-tē] s curiosidad.

curious [kyo͞or'ē-əs] adj curioso.

curl [kûrl] -1 vt & vi *(to twist)* rizar(se), ensortijar(se); *(to coil)* enrollar(se) ♦ **to curl up** hacerse un ovillo, acurrucarse -2 s riza, crespo.

curler [kûr'lər] s bigudí m.

curly [:lē] adj **-i-** rizado, crespo.

currency [kûr'ən-sē] s *(money)* moneda, dinero (corriente); *(use)* vigencia, boga ♦ **foreign currency** divisas, moneda extranjera.

current [kûr'ənt] -1 adj *(present-day)* actual; *(in progress)* corriente, en curso; *(in use)* en boga -2 s corriente f.

currently [:lē] adv *(now)* actualmente.

curriculum [kə-rĭk'yə-ləm] s [pl **s** or **-la**] programa m de estudios.

curry[1] [kûr'ē] vt *(a horse)* almohazar; *(hides)* zurrar.

curry[2] s CUL (salsa de) cari m.

curse [kûrs] -1 s maldición f; *(obscenity)* mala palabra, grosería -2 vt **-d** or **curst** maldecir; *(to swear at)* insultar a -vi decir malas palabras ♦ **to curse at** insultar a.

cursed [kûr'sĭd, kûrst] adj maldito.

cursor [kûr'sər] s cursor m.

curtain [kûr'tn] -1 s cortina; TEAT telón m -2 vt encubrir.

curve [kûrv] -1 s curva -2 vi curvear; *(surface)* doblarse -vt encorvar; *(to bend)* doblar.

cushion [ko͞osh'ən] -1 s cojín m, almohadilla -2 vt *(to pad)* acolchar; *(a blow)* amortiguar.

custard [kŭs'tərd] s natilla.

custody [kŭs'tə-dē] s custodia; *(detention)* detención f.

custom [kŭs'təm] s costumbre f; *(patronage)* clientela.

customer [:mər] s cliente m/f.

cut [kŭt] -1 vt cut cortar; *(to divide)* dividir, repartir; *(to harvest)* segar; *(to fell)* talar; *(the size of)* reducir, acortar; *(prices)* rebajar; *(to shut off)* parar; *(to quit)* dejarse de, acabar con ♦ **to cut off** *(to sever)* cortar; *(to shut off)* parar -vi cortar; *(a substance)* cortarse ♦ **to cut across** cortar por • **to cut down on** reducir(se), aminorar -2 s corte m; *(notch)* muesca; *(reduction)* reducción f; *(discount)* rebaja; CINEM corte, interrupción f.

cute [kyo͞ot] adj *(pretty)* mono; *(contrived)* afectado.

cutlery [kyo͞o'lə-rē] s cubiertos.

cutlet [kŭt'lĭt] s chuleta.

cutting [:ĭng] -1 s *(clipping)* recorte m -2 adj cortante; *(remark)* mordaz.

cycle [sī'kəl] -1 s ciclo; *(bike)* bici f, moto f -2 vi *(to go)* ir en bicicleta or motocicleta.

cyclist [sī'klĭst] s *(bicycle)* ciclista m/f; *(motorcycle)* motociclista m/f.

cyclone [sī'klōn'] s ciclón m.

cylinder [sĭl'ən-dər] s cilindro.

cymbal [sĭm'bəl] s címbalo, platillo.

cynic [sĭn'ĭk] s & adj cínico.

cynicism [:sĭz'əm] s cinismo.

cyst [sĭst] s quiste m.

cystitis [sĭ-stī'tĭs] s cistitis f.

czar [zär] s zar m.

D

D [dē] *s* MÚS re *m*.

dab [dăb] **-1** *vt* **-bb-** dar toques a, retocar suavemente **-2** *s* (bit) pizca; (pat, tap) golpe ligero.

dabble [dăb'əl] *vt* salpicar -vi (to splash) chapotear; (as amateur) interesarse superficialmente (in, at por).

dad [dăd] *s* FAM papá *m*.

daddy ['ē] *s* FAM papacito, papito.

daffodil [dăf'ə-dĭl'] *s* narciso.

dagger [dăg'ər] *s* daga, puñal *m*; IMPR obelisco.

daily [dā'lē] **-1** *adj & s* diario **-2** *adv* diariamente, cada día.

dainty [dān'tē] *adj* **-i-** exquisito, delicado; (affected) remilgado.

dairy [dâr'ē] *s* lechería ♦ **dairy cattle** vacas lecheras • **dairy farm** granja lechera.

daisy [dā'zē] *s* margarita.

dam [dăm] **-1** *s* (barrier) presa; (reservoir) embalse *m* **-2** *vt* **-mm-** embalsar, represar.

damage [dăm'ĭj] **-1** *s* daño; (mechanical) avería; FIG perjuicio ♦ *pl* daños y perjuicios **-2** *vt & vi* dañar(se), estropear(se).

damn [dăm] **-1** *vt* condenar; (to swear at) maldecir **-2** *interj* **damn (it)!** ¡maldito sea!, ¡maldición! **-3** *s* ♦ **I don't give a damn** no me importa un comino **-4** *adj* maldito.

damned [dămd] *adj* **-er, -est** condenado, maldito.

damp [dămp] **-1** *adj* húmedo **-2** *s* humedad *f*; (gas) mofeta **-3** *vt* humedecer; (a fire) apagar; (to discourage) desanimar.

dance [dăns] **-1** *vt & vi* bailar **-2** *s* baile *m*.

dancer [dăn'sər] *s* bailador *m*; (ballet) bailarín *m*.

dandruff [dăn'drəf] *s* caspa.

danger [dān'jər] *s* peligro.

dangerous [:əs] *adj* peligroso.

dangle [dăng'gəl] *vt & vi* colgar(se), balancear(se) en el aire.

dare [dâr] **-1** *vi* osar, atreverse -vt (to face) arrostrar; (to challenge) retar, desafiar **-2** *s* desafío, reto.

daring [:ĭng] **-1** *adj* temerario, audaz **-2** *s* audacia, atrevimiento.

dark [därk] **-1** *adj* oscuro; (skin) moreno, morocho; (evil) siniestro; (unknown) misterioso ♦ **Dark Ages** Alta Edad Media **-2** *s* oscuridad *f*; (nightfall) anochecer *m*, noche *f*.

darkness [därk'nĭs] *s* oscuridad *f*.

darling [där'lĭng] **-1** *s* querido, amado; (favorite) predilecto **-2** *adj* querido, amado; FAM (charming) adorable.

darn¹ [därn] COST **-1** *vt* zurcir -vi hacer zurcidos **-2** *s* zurcido.

darn² **-1** *interj* ¡maldición! **-2** *adj* maldito **-3** *adv* FAM muy.

dart [därt] **-1** *vi* correr, lanzarse -vt lanzar, arrojar **-2** *s* dardo.

dash [dăsh] **-1** *vt* (to smash) estrellar, romper; (to hurl) tirar; (to splash) salpicar; (to spoil) arruinar, frustrar -vi correr, lánzarse ♦ **to dash in, out** entrar, salir corriendo **-2** *s* (bit) pizca; (rush) prisa; (race) carrera corta; IMPR raya ♦ **to make a dash at, for** precipitarse sobre, hacia.

data [dā'tə, dăt'ə] *s pl o sg* información *f*, datos ♦ **data processing** procesamiento de datos.

database [:bās'] *s* base *f* de datos.

date¹ [dāt] **-1** *s* fecha; (epoch) época; (appointment) cita, compromiso; (companion) acompañante *m/f* ♦ **to date** hasta la fecha **-2** *vt & vi* fechar; (socially) salir (con) ♦ **to date back to** remontar(se) a • **to date from** datar de.

date² *s* (fruit) dátil *m* ♦ **date palm** datilero.

daughter [dô'tər] *s* hija.

daughter-in-law [:ĭnlô'] *s* [pl **daughters-**] nuera, hija política.

dawn [dôn] **-1** *s* amanecer *m*, alba; FIG albor *m* **-2** *vi* amanecer.

day [dā] *s* día *m*; (workday) jornada; (epoch) época ♦ **day in, day out** día tras día • **day off** día franco • **from day to day** de un día para otro • **the day after** al día siguiente • **the day before...** la víspera de... • **these days** hoy en día.

daydream [dā'drēm'] **-1** *s* ensueño **-2** *vi* **-ed o -t** soñar despierto.

daylight [dā'līt'] *s* luz *f* del día; (dawn) amanecer *m*; (daytime) día *m*.

daytime [dā'tīm'] *s* día *m*.

day-to-day [dā'tədā] *adj* (daily) cotidiano; (a day at a time) al día.

daze [dāz] **-1** vt *(to stun)* aturdir; *(to dazzle)* deslumbrar **-2** s aturdimiento.

dazzle [dăz'əl] **-1** vt deslumbrar **-2** s deslumbramiento.

dead [dĕd] **-1** adj muerto; *(numb)* insensible; *(motionless)* estancado; *(sounds)* sordo; *(exact)* exacto, certero; DEP fuera de juego; ELEC sin corriente; *(battery)* descargado ♦ **dead center, weight** punto, peso muerto ♦ **dead end** callejón sin salida **-2** s muerto ♦ **the dead** los muertos **-3** adv *(absolutely)* completamente, absolutamente; *(exactly)* exactamente, justo.

dead-end [:n] adj sin salida; FIG sin porvenir.

deadline [:līn'] s fecha tope, plazo.

deadly [:lē] **-1** adj -i- *(lethal)* mortífero; *(implacable)* mortal; *(destructive)* devastador **-2** adv extremadamente.

deaf [dĕf] adj sordo.

deaf-and-dumb ['ədŭm'] s & adj sordomudo.

deal [dēl] **-1** vt dealt *(to apportion)* repartir, distribuir; *(a blow)* asestar; *(cards)* dar, repartir -vi comerciar *(in en)* ♦ **to deal with** COM tratar con; *(a situation)* enfrentarse con; *(to handle)* ocuparse de, encargarse de **-2** s *(agreement)* arreglo, convenio; *(in cards)* reparto; FAM *(dealings)* trato ♦ **a good** or **great deal** mucho • **big deal!** ¡gran cosa! • **it's a deal!** ¡trato hecho!

dealer [dē'lər] s negociante m/f, traficante m/f; *(in cards)* banquero.

dear [dîr] **-1** adj querido; *(esteemed)* estimado; *(precious)* valioso **-2** adv caro **-3** s querido.

dearly [:lē] adv *(costly)* caro; *(fondly)* con cariño; *(very much)* mucho.

death [dĕth] s muerte f ♦ **death certificate** partida de defunción • **death penalty** pena de muerte • **death rate** índice de mortalidad.

deathly [:lē] **-1** adj cadavérico, sepulcral **-2** adv mortalmente, muy.

debacle [dĭ-bä'kəl] s desastre m, fracaso.

debark [dĭ-bärk'] vt & vi desembarcar.

debate [dĭ-bāt'] **-1** vt & vi discutir, debatir **-2** s discusión f, debate m.

debater [dĭ-bā'tər] s polemista m/f.

debit [dĕb'ĭt] **-1** s débito, debe m ♦ **debit balance** saldo deudor **-2** vt cargar en cuenta.

debt [dĕt] s deuda ♦ **to be in someone's debt** estar en deuda con alguien • **to get** or **run into debt** contraer deudas.

debtor [:ər] s deudor m.

debut or **début** [dābyōō'] **-1** s estreno, debut m **-2** vi FAM debutar.

decade [dĕk'ād'] s decenio, década.

decadence [dĕk'ə-dns] s decadencia.

decadent [:dnt] adj & s decadente m/f.

decanter [dĭ-kăn'tər] s garrafa, jarra.

decapitate [dĭ-kăp'ĭ-tāt'] vt decapitar.

decathlon [dĭ-kăth'lən] s decatlón m.

decay [dĭ-kā'] **-1** vi pudrirse, descomponerse; *(to get worse)* decaer **-2** s descomposición f.

decease [dĭ-sēs'] **-1** vi morir, fallecer **-2** s muerte f, fallecimiento.

deceased [dĭ-sēst'] adj & s difunto.

deceit [dĭ-sēt'] s engaño, fraude m.

deceitful [:fəl] adj engañoso.

deceive [dĭ-sēv'] vt & vi engañar.

December [dĭ-sĕm'bər] s diciembre m.

decency [dē'sən-sē] s decencia, decoro.

deception [dĭ-sĕp'shən] s engaño, fraude m.

decibel [dĕs'ə-bĕl'] s decibel m, decibelio.

decide [dĭ-sīd'] vt & vi decidir ♦ **to decide (up) on** optar por.

decided [dĭ-sī'dĭd] adj *(resolute)* decidido; *(definite)* claro, indudable.

deciduous [dĭ-sĭj'ōō-əs] adj caduco.

decimal [dĕs'ə-məl] s & adj decimal m ♦ **decimal point** coma.

decimeter [:mē'tər] s decímetro.

decipher [dĭ-sī'fər] vt descifrar.

decision [dĭ-sĭzh'ən] s decisión f.

decisive [dĭ-sī'sĭv] adj decisivo.

deck[1] [dĕk] s cubierta; *(of cards)* baraja.

deck[2] vt adornar, engalanar.

declaration [dĕk'lə-rā'shən] s declaración f.

declare [dĭ-klâr'] vt declarar -vi hacer una declaración ♦ **to declare against, for** pronunciarse en contra, a favor de.

decline [dĭ-klīn'] **-1** vi *(to refuse)* rehusar, negarse; *(health)* decaer; *(prices)* bajar -vt rehusar, rechazar; GRAM declinar **-2** s *(decrease)* disminución f; *(of prices)* descenso.

declining [dǐ-klī′nǐng] *adj* declinante.

decode [dē-kōd′] *vt* descifrar, descodificar.

decompose [dē′kəm-pōz′] *vt & vi (into parts)* descomponer(se); *(to rot)* pudrir(se).

decomposition [dē-kŏm′pə-zǐsh′ən] *s* descomposición *f*, putrefacción *f*.

decontaminate [dē′kən-tăm′ə-nāt′] *vt* descontaminar.

décor *or* **decor** [dā′kôr′] *s* decoración *f*.

decorate [děk′ə-rāt′] *vt* decorar; *(with medals)* condecorar.

decoration [′-rā′shən] *s* decoración *f*; *(medal)* condecoración *f*.

decoy [dē′koi′] **-1** *s* señuelo **-2** *vt* atraer con señuelo.

decrease [dǐ-krēs′] **-1** *vi & vt* disminuir, reducir **-2** *s* disminución *f*.

decree [dǐ-krē′] **-1** *s* decreto **-2** *vt* decretar.

decrepit [dǐ-krěp′ǐt] *adj* decrépito.

dedicate [děd′ǐ-kāt′] *vt* dedicar.

dedication [′-kā′shən] *s* dedicación *f*; *(inscription)* dedicatoria.

deduce [dǐ-dōōs′] *vt* deducir, inferir.

deduct [dǐ-dŭkt′] *vt* restar, substraer.

deduction [:shən] *s* deducción *f*.

deed [dēd] *s (act)* acto; *(action)* hecho; *(feat)* proeza; *(title)* escritura (de propiedad).

deem [dēm] *vt* considerar, juzgar.

deep [dēp] **-1** *adj* profundo; *(measuring)* de profundidad; *(colors)* subido; MÚS bajo, grave ♦ **deep down** en el fondo **-2** *adv* profundamente, en lo más hondo ♦ **deep into the night** hasta muy entrada la noche **-3** *s* profundidad *f*; *(of night, winter)* lo más profundo.

deepen [dē′pən] *vt & vi* ahondar(se).

deer [dîr] *s inv* ciervo, venado.

deface [dǐ-fās′] *vt* desfigurar, mutilar.

default [dǐ-fôlt′] **-1** *s* incumplimiento ♦ **to win by default** ganar por abandono **-2** *vi* dejar de cumplir, faltar a un compromiso.

defeat [dǐ-fēt′] **-1** *vt (to beat)* derrotar, vencer **-2** *s (loss)* derrota; *(failure)* fracaso; *(frustration)* frustración *f*.

defect [dē′fěkt′] **-1** *s* defecto, desperfecto **-2** *vi* desertar.

defective [:tǐv] *adj (faulty)* defectuoso; *(subnormal)* deficiente; GRAM defectivo.

defend [dǐ-fěnd′] *vt* defender; *(to justify)* justificar; *(a theory)* sostener *-vi* hacer una defensa.

defendant [dǐ-fěn′dənt] *s* acusado, demandado.

defender [:dər] *s* defensor *m*.

defense [dǐ-fěns′] *s* defensa.

defenseless [:lǐs] *adj* indefenso.

defensive [dǐ-fěn′sǐv] *adj* defensivo.

defer [dǐ-fûr′] *vt -rr-* aplazar, postergar *-vi* deferir.

deference [děf′ər-əns] *s* deferencia.

defiance [dǐ-fī′əns] *s* desafío, reto.

defiant [:ənt] *adj* provocador, desafiante.

deficient [dǐ-fĭsh′ənt] *adj* deficiente, carente.

deficit [děf′ĭ-sĭt] *s* déficit *f*.

define [dǐ-fīn′] *vt* definir.

definite [děf′ə-nĭt] *adj* definido; *(certain)* definitivo.

definitely [:lē] **-1** *adv* definitivamente **-2** *interj* ¡por supuesto!, ¡desde luego!

definition [děf′ə-nĭsh′ən] *s* definición *f*; *(of power, authority)* limitación *f*.

deflect [dǐ-flěkt′] *vt & vi* desviar(se).

deforest [dē-fôr′ĭst] *vt* desmontar.

deformed [dǐ-fôrmd′] *adj* deforme, desfigurado.

defraud [dǐ-frôd′] *vt* defraudar.

defrost [dē-frôst′] *vt & vi* descongelar(se).

defunct [dǐ-fŭngkt′] *adj* difunto.

defy [dǐ-fī′] *vt* desafiar; *(to resist)* resistir.

degenerate [dǐ-jěn′ər-ĭt] **-1** *adj & s* degenerado **-2** *vi* degenerar.

degrade [dǐ-grād′] *vt* degradar.

degrading [dǐ-grā′dǐng] *adj* degradante.

degree [dǐ-grē′] *s* grado; EDUC título ♦ **by degrees** gradualmente, poco a poco • **doctor's degree** doctorado • **to a certain degree** hasta cierto punto • **to take a degree in** licenciarse en.

dehydrate [dē-hī′drāt′] *vt* deshidratar.

deify [dē′ə-fī′] *vt* deificar.

deity [dē′ĭ-tē] *s* deidad *f* ♦ **Deity** Dios.

delay [dǐ-lā′] **-1** *vt (to postpone)* postergar; *(to make late)* retrasar, demorar;

(to stall) entretener -*vi* demorarse, tardar -**2** *s* demora, retraso; *(postponement)* postergación *f* ♦ **a five minute delay** cinco minutos de atraso.

delectable [dĭ-lĕk'tə-bəl] *adj* delicioso.

delegate [dĕl'ĭ-gĭt] -**1** *s* delegado, diputado -**2** *vt* delegar.

delete [dĭ-lēt'] *vt* tachar, suprimir.

deletion [dĭ-lē'shən] *s* tachadura, supresión *f*.

deliberate [dĭ-lĭb'ər-ĭt] -**1** *adj* deliberado, a propósito; *(slow)* pausado -**2** *vi* & *vt* deliberar.

delicacy [dĕl'ĭ-kə-sē] *s* delicadeza; *(fine food)* manjar *m*, gollería.

delicate [dĕl'ĭ-kĭt] *adj* delicado.

delicatessen [dĕl'ĭ-kə-tĕs'ən] *s* fiambrería.

delicious [dĭ-lĭsh'əs] *adj* delicioso.

delight [dĭ-līt'] -**1** *s* deleite *m*; *(person, thing)* encanto -**2** *vt* deleitar, encantar -*vi* ♦ **to delight in** deleitarse con *or* en.

delinquent [dĭ-lĭng'kwənt] -**1** *adj* delincuente; *(in payment)* moroso -**2** *s* delincuente *m/f*.

delirious [dĭ-lîr'ē-əs] *adj* delirante.

deliver [dĭ-lĭv'ər] *vt (to hand over)* entregar; *(mail)* repartir; *(a blow, speech)* dar; *(missile)* lanzar; *(baby)* asistir al parto de -*vi* cumplir *(on* con); *(to give birth)* alumbrar ♦ **we deliver** entregamos a domicilio.

delivery [dĭ-lĭv'ə-rē] *s* entrega; *(birth)* parto; *(style)* elocución *f*.

delude [dĭ-lōōd'] *vt* engañar, despistar.

deluge [dĕl'yōōj] -**1** *vt* inundar -**2** *s* inundación *f*, diluvio.

delusion [dĭ-lōō'zhən] *s* engaño, ilusión *f*.

de luxe *or* **deluxe** [dĭlŭks'] *adj* de lujo, lujoso.

delve [dĕlv] *vi* indagar, hurgar.

demand [dĭ-mănd'] -**1** *vt (to ask for)* demandar; *(to claim, require)* reclamar, exigir -**2** *s (request)* solicitud *f*; *(claim)* reclamación *f*; *(requirement)* necesidad *f*; COM demanda ♦ **on demand** COM a la vista; *(by request)* a petición • **to be in demand** ser popular.

democracy [dĭ-mŏk'rə-sē] *s* democracia.

democrat [dĕm'ə-krăt'] *s* demócrata *m/f*.

democratic ['-'ĭk] *adj* democrático.

demolish [dĭ-mŏl'ĭsh] *vt* demoler, derribar.

demon [dē'mən] *s* demonio.

demonstrate [dĕm'ən-strāt'] *vt* demostrar -*vi* protestar, manifestarse.

demonstration ['-strā'shən] *s* demostración *f*; *(rally)* manifestación *f*.

demoralize [dĭ-môr'ə-līz'] *vt* desmoralizar.

den [dĕn] *s (lair)* cubil *m*; *(study)* estudio.

denial [dĭ-nī'əl] *s* negativa; *(disavowal)* repudio.

denigrate [dĕn'ĭ-grāt'] *vt* denigrar.

denim [dĕn'ĭm] *s* dril *m* de algodón ♦ *pl* vaqueros.

denomination [dĭ-nŏm'ə-nā'shən] *s* denominación *f*.

denominator [-'-'tər] *s* denominador *m*.

denote [dĭ-nōt'] *vt* denotar.

denounce [dĭ-nouns'] *vt* denunciar.

dense [dĕns] *adj* denso.

density [dĕn'sĭ-tē] *s* densidad *f*.

dent [dĕnt] -**1** *s* abolladura, mella -**2** *vt* & *vi* abollar(se), mellar(se).

dental [dĕn'tl] *adj* dental ♦ **dental plate** dentadura postiza.

dentifrice [:tə-frĭs] *s* dentífrico.

dentist [dĕn'tĭst] *s* dentista *m/f*.

deny [dĭ-nī'] *vt* negar; *(to withhold)* rehusar; *(to repudiate)* repudiar ♦ **to deny oneself** privarse de.

deodorant [dē-ō'dər-ənt] *s* desodorante *m*.

department [dĭ-pärt'mənt] *s* departamento ♦ **department store** gran almacén.

departure [dĭ-pär'chər] *s* partida, salida; *(deviation)* desviación *f*.

depend [dĭ-pĕnd'] *vi* ♦ **to depend (up)on** *(as a dependant, consequence)* depender de • **you can depend on it!** ¡puedes estar seguro!

dependable [-'-bəl] *adj (trustworthy)* (digno) de confianza.

dependence/ance [dĭpĕn'dəns] *s* dependencia *(on, upon* de).

dependent/ant [:dənt] -**1** *adj* ♦ **dependent (up)on** dependiente de -**2** *s* persona a cargo.

depict [dĭ-pĭkt'] *vt* representar, pintar.

deplorable [dĭ-plôr'ə-bəl] *adj* deplorable.

deplore [dĭ-plôr'] vt deplorar, desaprobar.

deponent [dĭ-pō'nənt] s declarante m/f.

deport [dĭ-pôrt'] vt deportar, expulsar.

deportee [dē'pôr-tē'] s deportado.

depose [dĭ-pōz'] vt deponer.

deposit [dĭ-pŏz'ĭt] -1 vt depositar; COM (down payment) dar de señal or de entrada -2 s depósito; (down payment) señal f, entrada.

depreciate [dĭ-prē'shē-āt'] vt depreciar, desvalorar.

depreciation [-'-ā'shən] s depreciación f, desvalorización f.

depredation [dĕp'rĭ-dā'shən] s depredación f, pillaje m.

depress [dĭ-prĕs'] vt deprimir, desanimar.

depressed [dĭ-prĕst'] adj deprimido; ECON (period) de depresión; (economy) deprimido.

depressing [dĭ-prĕs'ĭng] adj deprimente.

depression [dĭ-prĕsh'ən] s (a hollow) cavidad f, hueco; ECON, MED depresión f.

deprivation [dĕp'rə-vā'shən] s privación f.

deprive [dĭ-prīv'] vt privar.

depth [dĕpth] s profundidad f; (most intense part) lo más profundo; (color) intensidad f ◆ **in depth** a fondo ◆ pl lo más hondo.

deputy [dĕp'yə-tē] s (delegate) delegado; (assistant) asistente m; (legislator) diputado.

derail [dē-rāl'] vt & vi (hacer) descarrilar.

deranged [dĭ-rānjd'] adj loco, trastornado.

derby [dûr'bē] s (race) carrera; (hat) sombrero hongo.

derive [dĭ-rīv'] vt & vi derivar (from de).

derogatory/tive [dĭrŏg'ətôr'ē/ tĭv] adj (disparaging) despectivo; DER derogatorio.

descend [dĭ-sĕnd'] vi descender; (inheritance) transmitirse por herencia ◆ **to descend on** or **upon** caer encima de -vt descender, bajar.

descendant [dĭ-sĕn'dənt] s descendiente m/f.

descent [dĭ-sĕnt'] s descenso; (slope) declive m; (lineage) descendencia.

describe [dĭ-skrīb'] vt describir.

description [dĭ-skrĭp'shən] s descripción f ◆ **of every description** de toda clase.

desert¹ [dĕz'ərt] s desierto.

desert² [dĭz'ərt] s ◆ pl (one's due) merecido.

desert³ [dĭz'ərt] vt abandonar; MIL desertar de -vi desertar.

deserve [dĭ-zûrv'] vt & vi merecer(se).

design [dĭ-zīn'] -1 vt (to invent) idear; (a plan) diseñar; (pattern) dibujar -vi hacer diseños -2 s diseño; ARTE dibujo; ARQ plano.

designate [dĕz'ĭg-nāt'] -1 vt designar -2 designado.

designer [dĭ-zī'nər] s diseñador m.

desirable [dĭ-zīr'ə-bəl] adj deseable.

desire [dĭ-zīr'] -1 vt desear -2 s deseo.

desk [dĕsk] s escritorio; (at school) pupitre m; (in hotel) recepción f; (counter, booth) mesa.

desolate [dĕs'ə-lĭt] -1 adj desolado -2 vt (to distress) desconsolar.

despair [dĭ-spâr'] -1 s desesperación f -2 vi desesperar(se).

desperate [dĕs'pər-ĭt] adj desesperado; (grave) crítico; (urgent) apremiante.

despise [dĭ-spīz'] vt despreciar.

despite [dĭ-spīt'] prep a pesar de, no obstante.

despot [dĕs'pət] s déspota m/f.

dessert [dĭ-zûrt'] s CUL postre m.

destination [dĕs'tə-nā'shən] s destino.

destiny [dĕs'tə-nē] s destino, sino.

destroy [dĭ-stroi'] vt destruir.

destruction [dĭ-strŭk'shən] s destrucción f.

detail [dĭ-tāl', dē'tāl'] -1 s detalle m, pormenor m -2 vt detallar.

detect [dĭ-tĕkt'] vt percibir, detectar.

detection [dĭ-tĕk'shən] s descubrimiento.

detective [dĭ-tĕk'tĭv] s detective m/f ◆ **detective story** novela policial.

detention [dĭ-tĕn'shən] s detención f.

detergent [dĭ-tûr'jənt] s detergente m.

deteriorate [dĭ-tîr'ē-ə-rāt'] vi empeorar, degenerar.

determination [dĭ-tûr'mə-nā'shən] s determinación f; (resolve) resolución f; DER (ruling) decisión f.

determine [dĭ-tûr′mĭn] vt determinar -vi decidir.

determined [:mĭnd] adj determinado.

detest [dĭ-tĕst′] vt detestar, aborrecer.

detonate [dĕt′n-āt′] vt & vi (hacer) detonar.

detour [dē′tŏŏr′] -1 s desvío -2 vt & vi desviar(se).

detraction [dĭ-trăk′shən] s disminución f.

detriment [dĕt′rə-mənt] s detrimento.

detrimental [′-mĕn′tl] adj perjudicial.

devaluate/value [dēvăl′yŏŏāt′/ văl′yoo] vt devaluar, desvalorizar.

devastate [dĕv′ə-stāt′] vt devastar, asolar.

devastation [′-′shən] s devastación f.

develop [dĭ-vĕl′əp] vt desarrollar; (the body) fortalecer; (an ability) formar; (habit, disease) contraer; FOTOG revelar -vi desarrollarse; (to advance) progresar.

development [dĭ-vĕl′əp-mənt] s desarrollo; (event) suceso.

deviate [dē′vē-āt′] vi desviarse.

deviation [′-ā′shən] s desviación f; (from the truth) alejamiento.

devil [dĕv′əl] s diablo ♦ **a devil of (something)** (algo) del diablo.

devise [dĭ-vīz′] vt (to conceive) idear, concebir; (to contrive) trazar, tramar.

devote [dĭ-vōt′] vt dedicar, consagrar.

devoted [dĭ-vō′tĭd] adj (loving) afectuoso; (dedicated) devoto; (ardent) fervoroso.

devotion [dĭ-vō′shən] s devoción f.

devour [dĭ-vour′] vt devorar, engullir.

devout [dĭ-vout′] adj **-er, -est** (pious) devoto; (earnest) fervoroso.

dew [dōō] s rocío.

diabetes [dī′ə-bē′tĭs] s diabetes f.

diabetic [:bĕt′ĭk] adj & s diabético.

diabolic/ical [dī′əbŏl′ĭk] adj diabólico.

diadem [dī′ə-dĕm′] s diadema.

diagnose [dī′əg-nōs′] vt diagnosticar.

diagnostic [:nŏs′tĭk] adj diagnóstico.

diagonal [dī-ăg′ə-nəl] adj & s diagonal f.

diagram [dī′ə-grăm′] -1 s diagrama m -2 vt **-mm-** representar con un diagrama.

dial [dī′əl] -1 s (scale, clock) esfera, cuadrante m; RAD, TELEV dial m, botón

m selector; TEL disco ♦ **dial tone** tono para marcar -2 vt RAD, TELEV sintonizar; TEL marcar (un número).

dialect [dī′ə-lĕkt′] s dialecto.

dialog(ue) [dī′ə-lôg′] s diálogo.

diameter [dī-ăm′ĭ-tər] s diámetro.

diamond [dī′ə-mənd] s diamante m; (shape) rombo ♦ **diamond ring** sortija de diamantes.

diaper [dī′pər] -1 s pañal m -2 vt poner el pañal a.

diaphragm [dī′ə-frăm′] s diafragma m.

diarrh(o)ea [dī′ə-rē′ə] s diarrea.

diary [dī′ə-rē] s diario.

dice [dīs] -1 s pl [sg **die**] dados -2 vt picar en cubitos.

dictate [dĭk′tāt′, -′] vt (letter) dictar; (policy) imponer -vi mandar.

dictator [dĭk′tā′tər] s dictador m.

dictatorship [-′-shĭp] s dictadura.

diction [dĭk′shən] s dicción f.

dictionary [dĭk′shə-nĕr′ē] s diccionario.

did [dĭd] cf **do**.

didn't [dĭd′nt] contr de **did not**.

die[1] [dī] vi dying morir; (to lose force) apagarse, disminuir.

die[2] s [pl **s**] MAQ cuño, troquel m; [pl **dice**] (for gambling) dado ♦ **the die is cast** la suerte está echada.

diet[1] [dī′ĭt] s & vi (estar a) dieta.

diet[2] s POL dieta.

differ [dĭf′ər] vi disentir, no estar de acuerdo ♦ **to differ from** diferir con, ser diferente de.

difference [:əns] s diferencia ♦ **it makes no difference** da lo mismo • **what difference does it make?** ¿qué más da? • **what's the difference?** ¿qué importa?

different [:ənt] adj diferente, distinto.

difficult [dĭf′ĭ-kəlt] adj difícil.

difficulty [:kəl-tē] s dificultad f ♦ **pl** apuros.

diffuse [dĭ-fyōōz′] -1 vt & vi difundir(se) -2 adj difuso.

dig [dĭg] -1 vt **dug, -gging** cavar, excavar ♦ **to dig in(to)** hincar, hundir en • **to dig out** (hole) excavar; (object) extraer; (facts) sacar • **to dig up** (object) extraer, desenterrar; (facts) descubrir -vi cavar ♦ **to dig for** buscar • **to dig in** (to entrench oneself) atrincherarse -2 s (prod) golpe m; (with the elbow) codazo; *(gibe)* pulla, indirecta; ARQUEOL excavación *f*.

digest [dĭ-jĕst', dī-] **-1** *vt & vi* digerir(se) **-2** *s* compendio, sinopsis *f*.

digit [dĭj'ĭt] *s* ANAT dedo; MAT dígito.

dignified [dĭg'nə-fīd'] *adj* digno, decoroso.

dignity [dĭg'nĭ-tē] *s* dignidad *f*.

digress [dĭ-grĕs', dī-] *vi* divagar.

dike [dīk] *s* dique *m*, represa.

dilapidated [dĭ-lăp'ĭ-dā'tĭd] *adj* desvencijado.

dilemma [dĭ-lĕm'ə, dī-] *s* dilema *m*.

dilute [dĭ-lōōt', dī-] **-1** *vt* diluir, desleír **-2** *adj* diluido.

dim [dĭm] **-mm- -1** *adj (dark)* oscuro; *(lights)* bajo, débil; *(outline)* borroso **-2** *vt (room)* oscurecer; *(lights)* bajar *-vi* oscurecerse; *(lights)* perder intensidad; *(outline, memory)* borrarse.

dime [dīm] *s* EU moneda de diez centavos ♦ **dime store** tienda de baratijas.

dimension [dĭ-mĕn'shən, dī-] *s* dimensión *f*.

diminish [dĭ-mĭn'ĭsh] *vt & vi* disminuir.

diminutive [dĭ-mĭn'yə-tĭv] **-1** *adj (tiny)* diminuto; GRAM diminutivo **-2** *s* diminutivo.

dimple [dĭm'pəl] *s* hoyuelo.

din [dĭn] *s* estrépito; *(of a crowd)* clamoreo.

dine [dīn] *vi* comer; *(in the evening)* cenar.

diner [dī'nər] *s* comensal *m/f*; FC vagón *m* restaurante.

dingy [dĭn'jē] *adj* **-i-** sórdido, sucio.

dining [dī'nĭng] *adj* ♦ **dining car** vagón restaurante • **dining hall** refectorio • **dining room** comedor.

dinner [dĭn'ər] *s* cena; *(at noon)* comida (principal).

dinosaur [dī'nə-sôr'] *s* dinosaurio.

diocese [dī'ə-sĭs] *s* diócesis *f*.

dip [dĭp] **-1** *vt* **-pp-** *(to dunk)* bañar, mojar; *(to immerse)* sumergir, meter; *vi (to plunge)* sumergirse; *(out of sight)* hundirse **-2** *s (immersion)* inmersión *f*; *(liquid)* baño; *(slope, drop)* bajada; *(of magnetic needle)* inclinación *f*; CUL salsa.

diploma [dĭ-plō'mə] *s* diploma *m*.

diplomacy [dĭ-plō'mə-sē] *s* diplomacia.

diplomat [dĭp'lə-măt'] *s* diplomático.

diplomatic ['-'ĭk] *adj* diplomático.

direct [dĭ-rĕkt', dī-] **-1** *vt* dirigir; *(to order)* ordenar ♦ **to direct one's attention to** fijarse en **-2** *adj* directo; *(candid)* franco **-3** *adv* directamente.

direction [dĭ-rĕk'shən, dī-] *s* dirección *f*; *(order)* orden *f* ♦ *pl* instrucciones.

directly [dĭ-rĕkt'lē, dī-] *adv* directamente.

director [dĭ-rĕk'tər, dī-] *s* director *m*.

directory [dĭ-rĕk'tə-rē] *s* guía telefónica.

dirt [dûrt] *s* tierra; *(grime)* mugre *f*; *(filth)* suciedad.

dirty [dûr'tē] **-1** *adj* **-i-** sucio; *(joke)* verde; *(language)* grosero ♦ **dirty language** groserías • **dirty trick** mala jugada • **dirty word** taco • **dirty work** trabajo pesado, desagradable **-2** *vt & vi* ensuciar(se), manchar(se).

disability [dĭs'ə-bĭl'ĭ-tē] *s* incapacidad *f*; *(handicap)* invalidez *f*.

disabled [:bəld] *adj* incapacitado; *(crippled)* lisiado, inválido.

disadvantage [dĭs'əd-văn'tĭj] *s* desventaja, inconveniente.

disaffection [dĭs'ə-fĕk'shən] *s* desafección *f*.

disagree [dĭs'ə-grē'] *vi* no estar de acuerdo, estar en desacuerdo.

disagreement [:mənt] *s* desacuerdo; *(quarrel)* riña.

disappear [dĭs'ə-pîr'] *vi* desaparecer.

disappearance [:əns] *s* desaparición *f*.

disappoint [dĭs'ə-point'] *vt* decepcionar, desilusionar; *(to fail to please)* defraudar.

disappointed [:poin'tĭd] *adj* decepcionado; *(a lover)* desengañado.

disappointment [dĭs'ə-point'mənt] *s* desilusión *f*, decepción *f*; *(in love)* desengaño.

disapproval [dĭs'ə-prōō'vəl] *s* desaprobación *f*.

disapprove [dĭs'ə-prōōv'] *vt* desaprobar *-vi* ♦ **to disapprove of** no gustarle a uno.

disarm [dĭs-ärm'] *vt & vi* desarmar(se).

disarmament [:är'mə-mənt] *s* desarme *m*.

disaster [dĭ-zăs′tər] *s* desastre *m.*
disastrous [:trəs] *adj* desastroso.
disbelief [dĭs′bĭ-lēf′] *s* incredulidad *f.*
disbelieve [:lēv′] *vt* no creer -*vi* ser incrédulo.
disbursement [:mənt] *s* desembolso.
disc [dĭsk] *s* disco ♦ **disc jockey** animador.
discard [dĭs-kärd′] **-1** *vt* descartar; *(clothing, books)* desechar -*vi* descartarse **-2** *s* descarte *m.*
discharge [dĭs-chärj′] **-1** *vt* descargar; *(soldiers)* licenciar; *(patients)* dar de alta; *(employees)* despedir; *(promise)* cumplir (con); *(debt)* saldar; *(prisoner)* librar -*vi (river, pipe)* descargar; ELEC descargarse **-2** *s* descarga; *(emission)* escape *m; (from hospital)* alta; *(of soldiers)* licenciamiento.
disciple [dĭ-sī′pəl] *s* discípulo.
discipline [dĭs′ə-plĭn] **-1** *s* disciplina **-2** *vt* disciplinar; *(to punish)* castigar.
disclose [dĭ-sklōz′] *vt* divulgar, revelar.
discomfort [dĭs-kŭm′fərt] **-1** *s* molestia, malestar *m* **-2** *vt* molestar.
disconcert [dĭs′kən-sûrt′] *vt* desconcertar.
disconnect [dĭs′kə-nĕkt′] *vt* separar; ELEC, TEL desconectar.
discontent [dĭs′kən-tĕnt′] *adj & s* descontento.
discontinue [dĭs′kən-tĭn′yōō] *vt* discontinuar, suspender.
discord [dĭs′kôrd′] *s* discordia; MÚS disonancia.
discotheque/thèque [dĭs′kətĕk′] *s* discoteca.
discount [dĭs′kount′] **-1** *vt* descontar **-2** *s* descuento, rebaja ♦ **discount rate** tasa de descuento • **discount store** tienda de rebajas.
discourage [dĭ-skûr′ĭj] *vt* desanimar, desalentar ♦ **to discourage from** disuadir.
discourse [dĭs′kôrs′] **-1** *s* discurso; *(conversation)* plática **-2** *vi* conversar ♦ **to discourse on** disertar sobre.
discover [dĭ-skŭv′ər] *vt* descubrir; *(to realize)* darse cuenta de.
discovery [dĭ-skŭv′ə-rē] *s* descubrimiento.
discredit [dĭs-krĕd′ĭt] **-1** *vt (to disbelieve)* no dar crédito a; *(to disparage)*

desprestigiar, desacreditar **-2** *s* desprestigio, descrédito.
discreet [dĭ-skrēt′] *adj* discreto.
discrepancy [dĭ-skrĕp′ən-sē] *s* discrepancia.
discretion [dĭ-skrĕsh′ən] *s* discreción *f* ♦ **at the discretion of** a juicio de, según el deseo de.
discretionary [:ə-nĕr′ē] *adj* discrecional.
discriminate [dĭ-skrĭm′ə-nāt′] *vi & vt* discriminar *(against* en contra de; *from* de).
discrimination [-′-nā′shən] *s (prejudice)* discriminación *f.*
discuss [dĭ-skŭs′] *vt (to talk over)* hablar de or sobre; *(formally)* discutir, tratar.
discussion [dĭ-skŭsh′ən] *s (conversation)* discusión *f; (discourse)* disertación *f* ♦ **to be under discussion** estar en discusión.
disease [dĭ-zēz′] *s* enfermedad *f.*
diseased [dĭ-zēzd′] *adj* enfermo.
disenchant [dĭs′ĕn-chănt′] *vt* desencantar.
disengage [dĭs′ĕn-gāj′] *vt & vi (to uncouple)* desenganchar(se).
disengaged [:gājd′] *adj (free)* desembarazado, libre; AUTO desembragado.
disentangle [dĭs′ĕn-tăng′gəl] *vt & vi* desenredar(se), desenmarañar(se).
disfigure [dĭs-fĭg′yər] *vt* desfigurar, afear.
disgrace [dĭs-grās′] **-1** *s* deshonra; *(ignominy)* ignominia **-2** *vt* deshonrar.
disguise [dĭs-gīz′] **-1** *s* disfraz *m* **-2** *vt* disfrazar.
disgust [dĭs-gŭst′] **-1** *vt* repugnar, asquear **-2** *s* repugnancia.
disgusting [:tĭng] *adj* repugnante, asqueroso.
dish [dĭsh] *s* plato.
disharmony [dĭs-här′mə-nē] *s* discordia.
dishevel(l)ed [dĭ-shĕv′əld] *adj* desaliñado.
dishonest [dĭs-ŏn′ĭst] *adj* deshonesto, deshonrado.
dishonor [:ər] **-1** *s* deshonra; *(shame)* vergüenza **-2** *vt* deshonrar.
dishwasher [:wŏsh′ər] *s* lavaplatos *m.*
disillusion [dĭs′ĭ-lōō′zhən] **-1** *vt* desilusionar **-2** *s* desilusión *f.*

disinfect [dĭs'ĭn-fĕkt'] *vt* desinfectar.

disinfectant [:fĕk'tənt] *s & adj* desinfectante *m*.

disintegrate [dĭs-ĭn'tĭ-grāt'] *vt & vi* desintegrar(se).

disinterested [:trĭ-stĭd] *adj (impartial)* desinteresado.

disjointed [dĭs-join'tĭd] *adj* desarticulado; *(incoherent)* incoherente, inconexo.

disk [dĭsk] *s* disco ♦ **disk jockey** animador.

diskette [dĭ-skĕt'] *s* disco.

dislike [dĭs-līk'] *-1 vt* tener aversión a, no gustarle a uno *-2 s* antipatía, aversión *f*.

dislodge [dĭs-lŏj'] *vt* desalojar, echar fuera.

disloyal [dĭs-loi'əl] *adj* desleal.

dismantle [dĭs-măn'tl] *vt (to tear down)* desmantelar; *(to disassemble)* desarmar.

dismay [dĭs-mā'] *-1 vt (to upset)* consternar; *(to dishearten)* desalentar *-2 s* consternación *f*, desaliento.

dismiss [dĭs-mĭs'] *vt* dar permiso para salir; *(employee)* despedir; *(officials)* destituir.

dismissal [:əl] *s (employee)* despido; *(official)* destitución *f*.

dismount [dĭs-mount'] *vt & vi* desmontar(se).

disobedient [dĭs'ə-bē'dē-ənt] *adj* desobediente.

disobey [dĭs'ə-bā'] *vt & vi* desobedecer.

disorder [dĭs-ôr'dər] *-1 s* desorden *m*; MED trastorno *-2 vt* desordenar; MED trastornar.

disorganize [dĭs-ôr'gə-nīz'] *vt* desorganizar.

disparity [dĭ-spăr'ĭ-tē] *s* disparidad *f*.

dispatch [dĭ-spăch'] *-1 vt* despachar *-2 s* despacho.

dispensable [dĭ-spĕn'sə-bəl] *adj* prescindible.

dispensary [dĭ-spĕn'sə-rē] *s* dispensario.

dispense [dĭ-spĕns'] *vt* dispensar.

disperse [dĭ-spûrs'] *vt & vi* dispersar(se).

displace [dĭs-plās'] *vt* desplazar; *(to supplant)* substituir, suplantar.

display [dĭ-splā'] *-1 vt* exhibir, mostrar; *(to show off)* ostentar; *(to unfurl)*

desplegar *-2 s* exhibición *f*; *(show)* despliegue *m*; *(ostentation)* ostentación *f*; COMPUT representación *f* visual.

displease [dĭs-plēz'] *vt & vi* desagradar.

displeasing [:plē'zĭng] *adj* desagradable.

displeasure [:plĕzh'ər] *s* desagrado.

disposal [:zəl] *s* disposición *f*; *(of waste)* eliminación *f* ♦ **at your disposal** a su disposición.

dispose [dĭ-spōz'] *vt* disponer; *(to incline)* volver propenso a ♦ **to dispose of** *(property, business)* despachar; *(waste)* eliminar, desechar.

disposition [dĭs'pə-zĭsh'ən] *s* disposición *f*; *(tendency)* predisposición *f*.

disproportionate [dĭs'prə-pôr'shə-nĭt] *adj* desproporcionado.

dispute [dĭ-spyōōt'] *-1 vt* disputar; *(to doubt)* cuestionar; *(in court)* litigar, contender *-vi* disputar, discutir; *(to quarrel)* pelear *-2 s (debate)* disputa; *(conflict)* conflicto; *(quarrel)* pelea.

disrespect [dĭs'rĭ-spĕkt'] *-1 s* falta de respeto, descortesía *-2 vt* faltar el respeto.

disrespectful [:fəl] *adj* irrespetuoso.

disrupt [dĭs-rŭpt'] *vt (to upset)* perturbar; *(to interrupt)* interrumpir.

disruption [dĭs-rŭp'shən] *s (upset)* perturbación *f*; *(interruption)* interrupción *f*.

dissatisfaction [dĭs-săt'ĭs-făk'shən] *s* insatisfacción *f*, descontento.

dissatisfy [dĭs-săt'ĭs-fī'] *vt* no contentar.

disseminate [dĭ-sĕm'ə-nāt'] *vt & vi* diseminar(se).

dissertation [dĭs'ər-tā'shən] *s (discourse)* disertación *f*; *(thesis)* tesis *f*.

dissident [dĭs'ĭ-dnt] *adj & s* disidente *m/f*.

dissimulate [:yə-lāt'] *vt & vi* disimular.

dissipate [dĭs'ə-pāt'] *vt & vi* disipar(se).

dissipated [:pā'tĭd] *adj* disipado.

dissolve [dĭ-zŏlv'] *vt & vi* disolver(se).

dissuade [dĭ-swād'] *vt* disuadir.

distance [dĭs'təns] *-1 s* distancia; *(range)* alcance *m*; *(stretch)* trecho, tirada; *(coolness)* frialdad *f*, reserva ♦ **a good distance away** bastante lejos • **at** *or* **from a distance** a (la) distan-

cia • in the distance a lo lejos • **to keep one's distance** guardar las distancias • **within walking distance** suficientemente cerca como para ir andando **-2** vt alejar, distanciar.

distant [dĭs'tənt] adj distante, alejado; *(in relationship)* lejano; *(aloof)* reservado, frío.

distillery [dĭ-stĭl'ə-rē] s destilería.

distinction [dĭ-stĭngk'shən] s distinción f ♦ **to gain distinction** distinguirse • **with distinction** con mérito.

distinguish [dĭ-stĭng'gwĭsh] vt & vi distinguir ♦ **to distinguish oneself** distinguirse.

distinguished [:gwĭsht] adj distinguido.

distort [dĭ-stôrt'] vt *(to contort)* distorsionar; *(to misrepresent)* tergiversar.

distortion [dĭ-stôr'shən] s distorsión f; *(misrepresentation)* tergiversación f.

distract [dĭ-străkt'] vt distraer; *(to bewilder)* aturdir, turbar.

distress [dĭ-strĕs'] **-1** s *(suffering)* aflicción f, pena; *(anxiety)* ansiedad f; *(need)* apuro **-2** vt afligir.

distressed [dĭ-strĕst'] adj afligido, angustiado; *(poor)* en apuros.

distribute [dĭ-strĭb'yŏot] vt distribuir.

distribution [dĭs'trə-byŏo'shən] s distribución f, reparto.

distributor [dĭ-strĭb'yə-tər] s distribuidor m.

district [dĭs'trĭkt] s región f, comarca; *(of a city)* zona, barrio; POL distrito, partido ♦ **district attorney** fiscal • **district court** tribunal federal.

distrust [dĭs-trŭst'] **-1** s desconfianza **-2** vt desconfiar de.

disturb [dĭ-stûrb'] vt *(to alter)* perturbar; *(to upset)* turbar; *(to interrupt)* interrumpir; *(to bother)* molestar ♦ **do not disturb** no molestar.

disuse [dĭs-yŏos'] s desuso.

ditch [dĭch] **-1** s *(trench)* zanja; *(irrigation)* acequia; *(drainage)* canal m; *(of a road)* cuneta **-2** vt cavar zanjas en.

dive [dīv] **-1** vi **-d** or **dove, -d** *(headfirst)* zambullirse (de cabeza); DEP saltar; *(submarine)* sumergirse; *(scuba)* bucear **-2** s *(headfirst)* zambullida; DEP salto; *(plane)* picado; *(submarine)* sumersión f; *(drop)* caída, baja.

diver [dī'vər] s DEP saltador m (de trampolín); *(underwater)* buzo, buceador m.

diverse [dĭ-vûrs', dī-] adj diverso; *(varied)* variado.

diversion [dĭ-vûr'zhən, dī-] s diversión f; *(detour)* desviación f.

diversity [:sĭ-tē] s diversidad f, variedad f.

divert [dĭ-vûrt', dī-] vt *(to turn aside)* desviar.

divide [dĭ-vīd'] vt & vi dividir(se) ♦ **to divide up** *(to apportion)* repartir; *(to separate)* dividir(se).

dividend [dĭv'ĭ-dĕnd'] s dividendo.

divine¹ [dĭ-vīn'] adj **-er, -est** divino.

divine² vt & vi adivinar.

diving [dī'vĭng] s DEP salto; *(scuba)* buceo ♦ **diving board** trampolín • **diving suit** escafandra.

divinity [dĭ-vĭn'ĭ-tē] s divinidad f.

division [dĭ-vĭzh'ən] s división f; *(section)* sección f.

divorce [dĭ-vôrs'] **-1** s divorcio **-2** vt *(things, couple)* divorciar; *(a spouse)* divorciarse de.

divulge [dĭ-vŭlj'] vt divulgar.

dizzy [dĭz'ē] **-1** adj **-i-** *(giddy)* mareado; *(bewildered)* aturdido **-2** vt marear, dar vértigo.

do [dŏo] **-1** vt **did, done** hacer; *(one's duty)* cumplir con; *(to wash)* limpiar; *(dishes)* fregar; *(one's hair, nails)* arreglarse; *(to prepare)* preparar; *(to cook)* cocinar; *(to work on)* trabajar en; *(to decorate)* decorar ♦ **to do again** volver a hacer, hacer de nuevo • **to do away with** *(to eliminate)* eliminar; *(to abolish)* abolir; FAM *(to kill)* matar • **to do for** servir de, hacer el papel de; *(to ruin)* arruinar; *(to exhaust)* agotar, cansar • **to do over** *(to do again)* volver a hacer; FAM *(to redecorate)* redecorar • **to do up** *(laces)* atarse; *(buttons)* abrocharse • **to do with** *(to get along on)* conformarse con; *(to find desirable)* venirle a uno (muy) bien • **what can I do for you?** ¿en qué puedo servirle? **-vi** *(to behave)* conducirse, comportarse; *(to get along)* andar, irle a uno; *(to feel)* encontrarse, sentirse ♦ **how do you do?** ¿cómo está usted? • **that will do!** ¡basta ya! • **that will never do** or **that won't do** *(it is improper)* eso no se hace; *(it is unsuitable)* eso no conviene • **to be doing badly** irle mal *-aux (interrogative)* <*do you think it's funny?* ¿crees que eso es gracioso?>; *(negative)* <*I don't know* no sé>; *(emphatic)* <*do behave* pórtate bien>; *(substitute)* <*do you understand me? Yes, I do* ¿me entiendes? sí> **-2** *s* [pl **s** or **-'s**]; *(party)* fiesta; *(hairdo)* peinado ◆ **the do's and don'ts** lo que se debe y lo que no se debe hacer.

dock¹ [dŏk] **-1** *s (wharf)* muelle *m*, embarcadero; *(for trucks, trains)* andén *m* **-2** *vt & vi (ship)* (hacer) atracar al muelle; *(spacecraft)* acoplar(se).

dock² *vt* VET cercenar (la cola); *(to deduct)* descontar (de un salario).

dock³ *s (in court)* banquillo del acusado.

dockworker [:wûr'kər] *s* estibador *m*.

dockyard [:yärd'] *s* astillero.

doctor [dŏk'tər] **-1** *s* médico, doctor *m* **-2** *vt (to falsify)* adulterar.

doctrine [dŏk'trĭn] *s* doctrina.

document [dŏk'yə-mənt] **-1** *s* documento **-2** *vt* documentar.

dodge [dŏj] **-1** *vt* esquivar; *(by cunning)* evadir, eludir *-vi* echarse a un lado **-2** *s* regate *m*.

doe [dō] *s* [pl inv or **s**] gama.

does [dŭz] tercera persona sg de **do**.

dog [dôg] **-1** *s* perro **-2** *vt* **-gg-** perseguir, seguir.

dogged [dô'gĭd] *adj* terco, obstinado.

do-it-yourself [dōō'ĭtyərsĕlf'] *adj* FAM diseñado para ser hecho por uno mismo.

dole [dōl] **-1** *s* limosna; GB *(welfare)* subsidio de paro ◆ **to be on the dole** estar acogido al paro **-2** *vt* dar limosna ◆ **to dole out** repartir, distribuir.

doleful [dōl'fəl] *adj* triste.

doll [dŏl] *s* muñeca.

dollar [dŏl'ər] *s* dólar *m*.

dolphin [dŏl'fĭn] *s* ZOOL delfín *m*.

domain [dō-mān'] *s* dominio; FIG campo.

dome [dōm] *s* cúpula, domo.

domestic [də-mĕs'tĭk] **-1** *adj* doméstico; *(home-loving)* casero **-2** *s* doméstico.

dominant [dŏm'ə-nənt] *adj & s* dominante *f*.

dominate [:nāt'] *vt & vi* dominar.

dominion [də-mĭn'yən] *s* dominio.

domino [dŏm'ə-nō'] *s* [pl **(e)s**] *(mask)* dominó; *(game piece)* ficha ◆ *pl (game)* dominó.

donate [dō'nāt'] *vt* donar.

done [dŭn] **-1** cf **do -2** *adj* terminado, hecho; CUL cocido, hecho ◆ **done!** ¡trato hecho! • **done for** FAM vencido • **well done!** ¡muy bien! ◆

donkey [dŏng'kē] *s* burro, asno.

donor [dō'nər] *s* donador *m*, donante *m/f*.

don't [dōnt] *contr* de **do not**.

door [dôr] *s* puerta; AUTO portezuela; *(doorway)* entrada.

doorbell ['bĕl'] *s* timbre *m*.

doorkeeper [:kē'pər] *s* portero.

doorknob [:nŏb'] *s* perilla.

doormat [:māt'] *s* felpudo, estera.

doorstep [:stĕp'] *s* escalón *m* de la puerta.

doorway [dôr'wā'] *s* puerta, entrada.

dope [dōp] **-1** *s* FAM *(narcotic)* narcótico, droga; JER *(dolt)* tonto **-2** *vt* FAM drogar.

dormant [dôr'mənt] *adj* durmiente; ZOOL en estado letárgico; BOT en estado latente.

dormitory [dôr'mĭ-tôr'ē] *s (room)* dormitorio; *(building)* residencia.

dose [dōs] **-1** *s* dosis *f* **-2** *vt* medicinar.

dossier [dŏs'ē-ā'] *s* expediente *m*.

dot [dŏt] **-1** *s* punto ◆ **on the dot** *(on time)* a la hora; *(exactly)* exactamente; *(o'clock)* en punto **-2** *vt* **-tt-** poner el punto a; *(to scatter)* salpicar ◆ **dotted line** línea de puntos.

dote [dōt] *vi* chochear ◆ **to dote on** adorar.

double [dŭb'əl] **-1** *adj* doble ◆ **double agent** espía doble • **double bass** contrabajo • **double chin** papada • **double talk** lenguaje ambiguo **-2** *s* doble *m*; MAT duplo **-3** *vt* doblar *-vi* doblarse, duplicarse ◆ **to double back** volver uno sobre sus pasos • **to double for** sustituir a • **to double up** *(from pain)* doblarse en dos **-4** *adv* doble, doblemente; *(two together)* dos juntos.

double-check [:chĕk'] *vt & vi* verificar por segunda vez.

double-decker [:dĕk'ər] *s (bus)* ómnibus *m* de dos pisos; *(sandwich)* emparedado doble.

double-space [:spās'] *vi & vt* escribir a máquina con doble espacio.

doubt [dout] **-1** *vt* dudar; *(to distrust)* desconfiar de *-vi* dudar **-2** *s* duda ♦ **beyond doubt** fuera de duda • **in doubt** dudoso • **no doubt** sin duda.

doubtful [dout'fəl] *adj* dudoso.

doubtless [:līs] **-1** *adj* seguro **-2** *adv (certainly)* sin duda; *(probably)* probablemente.

dough [dō] *s* masa, pasta.

douse [dous] *vt (to drench)* empapar; *(to extinguish)* extinguir.

dove [dŭv] *s* paloma.

dower [dou'ər] *s* viudedad *f.*

down¹ [doun] **-1** *adv (downward)* (hacia) abajo; *(on the ground)* en tierra; *(in writing)* por escrito; COM *(in advance)* como adelanto ♦ **down below** abajo **-2** *adj (descending)* que va hacia abajo; *(depressed)* deprimido; COM inicial, a cuenta **-3** *prep* abajo ♦ **down the road** más abajo **-4** *s* descenso, caída **-5** *vt (food)* tragar, engullir; *(liquids)* vaciar de un trago; *(an airplane)* derribar.

down² *s (feathers)* plumón *m*; *(hair, fibers)* pelusa, vello.

downcast ['kăst'] *adj (depressed)* abatido, desalentado.

downfall [doun'fôl'] *s* ruina, caída.

downhill [:hīl'] *adv* cuesta abajo.

downstairs [:stârz'] **-1** *adv & adj (lower floor)* en *or* del piso de abajo ♦ **to go downstairs** bajar (de un piso a otro) **-2** *s pl* planta baja.

downstream [:strēm'] *adv* agua *or* río abajo.

downtown ['toun'] **-1** *adv & s* (hacia *or* en el) centro de una ciudad **-2** *adj* del centro.

downward [:wərd] **-1** *adv or* **-wards** hacia abajo **-2** *adj* descendente.

dowry [dou'rē] *s* dote *f.*

doze [dōz] *vi* dormitar ♦ **to doze off** dormirse, echar una cabezada.

dozen [dŭz'ən] **-1** *s inv* docena **-2** *adj* docena de.

draft [drăft] **-1** *s (sketch)* bosquejo; *(written)* borrador *m*, versión *f* **-2** *vt (a bill)* hacer un anteproyecto de; *(a writing)* hacer un borrador de; *(a speech, plan)* redactar.

drag [drăg] **-1** *vt* **-gg-** arrastrar; *(river, lake)* dragar ♦ **to drag along** arrastrar • **to drag out** *(to extract)* sacar *-vi (to trail)* arrastrar(se); *(to pass slowly)* hacerse interminable; JER *(on a cigarette)* dar una pitada **-2** *s (act)* arrastre *m*; *(hindrance)* estorbo; AER resistencia al avance; JER *(bore)* pesado; *(puff)* chupada, pitada.

dragon [drăg'ən] *s* dragón *m.*

dragonfly [:flī'] *s* libélula.

drain [drān] **-1** *vt* drenar, desaguar; *(to empty)* vaciar; *(to exhaust)* agotar *-vi* desaguarse, vaciarse **-2** *s* desagüe *m*, desaguadero.

drainage [drā'nĭj] *s* drenaje *m.*

drainpipe [drān'pīp'] *s* caño de desagüe.

drama [drä'mə] *s* drama *m.*

dramatic [drə-măt'ĭk] *adj* dramático ♦ **dramatics** *m pl* histrionismo; *s sg* TEAT arte dramático.

drape [drāp] **-1** *vt (to adorn)* adornar con colgaduras; *(to cover)* cubrir; *(to arrange in folds)* drapear; *(to hang)* colgar; *(arms, legs)* echar *-vi* caer **-2** *s* caída ♦ *pl* cortinas.

drastic [drăs'tĭk] *adj* drástico.

draw [drô] **-1** *vt* **drew, -n** *(to pull)* tirar de, halar; *(to attract)* atraer; *(liquid, gun, conclusion)* sacar; *(breath)* tomar; *(curtain)* correr; *(lots, straws)* echar (suertes); *(cards)* robar; *(a line)* trazar; ARTE dibujar; *(savings)* sacar, retirar ♦ **to draw attention** llamar la atención • **to draw together** unir, juntar • **to draw up** redactar, preparar *-vi (to take in air)* tirar; DEP *(to tie)* empatar; ARTE dibujar ♦ **to draw away** apartarse • **to draw back** echarse para atrás • **to draw near** acercarse **-2** *s (attraction)* atracción *f*; *(air intake)* tiro; *(lottery)* sorteo; *(tie)* empate *m.*

drawer [drôr] *s* cajón *m*, gaveta.

drawing [drô'ĭng] *s* dibujo; *(lottery)* lotería, sorteo.

dread [drĕd] **-1** *s* pavor *m*, terror *m* **-2** *vt* temer.

dreadful ['fəl] *adj* espantoso, terrible.

dream [drēm] **-1** *s* sueño; *(daydream)* ensueño **-2** *vt & vi* **-ed** *or* **-t** soñar; *(of, about* con); *(to daydream)* soñar despierto.

dreamer [drē'mər] *s* soñador *m.*

dreary [drĭr'ē] *adj* **-i-** *(dull)* monótono, aburrido.

dress [drĕs] **-1** *s (garment)* vestido, traje *m; (apparel)* vestimenta, ropa ♦ **dress ball** baile de etiqueta • **dress rehearsal** ensayo general **-2** *vt* vestir; *(to decorate)* decorar; *(hair)* peinar, arreglar; *(wounds)* curar; *(food)* aderezar *-vi* vestirse ♦ **to dress up** vestirse de etiqueta **-3** *adj (clothing)* de vestir; *(occasion)* de etiqueta.

dresser [ər] *s* cómoda, tocador *m.*

dressing [:ĭng] *s* MED vendaje *m; (sauce)* aliño, salsa ♦ **dressing gown** bata • **dressing room** camerino.

dribble [drĭb'əl] **-1** *vi (to trickle)* gotear; *(to drool)* babear; DEP *(soccer)* gambetear; *(basketball)* driblear *-vt (to trickle)* echar a gotas; DEP gambetear, driblear **-2** *s (trickle)* goteo, hilo; *(bit)* gota, pizca; DEP gambeta, dribling *m.*

drift [drĭft] **-1** *vi (off course)* ir a la deriva; *(on a current)* ser arrastrado por la corriente; *(to roam)* vagar, vagabundear; *(snow, sand)* amontonarse *-vt* llevar, arrastrar **-2** *s* AVIA, MARÍT deriva; *(of sand, snow)* pila, montón *m.*

drill [drĭl] **-1** *s (tool)* torno, taladro; *(oil rig)* perforadora; *(machine)* taladradora **-2** *vi & vt* taladrar, perforar; *(to exercise)* ejercitar.

drink [drĭngk] **-1** *vt & vi* **drank, drunk** beber, tomar ♦ **to drink to** brindar por, beber a la salud de **-2** *s* bebida; *(swallow)* trago.

drip [drĭp] **-1** *vt* **-pp-** echar (a gotas) *-vi* gotear **-2** *s* gota; *(sound)* goteo, goteadero.

drive [drīv] **-1** *vt* **drove, -n** *(a vehicle)* conducir, guiar; *(passengers)* llevar; *(distance)* recorrer; *(to compel)* forzar, obligar ♦ **to drive away** *or* **off** alejar, apartar • **to drive back** hacer retroceder • **to drive in** clavar, hincar • **to drive out** *(to expel)* echar; *(into the open)* hacer salir *-vi (a vehicle)* conducir, guiar; *(to travel by car)* ir en coche ♦ **to drive by** *or* **through** pasar (por) • **to drive on** seguir el camino **-2** *s (ride)* vuelta en coche; *(journey)* viaje *m; (vigor)* vigor *m,* energía ♦ **to go for a drive** dar una vuelta en coche.

drive-in [ĭn'] *s* lugar que atiende a los clientes sin que se bajen del automóvil.

driver [drī'vər] *s* chofer *m/f,* conductor *m.*

driving [drī'vĭng] **-1** *adj (impelling)* impulsor, motriz; AUTO de conducción **-2** *s* acción *f* de conducir; *(motoring)* automovilismo.

drop [drŏp] **-1** *s* gota; *(trace)* poco, pizca; *(fall)* bajada, caída; *(in prices)* baja; *(in value, quality)* disminución *f; (by parachute)* lanzamiento **-2** *vi* **-pp-** *(to drip)* gotear; *(to fall)* caer a tierra, desplomarse; *(temperature, prices)* bajar; *(value, quality)* disminuir ♦ **to drop behind** quedarse atrás • **to drop in** *or* **by** pasar (por casa de alguien) • **to drop off** *(leaves)* caer; *(part)* caerse, desprenderse • **to drop out** *(to omit)* omitir; *(to quit)* dejar de participar *-vt (to let fall)* dejar caer, soltar; *(a letter)* echar; *(plan)* abandonar; *(to omit)* omitir, suprimir; *(habit)* dejar de; *(voice, prices)* bajar; *(bombs)* lanzar ♦ **to drop off** dejar.

dropper [:ər] *s* gotero, cuentagotas *m.*

drought [drout] *s* sequía, seca; FIG escasez *f.*

drove [drōv] *s (herd)* manada.

drown [droun] *vi* ahogarse *-vt* ahogar; *(to flood)* anegar.

drowsy [drou'zē] *adj* **-i-** soñoliento, amodorrado.

drug [drŭg] **-1** *s* droga; MED medicamento; *(narcotic)* narcótico **-2** *vt* **-gg-** MED dar medicamento; *(with a narcotic)* drogar, narcotizar.

drugstore [:stôr'] *s* farmacia, botica.

drum [drŭm] **-1** *s* cilindro, tambor *m; (barrel)* tonel *m* **-2** *vi & vt* **-mm-** tocar (el tambor); *(fingers)* tamborilear (con).

drummer [:ər] *s* baterista *m/f,* tambor *m/f.*

drunk [drŭngk] **-1** *cf* **drink -2** *adj* ebrio, borracho ♦ **to get drunk** emborracharse **-3** *s (drunkard)* borracho; *(bout)* juerga.

drunken [drŭn'kən] *adj* borracho, bebido; *(song, brawl)* de borrachos; *(state)* de embriaguez.

dry [drī] **-1** *adj* **-i-** *or* **-y-** seco; *(arid)* árido ♦ **dry cleaner's** tintorería, tinte • **dry cleaning** limpieza en seco • **dry land** tierra firme • **to run dry** secarse,

agotarse -2 *vt & vi* secar(se), desecar(se) ♦ **to dry out** secar(se) • **to dry up** desecar(se).

dryer [:ǝr] *s (appliance)* secador *m; (machine)* secadora.

dryness [:nĭs] *s* sequedad *f.*

dual [dōō'ǝl] *adj* dual, doble.

duality [dōō-ăl'ĭ-tē] *s* dualidad *f.*

dub¹ [dŭb] *vt* **-bb-** *(to knight)* armar, hacer caballero; *(to nickname)* apodar.

dub² *vt* **-bb-** MÚS mezclar; CINEM doblar.

duchess [dŭch'ĭs] *s* duquesa.

duck¹ [dŭk] *s* pato; *(female)* pata.

duck² *vt (head)* agachar; *(to dodge)* eludir, evadir; *(to plunge)* zambullir *-vi* agacharse, zambullirse ♦ **to duck out** desaparecer • **to duck out on** eludir.

duckling ['lĭng] *s* patito, anadón *m.*

due [dōō] **-1** *adj (payable)* pagadero; *(amount)* sin pagar; *(just)* debido, merecido; *(sufficient)* suficiente ♦ **due date** vencimiento • **due to** debido a, a causa de • **to become** *or* **fall due** vencer **-2** *s (reward)* recompensa **-3** *adv* derecho hacia.

duet [dōō-ĕt'] *s* dueto, dúo.

dugout [dŭg'out'] *s (boat)* piragua; *(shelter)* trinchera.

duke [dōōk] *s* duque *m.*

dull [dŭl] **-1** *adj (stupid)* tonto, torpe; *(insensitive)* lento, embotado; *(boring)* aburrido; *(color, sound)* apagado; *(cloudy)* nublado, gris **-2** *vt & vi (to blunt)* enbromar(se); *(pain)* aliviar(se); *(feelings)* embotar(se).

dumb [dŭm] *adj (mute)* mudo; *(stupid)* tonto, estúpido.

dummy [:ē] **-1** *s (puppet)* muñeco, títere *m; (front)* testaferro; FAM *(dolt)* tonto, bobo **-2** *adj* falso, ficticio.

dump [dŭmp] **-1** *vt* tirar, deshacerse de; *(to empty)* vaciar, descargar *-vi* caerse, desplomarse ♦ **to dump out** vaciar(se) **-2** *s* vertedero, muladar *m;*

(depot) depósito ♦ **dump truck** volquete.

dune [dōōn] *s* duna.

dung [dŭng] *s* estiércol *m.*

dungeon [dŭn'jǝn] *s* mazmorra.

duo [dōō'ō] *s (pair)* pareja; MÚS dúo.

duplex [dōō'plĕks] **-1** *adj* doble **-2** *s (apartment)* apartamento de dos pisos; *(house)* casa de dos viviendas.

duplicate [:plĭ-kĭt] **-1** *s* duplicado, copia ♦ **in duplicate** por duplicado **-2** *vt* copiar, duplicar **-3** *adj* duplicado.

durable [dōōr'ǝ-bǝl] *adj* duradero.

duration [dōō-rā'shǝn] *s* duración *f.*

during [dōōr'ĭng] *prep* durante.

dusk [dŭsk] *s* crepúsculo.

dusky [dŭs'kē] *adj* **-i-** oscuro, fusco; *(color)* negruzco, moreno.

dust [dŭst] **-1** *s* polvo ♦ **dust cloud** polvareda • **dust jacket** sobrecubierta **-2** *vt* limpiar el polvo de; *(to cover)* empolvar *-vi* limpiar el polvo.

dustman [dŭst'mǝn] *s [pl* **-men]** GB basurero.

dustpan [:păn'] *s* recogedor *m.*

dusty [dŭs'tē] *adj* **-i-** polvoriento.

duty [dōō'tē] *s* deber *m*, obligación *f; (task)* función *f; (tax)* impuesto, arancel.

duty-free [:frē'] *adj & adv* exento de derechos de aduana.

dwarf [dwôrf] **-1** *adj & s [pl* **s** *or* **-ves]** enano **-2** *vt* achicar, empequeñecer.

dwell [dwĕl] *vt* **-ed** *or* **dwelt** morar, residir ♦ **to dwell on** *(to focus on)* detenerse en, insistir en.

dweller ['ǝr] *s* morador *m*, habitante *m/f.*

dwelling [:ĭng] *s* residencia, morada.

dye [dī] **-1** *s* tintura, tinte *m* **-2** *vt* **dyeing** teñir, colorar.

dying [dī'ĭng] **-1** *cf* **die¹ -2** *adj* moribundo; *(final)* último.

dynamite [dī'nǝ-mīt'] **-1** *s* dinamita **-2** *interj* JER estupendo, maravilloso.

dynasty [dī'nǝ-stē] *s* dinastía.

E

E [ē] s MÚS mi m.

each [ēch] -1 adj cada ♦ **each and every one** todos sin excepción -2 pron cada uno ♦ **each for himself** cada cual por su cuenta • **each other** uno a otro, mutuamente -3 adv por persona, cada uno.

eager [ē'gər] adj -er, -est (avid) ansioso, ávido ♦ **to be eager for** ansiar, anhelar.

eagerness [:nĭs] s ansia, anhelo.

eagle [ē'gəl] s águila.

ear¹ [îr] s oreja; (organ of hearing) oído.

ear² s BOT espiga, mazorca.

earache [îr'āk'] s dolor m de oído.

eardrum [îr'drŭm'] s tímpano.

early [ûr'lē] -i- -1 adj temprano; (near the beginning) primero; (premature) prematuro; (primitive) primitivo ♦ **at the earliest** lo más pronto -2 adv (soon) temprano, pronto; (before) antes ♦ **as early as possible** lo más pronto posible • **early in the morning** de madrugada.

earn [ûrn] vt (to make) ganar; (to deserve) ganarse, merecer.

earnest [ûr'nĭst] adj sincero, serio; (important) grave.

earnings [ûr'nĭngz] s pl (salary) sueldo; COM (income) ingresos.

earphone [îr'fōn'] s audífono.

earring [îr'rĭng] s pendiente m, arete m.

earth [ûrth] s tierra; (world) mundo ♦ **down to earth** sensato, realista • **Earth** Tierra.

earthly [:lē] adj mundanal, terreno.

earthquake [:kwāk'] s terremoto, temblor m.

ease [ēz] -1 s (comfort) comodidad f; (relief) alivio, desahogo; (naturalness) desenvoltura; (facility) facilidad f, soltura ♦ **at ease** cómodo • **with ease** fácilmente, sin esfuerzo -2 vt & vi (pain) aliviar(se), mitigar(se); (pressure) descargar(se); (tension) relajar(se); (to loosen) aflojar(se) ♦ **to ease in(to)** (hacer) entrar con cuidado.

easel [ē'zəl] s caballete m.

easily [ē'zə-lē] adv fácilmente; (possibly) muy probablemente.

east [ēst] -1 s este m, oriente m -2 adj del este, oriental -3 adv al este, hacia el este.

Easter [ē'stər] s Pascua de Resurrección; (period) Semana Santa ♦ **Easter Sunday** domingo de Pascua.

eastern [ē'stərn] adj oriental, del este.

eastward [ēst'wərd] -1 adv hacia el este -2 adj oriental, que va al este.

easy [ē'zē] -i- -1 adj fácil; (free from worry) tranquilo; (comfortable) cómodo; (easygoing) desenvuelto, natural; (simple) sencillo; (not strict) suave, leve ♦ **easy chair** sillón -2 adv fácilmente ♦ **to come easy** costar poco esfuerzo, resultar fácil • **to take it easy** (to stay calm) no agitarse; (to go slow) no apurarse.

easygoing ['-gō'ĭng] adj despreocupado, descuidado; (tolerant) tolerante.

eat [ēt] vt ate, eaten comer; (lunch, dinner) tomar (el almuerzo, la cena); (to corrode) corroer ♦ **to eat away** corroer, carcomer • **to eat up** (to devour) comérselo todo -vi comer, alimentarse ♦ **to eat into** (to corrode) corroer; (to use up) (des)gastar.

ebony [ĕb'ə-nē] s ébano.

eccentric [ĭk-sĕn'trĭk] adj & s excéntrico.

echo [ĕk'ō] -1 s [pl **-es**] eco -2 vt (to repeat) repetir; (to imitate) imitar -vi producir eco, resonar.

eclipse [ĭ-klĭps'] -1 s eclipse m -2 vt eclipsar.

ecological [ĕk'ə-lŏj'ĭ-kəl] adj ecológico.

ecology [ĭ-kŏl'ə-jē] s ecología.

economic [ĕk'ə-nŏm'ĭk, ē'kə-] adj económico.

economize [:mīz'] vi economizar (on en).

economy [:mē] s economía f.

ecstasy [ĕk'stə-sē] s éxtasis m.

eczema [ĕk'sə-mə] s eczema m.

edge [ĕj] -1 s (cutting side) filo, corte m; (border, rim) borde m; (shore, hem) orilla; (boundary) límite m ♦ **edge of town** afueras -2 vt (to sharpen) afilar; (to border) bordear; (to trim) ribetear -vi ♦ **to edge away, toward** retirarse, adelantarse poco a poco.

edgewise/ways [ĕj'wīz'/wāz'] adv (on end) de filo or de canto; (sideways) sesgadamente.

edgy [ĕj'ē] adj -i- nervioso, tenso.

edible [ĕd'ə-bəl] *adj & s* comestible *m*.
edict [ē'dĭkt'] *s* edicto.
edification [ĕd'ə-fĭ-kā'shən] *s* edificación *f*.
edit [ĕd'ĭt] *vt (to draft)* redactar; *(to correct)* corregir, editar; *(edition, text)* preparar; *(a publication)* dirigir.
edition [ĭ-dĭsh'ən] *s* edición *f; (number of copies)* tiraje *m*, tirada.
editor [ĕd'ĭ-tər] *s* editor *m; (supervisor)* redactor jefe *m*.
editorial ['-tôr'ē-əl] *adj & s* editorial *m*.
educate [ĕj'ə-kāt'] *vt* educar.
education ['-'shən] *s* educación *f*.
eel [ēl] *s* [pl inv or **s**] anguila.
eerie/ry [îr'ē] *adj* -**i**- *(creepy)* espeluznante; *(mysterious)* sobrenatural, misterioso.
effect [ĭ-fĕkt'] -**1** *s* efecto; *(result)* resultado ♦ **in effect** *(in fact)* efectivamente; *(in operation)* en vigor, vigente • **to be in effect** estar vigente • **to have no effect** no dar resultado • **to take effect** *(medication)* surtir efecto; *(laws, schedule)* entrar en vigor -**2** *vt* efectuar, realizar.
effective [ĭ-fĕk'tĭv] *adj* efectivo; *(operative)* vigente.
effeminate [ĭ-fĕm'ə-nĭt] *adj* afeminado.
effervescent [ĕf'ər-vĕs'ənt] *adj* efervescente.
efficiency [ĭ-fĭsh'ən-sē] *s* eficiencia; MEC rendimiento.
efficient [ĭ-fĭsh'ənt] *adj* eficaz, eficiente; MEC de buen *or* gran rendimiento.
effigy [ĕf'ə-jē] *s* efigie *f*.
effluent [ĕf'lo͞o-ənt] -**1** *adj* efluente -**2** *s* chorro.
effort [ĕf'ərt] *s* esfuerzo.
effortless [-lĭs] *adj* fácil, sin esfuerzo.
effusive [ĭ-fyo͞o'sĭv] *adj* efusivo.
egg [ĕg] -**1** *s* huevo; BIOL óvulo; JER *(fellow)* tío, tipo -**2** *vt* ♦ **to egg on** incitar.
eggplant [ĕg'plănt'] *s* berenjena.
eggshell [ĕg'shĕl'] *s* cascarón *m*.
ego [ē'gō] *s* yo, ego; *(egotism)* egoísmo.
eiderdown [ī'dər-doun'] *s* edredón *m*.
eight [āt] *s & adj* ocho ♦ **eight hundred** ochocientos • **eight o'clock** las ocho.
eighteen [ā-tēn'] *s & adj* dieciocho.

eighteenth [ā-tēnth'] -**1** *s* dieciocho; *(part)* dieciochava parte -**2** *adj (place)* décimoctavo; *(part)* dieciochavo.
eighth [ātth] *s & adj* octavo.
eightieth [ā'tē-ĭth] -**1** *s* ochenta; *(part)* octogésima parte -**2** *adj* octogésimo.
eighty [ā'tē] *s & adj* ochenta *m*.
either [ē'thər, ī'-] -**1** *pron & adj* uno u otro, cualquiera de los dos -**2** *conj* o...o <*either we go now, or we stay* o nos vamos ahora o nos quedamos> -**3** *adv* tampoco.
eject [ĭ-jĕkt'] *vt* expeler, expulsar.
elaborate [ĭ-lăb'ər-ĭt] -**1** *adj (detailed)* esmerado; *(intricate)* complicado -**2** *vt* [ə-rāt'] elaborar, desarrollar -*vi* explicarse.
elapse [ĭ-lăps'] *vi* transcurrir, pasar.
elastic [ĭ-lăs'tĭk] *adj* elástico.
elasticity [ĭ-lă-stĭs'ĭ-tē] *s* elasticidad *f*.
elbow [ĕl'bō'] -**1** *s* codo ♦ **elbow grease** FAM energía física -**2** *vt* dar un codazo ♦ **to elbow one's way** abrirse paso a codazos.
elder [ĕl'dər] -**1** *adj* mayor ♦ **to be (two) years (his) elder** ser (dos) años mayor que (él) -**2** *s (old person)* mayor *m; (leader)* anciano.
eldest [ĕl'dĭst] *adj* mayor.
elect [ĭ-lĕkt'] -**1** *vt & vi* elegir -**2** *adj* electo.
election [ĭ-lĕk'shən] *s (choice)* elección *f*; POL elecciones ♦ **election time** período electoral.
electorate [-ĭt] *s* electorado.
electric/trical [ĭlĕk'trĭk] *adj* eléctrico.
electrician [--trĭsh'ən] *s* electricista *m/f*.
electricity [:trĭs'ĭ-tē] *s* electricidad *f*.
electrify [ĭ-lĕk'trə-fī'] *vt* electrizar; *(a building, town)* electrificar.
electrocute [-'trə-kyo͞ot'] *vt* electrocutar.
electronic [--trŏn'ĭk] *adj* electrónico ♦ **electronics** *s sg* electrónica.
elegance [ĕl'ĭ-gəns] *s* elegancia.
elegant [:gənt] *adj* elegante.
element [ĕl'ə-mənt] *s* elemento ♦ *pl (weather)* los elementos.
elementary [:tə-rē] *adj* elemental ♦ **elementary school** escuela primaria.
elephant [ĕl'ə-fənt] *s* elefante *m*.
elevate [ĕl'ə-vāt'] *vt* elevar; *(to promote)* ascender *(to* a).

E

elevator [´-´tər] *s* ascensor *m*.

eleven [ĭ-lĕv´ən] *s & adj* once *m* ♦ **eleven o'clock** las once.

eleventh [:ənth] *s & adj* undécimo; *(part)* onzavo.

elicit [ĭ-lĭs´ĭt] *vt* sonsacar, sacar.

eligible [ĕl´ĭ-jə-bəl] *adj* elegible.

eliminate [ĭ-lĭm´ə-nāt´] *vt* eliminar.

elm [ĕlm] *s* olmo.

else [ĕls] *adj & adv* ♦ **everything else** todo lo demás • **anybody** *or* **anyone else** cualquier otro, cualquier otra persona; *(negative)* ningún otro, nadie más • **anything else** cualquier otra cosa, algo más; *(negative)* ninguna otra cosa, nada más • **anywhere else** *(place)* en cualquier otra parte; *(direction)* a cualquier otra parte; *(negative) (place)* a ningún otro lugar; *(in existence)* en ningún otro lugar • **everyone else** todos los demás • **nobody** *or* **no one else** nadie más, ningún otro • **nothing else** nada más • **nowhere else** en *or* a ninguna otra parte • **or else** si no • **somebody** *or* **someone else** otro, otra persona • **something else** otra cosa; *(something additional)* algo más • **somewhere else** en *or* a otra parte • **what else?** ¿qué más? • **where else?** ¿en *or* a qué otro sitio? • **who else?** ¿quién más?

elsewhere [´hwâr´] *adv* a *or* en otra parte.

elude [ĭ-lōōd´] *vt* eludir, esquivar; *(to escape understanding)* escapársele a uno.

elusive [ĭ-lōō´sĭv] *adj* evasivo; *(hard to describe)* difícil de describir.

emanate [ĕm´ə-nāt´] *vi* proceder, emanar *(from* de).

emancipate [ĭ-măn´sə-pāt´] *vt* emancipar ♦ **to become emancipated** emanciparse.

embalm [ĕm-bäm´] *vt (a corpse)* embalsamar.

embankment [ĕm-băngk´mənt] *s* terraplén *m*.

embargo [ĕm-bär´gō] **-1** *s* [pl **-es**] embargo **-2** *vt* embargar.

embark [ĕm-bärk´] *vt & vi* embarcar(se) ♦ **to embark on** lanzarse a.

embarrass [ĕm-băr´əs] *vt (to shame)* avergonzar; *(to cause trouble for)* po-

ner en aprieto ♦ **to be** *or* **feel embarrassed** sentirse confuso *or* avergonzado.

embassy [ĕm´bə-sē] *s* embajada.

embellish [ĕm-bĕl´ĭsh] *vt* embellecer; *(a story)* añadir detalles a.

embody [ĕm-bŏd´ē] *vt* encarnar, personificar; *(to include)* incorporar.

emboss [ĕm-bôs´] *vt* grabar en relieve; *(leather, silver)* repujar.

embrace [ĕm-brās´] **-1** *vt* abrazar; *(to accept eagerly)* aprovecharse de *-vi* abrazarse **-2** *s* abrazo; *(acceptance)* adopción *f*.

embroider [ĕm-broi´dər] *vt* bordar; *(a story)* exagerar *-vi* hacer bordado.

emerald [ĕm´ər-əld] *s* esmeralda.

emerge [ĭ-mûrj´] *vi* emerger, surgir.

emergency [ĭ-mûr´jən-sē] *s* emergencia; MED caso de urgencia; *(need)* necesidad *f* urgente ♦ **emergency landing** aterrizaje forzoso.

emery [ĕm´ə-rē] *s* esmeril *m* ♦ **emery board** lima de uñas.

emigrant [ĕm´ĭ-grənt] *s & adj* emigrante *m*.

emigrate [:grāt´] *vi* emigrar.

eminent [ĕm´ə-nənt] *adj* eminente.

emit [ĭ-mĭt´] *vt* **-tt-** emitir.

emotion [ĭ-mō´shən] *s* emoción *f*.

emotional [:shə-nəl] *adj* emocional; *(scene, person)* emotivo.

empathy [ĕm´pə-thē] *s* identificación *f*.

emperor [ĕm´pər-ər] *s* emperador *m*.

emphasis [ĕm´fə-sĭs] *s* [pl **-ses**] énfasis *m*; GRAM *(stress)* acento.

emphasize [:sīz´] *vt* enfatizar, hacer hincapié en; GRAM acentuar.

empire [ĕm´pīr´] *s* imperio.

employ [ĕm-ploi´] **-1** *vt* emplear ♦ **to be employed** tener empleo **-2** *s* empleo ♦ **in the employ of** empleado por.

employee [:ē´] *s* empleado.

employer [:ər] *s* empleador *m*.

employment [:mənt] *s* empleo.

empress [ĕm´prĭs] *s* emperatriz *f*.

empty [ĕmp´tē] **-1** *adj* **-i-** vacío; *(unpopulated)* desierto; *(vain)* vano, hueco **-2** *vt* vaciar; *(to vacate)* dejar vacío, desalojar; *(to unload)* descargar *-vi* vaciarse **-3** *s* envase vacío.

emulate [ĕm´yə-lāt´] *vt* emular.

emulsion [ĭ-mŭl′shən] *s* emulsión *f.*

enable [ĕn-ā′bəl] *vt (to make able)* capacitar; *(to make possible)* posibilitar.

enact [ĕn-ăkt′] *vt* promulgar; TEAT representar.

enamel [ĭ-năm′əl] **-1** *s* esmalte *m* **-2** *vt* esmaltar.

enchant [ĕn-chănt′] *vt* encantar.

enchanting [ĕn-chăn′tĭng] *adj* encantador.

enchantment [ĕn-chănt′mənt] *s (bewitchment)* encantamiento; *(charm)* encanto.

encircle [ĕn-sûr′kəl] *vt* rodear, circundar.

enclose [ĕn-klōz′] *vt* encerrar; *(a document)* adjuntar.

encompass [ĕn-kŭm′pəs] *vt (to surround)* rodear; *(to include)* abarcar.

encore [ŏn′kôr′] **-1** *s* repetición *f,* bis *m* **-2** *interj* ¡otra!, ¡bis!

encounter [ĕn-koun′tər] **-1** *s* encuentro; *(clash)* choque *m* **-2** *vt* encontrar; MIL enfrentarse con.

encourage [ĕn-kûr′ĭj] *vt* animar, alentar; *(to embolden)* fortalecer; *(to foster)* fomentar.

encrust [ĕn-krŭst′] *vt* incrustar.

encyclop(a)edia [ĕn-sī′klə-pē′dē-ə] *s* enciclopedia.

end [ĕnd] **-1** *s (tip)* extremo, punta; *(boundary)* límite *m; (conclusion)* fin *m,* final *m; (outcome)* desenlace *m; (death)* fin, muerte *f; (goal)* propósito; *(destruction)* destrucción *f* ◆ **at the end of** al cabo de • **from end to end** de un extremo al otro • **in the end** al fin, al final • **to bring (come) to an end** terminar(se), acabar(se) • **to no end** en vano, inútilmente • **to put an end to** poner fin a • **to what end?** ¿con qué finalidad? **-2** *vt* acabar, concluir; *(to destroy)* destruir *-vi* ◆ **to end up** terminar, ir a parar.

endanger [ĕn-dān′jər] *vt* poner en peligro.

endeavor [ĕn-dĕv′ər] **-1** *s (effort)* esfuerzo; *(attempt)* intento **-2** *vi* intentar.

ending [ĕn′dĭng] *s* conclusión *f,* fin *m; (of a story)* desenlace *m,* final *m.*

endless [ĕnd′lĭs] *adj* interminable; *(infinite)* infinito; *(continuous)* continuo.

endorse [ĕn-dôrs′] *vt* endosar; *(to support)* apoyar; *(to approve)* sancionar.

endorsement [ĕn-dôrs′mənt] *s* endoso; *(approval)* aprobación *f; (support)* apoyo.

endow [ĕn-dou′] *vt* dotar.

endurance [ĕn-dŏŏr′əns] *s* resistencia, aguante *m.*

endure [ĕn-dŏŏr′] *vt* resistir, aguantar; *(to tolerate)* tolerar *-vi* aguantarse, resistir; *(to last)* durar.

enemy [ĕn′ə-mē] *s & adj* enemigo.

energy [ĕn′ər-jē] *s* energía.

enforce [ĕn-fôrs′] *vt (a law)* hacer cumplir *or* respetar; *(to impose)* imponer.

engage [ĕn-gāj′] *vt (to hire)* emplear; *(to reserve)* contratar, reservar; *(to engross)* cautivar; *(to promise)* comprometer, empeñar *-vi* comprometerse, obligarse (a pagar, ayudar) ◆ **to engage in** ocuparse *or* tomar parte en.

engaged [ĕn-gājd′] *adj (employed)* empleado; *(busy)* ocupado; *(reserved)* contratado; *(betrothed)* comprometido ◆ **to be engaged** *(busy)* estar ocupado; *(betrothed)* estar comprometido.

engagement [ĕn-gāj′mənt] *s* compromiso; *(appointment)* cita.

engaging [ĕn-gā′jĭng] *adj* atractivo.

engine [ĕn′jĭn] *s* máquina, motor *m;* FC locomotora.

engineer [ĕn′jə-nîr′] **-1** *s* ingeniero; FC maquinista *m* **-2** *vt* maniobrar.

English-speaking [ĭng′glĭsh-spē′kĭng] *adj* de habla inglesa.

engrave [ĕn-grāv′] *vt* grabar; *(on stone)* tallar.

engraving [:vĭng] *s* grabado.

enhance [ĕn-hăns′] *vt (to increase)* aumentar; *(to intensify)* dar realce a, realzar.

enjoy [ĕn-joi′] *vt* gozar (de), disfrutar; *(to like)* gustar a ◆ **to enjoy oneself** divertirse, pasarlo bien.

enjoyable [:ə-bəl] *adj* agradable, encantador; *(fun)* divertido.

enjoyment [:mənt] *s* placer *m,* goce *m;* disfrute *m.*

enlarge [ĕn-lärj′] *vt* agrandar, aumentar *-vi* agrandarse.

enlighten [ĕn-līt′n] *vt* iluminar, ilustrar; *(to inform)* aclarar.

enlist [ĕn-lĭst′] *vt* MIL alistar; *(to engage)* ganar el apoyo de *-vi* alistarse.

enormous [ĭ-nôr'məs] *adj* enorme.

enough [ĭ-nŭf'] **-1** *adj* bastante, suficiente ♦ **to be enough** ser suficiente, bastar **-2** *adv* bastante, suficientemente ♦ **sure enough** en efecto • **well enough** bastante bien **-3** *s* lo bastante, lo suficiente ♦ **to have had enough** *(to be satisfied)* estar satisfecho; *(to be tired of)* estar harto **-4** *interj* ¡basta!

enrage [ĕn-rāj'] *vt* enfurecer, encolerizar.

enrol(l) [ĕn-rōl'] *vt & vi* **-ll-** registrar(se), inscribir(se); *(a student)* matricular(se).

enrol(l)ment [:mənt] *s* inscripción *f*; *(in school)* matriculación *f*; *(record)* registro.

enshrine [ĕn-shrīn'] *vt* guardar en un relicario; FIG conservar religiosamente.

enslave [ĕn-slāv'] *vt* esclavizar.

ensure [ĕn-shŏŏr'] *vt* asegurar, garantizar.

entail [ĕn-tāl'] *vt* implicar, comportar; DER vincular.

entangle [ĕn-tăng'gəl] *vt* enmarañar, enredar.

enter [ĕn'tər] *vt* entrar en; *(to penetrate)* penetrar en, perforar; *(to insert)* introducir, insertar; *(to participate in)* participar en; *(to join)* afiliarse a; *(to obtain admission to)* ingresar, entrar a; *(in a register)* asentar, anotar *-vi* entrar; *(to gain entry)* ingresar; *(to register)* inscribirse, matricularse; TEAT salir.

entertain [ĕn'tər-tān'] *vt* divertir, entretener; *(to host)* agasajar; *(an idea)* considerar ♦ **to entertain oneself** divertirse *-vi* recibir invitados.

entertainer [:tā'nər] *s* artista *m/f*.

entertaining [:nĭng] *adj* entretenido, divertido.

entertainment [ĕn'tər-tān'mənt] *s* entretenimiento, diversion *f*; *(show)* espectáculo.

enthusiasm [ĕn-thŏŏ'zē-ăz'əm] *s* entusiasmo.

enthusiastic [-'-ăs'tĭk] *adj* entusiástico.

entire [ĕn-tīr'] *adj* entero, total; *(in one piece)* intacto.

entirety [:tē] *s* totalidad *f*.

entourage [ŏn'tŏŏ-räzh'] *s* séquito.

entrails [ĕn'trālz'] *s pl* entrañas, vísceras.

entrain [ĕn-trān'] *vi* subir al tren.

entrance[1] [ĕn'trəns] *s* entrada; TEAT salida (a la escena).

entrance[2] [ĕn-trăns'] *vt* encantar.

entrepreneur [ŏn'trə-prə-nûr'] *s* empresario.

entrust [ĕn-trŭst'] *vt* confiar ♦ **to entrust with** encargar, encomendar.

entry [ĕn'trē] *s* entrada; *(in a register)* registro; DEP *(entrant)* competidor *m*; TEN asiento.

enunciate [ĭ-nŭn'sē-āt'] *vt* enunciar; *(to proclaim)* proclamar.

envelop [ĕn-vĕl'əp] *vt* envolver.

envelope [ĕn'və-lōp', ŏn'-] *s* sobre *m*; *(wrapping)* envoltura; *(cover)* cobertura.

envious [ĕn'vē-əs] *adj* envidioso.

environment [ĕn-vī'rən-mənt] *s* medio ambiente; *(atmosphere)* ambiente *m*, entorno.

envy [ĕn'vē] **-1** *s* envidia; *(object)* cosa *or* persona envidiada **-2** *vt* envidiar, tener envidia de *-vi* sentir envidia.

epic [ĕp'ĭk] **-1** *s* epopeya **-2** *adj* épico.

epicenter [ĕp'ĭ-sĕn'tər] *s* epicentro.

epidemic [ĕp'ĭ-dĕm'ĭk] **-1** *adj* epidémico **-2** *s* MED epidemia; FIG ola.

episode [ĕp'ĭ-sōd'] *s* episodio.

epitaph [ĕp'ĭ-tăf'] *s* epitafio.

equal [ē'kwəl] **-1** *adj* igual; *(even-handed)* equitativo ♦ **on equal terms** en un plano de igualdad • **to be equal to** *(same as)* ser igual que **-2** *s* igual *m/f* ♦ **between equals** de igual a igual • **equal sign** signo de igualdad • **without equal** sin par **-3** *vt* ser igual a; *(to match)* igualar.

equality [ĭ-kwŏl'ĭ-tē] *s* igualdad *f*.

equalize [ē'kwə-līz'] *vt & vi* igualar.

equally [:lē] *adv* igualmente, por igual.

equanimity [ē'kwə-nĭm'ĭ-tē, ĕk'wə-] *s* ecuanimidad *f*.

equation [ĭ-kwā'zhən] *s* ecuación *f*.

equator [ĭ-kwā'tər] *s* ecuador *m*.

equinox [ē'kwə-nŏks'] *s* equinoccio.

equip [ĭ-kwĭp'] *vt* **-pp-** equipar; FIG preparar.

equipment [:mənt] *s* equipo; *(tools)* avíos; FIG aptitud *f*; AUTO accesorios.

equivalent [ĭ-kwĭv'ə-lənt] *adj & s* equivalente *m*.

era [îr'ə, ĕr'ə] *s* era.

eradicate [ĭ-răd′ĭ-kāt′] vt erradicar.
erase [ĭ-rās′] vt borrar.
eraser [ĭ-rā′sər] s goma de borrar, borrador m.
erect [ĭ-rĕkt′] **-1** adj erecto, erguido; (hair) erizado **-2** vt (to construct) erigir, construir; (to raise, establish) levantar.
erection [ĭ-rĕk′shən] s erección f; (of a building) construcción f.
erosion [ĭ-rō′zhən] s erosión f.
erotic [ĭ-rŏt′ĭk] adj erótico.
errand [ĕr′ənd] s mandado, recado.
errant [ĕr′ənt] adj errante, errabundo.
erroneous [ĭ-rō′nē-əs] adj erróneo.
error [ĕr′ər] s error m.
erupt [ĭ-rŭpt′] vi (to spew) brotar violentamente; (emotions, riot) estallar, explotar; GEOL, MED hacer erupción; ODONT salir.
escalate [ĕs′kə-lāt′] vt & vi (war) extender(se), intensificar(se); (prices) subir.
escalator [ĕs′kə-lā′tər] s escalera mecánica.
escape [ĭ-skāp′] **-1** vi escaparse -vt escapar de, librarse de; (name, meaning) eludir, escapársele a uno **-2** s escapatoria; (evasion) evasión f; (leakage) escape m, salida.
escort -1 s [ĕs′kôrt′] escolta; (companion) acompañante m **-2** vt [ĭ-skôrt′] acompañar, escoltar.
especially [ĭ-spĕsh′ə-lē] adv especialmente.
esplanade [ĕs′plə-näd′] s explanada.
esquire [ĕs′kwīr′] s GB terrateniente m ♦ **Esquire** [abr. **Esq.**] Don, Señor <John Smith, Esq. Sr. John Smith>.
essay -1 vt [ĕ-sā′] ensayar **-2** s [ĕs′ā′] ensayo.
essence [ĕs′əns] s esencia ♦ **in essence** esencialmente.
essential [ĭ-sĕn′shəl] adj & s (elemento) esencial.
establish [ĭ-stăb′lĭsh] vt establecer; (to prove) demostrar; (facts) verificar ♦ **to establish oneself** establecerse.
estate [ĭ-stāt′] s (land) hacienda, finca; (property) propiedad f; (inheritance) herencia ♦ **real estate** bienes raíces.
estimate [ĕs′tə-māt′] **-1** vt estimar **-2** s estimación f; (of costs) presupuesto; (opinion) opinión f ♦ **rough estimate** cálculo aproximado.

estuary [ĕs′chōō-ĕr′ē] s estuario.
et cetera or **etcetera** [ĕt sĕt′ərə] adv etcétera.
etching [ĕch′ĭng] s aguafuerte m, grabado.
eternal [ĭ-tûr′nəl] adj & s eterno.
eternity [:nĭ-tē] s eternidad f.
ethical [ĕth′ĭ-kəl] adj ético, moral.
ethnic [ĕth′nĭk] adj étnico.
etiquette [ĕt′ĭ-kĕt′] s etiqueta, protocolo.
eucalyptus [yōō′kə-lĭp′təs] s [pl **-es** or **-ti**] eucalipto.
evacuate [ĭ-văk′yōō-āt′] vt evacuar -vi retirarse.
evacuation [-′-ā′shən] s evacuación f.
evade [ĭ-vād′] vt evitar, evadir.
evaluate [ĭ-văl′yōō-āt′] vt evaluar; (to appraise) tasar, valorar.
evaluation [-′-ā′shən] s evaluación f, valoración f.
evangelist [ĭ-văn′jə-lĭst] s evangelizador m.
evaporate [ĭ-văp′ə-rāt′] vt & vi evaporar(se).
evasion [ĭ-vā′zhən] s evasión f.
evasive [:sĭv] adj evasivo.
eve [ēv] s víspera; (before a feast) vigilia ♦ **on the eve of** en vísperas de.
even [ē′vən] **-1** adj (flat) plano, llano; (smooth) liso; (level) a nivel; (uniform) regular; (equally matched) parejo; (score) empatado; (exact) justo; (equal) igual; (temper) sereno; (fair) equitativo; MAT par ♦ **to get even** desquitarse • **to make even** allanar **-2** adv todavía, aún <even worse aún peor>; siquiera <he didn't even cry ni siquiera lloró> ♦ **even if** or **though** aunque, aun cuando • **even so** aun así • **even now** ahora mismo **-3** vt (to level, smooth) emparejar, nivelar ♦ **to even up the score** DEP igualar.
evening [ēv′nĭng] s tarde f; (dusk) anochecer m, noche f; (entertainment) velada ♦ **evening class** clase nocturna • **evening dress** (for men) traje de etiqueta; (for women) traje de noche • **evening performance** función de noche • **good evening!** ¡buenas tardes!; (after sunset) ¡buenas noches! • **in the evening** por la tarde.
event [ĭ-vĕnt′] s suceso, acontecimiento; (outcome) resultado; DEP evento

♦ **in any event** en todo caso • **in the event of** en caso de (que).

eventually [-′cho͞o-ə-lē] *adv* con el tiempo, a la larga.

ever [ĕv′ər] *adv (always)* siempre; *(at any time)* alguna vez <*have you ever been to Paris?* ¿estuviste alguna vez en París?>; *(at all)* nunca, jamás <*nobody has ever treated me this way* nunca nadie me trató así> ♦ **as ever** como siempre • **better than ever** mejor que nunca • **ever since** *(since then)* desde entonces • **for ever and ever** para siempre • **hardly ever** casi nunca • **not ever** nunca.

everlasting [-′lăs′tĭng] *adj* eterno.

every [ĕv′rē] *adj* cada <*every two hours* cada dos horas>; todo(s) <*every man* todo hombre> ♦ **every day** todos los días • **every one** cada uno, cada cual • **every other day** cada dos días • **every time** cada vez, siempre.

everybody [:bŏd′ē, :bŭd′ē] *pron* cada uno, cada cual; *(all)* todos, todo el mundo.

everyday [:dā′] *adj* diario, cotidiano; *(usual)* común; *(clothes)* de todos los días.

everyone [:wŭn′] *pron* cada uno, cada cual; *(all)* todos, todo el mundo.

everything [:thĭng′] *pron* todo.

everywhere [:hwâr′] *adv* en, a *or* por todas partes; *(wherever)* dondequiera que.

evidence [ĕv′ĭ-dəns] **-1** *s* prueba; *(data)* hechos, datos; *(testimony)* declaración *f* ♦ **to give evidence** declarar como testigo • **to show evidence of** presentar señales de **-2** *vt* evidenciar, probar.

evident [:dənt] *adj* evidente.

evil [ē′vəl] **-1** *adj* malo, malvado; *(influence)* pernicioso; *(look)* nefasto ♦ **evil eye** mal de ojo **-2** *s* mal, maldad *f.*

eviscerate [ĭ-vĭs′ə-rāt′] *vt* destripar.

evoke [ĭ-vōk′] *vt* evocar.

evolution [ĕv′ə-lo͞o′shən] *s* evolución *f.*

ewe [yo͞o] *s* oveja hembra.

exact [ĭg-zăkt′] **-1** *adj* exacto **-2** *vt* quitar por la fuerza ♦ **to exact from** *or* **of** exigir a.

exactly [ĭg-zăkt′lē] *adv* exactamente; *(wholly)* precisamente; *(quite true)* es verdad, así es.

exaggerate [ĭg-zăj′ə-rāt′] *vt & vi* exagerar.

exam [ĭg-zăm′] *s* FAM examen *m.*

examination [ĭg-zăm′ə-nā′shən] *s* examen *m.*

examine [ĭg-zăm′ĭn] *vt* examinar; *(to scrutinize)* escudriñar; DER interrogar.

example [ĭg-zăm′pəl] *s* ejemplo ♦ **to set an example** dar ejemplo.

exasperate [ĭg-zăs′pə-rāt′] *vt* exasperar.

excavate [ĕk′skə-vāt′] *vt (to dig)* excavar; *(ruins)* desenterrar.

exceed [ĭk-sēd′] *vt* exceder; *(limits, authority)* propasarse en, excederse en.

excel [ĭk-sĕl′] *vt* **-ll-** superar, aventajar -vi distinguirse.

excellent [ĕk′sə-lənt] *adj* excelente.

except [ĭk-sĕpt′] **-1** *prep* excepto, menos **-2** *conj (only)* sólo que; *(otherwise than)* sino ♦ **except that** salvo *or* excepto que **-3** *vt* exceptuar, excluir.

exception [:shən] *s* excepción *f* ♦ **with the exception of** a excepción de, excepto.

excess [ĭk-sĕs′, ĕk′sĕs′] **-1** *s* exceso ♦ **in excess of** más que **-2** *adj* excesivo.

excessive [ĭk-sĕs′ĭv] *adj* excesivo.

exchange [ĭks-chānj′] **-1** *vt* cambiar, intercambiar; *(glances, words)* cruzar; *(prisoners, goods)* canjear ♦ **to exchange for** cambiar por **-2** *s* cambio, intercambio; *(of prisoners, goods)* canje *m* ♦ **exchange rate** tipo de cambio • **in exchange for** a cambio de.

excite [ĭk-sīt′] *vt* excitar; *(to thrill)* entusiasmar, emocionar.

excitement [ĭk-sīt′mənt] *s* emoción *f,* agitación *f; (enthusiasm)* entusiasmo.

exciting [ĭk-sī′tĭng] *adj* emocionante.

exclaim [ĭk-sklām′] *vi* exclamar -vt gritar, proclamar.

exclamation [ĕk′sklə-mā′shən] *s* exclamación *f.*

exclude [ĭk-sklo͞od′] *vt* excluir.

exclusive [ĭk-sklo͞o′sĭv] **-1** *adj* exclusivo; *(select)* selecto, elegante **-2** *s* noticia de exclusividad.

excommunicate **-1** *vt* [ĕks′kə-myo͞o′nĭ-kāt′] excomulgar **-2** *s & adj* [:kĭt] excomulgado.

excursion [ĭk-skûr′zhən] *s* excursión *f,* paseo.

excuse -1 vt [ĭk-skyōōz′] excusar, disculpar; (to exempt) dispensar (from de) ♦ **excuse me** (I'm sorry!) ¡discúlpeme!; (pardon me) con permiso **-2** s [:skyōōs′] excusa.

execute [ĕk′sĭ-kyōōt′] vt ejecutar; (to do) hacer; (to validate) formalizar.

execution [′-kyōō′shən] s ejecución f.

executioner [:shə-nər] s verdugo.

executive [ĭg-zĕk′yə-tĭv] **-1** s ejecutivo; POL (officer) presidente m, jefe m de estado **-2** adj ejecutivo.

exempt [ĭg-zĕmpt′] **-1** vt eximir (from de) **-2** adj exento.

exercise [ĕk′sər-sīz′] **-1** s ejercicio ♦ pl (ceremony) ceremonia **-2** vt (to drill) ejercitar, entrenar; (rights) ejercer -vi ejercitarse.

exhale [ĕks-hāl′] vi & vt exhalar.

exhaust [ĭg-zôst′] **-1** vt (to use up) agotar; (to tire) cansar **-2** s AUTO escape m, descarga; (fumes) gases m de escape ♦ **exhaust pipe** tubo de escape.

exhaustion [ĭg-zôs′chən] s agotamiento.

exhaustive [ĭg-zô′stĭv] adj exhaustivo.

exhibit [ĭg-zĭb′ĭt] **-1** vt exhibir; (at a show) exponer -vi exponer **-2** s (display) exhibición f; (object) objeto exhibido.

exhibition [ĕk′sə-bĭsh′ən] s exhibición f, exposición f.

exile [ĕg′zīl′, ĕk′sīl′] **-1** s exilio, destierro; (person) desterrado **-2** vt exiliar, desterrar.

exist [ĭg-zĭst′] vi existir, ser; (to live) vivir.

existence [ĭg-zĭs′təns] s existencia; (life) vida f.

exit [ĕg′zĭt, ĕk′sĭt] **-1** s salida **-2** vi salir.

exodus [ĕk′sə-dəs] s éxodo.

exotic [ĭg-zŏt′ĭk] adj exótico.

expansion [ĭk-spăn′shən] s expansión f; FÍS dilatación f.

expect [ĭk-spĕkt′] vt (to await) esperar; (to require) contar con; (to suppose) suponer.

expectation [ĕk′spĕk-tā′shən] s expectación f, expectativa; (prospect) esperanza ♦ **beyond expectation** más de lo esperado • **contrary to expectation** contrariamente a lo esperado.

expedition [ĕk′spĭ-dĭsh′ən] s expedición f.

expend [ĭk-spĕnd′] vt (to spend) gastar; (to consume) consumir.

expense [ĭk-spĕns′] s gasto ♦ **at the expense of** a expensas de ♦ pl expensas.

expensive [ĭk-spĕn′sĭv] adj costoso, caro.

experience [ĭk-spîr′ē-əns] **-1** s experiencia **-2** vt (to undergo) experimentar; (to feel) sentir; (difficulties) tener.

experiment [ĭk-spĕr′ə-mənt] **-1** s experimento **-2** vi experimentar (on en).

expert [ĕk′spûrt′] s & adj experto, perito.

expiration [ĕk′spə-rā′shən] s (end, death) expiración f; (lapse) caducidad f; (breath) espiración f; COM vencimiento.

explain [ĭk-splān′] vt explicar -vi dar explicaciones ♦ **to explain oneself** explicarse.

explanation [ĕk′splə-nā′shən] s explicación f.

explode [ĭk-splōd′] vi explotar, estallar -vt hacer explotar.

exploit -1 s [ĕk′sploit′] hazaña, proeza **-2** vt [ĭk-sploit′] explotar.

exploiter [ĭk-sploi′tər] s explotador m.

explore [ĭk-splôr′] vt explorar; FIG investigar.

explorer [:ər] s explorador m.

explosion [ĭk-splō′zhən] s explosión f.

explosive [:sĭv] adj & s explosivo.

export -1 vt [ĭk-spôrt′] exportar **-2** s [ĕk′spôrt′] exportación f.

exporter [ĭk-spôr′tər] s exportador m.

expose [ĭk-spōz′] vt exponer; (to reveal) revelar; (to unmask) desenmascarar ♦ **to be exposed to** estar expuesto a.

exposition [ĕk′spə-zĭsh′ən] s exposición f.

exposure [ĭk-spō′zhər] s exposición f; (revelation) revelación f, descubrimiento.

express [ĭk-sprĕs′] **-1** vt expresar; (to show) manifestar **-2** adj expreso; (explicit) explícito; (mail) de entrega inmediata **-3** adv por expreso **-4** s transporte rápido; (train) expreso, rápido.

expression [ĭk-sprĕsh′ən] s expresión f; (sign) señal f; (gesture) gesto.

expressive [ĭk-sprĕs′ĭv] adj expresivo.

expressly [:lē] adv expresamente.
expropriation [ĕks-prō'orē-ā'shən] s expropiación f.
expulsion [ĭk-spŭl'shən] s expulsión f.
expurgate [ĕk'spər-gāt'] vt expurgar.
exquisite [ĕk'skwĭ-zĭt, ĭk-swĭz'ĭt] adj exquisito.
extend [ĭk-stĕnd'] vt extender; (road, visit) prolongar; (hand, arm) alargar; (to offer) ofrecer ♦ **to extend an invitation** invitar -vi extenderse; (to reach) alcanzar.
extension [ĭk-stĕn'shən] s extensión f; (expansion) ampliación f; (annex) anexo; (continuation) prolongación f.
extensive [:sĭv] adj extensivo, extenso.
extent [ĭk-stĕnt'] s extensión f; (degree) grado ♦ **to a certain extent** hasta cierto punto • **to a large extent** en gran parte • **to what extent?** ¿hasta qué punto?
exterior [ĭk-stîr'ē-ər] -1 adj (outer) exterior; (external) externo -2 s exterior m.
exterminate [ĭk-stûr'mə-nāt'] vt exterminar.
external [ĭk-stûr'nəl] adj externo; (exterior, foreign) exterior.
extinct [ĭk-stĭngkt'] adj extinto, desaparecido; (inactive) inactivo.
extinguish [ĭk-stĭng'gwĭsh] vt extinguir, apagar.
extinguisher [:gwĭ-shər] s extintor m.
extort [ĭk-stôrt'] vt (money) extorsionar; (confession) arrancar, sacar por la fuerza.
extortion [ĭk-stôr'shən] s extorsión f; (graft) concusión f.
extra [ĕk'strə] -1 adj extra; (additional) adicional -2 s extra m; PERIOD extraordinario; (worker) supernumerario; CINEM, TEAT extra m/f -3 adv excepcionalmente.

extract -1 vt [ĭk-străkt'] extraer; (to excerpt) extractar -2 s [ĕk'străkt'] extracto.
extramarital [:măr'ĭ-tl] adj adúltero.
extramural [:myōōr'əl] adj de or situado extramuros.
extraordinary [ĭk-strôr'dn-ĕr'ē, ĕk'strə-ôr'-] adj extraordinario.
extravagance [ĭk-străv'ə-gəns] s extravagancia; (of spending) despilfarro.
extravagant [:gənt] adj (lavish) pródigo; (wasteful) derrochador; (exorbitant) costoso.
extreme [ĭk-strēm'] -1 adj extremo; (extraordinary) excepcional; (drastic) drástico -2 s extremo ♦ **in the extreme** en extremo.
extremely [:lē] adv extremadamente.
extremist [ĭk-strē'mĭst] adj & s extremista m/f.
exuberant [ĭg-zōō'bər-ənt] adj exuberante.
exultant [ĭg-zŭl'tənt] adj exultante, jubiloso.
eye [ī] -1 s ojo ♦ **eye shadow** sombreador • **in the twinkling of an eye** en un abrir y cerrar de ojos • **to catch someone's eye** llamar la atención de alguien • **to keep an eye on** vigilar • **to keep one's eyes open** mantenerse alerta • **to set eyes on** alcanzar a ver • **with an eye to** con miras a -2 vt **eyeing** or **eying** ojear, mirar.
eyeball [ī'bôl'] s globo ocular.
eyebrow [ī'brou'] s ceja.
eyelash [ī'lăsh'] s pestaña.
eyelid [ī'lĭd'] s párpado.
eyesight [ī'sīt'] s vista ♦ **within eyesight** al alcance de la vista.
eyestrain [ī'strān'] s vista fatigada.
eyewitness [ī'wĭt'nəs] s testigo ocular.

F

F [ĕf] s MÚS fa m.

fable [fā'bəl] s fábula; (lie) mentira.

fabric [făb'rĭk] s tela; FIG estructura.

fabrication ['-kā'shən] s fabricación f; (falsehood) mentira.

fabulous [făb'yə-ləs] adj fabuloso.

façade [fəsäd'] s fachada.

face [fās] -1 s cara; (grimace) mueca, gesto; FIG apariencia; (countenance) rostro; (façade) frente m; (of a clock) esfera ♦ **face down, up** boca abajo, arriba • **in the face of** frente a -2 vt (to turn toward) ponerse de cara a, mirar hacia; (to look out on) estar frente a, dar a; (to confront) hacer frente a ♦ **let's face it** reconozcámoslo -vi (to be situated) estar orientado hacia, mirar hacia.

facilitate [fə-sĭl'ĭ-tāt'] vt facilitar.

facility [:tē] s facilidad f ♦ pl COM facilidades; (buildings) instalaciones; (public toilet) servicio, baño.

facsimile [făk-sĭm'ə-lē] s & adj facsímil m.

fact [făkt] s hecho ♦ **in fact** en realidad • **to know for a fact** saber a ciencia cierta.

factor [făk'tər] s factor m.

factory [făk'tə-rē] s fábrica.

factual [făk'chōō-əl] adj verdadero.

faculty [făk'əl-tē] s facultad f; EDUC cuerpo docente, profesorado.

fad [făd] s manía, novedad f.

fade [fād] vi (light) apagarse; (sound, hope) desvanecerse; (flower) marchitarse; (color) desteñirse ♦ **to fade away** (to leave gradually) desvanecerse.

fag [făg] s JER cigarillo.

fail [fāl] -1 vi fracasar; (motor, health, support) fallar; (in school) no aprobar, aplazarse -vt fallar, frustrar; (course, exam) salir mal en; (student) no aprobar a -2 s ♦ **without fail** sin falta.

failure [fāl'yər] s fracaso; (weakening) deterioro.

faint [fānt] -1 adj (indistinct) borroso; (slight) vago; (pale) apagado; (weak) débil -2 s desmayo -3 vi desmayarse.

fair¹ [fâr] -1 adj (beautiful) bello; (blond) rubio; (skin) blanco; (just) justo, equitativo; (weather) bueno; (sky) despejado ♦ **fair enough!** ¡vale!, ¡bien! • **fair play** juego limpio -2 adv honradamente ♦ **to play fair** jugar limpio.

fair² s (market) mercado; (exhibition) exposición f, feria; (church bazaar) tómbola.

fairly [:lē] adv (justly) justamente, equitativamente; (moderately) bastante.

fairness [:nĭs] s (justness) justicia, imparcialidad f.

fairy [fâr'ē] s hada ♦ **fairy tale** cuento de hadas.

faith [fāth] s (confidence) confianza; (belief) fe f ♦ **in good, bad faith** de buena, mala fe • **to have faith in** fiarse de.

faithful [fāl'] -1 adj fiel; (reliable) digno de confianza -2 s pl ♦ **the faithful** los fieles.

fake [fāk] -1 adj falso, fraudulento -2 s impostor m; (fraud) engaño; (forgery) falsificación f -3 vt falsificar; (to feign) fingir.

falcon [făl'kən, fôl'-] s halcón m.

fall [fôl] -1 vi **fell, fallen** caer(se); (light) dar; (on, across sobre); (prices, temperature) bajar; (wind, voice) disminuir ♦ **falling star** estrella fugaz • **to fall back** caerse de espaldas • **to fall behind** rezagarse • **to fall down** caer(se) • **to fall in** (roof) hundirse, venirse abajo • **to fall off** (to come loose) desprenderse • **to fall out** (of bed) caerse • **to fall over** (to fall) caerse, volcarse • **to fall within** estar dentro de, estar incluido en -2 s caída; (autumn) otoño; (reduction) bajada, descenso; (decline) decadencia, ruina ♦ pl catarata, cascada.

fallible [făl'ə-bəl] adj falible.

false [fôls] -1 adj falso; (hope) infundado; (teeth) postizo -2 adv falsamente, con falsedad.

fame [fām] s fama, renombre m.

familiar [fə-mĭl'yər] -1 adj familiar; (wellknown) conocido; (common) corriente; (intimate) de confianza ♦ **to be familiar with** conocer -2 s (friend) amigo íntimo.

familiarity ['-yăr'ĭ-tē] s familiaridad f; (impropriety) atrevimiento.

familiarize ['-yə-rīz'] vt familiarizar.

family [făm'ə-lē] s familia ♦ **family name** apellido • **family tree** árbol genealógico.

famine [fǎm'ǐn] s hambruna f.

famous [fā'məs] adj famoso.

famously [:lē] adv FAM muy bien.

fan[1] [fǎn] **-1** s (paper) abanico; (electric) ventilador m **-2** vt **-nn-** abanicar.

fan[2] s FAM aficionado.

fanatic [fə-nǎt'ǐk] s & adj fanático.

fancy [fǎn'sē] **-1** s imaginación f, fantasía; (whim) capricho ♦ **to strike one's fancy** antojársele a uno • **to take a fancy to** tomar cariño or gusto a **-2** adj **-i-** (elaborate) muy adornado; (superior) fino, selecto; (luxurious) lujoso; ♦ **fancy dress** disfraz **-3** vt imaginar; (to like) cobrar afecto por, gustarle a uno; (to suppose) suponer ♦ **fancy that!** ¡imagínese! • **to fancy oneself** imaginarse.

fantastic [fǎn-tǎs'tǐk] adj fantástico.

fantasy [fǎn'tə-sē] s fantasía.

far [fär] **-ther** or **further, -thest** or **furthest -1** adv lejos; (much) mucho <far more mucho más>; (very) muy <far different muy diferente> ♦ **as far as** (up to) hasta; (to the extent that) por lo que • **as far as possible** en lo posible • **far away** or **far off** (a lo) lejos • **far from** lejos de • **how far?** (distance) ¿a qué distancia?; (place) ¿hasta dónde? • **so far** (place) hasta aquí; (up to now) hasta ahora • **to go far** llegar lejos, realizar mucho • **to go too far** pasarse de la raya **-2** adj lejano; (side, corner) otro, opuesto.

faraway [′ə-wā′] adj lejano, remoto; (dreamy) distraído, soñador.

farce [färs] s farsa.

fare [fâr] s (in public transport) precio (del viaje); (ticket) billete; (passenger) pasajero; (food) comida.

farewell [fâr-wĕl′] s & interj adiós m.

farm [färm] **-1** s granja, finca **-2** vt cultivar -vi labrar la tierra, ser agricultor.

farmer [fär'mər] s granjero, agricultor m ♦ **small farmer** labrador.

farmhouse [färm'hous′] s granja, cortijo.

farmyard [:yärd′] s corral m.

farther [fär'thər] [comp de **far**] **-1** adv (in space) más lejos; (in time) más adelante; (degree) más **-2** adj más lejano.

farthest [:thǐst] [superl de **far**] **-1** adj más remoto **-2** adv más lejos.

fascinate [fǎs′ə-nāt′] vt fascinar, encantar.

fascination [′-′shən] s fascinación f, encanto.

fashion [fǎsh′ən] **-1** s manera, modo; (style) moda ♦ **latest fashion** la última moda • **to be in fashion** estar de moda • **to go out of fashion** pasar de moda **-2** vt formar, moldear; (to adapt) amoldar.

fashionable [:ə-nə-bəl] adj de moda; (elegant) elegante, de buen tono.

fast[1] [fǎst] **-1** adj (quick) rápido; (swift) veloz; (clock) adelantado; (secure) firme (en su lugar) **-2** adv rápidamente, velozmente; (securely) firmemente; (clock) adelantadamente.

fast[2] **-1** vi ayunar **-2** s ayuno.

fasten [fǎs′ən] vt fijar, sujetar; (to tie) atar; (to close) cerrar ♦ **to fasten the door** echar el cerrojo -vi fijarse, afirmarse.

fat [fǎt] **-1** s grasa; CUL manteca **-2** adj **-tt-** gordo; (thick) grueso ♦ **to get fat** ponerse gordo, engordar.

fatal [fāt′l] adj fatal, mortal.

fatality [fā-tǎl′ǐ-tē] s fatalidad f.

fate [fāt] s destino, sino.

father [fä′thər] **-1** s padre m **-2** vt engendrar.

father-in-law [:ǐnlô′] s [pl **fathers-**] suegro.

fathom [fǎth′əm] **-1** s braza **-2** vt comprender a fondo.

fatigue [fə-tēg′] **-1** s fatiga **-2** vt fatigar, cansar.

fatten [fǎt′n] vt & vi engordar, cebar.

fattening [:ǐng] adj que engorda.

fatuous [fǎch′o͞o-əs] adj fatuo.

faucet [fô′sǐt] s grifo, canilla.

fault [fôlt] **-1** s culpa; (shortcoming) defecto; ELEC, GEOL falla **-2** vt encontrar defectos en.

faultless [:lǐs] adj perfecto, impecable.

faulty [fôl′tē] adj **-i-** defectuoso, imperfecto.

favor [fā′vər] **-1** s favor m; (esteem) estimación f, aprecio; (approval) aprobación f, apoyo ♦ **to be in favor of** estar a favor de, ser partidario de **-2** vt favorecer; (to be partial to) preferir.

favorable [:ə-bəl] adj favorable.

favorite [fā′vər-ǐt] **-1** s favorito; (protégé) privado **-2** adj favorito, preferido.

fawn¹ [fôn] *vi* hacer fiestas.
fawn² *s* cervato.
fear [fîr] **-1** *s* miedo, temor *m* ♦ **for fear that** por miedo de que **-2** *vt & vi* tener miedo (de), temer.
fearful ['fəl] *adj* espantoso; *(frightened)* temeroso; *(anxious)* aprehensivo ♦ **to be fearful of** temer.
fearless [:lĭs] *adj* intrépido, audaz.
feast [fĕst] **-1** *s* banquete *m*, comilona; *(treat)* gozo ♦ **feast day** día festivo **-2** *vt & vi* banquetear.
feather [fĕth'ər] **-1** *s* pluma ♦ *pl* plumas, plumaje *m* **-2** *vt* emplumar.
feature [fē'chər] **-1** *s* característica, rasgo; CINEM película principal; PERIOD artículo de primera plana ♦ *pl* facciones, rasgos **-2** *vt (to showcase)* presentar; *(to be a characteristic of)* tener, incorporar; *(to draw)* representar.
febrile [fĕb'rəl, fē'brəl] *adj* febril.
February [fĕb'rōō-ĕr'ē, fĕb'yōō-] *s* febrero.
fed [fĕd] **-1** *cf* **feed -2** *adj* ♦ **fed up with** harto de.
federal [fĕd'ər-əl] *adj* federal.
federation ['-rā'shən] *s* federación *f*.
fee [fē] *s* honorarios, emolumentos.
feeble [fē'bəl] *adj* **-er, -est** débil.
feed [fēd] **-1** *vt* **fed** dar de comer a; *(to nourish, supply)* alimentar; *(anger, suspicion)* avivar; *(to breast-feed)* amamantar; *(to bottle-feed)* dar el biberón a *-vi* comer ♦ **to feed oneself** alimentarse **-2** *s (fodder)* pienso, forraje *m*.
feeding [fē'dĭng] *s* alimentación *f*.
feel [fēl] **-1** *vt* **felt** sentir; *(to touch)* tocar; *(to examine)* palpar; *(to sense)* percibir ♦ **it feels cold, hot** hace frío, calor *-vi* sentir (por tacto); *(physically)* ser...al tacto <the sheets feel smooth las sábanas son suaves al tacto>; *(emotionally)* sentirse, estar; *(to seem)* parecer; *(to believe)* creer, pensar ♦ **to feel cold, hot** tener *or* sentir frío, calor • **to feel hungry, sleepy** tener hambre, sueño **-2** *s (touch)* tacto; *(perception)* sensación *f*; *(atmosphere)* atmósfera.
feeling [fē'lĭng] *s (touch)* tacto; *(sensation)* sensación *f*; *(emotion)* emoción *f*; *(impression)* impresión *f*; *(aptitude)* sentido ♦ *pl* sensibilidades.
fell [fĕl] *vt* cortar, talar.

fellow [fĕl'ō] **-1** *s (boy)* muchacho; *(man)* hombre *m*; *(friend)* compañero; *(guy)* tipo; *(of a society)* socio **-2** *adj* ♦ **fellow citizens** (con)ciudadanos • **fellow worker** compañero de trabajo.
fellowship [:shĭp'] *s* comunidad *f* (de intereses, ideas); *(fraternity)* fraternidad *f*; *(friendship)* compañerismo; EDUC beca.
felony [fĕl'-ə-nē] *s* felonía, delito mayor.
felt [fĕlt] *adj & s* (de) fieltro.
female [fē'māl'] **-1** *adj* femenino; *(clothes, manners)* de mujer; BIOL, MEC hembra **-2** *s* mujer; BIOL, BOT hembra.
feminine [fĕm'ə-nĭn] *adj & s* femenino.
feminist [fĕm'ə-nĭst] *s* feminista *m/f*.
fen [fĕn] *s* ciénaga, pantano.
fence [fĕns] **-1** *s* cerca, empalizada **-2** *vt* cercar, vallar; *(to close off)* encerrar.
ferment -1 *s* [fûr'mĕnt'] fermento **-2** *vt & vi* [fər-mĕnt'] fermentar.
ferocious *adj* [fə-rō'shəs] feroz.
Ferris wheel *s* [fĕr'ĭs] noria.
ferry [fĕr'ā] **-1** *vt* transportar en barco *or* avión **-2** *s* transbordador *m*; *(pier)* embarcadero.
ferryboat [:bōt'] *s* transbordador *m*, ferry *m*.
fertile [fûr'tl] *adj* fértil.
fertilize [fûr'tl-īz'] *vt* abonar; BIOL fecundar.
fervent [fûr'vənt] *adj* ferviente, fervoroso.
festival [fĕs'tə-vəl] **-1** *s* fiesta; *(art, film)* festival *m* **-2** *adj* festivo, de fiesta.
festivity [fĕ-stĭv'ĭ-tē] *s* festividad *f*, fiesta; *(merriment)* regocijo ♦ *pl* diversiones.
fetch [fĕch] *vt* traer, ir a buscar *-vi* cobrar la presa.
fetching [fĕch'ĭng] *adj* atractivo, encantador.
feudal ['l] *adj* feudal.
fever [fē'vər] *s* fiebre *f*.
few [fyōō] **-1** *adj* poco ♦ **a few** unos • **a few times** varias veces • **the last few (days)** estos últimos (días) **-2** *s & pron* pocos ♦ **a few** unos cuantos • **a few of** algunos de • **quite a few** muchos.
fewer ['ər] *adj & pron* menos *(than* de).
fewest [:ĭst] **-1** *adj* menos **-2** *pron* el menor número.

fiancé [fēän-sã′] s novio, prometido ♦ **fiancée** novia, prometida.

fiber [fībər] s fibra ♦ **fiber glass** fibra de vidrio.

fickle [fĭk′əl] adj inconstante, variable.

fiction [fĭk′shən] s ficción f; (lie) mentira.

fictitious [fĭk-tĭsh′əs] adj ficticio.

fiddle [fĭd′l] FAM **-1** s violín m ♦ **fit as a fiddle** sano como una manzana **-2** vi tocar el violín ♦ **to fiddle with** juguetear con -vt tocar.

field [fēld] **-1** s campo; (profession) profesión f; (contestants) competidores m ♦ **field of view** campo visual • **field trip** excursión **-2** vt (team) poner en el campo; (question) manejar.

fierce [fîrs] adj feroz; (violent) violento; (hard-fought) reñido; (ardent) furioso.

fifteen [fĭf-tēn′] s & adj quince m.

fifteenth [:tēnth′] s & adj (place) decimoquinto; (part) quinzavo.

fifth [fĭfth] adj & s quinto.

fiftieth [fĭf′tē-ĭth] **-1** s (place) cincuenta; (part) quincuagésimo **-2** adj (place) quincuagésimo; (part) cincuentavo.

fifty [fĭf′tē] adj & s cincuenta m.

fig [fĭg] s higo.

fight [fīt] **-1** vi fought luchar, pelear; (to box) boxear; (to argue) reñir ♦ **to fight back** defenderse -vt luchar con or contra; (to resist, combat) combatir; (a battle) dar, librar **-2** s lucha; (combat) combate m; (quarrel) riña, disputa; (brawl, boxing) pelea ♦ **to have a fight** pelearse.

fighter [fī′tər] s luchador m, combatiente m/f; (boxer) boxeador m.

figure [fĭg′yər] **-1** s figura; (number) cifra; (price) precio; (illustration) diseño, dibujo; (silhouette) silueta ♦ **figure skating** patinaje artístico • **to keep one's figure** guardar la línea **-2** vt computar, calcular; (to depict) figurar, representar; FAM (to reckon) imaginar(se), figurar(se) -vi hacer cálculos; (to appear) figurar ♦ **to figure as** pasar por.

file[1] [fīl] **-1** s archivo; (for cards) fichero; (dossier) expediente m; (folder) carpeta ♦ **file card** ficha **-2** vt archivar; (to put in order) clasificar, ordenar; vi marchar en

fila ♦ **to file by** (to parade) desfilar; (single file) pasar uno por uno.

file[2] **-1** s (tool) lima **-2** vt limar.

fill [fĭl] **-1** vt llenar; (to plug up) tapar; (a tooth) empastar; (to fulfill) cumplir con; (to occupy) ocupar; CONSTR rellenar; COM (order) despachar; MARÍT hinchar (velas) ♦ **to fill in** (a form) llenar • **to fill out** (a form) completar • **to fill up** llenar (hasta el tope) -vi llenarse ♦ **to fill up** llenarse **-2** s (enough) hartura, hartazgo.

fillet [fĭ-lã′, fĭl′ĭt] s filete m.

filling [fĭl′ĭng] s relleno.

film [fĭlm] **-1** s película; (coating) capa; (in eyes) tela **-2** vt (an event) filmar; (a scene) rodar -vi rodar.

filter [fĭl′tər] s filtro.

filthy [fĭl′thē] adj **-i-** sucio, mugriento.

filtrate [fĭl′trāt′] **-1** vt filtrar **-2** s filtrado.

fin [fĭn] s aleta.

final [fī′nəl] **-1** adj (last) último; (concluding) final; (unalterable) definitivo **-2** s DEP final f; EDUC examen m, final.

finally [:lē] adv finalmente, por último.

finance [fə-năns′, fī′năns′] **-1** s finanzas **-2** vt financiar.

financial [fə-năn′shəl, fī-] adj financiero.

financing [fə-năn′sĭng, fī′năn′-] s financiamiento, financiación f.

find [fīnd] **-1** vt found encontrar; (to notice) hallar; (to discover) descubrir; (to regain) recuperar ♦ **to find out** averiguar, descubrir -vi ♦ **to find out about** informarse sobre **-2** s descubrimiento, hallazgo.

fine[1] [fīn] **-1** adj fino; (skillful) excelente; (weather) lindo; (sharp) afilado; (healthy) bien; (subtle) sutil ♦ **fine arts** bellas artes • **that's fine!** ¡está bien! **-2** adv estupendamente; FAM muy bien.

fine[2] **-1** s multa **-2** vt multar.

finger [fĭng′gər] **-1** s dedo ♦ **index finger** (dedo) índice • **little finger** (dedo) meñique • **not to lift a finger** no mover un dedo • **ring finger** (dedo) anular **-2** vt (to handle, play) tocar.

fingernail [:nāl′] s uña.

fingerprint [:prĭnt′] **-1** s huella digital **-2** vt tomar las huellas digitales.

fingertip [:tĭp′] s punta or yema del dedo.

finicky [fĭn′ĭ-kē] *adj* **-i-** quisquilloso.

finish [fĭn′ĭsh] **-1** *vt* acabar (con); *(to terminate)* terminar; *(a journey)* llegar al final de; *(to perfect)* rematar ♦ **to finish up** acabar, terminar *-vi* acabar, terminar **-2** *s* final *m*, fin *m*; *(substance)* pulimento.

fir [fûr] *s* abeto.

fire [fīr] **-1** *s* fuego; *(destructive)* incendio ♦ **fire bomb** bomba incendiaria • **fire department** *or* **brigade** cuerpo de bomberos • **fire engine** camión de bomberos • **fire escape** salida de urgencia • **to be on fire** estar en llamas *or* ardiendo •. **to catch fire** encenderse, coger fuego • **to set on f.** *or* **to set fire to** prenderle *or* pegarle fuego a **-2** *vt (to ignite)* encender; *(to arouse)* enardecer; *(gun, bullet)* disparar; *(a shot)* tirar; *(a rocket)* lanzar; FAM *(to hurl)* tirar, arrojar; *(from a job)* despedir, echar; CERÁM cocer *-vi* disparar *(on* contra).

firearm [′ärm′] *s* arma de fuego.

fireman [:mən] *s* [pl **-men**] bombero.

fireplace [:plâs′] *s* hogar, chimenea *m*.

fireproof [:prōōf′] *adj* a prueba de fuego; *(incombustible)* incombustible.

fireworks [:wûrks′] *s pl* fuegos artificiales.

firing [:ĭng] *s (of guns)* disparo, descarga; *(shots)* disparos; FAM *(from a job)* despido.

firm[1] [fûrm] *adj & adv* firme.

firm[2] *s* COM firma, casa.

firmness [fûrm′nĭs] *s* firmeza.

first [fûrst] **-1** *adj* primero; *(elementary)* primario; *(outstanding)* sobresaliente; *(principal)* principal ♦ **first aid** primeros auxilios • **first name** nombre de pila • **in the first place** en primer lugar **-2** *adv* primero; *(before anything else)* antes; *(firstly)* en primer lugar; *(for the first time)* por primera vez ♦ **at first** en un principio • **first of all** ante todo **-3** *s* primero; *(beginning)* principio.

first-class [:klăs′] **-1** *adj* de primera clase; *(first-rate)* de primera categoría **-2** *adv* en primera.

firsthand [:hănd′] *adv & adj* de primera mano.

fish [fĭsh] **-1** *s* [pl inv *or* **-es**] pez *m*; *(food)* pescado **-2** *vi* pescar ♦ **to go fishing** ir de pesca *-vt* pescar; *(from pocket)* buscar, sacar.

fishbone [:bōn′] *s* espina.

fisherman [:ər-mən] *s* [pl **-men**] pescador *m*.

fishing [:ĭng] *s* pesca ♦ **fishing rod** caña de pescar.

fishnet [:nĕt′] *s* red *f*.

fist [fĭst] *s* puño.

fit[1] [fĭt] **-1** *vt* **fit(ted), -tting** *(to go on, in)* entrar en; *(to put on, in)* colocar, meter; *(to alter, adjust, match)* ajustar; *(to suit)* sentar bien *-vi* caber; *(part, piece)* ajustar, encajar; *(to agree)* concordar; *(clothes)* sentar bien **-2** *adj* **-tt-** oportuno, conveniente; *(healthy)* sano; *(competent)* idóneo; *(suitable)* apropiado, digno **-3** *s* ajuste *m*, encaje *m*; *(clothes)* corte *m*, entalladura.

fit[2] *s* ataque *m*; *(convulsion)* convulsión *f*.

fitness [:nĭs] *s* propiedad *f*, conveniencia; *(healthiness)* salud *f*, estado físico.

fitting [:ĭng] **-1** *adj* apropiado, oportuno **-2** *s (of clothes)* prueba.

five [fīv] *s & adj* cinco ♦ **five hundred** quinientos • **five o'clock** las cinco.

fix [fĭks] **-1** *vt* fijar; *(to repair)* reparar, componer; *(hair)* arreglar; *(meal)* preparar ♦ **to fix up** FAM *(to repair)* componer *-vi* fijarse **-2** *s* apuro, aprieto.

fixed [fĭkst] *adj* fijo; *(stationary)* estacionario; FAM *(contest)* arreglado.

fixture [fĭks′chər] *s* instalación fija; *(appliance)* accesorio, artefacto.

fizz [fĭz] **-1** *s* sonido de efervescencia **-2** *vi* hacer sonido de efervescencia.

fizzle [′əl] **-1** *s* FAM fracaso **-2** *vi* chisporrotear.

flag[1] [flăg] **-1** *s* bandera **-2** *vt* **-gg-** marcar (con una señal).

flag[2] *vi* **-gg-** *(to weaken)* debilitarse; *(to falter)* disminuir.

flagpole [flăg′pōl′] *s* mástil *m*, asta *m*.

flagrant [flā′grənt] *adj (glaring)* descarado; *(shocking)* escandaloso.

flair [flâr] *s (knack)* don *m*; *(style)* elegancia.

flake [flāk] **-1** *s* escama, hojuela; *(snowflake)* copo **-2** *vi (skin)* descamarse; *(paint)* desprenderse en escamillas.

flamboyant [flăm-boi′ənt] **-1** *adj* rimbombante, llamativo **-2** *s* framboyán *m*.

flame [flām] **-1** *s* llama **-2** *vi* arder, llamear.

flamingo [flə-mĭng'gō] *s* [pl **(e)s**] flamenco.

flammable [flăm'ə-bəl] *adj* inflamable.

flank [flăngk] **-1** *s* costado **-2** *vt* flanquear.

flannel [flăn'əl] *s* franela.

flap [flăp] **-1** *s* (of wings) aleteo; (of envelopes) solapa; (of hats) ala **-2** *vt* & *vi* **-pp-** (wings) aletear, batir; (arms) agitar; (sails) gualdrapear.

flare [flâr] **-1** *vi* llamear; (to glow) brillar; (to widen) acampanarse ♦ **to flare up** llamear **-2** *s* llamarada; (signal) señal luminosa.

flash [flăsh] **-1** *vt* (to emit) lanzar, despedir (luz); (to reflect) reflejar; (to aim) dirigir *vi* (to sparkle) brillar, destellar; (to flare up) relampaguear; (eyes) relampaguear (with de) **-2** *s* destello, resplandor *m*; (news) noticia de último momento; (of lightning) relámpago ♦ **in a flash** en un instante.

flashback ['băk'] *s* escena retrospectiva intercalada en la acción presente.

flashing [:ĭng] *adj* centelleante, intermitente.

flashlight [:līt'] *s* linterna eléctrica.

flashy [:ē] *adj* **-i-** llamativo, chillón.

flat¹ [flăt] **-tt- -1** *adj* (level) plano, llano; (smooth) liso, raso; (definite) categórico; (dull) monótono; (tasteless) soso; (tire) desinflado **-2** *adv* horizontalmente, de plano **-3** *s* plano, superficie *f*; (tire) pinchazo ♦ *pl* llanura, llano.

flat² *s* (apartment) apartamento.

flatten [:n] *vt* allanar, achatar; (to knock down) derribar *vi* achatarse.

flatter [flăt'ər] *vt* adular, halagar; (to suit) favorecer *vi* emplear lisonjas.

flaunt [flônt] *vt* hacer ostentación de.

flavor [flā'vər] **-1** *s* gusto, sabor *m* <mint flavor sabor a menta>; (flavoring) condimento **-2** *vt* condimentar, aderezar.

flaw [flô] *s* imperfección *f*, defecto.

flawless [flô'lĭs] *adj* perfecto, sin defecto.

flax [flăks] *s* lino; (fiber) fibra de lino.

flea [flē] *s* pulga ♦ **flea market** mercado de artículos usados.

flee [flē] *vi* fled huir, escaparse; (to vanish) desvanecerse *vt* huir de.

fleece [flēs] **-1** *s* lana; (sheared) vellón *m*; (lining) muletón *m* **-2** *vt* (to shear) esquilar; (to rob) desplumar, pelar.

fleecy [flē'sē] *adj* **-i-** lanudo.

fleet¹ [flēt] *s* (of ships) flota; (of cars) escuadra.

fleet² *adj* (fast) rápido, ligero.

fleeting [flē'tĭng] *adj* fugaz, efímero.

flesh [flĕsh] *s* carne *f*; (fat) gordura; (of fruits) pulpa.

flexible [flĕk'sə-bəl] *adj* flexible.

flick [flĭk] **-1** *s* golpecito; (of tail) coleada; (of fingers) capirotazo **-2** *vt* golpear rápida y ligeramente; (to snap) dar un golpecito a *vi* colear ♦ **to flick through** hojear.

flicker [:ər] **-1** *vi* oscilar, temblar; (light) parpadear **-2** *s* luz *f* vacilante.

flight¹ [flīt] *s* vuelo; (flock) bandada; (swift movement) paso fugaz; (floor) piso; (of stairs) tramo ♦ **flight attendant** aeromozo, a • **flight deck** cubierta de aterrizaje • **to take flight** alzar el vuelo.

flight² *s* (act of fleeing) huida, fuga.

flimsy [flĭm'zē] *adj* **-i-** insubstancial, endeble; (excuse) flojo.

flinch [flĭnch] **-1** *vi* (to wince) sobresaltarse; (to retreat) recular **-2** *s* reculada.

fling [flĭng] **-1** *vt* flung arrojar, tirar ♦ **to fling about** agitar (brazos) **-2** *s* lanzamiento; (attempt) tentativa (breve).

flint [flĭnt] *s* pedernal *m*.

flip [flĭp] **-1** *vt* **-pp-** lanzar, tirar; (coin) echar (a cara o cruz) ♦ **to flip over** dar la vuelta a *vi* agitarse, dar vueltas • **to flip through** hojear **-2** *s* golpe *m*; (shake) sacudida; (somersault) salto mortal **-3** *adj* FAM descarado.

flippant [flĭp'ənt] *adj* frívolo, impertinente.

flipper [flĭp'ər] *s* aleta.

flirt [flûrt] **-1** *vi* flirtear, coquetear **-2** *s* (man) galanteador *m*; (woman) coqueta.

flit [flĭt] *vi* **-tt-** revolotear.

float [flōt] **-1** *vt* hacer flotar, poner a flote *vi* flotar; (to wander) vagar, errar **-2** *s* flotador *m*; (buoy) boya; (platform) balsa, plataforma flotante.

flock [flŏk] *s* (of birds) bandada; ZOOL rebaño.

flood [flŭd] **-1** s inundación f; (torrent) torrente m **-2** vt & vi inundar(se).

floor [flôr] **-1** s piso; (of a dance hall) pista; (bottom) fondo ♦ **floor lamp** lámpara de pie • **floor show** espectáculos • **top floor** piso alto **-2** vt (to knock down) derribar.

flop [flŏp] **-1** FAM s (failure) fracaso **-2** vt **-pp-** dejar caer (pesadamente) -vi dejarse caer; FAM (to fail) fracasar.

floppy [:ē] adj **-i-** FAM flojo, blando ♦ **floppy disk** COMPUT disco flexible.

florist [flôr'ĭst] s florista m/f.

flounce¹ [flouns] s COST volante m, cairel m.

flounce² **-1** vi sacudirse **-2** s sacudida.

flounder [floun'dər] vi luchar or esforzarse inútilmente.

flour [flour] **-1** s harina **-2** vt enharinar.

flourish [flûr'ĭsh] **-1** vi florecer, prosperar -vt blandir **-2** s floreo.

flow [flō] **-1** vi fluir; ELEC, FIG correr; (to circulate) circular; (to gush) manar; (tide) subir; (blood, tears) derramar ♦ **to flow into** desaguar **-2** s flujo; (of blood, traffic) circulación f; (stream) corriente f; (volume) caudal m; (course) curso.

flower [flou'ər] **-1** s flor f; FIG flor y nata ♦ **flower shop** florería **-2** vi florecer, dar flor.

flowerpot [:pŏt'] s maceta.

flu [flo͞o] s FAM gripe f.

fluent [flo͞o'ənt] adj (fluid) fluyente ♦ **to be fluent in** hablar perfectamente, dominar.

fluently [:lē] adv con soltura.

fluid [flo͞o'ĭd] s & adj fluido, líquido ♦ **fluid ounce** onza líquida.

fluke [flo͞ok] s (luck) chiripa, tiro de suerte.

fluorescent [flo͞o'rĕs'ənt] adj fluorescente.

flurry [flûr'ē] s (gust) ráfaga; (bustle) frenesí m.

flush¹ [flŭsh] **-1** vi fluir abundantemente; (to blush) ruborizarse -vt (to redden) enrojecer; (to clean) limpiar con agua ♦ **to flush the toilet** apretar el botón del inodoro, tirar de la cadena **-2** s (gush) chorro; (blush) rubor m; (glow) resplandor m **-3** adj copioso, abundante.

flush² vt hacer salir del escondite a.

flute [flo͞ot] s MÚS flauta; ARQ estría.

flutist [flo͞o'tĭst] s flautista m/f.

flutter [flŭt'ər] **-1** vi revolotear, aletear -vt agitar, mover **-2** s revoloteo, aleteo.

flux [flŭks] s flujo; (fluctuation) cambio.

fly¹ [flī] **-1** vi **flew, flown** volar; (to flee) huir, escapar; (to hurry) darse prisa; (to rush by) pasar or irse volando ♦ **to fly open** abrirse repentinamente -vt hacer volar; (to pilot) pilotear; (to transport) transportar en avión; (a flag) desplegar; (kite) remontar **-2** s (of trousers) bragueta.

fly² s mosca ♦ **fly swatter** matamoscas.

flying ['ĭng] adj volador; (swift) veloz, ligero ♦ **flying saucer** platillo volador • **flying time** duración del vuelo.

foam [fōm] **-1** s espuma ♦ **foam rubber** espuma de caucho **-2** vi hacer espuma.

focus [fō'kəs] **-1** s [pl **es** or **-cĭ**] foco ♦ **in focus** enfocado • **out of focus** desenfocado **-2** vt enfocar; (a lens) ajustar; FIG concentrar -vi enfocarse.

fodder [fŏd'ər] s forraje m, pienso.

fog [fôg] **-1** s neblina, niebla; (at sea) bruma **-2** vt **-gg-** (glass) empañar; (sky, mind) nublar -vi **to fog up** (glass) empañarse.

foggy [fô'gē] adj **-i-** neblinoso; (glass) empañado.

foil¹ [foil] vt frustrar, hacer fracasar.

foil² s (sheet) lámina fina de metal; (contrast) contraste m.

foil³ s DEP florete m.

fold¹ [fōld] **-1** vt doblar, plegar; (arms) cruzar; (hands) enlazar; (wings) plegar, recoger ♦ **to fold back** doblar • **to fold down** or **out** bajar (asiento de silla, mesa plegadiza) -vi doblarse, plegarse; (to fail) fracasar; (to give in) doblegarse ♦ **to fold up** doblarse, plegarse **-2** s pliegue m; (crease) doblez m.

fold² (corral) redil m; (flock) rebaño.

folder [fōl'dər] s carpeta.

foliage [fō'lē-ĭj] s follaje m.

folk [fōk] **-1** s [pl inv or **s**], pueblo, nación f ♦ **country folk** campesinos • **folk dance** baile folklórico • **folk medicine** medicina popular ♦ pl **folks** gente; FAM (relatives) familia **-2** adj popular.

folklore [ˈlôrʹ] s folklore m.

follow [fŏlʹō] vt seguir; (to chase) perseguir; (a road, course) proseguir; (rules) observar; (to understand) comprender -vi seguir ♦ **as follows** (to do) de la siguiente manera.

follower [:ər] s (disciple) discípulo; (supporter) partidario; (admirer) admirador m.

following [:ĭng] -1 adj siguiente -2 s adherentes m/f; (admirers) admiradores m.

folly [fŏlʹē] s tontería; (silly idea or action) disparate m.

fond [fŏnd] adj cariñoso; (doting) indulgente; (cherished) caro ♦ **to be fond of** (person) tener cariño a.

fondle [fŏnʹdl] vt & vi acariciar.

food [fo͞od] s comida; (nourishment) alimento.

fool [fo͞ol] -1 s tonto, necio; (jester) bufón m; (dupe) simplón m ♦ **to make a fool of** (to deceive) poner en ridículo a; (to tease) tomar el pelo a -2 vt (to trick) engañar; (to surprise) sorprender -vi jugar.

foolish [:lĭsh] adj (silly) tonto, absurdo; (embarrassed) ridículo.

foolproof [fo͞olʹpro͞ofʹ] adj infalible; (impossible to misuse) a prueba contra mal uso.

foot [fo͞ot] -1 s [pl **feet**] pie m; ZOOL pata; (base) base f ♦ **by** or **on foot** a pie • **to stand on one's own two feet** valerse por sí mismo -2 vi ♦ **to foot it** andar a pie • **to foot the bill** vt pagar la cuenta.

football [ˈbôlʹ] s fútbol m; (ball) pelota.

foothill [ˈhĭlʹ] s estribación f (de montaña).

foothold [ˈhōldʹ] s (support) lugar m de apoyo (para el pie); (starting point) posición f.

footing [ˈĭng] s pie m, equilibrio; (basis) base f ♦ **to lose one's footing** perder el pie.

footlights [ˈlītsʹ] s pl candilejas.

footnote [ˈnōtʹ] -1 s anotación f -2 vt anotar.

footpath [ˈpăthʹ] s sendero.

footprint [ˈprĭntʹ] s huella.

footstep [ˈstĕpʹ] s pisada.

footwear [ˈwârʹ] s calzado.

for [fôr, fər] -1 prep para, por; (destination) para, hacia; (beneficiary) para; (exchange) por; (duration) por, desde hace; (on account of) de, por ♦ **as for** en cuanto a • **for all that** con todo • **to be for** estar de parte de -2 conj ya que, pues, porque.

forbid [fər-bĭdʹ] vt **-bad(e), -bid(den), -dding** prohibir.

forbidding [:ĭng] adj amenazante.

force [fôrs] -1 s fuerza; (efficacy) eficacia, peso; (corps) cuerpo; DER (effect) vigencia, validez f ♦ **by force** por la fuerza • **to put in force** poner en vigor -2 vt compeler, obligar; (to obtain) obtener por la fuerza; (to coerce, break open) forzar; (to impose) imponer ♦ **to force from** echar or sacar fuera • **to force one's way** abrirse paso • **to force open** forzar • **to force out** obtener por la fuerza.

ford [fôrd] s vado.

fore [fôr] -1 adj delantero -2 s frente m, delantera -3 adv hacia el frente.

forearm [ˈärmʹ] s antebrazo.

foreboding [ˈbōʹdĭng] s presentimiento.

forecast [ˈkăstʹ] -1 vt & vi **-cast(ed)** pronosticar -2 s pronóstico.

forefinger [ˈfĭngʹgər] s dedo índice.

forego [-gōʹ] vt **-went, -gone** preceder.

foregone [ˈgônʹ] adj previo, pasado.

foreground [ˈgroundʹ] s primer plano.

forehead [ˈĭd, ˈhĕdʹ] s frente f.

foreign [fôrʹĭn] adj extranjero; (trade) exterior; (uncharacteristic) ajeno ♦ **foreign exchange** (currency) divisas • **foreign office** GB Ministerio de Asuntos Exteriores • **foreign service** servicio diplomático y consular.

foreigner [ˈə-nər] s extranjero, forastero.

foremost [ˈmōstʹ] adj primero, delantero; (paramount) máximo, supremo.

foresee [-sēʹ] vt **-saw, -seen** prever, anticipar.

forest [fôrʹĭst] -1 s bosque m, selva -2 vt poblar de árboles -3 adj forestal, selvático.

foretell [-tĕlʹ] vt **-told** predecir.

forever [fôr-ĕvʹər, fər-] adv por or para siempre, eternamente; (always) siempre.

forewarn [fôr-wôrnʹ] vt prevenir, avisar.

foreword ['wərd] *s* prólogo, prefacio.

forge[1] [fôrj] **-1** *s* (smithy) forja, fragua **-2** *vt* fraguar, forjar; (to counterfeit) falsificar.

forge[2] *vi* avanzar ♦ **to forge ahead** adelantar con esfuerzo.

forgery [:jə-rē] *s* falsificación *f*.

forget [fər-gĕt'] *vt & vi* **-got, got(ten), -tting** olvidar, olvidarse de ♦ **to forget oneself** propasarse, extralimitarse • **to forget to** olvidarse de.

forgetful [:fəl] *adj* olvidadizo, desmemoriado; (negligent) descuidado.

forgive [fər-gĭv'] *vt & vi* **-gave, -given** perdonar.

forgiveness [:nĭs] *s* perdón *m*.

forgo [fôr-gō'] *vt* **-went, -gone** renunciar, prescindir de.

fork [fôrk] **-1** *s* tenedor *m*; AGR horca; (of a road) bifurcación *f*; (of a tree) horqueta; (in a river) horcajo **-2** *vt* levantar con la horca **-vi** bifurcarse.

forked [fôrkt] *adj* (fork-shaped) ahorquillado; (tail) hendido.

forlorn [fər-lôrn', fôr-] *adj* (sad) acongojado; (deserted) abandonado, desolado; (hopeless) sin esperanzas.

form [fôrm] **-1** *s* forma; (figure) figura; (type) clase *f*, tipo; (convention) convencionalismo; (manners) conducta, modales *m*; (document) formulario **-2** *vt* formar; (to model) moldear, modelar; (a habit) contraer, adquirir **-vi** formarse, tomar forma.

formal [fôr'məl] **-1** *adj* formal; (according to conventions) convencional; (official) oficial; (correct) muy correcto; (ceremonious) ceremonioso; (dinner, dress) de etiqueta **-2** *s* ceremonia de etiqueta; (attire) traje *m* de etiqueta.

formality [fôr-măl'ĭ-tē] *s* ceremonia; (requirement) formalidad *f*, trámite *m*.

format [fôr'măt'] *s* (plan) concepción *f*, plan *m*; (layout) formato.

formation [fôr-mā'shən] *s* formación *f*.

former [fôr'mər] *adj* (earlier) antiguo, pasado ♦ **the former** el primero, aquél.

formerly [:lē] *adv* anteriormente, antes.

formidable [fôr'mĭ-də-bəl] *adj* formidable; (awesome) tremendo, impresionante.

formula [fôr'myə-lə] *s* [pl **s** or **-lae**] fórmula.

formulate [:lāt'] *vt* formular.

forsake [fər-sāk'] *vt* **-sook, -saken** (to give up) dejar, renunciar a; (to abandon) abandonar.

fort [fôrt] *s* fuerte *m*; (base) base *f* militar.

forth [fôrth] *adv* en adelante ♦ **and so forth** y cosas así • **to put forth** (leaves) echar; (argument) adelantar.

forthcoming [-kŭm'ĭng] *adj* (upcoming) próximo, venidero.

fortieth [fôr'tē-ĭth] **-1** *s* (place) cuarenta *m*; (part) cuadragésimo **-2** *adj* (place) cuadragésimo; (part) cuarentavo.

fortify [fôr'tə-fī'] *vt* fortificar; (to invigorate) fortalecer.

fortnight [fôrt'nīt'] *s* quincena, quince días *m*.

fortress [fôr'trĭs] *s* fortaleza.

fortunate [fôr'chə-nĭt] *adj* afortunado ♦ **to be fortunate** tener suerte.

fortunately [:lē] *adv* afortunadamente.

fortune [fôr'chən] *s* fortuna; (good luck) suerte *f*.

fortuneteller [:tĕl'ər] *s* adivino.

forty [fôr'tē] *adj & s* cuarenta *m*.

forum [fôr'əm] *s* [pl **s** or **-ra**] foro.

forward [fôr'wərd] **-1** *adj* (frontal) delantero; (bold) descarado; (progressive) avanzado; (precocious) adelantado **-2** *adv* hacia adelante ♦ **to bring forward** (topic) presentar, ofrecer; TEN llevar (saldo) • **to come forward** presentarse, ofrecerse **-3** *s* DEP delantero **-4** *vt* (mail) enviar, reexpedir.

forwards [fôr'wərdz] *adv* (hacia) adelante.

fossil [fŏs'əl] *s & adj* fósil *m*.

foul [foul] **-1** *adj* (revolting) asqueroso; (rotten) podrido; (dirty) sucio; (polluted) contaminado, viciado ♦ **foul play** maniobra or juego sucio **-2** *s* DEP falta **-3** *adj* sucio, contra las reglas **-4** *vt* ensuciar; (to obstruct) obstruir, atascar; DEP cometer una falta contra **-vi** DEP cometer una falta; (to tangle) enredarse.

found [found] *vt* (to establish) fundar; (building, theory) fundamentar.

foundation [foun-dā'shən] *s* fundación *f*; (basis) fundamento; (for cosmetics) base *f*.

founder[1] [foun'dər] *vi* (to break down) fracasar, venirse abajo.

founder[2] *s* fundador *m*.

fountain [foun'tən] *s* fuente *f; (for drinking)* surtidor *m* ♦ **fountain pen** estilográfica.

four [fôr] *s & adj* cuatro ♦ **four hundred** cuatrocientos • **four o'clock** las cuatro.

fourteen [fôr-tēn'] *s & adj* catorce *m*.

fourteenth [:tēnth'] *s & adj (place)* decimocuarto; *(part)* catorzavo.

fourth [fôrth] *adj & s* cuarto.

fowl [foul] *s* [pl inv or **s**] aves *f* (en general); *(domesticated)* ave de corral.

fox [fŏks] **-1** *s* zorro **-2** *vt* engañar.

foyer [foi'ər, foi'ā'] *s* salón *m* de entrada.

fraction [frăk'shən] *s* MAT fracción *f*, quebrado; *(bit)* porción minúscula, pizca.

fracture [frăk'chər] **-1** *s* fractura **-2** *vt & vi* fracturar(se).

fragile [frăj'əl, :īl'] *adj* frágil.

fragment -1 *s* [frăg'mənt] fragmento **-2** *vt & vi* ['mĕnt'] fragmentar.

fragrance [frā'grəns] *s* fragancia, perfume *m*.

fragrant [:grənt] *adj* fragante.

frail [frāl] *adj (fragile)* frágil; *(weak)* débil.

frame [frām] **-1** *s (structure)* armadura, armazón *f; (border)* cerco, marco; *(body)* estructura corporal; *(bicycle)* cuadro; *(glasses)* montura **-2** *vt* construir, armar; *(picture)* enmarcar, encuadrar **-3** *adj* de tablas, de madera.

framework [:wûrk'] *s* estructura *f; (system)* sistema *m*; CONSTR armazón *f*, esqueleto.

frank [frăngk] **-1** *adj* franco, sincero **-2** *vt* franquear.

frankfurter ['fər-tər] *s* salchicha, perro caliente.

frantic [frăn'tĭk] *adj* desesperado; *(pace)* frenético.

fraternal [frə-tûr'nəl] *adj* fraternal, fraterno.

fraternity [:nĭ-tē] *s* (con)fraternidad *f; (organization)* asociación estudiantil masculina.

fraud [frôd] *s* fraude *m; (person)* impostor *m*.

fraught [frôt] *adj* cargado, lleno.

fray[1] [frā] *s (brawl)* riña, pelea.

fray[2] *vt & vi* desgastar(se), deshilachar(se).

freak [frēk] *s* cosa extraña, imprevista; *(whim)* capricho; *(drug user)* narcómano.

freckle [frĕk'əl] *s* peca.

free [frē] **-1** *adj* libre; *(independent)* independiente; *(gratis)* gratis, gratuito; *(not occupied)* desocupado; *(untied)* suelto ♦ **for free** gratis • **free from** or **of** sin • **free of charge** gratis • **free will** libre albedrío • **to be free to** tener la libertad para, poder • **to break free** soltarse, librarse • **to feel free to** sentirse con la libertad de • **to set free** poner en libertad; *(animal)* soltar **-2** *adv* libremente; *(gratis)* gratis **-3** *vt* libertar, poner en libertad; *(to let loose)* soltar; *(to rid)* liberar, librar.

freedom [frē'dəm] *s* libertad *f; (exemption)* exención *f; (immunity)* inmunidad *f; (privilege)* privilegio; *(ease)* soltura.

free-lance [:lăns'] **-1** *vi* trabajar independientemente **-2** *adj* independiente.

freely [:lē] *adv* libremente; *(generously)* liberalmente.

freestyle [:stīl'] *s* estilo libre (de natación).

freeway [:wā'] *s* autopista.

freeze [frēz] **-1** *vi* **froze, frozen** helarse, congelarse; *(person)* tener frío, helarse; *(from fear)* quedarse paralizado ♦ **to freeze to death** morirse de frío *-vt* helar; *(food, assets)* congelar; *(to chill)* enfriar, refrigerar **-2** *s* congelación *f; (cold snap)* ola de frío.

freezer [frē'zər] *s* congelador *m*.

freezing [:ĭng] **-1** *adj* glacial ♦ **it's freezing cold** hace un frío tremendo **-2** *s* congelación *f*.

freight [frāt] **-1** *s* carga, flete *m* **-2** *vt (to transport)* transportar, fletar; *(to load)* cargar.

French [frĕnch] *adj* francés ♦ **French fries** patatas fritas.

frenetic [frə-nĕt'ĭk] *adj* frenético.

frenzy [frĕn'zē] *s* frenesí *m; (delirium)* desvarío; *(craze)* furor *m*.

frequency [frē'kwən-sē] *s* frecuencia.

frequent -1 *adj* [frē'kwənt] frecuente **-2** *vt* [-kwĕnt'] frecuentar.

fresh [frĕsh] **-1** *adj* fresco; *(new, additional)* nuevo; *(air)* puro; *(recent)* reciente **-2** *adv* recientemente, acabado de.

freshen [′ən] *vi (wind)* refrescar ♦ **to freshen up** refrescarse, asearse *-vt* refrescar.

freshness [:nĭs] *s* frescura; *(novelty)* novedad *f*; *(purity)* pureza.

freshwater [:wô′tər] *adj* de agua dulce.

friar [frī′ər] *s* fraile *m*.

friction [frĭk′shən] *s* fricción *f* ♦ **friction match** fósforo, cerilla.

Friday [frī′dē] *s* viernes *m*.

fridge [frĭj] *s* FAM refrigerador *m*, nevera.

friend [frĕnd] *s* amigo ♦ **a friend of mine** un amigo mío • **to be (best) friends with** ser (muy) amigo de • **to make friends with** trabar amistad con.

friendly [frĕnd′lē] *adj* **-i-** amable, simpático; *(warm)* amistoso.

frieze [frēz] *s (band)* cenefa.

frigate [frĭg′ĭt] *s* fragata.

fright [frīt] *s* miedo, susto.

frighten [′n] *vt & vi* asustar(se), alarmar(se).

frightening [:ĭng] *adj* espantoso.

frigid [frĭj′ĭd] *adj* muy frío, helado; *(indifferent)* frío; MED frígido.

frill [frĭl] *s* faralá *m* ♦ *pl* FAM adornos.

fringe [frĭnj] *s (trim)* franja; *(flounce)* fleco, orla; *(border)* ribete *m*; POL grupo marginal *or* extremista.

frisk [frĭsk] *vi* retozar, juguetear *-vt* FAM cachear, palpar (de armas).

frisky [frĭs′kē] *adj* **-i-** *(playful)* retozón, juguetón.

frivolous [frĭv′ə-ləs] *adj* frívolo.

frizzy [frĭz′ē] *adj* **-i-** muy rizado, encrespado.

fro [frō] *adv* ♦ **to and fro** de aquí para allá.

frog [frôg] *s* rana; FAM *(in throat)* ronquera.

frolic [frŏl′ĭk] **-1** *s* jugueteo, diversión *f* **-2** *vi* **-ck-** juguetear, retozar.

from [frŭm, frŏm] *prep (distance, place)* de, desde; *(time)* de, desde, a partir de; *(origin, reason)* de, (de) parte de, a causa de, por; *(removal)* de, a; *(according to)* por, según; *(against)* de; *(among)* entre.

front [frŭnt] **-1** *s* frente *m*; *(forefront)* parte delantera ♦ **in front of** delante de, frente a, en frente de **-2** *adj* delantero, frontal ♦ **front door** puerta de entrada • **front row** primera fila **-3** *vt (to face)* dar frente a, dar a; *(to confront)* hacer frente a, afrontar *-vi* ♦ **to front on(to)** mirar hacia, dar frente a.

frontier [frŭn–tîr′] *s* frontera, límite *m*.

front-runner [:rŭn′ər] *s* el que está en ventaja en una competencia (esp. política).

frost [frôst] *s* escarcha; *(freezing weather)* helada.

frosted [frô′stĭd] *adj (ground, cake)* escarchado; *(window)* empañado; *(glassware)* deslustrado; *(foods)* helado, congelado.

frosty [:stē] *adj* **-i-** muy frío, de helada; *(welcome)* frío, glacial; *(hair)* canoso, cano.

frown [froun] **-1** *s* ceño, entrecejo **-2** *vi* fruncir el entrecejo.

frozen [frō′zən] **-1** *cf* **freeze -2** *adj* helado; *(food, assets)* congelado; *(very cold)* frígido; *(numb)* entumecido; *(with fear)* paralizado.

frugal [frōō′gəl] *adj* frugal, parco.

fruit [frōōt] **-1** *s* [pl inv *or* **s**] fruta; BOT fruto **-2** *vi* dar fruto.

fruitful [:fəl] *adj* fructuoso, fructífero.

fruition [frōō–ĭsh′ən] *s* fruición *f* ♦ **to bring (come) to fruition** realizar(se).

frustrate [frŭs′trāt′] *vt* frustrar.

fry [frī] **-1** *vt & vi* freír(se) ♦ **frying pan** sartén **-2** *s* fritada ♦ *pl* patatas *or* papas fritas.

fryer [′ər] *s (pan)* sartén *f*.

fudge [fŭj] **-1** *s (candy)* dulce *m* de chocolate; *(nonsense)* tontería **-2** *vt* falsificar *-vi* engañar ♦ **to fudge on** dejar de cumplir con.

fuel [fyōō′əl] **-1** *s* combustible *m* ♦ **fuel oil** aceite fuel *or* combustible **-2** *vt (furnace)* alimentar; *(auto)* echar gasolina a; *(ship, plane)* abastecer de combustible a.

fugitive [fyōō′jĭ-tĭv] *adj & s* fugitivo.

fulfil(l) [fōōl-fĭl′] *vt* **-ll-** *(requirements)* llenar; *(duty)* desempeñar; *(contract, promise)* cumplir (con).

full [fōōl] **-1** *adj* lleno; *(complete)* completo; *(detailed)* detallado; *(maximum)* máximo; *(crowded)* atestado; *(hotel,*

F

theater) completo; *(entire)* entero ♦ **full house** sala repleta • **full stop** GRAM punto • **to be full** *(person)* estar satisfecho; *(hotel)* no tener lugar **-2** *adv (very)* extremadamente, muy; *(directly)* directamente, de lleno **-3** *s* ♦ **in full** completamente, detalladamente • **to pay in full** pagar íntegramente.

full-scale [:skăl′] *adj (model)* de tamaño natural; *(all-out)* en gran escala, a todo dar.

full-time [:tīm′] *adj* de jornada completa.

fully [:ē] *adv (totally)* completamente, enteramente.

fumble [fŭm′bəl] *vi (to handle)* enredarse; *(to grope)* buscar torpemente ♦ **to fumble for words** buscar las palabras *-vt (to handle)* manejar torpemente; *(to bungle)* estropear.

fume [fyōōm] **-1** *s* humo, tufo ♦ *pl* gases, humo **-2** *vi* echar humo, enfurecerse.

fun [fŭn] *s* diversión *f*, alegría ♦ **for fun** *(as a joke)* en broma, bromeando; *(to have fun)* para divertirse • **to be fun** ser divertido • **to have fun** divertirse, pasarlo bien • **to make fun of** reírse *or* burlarse de • **what fun!** ¡qué divertido!

function [fŭngk′shən] **-1** *s* función *f*; *(ceremony)* acto, ceremonia **-2** *vi* funcionar.

fund [fŭnd] *s* fondo ♦ *pl* fondos, dinero disponible.

fundamental [fŭn′də-mĕn′tl] *adj* fundamental.

funding [fŭn′dĭng] *s* financiamiento.

funeral [fyōō′nər-əl] *s* funeral(es) *m*; *(procession)* cortejo fúnebre.

funnel [fŭn′əl] **-1** *s (utensil)* embudo; *(stack)* chimenea **-2** *vi* tomar forma de embudo, encañonarse.

funny [fŭn′ē] *adj* **-i-** *(amusing)* divertido, cómico, gracioso; *(odd)* raro, extraño; *(fishy)* sospechoso ♦ **that's not funny** eso no es ninguna gracia • **to try to be funny** hacerse el gracioso.

fur [fûr] *s* pelo, pelaje *m*; *(pelt)* piel *f* ♦ **fur coat** abrigo de piel(es).

furious [fyŏŏr′ē-əs] *adj* furioso; *(speed)* vertiginoso.

furnace [fûr′nĭs] *s* horno.

furnish [fûr′nĭsh] *vt (room, house)* amueblar; *(supplies)* suministrar.

furniture [:chər] *s* muebles *m*, mobiliario.

further [fûr′thər] **-1** *adj* [comp de **far**] *(more distant)* más lejano *or* alejado; *(additional)* otro, más; *(renewed)* nuevo **-2** *adv* [comp de **far**] *(extent, degree)* más; *(distance)* más lejos, más allá.

furthermore [:môr′] *adv* además.

furthest [fûr′thĭst] [superl de **far**] **-1** *adj (more distant)* más lejano; *(remotest)* más remoto **-2** *adv (extent, degree)* al extremo; *(distance)* más lejos.

fury [fyŏŏr′ē] *s* furia.

fuse¹ [fyōōz] *s (wick)* mecha.

fuse² **-1** *vt & vi* fundir(se) **-2** *s* ELEC fusible *m*, plomo.

fuss [fŭs] *s (commotion)* alboroto, bulla; *(quarrel)* lío ♦ **to make a fuss** armar un lío.

fussy [fŭs′ē] *adj* **-i-** *(touchy)* susceptible, irritable; *(baby)* lloricón; *(fastidious)* quisquilloso, melindroso.

futile [fyōōt′l, fyōō′tīl′] *adj* inútil, vano.

future [fyōō′chər] **-1** *s* futuro, porvenir *m* ♦ **in the future** en lo sucesivo • **in the near future** dentro de poco **-2** *adj* futuro, venidero.

fuzzy [fŭz′ē] *adj* **-i-** velloso, velludo; *(indistinct)* borroso.

G

G [jē] s MÚS sol m.

gadfly [găd'flī'] s moscardón m.

gag [găg] **-1** s mordaza; (joke) chiste m **-2** vt **-gg-** amordazar -vi atorarse, ahogarse.

gaiety [gā'ĭ-tē] s regocijo, alegría.

gain [gān] **-1** vt ganar; (to acquire) adquirir; (respect, confidence) granjearse; (to advance) avanzar -vi (to become greater) aumentar; (in value) subir (valor) **-2** s (profit) ganancia, beneficio.

gait [gāt] s paso.

gala [gā'lə, găl'ə] adj & s (de) gala, (de) fiesta.

galaxy [găl'ək-sē] s galaxia; FIG (assemblage) constelación f.

gale [gāl] s (wind) vendaval m.

gallant [găl'ənt] adj (courageous) gallardo; (chivalrous) galante; (flirtatious) galanteador.

gallbladder [gôl'blăd'ər] s vesícula biliar.

gallery [găl'ə-rē] s galería.

galley [găl'ē] s (ship) galera; (kitchen) cocina.

gallon [găl'ən] s galón m.

gallop [găl'əp] **-1** s galope m ♦ **at a gallop** al galope **-2** vt hacer galopar -vi galopar.

gallows [găl'ōz] s [pl inv or **es**] horca.

gallstone [gôl'stōn'] s cálculo biliar.

galvanize [găl'və-nīz'] vt galvanizar.

gambit [găm'bĭt] s (chess move) gambito; (strategy) estratagema, maniobra.

gamble [găm'bəl] **-1** vi (to bet) jugar; (to risk) arriesgarse -vt (to bet) jugar, apostar; (to risk) arriesgar **-2** s (bet) jugada; (risk) riesgo.

gambler [:blər] s jugador m.

gambling [:blĭng] s juego.

game [gām] **-1** s juego; (of checkers, etc) partida; (of baseball, etc) partido; (wild animals) caza ♦ **big game** caza mayor • **board game** juego de mesa • **game show** concurso televisivo **-2** adj (plucky) valeroso.

gamekeeper [:kē'pər] s guardabosque m/f.

gamut [găm'ət] s gama.

gang [găng] **-1** s pandilla; (laborers) cuadrilla **-2** vi ♦ **to gang up on** atacar en grupo.

gangrene [găng'grēn'] s gangrena.

gangster [găng'stər] s gángster m, bandido.

gap [găp] **-1** s hueco; (crack) hendedura; (blank) espacio; (of time) intervalo **-2** vi **-pp-** abrirse, estar abierto.

gape [gāp] **-1** vi (to stare) quedarse boquiabierto ♦ **to gape at** mirar boquiabierto **-2** s (stare) mirada atónita.

garage [gə-räzh', -räj'] s garaje m.

garbage [gär'bĭj] s basura, desperdicio; FIG porquería.

garble [gär'bəl] vt (message) desvirtuar; (words) mezclar.

garden [gär'dn] **-1** s jardín m **-2** vi trabajar en el jardín **-3** adj de jardín.

gardener [gär'dnər] s jardinero.

gardening [gär'dnĭng] s jardinería.

gargle [gär'gəl] **-1** vi hacer gárgaras **-2** s gárgara; (medication) gargarismo.

garland [gär'lənd] **-1** s guirnalda **-2** vt enguirnaldar.

garlic [gär'lĭk] s ajo.

garment [gär'mənt] s vestido, prenda de vestir.

garnish [gär'nĭsh] **-1** vt (to embellish) adornar; CUL guarnecer **-2** s ornamento; CUL guarnición f.

garrison [găr'ĭ-sən] **-1** s guarnición f **-2** vt (troops) poner en guarnición; (post) guarnecer.

garter [gär'tər] s liga.

gas [găs] **-1** s [pl **-(s)es**] gas m; (gasoline) gasolina; (asphyxiant) gas asfixiante ♦ **gas mask** máscara antigás • **gas station** gasolinera **-2** vt **-ss-** asfixiar con gas.

gash [găsh] **-1** vt acuchillar **-2** s cuchillada.

gaslight [găs'līt'] s luz f lámpara de gas.

gasoline/ene [găs'ə-lēn'] s gasolina, nafta.

gasp [găsp] **-1** vi jadear **-2** s jadeo.

gastronomy [gă-strŏn'ə-mē] s gastronomía.

gasworks [găs'wûrks'] s pl fábrica de gas.

gate [gāt] s puerta; (of iron) verja; TEAT (attendance) taquilla.

gatekeeper [:kē'pər] s portero.

gateway [:wā'] *s (opening)* pórtico; *(access)* puerta, entrada.

gather [găth'ər] *vt* reunir, juntar; *(to congregate)* congregar; *(to infer)* deducir; *(flowers)* coger; *(crops, thoughts)* recoger; *(to amass)* acumular; *(speed)* ganar; *(strength)* cobrar.

gathering [:ĭng] *s* asamblea, reunión *f.*

gauche [gōsh] *adj* torpe, sin tacto.

gaudy [gô'dē] *adj -i-* llamativo, chillón.

gauge [gāj] *-1 s (measurement)* medida; FC entrevía; ARM calibre *m -2 vt (to measure)* medir.

gaunt [gônt] *adj* macilento, demacrado.

gauze [gôz] *s* gasa.

gay [gā] *-1 adj* alegre; *(bright)* vistoso; JER homosexual *-2 s* homosexual *m/f.*

gaze [gāz] *-1 vi* mirar con fijeza, contemplar *-2 s* mirada fija.

gazelle [gə-zĕl'] *s* gacela.

gazetteer [găz'ĭ-tîr'] *s* diccionario geográfico.

gear [gîr] *-1 s* MEC rueda dentada, engranaje *m;* AUTO velocidad *f,* marcha; *(assembly)* tren *m; (equipment)* equipo, aparejos ♦ **in gear** engranado • **to change** *or* **shift gears** AUTO cambiar de velocidad *-2 vt* MEC engranar ♦ **to gear to** ajustar *or* adaptar a • **to gear (oneself) up** prepararse.

gearbox ['bŏks'] *s* caja de cambios.

gearshift [:shĭft'] *s* palanca de cambios.

gel [jĕl] *s* gel *m.*

gelatin(e) [jĕl'ə-tn] *s* gelatina.

gem [jĕm] *s* piedra preciosa, gema; FIG tesoro, joya.

gender [jĕn'dər] *s* GRAM género; *(sex)* sexo.

gene [jēn] *s* gene *m.*

general [jĕn'ər-əl] *-1 adj* general ♦ **general store** almacén • **in general** por lo general *-2 s* general *m.*

generalize ['--līz'] *vt* generalizar *-vi* hacer generalizaciones.

generate [jĕn'ə-rāt'] *vt* generar, FIG *(to produce)* producir, engendrar.

generation ['-rā'shən] *s* generación *f* ♦ **the younger generation** los jóvenes.

generator ['-'tər] *s* generador *m.*

generosity [jĕn'ə-rŏs'ĭ-tē] *s* generosidad *f.*

generous ['ər-əs] *adj* generoso.

genial [jēn'yəl] *adj* afable, simpático.

genital [jĕn'ĭ-tl] *-1 adj* genital *-2 s* ♦ *pl* órganos genitales.

genius [jēn'yəs] *s* [*pl* **es**] genio.

genocide [jĕn'ə-sīd'] *s* genocidio.

genteel [jĕn-tēl'] *adj (refined)* fino; *(stylish)* elegante.

gentle [jĕn'tl] *adj -er, -est (kind)* amable; *(tender)* dulce; *(mild)* suave.

gentleman [:mən] *s* [*pl* **-men**] caballero, señor *m.*

gentleness [:nĭs] *s (mildness)* suavidad *f; (tameness)* mansedumbre *f.*

gentry [jĕn'trē] *s* alta burguesía.

genuine [jĕn'yōō-ĭn] *adj (real)* verdadero; *(authentic)* genuino.

geography [jē-ŏg'rə-fē] *s* geografía.

geology [:jē] *s* geología.

geometry [jē-ŏm'ĭ-trē] *s* geometría.

geranium [jə-rā'nē-əm] *s* geranio.

geriatric [jĕr'ē-ăt'rĭk] *adj & s* (paciente *m/f)* geriátrico ♦ **geriatrics** *s sg* geriatría.

germ [jûrm] *s* BIOL, FIG germen *m;* MED *(microbe)* microbio; *(bacillus)* bacilo.

German [jûr'mən] *adj & s* alemán ♦ **German measles** rubéola • **German shepherd** pastor alemán.

gerund [jĕr'ənd] *s* gerundio.

gesticulate [jĕ-stĭk'yə-lāt'] *vi* gesticular.

gesture [jĕs'chər] *-1 s* gesto, ademán *m -2 vi* hacer ademán *-vt* expresar con ademán.

get [gĕt] *vt* **got, got(ten), -tt-** *(to obtain)* obtener, conseguir; *(to buy)* comprar; *(to receive)* recibir; *(to win)* sacar; *(to attract)* atraer; *(to seize)* agarrar, capturar; *(flu, cold)* coger, contraer; *(to cause to become)* hacer que <*that got me angry* eso hizo que me enfadara>; *(a meal)* hacer, preparar; *(to bring)* traer, alcanzar <*get my slippers, please* tráeme las pantuflas, por favor>; *(to persuade)* lograr, hacer que <*we got her to come with us* logramos que ella viniera con nosotros>; FAM *(to possess)* poseer, tener <*what have you got in your hand?* ¿qué tienes en la mano?>; *(must)* tener que <*we have got to win* tenemos que ganar>; *(to understand)* comprender; *(to hear)* oír bien; *(to capture)* coger, captar <*to get the feel of* coger el truco de> ♦ **to get back** recuperar, recobrar • **to get off** *(to send)* mandar, enviar; *(day)* tener libre • **to get out of** *(to remove)* sacar; *(stain)* quitar • **to get out of** *(information)* sonsacar de; *(pleasure, benefit)* sacar *or* obtener de • **to get over (with)** acabar con • **to get up** *(petition)* organizar; *(courage)* armarse -*vi* *(to become)* ponerse *<he got well se puso bien>*; *(to turn)* ponerse, hacer *<it's getting cold empieza a hacer frío>* ♦ **I can't get over it** no lo puedo creer • **to get across** cruzar • **to get along** *(to manage)* arreglárselas *(on* con); *(to be friendly)* llevarse bien; *(with* con) • **to get along without** pasar sin, prescindir de • **to get around** *(to travel)* viajar; *(socially)* salir mucho; *(an obstacle)* lograr pasar • **to get around to** encontrar tiempo para • **to get at** *(the truth)* averiguar, descubrir; *(to mean)* querer decir • **to get away** *(to escape)* escaparse; *(from* de) • **to get back** regresar, volver • **to get back at** vengarse de • **to get back to** *(to return)* volver a; *(to call back)* volver a llamar • **to get by** arreglárselas • **to get in** *(to arrive)* llegar; *(to gain entry)* entrar • **to get into** *(car)* subir a; *(bed, trouble)* meterse en • **to get off** *(train, horse)* apearse; *(work)* salir (del trabajo) • **to get on** *(train, horse)* montar en; *(to be friendly)* llevarse bien *(with* con) • **to get on with** seguir con • **to get out of** *(to manage to leave)* lograr salir • **to get out of** *(bed, chair)* levantarse de; *(town)* alejarse de; *(the way)* quitarse (de en medio); *(car)* apearse de • **to get over** *(to finish)* terminar; *(illness)* reponerse de; *(difficulty)* vencer; *(loss)* sobreponerse de • **to get through** *(exam)* aprobar; *(the day, crowd)* pasar • **to get through to** *(by phone)* conseguir comunicación con • **to get to** *(to manage to)* lograr; *(to arrive)* llegar a; FAM *(to begin)* abordar, comenzar; *(to upset)* molestar a (alguien) • **to get up** *(to stand up)* levantarse, ponerse de pie; *(out of bed)* levantarse (de la cama).

ghastly [găst′lē] *adj* -**i**- horrible, horroroso; *(ghostly)* cadavérico; *(awful)* atroz.

ghetto [gĕt′ō] *s* [*pl* (**e**)**s**] ghetto.

ghost [gōst] *s* fantasma *m*, espectro.

giant [jī′ənt] *adj* & *s* gigante *m*.

gibberish [:ĭsh] *s* galimatías *m*, jerga.

gibe [jīb] -**1** *vi* & *vt* burlarse, mofarse -**2** *s* burla, mofa.

giblets [jĭb′lĭts] *s pl* menudos (de ave).

giddy [gĭd′ē] *adj* -**i**- *(dizzy)* mareado; *(causing dizziness)* vertiginoso.

gift [gĭft] *s* regalo, obsequio; *(donation)* donación *f*; *(talent)* talento, aptitud *f*.

gifted [gĭf′tĭd] *adj* *(person)* dotado.

gigantic [jī-găn′tĭk] *adj* gigantesco.

giggle [gĭg′əl] -**1** *vi* reírse tontamente -**2** *s* risita entrecortada y tonta.

gill[1] [gĭl] *s* ICT agalla, branquia.

gill[2] [jĭl] *s* EU cuatro onzas (líquidas); *GB* cinco onzas (líquidas).

gilt [gĭlt] -**1** *adj* dorado -**2** *s* lámina *or* chapa de oro.

gimmick [gĭm′ĭk] *s* truco *<sales gimmick truco publicitario>*.

gin [jĭn] *s* ginebra.

ginger [jĭn′jər] *s* jengibre *m*.

gingerbread [:brĕd′] *s* CUL pan *m* de jengibre; *(decoration)* ornamentación excesiva.

gingerly [:lē] -**1** *adv* cuidadosamente, cautelosamente -**2** *adj* cuidadoso, cauteloso.

giraffe [jə-răf′] *s* [*pl* inv *or* **s**] jirafa.

girder [gûr′dər] *s* viga.

girdle [gûr′dl] -**1** *s* *(sash)* faja; *(belt)* cinturón *m* -**2** *vt* *(to encircle)* rodear; *(to belt)* ceñir, atar.

girl [gûrl] *s* muchacha, chica; *(child)* niña; *(unmarried young woman)* joven *f*.

girlfriend *or* **girl friend** [′frĕnd′] *s* amiga; *(sweetheart)* novia.

girlish [gûr′lĭsh] *adj* de niña.

girth [gûrth] *s* circunferencia; *(bulk)* tamaño, dimensiones *f*; *(cinch)* cincha.

gist [jĭst] *s* esencia, quid *m*.

give [gĭv] -**1** *vt* **gave, given** dar; *(a gift)* regalar; *(to pay)* pagar; *(to bestow)* conferir, otorgar; *(to donate)* donar; *(to cause)* ocasionar; *(a speech)* pronunciar; *(an illness)* contagiar; *(to supply, provide)* proporcionar, proveer de; *(to dispense)* administrar (medicina, sacramentos); *(to yield)* ceder; *(to host)* dar (baile, fiesta); *(to devote)* dedicar, consagrar ♦ **to give away** (awards) entregar; (to divulge) contar, revelar (secreto, trama); (to sell cheaply) regalar • **to give back** devolver • **to give chase** perseguir • **to give off** emitir, despedir (olor, vapor) • **to give oneself up** entregarse (a las autoridades) • **to give oneself up to** (vice, despair) abandonarse a; (study, work) dedicarse a • **to give out** distribuir, repartir • **to give over** entregar (autoridad, presos) • **to give up** (to abandon) abandonar, renunciar a (intento, tarea); (to stop) dejar de • **to give warning** prevenir, advertir -vi hacer regalos, dar ♦ **to give in** (to collapse) ceder, caerse; (to accede) acceder; (to admit defeat) darse por vencido • **to give on(to)** dar a • **to give up** (to resign oneself) resignarse; (to concede defeat) darse por vencido • **to give way** (to yield) ceder; (to collapse) caerse -2 s elasticidad f, flexibilidad f.

given [:ən] adj dado ♦ **given name** nombre de pila.

glacier [glā'shər] s glaciar m.

glad [glăd] adj -dd- (happy) alegre, contento ♦ **to be glad to** alegrarse de.

gladiolus [glăd'ē-ō'ləs] s [pl es or -li] gladiolo, gladíolo.

glamo(u)r [glăm'ər] s encanto, hechizo.

glamo(u)rous [:ər-əs] adj elegante, hechicero.

glance [glăns] -1 vi echar un vistazo or una mirada ♦ **to glance through** or **at** echar un vistazo a, hojear -2 s (glimpse) vistazo, mirada.

gland [glănd] s glándula.

glare [glâr] -1 vi (to stare angrily) mirar con rabia; (to dazzle) relumbrar; (to stand out) saltar a la vista -vt expresar con una mirada furibunda -2 s mirada furibunda; (blinding light) deslumbramiento, resplandor m.

glaring ['ĭng] adj (light) deslumbrador; (error) patente, manifiesto.

glass [glăs] s vidrio, cristal m; (glassware) cristalería; (drinking vessel) vaso; (mirror) espejo ♦ pl (eyeglasses) lentes, anteojos.

glassware [:wâr'] s cristalería.

glassy [:ē] adj -i- vítreo; (smooth) liso; (eyes) vidrioso.

glaze [glāz] -1 s (ice) capa de hielo; CERÁM vidriado, barniz m; CUL capa de almíbar, garapiña -2 vt (a window) poner vidrios a; CERÁM barnizar; CUL garapiñar -vi ponerse vidrioso, nublarse.

gleam [glēm] -1 s destello; (of intelligence) chispa, pizca -2 vi destellar.

glean [glēn] vt espigar.

glee [glē] s regocijo.

glib [glĭb] adj -bb- (self-assured) desenvuelto; (insincerely eloquent) locuaz, de mucha labia.

glide [glīd] -1 vi deslizarse; (furtively) escurrirse, AVIA planear -vt hacer planear -2 s deslizamiento.

glider [glī'dər] s planeador m.

glimmer [glĭm'ər] -1 s luz trémula; (trace) indicio -2 vi brillar con luz trémula, lucir débilmente.

glimpse [glĭmps] -1 s vistazo, ojeada -2 vt vislumbrar.

glint [glĭnt] -1 s destello, fulgor m -2 vi destellar.

glitter [glĭt'ər] -1 s centello, destello -2 vi relucir, centellear.

global [glō'bəl] adj (worldwide) mundial; (total) global.

globe [glōb] s globo (terrestre).

gloom [glōm] s (partial) penumbra; (total) tinieblas f; (melancholy) melancolía, tristeza.

gloomy [glōō'mē] adj -i- (dark) oscuro; (dreary) lúgubre; (melancholy) triste; (pessimistic) pesimista.

glorious [glôr'ē-əs] adj glorioso.

glory [glôr'ē] s gloria.

gloss [glôs] -1 s (luster) lustre m, brillo; (deceptive appeal) falso brillo, oropel m -2 vt ♦ **to gloss over** prestar poca atención a.

glossary [glô'sə-rē] s glosario.

glossy [glô'sē] adj -i- lustroso, brillante; (paper) glaseado; (showy) vistoso.

glove [glŭv] s guante m ♦ **glove compartment** guantera.

glow [glō] -1 vi resplandecer, brillar; (coals, sky) arder -2 s resplandor m, brillo; (heat) calor m.

glucose [glōō'kōs'] s glucosa.

glue [glōō] -1 s goma de pegar; (for wood) cola -2 vt pegar.

gnat [năt] s jején m.

gnaw [nô] *vt & vi* roer.

gnome [nōm] *s* gnomo.

go [gō] **-1** *vi* went, gone *ir (to proceed)* seguir adelante; *(to leave)* irse, marcharse; *(to take its course)* andar, marchar <how is everything going? ¿cómo anda todo?>; *(to turn out)* salir, resultar <to go well salir bien>; *(to extend)* llegar; *(to function)* funcionar, andar; *(to become)* tornarse, volverse <he went mad se volvió loco>; *(to wait)* esperar <we still have another hour to go tenemos que esperar otra hora todavía>; *(to be left)* faltar <there are ten miles to go before we arrive faltan diez millas para llegar> ♦ **to go after** *(to follow)* seguir a; *(to attack)* caerle a, atacar • **to go around** circular • **to go away** *(to leave)* irse, marcharse; *(to pass)* pasar *(dolor, molestia)* • **to go before** preceder, ir antes • **to go by** *(to pass by)* pasar por; *(time)* pasar • **to go down** *(to descend)* bajar; *(the sun)* ponerse; *(a ship)* hundirse; *(airplane)* caerse • **to go for** *(to fetch)* ir por, ir a traer • **to go forward** adelantar(se) • **to go in** *(to enter)* entrar en • **to go into** *(to enter)* entrar en; *(to fit)* caber or encajar en • **to go on** *(to continue)* continuar, seguir • **to go out** *(to exit, socially)* salir; *(light)* apagarse; *(fire, matches)* extinguirse • **to go over** *(to examine)* examinar; *(to review)* repasar • **to go through** *(to experience)* pasar por, sufrir • **to go to** or **toward** dirigirse or acercarse a • **to go up** *(to ascend)* subir • **to go with** *(to accompany)* acompañar; *(to match)* hacer juego con; *(to date)* salir con **-2** *s* [pl **es**] *(try)* intento; *(turn)* turno.

goad [gōd] **-1** *s* aguijada; FIG *(incentive)* aguijón *m* **-2** *vt* aguijonear.

go-ahead [gō'ə-hĕd'] *s* FAM autorización *f*.

goal [gōl] *s* meta; *(structure)* portería; *(score)* gol *m*.

goalkeeper ['kē'pər] *s* portero, guardameta *m*.

goat [gōt] *s* cabra.

gobble [gŏb'əl] *vt* devorar, engullir.

goblet [gŏb'lĭt] *s* copa.

god [gŏd] *s* dios; *(idol)* ídolo ♦ **God** Dios.

godchild ['chīld'] *s* [pl **-dren**] ahijado, a.

goddess [:ĭs] *s* diosa.

godfather [:fä'thər] *s* padrino.

godmother [:mŭth'ər] *s* madrina.

goggle [gŏg'əl] **-1** *vi* mirar con los ojos desorbitados **-2** *s* ♦ *pl* gafas, anteojos.

gold [gōld] **-1** *s* oro **-2** *adj (made of gold)* de oro; *(golden)* dorado.

goldfish [:fĭsh'] *s* [pl inv or **es**] pececillo de color.

goldsmith [:smĭth'] *s* orfebre *m*.

golf [gŏlf] **-1** *s* golf *m* **-2** *vi* jugar al golf.

golfer [gŏl'fər] *s* golfista *m/f*.

gone [gôn] **-1** *cf* go **-2** *adj (past)* pasado, ido ♦ **to be gone** *(departed)* haberse ido.

good [gŏod] **-1** *adj* better, best bueno; *(beneficial)* beneficioso; *(pleasant)* agradable; *(reliable)* digno de confianza ♦ **good for nothing** inútil • **how good of you** muy amable de su parte • **good looks** buen parecer • **to be good at** tener capacidad or talento para • **to be good to someone** ser bueno para con alguien • **to be no good** ser inútil, no servir para nada • **to have a good time** divertirse, pasarlo bien **-2** *s* bien *m* ♦ **for good** para siempre ♦ *pl (wares, belongings)* bienes; *(merchandise)* mercancías, géneros **-3** *adv* FAM bien ♦ **to do one good** sentarle bien • **to feel good** *(well)* sentirse bien **-4** *interj* ¡bueno!, ¡muy bien!

good-by(e) [-bī'] **-1** *interj* ¡adiós!, ¡hasta luego! **-2** *s* [pl **(e)s**] adiós, despedida.

good-humored [:hyŏo'mərd] *adj* jovial, alegre.

good-looking [:lŏok'ĭng] *adj* bien parecido.

good-natured [:nā'chərd] *adj* afable, amable.

goodness [:nĭs] **-1** *s* bondad *f* **-2** *interj* ¡Dios mío!

good-tempered [:tĕm'pərd] *adj* afable.

goose [gŏos] *s* [pl **geese**] ganso.

gorge [gôrj] **-1** *s (ravine)* desfiladero; *(throat)* garganta **-2** *vt* hartar, atiborrar.

gorgeous [gôr'jəs] *adj* magnífico, espléndido.

gorilla [gə-rĭl'ə] *s* gorila *m*.

gory [gôr'ē] *adj* **-i-** *(bloody)* ensangrentado; *(fight)* sangriento.

G

gospel [gŏs'pəl] s evangelio.

gossip [gŏs'ĭp] **-1** s chismes m; (gossiper) chismoso **-2** vi chismear, chismorrear.

got, gotten [gŏt, gŏt'n] cf **get**.

govern [gŭv'ərn] vt gobernar; (to determine) determinar -vi.gobernar.

governess [:nĭs] s institutriz f.

government [gŭv'ərn-mənt] s & adj (del) gobierno.

gown [goun] s vestido (de etiqueta); (nightgown) camisón m; (ceremonial robe) toga.

grab [grăb] vt **-bb-** (to seize) agarrar, coger; (to snatch) arrebatar.

grace [grās] **-1** s gracia; (reprieve) plazo **-2** vt adornar, embellecer.

graceful [´fəl] adj agraciado, elegànte.

grade [grād] **-1** s (degree, rank) grado; (quality) calidad f; EDUC (class) año, curso; (mark) nota **-2** vt (to classify) clasificar; (an exam) calificar.

gradual [grăj´o͞o-əl] adj gradual, paulatino.

graduate [grăj´o͞o-āt´] **-1** vt & vi graduar(se) **-2** adj & s graduado, diplomado.

graduation [´-´shən] s graduación f; (commencement) entrega de diplomas.

graffiti [grə-fē'tē] s pl inscripciones f en las paredes.

grain [grān] s grano; (cereals) cereales m; (bit) pizca, asomo; (in wood) fibra.

gram [grăm] s gramo.

grammar [grăm'ər] s gramática.

grammatical [:măt'ĭ-kəl] adj gramatical.

gramophone [grăm'ə-fōn'] s gramófono.

granary [grăn'ə-rē] s granero.

grand [grănd] **-1** adj grandioso, magnífico; (sumptuous) suntuoso **-2** s piano de cola.

grandaunt [´ănt´, ´änt´] s tía abuela.

grandchild [:chīld'] s [pl **-dren**] nieto, a.

grand-dad(dy) [grăn'dăd'(ē)] s abuelo, abuelito; (archetype) arquetipo.

granddaughter [:dô'tər] s nieta.

grandfather [grănd'fä'thər] s abuelo
♦ **grandfather clock** reloj de pie, de caja.

grandmother [grănd'mŭth'ər] s abuela.

grandson [:sŭn'] s nieto.

grandstand [:stănd'] **-1** s tribuna **-2** vi actuar de manera ostentosa.

granite [grăn'ĭt] s granito.

granny/nie [grăn'ē] s abuelita; (fussy person) persona minuciosa.

grant [grănt] **-1** vt (to concede) conceder; (to bestow) otorgar **-2** s (scholarship) beca.

granulate [grăn'yə-lāt'] vt & vi granular(se).

granule [grăn'yo͞ol] s gránulo.

grape [grāp] s uva.

grapefruit [´fro͞ot´] s toronja, pomelo.

grapevine [:vīn'] s vid f, parra.

graph [grăf] s gráfico, diagrama m.

grasp [grăsp] **-1** vt (to seize) agarrar, asir; (to comprehend) captar -vi ♦ **to grasp at** tratar de agarrar **-2** s (grip) apretón m; FIG comprensión f.

grasping [grăs'pĭng] adj avaricioso.

grass [grăs] s hierba; (lawn) césped m; (pasture) pasto; JER (marijuana) yerba.

grasshopper [´hŏp'ər] s saltamontes m.

grassland [:lănd'] s pradera, prado.

grate¹ [grāt] **-1** vt CUL rallar; (teeth) hacer rechinar -vi rechinar **-2** s (of metal) chirrido; (of teeth) rechinamiento.

grate² s (grill) reja; (for coals) parrilla.

grateful [grāt'fəl] adj agradecido.

grater [grā'tər] s rallador m.

gratify [grăt'ə-fī'] vt complacer, satisfacer.

gratitude [grăt'ĭ-to͞od'] s gratitud f.

grave¹ [grāv] s tumba, sepultura.

grave² adj grave, serio.

gravel [grăv'əl] s ripio, grava.

gravestone [grāv'stōn'] s lápida.

graveyard [:yärd'] s cementerio, camposanto.

gravity [grăv'ĭ-tē] s gravedad f; (solemnity) solemnidad f.

gravy [grā'vē] s salsa.

gray [grā] **-1** s gris **-2** adj (hair) cano
♦ **to go** or **turn gray** encanecer.

graze [grāz] vi (to feed) pacer, pastar -vt apacentar.

grease [grēs] **-1** s grasa **-2** vt engrasar, untar.

greasy [grē'sē, grē'zē] adj **-i-** (grease-coated) engrasado; (fatty) grasoso; (dirty) grasiento.

great [grāt] *adj* grande; *(age)* avanzado; FAM *(very good)* magnífico, bárbaro.

great-grandchild [-grănd'chĭld'] *s* [pl -dren] bisnieto, a.

great-granddaughter [:dô'tər] *s* bisnieta.

great-grandfather [:fä'thər] *s* bisabuelo.

great-grandmother [:mŭth'ər] *s* bisabuela.

great-grandparent [:pâr'ənt] *s* bisabuelo, a.

great-grandson [:sŭn'] *s* bisnieto.

greed [grēd] *s* *(for wealth)* codicia, avaricia.

green [grēn] -1 *s* verde *m*; *(verdure)* verdor *m* ♦ **green bean** habichuela *or* judía verde ♦ *pl* verduras -2 *adj* verde.

greengrocer [grēn'grō'sər] *s* GB verdulero.

greenish [grē'nĭsh] *adj* verdoso.

greet [grēt] *vt* dar la bienvenida, saludar.

greeting [grē'tĭng] *s* saludo ♦ **greeting card** tarjeta.

grid [grĭd] *s* *(grating)* rejilla; ELEC *(network)* red *f*.

grief [grēf] *s* *(sorrow)* pena, congoja; *(trouble)* desgracia.

grieve [grēv] *vt* dar pena, afligir -*vi* apenarse, afligirse; *(to mourn)* lamentarse.

grill [grĭl] -1 *vt* *(to broil)* asar a la parrilla -2 *s* *(rack)* parrilla.

grim [grĭm] *adj* -mm- lúgubre.

grimace [grĭm'ĭs] -1 *s* mueca -2 *vi* hacer muecas.

grin [grĭn] -1 *vi* -nn- sonreír -2 *s* sonrisa abierta.

grind [grīnd] *vt* **ground** *(to crush)* triturar; *(teeth)* hacer rechinar; *(coffee, wheat)* moler; *(meat)* picar.

grip [grĭp] -1 *s* *(firm grasp)* asimiento; *(of hands)* apretón *m*; *(handle)* asidero -2 *vt* -pp- *(to seize)* agarrar; *(to clasp)* apretar.

groan [grōn] -1 *vi* *(to moan)* gemir; *(to creak)* crujir (bajo mucho peso) -*vt* decir *or* indicar con gemidos -2 *s* gemido.

grocery [grō'sə-rē] *s* tienda de comestibles, almacén *m* ♦ **grocery store** almacén ♦ *pl* comestibles.

groggy [grŏg'ē] *adj* -i- *(dazed)* atontado.

groin [groin] *s* ANAT ingle *f*; ARQ arista.

groom [grōōm] -1 *s* mozo de caballos; *(bridegroom)* novio -2 *vt* *(horses)* cuidar; *(person)* preparar *(for* para).

groove [grōōv] -1 *s* ranura; *(of a record)* surco -2 *vt* acanalar.

gross [grōs] *adj* *(income, weight)* bruto; *(error, ignorance)* craso ♦ **gross amount** suma total.

grotesque [grō-tĕsk'] *adj* grotesco.

ground [ground] -1 *s* tierra, suelo; *(area)* terreno, campo ♦ **ground crew** personal de tierra • **ground floor** planta baja ♦ *pl* *(piece of land)* terreno; *(basis)* base; *(cause)* causa, motivo <ground for divorce motivo de divorcio> -2 *vt* *(theory)* basar, fundar.

groundless ['lĭs] *adj* infundado, sin base.

group [grōōp] -1 *s* grupo; *(organization)* agrupación *f*; MÚS conjunto -2 *vt & vi* agrupar(se).

grouse[1] [grous] *s inv* ORNIT urogallo.

grouse[2] FAM -1 *vi* quejarse, refunfuñar -2 *s* queja, refunfuño.

grove [grōv] *s* bosquecillo, soto.

grovel [grŏv'əl] *vi* rebajarse.

grow [grō] *vt* **grew, grown** cultivar <to grow flowers cultivar flores>; *(beard, hair)* dejar(se) crecer -*vi* *(business, industry)* expandirse, agrandarse; *(to increase)* aumentar; *(to mature)* madurar *(persona)* ♦ **to grow old** envejecer • **to grow up** *(physically)* crecer; *(mentally)* madurar, hacerse adulto.

growl [groul] -1 *s* gruñido -2 *vi* gruñir -*vt* expresar con gruñidos.

grown-up ['ŭp'] *adj & s* adulto.

growth [grōth] *s* crecimiento; *(development)* desarrollo.

grubby ['ē] *adj* -i- sucio.

grudge [grŭj] -1 *vt* escatimar, dar a regañadientes -2 *s* rencor *m*.

gruel(l)ing [grōō'ə-lĭng] *adj* *(demanding)* abrumador; *(exhausting)* agotador, penoso.

gruesome [grōō'səm] *adj* horrible, horrendo.

gruff [grŭf] *adj* brusco; *(hoarse)* ronco.

grumble [grŭm'bəl] -1 *vi* quejarse, gruñir -2 *s* queja, gruñido.

grumpy [grŭm'pē] *adj* **-i-** malhumorado.

grunt [grŭnt] **-1** *vi* gruñir **-2** *s* gruñido.

guarantee [găr'ən-tē'] **-1** *s* garantía **-2** *vt* garantizar.

guard [gärd] **-1** *vt* guardar; *(to protect)* proteger; *(to watch over)* custodiar ♦ **to guard against** *-vi* guardarse de **-2** *s (sentinel)* guardia *m*, guardián *m*.

guardian [gär'dē-ən] *s* guardián *m*, guarda *m*; *(of an orphan)* tutor *m*, curador *m*.

guava [gwä'və] *s* guayaba.

gue(r)rilla [gə-rĭl'ə] *s* guerrillero ♦ **gue(r)rilla warfare** guerrilla.

guess [gĕs] **-1** *vt & vi* conjeturar; *(to suppose)* suponer; *(to estimate correctly)* adivinar **-2** *s* conjetura, suposición *f* ♦ **to take a guess** tratar de adivinar.

guesswork ['wûrk'] *s* conjetura.

guest [gĕst] *s (at home)* invitado; *(at hotel)* huésped *m* ♦ **guest room** cuarto de huéspedes.

guffaw [gə-fô'] **-1** *s* carcajada, risotada **-2** *vi* reírse a carcajadas.

guidance [gīd'ns] *s (direction)* dirección *f*; *(counseling)* consejo.

guide [gīd] **-1** *s (leader)* guía *m/f*; *(book, device)* guía *f* **-2** *vt* guiar; *(to steer, govern)* dirigir *-vi* servir de guía.

guidebook ['bŏŏk'] *s* guía.

guild [gĭld] *s* gremio, asociación *f*.

guilty [gĭl'tē] *adj* **-i-** culpable ♦ **not guilty** inocente • **to find guilty** declarar culpable.

guinea pig *s* conejillo de Indias.

guise [gīz] *s* apariencia.

guitar [gĭ-tär'] *s* guitarra.

gulf [gŭlf] *s* golfo; *(abyss)* abismo.

gullet [gŭl'ĭt] *s* esófago; *(throat)* garganta.

gulp [gŭlp] **-1** *vt* tragar, engullir ♦ **to gulp down** tragarse *-vi* tragar en seco **-2** *s* trago.

gum[1] [gŭm] **-1** *s (sap, glue)* goma; *(for chewing)* chicle *m* **-2** *vt* **-mm-** engomar.

gum[2] *s* ODONT encía.

gun [gŭn] **-1** *s* arma de fuego; *(cannon)* cañón *m*; *(handgun)* pistola; *(rifle)* fusil *m*; *(shotgun)* escopeta **-2** *vt* **-nn-** disparar.

gunfire [:fīr'] *s* disparos, tiros.

gunman [gŭn'mən] *s* [pl **-men**] pistolero.

gunpowder [gŭn'pou'dər] *s* pólvora.

gunshot [:shŏt'] *s* tiro; *(artillery)* cañonazo.

gunsmith [:smĭth'] *s* armero.

gurgle [gûr'gəl] **-1** *vi (water)* gorgotear; *(baby)* gorjear **-2** *s* gorgoteo, gorjeo.

gush [gŭsh] **-1** *vi* brotar, chorrear **-2** *s* chorro; *(display)* efusión excesiva.

gust [gŭst] *s* ventolera, ráfaga.

gut [gŭt] **-1** *s* intestino, tripa ♦ *pl (entrails)* tripas; JER *(courage)* agallas **-2** *vt* **-tt-** destripar; FIG acabar con el interior de.

gutter [gŭt'ər] *s (street)* cuneta; *(roof)* canalón *m*, canal *m*.

guy[1] [gī] **-1** *s (tether)* tirante *m* **-2** *vt* atirantar.

guy[2] *s* FAM *(fellow)* tipo, tío ♦ *pl* muchachos.

guzzle [gŭz'əl] *vt* soplarse, beber mucho.

gym [jĭm] *s* FAM gimnasio.

gymnasium [jĭm-nā'zē-əm] *s* gimnasio.

gymnast ['năst'] *s* gimnasta *m/f*.

gynecologist [gī'nĭ-kŏl'ə-jĭst] *s* ginecólogo.

gynecology [:jē] *s* ginecología.

gypsy [jĭp'sē] *s* gitano ♦ **Gypsy** gitano.

gyrate [jī'rāt'] *vi* girar, rotar.

H

ha [hä] *interj* ¡ah!, ¡ja!

haberdashery [hăb′ər-dăsh′ə-rē] *s* (tienda de) artículos para caballeros.

habit [hăb′ĭt] *s* costumbre *f; (addiction)* dependencia.

habitat [:tăt′] *s* hábitat *m.*

habitual [hə-bĭch′ōō-əl] *adj* inveterado, empedernido; *(usual)* acostumbrado.

hack[1] [hăk] **-1** *vt (to chop)* cortar, tajar **-2** *s* tajo, hachazo.

hack[2] *s (nag)* jamelgo, penco; *(hireling)* asalariado.

hackneyed [:nēd] *adj* gastado, trillado.

haddock [hăd′ək] *s* [pl inv *or* **s**] abadejo.

haggard [hăg′ərd] *adj* demacrado.

haggle [hăg′əl] *vi* regatear.

ha-ha [hä′hä′] *interj* ¡ja, ja, ja!

hail[1] [hāl] **-1** *s (ice)* granizo; *(barrage)* lluvia, andanada **-2** *vi* granizar.

hail[2] *vt* saludar; *(to acclaim)* aclamar; *(cab)* llamar.

hailstorm [:stôrm′] *s* granizada.

hair [hâr] *s* pelo, cabello ♦ **gray hair** canas • **hair piece** tupé, peluquín • **hair spray** gomina, laca • **hair style** peinado • **to comb one's hair** peinarse.

hairbrush [′brŭsh′] *s* cepillo (para el pelo).

haircut [:kŭt′] *s* corte *m* de pelo.

hairdo [:dōō′] *s* peinado.

hairdresser [:drĕs′ər] *s* peluquero.

hairless [hâr′lĭs] *adj* sin pelo; *(face)* lampiño.

hairpin [:pĭn′] *s (pin)* horquilla; *(curve)* curva cerrada (de una carretera).

hairy [hâr′ē] *adj* **-i-** peludo; JER *(hazardous)* espinoso.

hake [hāk] *s* [pl inv *or* **s**] merluza.

half [hăf] **-1** *s* [pl **-ves**] mitad *f; (part)* parte *f;* DEP tiempo ♦ **and a half** y medio • **by half** a la mitad • **by halves** a medias • **half brother, sister** hermanastro, a • **half past (two)** (dos) y media **-2** *adj & adv* medio, a medias ♦ **half price** a mitad de precio.

half-and-half [′ənhăf′] **-1** *adj* mitad y mitad **-2** *adv* a medias **-3** *s* leche *f* con crema.

halfback [:băk′] *s* DEP medio.

half-baked [:băk′] *adj* a medio cocer.

half-hour [:our′] *s* media hora.

half-moon [:mōōn′] *s* media luna.

halfway [:wā′] **-1** *adj* medio, intermedio; *(measures)* parcial **-2** *adv* a la mitad; *(partially)* a medias.

hall [hôl] *s* corredor *m; (lobby)* vestíbulo; *(auditorium)* sala; EDUC *(building)* facultad *f.*

hallmark [hôl′märk′] *s* sello.

hallucinate [hə-lōō′sə-nāt′] *vt & vi* alucinar(se).

hallway [hôl′wā′] *s* pasillo, corredor *m.*

halo [hā′lō] *s* [pl **(e)s**] halo; *(aura)* aura.

halt [hôlt] **-1** *s (stop)* alto, parada; *(pause)* interrupción *f* **-2** *vt & vi* parar(se), detener(se); *(briefly)* interrumpir(se) ♦ **halt!** ¡alto!

halve [hăv] *vt* partir *or* reducir a la mitad.

ham [hăm] **-1** *s* jamón *m,* pernil *m;* FAM *(performer)* comicastro; RAD radioaficionado **-2** *vt* **-mm-** exagerar.

hamburger [hăm′bûr′gər] *s* hamburguesa.

hamlet [hăm′lĭt] *s* aldea, caserío.

hammer [hăm′ər] **-1** *s* martillo **-2** *vt* martillar.

hammock [hăm′ək] *s* hamaca.

hamper[1] [hăm′pər] *vt* poner trabas a.

hamper[2] *s (basket)* cesto.

hamster [hăm′stər] *s* hámster *m.*

hand [hănd] **-1** *s* mano *f; (of clock, gauge)* aguja, manecilla; *(side)* lado; *(laborer)* obrero, jornalero; *(cards)* mano ♦ **by hand** a mano • **(close) at hand** muy cerca, a mano • **hand in hand** tomados de la mano • **on hand** disponible • **on the one (other) hand** por una (otra) parte • **to clap one's hands** batir palmas • **to give** *or* **lend a hand (with)** echar una mano (a) • **to shake hands** darse la mano **-2** *vt* entregar, dar ♦ **to hand in** presentar, entregar • **to hand out** *(to administer)* dar; *(to distribute)* repartir.

handbag [′băg′] *s* cartera, bolso.

handbook [:bŏŏk′] *s* manual *m.*

handcart [:kärt′] *s* carretilla.

handcuff [:kŭf′] **-1** *s* esposas **-2** *vt* esposar; FIG maniatar.

handful [:fŏŏl′] *s* puñado.

handgun [:gŭn'] s pistola.

handicap [hăn'dē-kăp'] **-1** s hándicap m; (hindrance) obstáculo; (physical) defecto **-2** vt **-pp-** asignar un hándicap a; (to impede) poner en desventaja.

handicapped [:kăpt'] adj impedido.

handicraft [hăn'dē-krăft'] s destreza manual; (occupation, product) (artículo de) artesanía.

handiwork [:wûrk'] s trabajo manual; (doing) obra.

handkerchief [hăng'kər-chĭf'] s pañuelo.

handle [hăn'dl] **-1** vt tocar, andar con; (conveyance) manejar, dirigir; (to deal with) encargarse de ♦ **handle with care** frágil **-vi** manejarse **-2** s mango; (of door) manija; (grip) asa, asidero.

handlebars [:bärz'] s pl manillar m.

handmade [hănd'mād'] adj hecho a mano.

handout [:out'] s limosna; (leaflet) folleto.

handrail [:rāl'] s pasamano, barandilla.

handshake [:shāk'] s apretón m de manos.

handsome [hăn'səm] adj **-er, est** guapo, bien parecido.

handwriting [:rī'tĭng] s escritura; (style) letra.

handy [hăn'dē] adj **-i-** mañoso; (accessible) a mano; (useful) conveniente.

handyman [:măn'] s [pl **-men**] hombre m que hace bricolages.

hang [hăng] vt hung suspender, colgar; (to execute) ahorcar; (pictures) fijar ♦ **to hang up** (telephone) colgar **-vi** (to be executed) ser ahorcado; (in air) flotar ♦ **to hang back** quedarse atrás • **to hang on** (to wait) esperar; (to grasp) asirse de.

hangar [hăng'ər] s hangar m.

hanger [hăng'ər] s colgadero, percha.

hanging [hăng'ĭng] **-1** s ejecución f en la horca **-2** adj colgante, pendiente.

hangover [:ō'vər] s resaca; FIG vestigio.

hanker [hăng'kər] vi anhelar.

haphazard [hăp-hăz'ərd] adj fortuito.

happen [hăp'ən] vi (to come to pass) pasar, suceder; (to take place) producirse, ocurrir ♦ **it (so) happens that** or **as it happens** da la casualidad que.

happiness [hăp'ē-nĭs] s felicidad f, dicha; (merriment) alegría.

happy [hăp'ē] adj **-i-** feliz, dichoso; (fortunate) dichoso; (fulfilled) contento; (merry) alegre ♦ **happy birthday!** ¡feliz cumpleaños!, ¡felicidades!

harass [hə-răs', hăr'əs] vt acosar; (to annoy) molestar.

harassment [:mənt] s acoso, hostigamiento.

harbor [här'bər] **-1** s puerto, bahía **-2** vt proteger; (hopes) abrigar.

hard [härd] **-1** adj duro, sólido; (firm) firme; (resistant) resistente; (difficult) difícil, arduo; (robust) fuerte; (stern) severo; (trying) difícil ♦ **hard cash** metálico **-2** adv (intensely) mucho; (vigorously) con fuerza; (firmly) fuertemente ♦ **to be hard at it** trabajar con ahínco.

hardback [:băk'] adj & s (libro) encuadernado.

harden [här'dn] vt & vi endurecer(se); (to inure) acostumbrar(se).

hardheaded [härd'hěd'ĭd] adj (stubborn) testarudo; (realistic) práctico.

hardly [:lē] adv (just) apenas <I had hardly closed my eyes apenas había cerrado los ojos>; (scarcely) escasamente, casi no.

hardware [:wâr'] s (artículos de) ferretería; COMPUT equipo, maquinaria ♦ **hardware store** ferretería.

hardy [här'dē] adj robusto, resistente.

hare [hâr] s liebre f.

harm [härm] **-1** s daño, perjuicio; (evil) mal m **-2** vt hacer daño.

harmful ['fəl] adj perjudicial; (damaging) dañino.

harmless [:lĭs] adj inocuo.

harmonize [här'mə-nīz'] vt & vi armonizar.

harmony [:nē] s armonía.

harness [här'nĭs] **-1** s arreos **-2** vt (horse) enjaezar; (energy) aprovechar.

harp [härp] **-1** s arpa **-2** vi tocar la arpa.

harpoon [här-pōōn'] **-1** s arpón m **-2** vt arponear.

harrowing [hăr'ō-ĭng] adj espantoso.

harsh [härsh] adj áspero; (stern) cruel, severo.

harvest [här'vĭst] **-1** s cosecha; (of sugar cane) zafra; (of grapes) vendimia;

(result) fruto **-2** *vt & vi* cosechar, hacer la cosecha.

has [hăz] tercera persona sing de **have**.

hash [hăsh] **-1** *s* CUL picadillo; *(jumble)* revoltillo **-2** *vt* picar; FAM *(to mangle)* mutilar ♦ **to hash out** *or* **over** discutir a fondo.

hashish [ʹēsh'] *s* hachís *m*.

hassle [hăs'əl] **-1** *s* FAM reyerta, jaleo **-2** *vt* fastidiar, molestar.

haste [hāst] *s* prisa; *(rashness)* precipitación *f* ♦ **in haste** de prisa, precipitadamente.

hasten [hā'sən] *vi* darse prisa, apresurarse **-vt** apresurar.

hasty [hā'stē] *adj* **-i-** apresurado; *(rash)* precipitado.

hat [hăt] *s* sombrero.

hatch[1] [hăch] *s* trampa; MARÍT escotilla.

hatch[2] *vi* salir del cascarón *-vt (to produce young)* sacar pollos; *(an egg)* empollar; *(plot)* tramar.

hate [hāt] **-1** *vt* odiar *-vi* sentir odio **-2** *s* odio.

hateful [ʹfəl] *adj* odioso; *(full of hatred)* rencoroso.

hatred [hā'trĭd] *s* odio, aborrecimiento.

hatter [hăt'ər] *s* sombrerero.

haul [hôl] **-1** *vi & vt* halar, tirar (de); *(to transport)* transportar **-2** *s* tirada; *(distance)* tramo; *(load)* carga; *(of fish)* redada.

haunch [hônch] *s* cuarto trasero; *(hip)* cadera.

haunt [hônt] **-1** *vt (ghosts)* aparecer a *or* en; *(to frequent)* rondar; *(to obsess)* perseguir ♦ **to be haunted** estar embrujado *or* encantado **-2** *s* lugar predilecto.

have *vt* **had** tener; *(to possess)* poseer; *(to acquire)* obtener; *(letter)* recibir; *(disease)* sufrir de; *(good time)* pasar; *(words)* encontrar; *(to cause to be done)* hacer, mandar; *(to permit)* tolerar; *(baby)* dar a luz, alumbrar; *(to be obligated to)* deber *<I have to get there on time* debo llegar a tiempo> ♦ **to be had** ser engañado • **to have on** llevar puesto • **to have to do with** tener que ver con *-aux* haber *<he had lost his temper* se había enojado>; hacer *<it has been snowing for a week*

hace una semana que está nevando> ♦ **had better** más vale que *<I had better leave* más vale que me vaya>.

haven [hā'vən] *s* puerto; *(shelter)* refugio.

haversack [hăv'ər-săk'] *s* mochila.

havoc [hăv'ək] *s* estragos; *(chaos)* caos *m*.

hawk [hôk] *s* halcón *m*.

hay [hā] *s* heno ♦ **hay fever** fiebre del heno.

haystack [hā'stăk'] *s* almiar *m*.

hazard [hăz'ərd] **-1** *s* riesgo **-2** *vt* arriesgar; *(a guess)* aventurar.

hazardous [ʹər-dəs] *adj* peligroso.

haze [hāz] *s* niebla ligera.

hazelnut [hā'zəl-nŭt'] *s* avellana.

hazy [hā'zē] *adj* **-i-** nebuloso.

he [hē] **-1** *pron* él **-2** *s* varón *m*.

head [hĕd] **-1** *s* cabeza; *(chief)* jefe *m*; *(of table, bed)* cabecera; *(ability)* habilidad ♦ **head** *or* **tails** cara o cruz **-2** *vt* encabezar; *(to be first)* ir a la cabeza de ♦ **to head off** prevenir *-vi* dirigirse ♦ **to head back** regresar • **to head for** ir con rumbo a **-3** *adj* principal, central; *(at the head)* delantero.

headache [ʹāk'] *s* dolor *m* de cabeza.

headboard [ʹbôrd'] *s* cabecera (de cama).

heading [ʹĭng] *s* encabezamiento.

headlight [ʹlīt'] *s* faro, luz delantera.

headline [ʹlīn'] *s* titular *m* ♦ *pl* sumario de noticias.

headlong [ʹlông'] **-1** *adv* precipitadamente **-2** *adj* precipitado.

headmaster [ʹmăs'tər] *s* director *m* (de un colegio).

headmistress [ʹmĭs'trĭs] *s* directora (de un colegio).

head-on [ʹŏn'] *adj & adv* de frente.

headphone [ʹfōn'] *s* audífono, auricular *m*.

headquarters [ʹtərz] *s pl* cuartel *m* general; *(police)* jefatura; COM oficina central.

headstrong [ʹstrông'] *adj* voluntarioso.

headwaiter [ʹwā'tər] *s* jefe *m* de comedor.

headway [ʹwā'] *s* avance *m*, progreso ♦ **to make headway** avanzar, progresar.

heady [:ē] adj -i- embriagador.

heal [hēl] vt curar; (to remedy) remediar -vi sanar.

healer [hē'lər] s curandero.

healing [:līng] -1 adj curativo -2 s curación f.

health [hĕlth] s salud f; (of community) sanidad f ♦ **health insurance** seguro médico • **health spa** centro de ejercicios • **to be in bad, good health** estar mal, bien de salud • **to your health!** ¡salud!

healthful ['fəl] adj sano, saludable.

healthy [:thē] adj -i- sano; (air, place) saludable, salubre; (appetite) bueno; (sizable) generoso, considerable ♦ **to feel healthy** sentirse bien de salud.

heap [hēp] -1 s montón -2 vt amontonar, apilar.

hear [hîr] vt heard oír; (to listen to) escuchar; (Mass, lecture) asistir a, oír; (to know) enterarse de ♦ **to hear about** oír hablar de -vi oír ♦ **I won't hear of it!** ¡ni hablar! • **to hear from** tener noticias de.

hearing ['ĭng] s oído; (earshot) alcance m del oído.

hearsay [hîr'sā'] s rumores m.

heart [härt] s corazón m; (cards) copa; (of lettuce) cogollo ♦ **by heart** de memoria • **heart attack** ataque cardiaco • **not to have one's heart in something** hacer algo sin entusiasmo • **with all** or **from one's heart** de todo corazón.

heartache ['āk'] s tristeza, pena.

heartbeat [:bēt'] s latido.

heartbreak [:brāk'] s angustia, pena; (disappointment) decepción f.

hearten [härt'tn] vt alentar.

heartfelt [härt'fĕlt'] adj sincero; (grief, sympathy) más sentido.

hearth [härth] s hogar m.

heartland [härt'lănd'] s región f central.

heartless [:lĭs] adj despiadado, cruel.

hearty [här'tē] adj -i- cordial, sincero.

heat [hēt] -1 s calor m; (for building) calefacción f -2 vt & vi calentar(se); (to excite) acalorar(se).

heated [hē'tĭd] adj caliente; (debate) acalorado.

heater [hē'tər] s radiador calorífero; (stove) estufa, calentador m.

heath [hēth] s brezo; (land) breñal m.

heather [hĕth'ər] s brezo.

heave [hēv] -1 vt alzar (con esfuerzo); (to hurl) arrojar; (sigh) exhalar -vi levantarse -2 s tiro.

heaven [hĕv'ən] s cielo; (paradise) paraíso.

heavenly [:lē] adj celestial; (delightful) divino, sublime.

heavy [hĕv'ē] -1 adj -i- pesado; (thick) espeso; (rain) fuerte; (large-scale) en gran escala -2 adv pesadamente; (slowly) lentamente.

heavyweight ['-wāt'] s peso pesado.

heckle [hĕk'əl] vt interrumpir (a un orador).

hectic [hĕk'tĭk] adj ajetreado.

hedge [hĕj] -1 s seto (vivo) -2 vt encerrar (con un seto); (to skirt) andarse con rodeos.

hedgehog [hĕj'hôg'] s erizo.

heed [hēd] -1 vi & vt hacer caso (a, de) -2 s atención f ♦ **to pay heed to** prestar atención a.

heedless [:lĭs] adj descuidado, incauto.

heel [hēl] -1 s talón m; (of shoe) tacón m ♦ **to be on someone's heels** andar pisándole los talones a alguien -2 vt poner el tacón a -vi seguir de cerca.

hefty [hĕf'tē] adj -i- pesado; (strong) robusto.

height [hīt] s altura, alto; (of stupidity) colmo; (of person) estatura; (hill) colina.

heighten ['n] vt & vi (to increase) aumentar(se); (to make higher) elevar(se).

heir [âr] s heredero.

heiress [âr'ĭs] s heredera (de una fortuna).

helicopter [hĕl'ĭ-kŏp'tər] s helicóptero.

hell [hĕl] s infierno ♦ **what, who the hell...** qué, quién diablos...

hello [hĕ-lō', hə-] -1 interj ¡hola! -2 s ♦ **to say hello** saludar.

helmet [hĕl'mĭt] s casco.

help [hĕlp] -1 vt ayudar; (to save) auxiliar; (to prevent) evitar; (to serve) servir ♦ **to help oneself to** (food) servirse -vi (to serve) ser útil; (to assist) prestar asistencia ♦ **to help out** dar una mano -2 s ayuda; (succor) auxilio; (servants) sirvientes.

helper [hĕl′pər] s ayudante *m/f.*

helpful [hĕlp′fəl] *adj* útil; *(beneficial)* provechoso.

helping [hĕl′pĭng] s ración *f* ♦ **to have another helping** servirse más, repetir.

helpless [hĕlp′lĭs] *adj* indefenso; *(powerless)* incapaz.

hem [hĕm] **-1** s dobladillo **-2** *vt* **-mm**-dobladillar; *(to enclose)* encerrar.

hemorrhage [hĕm′ər-ĭj] s & *vi* (sufrir una) hemorragia.

hemorrhoid [:ə-roid′] s almorrana.

hen [hĕn] s gallina; *(female bird)* hembra.

hence [hĕns] *adv* por lo tanto.

henchman [hĕnch′mən] s [*pl* **-men**] hombre *m* de confianza; *(supporter)* secuaz *m.*

hepatitis [hĕp′ə-tī′tĭs] s hepatitis *f.*

her [hər, hûr] **-1** *pron pers* la <I saw her la ví>; le <I told her le dije>; ella <for her para ella> **-2** *adj pos* su, de ella.

herald [hĕr′əld] **-1** s heraldo, anunciador *m; (harbinger)* precursor *m* **-2** *vt* proclamar.

herb [ûrb, hûrb] s hierba ♦ *pl* finas hierbas.

herd [hûrd] **-1** s manada; *(crowd)* muchedumbre *f* **-2** *vt* & *vi* reunir(se) en manada.

here [hîr] **-1** *adv* aquí; *(to this place)* acá; *(on this point)* en este punto ♦ **here we are** ya llegamos **-2** *adj* este <my friend here este amigo mío>.

heredity [hə-rĕd′ĭ-tē] s herencia.

heresy [hĕr′ĭ-sē] s herejía.

heretic [:tĭk] s hereje *m/f.*

heritage [hĕr′ĭ-tĭj] s herencia; *(legacy)* patrimonio.

hermit [hûr′mĭt] s ermitaño.

hero [hîr′ō] s [*pl* **es**] héroe *m;* LIT protagonista *m/f.*

heroic [hĭ-rō′ĭk] *adj* heroico.

heroin [hĕr′ō-ĭn] s heroína (narcótico).

heroine [hĕr′ō-ĭn] s heroína; LIT protagonista *m/f.*

herring [hĕr′ĭng] s [*pl* inv *or* **s**] arenque *m.*

hers [hûrz] *pron pos* (el) suyo, el de ella.

herself [hûr-sĕlf′] *pron pers (reflexive)* se <she hurt herself se lastimó>; *(emphatic)* ella misma <she herself ella

misma>; *(after preposition)* (sí) misma ♦ **by herself** sola.

hesitate [hĕz′ĭ-tāt′] *vi* vacilar; *(not to dare)* no atreverse.

hesitation [′-tā′shən] s indecisión *f; (vacillation)* titubeo.

heterogeneous [hĕt′ər-ə-jē′nē-əs] *adj* heterogéneo.

heterosexual [hĕt′ə-rō-sĕk′shōō-əl] *adj* & s heterosexual.

heyday [hā′dā′] s auge *m.*

hi [hī] *interj* ¡oye!, ¡hola!

hibernate [hī′bər-nāt′] *vi* hibernar.

hiccup/cough [hĭk′əp] **-1** s hipo **-2** *vi* **-pp**- tener hipo, hipar.

hide [hīd] *vt* **hid, hid(den)** ocultar, esconder; *(to conceal)* disimular; *(to cover up)* tapar *-vi* esconderse; *(to seek refuge)* refugiarse.

hide-and-seek [hīd′nsēk′] s escondidas.

hideaway [′ə-wā′] s escondite *m; (retreat)* retiro.

hideous [hĭd′ē-əs] *adj* espantoso; *(atrocious)* atroz.

hierarchy [hī′ə-rär′kē] s jerarquía.

hieroglyphic [hī′ər-ə-glĭf′ĭk] *adj* & s jeroglífico.

hi-fi [hī′fī′] s (aparato de) alta fidelidad.

high [hī] **-1** *adj* alto; *(tall)* de altura; *(peaking)* culminante; *(lofty)* grande; *(wind, fever)* fuerte ♦ **high jump** salto de altura • **high school** escuela secundaria • **high tide** pleamar • **to be in high spirits** estar de excelente humor **-2** *adv* en lo alto, alto ♦ **high above** muy por encima de • **high priced** caro, de lujo.

highbrow [hī′brou′] **-1** s FAM intelectual *m/f; (pedant)* pedante *m/f* **-2** *adj* culto.

highchair [hī′châr′] s silla alta para niños.

high-class [hī′klăs′] *adj* de primera clase.

higher [hī′ər] *adj* más alto; *(greater)* mayor; *(advanced)* superior.

highland [hī′lənd] s terreno montañoso.

high-level [hī′lĕv′əl] *adj* de alto nivel.

highly [hī′lē] *adv* altamente; *(extremely)* extremadamente.

highness [hī′nĭs] s altura ♦ **Highness** Alteza.

high-pitched [hī'pĭcht'] *adj* agudo; *(voice)* chillón; *(activity)* frenético.

high-spirited [hī'spĭr'ĭtĭd] *adj* animoso; *(energetic)* vivo.

highway [hī'wā'] *s* carretera, autopista.

hijack [hī'jăk'] *vt* *(vehicle)* secuestrar; *(goods)* robarse.

hike [hīk] **-1** *vi* caminar ♦ **to hike up** subirse *-vt* aumentar .(precios) **-2** *s* *(walk)* caminata ♦ **to go on a hike** ir de excursión.

hiker [hī'kər] *s* excursionista *m/f.*

hilarious [hĭ-lâr'ē-əs] *adj* para morirse de risa.

hill [hĭl] *s* colina.

hillside [:sīd'] *s* ladera (de un cerro).

hilltop [:tŏp'] *s* cima (de un cerro).

hilly [:ē] *adj* **-i-** montuoso.

him [hĭm] *pron pers* le, lo <*they accepted him* lo aceptaron>; le <*they sent him a letter* le mandaron una carta>; él <*to him* a él>.

himself [:sĕlf'] *pron pers (reflexive)* se <*he hit himself* se golpeó>; *(emphatic)* él mismo <*he himself* él mismo> *(after preposition)* (sí) mismo ♦ **by himself** solo.

hind¹ [hīnd] *adj* trasero, posterior.

hind² *s (deer)* cierva.

hinder [hĭn'dər] *vt* impedir, obstaculizar.

hindrance [hĭn'drəns] *s* impedimento.

hinge [hĭnj] **-1** *s* bisagra **-2** *vt* poner bisagras a *-vi* ♦ **to hinge on** depender de.

hint [hĭnt] **-1** *s* insinuación *f; (tip)* sugerencia; *(clue)* idea ♦ **not a hint of** ni rastro de **-2** *vt* insinuar, dar a entender.

hip [hĭp] *s* ANAT cadera.

hipbone [bŏn'] *s* cía, hueso de la cadera.

hippie [hĭp'ē] *s* hippie *m/f.*

hippodrome [hĭp'ə-drōm'] *s* hipódromo.

hippopotamus [hĭp'ə-pŏt'ə-məs] *s* [pl **es** *or* **-m**] hipopótamo.

hire [hīr] *vt* emplear; *(to rent)* alquilar.

hiring [:ĭng] *s* contratación *f; (renting)* alquiler *m.*

his [hĭz] **-1** *adj pos* su, de él **-2** *pron pos* (el) suyo, el de él.

hiss [hĭs] **-1** *s* siseo; *(whistling)* silbido **-2** *vt & vi* silbar.

historic/ical [:ĭk] *adj* histórico. .

history [hĭs'tə-rē] *s* historia; *(background)* historial *m.*

histrionic [hĭs'trē-ŏn'ĭk] *adj* histriónico ♦ **histrionics** *s pl* histrionismo.

hit [hĭt] **-1** *vt* **hit** golpear; *(to collide with)* chocar contra *or* con; *(target)* dar en; *(to reach)* alcanzar **-2** *s* golpe *m; (collision)* choque *m; (shot)* tiro; *(success)* éxito.

hitch [hĭch] **-1** *vt* enganchar **-2** *s* FAM tropiezo; *(knot)* vuelta de cabo.

hitchhike [hĭk'] *vi* hacer autostop.

hitchhiker [:hī'kər] *s* autostopista *m/f.*

hive [hīv] *s* colmena; *(colony)* enjambre *m.*

hoard [hôrd] **-1** *s* provisión acumulada **-2** *vt & vi* acaparar, atesorar.

hoarfrost [hôr'frôst'] *s* escarcha.

hoarse [hôrs] *adj* ronco.

hoax [hōks] *s* engaño, trampa.

hobble [hŏb'əl] **-1** *vi* cojear *-vt (an animal)* trabar, manear; *(to hamper)* impedir **-2** *s (walk)* cojera.

hobby [hŏb'ē] *s* pasatiempo, afición *f.*

hockey [hŏk'ē] *s* hockey *m* ♦ **ice hockey** hockey sobre hielo.

hoe [hō] **-1** *s* azada **-2** *vt & vi* azadonar.

hog [hŏg, hŏg] **-1** *s* cerdo, puerco; FAM cochino **-2** *vt* **-gg-** acaparar.

hoist [hoist] **-1** *vt* izar **-2** *s* grúa, cabria.

hold [hōld] **-1** *vt* **held** asir, agarrar; *(to take)* tener; *(to support)* sostener; *(to secure)* sujetar; *(to own)* ser dueño de; *(to accommodate)* tener capacidad para; *(to occupy)* ocupar; *(fort)* defender; *(course)* mantener; *(meeting)* celebrar ♦ **hold it!** ¡no se muevan! • **hold the phone!** ¡un momento! • **to hold back** *(to repress)* reprimir, contener; *(to impede)* impedir • **to hold down** *(to oppress)* oprimir; *(to pin down)* mantener sujeto; *(prices)* moderar • **to hold hands** ir cogidos de la mano • **to hold on to** *(to grip)* agarrarse a • **to hold up** *(to delay)* atrasar; *(to lift)* levantar *-vi* asirse, agarrarse; *(to be firm)* sostenerse ♦ **to hold back** contenerse • **to hold on** *(to grip)* agarrarse bien **-2** *s (grip)* asidero; *(influence)* influencia; *(cell)* celda (de prisión).

hole [hōl] **-1** *s* hueco; *(in ground)* hoyo; *(in road)* bache *m; (small)* agujero;

(dwelling) ratonera; *(flaw)* falla; *(in golf)* hoyo **-2** *vt* agujerear.

holiday [hŏl′ĭ-dā′] *s* día feriado; RELIG día de fiesta ♦ *pl GB* vacaciones.

hollow [hŏl′ō] **-1** *adj* hueco; *(empty)* vacío **-2** *s* hueco; *(depression)* depresión *f*; *(emptiness)* vacío.

holly [hŏl′ē] *s* acebo.

holocaust [hŏ′lə-kôst′, hŏl′ə-] *s* destrucción completa (por el fuego).

holster [hōl′stər] *s* pistolera.

holy [hō′lē] *adj* **-i-** sacro; *(revered)* venerable; *(saintly)* santo, pío.

homage [hŏm′ĭj, ŏm′-] *s* homenaje *m*.

home [hōm] **-1** *s* casa; *(residence)* domicilio; *(household)* hogar *m*; *(headquarters)* sede *f*; *(institution)* asilo ♦ **to be away from home** estar de viaje • **to feel at home** sentirse a gusto **-2** *adj* casero; *(native)* natal; *(team)* de casa; *(game)* en casa.

homeland [:länd′] *s* patria.

homeless [:lĭs] *adj* sin hogar.

homely [:lē] *adj* **-i-** casero; *(plain)* sencillo, rústico.

homemade [:mād′] *adj* hecho en casa.

homesick [:sĭk′] *adj* nostálgico.

hometown [:toun′] *s* ciudad *f* de origen *or* de residencia.

homeward [:wərd] **-1** *adj* de vuelta, de regreso **-2** *adv* [*or* **-wards**] hacia casa.

homework [:wûrk′] *s* deberes *m*, tareas escolares; FIG trabajo preliminar.

homicide [hŏm′ĭ-sīd′] *s* homicidio; *(murderer)* homicida *m/f*.

homogeneous [hō′mə-jē′nē-əs] *adj* homogéneo.

homosexual [hō′mō-sĕk′shōō-əl] *adj & s* homosexual *m/f*.

honest [ŏn′ĭst] *adj* honesto; *(honorable)* recto; *(truthful)* veraz; *(sincere)* franco; *(genuine)* legítimo.

honesty [:ĭ-stē] *s* honestidad *f*; *(integrity)* honradez *f*.

honey [hŭn′ē] *s* miel *f*; *(sweetness)* dulzura; *(darling)* tesoro, encanto.

honeymoon [:ē-mōōn′] *s & vi* (pasar la) luna de miel.

honeysuckle [:sŭk′əl] *s* madreselva.

honk [hôngk] **-1** *s* *(goose)* graznido; *(horn)* bocinazo **-2** *vt & vi* tocar la bocina.

honor [ŏn′ər] **-1** *s* honor *m*, honra **-2** *vt* honrar; *(check)* aceptar; *(contract)* cumplir.

honorable [:ə-bəl] *adj* honorable; *(praiseworthy)* honroso; *(honest)* honrado.

honorary [′-rĕr′ē] *adj* honorario.

hood [hŏŏd] *s* capucha, caperuza; *(of car)* capó.

hoof [hŏŏf] *s* [*pl* **s** *or* **-ves**] pezuña.

hook [hŏŏk] **-1** *s* gancho; *(for fishing)* anzuelo; *(for clothes)* percha ♦ **off the hook** *(telephone)* descolgado **-2** *vt* enganchar; *(to snare)* pescar **-vi** *(to be fastened)* engancharse.

hoop [hŏŏp] *s* aro; *(band)* zuncho.

hoot [hŏŏt] **-1** *vi* ulular; *(to boo)* abuchear **-2** *s* ululato; *(shout)* risotada.

hop [hŏp] **-1** *vi* **-pp-** brincar; *(to skip)* saltar con un pie **-2** *brinco (rebound)* rebote *m*.

hope [hōp] **-1** *vi* esperar ♦ **to hope for** tener esperanzas de **-2** *s* esperanza.

hopeful [′fəl] *adj* esperanzado; *(promising)* prometedor.

hopefully [:fə-lē] *adv* esperanzadamente.

hopeless [:lĭs] *adj* desesperado.

horizon [hə-rī′zən] *s* horizonte *m*.

horizontal [hôr′ĭ-zŏn′tl] *adj & s* horizontal *f*.

hormone [hôr′mōn′] *s* hormona.

horn [hôrn] *s* cuerno; TEC bocina; MÚS trompa.

hornet [hôr′nĭt] *s* avispón *m*.

horny [hôr′nē] *adj* **-i-** córneo; *(calloused)* calloso.

horoscope [hôr′ə-skōp′] *s* horóscopo.

horrendous [hô-rĕn′dəs] *adj* horrendo.

horrible [hôr′ə-bəl] *adj* horrible; *(disagreeable)* desagradable.

horror [:ər] *s* *(fear)* horror *m*; *(abhorrence)* aversión *f* ♦ **horror film** película de miedo.

hors d'oeuvre [ôrdûrv′] *s* [*pl* inv *or* **s**] entremés *m*.

horse [hôrs] *s* caballo; *(frame)* caballete *m*; DEP potro.

horseback [′băk′] *adv* a caballo.

horseman [:mən] *s* [*pl* **-men**] caballista *m*; *(breeder)* criador *m* (de caballos).

horsepower [:pou′ər] s caballo de fuerza.

horseradish [:răd′ĭsh] s rábano picante.

horseshoe [:shoo′] s herradura.

horsewoman [:woom′ən] s [pl **-women**] caballista; *(breeder)* criadora (de caballos).

hose [hōz] **-1** s [pl **s**] manguera **-2** vt regar *or* lavar (con manguera).

hosiery [hō′zhə-rē] s medias.

hospital [hŏs′pĭt′l] s hospital m.

hospitality [hŏs′pĭ-tăl′ĭ-tē] s hospitalidad f.

hospitalize [hŏs′pĭt′l-īz′] vt hospitalizar.

host¹ [hōst] **-1** s *(at a meal, party)* anfitrión m; *(of inn)* mesonero; TELEV presentador m **-2** vt FAM ser el anfitrión de.

host² s multitud f; *(army)* hueste f.

hostage [hŏs′tĭj] s rehén m/f.

hostel [hŏs′təl] s albergue m (para jóvenes); *(inn)* hostería.

hostess [hō′stĭs] s *(host)* anfitriona; *(stewardess)* azafata.

hostile [hŏs′təl, -tīl′] adj hostil.

hostility [hŏ-stĭl′ĭ-tē] s hostilidad f; *(act)* acto hostil ◆ pl hostilidades, actos de guerra.

hot [hŏt] adj **-tt-** caliente; *(climate)* cálido; *(sun)* abrasador; *(spicy)* picante; *(heated)* acalorado ◆ **hot dog** salchicha • **hot line** línea de emergencia • **hot pepper** ají • **hot plate** infiernillo • **to be hot** *(person)* tener calor; *(weather)* hacer calor.

hotbed [′bĕd′] s almajara; FIG semillero.

hotel [hō-tĕl′] s hotel m.

hound [hound] **-1** s podenco; *(enthusiast)* aficionado **-2** vt *(to harass)* acosar; *(to nag)* importunar.

hour [our] s hora.

hourly [:lē] **-1** adj horario; *(by the hour)* por hora **-2** adv a cada hora; *(by the hour)* por horas.

house -1 s [hous] casa; *(home)* hogar m; *(auditorium)* teatro; *(audience)* público; *(of parliament)* cámara **-2** vt [houz] alojar; *(to shelter)* proteger; *(to contain)* contener.

houseboat [′bōt′] s casa flotante.

housekeeper [:kē′pər] s ama de llaves.

housewife [:wīf′] s [pl **-ves**] ama de casa.

housework [:wûrk′] s quehaceres domésticos.

housing [hou′zĭng] s casas f; alojamiento.

hovel [hŭv′əl, hŏv′-] s cuchitril m.

how [hou] **-1** adv cómo; *(in what condition)* qué tal; *(to what extent)* cuánto, qué ◆ **how about...?** ¡qué te parece...? • **how are you?** ¿cómo está usted? • **how big is it?** ¿cómo es de grande? • **how do you do?** ¿cómo está usted? • **how far?** *(away)* ¿a qué distancia? • **how many?** ¡cuántos? • **how much?** ¿cuánto? • **how old are you?** ¡cuántos años tienes? **-2** conj cómo; *(that)* que.

however [hou-ĕv′ər] **-1** adv de cualquier modo, como quiera que; *(by what means)* cómo; *(to whatever degree)* por...que <however tired she was por cansada que estuviera> **-2** conj no obstante.

howl [houl] **-1** vi aullar; *(with pain)* dar alaridos -vt gritar **-2** s aullido; *(of pain)* alarido.

hue [hyoo] s color m, tinte m; *(shade)* matiz m.

huff [hŭf] **-1** s arranque m de furia **-2** vi resoplar.

hug [hŭg] **-1** vt **-gg-** abrazar -vi abrazarse **-2** s abrazo.

huge [hyooj] adj enorme.

hull [hŭl] **-1** s *(pod)* vaina; *(shell)* cáscara; MARÍT casco **-2** vt descascarillar.

hum [hŭm] **-1** vi **-mm-** tararear; *(bees)* zumbar -vt tararear **-2** s zumbido.

human [hyoo′mən] adj & s (ser) humano.

humanist [′mə-nĭst] s humanista m/f.

humanitarian [-măn′ĭ-târ′ē-ən] **-1** adj humanitario **-2** s filántropo, persona humanitaria.

humanity [-′-tē] s humanidad f.

humble [hŭm′bəl] **-1** adj **-er**, **-est** humilde **-2** vt humillar.

humdrum [hŭm′drŭm′] adj monótono.

humid [hyoo′mĭd] adj húmedo.

humidity [:ĭ-tē] s humedad f.

humiliate [hyoo-mĭl′ē-āt′] vt humillar.

humiliation [-′-ā′shən] s humillación f.

humility [hyōō-mĭl′ĭ-tē] s humildad f.

humor [hyōō′mər] s humor m.

humorist [:ĭst] s humorista m/f.

hump [hŭmp] s joroba; (in the ground) montecillo.

hunch [hŭnch] s (feeling) corazonada; (hump) giba.

hunchback ['băk′] s jorobado.

hundred [hŭn′drĭd] s [pl inv or s] & adj cien, ciento; MAT centena ♦ pl centenares.

hundredth [hŭn′drĭdth] adj & s centésimo, centavo.

hunger [hŭng′gər] -1 s hambre f -2 vi tener hambre or sed.

hungry [:grē] adj -i- hambriento.

hunt [hŭnt] -1 vt cazar; (to pursue) perseguir; (to search for) buscar -vi ♦ to go hunting ir de caza -2 s caza; (pursuit) persecución f; (search) búsqueda.

hunter [hŭn′tər] s cazador m.

hunting [:tĭng] -1 s cacería -2 adj de caza.

hurdle [hûr′dl] s valla; FIG barrera.

hurl [hûrl] -1 vt lanzar -2 s lanzamiento.

hurrah [hōō-rä′] interj ¡hurra!, ¡ole!

hurricane [hûr′ĭ-kān′] s huracán m.

hurried [hûr′ēd] adj apresurado.

hurry [:ē] -1 vi darse prisa, apurarse ♦ to hurry up apresurarse -vt apurar; (to rush) dar prisa a -2 s prisa; (urgency) apuro ♦ in a hurry de prisa • to be in a hurry (to) tener prisa (por).

hurt [hûrt] -1 vt hacer daño; (to distress) angustiar -vi doler <my head hurts me duele la cabeza> ♦ to hurt oneself lastimarse.

hurtful ['fəl] adj dañoso; (wounding) hiriente.

husband [hŭz′bənd] s marido.

hush [hŭsh] -1 vt & vi callar(se) ♦ to hush up silenciar(se) -2 s silencio; (stillness) quietud f.

husk [hŭsk] s vaina; (shell) cáscara.

husky[1] [hŭs′kē] adj -i- (hoarse) ronco.

husky[2] s perro esquimal.

hustle [hŭs′əl] -1 vt empujar; FAM (to hurry) apurar -vi (to hurry) ajetrearse -2 s FAM ajetreo.

hut [hŭt] s choza.

hutch [hŭch] s jaula (para conejos).

hyacinth [hī′ə-sĭnth] s jacinto.

hydrant [hī′drənt] s boca de agua.

hydraulic [hī-drô′lĭk] adj hidráulico, de la hidráulica ♦ **hydraulics** s sg hidráulica.

hydroelectric [hī′drō-ĭ-lĕk′trĭk] adj hidroeléctrico.

hydrogen [hī′drə-jən] s hidrógeno.

hyena [hī-ē′nə] s hiena.

hygiene [hī′jēn] s higiene f.

hygienic [hī′jē-ĕn′ĭk, hī-jĕn′-] adj higiénico, de la higiene; (sanitary) sanitario.

hymn [hĭm] s himno.

hype [hīp] s publicidad exagerada.

hyperactive [hī′pə-răk′tĭv] adj hiperactivo.

hypnosis [hĭp-nō′sĭs] s [pl -ses] hipnosis f.

hypnotic [:nŏt′ĭk] adj & s hipnótico.

hypnotize [:tīz′] vt hipnotizar.

hypochondriac [:ăk′] s & adj hipocondríaco.

hypocrisy [hĭ-pŏk′rĭ-sē] s hipocresía.

hypocrite [hĭp′ə-krĭt′] s hipócrita m/f.

hypothesis [hĭ-pŏth′ĭ-sĭs] s [pl -ses] hipótesis f, suposición f.

hysteria [hĭ-stĕr′ē-ə, -stîr′-] s MED histerismo; FAM (fit) emoción f incontrolable.

hysterical [:ĭ-kəl] adj histérico; (emotional) emocional (persona).

I

I [ī] **-1** *pron* yo **-2** *s* [pl **I's**] yo, ego.

ice [īs] **-1** *s* hielo; *(dessert)* helado escarchado ♦ **ice cream** helado • **ice cube** cubito de hielo **-2** *vt (cake)* escarchar; *(to freeze)* helar; *(to chill)* congelar *-vi* ♦ **to ice over** helarse.

iceberg [īs´bûrg´] *s* iceberg *m*.

ice-skate [īs´skāt´] *vi* patinar sobre hielo.

icing [ī´sĭng] *s* alcorza, escarchado.

icon [ī´kŏn´] *s* icono.

idea [ī-dē´ə] *s* idea; *(plan)* proyecto ♦ **bright idea** idea genial • **that's the idea!** ¡eso es!

ideal [ī-dē´əl] *adj & s* ideal *m*.

idealist [:ə-lĭst] *s* idealista *m/f*.

identical [ī-dĕn´tĭ-kəl] *adj* idéntico.

identification [-´-fĭ-kā´shən] *s* identificación *f*.

identify [ī-dĕn´tə-fī´] *vt & vi* identificar(se).

identity [ī-dĕn´tĭ-tē] *s* identidad *f* ♦ **identity card, papers** tarjeta, documentos de identidad.

ideology [ī´dē-ŏl´ə-jē, ĭd´ē-] *s* ideología.

idiosyncrasy [ĭd´ē-ō-sĭng´krə-sē] *s* idiosincrasia.

idiot [ĭd´ē-ət] *s* idiota *m/f*; *(fool)* tonto.

idle [īd´l] **-1** *adj* **-er, -est** ocioso; *(unemployed)* parado; *(threat)* vano **-2** *vi (to loaf)* haraganear; *(machinery)* funcionar en vacío *-vt (a worker)* dejar parado; *(a motor)* hacer funcionar en vacío.

idol [īd´l] *s* ídolo.

idolatry [:trē] *s* idolatría.

idyllic [ī-dĭl´ĭk] *adj* idílico.

if [ĭf] *conj* si; *(granting that)* en caso que; *(even though)* si bien, aunque ♦ **if at all** si es que.

igloo [ĭg´lōō] *s* iglú *m*.

ignite [ĭg-nīt´] *vt & vi* encender(se).

ignition [ĭg-nĭsh´ən] *s* ignición *f*; AUTO encendido.

ignorance [ĭg´nər-əns] *s* ignorancia.

ignorant [:ənt] *adj* ignorante.

ignore [ĭg-nôr´] *vt (to disregard)* no hacer caso de; *(to leave out)* pasar por alto.

ill [ĭl] **-1** *adj* enfermo, malo; *(hostile)* malo ♦ **to feel ill** sentirse mal **-2** *adv* *(not well)* mal <*ill paid* mal remunerado> **-3** *s* mal *m*.

illegal [ĭ-lē´gəl] **-1** *adj* ilegal, ilícito **-2** *s* inmigrante *m/f* ilegal.

illegible [ĭ-lĕj´ə-bəl] *adj* ilegible.

illegitimate [ĭl´ə-jĭt´ə-mĭt] *adj (illegal)* ilegal; *(bastard)* ilegítimo, bastardo.

illicit [ĭ-lĭs´ĭt] *adj* ilícito.

illiterate [ĭ-lĭt´ər-ĭt] *s & adj* analfabeto; *(ignorant)* ignorante *m/f*.

ill-mannered [ĭl´măn´ərd] *adj* mal educado.

illness [ĭl´nĭs] *s* enfermedad *f*.

illogical [ĭ-lŏj´ĭ-kəl] *adj* ilógico.

ill-tempered [ĭl´tĕm´pərd] *adj* de mal genio.

ill-treat [ĭl´trēt´] *vt* maltratar.

illuminate [ĭ-lōō´mə-nāt´] *vt* iluminar.

illusion [ĭ-lōō´zhən] *s* ilusión *f*; *(magic trick)* truco.

illustrate [ĭl´ə-strāt´] *vt & vi* ilustrar.

illustration [´-strā´shən] *s* ilustración *f*.

illustrious [ĭ-lŭs´trē-əs] *adj* ilustre.

image [ĭm´ĭj] **-1** *s* imagen *f*; *(reputation)* reputación *f* **-2** *vt* representar, retratar.

imagery [:rē] *s* imágenes *f*; ARTE imaginería.

imaginary [:nĕr´ē] *adj* imaginario.

imagination [ĭ-măj´ə-nā´shən] *s* imaginación *f*.

imagine [ĭ-măj´ĭn] *vt* imaginar; *(to suppose)* imaginarse, suponer.

imbecile [ĭm´bə-sĭl] *adj & s* imbécil *m/f*.

imitate [ĭm´ĭ-tāt´] *vt* imitar.

imitation [´-tā´shən] *s* imitación *f*.

immaculate [ĭ-măk´yə-lĭt] *adj* inmaculado.

immaterial [ĭm´ə-tîr´ē-əl] *adj* inmaterial; *(unimportant)* sin importancia.

immature [ĭm´ə-chŏr´] *adj* inmaduro.

immediate [ĭ-mē´dē-ĭt] *adj* inmediato; *(near, soon)* próximo; *(danger)* inminente; *(problem)* urgente.

immense [ĭ-mĕns´] *adj* inmenso, enorme.

immerse [ĭ-mûrs´] *vt* sumergir; *(to baptize)* bautizar por inmersión; FIG absorber.

immigrant [ĭm´ĭ-grənt] *s* inmigrante *m/f*.

immigrate [:grāt´] *vi* inmigrar.

immigration [´-grā´shən] *s* inmigración *f*.

imminent [m´ə-nənt] *adj* inminente.

immobile [ĭ-mō'bəl, -bĭl'] *adj (not moving)* inmóvil; *(not movable)* inmovible; *(fixed)* fijo.

immoral [ĭ-môr'əl] *adj* inmoral.

immortal [ĭ-môr'tl] *adj & s* inmortal *m/f.*

immune [ĭ-myōōn'] *adj* inmune *(from* de).

immunity [ĭ-myōō'nĭ-tē] *s* inmunidad *f.*

impact -1 *s* [ĭm'păkt'] impacto, choque *m; (influence)* efecto, consecuencias **-2** *vt* [-'] chocar contra.

impart [ĭm-pärt'] *vt (to bestow)* impartir; *(to disclose)* dar a conocer.

impartial [ĭm-pär'shəl] *adj* imparcial.

impassive [ĭm-păs'ĭv] *adj* impasible.

impatience [ĭm-pā'shəns] *s* impaciencia.

impatient [:shənt] *adj* impaciente ♦ **to get impatient** perder la paciencia.

impeccable [ĭm-pĕk'ə-bəl] *adj* impecable.

impediment [ĭm-pĕd'ə-mənt] *s* impedimento; *(defect)* defecto.

imperative [ĭm-pĕr'ə-tĭv] *adj (tone)* imperioso; *(urgent)* urgente; GRAM imperativo.

imperfect [ĭm-pûr'fĭkt] *adj* imperfecto.

imperial [ĭm-pîr'ē-əl] *adj* imperial; *(majestic)* augusto, señorial.

imperialist [:ə-lĭst] *s* imperialista *m/f.*

impermeable [ĭm-pûr'mē-ə-bəl] *adj* impermeable.

impersonal [ĭm-pûr'sə-nəl] *adj* impersonal.

impertinent [ĭm-pûr'tn-ənt] *adj* impertinente.

implacable [ĭm-plăk'ə-bəl] *adj* implacable.

implant -1 *vt* [ĭm-plănt'] implantar **-2** *s* ['] MED injerto.

implement -1 *s* [ĭm'plə-mənt] utensilio, instrumento **-2** *vt* [:mĕnt'] poner en práctica; *(a law)* aplicar.

implicate [ĭm'plĭ-kāt'] *vt* implicar.

implicit [ĭm-plĭs'ĭt] *adj* implícito; *(unquestioning)* absoluto.

implore [ĭm-plôr'] *vt* implorar.

import -1 *vt* [ĭm-pôrt'] *(goods)* importar; *(to signify)* significar *-vi* tener importancia **-2** *s* ['] *(item)* artículo importado; *(business)* importación *f.*

importance [ĭm-pôr'tns] *s* importancia.

important [:tnt] *adj* importante.

importation [ĭm'pôr-tā'shən] *s* importación *f.*

importune [ĭm'pôr-tōōn', ĭm-pôr'chən] *vt* importunar, fastidiar.

impose [ĭm-pōz'] *vt* imponer ♦ **to impose oneself** imponerse *-vi* ♦ **to impose (up)on** abusar de.

imposing [ĭm-pō'zĭng] *adj* imponente.

imposition [ĭm'pə-zĭsh'ən] *s (act)* imposición *f; (unfair demand)* abuso.

impossible [ĭm-pŏs'ə-bəl] *adj* imposible.

impostor [ĭm-pŏs'tər] *s* impostor *m.*

impotent [ĭm'pə-tnt] *adj* impotente.

impractical [ĭm-prăk'tĭ-kəl] *adj* poco práctico.

impregnable [ĭm-prĕg'nə-bəl] *adj (fortress)* inexpugnable; FIG invulnerable.

impress¹ -1 *vt* [ĭm-prĕs'] *(to imprint)* imprimir; *(to affect)* impresionar, causar impresión **-2** *s* ['] *(mark)* marca, señal *f; (seal)* sello.

impress² *vt* MIL reclutar a la fuerza.

impression [ĭm-prĕsh'ən] *s* impresión *f; (memory)* idea.

impressive [ĭm-prĕs'ĭv] *adj* impresionante.

imprison [ĭm-prĭz'ən] *vt* aprisionar.

imprisonment [:mənt] *s* aprisionamiento.

improbable [ĭm-prŏb'ə-bəl] *adj* improbable.

improper [ĭm-prŏp'ər] *adj* impropio; *(indecorous)* incorrecto, indebido.

improve [ĭm-prōōv'] *vt* mejorar; *(productivity)* aumentar, incrementar; *(skill, product)* perfeccionar; *(one's mind)* desarrollar *-vi* mejorar; *(patient)* mejorar(se) ♦ **to improve (up)on** mejorar.

improvement [:mənt] *s* mejora, mejoramiento; *(in productivity, quality)* aumento; *(of a skill)* perfeccionamiento; *(mental)* desarrollo; *(in health)* mejoría.

improvise [ĭm'prə-vīz'] *vt & vi* improvisar.

impulse [ĭm'pŭls] *s* impulso ♦ **on impulse** sin reflexionar.

impulsive [ĭm-pŭl'sĭv] *adj* impetuoso.

impunity [ĭm-pyōō'nĭ-tē] *s* impunidad *f.*

impurity [ĭm-pyōōr'ĭ-tē] s impureza; *(contamination)* contaminación f; *(substance)* contaminante m.

in [ĭn] **-1** prep en, dentro de, por; *(time)* a, per, durante, de; *(arrival)* a; *(method)* en, por; *(with verbs)* al, mientras <in running after the bus mientras corría para tomar el autobús> **-2** adv *(inside)* (a)dentro; *(in power)* en el poder; *(in fashion)* de moda ♦ **to be in** estar <is the doctor in? ¿está el doctor?> **-3** adj *(fashionable)* de moda.

inability [ĭn'ə-bĭl'ĭ-tē] s incapacidad f.

inaccessible [ĭn'ăk-sĕs'ə-bəl] adj inaccesible.

inactive [ĭn-ăk'tĭv] adj inactivo; MIL en or de reserva.

inadequate [ĭn-ăd'ĭ-kwĭt] adj inadecuado; *(insufficient)* insuficiente.

inanimate [ĭn-ăn'ə-mĭt] adj *(not living)* inanimado; *(dull)* desanimado, apagado.

inappropriate [ĭn'ə-prō'prēĭt] adj impropio, inadecuado.

inaudible [ĭn-ô'də-bəl] adj inaudible.

inaugurate [ĭn-ô'gyə-rāt'] vt *(to begin)* inaugurar; POL investir del cargo a.

inauguration [-'-rā'shən] s inauguración f; POL investidura, toma de posesión.

inborn [ĭn'bôrn'] adj congénito, innato.

inbred [ĭn'brĕd'] adj consanguíneo; *(innate)* innato.

incapable [ĭn-kā'pə-bəl] adj incapaz; *(incompetent)* incompetente.

incarnation [ĭn'kär-nā'shən] s encarnación f.

incense[1] [ĭn-sĕns'] vt encolerizar, enfurecer.

incense[2] ['-'] s *(sticks, smoke)* incienso.

incentive [ĭn-sĕn'tĭv] s incentivo.

incessant [ĭn-sĕs'ənt] adj incesante.

incest [ĭn'sĕst'] s incesto.

inch [ĭnch] **-1** s pulgada ♦ **every inch of the way** todo el camino • **inch by inch** poco a poco • **to know every inch of** conocer como la palma de la mano • **within an inch of** a punto de **-2** vi avanzar poco a poco -vt mover poco a poco.

incident [ĭn'sĭ-dənt] adj & s incidente m.

incidental ['-dĕn'tl] adj *(related)* incidente; *(minor)* secundario; *(expense)* accesorio.

incise [ĭn-sīz'] vt cortar; *(to engrave)* tallar.

incisive [ĭn-sī'sĭv] adj *(mentally)* penetrante, agudo; *(biting)* incisivo, mordaz.

incite [ĭn-sīt'] vt incitar.

inclination [ĭn'klə-nā'shən] s inclinación f; *(tendency)* tendencia; *(preference)* gusto.

incline -1 vt & vi [ĭn-klīn'] inclinar(se) ♦ **to be inclined to** estar dispuesto a **-2** s ['-'] inclinación f, pendiente f.

inclined [ĭn-klīnd'] adj inclinado ♦ **inclined to** dispuesto a.

include [ĭn-klōōd'] vt incluir, abarcar.

incoherent [ĭn'kō-hîr'ənt] adj incoherente.

income [ĭn'kŭm'] s ingresos m, entrada; *(on investments)* renta; *(profit)* utilidades f ♦ **gross, net income** entrada bruta, neta.

incomparable [ĭn-kŏm'pər-ə-bəl] adj incomparable.

incompatible [ĭn'kəm-păt'-ə-bəl] adj incompatible.

incompetent [ĭn-kŏm'pĭ-tnt] **-1** adj incompetente, incapaz **-2** s persona incompetente.

incomplete [ĭn'kəm-plēt'] adj incompleto.

incongruent [ĭn'kŏn-grōō'ənt] adj incongruente.

inconsiderate [ĭn'kən-sĭd'ər-ĭt] adj desconsiderado.

inconsistent [ĭn'kən-sĭs'tənt] adj inconsecuente; *(irregular)* irregular; *(contradictory)* contradictorio ♦ **inconsistent with** en contradicción con.

inconspicuous [ĭn'kən-spĭk'yōō-əs] adj no conspicuo, discreto.

inconvenience [ĭn'kən-vēn'yəns] **-1** s inconveniencia; *(bother)* molestia **-2** vt incomodar, molestar.

inconvenient [:yənt] adj inconveniente; *(bothersome)* molesto.

incorporate [ĭn-kôr'pə-rāt'] vt *(to include)* incorporar, incluir; COM constituir en sociedad -vi constituirse en sociedad.

incorporated [:rā'tĭd] adj incorporado; COM constituido en sociedad.

incorrect [ĭn'kə-rĕkt'] *adj* incorrecto.

increase -1 *vt & vi* [ĭn-krēs'] aumentar; *(prices)* subir; *(production)* incrementar **-2** *s* [' '] aumento; *(in prices)* subida, alza.

incredible [ĭn-krĕd'ə-bəl] *adj* increíble.

incredulous [ĭn-krĕj'ə-ləs] *adj* incrédulo.

increment [ĭng'krə-mənt] *s* incremento ♦ **unearned increment** plusvalía.

incriminate [ĭn-krĭm'ə-nāt'] *vt* incriminar.

incubator [ĭng'kyə-bāt'tər] *s* incubadora.

indebted [ĭn-dĕt'ĭd] *adj* endeudado; *(owing gratitude)* agradecido.

indecent [ĭn-dē'sənt] *adj* indecente ♦ **indecent exposure** exhibicionismo.

indecision [ĭn'dĭ-sĭzh'ən] *s* indecisión *f.*

indeed [ĭn-dēd'] **-1** *adv (truly)* verdad, verdaderamente; *(in fact)* en efecto; *(of course)* claro ♦ **indeed?** ¿de verdad? • **yes indeed!** ¡claro que sí! **-2** *interj* de veras, verdad.

indefinite [ĭn-dĕf'ə-nĭt] *adj* indefinido; *(uncertain)* incierto, impreciso; *(vague)* vago.

indemnify [ĭn-dĕm'nə-fī'] *vt (to insure)* asegurar; *(to compensate)* indemnizar.

independence [ĭn'dĭ-pĕn'dəns] *s* independencia.

independent [:dənt] *adj & s* independiente *m/f.*

index [ĭn'dĕks] **-1** *s* [pl **es** or **-dices**] índice *m; (sign)* indicio; TEC *(pointer)* indicador *m* ♦ **index card** ficha, tarjeta **-2** *vt* poner un índice a; *(to indicate)* indicar, señalar; *(to regulate)* regular *(precios).*

indicate [ĭn'dĭ-kāt'] *vt* indicar.

indication ['-kā'shən] *s* indicación *f; (sign)* indicio, seña; *(symptom)* síntoma *m.*

indicator [ĭn'dĭ-kā'tər] *s* indicador *m.*

indifference [ĭn-dĭf'ər-əns] *s* indiferencia.

indifferent [:ənt] *adj* indiferente; *(impartial)* desinteresado; *(mediocre)* regular.

indigenous [ĭn-dĭj'ə-nəs] *adj* indígena.

indigestion [ĭn'dī-jĕs'chən] *s* indigestión *f.*

indignation [ĭn'dĭg-nā'shən] *s* indignación *f.*

indirect [ĭn'dĭ-rĕkt', ĭn'-dī-] *adj* indirecto.

indiscreet [ĭn'dĭ-skrēt'] *adj* indiscreto.

indiscriminate [ĭn'dĭ-skrĭm'ə-nĭt] *adj (undiscriminating)* sin criterio; *(random)* al azar; *(admiration, praise)* ciego.

indispensable [ĭn'dĭ-spĕn'sə-bəl] *adj* indispensable, imprescindible.

indistinct [ĭn'dĭ-stĭngkt'] *adj* indistinto.

individual [ĭn'də-vĭj'ōō-əl] **-1** *adj* individual; *(style, manner)* particular, propio **-2** *s* individuo.

individualist [:ə-lĭst] *s* individualista *m/f.*

indolent [:lənt] *adj* indolente.

indoor [ĭn'dôr] *adj (interior)* interior, interno; *(event)* de puertas adentro.

indoors [ĭn-dôrz'] *adv* dentro, bajo techo.

induce [ĭn-dōōs'] *vt (to cause)* ocasionar; *(childbirth)* provocar; *(to infer)* inducir.

indulge [ĭn-dŭlj'] *vt (to pamper)* consentir, mimar *-vi* ♦ **to indulge in** permitirse el lujo de.

indulgence [ĭn-dŭl'jəns] *s (humoring)* complacencia; *(pampering)* consentimiento; *(in pleasures)* gratificación *f; (treat)* gusto, capricho.

indulgent [:jənt] *adj* indulgente.

industrial [ĭn-dŭs'trē-əl] *adj* industrial.

industrialize [:ə-līz'] *vt & vi* industrializar(se).

industrious [:əs] *adj* industrioso.

industry [ĭn'də-strē] *s* industria; *(management)* empresariado; *(diligence)* diligencia.

inebriate -1 *vt* [ĭn-ē'brē-āt'] embriagar, emborrachar **-2** *adj & s* [:ĭt] ebrio.

inedible [ĭn-ĕd'ə-bəl] *adj* incomestible.

ineffective [ĭn'ĭ-fĕk'tĭv] *adj* ineficaz.

inefficiency [ĭn'ĭ-fĭsh'ən-sē] *s* ineficacia.

inefficient [:ənt] *adj* ineficiente, ineficaz.

inequality [ĭn'ĭ-kwŏl'ĭ-tē] *s* desigualdad *f; (injustice)* injusticia.

inert [ĭn-ûrt'] *adj* inerte.

inevitable [ĭn-ĕv'ĭ-tə-bəl] *adj* inevitable.

inexpensive [ĭn'ĭk-spĕn'sĭv] *adj* barato.

inexperienced [ĭn'ĭk-spîr'ē-ənst] *adj* inexperto.

inexplicable [ĭn'ĭk-splĭk'ə-bəl] *adj* inexplicable.

infallible [ĭn-făl'ə-bəl] *adj* infalible.

infancy [ĭn'fən-sē] *s* infancia.

infant [ĭn'fənt] *s* infante *m/f*, niño.

infantile [ĭn'fən-tīl'] *adj* infantil.

infect [ĭn-fĕkt'] *vt* infectar; *(to contaminate)* contaminar; *(another person)* contagiar.

infection [ĭn-fĕk'shən] *s* infección *f*.

infectious [:shəs] *adj* infeccioso.

inferiority [ĭn-fə'ôr'ĭ-tē] *s* inferioridad *f*.

infernal [ĭn-fûr'nəl] *adj* infernal.

infertile [ĭn-fûr'tl] *adj* infértil, estéril.

infest [ĭn-fĕst'] *vt* infestar, plagar.

infighting [ĭn'fī'tĭng] *s* lucha interna.

infiltrate [ĭn-fĭl'trāt'] *vt* infiltrar; *(an organization)* infiltrarse en.

infinite [ĭn'fə-nĭt] *adj & s* infinito.

infinitive [ĭn-fĭn'ĭ-tĭv] *s* infinitivo.

infinity [:tē] *s* infinidad *f*; MAT infinito.

infirmary [ĭn-fûr'mə-rē] *s* enfermería.

inflammable [ĭn-flăm'ə-bəl] *adj* inflamable.

inflate [ĭn-flāt'] *vt* inflar; FIG hinchar -*vi* inflarse, hincharse.

inflated [ĭn-flā'tĭd] *adj* inflado, hinchado; *(bombastic)* pomposo; *(wages, prices)* excesivo.

inflation [:shən] *s* inflación *f*.

influence [ĭn'flōō-əns] -**1** *s* influencia, influjo ♦ **to be an influence on** tener influencia sobre • **to have influence** ser influyente -**2** *vt* influir en, ejercer influencia sobre.

influenza [ĭn'flōō-ĕn'zə] *s* influenza.

inform [ĭn-fôrm'] *vt* informar, avisar ♦ **to inform someone that** comunicarle a alguien que -*vi* ♦ **to inform on** delatar, denunciar.

informal [ĭn-fôr'məl] *adj (casual)* familiar, llano; *(unofficial)* extraoficial; *(agreement)* no legalizado; *(unceremonious)* sin ceremonia; *(dress)* de diario, de calle.

informality ['-măl'ĭ-tē] *s* familiaridad *f*, llaneza; *(of occasion)* ausencia de ceremonia.

information [ĭn'fər-mā'shən] *s* información *f*; *(data)* datos; *(knowledge)* conocimientos ♦ **for your information** para su conocimiento.

infraction [ĭn-frăk'shən] *s* infracción *f*.

ingenious [ĭn-jēn'yəs] *adj* ingenioso.

ingenuity [ĭn'jə-nōō'ĭ-tē] *s* ingenio.

ingredient [ĭn-grē'dē-ənt] *s* ingrediente *m*.

inhabit [ĭn-hăb'ĭt] *vt* habitar, vivir en.

inhabitant [:ĭ-tnt] *s* habitante *m/f*.

inhale [ĭn-hāl'] *vt* aspirar; *(smoke)* tragar; MED inhalar -*vi* aspirar aire.

inherent [ĭn-hêr'ənt] *adj* inherente.

inherit [ĭn-hĕr'ĭt] *vt* heredar.

inheritance [:ĭ-tns] *s (act)* sucesión *f*; *(thing)* herencia; *(heritage)* patrimonio.

inhibit [ĭn-hĭb'ĭt] *vt* inhibir; *(to prevent)* impedir; *(to prohibit)* prohibir.

inhospitable [ĭn-hŏs'pĭ-tə-bəl, ĭn-hŏspĭt'ə-] *adj* inhospitalario; *(barren)* inhóspito.

in-house [ĭn'hous'] *adj* interno, de la casa.

inhuman [ĭn-hyōō'mən] *adj* inhumano, cruel; *(monstrous)* no humano.

initial [ĭ-nĭsh'əl] -**1** *adj & s* inicial *f* ♦ *s pl (person)* iniciales; *(organization)* siglas -**2** *vt* firmar con las iniciales.

initiate -**1** *vt* [ĭ-nĭsh'ē-āt'] iniciar; *(proceedings)* entablar -**2** *adj & s* [:ĭt] iniciado.

initiative [ĭ-nĭsh'ə-tĭv] *s* iniciativa.

injection [ĭn-jĕk'shən] *s* inyección *f*.

injury [ĭn'jə-rē] *s (damage, wrong)* daño, perjuicio; *(wound)* herida.

injustice [ĭn-jŭs'tĭs] *s* injusticia.

ink [ĭngk] -**1** *s* tinta -**2** *vt* entintar.

inlaid [ĭn'lād'] *adj* incrustado.

inland [ĭn'lănd'] -**1** *adj* (del) interior -**2** *adv* tierra adentro.

in-law [ĭn'lô'] *s* pariente político.

inn [ĭn] *s* posada, hostería; *(tavern)* taverna.

innate [ĭ-nāt'] *adj* innato.

inner [ĭn'ər] *adj* interior, interno; *(profound)* profundo, recóndito; *(intimate)* íntimo.

innocence [ĭn'ə-səns] *s* inocencia.

innocent [:sənt] *adj & s* inocente *m/f*.

innovation [ĭn'ə-vā'shən] *s* innovación *f*.

inoculation [-'-lā'shən] *s* inoculación *f.*

inopportune [ĭn-ŏp'ər-tōōn'] *adj* inoportuno.

input [ĭn'pŏŏt'] *s* COMPUT, ELEC entrada; MEC energía consumida; FIG intervención *f.*

inquire [ĭn-kwīr'] *vi* preguntar, hacer una pregunta ◆ **to inquire about** *(a person)* preguntar por; *(a matter)* pedir informes sobre -*vt* preguntar por, averiguar.

inquiry [ĭng'kwə-rē] *s* pregunta; *(investigation)* investigación *f*, inquisición *f.*

insanity [ĭn-săn'ĭ-tē] *s* locura, demencia; *(folly)* insensatez *f*, locura.

inscription [ĭn-skrĭp'shən] *s* inscripción *f*; *(dedication)* dedicatoria.

insect [ĭn'sĕkt'] *s* insecto.

insecure [ĭn'sĭ-kyŏŏr'] *adj* inseguro.

insensible [ĭn-sĕn'sə-bəl] *adj* insensible.

insert -**1** *vt* [ĭn-sûrt'] *(into)* insertar, introducir; *(between)* intercalar -**2** *s* [' '] inserción *f*; *(page)* encarte *m.*

inside [ĭn-sīd', ' '] -**1** *s* interior *m*, parte *f* de adentro ◆ **to know inside out** conocer a fondo -**2** *adj (inner)* interior, interno; *(confidential)* confidencial, secreto -**3** *adv (within)* dentro, adentro; *(on the inner side)* por dentro -**4** *prep* dentro de.

insight [ĭn'sīt'] *s* perspicacia; *(revelation)* revelación *f*, idea.

insignificant [ĭn'sĭg-nĭf'ĭ-kənt] *adj* insignificante.

insincere [ĭn'sĭn-sîr'] *adj* insincero.

insinuate [ĭn-sĭn'yōō-āt'] *vt* insinuar.

insipid [ĭn-sĭp'ĭd] *adj* insípido.

insist [ĭn-sĭst'] *vi* insistir ◆ **to insist (up)on** insistir en • **to insist that** insistir en que.

insistence [ĭn-sĭs'təns] *s* insistencia.

insistent [:tənt] *adj* insistente.

insole [ĭn'sōl'] *s* plantilla (del zapato).

insolent [:lənt] *adj* insolente, descarado.

insomnia [ĭn-sŏm'nē-ə] *s* insomnio.

inspection [ĭn-spĕk'shən] *s* inspección *f*; MIL revista.

inspector [:tər] *s* inspector *m.*

inspiration [ĭn'spə-rā'shən] *s* inspiración *f.*

install [ĭn-stôl'] *vt* instalar.

installation [ĭn'stə-lā'shən] *s* instalación *f*; MIL base *f.*

installment [:mənt] *s (payment)* plazo, pago; *(of a publication)* entrega *f* ◆ **installment plan** pago a plazos.

instance [ĭn'stəns] *s (example)* ejemplo, muestra; *(case)* caso ◆ **for instance** por ejemplo.

instant [ĭn'stənt] -**1** *s* instante *m*, momento ◆ **the instant (that)** en cuanto • **this instant** al instante, en seguida -**2** *adj* inmediato; *(urgent)* apremiante; *(food, success)* instantáneo.

instantly [ĭn'stənt-lē] *adv* instantáneamente, inmediatamente.

instead [ĭn-stĕd'] *adv* en su lugar; *(rather than)* en cambio ◆ **instead of** en lugar de, en vez de.

instep [ĭn'stĕp'] *s* empeine *m.*

instinct [ĭn'stĭngkt'] *s* instinto.

instinctive [ĭn-stĭngk'tĭv] *adj* instintivo.

institute [ĭn'stĭ-tōōt'] -**1** *vt* instituir, establecer; *(to initiate)* iniciar -**2** *s* instituto.

institution [ĭn'stĭ-tōō'shən] *s* institución *f*; *(asylum)* asilo; *(for the insane)* manicomio.

instruct [ĭn-strŭkt'] *vt* instruir; *(to order)* dar instrucciones, mandar.

instruction [ĭn-strŭk'shən] *s* instrucción *f.*

instrument [ĭn'strə-mənt] *s* instrumento.

insubstantial [ĭn'səb-stăn'shəl] *adj* insubstancial; *(flimsy)* flojo.

insufficient [ĭn'sə-fĭsh'ənt] *adj* insuficiente.

insular [ĭn'sə-lər] *adj* insular; *(narrowminded)* estrecho de miras.

insulin [ĭn'sə-lĭn] *s* insulina.

insult -**1** *vt* [ĭn-sŭlt'] insultar -**2** *s* [' '] insulto.

insurance [ĭn-shōō'əns] *s* seguro; FIG seguridad *f* ◆ **to take out insurance** sacar(se) un seguro.

insure [ĭn-shōōr'] *vt* asegurar.

insured [ĭn-shōōrd'] *s* asegurado.

intact [ĭn-tăkt'] *adj* intacto.

integrate [ĭb'tĭ-grāt'] *vt & vi* integrar(se).

integrity [ĭn-tĕg'rĭ-tē] *s* integridad *f.*

intellect [ĭn'tl-ĕkt'] *s* intelecto.

intellectual ['-ĕk'chōō-əl] *adj & s* intelectual *m/f.*

intelligence [ĭn-tĕl'ĭ-jəns] s inteligencia; *(information)* información secreta.

intelligent [:jənt] adj inteligente.

intend [ĭn-tĕnd'] vt *(to plan)* proponerse, tener la intención (de); *(to contemplate)* pensar; *(to mean)* querer decir.

intended [ĭn-tĕn'dĭd] adj *(planned)* proyectado; *(intentional)* deliberado; *(future)* futuro ♦ **intended for** destinado a, para; *(remark)* dirigido a.

intense [ĭn-tĕns'] adj intenso.

intensity [:sĭ-tē] s intensidad f.

intensive [:sĭv] adj intensivo.

intention [ĭn-tĕn'shən] s intención f, propósito ♦ **to be one's intention to** proponerse.

intentional [:shə-nəl] adj intencional.

intercept [ĭn'tər-sĕpt'] vt interceptar.

interchange -1 vt [:chānj'] intercambiar; *(places)* alternar -2 s ['´] intercambio; *(highway junction)* empalme m.

interchangeable [:chăn'jə-bəl] adj intercambiable.

intercom ['-kŏm'] s sistema m de intercomunicación.

intercourse ['-kôrs'] s relaciones f sociales; *(trade)* comercio, tráfico; *(coitus)* coito.

interest [ĭn'trĭst, ĭn'tər-ĭst] -1 s interés m; *(benefit)* beneficio; *(on money)* interés ♦ **in one's own interest** en beneficio propio -2 vt interesar.

interested [ĭn'trĭ-stĭd, ĭn'tər-ĭ-] adj interesado.

interesting [:stĭng] adj interesante.

interfere [ĭn'tər-fîr'] vi interferir; *(to meddle)* entrometerse.

interim [ĭn'tər-ĭm] -1 s interín m -2 adj interino, provisional.

interior [ĭn-tîr'ē-ər] adj & s interior m.

interlude [:lōōd'] s intermedio; TEAT entremés m.

intermediate [:mē'dē-ĭt] -1 adj intermedio -2 s intermediario.

intermission [ĭn'tər-mĭsh'ən] s intermisión f, TEAT intermedio, entreacto.

intern [ĭn'tûrn'] -1 s interno, médico residente m -2 vi ['-'] trabajar como interno -vt internar, recluir (esp. en tiempo de guerra).

internal [ĭn-tûr'nəl] adj interno; *(domestic)* interior, nacional.

international [ĭn'tər-năsh'ə-nəl] adj internacional.

interplay ['-plā'] s interacción f.

interpret [ĭn-tûr'prĭt] vt interpretar -vi servir de intérprete.

interpretation [-'prĭ-tā'shən] s interpretación f.

interpreter [:tər] s intérprete m/f.

interracial [ĭn'tər-rā'shəl] adj entre las razas.

interrogate [ĭn-tĕr'ə-gāt'] vt interrogar.

interrupt [ĭn'tə-rŭpt'] vt interrumpir.

intersect [ĭn'tər-sĕkt'] vt *(to cut)* cruzar; *(to cross)* cruzarse con -vi cruzarse.

intersection [:sĕk'shən] s intersección f; *(of streets)* bocacalle f; *(of roads)* cruce m.

interstate [:stāt'] adj entre estados, provincias ♦ **interstate highway** carretera nacional.

interval [ĭn'tər-vəl] s intervalo.

intervene [ĭn'tər-vēn'] vi intervenir.

interview [ĭn'tər-vyōō'] -1 s entrevista -2 vt & vi entrevistar(se).

intestine [ĭn-tĕs'tĭn] s intestino ♦ **large, small intestine** intestino grueso, delgado.

intimacy [ĭn'tə-mə-sē] s intimidad f.

intimate¹ [ĭn'tə-mĭt] adj & s íntimo.

intimate² [:māt'] vt dar a entender, insinuar.

intimidate [ĭn-tĭm'ĭ-dāt'] vt intimidar.

into [ĭn'tōō] prep en, a, dentro de, contra ♦ **well into** bien entrado, avanzado.

intolerable [ĭn-tŏl'ər-ə-bəl] adj intolerable.

intoxicate [ĭn-tŏk'sĭ-kāt'] vt embriagar.

intransigent [ĭn-trăn'sə-jənt] adj intransigente.

intransitive [ĭn-trăn'sĭ-tĭv] adj & s *(verbo)* intransitivo.

intravenous [ĭn'trə-vē'nəs] adj intravenoso.

intrepid [ĭn-trĕp'ĭd] adj intrépido.

intricate [ĭn'trĭ-kĭt] adj complejo, intrincado.

intrigue -1 s [ĭn'trēg'] intriga; *(love affair)* amorío secreto -2 vi & vt [-'] intrigar.

intrinsic [ĭn-trĭn'sĭk] adj intrínseco.

introduce [ĭn'trə-dōōs'] vt presentar; *(to insert, bring into use)* introducir; *(a* *product)* lanzar al mercado; *(a topic)* sacar a colación; *(to initiate)* familiarizar *(to con)*; *(into a new surrounding)* traer; *(to preface)* prologar.

introduction [:dŭk'shən] *s* introducción *f*; *(of people)* presentación *f*; *(of a product)* lanzamiento.

introductory [:tə-rē] *adj* preliminar.

introvert [ĭn'trə-vûrt'] *s* introvertido.

introverted [:vûr'tĭd] *adj* introvertido.

intrude [ĭn-trōōd'] *vi (to meddle)* inmiscuirse, entrometerse.

intrusion [:zhən] *s* intrusión *f*; *(invasion)* invasión *f*; *(imposition)* molestia.

intuition [ĕn'tōō-ĭsh'ən] *s* intuición *f*.

inundate [ĭn'ŭn-dāt'] *vt* inundar.

invade [ĭn-vād'] *vt* invadir; *(privacy)* no respetar; *(rights)* violar *-vi* hacer una invasión.

invalid[1] [ĭn'və-lĭd] *adj & s* inválido.

invalid[2] [ĭn'vă-lĭd] *adj* nulo, inválido.

invaluable [ĭn-văl'yōō-ə-bəl] *adj* inestimable.

invasion [ĭn-vā'zhən] *s* invasión *f*; *(of privacy)* entrometimiento; *(of rights)* transgresión *f*.

invent [ĭn-vĕnt'] *vt* inventar.

invention [ĭn-vĕn'shən] *s* invención *f*; *(new device)* invento; *(skill)* inventiva.

inventory [ĭn'vən-tôr'ē] -1 *s* inventario; *(stock)* existencias -2 *vt* inventariar.

invest [ĭn-vĕst'] *vt (money)* invertir; *(effort)* dedicar *-vi* hacer una inversión.

investigate [ĭn-vĕs'tĭ-gāt'] *vt* investigar.

investigation [-'gā'shən] *s* investigación *f*.

investment [ĭn-vĕst'mənt] *s* inversión *f*.

invisible [ĭn-vĭz'ə-bəl] *adj* invisible ♦ **invisible ink** tinta simpática.

invitation [ĭn'vĭ-tā'shən] *s* invitación *f*.

invite [ĭn-vīt'] *vt* invitar; *(for food, drink)* convidar; *(a response)* solicitar; *(trouble)* provocar, buscar.

inviting [ĭn-vī'tĭng] *adj* atrayente, tentador.

invoice [ĭn'vois'] -1 *s* factura -2 *vt* facturar.

invoke [ĭn-vōk'] *vt* invocar.

involuntary [ĭn-vŏl'ən-tĕr'ē] *adj* involuntario.

involve [ĭn-vŏlv'] *vt (to include)* comprender, incluir; *(to entail)* implicar, en-

trañar; *(in a matter)* comprometer, involucrar.

involved [ĭn-vŏlvd'] *adj* complicado, enredado ♦ **to be involved in** estar involucrado en.

involvement [ĭn-vŏlv'mənt] *s (entanglement)* envolvimiento, comprometimiento; *(in a matter)* participación *f*.

inward [ĭn'wərd] -1 *adj* interior, interno -2 *adv* or **-wards** hacia adentro.

IOU [ī'ōyōō'] *s* [pl **s** or **'s**] pagaré *m*, vale *m*.

iron [ī'ərn] -1 *s* hierro; *(for clothes)* plancha ♦ **iron ore** mineral de hierro ♦ *pl* grilletes -2 *vt & vi* planchar ♦ **to iron out** allanar, resolver.

ironing [ī'ər-nĭng] *s* planchado ♦ **ironing board** tabla de planchar.

irony [ī'rə-nē] *s* ironía.

irrational [ĭ-răsh'ə-nəl] *adj* irracional.

irrecoverable [ĭr'ĭ-kŭv'ər-ə-bəl] *adj* irrecuperable; *(irreparable)* irreparable.

irregular [ĭ-rĕg'yə-lər] *adj* irregular; *(uneven)* desigual; *(merchandise)* imperfecto.

irrelevant [ĭ-rĕl'ə-vənt] *adj* inaplicable, improcedente ♦ **to be irrelevant** no venir al caso.

irreplaceable [ĭr'ĭ-plā'sə-bəl] *adj* irreemplazable.

irresistible [ĭr'ĭ-zĭs'tə-bəl] *adj* irresistible.

irresponsible [:spŏn'sə-bəl] *adj* irresponsable.

irrigation [ĭr'ĭ-gā'shən] *s* irrigación *f*.

irritate [:tāt'] *vt* irritar.

irritating [:tā'tĭng] *adj* irritante, molesto.

irritation ['-tā'shən] *s* irritación *f*.

is [ĭz] tercera persona *sg* de **be**.

island [ī'lənd] *s* isla; *(in a street)* isleta.

isle [īl] *s* isla; *(islet)* isleta.

isolate [ī'sə-lāt'] *vt* aislar; *(a prisoner)* incomunicar.

isolation [:lā'shən] *s* aislamiento; *(in prison)* incomunicación *f*; *(quarantine)* cuarentena.

issue [ĭsh'ōō] -1 *s (money, stamps)* emisión *f*; *(edition)* tirada; *(copy)* número; *(point under discussion)* punto, cuestión *f* ♦ **at issue** en discusión -2 *vi* salir; *(to emanate)* surgir de; *(to result)* resultar *(from de, in en)* *-vt (to distribute)* repartir; *(to publish)* publicar; *(or-*

I

ders) dar; *(decree)* promulgar; *(stamps, money)* emitir.

isthmus [ĭs′məs] *s* istmo.

it [ĭt] *pron* lo, la <*do you know this song? yes, I know it* ¿conoces esta canción? sí, la conozco>; le <*give it a push* dale un empujón>; ello, eso <*we thought about it* pensábamos en eso>; *(not translated)* él, ella, ello <*has the mail come? yes, it just arrived* ¿ha llegado el correo? sí, acaba de llegar> ♦ **it is cold** hace frío • **it is good** es bueno • **it is snowing** está nevando.

itch [ĭch] **-1** *s* picazón *f*; *(rash)* sarna; *(desire)* comezón *f* **-2** *vi* picar <*my ear itches* me pica el oído> ♦ **to be itching to** estar desesperado por *-vt* dar picazón; *(to scratch)* rascarse.

item [ī′təm] *s* artículo; *(on an agenda)* punto; *(of a document)* ítem *m*; *(of a form)* casilla; TEN *(entry)* partida; *(of information)* detalle *m*.

itinerary [ītĭn′ə-rĕr′ē] *s* itinerario.

its [ĭts] *adj pos* su.

itself [ĭt-sĕlf′] *pron* se <*it turns itself off automatically* se apaga automáticamente>; sí mismo <*the cat saw itself in the mirror* el gato se vio a sí mismo en el espejo>; sólo <*the yarn itself cost $20* la lana sola cuesta 20 dólares>; mismo <*the trouble is in the motor itself* el problema es el motor mismo> ♦ **(all) by itself** solo • **of** *or* **in itself** de sí.

ivory [ī′və-rē] *s* marfil *m*.

ivy [ī′vē] *s* hiedra, yedra.

J

jab [jăb] **-1** vt **-bb-** (to stab) clavar; (with the elbow) dar un codazo a -vi ♦ **to jab at** asestar un golpe rápido a **-2** s (prick) pinchazo.

jabber [jăb'ər] **-1** vi parlotear, farfullar **-2** s parloteo, farfulla.

jack [jăk] **-1** s (in cards) sota; (flag) pabellón m; MEC gato, cric m **-2** vt ♦ **to jack up** alzar con el gato.

jackal [jăk'əl] s chacal m.

jacket [jăk'ĭt] s saco, chaqueta; (covering) cubierta; (of a record) envoltura.

jackknife [:nīf'] **-1** s [pl **-ves**] navaja, cortaplumas m **-2** vi doblarse como una navaja.

jackpot [:pŏt'] s premio gordo ♦ **to hit the jackpot** sacarse el premio gordo; FIG tener gran suerte.

jaded [jā'dĭd] adj (wearied) agotado; (sated) harto.

jagged [jăg'ĭd] adj (notched) dentado, mellado; (uneven) cortado irregularmente.

jail [jāl] **-1** s cárcel f **-2** vt encarcelar.

jam¹ [jăm] **-1** vt **-mm-** (to lock) trabar, atascar; (to fill, crowd) atestar ♦ **jammed with** atestado o atiborrado de -vi atascarse, trabarse; (firearm) encasquillarse; (brakes) agarrotarse **-2** s (blockage) atasco; (congestion) aprieto.

jam² s CUL mermelada.

janitor [jăn'ĭ-tər] s empleado de limpieza.

January [jăn'yōō-ĕr'ē] s enero.

jar¹ [jär] s (jug) jarra; (pot) tarro, pote m.

jar² vi **-rr-** (to squeal, grate) chirriar; (to shake) sacudirse.

jargon [jär'gən] s jerga.

jaunt [jônt] **-1** s paseo, excursión f **-2** vi ir de paseo o de excursión.

javelin [jăv'lən] s jabalina.

jaw [jô] **-1** s mandíbula, quijada **-2** vi JER chacharear.

jay [jā] s arrendajo.

jazz [jăz] **-1** s jazz m **-2** vt ♦ **to jazz up** FAM avivar, animar.

jealous [jĕl'əs] adj celoso; (suspicious) receloso; (envious) envidioso.

jealousy [:ə-sē] s celos m, envidia.

jeans [jēns] s pantalones vaqueros.

jelly [jĕl'ē] s jalea, gelatina.

jellyfish [:fĭsh'] s [pl inv or **es**] medusa.

jeopardize [jĕp'ər-dīz'] vt poner en peligro.

jerk [jûrk] **-1** vt dar un tirón a, tironear de -vi (to jolt) moverse a sacudones; (to twitch) moverse espasmódicamente **-2** s (yank) tirón m, sacudida.

jersey [jûr'zē] s (fabric) tejido de jersey; (garment) jersey m.

jest [jĕst] **-1** s chiste m, broma ♦ **in jest** en broma **-2** vi bromear, chancear.

jet [jĕt] s (spurt) chorro; (nozzle) boquilla; (airplane) jet m, avión m a reacción; (engine) reactor m ♦ **jet lag** cansancio causado por viajar larga distancia en avión.

jettison [jĕt'ĭ-sən] vt (cargo) echar al mar; FIG (to discard) desechar.

jetty [jĕt'ē] s desembarcadero, muelle m.

jewel [jōō'əl] s joya, alhaja; (gem) gema; (in watches) rubí m.

jewelry [:əl-rē] s joyas, alhajas.

Jewish [:ĭsh] adj judío.

jiffy [jĭf'ē] or **jiff** [jĭf] s FAM ♦ **in a jiffy** en un santiamén.

jigsaw [jĭg'sô'] s rompecabezas.

jilt [jĭlt] vt dejar plantado, dar calabazas.

jingle [jĭng'gəl] **-1** vt & vi (hacer) cascabelear or tintinear **-2** s cascabeleo, tintineo.

jinx [jĭngks] FAM s (person, object) gafe m, cenizo; (condition) mala suerte.

jitter [jĭt'ər] s ♦ pl nerviosismo • **to have the jitters** estar nervioso.

job [jŏb] s (task) tarea; (work) obra, trabajo; (employment) empleo <to look for a job buscar un empleo> ♦ **by the job** a destajo.

jobless [:lĭs] adj sin trabajo.

jockey [jŏk'ē] **-1** s jockey m/f **-2** vt montar (como jockey); FIG maniobrar, manipular.

jog [jŏg] **-1** vt **-gg-** (to push) empujar levemente; (to nudge) dar un codazo a; (the memory) refrescar -vi (to trot) cabalgar a trote corto; (to run) correr despacio **-2** s (slow pace) paso lento.

join [join] vt juntar, unir; (forces) aunar; (a cause) abrazar; (political party) afiliarse a; *(church, club)* hacerse socio de; *(business firm)* entrar en; *(road, river)* dar or empalmar con; *(people)* encontrarse or reunirse con; MIL alistarse en ♦ **to join together** juntar -*vi* juntarse, unirse; *(in marriage)* unirse; *(roads, lines)* empalmar • **to join in** participar en.

joint [joint] -1 *s* junta, unión *f*; ANAT coyuntura; BOT nudo; CUL corte *m* para asar; *(marijuana)* cigarrillo de marihuana; *(bar)* tugurio -2 *adj* (en) común; *(collective)* mutuo ♦ **joint ownership** propiedad en común.

joist [joist] *s* viga.

joke [jōk] -1 *s* chiste *m*; *(amusing remark)* gracia <*not to get the joke* no verle la gracia>; *(prank)* broma <*he can't take a joke* él no sabe tomar una broma> ♦ **as a joke** en broma • **to play a joke on** hacerle una broma a -2 *vi* contar chistes, bromear ♦ **to joke around** bromear.

joker [jō'kər] *s* bromista *m/f*; *(cards)* comodín *m*.

jolly [jŏl'ē] *adj* -i- *(person)* alegre, jovial; *(occasion)* agradable; GB *(very)* muy.

jolt [jōlt] -1 *vt (to bump)* dar un tumbo or sacudida; *(to shake)* sacudir; *(to shock)* sobresaltar -*vi* sacudirse, traquetear -2 *s (jerk)* sacudida, tumbo; *(shock)* choque *m*.

jostle [jŏs'əl] -1 *vi & vt* empujar, dar empellones -2 *s* empujón *m*, empellón *m*.

journal [jûr'nəl] *s* diario; TEN (libro) diario; *(periodical)* revista, boletín *m*.

journalism [:nə-lĭz'əm] *s* periodismo.

journalist [:nə-lĭst] *s* periodista *m/f*.

journey [jûr'nē] *s* viaje *m*; *(distance)* jornada.

joy [joi] *s* alegría, júbilo; *(person, thing)* regocijo, motivo de alegría.

joyful [ʹfəl] *adj* alegre, jubiloso.

joyless [:lĭs] *adj* sin alegría.

jubilant [jōō'bə-lənt] *adj* jubiloso.

jubilee [ʹ-lē'] *s (anniversary)* aniversario *(esp. el quincuagésimo)*; *(celebration)* celebración *f*.

judge [jŭj] -1 *vt* juzgar; *(to determine)* determinar, evaluar; *(innocent, guilty)*

declarar -*vi* juzgar ♦ **judging from** or **by** a juzgar por -2 *s* juez *m/f*.

judg(e)ment [:mənt] *s (good sense, opinion)* juicio; *(ruling)* opinión *f*, dictamen *m*.

judicious [:əs] *adj* sensato, juicioso.

judo [jōō'dō] *s* judo.

jug [jŭg] *s (jar)* jarra, cántaro; JER cárcel *f*, chirona.

juggler [ʹlər] *s* malabarista *m/f*.

juice [jōōs] *s* jugo; *(of fruits, vegetables)* zumo, jugo.

juke box [jōōk] *s* tocadiscos *m* automático de moneda.

July [jōō-lī'] *s* julio.

jump [jŭmp] -1 *vi* saltar; *(to be startled)* sobresaltarse; *(prices, temperature)* dar un salto; *(to skip)* pasar por alto, saltear ♦ **to jump down** bajar de un salto • **jump up** levantarse de un salto -*vt* saltar (por encima de); *(to attack)* agredir, atacar; *(prices, stakes)* elevar; *(in checkers)* comer -2 *s* salto; *(leap)* brinco; *(sudden movement)* sobresalto.

jumper [jŭm'pər] *s (dress)* vestido sin mangas.

June [jōōn] *s* junio.

jungle [jŭng'gəl] *s* selva, jungla; *(tangle)* maraña.

junior [jōōn'yər] -1 *adj (for children)* juvenil; *(in rank)* subalterno; *(in school)* de penúltimo año -2 *s* joven *m/f*, menor *m/f*; *(rank)* subordinado; *(student)* estudiante *m/f* de penúltimo año.

junk[1] [jŭngk] -1 *s (scrap)* chatarra; FAM *(useless objects)* trastos viejos, cachivaches *m* ♦ **junk food** alimentos preparados de poco valor nutritivo -2 *vt (to discard)* echar a la basura, desechar.

junk[2] *s* MARÍT junco.

jurisdiction [jōōr-ĭs-dĭk'shən] *s* jurisdicción *f*.

juror [jōōr'ər] *s* jurado *m/f* (persona).

jury [:ē] *s* jurado, tribunal *m*.

just [jŭst] -1 *adj (fair, right)* justo; *(equitable)* imparcial; *(legitimate)* justificado; *(accurate)* exacto -2 *adv (exactly)* justo, justamente <*just the right amount* justamente la cantidad correcta>; *(recently)* recién <*just published* recién publicado>; *(nearby)* no más que, apenas; *(barely)* por muy poco <*you just* *missed the bus* perdiste el ómnibus por muy poco>; *(merely)* simplemente, sólo <*just because* sólo porque>; *(possibly)* posiblemente, quizás ♦ **just about** *(not quite)* casi; *(soon)* pronto <*it's just about dinnertime* pronto será la hora de cenar> • **just about to** a punto de • **just as** *(precisely)* lo mismo que; *(in every way)* tal como <*just as I thought!* ¡tal como pensaba!> • **just in case** por si acaso • **just in time to** or **for** justo a tiempo para • **just like** *(same as)* como, igual que; *(typical of)* muy de <*that's just like him!* ¡eso es muy de él!> • **just now** en este momento • **to have**

just acabar de <*I've just gotten here* acabo de llegar>.

justice [jŭs′tĭs] *s* justicia; *(righteousness)* rectitud *f*; *(judge)* juez *m/f*.

justification [′-fĭ-kā′shən] *s* justificación *f*.

justify [′-fī′] *vt* justificar.

justness [jŭst′nĭs] *s* justicia; *(righteousness)* rectitud; *(fairness)* imparcialidad.

juvenile [jōō′və-nəl, :nīl′] *adj* joven, juvenil; *(immature)* infantil; *(of minors)* de menores.

juxtapose [jŭk′stə-pōz′] *vt* yuxtaponer.

J

K

kaleidoscope [kə-lī'də-skōp'] s calidoscopio.

kangaroo [kăng'gə-rōō'] s canguro.

karat [kăr'ət] s quilate m.

karate [kə-rä'tē] s karate m.

kebab [kə-bŏb'] s carne asada en espetones.

keel [kēl] -1 s quilla ♦ **on an even keel** tranquilo -2 vi irse a pique ♦ **to keel over** desplomarse.

keen [kēn] adj agudo; (blade) afilado; (interest) vivo; (competition) reñido, fuerte ♦ **to be keen on** (to wish to) tener muchas ganas de.

keep [kēp] -1 vt **kept** (in one's possession) quedarse con; (to put aside) guardar; (a family) sostener, mantener; (in a place) guardar <where do you keep your saw? ¿en dónde guardas la sierra?>; (boarders) dar hospedaje a, alojar; (garden) cultivar; (animals) criar; (to preserve) conservar <to keep food fresh conservar la comida fresca>; (order, tradition) mantener; (to fulfill) cumplir, guardar <to keep one's word cumplir la palabra de uno> ♦ **to keep away** mantener alejado • **to keep back** (tears) contener; (information) ocultar; (to withhold) quedarse con • **to keep down** (to oppress) oprimir, sojuzgar; (costs, temperature) mantener bajo • **to keep from** (to prevent) impedir <they kept me from speaking out me impidieron expresar mi opinión> • **to keep out** no dejar entrar • **to keep (someone) waiting** hacer esperar (a alguien) • **to keep up** (to continue) continuar, proseguir <keep up the good work continúe haciendo tan buen trabajo> -vi (to stay) permanecer, quedarse; (food) conservarse; (to continue) seguir; (to not stop) no dejar de <he kept shouting no dejó de gritar> ♦ **keep out** prohibida la entrada • **to keep going** (to proceed) seguir; (to manage) ir tirando • **to keep on** seguir, continuar <keep on talking continúa hablando> • **to keep quiet** quedarse callado -2 s (care) custodia, protección f.

keeper [kē'pər] s guarda m, guardián m.

keeping [kē'pĭng] s (guarding) guardia, custodia; (custody) cuidado, cargo <in his keeping a cargo suyo>.

kennel [kĕn'əl] vt & s (meter en la) perrera.

kernel [kûr'nəl] s grano; (of a nut) masa.

kerosene [kĕr'ə-sēn'] s queroseno.

ketchup [kĕch'əp, kăch'-] s salsa de tomate.

kettle [kĕt'l] s (pot) marmita, caldera; (teakettle) tetera.

key [kē] -1 s llave f; (code, solution) clave f; (of a piano, typewriter) tecla; MÚS tonalidad f, tono; TELEC manipulador m; (pitch) tono <she spoke in a high key habló en un tono alto> -2 adj clave, importante -3 vt (to encode) codificar; MÚS afinar.

keyboard [kē'bôrd'] s teclado.

keyhole [kē'hōl'] s bocallave f.

kick [kĭk] -1 vi patear, dar puntapiés; (animals) cocear, dar coces; (firearm) dar un culatazo -vt patear, dar un puntapié a; (animals) dar coces a; (firearm) dar un culatazo en; DEP patear; (a goal) marcar, meter ♦ **to kick off** poner en marcha • **to kick out** echar a patadas -2 s patada; (person) puntapié m; (animal) coz f; (firearm) culatazo.

kid [kĭd] -1 s (goat) cabrito; (other animals) cría; (leather) cabritilla; FAM (child) niño; JER (pal) muchachón m -2 vt & vi -dd- FAM bromear o jugar (con) ♦ **are you kidding?** (really?) ¿de verdad?

kidnap [:năp'] vt secuestrar, raptar.

kidnap(p)er [:ər] s secuestrador m, raptor m.

kidnap(p)ing [:ĭng] s secuestro, rapto.

kidney [kĭd'nē] s riñón m.

kill [kĭl] vt matar; (to destroy) destruir; FAM (motor, light) apagar; (to veto) vetar; (to delete) suprimir ♦ **to kill time** (to wait) hacer tiempo; (to idle) matar el tiempo -vi matar; (to murder) asesinar.

killer [:ər] s asesino.

killing [:ĭng] s (murder) asesinato; (slaughter) matanza.

killjoy [:joi'] s aguafiestas m/f.

kiln [kĭln, kĭl] s horno.

kilo [kē'lō] s kilo.

kilogram [:grăm'] s kilogramo.

kilometer [:mē'tər, kĭ-lŏm'ĭ-tər] s kilómetro.

kilowatt ['ə-wŏt'] s kilovatio.

kilt [kĭlt] s falda escocesa, kilt m.

kin [kĭn] s parientes m ♦ **next of kin** pariente más cercano.

kind¹ [kīnd] adj bueno, afable; (generous) generoso, bondadoso; (courteous) cortés, amable.

kind² s (class) género, especie f; (type) tipo, clase f <what kind of airplane is that? ¿qué tipo de avión es ése?> ♦ **kind of** FAM un poco <it's kind of cold today hace un poco de frío hoy> • **nothing of the kind** nada por el estilo.

kindergarten [kĭn'dər-gär'tn] s jardín m de infantes.

kindhearted [kīnd'här'tĭd] adj bondadoso.

kindle [kĭn'dl] vt & vi encender(se).

kindly [kīnd'lē] -1 adj -i- (benevolent) benigno, bondadoso; (friendly) amable, agradable -2 adv bondadosamente ♦ **kindly take a seat** tenga la bondad de sentarse.

kindness [:nĭs] s bondad f; (favor) favor m.

king [kĭng] s rey m.

kingdom [:dəm] s reino.

kingfisher [:fĭsh'ər] s martín m pescador.

king-size(d) [:sīz(d)] adj grande.

kinky [kĭng'kē] adj -i- (wire) enroscado; (hair) rizado; FAM (perverted) pervertido.

kiosk [kē'ŏsk'] s quiosco.

kiss [kĭs] -1 vt besar, dar un beso a -vi besarse -2 s beso.

kit [kĭt] s (set of tools) equipo, conjunto; (collection of items) juego; (container) estuche m ♦ **first-aid kit** botiquín m.

kitchen [kĭch'ən] s cocina.

kite [kīt] s (toy) cometa; ORNIT milano.

kitten [kĭt'n] s gatito.

kitty¹ [kĭt'ē] s (in cards) puesta del ganador; (pool of money) banca.

kitty² s FAM (cat) gato; (kitten) gatito.

knack [năk] s (skill) facilidad f (for para); (natural talent) don m (for de).

knapsack [năp'săk'] s mochila.

knead [nēd] vt amasar, heñir.

knee [nē] s rodilla; ZOOL codillo.

kneecap [nē'kăp'] s rótula.

kneel [nēl] vi -ed or knelt arrodillarse.

knickers [nĭk'ərz] s pl (bloomers) bragas f; (knee breeches) calzones m, bombachos.

knickknack [nĭk'năk'] s chuchería.

knife [nīf] -1 s [pl -ves] cuchillo; (blade, pocketknife) cuchilla -2 vt (to stab) apuñalar.

knight [nīt] -1 s caballero; (in chess) caballo -2 vt armar caballero, GB conceder el título de Sir a.

knit [nĭt] -1 vt & vi knit(ted), -tting tejer, hacer punto; (brows) fruncir(se) -2 s (garment) prenda de punto; (cloth) género de punto.

knitting ['ĭng] s tejido, labor f de punto.

knob [nŏb] s (of a door) perilla, tirador m; (dial) botón m.

knock [nŏk] -1 vt (to hit) golpear, pegar ♦ **to knock down** derribar, tumbar; FAM (price) rebajar • **to knock off** hacer caer, tirar <to knock the lamp off the table hacer caer la lámpara de la mesa> • **to knock out** (a person) dejar sin sentido; (in boxing) poner fuera de combate -vi (at the door) golpear, llamar ♦ **to knock against** chocar contra -2 s (blow) golpe m; (rap) toque m, llamada.

knocker [:ər] s aldaba, picaporte.

knockkneed [:nēd'] adj patizambo.

knockout [:out'] s knock-out m.

knot [nŏt] -1 s nudo; (group) grupo, corrillo -2 vt & vi -tt- anudar(se); (to entangle) enredar(se).

know [nō] -1 vt knew, known saber <I know arithmetic sé aritmética>; (a person, place) conocer; (to perceive) comprender <I know how you feel comprendo cómo te sientes>; (to recognize) reconocer; (to distinguish) distinguir <to know right from wrong distinguir el bien del mal> ♦ **to get to know someone** llegar a conocer a alguien • **to let someone know** hacer saber a alguien • **to know about** saber de • **to know how to** saber -vi saber ♦ **as far as I know** que yo sepa • **how should I know!** ¡yo qué sé! • **to know each other** conocerse -2 s ♦ **to be in the know** FAM estar al tanto.

know-how [nō'hou'] *s (ability)* habilidad *f; (experience)* experiencia.

knowingly [:īng-lē] *adv (deliberately)* a sabiendas ♦ **to glance knowingly at** dirigir una mirada de complicidad a.

knowledge [nŏl'ĭj] *s (understanding)* conocimiento; *(information)* conocimientos, saber *m* <*knowledge about genetics* conocimientos sobre la gené-tica>; *(erudition)* erudición *f* ♦ **to have a thorough knowledge of** conocer a fondo • **to have no knowledge of** no saber nada de.

known [nōn] **-1** cf **know -2** *adj* conocido.

knuckle [nŭk'əl] *s* nudillo.

KO [kā'ō'] *s* DEP, JER [pl **'s**] knock-out *m*.

koala [kō-ä'lə] *s* koala *m*.

L

lab [lăb] s laboratorio.

label [lā'bəl] -1 s rótulo, etiqueta; (brand name) marca de fábrica; FIG (epithet) etiqueta -2 vt rotular, marcar.

labor [lā'bər] -1 s trabajo, labor f; (task) tarea, faena; (childbirth) parto ♦ **labor union** sindicato -2 vi trabajar; (to strive) esforzarse; (to plod) moverse con dificultad; MED estar de parto -vt insistir en -3 adj laboral.

laboratory [lăb'rə-tôr'ē] s laboratorio.

labored [lā'bərd] adj trabajoso, dificultoso.

laborer [lā'bər-ər] s trabajador m, obrero; (unskilled) peón m, jornalero.

labyrinth [lăb'ə-rĭnth] s laberinto.

lace [lās] -1 s encaje m; (trim) puntilla; (shoelace) cordón m de zapato -2 vt encordonar; (a drink) echar licor a.

lack [lăk] -1 s (deficiency) falta, carencia; (need) escasez f -2 vt (to be without) carecer de, faltar; (to have no) no tener -vi hacer falta.

laconic [lə-kŏn'ĭk] adj lacónico.

lacquer [lăk'ər] -1 s laca -2 vt laquear.

lad [lăd] s joven m, muchacho.

ladder [lăd'ər] s escalera, escala; (status) jerarquía; GB (in a stocking) carrera.

laden [lād'n] adj cargado.

ladle [lād'l] -1 s cucharón m -2 vt servir con cucharón.

lady [lā'dē] s dama; (married woman) señora.

ladybird [:bûrd'] s mariquita.

ladylike [:lĭk'] adj bien educada.

ladyship [:shĭp'] s excelencia, señoría.

lag [lăg] -1 vi -gg- (to straggle) rezagarse, retrasarse; (to flag) aflojar(se) ♦ **to lag behind** retrasarse -2 s dilación f, retraso.

lagoon [lə-gōōn'] s laguna.

lair [lâr] s guarida, madriguera.

lake [lāk] s lago.

lamb [lăm] s cordero.

lament [lə-mĕnt'] -1 vt lamentar, llorar -vi lamentarse -2 s lamento.

lamentable [lə-mĕn'tə-bəl] adj lamentable.

laminated [lăm'ə-nā'tĭd] adj laminado.

lamp [lămp] s lámpara.

lampoon [lăm-pōōn'] -1 s pasquín m, sátira -2 vt pasquinar, satirizar.

lamppost [lămp'pōst'] s poste m de farol.

lance [lăns] -1 s lanza; CIR lanceta -2 vt lancear; CIR abrir con una lanceta.

land [lănd] -1 s tierra; (soil) suelo; (tract) campo, terreno; (country) tierra, país m ♦ pl tierras, posesiones -2 vt (to unload) desembarcar; (to bring to earth) aterrizar; FAM (fish) coger, atrapar; (to win) lograr, conseguir; (a blow) dar, asestar -vi (to arrive) arribar; (to disembark) desembarcar; (to alight) posarse; (to come to rest) caer; (plane) aterrizar.

landing [lăn'dĭng] s (on land) aterrizaje m; (of passengers) desembarco; (of cargo) desembarque m; (of a staircase) descanso.

landlady [lănd'lā'dē] s propietaria, dueña.

landlord [:lôrd'] s propietario, arrendador m.

landlubber [:lŭb'ər] s FAM marinero de agua dulce.

landmark [:märk'] s mojón m; (event) acontecimiento histórico; (site) monumento histórico.

landowner [:ō'nər] s terrateniente m/f.

landscape [:skāp'] -1 s paisaje m, panorama m -2 vt ornamentar (un terreno).

landslide [:slīd'] s derrumbe m (de tierra), corrimiento; POL triunfo electoral aplastante.

lane [lān] s (path) senda, vereda; (road) camino; (for ships, aircraft) ruta; (of a highway) vía, carril m; DEP calle f; (in bowling) pista.

language [lăng'gwĭj] s lenguaje m; (dialect) lengua, idioma m; (of a document) términos.

languish [:gwĭsh] vi languidecer; (to dwindle) decaer; (to stagnate) estancarse; (to waste away) pudrirse.

lank [lăngk] adj (gaunt) delgado; (limp) lacio.

lantern [lăn'tərn] s linterna; (in a lighthouse) fanal m.

lap¹ [lăp] s falda, regazo.

lap² s (of a race) vuelta; (of a swimming pool) largo; (segment) etapa.

lap³ vt -pp- (to drink) beber a lengüetadas; (to wash) bañar, besar -vi (waves) chapotear.

lapel [lə-pĕl'] s solapa (de una vestimenta).

lapse [lăps] -1 vi (to drift) caer, deslizarse; (to fail) faltar; (to subside) decaer, desvanecerse; (to elapse) pasar, transcurrir; (to expire) caducar -2 s (slip) desliz m, fallo; (error, interval) lapso; (expiration) caducidad f.

larder [lär'dər] s despensa.

large [lärj] -1 adj grande; (comprehensive) extenso, amplio -2 adv grande ♦ at large (at liberty) libre, en libertad; (at length) extensamente.

largely [:lē] adv en gran parte.

largess(e) [lär-zhĕs'] s largueza, generosidad f; (gift) dádiva, donativo.

lark¹ [lärk] s ORNIT alondra.

lark² s (spree) calaverada; (prank) broma.

laryngitis [lăr'ən-jī'tĭs] s laringitis f.

laser [lā'zər] s láser m.

lash¹ [lăsh] -1 s (blow) azote m, latigazo; (whip) azote, látigo; (eyelash) pestaña -2 vt azotar, dar latigazos a; (tail) agitar con fuerza -vi dar latigazos, restallar.

lash² vt (to tie) atar.

lass [lăs] s muchacha, joven f.

last¹ [lăst] -1 adj (final) último; (past) pasado; (newest) último; (authoritative) definitivo, final; (least likely) último ♦ last name apellido • last night anoche -2 adv el último, en último lugar; (most recently) la última vez.

last² vi durar; (to survive) sobrevivir; (to endure) perdurar; (to be enough) bastar, alcanzar.

lasting [lăs'tĭng] adj duradero, perdurable.

lastly [lăst'lē] adv por último, finalmente.

last-minute [:mĭn'ĭt] adj de última hora.

latch [lăch] -1 s pestillo or aldabilla -2 vt cerrar con pestillo or aldabilla.

late [lāt] -1 adj (behind schedule) retrasado, atrasado; (at an advanced hour) a una hora avanzada; (recent) reciente, último; (former) antiguo, anterior; (dead) fallecido, difunto ♦ to get late hacerse tarde -2 adv tarde; (at the end) tardíamente, recientemente.

lately [:lē] adv recientemente, últimamente.

later [lā'tər] -1 adj posterior; (more recent) más reciente -2 adv más tarde, después ♦ later on luego, después • (I'll) see you later hasta luego.

lateral [lăt'ər-əl] adj lateral.

latest [lā'tĭst] -1 adj último; (newest) más reciente -2 adv el último -3 s lo último, lo más reciente ♦ at the latest a más tardar.

lathe [lāth] s torno.

lather [lăth'ər] -1 s (of soap) espuma -2 vt enjabonar.

latitude [lăt'ĭ-tōōd] s amplitud f; (freedom) libertad f; ASTRON, GEOG latitud f.

latrine [lə-trēn'] s letrina, retrete m.

latter [lăt'ər] adj (second) éste; (nearer the end) último; (later) más reciente, último.

lattice [lăt'ĭs] s enrejado, celosía.

laudable [lô'də-bəl] adj loable, laudable.

laugh [lăf] -1 vi reír(se) ♦ to laugh at (to ridicule) reírse de, burlarse de • to laugh one's head off reírse a más no poder -2 s risa; (joke) chiste m, cosa de risa ♦ for laughs para hacer reír • good for a laugh divertido.

laughter [lăf'tər] s risa(s); (loud) carcajadas.

launch¹ [lônch] -1 vt lanzar; (into the water) botar; (to initiate) iniciar, emprender -vi lanzarse -2 s lanzamiento; (into the sea) botadura.

launch² s MARÍT lancha.

launder [lôn'dər] vt lavar.

laundry [:drē] s (soiled) ropa sucia; (clean) ropa limpia; (place) lavandería.

laurel [lôr'əl] s laurel m.

lava [lä'və, lăv'ə] s lava.

lavatory [lăv'ə-tôr'ē] s servicios; (washbasin) lavamanos m, lavabo.

lavender [lăv'ən-dər] s lavanda, alhucema.

lavish [lăv'ĭsh] -1 adj generoso; (extravagant) lujoso, espléndido -2 vt prodigar, derrochar.

law [lô] s ley f; (study) derecho; FAM (police) policía ♦ law school facultad de derecho • to practice law ejercer la abogacía.

lawful [lô'fəl] adj legal, lícito.

lawn [lôn] s césped m ♦ **lawn mower** cortacéspedes.

lawsuit [lô'sōōt'] s pleito, juicio.

lawyer [lô'yər] s abogado, jurista m/f.

lax [lăks] adj (morals) laxo; (negligent) descuidado; (discipline) flojo.

laxative [lăk'sə-tĭv] s & adj laxante m.

lay¹ [lā] vt **laid** poner; (blame) achacar, atribuir; (plans) trazar, hacer; (to submit) presentar, someter; (to impose) imponer; (eggs) poner ♦ **to lay aside** (to put aside) guardar, dejar a un lado • **to lay hands on** FAM (to catch) coger, atrapar; (to hit) poner la mano encima • **to lay off** (to dismiss) despedir (esp. temporalmente); (a habit) dejar, abandonar • **to lay out** (to plan) planear, proyectar.

lay² adj secular, laico; (not professional) lego.

layer [lā'ər] **-1** s capa; GEOL estrato **-2** vt separar en capas.

layoff [lā'ôf'] s (suspension) suspensión f temporaria de empleados; (dismissal) despido.

layout [lā'out'] s disposición f, distribución f; (sketch) trazado.

laze [lāz] vi holgazanear, gandulear.

laziness [lā'zē-nĭs] s pereza.

lazy [lā'zē] adj **-i-** perezoso.

lead¹ [lēd] **-1** vt **led** (to guide) guiar, conducir; (to command) dirigir, mandar; (to induce) inducir; (to be ahead of) llevar una ventaja de; (to live) llevar ♦ **to lead on** (to deceive) engañar -vi ser primero, estar a la cabeza; (to command) mandar; (to go) llevar, conducir **-2** s (position) primer lugar m, delantera; (margin) ventaja; (clue) indicación f, pista; CINEM, TEAT (role) papel m principal; (leash) traílla, correa ♦ **in the lead** a la cabeza, primero • **to take the lead** tomar la delantera.

lead² [lĕd] s plomo; (pencil) mina.

leader [lē'dər] s jefe m, líder m; (guide) guía m/f; (politician) caudillo.

leadership [:shĭp'] s dirección f, mando.

leading [lē'dĭng] adj (foremost) primero, que va a la cabeza; (main) principal; TEAT primero.

leaf [lēf] **-1** s [pl **-ves**] hoja **-2** vi BOT echar hojas ♦ **to leaf through** hojear.

leaflet [lēf'lĭt] s folleto, panfleto; (flier) volante m.

leafy [lē'fē] adj **-i-** frondoso, hojoso.

league [lēg] s liga; (organization) asociación f; DEP liga.

leak [lēk] **-1** vi (container) salirse; (roof, faucet) gotear; (boat) hacer agua ♦ **to leak in** filtrarse, colarse • **to leak out** salirse, escaparse -vt divulgar **-2** s (container) agujero; (pipe) pérdida; (faucet, roof) gotera; (boat) vía de agua; (escape) salida, escape.

lean¹ [lēn] vi **-ed** or **-t** inclinarse; (to rest on) apoyarse, reclinarse; (to rely) depender de, contar con; (to tend) inclinarse ♦ **to lean back** (against the wall) recostarse; (in a chair) reclinarse • **to lean forward** inclinarse -vt (to rest) apoyar, recostar.

lean² adj (thin) delgado, flaco; (meat) magro, sin grasa.

leap [lēp] **-1** vi **-ed** or **-t** saltar -vt saltar por encima de; (a horse) hacer saltar **-2** s salto, brinco; FIG paso ♦ **leap year** año bisiesto.

leapfrog [frôg'] **-1** s pídola **-2** vt **-gg-** saltar por encima de.

learn [lûrn] vt **-ed** or **-t** aprender; (to find out) saber, enterarse de ♦ **to learn by heart** aprender de memoria -vi aprender; (from mistakes) escarmentar ♦ **to learn how to** aprender a.

learned [lûr'nĭd] adj erudito.

learner ['nər] s principiante m/f.

learning ['nĭng] s aprendizaje m; (knowledge) saber m, erudición f.

lease [lēs] **-1** s contrato de arrendamiento; (duration) alquiler m **-2** vt arrendar, dar en arriendo; (to rent) alquilar.

leasehold ['hōld'] s inquilinato, arrendamiento.

leash [lēsh] s correa, traílla.

least [lēst] **-1** cf little **-2** adj menor; (smallest) mínimo, más pequeño **-3** adv menos **-4** s lo menos ♦ **at least** (not less than) por lo menos • **at the very least** como mínimo.

leather [lĕth'ər] s cuero, piel f.

leave¹ [lēv] vt **left** salir de; (to forget) olvidar, dejar; (to bequeath) legar; (to entrust) encomendar; (to abandon) dejar, abandonar ♦ **to leave alone** dejar en paz • **to leave out** omitir, excluir -vi irse, marcharse; (to depart) salir, partir ♦ **to be left over** sobrar.

L

leave² s permiso.

lecture [lĕk'chər] **-1** s conferencia; *(class)* curso, clase f **-2** vi dictar conferencia *-vt (to scold)* reprender, sermonear.

lecturer [:ər] s conferenciante m/f, conferencista m/f.

ledge [lĕj] s *(of a wall)* repisa, anaquel m; *(on a cliff)* reborde m, saliente m.

ledger [lĕj'ər] s libro mayor.

leech [lēch] s sanguijuela.

leek [lēk] s puerro.

left [lĕft] **-1** adj izquierdo **-2** s izquierda **-3** adv a or hacia la izquierda.

left-hand ['hănd'] adj *(on the left)* a or de la izquierda.

left-handed [:hăn'dĭd] adj *(person)* zurdo; *(utensil)* para zurdos.

leftist [lĕf'tĭst] s & adj POL izquierdista m/f.

leftover [lĕft'ō'vər] **-1** adj sobrante, restante **-2** s ♦ pl sobras, restos.

left-wing [:wĭng'] adj izquierdista.

leg [lĕg] s pierna; *(of an animal)* pata; *(of furniture)* pata, pie m; *(of pants)* pierna, pernera; *(in a journey)* etapa; *(in races)* tramo, trecho ♦ **to pull someone's leg** FAM tomarle el pelo a alguien.

legacy [lĕg'ə-sē] s herencia.

legal [lē'gəl] adj legal; *(relating to the law)* jurídico; *(statutory)* legítimo.

legalize [lē'gə-līz'] vt legalizar, legitimar.

legend [lĕj'ənd] s leyenda; *(person)* mito.

leggings [lĕg'ĭngz] s pl polainas.

legible [lĕj'ə-bəl] adj legible.

legislation [lĕj'ĭ-slā'shən] s legislación f.

legislature [:chər] s legislatura.

legitimate [:mĭt] adj *(lawful)* lícito; *(reasonable)* válido; *(authentic)* legítimo, auténtico.

legitimize [:mĭz'] vt legitimar.

leisure [lē'zhər, lĕzh'ər] s ocio ♦ **leisure time** tiempo libre.

lemon [lĕm'ən] s limón m.

lemonade ['ə-nād'] s limonada.

lend [lĕnd] vt **lent** prestar ♦ **to lend a hand** ayudar.

length [lĕngkth] s largo, longitud f; *(quality)* largura, extensión f; *(duration)* duración f ♦ **at length** *(eventually)* al cabo, por fin.

lengthen [lĕngk'thən] vt & vi alargar(se), estirar(se).

lengthy [lĕngk'thē] adj **-i-** prolongado; *(long)* largo.

lenient [lēn'yənt] adj indulgente.

lens [lĕnz] s lente m/f.

lentil [lĕn'təl] s lenteja.

leopard [lĕp'ərd] s leopardo.

leotard [lē'ə-tärd'] s malla de bailarines.

leper [lĕp'ər] s leproso.

leprosy [lĕp'rə-sē] s lepra.

lesbian [lĕz'bē-ən] s lesbiana.

less [lĕs] **-1** cf little **-2** adj menos; *(not as great)* menor ♦ **less than** menos de (lo que) ♦ **nothing less than** nada menos que **-3** prep menos **-4** adv menos ♦ **less and less** cada vez menos • **much less** mucho menos.

lessen [lĕs'ən] vt & vi disminuir.

lesser [:ər] adj menor; *(smaller)* más pequeño.

lesson [lĕs'ən] s lección f.

lest [lĕst] conj para (que) no.

let [lĕt] vt let, **-tting** permitir; *(to allow)* dejar <let the water run deja correr el agua>; *(to rent)* alquilar; *(to lease)* arrendar ♦ **to let by** or **through** dejar pasar • **to let go** *(to set free)* dejar en libertad; *(to release)* soltar • **to let in** dejar entrar • **to let know** avisar, dar a conocer • **to let out** dejar salir; *(to set free)* poner en libertad *-vi (to be rented)* alquilarse; *(to be leased)* arrendarse ♦ **to let up** FAM *(to cease)* cesar *-aux* <let's see veamos> <let x equal y supongamos que x es igual a y>.

lethal [lē'thəl] adj letal, mortífero.

lethargic [lə-thär'jĭk] adj letárgico.

letter [lĕt'ər] s *(of alphabet)* letra; *(note)* carta ♦ **capital letter** mayúscula • **small letter** minúscula ♦ pl letras.

letterbox [:bŏks'] s buzón m.

lettuce [lĕt'əs] s lechuga.

letup [lĕt'ŭp'] s *(pause)* pausa, interrupción f.

leukemia [lōō-kē'mē-ə] s leucemia.

level [lĕv'əl] **-1** s nivel m; *(height)* altura; *(flat land)* llano, llanura; *(rank)* posición f, categoría ♦ **at ground level** a ras de tierra **-2** adj plano, llano; *(even)* parejo, igual; *(rational)* equilibrado **-3** vt nivelar; *(to make flat)* allanar, aplanar;

(to make uniform) emparejar, igualar *-vi* nivelarse, igualarse.

levelheaded [:hěd'ĭd] *adj* equilibrado.

lever [lěv'ər, lē'vər] **-1** *s* palanca **-2** *vt* apalancar.

leverage [:ĭj] *s (power)* fuerza de una palanca; FIG poder *m*, influencia.

levy [lěv'ē] **-1** *vt (to impose)* exigir, imponer; *(to collect)* recaudar **-2** *s (collection)* recaudación *f; (tax)* impuesto.

lewd [lo͞od] *adj (lustful)* lujurioso, lascivo; *(obscene)* obsceno, indecente.

liability [lī'ə-bĭl'ĭ-tē] *s* responsabilidad *f*, obligación *f; (debt)* deuda ♦ **liability insurance** seguro de responsabilidad civil.

liable [lī'ə-bəl] *adj* responsable; *(obligated)* obligado; *(subject)* sujeto.

liaison [lē'ā-zŏn', lē-ā'-] *s* enlace *m; (love affair)* romance *m*.

liar [lī'ər] *s* mentiroso.

libel [lī'bəl] **-1** *s* libelo, difamación *f* **-2** *vt* difamar.

liberal [lĭb'ər-əl] *adj* liberal; *(generous)* generoso; *(not literal)* libre.

liberate [:ə-rāt'] *vt* liberar, libertar.

liberation ['-rā'shən] *s* liberación *f*.

liberty [lĭb'ər-tē] *s* libertad *f*; MARÍT permiso, licencia ♦ **at liberty** libre, en libertad.

librarian [lī-brâr'ē-ən] *s* bibliotecario.

library [lī'brĕr'ē] *s* biblioteca.

license [lī'səns] **-1** *s* licencia, permiso **-2** *vt* licenciar, autorizar.

lick [lĭk] **-1** *vt* lamer **-2** *s* lametazo.

licorice [lĭk'ər-ĭs, :ĭsh] *s* regaliz *m*.

lid [lĭd] *s* tapa; *(eyelid)* pestaña.

lie[1] [lī] *vi* **lay, lain, lying** *(to recline)* tenderse, acostarse; *(to be stretched out)* estar tendido, yacer; *(to remain)* quedarse ♦ **to lie back** inclinarse hacia atrás.

lie[2] **-1** *s* mentira, embuste *m* **-2** *vi* **lying** mentir.

lieutenant [lo͞o-tĕn'ənt] *s* MIL teniente *m*.

life [līf] *s* [pl **-ves**] vida; *(usefulness)* duración *f; (activity)* animación *f* ♦ **life jacket** chaleco salvavidas • **that's life!** ¡así es la vida! • **to bring back to life** reanimar, resucitar.

lifeboat [:bōt'] *s* bote *m* salvavidas.

lifeguard [:gärd'] *s* bañero, salvavidas *m/f*.

lifeless [:lĭs] *adj* inanimado; *(dead)* muerto; *(dull)* sin vida.

life-size(d) [:sīz(d)'] *adj* de tamaño natural.

lifestyle [:stīl'] *s* estilo de vida.

lifetime [:tīm'] *s* vida.

lift [lĭft] **-1** *vt* alzar, levantar; *(to plagiarize)* plagiar *-vi (fog)* disiparse **-2** *s* alzamiento, levantamiento; GB ascensor *m*.

light[1] [līt] *s* luz *f; (flame)* fuego; *(luminary)* lumbrera, eminencia; *(gleam)* brillo ♦ **light bulb** bombilla • **to bring to light** sacar a luz, revelar ♦ *pl* FIG *(opinions)* luces, conocimientos **-2** *vt* **-ed** *or* **lit** encender; *(to illuminate)* alumbrar, iluminar ♦ **to light up** iluminar; *(cigarette)* encender *-vi* encenderse **-3** *adj (colors)* claro; *(complexion)* blanco; *(hair)* rubio; *(bright)* bien iluminado.

light[2] **-1** *adj (not heavy)* ligero, liviano; *(not forceful)* suave, leve; *(rain)* fino; *(food)* ligero **-2** *adv* ligeramente.

lighten[1] [līt'n] *vt & vi* iluminar(se), aclarar(se).

lighten[2] *vt & vi (less heavy)* aligerar(se); *(to relieve)* aliviar(se).

lighter [lī'tər] *s* encendedor *m*.

lightheaded ['hěd'ĭd] *adj (dizzy)* mareado; *(frivolous)* frívolo, ligero de cascos.

lighthearted ['här'tĭd] *adj* despreocupado.

lighthouse [:hous'] *s* faro.

lighting [lī'tĭng] *s* iluminación *f*, alumbrado.

lightly [līt'lē] *adv* ligeramente; *(superficially)* levemente; *(nimbly)* ágilmente.

lightning [līt'nĭng] *s* rayo, relámpago.

lightweight [:wāt'] **-1** *adj* ligero **-2** *s (boxer)* peso ligero.

like[1] [līk] *vt* gustar <*I like the movies* me gusta el cine>; *(to want)* desear, querer *-vi* querer.

like[2] **-1** *prep* como; *(typical of)* típico, propio (de); *(such as)* (tal) como ♦ **like this** *or* **that** así • **something like** algo así como **-2** *adj* similar, parecido **-3** *s* semejante *m/f*, igual *m/f* **-4** *conj* como.

likelihood [lī'-ho͞od'] *s* probabilidad *f*.

likely [:lē] **-1** *adj* **-i-** probable; *(plausible)* verosímil **-2** *adv* probablemente.

liken [lī'kən] *vt* comparar.

likeness [līk'nīs] *s* semejanza; *(appearance)* apariencia; *(representation)* retrato, imagen *f.*

likewise [:wīz'] *adv* del mismo modo.

liking [lī'kĭng] *s* afición *f; (taste)* gusto.

lily [lĭl'ē] *s* lirio ♦ **lily of the valley** muguete • **lily pad** hoja de nenúfar.

limb [lĭm] *s* BOT rama; ANAT miembro, extremidad *f.*

limbo [lĭm'bō] *s* nada ♦ **Limbo** TEOL limbo.

lime¹ [līm] *s (tree, fruit)* lima.

lime² *s* cal *f; (birdlime)* liga.

limerick [lĭm'ər-ĭk] *s* poema humorístico.

limestone [lĭm'stōn'] *s* (piedra) caliza.

limit [lĭm'ĭt] **-1** *s* límite *m; (maximum)* máximo ♦ *pl* límites, confines **-2** *vt* limitar.

limitation [ǐ-tā'shən] *s* limitación *f,* restricción *f.*

limited [ǐ-tĭd] *adj* limitado, reducido.

limousine [lĭm'ə-zēn'] *s* limosina.

limp [lĭmp] **-1** *vi* cojear **-2** *s* cojera **-3** *adj* fláccido; *(hanging)* caído.

line¹ [līn] **-1** *s* línea; *(mark)* raya; *(wrinkle)* arruga; *(rope)* cabo; *(cord)* cordón *m,* cordel *m; (fishing)* sedal *m; (transportation)* línea; *(merchandise)* surtido; *(row)* hilera, fila; *(queue)* cola ♦ **in line with** de acuerdo con • **on the line** en el teléfono; *(in jeopardy)* en peligro **-2** *vt* rayar, trazar líneas en ♦ **to line up** poner en fila **-vi** ♦ **to line up** hacer cola.

line² *vt (to put lining in)* forrar; *(to cover)* cubrir.

lineage [lĭn'ē-ĭj] *s* linaje *m,* estirpe *m.*

lined [līnd] *adj (ruled)* rayado; *(with a lining)* forrado.

linen [lĭn'ən] **-1** *s* lino *or* hilo; *(goods)* lencería ♦ *pl* ropa de cama **-2** *adj* de lino, hilo.

liner [lī'nər] *s* transatlántico.

linesman [līnz'mən] *s* [pl **-men**] DEP juez *m* de línea.

lineup *or* **line-up** [līn'ŭp'] *s* CRIMIN fila (de personas); DEP alineación *f.*

linger [lĭng'gər] *vi* quedarse; *(to lag behind)* quedarse atrás; *(to persist)* persistir.

lingerie [län'zhə-rē', :rā'] *s* lencería, ropa interior (de mujer).

linguist [lĭng'gwĭst] *s* lingüista *m/f.*

linguistic [-gwĭs'tĭk] *adj* lingüístico ♦ **linguistics** *s sg* lingüística.

lining [lī'nĭng] *s* forro.

link [lĭngk] **-1** *s* eslabón *m; (connection)* unión *f,* conexión *f; (bond)* vínculo, lazo **-2** *vt & vi (to unite)* unir(se), enlazar(se).

links [lĭngks] *s pl* campo de golf.

linoleum [lĭ-nō'lē-əm] *s* linóleo.

lion [lī'ən] *s* león *m.*

lioness [lī'ə-nĭs] *s* leona.

lip [lĭp] *s* labio; *(edge)* reborde *m; (rim)* pico.

lip-read [lĭp'rēd'] *vi* **-read** leer los labios.

lipstick [:stĭk'] *s* lápiz *m* labial.

liquid [lĭk'wĭd] **-1** *s* líquido **-2** *adj* líquido.

liquidation ['-dā'shən] *s* liquidación *f.*

liquor [lĭk'ər] *s* licor *m.*

lisp [lĭsp] **-1** *s* ceceo **-2** *vi* cecear.

list¹ [lĭst] **-1** *s* lista **-2** *vt* hacer una lista de, enumerar.

list² MARÍT **-1** *s* escora **-2** *vi* escorar.

listen [lĭs'ən] *vi* escuchar; *(to heed advice)* prestar atención.

listener [:ə-nər] *s* oyente *m/f.*

liter [lē'tər] *s* litro.

literacy [lĭt'ər-ə-sē] *s* alfabetismo.

literal [lĭt'ər-əl] *adj* literal.

literary [lĭt'ə-rěr'ē] *adj* literario.

literate [:ər-ĭt] *adj* que sabe leer y escribir; *(educated)* letrado, instruido.

literature [:ə-chŏor'] *s* literatura; *(printed material)* folletos, impresos.

lithe [līth] *adj* flexible, elástico.

litigation [lĭt'ĭ-gā'shən] *s* litigio, pleito.

little [lĭt'l] **-1** *adj* **-er** *or* **less, -est** *or* **least** *(small)* pequeño; *(short)* bajo; *(brief)* breve; *(not much)* poco **-2** *adv* **less, least** *(not much)* poco ♦ **little by little** poco a poco.

live¹ [līv] *vi* vivir *-vt* vivir, llevar ♦ **to live down** lograr borrar de la memoria • **to live up to** *(to conform with)* actuar en conformidad con.

live² [līv] *adj* vivo; *(burning)* encendido; RAD, TELEV en directo.

livelihood [līv'lē-hŏŏd'] *s* medios de ganarse la vida.

lively [līv'lē] *adj* **-i-** lleno de vida, vivaz; *(spirited)* alegre; *(animated)* animado.

liven [lĭ′vən] *vt* & *vi* animar(se).

liver [lĭv′ər] *s* ANAT, CUL hígado.

livery [lĭv′ə-rē] *s (uniform)* librea.

livestock [lĭv′stŏk′] *s* ganado.

livid [lĭv′ĭd] *adj* lívido; *(pale)* pálido; *(furious)* furioso.

living [lĭv′ĭng] **-1** *adj* vivo; *(extant)* viviente, contemporáneo ♦ **living expenses** gastos de manutención • **living room** sala de estar **-2** *s* vida ♦ **to earn** *or* **to make a living** ganarse la vida.

lizard [lĭz′ərd] *s* lagarto.

load [lōd] **-1** *s (weight)* peso; *(cargo)* carga, cargamento ♦ *pl* FAM montón, muchísimo **-2** *vt (to fill)* cargar, llenar.

loaded [lō′dĭd] *adj (full)* cargado; *(tricky)* intencionado; *(rich)* rico, forrado de dinero.

loaf [lōf] *s* [pl **-ves**] pan *m*; *(shaped mass)* hogaza, barra.

loan [lōn] **-1** *s* préstamo ♦ **on loan** prestado **-2** *vt* prestar.

loath [lōth] *adj* poco dispuesto, renuente.

loathe [lō*th*] *vt* aborrecer.

loathsome [lō*th*′səm] *adj* repugnante.

lob [lŏb] **-1** *vt* **-bb-** volear **-2** *s* voleá alta.

lobby [lŏb′ē] **-1** *s (foyer)* vestíbulo; *(waiting room)* sala de espera; POL grupo de presión **-2** *vi* POL ejercer presiones.

lobe [lōb] *s* lóbulo.

lobster [lŏb′stər] *s* langosta, bogavante.

local [lō′kəl] *adj* local ♦ **local call** TEL llamada urbana • **local government** gobierno municipal.

locality [-ĭ-tē] *s* localidad *f*.

locate [lō′kāt′] *vt* localizar; *(to place)* ubicar, colocar *-vi* establecerse, asentarse.

location [lō-kā′shən] *s* lugar *m*, sitio; CINEM exteriores.

lock [lŏk] **-1** *s (device)* cerradura; *(of a canal)* esclusa; *(gunlock)* llave *f* **-2** *vt* cerrar con llave; *(to interlock)* trabar ♦ **to lock out** *(of the house)* cerrar la puerta • **to lock up** *(to confine)* encerrar; *(to fasten)* cerrar con llave *-vi* cerrarse; *(to interlock)* trabarse ♦ **to be locked out** estar fuera sin llave • **to lock up** echar la llave.

locker [′ər] *s* ropero, armario ♦ **locker room** vestuario *(de un gimnasio, club)*.

locksmith [:smĭth′] *s* cerrajero.

locomotive [:tĭv] **-1** *s* locomotora **-2** *adj* locomotor, locomotivo.

locust [lō′kəst] *s* ENTOM langosta, saltamontes *m*.

lodge [lŏj] **-1** *s (cabin)* casa de campo; *(inn)* posada; *(meeting hall)* logia **-2** *vt (to house)* alojar, hospedar; *(complaint)* presentar, sentar *-vi* alojarse.

lodger [′ər] *s* huésped.

lodging [:ĭng] *s* alojamiento.

loft [lôft] *s (upper floor)* piso sin dividir; *(attic)* desván *m*; *(hayloft)* pajar *m*.

lofty [lôf′tē] *adj* **-i-** alto, elevado; *(noble)* noble; *(arrogant)* arrogante, altanero.

log [lôg] **-1** *s* leño, tronco; MARÍT diario de navegación; AVIA diario de vuelo **-2** *vt* **-gg-** AVIA, MARÍT consignar en un diario de navegación, de vuelo.

logbook [lôg′bŏŏk′] *s* AVIA, MARÍT diario de navegación, de vuelo.

loggerheads [lô′gər-hĕd′z] *s* ♦ **to be at loggerheads** estar en desacuerdo.

logic [lŏj′ĭk] *s* lógica.

logical [′ĭ-kəl] *adj* lógico.

logistic/**tical** [lō-jĭs′tĭk] *adj* logístico ♦ **logistics** *s sg or pl* logística.

loin [loin] *s* ANAT lomo; CUL *(of beef)* solomillo.

loiter [loi′tər] *vi* holgazanear; *(to delay)* retrasarse; *(to dawdle)* perder el tiempo.

loll [lŏl] *vi (to slouch)* repantigarse; *(to droop)* pender.

lollipop/**ypop** [lŏl′ē-pŏp′] *s* pirulí *m*.

loneliness [lōn′lē-nĭs] *s* soledad *f*.

lonely [:lē] *adj* **-i-** *(alone)* solo; *(isolated)* solitario.

long¹ [lông] **-1** *adj* largo; *(in distance)* de largo, de longitud ♦ **in the long run** a la larga • **to take a long time** tardar mucho **-2** *adv* mucho tiempo ♦ **as long as** *(while)* mientras; *(if)* si, siempre y cuando • **how long?** *(time)* ¿cuánto tiempo?; *(length)* ¿qué largo? • **no longer** ya no, no más **-3** *s* mucho tiempo ♦ **before long** dentro de poco • **for long** mucho tiempo.

long² *vi* ♦ **to long for** añorar, desear con ansia.

long-distance [:dĭs'tɔns] *adj & adv* de larga distancia.

longing [:ĭng] *s* anhelo, deseo.

longitude [lŏn'jĭ-tōōd'] *s* longitud *f.*

long-range [:rănj'] *adj* de largo alcance.

long-standing [:stăn'dĭng] *adj* duradero.

long-term [:tûrm'] *adj* a largo plazo.

look [lŏŏk] **-1** *vi* mirar; *(to search)* buscar; *(to seem)* parecer; *(to face)* estar orientado hacia, dar a ♦ **look out!** ¡cuidado! • **to look alike** parecerse *-vt* mirar ♦ **to look after** *(someone)* cuidar a, ocuparse de • **to look around for** estar en busca de, buscar • **to look for** buscar • **to look into** investigar • **to look like** parecer(se) • **to look over** examinar, repasar • **to look (something) up** buscar **-2** *s (quick glance)* ojeada, vistazo; *(gaze)* mirada; *(aspect)* aspecto, apariencia ♦ **to take** or **have a look at** mirar, echar un vistazo a • *pl (appearance)* aspecto; *(beauty)* belleza.

lookout [:out'] *s (watch)* vigilancia; *(watchtower)* atalaya; *(vantage point)* mirador *m.*

loom¹ [lōōm] *vi (to appear)* aparecer, surgir; *(to impend)* amenazar.

loom² *s* telar *m.*

loony [lōō'nē] FAM **-1** *adj* **-i-** loco **-2** *s* loco, lunático.

loop [lōōp] *s* lazo; *(coil)* vuelta, AVIA rizo.

loose [lōōs] **-1** *adj (unfastened)* suelto; *(slack)* flojo; *(not tight)* holgado; *(vague)* vago, indefinido; *(promiscuous)* ligero, liviano ♦ **to tie up loose ends** FIG atar cabos **-2** *adv* ♦ **to come loose** aflojarse, desatarse **-3** *vt* soltar, poner en libertad.

loosely [:ē] *adv* sueltamente; *(vaguely)* vagamente; *(freely)* libremente.

loosen [lōō'sɔn] *vt* aflojar; *(to untie)* desatar.

loot [lōōt] **-1** *s* botín *m*, presa **-2** *vt (to pillage)* pillar, saquear.

lop [lŏp] *vt* **-pp-** *(to trim)* podar.

lopsided [lŏp'sī'dĭd] *adj* desproporcionado; *(leaning)* inclinado, ladeado.

lord [lôrd] *s* señor *m.*

lore [lôr] *s (tradition)* tradición *f*; *(belief)* creencia popular.

lorry [lôr'ē] *s* GB camión *m.*

lose [lōōz] *vt* **lost** perder; *(clock)* atrasar.

loser [lōō'zɔr] *s* perdedor *m*; *(one that fails)* fracasado.

loss [lôs] *s* pérdida; *(defeat)* derrota; *(game)* juego perdido; *(destruction)* estrago, daño.

lost [lôst] **-1** *cf* **lose -2** *adj* perdido; *(engrossed)* absorto ♦ **lost and found** oficina de objetos perdidos • **to get lost** perderse.

lot [lŏt] *s (drawing)* sorteo; *(share)* parte *f*, porción *f*; *(fate)* suerte *f*, sino; *(people)* grupo de personas; *(articles for sale)* lote *m*, partida; *(large amount)* gran cantidad, mucho; *(land)* solar *m* ♦ **lots of** cantidades de, mucho • **to draw lots** echar suertes.

lotion [lō'shɔn] *s* loción *f.*

lottery [lŏt'ɔ-rē] *s* lotería.

loud [loud] **-1** *adj* alto, fuerte; *(noisy)* ruidoso, bullicioso; *(loudmouthed)* gritón **-2** *adv (to sound, yell, sing)* fuerte ♦ **out loud** en voz alta.

loudspeaker [:spē'kɔr] *s* altavoz *m*, altoparlante *m.*

lounge [lounj] **-1** *vi* repantigarse **-2** *s (waiting room)* sala de espera; *(bar)* cantina.

louse [lous] *s* ENTOM [*pl* **lice**] piojo; JER [*pl* **es**] canalla *m/f*, sinvergüenza *m/f.*

lousy [lou'zē] *adj* **-i-** piojoso; *(unpleasant)* vil, malísimo.

lout [lout] *s* patán *m*, bruto.

lovable [lŭv'ɔ-bɔl] *adj* adorable.

love [lŭv] **-1** *s* amor *m*, cariño; *(lover)* amor; DEP cero (en tenis) ♦ **love affair** *(romance)* amorío • **to fall in love** enamorarse • **to make love** hacer el amor **-2** *vt* amar, querer; *(to enjoy)* gustarle a uno, encantar.

lovely [:lē] *adj* **-i-** hermoso, bello; *(nice)* encantador.

lover [:ɔr] *s* amante *m/f*, querido; *(devotee)* aficionado.

loving [:ĭng] *adj* amoroso, cariñoso.

low¹ [lō] **-1** *adj* bajo; *(in quality)* inferior; *(mean)* vil, malo; *(unfavorable)* desfavorable, malo ♦ **in low spirits** abatido, deprimido • **low relief** bajo relieve **-2** *adv* bajo **-3** *s* punto más bajo.

low² **-1** *s* mugido **-2** *vi* mugir.

low-cut [lō'kŭt'] *adj* muy escotado (vestido).

lower [lou'ər] **-1** *adj* más bajo, inferior **-2** *vt & vi* bajar; *(to diminish)* disminuir, reducir.

low-key(ed) [lō'kē(d)] *adj* de baja intensidad.

lowland [lō'lənd] *s* tierra baja.

lowly [lō'lē] *adj* **-i-** bajo, inferior; *(humble)* humilde.

loyal [loi'əl] *adj* leal.

loyalty [:əl-tē] *s* lealtad *f*.

lubricant [lōō'brĭ-kənt] *s* lubricante *m*.

lubricate [:kāt'] *vt* lubricar.

lucid [lōō'sĭd] *adj* lúcido, claro; *(sane)* cuerdo.

luck [lŭk] *s* fortuna, suerte *f* ♦ **good luck!** ¡buena suerte! ● **to try one's luck** probar suerte.

lucky [:ē] *adj* **-i-** afortunado; *(bringing good luck)* que trae suerte.

lucrative [lōō'krə-tĭv] *adj* lucrativo.

ludicrous [lōō'dĭ-krəs] *adj* absurdo, ridículo.

lug [lŭg] *vt & vi* **-gg-** arrastrar, halar.

luggage [lŭg'ĭj] *s* equipaje *m*.

lukewarm [lōōk'wôrm'] *adj* tibio.

lull [lŭl] **-1** *vt (to soothe)* calmar, sosegar **-2** *s* momento de calma, cese *m* temporal; *(pause)* pausa.

lullaby ['ə-bī'] *s* canción *f* de cuna, nana.

lumber¹ [lŭm'bər] *s* maderos; *(plank)* tabla; *GB (junk)* trastos viejos.

lumber² *vi* avanzar pesadamente.

lumberjack [:jăk'] *s* leñador *m*.

luminous [lōō'mə-nəs] *adj* luminoso; *(illuminated)* iluminado.

lump [lŭmp] **-1** *s* montón *m*, masa; *(of soil, sugar)* terrón *m*; *(glob)* grumo; MED bulto ♦ **to have a lump in one's throat** tener un nudo en la garganta **-2** *vt (to amass)* amontonar ♦ **to lump together** juntar.

lumpy [lŭm'pē] *adj* **-i-** aterronado; *(liquid)* grumoso.

lunacy [lōō'nə-sē] *s* locura *f*; *(act)* desatino.

lunar [:nər] *adj* lunar, de la luna.

lunatic [:nə-tĭk] **-1** *adj* loco; *(foolish)* disparatado, descabellado **-2** *s* lunático.

lunch [lŭnch] **-1** *s* almuerzo **-2** *vi* almorzar ♦ **to have** *or* **to eat lunch** almorzar, comer.

luncheon [lŭn'chən] *s* almuerzo.

lunchtime [:tīm'] *s* hora de comer.

lung [lŭng] *s* pulmón *m*.

lunge [lŭnj] **-1** *s* arremetida, embestida; *(in fencing)* estocada **-2** *vi* lanzarse, arrojarse.

lurch [lûrch] **-1** *vi* tambalearse, hacer eses **-2** *s* tambaleo, bamboleo; *(of a ship)* guiñada, bandazo.

lure [lŏŏr] **-1** *s* tentación *f*; *(appeal)* atracción *f* **-2** *vt* tentar, seducir.

lurid [lŏŏr'ĭd] *adj (gruesome)* horrible, espeluznante; *(sensational)* sensacional, chocante.

lurk [lûrk] *vi* estar al acecho; *(to sneak)* andar a hurtadillas.

luscious [lŭsh'əs] *adj* suculento, exquisito.

lush¹ [lŭsh] *adj (thick)* lujuriante, exuberante.

lush² *s* JER borrachín *m*.

lust [lŭst] **-1** *s* lujuria, lascivia; *(overwhelming desire)* ansia, anhelo **-2** *vi* ♦ **to lust after** *(something)* codiciar; *(someone)* desear.

luster [lŭs'tər] *s* lustre *m*.

lusty [lŭs'tē] *adj* **-i-** fuerte.

luxurious [lŭg-zhŏŏr'ə-əs] *adj* lujoso; *(lush)* suntuoso.

luxury [lŭg'zhə-rē, lŭk'shə-] *s* lujo; *(frill)* cosa superflua.

lying¹ [lī'ĭng] **-1** *cf* **lie¹ -2** *adj (reclining)* tendido, acostado; *(located)* situado.

lying² [lī'ĭng] **-1** *cf* **lie² -2** *adj* mentiroso **-3** *s* mentira; *(lies)* mentiras.

lynch [lĭnch] *vt* linchar.

lyric [lĭr'ĭk] **-1** *adj* lírico **-2** *s (poem)* poema lírico; *(genre)* lírica; *(poet)* lírico ♦ *pl* MÚS letra (de una canción).

lyrical [:ĭ-kəl] *adj* lírico.

L

M

macaroni [măk′ə-rō′nē] s pl macarrones m.

macaw [mə-kô′] s guacamayo.

mace¹ [mās] s maza.

mace² s (spice) macia, macís f.

machine [mə-shēn′] s máquina; (device) mecanismo ♦ **machine gun** ametralladora • **machine shop** taller de maquinaria • **washing machine** lavadora.

machine-gun [:gŭn′] vt -nn- ametrallar.

machinery [mə-shē′nə-rē] s maquinaria; (working parts) mecanismo.

mackerel [măk′ər-əl] s [pl inv or s] caballa.

macrocosm [:kŏz′əm] s macrocosmos m.

mad [măd] adj -dd- loco; FAM enojado; (senseless) insensato; (frantic) frenético; (dog) rabioso ♦ **to be mad at** estar enojado con • **to get mad** enfadarse.

Madam [măd′əm] s [pl **Mesdames**] señora.

madden [măd′n] vt enloquecer; (to make angry) enfurecer.

madhouse [măd′hous′] s manicomio, FIG casa de locos.

madman [:măn′] s [pl -men] demente m/f.

madness [:nĭs] s locura; (fury) rabia.

magazine [măg′ə-zēn′] s revista; (for ammunition) polvorín m; (of gun) peine m (de balas).

maggot [măg′ət] s gusano.

magic [măj′ĭk] -1 s magia -2 adj mágico.

magician [mə-jĭsh′ən] s mago.

magistrate [măj′ĭ-strāt′] s magistrado.

magnate [măg′nāt′, :nĭt] s magnate m.

magnesium [măg-nē′zē-əm] s magnesio.

magnet [măg′nĭt] s FÍS imán m.

magnetic [-nĕt′ĭk] adj magnético.

magnification [măg′nə-fĭ-kā′shən] s ampliación f; ÓPT aumento.

magnificent [:sənt] adj magnífico.

magnify [:fī′] vt aumentar; (to exaggerate) exagerar; (to praise) glorificar ♦ **magnifying glass** lente de aumento.

magnitude [măg′nĭ-tōōd′] s magnitud f.

mahogany [mə-hŏg′ə-nē] s caoba.

maid [mād] s criada; (unwed girl) soltera.

maiden [′n] -1 s doncella -2 adj (unmarried) soltera ♦ **maiden name** apellido de soltera.

mail [māl] -1 s correo -2 vt enviar por correo; (to post) echar al correo.

mailbox [māl′bŏks′] s buzón m.

mailman [māl′măn′] s [pl -men] cartero.

main [mān] -1 adj principal; (office) central; (valve) maestro -2 s tubería or cable m principal; (might) fuerzas.

mainland [:lănd′] s tierra firme.

mainstream [:strēm′] s corriente f principal.

maintain [mān-tān′] vt mantener; (silence) guardar; (to preserve) conservar; (to repair) cuidar.

maintenance [′tə-nəns] s mantenimiento; (upkeep) cuidado, conservación f.

maize [māz] s maíz m.

majestic [mə-jĕs′tĭk] adj majestuoso.

majesty [măj′ĭ-stē] s majestad f.

major [mā′jər] -1 adj mayor; (chief) principal -2 s MIL comandante m; EDUC especialidad f -3 vi ♦ **to major in** EDUC especializarse en.

majority [mə-jôr′ĭ-tē] s mayoría, mayor parte f.

make [māk] -1 vt made hacer; (to build) construir; (to manufacture) fabricar; (decision) tomar; (payment) efectuar; (a speech) pronunciar; (agreement) concertar; (excuses) presentar; DEP (goal) marcar; (problems) causar; (food) preparar; (to earn) ganar; (money) producir; (to compel) obligar a; (to add up to) equivaler a ♦ **to make a mistake** cometer un error • **to make an appointment** citar • **to make it** tener éxito • **to make up** (to assemble) confeccionar; (story) inventar; TEAT maquillar(se) • **to make worse** empeorar -vi ♦ **to make for** contribuir a, servir para -2 s fabricación f; (in clothes) confección f; (brand) marca ♦ **to be on the make** buscar su propio provecho.

maker [mā′kər] s fabricante m.

make-up or **makeup** [:ŭp′] s construcción f, composición f; (cosmetics) maquillaje m.

making [mā′kǐng] s creación f; *(manufacture)* fabricación f; *(of a meal)* preparación f ♦ **in the making** *(plans)* en preparación; *(country)* en desarrollo; *(history)* en marcha.

malaria [mə-lâr′ē-ə] s malaria, paludismo.

male [māl] **-1** adj varón; *(masculine)* masculino; BIOL, MEC macho **-2** s varón m; BIOL macho.

malformed [māl-fôrmd′] adj mal formado.

malfunction [:fŭngk′shən] **-1** vi funcionar mal **-2** s funcionamiento defectuoso.

malice [māl′ĭs] s malicia.

malicious [mə-lĭsh′əs] adj malicioso.

malignant [mə-lĭg′nənt] adj maligno; *(harmful)* pernicioso.

malinger [mə-lĭng′gər] vi fingirse enfermo.

mall [môl] s alameda; *(for shopping)* galería.

malleable [māl′ē-ə-bəl] adj maleable.

mallet [māl′ĭt] s mazo; DEP mallo.

malnutrition [′nōō-trĭsh′ən] s desnutrición f.

malpractice [-prăk′tĭs] s MED tratamiento erróneo; *(misconduct)* conducta inmoral.

malt [môlt] s malta; *(beer)* cerveza de malta.

maltreat [māl-trēt′] vt maltratar.

mammal [măm′əl] s mamífero.

mammoth [măm′əth] **-1** s mamut m **-2** adj enorme, gigantesco.

man [măn] s [pl **-men**] hombre m; *(mankind)* el hombre; *(in chess)* pieza ♦ **man and wife** marido y mujer.

manage [măn′ĭj] vt controlar; *(business)* dirigir; *(property)* administrar; *(to handle)* poder con -vi arreglárselas.

management [:ĭj-mənt] s gerencia; *(directors)* gerentes m/f; *(skill)* habilidad directiva.

manager [:ĭ-jər] s gerente m/f; *(agent)* apoderado.

mandarin [măn′də-rĭn] **-1** s mandarín m **-2** adj ♦ **mandarin orange** mandarina.

mandate [măn′dāt′] s mandato.

mandatory [:də-tôr′ē] adj obligatorio.

mane [mān] s *(of horse)* crin f; *(of lion)* melena.

maneuver [mə-nōō′vər] **-1** s maniobra **-2** vi maniobrar; *(to manipulate)* manipular.

mangle[1] [măng′gəl] vt mutilar.

mangle[2] s planchadora a rodillo.

mango [măng′gō] s [pl **(e)s**] mango.

manhood [:hōŏd′] s madurez f; *(manliness)* hombría; *(men)* hombres m.

maniac [mā′nē-ăk′] s & adj maníaco m.

manic [măn′ĭk] adj maníaco, maniaco.

manicure [măn′ĭ-kyōōr′] **-1** s manicura **-2** vt hacer la manicura a; *(to trim)* recortar.

manifest [măn′ə-fĕst′] **-1** adj manifiesto **-2** vt manifestar.

manipulate [mə-nĭp′yə-lāt′] vt manipular.

manipulation [-′-lā′shən] s manipulación f; *(deceit)* manipuleo.

mankind [măn′kīnd′] s género humano; *(men)* los hombres.

manly [:lē] **-1** adj **-i-** varonil; *(masculine)* masculino **-2** adv como un hombre.

manmade [:mād′] adj artificial.

mannequin [măn′ĭ-kĭn] s maniquí m.

manner [măn′ər] s manera, modo; *(bearing)* comportamiento ♦ pl modales.

manor [măn′ər] s *(estate)* finca; *(mansion)* casa solariega.

manpower [măn′pou′ər] s *(labor)* mano de obra disponible.

mansion [măn′shən] s casa grande.

manslaughter [:slô′tər] s homicidio impremeditado or involuntario.

manual [măn′yōō-əl] **-1** adj manual **-2** s manual m; MÚS teclado; MIL ejercicio de armas.

manufacture [măn′yə-făk′chər] **-1** vt manufacturar; *(clothing)* confeccionar; *(to produce)* fabricar **-2** s manufactura, fabricación f.

manufacturer [:chər-ər] s fabricante m/f.

manure [mə-nōōr′] **-1** s estiércol m **-2** vt estercolar.

manuscript [măn′yə-skrĭpt′] s & adj manuscrito.

many [mĕn′ē] **-1** adj more, most muchos ♦ **how many?** ¿cuántos? • **too many** demasiados **-2** s & pron muchos ♦ **a great many** muchísimos.

M

MAP 350

map [măp] **-1** s mapa m **-2** vt **-pp-** trazar un mapa de.

maple [mā'pəl] s arce m ♦ **maple syrup** jarabe de arce.

mar [mär] vt **-rr-** (to damage) dañar, estropear.

marathon [măr'ə-thŏn'] s maratón m.

marauder [mə-rô'dər] s merodeador m.

marble [mär'bəl] s mármol m; (glass ball) canica, bolita.

march [märch] **-1** vi MIL marchar; (to advance) avanzar -vt MIL hacer marchar **-2** s marcha.

March [märch] s marzo.

mare [mâr] s yegua.

margarine [mär'jər-ĭn] s margarina.

margin [mär'jĭn] s margen m or f.

marginal [:jə-nəl] adj marginal.

marijuana/huana [măr'ə-wä'nə] s mariguana.

marinate [măr'ə-nāt'] vt escabechar, marinar.

marine [mə-rēn'] **-1** adj marítimo; (life) marino **-2** s (fleet) marina; (soldier) soldado de marina ♦ pl infantería de marina.

marionette [măr'ē-ə-nĕt'] s marioneta.

marital [măr'ĭ-tl] adj matrimonial, marital.

maritime [măr'ĭ-tīm'] adj marítimo.

mark¹ [märk] **-1** s marca; (grade) nota; (indication) signo; (attention) atención f; (target) blanco; (reference point) señal f; (impression) sello; DEP (starting line) línea de salida; (record) récord m ♦ pl (appraisal) evaluación; (rating) calificación **-2** vt marcar; (to draw) dibujar; (a spot) señalar ♦ **to mark off** (to demarcate) demarcar; (to note) apuntar • **to mark time** marcar el paso • **to mark up** (to deface) estropear; (prices) aumentar.

mark² s FIN marco.

markdown [märk'doun'] s rebaja.

marked [märkt] adj marcado; (noticeable) notable.

market [mär'kĭt] **-1** s mercado; (demand) salida; (stock market) bolsa ♦ **foreign exchange market** mercado de cambios **-2** vt vender -vi hacer las compras.

marketing [:tĭng] s comercio; (of new products) mercadeo.

marketplace [mär'kĭt-plās'] s (plaza del) mercado.

marksman [märks'mən] s [pl **-men**] tirador m (al blanco).

marmalade [mär'mə-lād'] s mermelada.

maroon [mə-rōōn'] s & adj (color) marrón m, castaño.

marquee [mär-kē'] s (tent) tienda de campaña (grande); (of theater, hotel) marquesina.

marriage [măr'ĭj] s matrimonio; (wedding) boda, casamiento.

married [:ēd] adj casado; (conjugal) conyugal.

marrow [măr'ō] s médula.

marry [măr'ē] vt (to join in marriage) casar; (to take in marriage) casarse con -vi casarse; (to unite) unirse.

marsh [märsh] s pantano; (salt) marisma.

marshal [mär'shəl] **-1** s MIL mariscal m; (chief) jefe **-2** vt poner en orden.

marshland [märsh'lănd'] s terreno pantanoso.

marshmallow [märsh'mĕl'ō, :măl'ō] s bombón m de merengue blando.

martial [mär'shəl] adj marcial; (military) militar.

martyr [mär'tər] **-1** s mártir m/f **-2** vt martirizar.

marvel [mär'vəl] **-1** s maravilla; (astonishment) asombro **-2** vi maravillarse.

marvellous [:və-ləs] adj maravilloso.

mascara [mă-skăr'ə] s rimel m.

masculine [măs'kyə-lĭn] adj & s masculino.

mash [măsh] **-1** s malta remojada; (for animals) mezcla de granos molidos; (mixture) mezcolanza **-2** vt (to crush) majar; (to grind) moler.

mask [măsk] **-1** s máscara; (face covering) antifaz m, careta **-2** vt (to cover) enmascarar.

masochist [măs'ə-kĭst] s masoquista m/f.

mason [mā'sən] s (bricklayer) albañil m; (stonecutter) cantero ♦ **Mason** masón m.

masquerade [măs'kə-rād'] **-1** s mascarada; (pretense) farsa **-2** vi ♦ **to masquerade as** disfrazarse de; FIG (to pose as) hacerse pasar por.

mass [măs] **-1** s masa; *(large amount)* montón m; *(physical bulk)* volumen m **-2** vi congregarse en masa **-3** adj de las masas.

Mass or **mass** [măs] s RELIG misa.

massacre [măs'ə-kər] **-1** s masacre f **-2** vt masacrar.

massage [mə-säzh', mə-säj'] **-1** s masaje m **-2** vt dar masajes a, masajear.

massive [măs'ĭv] adj masivo; *(huge)* monumental.

mast [măst] s mástil m; *(pole)* palo.

master [măs'tər] **-1** s maestro; *(expert)* perito; *(degree)* maestría (título académico entre la licenciatura y el doctorado); *(owner)* amo; *(of household)* señor m; MARÍT capitán m de barco mercante **-2** adj maestro; *(main)* principal; *(copy)* original **-3** vt lograr dominar; *(to overcome)* superar.

masterly [:lē] adj magistral, genial.

mastermind [:mīnd'] **-1** s genio creador y director **-2** vt ser el cerebro de, dirigir.

masterpiece [:pēs'] s obra maestra.

masturbate [măs'tər-bāt'] vt & vi masturbar(se).

mat [măt] s estera; *(doormat)* esterilla; DEP *(floor pad)* colchoneta.

match[1] [măch] **-1** s par m; *(pair)* juego; DEP partido **-2** vt corresponder a; *(to go with)* hacer juego con; *(to equal)* igualar -vi hacer juego.

match[2] s *(stick)* fósforo.

matchbox [:bŏks'] s caja de fósforos, fosforera.

mate [māt] **-1** s compañero; *(male)* macho; *(female)* hembra; MARÍT piloto **-2** vt & vi *(to join)* hermanar(se); ZOOL aparear(se).

material [mə-tîr'ē-əl] **-1** s material m; *(cloth)* tela **-2** adj material; *(noticeable)* notable.

materialize [:'-ə-līz'] vt materializar -vi concretizarse; *(to appear)* materializarse.

maternal [mə-tûr'nəl] adj maternal; *(of one's mother)* materno.

maternity [:nĭ-tē] s maternidad f.

math [măth] s matemática(s).

mathematical ['ə-măt'ĭ-kəl] adj matemático.

mathematician [:mə-tĭsh'ən] s matemático.

mathematics [:măt'-ĭks] s sg matemática(s).

matinee/née [măt'n-ā'] s matinée f.

mating [mā'tĭng] s *(of persons)* unión f; *(of animals)* apareamiento.

matriarch [mā'trē-ärk'] s matriarca.

matriculation [mət-ytĭk'yə-lā'shən] s matriculación f, matrícula.

matrimonial [măt'rə-mō'nē-əl] adj matrimonial.

matrimony ['-'nē] s matrimonio.

matron [mā'trən] s matrona; *(head nurse)* enfermera jefe; *(prison guard)* celadora.

matte [măt] s acabado mate.

matted [măt'ĭd] adj *(with mats)* esterado; *(tangled)* enmarañado.

matter [măt'ər] **-1** s materia; *(concern)* cuestión f; *(approximate quantity)* cosa ♦ **as a matter of fact** de hecho • **no matter what happens** pase lo que pase • **to make matters worse** para colmo de males • **what's the matter?** ¿qué sucede? **-2** vi importar.

mattress [măt'rĭs] s colchón m.

mature [mə-chŏŏr', mə-tŏŏr'] **-1** adj **-er, -est** maduro; *(considered)* meditado; FIN *(due)* pagadero **-2** vt & vi madurar.

maturity [:ĭ-tē] s madurez f.

maul [môl] **-1** s almádena **-2** vt *(to handle roughly)* maltratar.

mausoleum [mô'sə-lē'əm] s [pl **s** or **-lea**] mausoleo.

maxim [măk'sĭm] s máxima.

maximum [măk'sə-məm] adj & s máximo.

may [mā] aux [pret **might**] *(permission)* poder <may I go? yes, you may ¿puedo irme? sí, puedes>; *(possibility)* ser posible (que); *(wish)* ojalá, que ♦ **if I may** si me lo permite • **may I ...?** ¿me permite...?

May [mā] s mayo.

maybe [mā'bē] adj *(perhaps)* quizá(s); *(possibly)* tal vez.

mayday [mā'dā'] s señal f de socorro.

mayonnaise [mā'ə-nāz'] s mayonesa.

mayor [mā'ər] s alcalde m.

maze [māz] s laberinto.

me [mē] pron me; *(after preposition)* mi ♦ **it's me** FAM soy yo • **with me** conmigo.

meadow [mĕd'ō] *s* pradera.

meager [mē'gər] *adj (lean)* magro; *(scanty)* exiguo; *(feeble)* pobre.

meal[1] [mēl] *s (ground grain)* harina.

meal[2] *s* comida.

mealtime [mēl'tīm'] *s* hora de comer.

mean[1] [mēn] *vt* **meant** *(to signify)* querer decir; *(to intend)* tener la intención de ♦ **to mean it** hablar en serio -*vi* importar.

mean[2] *adj* inferior; *(base)* ruin; *(stingy)* tacaño; *(malicious)* mal intencionado ♦ **to be mean to** tratar mal a.

mean[3] *s (middle)* punto medio; *(arithmetic)* media ♦ *pl* medios; *(method)* forma • **by any means** del modo que sea, como sea • **by no means** *(in no way)* de ningún modo; *(in no sense)* nada.

meander [mē-ăn'dər] *vi* serpentear; *(to wander)* vagar.

meaning [mē'nĭng] *s* sentido; *(intent)* significado ♦ **what's the meaning of?** *(a word)* ¿qué significa?, ¿qué quiere decir?

meantime [mēn'tīm'] **-1** *s* ínterin *m* **-2** *adv* entretanto, mientras tanto.

meanwhile [:hwīl'] **-1** *s* ínterin *m* **-2** *adv* entretanto, mientras tanto.

measles [mē'zəlz] *s* sarampión *m*.

measure [mĕzh'ər] **-1** *s* medida; *(unit)* unidad *f* de medida; *(system)* sistema *m* (de medidas); *(bill)* proyecto de ley; MÚS compás *m* ♦ **beyond measure** sin límite **-2** *vt* medir; *(to estimate)* estimar -*vi* ♦ **to measure up to** estar a la altura de.

measurement [:ər-mənt] *s* medición *f*; *(unit)* medida.

meat [mēt] *s* carne *f*; *(fleshy part)* parte *f* interior de algo comestible.

meatball ['bôl'] *s* albóndiga.

mechanic [mĭ-kăn'ĭk] *s* mecánico ♦ **mechanics** *sg or pl* FÍS mecánica; TEC mecanismo.

mechanical [:ĭ-kəl] *adj* MEC mecánico, de máquinas.

mechanism [mĕk'ə-nĭz'əm] *s* mecanismo.

medal [mĕd'l] *s* medalla.

medallion [mĭ-dăl'yən] *s* medallón *m*.

meddle [mĕd'l] *vi* entremeterse ♦ **to meddle with** manosear.

media [mē'dē-ə] *[pl de* **medium**] *s pl* medios publicitarios (prensa, radio, televisión).

mediate [mē'dē-āt'] *vt* ser mediador en; *(to negotiate)* negociar como mediador -*vi* mediar.

mediator ['-'tər] *s* mediador *m*.

medical [mĕd'ĭ-kəl] *adj* médico ♦ **medical examiner** DER médico forense.

medicine [mĕd'ĭ-sĭn] *s* medicina ♦ **medicine man** hechicero.

medieval [mē'dē-ē'vəl, mĕ-dē'vəl] *adj* medieval.

mediocre [mē'dē-ō'kər] *adj* mediocre.

meditate [mĕd'ĭ-tāt'] *vt & vi* meditar.

medium [mē'dē-əm] **-1** *s [pl* **s** *or* **-ia**] medio; *(spiritualist)* médium *m/f* **-2** *adj* mediano.

meek [mēk] *adj (humble)* humilde; *(submissive)* manso.

meet [mēt] **-1** *vt* **met** encontrar(se) con; *(to be present at arrival)* recibir; *(to be introduced)* conocer; *(to confer with)* entrevistarse con; *(to join)* unirse con; *(requirements)* satisfacer; *(debts)* pagar -*vi* encontrarse, verse; *(to join)* unirse; *(to make acquaintance)* conocerse; *(to assemble)* reunirse **-2** *s* DEP encuentro.

meeting [mē'tĭng] *s* reunión *f*; *(rally)* mitin *m*.

melancholy [mĕl'ən-kŏl'ē] **-1** *s* melancolía **-2** *adj* melancólico; *(depressing)* triste.

mellow [mĕl'ō] **-1** *adj* **-er**, **-est** maduro; *(wine)* añejo; *(tone)* dulce; *(relaxed)* reposado **-2** *vt & vi* madurar; *(wine)* añejar(se); FIG suavizar(se).

melody [mĕl'ə-dē] *s* melodía.

melon [mĕl'ən] *s* melón *m*.

melt [mĕlt] *vi* derretirse; *(to dissolve)* disolverse; *(to soften)* ablandarse -*vt* licuar, derretir; *(to dissolve)* disolver; *(to soften)* ablandar.

member [mĕm'bər] *s* miembro.

membership [:shĭp'] *s (in group)* calidad *f* de miembro; *(number)* número total de socios *or* miembros.

memento [mə-mĕn'tō] *s [pl* **(e)s**] recuerdo.

memoir [mĕm'wär'] *s* (auto)biografía ♦ *pl* memorias.

memorandum [měm'ə-răn'dəm] s [pl s or -da] nota; *(communiqué)* memorándum m.

memorial [mə-môr'ē-əl] -1 s monumento conmemorativo; *(petition)* memorial m -2 adj conmemorativo.

memorize [měm'ə-rīz'] vt memorizar.

memory [:rē] s memoria; *(recollection)* recuerdo.

menace [měn'īs] -1 s amenaza; *(annoying person)* pesado -2 vt & vi amenazar.

mend [měnd] -1 vt remendar; *(to reform)* reformar -vi sanar -2 s remiendo.

meningitis [měn'īn-jī'tīs] s meningitis f.

menopause [měn'ə-pôz'] s menopausia.

menstruation [měn'strōō-ā'shən] s menstruación f.

mental [měn'tl] adj mental; *(hospital)* psiquiátrico ◆ **mental derangement** alienación mental.

mentality [měn-tăl'ĭ-tē] s mentalidad f; *(attitude)* modo de pensar.

mention [měn'shən] -1 vt mencionar -2 s mención f.

menu [měn'yōō, mā'nyōō] s menú m, carta.

mercenary [mûr'sə-něr'ē] adj & s mercenario.

merchandise -1 s [mûr'chən-dīs'] mercancía, mercadería -2 vt [:dīz'] comerciar.

merchant [mûr'chənt] -1 s mercader m, comerciante m/f -2 adj mercante.

merciful [mûr'sĭ-fəl] adj misericordioso.

merciless [:lĭs] adj despiadado.

mercury [mûr'kyə-rē] s mercurio.

mercy [mûr'sē] s clemencia; *(compassion)* misericordia; *(relief)* alivio.

mere [mîr] adj *(simple)* puro; *(no more than)* no más que <he is a mere employee no es más que un empleado>.

merely ['lē] adv simplemente; *(no more than)* no más que <she's merely an assistant no es más que una ayudanta>.

merge [mûrj] vt & vi unir(se); COM fusionar(se).

meringue [mə-răng'] s merengue m.

merit [měr'ĭt] -1 s mérito -2 vt & vi merecer.

mermaid [mûr'mād'] s sirena.

merry [měr'ē] adj -i- alegre; *(entertaining)* divertido ◆ **Merry Christmas** Feliz Navidad.

merry-go-round [:gō-round'] s tiovivo.

mescal [mě-skăl'] s mezcal m; *(liquor)* aguardiente m de mezcal.

mescaline [měs'kə-lēn'] s mescalina.

mesh [měsh] -1 s malla; *(of gears)* engranaje m -2 vt enredar ◆ **to mesh together** enlazar -vi *(to become entangled)* enredarse; MEC engranar.

mess [měs] -1 s desorden m; *(dirty condition)* asquerosidad f; *(difficulty)* lío -2 vt ◆ **to mess up** or **make a mess of** *(to soil)* ensuciar; *(to disarrange)* desordenar, desarreglar -vi ◆ **to mess around** FAM entretenerse.

message [měs'ĭj] s mensaje m.

messenger [měs'ən-jər] s mensajero.

messy [měs'ē] adj -i- desordenado; *(filthy)* asqueroso.

metabolism [mə-tăb'ə-lĭz'əm] s metabolismo.

metal [mět'l] s metal m; *(mettle)* temple m.

metallic [mə-tăl'ĭk] adj metálico.

metamorphosis [mět'ə-môr'fə-sĭs] s [pl **-ses**] metamorfosis f.

metaphor [mět'ə-fôr'] s metáfora.

meteor [mē'tē-ər] s meteoro.

meteorology [mē'tə-ə-rŏl'ə-jē] s meteorología.

meter [mē'tər] s *(measurement, verse)* metro; *(device)* contador m; MÚS compás m.

method [měth'əd] s método; *(order)* orden m.

methodic/ical [mə-thŏd'ĭk] adj metódico.

metric [mět'rĭk] adj métrico.

metropolitan [mět'rə-pŏl'ĭ-tn] adj metropolitano.

mettle [mět'l] s *(character)* entereza; *(courage)* temple m.

mew [myōō] -1 vi maullar -2 s maullido.

mezzanine [měz'ə-nēn'] s entresuelo.

microbe [mī'krōb'] s microbio.

microchip [:chĭp'] s microplaqueta.

microfilm [mī'krə-fĭlm'] s microfilm m.

microphone [mī'krə-fōn'] s micrófono.

microscope [mī'krə-skōp'] s microscopio.

M

microwave [mī'krǝ-wāv'] s micro-onda.

mid [mĭd] adj medio ◆ **in mid-April** a mediados de abril.

midair [mĭd'âr'] s punto en medio del aire.

midday [:dā'] s mediodía m.

middle [mĭd'l] -1 adj medio; (intermediate) intermedio ◆ **Middle Ages** Edad Media -2 s medio; (waist) cintura ◆ **in the middle of** en medio de.

middle-aged ['-ājd'l] adj de edad madura.

middle-class [:klǎs'] adj de la clase media.

middleweight ['-wāt'] s DEP peso medio.

middling [mĭd'lĭng] adj mediano.

midget [mĭj'ĭt] s (person) enano.

midnight [:nīt'] s medianoche f.

midst [mĭdst] s medio ◆ **in the midst of** en medio de.

midsummer [:sŭm'ǝr] s pleno verano.

midway [:wā'] -1 s avenida central (de una feria o exposición) -2 adv & adj a mitad or medio del camino.

midweek [:wēk'] s medio de la semana.

midwife [:wīf'] [pl -ves] s comadrona, partera.

midwinter [:wĭn'tǝr] s pleno invierno.

might[1] [mīt] s fuerzas.

might[2] aux [pret de may] poder <she might help if she knew the truth ella podría ayudar si supiera la verdad>; ser posible que <it might rain es posible que llueva>.

mighty [mī'tē] adj -i- poderoso; (imposing) imponente.

migraine [mī'grān'] s jaqueca, migraña.

migrant [mī'grǝnt] -1 s emigrante m/f -2 adj migratorio.

migrate [mī'grāt'] vi emigrar.

migration [mī-grā'shǝn] s migración f.

mild [mīld] adj suave; (in character) apacible; (climate) templado; (cold, cough) leve.

mildew [mĭl'dōō'] s moho.

mile [mīl] s milla.

mileage [mī'lĭj] s distancia en millas.

milestone [mĭl'stōn'] s piedra miliaria; (event) hito.

militant [mĭl'ĭ-tnt] adj & s militante m/f.

military [:tĕr'ē] -1 adj militar -2 s los militares, las fuerzas armadas.

militia [mǝ-lĭsh'ǝ] s milicia.

milk [mĭlk] -1 s leche f ◆ **chocolate milk** leche con chocolate • **milk products** productos lácteos • **milk shake** batido de leche -2 vt ordeñar.

milky [mĭl'kē] adj -i- lechoso ◆ **Milky Way** Vía Láctea.

mill [mĭl] -1 s molino; (for spices, coffee) molinillo; (factory) fábrica -2 vt moler; (to process) tratar -vi arremolinarse.

millennium [mǝ-lĕn'ē-ǝm] s [pl s or -ia] milenio.

miller [mĭl'ǝr] s molinero.

milligram [mĭl'ǝ-grăm'] s miligramo.

milliliter [:lē'tǝr] s mililitro.

millimeter [:mē'tǝr] s milímetro.

million [mĭl'yǝn] s [pl inv or s] millón m.

millionaire [mĭl'yǝ-nâr'] s millonario.

millstone [mĭl'stōn'] s piedra de molino.

mime [mīm] -1 s pantomima; (performer) pantomimo -2 vt (to mimic) remedar -vi actuar en pantomima.

mimic [mĭm'ĭk] -1 vt -ck- remedar; (resemble) simular -2 s pantomimo; (impersonator) imitado m; (copy) imitación f.

mince [mĭns] vt (meat) picar.

mincemeat ['mēt'] s mezcla de fruta picada y especias.

mind [mīnd] -1 s mente f; (intellect) cerebro; (opinion) opinión f ◆ **to be out of one's mind** haber perdido el juicio • **to bring to mind** recordar • **to change one's mind** cambiar de opinión or parecer • **to have in mind** planear • **to make up one's mind** decidirse -2 vt (to heed) prestar atención a; (to obey) obedecer; (to watch out for) tener cuidado con; (to dislike) molestar <they do not mind the cold no les molesta el frío>; (to look after) cuidar ◆ **not to mind** no tener inconveniente -vi (to give heed) prestar atención; (to obey) obedecer ◆ **never mind** no importa, da igual.

mindless [:lĭs] adj estúpido; (senseless) sin sentido •

mine[1] [mīn] -1 s mina -2 vt extraer; (to dig a mine) minar, poner minas en.

mine² *pron* (el) mío.

miner [mī'nər] *s* minero.

mineral [mĭn'ər-əl] *s & adj* mineral *m*.

mingle [mĭng'gəl] *vt & vi* mezclar(se).

miniature [mĭn'ēə-chŏŏr', -ə-chər] **-1** *s* miniatura **-2** *adj* en miniatura.

minibus [:bŭs'] *s* microbús *m*.

minimal [mĭn'ə-məl] *adj & s* mínimo.

minimum [mĭn'ə-məm] *s & adj* [pl **s** *or* **-ma**] mínimo ♦ **minimum wage** salario vital.

mining [mī'nĭng] *s* (la) minería; MIL minado, siembra de minas.

minister [mĭn'ĭ-stər] *s* ministro.

ministry ['-strē] *s* POL ministerio; RELIG sacerdocio.

mink [mĭngk] *s* [pl inv *or* **s**] visón *m*.

minor [mī'nər] **-1** *adj* menor; *(not serious)* pequeño; *(secondary)* de poca importancia **-2** *s* menor *m/f* de edad **-3** *vi* ♦ **to minor in** estudiar como especialización secundaria.

minority [mə-nôr'ĭ-tē, mī-] *s* minoría.

mint¹ [mĭnt] **-1** *s* casa de moneda **-2** *vt* acuñar **-3** *adj* sin usar.

mint² *s* BOT menta, hierbabuena; *(candy)* (pastilla de) menta.

minus [mī'nəs] **-1** *prep* MAT menos **-2** *adj* MAT negativo **-3** *s* MAT (signo) menos *m*.

minute¹ [mĭn'ĭt] *s* minuto; *(moment)* momento ♦ **just a minute!** ¡un momento! • **this (very) minute** ahora mismo.

minute² [mī-nōōt', mī-] *adj* diminuto; *(thorough)* minucioso.

miracle [mĭr'ə-kəl] *s* milagro.

mirage [mĭ-räzh'] *s* espejismo.

mire [mīr] **-1** *s* lodazal *m*; *(mud)* fango **-2** *vt & vi* atascar(se).

mirror [mĭr'ər] **-1** *s* espejo **-2** *vt* reflejar.

mirth [mûrth] *s* alegría; *(laughter)* hilaridad *f*.

misanthropist [mĭs-ăn'thrə-pĭst] *s* misántropo.

misapprehension [mĭs-ăp'rĭ-hĕn'shən] *s* malentendido.

misappropriation [mĭs'ə-prō'prē-ā'shən] *s* malversación *f*.

misbehave [mĭs'bĭhāv'] *vi* portarse mal.

miscalculate [mĭs-kăl'kyə-lāt'] *vt & vi* calcular mal.

miscarriage [mĭs-kăr'ĭj] *s (failure)* fracaso; MED aborto.

miscellaneous [mĭs'ə-lā'nē-əs] *adj* misceláneo ♦ **miscellaneous assortment** surtido variado.

mischief [mĭs'chĭf] *s (damage)* daño; *(prank)* travesura; *(perverseness)* malicia.

mischievous [:chə-vəs] *adj* malicioso; *(playful)* travieso; *(troublesome)* molesto.

misconduct [mĭs-kŏn'dŭkt] *s* mala conducta.

miscount **-1** *vt & vi* [mĭs-kount'] contar mal **-2** *s* ['kount'] recuento erróneo.

misdemeanor ['dĭ-mē'nər] *s (misdeed)* fechoría; DER delito menor.

miser [mī'zər] *s* avaro.

miserable [mĭz'ər-ə-bəl] *adj (unhappy)* desdichado; *(disagreeable)* desagradable; *(inadequate)* miserable.

miserly [mī'zər-lē] *adj* avariento.

misery [mĭz'ə-rē] *s* miseria; *(unhappiness)* desdicha.

misfire [mĭsfīr'] *vi* fallar.

misfortune [mĭs-fôr'chən] *s* mala suerte; *(mischance)* infortunio.

misgiving [:gĭv'ĭng] *s* duda.

misguided [:gī'dĭd] *adj* descaminado.

mishandle [:hăn'dl] *vt (to botch)* manejar mal; *(to maltreat)* maltratar.

mishap ['hăp'] *s* desgracia.

misinform [:ĭn-fôrm'] *vt* dar informes erróneos.

misinterpret ['-tûr'prĭt] *vt* interpretar mal.

misjudge [mĭs-jŭj'] *vt & vi* juzgar mal.

mislay [:lā'] *vt* **-laid** perder.

misleading [:lē'dĭng] *adj* engañoso.

mismanage [:măn'ĭj] *vt* administrar mal.

misplace [mĭs-plās'] *vt (to mislay)* colocar fuera de su lugar; *(to lose)* extraviar.

misprint [mĭs'prĭnt'] *s* error *m* de imprenta.

miss¹ [mĭs] **-1** *vt* perder; *(a shot)* errar; *(not to meet)* no encontrar; *(not to see)* no ver; *(not to perceive)* no darse cuenta de; *(not to achieve)* no conseguir; *(to regret the absence of)* echar de menos, extrañar ♦ **to miss one's turn** perder el turno • **you can't miss it** lo encontrarás fácilmente **-vi** fallar ♦ **to be missing** faltar **-2** *s* fallo.

M

miss² s señorita.

misshapen [mĭs-shā'pən] adj deformado.

missile [mĭs'əl, :ĭl'] s proyectil m; (guided) misil teledirigido.

missing [mĭs'ĭng] adj (lost) perdido; (disappeared) desaparecido; (absent) ausente; (lacking) que falta.

mission [mĭsh'ən] s misión f; DIPL embajada.

missionary [:ə-něr'ē] s & adj misionero.

misspell [mĭs-spĕl'] vt -ed or -spelt ortografiar or deletrear mal.

misspend [:spĕnd'] vt -spent malgastar.

mist [mĭst] -1 s (fog) neblina; (at sea) bruma; (haze) calina; FIG oscuridad f -2 vi (to fog up) cubrirse de niebla; (to blur) empañarse.

mistake [mĭ-stāk'] -1 s error m -2 vt -took, -taken interpretar mal ♦ to mistake...for confundir...con -vi ♦ to be mistaken equivocarse.

Mister [mĭs'tər] s señor m.

mistress [mĭs'trĭs] s (head of household) señora; (lover) amante f; (controller) dueña.

mistrust [mĭs-trŭst'] -1 s desconfianza -2 vt & vi desconfiar (de).

misty [mĭs'tē] adj -i- nebuloso; (obscured) empañado; (vague) vago.

misunderstanding [mĭs-ŭn'dər-stăn'dĭng] s malentendido.

misuse -1 s [mĭs-yōōs'] mal empleo; (mistreatment) maltrato -2 vt [:yōōz'] emplear mal.

mitten [mĭt'n] s manopla.

mix [mĭks] -1 vt mezclar; (a drink) preparar; (to crossbreed) cruzar ♦ to get mixed up in meterse en • to mix up (to confuse) confundir; (to jumble) mezclar -vi mezclarse; (to go together) pegar -2 s mezcla; (for a cake) masa.

mixed [mĭkst] adj mezclado; (composite) mixto.

mixer [mĭk'sər] s (person) persona sociable; (machine) mezcladora; (appliance) batidora.

mixture [mĭks'chər] s mezcla.

moan [mōn] -1 s gemido -2 vi gemir.

mob [mŏb] -1 s turba; (masses) populacho -2 vt -bb- (to crowd in) atestar; (to throng around) rodear.

mobile -1 adj [mō'bəl, mō'bĭl'] móvil -2 s [mō'bēl'] móvil m.

mockery [mŏkə-rē] s mofa; (object of ridicule) objeto de burla.

mode [mōd] s modo.

model [mŏd'l] -1 s & adj modelo -2 vt modelar; (fashions) presentar -vi modelar; (to pose) posar.

moderate [mŏd'ər-ĭt] -1 adj moderado; (price) módico; (medium) mediano -2 s moderado -3 vt [:ə-rāt'] moderar; (to preside over) presidir -vi moderarse; (to preside) servir de moderador.

modern [mŏd'ərn] adj & s moderno.

modest [mŏd'ĭst] adj modesto; (in price) módico.

modesty [:ĭ-stē] s modestia.

modify [mŏd'əfī'] vt modificar.

module [mŏj'ōōl] s módulo; ELECTRON componente m.

mohair [mō'hâr'] s mohair m.

moist [moist] adj (wet) mojado; (damp) húmedo.

moisture [mois'chər] s humedad f.

moisturize [:chə-rīz'] vt humedecer.

molar [mō'lər] s & adj molar m.

molasses [mə-lăs'ĭz] s melaza.

mold¹ [mōld] -1 s (hollow form) molde m; (model) patrón m -2 vt moldear.

mold² -1 s BIOL moho -2 vi enmohecerse.

molding [mōl'dĭng] s pieza moldeada; ARQ moldura.

mole¹ [mōl] s ANAT lunar m.

mole² s ZOOL topo.

molecule [mŏl'ĭ-kyōōl'] s molécula.

molest [mə-lĕst'] vt molestar; (sexually) abusar sexualmente.

molt [mōlt] -1 vt & vi mudar (las plumas or la piel) -2 s muda (de las plumas or la piel).

molten [mōl'tən] adj (melted) derretido; (made by melting) fundido.

mom [mŏm] s FAM mamá.

moment [mō'mənt] s momento ♦ any moment de un momento a otro • at the last moment a última hora • at the moment en este momento • this very moment ahora mismo.

momentary ['-těr'ē] adj momentáneo.

momentous [mō-měn'təs] adj de gran importancia.

monarch [mŏn'ərk] s monarca m.

monarchy [:kē] s monarquía.

monastery [mŏn'ə-stĕr'ē] s monasterio.

Monday [mŭn'dē] s lunes m.

monetary [mŏn'ĭ-tĕr'ē] adj monetario.

money [mŭn'ē] s [pl **s** or **-ies**] dinero; (currency) moneda ♦ **money order** giro postal • **to make money** ganar dinero • **to put money on** apostar a ♦ pl fondos.

moneylender [:ē-lĕn'dər] s prestamista m/f.

mongrel [mŭng'grəl, mŏng'-] s & adj híbrido (esp. perro cruzado).

monitor [mŏn'ĭ-tər] -1 s monitor m -2 vt (signal, quality) comprobar; (to keep track of) vigilar (electrónicamente).

monk [mŭngk] s monje m.

monkey [mŭng'kē] s mono.

monochromatic [mŏn'ə-krō-măt'ĭk] adj monocromático.

monocle [mŏn'ə-kəl] s monóculo.

monolingual ['-lĭng'gwəl] adj monolingüe.

monolog(ue) [mŏn'ə-lôg'] s monólogo.

monoplane [mŏn'ə-plān'] s monoplano.

monopolize [mə-nŏp'əlīz'] vt monopolizar.

monopoly [:lē] s monopolio.

monotonous [mə-nŏt'n-əs] adj monótono.

monotony [:ē] s monotonía.

monsoon [mŏn-sōōn'] s monzón m.

monster [mŏn'stər] s monstruo.

monstrous ['strəs] adj monstruoso.

month [mŭnth] s [pl **s**] mes m.

monthly ['lē] -1 adj mensual -2 adv mensualmente -3 s publicación f mensual.

monument [mŏn'yə-mənt] s monumento.

moo [mōō] -1 vi mugir -2 s mugido.

mood [mōōd] s humor m; (disposition) disposición f ♦ **to be in a bad, good mood** estar de mal, buen humor.

moody [mōō'dē] adj -i- malhumorado; (whimsical) caprichoso.

moon [mōōn] s luna.

moonlight [:līt'] s luz f de la luna.

moor¹ [mōōr] vt MARÍT amarrar.

moor² s GEOG terreno pantanoso.

mop [mŏp] -1 s estropajo; (of hair) greña -2 vt -pp- fregar -vi ♦ **to mop up** FAM dar cabo a una tarea.

mope [mōp] vi estar abatido.

moped [mō'pĕd'] s ciclomotor m.

moral [môr'əl] -1 adj moral -2 s moraleja ♦ pl principios morales.

morale [mə-răl'] s moral f.

morality [mə-răl'ĭ-tē] s moralidad f.

morbid [môr'bĭd] adj morboso.

more [môr] -1 adj más; (greater in quantity) superior -2 s más ♦ **the more...the more...** cuanto más...más... • **the more the merrier** cuanto más, mejor -3 pron más -4 adv ♦ **more and more** cada vez más • **more or less** más o menos.

moreover [:ō'vər] adv además.

morgue [môrg] s depósito de cadáveres.

morning [môr'nĭng] s mañana ♦ **good morning!** ¡buenos días! • **in the morning** por la mañana.

morose [mə-rōs'] adj malhumorado.

morphine [môr'fēn'] s morfina.

Morse code [môrs] s morse m.

morsel [môr'səl] s (bite) bocado, pedacito.

mortal [môr'tl] adj & s mortal.

mortality [môr-tăl'ĭ-tē] s mortalidad f.

mortar [môr'tər] s mortero.

mortgage [môr'gĭj] -1 s hipoteca -2 vt hipotecar.

mortify [môr'tə-fī'] vt & vi mortificar(se).

mortuary [môr'chōō-ĕr'ē] s mortuorio.

mosaic [mō-zā'ĭk] s mosaico.

mosque [mŏsk] s mezquita.

mosquito [mə-skē'tō] s [pl **(e)s**] mosquito.

moss [môs] s musgo.

most [mōst] -1 adj (in quantity) más...que todos los demás; (in measure) mayor; (almost all) la mayoría de ♦ **for the most part** en su mayoría -2 s la mayor parte; (the majority) la mayoría ♦ **at (the) most** a lo sumo • **the most** lo más -3 pron la mayoría, la mayor parte -4 adv más...que todos los demás; (superlative) más; (very) muy ♦ **most certainly** con toda seguridad • **most likely** muy probablemente.

M

mostly [ˈlē] *adv* en su mayor parte.

motel [mō-tĕlˈ] *s* motel *m*.

moth [môth] *s* [pl **s**] mariposa nocturna; *(clothes moth)* polilla.

mothball [ˈbôlˈ] *s* bola de naftalina.

mother [mŭthˈər] **-1** *s* madre *f* **-2** *adj* materno; *(country)* madre **-3** *vt (to protect)* cuidar como una madre.

motherhood [:hŏŏdˈ] *s* maternidad *f*.

mother-in-law [:ĭn-lôˈ] *s* [pl **mothers-**] suegra.

motherly [:lē] *adj* maternal.

motif [mō-tēfˈ] *s* motivo.

motion [mōˈshən] **-1** *s* movimiento; *(gesture)* ademán *m*; *(proposal)* moción *f* ♦ **to set in motion** poner en marcha **-2** *vi* hacer señas *or* una señal.

motionless [:lĭs] *adj* inmóvil.

motivate [mōˈtə-vātˈ] *vt* motivar.

motivation [ˈ-vāˈshən] *s* motivación *f*.

motive [mōˈtĭv] *s* motivo; *(criminal)* móvil *m*.

motley [mŏtˈlē] *adj* abigarrado.

motor [mōˈtər] **-1** *s* motor *m* **-2** *adj* motor; *(driven by a motor)* de motor.

motorboat [:bōtˈ] *s* bote *m* a motor.

motorcar [:kärˈ] *s* automóvil *m*, coche *m*.

motorcycle [:sīˈkəl] *s* motocicleta, moto *f*.

motorist [:ĭst] *s* automovilista *m/f*.

mottled [mŏtˈld] *adj* moteado, jaspeado.

motto [mŏtˈō] *s* [pl **(e)s**] lema *m*.

mound [mound] *s (hill)* montículo.

mount¹ [mount] **-1** *vt (to climb)* subir (a); *(a horse)* montar **-vi** *(to move upward)* subir; *(to ride)* montar **-2** *s* montura; *(base)* soporte *m*.

mount² *s (hill)* monte *m*.

mountain [mounˈtən] *s* montaña.

mountaineer [ˈtə-nîrˈ] *s (inhabitant)* montañés *m*; *(climber)* alpinista *m/f*, montañero.

mourn [môrn] *vi & vt* llorar; *(a death)* lamentar(se).

mourner [môrˈnər] *s* persona que está de luto; *(at a funeral)* doliente *m/f*.

mournful [môrnˈfəl] *adj* dolorido, triste; *(arousing grief)* penoso.

mourning [môrˈnĭng] *s,* duelo; *(period)* luto.

mouse [mous] *s* [pl **mice**] ratón *m*.

mousetrap [ˈtrăpˈ] *s* ratonera.

mousse [mŏŏs] *s* postre frío.

mouth [mouth] *s* [pl **s**] boca ♦ **to have a big mouth** ser un bocazas • **to keep one's mouth shut** callar(se) • **to make one's mouth water** hacérsele a uno la boca agua.

mouthful [ˈfŏŏlˈ] *s* bocado.

mouthpiece [:pēsˈ] *s* boquilla.

mouthwash [:wŏshˈ] *s* enjuague *m* bucal.

mov(e)able [ˈ-bəl] *adj* movible, móvil.

move [mŏŏv] **-1** *vi* moverse; *(to change position)* cambiar de postura; *(to relocate)* mudarse ♦ **to move about** *or* **around** cambiar de sitio • **to move away** alejarse • **to move in** instalarse **-vt** mover; *(to change the place of)* trasladar; *(to stir)* conmover ♦ **to move up** subir; *(to advance)* adelantar (una fecha); *(to promote)* ascender **-2** *s* movimiento; *(change of residence)* mudanza; *(of a piece)* jugada.

movement [ˈmənt] *s* movimiento; *(gesture)* gesto.

movie [:vē] *s* película.

moving [mŏŏˈvĭng] *adj* móvil; *(touching)* conmovedor.

mow [mō] *vt* **-ed, -ed** *or* **-n** segar.

mower [mōˈər] *s* segador *m*; *(for lawn)* cortacéspedes *m*.

Mr [mĭsˈtər] *s* [abr. de **Mister**] Sr.

Mrs [mĭsˈĭz] *s* [abr. de **Mistress**] Sra.

much [mŭch] **-1** *adj* **more, most** mucho ♦ **as much...as** tanto...como • **how much?** ¿cuánto? • **too much** demasiado **-2** *s* mucho; *(large part)* gran parte *f* ♦ **as much again** otro tanto • **it's as much as anybody can do** es todo lo que se puede hacer • **not to be much** no ser gran cosa • **so much** tanto • **so much the better** tanto mejor • **this, that much** un tanto así • **twice as much** el doble **-3** *adv* mucho ♦ **however much** por mucho que • **how much?** ¿cuánto? • **very much** muchísimo.

muck [mŭk] *s (filth)* suciedad *f*; *(manure)* estiércol *m*.

mucus [myŏŏˈkəs] *s* mucosidad *f*, mucus *m*.

mud [mŭd] *s* barro, lodo.

muddy [mŭdˈē] *adj* **-i-** fangoso; *(cloudy)* turbio.

muff¹ [mŭf] **-1** vt hacer mal **-2** s chapucería.

muff² s (hand covering) manguito.

muffin [mŭf'ĭn] s mollete m.

muffle [mŭf'əl] vt embozar; (sound) amortiguar; (to make vague) confundir.

mug¹ [mŭg] s (cup) jarra.

mug² **-1** s JER (face) jeta **-2** vt **-gg-** (to assault) asaltar.

mugging [:ĭng] s asalto (con intento de robo).

muggy [mŭg'ē] adj **-i-** bochornoso.

mule [myōol] s mulo.

mull [mŭl] vt & vi ponderar (sobre).

mullet [mŭl'ĭt] s [pl inv or s] mújol m, lisa.

multicolored [mŭl'tĭ-kŭl'ərd] adj multicolor.

multilateral [mŭl'tē-lăt'ər-əl] adj multilátero; POL multilateral.

multimedia [:mē'dē-ə] adj que incluye el uso de varios medios de comunicación.

multimillionaire [:mĭl'yə-nâr'] s multimillonario.

multinational [:năsh'ə-nəl] adj & s multinacional f.

multiple [mŭl'tə-pəl] **-1** adj múltiple; MAT múltiplo **-2** s múltiplo.

multiplication [:plĭ-kā'shən] s multiplicación f ♦ **multiplication table** tabla de multiplicar.

multiplicity [:plĭs'ĭ-tē] s multiplicidad f.

multiply [:plī'] vt & vi multiplicar(se).

multipurpose [mŭl'tē-pûr'pəs] adj multiuso.

multitude ['tĭ-tōod] s multitud f.

mum¹ [mŭm] adj silencioso ♦ **to keep mum** guardar silencio.

mum² s GB FAM mamá.

mumble [mŭm'bəl] **-1** vt mascullar -vi balbucir **-2** s refunfuño.

mummy¹ [mŭm'ē] s (corpse) momia.

mummy² s FAM mamá.

mumps [mŭmps] s pl paperas f.

municipal [myōo-nĭs'ə-pəl] adj municipal.

municipality [-'-păl'ĭ-tē] s municipalidad f.

munition [myōo-nĭsh'ən] s. municiones f.

mural [myōor'əl] s pintura mural.

murder [mûr'dər] **-1** s asesinato; (massacre) matanza **-2** vt asesinar.

murderer [:ər] s asesino.

murderess [:ĭs] s asesina.

murky [mûr'kē] adj **-i-** lóbrego.

murmur [mûr'mər] **-1** s murmullo; MED soplo cardíaco **-2** vt & vi murmurar.

muscle [mŭs'əl] s ANAT músculo; (power) fuerza.

muscular [mŭs'kyə-lər] adj muscular; (strong) musculoso.

museum [myōo-zē'əm] s museo.

mushroom [mŭsh'rōom'] **-1** s BOT hongo; CUL champiñón m **-2** vi crecer rápidamente.

music [myōo'zĭk] s música ♦ **music hall** sala de conciertos.

musical [:zĭ-kəl] **-1** adj de música; (like music) musical **-2** s comedia musical.

musician [myōo-zĭsh'ən] s músico.

musk [mŭsk] s almizcle m.

musket [mŭs'kĭt] s mosquete m.

muskrat [mŭsk'răt'] s [pl inv or s] rata almizclera or almizclada.

muslin [mŭz'lĭn] s muselina.

muss [mŭs] vt desordenar; (to rumple) arrugar.

mussel [mŭs'əl] s mejillón m.

must [mŭst] **-1** aux deber, tener que; (indicating probability) deber de ♦ **it must not be** eso no debe permitirse **-2** s FAM cosa indispensable ♦ **to be a must** ser para no perdérselo.

mustache [mŭs'tăsh', mə-stăsh'] s bigote(s) m.

mustard [mŭs'tərd] s mostaza.

muster [mŭs'tər] vt & vi reunir(se).

musty [mŭs'tē] adj **-i-** (moldy) mohoso; (smelly) que huele a cerrado.

mutate [myōo'tāt'] vt & vi mutar(se); BIOL transformar(se).

mutation [-tā'shən] s alteración f; BIOL mutación f.

mute [myōot] **-1** adj mudo **-2** s mudo **-3** vt amortiguar.

mutilate [myōot'l-āt'] vt mutilar.

mutiny [myōot'tē] **-1** s motín m **-2** vi amotinarse.

mutter [mŭt'ər] **-1** vi & vt murmurar; (to grumble) refunfuñar **-2** s murmullo; (grumbling) refunfuño.

mutton [mŭt'n] s carne f de carnero.

M

mutual [myōō'chōō-əl] *adj* mutuo.

muzzle [mŭz'əl] **-1** *s (snout)* hocico; *(restraint)* mordaza; *(gun)* boca (de un arma de fuego) **-2** *vt* poner bozal a; *(to restrain)* amordazar.

my [mī] *adj pos* mi ♦ **my dear sir** muy señor mío.

myriad [mĭr'ē-əd] **-1** *adj* innumerable **-2** *s* miríada.

myself [mĭ-sĕlf'] *pron* yo mismo; *(reflexive)* me; *(after proposition)* mí (mismo) ♦ **(all) by myself** completamente solo.

mysterious [mĭ-stîr'ē-əs] *adj* misterioso.

mystery [mĭs'tə-rē] *s* misterio; CINEM película policíaca; LIT novela policíaca.

mystic [:tĭk] *adj & s* místico.

mystify [:tə-fī'] *vt* mistificar.

myth [mĭth] *s* mito.

mythology [:jē] *s* mitología.

N

nab [năb] *vt* **-bb-** JER *(to arrest)* arrestar; *(to grab)* coger, agarrar.

nag[1] [năg] **-1** *vt* **-gg-** *(to scold)* regañar; *(to pester)* importunar *-vi (to find fault)* criticar; *(to complain)* quejarse **-2** *s* regañón *m*.

nag[2] *s (old horse)* jamelgo.

nail [nāl] **-1** *s* clavo; *(finger, toe)* uña **-2** *vt* clavar, asegurar con clavos.

naive [nä-ēv'] *adj* cándido, ingenuo.

naked [nā'kĭd] *adj* desnudo ♦ **the naked truth** la pura verdad • **to the naked eye** a simple vista.

name [nām] **-1** *s* nombre *m*; *(surname)* apellido; *(reputation)* fama, reputación *f* ♦ **full name** nombre y apellido • **my name is** me llamo • **what's your name?** ¿cómo se llama Ud.? **-2** *vt* llamar; *(a baby)* poner nombre a; *(to mention)* nombrar, mencionar; *(to appoint)* nombrar ♦ **to be named** llamarse.

nameless ['lĭs] *adj* sin nombre, anónimo.

namely [:lē] *adv* es decir, a saber.

namesake [:sāk'] *s* tocayo.

nanny [năn'ē] *s* niñera.

nap [năp] **-1** *s* siesta **-2** *vi* **-pp-** echar *or* dormir la siesta.

nape [nāp, năp] *s* nuca.

napkin [năp'kĭn] *s* servilleta.

narcissus [när-sĭs'əs] *s* [pl **es** *or* **-si**] narciso.

narcotic [när-kŏt'ĭk] *s & adj* narcótico.

narrative [năr'ə-tĭv] **-1** *s (mode)* narrativa; *(account)* relato **-2** *adj* narrativo.

narrow [năr'ō] **-1** *adj* **-er, -est** angosto, estrecho; *(mind)* estrecho, rígido; *(interests, interpretation)* limitado • ♦ **to have a narrow escape** escaparse por un pelo **-2** *vt* estrechar *-vi* estrecharse.

narrow-minded [:mīn'dĭd] *adj* de miras estrechas.

nasal [nā'zəl] *adj* nasal.

nasty [năs'tē] *adj* **-i-** *(filthy)* sucio; *(cruel)* antipático; *(malicious)* malicioso; *(morally offensive)* obsceno, repugnante.

nation [nā'shən] *s* nación *f*; *(people)* pueblo.

national [năsh'ə-nəl] *adj & s* nacional.

nationalist [:nə-lĭst] *s* nacionalista *m/f*.

nationality [:năl'ĭ-tē] *s* nacionalidad *f*.

nationalize ['-nə-līz'] *vt* nacionalizar.

nationwide ['-wīd'] *adj* por toda la nación.

native [nā'tĭv] **-1** *adj (inborn)* natural, innato; *(inhabitant)* nativo; *(country, town)* natal; *(language)* materno **-2** *s* nativo, indígena *m/f*.

natural [năch'ər-əl] *adj* natural; *(inherent)* nato; *(fitting)* lógico; *(one's own)* propio.

naturalize ['- -līz'] *vt & vi (an alien)* naturalizar(se).

naturally [:lē] *adv* naturalmente; *(by nature)* por naturaleza; *(of course)* por supuesto, claro.

nature [nā'chər] *s* (la) naturaleza, natura; *(character)* índole *f <of a confidential nature* de índole confidencial>; *(essence)* naturaleza; *(temperament)* natural *m*.

naughty [nô'tē] *adj* **-i-** *(mischievous)* travieso; *(disobedient)* desobediente; *(joke)* verde.

nausea [nô'zhə] *s* náusea; *(disgust)* asco.

nauseating [:ā'tĭng] *adj* nauseabundo, asqueroso.

nautical [nô'tĭ-kəl] *adj* náutico.

naval [nā'vəl] *adj* naval.

nave [nāv] *s* nave *f*.

navel [nā'vəl] *s* ombligo.

navigate [năv'ĭ-gāt'] *vi & vt* navegar.

navigation ['-gā'shən] *s* navegación *f*.

navigator ['-'tər] *s* navegante *m*.

navy [nā'vē] *s* marina de guerra, flota; *(color)* azul marino.

near [nĭr] **-1** *adv* cerca, próximo; *(almost)* casi; *(closely related)* íntimo, cercano ♦ **to come** *or* **draw near** acercarse **-2** *adj* inmediato, próximo; *(relation)* cercano, allegado; *(almost)* casi **-3** *prep (close to)* cerca de; *(almost)* casi **-4** *vt & vi* acercarse (a), aproximarse (a).

nearby [:bī'] **-1** *adj* cercano, próximo **-2** *adv* cerca.

nearly [:lē] *adv* casi.

nearsighted [:sī'tĭd] *adj* miope.

neat [nēt] *adj (tidy)* limpio, pulcro; *(orderly)* ordenado; *(work)* esmerado, bien hecho.

nebulous [nĕb'yələs] *adj* nebuloso.

necessary [něs′ĭ-sĕr′ē] *adj* necesario; *(inevitable)* inevitable.

necessity [nə-sĕs′ĭ-tē] *s* necesidad *f.*

neck [něk] **-1** *s* cuello; *(of animals)* pescuezo, cogote *m* **-2** *vi* JER besuquearse.

necklace [:lĭs] *s* collar *m.*

neckline [:lĭn′] *s* escote *m.*

necktie [:tĭ′] *s* corbata.

need [nēd] **-1** *s* necesidad *f; (trouble)* apuro ♦ **to be in need** estar necesitado **-2** *vt* necesitar *-vi* estar necesitado ♦ **to need to** *(to have to)* deber, tener que; *(to be necessary)* ser necesario.

needle [nēd′l] **-1** *s* aguja **-2** *vt* FAM hacer rabiar, pinchar.

needless [nēd′lĭs] *adj* innecesario, superfluo ♦ **needless to say** huelga decir que.

needlework [nēd′l-wûrk′] *s* costura, labor *f.*

negative [nĕg′ə-tĭv] **-1** *adj* negativo **-2** *s* negativa; GRAM negación *f;* FOTOG negativo; MAT término negativo.

neglect [nĭ-glĕkt′] **-1** *vt* descuidar **-2** *s* descuido, negligencia.

negligee [nĕg′lĭ-zhā′] *s* negligé *m.*

negligence [nĕg′lĭ-jəns] *s* negligencia.

negotiate [nĭ-gō′shē-āt′] *vi* negociar *-vt* negociar; *(obstacle)* franquear.

negotiation [-′-ā′shən] *s* negociación *f.*

Negro [nē′grō] *adj & s* [pl **es**] negro.

neigh [nā] **-1** *s* relincho **-2** *vi* relinchar.

neighbor [nā′bər] *s* vecino.

neighborhood [:hŏŏd′] *s* barrio; *(people)* vecindario.

neighboring [:ĭng] *adj* vecino.

neither [nē′thər, nĭ′-] **-1** *adj* ninguno (de los dos) **-2** *pron* ninguno (de dos), ni uno ni otro **-3** *conj & adv* (ni...) tampoco *<she doesn't like winter and neither do I* a ella no le gusta el invierno, ni a mí tampoco> ♦ **neither...nor** ni...ni *<neither you nor I* ni tú ni yo>.

neon [nē′ŏn′] *s* neón *m.*

nephew [nĕf′yōō] *s* sobrino.

nerve [nûrv] *s* nervio; *(courage)* valor *m;* FAM *(boldness)* descaro, tupé *m.*

nerve [nûrv] *adj* que crispa los nervios, exasperante.

nervous [nûr′vəs] *adj* nervioso; *(highstrung)* irritable, excitable.

nervousness [:nĭs] *s* nerviosidad *f.*

nest [nĕst] **-1** *s* nido; *(of hens)* nidal *m; (of wasps)* avispero **-2** *vi* anidar; *(boxes)* encajar *-vt* encajar.

nestle [nĕs′əl] *vt* ♦ **to be nestled among** estar situado en • **to be nestled in** *(a place)* estar al abrigo de; *(someone's arms)* acurrucarse en *-vi* acurrucarse.

net[1] [nĕt] **-1** *s* red *f* **-2** *vt* **-tt-** coger or atrapar con una red.

net[2] **-1** *adj (after deductions)* neto; *(final)* final **-2** *vt* **-tt-** *(to clear)* ganar neto.

netting [nĕt′ĭng] *s* red *f.*

nettle [nĕt′l] **-1** *s* ortiga **-2** *vt* irritar.

network [nĕt′wûrk′] *s* red *f.*

neurosis [nŏŏ-rō′sĭs] *s* [pl **-ses**] neurosis *f.*

neurotic [nŏŏ-rŏt′ĭk] *adj & s* neurótico.

neuter [nōō′tər] **-1** *adj* neutro **-2** *s* GRAM neutro **-3** *vt* castrar.

neutral [nōō′trəl] **-1** *adj* neutral; FÍS, QUÍM neutro **-2** *s* neutral *m/f;* AUTO punto muerto.

neutrality [-trăl′ĭ-tē] *s* neutralidad *f.*

neutralize [′trə-līz′] *vt* neutralizar.

never [nĕv′ər] *adv* nunca, jamás ♦ **never again** nunca más • **never ever** nunca jamás • **never mind** no importa.

nevertheless [:thə-lĕs′] *adv* sin embargo, no obstante.

new [nōō] *adj* nuevo; *(recent)* reciente.

newborn [′bôrn′] *adj & s* recién nacido.

newfangled [nōō′făng′gəld] *adj* novedoso.

newfound [:found′] *adj* nuevo.

newly [:lē-wĕd′] *s* recién casado.

news [nōōz] *s* noticia *<that's good news* es una buena noticia>; *(current events)* noticias, actualidades *f; (broadcast)* noticiario.

newsletter [:lĕt′ər] *s* hoja informativa.

newspaper [:pā′pər] *s* periódico, diario.

newsstand [:stănd′] *s* quiosco (de periódicos).

newt [nōōt] *s* tritón *m.*

next [nĕkst] **-1** *adj (in time)* que viene, próximo; *(adjacent)* de al lado; *(following)* siguiente *<the next day* el día siguiente> ♦ **to be next** ser el siguiente

-2 *adv* después, luego ♦ **next to** *(beside)* junto a, al lado de; *(almost)* casi <*next to nothing* casi nada> • **to come next** seguir, venir después.

next-door ['dôr'] *adj* de al lado.

nib [nĭb] *s* plumilla (de estilográfica).

nibble [nĭb'əl] **-1** *vt* mordiscar *-vi* comisquear **-2** *s (bite)* mordisco; *(morsel)* bocadito.

nice [nīs] *adj (friendly)* amable, bueno; *(pleasant)* agradable; *(attractive)* bonito, lindo; *(well-done)* bien hecho <*nice job* trabajo bien hecho>; *(virtuous)* decente; *(considerate)* delicado.

niche [nĭch, nēsh] *s* ARQ hornacina, nicho.

nickel [nĭk'əl] *s* QUÍM níquel *m*; *(US coin)* moneda de cinco centavos.

nickname [nĭk'nām'] **-1** *s* apodo **-2** *vt* apodar.

nicotine [nĭk'ə-tēn'] *s* nicotina.

niece [nēs] *s* sobrina.

night [nīt] **-1** *s* noche *f*; *(nightfall)* anochecer *m* ♦ **at** *or* **by night** de noche • **good night!** ¡buenas noches! • **last night** anoche, ayer por la noche **-2** *adj* nocturno, de la noche ♦ **night shift** turno de noche.

nightclub [:klŭb'] *s* club nocturno.

nightfall [:fôl'] *s* anochecer *m*.

nightgown [:goun'] *s* camisa de dormir, camisón *m*.

nightingale [nīt'n-gāl'] *s* ruiseñor *m*.

nightly [:lē] **-1** *adj* nocturno, de noche; *(every night)* de todas las noches **-2** *adv* por la noche; *(every night)* todas las noches.

nightmare [:mâr'] *s* pesadilla.

nighttime [:tīm'] *s* noche *f*.

nil [nĭl] *s* nada; *(zero)* cero.

nimble [nĭm'bəl] *adj* **-er, -est** ágil.

nine [nīn] *s & adj* nueve *m* ♦ **nine hundred** novecientos • **nine o'clock** las nueve.

nineteen [nīn-tēn'] *s & adj* diecinueve *m*.

nineteenth [:tēnth'] *s & adj* decimonoveno.

ninetieth [nīn'tē-ĭth] *s & adj* nonagésimo.

ninety [nīn'tē] *s & adj* noventa.

ninny [nĭn'ē] *s* simplón *m*, tonto.

ninth [nīnth] *s & adj* noveno.

nip [nĭp] **-1** *vt* **-pp-** *(to pinch)* pellizcar; *(to bite)* morder **-2** *s (pinch)* pellizco; *(bite)* mordedura; *(sip)* traguito.

nipple [nĭp'əl] *s* pezón *m*; *(on bottle)* tetilla.

nit [nĭt] *s* liendre *f*.

nitrogen [nī'trə-jən] *s* nitrógeno.

nitroglycerin(e) [nī'trŏ-glĭs'ər-ĭn] *s* nitroglicerina.

no [nō] **-1** *adv* no ♦ **no longer** ya no • **no more** ya no...más <*I want no more* ya no quiero más>; *(not any)* no más <*there's no more wine* no queda más vino> • **to say no** decir que no **-2** *adj* no; *(not one)* no...ninguno <*she has no hope* no tiene ninguna esperanza>; *(not at all)* ninguno <*she is no actress* no es ninguna actriz> ♦ **by no means** de ninguna manera • **in no time** en un abrir y cerrar de ojos • **no admittance** prohibida la entrada • **no smoking** prohibido fumar • **no way!** ¡nunca!, ¡jamás! • **with no** sin <*with no chance of* sin la oportunidad de>.

nobility [nō-bĭl'ĭ-tē] *s* nobleza.

noble [nō'bəl] *adj & s* **-er, -est** noble *m/f*.

nobody [nō'bŏd'ē] **-1** *pron* nadie **-2** *s* don nadie *m*, nadie *m*.

nocturnal [nŏk-tûr'nəl] *adj* nocturno.

nod [nŏd] **-1** *vi* **-dd-** *(in agreement)* asentir con la cabeza; *(in greeting)* saludar con la cabeza *-vt* inclinar (la cabeza) ♦ **to nod hello** saludar con la cabeza **-2** *s* inclinación *f* de cabeza.

noise [noiz] *s* ruido.

noisy [noi'zē] *adj* **-i-** ruidoso.

nomad [nō'măd'] *s* nómada *m/f*.

no man's land *s* tierra de nadie.

nominal [nŏm'ə-nəl] *adj* nominal.

nominate [:nāt'] *vt* nombrar; *(as a candidate)* proponer.

nomination ['-nā'shən] *s* nombramiento.

nominee ['-nē'] *s* candidato.

nonaligned [:ə-līnd'] *adj* no alineado.

nonchalant [:länt'] *adj* imperturbable.

noncommittal [:kə-mĭt'l] *adj* evasivo.

nonconformist [:kən-fôr'mĭst] *adj & s* no conformista *m/f*, disidente *m/f*.

nondrinker [-drĭng'kər] *s* no bebedor *m*.

none [nŭn] **-1** *pron (nobody)* nadie, ninguno; *(not one)* ninguno <*none of*

N

them ninguno de ellos>; *(not any)* nada
-2 *adv* no <*he is none too happy* él no
está muy contento>.

nonexistent [nŏn'ĭg-zĭs'tənt] *adj*
inexistente.

nonfat ['făt'] *adj* sin grasa.

nonfiction [:fĭk'shən] *s* literatura no
novelesca.

nonintervention [:ĭn'tər-vĕn'shən] *s*
no intervención *f.*

no-nonsense [nō'nŏn'sĕns'] *adj* práctico.

nonpayment [:pā'mənt] *s* falta de
pago.

nonplus [-plŭs'] *vt* desconcertar.

nonprofit [-prŏf'ĭt] *adj* sin fin lucrativo.

nonreturnable [:rĭ-tûr'nə-bəl] *adj* sin
devolución.

nonsense [nŏn'sĕns'] *s* disparate(s)
m ◆ **nonsense!** ¡tonterías! • **to talk
nonsense** decir tonterías.

nonstop ['stŏp'] **-1** *adv* sin parar **-2** *adj*
(train) directo; *(plane)* sin escalas.

nontaxable [-tăk'sə-bəl] *adj* no impo-
nible.

nontransferable ['trăns-fûr'ə-bəl]
adj intransferible.

nonviolence [:vī'ə-ləns] *s* no violencia.

noodle [nōōd'l] *s* CUL tallarín *m*, fideo;
JER *(head)* coco.

nook [nŏŏk] *s* rincón *m.*

noon [nōōn] *s* mediodía *m.*

noonday ['dā'] *adj & s* (de) mediodía *m.*

no one *or* **no-one** [nō'wŭn'] *pron*
nadie, ninguno.

noose [nōōs] *s (knot)* nudo corredizo;
(hangman's rope) dogal *m.*

nor [nôr] *conj* ni <*he was neither willing nor able* ni quería ni podía>; ni
tampoco <*nor do I want to go* ni tampoco quiero ir>.

norm [nôrm] *s* norma.

normal [nôr'məl] **-1** *adj* normal **-2** *s*
normalidad.

normality [-măl'ĭ-tē] *s* normalidad *f.*

north [nôrth] **-1** *s* norte *m* ◆ **Norte**
región septentrional **-2** *adj* del norte
-3 *adv* hacia el norte.

northeast [-ēst'] **-1** *s* nordeste *m* **-2** *adj*
del nordeste **-3** *adv* hacia el nordeste.

northern [:thərn] *adj* septentrional,
del norte.

northward [:wərd] *adv & adj* hacia el
norte.

northwest [-wĕst'] **-1** *s* noroeste *m*
-2 *adj* del noroeste **-3** *adv* hacia el noroeste.

nose [nōz] **-1** *s* nariz *f; (snout)* hocico;
(sense of smell) olfato; *(knack)* olfato
◆ **right under one's nose** delante de
las narices • **to blow one's nose** sonarse la nariz **-2** *vt* empujar con el hocico
-vi husmear ◆ **to nose around** husmear.

nosebleed ['blēd'] *s* hemorragia nasal.

nostalgia [nə-stăl'jə] *s* nostalgia.

nostalgic [:jĭk] *adj* nostálgico.

nostril [nŏs'trəl] *s* ventana ◆ *pl* narices.

nosy [nō'zē] *adj* **-i-** entrometido.

not [nŏt] *adv* no <*I will not go* no iré>
◆ **certainly not!** ¡de ninguna manera!
• **not even** ni siquiera • **not to mention**
por no mencionar • **not yet** todavía no.

notable [nō'tə-bəl] *adj & s* notable *m.*

notary [:rē] *s* notario ◆ **notary public**
notario.

notch [nŏch] *s (cut)* muesca, corte *m.*

note [nōt] **-1** *s* nota; FIN billete *m; (bird
call)* trino; *(mention)* mención *f* ◆ **to
make a note of** tomar nota de ◆ *pl* notas,
apuntes **-2** *vt (to notice)* notar, advertir; *(to mention)* señalar; *(to observe)* fijarse en.

notebook ['bŏŏk'] *s* cuaderno.

noted [nō'tĭd] *adj* notable, eminente.

nothing [nŭth'ĭng] **-1** *pron* nada; *(not
anything)* no... nada <*she believes in
nothing* no cree en nada> ◆ **for nothing** *(for free)* por nada; *(in vain)* para
nada • **nothing at all** nada de nada
• **nothing but** sólo • **to have nothing
to do with** no tener nada que ver con
• **to think nothing of** no suponer nada
(para uno) **-2** *s* nada, nadería; *(person)*
cero a la izquierda **-3** *adv* ◆ **nothing less
than** nada menos que • **nothing
like** no...nada <*she is nothing like her
mother* no se parece nada a su madre>.

notice [nō'tĭs] **-1** *s (attention)* atención
f; (warning) aviso, notificación *f* <*without prior notice* sin previo aviso>; *(an-*

nouncement) anuncio; *(sign)* letrero ♦ **to be on notice** estar avisado • **to give notice** *(to resign)* renunciar a (un empleo); *(to fire)* despedir; *(to inform)* avisar • **until further notice** hasta nuevo aviso **-2** *vt (to note)* observar; *(to see)* fijarse en; *(to realize)* darse cuenta de, advertir.

noticeable [nō'tǐ-sə-bəl] *adj* notable; *(obvious)* evidente.

notification [nō'tə-fǐ-kā'shən] *s* notificación *f*, aviso.

notify [nō'tə-fī'] *vt* notificar, avisar.

notion [nō'shən] *s* noción *f*, idea; *(opinion)* opinión *f*.

notorious [nō-tôr'ē-əs] *adj* de mala fama.

notwithstanding [nŏt'wǐth-stǎn'dǐng] *prep & conj* a pesar de (que).

nougat [nōō'gət] *s* turrón *m* de almendras.

noun [noun] *s* sustantivo, nombre *m*.

nourish [nûr'ǐsh] *vt* nutrir, alimentar; *(to promote)* fomentar; *(hopes)* abrigar.

novel [nŏv'əl] **-1** *s* novela **-2** *adj* nuevo, original.

novelist [:ə-lǐst] *s* novelista *m/f*.

novelty [nŏv'əl-tē] *s* novedad *f*, innovación *f*.

November [nō-vĕm'bər] *s* noviembre *m*.

novice [nŏv'ǐs] *s* novato; RELIG novicio.

now [nou] **-1** *adv* ahora; *(immediately)* ahora mismo; *(at last)* ya; *(as things are)* ahora ya <*now we won't be able to stay* ahora ya no podemos quedarnos> ♦ **just now** *(at present)* ahora mismo; *(recently)* hace un momento • **right now!** ¡ahora mismo! **-2** *conj* ♦ **now that** ya que, ahora que **-3** *s* ♦ **for now** por ahora • **not now** ahora no • **until** *or* **up to now** hasta ahora.

nowadays [nou'ə-dāz'] *adv* hoy (en) día.

nowhere [nō'hwâr'] **-1** *adv (location)* en *or* por ninguna parte; *(direction)* a ninguna parte ♦ **to get nowhere** no conseguir nada **-2** *s* ♦ **out of nowhere** de la nada.

nozzle [nŏz'əl] *s* boquilla.

nuance [nōō-äns'] *s* matiz *m*.

nuclear [nōō'klē-ər] *adj* nuclear.

nucleus [:əs] [pl **es** *or* **-lei**] *s* núcleo.

nude [nōōd] *s & adj* desnudo ♦ **in the nude** al desnudo.

nudge [nŭj] **-1** *s* codazo **-2** *vt* dar un codazo a.

nudist [nōō'dǐst] *s & adj* nudista *m/f*.

nudity [:dǐ-tē] *s* desnudez *f*.

nuisance [nōō'səns] *s (person)* pesado; *(thing)* fastidio, molestia.

null [nŭl] **-1** *adj* nulo ♦ **null and void** nulo y sin valor **-2** *s* cero.

numb [nŭm] **-1** *adj* entumecido; *(with fear)* paralizado **-2** *vt* entumecer, paralizar.

number [nŭm'bər] **-1** *s* número ♦ **a number of** *(several)* varios; *(a lot)* muchos ♦ *pl* MAT números **-2** *vt* numerar, poner número a ♦ **to number among** contar entre.

numeral [nōō'mər-əl] *s* número ♦ **Arabic, Roman numeral** número arábigo romano.

numeric [nōō-mĕr'ǐk] *adj* numérico.

numerous ['mər-əs] *adj* numeroso.

nun [nŭn] *s* monja, religiosa.

nurse [nûrs] **-1** *s* enfermero; *(wet nurse)* nodriza; *(nursemaid)* niñera **-2** *vt (infant)* criar; *(patient)* cuidar **-vi** *(mother)* dar de mamar; *(infant)* mamar.

nursery [nûr'sə-rē] *s* cuarto de los niños; *(center)* guardería infantil; AGR vivero.

nurture [nûr'chər] *vt (to nourish)* alimentar; *(children)* criar.

nut [nŭt] *s* fruto seco, nuez *f*; MEC *(for bolts)* tuerca.

nutcracker ['krăk'ər] *s* cascanueces *m*.

nutmeg [nŭt'mĕg'] *s* nuez moscada.

nutrition [nōō-trǐsh'ən] *s* nutrición *f*.

nutritious [:əs] *adj* nutritivo.

nutshell [nŭt'shĕl'] *s* cáscara de nuez ♦ **in a nutshell** en pocas palabras.

nylon [nī'lŏn'] *s* nilón *m* ♦ *pl* medias de nilón.

O

oak [ōk] s roble m.

oar [ôr] s remo.

oasis [ō-ā'sĭs] s [pl -ses] oasis m.

oath [ōth] s juramento.

oatmeal [ōt'mēl'] s (uncooked) copos de avena; (porridge) gachas de avena.

obedience [ō-bē'dē-əns] s obediencia.

obedient [:ənt] adj obediente.

obelisk [ŏb'ə-lĭsk] s obelisco.

obey [ō-bā'] vt obedecer; (the law) respetar; (orders) cumplir.

obituary [ō-bĭch'ōō-ĕr'ē] s obituario.

object[1] [əb-jĕkt'] vi hacer objeciones; (to disapprove) desaprobar -vt objetar.

object[2] [ŏb'jĭkt] s objeto; (purpose) propósito; GRAM complemento.

objection [əb-jĕk'shən] s objeción f, reparo; (disapproval) inconveniente m <there's no objection to her going no hay inconveniente en que ella vaya>.

objectionable [:shə-nə-bəl] adj (behavior) reprobable; (language) ofensivo.

objective [:tĭv] -1 adj objetivo; GRAM complementario ◆ to be objective about considerar objetivamente -2 s objetivo.

obligation [ŏb'lĭ-gā'shən] s obligación f; (duty) deber m; (commitment) compromiso.

oblige [ə-blīj'] vt obligar <she is not obliged to do it nada le obliga a hacerlo>; (to do a favor for) hacer un favor a; (to humor) complacer ◆ to be obliged to (do something) verse obligado a.

obliterate [ə-blĭt'ə-rāt'] vt (to erase) borrar; (to annihilate) arrasar, aniquilar.

oblong [ŏb'lông'] -1 adj oblongo, rectangular -2 s rectángulo.

obnoxious [ŏb-nŏk'shəs] adj desagradable, repugnante.

oboe [ō'bō] s oboe m.

obscene [əb-sēn'] adj obsceno; (gesture) grosero.

obscure [əb-skyōōr'] -1 adj -er, -est oscuro; (faint) indistinto; (inconspicuous) imperceptible; (meaning) oculto -2 vt oscurecer; (to hide) ocultar.

observance [əb-zûr'vəns] s (of law, rule) observancia, cumplimiento.

observation [ŏb'zər-vā'shən] s observación f ◆ to be under observation estar en observación.

observatory [əb-zûr'və-tôr'ē] s observatorio.

observe [əb-zûrv'] vt observar; (a contract, duty) cumplir con; (law) acatar.

obsess [əb-sĕs'] vt obsesionar.

obsolete [ŏb'sə-lēt'] adj obsoleto; (outmoded) anticuado.

obstacle [ŏb'stə-kəl] s obstáculo.

obstinate [ŏb'stə-nĭt] adj obstinado.

obstruct [əb-strŭkt'] vt obstruir; (to hinder) dificultar.

obstruction [əb-strŭk'shən] s obstrucción f; (obstacle) obstáculo, impedimento.

obtain [əb-tān'] vt obtener, lograr; (to acquire) adquirir.

obtrusive [əb-trōō'sĭv] adj llamativo, que se nota.

obvious [ŏb'vē-əs] adj obvio, patente.

obviously [:lē] adv evidentemente; (of course) claro.

occasion [ə-kā'zhən] -1 s ocasión f; (event) acontecimiento ◆ on occasion ocasionalmente -2 vt ocasionar, provocar.

occasional [:zhə-nəl] adj ocasional.

occult [ə-kŭlt'] -1 adj oculto -2 s ciencias ocultas, magia.

occupation [ŏk'yə-pā'shən] s ocupación f; (job) trabajo; (pastime) tarea, pasatiempo.

occupy [:pī'] vt (space) ocupar; (time) emplear.

occur [ə-kûr'] vi -rr- ocurrir, suceder; (in special cases) darse; (to be found) encontrarse ◆ it occurs to me that se me ocurre que.

occurrence [:əns] s (incident) suceso; (instance) caso ◆ to be an unusual occurrence no darse a menudo.

ocean [ō'shən] s océano.

o'clock [ə-klŏk'] adv ◆ one o'clock la una • it's ten o'clock son las diez.

October [ŏk-tō'bər] s octubre m.

octopus [ŏk'tə-pəs] s [pl es or -pi] pulpo.

odd [ŏd] *adj (unusual)* raro, extraño; *(strange)* curioso; *(remaining)* de sobra; MAT impar.

odds [ŏdz] *s pl (advantage)* ventaja; *(chances)* probabilidades *f* ♦ **odds and ends** retazos • **the odds are that** lo más probable es que • **to be at odds with** *(facts)* no concordar con.

odor [ō′dər] *s* olor *m*.

of [ŏv, ŭv, əv] *prep* de; *(source)* de...parte *‹it is very kind of you es muy gentil de su parte›* ♦ **a friend of mine** un amigo mío • **all of them** todos ellos.

off [ôf] **-1** *adv (distant)* lejos, a distancia; *(away)* a *‹a place five mile off un lugar a cinco millas (de distancia)›* ♦ **ten per cent off** diez por ciento de descuento • **to be (two days) off** faltar (dos días) para **-2** *adj (lights, appliances)* apagado; *(not operating)* desconectado; *(canceled)* cancelado ♦ **in the off position** en posición de cerrado • **off chance** posibilidad remota **-3** *prep (from)* de *‹take your feet off my desk quita los pies de mi escritorio›; (near)* frente a, a la altura de *‹off the coast frente a la costa›; (away from)* fuera, lejos de; *(down from)* desde, por *‹to fall off a cliff caer por un precipicio›*.

offal [ô′fəl] *s (entrails)* menudos; *(refuse)* desperdicios, desecho.

offend [ə-fĕnd′] *vt* ofender.

offender [ə-fĕn′dər] *s* infractor *m*.

offense [ə-fĕns′] *s* ofensa; *(crime)* delito ♦ **minor offense** delito leve.

offensive [ə-fĕn′sĭv] **-1** *adj* ofensivo; *(obscene)* grosero; *(unpleasant)* desagradable **-2** *s* ofensiva.

offer [ô′fər] **-1** *vt* ofrecer; *(to propose)* proponer; *(for sale)* vender; *(resistance)* oponer **-vi** *(to volunteer)* ofrecerse (a) **-2** *s* oferta.

offhand [ôf′hănd′] **-1** *adv* sin pensarlo **-2** *adj* improvisado.

office [ô′fĭs] *s* oficina; *(room)* despacho; *(of a doctor)* consultorio; *(task)* oficio, deber *m*; POL *(position)* cargo (público).

officer [ô′fĭ-sər] *s* oficial *m*, funcionario; *(in a company)* dirigente *m*; MARÍT, MIL oficial *m*; *(policeman)* agente *m* de policía.

official [ə-fĭsh′əl] **-1** *adj* oficial **-2** *s* oficial *m*, funcionario.

offing [ô′fĭng] *s* ♦ **in the offing** a la vista.

off [ôf] *s* baja estación.

offset [ôf-sĕt′] *vt* **-set, -tting** compensar; *(to counteract)* contrarrestar.

offshoot [ôf′shōōt′] *s* ramal *m*; *(descendant)* vástago, BOT retoño.

offshore [ôf′shôr′] **-1** *adj (coastal)* costanero **-2** *adv* mar adentro.

offside *or* **off side** [ôf′sīd′] *adj* fuera de juego.

offspring [ôf′sprĭng′] *s inv* progenie *f*, prole *f*.

off-white [ôf′hwīt′] *adj & s* (de) color crudo.

often [ô′fən] *adv* frecuentemente, a menudo ♦ **how often?** ¿cuántas veces? • **not very often** pocas veces.

ogle [ō′gəl] *vt* mirar con avidez.

oh [ō] *interj (surprise)* ¡oh!; *(pain)* ¡ay!; *(understanding)* ¡ah! *‹oh, I see ¡ah, ya veo!›*.

oil [oil] **-1** *s* aceite *m*; *(fuel)* petróleo; ARTE óleo **-2** *vt* lubricar, aceitar.

oilcan [′kăn′] *s* aceitera, alcuza.

oily [oi′lē] *adj* **-i-** aceitoso, grasoso.

ointment [oint′mənt] *s* ungüento, pomada.

O.K *or* **OK** *or* **okay** [ō-kā′] **-1** *s* [pl **′s**] autorización *f* **-2** *vt* **′d, ′ing** aprobar, autorizar **-3** *interj* ¡muy bien!, ¡de acuerdo!

okra [ō′krə] *s* quingombó.

old [ōld] **-1** *adj* viejo; *(elderly)* mayor, anciano; *(looking old)* envejecido; *(ancient, former)* antiguo ♦ **older** mayor • **oldest** (el) mayor • **to be (ten years) old** tener (diez años) de edad **-2** *s* ♦ **the old** *(people)* los ancianos.

old-fashioned [ōld′făsh′ənd] *adj* anticuado; *(person)* chapado a la antigua.

old-time [:tīm′] *adj* de antaño.

olive [ŏl′ĭv] *s* oliva, aceituna; *(color)* verde *m* oliva ♦ **olive oil** aceite de oliva.

Olympic [ō-lĭm′pĭk] **-1** *adj* olímpico **-2** *s* ♦ *pl* juegos olímpicos.

omelet(te) [ŏm′ə-lĭt] *s* tortilla.

omen [ō′mən] *s* presagio, agüero.

ominous [ŏm′ə-nəs] *adj* ominoso.

O

omit [ō-mĭt'] *vt* **-tt-** omitir.

on [ŏn] **-1** *prep (general)* en; *(on top of)* sobre; *(to, onto)* a, sobre; *(upon)* al <on entering the room al entrar al cuarto>; *(against)* contra; *(according to)* según; *(for)* por <to travel on business viajar por negocios>; *(about)* en, sobre ♦ **on July third** el tres de julio **-2** *adv* puesto <with the lid on con la tapa puesta> **-3** *adj (appliance, lights)* prendido, encendido; *(faucet)* abierto; *(brakes, alarms)* puesto.

once [wŭns] **-1** *adv (one time)* una vez; *(formerly)* en otro tiempo, antes; *(before)* hace tiempo ♦ **at once** *(immediately)* inmediatamente • **once again** otra vez • **once in a while** de vez en cuando **-2** *s* una vez ♦ **for once** una vez siquiera **-3** *conj* una vez que, tan pronto como.

one [wŭn] **-1** *adj* un, uno; *(sole, only)* solo, único; *(the same)* mismo ♦ **one and the same** el mismo • **one hundred** cien **-2** *s (unit)* unidad *f* ♦ **all in one** de una sola pieza **-3** *pron dem* ♦ **that one** aquél • **this one** éste • **which one?** ¿cuál? **-4** *pron indef* uno; se <one doesn't do such things esas cosas no se hacen> ♦ **I, for one** yo, por lo menos • **one and all** todos • **one's** de uno, su.

one-man [:măn'] *adj* en solitario.

oneself [wŭn-sĕlf'] *pron* sí (mismo), uno (mismo); *(reflexively)* se <to brace oneself for something prepararse para algo>; *(emphatically)* uno mismo ♦ **by oneself** solo • **to be oneself** comportarse con naturalidad • **to come to oneself** volver en sí.

one-sided [:sī] *adj (biased)* parcial.

one-way [wā'] *adj (street)* de sentido único; *(ticket)* de ida solamente.

ongoing [ŏn'gō'ĭng] *adj (current)* actual; *(in progress)* en marcha.

onion [ŭn'yən] *s* cebolla.

onlooker [ŏn'lŏŏk'ər] *s* espectador *m*.

only [ŏn'lē] **-1** *adj (sole)* único, solo **-2** *adv (merely)* sólo; *(simply)* simplemente; *(solely)* únicamente; para luego <they received a raise only to be laid off recibieron un aumento para luego ser despedidos> ♦ **if only** ojalá • **not only...but also** no sólo...sino también • **only too** muy **-3** *conj (ex-*

cept that) sólo que; *(but)* pero <you may go, only be careful puedes ir, pero ten cuidado>.

onto [ŏn'tōō] *prep (upon)* sobre, encima de.

onward [ŏn'wərd] *adj & adv* hacia adelante.

onwards [ŏn'wərdz] *adv* hacia adelante.

opaque [ō-pāk'] *adj* opaco; *(obtuse)* obtuso.

open [ō'pən] **-1** *adj* abierto; *(fields)* descampado; *(view)* libre, despejado; *(without covering)* descubierto; *(without top)* destapado; *(meeting, court)* público; *(job, post)* vacante, libre; *(frank)* franco, sincero ♦ **to be open to** *(ideas, criticism)* estar dispuesto a recibir **-2** *vt* abrir; *(way, path)* despejar; *(to uncover)* destapar; *(to unwrap)* desempaquetar; *(to unfold)* desplegar ♦ **to open up** *(to make available)* hacer accesible *-vi* abrirse; *(to come undone)* desatarse; *(halfway)* entreabrirse; *(to unfold)* desplegarse; TEAT estrenarse ♦ **to open up** *(to spread out)* *(to begin)* empezar; *(to speak freely)* desplegarse **-3** *s* claro, lugar abierto ♦ **in the open** *(outdoors)* al aire libre; *(in the country)* en el campo.

open-air [-âr'] *adj* al aire libre.

opener [ō'pə-nər] *s* abridor *m*; TEAT primer acto.

openhanded [ō'pən-hăn'dĭd] *adj* maniabierto.

opening [ō'pə-nĭng] *s (aperture)* abertura, orificio; *(clearing)* claro; *(beginning)* apertura, comienzo; *(of a movie, play)* estreno; *(of a store, exhibition)* inauguración *f*; *(job)* puesto, vacante *f*; POL apertura.

open-minded [ō'pən-mĭn'dĭd] *adj* receptivo.

opera [ŏp'ər-ə] *s* ópera ♦ **opera house** ópera.

operate [ŏp'ə-rāt'] *vi (to work)* funcionar; *(to have an effect)* actuar *-vt (to drive)* manejar; *(tool)* usar; *(appliance, device)* hacer funcionar, accionar; *(business)* manejar, administrar.

operation [ŏp'ə-rā'shən] *s* operación *f*; *(condition)* funcionamiento ♦ **method of operation** procedimiento • **to be in operation** estar funcionando.

operative [ŏp′ər-ə-tĭv] **-1** *adj (effective)* operativo, operante; *(law)* en vigor **-2** *s (worker)* operario.

operator [ŏp′ə-rā′tər] *s (of a machine)* operario; TEL telefonista *m/f*.

opinion [ə-pĭn′yən] *s* opinión *f* ♦ **in my opinion** a mi juicio.

opponent [ə-pō′nənt] *s* adversario.

opportune [ŏp′ər-tōōn′] *adj* oportuno.

opportunist [:tōō′nĭst] *s* oportunista *m/f*.

opportunity [:nĭ-tē] *s* oportunidad *f*.

oppose [ə-pōz′] *vt* oponerse a; *(to combat)* hacer frente a; *(to set against)* contraponer.

opposite [ŏp′ə-zĭt] **-1** *adj* opuesto; *(direction)* contrario; *(across from)* de enfrente; *(opinions)* contrario ♦ **on the opposite side of** del otro lado de **-2** *s* contrario ♦ **it is just the opposite** es todo lo contrario **-3** *adv* enfrente ♦ **to be directly opposite** estar frente a **-4** *prep* enfrente de, frente a.

opposition [′-zĭsh′ən] *s* oposición *f*; *(resistance)* resistencia ♦ **to be in opposition to** estar en contra de.

oppress [ə-prĕs′] *vt (to subjugate)* oprimir; *(mind, spirit)* deprimir; FIG agobiar.

opt [ŏpt] *vi* optar *(for, to* por).

optical [ŏp′tĭ-kəl] *adj* óptico.

optician [ŏp-tĭsh′ən] *s* óptico.

optimist [ŏp′tə-mĭst] *s* optimista *m/f*.

optimum [:məm] *adj* óptimo.

option [ŏp′shən] *s* opción *f*.

optional [ŏp′shə-nəl] *adj* opcional.

or [ôr] *conj* o; [*before* (h)o] u; [*after negative*] ni <*I don't drink or smoke*) ni tomo ni fumo>.

oral [ôr′əl] **-1** *adj* oral ♦ **oral hygiene** higiene bucal **-2** *s* examen *m* oral.

orange [ôr′ĭnj] **-1** *s* naranja **-2** *adj* anaranjado.

orbit [ôr′bĭt] **-1** *s* órbita **-2** *vt* girar alrededor de **-vi** *(to revolve)* girar, dar vueltas.

orchard [ôr′chərd] *s* huerto.

orchestra [ôr′kĭ-strə] *s* orquesta.

orchid [ôr′kĭd] *s* orquídea.

order [ôr′dər] **-1** *s* orden *m*; *(procedure)* regla; *(decree, command)* orden *f*; COM pedido <*to place an order for*

hacer un pedido de>; *(of food)* porción *f*; *(rank)* categoría; DER mandamiento, orden *f* del juez; RELIG orden *f*; MAT grado ♦ **in order** *(in place)* en orden; *(in good condition)* en buenas condiciones • **in order to** a fin de, para • **out of order** *(not working)* descompuesto **-2** *vt (to command, arrange)* ordenar; *(to request)* pedir **-vi** *(command)* dar una orden; *(request)* hacer un pedido.

orderly [:lē] **-1** *adj (neat)* ordenado, en orden **-2** *s* MED ayudante *m*; MIL ordenanza *m*.

ordinary [ôr′dn-ĕr′ē] *adj* ordinario; *(plain)* corriente, cualquiera.

ore [ôr] *s* mineral *m*, mena.

organ [ôr′gən] *s* órgano; *(agency)* organismo.

organic [ôr-găn′ĭk] *adj* orgánico.

organization [ôr′gə-nĭ-zā′shən] *s* organización *f*.

organize [ôr′gə-nīz′] *vt* organizar **-vi** organizarse.

organizer [:nī′zər] *s* organizador *m*.

orgasm [ôr′găz′əm] *s* orgasmo.

orgy [ôr′jē] *s* orgía.

orient -1 *s* [ôr′ē-ənt] oriente *m* **-2** *vt* [:ĕnt′] orientar.

oriental [′-ĕn′tl] *adj & s* oriental *m/f*.

origin [ôr′ə-jĭn] *s* origen *m*; *(of a flight, object)* procedencia.

original [ə-rĭj′ə-nəl] **-1** *adj* original; *(authentic)* legítimo; *(inventive)* creativo **-2** *s* persona *or* modelo original.

originate [:′-nāt′] *vt (to introduce)* originar; *(to invent)* crear **-vi** *(to start)* originarse, surgir; *(family)* ser originario *or* oriundo de.

ornament [ôr′nə-mənt] *s* ornamento.

ornamental [′-mĕn′tl] *adj* ornamental.

ornate [ôr-nāt′] *adj* recargado.

orphan [ôr′fən] **-1** *s & adj* huérfano **-2** *vt* quedar huérfano.

orphanage [ôr′fə-nĭj] *s* orfanato, orfelinato.

orthodox [ôr′thə-dŏks′] *adj* ortodoxo.

orthop(a)edic [ôr′thə-pē′dĭk] *adj* ortopédico.

oscillate [ŏs′ə-lāt′] *vi* oscilar.

ostentation [ŏs′tĕn-tā′shən] *s* ostentación *f*.

ostrich [ŏs′trĭch] *s* [*pl inv or* **es**] avestruz *m*.

other [ŭth′ər] **-1** *adj* otro; *(additional)* demás; *(different)* distinto ♦ **other people** otros **-2** *s* otro ♦ **no other** ningún otro **-3** *pron* otro <*something or other* una cosa u otra> **-4** *adv* ♦ **other than** *(differently)* de otro modo; *(anything but)* otra cosa que.

otherwise [:wīz′] **-1** *adv* *(differently)* de otro modo; *(under other circumstances)* de lo contrario, si no <*otherwise I would have gone* de lo contrario habría ido> **-2** *adj* diferente, otro.

otter [ŏt′ər] *s* [pl inv or **s**] nutria.

ought [ôt] *aux* *(to be obliged)* deber; *(to be wise)* convenir, ser conveniente <*you ought to wear a raincoat* conviene que lleves una gabardina>; *(to be desirable)* tener que; *(to be likely)* deber de.

ounce [ouns] *s* onza.

our [our] *adj pos* nuestro.

ours [ourz] *pron pos* (el) nuestro.

ourselves [:sĕlvz′] *pron* nos <*we should wash ourselves* debemos lavarnos>; nosotros (mismos) <*we did it ourselves* lo hicimos nosotros mismos>.

oust [oust] *vt* expulsar.

out [out] **-1** *adv* *(away from)* fuera <*out of the office* fuera de la oficina>; *(outside)* afuera ♦ **to be out** *(not at home)* no estar en casa; *(sun, moon)* haber salido; *(eliminated)* quedar excluido; POL estar fuera del poder **-2** *adj* *(exterior)* exterior; *(absent)* ausente; *(used up)* agotado; *(extinguished)* apagado **-3** *prep* *(beyond)* fuera de, al otro lado de ♦ **out of** de <*to take out of* sacar de>; *(without)* sin <*out of money* sin dinero>.

outburst [:bûrst′] *s* arranque *m*, estallido.

outcast [:kăst′] *s* paria *m/f.*

outcome [′kŭm′] *s* resultado, consecuencia.

outcry [:krī′] *s* protesta; *(clamor)* alboroto.

outdated [-dā′tĭd] *adj* obsoleto, anticuado.

outdoors [-dôrz′] **-1** *adv* al aire libre; *(outside)* (a)fuera **-2** *s* el aire libre.

outer [ou′tər] *adj* exterior, externo.

outfit [out′fĭt′] *s* *(clothing)* conjunto; FAM *(military unit)* unidad *f.*

outgoing [′gō′ĭng] *adj* de salida, que sale; *(retiring)* saliente; *(friendly)* sociable.

outgrow [-grō′] *vt* **-grew, -grown** crecer más que ♦ **to outgrow one's clothes** quedarle la ropa chica a uno.

outing [:ĭng] *s* excursión *f.*

outlaw [′lô′] **-1** *s* malhechor *m*, criminal *m* **-2** *vt* prohibir.

outlet [′lĕt′] *s* salida; *(socket)* tomacorriente *m*; *(for feelings)* forma de desahogar; *(for energies)* forma de descargar.

outline [:līn′] **-1** *s* *(contour)* contorno; *(profile)* perfil *m*; *(shape)* silueta; *(summary)* resumen *m*; ARTE bosquejo **-2** *vt* trazar las líneas or los contornos de; *(to profile)* perfilar; *(to sketch)* bosquejar.

outlive [-lĭv′] *vt* sobrevivir.

outlook [′lŏŏk′] *s* punto de vista; *(attitude)* actitud *f.*

outnumber [:nŭm′bər] *vt* superar en número.

out-of-date [′əv-dāt′] *adj* *(outmoded)* anticuado; *(expired)* caducado.

out-of-the-way [:thə-wā′] *adj* *(remote)* apartado; *(secluded)* solitario; *(unusual)* insólito.

output [:pŏŏt′] *s* producción *f*; *(energy)* potencia; *(yield)* rendimiento; COMPUT salida.

outrage [:rāj′] **-1** *s* ultraje *m*; *(destructive act)* atropello; *(anger)* indignación *f* **-2** *vt* indignar.

outrageous [-rā′jəs] *adj* ultrajante; *(infuriating)* indignante.

outright [:rīt′] **-1** *adv* *(frankly)* sin reservas; *(utterly)* absolutamente; *(straightway)* en el acto **-2** *adj* *(obvious)* patente; *(out-and-out)* absoluto <*outright viciousness* maldad absoluta>.

outset [′sĕt′] *s* principio, inicio.

outside [out-sīd′] **-1** *s* exterior *m* ♦ **from, on the outside** desde, por fuera **-2** *adj* exterior <*outside assistance* ayuda exterior>; *(influence)* de afuera **-3** *adv* (a)fuera <*to step outside* ir afuera> **-4** *prep* fuera de ♦ **outside of** fuera de.

outsider [-sī′dər] *s* forastero.

outskirts [′skûrts′] *s pl* afueras.

outspoken [:-spō′kən] *adj* abierto, franco.

outstanding [:stăn′dĭng] *adj* sobresaliente; *(prominent)* destacado; *(not resolved)* pendiente.

outward [:wǝrd] **-1** *adj* exterior, externo; *(direction)* hacia afuera; *(journey)* de ida **-2** *adv or* **-wards** hacia afuera.

outweigh [-wā′] *vt* pesar más que.

oval [ō′vǝl] **-1** *adj* ovalado, oval **-2** *s* óvalo.

ovary [ō′vǝ-rē] *s* ovario.

ovation [ō-vā′shǝn] *s* ovación *f.*

oven [ŭv′ǝn] *s* horno.

over [ō′vǝr] **-1** *prep* sobre; *(above)* encima de; *(across, on, higher than)* por encima de <*to jump over the fence* saltar por encima de la valla>; *(so as to cover or close)* para tapar *or* cerrar; *(during)* durante <*over the past two years* durante los dos últimos años>; *(in preference to)* antes que **-2** *adv (above)* (por) encima; *(across)* al otro lado, enfrente, allá <*over in Europe* allá en Europa>; *(more)* más <*ten times over* diez veces más> ♦ **over again** otra vez, de nuevo • **over and over** una y otra vez • **over here, there** aquí, allá **-3** *adj* terminado, acabado.

overall *or* **over-all** [:ôl′] **-1** *adj* total **-2** *adv* en general.

overbook [′-bo̅o̅k′] *vt & vi* vender más localidades de las que hay disponibles (en).

overcast [′kăst′] *adj* nublado.

overcharge -1 *vt & vi* [′-chärj′] cobrar demasiado **-2** *s* [′-′] precio excesivo.

overcoat [′-kōt′] *s* sobretodo, abrigo.

overcome [′-kŭm′] *vt* **-came, -come** *(to defeat)* derrotar, conquistar; *(obstacle, difficulty)* superar ♦ **to be overcome by** estar afectado profundamente por.

overdo [:do̅o̅′] *vt* **-did, -done** hacer demasiado; *(diet, exercise)* exagerar.

overdose -1 *s* [′-dōs′] dosis excesiva **-2** *vt & vi* [′-′] dar(se) una dosis excesiva *(on de).*

overdrawn [:-drôn′] *adj* al descubierto.

overdue [′-do̅o̅′] *adj (unpaid)* vencido (en el pago); *(delayed)* retrasado.

overestimate [:ĕs′tǝ-māt′] *vt* sobreestimar.

overflow -1 *vi* [′-flō′] desbordarse ♦ **to overflow with** rebosar de **-2** *s* [′-′] *(excess)* exceso; *(outlet)* desagüe *m.*

overgrown [′-grōn′] *adj* cubierto *(with* de).

overhead [′-hĕd′] **-1** *adj* de arriba; *(railway)* elevado; *(wire)* aéreo **-2** *s* COM gastos generales **-3** *adv (above)* arriba; *(up)* para *or* hacia arriba.

overhear [′-hîr′] *vt* **-heard** oír por casualidad.

overheat [:hēt′] *vt & vi* recalentar(se).

overjoyed [:joid′] *adj* loco de contento.

overlap [′-lăp′] *vt & vi* **-pp-** superponerse (a).

overload [′-lōd′] *vt* sobrecargar.

overlook [′-lo̅o̅k′] *vt (to rise above)* dominar; *(view, window)* dar a, tener vista a; *(to disregard)* pasar por alto.

overnight [:nīt′] **-1** *adj (guests)* por la noche; *(sudden)* repentino, inesperado **-2** *adv* durante *or* por la noche ♦ **to stay overnight** pasar la noche.

overpower [:pou′ǝr] *vt* abrumar.

overprice [ō′vǝr-prīs′] *vt* poner un precio demasiado alto a.

overreach [:rēch′] *vt* extralimitarse en.

override [:-rīd′] *vt* **-rode, -ridden** *(to prevail over)* imponerse a; *(to nullify)* anular.

overrun [:rŭn′] *vt* **-ran, -run, -nn-** *(to invade)* invadir; *(limit)* pasarse de.

overseas [′-sēz′] **-1** *adv* en el *or* al extranjero **-2** *adj* extranjero; *(trade)* exterior.

oversee [:sē′] *vt* **-saw, -seen** supervisar.

oversight [′-sīt′] *s (omission)* descuido, omisión *f.*

oversize(d) [:sīz(d)′] *adj* demasiado grande; *(clothes)* de talla especial.

oversleep [′-slēp′] *vi* **-slept** quedarse dormido.

overt [ō-vûrt′] *adj* abierto, público.

overtake [ō′vǝr-tāk′] *vt* **-took, -taken** *(to catch up with)* alcanzar; *(to pass)* pasar.

overthrow -1 *vt* [′-thrō′] **-threw, -thrown** *(to oust)* derrocar; *(to dethrone)* destronar **-2** *s* [′-′] derrocamiento; *(downfall)* caída.

overtime [′-tīm′] *s & adv* horas extras.

overture [:chŏor′] *s* MÚS obertura.

overweight [′-wāt′] *adj* pasado de peso; *(obese)* obeso, gordo.

overwhelm [:hwĕlm′] *vt (to defeat)* aplastar; *(to overcome)* abrumar; *(with requests)* acosar.

O

overwhelming [:hwĕl'mĭng] *adj* *(staggering)* abrumador; *(victory)* arrollador.

overwork [:wûrk'] *vt* hacer trabajar demasiado; *(an idea)* abusar de -*vi* trabajar demasiado.

owe [ō] *vt* deber ♦ **to owe someone for** deber a alguien.

owing [ō'ĭng] *adj* por pagarse ♦ **owing to** debido a.

owl [oul] *s* lechuza, búho.

own [ōn] **-1** *adj* propio ♦ **he buys his own clothes** él mismo se compra la ropa • **it's my own money** es mi dinero **-2** *pron* lo mío, lo tuyo, lo suyo, lo nuestro, lo vuestro ♦ **of one's own** *(belonging to oneself)* propio; *(peculiar to oneself)* de uno • **on one's own** *(unaided)* sin ayuda de nadie; *(independently)* por cuenta propia **-3** *vt* ser dueño de, tener ♦ **who owns this scarf?** ¿de quién es esta bufanda?

owner [ō'nər] *s* dueño, propietario.

ownership [:shĭp'] *s (state)* posesión f; *(legal right)* propiedad f.

ox [ŏks] *s* [pl -**en**] buey m.

oxygen [ŏk'sĭ-jən] *s* oxígeno.

oyster [oi'stər] *s* ostra.

ozone [ō'zōn'] *s* ozono ♦ **ozone layer** ozonosfera.

P

pa [pä] *s* FAM papá *m.*

pace [pās] **-1** *s* paso; *(speed)* ritmo, tren *m* ♦ **to keep pace with** avanzar al mismo paso que; *(to keep abreast of)* mantenerse al corriente de • **to set the pace** fijar el paso, establecer el ritmo **-2** *vt* pasearse por *-vi* pasear.

pacemaker [′mā′kər] *s* corredor *m* que toma la delantera; MED marcapaso(s).

pacific [pə-sĭf′ĭk] *adj* pacífico.

pacifier [′-fī′ər] *s* pacificador *m; (for a baby)* chupete *m.*

pacifist [:fĭst] *s* pacifista *m/f.*

pacify [:fī′] *vt* pacificar, apaciguar.

pack [păk] **-1** *s* paquete *m; (knapsack)* mochila; *(batch)* lote *m; (of cigarettes)* cajetilla; *(of cards)* baraja; *(of dogs)* jauría; *(of wolves)* manada; *(of people)* banda **-2** *vt (to wrap up)* envolver; *(to fill up)* llenar; *(for shipping)* embalar; *(to package)* empacar, empaquetar; *(to cram)* apiñar, apretar *-vi (for traveling)* hacer las maletas; *(people)* apiñarse, apretarse.

package [păk′ĭj] **-1** *s* paquete *m* **-2** *vt* empaquetar.

packaging [:ĭ-jĭng] *s* embalaje *m.*

packed [păkt] *adj (crowded)* lleno, atestado.

packet [păk′ĭt] *s* paquete pequeño.

packing [:ĭng] *s* embalaje *m*, envase *m.*

pact [păkt] *s* pacto, convenio.

pad[1] [păd] **-1** *s (cushion)* almohadilla, cojín *m; (stuffing)* relleno; *(of paper)* bloc *m; (leaf)* hoja grande **-2** *vt* **-dd-** *(to stuff)* rellenar; *(to line)* forrar.

pad[2] *vi* **-dd-** *(to walk)* pisar suavemente.

padding [:ĭng] *s* relleno.

paddle [păd′l] **-1** *s* pagaya, canalete *m; (of waterwheel)* paleta, álabe *m* ♦ **paddle boat** vapor de ruedas, hidropedal **-2** *vi* remar con pagaya; *(duck)* chapotear *-vt* remar.

paddock [păd′ək] *s* potrero, dehesa.

padlock [păd′lŏk′] **-1** *s* candado **-2** *vt* cerrar con candado.

pagan [pā′gən] *s & adj* pagano.

page [pāj] **-1** *s* página; *(person)* paje *m* **-2** *vt (in airport)* llamar por megafonía.

pageant [păj′ənt] *s* espectáculo; *(procession)* desfile histórico.

pail [pāl] *s* cubo, balde *m.*

pain [pān] *s* dolor *m; (distress)* pena, sufrimiento ♦ **to be in pain** tener dolores, sufrir • **to take pains** *(efforts)* hacer esfuerzos, empeñarse.

painful [′fəl] *adj* doloroso; *(pitiful)* lastimoso.

painkiller [:kĭl′ər] *s* calmante *m.*

paint [pānt] **-1** *s* pintura **-2** *vt & vi* pintar.

paintbrush [′brŭsh′] *s* brocha; ARTE pincel *m.*

painter [pān′tər] *s* pintor *m.*

painting [:ĭng] *s* pintura.

pair [pâr] **-1** *s* [pl inv or **s**] par *m; (persons, animals)* pareja ♦ **in pairs** de dos en dos **-2** *vt (to match up)* parear, casar.

pajamas [pə-jä′məz, -jăm′əz] *s pl* piyama *m.*

pal [păl] *s* FAM amigote *m*, compinche *m.*

palace [păl′ĭs] *s* palacio.

palatable [păl′ə-tə-bəl] *adj* sabroso, apetitoso; *(agreeable)* aceptable.

palate [păl′ĭt] *s* paladar *m.*

pale [pāl] **-1** *adj (complexion)* pálido; *(color)* claro; *(dim)* tenue, sin brillo **-2** *vt* poner pálido *-vi* palidecer.

palette [păl′ĭt] *s* paleta.

pall[1] [pôl] *s (of a coffin)* paño mortuorio; *(coffin)* ataúd *m; (covering)* capa, cortina.

pall[2] *vi (to become boring)* perder su sabor; *(to become satiated)* saciarse, cansarse.

palm[1] [päm] *s (of a hand)* palma; *(measure)* palmo; *(of an oar)* pala.

palm[2] *s* palma, palmera.

palmistry [pä′mĭ-strē] *s* quiromancia.

palpable [păl′pə-bəl] *adj* palpable.

palpitation [păl′pĭ-tā′shən] *s* palpitación *f.*

paltry [pôl′trē] *adj* **-i-** *(trivial)* insignificante; *(worthless)* despreciable.

pamper [păm′pər] *vt* mimar, consentir.

pamphlet [păm′flĭt] *s* folleto.

pan[1] [păn] **-1** *s* cacerola; *(frying pan)* sartén *f* **-2** *vt* **-nn-** *(to criticize)* poner por los suelos.

pan[2] *vi* **-nn-** CINEM girar la cámara para hacer una toma panorámica.

panacea [păn'ə-sē'ə] s panacea.

pancake [păn'kāk'] s panqueque m.

panda [păn'də] s panda m.

pandemonium [păn'də-mō'nē-əm] s pandemónium m.

pander [păn'dər] vi ♦ **to pander to** satisfacer.

pane [păn] s hoja de vidrio.

panel [păn'əl] s panel m; (of a wall) entrepaño; (of a dress) tabla, paño; (jury) jurado.

paneling [:ə-lĭng] s revestimiento de madera.

panelist [:lĭst] s miembro de un grupo de discusión.

pang [păng] s (of pain) punzada, dolor agudo.

panic [păn'ĭk] -1 s pánico -2 vi -ck- aterrar(se), asustar(se).

panic [păn'ĭk] adj lleno de pánico.

panoramic [păn'ə-răm-'ĭk] adj panorámico.

pant [pănt] vi jadear.

panther [păn'thər] s pantera.

panties [păn'tēz] s pl bragas, bombachas.

pantomime [păn'tə-mīm'] s pantomima.

pantry [păn'trē] s despensa.

pants [pănts] s pl pantalones m; (underpants) calzoncillos m.

pantyhose [păn'tē-hōz'] s media pantalón.

papa [pä'pə, pə-pä'] s papá m.

papaya [pə-pī'ə] s papaya; (tree) papayo.

paper [pā'pər] -1 s papel m; (document) documento; (essay) ensayo; (composition) trabajo escrito; (in a symposium) ponencia; (newspaper) periódico ♦ **drawing paper** papel de dibujo • **wrapping paper** papel de envolver ♦ pl papeles -2 vt empapelar -3 adj de papel; (theoretical) teórico, por realizar.

paperback [:băk'] s libro de bolsillo.

paperwork [:wûrk'] s papeleo.

paprika [pə-prē'kə] s paprika, pimentón m.

par [pär] s (equivalence) igualdad f, paridad f; (in golf) par m ♦ **to be on a par with** estar en un pie de igualdad con.

parable [păr'ə-bəl] s parábola.

parachute [păr'ə-shōōt'] -1 s paracaídas m -2 vt lanzar en paracaídas -vi saltar en paracaídas.

parade [pə-rād'] -1 s desfile m; MIL desfile de tropas -2 vt (to march) hacer desfilar; (to flaunt) hacer alarde de -vi desfilar.

paradise [păr'ə-dīs'] s (delight) paraíso.

paradox [păr'ə-dŏks'] s paradoja.

paraffin [păr'ə-fĭn] s parafina; GB (fuel) petróleo, queroseno.

paragraph [păr'ə-grăf'] s párrafo.

parallel [păr'ə-lĕl'] -1 adj paralelo -2 s GEOM paralela; GEOG paralelo -3 vt (to match) ser igual a; (to compare with) ser análogo a.

paralysis [pə-răl'ĭ-sĭs] s [pl -ses] parálisis f.

paralytic [păr'ə-lĭt'ĭk] adj & s paralítico.

paralyze [păr'ə-līz'] vt paralizar.

parameter [pə-răm'ĭ-tər] s parámetro; FIG límite m.

paramount [păr'ə-mount'] adj principal.

paranoid [păr'ə-noid'] adj & s paranoico.

paraphernalia [păr'ə-fər-nāl'yə] s pl (belongings) avíos; (equipment) conjunto de aparatos, accesorios.

parasite [păr'ə-sīt'] s parásito.

parasol [păr'ə-sôl'] s parasol m, sombrilla.

parcel [pär'səl] -1 s paquete m; (of land) parcela ♦ **parcel post** servicio de encomienda postal -2 vt empaquetar.

pardon [pär'dn] -1 vt perdonar; (an offense) disculpar; (to excuse) excusar ♦ **pardon me** perdóneme -2 s perdón m; (exemption) indulto ♦ **I beg your pardon?** ¿cómo?, ¿cómo dijo?

parent [pâr'ənt] s (father) padre m; (mother) madre f ♦ **parent company** casa matriz ♦ pl padres.

parental [pə-rĕn'tl] adj de los padres.

parenthesis [pə-rĕn'thĭ-sĭs] s [pl -ses] paréntesis m.

parenthood [pâr'ənt-hŏŏd'] s (father) paternidad f; (mother) maternidad f.

parish [păr'ĭsh] s parroquia.

parity [păr'ĭ-tē] s paridad f.

park [pärk] **-1** s parque m **-2** vt (a vehicle) estacionar -vi estacionarse, parquearse.

parking [pär'kǐng] s aparcamiento, estacionamiento ♦ **parking lot** aparcamiento, playa de estacionamiento.

parkway [pärk'wā'] s avenida.

parliament [pär'lə-mənt] s parlamento.

parliamentary ['-'tə-rē] adj parlamentario.

parlor [pär'lər] s sala de recibo; (for business) salón m.

parody [pär'ə-dē] **-1** s parodia **-2** vt parodiar.

parole [pə-rōl'] **-1** s libertad f bajo palabra **-2** vt poner en libertad bajo palabra.

parquet [pär-kā'] s parqué m.

parrot [pär'ət] s papagayo, loro.

parsimonious [pär'sə-mō'nē-əs] adj parsimonioso.

parsley [pär'slē] s perejil m.

parson [pär'sən] s pastor m protestante.

part [pärt] **-1** s parte f; (of a machine) pieza; (role) papel m ♦ **for the most part** generalmente, por lo general • **the best part** lo mejor • **to be part of** formar parte de ♦ pl **in these parts** en estas regiones **-2** vt (to divide) dividir; (to come between) apartar ♦ **to part company with** romper relaciones con -vi separarse, apartarse **-3** adv en parte.

partial [pär'shəl] adj parcial ♦ **partial to** partidario de, aficionado a.

participant [pär-tǐs'ə-pənt] s & adj participante m/f, partícipe m/f.

participate [:pāt'] vi participar.

participation [-'-pā'shən] s participación f.

particle [pär'tǐ-kəl] s partícula.

particular [pər-tǐk'yə-lər] **-1** adj particular; (fussy) exigente, minucioso ♦ **in particular** especialmente, en particular **-2** s ♦ pl pormenores.

particularly [-'-lər-lē] adv (especially) especialmente, (individually) particularmente.

parting [pär'tǐng] s separación f; (departure) partida, despedida.

partisan [pär'tǐ-zən] **-1** s partidario **-2** adj (of a party) partidista; (of a supporter) partidario.

partition [pär-tǐsh'ən] **-1** s partición f; (wall) tabique m **-2** vt dividir, repartir.

partner [pärt'nər] s socio; (spouse) cónyuge m/f; (in a dance, games) pareja.

partnership [:shǐp'] s sociedad f.

partridge [pär'trǐj] s [pl inv or s] perdiz f.

part-time [pärt'tīm'] adj & adv por horas.

party [pär'tē] **-1** s (gathering) fiesta; POL partido; (group) grupo; (team) equipo; DER parte f ♦ **to be a party to** (participant) participar en, tener algo que ver con **-2** vi FAM parrandear.

pass [păs] **-1** vi pasar; (to happen) acontecer; (in examination, course) aprobar ♦ **in passing** de paso -vt pasar; (to go past) pasar por delante de; (to come across) cruzarse con; (to exceed) sobrepasar, superar; (an examination, student) aprobar; (to approve) aprobar ♦ **to pass on** pasar, transmitir • **to pass out** repartir, distribuir • **to pass up** (opportunity) dejar pasar, desperdiciar; (offer) rechazar **-2** s paso; (written permit) pase m; (authorization) permiso, licencia; (free ticket) pase (gratis); (in a table game) pase.

passage [păs'ǐj] s paso; (journey) pasaje m, travesía; (path) pasaje, pasadizo; (corridor) corredor m, pasillo; LIT, MÚS escala.

passageway [:wā'] s (alley) callejón m; (corridor) corredor m.

passenger [păs'ən-jər] s pasajero, viajero.

passerby ['ər-bī'] s [pl passers-] transeúnte m/f.

passing [păs'ǐng] **-1** adj (transitory) pasajero, transitorio; (casual) casual, de pasada **-2** s pasada, transcurso.

passion [păsh'ən] s pasión f.

passionate [:ə-nǐt] adj apasionado.

passive [păs'ǐv] **-1** adj pasivo **-2** s GRAM voz pasiva.

passivity [pă-sǐv'ǐ-tē] s pasividad f.

Passover [păs'ō'vər] s Pascua.

passport [păs'pôrt'] s pasaporte m.

past [păst] **-1** adj pasado; (former) anterior, último; GRAM pretérito, pasado **-2** s pasado; (background) histo-

P

ria; GRAM pretérito, pasado **-3** *adv* al pasar **-4** *prep (by)* por delante de; *(on the far side of)* más allá de; *(older than)* más de.

pasta [pä'stə] *s (dish)* plato de pastas.

paste [păst] **-1** *s* engrudo; *(dough)* pasta, masa; *(clay)* barro; JOY *(glass)* estrás *m*; *(artificial gem)* imitación *f* **-2** *vt (to stick)* pegar; *(to cover)* engrudar.

pastel [pă-stĕl'] *s* pastel *m*.

pasteurize [păs'chə-rīz'] *vt* paste(u)rizar.

pastime [păs'tīm'] *s* pasatiempo.

pastry [pā'strē] *s (paste)* pasta; *(cakes)* pasteles *m*.

pasture [păs'chər] *s* pastura.

pasty [pā'stē] *adj* **-i-** *(like paste)* pastoso; *(pale)* pálido.

pat [păt] **-1** *vt* **-tt-** *(to tap)* dar palmaditas *or* golpecitos a; *(to stroke)* acariciar **-2** *s (with hand)* palmadita; *(with object)* golpecito **-3** *adj (exactly right)* preciso; *(contrived)* preparado, pronto.

patch [păch] **-1** *s* parche *m*; *(in patchwork)* retazo; *(field)* siembra, bancal *m* **-2** *vt* poner un parche a; *(to repair poorly)* remendar *or* arreglar mal.

patchwork ['wûrk'] *s (needlework)* labor hecha con retazos.

paté [pä-tā'] *s* pasta de carne.

patent [păt'nt] **-1** *s* patente *f* **-2** *adj (obvious)* patente, evidente **-3** *vt* patentar.

paternal [pə-tûr'nəl] *adj (fatherly)* paternal; *(on the father's side)* paterno.

paternity [-'nĭ-tē] *s* paternidad *f*.

path [păth] *s* [pl **s**] *(trail)* sendero, senda; *(track)* camino, pista.

pathetic [pə-thĕt'ĭk] *adj* patético.

pathologic [păth'ə-lŏj'ĭk] *adj* patológico.

pathology [:jē] *s* patología.

pathos [pā'thŏs'] *s* pathos *m*, patetismo.

pathway [păth'wā'] *s (trail)* sendero, senda.

patience [pā'shəns] *s* paciencia; GB solitario.

patient [pā'shənt] *adj & s* paciente *m/f*.

patriotic [pā'trə-ŏt'ĭk] *adj* patriótico.

patrol [pə-trōl'] **-1** *s (action)* ronda, patrulla **-2** *vt & vi* **-ll-** rondar.

patron [pā'trən] *s* benefactor *m*, patrocinador *m*; *(customer)* cliente *m*.

patronize [:nīz'] *vt (a business)* ser cliente de, frecuentar; *(to condescend to)* tratar con condescendencia.

patter [păt'ər] **-1** *vi* golpetear, tamborilear **-2** *s* golpeteo, tamborileo.

pattern [păt'ərn] *s (for sewing)* patrón *m*, molde *m*; *(design)* diseño, dibujo; *(on fabrics)* estampado.

pauper [pô'pər] *s* pobre *m/f*, indigente *m/f*.

pause [pôz] **-1** *vi (mentally)* hacer una pausa **-2** *s* pausa; *(rest)* descanso.

pavement [pāv'mənt] *s* pavimento; GB acera.

pavilion [pə-vĭl'yən] *s* pabellón *m*.

paw [pô] **-1** *s* pata **-2** *vt (to strike)* dar zarpazos a.

pawn [pôn] *s* peón *m*; FIG pelele *m*, juguete *m*.

pay [pā] **-1** *vt* **paid** pagar; *(to yield)* dar, producir; *(to profit)* compensar; *(visit, compliment)* hacer; *(respects)* presentar; *(attention)* prestar ◆ **to pay back** *(money)* devolver, reembolsar • **to pay off** *(debts)* saldar, liquidar • **to pay over** pagar • **to pay up** pagar **-vi** pagar; *(debt)* saldar una deuda; *(to be profitable)* ser rentable ◆ **it pays** vale la pena • **to pay off** merecer la pena **-2** *s* paga, pago; *(of employee)* paga, sueldo; *(of day worker)* jornal *m*; *(of workman)* salario.

payable [pā'ə-bəl] *adj* pagadero ◆ **accounts payable** cuentas a pagar • **payable to** a favor de.

payee [pā-ē'] *s (of a check)* beneficiario.

payer [pā'ər] *s* pagador *m*.

payroll [pā'rōl'] *s* nómina *or* planilla de pagos.

pea [pē] *s* guisante *m*, arveja.

peace [pēs] *s* paz *f*; *(serenity)* paz, tranquilidad *f*.

peaceful [pēs'fəl] *adj* pacífico; *(tranquil)* apacible, tranquilo.

peach [pēch] *s (fruit)* melocotón *m*, durazno.

peacock [pē'kŏk'] *s* pavo real.

peak [pēk] **-1** *s* punta; *(of a mountain)* cima, cumbre *f*; *(mountain)* pico; *(of a cap)* visera **-2** *vi (to achieve)* llegar al tope *or* al máximo.

peal [pēl] **-1** s repiqueteo, repique m ♦ **peals of laughter** carcajadas **-2** vi repiquetear, repicar.

peanut [pē′nət] s cacahuate m, maní m.

pear [pâr] s pera.

pearl [pûrl] s perla.

peasant [pĕz′ənt] s campesino.

pebble [pĕb′əl] s guijarro, canto rodado.

pecan [pĭ-kän′, -kăn′] s pacana.

peck [pĕk] **-1** vt (bird) picotear; (to pick up) recoger con el pico **-2** s (of a bird) picotazo, picotada; (kiss) beso.

pectoral [pĕk′tər-əl] adj & s (músculo) pectoral.

peculiar [pĭ-kyōōl′yər] adj peculiar; (odd) raro, extraño.

peculiarity [pĭ-kyōō′lē-ăr′ĭ-tē] s peculiaridad f.

pedal [pĕd′l] **-1** s pedal m **-2** vi pedalear.

pedantic [pə-dăn′tĭk] adj pedante.

peddler [pĕd′lər] s vendedor m ambulante.

pedestal [pĕd′ĭ-stəl] s pedestal m.

pedestrian [pə-dĕs′trē-ən] **-1** s peatón m **-2** adj pedestre.

pediatric [pē′dē-ăt′rĭk] adj pediátrico ♦ **pediatrics** s sg pediatría.

pedigree [pĕd′ĭ-grē′] s (lineage) linaje m, ascendencia; (animal's) pedigrí m.

peek [pēk] **-1** vi (to glance) echar una ojeada; (to look furtively) atisbar, mirar a hurtadillas **-2** s atisbo, ojeada.

peel [pēl] **-1** s cáscara, mondadura **-2** vt (to pare) pelar, mondar -vi pelarse; (to shed skin) despellejarse; (to become unpasted) despegarse.

peep¹ [pēp] **-1** vi pipiar, piar **-2** s pío, piada.

peep² **-1** vi (to glance) echar una ojeada; (to peer from behind) mirar a hurtadillas **-2** s (glance) ojeada; (furtive look) atisbo.

peephole [pēp′hōl′] s mirilla.

peer¹ [pēr] vi (to look) mirar curiosamente, mirar con atención.

peer² [pēr] s (equal) semejante m/f; (nobleman) par m; GB noble m inglés.

peevish [pē′vĭsh] adj irritable, picajoso; (ill-tempered) malhumorado.

peg [pĕg] **-1** s (plug, spike) clavija; (wooden stake) estaca; (clothes hook) percha, gancho ♦ **to take down a peg** bajar los humos **-2** vt -**gg**- (to fasten) sujetar con una clavija.

pelican [pĕl′ĭ-kən] s pelícano, pelicano.

pellet [pĕl′ĭt] s (small ball) bolita, pelotilla; (shot) perdigón m.

pelt¹ [pĕlt] s (skin) piel f, pellejo.

pelt² vt (to bombard) lanzar, arrojar -vi llover mucho.

pen [pĕn] s pluma; (ballpoint) bolígrafo.

penal [pē′nəl] adj penal.

penalty [pĕn′əl-tē] s pena; (fine) multa; DEP castigo, penalty m.

pencil [pĕn′səl] s lápiz m ♦ **pencil sharpener** sacapuntas.

pending [pĕn′dĭng] **-1** adj pendiente **-2** prep a la espera de.

pendulum [:ləm] s péndulo.

penetrate [:trāt′] vt penetrar; (to understand) entender, descubrir.

penguin [pĕng′gwĭn] s pingüino.

penicillin [pĕn′ĭ-sĭl′ĭn] s penicilina.

peninsula [pə-nĭn′syə-lə] s península.

penis [pē′nĭs] s [pl es or -nes] pene m.

penitent [pĕn′ĭ-tənt] adj & s penitente.

penitentiary [:shə-rē] s penitenciaría.

penknife [pĕn′nīf′] s [pl -ves] navaja, cortaplumas m.

penniless [pĕn′ə-lĭs] adj sin dinero.

penny [pĕn′ē] s GB penique m; (cent) centavo.

pension [pĕn′shən] s pensión f, jubilación f.

pensioner [:shə-nər] s pensionista.

pensive [pĕn′sĭv] adj pensativo.

pentagon [pĕn′tə-gŏn′] s pentágono.

Pentecost [pĕn′tĭ-kôst′] s Pentecostés m.

penthouse [pĕnt′hous′] s ático.

people [pē′pəl] **-1** s pl gente f; (nation) pueblo; (indefinite numbers) personas **-2** vt poblar.

pep [pĕp] FAM **-1** s ánimo, empuje m **-2** vt -**pp**- ♦ **to pep up** animar.

pepper [pĕp′ər] s (condiment) pimienta; (fruit) pimiento.

peppermint [:mĭnt′] s (plant) hierbabuena, menta; (candy) pastilla de menta.

per [pûr] prep por ♦ **per capita** por cabeza • **per se** por sí mismo.

P

perceive [pər-sēv´] vt percibir; (to notice) notar, percatarse de.

per cent or **percent** [pər-sĕnt´] adv por ciento.

percentage [:sĕn´tĭj] s porcentaje m.

perception [pər-sĕp´shən] s percepción f.

perceptive [:tĭv] adj perceptivo.

perch[1] [pûrch] -1 s percha; (high place) posición f, sitio -2 vi (to roost) posarse.

perch[2] s [pl inv or es] ICT perca.

percolator [pûr´kə-lā´tər] s cafetera de filtro.

percussion [:kŭsh´ən] s percusión f.

perennial [pə-rĕn´ē-əl] adj & s (planta) perenne.

perfect -1 adj [pûr´fĭkt] perfecto; (ideal) ideal -2 vt [pər-fĕkt´] perfeccionar.

perfectly [pûr´fĭkt-lē] adv perfectamente.

perforate [pûr´fə-rāt´] vt perforar, agujerear.

perforation ['-rā´shən] s perforación f.

perform [pər-fôrm´] vt (to do) ejecutar, hacer; (a function) desempeñar; TEAT (a role) interpretar; MÚS ejecutar -vi (to function) funcionar, trabajar; TEAT (to act) actuar; (to sing) cantar.

performance [pər-fôr´məns] s (doing) ejecución f; (of a function) ejecución, desempeño; (of a play) representación f; (of a role, musical composition) interpretación f; (in a competition) actuación f; (functioning) funcionamiento; (of an engine) rendimiento.

performer [:mər] s (actor) artista m; (musician) músico; (dancer) bailarín m.

perfume [pûr´fyōōm´, pər-fyōōm´] s perfume m.

perhaps [pər-hăps´] adv quizá(s).

peril [pĕr´əl] s peligro.

perimeter [pə-rĭm´ĭ-tər] s perímetro.

period [pĭr´ē-əd] s período, periodo; (class) hora, clase f; (playing time) tiempo; (menstruation) período, regla; (punctuation mark) punto.

periodical [:ĭ-kəl] -1 adj periódico -2 s publicación periódica, revista.

peripheral [pə-rĭf´ər-əl] adj periférico.

perish [pĕr´ĭsh] vi perecer; (to spoil) echarse a perder.

perishable [´ĭ-shə-bəl] adj perecedero.

perjury [pûr´jə-rē] s perjurio.

permanent [pûr´mə-nənt] -1 adj permanente -2 s permanente f.

permeate [pûr´mē-āt´] vt & vi penetrar, infiltrar(se).

permissible [pər-mĭs´ə-bəl] adj permisible.

permission [:mĭsh´ən] s permiso.

permissive [:ĭv] adj permisivo.

permit -1 vt [pər-mĭt´] -tt- permitir; (to give consent to) dar permiso a, dejar -2 s [pûr´mĭt] permiso.

pernicious [pər-nĭsh´əs] adj pernicioso.

perpetrate [pûr´pĭ-trāt´] vt perpetrar.

perpetual [pər-pĕch´ōō-əl] adj perpetuo; (constant) constante; (eternal) eterno.

perplex [pər-plĕks´] vt desconcertar.

persecute [pûr´sĭ-kyōōt´] vt perseguir; (to harass) acosar, atormentar.

perseverance [pûr´sə-vîr´əns] s perseverancia.

persevere [:vîr´] vi perseverar.

persist [pər-sĭst´] vi persistir.

persistence [:sĭs´təns] s persistencia, empeño.

persistent [:tənt] adj persistente.

person [pûr´sən] s persona.

personable [:sə-nə-bəl] adj agradable.

personal [pûr´sə-nəl] adj personal; (private) particular; (in person) en persona; (for one's use) de uso personal.

personality ['-năl´ĭ-tē] s personalidad f.

personify [-´-fī´] vt personificar.

personnel [pûr´sə-nĕl´] s personal m.

perspective [pər-spĕk´tĭv] s perspectiva.

perspiration [pûr´spə-rā´shən] s sudor m, transpiración f.

persuade [pər-swād´] vt persuadir.

pert [pûrt] adj (saucy) impertinente; (lively) vivaz.

pertain [pər-tān´] vi pertenecer; (to relate to) concernir.

pertinent [pûr´tn-ənt] adj pertinente.

peruse [pə-rōōz´] vt leer cuidadosamente.

pervade [pər-vād´] vt penetrar, impregnar.

perverse [pər-vûrs'] *adj* perverso; *(willful)* terco.

pervert -1 *vt* [pər-vûrt'] pervertir; *(to misuse)* abusar de **-2** *s* [pûr'vûrt'] pervertido.

pessimist [pĕs'ə-mĭst] *s* pesimista *m/f*.

pest [pĕst] *s (insect)* insecto; *(person)* pelmazo, persona molesta; *(plant, animal)* plaga, peste *f*.

pester [pĕs'tər] *vt* molestar, fastidiar.

pet [pĕt] **-1** *s* animal domesticado; *(person)* favorito, preferido **-2** *vt* **-tt-** *(to caress)* acariciar; *(to pamper)* mimar.

petal [pĕt'l] *s* pétalo.

petite [pə-tēt'] *adj* pequeña, chiquita.

petition [pə-tĭsh'ən] **-1** *s* petición *f* **-2** *vt* suplicar, pedir a.

petrol [pĕt'rəl] *s* GB gasolina.

petroleum [pə-trō'lē-əm] *s* petróleo.

petticoat [pĕt'ē-kōt'] *s* enaguas.

petty [pĕt'ē] *adj* -i- *(insignificant)* insignificante, trivial; *(narrow-minded)* mezquino ♦ **petty cash** caja chica.

petulant [pĕch'ə-lənt] *adj* malhumorado.

pew [pyōō] *s* banco de iglesia.

pewter [pyōō'tər] *s & adj* (de) peltre *m*.

phantom [făn'təm] **-1** *s* fantasma *m* **-2** *adj* fantasmal.

pharmacist [fär'mə-sĭst] *s* farmacéutico.

pharmacy [fär'mə-sē] *s* farmacia.

phase [fāz] **-1** *s* fase **-2** *vt (to plan)* planear por fases, escalonar ♦ **to phase in** introducir progresivamente • **to phase out** eliminar progresivamente.

pheasant [fĕz'ənt] *s* [pl inv or **s**] faisán *m*.

phenomenon [fĭ-nŏm'ən-ŏn'] *s* [pl **s** or **-na**] fenómeno.

phial [fī'əl] *s* frasco pequeño.

philately [fĭ-lăt'l-ē] *s* filatelia.

philosopher [fĭ-lŏs'ə-fər] *s* filósofo.

philosophy [:fē] *s* filosofía.

phlegm [flĕm] *s* flema.

phlegmatic [flĕg-măt'ĭk] *adj* flemático.

phobia [fō'bē-ə] *s* fobia.

phone [fōn] FAM **-1** *s* teléfono **-2** *vt* *vi* telefonear, llamar por teléfono.

phonetic [fə-nĕt'ĭk] *adj* fonético ♦ **phonetics** *s sg* fonética.

phonograph [fō'nə-grăf'] *s* fonógrafo.

phony [fō'nē] FAM **-1** *adj* -i- falso; *(fake)* postizo **-2** *s (person)* farsante *m/f*.

phosphate [fŏs'fāt'] *s* fosfato.

photo [fō'tō] *s* foto, fotografía.

photocopier [fō'tə-kŏp'ē-ər] *s* fotocopiadora.

photocopy [:ē] **-1** *vt* fotocopiar **-2** *s* fotocopia.

photograph [fō'tə-grăf'] **-1** *s* fotografía, foto *f* **-2** *vt* fotografiar, sacar una fotografía.

photographer [fə-tŏg'rə-phər] *s* fotógrafo.

photography [fə-tŏg'rə-fē] *s* fotografía.

phrase [frāz] **-1** *s* frase *f* **-2** *vt (in speaking)* expresar; *(in writing)* redactar.

physical [fĭz'ĭ-kəl] **-1** *adj* físico **-2** *s* reconocimiento médico, chequeo.

physician [fĭ-zĭsh'ən] *s* médico, facultativo.

physicist [fĭz'ĭ-sĭst] *s* físico.

physics [fĭz'ĭks] *s sg* física.

physiotherapy [fĭz'ē-ō-thĕr'ə-pē] *s* fisioterapia.

physique [fĭ-zēk'] *s* físico.

pianist [pē-ăn'ĭst, pē'ə-nĭst] *s* pianista *m/f*.

piano [pē-ăn'ō] *s* piano.

piccolo [pĭk'ə-lō'] *s* flautín *m*.

pick¹ [pĭk] **-1** *vt* escoger, elegir; *(to gather)* recoger; *(to tear off)* sacar, arrancar; *(to break up)* cavar ♦ **to pick out** *(to choose)* escoger, seleccionar; *(to distinguish)* distinguir • **to pick over** inspeccionar • **to pick up** *(to lift)* coger; *(fallen object)* recoger; *(to tidy)* recoger; *(to learn)* aprender; *(to notice)* encontrar; *(a habit)* coger, adquirir; *(a disease)* coger, pescar; RAD, TELEV coger, captar; *(speed)* cobrar; *(to continue)* reanudar, proseguir • **to pick up on** darse cuenta de -*vi* picar; *(to decide)* decidir cuidadosamente ♦ **to pick at** *(food)* picar, picotear • **to pick up** *(to resume)* continuar; FAM *(to improve)* mejorar **-2** *s* elección *f*, selección *f*.

pick² *s (tool)* piqueta, pico.

picket [pĭk'ĭt] **-1** *s* estaca; MIL piquete *m* **-2** *vt (to guard)* guardar *or* vigilar con piquetes.

P

pickle [pǐk′əl] -1 s *(food)* encurtido; *(solution)* salmuera, escabeche m; FAM *(plight)* lío -2 vt encurtir.

pickpocket [pǐk′pŏk′ǐt] s carterista m/f.

pickup [pǐk′ŭp′] s *(truck)* camioneta.

picnic [pǐk′nǐk] -1 s picnic m -2 vi -ck- comer al aire libre.

pictorial [pǐk-tôr′ē-əl] adj pictórico.

picture [pǐk′chər] -1 s *(painting)* cuadro, pintura; *(illustration)* ilustración f; *(photograph)* fotografía; *(portrait)* retrato; *(mental image)* imagen f, idea; *(description)* descripción f, cuadro; *(physical image)* retrato, imagen; *(film)* película, filme m; *(television)* imagen ♦ **to come into the picture** aparecer • **to give somebody the general picture** dar a alguien una idea general -2 vt *(to paint)* pintar; *(to draw)* dibujar; *(to visualize)* imaginar.

picturesque [′chə-rĕsk′] adj pintoresco.

pie [pī] s *(with meat)* empanada; *(with fruit)* pastel m.

piece [pēs] -1 s pedazo; *(in a set)* pieza; *(specimen)* muestra; *(firearm)* arma; *(distance)* tramo; LIT, MÚS obra ♦ **in one piece** *(object)* en buen estado; *(person)* sano y salvo • **to say one's piece** decir lo que uno piensa ♦ pl **in pieces** *(unassembled)* desarmado; *(shattered)* hecho añicos -2 vt ♦ **to piece together** *(to put together)* armar; *(to rearrange)* rehacer.

piecemeal [′mēl′] adv *(bit by bit)* a trozos; *(gradually)* poco a poco.

piecework [:wûrk′] s trabajo a destajo.

pier [pîr] s muelle m, embarcadero.

pierce [pîrs] vt *(to puncture)* traspasar; *(to perforate)* perforar; *(to penetrate)* atravesar.

piercing [pîr′sǐng] adj *(sharp)* agudo; *(look)* penetrante.

piety [pī′ĭ-tē] s piedad f.

pig [pǐg] s cerdo, puerco; *(pork)* lechón m.

pigeon [pǐj′ən] s paloma.

pigeonhole [:hōl′] s *(cubbyhole)* casilla.

pigheaded [pǐg′hĕd′ǐd] adj testarudo, terco.

pigskin [:skǐn′] s piel f or cuero de cerdo.

pigsty [:stī′] s pocilga.

pigtail [:tāl′] s coleta, trenza.

pike[1] [pīk] s *(spear)* pica.

pike[2] s *[pl inv or* **s**] *(fish)* lucio.

pile[1] [pīl] -1 s pila, montón m -2 vt apilar, amontonar; *(to fill)* llenar -vi amontonarse.

pile[2] s *(furry surface)* pelo.

piles [pīlz] s pl hemorroides f, almorranas.

pileup [pīl′ŭp′] s accidente m entre varios vehículos.

pilgrim [pǐl′grǐm] s *(devotee)* peregrino.

pilgrimage [:grə-mǐj] s peregrinación f.

pill [pǐl] s píldora; *(contraceptive)* píldora anticonceptiva.

pillage [pǐl′ǐj] -1 vt & vi pillar, saquear -2 s pillaje m, saqueo.

pillar [pǐl′ər] s pilar m.

pillow [pǐl′ō] s almohada; *(for decoration)* almohadón m.

pillowcase [:kās′] s funda de almohada.

pilot [pī′lət] -1 s AVIA piloto; *(helmsman)* piloto, timonel m -2 vt pilotear -3 adj *(trial)* piloto, experimental.

pimp [pǐmp] s alcahuete m.

pimple [pǐm′pəl] s grano.

pin [pǐn] -1 s alfiler m; *(badge)* insignia; *(bolt)* perno; *(peg)* clavija -2 vt -nn- prender con alfileres; *(in wrestling)* sujetar.

pinafore [pǐn′ə-fôr′] s delantal m.

pinball [pǐn′bôl′] s billar romano.

pincer [pǐn′sər] s pinza ♦ pl pinzas, tenazas.

pinch [pǐnch] -1 vt pellizcar; *(to catch)* cogerse, pillarse; JER *(to steal)* ratear, mangar -vi *(shoes)* apretar; *(to economize)* escatimar gastos -2 s pellizco; *(of seasoning)* pizca.

pincushion [pǐn′kŏŏsh′ən] s alfiletero.

pine[1] [pīn] s pino.

pine[2] vi ♦ **to pine away** consumirse, languidecer • **to pine for** suspirar por, anhelar.

pineapple [pīn′ăp′əl] s piña, ananás m.

ping [pǐng] s sonido metálico.

pink [pǐngk] s clavel m; *(color)* rosado, rosa -2 adj rosado, rosa.

pinnacle [pǐn′ə-kəl] s ARQ pináculo; *(peak)* pico, cima; FIG cumbre f.

pinpoint [pĭn'point'] *vt* localizar con precisión.

pint [pīnt] *s* pinta.

pioneer [pī'ə-nîr'] **-1** *s* pionero **-2** *vt (to explore)* iniciar la exploración de.

pious [pī'əs] *adj* piadoso; *(hypocritical)* beato.

pip [pĭp] *s (seed)* pepita.

pipe [pīp] **-1** *s (for liquids, gas)* tubería, cañería; *(for tobacco)* pipa ♦ **exhaust pipe** tubo de escape ♦ *pl (tubes)* tubería, cañería; *(bagpipe)* gaita **-2** *vt (liquids, gas)* conducir por tuberías *-vi (to screech)* chillar.

pipeline [pīp'līn'] *s (gas)* gasoducto; *(oil)* oleoducto.

piquant [pē'kənt] *adj (spicy)* picante; *(provocative)* provocativo.

pique [pēk] *s* pique *m*, resentimiento.

pirate [pī'rĭt] **-1** *s* pirata *m* **-2** *vt (to rob)* robar, pillar; *(books, records)* hacer una edición pirata de.

pirouette [pĭr'ōō-ĕt'] **-1** *s* pirueta **-2** *vi* piruetear.

pistol [pĭs'təl] *s* pistola.

piston [pĭs'tən] *s* pistón *m*.

pit [pĭt] **-1** *s (hole)* hoyo, pozo; *(for cockfights)* reñidero; *(pockmark)* picadura de viruela; *(for a mechanic)* foso; *(at a racecourse)* puesto ♦ **orchestra pit** foso de la orquesta **-2** *vt* **-tt-** ♦ **to pit against** oponer.

pitch [pĭch] **-1** *vt (to throw)* lanzar, tirar; *(hay)* echar; *(tent)* montar, armar; *(speech)* ajustar *-vi (to fall)* caer(se); *(to lurch)* tambalearse, dar tumbos; *(to slope)* inclinarse **-2** *s (intensity)* grado; *(of a ship)* cabeceo; *(slope)* inclinación *f*; *(of a roof)* pendiente *f*; MÚS tono.

pitch-black [pĭch'blăk'] *adj (dark)* oscuro como boca de lobo.

pitcher[1] [pĭch'ər] *s* DEP lanzador *m*.

pitcher[2] *s* jarra, cántaro.

pitchfork [pĭch'fôrk'] *s* horquilla, horca.

piteous [pĭt'ē-əs] *adj* lastimero.

pitfall [pĭt'fôl'] *s (trap)* trampa; *(difficulty)* dificultad *f*.

pitiful [pĭt'ĭ-fəl] *adj* lastimoso; *(contemptible)* despreciable.

pitiless [:lĭs] *adj* despiadado.

pittance [pĭt'ns] *s* miseria.

pity [pĭt'ē] **-1** *s* piedad *f*; *(regrettable fact)* lástima, pena **-2** *vt* compadecer(se de).

pivot [pĭv'ət] **-1** *s (shaft)* pivote *m*; *(center)* eje *m* **-2** *vi* girar sobre un eje.

pizza [pēt'sə] *s* pizza.

placard [plăk'ärd'] *s* cartel *m*, letrero.

placate [plā'kāt', plăk'āt'] *vt* apaciguar.

place [plās] **-1** *s* lugar *m*; *(locale)* sitio, local *m*; *(house)* casa; *(seat)* asiento; *(place setting)* cubierto; *(function)* función *f*; *(rank)* posición *f* social; *(in a line)* puesto ♦ **all over the place** por todas partes • **in place** en orden • **out of place** fuera de lugar • **place setting** cubierto • **to take place** *(to happen)* tener lugar; *(to be held)* celebrarse **-2** *vt* colocar, poner; *(to situate)* situar, ubicar; *(to bet)* hacer.

placid [plăs'ĭd] *adj* tranquilo, apacible.

plague [plāg] **-1** *s (disease)* peste *f*; *(outbreak)* plaga **-2** *vt* atormentar.

plaid [plăd] **-1** *s* tela a cuadros; *(pattern)* diseño a cuadros.

plain [plān] **-1** *adj (obvious)* claro, evidente; *(simple)* sencillo; *(straightforward)* claro, sin rodeos; *(unmixed)* puro, solo; *(unaffected)* llano, corriente; *(unpatterned)* sin adornos; *(unattractive)* nada atractivo; *(utter)* puro, absoluto **-2** *s* llanura, llano **-3** *adv (bluntly)* claro; *(utterly)* absolutamente.

plaintiff [plān'tĭf] *s* demandante *m/f.*

plait [plāt, plăt] **-1** *s (hair)* trenza **-2** *vt* trenzar.

plan [plăn] **-1** *s* plan *m*; *(schedule)* programa *m*; *(intention)* intención *f*; *(project)* proyecto; *(outline)* esquema *m*; *(diagram)* plano **-2** *vt* **-nn-** planear, proyectar; *(to draw)* hacer el plano de *-vi* hacer planes ♦ **to plan on** *(to count on)* contar con, hacerse la idea de.

plane [plān] **-1** *s* MAT plano; *(surface)* superficie plana; *(level)* nivel *m*; *(airplane)* avión *m*; CARP cepillo **-2** *vt* CARP cepillar.

planet [plăn'ĭt] *s* planeta *m*.

plank [plăngk] *s* tablón *m*; POL punto.

planning [plăn'ĭng] *s* planificación *f*.

plant [plănt] **-1** *s* planta; *(factory)* fábrica; *(installation)* instalación *f* **-2** *vt* plantar; *(to found)* fundar; *(to implant)* infundir, inculcar.

plaque [plăk] *s* placa.

plaster [plăs'tər] **-1** *s* yeso; *(of a cast)* escayola **-2** *vt* enyesar, enlucir; *(to repair)* tapar con yeso.

plastic [plăs'tĭk] **-1** *adj* plástico ♦ **plastic surgery** cirugía plástica *or* estética **-2** *s* plástico.

plate [plăt] **-1** *s (dish)* plato; *(service and food)* cubierto; *(plaque)* placa; *(of metal)* plancha, lámina; *(coating)* revestimiento; *(illustration)* grabado, lámina **-2** *vt (with metal)* chapar.

plateau [plă-tō'] *s* [pl **s** *or* **-x**] meseta, altiplanicie *f*.

platform [plăt'fôrm'] *s* plataforma; *(railroad)* andén *m*.

platinum [plăt'n-əm] *s* platino.

platter [plăt'ər] *s* fuente *f*.

plausible [plô'zə-bəl] *adj* plausible.

play [plā] **-1** *vi* jugar; *(to jest)* bromear; *(to pretend to be)* fingirse; MÚS tocar ♦ **to play around** *(to joke)* bromear, tomar el pelo; *(to flirt)* flirtear, coquetear; *(to have fun)* retozar, juguetear • **to play fair** jugar limpio • **to play with** *(to fiddle with)* jugar con *-vt* jugar (a); TEAT *(a role)* desempeñar; *(to act as)* hacer de; *(to give performances in)* representar obras en, actuar en; *(a card)* jugar; *(game piece)* mover; MÚS tocar ♦ **to play out** *(to exhaust)* agotar; *(to finish)* acabar • **to play the fool** hacerse el tonto **-2** *s* juego; *(drama)* obra, pieza; *(performance)* teatro, representación *f*; *(move)* jugada; *(turn)* turno; *(dealings)* jugada ♦ **to bring into play** poner en juego • **in play** *(in jest)* en broma; DEP en juego.

playboy [:boi'] *s* hombre *m* de mundo.

player [:ər] *s* jugador *m*; *(actor)* actor *m*; *(actress)* actriz *f*; *(musician)* músico.

playful [:fəl] *adj* juguetón.

playmate [plā'māt'] *s* compañero de juego.

play-off [:ôf'] *s* DEP partido de desempate.

playwright [:rīt'] *s* dramaturgo.

plea [plē] *s* súplica; *(excuse)* pretexto.

plead [plēd] *vi* **-ed** *or* **pled** suplicar, implorar; *(to argue for)* abogar, interceder; DER *(to enter a plea)* contestar a los cargos *-vt* alegar; *(a case, cause)* defender.

pleasant [plĕz'ənt] *adj* agradable.

please [plēz] *vt* agradar, gustar; *(to satisfy)* contentar, complacer ♦ **hard to please** muy exigente • **please** *(polite)* por favor; *(formal)* se ruega • **to be pleased to** tener mucho gusto en *-vi* agradar, gustar; *(to wish)* querer.

pleasure [plĕzh'ər] *s* placer *m*, gusto; *(wish)* voluntad *f* ♦ **with pleasure** con gusto.

pleat [plēt] *s* pliegue *m*.

pledge [plĕj] **-1** *s* promesa; *(obligation)* compromiso, obligación *f*; *(pawn)* prenda **-2** *vt* prometer; *(to pawn)* dar en prenda, empeñar.

plentiful [:tĭ-fəl] *adj* abundante, copioso.

plenty [plĕn'tē] **-1** *s* abundancia **-2** *adj* abundante; *(sufficient)* suficiente, bastante ♦ **plenty of** bastante.

pliable [plī'ə-bəl] *adj* flexible.

pliers [plī'ərz] *s* alicates *m*, tenazas.

plight [plīt] *s* apuro, situación *f* difícil.

plod [plŏd] *vi* **-pp-** ♦ **to plod (along)** *(to walk)* andar trabajosamente; *(to work)* trabajar lentamente.

plot [plŏt] **-1** *s (of land)* parcela; *(patch)* cuadro; *(story line)* trama, argumento; *(conspiracy)* complot *m* **-2** *vt* **-tt-** *(to chart)* trazar; *(to scheme)* tramar; MAT marcar, trazar *-vi* conspirar.

plow [plou] **-1** *s* arado **-2** *vt (a field)* arar; *(to clear)* abrir ♦ **to plow through** *(a crowd)* abrirse paso a través de • **to plow up** arar, roturar *-vi* arar la tierra ♦ **to plow through** *(a crowd)* abrirse paso a través de.

pluck [plŭk] **-1** *vt (to pick)* coger; *(eyebrows)* pelar; *(a chicken)* desplumar; *(to pull out)* arrancar; MÚS pulsar, puntear **-2** *s (courage)* valor *m*, arrojo.

plucky [:ē] *adj* **-i-** resuelto, valeroso.

plug [plŭg] **-1** *s* tapón *m*; ELEC enchufe *m*; *(spark plug)* bujía **-2** *vt* **-gg-** tapar; *(to publicize)* hacer propaganda de ♦ **to plug in** enchufar.

plum [plŭm] *s (fruit)* ciruela; FIG breva, chollo.

plumber [:ər] *s* plomero.

plumbing [:ĭng] *s (pipes)* cañería, tubería; *(trade)* plomería.

plume [plōōm] *s* pluma; *(on a helmet)* penacho.

plummet [plŭm'ĭt] vi (object) caer a plomo; (plane) caer en picado.

plump¹ [plŭmp] adj rechoncho, regordete.

plump² vt dejar caer pesadamente.

plunder [plŭn'dər] -1 vt saquear -vi robar -2 s (booty) botín m; (plundering) saqueo.

plunge [plŭnj] -1 vt hundir -vi hundirse; (to dive) zambullirse; (into an activity) meterse de cabeza (into en) -2 s (dive) zambullida; (in prices) baja vertiginosa; (swim) chapuzón m.

plunger [plŭn'jər] s (piston) émbolo; (for pipes, drains) desatascador m.

plural [plŏŏr'əl] adj & s plural m.

plus [plŭs] -1 prep más; (besides) además de -2 adj positivo; (extra) adicional, extra -3 s [pl -(s)es] ventaja -4 conj y además.

plush [plŭsh] adj de felpa; (luxurious) lujoso.

ply¹ [plī] s (of cloth) capa; (of wool) cabo; (of wood) chapa.

ply² vt (to wield) manejar; (to practice) ejercer; (to traverse) hacer el trayecto de.

plywood [plī'wŏŏd'] s madera terciada.

pneumatic [nŏŏ-măt'ĭk] adj neumático.

pneumonia [nŏŏ-mōn'yə] s pulmonía.

poach¹ [pōch] vt cocer a fuego lento, escalfar.

poach² vi cazar or pescar en vedado.

poacher [pō'chər] s cazador or pescador furtivo.

pocket [pŏk'ĭt] -1 s bolsillo; (pouch) bolsa pequeña; (of a pool table) tronera ♦ **pocket money** dinero para gastos personales -2 vt meterse en el bolsillo; (to steal) robarse.

pocketknife [:nīf'] s [pl -ves] navaja, cortaplumas m.

pod [pŏd] s vaina.

poem [pō'əm] s poema m.

poet [pō'ĭt] s poeta m/f.

poetic [pō-ĕt'ĭk] adj poético.

poetry [pō'ĭ-trē] s poesía.

poignant [poin'yənt] adj (painful) agudo, intenso; (touching) conmovedor.

point [point] -1 s punto; (sharp tip) punta; (spot) lugar m; (subject) tema m ♦ **stick to the point** no te salgas del tema; DEP punto, tanto; MAT coma <one point five uno coma cinco> • **at this point** a estas alturas • **to come to the point** ir al grano • **what's the point?** ¿para qué? -2 vt (to aim) apuntar; (to show) indicar ♦ **to point out** señalar -vi apuntar ♦ **to point at** señalar (con el dedo).

pointblank [point'] adv directamente, a quemarropa.

pointed [poin'tĭd] adj (sharp) puntiagudo, afilado; (intended) intencional.

pointer [:tər] s indicador m; (of a scale) fiel m; (stick) puntero.

pointless [point'lĭs] adj (meaningless) sin sentido; (useless) inútil.

poise [poiz] s (composure) aplomo, serenidad f; (bearing) porte m.

poison [poi'zən] -1 s veneno, ponzoña -2 vt envenenar; (to pollute) contaminar.

poisoning [poi'zə-nĭng] s envenenamiento.

poisonous [:nəs] adj venenoso.

poke [pōk] -1 vt (to jab) pinchar, aguijonear; (with elbow) dar codazo; (with finger) dar con la punta del dedo; (to thrust) meter -vi ♦ **to poke out** asomar -2 s (jab) pinchazo; (with elbow) codazo.

poker¹ [pō'kər] s atizador m.

poker² s póker m, póquer m.

polar [pō'lər] adj polar; (opposite) opuesto.

pole¹ [pōl] s (axis) polo ♦ **North, South Pole** polo ártico, antártico.

pole² s (post) poste m, palo.

police [pə-lēs'] -1 s inv policía ♦ **police officer** agente de policía • **police station** jefatura de policía -2 vt (to patrol) patrullar.

policeman [:mən] s [pl -men] policía m.

policewoman [:wŏŏm'ən] s [pl -women] mujer f policía.

policy¹ [pŏl'ĭ-sē] s (of a government) política; (of a business) norma.

policy² s (written contract) póliza.

polio [pō'lē-ō'] s polio f, poliomielitis f.

polish [pŏl'ĭsh] -1 vt (to wax) encerar; (to shine) limpiar; (to refine) pulir -2 s (shininess) brillo, lustre n; (wax) cera; (for *nails)* esmalte *m; (manners)* refinamiento ♦ **shoe polish** betún.

polished [:ĭsht'] *adj* pulido; *(refined)* refinado.

polite [pə-līt'] *adj* **-er, -est** *(courteous)* cortés; *(refined)* educado, fino.

politeness [:nĭs] *s* cortesía.

politic [pŏl'ĭ-tĭk] *adj (artful)* diplomático; *(clever)* astuto.

political [pə-lĭt'ĭ-kəl] *adj* político.

politician [pŏl'ĭ-tĭsh'ən] *s* político.

polka [pōl'kə] *s* polca ♦ **polka dots** lunares.

poll [pōl] **-1** *s (votes)* votación *f; (survey)* encuesta ♦ *pl* urnas, centro electoral **-2** *vt (to get votes)* obtener, recibir; *(to question)* hacer una encuesta de.

pollen [pŏl'ən] *s* polen *m.*

pollute [pə-lōōt'] *vt (to corrupt)* corromper; *(to contaminate)* contaminar.

pollution [pə-lōō'shən] *s* contaminación *f.*

polo [pō'lō] *s* polo ♦ **polo shirt** polo.

polyester [pŏl'ē-ĕs'tər] *s* poliéster *m.*

pomegranate [pŏm'grăn'ĭt] *s (fruit)* granada.

pomp [pŏmp] *s* pompa.

pompom [pŏm'pŏm' pŏn'] *s* borla.

pompous [pŏm'pəs] *adj* pomposo; *(pretentious)* presumido.

pond [pŏnd] *s* charca, estanque *m.*

ponder [pŏn'dər] *vt* sopesar *-vi* meditar.

pontoon [pŏn-tōōn'] *s* pontón *m.*

pony [pō'nē] *s* poney *m,* jaca.

ponytail [:tāl'] *s* cola de caballo.

poodle [pōōd'l] *s* perro de lanas, caniche *m.*

pool [pōōl] **-1** *s (small pond)* charca; *(puddle)* charco; *(for swimming)* piscina **-2** *vt & vi* reunir(se), juntar(se).

poor [pōŏr] *adj* pobre; *(mediocre)* malo, mediocre; *(scarce)* escaso ♦ **to be in poor health** no estar bien de salud.

poorly [:lē] *adv* pobremente ♦ **to be feeling poorly** FAM estar indispuesto.

pop [pŏp] **-1** *vi* **-pp-** estallar; *(cork)* saltar; *(eyes)* abrirse; *(firearm)* disparar ♦ **to pop out** *(cork, eyes)* saltar *-vt (balloon)* hacer estallar; *(cork)* hacer saltar ♦ **to pop open** abrir haciendo sonar • **to pop out** asomar **-2** *s* estallido; *(of a cork)* tapanazo; *(soda pop)* gaseosa.

pope *or* **Pope** [pōp] *s* papa *m.*

poplar [pŏp'lər] *s* álamo.

poplin [pŏp'lĭn] *s* popelín *m,* popelina.

poppy [pŏp'ē] *s* amapola.

populace [pŏp'yə-lĭs] *s (the masses)* populacho; *(population)* población *f.*

popular [pŏp'yə-lər] *adj* popular; *(election)* democrático; *(in vogue)* de moda; *(prevalent)* generalizado, común.

populate [:lāt'] *vt (to people)* poblar; *(to inhabit)* habitar.

population ['-lā'shən] *s* población *f; (neighborhood)* vecindario.

porcelain [pôr'sə-lĭn] *s* porcelana.

porch [pôrch] *s* porche *m.*

porcupine [pôr'kyə-pīn'] *s* puercoespín *m.*

pork [pôrk] *s* cerdo, carne *f* de cerdo.

pornography [pôr-nŏg'rə-fē] *s* pornografía.

porous [pôr'əs] *adj* poroso.

porridge [pôr'ĭj] *s* gachas de avena.

port¹ [pôrt] *s* puerto.

port² *s* MARÍT babor *m.*

port³ *s (wine)* oporto.

portable [pôr'tə-bəl] *adj* portátil.

portent [pôr'tĕnt'] *s (omen)* augurio; *(significance)* significado; *(prodigy)* portento.

porter¹ [pôr'tər] *s* mozo.

porter² *s* GB *(doorman)* portero.

portfolio [pôrt-fō'lē-ō'] *s* cartera; *(folder)* carpeta.

porthole [pôrt'hōl'] *s* portilla.

portion [pôr'shən] *s (part)* porción *f,* parte *f.*

portly [pôrt'lē] *adj* **-i-** *(stout)* corpulento.

portrait [pôr'trĭt] *s* retrato.

portray [pôr-trā'] *vt (to represent)* retratar; *(to depict)* describir; TEAT representar.

pose [pōz] **-1** *vi* posar; *(to affect an attitude)* asumir una pose ♦ **to pose as** hacerse pasar por *-vt* colocar; *(question)* plantear; *(threat)* representar **-2** *s* pose *f.*

posh [pŏsh] *adj* FAM *(fashionable)* elegante; *(luxurious)* de lujo.

position [pə-zĭsh'ən] **-1** *s* posición *f; (place)* lugar *m,* sitio; *(post)* puesto; *(point of view)* postura, actitud *f; (status)* posición social; *(job)* puesto **-2** *vt* colocar, poner.

positive [pŏz'ĭ-tĭv] adj positivo; (emphatic) tajante; (express) explícito, expreso; (irrefutable) categórico, rotundo; (sure) seguro, cierto.

possess [pə-zěs'] vt poseer; (to control) dominar.

possessed [pə-zěst'] adj poseído, poseso; (by an idea) obsesionado.

possession [pə-zěsh'ən] s posesión f; (holding) tenencia ♦ **in one's possession** en manos de uno ♦ pl posesiones.

possessive [pə-zěs'ĭv] s GRAM posesivo.

possibility [pŏs'ə-bĭl'ĭ-tē] s posibilidad f.

possible [pŏs'ə-bəl] adj posible ♦ **as soon as possible** lo antes posible • **if possible** si es posible.

post[1] [pōst] -1 s GB (mail) correo; (delivery) reparto; (collection) recogida ♦ **post office** (oficina de) correos -2 vt (to mail) echar al correo; (to inform) poner al corriente ♦ **to keep someone posted** tener a alguien al corriente.

post[2] s MIL (base) base f; (position) puesto; (job) cargo.

post[3] s (pole) poste m; (stake) palo, estaca.

postage [pō'stĭj] s franqueo.

postal [pō'stəl] adj & s postal ♦ **postal service** servicio de correos.

poster [pō'stər] s cartel m, afiche m.

posterior [pŏ-stîr'ē-ər] -1 adj posterior -2 s FAM trasero.

posterity [pŏ-stěr'ĭ-tē] s posteridad f.

postgraduate [pōst-grăj'ōō-ĭt] adj & s postgraduado.

posthumous [pŏs'chə-məs] adj póstumo.

postman [pōst'mən] s [pl -men] cartero.

postmark [:märk'] -1 s matasellos -2 vt matasellar.

postmortem [pōst-môr'təm] -1 adj postmórtem -2 s autopsia.

postpone [pōst-pōn'] vt (to delay) posponer; (to put off) diferir, aplazar.

postscript [pōst'skrĭpt'] s posdata.

posture [pŏs'chər] -1 s postura -2 vi posar, asumir una pose.

postwar [pōst'wôr'] adj de la postguerra.

posy [pō'zē] s flor f; (bunch) ramillete m de flores.

pot [pŏt] -1 s (for cooking) cazuela, olla; (flowerpot) maceta, tiesto ♦ **to go to pot** FAM echarse a perder -2 vt -tt- plantar en una maceta.

potato [pə-tā'tō] s [pl **es**] patata, papa.

potent [pōt'nt] adj potente.

potential [pə-těn'shəl] -1 adj potencial, posible -2 s posibilidad f; FÍS, GRAM, MAT potencial m.

pothole [:hōl'] s bache m.

potion [pō'shən] s poción f.

potted [pŏt'ĭd] adj (plant) en maceta.

potter [pŏt'ər] s alfarero.

pottery [:ə-rē] s alfarería.

potty[1] [pŏt'ē] GB adj -í- (trivial) trivial; (intoxicated) levemente borracho; (silly) chiflado.

potty[2] s FAM orinal m para niños.

pouch [pouch] s bolsa pequeña, valija; (for tobacco) petaca.

poultry [pōl'trē] s aves f de corral.

pounce [pouns] vi (to spring) saltar sobre; (to attack) abalanzarse sobre.

pound[1] [pound] s [pl inv or **s**] FIN, FÍS libra.

pound[2] vt golpear; (to grind) moler; (to crush) machacar -vi dar golpes; (the heart) palpitar, latir violentamente.

pound[3] s (for dogs) perrera; (for cats, property) depósito.

pour [pôr] vt echar; (to serve) servir; (to spill) verter, derramar ♦ **to pour out** (a liquid) verter, echar -vi (to flow) manar, correr; (to gush) salir a chorros; (to rain) llover a cántaros ♦ **to pour in** (people) entrar en tropel • **to pour out** (people) salir en tropel.

pout [pout] vi hacer pucheros; (to sulk) poner mala cara.

poverty [pŏv'ər-tē] s pobreza.

powder [pou'dər] -1 s polvo; (cosmetic, medicinal) polvos -2 vt hacer polvo, pulverizar; (to sprinkle) espolvorear ♦ **to powder one's face** ponerse polvos.

power [pou'ər] -1 s poder m; (capacity) capacidad f; (strength) fuerza; (person) influencia; (electricity) electricidad f, corriente f ♦ **power steering** servodirección • **power tool** herramienta eléctrica • **to come to power**

P

subir al poder ♦ *pl* poder, capacidad
-2 *vt* TEC suministrar energía a.
powerful [:fəl] *adj* poderoso; *(potent)*
potente.
powerless [:lĭs] *adj* impotente; *(helpless)* indefenso; *(ineffectual)* inútil.
practical [prăk'tĭ-kəl] *adj* práctico
♦ **for all practical purposes** prácticamente, a fin de cuentas • **practical joke**
broma pesada.
practically [prăk'tĭk-lē] *adv* de modo
práctico; *(almost)* prácticamente, casi.
practice [prăk'tĭs] **-1** *vt* practicar; *(to train in)* ejercitarse or entrenarse en;
(to use) ejercer, proceder con; *(a profession)* ejercer **-vi** hacer prácticas; *(to train)* ejercitarse, entrenarse; *(a professional)* ejercer **-2** *s* práctica; *(training)*
ejercicios ♦ **to be out of practice** no
estar en forma • **to make a practice of**
tener por costumbre.
practicing [:tĭ-sĭng] *adj (professional)*
que ejerce.
prairie [prâr'ē] *s* llanura, planicie *f*.
praise [prāz] **-1** *s* alabanza **-2** *vt* alabar.
praiseworthy [:wûr'*th*ē] *adj* elogiable.
pram [prăm] *s* GB cochecito de niño.
prank [prăngk] *s* jugarreta, travesura;
(joke) broma.
prawn [prôn] *s* camarón *m*, gamba.
pray [prā] *vi* rezar, orar.
prayer [prâr] *s* oración *f*; *(request)*
ruego.
preach [prēch] *vt* predicar *-vi* predicar
♦ **to preach at** sermonear a.
precaution [prĭ-kô'shən] *s* precaución *f*.
precede [prĭ-sēd'] *vt & vi* preceder.
precedence [prĕs'ĭ-dns, prĭ-sēd'ns] *s*
precedencia; *(priority)* prioridad *f* ♦ **to take precedence over** tener prioridad
sobre.
precedent [prĕs'ĭ-dnt] *adj & s* precedente *m*.
precept [prē'sĕpt'] *s* precepto.
precious [prĕsh'əs] *adj* precioso; *(cherished)* valioso, preciado; *(beloved)* querido.
precipice [prĕs'ə-pĭs] *s* precipicio.
precipitate **-1** *vt* [prĭ-sĭp'ĭ-tāt'] *(to bring on)* provocar; *(to hurl)* precipitar
-2 *adj* [:tĭt] precipitado.
precise [prĭ-sīs'] *adj* preciso.

precision [:sĭzh'ən] *s* precisión *f*.
preclude [prĭ-klōōd'] *vt (to exclude)* excluir; *(to avoid)* evitar; *(to prevent)* prevenir.
precocious [prĭ-kō'shəs] *adj* precoz.
pre-Columbian [:kə-lŭm'bē-ən] *adj*
precolombino.
precondition [:kən-dĭsh'ən] *s* condición previa; *(requisite)* requisito previo.
predatory [prĕd'ə-tôr'ē] *adj (predacious)* de rapiña; *(plundering)* depredador.
predecessor [prĕd'ĭ-sĕs'ər] *s* predecesor *m*; *(ancestor)* antepasado.
predicament [prĭ-dĭk'ə-mənt] *s* apuro.
predict [prĭ-dĭkt'] *vt* predecir; *(to forecast)* pronosticar.
predictable [:'-bəl] *adj* previsible; *(behavior)* invariable, constante.
predilection [prĕd'l-ĕk'shən, prēd'-]
s predilección *f*.
predispose [prē'dĭ-spōz'] *vt* predisponer.
predominant [prĭ-dŏm'ə-nənt] *adj*
predominante.
predominate [:nāt'] *vi* predominar;
(to prevail) prevalecer.
preen [prēn] *vt* arreglar, limpiar.
preface [prĕf'ĭs] *s* prefacio, prólogo.
prefer [prĭ-fûr'] *vt* **-rr-** preferir.
preferable [prĕf'ər-ə-bəl] *adj* preferible.
preference [:əns] *s* preferencia ♦ **to have no preference** serle igual.
prefix [prē'fĭks'] *s* prefijo.
pregnancy [prĕg'nən-sē] *s* embarazo.
pregnant [:nənt] *adj* encinta, embarazada; *(animal)* preñada; *(meaningful)*
significativo.
prehistoric [prē'hĭ-stôr'ĭk] *adj* prehistórico.
prejudice [prĕj'ə-dĭs] **-1** *s* prejuicio
-2 *vt* crear prejuicios a; *(to injure)* perjudicar.
prejudicial ['-dĭsh'əl] *adj* perjudicial.
preliminary [prĭ-lĭm'ə-nĕr'ē] *adj & s*
preliminar *m*.
prelude [prĕl'yōōd', prā'lōōd'] *s* preludio.
premarital [prē-măr'ĭ-tl] *adj* premarital.
premature [prē'mə-chŏŏr'] *adj* prematuro.

premier [prĕ'mē-ər, prĭ-mîr'] **-1** *adj* *(first)* primero; *(chief)* principal **-2** *s* primer ministro.

première [prĭ-mîr', prĭm-yâr'] *s* estreno.

premise [prĕm'ĭs] *s* premisa ♦ *pl (site)* local; *(building)* edificio.

premium [prē'mē-əm] *s* *(fee)* prima; *(installment)* prima (de un seguro) ♦ **to be at a premium** *(to cost more)* costar más • **to put a premium on** valorar mucho.

premonition [prē'mə-nĭsh'ən, prĕm'ə-] *s* premonición *f*.

preoccupied [prē-ŏk'yə-pīd'] *adj* preocupado; *(absorbed)* absorto.

prepaid [prē-pād'] *adj* pagado por adelantado; *(letter)* franqueado.

preparation [prĕp'ə-rā'shən] *s* preparación *f*; *(medicine)* preparado ♦ *pl* preparativos.

prepare [prĭ-pâr'] *vt & vi* preparar(se) ♦ **to be prepared for** estar preparado para • **to be prepared to** estar dispuesto a.

preponderant [prĭ-pŏn'dər-ənt] *adj* preponderante.

preposition [prĕp'ə-zĭsh'ən] *s* preposición *f*.

preposterous [prĭ-pŏs'tər-əs] *adj* absurdo.

prerequisite [prē-rĕk'wĭ-zĭt] *s* condición previa.

prerogative [prĭ-rŏg'ə-tĭv] *s* prerrogativo.

preschool [prē'skōōl'] **-1** *adj* preescolar **-2** *s* jardín *m* de infantes.

prescribe [prĭ-skrīb'] *vt* prescribir; MED *(a drug)* recetar; *(treatment)* mandar.

prescription [:skrĭp'shən] *s* prescripción *f*; MED receta.

presence [prĕz'əns] *s* presencia; *(bearing)* porte *m*, talle *m*.

present[1] [prĕz'ənt] **-1** *s* presente *m* ♦ **for the present** por ahora **-2** *adj* presente; *(month)* corriente; *(year)* en curso ♦ **at the present time** en este momento.

present[2] **-1** *vt* [prĭ-zĕnt'] presentar; *(to give)* regalar, obsequiar; *(a case)* exponer; *(a problem)* plantear **-2** *s* [prĕz'ənt] presente *m*, regalo.

presentation [prĕz'ən-tā'shən] *s* presentación *f*; *(of a play)* representación *f*.

present-day [prĕz'ənt-dā'] *adj* actual.

preservation [prĕz'ər-vā'shən] *s* preservación *f*; *(of customs, food)* conservación *f*.

preservative [prĭ-zûr'və-tĭv] *s* conservante *m*, preservador *m*.

preserve [prĭ-zûrv'] *vt* preservar; *(to maintain)* conservar ♦ *pl* confitura.

president [prĕz'ĭ-dənt] *s* presidente *m*.

presidential [prĕz'ĭ-dĕn'shəl] *adj* presidencial.

press [prĕs] **-1** *vt (to bear down on)* apretar; *(to squeeze)* prensar; *(to compress)* comprimir; *(to iron)* planchar; *(to entreat)* instar; *(to harass)* hostigar, acosar; *(to hurry)* apremiar; *(to insist on)* insistir en *-vi* apretar, ejercer presión; *(to trouble)* pesar, abrumar; *(to be urgent)* apremiar ♦ **to press ahead** *or* **forward** avanzar con determinación **-2** *s* prensa; *(for printing)* imprenta.

pressing ['ĭng] *adj* urgente.

pressure [prĕsh'ər] **-1** *s* presión *f*; *(compression)* compresión *f* ♦ **blood pressure** presión arterial **-2** *vt* ejercer presión sobre.

prestige [prĕ-stēzh', -stēj'] *s* prestigio.

prestigious [prĕ-stē'jəs, -stĭj'əs] *adj* prestigioso.

presumable [prĭ-zōō'mə-bəl] *adj* presumible.

presume [prĭ-zōōm'] *vt* suponer; *(to pretend)* pretender, creerse.

presumption [:zŭmp'shən] *s* presunción *f*, suposición *f*; *(effrontery)* osadía.

presumptuous [:chōō-əs] *adj* presuntuoso; *(rash)* atrevido, osado.

pretend [prĭ-tĕnd'] *vt (to feign)* fingir; *(illness, deafness)* hacerse; *(to oneself)* imaginarse *-vi (to feign)* fingir; *(to dissemble)* disimular.

pretense [prē'tĕns', prĭ-tĕns'] *s* fingimiento; *(claim)* pretensión *f*; *(pretentiousness)* presunción *f* ♦ **under the pretense of** con el pretexto de.

pretentious [prĭ-tĕn'shəs] *adj* pretencioso.

pretext [prē'tĕkst'] *s* pretexto.

P

pretty [prĭt'ē] -1 *adj* -i- lindo -2 *adv* bastante ♦ **pretty much** más o menos.

prevail [prĭ-vāl'] *vi* prevalecer; *(to win)* triunfar; *(to predominate)* predominar.

prevailing [:vā'lĭng] *adj* prevaleciente; *(predominant)* predominante.

prevalence [prĕv'ə-ləns] *s* predominio.

prevent [prĭ-vĕnt'] *vt (to avoid)* evitar; *(to impede)* impedir.

preventive [:tĭv] *adj* preventivo.

preview [prē'vyōō] *s* exhibición *f* preliminar; CINEM avance *m*.

previous [prē'vē-əs] *adj* previo ♦ **previous to** antes de.

prey [prā] *s* presa; FIG víctima.

price [prīs] -1 *s* precio ♦ **list price** precio de lista • **to pay a high** *or* **heavy price** pagar caro -2 *vt (to establish)* poner precio a.

priceless [′lĭs] *adj* sin precio, de gran valor; *(amusing)* muy divertido.

prick [prĭk] -1 *s* pinchazo; *(of an insect)* picadura -2 *vt* pinchar; *(jealousy, curiosity)* picar ♦ **to prick up one's ears** *(a dog)* erguir las orejas; FIG aguzar el oído.

prickle [:əl] -1 *s (thorn)* espina; *(spine)* pincho; *(sensation)* picazón *f* -2 *vt (to prick)* pinchar; *(to tingle)* picar.

pride [prīd] -1 *s* orgullo; *(self-respect)* amor propio ♦ **to take pride in** estar orgulloso de -2 *vt* ♦ **to pride oneself on** estar orgulloso de.

priest [prēst] *s* sacerdote *m*, cura *m*.

priestess [prē'stĭs] *s* sacerdotisa.

priesthood [prēst'hŏŏd'] *s* sacerdocio; *(clergy)* clerecía, clero.

prig [prĭg] *s* mojigato.

prim [prĭm] *adj* -mm- estirado, remilgado.

primarily [prī-mâr'ə-lē] *adv* principalmente.

primary [prī'mĕr'ē, :mə-rē] *adj* primario; *(foremost)* fundamental.

primate [prī'māt'] *s* RELIG primado; ZOOL primate *m*.

prime [prīm] -1 *adj* primero; *(main)* fundamental; *(choice)* de primera (calidad); MAT primo -2 *s (age)* flor *f* de la vida, plenitud *f*; *(pick)* flor y nata, lo mejor -3 *vt* preparar; *(gun, motor)* cebar, cargar.

primer [prĭm'ər] *s* texto elemental; *(manual)* manual *m*.

primitive [prĭm'ĭ-tĭv] *adj & s* primitivo.

primordial [prī-môr'dē-əl] *adj* primordial.

primrose [prĭm'rōz'] *s* primavera, prímula.

prince [prĭns] *s* príncipe *m*.

princess [prĭn'sĭs] *s* princesa.

principal [prĭn'sə-pəl] -1 *adj* principal -2 *s (of a school)* director *m*.

principle [prĭn'sə-pəl] *s* principio ♦ **a matter of principle** una cuestión de principios • **in principle** en principio.

print [prĭnt] -1 *s (impression)* impresión *f*, huella; *(letters)* letra, tipo; FOTOG copia; *(engraving)* grabado, estampa -2 *vt* imprimir; *(edition)* tirar, hacer una tirada; *(to publish)* publicar; FOTOG copiar; *(to write)* escribir con letras de imprenta, de molde -vi imprimirse.

printer [prĭn'tər] *s (person)* impresor *m*; *(machine)* impresora.

printing [:tĭng] *s (art, business)* imprenta; *(act, quality of run)* impresión *f*; *(run)* tiraje *m*.

prior[1] [prī'ər] *adj* previo ♦ **prior to** antes de.

prior[2] *s* RELIG prior *m*.

priority [prī-ôr'ĭ-tē] *s* prioridad *f*; *(time precedence)* anterioridad *f*.

prism [prĭz'əm] *s* prisma *m*.

prison [prĭz'ən] *s* cárcel *f*, prisión *f*.

prisoner [:ə-nər] *s* prisionero, preso; *(under arrest)* detenido.

privacy [prī'və-sē] *s (seclusion)* intimidad *f*; *(isolation)* aislamiento.

private [prī'vĭt] -1 *adj* privado; *(not public)* particular; *(secluded)* solitario -2 *s* soldado raso.

privilege [prĭv'ə-lĭj] *s* privilegio.

privileged [:lĭjd] *adj* privilegiado.

prize [prīz] -1 *s* premio -2 *adj* de premio; *(given a prize)* premiado; *(outstanding)* de primera categoría -3 *vt* valorar.

pro[1] [prō] *s* ♦ **the pros and cons** los pros y los contras.

pro[2] *s & adj* FAM profesional *m/f.*

probability [prŏb'ə-bĭl'ĭ-tē] *s* probabilidad *f.*

probable [prŏb'ə-bəl] *adj* probable; *(plausible)* verosímil.

probation [-bā'shən] *s* período de prueba; *(freedom)* libertad *f* condicional.

probe [prōb] **-1** *s (device)* sonda; *(exploration)* sondeo; *(investigation)* investigación *f* **-2** *vt (to explore)* sondar; *(to investigate)* investigar *-vi* indagar.

problem [prŏb'ləm] *s* problema *m.*

procedure [prə-sē'jər] *s* procedimiento.

proceed [prə-sēd'] *vi* proceder; *(to continue)* proseguir, continuar; *(to go forward)* avanzar; *(to move along)* ir, desarrollar.

proceeding [:sē'dĭng] *s* procedimiento, acción *f* ♦ *pl* acontecimientos; *(minutes)* actas; DER proceso.

proceeds [prō'sēdz'] *s pl* ganancias.

process [prŏs'ĕs', prō'sĕs'] **-1** *s (treatment)* procedimiento; *(method)* proceso ♦ **in process** en marcha **-2** *vt (an application)* tramitar; *(to treat)* tratar; COMPUT, DER procesar.

processing [:ĭng] *s (of food)* tratamiento; COMPUT procesamiento.

procession [prə-sĕsh'ən] *s* procesión *f*, desfile *m; (orderly course)* progresión *f.*

proclaim [prō-klām'] *vt* proclamar.

proclamation [prŏk'lə-mā'shən] *s* proclamación *f; (announcement)* proclama.

procure [prō-kyŏŏr'] *vt* obtener.

procurement [:mənt] *s* obtención *f.*

prod [prŏd] *vt* **-dd-** pinchar; *(to goad)* estimular.

prodigal [prŏdĭ-gəl] *adj & s* pródigo.

prodigy [prŏd'ə-jē] *s* prodigio.

produce -1 *vt* [prə-dōōs'] producir; *(to manufacture)* fabricar; *(to give rise to)* causar; *(to show)* exhibir, mostrar **-2** *s* [prŏd'ōōs, prō'dōōs] producto.

product [prŏd'əkt] *s* producto.

production [prə-dŭk'shən] *s* producción *f.*

productive [:tĭv] *adj* productivo.

productivity [prō'dŭk-tĭv'ĭ-tē, prŏd'ək-] *s* productividad *f.*

profane [prə-fān'] *adj* profano; *(vulgar)* vulgar.

profession [:fĕst'] *s* profesión *f.*

professional [:ə-nəl]] *adj & s* profesional *m/f; (expert)* perito, experto.

professor [prə-fĕs'ər] *s* profesor *m; (university)* catedrático.

profile [prō'fīl'] *s* perfil *m; (description)* descripción *f* ♦ **to keep a low profile** no llamar la atención.

profit [prŏf'ĭt] **-1** *s* beneficio ♦ **to make a profit** *(person)* ganar dinero; *(business)* rendir ganancias **-2** *vi* servir ♦ **to profit by** *or* **from** COM sacar dinero de; *(to benefit from)* sacar provecho de.

profitability ['ĭ-tə-bĭl'ĭ-tē] *s* COM carácter lucrativo.

profitable ['--bəl] *adj* beneficioso, provechoso; COM lucrativo.

profound [prə-found'] *adj* **-er, -est** profundo.

profuse [prə-fyōōs'] *adj* profuso; *(extravagant)* pródigo.

profusion [:fyōō'zhən] *s* profusión *f.*

progeny [prŏj'ə-nē] *s* progenie *m.*

program [prō'grăm', :grəm] **-1** *s* programa *m* **-2** *vt* programar.

program(m)er [:ər] *s* programador *m.*

program(m)ing [:ĭng] *s* programación *f.*

progress -1 *s* [prŏg'rĕs', prō'grĕs'] progreso; *(development)* desarrollo; *(of events)* marcha, curso ♦ **in progress** en curso ♦ **to make progress** progresar; *(to improve)* mejorar **-2** *vi* [prə-grĕs'] progresar, mejorar.

progression [prə-grĕsh'ən] *s* progreso; MAT, MÚS progresión *f.*

progressive [:grĕs'ĭv] *adj* progresivo; POL progresista.

prohibit [prō-hĭb'ĭt] *vt* prohibir.

project -1 *s* [prŏj'ĕkt'] proyecto **-2** *vt* [prəjĕkt'] *(missile, image)* proyectar; *(to convey)* sugerir; *(to plan)* proyectar, planear *-vi* proyectarse.

projectile [prə-jĕk'təl, :tīl'] *s* proyectil *m.*

projection [:shən] *s* proyección *f; (protuberance)* saliente *m*, punta.

projector [:tər] *s* proyector *m.*

proletariat [:ĭt] *s* proletariado.

prolog(ue) [prō'lôg'] *s* prólogo.

prolong [prə-lông'] *vt* prolongar.

prominent [:nənt] *adj* prominente; *(eminent)* notable.

promiscuous [prə-mĭs'kyōō-əs] *adj* promiscuo.

P

promise [prŏm'ĭs] **-1** s promesa ♦ **to keep one's promise** cumplir su promesa **-2** vt prometer -vi hacer una promesa.

promising [:ĭ-sĭng] adj prometedor.

promontory [prŏm'ən-tôr'ē] s promontorio.

promote [prə-mōt'] vt (employee, officer) ascender; (to further) promover, fomentar; (to advertise) promocionar.

promotion [:shən] s ascenso; (furtherance) fomento.

prompt [prŏmpt] **-1** adj puntual; (without delay) pronto, rápido **-2** vt (to incite) incitar; (to inspire) inspirar; TEAT apuntar.

promulgate [prŏm'əl-gāt', prō'məl-] vt promulgar.

promulgation [:gā'shən] s promulgación f.

prone [prōn] adj & adv boca abajo ♦ **to be prone to** ser propenso a.

pronoun [prō'noun] s pronombre m.

pronounce [prə-nouns'] vt pronunciar; (to declare) declarar -vi pronunciarse.

pronounced [:nounst'] adj pronunciado.

pronouncement [:nouns'mənt] s declaración f.

pronunciation [prə-nŭn'sē-ā'shən] s pronunciación f.

proof [prōof] s prueba; (alcoholic content) grado.

propaganda [prŏp'ə-găn'də] s propaganda.

propel [prə-pĕl'] vt **-ll-** propulsar, impeler.

propensity [prə-pĕn'sĭ-tē] s propensión f.

proper [prŏp'ər] adj apropiado; (right) debido; (itself) propio, mismo; (correct) correcto.

properly [:lē] adv apropiadamente; (correctly) correctamente.

property [prŏp'ər-tē] s propiedad f; (possessions) bienes m.

prophecy [prŏf'ĭ-sē] s profecía.

prophesy [prŏf'ĭsī'] vt & vi profetizar.

prophet [prŏf'ĭt] s profeta m.

prophylactic [prō'fə-lăk'tĭk] adj & s profiláctico.

proportion [prə-pôr'shən] s proporción f; (part) parte f, porción f ♦ **in proportion** proporcionado.

proportional [:shə-nəl] adj proporcional.

proportionate [:nĭt] adj proporcional.

proposal [prə-pō'zəl] s propuesta; (of marriage) propuesta matrimonial.

propose [prə-pōz'] vt proponer; (to intend) tener intención de -vi proponerse; (marriage) ofrecer matrimonio.

proposition [prŏp'ə-zĭsh'ən] **-1** s proposición f **-2** vt FAM hacer proposiciones a.

proprietor [prə-prī'ĭ-tər] s propietario.

propriety [:tē] s conveniencia; (decency) decencia.

proscribe [prō-skrīb'] vt proscribir.

prose [prōz] s prosa.

prosecute [prŏs'ĭ-kyōōt'] vt DER (a person) procesar; (claim, case) entablar -vi entablar una acción judicial.

prosecution ['-kyōō'shən] s procesamiento; (trial) proceso.

prosecutor ['-'tər] s fiscal m/f.

prospect [prŏs'pĕkt'] **-1** s perspectiva; (customer) cliente m probable ♦ pl perspectivas **-2** vt prospectar ♦ **to prospect for** buscar.

prospective [prə-spĕk'tĭv] adj (expected) esperado; (likely to be) presunto.

prospectus [prə-spĕk'təs] s prospecto.

prosper [prŏs'pər] vi prosperar.

prosperity [prō-spĕr'ĭ-tē] s prosperidad f.

prosperous [prŏs'pər-əs] adj próspero.

prostitute [prŏs'tĭ-tōōt'] s prostituta.

prostitution ['-tōō'shən] s prostitución f.

prostrate [prŏs'trāt'] **-1** vt postrar **-2** adj postrado.

protagonist [prō-tăg'ə-nĭst] s protagonista m/f.

protect [prə-tĕkt'] vt proteger.

protection [:shən] s protección f.

protective [:tĭv] adj & s protector m.

protein [prō'tēn'] s proteína.

protest **-1** vt [prə-tĕst'] protestar contra; (to affirm) protestar de -vi protestar **-2** s [prō'tĕst'] protesta.

Protestant [prŏt'ĭ-stənt] s & adj protestante m/f.

protester [prə-tĕs′tər] *s (demonstrator)* manifestante *m/f.*

protocol [prō′tə-kôl′] *s* protocolo.

protrude [prō-trōōd′] *vt* sacar *-vi* sobresalir, resaltar.

proud [proud] *adj* orgulloso; *(of oneself)* satisfecho; *(arrogant)* soberbio.

prove [prōōv] *vt* **-d, -d** *or* **-n** probar, demostrar.

proven [prōō′vən] **-1** cf **prove -2** *adj* probado.

proverb [prŏv′ûrb′] *s* proverbio.

provide [prə-vīd′] *vt (to supply)* suministrar; *(to make available)* proveer; *(to stipulate)* estipular.

province [prŏv′ĭns] *s* provincia; *(field)* esfera, campo; *(jurisdiction)* competencia.

provincial [prə-vĭn′shəl] *adj* provincial; *(unsophisticated)* provinciano.

provision [prə-vĭzh′ən] *s* provisión *f; (stipulation)* estipulación *f* ♦ **to make provisions for** *(the future)* prever; *(family)* mantener.

provisional [:ə-nəl] *adj* provisional.

provocative [prə-vŏk′ə-tĭv] *adj* provocativo.

provoke [prə-vōk′] *vt* provocar.

prow [prou] *s* proa.

prowl [proul] **-1** *vt & vi* merodear, rondar **-2** *s* merodeo, ronda.

prudent [prōōd′nt] *adj* prudente.

prune[1] [prōōn] *s (fruit)* ciruela pasa.

prune[2] *vt & vi (to trim)* podar.

pry [prī] *vi* fisgar, curiosear.

psalm [säm] *s* salmo.

pseudonym [sōōd′n-ĭm′] *s* seudónimo.

psyche [sī′kē] *s* psique *f.*

psychiatric [sī′kē-ăt′rĭk] *adj* psiquiátrico.

psychiatrist [sĭ-kī′ə-trĭst, sī-] *s* psiquiatra *m/f.*

psychiatry [:trē] *s* psiquiatría.

psychic [sī′kĭk] **-1** *adj* psíquico **-2** *s* medium *m.*

psychoanalysis [sī′kō-ə-năl′ĭ-sĭs] *s* psicoanálisis *m.*

psychological [sī′kə-lŏj′ĭ-kəl] *adj* psicológico.

psychologist [sī-kŏl′ə-jĭst] *s* psicólogo.

psychology [:jē] *s* psicología.

psychopath [sī′kə-păth′] *s* psicópata *m/f.*

psychosis [sī-kō′sĭs] *s* [pl **-ses**] psicosis *f.*

pub [pŭb] *s* taberna, cantina.

puberty [pyōō′bər-tē] *s* pubertad *f.*

pubic [pyōō′bĭk] *adj* pubiano, púbico.

pubis [:bĭs] *s* [pl **-bes**] pubis *m.*

public [pŭb′lĭk] *adj & s* público ♦ **public servant** funcionario • **to make public** publicar.

publication [pŭb′lĭ-kā′shən] *s* publicación *f.*

publicity [pŭ-blĭs′ĭ-tē] *s* publicidad *f.*

public-spirited [pŭb′lĭk-spĭr′ĭ-tĭd] *adj* de espíritu cívico.

publish [pŭb′lĭsh] *vt & vi* publicar.

publisher [ĭ-shər] *s* editor *m.*

pudding [pōōd′ĭng] *s* budín *m.*

puddle [pŭd′l] *s* charco.

puff [pŭf] **-1** *s (of breath)* resoplido; *(of air)* soplo; *(of wind)* soplido; *(of smoke, steam)* bocanada; *(on a cigarette)* fumada **-2** *vi (to emit smoke)* echar bocanadas; *(to smoke)* fumar *-vt (to blow)* soplar; *(to smoke)* fumar.

puffy [pŭf′ē] *adj* **-i-** hinchado.

pull [pōōl] **-1** *vt (to move)* tirar de; *(to extract)* sacar, extraer; *(to tug at)* tirar de, halar; *(trigger)* apretar; *(to stretch)* estirar; *(to attract)* traer ♦ **to pull down** *(to demolish)* echar abajo, derribar • **to pull in** *(to restrain)* contener • **to pull off** *(to take off)* quitar; *(to carry out)* llevar a cabo • **to pull on** *(clothes)* ponerse; *(to tug at)* tirar de • **to pull oneself together** componerse, dominarse • **to pull up** *(a chair)* acercar *-vi (to tug)* tirar; *(to row)* remar ♦ **to pull away** dejar atrás • **to pull out** *(to depart)* salir; *(to withdraw)* retirarse • **to pull over** AUTO parar • **to pull together** aunar los esfuerzos • **to pull up** pararse, detenerse **-2** *s (tug)* tirón *m;* JER *(influence)* enchufe *m,* palanca.

pulley [pōōl′ē] *s* polea, roldana.

pullover [:ō′vər] *s* jersey *m,* suéter *m.*

pulp [pŭlp] *s* pulpa; BOT médula.

pulpit [pōōl′pĭt, pŭl′-] *s* púlpito.

pulsate [pŭl′sāt′] *vi* pulsar.

pulse [pŭls] **-1** *s* pulso; *(amplification)* pulsación *f* **-2** *vi* pulsar.

pummel [pŭm′əl] *vt* aporrear, apuñear.

pump [pŭmp] **-1** s MEC bomba; AUTO surtidor m **-2** vt bombear; (blood) impulsar.

pumpkin [pŭmp'kĭn] s calabaza.

pun [pŭn] s juego de palabras.

punch[1] [pŭnch] **-1** s punzón m; (for paper) perforadora; (for tickets) máquina de picar billetes **-2** vt (tickets) picar ♦ **to punch in, out** marcar la hora de llegada, salida del trabajo.

punch[2] **-1** vt dar un puñetazo **-2** s puñetazo.

punch[3] s (beverage) ponche m.

punctual [pŭngk'chōō-əl] adj puntual.

punctuality ['-ăl'ĭ-tē] s puntualidad f.

punctuation ['-ā'shən] s puntuación f.

puncture [pŭngk'chər] **-1** vt perforar; (a tire) pinchar **-2** s perforación f; (in a tire) pinchazo.

pundit [pŭn'dĭt] s (learned person) erudito; (authority) experto.

pungent [pŭn'jənt] adj acre; (piquant) picante; FIG mordaz.

punish [pŭn'ĭsh] vt castigar.

punishment [:ĭsh-mənt] s castigo.

punk[1] [pŭngk] s (tinder) yesca.

punk[2] **-1** s JER joven m/f sin experiencia **-2** adj sin mérito.

punt [pŭnt] **-1** s batea **-2** vt impeler una batea.

puny [pyōō'nē] adj **-i-** débil, enclenque.

pupil[1] [pyōō'pəl] s (student) alumno.

pupil[2] s ANAT pupila.

puppet [pŭp'ĭt] s marioneta, títere m; FIG títere, pelele m.

puppy [pŭp'ē] s cachorro.

purchase [pûr'chĭs] **-1** vt comprar **-2** s compra ♦ **purchase order** orden de compra.

purchaser [:chĭ-sər] s comprador m.

pure [pyŏr] adj puro.

purée [pyŏo-rā'] **-1** vt **-reed, -reeing** hacer un puré de **-2** s puré m.

purge [pûrj] **-1** vt purgar **-2** s purga.

purify [pyŏor'ĭ-fī'] vt purificar.

Puritan [:ĭ-tn] s & adj puritano.

purity ['-tē] s pureza.

purple [pûr'pəl] **-1** s violeta, morado; (cloth) púrpura **-2** adj purpúreo, morado; (royal) imperial.

purport [pər-pôrt'] vt pretender.

purpose [pûr'pəs] s objetivo; (intention) propósito f ♦ **on purpose** a propósito, adrede.

purposely [:lē] adv adrede, a propósito.

purse [pûrs] **-1** s (moneybag) portamonedas m; (handbag) bolso; (money) bolsa; (prize) premio **-2** vt apretar.

purser [pûr'sər] s MARÍT contador m.

pursue [pər-sōō'] vt perseguir; (to strive for) aspirar a; (to follow) seguir, continuar; (to devote oneself to) dedicarse a.

pursuit [:sōōt'] s persecución f; (striving) búsqueda; (activity) pasatiempo.

purveyor [pər-vā'ər] s proveedor m.

pus [pŭs] s pus m.

push [pŏosh] **-1** vt empujar; (to urge forward) hacer adelantar; (:to press) ejercer presión; (to extend) extender; (to promote) promover ♦ **to push over** (something) volcar; (someone) hacer caer • **to push through** (to carry out) llevar a cabo; (a bill) hacer aceptar • **to push up** (to lift) levantar; (prices) hacer subir -vi empujar; (to put pressure on) ejercer presión ♦ **to push ahead** avanzar • **to push off** FAM largarse • **to push on** seguir adelante, continuar **-2** s empujón m ♦ **push button** pulsador, botón de contacto.

pushcart ['kärt'] s carretilla de mano.

pusher [:ər] s JER (of drugs) vendedor m de drogas.

pushup [:ŭp'] s plancha.

pushy [:ē] adj **-i-** FAM insistente.

pussy [pŏos'ē] s gatito.

put [pŏot] vt put, -tting poner; (to insert) meter; (to add) echar; (question) formular, hacer; (blame) echar; (to bet, invest) poner; (to say) decir ♦ **to put across** hacer comprender • **to put aside** poner a un lado; (to save) guardar • **to put back** volver a poner en su sitio • **to put down** (to suppress) reprimir; (to write down) apuntar; (to include) poner en la lista; (to attribute) achacar • **to put into words** expresar • **to put off** (to postpone) aplazar, diferir; (to make wait) hacer esperar • **to put on** TEAT poner en escena; (clothes) ponerse; (to turn on) encender • **to put out** (to extinguish) apagar; (to inconvenience) molestar; (to publish) publicar; *(to display)* sacar, mostrar • **to put through** *(to cause)* hacer pasar; TEL poner con • **to put up** *(to build)* levantar, construir; *(to nominate)* proponer; *(to provide)* poner, adelantar; *(to lodge)* hospedar, alojar; *(to hang up)* colgar • **to put up to** incitar a • **to put upon** abusar de.

putty [pŭt′ē] *s* masilla.

puzzle [pŭz′əl] **-1** *vt* desconcertar, dejar perplejo ◆ **to puzzle out** resolver, descifrar *-vi* ◆ **to puzzle over** reflexionar, meditar **-2** *s* enigma *m*, misterio ◆ **jigsaw puzzle** rompecabezas.

pylon [pī′lŏn′] *s (gateway)* pilón *m*; ELEC poste *m*.

pyramid [pĭr′ə-mĭd′] *s* pirámide *f.*

pyre [pīr] *s* pira, hoguera.

pyrotechnic [pĭ′rə-tĕk′nĭk] *adj* pirotécnico ◆ **pyrotechnics** *s sg* pirotecnia.

python [pī′thŏn′] *s* pitón *m.*

P

Q

quack¹ [kwăk] **-1** s graznido **-2** vi graznar.

quack² s (doctor) curandero.

quadrangle [kwŏd′răng′gəl] s cuadrángulo; ARQ plaza, patio (de una universidad).

quadrilateral [′rə-lăt′ər-əl] s & adj cuadrilátero.

quadruple [kwŏ-drōō′pəl] **-1** adj cuádruple **-2** vt & vi cuadruplicar(se).

quadruplet [:plĭt] s (group of four) cuádruplo; (offspring) cuatrillizo.

quagmire [kwăg′mīr′] s pantano.

quail¹ [kwāl] s [pl inv or s] codorniz f.

quail² vi acobardarse.

quaint [kwānt] adj pintoresco.

quake [kwāk] **-1** vi temblar; (with fear) estremecerse **-2** s temblor m.

qualification [kwŏl′ə-fĭ-kā′shən] s calificación m; (requirement) requisito; (restriction) reserva.

qualified [kwŏl′ə-fīd′] adj (competent) capacitado; (certified) acreditado; (restricted) con reservas.

qualify [:fī′] vt calificar, caracterizar; (to train) capacitar; (to certify) acreditar; GRAM modificar -vi (for a position) tener las capacidades necesarias; DEP clasificarse.

qualifying [:ĭng] adj eliminatorio.

qualitative [kwŏl′ĭ-tā′tĭv] adj cualitativo.

quality [kwŏl′ĭ-tē] s (nature, excellence) calidad f; (attribute) cualidad f.

quandary [kwŏn′də-rē] s dilema m.

quantify [kwŏn′tĭ-fī′] vt determinar la cantidad de.

quantity [kwŏn′tĭ-tē] s cantidad f
♦ **unknown quantity** incógnita.

quarantine [kwôr′ən-tēn′] **-1** s cuarentena **-2** vt poner en cuarentena.

quarrel [kwôr′əl] **-1** s pelea, discusión f **-2** vi (to argue) pelear, discutir; (with an issue) estar en desacuerdo.

quarrelsome [:əl-səm] adj pendenciero.

quarry¹ [kwôr′ē] s (prey) presa.

quarry² **-1** s (pit) cantera **-2** vt (stone) sacar de una cantera.

quart [kwôrt] s cuarto (de galón).

quarter [kwôr′tər] s (fourth part) cuarto, cuarta parte; (of a dollar) veinticinco centavos; (of a year) trimestre m; (neighborhood) barrio; DEP (period) tiempo
♦ **(a) quarter past** y cuarto • **(a) quarter to** or **of** menos cuarto ♦ pl (residence) residencia; (barracks) cuartel.

quarterback [:băk′] **-1** s jugador m que dirige la jugada **-2** vt dirigir.

quarter-deck [:dĕk′] s alcázar m.

quarterfinal [′-fī′nəl] s cuarto de final.

quarter-hour [:our′] s cuarto de hora.

quarterly [′-lē] **-1** s & adj (publicación f) trimestral **-2** adv trimestralmente, cada tres meses.

quartermaster [:măs′tər] s MIL oficial m de intendencia; MARÍT cabo de mar.

quartet(te) [kwôr-tĕt′] s cuarteto.

quartz [kwôrts] s cuarzo.

quash [kwŏsh] vt (to annul) anular; (uprising, feeling) sofocar.

quaver [kwā′vər] **-1** vi temblar; (to trill) trinar -vt decir con voz trémula **-2** s (of voice) temblor m; (trill) trino.

quay [kē, kā] s muelle m.

queasy [kwē′zē] adj -i- (nauseous) con náuseas; (stomach) débil; (uneasy) inquieto.

queen [kwēn] s reina; (in cards, chess) dama.

queer [kwîr] adj (strange) raro; (odd) curioso; (suspicious) sospechoso.

quell [kwĕl] vt (a riot) sofocar; (emotions) dominar.

quench [kwĕnch] vt (fire) apagar.

querulous [kwĕr′ə-ləs] adj quejumbroso.

query [kwîr′ē] **-1** s pregunta; (doubt) duda **-2** vt poner en duda.

quest [kwĕst] s búsqueda.

question [kwĕs′chən] **-1** s pregunta; (issue) cuestión f; (problem) problema m; (proposition) moción f; (doubt) duda <there is no question about no hay duda alguna de> ♦ **beyond question** fuera de duda • **in question** en cuestión • **to raise the question of** plantear la cuestión de **-2** vt preguntar, hacer una pregunta a; DER interrogar; (to dispute) poner en tela de juicio.

questionable [:chə-nə-bəl] adj (debatable) cuestionable; (dubious) dudoso.

questionnaire [′-nâr′] s cuestionario.

queue [kyōō] **-1** s cola, fila **-2** vi ♦ **to queue up** hacer cola.

quibble [kwĭb'əl] **-1** *vi* andar con sutilezas **-2** *s* sutileza.

quick [kwĭk] **-1** *adj (fast)* rápido; *(bright)* listo; *(mind)* despierto; *(temper)* irascible ♦ **to be quick about** hacer rápidamente • **to be quick to take offense** ofenderse por nada **-2** *adv* rápido, rápidamente.

quicken ['ən] *vt (pace)* apresurar, acelerar; *(pulse)* acelerar *-vi* apresurarse, acelerarse.

quickness [:nĭs] *s* rapidez *f; (of mind)* viveza.

quicksand [:sănd] *s* arena movediza.

quicksilver [:sĭl'vər] *s* mercurio, azogue *m*.

quid[1] [kwĭd] *s* mascada (de tabaco).

quid[2] *s* [pl inv *or* **s**] JER, *GB* libra esterlina.

quiet [kwī'ĭt] **-1** *adj* **-er, -est** *(silent)* callado, silencioso; *(calm)* tranquilo; *(not showy)* discreto **-2** *s (calm)* quietud *f; (silence)* silencio **-3** *vt (to silence)* hacer callar; *(to calm)* tranquilizar.

quilt [kwĭlt] *s* colcha.

quinine [kwī'nīn'] *s* quinina ♦ **quinine water** agua de quina.

quintet(te) [kwĭn-tĕt'] *s* quinteto.

quintuplet [:tŭp'lĭt] *s (group of five)* quíntuplo; *(offspring)* quintillizo.

quip [kwĭp] **-1** *s* ocurrencia **-2** *vi* **-pp-** decir sarcásticamente.

quirk [kwûrk] *s (twist)* vuelta; *(idiosyncracy)* peculiaridad *f; (vagary)* capricho.

quirky [kwûr'kē] *adj* **-i-** *(peculiar)* peculiar, singular; *(capricious)* caprichoso.

quit [kwĭt] *vt* **quit(ted), -tting** *(a school, job)* abandonar, dejar; *(to stop)* dejar de <*to quit smoking* dejar de fumar> *-vi (to give up)* desistir; *(to resign)* renunciar.

quite [kwĭt] *adv* totalmente <*we are quite satisfied* estamos totalmente satisfechos>; *(altogether)* del todo <*it is not quite finished* no está del todo terminado>; *(absolutely)* absolutamente; *(exactly)* exactamente; FAM *(very)* muy, bastante.

quits [kwĭts] *adj* ♦ **to be quits** estar iguales *or* en paz • **to call it quits** dejarlo así.

quiver[1] [kwĭv'ər] **-1** *vi* temblar, estremecerse **-2** *s* temblor *m*, estremecimiento.

quiver[2] *s (for arrows)* aljaba.

quiz [kwĭz] **-1** *vt* **-zz-** interrogar; *(to test)* examinar **-2** *s* interrogatorio; *(test)* prueba, examen *m*.

quota [kwō'tə] *s* cuota.

quotation [kwō-tā'shən] *s* cita; *(of prices)* cotización *f* ♦ **quotation marks** comillas.

quote [kwōt] **-1** *vt (words, source)* citar; *(example, price)* dar; FIN cotizar *-vi* hacer una cita **-2** *s* cita.

quotient [kwō'shənt] *s* MAT cociente *m*.

Q

R

rabbi [răb′ī] *s* rabino.

rabbit [răb′ĭt] *s* [pl inv *or* **s**] conejo.

rabble [răb′əl] *s* gentío, chusma.

rabies [rā′bēz] *s* rabia.

race[1] [rās] *s (people)* raza.

race[2] **-1** *s (contest)* carrera; *(of water)* corriente *f* ♦ **race car** coche de carreras • **race car driver** corredor **-2** *vi* correr; *(to compete)* competir; *(engine)* embalarse.

racecourse [:kôrs′] *s (horse)* hipódromo; *(auto)* autódromo.

racehorse [:hôrs′] *s* caballo de carreras.

racetrack [rās′trăk′] *s* pista; *(horse)* hipódromo.

racial [rā′shəl] *adj* racial.

racism [rā′sĭz′əm] *s* racismo.

racist [rā′sĭst] *adj & s* racista *m/f*.

rack [răk] **-1** *s (in a train, car)* portaequipajes *m; (for hats, coats)* percha **-2** *vt* hacer sufrir ♦ **to be racked by** *or* **with** estar atormentado por.

racket[1] [răk′ĭt] *s* DEP raqueta.

racket[2] *s (uproar)* alboroto; *(illegal business)* negocio ilegal; *(fraud)* timo, estafa.

racy [rā′sē] *adj* **-i-** *(joke)* picante; *(lively)* animado.

radar [rā′där] *s* radar *m*.

radiant [rā′dē-ənt] *adj* radiante.

radiate [:āt′] *vi (to shine)* brillar; *(to spread out)* radiar; FÍS irradiar, emitir *-vt* (ir)radiar.

radiation ['-ā′shən] *s* radiación *f*.

radiator ['-′tər] *s* radiador *m*.

radical [răd′ĭ-kəl] *adj & s* radical *m*.

radio [rā′dē-ō′] **-1** *s* radio *f* **-2** *vt & vi* transmitir *(un mensaje)* por radio.

radioactive ['-ăk′tĭv] *adj* radiactivo.

radiograph [:grăf′] **-1** *s* radiografía **-2** *vt* radiografiar.

radiology [:jē] *s* radiología.

radiotherapy [:ō-thĕr′ə-pē] *s* radioterapia.

radish [răd′ĭsh] *s* rábano.

radius [rā′dē-əs] *s* [pl **es** *or* **-dii**] radio.

raffle [răf′əl] **-1** *s* rifa **-2** *vt & vi* rifar.

raft [răft] **-1** *s* balsa **-2** *vi* ♦ **to go rafting** ir en balsa.

rafter [răf′tər] *s* par *m* (de un techo).

rag [răg] *s (cloth)* trapo; *(newspaper)* periodicucho ♦ *pl* harapos.

rage [rāj] **-1** *s* furia **-2** *vi (storm)* bramar; *(plague, fire)* propagarse.

ragged [răg′ĭd] *adj (beggar)* andrajoso; *(sleeve)* raído; *(edge)* mellado; *(performance)* desigual.

raid [rād] **-1** *s* MIL incursión *f*, ataque sorpresivo; *(by police)* redada **-2** *vt* atacar por sorpresa; *(police)* hacer una redada en.

raider [rā′dər] *s* invasor *m*.

rail [rāl] *s (banister)* barandilla; *(at racetrack)* cerca; FC ferrocarril *m* ♦ **by rail** por ferrocarril ♦ *pl* ferrocarriles.

railing [rā′lĭng] *s (of balcony)* baranda; *(of stairs)* pasamanos.

railroad [rāl′rōd′] **-1** *s* ferrocarril *m* ♦ **railroad car** vagón • **railroad crossing** cruce de ferrocarril • **railroad station** estación ferroviaria **-2** *vt* transportar por ferrocarril.

railway [:wā′] *s* ferrocarril *m; (track)* vía.

rain [rān] **-1** *s* lluvia **-2** *vi* llover *-vt* llover a cántaros.

rainbow [′bō′] *s* arco iris.

raincoat [:kōt′] *s* impermeable *m*.

raindrop [:drŏp′] *s* gota de lluvia.

rainy [rā′nē] *adj* **-i-** lluvioso.

raise [rāz] **-1** *vt* levantar; *(window, prices)* subir; *(voice)* alzar; *(children, animals)* criar; *(crop)* cultivar; *(point)* hacer, formular; *(an issue)* plantear; *(doubts)* suscitar **-2** *s* aumento.

raisin [rā′zĭn] *s* pasa (de uva).

rake[1] [rāk] **-1** *s (tool)* rastrillo **-2** *vt* rastrillar; *(leaves)* recoger con el rastrillo.

rake[2] *s* libertino.

rally [răl′ē] **-1** *vt (to assemble)* reunir; *(to revive)* recobrar *-vi* reunirse; *(to recover)* recuperarse ♦ **to rally round** *or* **to** dar apoyo a, adherirse a **-2** *s* reunión *f;* AUTO rally *m*.

ram [răm] **-1** *s* ZOOL carnero **-2** *vt* **-mm-** *(to stuff)* meter a la fuerza; *(to crash into)* chocar con.

ramble [răm′bəl] **-1** *vi (to walk)* pasear; *(to digress)* divagar **-2** *s* paseo.

rambling [:blĭng] *adj* sin orden ni concierto.

ramp [rămp] *s* rampa.

rampage [răm′pāj′] s alboroto ♦ **to go on a rampage** andar como. loco.

rampant [răm′pənt] adj desenfrenado.

rampart [răm′pärt′] s muralla.

ranch [rănch] s hacienda.

rancher [răn′chər] s estanciero, hacendado.

rancid [răn′sĭd] adj rancio.

random [răn′dəm] adj hecho al azar, fortuito ♦ **at random** al azar.

range [rānj] **-1** s (reach) alcance m; (scope) extensión f; (variety) gama; (of merchandise) surtido; (firing range) campo de tiro; GEOG cordillera ♦ **at close range** de cerca, a quemarropa **-2** vt (in rows) alinear; (to classify) ordenar, clasificar -vi extenderse; (to explore) recorrer ♦ **to range from...to** ir de...a.

ranger [rān′jər] s (of a forest) guardabosques m.

rank [răngk] **-1** s (row) fila; (in society) clase f; (high status) rango; (quality) categoría; MIL grado **-2** vt (in rows) alinear; (in order) clasificar ♦ **to rank among** figurar entre -vi clasificarse ♦ **to rank high** ocupar una alta posición.

rankle [răng′kəl] vi doler, enconarse.

ransack [răn′săk′] vt (to search) registrar; (to plunder) saquear.

ransom [răn′səm] s rescate m.

rap [răp] **-1** s golpe seco **-2** vt **-pp-** (to strike) golpear.

rape¹ [rāp] **-1** s violación f **-2** vt violar.

rape² s BOT colza.

rapid [răp′ĭd] **-1** adj rápido **-2** s ♦ pl rápidos.

rapist [rā′pĭst] s violador m.

rapport [ră-pôr′] s relación f.

rare¹ [râr] adj raro; (special) poco común.

rare² adj CUL jugoso, poco hecho.

rarity [râr′ĭ-tē] s rareza.

rascal [răs′kəl] s tunante m, bribón m.

rash¹ [răsh] adj (act) precipitado; (person) impetuoso.

rash² s MED sarpullido; FIG ola.

raspberry [răz′bĕr′ē] s (fruit) frambuesa.

rat [răt] s rata; JER canalla m ♦ **to smell a rat** FAM sospechar algo.

rate [răt] **-1** s (speed) velocidad f; (of change) coeficiente m; (of occurence)

índice m; (percentage) porcentaje m; (of pay) tipo; FIN interés m ♦ **at this rate** a este paso •• **rate of exchange** cambio **-2** vt (to estimate) estimar; (to value) valorar; (to deserve) merecer.

rather [răth′ər] adv (more exactly) mejor dicho; (quite) bastante; (somewhat) un poco ♦ **but rather** sino (que) • **rather than** en vez de.

ratify [răt′ə-fī′] vt ratificar.

rating [rā′tĭng] s (standing) clasificación f; (credit rating) solvencia; TELEV popularidad f.

ratio [rā′shō] s proporción f; MAT razón f.

ration [răsh′ən, rā′shən] **-1** s ración f, porción f **-2** vt racionar.

rational [răsh′ə-nəl] adj racional.

rationale [′-năl′] s (reason) razón f fundamental; (explanation) explicación f.

rationalize [′- -līz′] vt racionalizar.

rattle [răt′l] **-1** vi (vehicle) traquetear; (window, door) golpetear -vt (to shake) sacudir; FAM (to unnerve) poner nervioso **-2** s traqueteo; (of door, window) golpe m; (of teeth) castañeteo; (of baby) sonajero.

rattlesnake [:l-snāk′] s serpiente f de cascabel.

ratty [răt′ē] adj **-i-** JER (dilapidated) destartalado; (shabby) andrajoso.

raucous [rô′kəs] adj estridente.

ravage [răv′ĭj] vt destrozar; (by army) saquear.

raven [rā′vən] **-1** s cuervo **-2** adj negro.

ravenous [răv′ə-nəs] adj hambriento; (voracious) voraz.

ravine [rə-vēn′] s barranco.

raving [rā′vĭng] **-1** adj FAM extraordinario ♦ **to be raving mad** estar loco de atar **-2** s ♦ pl desvaríos.

ravishing [răv′ĭ-shĭng] adj encantador.

raw [rô] adj crudo; (not refined) bruto; (weather) frío y húmedo; (inexperienced) novato; (wound) en carne viva ♦ **raw material** materia prima • **to get a raw deal** JER recibir un tratamiento injusto.

ray [rā] s rayo.

rayon [rā′ŏn′] s rayón m.

raze [rāz] vt arrasar, demoler.

razor [rā′zər] s navaja de afeitar. ♦ **razor blade** cuchilla or hoja de afeitar.

R

reach [rēch] **-1** vt alcanzar; *(as far as)* llegar hasta; *(to arrive at)* llegar a; *(on the phone)* comunicarse con; *(in length, height)* llegar a, extenderse hasta ♦ **to reach out** extender, alargar -vi llegar ♦ **to reach down** inclinarse, agacharse • **to reach out** extender la mano **-2** s alcance m; *(of cord, arm)* extensión f ♦ **within reach** *(of the hand)* al alcance de la mano.

react [rē-ăkt'] vi reaccionar.

reaction [rē-ăk'shən] s reacción f.

reactionary [:shə-nĕr'ē] adj & s reaccionario.

reactivate [:tə-vāt'] vt reactivar.

reactor [:tər] s ELEC, FÍS reactor m.

read [rēd] **-1** vt read leer; GB *(to study)* cursar, estudiar ♦ **to read out** leer en voz alta • **to read over** *(to go over)* repasar; *(to reread)* releer ♦ **to read up on** informarse acerca de -vi leer; *(to be worded)* rezar, decir ♦ **to read between the lines** leer entre líneas **-2** s lectura.

readable [rē'də-bəl] adj *(legible)* legible; *(interesting)* interesante.

reader [rē'dər] s lector m.

readily [rĕd'l-ē] adv *(willingly)* de buena gana.

reading [rē'dĭng] s lectura; *(of a situation)* interpretación f.

readjust [rē'ə-jŭst'] vt reajustar, readaptar.

ready [rĕd'ē] **-1** adj **-i-** listo; *(willing)* dispuesto; *(about to)* a punto de; *(available)* disponible ♦ **ready cash** or **money** dinero contante • **to get ready** *(to prepare)* preparar(se); *(to fix up)* arreglar(se) **-2** vt preparar.

ready-made ['-mād'] adj hecho.

real [rē'əl] **-1** adj real; *(true)* verdadero; *(objective)* cierto; *(serious)* de verdad ♦ **real estate** bienes inmuebles or raíces **-2** adv FAM muy, mucho.

realign [rē'ə-līn'] vt *(tires)* realinear; *(people)* reagrupar.

realist [:lĭst] s realista m/f.

realistic ['-lĭs'tĭk] adj realista.

reality [rē-ăl'ĭ-tē] s realidad f; *(fact)* hecho.

realization [rē'ə-lĭ-zā'shən] s *(understanding)* comprensión f; *(fulfillment)* realización f.

realize [rē'ə-līz'] vt *(to comprehend)* darse cuenta de; *(to attain)* realizar, hacer realidad.

really [rē'ə-lē, rē'lē] adv *(in reality)* en realidad; *(truly)* verdaderamente; *(very)* muy ♦ **really!** ¡hay que ver! • **really?** ¿de veras?

realtor [rē'əl-tər] s corredor m de bienes raíces.

reap [rēp] vt & vi cosechar; *(to cut)* segar.

reappear [rē'ə-pîr'] vi reaparecer.

rear¹ [rîr] **-1** s parte trasera; *(of a house)* fondo; FAM *(buttocks)* nalgas ♦ **at the rear of** detrás de **-2** adj trasero, de atrás ♦ **rear guard** retaguardia.

rear² vt *(animals)* criar; *(children)* cuidar, educar -vi *(horse)* encabritarse.

rearmament [rē-är'mə-mənt] s rearme m.

rearrange [rē'ə-rānj'] vt volver a arreglar, disponer de otro modo; *(plans)* cambiar.

rearview mirror [rîr'vyōō'] s retrovisor m.

reason [rē'zən] **-1** s razón f ♦ **all the more reason (to)** razón de más (para) • **by reason of** en virtud de • **to have reason to** tener motivos para **-2** vt & vi razonar.

reasonable [rē'zə-nə-bəl] adj razonable.

reassess [rē'ə-sĕs'] vt valorar de nuevo.

reassurance [rē'ə-shŏŏr'əns] s *(confidence)* confianza; *(promise)* promesa.

reassure [rē'ə-shŏŏr'] vt dar confianza.

rebate [rē'bāt'] s rebaja; *(repayment)* reembolso.

rebel **-1** vi [rĭ-bĕl'] **-ll-** rebelarse **-2** s [rĕb'əl] rebelde m/f.

rebellion [rĭ-bĕl'yən] s rebelión f.

rebound **-1** vi [rē-bound'] rebotar **-2** s ['] rebote m.

rebuff [rĭ-bŭf'] s *(refusal)* rechazo; *(snub)* desaire m.

rebuild [rē-bĭld'] vt & vi **-built** reconstruir.

rebuke [rĭ-byōōk'] **-1** vt reprender **-2** s reprimenda.

recall **-1** vt [rĭ-kôl'] *(to remember)* recordar, acordarse de; *(workers)* hacer volver **-2** s [rē'kôl'] *(recollection)* recuerdo.

recant [rĭ-kănt'] *vt* & *vi* retractar(se).

recapitulate [rē'kə-pĭch'ə-lāt'] *vt* recapitular *-vi* resumir.

receipt [rĭ-sēt'] *s* recibo.

receive [rĭ-sēv'] *vt* recibir; *(salary)* percibir, cobrar; *(members)* aceptar; *(to shelter)* acoger.

receiver [rĭ-sē'vər] *s* receptor *m*; DER síndico; TEL auricular *m*.

recent [rē'sənt] *adj* reciente.

receptacle [rĭ-sĕp'tə-kəl] *s* receptáculo.

reception [rĭ-sĕp'shən] *s* recepción *f*.

receptionist [:shə-nĭst] *s* recepcionista *m/f*.

recess [rē'sĕs', rĭ-sĕs'] *s (in school)* recreo; *(in meeting)* interrupción *f*; *(in wall)* hueco, nicho ♦ **to be in recess** *(Congress)* estar clausurado; *(school)* estar cerrada por vacaciones.

recession [rĭ-sĕsh'ən] *s* recesión *f*.

recipe [rĕs'ə-pē] *s* receta.

reciprocal [rĭ-sĭp'rə-kəl] *adj* recíproco.

recital [rĭ-sīt'l] *s* recital *m*.

recite [rĭ-sīt'] *vt* & *vi (poem)* recitar; *(story)* narrar; *(list)* enumerar.

reckless [rĕk'lĭs] *adj (careless)* imprudente; *(rash)* precipitado.

reckon [rĕk'ən] *vt* calcular; *(to regard)* considerar; FAM *(to assume)* suponer ♦ **to reckon on** contar con.

reckoning [:ə-nĭng] *s* cálculo.

reclaim [rĭ-klām'] *vt (land)* recobrar; *(swamp)* sanear; *(from waste)* recuperar.

recline [rĭ-klīn'] *vt* & *vi* reclinar(se).

recluse [rĕk'lōōs', rĭ-klōōs'] *s* solitario.

recognition [rĕk'əg-nĭsh'ən] *s* reconocimiento.

recognizable ['-nī'zə-bəl] *adj* reconocible.

recognize [rĕk'əg-nīz'] *vt* reconocer.

recoil **-1** *vi* [rĭ-koil'] *(cannon)* retroceder ♦ **to recoil at** *(in fear)* tener horror a **-2** *s* [rē'koil'] *(of firearm)* culatazo; *(of cannon)* retroceso.

recollect [rĕk'ə-lĕkt'] *vt* & *vi* acordarse (de).

recommend [rĕk'ə-mĕnd'] *vt* recomendar.

recompense [rĕk'əm-pĕns'] **-1** *vt* recompensar **-2** *s* recompensa.

reconcile [rĕk'ən-sīl'] *vt (people)* reconciliar; *(differences)* conciliar.

reconnaissance [rĭ-kŏn'ə-səns] *s* reconocimiento.

reconsider [rē'kən-sĭd'ər] *vt* & *vi* reconsiderar.

reconstitute [rē-kŏn'stĭ-tōōt'] *vt* reconstituir.

reconstruct [rē'kən-strŭkt'] *vt* reconstruir.

record **-1** *vt* [rĭ-kôrd'] *(facts, data)* registrar; *(impression, idea)* apuntar, anotar; TEC grabar **-2** *s* [rĕk'ərd] *(evidence)* constancia; *(account)* relación *f*; *(tally)* cuenta; *(testimony)* testimonio; *(dossier)* expediente *m*; *(of an employee)* hoja de servicios; *(of a criminal)* antecedentes *m*; *(for a phonograph)* disco ♦ **to be off the record** ser extraoficial • **to break the record** batir el récord ♦ *pl* archivos.

recorder [rĭ-kôr'dər] *s (device)* grabadora; MÚS flauta dulce.

recording [:dĭng] *s* grabación *f*.

recover [rĭ-kŭv'ər] *vt (to regain)* recuperar; *(damages)* cobrar *-vi* recuperarse.

recovery [:ə-rē] *s* recuperación *f*.

re-create [rē'krē-āt'] *vt* recrear.

recreation [rĕk'rē-ā'shən] *s* recreo.

recrimination [rĭkrĭm'ə-ā'shən] *s* recriminación *f*.

recruit [rĭ-krōōt'] **-1** *vt (workers)* contratar; MIL reclutar *-vi* MIL reclutar **-2** *s* recluta *m*.

recruitment [:mənt] *s* reclutamiento.

rectangle [rĕk'tăng'gəl] *s* rectángulo.

rectangular ['-'gyə-lər] *adj* rectangular.

rectify [rĕk'tə-fī'] *vt* rectificar.

rector [rĕk'tər] *s (of a parish)* cura, párroco; *(of a school)* director *m*; *(of a university)* rector *m*.

recuperate [rĭ-kōō'pə-rāt'] *vt* & *vi* recuperar(se).

recur [rĭ-kûr'] *vi* **-rr-** repetirse; *(symptom)* reaparecer.

recurrence [:əns] *s* repetición *f*.

recurrent [:ənt] *adj* que se repite; *(periodic)* periódico.

recycle [rē-sī'kəl] *vt* reciclar.

red [rĕd] **-1** *s* rojo, colorado ♦ **to see red** ponerse furioso **-2** *adj* **-dd-** rojo, colorado; *(wine)* tinto.

R

redden [:n] *vi* enrojecer; *(a person)* ruborizarse.

redeem [rĭ-dēm'] *vt* redimir; *(situation)* salvar.

redhead [:hĕd'] *s* pelirrojo.

red-hot [rĕd'hŏt'] *adj (very hot)* candente; *(excited)* animado.

redirect [rē'dĭ-rĕkt'] *vt (letter)* mandar a otra dirección; *(to reroute)* mostrar otro camino.

red-light district [rĕd'līt'] *s* barrio de burdeles.

redo [rē-dōō'] *vt* **-did, -done** volver a hacer, rehacer.

redolent [rĕd'l-ənt] *adj (aromatic)* fragante, oloroso; *(suggestive)* evocador.

redouble [rē-dŭb'əl] *vt & vi* redoblar.

redress [rĭ-drĕs'] **-1** *vt (to remedy)* reparar; *(to rectify)* rectificar **-2** *s* reparación *f*, enmienda.

reduce [rĭ-dōōs'] *vt* reducir; COM rebajar *-vi* disminuir, reducirse; *(to lose weight)* adelgazar.

reduction [rĭ-dŭk'shən] *s* reducción *f*, disminución *f*; *(discount)* descuento.

redundant [rĭ-dŭn'dənt] *s* superfluo; GRAM redundante.

reed [rēd] *s (plant, stalk)* caña; MÚS (instrumento de) lengüeta.

reef [rēf] *s* GEOL arrecife *m*, escollo.

reek [rēk] **-1** *vi (to stink)* apestar; *(to smell)* oler *(of a)* **-2** *s* olor *m*.

reel[1] [rēl] **-1** *s (spool)* carrete *m*; CINEM, FOTOG rollo **-2** *vt* enrollar en un carrete.

reel[2] *vi (to stagger)* tambalear(se); *(to feel dizzy)* tener vértigo.

refectory [rĭ-fĕk'tə-rē] *s* comedor *m*.

refer [rĭ-fûr'] *vt* **-rr-** *(to direct to)* remitir; *(to send to)* enviar; *(to submit to)* someter a.

referee [rĕf'ə-rē'] **-1** *s* árbitro **-2** *vt & vi* arbitrar.

reference [rĕf'ər-əns] *s* referencia; *(allusion)* alusión *f*, mención *f* ◆ **reference book** libro de consulta • **with reference to** *(a letter)* con relación a.

refill **-1** *vt* [rē-fĭl'] rellenar **-2** *s* [''] recambio.

refined [rĭ-fīnd'] *adj (pure)* refinado; *(elegant)* fino.

refinement [rĭ-fīn'mənt] *s (oil, sugar)* refinación *f*; *(person)* refinamiento.

reflect [rĭ-flĕkt'] *vt* reflejar; *(to manifest)* revelar *-vi (to think)* reflexionar, meditar ◆ **to reflect on** pensar (sobre).

reflection [rĭ-flĕk'shən] *s (image)* reflejo; *(contemplation)* reflexión *f*.

reflector [:tər] *s* reflector *m*.

reflex [rē'flĕks'] *adj & s* reflejo.

reform [rĭ-fôrm'] **-1** *vt & vi* reformar(se) **-2** *s* reforma.

reformatory [rĭ-fôr'mə-tôr'ē] *s* reformatorio.

reformer [rĭ-fôr'mər] *s* reformador *m*.

refrain[1] [rĭ-frān'] *vi* abstenerse *(from* de).

refrain[2] *s* MÚS, POET estribillo.

refresh [rĭ-frĕsh'] *vt & vi* refrescar(se).

refresher course [:ər] *s* curso de repaso.

refreshing [:ĭng] *adj* refrescante; *(restorative)* reparador.

refreshment [:mənt] *s* refresco ◆ *pl* refrigerio, colación.

refrigerator [-'-'tər] *s* nevera, frigorífico.

refuel [rē-fyōō'əl] *vt* echar gasolina a *or* en *-vi* reabastecerse (de gasolina).

refuge [rĕf'yōōj] *s* refugio ◆ **to take refuge in** refugiarse en.

refugee ['yōō-jē'] *s* refugiado.

refund **-1** *vt* [rĭ-fŭnd'] reembolsar **-2** *s* [rē'fŭnd] reembolso.

refurbish [rē-fûr'bĭsh] *vt* restaurar.

refusal [rĭ-fyōō'zəl] *s* negativa.

refuse[1] [rĭ-fyōōz'] *vt (offer)* no aceptar; *(permission)* negar *-vi* negarse *(to* a).

refuse[2] [rĭf'yōōz] *s* desperdicios, basura.

refute [rĭ-fyōōt'] *vt* refutar.

regain [rē-gān'] *vt* recuperar, recobrar.

regard [rĭ-gärd'] **-1** *vt (to consider)* considerar; *(to esteem)* apreciar; *(to concern)* referirse a, concernir ◆ **as regards** con respecto a **-2** *s (attention)* consideración *f*; *(esteem)* aprecio ◆ **in (this, that) regard** por lo que a (esto, eso) se refiere.

regarding [rĭ-gär'dĭng] *prep* con respecto a.

regardless [rĭ-gärd'lĭs] *adv (anyway)* a pesar de todo.

regent [rē'jənt] *s* regente *m/f*.

regime *or* **régime** [rā-zhēm'] *s* régimen *m*.

regiment [rĕj'ɔ-mɔnt] *s* regimiento.
region [rē'jɔn] *s* región *f*.
regional [rē'jɔ-nɔl] *adj* regional.
register [rĕj'ĭ-stɔr] -1 *s* registro -2 *vt* registrar; *(a birth, death)* declarar; *(students)* matricular; *(emotion)* manifestar, expresar -*vi (at the polls, hotel)* inscribirse.
registered [:stɔrd] *adj (trademark)* registrado; *(student, vehicle)* matriculado ♦ **registered mail** correo certificado.
registration ['-strā'shɔn] *s (of voters)* inscripción *f; (of students, cars)* matrícula.
registry ['-strē] *s* registro.
regret [rĭ-grĕt'] -1 *vt* -tt- *(to be sorry for)* arrepentirse de; *(to be sorry about)* lamentar -2 *s (sorrow)* pena; *(remorse)* arrepentimiento ♦ **to have no regrets** no arrepentirse de nada.
regretfully [:fɔ-lē] *adv* sentidamente.
regrettable [:ɔ-bɔl] *adj* lamentable.
regular [rĕg'yɔ-lɔr] *adj* regular; *(usual)* normal <*during regular office hours* durante las horas normales de oficina>; *(customary)* habitual, de costumbre; *(work)* fijo; *(customer)* habitual, fijo.
regularity ['-lār'ĭ-tē] *s* regularidad *f*.
regulate [:lāt'] *vt (to control)* reglamentar; *(to adjust)* regular.
regulation ['-lā'shɔn] *s (act)* regulación *f; (rule)* regla.
rehearsal [rĭ-hûr'sɔl] *s* ensayo.
rehearse [rĭ-hûrs'] *vt & vi* ensayar.
reign [rān] -1 *s* reinado; *(dominance)* dominio -2 *vi* reinar.
reimburse [rē'ĭm-bûrs'] *vt* reembolsar.
reimbursement [:mɔnt] *s* reembolso.
rein [rān] *s* rienda ♦ **to give free rein to** dar rienda suelta a.
reincarnation [rē-ĭn'kär-'-nā'shɔn] *s* reencarnación *f*.
reindeer [rān'dîr'] *s* [pl inv *or* **s**] reno.
reinforce [rē'ĭn-fôrs'] *vt* reforzar ♦ **reinforced concrete** concreto armado.
reinforcement [:mɔnt] *s (strengthening)* refuerzo.
reinstate [rē'ĭn-stāt'] *vt (to restore to office)* restituir, reintegrar.
reiterate [rē-ĭt'ɔ-rāt'] *vt* reiterar.
reject -1 *vt* [rĭ-jĕkt'] *(to refuse)* rechazar, rehusar -2 *s* [rē'jĕkt'] *(thing)* desecho.
rejection [rĭ-jĕk'shɔn] *s* rechazo.

rejoice [rĭ-jois'] *vt & vi* regocijar(se).
rejuvenate [rĭ-jōō'vɔ-nāt'] *vt* rejuvenecer.
relapse -1 *vi* [rĭ-lăps'] recaer -2 *s* [rē'lăps'] recaída.
relate [rĭ-lāt'] *vt (to tell)* relatar, contar; *(to associate)* relacionar, asociar -*vi* estar relacionado *(to* con).
related [rĭ-lā'tĭd] *adj* relacionado *(to* con); *(by blood, marriage)* emparentado.
relation [rĭ-lā'shɔn] *s* relación *f; (kinship)* parentesco; *(relative)* pariente *m/f*.
relationship [:shĭp'] *s* relación *f; (kinship)* parentesco; *(tie)* vínculo.
relative [rĕl'ɔ-tĭv] -1 *adj* relativo -2 *s* pariente *m/f*.
relax [rĭ-lăks'] *vt & vi* relajar(se).
relaxation *s* relajación *f; (state)* descanso, reposo; *(recreation)* distracción *f*.
relaxed [rĭ-lăkst'] *adj* relajado; *(calm)* tranquilo.
relay [rē'lā'] -1 *s* ♦ **relay race** carrera de relevos -2 *vt* transmitir, difundir; RAD, TELEV retransmitir.
release [rĭ-lēs'] -1 *vt (from captivity)* poner en libertad; *(from one's grip)* soltar; *(from debt, promise)* descargar; *(for sale)* poner en venta; *(film)* estrenar; *(record)* sacar -2 *s* liberación *f; (of film)* estreno; *(communiqué)* anuncio.
relent [rĭ-lĕnt'] *vi* ceder.
relentless [:lĭs] *adj (without pity)* implacable; *(persistent)* incesante.
relevant [:vɔnt] *adj* pertinente.
reliability [rĭ-lī'ɔ-bĭl'ĭ-tē] *s* fiabilidad *f*.
reliable [rĭ-lī'ɔ-bɔl] *adj (machine)* fiable; *(data, source)* fidedigno.
relic [rĕl'ĭk] *s* reliquia.
relief [rĭ-lēf'] *s* alivio; *(assistance)* ayuda; *(replacement)* relevo.
relieve [rĭ-lēv'] *vt (to alleviate)* aliviar; *(from worry)* liberar.
religion [rĭ-lĭj'ɔn] *s* religión *f*.
religious [:ɔs] *adj* religioso; *(pious)* devoto.
relinquish [rĭ-lĭng'kwĭsh] *vt (to renounce)* renunciar a; *(to release)* soltar.
relish [rĕl'ĭsh] -1 *s (liking)* gusto, afición *f; (pleasure)* placer *m* -2 *vt* gustar, encantar.
relocate [rē-lō'kāt'] *vt & vi* establecer(se) en un nuevo lugar.

R

reluctant [rĭ-lŭk'tənt] *adj (reticent)* reacio; *(unwilling)* poco dispuesto.

rely [rĭ-lī'] *vi* ♦ **to rely (up)on** *(to depend)* depender de; *(to trust)* contar con.

remain [rĭ-mān'] *vi (to keep being)* seguir; *(to stay)* permanecer, quedarse; *(to be left)* quedar.

remains [rĭ-mānz'] *s pl* restos.

remark [rĭ-märk'] **-1** *vt & vi (to comment)* comentar *(on* sobre); *(to notice)* observar **-2** *s* comentario, observación *f.*

remarkable [rĭ-mär'kə-bəl] *adj* notable; *(admirable)* extraordinario, admirable.

remarry [rē-măr'ē] *vi* volver a casarse.

remedy [rĕm'ĭ-dē] **-1** *s* remedio **-2** *vt* remediar.

remember [rĭ-mĕm'bər] *vt (to recall)* acordarse de, recordar; *(to bear in mind)* tener en cuenta; *(in greeting)* dar recuerdos *or* saludos de -*vi* acordarse.

remembrance [rĭ-mĕm'brəns] *s* ♦ **in remembrance of** en conmemoración de.

remind [rĭ-mīnd'] *vt* recordar.

reminder [rĭ-mīn'dər] *s (of a date)* recordatorio; *(notice)* aviso, notificación *f.*

reminisce [rĕm'ə-nĭs'] *vi* recordar el pasado.

reminiscent [:ənt] *adj* evocador.

remission [rĭ-mĭsh'ən] *s* remisión *f.*

remit [rĭ-mĭt'] *vt* -tt- *(money)* remitir; *(obligation)* rescindir.

remittance [:ns] *s* remesa, envío.

remnant [rĕm'nənt] *s (remainder)* resto; *(of fabric)* retazo.

remorse [rĭ-môrs'] *s* remordimiento.

remote [rĭ-mōt'] *adj* remoto; *(relative)* lejano ♦ **remote control** control a distancia.

removal [rĭ-mōo'vəl] *s (elimination)* eliminación *f; (transfer)* traslado; *(from a job)* despido; MED extirpación *f.*

remove [rĭ-mōov'] *vt (to take off, away)* quitar(se); *(to eliminate)* eliminar; *(from a job)* despedir; CIR extirpar.

remuneration [rĭ-myōo'nə-'-rā'shən] *s* remuneración *f.*

renaissance [rĕn'ə-säns'] **-1** *s* renacimiento **-2** *adj* renacentista.

render [rĕn'dər] *vt (help)* dar; *(homage)* rendir; *(to perform)* interpretar; *(verdict)* pronunciar.

rendezvous [rän'dā-vōo'] *s inv (place)* lugar *m* de reunión; *(meeting)* cita.

renegade [rĕn'ĭ-gād'] *s* renegado.

renew [rĭ-nōo'] *vt* renovar; *(to resume)* reanudar.

renewal [:əl] *s* renovación *f; (of negotiations)* reanudación *f.*

renounce [rĭ-nouns'] *vi* renunciar (a).

renovate [rĕn'ə-vāt'] *vt* renovar, restaurar.

renown [rĭ-noun'] *s* renombre *m.*

renowned [rĭ-nound'] *adj* renombrado.

rent [rĕnt] **-1** *s* alquiler *m* **-2** *vt* alquilar(se).

rental [rĕn'tl] **-1** *s (amount)* alquiler *m* **-2** *adj* de alquiler.

repair [rĭ-pâr'] **-1** *vt* reparar; *(clothes)* remendar **-2** *s* reparación *f.*

repairman [:măn'] *s [pl* **-men]** reparador *m.*

reparable [rĕp'ər-ə-bəl] *adj* reparable.

reparation [rĕp'ə-rā'shən] *s* reparación *f* ♦ *pl* indemnización.

repatriate [rē-pā'trē-āt'] *vt* repatriar.

repay [rē-pā'] *vt* **-paid** *(favor)* devolver; *(to compensate)* compensar.

repayment [:mənt] *s* pago, reembolso.

repeal [rĭ-pēl'] **-1** *vt (to revoke)* revocar; *(to annul)* anular **-2** *s* revocación *f,* anulación *f.*

repeat [rĭ-pēt'] **-1** *vt & vi* repetir ♦ **to repeat oneself** repetirse **-2** *s* repetición *f;* RAD, TELEV segunda difusión.

repel [rĭ-pĕl'] *vt* **-ll-** repeler.

repellent [:ənt] **-1** *adj* repelente; *(repulsive)* repugnante **-2** *s* ♦ **insect repellent** producto contra los insectos.

repent [rĭ-pĕnt'] *vi & vt* arrepentirse (de).

repentance [rĭ-pĕn'təns] *s* arrepentimiento.

repercussion [rē'pər-kŭsh'ən, rĕp'ər-] *s* repercusión *f.*

repertoire [rĕp'ər-twär'] *s* repertorio.

repertory [:tôr'ē] *s* repertorio.

repetition [rĕp'ĭ-tĭsh'ən] *s* repetición *f.*

replace [rĭ-plās'] *vt (to put back)* reponer; *(to substitute)* reemplazar, suplir.

replacement [:mənt] *s* reposición *f; (substitution)* reemplazo.

replay -1 *vt* [rē-plā′] *(game)* volver a jugar; *(videotape)* volver a poner **-2** *s* [″] repetición *f*.

replenish [rĭ-plĕn′ĭsh] *vt* volver a llenar; *(to restore)* llenar, restaurar.

reply [rĭ-plī′] **-1** *vt* & *vi* contestar, responder **-2** *s* respuesta.

report [rĭ-pôrt′] **-1** *s (official account)* informe *m*; *(of news)* reportaje *m* **-2** *vt (to recount)* relatar; *(to tell of)* informar; *(to denounce)* denunciar ♦ **it is reported that** se dice que **-vi** presentar un informe ♦ **to report for** *(military duty)* incorporarse a; *(work)* presentarse a • **to report on** hacer un informe sobre; *(news)* escribir una crónica de.

reporter [:tər] *s* reportero, periodista *m/f*.

represent [rĕp′rĭ-zĕnt′] *vt* representar.

representation [:zĕn-tā′shən] *s* representación *f*.

representative [′-′tə-tĭv] **-1** *s* representante *m/f* **-2** *adj* representativo.

repress [rĭ-prĕs′] *vt* & *vi* reprimir.

repression [rĭ-prĕsh′ən] *s* represión *f*.

reprieve [rĭ-prēv′] **-1** *vt (execution)* suspender la ejecución de; *(sentence)* conmutar la pena de **-2** *s (of an execution)* suspensión *f*; *(of a sentence)* conmutación *f*.

reprimand [rĕp′rə-mănd′] **-1** *vt* reprender **-2** *s* reprimenda.

reprisal [rĭ-prī′zəl] *s* represalia.

reproach [rĭ-prōch′] **-1** *vt* reprochar **-2** *s* reproche *m*.

reproduce [rē′prə-dōōs′] *vt* & *vi* reproducir(se).

reproduction [:dŭk′shən] *s* reproducción *f*.

reprove [rĭ-prōōv′] *vt* reprobar.

reptile [rĕp′təl, :tīl′] *s* reptil *m*.

republic [rĭ-pŭb′lĭk] *s* república.

republican [:lĭ-kən] *adj* & *s* republicano.

repudiate [rĭ-pyōō′dē-āt′] *vt* repudiar.

repulse [rĭ-pŭls′] **-1** *vt* repeler, rechazar **-2** *s (act)* repulsión *f*; *(rejection)* rechazo.

repulsive [:sĭv] *adj* repulsivo.

reputable [rĕp′yə-tə-bəl] *adj* respetable.

reputation [′-tā′shən] *s* reputación *f*.

reputed [rĭ-pyōō′tĭd] *adj* supuesto.

request [rĭ-kwĕst′] **-1** *vt* solicitar **-2** *s* solicitud *f*.

require [rĭ-kwīr′] *vt (to need)* requerir, necesitar; *(to demand)* exigir.

requirement [:mənt] *s (prerequisite)* requisito.

requisite [rĕk′wĭ-zĭt] **-1** *adj* necesario, indispensable **-2** *s* requisito.

reschedule [rē-skĕj′ōōl] *vt (event)* volver a programar.

rescind [rĭ-sĭnd′] *vt* rescindir, anular.

rescue [rĕs′kyōō] **-1** *vt* rescatar, salvar **-2** *s* rescate *m*.

research [rĭ-sûrch′, rē′sûrch′] **-1** *s* investigación *f* **-2** *vt* & *vi* hacer una investigación (sobre).

resemblance [rĭ-zĕm′bləns] *s* parecido.

resemble [:bəl] *vt* parecerse a.

resentful [rĭ-zĕnt′fəl] *adj* resentido.

resentment [:mənt] *s* resentimiento.

reservation [rĕz′ər-vā′shən] *s (of room, table)* reservación *f*; *(condition, land)* reserva.

reserve [rĭ-zûrv′] **-1** *vt* reservar **-2** *s* reserva.

reserved [rĭ-zûrvd′] *adj* reservado.

reservoir [rĕz′ər-vwär′] *s* embalse *m*.

residence [rĕz′ĭ-dəns] *s* residencia ♦ **in residence** residente.

resident [:dənt] **-1** *s* residente *m/f*; MED interno **-2** *adj (residing)* residente.

residential [′-dĕn′shəl] *adj* residencial.

residue [rĕz′ĭ-dōō′] *s* residuo.

resign [rĭ-zīn′] *vt* renunciar, dimitir ♦ **to resign oneself to** resignarse a **-vi** dimitir.

resignation [rĕz′ĭg-nā′shən] *s (act)* renuncia; *(acceptance)* resignación *f*.

resist [rĭ-zĭst′] *vt* & *vi* resistir.

resistance [rĭ-zĭs′təns] *s* resistencia.

resolute [rĕz′ə-lōōt′] *adj* resuelto.

resolution [′-lōō′shən] *s* resolución *f*.

resolve [rĭ-zŏlv′] **-1** *vt* resolver **-vi** decidir **-2** *s* resolución *f*.

resort [rĭ-zôrt′] **-1** *vi* ♦ **to resort to** recurrir a **-2** *s* lugar *m* de temporada ♦ **as a last resort** como último recurso.

resound [rĭ-zound′] *vi (sound)* resonar; *(fame)* tener resonancia.

resounding [rĭ-zoun′dĭng] *adj* resonante.

resource [rē′sôrs′, rĭ-sôrs′] *s* recurso, medio.

R

resourceful [rĭ-sôrs′fəl] *adj* listo, ingenioso.

respect [rĭ-spĕkt′] **-1** *vt (to esteem)* respetar; *(to concern)* referirse a **-2** *s* respeto ♦ **in that respect** en cuanto a eso • **with respect to** con relación a.

respectable [rĭ-spĕk′tə-bəl] *adj* respetable.

respectful [rĭ-spĕkt′fəl] *adj* respetuoso.

respective [:tĭv] *adj* respectivo.

resplendent [rĭ-splĕn′dənt] *adj* resplandeciente, reluciente.

respond [rĭ-spŏnd′] *vi* responder.

response [rĭ-spŏns′] *s* respuesta; *(to a proposal)* acogida.

responsibility [rĭ-spŏn′sə-bĭl′ĭ-tē] *s* responsabilidad *f* ♦ **on one's own responsibility** bajo su propia responsabilidad.

responsible [-′-bəl] *adj* responsable *(for de, to ante); (position)* de responsabilidad.

responsive [rĭ-spŏn′sĭv] *adj* sensible *(to a).*

rest[1] [rĕst] **-1** *s* descanso; *(peace)* tranquilidad *f; (support)* soporte *m;* MÚS pausa ♦ **rest room** baño • **to come to rest** pararse • **to take a rest** descansar un rato **-2** *vi* descansar; *(to remain)* quedarse; *(to stop)* pararse ♦ **to rest on** *(a support)* apoyarse en; *(to depend)* depender de *-vt (to place, lean)* apoyar, descansar *(on, against en).*

rest[2] *s* ♦ **the rest** *(remainder)* el resto; *(others)* los demás.

restaurant [rĕs′tə-ränt′] *s* restaurante *m.*

restful [rĕst′fəl] *adj* quieto, sosegado.

restitution [rĕs′tĭ-tōo′shən] *s* restitución *f.*

restive [rĕs′tĭv] *adj (uneasy)* inquieto.

restless [rĕst′lĭs] *adj* inquieto, agitado.

restoration [rĕs′tə-rā′shən] *s* restauración *f.*

restore [rĭ-stôr′] *vt (order, relations)* restablecer; *(painting, monarch)* restaurar.

restrain [rĭ-strān′] *vt (to repress)* reprimir; *(to limit)* restringir.

restraint [rĭ-strānt′] *s (limitation)* restricción *f; (moderation)* moderación *f.*

restrict [rĭ-strĭkt′] *vt* restringir, limitar.

restriction [:shən] *s* restricción *f.*

restrictive [:tĭv] *adj* restrictivo.

result [rĭ-zŭlt′] **-1** *vi* ♦ **to result from, in** resultar de, en **-2** *s* resultado ♦ **as a result of** a causa de.

resume [rĭ-zōom′] *vt (talking)* reanudar *-vi (working)* reanudar; *(talking)* proseguir.

résumé [rĕz′ə-mā′] *s* currículum vitae *m.*

resumption [rĭ-zŭmp′shən] *s* reanudación *f.*

resurrection [:rĕk′shən] *s (revival)* restablecimiento; RELIG resurrección *f.*

resuscitate [rĭ-sŭs′ĭ-tāt′] *vt* resucitar.

retail [rē′tāl′] COM **-1** *s* venta al por menor *or* al detalle **-2** *adv* al por menor, al detalle.

retailer [:ər] *s* minorista *m/f,* detallista *m/f.*

retain [rĭ-tān′] *vt* retener.

retainer [rĭ-tā′nər] *s (servant)* criado; *(fee)* anticipo.

retarded [rĭ-tär′dĭd] *adj* atrasado.

retch [rĕch] *vi* tener náuseas.

retentive [rĭ-tĕn′tĭv] *adj* retentivo.

reticent [:sənt] *adj* reservado, reticente.

retina [rĕt′n-ə] *s* [pl **s** *or* **-ae**] retina.

retinue [rĕt′n-ōo′] *s* séquito.

retire [rĭ-tīr′] *vi (to stop working)* jubilarse; *(to retreat)* retirarse.

retired [rĭ-tīrd′] *adj* jubilado.

retirement [rĭ-tīr′mənt] *s* jubilación *f.*

retort [rĭ-tôrt′] **-1** *vt* replicar **-2** *s* réplica.

retract [rĭ-trăkt′] *vt & vi (to disavow)* retractar(se); *(to draw back)* retraer(se).

retreat [rĭ-trēt′] **-1** *s* retirada; *(refuge)* refugio **-2** *vi* retirarse.

retribution [rĕt′rə-byōo′shən] *s* castigo.

retrograde [rĕt′rə-grād′] *adj* retrógrado.

retrospect [rĕt′rə-spĕkt′] *s* ♦ **in retrospect** retrospectivamente.

retrospective [:tĭv] *adj* retrospectivo.

return [rĭ-tûrn′] **-1** *vi* volver, regresar *-vt* devolver; *(to put back)* volver a colocar; *(love, kindness)* corresponder; *(lost, stolen property)* restituir **-2** *s (coming back)* regreso; *(giving back)* devolución *f; (response)* respuesta; *(profits)* ganancia

♦ **in return (for)** *(as a reward)* en pago; *(in exchange)* a cambio • **return ticket** billete de ida y vuelta ♦ *pl (income)* ingresos; *(in an election)* resultados.

reunion [rē-yōon′yən] *s* reunión *f*.

reunite [rē′yōo-nīt′] *vt* & *vi* reunir(se).

rev [rĕv] **-1** *s* FAM revolución *f* (de un motor) **-2** *vt* **-vv-** ♦ **to rev up** acelerar -*vi* ♦ **to rev up** *(engine)* embalarse.

revamp [rē-vămp′] *vt* renovar, modernizar.

reveal [rĭ-vēl′] *vt* revelar.

reveille [rĕv′ə-lē] *s* MIL diana.

revelation [rĕv′ə-lā′shən] *s* revelación *f*.

revelry [rĕv′əl-rē] *s* jarana, juerga.

revenge [rĭ-vĕnj′] **-1** *vt* vengar, vengarse de **-2** *s* venganza.

revenue [rĕv′ə-nōo′] *s* ingreso, renta.

reverberate [rĭ-vûr′bə-rāt′] *vi* resonar.

revere [rĭ-vîr′] *vt* reverenciar, venerar.

reverence [rĕv′ər-əns] *s* reverencia.

reverend [:ənd] *adj* & *s* reverendo.

reverie [rĕv′ə-rē] *s* ensueño.

reversal [rĭ-vûr′səl] *s (of direction, opinion)* cambio; *(setback)* revés *m*.

reverse [rĭ-vûrs′] **-1** *adj (inverse)* inverso <*in reverse order* en orden inverso> **-2** *s (opposite)* lo opuesto, lo contrario; *(setback)* revés *m*; AUTO marcha atrás ♦ **just the reverse** todo lo contrario • **to put in(to) reverse** poner en marcha atrás **-3** *vt (order)* invertir; *(policy, direction)* cambiar; DER revocar -*vi* AUTO dar marcha atrás.

revert [rĭ-vûrt′] *vi* ♦ **to revert to** *(to return to)* volver a.

review [rĭ-vyōo′] **-1** *vt* (volver a) examinar; *(lesson, text)* repasar; *(film, book)* reseñar, criticar; *(to study)* repasar **-2** *s* examen *m*; *(of lesson)* repaso; *(critique)* crítica.

reviewer [:ər] *s* crítico.

revise [rĭ-vīz′] *vt* corregir; *(to modify)* modificar.

revision [rĭ-vĭzh′ən] *s* corrección *f*; *(modification)* modificación *f*; *(of views)* revisión *f*.

revitalize [rē-vīt′l-īz′] *vt* revitalizar.

revival [rĭ-vī′vəl] *s* reanimación *f*; ECON reactivación *f*.

revive [rĭ-vīv′] *vt* resucitar; *(custom)* restablecer; *(economy)* reactivar -*vi (to feel better)* reanimarse, volver en sí.

revolt [rĭ-volt′] **-1** *vi* rebelarse -*vt* repugnar **-2** *s* rebelión *f*.

revolting [rĭ-vōl′tĭng] *adj* repugnante.

revolution [rĕv′ə-lōo′shən] *s* revolución *f*.

revolutionary [:shə-nĕr′ē] *adj* & *s* revolucionario.

revolve [rĭ-vŏlv′] *vt* hacer girar -*vi* girar ♦ **to revolve around** girar alrededor de.

revolver [rĭ-vŏl′vər] *s* revólver *m*.

revue [rĭ-vyōo′] *s* TEAT revista.

revulsion [rĭ-vŭl′shən] *s* repugnancia, asco.

reward [rĭ-wôrd′] **-1** *s* recompensa, premio **-2** *vt* recompensar.

rewarding [rĭ-wôr′dĭng] *adj* ratificador.

rewind [rē-wīnd′] *vt* **-wound** rebobinar.

rework [rē-wûrk′] *vt* revisar *(discurso, obra)*.

rewrite [rē-rīt′] *vt* **-wrote, -written** escribir de nuevo.

rhapsody [răp′sə-dē] *s* rapsodia.

rhetoric [rĕt′ər-ĭk] *s* retórica.

rhetorical [rĭ-tôr′ĭ-kəl] *adj* retórico.

rheumatism [rōo′mə-tĭz′əm] *s* reumatismo.

rhinestone [rīn′stōn′] *s* diamante falso.

rhinoceros [rī-nŏs′ər-əs] *s* [pl inv or es] rinoceronte *m*.

rhododendron [ro′də-dĕn′drən] *s* rododendro.

rhubarb [rōo′bärb′] *s* BOT ruibarbo; JER *(quarrel)* riña.

rhyme [rīm] **-1** *s* rima **-2** *vi* rimar.

rhythm [rĭth′əm] *s* ritmo.

rhythmic/mical [rĭth′mĭk] *adj* rítmico.

rib [rĭb] *s* costilla; *(of an umbrella)* varilla.

ribbon [rĭb′ən] *s* cinta.

rice [rīs] *s* arroz *m*.

rich [rĭch] *adj* rico; *(voice)* potente; *(color)* vivo ♦ **to be rich in** abundar en.

riches [′ĭz] *s pl* riquezas.

rickets [rĭk′ĭts] *s* raquitismo.

rickety [rĭk′ĭ-tē] *adj* **-i-** *(shaky)* desvencijado; MED raquítico.

ricochet [rĭk′ə-shā′] **-1** *vi* rebotar **-2** *s* rebote *m*.

rid [rĭd] *vt* **rid(ded), -dding** librar ♦ **to be rid of** estar libre de • **to rid oneself of** librarse de.

R

riddle [rĭd′l] s (puzzle) acertijo; (mystery) enigma m.

ride [rīd] -1 vi rode, ridden montar; (to move) andar; (to travel) ir, viajar; (in a car) pasearse -vt (a horse) montar a; (a bicycle) montar en ♦ **to ride out** aguantar, soportar -2 s (on horse, car) paseo; (tour) vuelta ♦ **to give someone a ride** llevar a alguien • **to go for a ride** dar un paseo.

rider [rī′dər] s (horse) jinete m; (bicycle) ciclista m/f.

ridge [rĭj] s (of earth) lomo; (of a hill) cresta; (of hills) cordillera.

ridicule [rĭd′i-kyōōl′] -1 s ridículo ♦ **object of ridicule** blanco de burlas -2 vt ridiculizar.

ridiculous [rĭ-dĭk′yə-ləs] adj ridículo.

riffraff [rĭf′răf′] s gentuza, chusma.

rifle [rī′fəl] -1 s rifle m; MIL fusil m -2 vt (to ransack) saquear.

rift [rĭft] s (in a friendship) ruptura; (in a political party) escisión f; GEOL falla.

rig [rĭg] -1 vt -gg- (an election) amañar, falsificar -2 s ♦ **oil rig** torre de perforación.

right [rīt] -1 adj (ethical) bueno, correcto; (correct) correcto (exact) exacto (palabra, hora); (appropriate) más indicado; (proper) debido <in its right place en su debido sitio>; (opposite the left) derecho; POL de derecha, derechista ♦ **all right** (fine) bastante bien; (well) bien <are you all right? ¿te encuentras bien?> • **all right?** ¿está bien? • **it's all right by** or **with me** estoy de acuerdo • **right!** or **that's right!** ¡eso es! • **right wing** POL derecha • **to be right** tener razón -2 s (justice) justicia; (good) (lo) bueno, bien m; (side, hand) derecha; (claim) derecho <the right to vote el derecho al voto>; POL derecha ♦ **in one's own right** por derecho propio • **to have a right to** tener derecho a -3 adv (directly) derecho, directamente <they came right home vinieron derecho a casa>; (well, correctly) bien <it doesn't work right no funciona bien>; (exactly) exactamente, justo <right at the end justo al final>; (to the right) a la derecha; FAM (very) muy, bien ♦ **go right ahead** siga, continúe • **right and left** a diestra y siniestra • **right behind**

justo detrás • **right now** ahora mismo • **right (over) here, there** aquí, ahí mismo • **to go right on...** seguir... como si nada -4 vt enderezar.

righteous [rī′chəs] adj (honest) honrado; (just) justo.

rightful [rīt′fəl] adj legítimo.

right-hand [:hănd′] adj a la derecha ♦ **on the right side** al lado derecho.

right-handed [:hăn′dĭd] adj que usa la mano derecha.

rigid [rĭj′ĭd] adj rígido.

rigmarole [rĭg′mə-rōl′] s galimatías m.

rigorous [rĭg′ərəs] adj riguroso.

rile [rīl] vt irritar.

rim [rĭm] s borde m; (coin) canto; (barrel) aro.

rind [rīnd] s (cheese) corteza.

ring[1] [rĭng] -1 s anillo; (hoop) aro, argolla; (circle) círculo; (on finger) anillo, sortija; (for bullfights) ruedo; (in boxing) ring m, cuadrilátero -2 vt (to encircle) rodear; (to shape) anillar.

ring[2] -1 vi rang, rung (bells) sonar, repicar; (to resound) resonar ♦ **to ring false, true** sonar a falso, cierto • **to ring out** oírse -vt (a bell, buzzer) tocar; (to telephone) llamar, telefonear; (the hour) dar ♦ **to ring up** GB telefonear -2 s (sound) sonido (metálico); (of telephone, buzzer, voice) timbre m; (of bell) tañido; (quality) tono <a suspicious ring un tono sospechoso>.

ringing [:ĭng] -1 adj sonoro, resonante -2 s (of bells) tañido; (of buzzer, alarm) toque m; (of phone) timbre m; (in the ears) zumbido.

ringlet [:lĭt] s bucle m, rizo.

rink [rĭngk] s pista.

rinse [rĭns] -1 vt enjuagar -2 s enjuague m.

riot [rī′ət] -1 s (disturbance) disturbio, tumulto -2 vi amotinarse.

riotous [:əs] adj (living) desenfrenado; (crowd) alborotado.

rip [rĭp] -1 vt -pp- rasgar, desgarrar ♦ **to rip apart** desgarrar • **to rip off** arrancar, quitar; JER (to rob) robar, limpiar • **to rip up** desgarrar, destrozar -vi rasgarse, desgarrarse -2 s (tear) rasgón m, desgarrón m.

ripe [rīp] adj maduro ♦ **ripe for** listo para.

ripen [rī′pən] vt & vi madurar.

rip-off [rĭp′ôf′] s (swindle) timo.

ripple [rĭp′əl] -1 vt & vi (water) rizarse; (wheat) ondular -2 s (small wave) rizo, onda; (of laughter) carcajada general.

rise [rīz] -1 vi **rose, risen** (person, wind, dough) levantarse; (buildings, hills, spirits) elevarse; (temperature, prices, land) subir; (in rank, position) ascender; (stock market) estar en alza; (in rebellion) sublevarse ♦ **to rise above** (to overcome) sobreponerse a; (to loom over) surgir • **to rise to power** subir al poder -2 s (ascension) subida, ascensión f; (elevation) elevación f; (of prices, temperature, land) subida; (of value, salary) aumento; (in rank) ascenso; COM alza ♦ **to give rise to** ocasionar, dar lugar a.

riser [rī′zər] s ♦ **early riser** madrugador • **late riser** dormilón.

rising [rī′zĭng] adj ascendente; (tide, anger) creciente; (promising) prometedor.

risk [rĭsk] -1 s riesgo -2 vt arriesgar.

risky [rĭs′kē] adj -i- arriesgado.

risqué [rĭ-skā′] adj escabroso.

rite [rīt] s rito.

ritual [rĭch′ᴏᴏ-əl] s ritual m.

rival [rī′vəl] -1 adj & s rival m -2 vt rivalizar con.

rivalry [:rē] s rivalidad f.

river [rĭv′ər] s río.

riverbank [:băngk′] s ribera, orilla.

riverbed [:bĕd′] s cauce m.

riverside [:sīd′] s ribera, orilla.

rivet [rĭv′ĭt] -1 s roblón m -2 vt (attention) cautivar; (eyes) fijar; MAQ remachar.

road [rōd] s (highway) carretera; (route, path) camino; (way, track) vía ♦ **road map** mapa de carreteras.

roadblock [:blŏk′] s (by police, military) barricada.

roadside [:sīd′] s borde m de la carretera.

roadway [:wā′] s carretera.

roam [rōm] vi & vt vagar (por).

roar [rôr] -1 vi (people) vociferar; (lion) rugir; (bull, wind) bramar ♦ **to roar with laughter** reírse a carcajadas -vt decir a gritos, vociferar -2 s rugido, bramido; (of traffic) estruendo; (of the crowd) clamor m.

roast [rōst] -1 vt (meat) asar; (coffee, nuts) tostar -vi asarse, tostarse; (to feel hot) asarse -2 s asado -3 adj asado ♦ **roast beef** rosbif.

rob [rŏb] vt -bb- robar ♦ **to rob of** (reputation) quitar, robar.

robber [:ər] s (thief) ladrón m.

robbery [:ə-rē] s robo.

robe [rōb] s (judge) toga; (bathrobe) bata.

robin [rŏb′ĭn] s petirrojo.

robot [rō′bət, :bŏt′] s robot m.

robust [rō-bŭst′] adj robusto, fuerte.

rock[1] [rŏk] s roca; (stone) piedra; (cliff, crag) peñasco, peña.

rock[2]-1 vi (to sway) balancearse -vt (baby, cradle) mecer -2 s MÚS rock 'n' roll m.

rocker [′ər] s (chair) mecedora ♦ **to be off one's rocker** JER estar chalado.

rocket [rŏk′ĭt] -1 s cohete m -2 vi subir rápidamente.

rocking [rŏk′ĭng] adj ♦ **rocking chair** mecedora • **rocking horse** caballito de balancín.

rocky [rŏk′ē] adj -i- (stony) rocoso; FIG difícil.

rod [rŏd] s (stick) vara; MEC barra.

rodent [rōd′nt] adj & s roedor m.

roe [rō] s (fish eggs) hueva.

rogue [rōg] s pícaro.

role or **rôle** [rōl] s papel m.

roll [rōl] -1 vi rodar; (to wallow) revolcarse; (prairie, hills) ondular; (thunder) retumbar; (drum) redoblar; AVIA, MARÍT balancearse ♦ **to roll in** llegar en abundancia • **to roll over** dar una vuelta -vt (hacer) rodar; (a cigarette) liar ♦ **to roll over** (object) voltear; (to destroy) derribar • **to roll up** (paper, rug) enrollar; (sleeves) arremangar -2 s (of paper, film) rollo; (of thunder) retumbo; (of money) fajo; (bread) bollo, panecillo ♦ **roll call** acto de pasar lista.

roller [rō′lər] s (cylinder) rodillo; (for the hair) rulo ♦ **roller skate** patín de ruedas.

Roman numeral [rō′mən] s número romano.

Roman Catholic adj & s católico romano.

romance [rō-măns′, ″] s romance m; (novel) novela romántica; (spirit) lo romántico; (love affair) amores m.

R

romantic [rō-măn'tĭk] *adj & s* romántico.

romp [rŏmp] **-1** *vi* juguetear, retozar **-2** *s (play)* retozo.

roof [rōōf, rŏŏf] *s* techo, tejado; *(of the mouth)* paladar *m.*

rook [rŏŏk] *s* ORNIT grajo.

room [rōōm, rŏŏm] *s* habitación *f*, cuarto; *(for meetings)* sala; *(space, a spot)* sitio ♦ **room and board** pensión completa • **to make room for** hacer sitio para • **to take up room** ocupar sitio • **rooming house** pensión.

roommate [:-māt'] *s* compañero de cuarto.

roomy [:-ē] *adj* **-i-** espacioso, amplio.

roost [rōōst] **-1** *s (perch)* percha, palo; *(coop)* gallinero **-2** *vi* posarse para dormir.

rooster [rōō'stər] *s* gallo.

root¹ [rōōt, rŏŏt] **-1** *s* raíz *f* **-2** *vi* echar raíces **-***vt* arraigar.

root² *vt (to dig)* hocicar **-***vi (to rummage)* rebuscar.

root³ *vi* ♦ **to root for** animar a.

rope [rōp] **-1** *s* soga, cuerda **-2** *vt (to tie)* amarrar, atar; *(to lasso)* coger con lazo ♦ **to rope off** acordonar.

rose [rōz] **-1** *s* rosa **-2** *adj* (de color) rosa.

rosé [rō-zā'] *s* rosado, clarete *m.*

rosebud [rōz'bŭd'] *s* capullo.

rosebush [:bŏŏsh'] *s* rosal *m.*

rosemary [:měr'ē] *s* romero.

rosette [rō-zět'] *s* rosa, rosetón *m.*

rostrum [rŏs'trəm] *s* [*pl* **s** *or* **-tra**] estrado.

rosy [rō'zē] *adj* **-i-** *(pink)* rosado; *(skin)* sonrosado; *(future)* prometedor.

rot [rŏt] **-1** *vt & vi* **-tt-** pudrir(se) **-2** *s (nonsense)* tontería.

rotary [rō'tə-rē] *adj* rotatorio.

rotation [rō-tā'shən] *s (turning)* giro, rotación *f*; *(turn)* revolución *f.*

rote [rōt] *s* ♦ **by rote** por repetición.

rotten [rŏt'n] *adj* **-er, -est** *(meat, fruit)* estropeado; *(smell, egg)* podrido; *(trick)* malo; *(weather)* pésimo.

rouge [rōōzh] *s* colorete *m.*

rough [rŭf] **-1** *adj (not smooth)* áspero; *(terrain)* accidentado; *(coarse)* basto, burdo; *(stormy)* tempestuoso; *(trying)* difícil, malo; *(rude)* tosco; *(work)* duro; *(idea, guess)* aproximado **-2** *s* terreno

accidentado **-3** *vt* ♦ **to rough it** vivir sin comodidades • **to rough out** bosquejar **-4** *adv* rudamente, toscamente ♦ **to play rough** jugar duro.

roughen [:ən] *vt & vi* poner áspero.

roulette [rōō-lět'] *s* ruleta.

round [round] **-1** *adj* redondo ♦ **round trip** viaje de ida y vuelta **-2** *s (series)* serie *f*; *(of talks, drinks)* ronda; ARM descarga; DEP *(of golf)* partido; *(in boxing)* asalto ♦ **to make one's rounds** *(police, patrol)* hacer la ronda; *(salesperson)* hacer el recorrido; *(doctor)* hacer las visitas **-3** *vt (corner)* doblar, dar la vuelta a ♦ **to round off** *(to finish off)* rematar • **to round up** *(animals)* acorralar, rodear; *(people)* reunir **-4** *adv (around)* alrededor; *(everywhere)* por todas partes; *(here and there)* aquí y allá ♦ **all year round** durante todo el año • **round about** a eso de • **round and round** dando vueltas a la redonda **-5** *prep (the world)* alrededor de; *(the corner)* a la vuelta de.

roundabout [roun'də-bout'] *adj* indirecto, con rodeos.

roundup [round'ŭp'] *s (of news)* resumen *m.*

rouse [rouz] *vt* despertar.

rousing [rou'zĭng] *adj* conmovedor, animado.

rout [rout] **-1** *s (defeat)* derrota completa **-2** *vt* derrotar.

route [rōōt, rout] **-1** *s (course)* ruta, vía; *(road)* carretera; *(for delivery)* recorrido; *(means)* camino **-2** *vt* mandar, encaminar.

routine [rōō-tēn'] **-1** *s* rutina **-2** *adj* rutinario.

rove [rōv] *vi* vagar, errar.

row¹ [rō] *s* línea, fila ♦ **in a row** *(in succession)* seguidos; *(in a line)* en fila • **in rows** en filas.

row² [rō] *vi* remar **-***vt (a boat)* conducir remando; *(passengers)* llevar.

row³ [rou] *s (quarrel)* pelea; *(noise)* jaleo.

rowboat [rō'bōt'] *s* bote *m* de remos.

rowdy [rou'dē] *adj* **-i-** pendenciero, camorrista.

royal [roi'əl] *adj* real.

royalist [:ə-lĭst] *s* monárquico.

royalty [:əl-tē] *s (rank, power)* realeza.

rub [rŭb] *vt* **-bb-** frotar; *(against* contra); *(to massage)* friccionar, dar friegas;

(one's hands) frotarse; *(to irritate)* irritar; *(to polish)* limpiar frotando ♦ **to rub in** *or* **on** frotar con • **to rub it in** FAM machacar • **to rub out** borrar -vi rozar ♦ **to rub off** quitarse frotando • **to rub (up) against** rozar contra.

rubber [rŭb'ər] *s* caucho; *(synthetic)* goma; *(eraser)* goma de borrar ♦ **rubber band** goma • **rubber stamp** sello de goma.

rubbish [rŭb'ĭsh] *s* basura; *(nonsense)* tonterías.

rubble [rŭb'əl] *s* escombros.

ruby [rōō'bē] *s* rubí *m.*

rucksack [rŭk'săk'] *s* mochila.

rudder [rŭd'ər] *s* timón *m.*

ruddy [rŭd'ē] *adj* -i- *(healthy)* rubicundo; *GB* FAM maldito.

rude [rōōd] *adj (crude)* crudo, rudo; *(discourteous)* grosero, descortés.

rudimentary [rōō'də-mĕn'tə-rē] *adj* rudimentario.

rue [rōō] *vt* arrepentirse de, lamentar.

ruffian [rŭf'ē-ən] *s* rufián *m.*

ruffle [rŭf'əl] *vt (to disturb)* agitar; *(cloth)* plegar; *(feathers)* erizar; *(a person)* aturdir.

rug [rŭg] *s* alfombra.

rugged [rŭg'ĭd] *adj (terrain)* escabroso; *(mountains)* escarpado; *(features)* duro; *(climate)* riguroso; *(hardy)* robusto.

ruin [rōō'ĭn] **-1** *s* ruina **-2** *vt* arruinar; *(crops, party)* estropear.

rule [rōōl] **-1** *s* regla; *(control)* dominio, mando <*under foreign rule* bajo dominio extranjero>; *(power)* poder *m*; *(reign)* reinado ♦ **as a (general) rule** por lo regular • **to play by the rules** obrar como es debido ♦ *pl* reglamento **-2** *vt (to govern)* gobernar; *(to control)* dominar; *(to decree)* decretar; *(to decide)* decidir ♦ **to rule out** *(to exclude)* excluir, descartar -vi gobernar; *(to decide)* decidir; DER fallar.

ruler [rōō'lər] *s* gobernante *m*; *(strip)* regla.

rum[1] [rŭm] *s* ron *m.*

rum[2] *adj* -mm- *GB* raro, extraño.

rumble [rŭm'bəl] **-1** *vi (vehicle)* rodar con estrépito; *(gunfire, thunder)* retumbar **-2** *s* retumbo; JER *(fight)* pelea callejera.

rummage [rŭm'ĭj] *vi* revolver, hurgar ♦ **rummage sale** venta benéfica.

rumor [rōō'mər] *s* rumor *m.*

rump [rŭmp] *s (of an animal)* ancas, grupa; *(of beef)* cuarto trasero; *(of a person)* nalgas.

rumpus [rŭm'pəs] *s* jaleo.

run [rŭn] **-1** *vi* ran, run, -nn- correr; *(to flee)* echar a correr, huir; *(to be in operation)* estar en marcha, andar; *(nose)* moquear; *(eyes)* llorar; *(to spread)* correrse *(color, tinta)*; *(stockings)* correrse; *(contract)* ser válido; *(to stretch)* estar colocado <*shelves ran along the walls* los estantes estaban colocados a lo largo de las paredes>; POL presentarse como candidato ♦ **to come** *or* **go running to** acudir a • **to run along** irse <*run along!* ¡vete!> • **to run away** *(to flee)* fugarse • **to run down** parar • **to run off** *(to flee)* fugarse; *(liquid)* irse • **to run on** *(to chatter)* hablar sin cesar; *(to elapse)* pasar (el tiempo) • **to run out** *(to be exhausted)* acabarse, agotarse; *(to expire)* expirar -vt *(race, risk)* correr; *(distance)* recorrer, cubrir; *(to operate)* hacer funcionar; *(to transport)* llevar; *(tap water)* dejar correr *or* salir; *(to publish)* publicar; *(business, campaign)* dirigir; *(household)* llevar ♦ **to run after** perseguir, ir detrás de • **to run against** ir en contra de • **to run down** *(to knock down)* atropellar; *(to disparage)* poner por los suelos; *(to exhaust)* agotar • **to run into** *(to meet by chance)* encontrarse con; *(to collide with)* chocar contra; *(difficulties)* tropezar con • **to run off with** *(to steal)* llevarse; *(to elope)* fugarse con • **to run out of** acabársele a uno, quedarse uno sin • **to run over** atropellar • **to run through** *(to stab)* traspasar (con arma blanca); *(to rehearse)* ensayar • **to run up against** tropezar con **-2** *s (route)* recorrido, trayecto; *(race)* carrera; *(quick trip)* visita <*a run into town* una visita a la ciudad>; *(sudden demand)* gran demanda *(on de)*; *(in stockings)* carrera; *(series)* serie *f*; *(of luck)* racha; DEP *(slope)* pista ♦ **on the run** *(hurrying)* corriendo; *(fleeing)* huyendo; *(without pausing)* a la carrera • **to make a run for it** correr.

runaway [:ə-wā'] **-1** *s (slave)* fugitivo **-2** *adj* fugitivo; *(horse)* desbocado; *(child)* desertor; *(victory)* fácil, abrumador.

R

rung [rŭng] s (step) peldaño.

runner [rŭn'ər] s (racer) corredor m; (of a skate) cuchilla; (of a sled) patín m; (of sliding door) guía.

runner-up ['-ŭp'] s segundo.

running [rŭn'ĭng] -1 s (of a business) dirección f; (of a machine, household) manejo -2 adj (water) corriente; (knot) corredizo.

runny [:ē] adj -i- líquido; (nose) que gotea.

run-of-the-mill [rŭn'əv-thə-mĭl'] adj corriente y moliente.

runt [rŭnt] s (animal) animal pequeño; DESPEC (person) enano, renacuajo.

runway [rŭn'wā'] s (ramp) rampa; AVIA pista.

rupture [rŭp'chər] s ruptura; (hernia) hernia.

rural [rŏor'əl] adj rural.

ruse [rōos, rōoz] s artimaña, treta.

rush [rŭsh] -1 vi (to run) ir de prisa; (to hurry) apresurarse, darse prisa; (to flow) correr ♦ **to rush around** ajetrearse • **to**

rush in, off entrar, marcharse corriendo -vt (a person) dar prisa, apurar; (a job) hacer de prisa; (to attack) atacar ♦ **to rush things** precipitar las cosas -2 s (haste) prisa; (attack) acometida; (onslaught) fiebre f <the gold rush la fiebre del oro>; (bustle) bullicio, ajetreo; (of wind) ráfaga; (of emotion) arrebato ♦ **rush hour** hora punta • **there's no rush** no corre prisa.

rust [rŭst] -1 s herrumbre f; (on plants) tizón m -2 vt & vi oxidar(se), enmohecer(se).

rustic [rŭs'tĭk] adj & s rústico.

rustle [rŭs'əl] -1 vt & vi (leaves) (hacer) susurrar; (paper, fabric) (hacer) crujir; (cattle) robar (ganado) -2 s susurro.

rusty [rŭs'tē] adj -i- oxidado, mohoso.

rut [rŭt] s carril m; FIG rutina <to be in a rut ser esclavo de la rutina>.

ruthless [rōoth'lĭs] adj despiadado, cruel.

rye [rī] s centeno.

S

Sabbath [săb'əth] *s (Jewish)* sábado; *(Christian)* domingo.

sabotage [săb'ə-täzh'] **-1** *s* sabotaje *m* **-2** *vt* sabotear.

saccharin [săk'ər-ĭn] *s* sacarina.

sack JER **-1** *s (bag)* saco ♦ **to get the sack** JER ser despedido **-2** *vt* ensacar; *(to fire)* despedir.

sacred [sā'krĭd] *adj* sacro, sagrado.

sacrifice [săk'rə-fīs'] **-1** *s* sacrificio **-2** *vt* sacrificar.

sacrilege [săk'rə-lĭj] *s* sacrilegio.

sacrosanct [săk'rō-săngkt'] *adj* sacrosanto.

sad [săd] *adj* **-dd-** triste; *(regrettable)* lamentable.

sadden [săd'n] *vt* entristecer.

saddle [săd'l] **-1** *s* silla de montar; *(of bicycle)* sillín *m* **-2** *vt* ensillar ♦ **to saddle with** cargar con.

saddlebag [:băg'] *s* alforja.

sadistic [sə-dĭs'tĭk] *adj* sádico.

sadness [săd'nĭs] *s* tristeza.

safe [sāf] **-1** *adj* seguro ♦ **it is safe to say that** se puede decir con seguridad que • **safe and sound** sano y salvo **-2** *s* caja de caudales.

safe-conduct [′kŏn'dŭkt] *s* salvoconducto.

safe-deposit box [′dĭ-pŏz'ĭt] *s* caja de seguridad.

safeguard [′gärd'] **-1** *s* salvaguarda ♦ **to be a safeguard against** proteger contra **-2** *vt* salvaguardar.

safekeeping [:kē'pĭng] *s (state)* protección *f*.

safely [:lē] *adv (without harm)* sin accidente; *(driving)* con cuidado.

safety [:tē] *s* seguridad *f*.

saffron [săf'rən] *s* azafrán *m*.

sag [săg] *vi* **-gg-** *(plank)* combarse; *(clothesline)* aflojarse; *(prices)* bajar.

sage¹ [sāj] *s & adj* sabio.

sage² *s* BOT salvia.

sail [sāl] **-1** *s* vela; *(trip)* viaje *m* en barco ♦ **under full sail** a toda vela **-2** *vi* navegar; *(to travel)* ir en barco; *(to set out)* zarpar *-vt (an ocean)* atravesar; *(one's boat)* botar ♦ **to sail through** pasar fácil y rápidamente por.

sailboat [′bōt'] *s* barco de vela.

sailing [sā'lĭng] *s* navegación *f; (sport)* vela.

sailor [sā'lər] *s* marinero.

saint [sānt] *s* santo.

saintly [:lē] *adj* **-i-** santo.

sake [sāk] *s* ♦ **for God's** or **goodness'** or **heaven's sake!** ¡por (el amor de) Dios! • **for one's own sake** por el propio bien de uno • **for the sake of** por.

salad [săl'əd] *s* ensalada ♦ **salad dressing** aderezo.

salary [săl'ə-rē] *s* salario.

sale [sāl] *s* venta; *(clearance)* liquidación *f* ♦ **for sale** se vende.

salesman [:mən] *s [pl* **-men**] vendedor *m*.

saliva [sə-lī'və] *s* saliva.

sallow [săl'ō] *adj* **-er, -est** cetrino.

salmon [săm'ən, sä'mən] *s [pl inv* or *s]* salmón *m*.

salmonella [săl'mə-nĕl'ə] *s [pl inv* or *s* or **-ae**] salmonela.

salon [sə-lŏn'] *s* salón *m*.

saloon [sə-lōōn'] *s* taberna; *(hall, lounge)* salón *m*.

salt [sôlt] **-1** *s* sal *f* **-2** *vt* echar sal a; *(to preserve)* salar.

saltshaker [:shā'kər] *s* salero.

salt-water [:shā'kər] *adj* de agua salada.

salty [sôl'tē] *adj* **-i-** *(saline)* salino; *(with salt)* salado; *(witty)* agudo; *(lively)* picante.

salutary [săl'yə-tĕr'ē] *adj* saludable; *(beneficial)* benéfico.

salute [sə-lōōt'] **-1** *vt* saludar *-vi* hacer un saludo **-2** *s* saludo.

salvage [săl'vĭj] **-1** *s* MARÍT salvamento; *(things)* objetos salvados **-2** *vt* salvar.

salvation [săl-vā'shən] *s* salvación *f*.

same [sām] **-1** *adj* mismo; *(similar)* igual ♦ **the same old story** la historia de siempre **-2** *adv* igual **-3** *pron* el mismo; *(thing)* lo mismo ♦ **everything is the same** todo sigue igual • **it's all the same to me** me da igual or lo mismo.

sample [săm'pəl] **-1** *s* muestra **-2** *vt* tomar una muestra de; CUL catar.

sanatorium [săn'ə-tôr'ē-əm] *s [pl s* or **-ia**] sanatorio.

sanction [săngk'shən] **-1** *s* sanción *f* **-2** *vt* sancionar.

sanctity [săngk′tĭ-tē] s santidad f.

sanctuary [:chōō-ĕr′ē] s santuario; *(refuge)* asilo; *(game preserve)* coto.

sand [sănd] -1 s arena -2 vt & vi *(wood)* lijar.

sandal [săn′dl] s sandalia.

sandalwood [:wōōd′] s sándalo.

sandbox [:bŏks′] s cajón m de arena.

sandpaper [:pā′pər] s papel m de lija.

sandstone [:stōn′] s arenisca.

sandwich [:wĭch] s emparedado, sandwich m.

sandy [săn′dē] adj -i- arenoso.

sane [sān] adj cuerdo; *(reasonable)* razonable.

sanitary [săn′ĭ-tĕr′ē] adj sanitario.

sanitation [′-tā′shən] s saneamiento.

sanity [săn′ĭ-tē] s cordura; *(sense)* sensatez f.

sap¹ [săp] s BOT savia; *(vitality)* vitalidad f; JER *(dupe)* bobo.

sap² vt -pp- *(to deplete)* agotar; *(to undermine)* socavar.

sapling [săp′lĭng] s árbol m joven.

sapphire [săf′īr′] s zafiro.

sarcastic [sär-kăs′tĭk] adj sarcástico.

sardine [sär-dēn′] s sardina.

sardonic [sär-dŏn′ĭk] adj sardónico.

sash [săsh] s *(band)* fajín m.

satanic/ical [să-tăn′ĭk] adj satánico.

satchel [săch′əl] s cartapacio.

satellite [săt′l-īt′] s satélite m.

satin [săt′n] s raso, satén m.

satire [săt′īr′] s sátira.

satisfaction [săt′ĭs-făk′shən] s satisfacción f.

satisfactory [:tə-rē] adj satisfactorio.

satisfy [săt′ĭs-fī′] vt satisfacer; *(requirements)* cumplir con; *(to assure)* convencer.

satisfying [:ĭng] adj satisfactorio; *(experience)* agradable.

saturate [săch′ə-rāt′] vt saturar.

Saturday [săt′ər-dē] s sábado.

sauce [sôs] s salsa; *(compote)* compota; *(impudence)* descaro.

saucepan [sôs′păn′] s cacerola.

saucer [sô′sər] s platillo.

sauna [sô′nə] s sauna.

saunter [sôn′tər] vi pasearse.

sausage [sô′sĭj] s *(pork)* salchicha.

sauté [sō-tā′,sô-] vt -(e)d saltear.

savage [săv′ĭj] -1 adj salvaje; *(ferocious)* feroz -2 s salvaje m/f.

save¹ [sāv] -1 vt *(to rescue)* salvar; *(to keep)* guardar; *(to conserve)* ahorrar ♦ **to save the day** salvar la situación -vi ahorrar -2 s DEP parada.

save² prep salvo.

saving [sā′vĭng] s *(economy)* ahorro ♦ pl ahorros ♦ **savings account, bank** cuenta, caja de ahorros.

savior [sāv′yər] s salvador.

savory [sā′və-rē] adj sabroso; *(piquant)* picante.

saw [sô] -1 s *(handsaw)* serrucho; *(machine)* sierra -2 vt -ed, -ed or -n (a)serrar.

sawdust [sô′dŭst′] s (a)serrín m.

sawmill [sô′mĭl′] s aserradero, serrería.

saxophone [săk′sə-fōn′] s saxófono.

say [sā] -1 vt said decir; *(to indicate)* marcar; *(to suppose)* suponer ♦ **I'll say!** ¡ya lo creo! • **it is said** se dice • **let us say** digamos • **not to say** por no decir • **that is to say** o sea, es decir • **to say nothing of** por no hablar de • **to say again** volver a decir • **to say to oneself** decir para sí -2 s *(opinion)* voz f; *(turn to speak)* uso de la palabra.

saying [sā′ĭng] s dicho.

scab [skăb] s postilla; BOT escabro; FAM *(strikebreaker)* esquirol m.

scabby [skăb′ē] adj -i- costroso.

scaffold [skăf′əld] s andamio; *(for executions)* patíbulo.

scald [skôld] -1 vt escaldar; *(milk)* calentar casi hasta el hervor -2 s escaldadura.

scale¹ [skāl] -1 s *(flake)* escama; *(of pipe)* incrustaciones f -2 vt escamar.

scale² -1 s escala -2 vt *(to climb)* escalar ♦ **to scale down, up** reducir, aumentar a escala.

scale³ s *(balance)* báscula; *(tray)* platillo (de balanza).

scallop [skŏl′əp, skăl′-] -1 s ZOOL vieira -2 vt COST ondular.

scalp [skălp] -1 s ANAT cuero cabelludo -2 vt escalpar.

scamper [skăm′pər] vi corretear.

scan [skăn] -1 vt -nn- *(to examine)* escudriñar; *(to glance at)* echar un vistazo a; ELECTRÓN registrar, explorar -vi ELECTRÓN registrar, explorar; POÉT escandir -2 s escudriñamiento.

scandal [skăn'dl] s escándalo; *(gossip)* chismorreo.

scandalize [:īz'] vt escandalizar.

scant [skănt] adj escaso.

scapegoat [skăp'gōt'] s cabeza de turco.

scar [skär] -1 s cicatriz f -2 vt -rr- *(to mark)* señalar; *(the skin)* dejar una cicatriz en.

scarce [skârs] adj *(insufficient)* escaso ♦ **to become scarce** escasear.

scare [skâr] -1 vt & vi asustar(se) ♦ **to be scared of** asustarse de • **to scare away** *or* **off** ahuyentar -2 s susto.

scarecrow [kr̄ō'] s espantapájaros m.

scarf [skärf] s [pl **s** *or* **-ves**] bufanda; *(kerchief)* pañuelo.

scarlet [skär'lĭt] s & adj escarlata ♦ **scarlet fever** escarlatina.

scathing [skā'thĭng] adj severísimo.

scatter [skăt'ər] vt dispersar; *(to strew)* esparcir -vi dispersarse.

scatterbrained [:brānd'] adj ligero de cascos.

scavenger [skăv'ən-jər] s trapero, ZOOL animal m que se alimenta de carroña.

scenario [sĭ-nâr'ē-ō'] s TEAT argumento; CINEM guión m; *(events)* situación f.

scene [sēn] s escena; *(place)* lugar; JER *(sphere)* mundo; *(situation)* situación f ♦ **behind the scenes** *(backstage)* entre bastidores.

scenery [sē'nə-rē] s *(landscape)* paisaje m; TEAT decorado.

scenic [sē'nĭk] adj del paisaje; *(picturesque)* pintoresco; TEAT escénico.

scent [sĕnt] -1 s *(smell)* olor m; *(trail)* pista -2 vt olfatear.

scepter [sĕp'tər] s cetro.

schedule [skĕj'ōōl] -1 s *(timetable)* horario; *(agenda)* calendario; *(plan)* plan m; *(list)* inventario ♦ **to be behind schedule** *(plane)* llevar retraso; *(work)* estar atrasado • **to go according to schedule** desarrollarse como estaba previsto • **on schedule** a la hora -2 vt *(train)* fijar el horario de; *(meeting)* programar.

scheme [skēm] -1 s *(plan)* proyecto; *(plot)* ardid m; *(arrangement)* combinación f -2 vt tramar -vi conspirar.

scholar [skŏl'ər] s erudito; *(specialist)* especialista m/f; *(student)* estudiante m/f.

scholarship [:shĭp'] s erudición f; *(financial aid)* beca.

school[1] [skōōl] s escuela; *(for teens)* colegio; *(department)* facultad f; *(class)* clase f; *(students)* alumnado, estudiantado ♦ **driving school** escuela para aprender a conducir • **school of thought** escuela filosófica.

school[2] s *(fish)* cardumen m.

schoolbook [skōōl'bŏōk'] s libro de texto.

schoolboy [:boi'] s alumno.

schooling [skōō'lĭng] s instrucción f.

schoolteacher [:tē'chər] s maestro, a.

schooner [skōō'nər] s goleta.

sciatica [sī-ăt'ĭ-kə] s ciática.

science [sī'əns] s ciencia ♦ **science fiction** ciencia ficción.

scientific [sī'ən-tĭf'ĭk] adj científico.

scientist ['-tĭst] s científico.

scissors [sĭz'ərz] s pl tijeras f ♦ **a pair of scissors** tijeras.

scoff [skŏf] vi mofarse *(at de).*

scold [skōld] vt regañar.

scone [skōn, skŏn] s bizcocho.

scoop [skōōp] -1 s *(ladle)* cucharón m; *(amount)* cucharadas; PERIOD noticia exclusiva -2 vt ♦ **to scoop up** *(by hand)* coger; *(with spoon)* sacar.

scooter [skōō'tər] s *(child's)* monopatín m, patineta; *(motor vehicle)* motoneta.

scope [skōp] s *(range)* ámbito; *(reach)* alcance m.

scorch [skôrch] vt & vi quemar(se).

score [skôr] -1 s *(twenty)* veintena; DEP tanteo; EDUC calificación f; MÚS partitura ♦ **on that score** en cuanto a eso -2 vt *(to mark off)* apuntar (mediante rayas) en; DEP marcar; *(to win)* lograr; FAM *(to get)* conseguir -vi FAM tener éxito; DEP marcar un tanto.

scorn [skôrn] -1 s desprecio -2 vt despreciar.

scornful [skôrn'fəl] adj desdeñoso.

scorpion [skôr'pē-ən] s escorpión m.

scotch [skŏch] vt poner fin a.

scoundrel [skoun'drəl] s canalla m.

scour[1] [skour] vt fregar, restregar.

scour[2] vt *(to search)* batir.

S

scourge [skûrj] *s* azote *m*.

scout [skout] *s* MIL explorador *m* ♦ **Boy Scout** niño explorador.

scowl [skoul] **-1** *vi* fruncir el ceño **-2** *s* ceño.

scram [skrăm] *vi* **-mm-** FAM largarse.

scramble [skrăm'bəl] **-1** *vi* gatear; *(struggle)* pelearse ♦ **to scramble up** trepar *-vt* revolver; ELECTRÓN perturbar ♦ **scrambled eggs** huevos revueltos **-2** *s* lucha.

scrap¹ [skrăp] **-1** *s (of paper)* pedazo; *(metal)* chatarra; *(of fabric)* retazo ♦ *pl (of food)* restos **-2** *vt* **-pp-** desechar; *(ships)* desguazar.

scrap² *s* JER pelea.

scrapbook [skrăp'bŏŏk'] *s* álbum *m* de recortes.

scrape [skrāp] **-1** *vt* raspar ♦ **to scrape off** *or* **out** quitar *(raspando)* *-vi (to graze)* rozar; *(to scrimp)* hacer economías **-2** *s* raspado; *(sound)* chirrido.

scratch [skrăch] **-1** *vt & vi* rayar(se); *(to claw)* arañar; *(to rub)* rascarse ♦ **to scratch out** tachar **-2** *s* raya; *(on skin)* arañazo.

scratchy [:ē] *adj* **-i-** *(surface)* rayado; *(fabric)* que pica; *(sound)* chirriante; *(pen)* que raspea.

scrawl [skrôl] **-1** *vt & vi* garabatear **-2** *s* garabateo.

scrawny [skrô'nē] *adj* **-i-** flacucho.

scream [skrēm] **-1** *vi* chillar **-2** *s* chillido.

screech [skrēch] **-1** *vi (to scream)* chillar; *(to make a shrill noise)* chirriar **-2** *s* chillido.

screen [skrēn] **-1** *s* pantalla; *(for privacy)* biombo; *(of planes)* protección *f* **-2** *vt (to protect)* resguardar; *(to sift)* cribar; *(applicants)* pasar por el tamiz; CINEM proyectar.

screenplay ['plā'] *s* guión *m*.

screw [skrōō] **-1** *s* CARP tornillo ♦ **to have a screw loose** tener flojos los tornillos **-2** *vt* ♦ **to screw down** *or* **on** CARP atornillar (en) • **to screw on** tapar • **to screw open** *or* **off** destapar • **to screw up** FAM arruinar, desbaratar.

screwdriver [:drī'vər] *s* destornillador *m*.

scribble [skrĭb'əl] **-1** *vt & vi* garabatear **-2** *s* garabato.

scrimp [skrĭmp] *vi* hacer economías ♦ **to scrimp and save** apretarse el cinturón.

script [skrĭpt] *s* letra cursiva; CINEM guión *m*.

scroll [skrōl] *s* rollo de pergamino.

scrounge [skrounj] *vt* JER juntar ♦ **to scrounge up** conseguir de gorra *-vi* gorronear.

scrub [skrŭb] **-1** *vt* **-bb-** fregar; *(clothes)* restregar **-2** *s* fregado ♦ **scrub brush** cepillo.

scruffy [skrŭf'ē] *adj* **-i-** desaliñado.

scruple [skrōō'pəl] *s* escrúpulo.

scrutinize [skrōōt'n-īz'] *vt* escudriñar.

scrutiny [:ē] *s* escrutinio.

scuff [skŭf] *vi* estropear *-vt (feet)* arrastrar; *(shoes, floor)* estropear.

scuffle [skŭf'əl] **-1** *vi* pelearse **-2** *s* refriega.

sculptor [skŭlp'tər] *s* escultor *m*.

sculptress [:trĭs] *s* escultora.

sculpture [skŭlp'chər] **-1** *s* escultura **-2** *vt* esculpir.

scum [skŭm] *s (on pond)* verdín *m*; *(on metal)* escoria.

scurrilous [skûr'ə-ləs] *adj* grosero.

scurry [skûr'ē] *vi* correr.

scythe [sīth] **-1** *s* guadaña **-2** *vt* guadañar.

sea [sē] **-1** *s* mar *m/f* ♦ **at sea** en el mar • **by the sea** a (la) orilla del mar **-2** *adj* marino; *(saltwater)* de mar.

seabed [sē'bĕd'] *s* fondo del mar.

seafaring [sē'fâr'ĭng] *adj* marinero.

seafood [sē'fōōd'] *s* mariscos.

seagoing [sē'gō'ĭng] *adj* de mar.

seal¹ [sēl] **-1** *s* sello; *(pledge)* garantía; *(sticker)* precinto; *(closure)* cierre *m* **-2** *vt* sellar; *(with wax)* lacrar; *(envelope)* cerrar ♦ **to seal off** *(area)* acordonar; *(pipe)* cerrar.

seal² *s* ZOOL foca.

seam [sēm] *s* costura; MIN veta ♦ **to be bursting at the seams** *(with feelings)* rebosar *(with de)*.

seaman [sē'mən] *s* [*pl* **-men**] marinero.

seamy [sē'mē] *adj* **-i-** sórdido.

séance [sā'äns'] *s* sesión *f* de espiritismo.

seaplane [sē'plān'] *s* hidroavión *m*.

seaport [sē'pôrt'] *s* puerto marítimo.

search [sûrch] **-1** vt & vi registrar; (conscience) examinar ♦ **to search for** buscar **-2** s búsqueda; (by police) registro; (of person) cacheo ♦ **in search of** en busca de.

searchlight [sûrch'līt'] s reflector m.

seashell [sē'shĕl'] s concha marina.

seashore [sē'shôr'] s (beach) orilla del mar.

seasick [sē'sĭk'] adj mareado.

seaside [sē'sīd'] s (beach) playa.

season [sē'zən] **-1** s (of year) estación f; (time) temporada; (of animals) época ♦ **in season** (produce) en sazón **-2** vt (food) sazonar.

seasonal [sē'zə-nəl] adj estacional; (unemployment) temporal.

seasoning [:nĭng] s aderezo.

seat [sēt] **-1** s asiento; (for an event) localidad f; (of bicycle) sillín m; POL escaño; (buttocks) trasero ♦ **seat belt** cinturón de seguridad **-2** vt sentar; (to accommodate) tener sitio para ♦ **be seated** siéntense.

seaweed [sē'wĕd'] s alga.

seaworthy [sē'wûr'thē] adj **-i-** en condiciones de navegar.

secluded [sĭ-klōō'dĭd] adj aislado.

second[1] [sĕk'ənd] s (time unit) segundo.

second[2] **-1** adj segundo; (another) otro ♦ **second floor** primer piso (en países hispánicos) • **second thoughts** dudas **-2** s segundo; MEC segunda ♦ pl (food) una porción más; COM artículos con pequeños desperfectos **-3** vt (to attend) secundar.

secondary [sĕk'ən-dĕr'ē] adj secundario ♦ **secondary education** enseñanza media.

second-class [:klăs'] adj de segunda clase.

secondhand [:hănd'] adj & adv de segunda mano.

second-rate [:rāt'] adj de segunda categoría.

secrecy [sē'krĭ-sē] s secreto.

secret [sē'krĭt] **-1** adj secreto; (secluded) oculto **-2** s secreto ♦ **to keep a secret** guardar un secreto.

secretarial [sĕk'rĭ-târ'ē-əl] adj de secretario.

secretary [sĕk'rĭ-tĕr'ē] s secretario; (minister) ministro.

secretive [sē'krĭ-tĭv] adj sigiloso.

sect [sĕkt] s secta.

sectarian [sĕk-târ'ē-ən] s & adj sectario.

section [sĕk'shən] **-1** s sección f **-2** vt dividir en secciones.

sector [sĕk'tər] s sector m.

secular [sĕk'yə-lər] adj (music) profano; (school) laico; (clergy) secular.

secure [sĭ-kyōōr'] **-1** adj **-er, -est** seguro **-2** vt asegurar; (to obtain) conseguir; (boat) amarrar ♦ **to secure from** proteger contra.

security [:ĭ-tē] s seguridad f; (of loan) garantía.

sedan[sĭ-dăn'] s (automobile) sedán m.

sedate[1] [sĭ-dāt'] adj sosegado.

sedate[2] vt MED administrar calmantes.

sedative [sĕd'ə-tĭv] s & adj sedante m.

seduce [sĭ-dōōs'] vt seducir.

seduction [sĭ-dŭk'shən] s seducción f.

seductive [:tĭv] adj seductivo, seductor.

see [sē] vt **saw, seen** ver; (to understand) entender; (to visit with) encontrarse con; (to date) salir con; (to socialize with) verse; (to attend) recibir; (to escort) acompañar ♦ **see you later!** ¡hasta luego! • **see you (on) Saturday!** ¡hasta el sábado! • **to see to** atender a -vi ver; (to understand) comprender ♦ **let's see** a ver, veamos • **see?** ¿ves? • **to wait and see** ver • **you see...** es que... • **you'll see!** ¡ya verás!

seed [sēd] s [pl inv or s] semilla.

seedling [:lĭng] s plantón m.

seedy [sē'dē] adj **-i-** (clothing) raído; (place) sórdido.

seek [sēk] vt **sought** buscar; (fame) anhelar; (advice) solicitar ♦ **to seek out** ir en busca de • **to seek to** tratar de -vi buscar.

seem [sēm] vi parecer ♦ **it hardly seems possible that** parece mentira que.

seep [sēp] vi rezumarse.

seesaw [sē'sô'] s subibaja m; (movement) vaivén m.

seethe [sēth] vi hervir; (person) estar agitado.

see-through [sē'thrōō'] adj transparente.

segment [sĕg'mənt] s segmento.

S

segregate [sĕg'rĭ-gāt'] *vt* segregar.

seize [sēz] *vt* agarrar; *(to possess)* apoderarse de; *(to arrest)* detener; *(to confiscate)* incautarse de; *(opportunity)* aprovechar *-vi* ♦ **to seize (up)** MEC agarrotarse.

seizure [sē'zhər] *s* detención *f*; *(of goods)* embargo; *(of power)* toma; MED ataque *m*.

seldom [sĕl'dəm] *adv* rara vez.

select [sĭ-lĕkt'] **-1** *vt & vi* escoger; DEP seleccionar **-2** *adj* selecto.

selection [sĭ-lĕk'shən] *s* selección *f*; *(collection)* surtido.

selective [:tĭv] *adj* selectivo.

self [sĕlf] *s* [pl **-ves**] uno mismo ♦ **to be back to one's old self** volver a ser el mismo de siempre.

self-assured [:ə-shǒǒrd'] *adj* seguro de sí mismo.

self-centered ['sĕn'tərd] *adj* egocéntrico.

self-confidence ['kŏn'fĭ-dəns] *s* confianza en sí mismo.

self-conscious [:kŏn'shəs] *adj* cohibido.

self-control [:kən-trōl'] *s* dominio de sí mismo ♦ **to lose one's self-control** perder la calma.

self-defense [:dĭ-fĕns'] *s* autodefensa; DER legítima defensa ♦ **in self-defense** en defensa propia.

self-discipline ['dĭs'ə-plĭn] *s* autodisciplina.

self-educated [:ĕj'ə-kā'tĭd] *adj* autodidacta.

self-employed [:ĕm-ploid'] *adj* que trabaja por cuenta propia.

self-evident ['ĕv'ĭ-dənt] *adj* evidente.

self-explanatory ['ĭk-splăn'ə-tôr'ē] *adj* obvio.

self-government ['gŭv'ərn-mənt] *s* autonomía.

self-imposed [:ĭm-pōzd'] *adj* que uno se impone a sí mismo.

self-interest ['ĭn'trĭst] *s* interés propio; *(selfishness)* egoísmo.

selfish [sĕl'fĭsh] *adj* egoísta.

selfless [sĕlf'lĭs] *adj* desinteresado.

self-made [:mād'] *adj* logrado por propio esfuerzo.

self-pity [:pĭt'ē] *s* compasión *f* de sí mismo.

self-portrait [:pôr'trĭt] *s* autorretrato.

self-reliance [:rĭ-lī'əns] *s* confianza en sí mismo.

self-respect [:rĭ-spĕkt'] *s* dignidad *f*.

self-restraint [:rĭ-strānt'] *s* control *m*, dominio de sí mismo.

self-righteous ['rī'chəs] *adj* santurrón.

self-service [:sûr'vĭs] *adj* de autoservicio.

self-sufficient [:sə-fĭsh'ənt] *adj* autosuficiente.

self-taught ['tôt'] *adj* autodidacta.

sell [sĕl] *vt* **sold** vender ♦ **to be sold on** estar convencido de *-vi* venderse ♦ **to be sold out** estar agotado • **to sell out** liquidar todo; *(cause)* venderse.

seller ['ər] *s* vendedor *m*.

semaphore [sĕm'ə-fôr'] *s* semáforo.

semblance [sĕm'bləns] *s* apariencia.

semen [sē'mən] *s* semen *m*.

semester [sə-mĕs'tər] *s* semestre *m*.

semicircle [sĕm'ĭ-sûr'kəl] *s* semicírculo.

semicolon [sĕm'ĭ-kō'lən] *s* punto y coma.

semifinal DEP **-1** *s* [sĕm'ē-fī'nəl] semifinal *f* **-2** *adj* ['-'nəl] semifinalista.

seminar [sĕm'ə-när'] *s* seminario.

seminary [:nĕr'ē] *s* seminario.

semiskilled [:skĭld'] *adj* poco entrenado.

senate [sĕn'ĭt] *s* senado.

senator [sĕn'ə-tər] *s* senador *m*.

send [sĕnd] *vt* **sent** mandar; *(letter)* enviar ♦ **to send away** echar • **to send down** hacer bajar • **to send in** *(an entry)* mandar • **to send off** *(person)* ir a despedir • **to send out** *(invitations)* enviar; *(leaves)* echar • **to send up** *(to jail)* meter en la cárcel; *(prices)* hacer subir *-vi* enviar.

sender [sĕn'dər] *s* remitente *m/f*.

sendoff [sĕnd'ôf'] *s* despedida.

senile [sē'nīl', sĕn'īl'] *adj* senil.

senility [sĭ-nĭl'ĭ-tē] *s* senectud *f*.

senior [sĕn'yər] **-1** *adj (partner)* principal; *(senator)* más antiguo; *(officer)* superior; *(in school)* del último año **-2** *s* anciano; *(student)* estudiante *m/f* del último año ♦ **to be someone's senior** ser mayor que alguien.

sensation [sĕn-sā'shən] *s* sensación *f*.

sensational [:shə-nəl] *adj* sensacional.
sense [sĕns] -1 *s* sentido; *(feeling)* sensación *f*; *(consciousness)* sentimiento; *(judgment)* sentido común ♦ **good sense** sentido común • **to make sense** tener sentido • **to make sense of** comprender el sentido de -2 *vt (to perceive)* darse cuenta de; *(to detect)* detectar.
senseless ['lĭs] *adj* sin sentido; *(foolish)* insensato; *(unconscious)* inconsciente.
sensibility [sĕn'sə-bĭl'ĭ-tē] *s* sensibilidad *f*.
sensible [sĕn'sə-bəl] *adj* sensato; *(perceptible)* sensible.
sensitive [:sĭ-tĭv] *adj* sensible; *(delicate)* delicado ♦ **to be sensitive to** *or* **about** ser susceptible a.
sensual [:shōō-əl] *adj* sensual.
sensuous ['-əs] *adj* sensual.
sentence [sĕn'təns] -1 *s* GRAM oración *f*, frase *f*; DER sentencia -2 *vt* sentenciar.
sentiment [sĕn'tə-mənt] *s* sentimiento; *(sentimentality)* sentimentalismo; *(view)* opinión *f*.
sentimental ['-mĕn'tl] *adj* sentimental.
sentry [sĕn'trē] *s* centinela *m*.
separate -1 *vt & vi* [sĕp'ə-rāt'] separar(se) ♦ **to separate from** separar(se) de; *(to distinguish)* distinguir(se) entre • **to separate into** dividir(se) en -2 *adj* [:ər-ĭt] *(detached)* separado; *(different)* distinto.
separation ['-rā'shən] *s* separación *f*.
September [sĕp-tĕm'bər] *s* septiembre *m*.
septic [sĕp'tĭk] *adj* séptico.
sequel [sē'kwəl] *s* continuación *f*; *(consequence)* consecuencia, resultado.
sequence [sē'kwəns] *s* sucesión *f*; *(arrangement)* orden *m*; *(series)* serie *f*.
serene [sə-rēn'] *adj* sereno ♦ **His Serene Highness** Su Alteza Serenísima.
serenity [sə-rĕn'ĭ-tē] *s* serenidad *f*.
serge [sûrj] *s* sarga.
sergeant [sär'jənt] *s* sargento.
serial [sîr'ē-əl] *s* serial *m*.
series [sîr'ēz] *s inv* serie *f*.
serious [sîr'ē-əs] *adj* serio; *(illness)* grave ♦ **are you serious?** ¡en serio?
sermon [sûr'mən] *s* sermón *m*.
serrate/rated [sĕr'āt'/ā'tĭd] *adj* serrado.

servant [sûr'vənt] *s* sirviente *m*.
serve [sûrv] -1 *vt* servir; *(in a store)* atender; *(Mass)* ayudar a; *(to aid)* ser útil a ♦ **to serve as** *or* **for** servir de • **to serve no purpose** no servir para nada -vi servir -2 *s* DEP saque *m*.
service [sûr'vĭs] -1 *s* servicio; *(benefit)* utilidad *f*; DEP saque *m* ♦ **at your service** a sus órdenes • **in service** funcionando • **to be of service (to)** servir (a) • **to be out of service** no funcionar -2 *vt (to maintain)* mantener; *(to repair)* reparar.
serviceable [:vĭ-sə-bəl] *adj* servible.
serviceman [:vĭs-măn'] *s* [*pl* **-men**] militar *m*.
servility [sər-vĭl'ĭ-tē] *s* servilismo.
sesame [sĕs'ə-mē] *s* sésamo, ajonjolí *m*.
session [sĕsh'ən] *s* sesión *f*; *(of legislature)* reunión *f* ♦ **summer session** EDUC curso(s) de verano.
set[1] [sĕt] -1 *vt* set, -tting poner; *(to locate)* situar; *(bone)* encajar; *(watch)* poner en hora; *(type)* componer; *(stage)* montar; *(precedent)* sentar; *(date, price)* fijar; *(record)* establecer; *(example)* dar; *(pearl)* montar ♦ **to be set in** TEAT desarrollarse en • **to set above** anteponer • **to set apart** separar • **to set aside** hacer a un lado; *(for future use)* guardar • **to set forth** exponer • **to set free** liberar • **to set off** *(reaction)* iniciar; *(alarm)* hacer sonar • **to set out** *(to lay out)* disponer; *(to display)* desplegar • **to set out** to proponerse • **to set to (work)** ponerse a (trabajar) • **to set up** *(to raise, set upright)* levantar; *(machine)* montar; *(in power)* instaurar; *(to trick)* engañar -vi *(sun)* ponerse; *(bone)* encajarse; *(gelatin)* cuajar; *(dye)* fijarse ♦ **to set forth** *or* **off** *or* **out** salir, encaminarse • **to set up** establecerse -2 *adj (agreed upon)* señalado; *(price)* fijo; *(customs)* arraigado; *(opinion)* firme; *(determined)* resuelto; *(ready)* listo ♦ **all set** listo • **to be set in one's ways** tener costumbres muy arraigadas • **to get set** prepararse.
set[2] *s (of items)* juego; *(of rules)* serie *f*; *(works)* colección *f*; TEAT decorado; RAD aparato; DEP set *m*.

S

settee [sĕ-tē'] s sofá m.

setting [sĕt'ĭng] s (place) marco; (of action) escenario.

settle [sĕt'l] vt (affairs) arreglar; (debt) saldar; (problem) resolver; (person) instalar; (in business) establecer; (nerves) calmar ♦ **to settle accounts** ajustar cuentas • **to settle (up)on** decidirse por -vi (bird, gaze) posarse; (dust) asentarse; (in a city) establecerse; (disease) localizarse; (in dispute) arreglarse ♦ **to settle down** establecerse; (a child) calmarse; (conditions) normalizarse • **to settle down to** ponerse a • **to settle up** ajustar cuentas.

settlement [:l-mənt] s (agreement) acuerdo; (colony) poblado.

settler [:lər] s poblador m.

setup [:ŭp'] s (organization) organización f.

seven [sĕv'ən] s & adj siete ♦ **seven hundred** setecientos • **seven o'clock** las siete.

seventeen ['tēn'] s & adj diecisiete m.

seventeenth [:tēnth'] -1 s (place) diecisiete m -2 adj (place) decimoséptimo; (part) diecisieteavo.

seventh [sĕv'ənth] s & adj séptimo.

seventy [sĕv'ən-tē] s & adj setenta m.

sever [sĕv'ər] vt cortar; (ties) romper.

several [sĕv'ər-əl] adj varios; (distinct) distintos.

severance [sĕv'ər-əns] s separación f; (breakup) ruptura ♦ **severance pay** indemnización por despido.

severe [sə-vîr'] adj -er, -est severo; (harsh) riguroso; (intense) intenso.

severity [sə-vĕr'ĭ-tē] s severidad f.

sew [sō] vt & vi -ed, -ed or -n coser ♦ **to sew up** (deal) cerrar.

sewage [sōō'ĭj] s aguas cloacales.

sewing [sō'ĭng] s costura ♦ **sewing machine** máquina de coser.

sex [sĕks] s sexo ♦ **to have sex** tener relaciones sexuales.

sexist [sĕk'sĭst] adj & s (persona) que tiene prejuicios sexuales.

sexual [sĕk'shōō-əl] adj sexual.

sexy [sĕk'sē] adj -i- excitante; (erotic) erótico.

shabby [shăb'ē] adj -i- (clothing, upholstery) raído; (beggar) andrajoso.

shack [shăk] s choza.

shade [shād] -1 s sombra; (for lamp) pantalla; (hue) tono; (of meaning) matiz m -2 vt (to obscure) dar sombra a; (a picture) sombrear.

shadow [shăd'ō] -1 s sombra ♦ **to cast a shadow (on)** hacer sombra (sobre) -2 vt (to trail) seguir (la pista de) -3 adj POL fantasma.

shadowy [:ē] adj -i- (dark) obscuro; (vague) vago.

shady [shā'dē] adj -i- sombreado; (person) sospechoso.

shaft [shăft] -1 s (of arrow) astil m; (of light) rayo; (mine) pozo; MEC eje m -2 vt perjudicar.

shaggy [shăg'ē] adj -i- (hairy) peludo; (woolly) lanudo.

shake [shāk] -1 vt shook, -n sacudir; (house) hacer temblar; (bottle) agitar ♦ **to shake hands** darse la mano • **to shake hands with** dar la mano • **to shake one's head** negar con la cabeza • **to shake out** sacudir • **to shake up** (bottle) agitar; (person) sacudir -vi temblar ♦ **to shake with** (fear, cold) temblar de (miedo, frío) -2 s sacudida; (tremble) temblor m.

shakeup [shāk'ŭp'] s reorganización f.

shaky [shā'kē] adj -i- tembloroso; (unstable) inestable; (dubious) discutible.

shall [shăl] aux [pret should] <I shall be 28 tomorrow cumpliré 28 años mañana> <the penalty shall not exceed two el castigo no excederá más de dos años de cárcel> <shall I call? ¿quiere que llame por teléfono?>.

shallow [shăl'ō] adj poco profundo; (dish) llano; FIG superficial.

sham [shăm] -1 s (fraud) farsa -2 adj falso; (feigned) fingido -3 vt & vi -mm- fingir.

shame [shām] -1 s vergüenza; (pity) lástima ♦ **a crying shame** una verdadera lástima • **shame on you!** ¡qué vergüenza! -2 vt avergonzar.

shameful ['fəl] adj vergonzoso.

shameless [:lĭs] adj (person) descarado, sinvergüenza.

shampoo [shăm-pōō'] -1 s champú m -2 vt dar un champú a -vi lavarse la cabeza con champú.

shamrock [shăm'rŏk'] s trébol m.

shantytown [shăn'tētown'] s barrio de chabolas.

shape [shāp] -1 s forma; *(body)* figura; *(guise)* aspecto; *(condition)* estado ♦ **to be out of shape** DEP no estar en forma • **to take shape** formarse -2 vt formar; *(object)* dar forma a ♦ **shaped** en forma de <mushroom-shaped en forma de hongo> • **to shape into** dar forma de.

shapeless ['lĭs] adj informe.

shapely [:lē] adj -i- bien proporcionado.

share [shâr] -1 s parte f; *(of stock)* acción f -2 vt compartir ♦ **to share out** repartir.

shareholder [:hōl'dər] s accionista m/f.

shark [shärk] s tiburón m; JER usurero.

sharp [shärp] -1 adj *(cutting)* afilado; *(image)* nítido; *(feature)* anguloso; *(contrast)* marcado; *(abrupt)* repentino; *(acute)* agudo; *(biting)* mordaz; *(tone)* áspero; *(strong)* fuerte; MÚS sostenido -2 adv en punto ♦ **to look sharp** estar atento -3 s MÚS sostenido.

sharpen [shär'pən] vt afilar; *(pencil)* sacar punta a; *(senses, appetite)* aguzar.

sharpener [:pə-nər] s *(for pencil)* sacapuntas m; *(machine)* afiladora.

shatter [shăt'ər] vt & vi hacer(se) añicos.

shave [shāv] -1 vt **-ed, -ed** or **-n** afeitar; *(hair)* rapar; *(cheese)* cortar en tajadas finas -vi afeitarse -2 s afeitado.

shaver [shā'vər] s afeitadora.

shawl [shôl] s chal m.

she [shē] -1 pron ella -2 s hembra.

sheaf [shēf] s [pl **-ves**] fajo.

shear [shîr] vt **-ed, -ed** or **shorn** *(sheep)* esquilar; *(hedge)* cortar con tijeras.

shears [shîrz] s pl tijeras.

sheath [shēth] s vaina.

shed[1] [shĕd] vt **shed, -dding** *(tears)* derramar; *(water)* verter; *(skin)* mudar; *(leaves)* despojarse de ♦ **to shed light on** iluminar -vi mudar.

shed[2] s cobertizo.

sheen [shēn] s brillo; *(of silk)* viso.

sheep [shēp] s inv oveja.

sheer [shîr] adj *(fabric)* transparente; *(utter)* puro.

sheet [shēt] s *(for bed)* sábana; *(paper)* hoja; *(glass)* lámina.

shelf [shĕlf] s [pl **-ves**] *(in closet)* tabla, anaquel m; *(shelving)* estante m.

shell [shĕl] -1 s concha; *(of crustaceans)* caparazón m; *(of nuts, eggs)* cáscara; *(of peas)* vaina -2 vt *(peas)* desvainar; *(nuts)* descascarar; MIL bombardear.

shellfish [shĕl'fĭsh] s [pl inv or **es**] molusco; *(crustacean)* crustáceo; CUL mariscos.

shelter [shĕl'tər] -1 s cobertizo; *(refuge)* refugio ♦ **to take shelter** ponerse a cubierto -2 vt proteger; *(to harbor)* acoger -vi refugiarse.

sheltered [:tərd] adj protegido.

shepherd [shĕp'ərd] -1 s pastor m -2 vt cuidar.

sheriff [shĕr'ĭf] s sheriff m.

sherry [shĕr'ē] s jerez m.

shield [shēld] -1 s escudo -2 vt escudar; *(to conceal)* tapar.

shift [shĭft] -1 vt *(load)* pasar; *(to switch)* cambiar de -vi cambiar; *(person)* moverse; AUTO cambiar de velocidad -2 s cambio; *(of workers)* turno.

shifty [shĭf'tē] adj -i- evasivo.

shin [shĭn] s espinilla.

shine [shīn] -1 vi **-d** or **shone** brillar ♦ **to shine on** iluminar -vt *(light)* dirigir -2 s brillo.

shingle [shĭng'gəl] s *(beach)* playa de guijarros; *(gravel)* cascajo.

shingles [shĭng'gəlz] s inv MED herpes m/f.

shiny [shī'nē] adj -i- brillante.

ship [shĭp] -1 s barco; *(boat)* buque m -2 vt **-pp-** *(goods)* enviar.

shipbuilding [shĭp'bĭl'dĭng] s construcción f naval.

shipment [shĭp'mənt] s embarque m; *(cargo)* cargamento.

shipper [:ər] s expedidor m.

shipping [:ĭng] s embarque m; *(ships)* barcos.

shipshape [:shāp'] adj en orden.

shipwreck [:rĕk'] -1 s naufragio -2 vt naufragar; FIG hundir ♦ **to be shipwrecked** naufragar.

shipyard [:yärd'] s MARÍT astillero.

shirk [shûrk] vt & vi esquivar.

shirt [shûrt] s camisa.

shiver [shĭv'ər] -1 vi tiritar -2 s escalofrío.

shoal [shōl] s *(of fish)* banco.

S

shock [shŏk] **-1** s choque m; (mental) golpe m; (of earthquake) sacudida ◆ **shock absorber** amortiguador **-2** vt & vi escandalizar(se), conmocionar(se).

shocking [:ĭng] adj (disturbing) horroroso; (offensive) indecente.

shoe [shoo] **-1** s zapato; (for horses) herradura ◆ **shoe polish** betún • **shoe store** zapatería **-2** vt shod (horse) herrar.

shoelace [:lās'] s cordón m.

shoestring [:strĭng'] s ◆ **on a shoestring** con poco dinero.

shoot [shoot] **-1** vt shot (a weapon) disparar; (to wound) herir; (to kill) matar a tiros; (to hit) pegar un tiro; (to execute) fusilar; (to send) lanzar; (to film) rodar; (to photograph) fotografiar ◆ **to shoot down** derribar • **to shoot dead** or **to death** matar a tiros • **to shoot up** JER inyectar (drogas) -vi (to fire) disparar; (to hunt) cazar; DEP tirar ◆ **to shoot ahead** tomar rápidamente la delantera • **to shoot at** tirar a • **to shoot in** entrar como un torbellino • **to shoot out** brotar; (projection) sobresalir • **to shoot past** or **by** pasar como un rayo • **to shoot up** (to grow) espigar; (prices) subir de repente; (sparks) brotar; JER (drugs) inyectar drogas **-2** s BOT retoño; (contest) tiro.

shooting [:tĭng] s (shoot-out) tiroteo; (murder) asesinato.

shoot-out or **shootout** [shoot'out'] s tiroteo.

shop [shŏp] **-1** s tienda; (workshop) taller m ◆ **shop window** escaparate • **to talk shop** hablar del trabajo **-2** vi **-pp-** ir de compras ◆ **to shop around (for)** buscar • **to shop for** ir a comprar.

shopkeeper ['kē'pər] s tendero.

shopper [:ər] s comprador m.

shopping [:ĭng] s compras ◆ **shopping bag** bolsa • **shopping center** centro comercial • **to go shopping** ir de compras.

shopworn [:wôrn'] adj gastado.

shore[1] [shôr] s (coast) orilla; (beach) playa.

shore[2] vt ◆ **to shore up** apuntalar.

shoreline [shôr'līn'] s ribera.

short [shôrt] **-1** adj corto; (in height) bajo; (in amount) poco; (brusque) seco

◆ **a short distance from** a poca distancia de • **to be short of** (money) andar escaso de; (breath) faltarle a uno • **to be short on** tener poco • **to have a short memory** fallarle a uno la memoria **-2** adv (abruptly) en seco; (near) cerca ◆ **to come up short** quedarse corto • **to cut short** (to cut off) cortar en seco; (to abbreviate) acortar • **to fall short (of)** no alcanzar **-3** s (drink) licor m; (film) cortometraje m ◆ **for short** de mote • **in short** en resumen ◆ pl pantalones cortos.

shortage [shôr'tĭj] s falta.

shortcoming [:kŭm'ĭng] s defecto.

shortcut [:kŭt'] s atajo.

shortfall [shôrt'fôl'] s déficit m.

shorthand [:hănd'] s taquigrafía.

shortly [:lē] adv dentro de poco; (succinctly) brevemente.

shortness [:nĭs] s cortedad f; (in duration) brevedad f; (of breath) falta.

shortsighted [:sī'tĭd] adj corto de vista.

short-tempered [:těm'pərd] adj que se enoja fácilmente.

short-term [:tûrm'] adj a corto plazo.

shot [shŏt] s disparo; (marksman) tirador m; (drink) trago; (try) tiro; (in pool) golpe m; FOTOG foto f; MED inyección f ◆ **like a shot** como una bala • **to take a shot at** tratar de (hacer algo).

shotgun [shŏt'gŭn'] s escopeta.

should [shood] aux [pret de **shall**] (obligation) deber; (expectation) deber; (conditional) <if he should fall, so would I si él se cayera, me caería yo también> ◆ **how should I know?** ¿cómo iba yo a saber?

shoulder [shōl'dər] **-1** s hombro; (of meat) paletilla ◆ **shoulder blade** omóplato • **shoulder strap** tirantes • **shoulder to shoulder** hombro con hombro • **to shrug one's shoulders** encogerse de hombros **-2** vt echarse al hombro; (blame) cargar con.

shout [shout] **-1** s grito **-2** vt & vi gritar.

shove [shŭv] **-1** vt empujar a -vi dar empujones ◆ **to shove off** JER largarse **-2** s empujón m.

shovel [shŭv'əl] **-1** s pala **-2** vt (snow) quitar con la pala; (steps) limpiar con la pala ♦ **to shovel food into one's mouth** FAM zamparse la comida.

show [shō] -1 vt **-ed, -ed** or **-n** mostrar; (to guide) llevar; (to present) presentar; (to prove) demostrar; (to point out) indicar; (to exhibit) exponer ♦ **to show around** mostrar • **to show how to** enseñar a • **to show off** hacer alarde de • **to show out** acompañar a la puerta • **to show up** revelar -vi verse; FAM (to come) aparecer ♦ **to show off** alardear • **to show up** aparecer -2 s demostración f; TELEV programa m; TEAT espectáculo ♦ **fashion show** desfile de modelos • **one-man show** exposición individual • **show business** mundo del espectáculo • **show room** sala de exposición • **to put on, make a show of** hacer gala or alarde de.

showdown [:doun'] s (confrontation) confrontación f.

shower [shou'ər] -1 s (rain) chaparrón m; (party) fiesta a la que se llevan regalos; (bath) ducha -2 vt (to sprinkle) salpicar; (to pour) derramar -vi ducharse.

showing [shō'ĭng] s exposición f; (performance) actuación f.

showman [:mən] s [pl -men] TEAT comediante m.

showpiece [:pēs'] s obra maestra.

shrapnel [shrăp'nəl] s inv (fragments) metralla.

shred [shrĕd] -1 s jirón m; (particle) fragmento -2 vt **-dd-** hacer trizas.

shrewd [shrōōd] adj astuto.

shriek [shrēk] -1 s chillido -2 vi chillar.

shrimp [shrĭmp] s [pl inv or s] camarón m.

shrine [shrīn] s (tomb) sepulcro; (site) lugar santo.

shrink [shrĭngk] vi **shrank** or **shrunk, shrunk(en)** encoger(se); (to dwindle) mermar; (to recoil) retroceder.

shrivel [shrĭv'əl] vt & vi (to shrink) encoger(se); (to lose vitality) marchitar(se).

shroud [shroud] -1 s sudario; (veil) velo -2 vt tapar.

shrub [shrŭb] s matorral m.

shrug [shrŭg] -1 vi **-gg-** encogerse de hombros -vt ♦ **to shrug off** (to minimize) no hacer caso de; (to get rid of)

echar de lado con una sacudida -2 s encogimiento de hombros.

shudder [shŭd'ər] -1 vi estremecerse -2 s estremecimiento.

shuffle [shŭf'əl] -1 vt (to move) cambiar de sitio; (to stir) mezclar; (cards) barajar -vi ♦ **to shuffle along** arrastrar los pies • **to shuffle off** irse -2 s arrastramiento de los pies; (of cards) barajada.

shut [shŭt] vt & vi **shut, -tting** cerrar(se) ♦ **to shut away** guardar bajo llave; (to imprison) encerrar • **to shut in** encerrar • **to shut out** no admitir • **to shut up** (to silence) hacer callar; (to be silent) callarse la boca.

shutter [:ər] s contraventana; FOTOG obturador m.

shuttle [shŭt'l] -1 s lanzadera; (vehicle) vehículo que hace trayectos cortos entre dos puntos -2 vi hacer trayectos cortos y regulares.

shy [shī] -1 adj **-er, -est** or **-i-** tímido -2 vi (to draw back) echarse atrás asustado ♦ **to shy away** espantarse.

shyness [shī'nĭs] s timidez f.

sibling [sĭb'lĭng] s hermano, a.

sick [sĭk] adj enfermo; (disturbed) trastornado; (disgusted) asqueado ♦ **sick leave** baja por enfermedad • **to be sick** vomitar • **to be sick and tired of** estar harto de • **to feel sick** tener náuseas • **to get sick** (seasick) marearse.

sickbay [:bā'] s enfermería.

sicken [:ən] vt & vi enfermar(se).

sickening [:ə-nĭng] adj nauseabundo.

sickle [sĭk'əl] s hoz f.

sickly [sĭk'lē] adj **-i-** enfermizo; (unpleasant) nauseabundo.

sickness [sĭk'nĭs] s enfermedad f; (nausea) náusea.

side [sīd] -1 s lado; (of hill) ladera; (of boat) costado; (of coin) cara; (edge) borde m; (lineage) parte f; (team) facción f ♦ **from all sides** de todas partes • **on all, both sides** por todas, ambas partes • **on every side** por todas partes • **on one's side** de costado • **on this side** por este lado • **side by side** juntos • **to change sides** cambiar de partido • **to have on one's side** tener de parte de uno • **to move to one side**

S

apartarse • **to take sides with** ponerse de parte de • **to turn over on its side** volcar **-2** adj lateral ♦ **side effect** efecto secundario • **side view** vista de perfil **-3** vi ♦ **to side with** ponerse del lado de.

sideline [:līn'] s actividad suplementaria; DEP línea de banda.

sidelong [:lòng'] adj lateral; (sideways) de soslayo.

sideshow [:shō'] s atracción secundaria.

sidestep [:stěp'] vt **-pp-** esquivar, evitar; (to evade) eludir -vi dar un paso lateral.

sidetrack [:trăk'] **-1** vt desviar; (an issue) dejar de lado **-2** s desvío.

sidewalk [:wôk'] s acera.

sideways [:wāz'] **-1** adv de lado; (to step) hacia un lado **-2** adj lateral, de lado.

siding [sī'dĭng] s FC apartadero.

siege [sēj] s MIL sitio; FIG calvario.

sieve [sĭv] **-1** s tamiz m **-2** vt tamizar.

sift [sĭft] vt cerner; (to separate) separar; (to examine) examinar.

sigh [sī] vi suspirar.

sight [sīt] **-1** s vista; (vision) visión f; (thing to see) lugar m de interés; (of device) mira; (quantity) gran cantidad ♦ **on sight** a primera vista • **to be (with)in sight of** estar a la vista de • **to catch sight of** vislumbrar • **to come into sight** aparecer, asomar • **to lose sight of** perder de vista **-2** vt ver; (to aim) apuntar.

sightseeing [:īng] s visita a lugares de interés.

sign [sīn] **-1** s signo; (gesture) gesto; (poster) letrero; (symbol) símbolo ♦ **to show signs of** dar muestras de **-2** vt firmar -vi hacer señas; (to write) firmar ♦ **to sign on** or **up** alistarse • **to sign out** firmar y salir.

signal [sĭg'nəl] **-1** s señal f **-2** adj señalado **-3** vt dar la señal de, para; (to make known) indicar -vi hacer señales.

signature [sĭg'chər] s firma.

signer [sī'nər] s firmante m/f.

significance [sĭg-nĭf'ĭ-kəns] s significación f.

significant [:kənt] adj significativo.

signify [sĭg'nə-fī'] vt significar.

signpost [sīn'pōst'] s poste m indicador.

silence [sī'ləns] **-1** s silencio **-2** vt hacer callar; (to suppress) reprimir.

silencer [sī'lən-sər] s silenciador m.

silent [sī'lənt] adj silencioso; (mute) mudo.

silhouette [sĭl'o͞o-ĕt'] **-1** s silueta **-2** vt siluetear.

silk [sĭlk] s seda ♦ **silk screen** serigrafía.

silky [sĭl'kē] adj **-i-** sedoso; (suave) suave.

silly [sĭl'ē] adj **-i-** tonto, bobo; (ridiculous) ridículo.

silt [sĭlt] s cieno.

silver [sĭl'vər] **-1** s plata; (coins) monedas de plata; (color) plateado **-2** adj de plata; (like silver) plateado **-3** vt platear.

silversmith [:smĭth'] s platero.

silverware [:wâr'] s (vajilla de) plata.

similar [sĭm'ə-lər] adj similar.

similarity ['-lăr'ĭ-tē] s similitud f.

simmer [sĭm'ər] vi & vt hervir a fuego lento.

simple [sĭm'pəl] adj **-er, -est** simple; (not elaborate) sencillo.

simplicity [sĭm-plĭs'ĭ-tē] s sencillez f; (foolishness) simpleza.

simplify ['-fī'] vt simplificar.

simply [sĭm'plē] adv simplemente, sencillamente.

simultaneous [sī'məl-tā'nē-əs] adj simultáneo.

sin [sĭn] **-1** s pecado **-2** vi **-nn-** pecar.

since [sĭns] **-1** adv desde entonces; (ago) hace <five days since hace cinco días> ♦ **ever since** desde entonces • **since when?** ¿desde cuándo? **-2** prep desde ♦ **since that time** desde entonces **-3** conj desde que; (inasmuch as) ya que ♦ **ever since** desde que.

sincere [sĭn-sîr'] adj **-er, -est** sincero.

sincerity [sĭn-sĕr'ĭ-tē] s sinceridad f.

sinew [sĭn'yo͞o] s tendón m; FIG vigor m.

sinful [sĭn'fəl] adj (deed) pecaminoso; (person) pecador.

sing [sĭng] vi **sang, sung** cantar.

singe [sĭnj] vt chamuscar.

singer [sĭng'ər] s cantante m/f.

single [sĭng'gəl] **-1** adj solo; (for one) individual; (unmarried) soltero ♦ **every**

single one todos • **single bed** cama para una persona **-2** s *(person)* individuo; *(accommodation)* alojamiento individual; *(unmarried person)* soltero, a ♦ pl DEP individual, simple (tenis) **-3** vt ♦ **to single out** *(to choose)* escoger.
single-handed ['-hǎn'dǐd] adj solo, sin ayuda.
single-minded [:mǐn'dǐd] adj resuelto.
singular [sǐng'gyə-lər] adj & s singular m.
sinister [sǐn'ǐ-stər] adj siniestro.
sink [sǐngk] **-1** vi **sank** or **sunk, sunk** descender; *(to submerge)* hundirse ♦ **to sink in** penetrar • **to sink into** caer en **-vt** hundir; *(to force down)* echar al fondo; *(into the ground)* echar abajo **-2** s *(kitchen)* fregadero.
sinner [sǐn'ər] s pecador m.
sinus [sǐ'nəs] s seno.
sip [sǐp] **-1** vt & vi **-pp-** sorber **-2** s sorbo.
siphon [sǐ'fən] **-1** s sifón m **-2** vt sacar con sifón.
sir [sûr] s señor m, caballero ♦ **Sir** sir *(título)*.
siren [sǐ'rən] s sirena.
sirloin [sûr'loin'] s solomillo.
sissy [sǐs'ē] s mariquita m.
sister [sǐs'tər] s hermana; GB *(nurse)* enfermera.
sister-in-law [:ǐn-lô'] s [pl **sisters-**] *(spouse's sister, brother's wife)* cuñada, hermana política.
sit [sǐt] vi **sat** sentarse; *(to be at rest)* estar sentado; *(to lie)* estar situado; *(to pose)* posar; *(to convene)* reunirse; *(to be inactive)* quedarse ♦ **to sit down** sentarse • **to sit in** participar • **to sit for an examination** GB presentarse a un examen • **to sit on** ser miembro de • **to sit still** no moverse • **to sit up** incorporarse **-vt** *(exam)* presentarse a ♦ **to sit out** or **through** quedarse hasta el final; *(to remain seated)* quedarse sentado durante (baile).
site [sǐt] **-1** s sitio; *(location)* ubicación f **-2** vt situar.
sitting [:ǐng] s turno; *(session)* sesión f ♦ **sitting room** sala de estar.
situation [sǐch'ōō-ā'shən] s situación f; *(position)* puesto.

six [sǐks] s & adj seis m ♦ **six hundred** seiscientos • **six o'clock** las seis.
sixteen [sǐk-stēn'] s & adj dieciséis m.
sixteenth [:stēnth'] **-1** s *(place)* dieciséis m; *(part)* dieciseisavo **-2** adj *(place)* decimosexto; *(part)* dieciseisavo.
sixth [sǐksth] s & adj sexto.
sixty [sǐk'stē] s & adj sesenta m.
sizable [sǐ'zə-bəl] adj considerable.
size [sǐz] s tamaño; *(of shoes)* número; *(of persons, garments)* talla; *(magnitude)* magnitud f ♦ **to cut down to size** bajarle los humos a • **to try on for size** probar.
sizzle [sǐz'əl] vi chisporrotear.
skate[1] [skāt] **-1** s patín m **-2** vi patinar.
skate[2] SICT raya.
skateboard [skāt'bôrd'] s tabla de patinar sobre ruedas.
skater [skā'tər] s patinador m.
skeleton [skěl'ǐ-tn] s esqueleto; *(outline)* bosquejo.
skeptic [skěp'tǐk] s escéptico.
skeptical [:tǐ-kəl] adj escéptico.
sketch [skěch] **-1** s esbozo; *(outline)* bosquejo **-2** vt esbozar **-vi** hacer un croquis.
sketchbook ['bŏŏk'] s bloc m de dibujo.
sketchy [:ē] adj **-i-** sin detalles; *(superficial)* superficial.
skewer [skyōō'ər] **-1** s brocheta **-2** vt ensartar.
ski [skē] **-1** s esquí m **-2** vi & vt esquiar.
skid [skǐd] **-1** s patinazo **-2** vi **-dd-** patinar, resbalar (rueda, automóvil).
skier [skē'ər] s esquiador m.
skiing [:ǐng] s esquí m *(deporte)*.
skill [skǐl] s maña; *(art)* técnica; *(trade)* oficio.
skilled [skǐld] adj mañoso; *(qualified)* especializado.
skim [skǐm] **-1** vt **-mm-** *(liquid)* espumar; *(milk)* desnatar; *(to brush)* rozar; *(book)* hojear ♦ **to skim through** echar una ojeada a **-vi** hojear (libro) **-2** s ♦ **skim milk** leche desnatada.
skimp [skǐmp] vt escatimar **-vi** economizar.
skin [skǐn] **-1** s piel f ♦ **by the skin of one's teeth** por los pelos • **to jump out of one's skin** llevarse un susto tremendo • **to save one's skin** salvar

el pellejo **-2** *vt* **-nn-** despellejar; *(to peel)* pelar; *(to scrape)* desollar.

skin-deep ['dēp'] *adj* superficial.

skinny [:ē] *adj* **-i-** flaco.

skintight [skĭn'tīt'] *adj* ceñido.

skip [skĭp] **-1** *vi* **-pp-** saltar; *(engine)* fallar *-vt* saltar; *(class, meeting)* dejar de ir a **-2** *s* salto.

skipper [skĭp'ər] *s* MARÍT capitán *m*.

skirmish [skûr'mĭsh] **-1** *s* escaramuza; *(dispute)* pelea **-2** *vi* escaramuzar.

skirt [skûrt] **-1** *s* falda **-2** *vt* bordear; *(to pass around)* faldear; *(to elude)* eludir.

skull [skŭl] *s* cráneo.

skunk [skŭngk] *s* ZOOL mofeta.

sky [skī] *s* cielo.

skylight [:līt'] *s* claraboya.

skyscraper [:skrā'pər] *s* rascacielos *m*.

slab [slăb] *s* *(piece)* trozo; *(of stone)* losa.

slack [slăk] **-1** *adj (sluggish)* lento; *(not busy)* de poca actividad; *(loose)* flojo; *(negligent)* negligente **-2** *s pl* pantalones.

slacken ['ən] *vt (to slow)* aminorar; *(to loosen)* aflojar *-vi (to slow down)* amainar; *(to loosen)* aflojarse.

slag [slăg] *s* escoria.

slam [slăm] *vt* **-mm-** *(to shut)* cerrar de golpe; *(to move)* hacer golpear; *(to hit)* golpear con estrépito ♦ **to slam something down on** poner algo violentamente en *-vi* cerrarse de golpe.

slander [slăn'dər] **-1** *s* calumnia; DER difamación *f* **-2** *vt* calumniar; DER difamar.

slang [slăng] *s* jerga.

slant [slănt] **-1** *vt* inclinar; *(a problem)* enfocar de modo parcial *-vi* inclinarse **-2** *s* inclinación *f*; *(point of view)* parecer *m*.

slap [slăp] **-1** *s* palmada; *(on face)* bofetada; *(on head)* cachetada **-2** *vt* **-pp-** *(to strike)* dar una palmada; *(the face)* abofetear; *(the head)* dar una cachetada.

slash [slăsh] **-1** *vt (to hack)* dar un tajo a; *(prices)* rebajar **-2** *s* tajo.

slat [slăt] *s* tablilla.

slate [slăt] **-1** *s* pizarra **-2** *vt (criticize)* poner por los suelos.

slaughter [slô'tər] **-1** *s* matanza **-2** *vt (animals)* matar; *(to kill brutally)* matar brutalmente.

slave [slāv] **-1** *s* esclavo **-2** *vi* trabajar como esclavo.

slaver [slăv'ər] **-1** *vi* babear **-2** *s* baba.

slavery [:və-rē, slăv'rē] *s* esclavitud *f*.

slay [slā] *vt* **slew, slain** matar.

sleazy [slē'zē] *adj* **-i-** *(cheap)* de mala calidad; *(vulgar)* vulgar.

sledge [slĕj] *s* trineo.

sleek [slēk] *adj* suave y brillante; *(well-groomed)* elegante.

sleep [slēp] **-1** *s* sueño ♦ **in one's sleep** durante el sueño • **to go to sleep** dormirse • **to put to sleep** *(animal)* sacrificar **-2** *vi* **slept** dormir ♦ **to sleep in** dormir hasta tarde *-vt* pasar durmiendo ♦ **to sleep off** dormir hasta que pase *(dolor de cabeza, borrachera)*.

sleeper [slē'pər] *s* persona que duerme; *(sleeping car)* coche *m* cama ♦ **to be a heavy, light sleeper** tener el sueño pesado, ligero.

sleeping [:pĭng] *adj* dormido, durmiendo ♦ **sleeping bag** saco de dormir • **sleeping car** coche *m* cama.

sleepless [slēp'lĭs] *adj* en blanco.

sleepy [slē'pē] *adj* **-i-** somnoliento.

sleet [slēt] **-1** *s* aguanieve *f* **-2** *vi* cellisquear.

sleeve [slēv] *s* manga; *(of record)* funda.

slender [slĕn'dər] *adj* **-er, -est** delgado; *(svelte)* esbelto; *(meager)* escaso.

slice [slīs] **-1** *s* *(of meat)* tajada; *(of bread)* rebanada; *(of ham)* lonja; *(of fish)* raja; *(share)* parte *f* **-2** *vt* cortar, tajar; *(bread)* rebanar.

slide [slīd] **-1** *vi* **slid** resbalar; *(to coast)* deslizarse; *(to glide)* pasar suavemente ♦ **to let things slide** dejar pasar las cosas sin hacer nada *-vt* hacer resbalar ♦ **to slide over** pasar por alto **-2** *s* deslizamiento; *(playground)* tobogán *m*; *(track)* resbaladero; *(microscope)* portaobjeto; *(avalanche)* desprendimiento; FOTOG diapositiva.

slight [slīt] **-1** *adj* escaso; *(trifling)* insignificante; *(slender)* delgado **-2** *vt* menospreciar; *(to shirk)* desatender **-3** *s* desaire *m*.

slim [slĭm] **-1** *adj* **-mm-** delgado; *(scant)* escaso **-2** *vt* & *vi* **-mm-** adelgazar.

slime [slīm] *s* *(mud)* limo; *(animal substance)* babaza.

sling [slĭng] -1 s (weapon) honda; (for rifle) portafusil m; MED cabestrillo -2 vt **slung** (to throw) arrojar; (to hang) colgar.

slink [slĭngk] vi **slunk** escabullirse.

slip [slĭp] -1 vi -pp- deslizarse; (to steal) escabullirse; (to lose one's balance) resbalar; (to make a mistake) equivocarse; FAM (to fall off) empeorar ♦ **to let an opportunity slip by** dejar pasar una oportunidad • **to let slip** decir sin querer • **to slip in** introducirse • **to slip off** escabullirse • **to slip through** escabullirse por -vt ♦ **to slip in** introducir • **to slip into** (to don) ponerse; (to enter) entrar • **to slip off** quitarse (ropa) • **to slip on** ponerse (ropa) -2 s resbalón m; (false step) paso en falso; (error) equivocación f; (lapse) desliz m; (undergarment) combinación f.

slipper [:ər] s zapatilla.

slippery [:ə-rē] adj -i- resbaladizo; (evasive) evasivo.

slit [slĭt] -1 s corte m -2 vt **slit, -tting** hender.

slither [slĭth'ər] vi (to crawl) deslizarse, culebrear.

sliver [slĭv'ər] s (splinter) astilla; (slice) tajada.

slog [slŏg] vi -gg- (to plod) andar pesadamente; (to work) trabajar como un burro.

slogan [slō'gən] s lema m; (in advertising) slogan m.

slop [slŏp] vi & vt -pp- (to spill) derramar(se).

slope [slōp] -1 vt & vi inclinar(se) -2 s (incline) cuesta; (of roof) vertiente f; (inclination) inclinación f.

sloppy [slŏp'ē] adj -i- FAM (messy) desordenado; (careless) chapucero.

slot [slŏt] s (groove) ranura; (on roster) puesto en el escalafón.

sloth [slôth, slōth] s indolencia; ZOOL perezoso.

slouch [slouch] -1 vi (to sit) repantigarse; (to stand) tener una postura desgarbada -2 s postura desgarbada; (person) perezoso ♦ **to walk with a slouch** caminar con los hombros caídos.

slovenly [slŭv'ən-lē] adj desaseado.

slow [slō]-1 adj lento; (clock) atrasado; (tardy) atrasado; (dense) torpe; FAM (boring) aburrido ♦ **slow motion** cámara lenta -2 adv lentamente, despacio -3 vt (to make slow) reducir la marcha de; (to retard) retrasar -vi ir más despacio.

sludge [slŭj] s cieno; (sewage) fango de alcantarillado; (sediment) sedimento.

slug[1] [slŭg] s (bullet) bala; (lump of metal) trozo de metal.

slug[2] s ZOOL babosa.

slug[3] vt -gg- pegar un porrazo.

sluggish [slŭg'ĭsh] adj (slow) lento; (lazy) perezoso.

sluice [slōōs] -1 s canal m; (gate) esclusa -2 vt (to flush) regar.

slum [slŭm] s barrio bajo.

slump [slŭmp] -1 vi desplomarse; (to slouch) repantigarse -2 s disminución brusca; (depression) depresión f.

slur [slûr] -1 vt -rr- (to pronounce indistinctly) pronunciar mal -2 s (aspersion) difamación f.

slush [slŭsh] s (melted snow) aguanieve f; (mud) lodo.

sly [slī] adj -er, -est or -i- (cunning) astuto; (deceitful) malicioso; (roguish) travieso.

smack [smăk] -1 vt hacer un chasquido con los labios; (to kiss) besar sonoramente; (to strike) dar una palmada -vi chasquear; (to kiss) dar un beso sonoro -2 s chasquido; (kiss) beso sonoro; (blow) golpe m -3 adv de lleno.

small [smôl] -1 adj pequeño; (minor) insignificante; (petty) mezquino ♦ **in a small way** en pequeña escala -2 s ♦ **the small of the back** la región lumbar.

smallpox ['pŏks'] s viruela.

smart [smärt] -1 adj (intelligent) listo; (witty) ingenioso; (quick) rápido; (fashionable) de moda -2 vi (to sting) escocer.

smash [smăsh] -1 vt romper; (to shatter) destrozar; (to throw) estrellar -vi romperse; (to crash) estrellarse; (to be crushed) hacerse pedazos -2 s (breakage) rotura; (sound) estrépito; (collision) choque m; FAM (hit) éxito -3 adj ♦ **a smash hit** un gran éxito.

smear [smîr] -1 vt untar; (to dirty) embadurnar; (to vilify) difamar -2 s mancha.

S

smell [smĕl] **-1** *vt* **-ed** *or* **smelt, -lling**
oler; *(to detect)* olfatear *-vi* oler; *(to stink)* apestar **-2** *s (sense)* olfato; *(odor)* olor *m*.

smelly [′ē] *adj* **-i-** FAM maloliente.

smelt [smĕlt] *vt & vi* fundir.

smile [smīl] **-1** *s* sonrisa **-2** *vi* sonreír(se) *-vt* expresar con una sonrisa.

smith [smĭth] *s* herrero.

smock [smŏk] *s* guardapolvo.

smog [smŏg] *s* mezcla de humo y niebla.

smoke [smōk] **-1** *s* humo **-2** *vi* humear; *(tobacco)* fumar *-vt (to preserve)* ahumar.

smoky [smō′kē] *adj* **-i-** *(room)* lleno de humo; *(color, taste)* ahumado.

smolder [smōl′dər] *vi* arder (sin llama); FIG estar latente.

smooth [smōōth] **-1** *adj (fine)* liso; *(soft)* suave; *(calm)* tranquilo; *(fluid)* fluido; *(ingratiating)* meloso; *(unwrinkled)* sin arrugas **-2** *vt (to level)* alisar ♦ **to smooth things over** limar asperezas.

smother [smŭth′ər] *vt* sofocar; *(to conceal)* enterrar; *(to cover)* cubrir.

smudge [smŭj] **-1** *vt (to dirty)* manchar; *(to blur)* emborronar *-vi* manchar(se) **-2** *s* mancha.

smug [smŭg] *adj* **-gg-** presumido.

smuggle [smŭg′əl] *vt* pasar de contrabando *-vi* contrabandear.

smuggler [:lər] *s* contrabandista *m/f*.

smuggling [:lĭng] *s* contrabando.

smutty [smŭt′ē] *adj* **-i-** *(dirty)* manchado; *(obscene)* obsceno.

snack [snăk] **-1** *s* bocado ♦ **snack bar** cafetería **-2** *vi* tomar(se) un bocado.

snail [snāl] *s* caracol *m*.

snake [snāk] **-1** *s* serpiente *f* **-2** *vt & vi* serpentear.

snap [snăp] **-1** *vi* **-pp-** *(to click)* chasquear; *(to break)* quebrarse; *(to bite)* morder ♦ **to snap at** *(dog)* intentar morder; *(to speak harshly to)* hablar con brusquedad a *-vt (to break)* quebrar; *(to utter)* decir bruscamente **-2** *s (sound)* chasquido; *(of fingers)* castañeteo.

snappy [:ē] *adj* **-i-** *(brisk)* vivo, animado; *(smart)* elegante.

snapshot [:shŏt′] *s* instantánea.

snare [snâr] **-1** *s* trampa **-2** *vt* tender trampas; *(to trap)* cazar con trampa.

snarl [snärl] **-1** *vi* gruñir **-2** *s* gruñido.

snatch [snăch] **-1** *vt* agarrar, arrebatar *-vi* arrebatar **-2** *s* arrebatamiento; *(fragment)* pedacito.

sneak [snēk] **-1** *vi* andar a hurtadillas *-vt* hacer furtivamente **-2** *s* persona cobarde; *(exit)* salida disimulada.

sneaker [snē′kər] *s* zapato de lona.

sneaky [:kē] *adj* **-i-** furtivo; *(surreptitious)* solapado.

sneer [snîr] **-1** *s* gesto de desprecio **-2** *vi* hacer un gesto de desprecio.

sneeze [snēz] **-1** *vi* estornudar **-2** *s* estornudo.

sniff [snĭf] **-1** *vi* aspirar por la nariz; *(in contempt)* despreciar *-vt (odor)* olfatear; *(drug)* inhalar **-2** *s* aspiración *f*; *(smelling)* olfateo.

snigger [snĭg′ər] **-1** *s* risa disimulada **-2** *vi* reír disimuladamente.

snip [snĭp] **-1** *vt & vi* **-pp-** tijeretear **-2** *s (action)* tijeretazo; *(piece)* recorte *m*.

sniper [snī′pər] *s* francotirador *m*.

snivel [snĭv′əl] *vi* gimotear.

snob [snŏb] *s* snob *m*.

snoop [snōōp] *vi* FAM entrometerse ♦ **to snoop around** husmear.

snooze [snōōz] FAM **-1** *vi* dormitar **-2** *s* sueño ligero.

snore [snôr] **-1** *vi* roncar **-2** *s* ronquido.

snorkel [snôr′kəl] *s* tubo de respiración.

snout [snout] *s* hocico.

snow [snō] **-1** *s* nieve *f* **-2** *vi* nevar *-vt (to cover)* cubrir con nieve ♦ **to snow under** abrumar.

snowball [′bôl′] **-1** *s* bola de nieve **-2** *vi* aumentar rápidamente.

snowdrift [:drĭft′] *s* ventisquero.

snowfall [:fôl′] *s* nevada.

snowman [:măn′] *s* [pl **-men**] muñeco de nieve.

snowplow [:plou′] *s* quitanieves *m*.

snowstorm [:stôrm′] *s* tormenta de nieve.

snub [snŭb] **-1** *vt* **-bb-** *(to slight)* desairar **-2** *s* desaire *m*.

snuff [snŭf] *s (tobacco)* rapé *m*.

snug [snŭg] *adj* **-gg-** *(cozy)* cómodo; *(warm)* calentito; *(tight)* ajustado.

snuggle [snŭg′əl] *vt & vi* acurrucar(se).

so [sō] **-1** adv (thus) así, de esta manera; (to such an extent) de tal manera, tan; (consequently) por eso; (likewise) también <you were on time and so was I tú llegaste a tiempo y yo también>; (then) así que ♦ **if so** si es así • **I hope so** eso espero, espero que sí • **is that so?** ¿es verdad?, ¿ah, sí? • **I think so** creo que sí • **just so** ni más ni menos • **not so much as** ni siquiera • **or so** más o menos • **so as to** a fin de • **so far** hasta aquí • **so far as I know** que yo sepa • **so far so good** por ahora, bien • **so it is!** ¡así es! • **so long** tanto (tiempo); (good-bye) hasta luego • **so many** tantos • **so that** de manera que • **so then** así pues • **so what?** ¿y qué? **-2** conj así que ♦ **so that** para que, a fin de que.

soak [sōk] vt empapar; (to immerse) remojar ♦ **to soak to the skin** calar hasta los huesos -vi remojarse; (to penetrate) infiltrarse ♦ **to soak through** penetrar; (to drench) calar.

soaking [sō'kǐng] **-1** s remojón m **-2** adj empapado.

so-and-so [sō'ən-sō'] s Fulano de Tal.

soap [sōp] **-1** s jabón m ♦ **soap opera** serial m **-2** vt (en)jabonar.

soapy [sō'pē] adj **-i-** jabonoso.

soar [sôr] vi (to rise) remontarse; (to ascend) elevarse súbitamente.

sob [sŏb] **-1** vi **-bb-** sollozar **-2** s sollozo.

sober [sō'bər] **-1** adj **-er, -est** sobrio; (serious) grave **-2** vi ♦ **to sober up** pasársele a uno la embriaguez.

so-called [sō'kôld'] adj llamado.

soccer [sŏk'ər] s fútbol m.

social [sō'shəl] adj social ♦ **social services** programa de asistencia social.

socialist [sō'shə-lǐst] s & adj socialista m/f.

socialize [:līz'] vt socializar -vi alternar.

society [sə-sī'ĭ-tē] s sociedad f; (companionship) compañía.

sociologist [sō'sē-ŏl'ə-jĭst] s sociólogo.

sociology [:jē] s sociología.

sock [sŏk] s [pl **s** or **sox**] calcetín m.

socket [sŏk'ĭt] s hueco; (of bulb) casquillo; (connection) enchufe m (hembra); (eye) cuenca.

soda [sō'də] s (water) gaseosa; (refreshment) soda.

sodden [sŏd'n] adj (wet) empapado.

sodium [sō'dē-əm] s sodio.

sofa [sō'fə] s sofá m.

soft [sôft] adj (not hard) blando; (gentle, smooth) suave; (tender) tierno; (lenient) indulgente ♦ **soft drink** gaseosa.

soft-boiled [sôft'boild'] adj (egg) pasado por agua.

soften [sô'fən] vt & vi ablandar(se).

soggy [sŏg'ē] adj **-i-** empapado.

soil [soil] **-1** s (land) tierra **-2** vt (to dirty) ensuciar.

soiled [soild] adj sucio, manchado.

solar [sō'lər] adj solar.

soldier [sōl'jər] s soldado.

sold-out [sōld'out'] adj agotado.

sole¹ [sōl] s (of foot) planta; (of shoe) suela.

sole² adj (single) único <his sole aim su único propósito>; (rights, ownership) exclusivo.

sole³ s [pl inv or **s**] ICT lenguado.

solemn [sŏl'əm] adj solemne.

solicit [sə-lĭs'ĭt] vt solicitar -vi hacer una petición.

solid [sŏl'ĭd] **-1** adj sólido; (not hollow) macizo <solid gold de oro macizo>; (line) continuo; (fact) seguro; (of color) uniforme **-2** s sólido.

solidarity [sŏl'ĭ-dăr'ĭ-tē] s solidaridad f.

solitaire [sŏl'ĭ-târ'] s solitario.

solitary [sŏl'ĭ-těr'ē] adj solitario ♦ **solitary confinement** incomunicación.

solitude [:tōōd'] s soledad f.

solo [sō'lō] **-1** adj & s solo **-2** adv a solas.

soloist [:ĭst] s solista m/f.

solstice [sŏl'stĭs] s solsticio.

soluble [sŏl'yə-bəl] adj soluble.

solution [sə-lōō'shən] s solución f.

solve [sŏlv] vt resolver, solucionar.

solvent [:vənt] **-1** adj COM solvente **-2** s disolvente m.

somber [sŏm'bər] adj sombrío.

some [sŭm] **-1** adj alguno(s) <some people algunas personas>; (a little) algo de, un poco de, cierto <after some time después de cierto tiempo>; unos (cuantos), varios <some days ago hace varios días> ♦ **some other time** otro

S

día, otro momento • **some way or other** de una manera u otra **-2** *pron (several)* algunos; *(a little)* un poco, algo ♦ **and then some** y más todavía **-3** *adv* unos *<some forty people* unas cuarenta personas>; FAM *(somewhat)* un poco, algo.

somebody ['bŏd'ē] **-1** *pron* alguien **-2** *s* FAM alguien *m* <*he thinks he's somebody* se cree alguien>.

someday [:dā'] *adv* algún día.

somehow [:hou'] *adv* de algún modo, de alguna manera; *(for some reason)* por alguna razón.

someone [:wŭn'] *cf* **somebody**.

someplace [:plās'] *adv* en *or* a alguna parte.

somersault [sŭm'ər-sôlt'] **-1** *s* salto mortal **-2** *vi* dar un salto mortal.

something [sŭm'thĭng] **-1** *pron* algo ♦ **something or other** una cosa u otra • **to be quite something** ser algo extraordinario • **to be something** ser de alguna importancia • **to be something of a...** tener algo de... **-2** *adv (somewhat)* algo; *(extremely)* sumamente.

sometime [:tīm'] **-1** *adv* alguna vez, algún día ♦ **sometime soon** pronto **-2** *adj (former)* ex, antiguo.

sometimes [:tīmz'] *adv* de vez en cuando, a veces.

someway [:wā'] *adv* de alguna manera.

somewhat [:hwŏt'] *adv* algo.

somewhere [:hwâr'] *adv* en *or* a alguna parte; *(approximately)* más o menos, entre ♦ **somewhere near here** por aquí.

son [sŭn] *s* hijo.

song [sông] *s* canción *f*; *(act)* canto, cantar *m*.

sonic [sŏn'ĭk] *adj* sónico, acústico.

son-in-law [sŭn'ĭn-lô'] *s* [*pl* **sons-**] yerno, hijo político.

sonnet [sŏn'ĭt] *s* soneto.

sonny [sŭn'ē] *s* FAM hijito.

soon [sōōn] *adv* pronto; *(early)* temprano <*back so soon?* ¿de vuelta tan temprano?> ♦ **as soon as** en cuanto, tan pronto como • **how soon?** ¿cuándo (a más tardar)? • **soon after** poco después • **the sooner the better** cuanto más pronto, mejor • **sooner or later** tarde o temprano.

soot [sōōt] *s* hollín *m*.

soothe [sōōth] *vt* calmar, tranquilizar; *(pain)* aliviar.

sophisticated [sə-fŏs'tĭ-kā'tĭd] *adj* sofisticado; *(complicated)* complejo.

sophomore [sŏf'ə-môr'] *s* estudiante *m/f* de segundo año.

soporific [sŏp'ə-rĭf'ĭk] *adj* & *s* soporífico.

sopping [sŏp'ĭng] *adj* empapado.

soprano [sə-prăn'ō] *s* soprano *m/f*.

sorcerer [sôr'sər-ər] *s* hechicero, brujo.

sore [sôr] **-1** *adj* dolorido; FAM *(offended)* molesto ♦ **sore throat** dolor de garganta **-2** *s (wound)* llaga.

sorrow [sŏr'ō] **-1** *s (sadness)* pesar *m*, dolor *m*; *(grieving)* duelo **-2** *vi* sentir pena.

sorry [sŏr'ē] **-1** *adj* **-i-** *(sad)* triste; *(wretched)* infeliz; *(paltry)* insignificante ♦ **I'm sorry** lo siento • **to be sorry** sentir <*I'm sorry to be late* siento llegar tarde> • **to feel sorry for** compadecer • **you'll be sorry!** ¡te arrepentirás! **-2** *interj* ¡perdón!

sort [sôrt] **-1** *s (class)* clase *f*, tipo; *(type)* especie *f*; *(person)* tipo ♦ **nothing of the sort!** ¡nada de eso! • **something of the sort** algo por el estilo **-2** *vt (to classify)* clasificar; *(to put in order)* ordenar.

so-so [sō'sō'] *adj* & *adv* regular.

soul [sōl] *s* alma, personificación *f* <*the soul of honor* la personificación del honor>.

soulful ['fəl] *adj* sentimental.

sound¹ [sound] **-1** *s* sonido ♦ **I don't like the sound of it** no me huele bien **-2** *vi* sonar; *(to seem)* parecer *-vt (instrument)* tocar; *(alarm)* dar.

sound² *adj* en buenas condiciones; *(healthy)* sano; *(firm)* firme; *(economy)* fuerte; *(reason)* válido; *(sleep)* profundo; *(trustworthy)* de confianza.

soundly [:lē] *adv (solidly)* sólidamente; *(deeply)* profundamente.

soundproof [:prōōf'] *adj* insonoro.

soundtrack [:trăk'] *s* banda sonora.

soup [sōōp] *s* sopa.

soupspoon ['spōōn'] *s* cuchara de sopa.

sour [sour] **-1** *adj* agrio; *(milk)* cortado; *(smell)* acre ♦ **to turn** *or* **go sour**

(deal) fracasar **-2** *vt* & *vi (wine, mood)* agriar(se); *(milk)* cortar(se); *(person)* amargar(se).

source [sôrs] *s* origen *m; (of supply, information)* fuente *f.*

south [south] **-1** *s* sur *m* **-2** *adj* del sur, austral **-3** *adv* hacia el sur.

southeast [-ēst'] **-1** *s* sudeste *m* **-2** *adj* del sudeste **-3** *adv* hacia el sudeste.

southern [:ərn] *adj* del sur.

southwest [-wēst'] **-1** *s* suroeste *m,* sudoeste *m* **-2** *adj* del sudoeste **-3** *adv* hacia el sudoeste.

souvenir [soo'və-nîr'] *s* recuerdo.

sovereign [sŏv'ər-ĭn] *adj* & *s* soberano.

sow[1] [sō] *vt* **-ed, -ed** or **-n** sembrar.

sow[2] [sou] *s (female hog)* cerda.

spa [spä] *s (resort)* balneario.

space [spās] **-1** *s* espacio; *(place)* sitio, lugar *m* <*it takes up too much space* ocupa demasiado sitio> ♦ **space shuttle** transbordador espacial • **to stare into space** tener la mirada perdida **-2** *vt* espaciar, distanciar ♦ **to space out** separar, distanciar.

spacecraft ['krăft'] *s inv* astronave *f.*

spaceship [:shĭp'] *s* nave *f* espacial.

spacious [:shəs] *adj* espacioso, amplio.

spade[1] [spād] *s (digging tool)* pala.

spade[2] *s (cards)* espada, pico.

spaghetti [spə-gĕt'ē] *s* espagueti *m.*

span [spăn] **-1** *s (breadth)* anchura; *(of wings)* envergadura; *(of hand)* palmo; *(period of time)* duración *f* **-2** *vt* **-nn-** *(to extend across)* cruzar, atravesar.

Spanish-speaking [spăn'ĭsh-spē'kĭng] *adj* hispanoparlante, hispanohablante.

spank [spăngk] **-1** *vt* dar una zurra a, zurrar *vi* ir de prisa **-2** *s* zurra.

spar[1] [spär] *s* MARÍT palo.

spar[2] *vi* **-rr-** *(in boxing)* entrenarse; *(to dispute)* discutir, pelear.

spare [spâr] **-1** *vt (expenses, efforts)* escatimar; *(strength)* reservar; *(to avoid)* evitar <*they spared him the trouble* le evitaron la molestia de hacerlo>; *(not to destroy)* perdonar; *(to save)* salvar; *(to do without)* prescindir de; *(to afford)* dar, dedicar <*I can't spare the time* no puedo dedicar el tiempo>; *(feelings)* no herir **-2** *adj (extra)* sobrante, de sobra <*spare cash* dinero sobrante>; *(unoccupied)* li-

bre <*in my spare time* en mis ratos libres> ♦ **spare room** cuarto en desuso **-3** *s (spare object)* pieza de repuesto, recambio.

sparing [:ĭng] *adj (frugal)* frugal, económico; *(scarce)* parco.

spark [spärk] **-1** *s* chispa **-2** *vt* provocar.

sparkle [spär'kəl] **-1** *vi (to glitter)* centellear, brillar; *(with wit)* chispear **-2** *s (glitter)* centelleo, destello.

sparrow [spăr'ō] *s* gorrión *m.*

sparse [spärs] *adj* disperso, infrecuente.

spasm [spăz'əm] *s* espasmo; FIG arrebato.

spastic [spăs'tĭk] *adj* & *s* espástico.

spatter [spăt'ər] *vt* & *vi* salpicar.

spawn [spôn] **-1** *s (of fish)* freza, hueva **-2** *vi* ICT frezar *-vt* FIG engendrar.

speak [spēk] *vi* **spoke, spoken** hablar; *(in assembly)* tomar la palabra; FIG decir, expresar <*facts speak more than words* los hechos dicen más que las palabras> ♦ **to speak of** mencionar <*there is nothing to speak of* no hay nada que mencionar> • **to speak out** hablar claro • **to speak up** *(louder)* hablar más fuerte; *(to be heard)* decir lo que uno piensa *-vt (to tell)* decir <*I speak the truth* digo la verdad>; *(a language)* hablar; *(to reveal)* revelar, expresar ♦ **to speak for** *(to recommend)* hablar en favor de; *(on behalf of)* hablar en nombre de • **to speak for itself** ser evidente • **to speak well, ill of** hablar bien, mal de.

speaker [spē'kər] *s* persona que habla; *(orator)* orador *m; (lecturer)* conferenciante *m/f; (loudspeaker)* altoparlante *m,* altavoz *m.*

spear [spîr] **-1** *s* lanza **-2** *vt* traspasar, atravesar (con una lanza).

spearhead ['hĕd'] *s* punta de lanza.

special [spĕsh'əl] **-1** *adj* especial; *(in particular)* de particular <*nothing special* nada de particular>; *(edition, flight)* extraordinario **-2** *s* TELEV programa *m* especial.

specialist [:ə-lĭst] *s* especialista *m/f.*

speciality ['ē-ăl'ĭ-tē] *s* especialidad *f.*

specially [:ə-lē] *adv* especialmente, en particular.

species [spē'shēz, :sēz] *s inv* especie *f.*

S

specific [spĭ-sĭf'ĭk] *adj* específico.

specification [spĕs'ə-fĭ-kā'shən] *s* especificación *f*.

specify [spĕs'ə-fī'] *vt* especificar.

specimen [spĕs'ə-mən] *s (sample)* muestra, ejemplar *m*; BIOL espécimen *m*.

speck [spĕk] *s (small spot)* mancha, mota; *(particle)* partícula.

speckled [:əld] *adj (spotted)* moteado, salpicado de manchas.

spectacle [spĕk'tə-kəl] *s* espectáculo ♦ *pl* gafas.

spectacular [-tăk'yə-lər] **-1** *adj* espectacular, grandioso **-2** *s* TEAT espectáculo.

spectator [spĕk'tā'tər] *s* espectador *m*.

specter [spĕk'tər] *s* espectro.

speculation [spĕk'yə-lā'shən] *s* especulación *f*.

speech [spēch] *s* habla; *(conversation)* conversación *f*; *(address)* discurso; *(language)* lenguaje *m*.

speechless ['lĭs] *adj* ♦ **to be** *or* **be left speechless** quedarse mudo.

speed [spēd] **-1** *s* velocidad *f* ♦ **at full** *or* **top speed** a toda velocidad **-2** *vi* **-ed** *or* **sped** ir de prisa, ir corriendo; *(to drive fast)* conducir con exceso de velocidad ♦ **to speed along** ir a gran velocidad • **to speed up** *(faster)* acelerar; *(to hurry)* apresurarse *-vt* ♦ **to speed up** acelerar.

speedy [spē'dē] *adj* **-i-** rápido, veloz; *(prompt)* pronto.

spell[1] [spĕl] *vt* **-ed** *or* **spelt** *(with letters)* deletrear; *(to write)* escribir <how do you spell his name? ¿cómo se escribe su nombre?>; FIG significar ♦ **spell out** deletrear.

spell[2] *s (trance)* sortilegio; FIG fascinación *f*, encanto ♦ **to cast a spell on** hechizar.

spelling [:ĭng] *s (orthography)* ortografía.

spend [spĕnd] *vt* **spent** *(money)* gastar; *(time)* pasar, dedicar; *(force, anger)* agotar, consumir; *(to use)* emplear.

spending [spĕn'dĭng] *s* gasto ♦ **spending money** dinero para gastos menudos.

spendthrift [spĕnd'thrĭft'] *s & adj* derrochador *m*, manirroto.

spent [spĕnt] **-1** *cf* **spend -2** *adj (consumed)* gastado; *(passed)* acabado; *(exhausted)* agotado.

sperm [spûrm] *s* [pl inv *or* **s**] BIOL esperma.

spew [spyōō] *vt & vi* vomitar; *(to eject)* arrojar; *(words)* soltar.

sphere [sfîr] *s* esfera.

sphinx [sfĭngks] *s* esfinge *f*.

spice [spīs] **-1** *s* especia; FIG sabor *m* **-2** *vt* sazonar.

spick-and-span [spĭk'ən-spăn'] *adj (spotless)* inmaculado; *(brandnew)* flamante.

spicy [spī'sē] *adj* **-i-** picante.

spider [spī'dər] *s* araña.

spike [spīk] *s (nail)* clavo; *(spine)* púa; *(sharp point)* punta.

spill [spĭl] *vt* **-ed** *(liquid)* derramar, verter *-vi (liquid)* derramarse, verterse ♦ **to spill out** salir, desbordar.

spin [spĭn] **-1** *vt* **spun** *(thread)* hilar; *(to twirl)* hacer girar, dar vueltas a ♦ **to spin out** alargar, prolongar *-vi (to make thread)* hilar; *(to whirl)* girar, dar vueltas ♦ **my head was spinning** me daba vueltas la cabeza **-2** *s (motion)* giro, vuelta; *(on a ball)* efecto.

spinach [spĭn'ĭch] *s* espinaca.

spinal [spī'nəl] *adj* espinal, vertebral ♦ **spinal column** columna vertebral • **spinal cord** médula espinal.

spindly [spĭnd'lē] *adj* **-i-** FAM larguirucho.

spine [spīn] *s* ANAT espina dorsal; *(of a book)* lomo; BOT, ZOOL espina, púa.

spinning [spĭn'ĭng] *s (act)* hilado; *(art)* hilandería.

spin-off [:ôf'] *s* subproducto, derivado.

spinster [spĭn'stər] *s* soltera.

spiral [spī'rəl] **-1** *s* espiral *f* **-2** *adj* espiral ♦ **spiral staircase** escalera de caracol **-3** *vi* moverse en espiral.

spire [spīr] *s (pinnacle)* cúspide *f*, cima; *(steeple)* aguja.

spirit [spĭr'ĭt] **-1** *s* espíritu *m*; *(soul)* alma; *(mood)* humor *m*; *(courage)* ánimo ♦ **in a friendly spirit** de manera amistosa ♦ *pl (mood)* humor; *(alcohol)* alcohol, licor • **in high** *or* **good spirits** de buen humor **-2** *vt* ♦ **to spirit away** *or* **off** llevarse, hacer desaparecer.

spirited [:ĭ-tĭd] *adj (animated)* animado; *(vigorous)* enérgico; *(horse)* brioso.

spiritual [:ĭ-chōō-əl] *adj & s* espiritual *m*.

spit [spĭt] **-1** *s* saliva; *(act)* escupitajo **-2** *vt* **spat** *or* **spit, -tting** escupir *-vi (to sputter)* chisporrotear.

spite [spīt] **-1** *s* rencor *m*, ojeriza ♦ **in spite of** a pesar de, no obstante **-2** *vt* fastidiar, despechar.

spiteful ['fəl] *adj* rencoroso.

spittle [spĭt'l] *s* saliva.

splash [splăsh] **-1** *vt (to spatter)* salpicar *(with* de); *(to wet)* chapotear *-vi* salpicar; *(in or through water)* chapotear **-2** *s* salpicadura; *(sound)* chapoteo.

spleen [splēn] *s* ANAT bazo; *(ill temper)* mal humor *m*.

splendid [splĕn'dĭd] *adj* espléndido.

splint [splĭnt] *s* tablilla.

splinter [splĭn'tər] **-1** *s* astilla; *(of bone)* esquirla **-2** *vt & vi* astillar.

split [splĭt] **-1** *vt* **split, -tting** *(in two)* partir, dividir; *(to crack)* hender; *(to rip)* desgarrar; *(to share)* compartir ♦ **to split off** separar • **to split up** *(to divide)* dividir, repartir *-vi (in two)* partirse; *(to crack)* henderse; *(cloth)* desgarrarse ♦ **to split off** *or* **up** separarse **-2** *s (crack)* grieta; *(tear)* desgarrón *m*; *(in a group)* ruptura **-3** *adj* partido; *(cracked)* agrietado; *(torn)* desgarrado ♦ **split personality** personalidad doble.

splutter [splŭt'ər] **-1** *vi & vt* farfullar **-2** *s* farfulla.

spoil [spoil] **-1** *vt* **-led** *or* **-t** *(to damage)* estropear; *(to impair)* dañar; *(appearance)* afear; *(child)* mimar *-vi* estropearse **-2** *s* ♦ *pl (of war)* botín.

spoke [spōk] *s (of a wheel)* radio.

spokesman [spōks'mən] *s* [pl **-men**] portavoz *m*, vocero.

sponge [spŭnj] **-1** *s* esponja; FIG *(person)* gorrón *m* ♦ **sponge cake** bizcocho **-2** *vt* limpiar con esponja *-vi (to borrow money)* sablear ♦ **to sponge off of** vivir a costa de.

sponsor [spŏn'sər] **-1** *s* patrocinador *m* **-2** *vt* patrocinar.

sponsorship [:shĭp'] *s* patrocinio.

spontaneous [spŏn-tā'nē-əs] *adj* espontáneo.

spool [spōol] *s* carrete *m*, bobina.

spoon [spōon] **-1** *s* cuchara; *(spoonful)* cucharada **-2** *vt* sacar con cuchara.

sporadic [spə-răd'ĭk] *adj* esporádico.

sport [spôrt] **-1** *s* deporte *m* ♦ **to be a good sport** *(to be a good person)* ser buena persona **-2** *vi* jugar, divertirse *-vt* lucir <she is sporting a new dress luce un nuevo vestido>.

sporting [spôr'tĭng] *adj* deportivo.

sportsman [:mən] *s* [pl **-men**] deportista *m*.

sportsmanship [:shĭp'] *s* deportividad *f*.

sportswoman [spôrts'wŏom'ən] *s* [pl **-women**] deportista *f*.

sporty [spôr'tē] *adj* **-i-** FAM casual; *(for sport)* deportivo.

spot [spŏt] **-1** *s* lugar *m*; *(stain)* mancha; *(dot)* lunar *m*; TELEV anuncio ♦ **on the spot** allí mismo • **to put on the spot** poner en un aprieto **-2** *vt* **-tt-** *(to detect)* notar *-vi* mancharse.

spotless [:lĭs] *adj* inmaculado; *(irreproachable)* intachable.

spouse [spous, spouz] *s* esposo, a.

spout [spout] **-1** *vi* chorrear; *(whale)* resoplar *-vt (to gush)* echar, arrojar; *(nonsense)* soltar **-2** *s (for pouring)* pico; *(tube)* caño; *(stream)* chorro.

sprain [sprān] **-1** *s* torcedura **-2** *vt* torcer.

sprawl [sprôl] *vi (to sit)* repantigarse; *(to spread out)* extenderse.

spray[1] [sprā] **-1** *s (of liquid)* rociada; *(atomizer)* vaporizador *m*; MARÍT espuma **-2** *vt* rociar.

spray[2] *s (bouquet)* ramo, ramillete *m*.

spread [sprĕd] **-1** *vt* **spread** extender; *(to move apart)* separar; *(butter)* untar; *(religion)* propagar; *(table)* poner ♦ **to spread out** esparcir *-vi* esparcirse; *(to extend)* extenderse; *(to propagate)* propagarse ♦ **to spread out** *(to get wider)* ensancharse **-2** *s* difusión *f*; *(expanse)* extensión *f*; *(food)* comida (para untar).

spree [sprē] *s* borrachera; *(party)* parranda.

sprightly [sprīt'lē] *adj* **-i-** vivo.

spring [sprĭng] **-1** *vi* **sprang, sprung** *(to jump)* saltar; *(to emerge)* brotar; *(to arise)* surgir ♦ **to spring to one's feet** levantarse de un salto • **to spring up** *(to emerge)* surgir • **to spring at** lanzarse sobre *-vt (trap)* hacer funcionar; *(to jump)* saltar; *(to release)* soltar; *(a surprise)* echar ♦ **to spring a leak** empezar a hacer agua **-2** *s (coil)* resorte *m; (resilience)* elasticidad *f; (jump)* salto; *(season)* primavera; *(source)* fuente *f.*

springboard ['bôrd'] *s* trampolín *m.*

springtime [:tīm'] *s* primavera.

sprinkle [sprǐng'kəl] -1 *vt* rociar -vi rociar; *(to drizzle)* lloviznar -2 *s* rociada; *(drizzle)* llovizna; *(small amount)* pizca.

sprint [sprǐnt] -1 *s* sprint *m* -2 *vi* sprintar.

sprout [sprout] -1 *vi* brotar; *(to burgeon)* crecer rápidamente -vt hacer crecer -2 *s* brote *m.*

spruce[1] [sproõs] *s* BOT picea.

spruce[2] *adj* ordenado.

spry [sprī] *adj* **-er, -est** or **-i-** activo.

spur [spûr] -1 *s* espuela; *(incentive)* incentivo ♦ **on the spur of the moment** sin pensarlo -2 *vt* **-rr-** espolear.

spurious [spyõŏr'ē-əs] *adj* espurio.

spurn [spûrn] *vt* rechazar (con desdén).

spurt [spûrt] -1 *s* chorro; *(outbreak)* arrebato -2 *vi* salir a chorros.

spy [spī] -1 *s* espía *m/f* -2 *vt (to watch)* espiar; *(to see)* divisar -vi ♦ **to spy (on)** espiar.

spying [:īng] *s* espionaje *m.*

squabble [skwŏb'əl] -1 *vi* pelearse -2 *s* riña.

squad [skwŏd] *s* cuadrilla; *(team)* equipo; MIL pelotón *m.*

squadron ['rən] *s* MARÍT escuadra; MIL escuadrón *m;* AER escuadrilla.

squander [skwŏn'dər] *vt* derrochar; *(time)* desperdiciar.

square [skwâr] -1 *s* cuadrado; *(tool)* escuadra; *(in town)* plaza -2 *adj* cuadrado; *(paid-up)* saldado ♦ **square meal** comida completa -3 *vt* cuadrar; *(to adapt)* ajustar; *(to settle)* saldar ♦ **to square accounts with** ajustarle las cuentas a -vi cuadrar ♦ **to square off** ponerse de guardia (para pelear).

squash[1] [skwōsh, skwôsh] *s* BOT calabaza.

squash[2] -1 *vt & vi (to crush)* aplastar(se); *(to squeeze)* apretar(se) -2 *s* DEP juego de pelota.

squat [skwŏt] -1 *vi* **-tt-** ponerse en cuclillas; *(to settle)* ocupar ilegalmente un lugar -2 *adj* **-tt-** regordete -3 *s* posición *f* en cuclillas.

squatter [:ər] *s* persona que ocupa ilegalmente un lugar.

squawk [skwôk] -1 *vi* graznar; *(to complain)* quejar(se) -2 *s* graznido; *(protest)* protesta.

squeak [skwēk] -1 *vi* chirriar -2 *s* chirrido.

squeal [skwēl] -1 *vi* chirriar -2 *s* chillido.

squeamish [skwē'mĭsh] *adj (easily offended)* delicado; *(oversensitive)* remilgado.

squeeze [skwēz] -1 *vt (to compress)* apretar; *(to crush)* exprimir; *(to extract)* extraer; *(to extort)* sonsacar; *(to cram)* forzar ♦ **to squeeze out** sacar -vi ♦ **to squeeze in, out** meterse, salir con dificultad -2 *s* presión *f; (embrace)* abrazo.

squid [skwĭd] *s* [pl inv or **s**] calamar *m.*

squiggle [skwĭg'əl] *s* garabato.

squint [skwĭnt] -1 *vi* entrecerrar los ojos -2 *s* mirada bizca; OFTAL estrabismo.

squire [skwīr] *s* GB *(country gentleman)* terrateniente *m.*

squirm [skwûrm] *vi* retorcerse; *(to feel humiliation)* avergonzarse.

squirrel [skwûr'əl] *s* ardilla.

squirt [skwûrt] -1 *vi* salir a chorros -vt dejar salir a chorros -2 *s* chorro.

stab [stăb] -1 *vt* **-bb-** apuñalar; *(to wound)* herir con un cuchillo -2 *s* puñalada; *(wound)* herida ♦ **to take a stab at** intentar.

stable[1] [stā'bəl] *adj* **-er, -est** estable; *(enduring)* duradero; *(balanced)* equilibrado.

stable[2] *s (building)* establo; *(horses)* cuadra.

stack [stăk] -1 *s (pile)* pila, hacina; FAM montón *m* -2 *vt* amontonar, hacinar.

stadium [stā'dē-əm] *s* [pl **s** or **-ia**] estadio.

staff [stăf] -1 *s* [pl **s**] *(personnel)* personal *m; (aides)* cuerpo de administración; *(flagpole)* asta; MÚS pentagrama ♦ **teaching staff** cuerpo docente -2 *vt* proveer de personal.

stag [stăg] *s* ciervo.

stage [stāj] -1 *s* plataforma; *(setting)* escena, escenario; *(phase)* etapa ♦ **in**

stages por etapas **-2** vt TEAT representar; *(to arrange)* organizar.

stagger [stǎg'ər] vi tambalearse -vt hacer tambalearse; *(to overwhelm)* asombrar; *(to alternate)* escalonar.

stagnant [stǎg'nənt] adj estancado.

stagnate [:nāt'] vi estancarse.

staid [stād] adj serio.

stain [stān] **-1** vt manchar ♦ **stained glass** vidrio con dibujos coloreados -vi mancharse **-2** s mancha.

stair [stâr] s escalón m ♦ pl escalera.

staircase ['kās'] s escalera.

stairway [:wā'] s escalera.

stairwell [:wěl'] s caja de la escalera.

stake [stāk] **-1** s *(stick)* estaca; *(post)* poste m; *(interest)* intereses m ♦ **at stake** en juego **-2** vt *(to gamble)* apostar; *(to risk)* jugarse.

stale [stāl] adj *(food)* rancio; *(bread)* duro; *(wine)* picado; *(news)* viejo.

stalemate ['māt'] **-1** s *(deadlock)* estancamiento; *(chess)* ahogado **-2** vt estancar; *(chess)* ahogar.

stalk[1] [stôk] s *(plant stem)* tallo; *(flower stem)* pedúnculo; *(leaf stem)* pecíolo.

stalk[2] vi *(to walk)* caminar con paso impresionante -vt *(to pursue)* acechar.

stall [stôl] **-1** s *(in barn)* pesebre m; *(booth)* caseta **-2** vt *(to delay)* demorar; AUTO calar -vi *(to delay)* andar con rodeos; AUTO calarse.

stallion [stǎl'yən] s semental m.

stalwart [stôl'wərt] **-1** adj robusto; *(uncompromising)* firme **-2** s persona fuerte.

stammer [stǎm'ər] **-1** vi tartamudear **-2** s tartamudez f, tartamudeo.

stamp [stǎmp] **-1** vt *(to crush)* pisotear; *(to imprint)* estampar; *(to affix stamp)* poner un sello a -vi patear; *(to walk)* caminar con pasos pesados **-2** s sello; *(postage)* estampilla; *(official)* timbre m.

stampede [stǎm-pēd'] **-1** s espantada **-2** vi abalanzarse.

stance [stǎns] s postura.

stand [stǎnd] **-1** vi stood estar de pie; *(to rise)* ponerse de pie; *(to place oneself)* ponerse; *(to remain valid)* tener vigencia; *(to be committed)* mantenerse; *(to be situated)* erguirse; *(to*

rank) ser ♦ **to stand back** retroceder • **to stand in** or **on line** hacer cola • **to stand in the way (of)** estorbar • **to stand out** resaltar • **to stand still** estarse quieto • **to stand up** ponerse de pie -vt poner de pie; *(to place)* colocar; *(to withstand)* tolerar; *(to resist)* resistir ♦ **to stand against** hacer frente a • **to stand the test** pasar por la prueba • **to stand up to** hacer frente a; *(to last)* resistir **-2** s *(halt)* parada; *(dais)* estrado; *(booth)* quiosco; *(counter)* mostrador m; *(pedestal)* pie m; *(for coats, hats)* perchero ♦ **to take a stand for** declararse a favor de • **to take a (firm) stand** adoptar una actitud (firme).

standard [stǎn'dərd] **-1** s *(flag)* estandarte m; *(criterion)* criterio; *(model)* patrón m; *(level)* nivel m ♦ pl normas **-2** adj standard; *(accepted)* normal, corriente; *(trite)* trillado.

standby [stǎnd'bī'] s [pl **-bys**] *(substitute)* substituto ♦ **standby list** lista de espera.

standing [stǎn'dĭng] **-1** s *(reputation)* reputación f; *(length of time)* antigüedad f **-2** adj *(permanent)* permanente; *(stationary)* fijo.

standpoint [stǎnd'point'] s punto de vista.

standstill [:stĭl'] s parada.

staple[1] [stā'pəl] s *(commodity)* producto básico (de una región); *(trade item)* producto principal; *(raw material)* materia prima.

staple[2] **-1** s *(metal fastener)* grapa **-2** vt sujetar con una grapa.

stapler [stā'plər] s grapador m.

star [stär] **-1** s estrella; *(asterisk)* asterisco **-2** vt **-rr-** *(with asterisk)* poner un asterisco en; *(to feature)* presentar como protagonista -vi protagonizar.

starboard [stär'bərd] **-1** s estribor m **-2** adj de estribor **-3** adv a estribor.

starch [stärch] s *(foodstuff)* fécula; *(stiffener)* almidón m.

stardom [stär'dəm] s estrellato.

stare [stâr] **-1** vi mirar fijamente **-2** s mirada fija.

starling [stär'lĭng] s estornino.

starry [stär'ē] adj **-i-** estrellado.

starry-eyed [:īd'] adj soñador.

S

start [stärt] **-1** *vi* empezar; *(to set out)* salir; *(motor)* arrancar; *(to jerk)* sobresaltarse ♦ **to start in** *or* **off** *or* **out** empezar • **to start up** arrancar • **to start with** para comenzar *-vt* empezar; *(car, machine)* poner en marcha; *(to initiate)* iniciar; *(to found)* establecer **-2** *s (beginning)* principio; *(startle)* sobresalto; *(place)* salida, punto de partida ♦ **to get off to a good start** empezar bien • **to make a fresh start** empezar de nuevo.

startle [stär'tl] *vt* & *vi* sobresaltar(se).

starvation [stär-vä'shən] *s* hambre *f*; MED inanición *f*.

starve [stärv] *vi (to be hungry)* pasar hambre; *(to die)* morirse de hambre *-vt* no dar de comer; *(to kill)* matar de hambre.

state [stāt] **-1** *s* estado; *(social position)* rango; *(pomp)* pompa **-2** *vt* declarar **-3** *adj* estatal.

statement [stāt'mənt] *s* declaración *f*; COM *(bill)* cuenta; *(report)* estado de cuenta.

statesman [stāts'mən] *s* [pl **-men**] estadista *m*.

static [stăt'ĭk] **-1** *adj* estático **-2** *s* RAD parásitos.

station [stā'shən] **-1** *s* estación *f*; *(post)* puesto; *(social position)* rango **-2** *vt* estacionar; *(to post)* apostar.

stationary [:shə-nĕr'ē] *adj* estacionario.

stationery [:nĕr'ē] *s (office supplies)* objetos de escritorio; *(store)* papelería.

stationmaster [stā'shən-măs'tər] *s* jefe *m* de estación.

statistic [stə-tĭs'tĭk] *s* estadística ♦ **statistics** *s sg (science)* estadística.

statistical [:tĭ-kəl] *adj* estadístico.

statue [stăch'ōō] *s* estatua.

stature [stăch'ər] *s* estatura; FIG categoría.

status [stā'təs, stăt'əs] *s* DER estado; *(position)* posición social *f*; *(situation)* situación *f*.

statute [stăch'ōōt] *s* estatuto.

staunch [stônch, stŏnch] *adj (steadfast)* constante; *(true)* fiel; *(strong)* fuerte.

stave [stāv] **-1** *s (of barrel)* duela; *(stanza)* estrofa **-2** *vt* **-d** *or* **stove** ♦ **to stave in** desfondar • **to stave off** rechazar.

stay¹ [stā] **-1** *vi* quedarse; *(to sojourn)* alojarse; *(to stop)* detenerse; *(to wait)* esperar; *(to last)* durar; *(to keep up)* mantenerse, seguir ♦ **to stay away from** evitar • **to stay in** quedarse en casa • **to stay in bed** guardar cama • **to stay on** quedarse • **to stay over** pasar la noche • **to stay out** no entrar *-vt* detener; *(to postpone)* aplazar **-2** *s (halt)* parada *f*; *(visit)* estancia.

stay² *s (support)* apoyo; *(of corset)* ballena.

stead [stĕd] *s* lugar *m* ♦ **in someone's, something's stead** en lugar de alguien, algo • **to stand someone in good stead** serle útil a alguien.

steadfast [stĕd'făst'] *adj (fixed)* fijo; *(unchanging)* constante; *(loyal)* leal.

steady [stĕd'ē] **-1** *adj* **-i-** firme; *(stable)* estable; *(sure)* seguro; *(continuous)* constante **-2** *vt* & *vi* estabilizar(se); *(to calm)* calmar(se).

steak [stāk] *s* bistec *m*; *(fish)* filete *m*.

steal [stēl] *vt* & *vi* **stole, stolen** robar ♦ **to steal away** escabullirse.

stealing [stē'lĭng] *s* robo.

stealthy [stĕl'thē] *adj* **-i-** *(person)* cauteloso; *(action)* furtivo.

steam [stēm] **-1** *s* vapor *m*; *(mist)* vaho ♦ **steam engine** máquina a vapor **-2** *vi* echar vapor; *(to rise)* humear; *(ship)* avanzar *-vt* CUL cocer al vapor.

steamer [stē'mər] *s (ship)* vapor *m*; CUL olla de vapor.

steamroller [:rō'lər] *s* apisonadora.

steel [stēl] **-1** *s* acero **-2** *adj* de acero.

steep¹ [stēp] *adj (high)* empinado; *(precipitous)* escarpado; *(price)* excesivo.

steep² *vt* remojar.

steeple [stē'pəl] *s* torrecilla; *(spire)* aguja.

steer¹ [stîr] *vt (boat)* gobernar; *(car)* conducir; FIG dirigir, guiar *-vi* gobernar, conducir; *(to handle)* conducirse ♦ **steering wheel** volante.

steer² *s (ox)* novillo.

stem¹ [stĕm] **-1** *s (stalk)* tallo; *(of goblet)* pie *m*; *(of pipe)* cañón *m* **-2** *vi* **-mm-** ♦ **to stem from** ser el resultado de

stem² *vt* **-mm-** *(to hold back)* contener.

stench [stĕnch] *s* hedor *m*.

stencil [stĕn'səl] **-1** *s* estarcido **-2** *vt* estarcir.

stenographer [stə-nŏg′rə-fər] s estenógrafo.

step [stĕp] **-1** s paso; *(sound)* pisada; *(of stairs)* escalón m ◆ **step by step** paso a paso • **to take a step** dar un paso • **watch your step!** ¡vaya con cuidado! **-2** vi **-pp-** *(to take a step)* dar un paso ◆ **to step back** retroceder • **to step down** bajar • **to step forward** or **up** avanzar -vt ◆ **to step up** (to increase) aumentar.

stepbrother [stĕp′brŭth′ər] s hermanastro.

stepdaughter [:dô′tər] s hijastra.

stepfather [:fä′thər] s padrastro.

stepladder [stĕp′lăd′ər] s escalera de tijera.

stepmother [stĕp′mŭth′ər] s madrastra.

steppingstone [stĕp′ĭng-stōn′] s pasadera; FIG *(springboard)* trampolín m.

stepsister [stĕp′sĭs′tər] s hermanastra.

stepson [:sŭn′] s hijastro.

stereo [stĕr′ē-ō′] **-1** s equipo estereofónico; *(sound)* sonido estereofónico **-2** adj estéreo.

sterile [stĕr′əl, :īl′] adj estéril.

sterilize [stĕr′ə-līz′] vt esterilizar.

sterling [stûr′lĭng] **-1** s FIN libra esterlina; *(tableware)* plata **-2** adj FIN de la libra esterlina; *(silver)* de plata de ley.

stern¹ [stûrn] adj *(severe)* severo; *(gloomy)* sombrío.

stern² s MARÍT popa.

stethoscope [stĕth′ə-skōp′] s estetoscopio.

stew [stōō] **-1** vt guisar -vi cocerse **-2** s guiso.

steward [stōō′ərd] s *(household manager)* mayordomo; MARÍT *(attendant)* camarero.

stewardess [:ər-dĭs] s azafata.

stick [stĭk] **-1** s vara, palo; *(twig)* ramita; *(walking stick)* bastón m; *(wand)* varilla; *(of dynamite)* cartucho **-2** vt **stuck** *(to push into)* introducir, meter; *(to pin)* prender (con alfileres); *(to glue)* pegar; *(to impale)* clavar ◆ **to stick by** ser fiel a • **to stick it out** aguantar hasta el fin • **to stick up for** defender -vi *(nail, pin)* clavarse; *(to cling)* pegarse; *(to persevere)* perseverar; *(to jam)* atascarse ◆ **to stick around** quedarse • **to stick out** sobresalir • **to stick to it** perseverar • **to stick together** mantenerse unidos.

sticker [′ər] s *(label)* etiqueta adhesiva.

sticky [stĭk′ē] adj **-i-** pegajoso.

stiff [stĭf] **-1** adj rígido; *(not limber)* tieso; *(taut)* tenso; *(unyielding)* inflexible; *(drink)* fuerte; *(difficult)* difícil; *(punishment)* duro **-2** adv ◆ **to be bored stiff** estar muy aburrido • **to be scared stiff** estar muerto de miedo.

stiffen [′ən] vt & vi poner(se) rígido.

stiffness [stĭf′nĭs] s rigidez f, inflexibilidad f; *(toughness)* dureza; *(of muscle)* agarrotamiento.

stifle [stī′fəl] vt & vi sofocar(se).

stigma [stĭg′mə] s [pl s or -mata] estigma m.

still¹ [stĭl] **-1** adj *(at rest)* inmóvil; *(tranquil)* sosegado; *(waters)* mansa ◆ **still life** naturaleza muerta **-2** adv *(motionlessly)* quieto; *(yet)* todavía, aún; *(even)* aun; *(nevertheless)* sin embargo.

still² s alambique m.

stillborn [:bôrn′] adj nacido muerto.

stimulate [stĭm′yə-lāt′] vt estimular.

stimulus [′-ləs] s [pl -li] estímulo.

sting [stĭng] **-1** vt **stung** picar; *(to hurt)* escocer -vi *(to prick)* picar; *(to cause pain)* hacer escocer **-2** s picadura; *(pain)* escozor m.

stingy [stĭn′jē] adj **-i-** tacaño.

stink [stĭngk] **-1** vi **stank** or **stunk, stunk** heder, apestar **-2** s hedor m.

stinking [:ĭng] adj hediondo, apestoso.

stint [stĭnt] **-1** vt restringir, limitar ◆ **to stint on** escatimar **-2** s faena, trabajo.

stir [stûr] **-1** vt **-rr-** *(to mix)* revolver; *(to move)* agitar; *(liquid, memory)* remover -vi moverse **-2** s movimiento; *(disturbance)* conmoción f.

stirrup [stûr′əp] s estribo.

stitch [stĭch] **-1** s COST puntada; *(decorative)* punto; MED punzada **-2** vt coser.

stock [stŏk] **-1** s *(inventory)* existencias, stock m; *(supply)* surtido; *(livestock)* ganado; *(shares)* acciones f; *(broth)* caldo ◆ **in stock** en existencia • **out of stock** agotado • **to take stock of** evaluar **-2** vt *(to supply)* surtir; *(to keep in supply)* tener existencias de **-3** adj *(standard)* trillado ◆ **stock exchange** or **market** bolsa.

stockbroker [stŏk'brō'kər] s corredor m de bolsa.

stocking [stŏk'ĭng] s media.

stockpile [stŏk'pīl'] -1 s reservas -2 vt acumular.

stocky [stŏk'ē] adj -i- (solid) fuerte, robusto; (plump) rechoncho.

stoke [stōk] vt & vi echar combustible a.

stole [stōl] s estola.

stomach [stŭm'ək] -1 s estómago; (abdomen) vientre m -2 vt aguantar.

stomachache [:āk'] s dolor m de estómago.

stone [stōn] -1 s piedra -2 vt apedrear, lapidar.

stonework [:wûrk'] s cantería.

stool [stōōl] s taburete m.

stoop¹ [stōōp] -1 vi (to bend) encorvarse -2 s inclinación f de hombros.

stoop² s (porch) pórtico.

stop [stŏp] -1 vt -pp- (to halt) parar, detener; (to cease) dejar de; (to end) acabar; (to prevent) impedir; (to plug) tapar; (to obstruct) bloquear; (to staunch) restañar; (a check) cancelar ♦ **stop it!** ¡basta! -vi detenerse; (to cease) cesar; (to visit) hacer alto ♦ **to stop by** or **in** hacer una visita corta • **to stop dead** or **short** pararse en seco • **to stop over** alojarse -2 s (act) detención f; (cessation) cesación f; (place) parada; (en route) escala ♦ **stop sign** señal de alto • **to come to a stop** pararse • **to put a stop to** poner fin a.

stoppage [:ĭj] s (stop) parada, detención f; (work halt) paro; (blockage) obstrucción f.

stopper [:ər] s tapón m.

stopwatch [:wŏch'] s cronómetro.

storage [stôr'ĭj] s almacenamiento.

store [stôr] -1 s (shop) tienda; (supply) surtido; (warehouse) almacén m; (abundance) acopio -2 vt almacenar ♦ **to store up** acumular.

storekeeper [:kē'pər] s (shopkeeper) tendero.

storeroom [:rōōm'] s despensa, bodega.

stork [stôrk] s cigüeña.

storm [stôrm] -1 s tormenta; (wind) vendaval m -2 vi (to rant) vociferar ♦ **to storm in, out** entrar, salir violentamente -vt tomar por asalto.

stormy [stôr'mē] adj -i- tempestuoso.

story [stôr'ē] s cuento, relato; (anecdote) anécdota.

storybook [:bŏŏk'] s libro de cuentos.

storyteller [:tĕl'ər] s (author) cuentista m/f; (narrator) narrador m.

stout [stout] -1 adj (bulky) corpulento; (brave) valiente; (sturdy) fornido; (staunch) firme -2 s cerveza de malta.

stove [stōv] s cocina; (heater) estufa.

stow [stō] vt guardar ♦ **to stow away** (to put away) guardar.

stowaway ['ō-wā'] s polizón m.

straddle [străd'l] -1 vt sentarse a horcajadas sobre or en -2 s posición f a horcajadas.

straggle [străg'əl] vi (to fall behind) rezagarse; (to spread out) desparramarse.

straight [strāt] -1 adj (line) recto; (upright, not bent) derecho; (frank) franco; (in sequence) en orden; (undiluted) puro; (honorable) honrado; JER (conventional) convencional; (sober) sobrio; (not gay) heterosexual ♦ **straight talk** lenguaje franco • **to keep a straight face** mantenerse impávido -2 adv en línea recta; (without delay) directamente ♦ **straight ahead** (forward) todo seguido • **to go straight** enmendarse • **to set straight** corregir -3 s (straight part) recta.

straighten [:n] vt & vi enderezar(se) ♦ **to straighten out** (to put in order) ordenar; (to solve) resolver; (to rectify) rectificar.

straightforward [-fôr'wərd] adj (direct) directo; (honest) sincero.

strain [strān] -1 vt (to stretch) estirar; (nerves) agotar; (limb) torcer; (to sieve) colar -vi (to strive) esforzarse -2 s (effort) esfuerzo; (stress) tensión f; (burden) peso; (twisting) torcedura.

strainer [strā'nər] s (colander) colador m; (sieve) cedazo.

strait [strāt] s estrecho.

straitjacket ['jăk'ĭt] s camisa de fuerza.

strange [strānj] adj (unfamiliar) desconocido; (odd) extraño, raro.

stranger [strān'jər] s (unknown person) desconocido; (outsider) forastero.

strangle [străng'gəl] vt estrangular; (to smother) sofocar; FIG sofocar, limitar.

strap [străp] -1 s (strip) tira, correa; (band) banda; (of a dress) tirante m -2 vt -pp- (to fasten) atar.

strapping [străp'ĭng] adj fornido.

stratagem [străt'ə-jəm] s estratagema.

strategic [strə-tē'jĭk] adj estratégico.

strategy [străt'ə-jē] s estrategia.

straw [strô] s BOT paja; (trifle) comino ♦ **the last straw** la última gota.

strawberry [strô'běr'ē] s fresa.

stray [strā] -1 vi (to roam) errar; (to go astray) descarriarse -2 adj (lost) perdido <stray bullet bala perdida>; (lone) aislado; (scattered) dispersos.

streak [strēk] -1 s (stripe) raya; (trait) fondo; (of luck) racha; (of lightning) rayo -2 vi pasar como un rayo.

stream [strēm] -1 s arroyo; (flow) chorro; (of insults) sarta; (of tears) torrente m; (of people) oleada -2 vi correr; (to wave) ondear ♦ **to stream in** entrar a raudales • **to stream out** (people) salir en tropel; (liquid) salir a torrentes.

streamer [strē' mar] streamer s (long strip) serpentina.

streamlined [:līnd'] s aerodinámico.

street [strēt] s calle f.

streetcar ['kär'] s tranvía m.

strength [strĕngkth] s fuerza; (of material) resistencia; (vigor) fortaleza; (solidity) solidez f; (intensity) intensidad f.

strengthen [strĕngk'thən] vt (to reinforce) reforzar; (physically) fortalecer; (ties) estrechar; (relations) intensificar -vi fortalecerse, intensificarse.

strenuous [strĕn'yōō-əs] adj (active) vigoroso; (energetic) enérgico.

stress [strĕs] -1 s (significance) hincapié m; (tension) tensión f; MED fatiga nerviosa -2 vt hacer hincapié en.

stretch [strĕch] -1 vt estirar; (to reach) extender; (shoes) ensanchar ♦ **to stretch the rules** hacer una excepción -vi estirarse; (shoes) ensancharse ♦ **to stretch out** estirarse; (to lie down) tumbarse -2 s (of road) tramo; (of track) recta; (of time) período; (of imagination) esfuerzo.

stretcher ['ər] s (litter) camilla; (for canvas) bastidor m.

stricken [strĭk'ən] -1 cf **strike** 2 adj afligido.

strict [strĭkt] adj estricto.

stride [strīd] -1 vi **strode, stridden** caminar a grandes pasos -2 s zancada.

strident [strīd'nt] adj estridente.

strife [strīf] s disensión f; (conflict) conflicto.

strike [strīk] -1 vt **struck, struck** or **stricken** golpear; (to crash into) chocar con; (lightning) caer en; (oil) hallar; (employer) declararse en huelga contra ♦ **to strike blind** cegar • **to strike down** derribar; (disease) abatir • **to strike out** tachar • **to strike up** (friendship) trabar; (music) empezar a tocar; (conversation) entablar • **to strike with terror** sobrecoger de terror -vi (to attack) atacar; (to set out) dirigirse hacia; (to stop work) declararse en huelga ♦ **to strike out (for)** ponerse en marcha (hacia) -2 s (labor) huelga <on strike en huelga>; (discovery) descubrimiento ♦ **to go on strike** declararse en huelga.

string [strĭng] -1 s cuerda; (row) hilera; (series) serie f ♦ **string bean** CUL judía verde • **string orchestra, quartet** orquesta, cuarteto de cuerdas ♦ pl MÚS instrumentos de cuerda -2 vt **strung** (to fit with strings) encordar; (to thread) ensartar; (to fasten) atar con una cuerda; (to stretch) tender.

stringent [:jənt] adj riguroso; (strict) estricto.

strip¹ [strĭp] vt -pp- (to undress) desnudar; (bed) deshacer; (to dismantle) desmantelar ♦ **to strip down** (motor) desmontar -vi desvestirse.

strip² s (narrow piece) tira; (narrow area) franja.

stripe [strīp] s raya; (chevron) galón m.

striped [strīpt, strī'pĭd] adj a rayas.

strive [strīv] vi -ed or **strove, -ed** or -n esforzarse; (to struggle) luchar.

stroke [strōk] -1 s golpe m; (of bell) campanada; (apoplexy) apoplejía; (in rowing) palada; (in swimming) brazada; (with brush) pincelada; (with pen) trazo ♦ **stroke of luck** suerte • **stroke of genius** idea genial • **with one stroke** de un plumazo -2 vt acariciar.

stroll [strōl] -1 vi pasearse -2 s paseo.

strong [strông] adj fuerte; (powerful) poderoso ♦ **to be strong in numbers**

S

ser numerosos • **to have a strong character** tener mucho carácter.

structure [strŭk'chər] **-1** s estructura **-2** vt estructurar.

struggle [strŭg'əl] **-1** vi luchar **-2** s lucha; (effort) esfuerzo.

strum [strŭm] vt & vi **-mm-** MÚS rasguear.

stub [stŭb] **-1** s tocón m; (check) talón m; (ticket) resguardo **-2** vt **-bb-** (toe) tropezar con; (cigarette) apagar.

stubble ['əl] s rastrojo; (beard) barba incipiente.

stubborn [stŭb'ərn] adj testarudo; (persistent) tenaz.

stud[1] [stŭd] **-1** s (ornament) tachón m; (brace) travesaño; (spindle) espiga **-2** vt **-dd-** (to strew) salpicar.

stud[2] s semental m.

student [stood'nt] s estudiante m/f.

studio [stoo'dē-ō'] s estudio; (of artist) taller m.

studious [:əs] adj estudioso; (diligent) aplicado.

study [stŭd'ē] **-1** s estudio **-2** vt & vi estudiar.

stuff [stŭf] **-1** s material m; FAM (belongings) cosas; (nonsense) disparates ♦ **same old stuff** lo mismo de siempre • **to know one's stuff** conocer el percal **-2** vt rellenar; (to gorge) atiborrar ♦ **to stuff oneself** atiborrarse.

stuffy [stŭf'ē] adj **-i-** sofocante, mal ventilado.

stumble [stŭm'bəl] vi (to trip) tropezar; (to flounder) balbucear; (to blunder) cometer un desliz ♦ **to stumble across** or **upon** tropezar con • **stumbling block** tropiezo.

stump [stŭmp] **-1** s (of tree) tocón m; (limb) muñón m **-2** vt FAM dejar perplejo.

stun [stŭn] vt **-nn-** (to astound) dejar estupefacto.

stunning [stŭn'ĭng] adj imponente.

stupefy [stoo'pə-fī'] vt (to dull) atontar; (to amaze) dejar estupefacto.

stupendous [stoo-pĕn'dəs] adj estupendo; (amazing) asombroso.

stupid [stoo'pĭd] adj **-er, -est** estúpido, tonto.

stupor [stoo'pər] s estupor m; (daze) atontamiento.

sturdy [stûr'dē] adj robusto; (firm) firme.

stutter [stŭt'ər] **-1** vi tartamudear **-2** s tartamudeo.

sty [stī] s (for swine) pocilga.

style [stīl] **-1** s estilo; (type) modelo, tipo **-2** vt (to stylize) estilizar; (to design) diseñar.

stylist [:lĭst] s (hairdresser) peluquero.

stylus [stī'ləs] s [pl **es** or **-li**] estilo; (needle) aguja (de fonógrafo); (tool) punzón m.

suave [swäv] adj afable.

subconscious [sŭb'kŏn'shəs] adj & s subconsciente m.

subcontract **-1** s [-kŏn'trăkt'] subcontrato **-2** vt ['kŏn-trăkt'] subcontratar.

subdivide [:dĭ-vīd'] vt & vi subdividir(se).

subdue [səb-doo'] vt sojuzgar; (to make tractable) amansar; (to tone down) suavizar.

subject **-1** s [sŭb'jĭkt] sujeto; (of country) súbdito; (theme) tema; (course) asignatura ♦ **on the subject of** a propósito de • **to keep off a subject** no tocar el tema **-2** vt [səb-jĕkt'] someter ♦ **to subject to** exponer a; (to make dependent on) supeditar a.

subjective [:tĭv] adj subjetivo.

subjugate [sŭb'jə-gāt'] vt subyugar.

sublet [:lĕt'] vt let, **-tting** subalquilar.

sublime [sə-blīm'] **-1** adj sublime **-2** vt & vi sublimar(se).

submarine [sŭb'mə-rēn'] s submarino.

submerge [səb-mûrj'] vt sumergir.

submission [:mĭsh'ən] s (act) sometimiento; (meekness) sumisión f.

submit [səb-mĭt'] vt someter; (evidence) presentar **-vi** (to give in) someterse.

subnormal [sŭb-nôr'məl] adj subnormal.

subordinate [sə-bôr'dn-ĭt] adj & s subordinado.

subscribe [səb-scrīb'] vt subscribir **-vi** subscribirse; (to magazines) abonarse.

subscription [:skrĭp'shən] s (purchase) subscripción f, abono.

subsequent [sŭb'sĭ-kwĕnt'] adj subsiguiente.

subside [səb-sīd'] vi (to sink) hundirse; (to settle) asentarse; (to abate) apaciguarse.

subsidiary [səb-sĭd′ē-ĕr′ē] **-1** *adj (secondary)* secundario **-2** *s (company)* sucursal *f.*

subsidize [sŭb′sĭ-dīz′] *vt* subvencionar.

subsidy [:dē] *s* subsidio; *(monetary aid)* subvención *f.*

substance [sŭb′stəns] *s* substancia; *(essence)* esencia.

substantial [səb-stăn′shəl] *adj (strong)* sólido; *(important)* sustancial; *(considerable)* considerable.

substantive [sŭb′stən-tĭv] *s* GRAM sustantivo.

substitute [sŭb′stĭ-tōōt′] **-1** *s* substituto **-2** *vt & vi* substituir.

subterfuge [sŭb′tər-fyōōj′] *s* subterfugio.

subtitle [′tīt′l] *s* subtítulo.

subtle [sŭt′l] *adj* **-er, -est** *(elusive)* sutil; *(clever)* astuto; *(devious)* taimado.

subtlety [:tē] *s (cleverness)* astucia; *(distinction)* sutileza.

subtract [səb-trăkt′] *vt* sustraer.

subtraction [:trăk′shən] *s* sustracción *f.*

suburb [sŭb′ûrb′] *s* suburbio ♦ *pl* afueras.

subway [sŭb′wā′] *s* subterráneo, metro; *(passage)* paso subterráneo.

succeed [sək-sēd′] *vi* tener éxito; *(to turn out well)* salir bien -*vt* suceder a; *(to follow)* seguir.

success [:sĕs′] *s* éxito.

successful [:fəl] *adj* de éxito, exitoso.

succession [sək-sĕsh′ən] *s* sucesión *f.*

successive [:sĕs′ĭv] *adj* sucesivo; *(consecutive)* consecutivo.

succinct [sək-sĭngkt′] *adj* sucinto.

such [sŭch] **-1** *adj (of this nature)* tal, semejante; *(of this kind)* de este tipo; *(so extreme)* tanto, semejante; *(so big)* tan, tan grande; *(so much)* tanto ♦ **such and such** tal y cual • **such as it is** tal cual es **-2** *adv* tan **-3** *pron* los que; *(so great)* tal; *(the like)* cosas por el estilo ♦ **as such** *(of itself)* en sí; *(as what one is)* como tal • **such is life** así es la vida.

suck [sŭk] *vt* chupar; *(a liquid)* sorber; *(air)* aspirar.

sucker [′ər] *s* FAM *(dupe)* primo, incauto; *(mouth part)* ventosa; BOT chupón *m.*

suction [sŭk′shən] *s* succión *f; (aspiration)* aspiración.

sudden [sŭd′n] *adj (unforeseen)* imprevisto; *(abrupt)* brusco; *(swift)* súbito, repentino.

suddenly [:lē] *adv* de repente.

sue [sōō] *vt* DER demandar -*vi* entablar acción judicial.

suede *or* **suède** [swād] *s* gamuza, ante *m.*

suet [sōō′ĭt] *s* sebo.

suffer [sŭf′ər] *vi* ser dañado -*vt* sufrir.

suffice [sə-fīs′] *vi* bastar.

sufficient [:ənt] *adj* bastante, suficiente.

sufficiently [:lē] *adv* bastante.

suffocate [sŭf′ə-kāt′] *vt & vi* ahogar(se), asfixiar(se).

suffrage [sŭf′rĭj] *s* sufragio.

sugar [shōōg′ər] **-1** *s* azúcar *m/f* **-2** *vt* azucarar.

sugary [shōōg′ə-rē] *adj* **-i-** azucarado.

suggest [səg-jĕst′] *vt* sugerir; *(to imply)* insinuar.

suggestion [:jĕs′chən] *s* sugerencia.

suicide [sōō′ĭ-sīd′] *s* suicidio; *(person)* suicida *m/f.*

suit [sōōt] **-1** *s* traje *m; (set)* conjunto; *(cards)* palo; *(legal)* pleito **-2** *vt* satisfacer; *(to look good)* quedar bien.

suitable [sōō′tə-bəl] *adj* conveniente.

suitcase [sōōt′kās′] *s* maleta.

suite [swēt] *s (apartment)* suite *f; (furniture)* juego; MÚS suite.

suitor [sōō′tər] *s (wooer)* pretendiente *m.*

sulfur [sŭl′fər] *s* azufre *m.*

sulk [sŭlk] *vi* estar de malhumor.

sulky [sŭl′kē] *adj* **-i-** malhumorado.

sullen [sŭl′ən] *adj* **-er, -est** *(ill-humored)* resentido; *(gloomy)* sombrío.

sultan [sŭl′tən] *s* sultán *m.*

sultry [sŭl′trē] *adj* **-i-** bochornoso.

sum [sŭm] **-1** *s* suma; *(total)* total *m; (of money)* cantidad *f* ♦ **in sum** en resumen **-2** *vt* **-mm-** ♦ **to sum up** resumir.

summary [sŭm′ə-rē] **-1** *adj* sumario **-2** *s* resumen *m.*

summer [sŭm′ər] *s* verano.

summertime [:tīm′] *s* verano, estío.

summit [sŭm′ĭt] *s* cúspide *f.*

summon [sŭm′ən] *vt* convocar; *(to send for)* llamar; DER citar.

S

sumptuous [sŭmp'chōō-əs] *adj* suntuoso.

sun [sŭn] **-1** *s* sol *m* ♦ **in the sun** al sol **-2** *vt & vi* **-nn-** asolear(se).

sunbathe ['bāth'] *vi* tomar el sol.

sunburn [:bûrn'] *s* quemadura de sol.

Sunday [sŭn'dē] *s* domingo.

sundial [sŭn'dī'əl] *s* reloj *m* de sol.

sunflower [:flou'ər] *s* girasol *m*.

sunglasses [sŭn'glăs'īz] *s pl* gafas de sol.

sunlight [:līt'] *s* luz *f* del sol.

sunny [:ē] *adj* **-i-** soleado; *(cheerful)* risueño.

sunrise [:rīz'] *s* amanecer *m*.

sunset [:sĕt'] *s* ocaso.

sunshine [:shīn'] *s* luz *f* del sol.

sunstroke [:strōk'] *s* insolación *f*.

suntan [:tăn'] *s* bronceado.

super [sōō'pər] *adj* FAM estupendo.

superb [sōō-pûrb'] *adj* excelente, soberbio.

superficial [sōō'pər-fĭsh'əl] *adj* superficial.

superfluous [sōō-pûr'flōō-əs] *adj* superfluo.

superhuman [:hyōō'mən] *adj* sobrehumano.

superimpose [:ĭm-pōz'] *vt* sobreponer.

superintendent [:ĭn-tĕn'dənt] *s* superintendente *m*.

superior [sōō-pîr'ē-ər] *adj & s* superior *m*.

superlative [sōō-pûr'lə-tĭv] *adj & s* superlativo.

supermarket [:mär'kĭt] *s* supermercado.

supernatural ['-năch'ər-əl] *adj* sobrenatural.

superstitious [sōō'pər-stĭsh'əs] *adj* supersticioso.

supervise ['-vīz'] *vt* supervisar.

supervision ['-vĭzh'ən] *s* supervisión *f*.

supper [sŭp'ər] *s* cena ♦ **to have supper** cenar.

supplement [sŭp'lə-mənt] **-1** *s* suplemento **-2** *vt* suplir; *(to add to)* aumentar.

supplementary /**tal** ['-mĕn'tə-rē/tl] *adj* suplementario.

supplier [sə-plī'ər] *s* suministrador *m*.

supply [sə-plī'] **-1** *vt* suministrar; *(to satisfy)* satisfacer **-2** *s* suministro; *(stock)* surtido.

support [sə-pôrt'] **-1** *vt* sostener; *(a child)* mantener; *(with money)* ayudar **-2** *s* apoyo; ARQ, TEC soporte *m*.

suppose [sə-pōz'] *vt* suponer; *(to believe)* creer *-vi* imaginarse.

supposing [sə-pō'zĭng] *conj* en el supuesto de que.

suppress [sə-prĕs'] *vt* suprimir; *(to restrain)* contener.

supreme [sōō-prēm'] *adj* supremo.

surcharge [sûr'chärj'] **-1** *s* *(overcharge)* recargo **-2** *vt* sobrecargar, recargar.

sure [shŏŏr] **-1** *adj* seguro; *(infallible)* certero; *(hand)* firme ♦ **to be sure** sin duda • **to make sure** asegurarse **-2** *adv* seguramente; *(of course)* claro.

surf [sûrf] **-1** *s* oleaje *m* **-2** *vi* hacer surfing.

surface [sûr'fəs] **-1** *s* superficie *f* **-2** *vi* salir a la superficie.

surfing [sûr'fĭng] *s* surfing *m*, deporte *m* de la tabla hawaiana.

surge [sûrj] **-1** *vi* *(the sea)* encresparse; *(energy, enthusiasm)* subir súbitamente **-2** *s* *(of waves)* oleada; *(billow)* mar *m/f* de fondo; *(onrush)* arranque *m*.

surgeon [sûr'jən] *s* cirujano.

surgery [:jə-rē] *s* intervención quirúrgica; *(work)* cirugía.

surgical [:jĭ-kəl] *adj* quirúrgico.

surname [sûr'nām'] *s* apellido.

surpass [sər-păs'] *vt* sobrepasar; *(to exceed)* superar.

surprise [sər-prīz'] **-1** *vt* sorprender **-2** *s* sorpresa ♦ **to take by surprise** coger desprevenido.

surprising [:prī'zĭng] *adj* sorprendente.

surrender [sə-rĕn'dər] **-1** *vt* entregar; *(to give up)* ceder; *(to abandon)* abandonar ♦ **to surrender oneself** entregarse *-vi* rendirse **-2** *s* rendición *f*; *(abandonment)* abandono.

surround [sə-round'] *vt* rodear.

surroundings [sə-roun'dĭngz] *s pl* alrededores *m*.

survey [sər-vā'] **-1** *vt* examinar; *(to inspect)* inspeccionar; *(to measure)* medir *-vi* hacer una encuesta **-2** [sûr'vā'] *s* inspección *f*; *(review)* repaso; *(measurement)* medición *f*.

survive [sər-vīv'] *vt & vi* sobrevivir ♦ **to survive on** subsistir con.

survivor [sɔr-vī'vər] s sobreviviente m/f.
susceptible [sə-sĕp'tə-'-bəl] adj susceptible ♦ **to be susceptible to** ser propenso a.
suspect -1 vt [sə-spĕkt'] sospechar -2 s & adj [sŭs'pĕkt'] sospechoso.
suspend [sə-spĕnd'] vt & vi suspender.
suspense [sə-spĕns'] s (doubt) incertidumbre f; CINEM suspenso.
suspicion [sə-spĭsh'ən] s sospecha; (pinch) pizca.
suspicious [:əs] adj sospechoso.
sustain [sə-stān'] vt sostener; (an idea) apoyar; (injury) sufrir.
sustenance [sŭs'tə-nəns] s sustento.
swagger [swăg'ər] -1 vi pavonearse; (to boast) vanagloriarse -2 s (strut) pavoneo.
swallow[1] [swŏl'ō] -1 vt tragar; (insults, pride) tragarse -vi tragar -2 s (of drink) trago; (of food) bocado.
swallow[2] s ORNIT golondrina.
swamp [swŏmp, swômp] -1 s pantano -2 vt (to inundate) inundar, anegar; (to sink) hundir.
swan [swŏn] s cisne m.
swap [swŏp] -1 FAM vt & vi -pp- canjear -2 s canje m.
swarm [swôrm] -1 s enjambre m; (of people) muchedumbre f -2 vi pulular, hormiguear; (bees) salir en enjambre.
swastika [swŏs'tĭ-kə] s esvástica.
sway [swā] -1 vt hacer oscilar; (to influence) ejercer influencia en -vi balancearse; (to move unsteadily) tambalearse -2 s oscilación f; (power) dominio ♦ **to be under the sway of** estar dominado por.
swear [swâr] vt & vi swore, sworn jurar ♦ **to swear at** maldecir • **to swear to** afirmar bajo juramento.
swearword ['wûrd'] s palabrota.
sweat [swĕt] -1 vi sweat(ed) sudar -2 s sudor m.
sweater [swĕt'ər] s suéter m.
sweep [swēp] -1 vt swept barrer; (to remove) llevarse; (to traverse) recorrer ♦ **to sweep up** recoger -vi barrer; (to flow) pasar rápidamente; (to extend) extenderse ♦ **to sweep along** andar rápidamente -2 s (sweeping) barrido; (motion) movimiento amplio; (chimney sweep) deshollinador m.

sweeping [:pĭng] adj extenso; (dramatic) dramático; (gesture) amplio.
sweet [swēt] -1 adj dulce; (gratifying) agradable; (lovable) encantador; (fresh) fresco; (potable) potable ♦ **to taste sweet** estar dulce -2 s dulce m.
sweeten [:n] vt & vi endulzar(se).
sweetheart [swēt'härt'] s enamorado; (lovable person) persona adorable.
sweetness [:nĭs] s dulzura.
swell [swĕl] -1 vi -ed, -ed or swollen hincharse; (to increase) aumentar; (with emotion) hincharse ♦ **to swell out** or **up** hincharse -vt (increase) hacer aumentar -2 s (wave) oleada -3 adj FAM (stylish) elegante; (fine) fenomenal.
swelling ['ĭng] s (swollen part) hinchazón f.
sweltering [swĕl'tər-ĭng] adj (day) abrasador.
swift [swĭft] -1 adj veloz; (quick) rápido -2 s ORNIT vencejo.
swim [swĭm] -1 vi swam, swum nadar; (to whirl) dar vueltas ♦ **swimming pool** piscina -vt nadar; (to swim across) atravesar a nado -2 s (period of swimming) baño ♦ **to go for** or **to take a swim** ir a nadar.
swimsuit [:sōōt'] s traje m de baño.
swindle [swĭn'dl] -1 vt & vi timar -2 s timo.
swine [swĭn] s inv cerdo.
swing [swĭng] -1 vi swung oscilar; (on a swing) columpiarse; (on hinges) girar -vt hacer girar; (on swing) hacer balancear ♦ **to swing at** dirigir un golpe a -2 s oscilación f; (swoop) descenso rápido; (for children) columpio.
swirl [swûrl] -1 vi dar vueltas -vt girar -2 s giro; (whorl) espiral m.
swish [swĭsh] -1 vi (cane, whip) silbar; (fabric) crujir -vt (tail) menear -2 s silbido; (rustle) crujido.
switch [swĭch] -1 s ELEC interruptor m; (shift) cambio; FC cambio (de vías) -2 vt (to shift) cambiar de; (to exchange) intercambiar; FC desviar ♦ **to switch off** desconectar; (lights) apagar • **to switch on** conectar; (lights) encender -vi cambiar.
switchboard [:bôrd'] s ELEC tablero de distribución; TEL centralita de teléfonos.

swivel [swĭv′əl] *vi* & *vt* (hacer) girar.
swoop [swōōp] **-1** *vi* abalanzarse **-2** *s* calada.
sword [sôrd] *s* espada ♦ **to cross swords with** habérselas con alguien.
swordfish [′fĭsh′] *s* [pl inv or **s**] pez *m* espada.
sycamore [sĭk′ə-môr′] *s* sicómoro.
syllable [sĭl′ə-bəl] *s* sílaba.
syllabus [sĭl′ə-bəs] *s* [pl **es** or **-bi**] programa *m* de estudios; *(summary)* resumen *m*.
symbol [sĭm′bəl] *s* símbolo.
symbolism [′bə-lĭz′əm] *s* simbolismo.
symbolize [:-līz′] *vt* simbolizar.
symmetry [sĭm′ĭ-trē] *s* simetría.
sympathetic [sĭm′pə-thĕt′ĭk] *adj* *(compassionate)* compasivo; *(favorable)* favorable; *(supporting)* simpatizante.
sympathize [′-thĭz′] *vi* compadecerse; *(to understand)* comprender.
sympathy [sĭm′pə-thē] *s (understanding)* comprensión f; *(compassion)* compasión f.

symphony [sĭm′fə-nē] *s* MÚS sinfonía; *(orchestra)* orquesta sinfónica; *(harmony)* armonía.
symposium [sĭm-pō′zē-əm] *s* [pl **s** or **-ia**] simposio.
symptom [sĭmp′təm] *s (indication)* indicio; MED síntoma *m*.
synagog(ue) [sĭn′ə-gŏg′] *s* sinagoga.
syndicate -1 *s* [sĭn′dĭ-kĭt] sindicato **-2** *vt* & *vi* [:kāt′] sindicar(se).
syndrome [sĭn′drōm′] *s* síndrome *m*.
synonym [sĭn′ə-nĭm′] *s* sinónimo.
synopsis [sĭ-nŏp′sĭs] *s* [pl **-ses**] sinopsis f.
syntax [sĭn′tăks′] *s* sintaxis f.
synthesis [sĭn′thĭ-sĭs] *s* [pl **-ses**] síntesis f.
synthetic [sĭn-thĕt′ĭk] *adj* & *s* (material) sintético.
syphilis [sĭf′ə-lĭs] *s* sífilis f.
syringe [sə-rĭnj′, sĭr′ĭnj] *s* jeringa.
syrup [sĭr′əp] *s* CUL almíbar *m*.
system [sĭs′təm] *s* sistema *m*; *(human body)* organismo; ANAT aparato.
systematic [′tə-măt′ĭk] *adj* sistemático.

T

tab [tăb] s lengüeta; *(at a restaurant)* cuenta; *(of a typewriter)* tabulador m ♦ **to keep tabs on** observar detalladamente.

tabby [tăb′ē] s *(striped)* gato atigrado.

table [tā′bəl] **-1** s mesa; *(data)* tabla, cuadro ♦ **to turn the tables on someone** volver las tornas a alguien **-2** vt *(postpone)* aplazar; FIG *(to present)* presentar.

tablecloth [tā′bəl-klôth′] s mantel m.

tablespoon [:spōōn′] s cuchara de sopa; *(quantity)* cucharada.

tablet [tăb′lĭt] s tableta, tablilla; *(writing pad)* taco, bloc m; *(pill)* pastilla.

tabloid [tăb′loid′] s periódico de formato reducido.

taboo [tă-bōō′] s & adj tabú m.

tabulate [tăb′yə-lāt′] vt tabular.

tacit [tăs′ĭt] adj tácito; *(implicit)* implícito.

taciturn [:ĭ-tûrn′] adj taciturno.

tack [tăk] **-1** s tachuela; *(direction)* dirección f, línea **-2** vt clavar con tachuelas; *(to stitch)* hilvanar -vi MARÍT cambiar de bordada.

tackle [tăk′əl] **-1** s *(gear)* equipo, avíos m; MARÍT aparejo **-2** vt atacar, abordar; DEP agarrar.

tacky[1] [tăk′ē] adj **-i-** *(sticky)* pegajoso.

tacky[2] adj **-i-** FAM *(shabby)* descuidado; *(lacking style)* cursi; *(vulgar)* vulgar.

tact [tăkt] s tacto.

tactful [′fəl] adj discreto.

tactic [tăk′tĭk] s táctica ♦ **tactics** s sg táctica.

tactless [tăkt′lĭs] adj falto de tacto.

tadpole [tăd′pōl′] s renacuajo.

taffy [tăf′ē] s melcocha.

tag[1] [tăg] **-1** s *(label)* etiqueta; *(characterization)* etiqueta, epíteto **-2** vt **-gg-** etiquetar; *(to identify)* identificar -vi ♦ **to tag along** seguir, acompañar.

tag[2] s *(game)* mancha, pillarse m.

tail [tāl] **-1** s cola; *(backside)* trasero; *(of a shirt)* faldón m ♦ **from head to tail** de pies a cabeza ♦ pl *(of a coin)* cruz, reverso; *(tailcoat)* frac **-2** vt FAM *(to follow)* seguir de cerca, espiar -vi ♦ **to tail away** or **off** ir disminuyendo.

tailor [tā′lər] **-1** s sastre m **-2** vt hacer a la medida; *(to adapt)* adaptar.

take [tāk] **-1** vt **took, taken** tomar; *(to confiscate, steal)* apoderarse de; *(to win)* ganar; *(to buy)* comprar; *(to cost)* costar; *(to carry along)* llevarse; *(to captivate)* cautivar, encantar; *(to admit)* recibir; *(to accept)* aceptar; *(to withstand)* aguantar, soportar; *(in chess, checkers)* comerse, capturar; *(to remove)* sacar; *(to subtract)* sustraer ♦ **as I take it** a mi entender • **to take along** llevar consigo, llevarse • **to take apart** *(to disassemble)* desarmar, desmontar • **to take away** *(to remove)* quitar, sacar; *(to subtract)* restar • **to take back** *(to return)* devolver; *(to receive back)* recibir de vuelta; *(to retract)* retractar • **to take chances** arriesgarse • **to take down** *(to write down)* anotar; *(to bring down)* bajar; *(to disassemble)* desarmar • **to take in** *(to lodge)* alojar; *(to understand)* comprender; *(to include)* incluir; *(to deceive)* engañar • **to take off** quitar; *(clothes, hat)* quitarse; *(time)* tomarse; *(to deduct)* rebajar • **to take on** *(characteristic, attitude)* asumir, tomar; *(employee)* contratar; *(bet, challenge)* aceptar; *(adversary)* enfrentarse a • **to take out** llevar afuera, poner afuera; *(to remove)* sacar; *(license, policy)* sacar; *(stain, spot)* quitar, extraer; *(tooth)* extraer • **to take over** hacerse cargo de • **to take up** *(time, space)* ocupar, llenar; *(challenge, bet)* aceptar; *(career, profession)* dedicarse a; *(study)* empezar • **to take up with** asociarse con -vi *(to stick)* adherirse; *(to succeed)* tener éxito; *(to set)* cuajar; *(plants)* arraigar; *(vaccination)* prender ♦ **to take after** parecerse a • **to take off** *(to leave)* irse, partir; *(aircraft)* despegar • **to take over** asumir la autoridad **-2** s *(receipts)* entrada, ingresos; *(in hunting)* presa; *(in chess, checkers)* captura, toma, CINEM toma.

takeoff [:ôf′] s AVIA despegue m.

takeover [:ō′vər] s toma de poder.

talcum [tăl′kəm] s talco; *(powder)* polvos de talco.

tale [tāl] s cuento; *(gossip)* chisme m.

talent [tăl′ənt] s talento; *(aptitude)* aptitud f, don m.

talented [:ən-tĭd] *adj* talentoso.

talk [tôk] **-1** *vt* hablar; *(to speak)* decir ◆ **to talk into** persuadir a • **to talk out of** disuadir a *-vi* hablar; *(to chatter)* charlar ◆ **to talk away** hablar sin parar • **to talk back** replicar **-2** *s* conversación *f*; *(speech)* discurso; *(subject of conversation)* chisme *m*, comidilla.

talkative [tô'kə-tĭv] *adj* hablador, locuaz.

tall [tôl] *adj* alto; *(of certain height)* de alto, de altura ◆ **how tall are you?** ¿cuánto mide usted?

tally [tăl'ē] **-1** *s (score)* cuenta **-2** *vt (to score)* llevar la cuenta; *(to cause to agree)* hacer cuadrar *-vi* cuadrar.

talon [tăl'ən] *s* garra.

tambourine [tăm'bə-rēn'] *s* pandereta.

tame [tām] **-1** *adj* domesticado; *(gentle)* manso; *(docile)* dócil; FAM insípido **-2** *vt* domesticar; *(to subdue)* dominar.

tamper [tăm'pər] *vi* ◆ **to tamper with** interferir en; *(to meddle)* entrometerse en.

tampon [tăm'pŏn'] *s* tapón *m*; tampón *m*.

tan [tăn] **-1** *vt* **-nn-** *(leather)* curtir; *(skin)* broncear *-vi* broncearse, tostarse **-2** *s & adj (color)* tostado *or* bronceado.

tang [tăng] *s (flavor)* gusto fuerte; *(odor)* olor *m* penetrante.

tangent [tăn'jənt] *adj & s* tangente *f*.

tangerine [tăn'jə-rēn'] *s* mandarina.

tangible [tăn'jə-bəl] *adj* tangible; *(real)* real.

tangle [tăng'gəl] **-1** *vt & vi (to snarl)* enredar(se), enmarañar(se); *(to entangle)* embrollar(se) ◆ **to tangle with** meterse con **-2** *s* enredo, embrollo.

tangled [:gəld] *adj* enredado, embrollado.

tango [tăng'gō] **-1** *s* tango **-2** *vi* bailar el tango.

tank [tăngk] *s* tanque *m*.

tanker [tăng'kər] *s* buque *m* tanque; *(truck)* camión *m* tanque; *(plane)* avión *m* tanque.

tantalizing [tăn'tə-līz'ĭng] *adj* tentador.

tantrum [tăn'trəm] *s* rabieta, pataleta.

tap¹ [tăp] **-1** *vt* **-pp-** golpear ligeramente; *(to rap)* dar golpecitos con *-vi*

(with the fingers) tamborilear; *(with the feet)* zapatear **-2** *s* golpe ligero.

tap² **-1** *s (faucet)* grifo; *(spigot)* canilla, espita **-2** *vt* **-pp-** *(to put a tap on)* espitar; *(tree)* sangrar; *(to draw)* sacar de un barril; *(to make use of)* utilizar; *(to connect)* hacer una conexión en; *(to wiretap)* interceptar.

tap-dance [:'dăns'] *vi* zapatear.

tape [tāp] **-1** *s (strip)* cinta; *(adhesive)* cinta adhesiva; *(magnetic)* cinta magnética; *(measure)* cinta métrica; DEP cinta de llegada ◆ **tape recorder** grabadora magnetofónica **-2** *vt (to glue)* pegar con cinta adhesiva; *(to record)* grabar.

taper [tā'pər] **-1** *s* vela delgada **-2** *vt & vi* ◆ **to taper off** disminuir.

tapestry [tăp'ĭ-strē] *s* tapiz *m*.

tar [tär] *s* alquitrán *m*.

target [tär'gĭt] **-1** *s* blanco; *(goal)* meta **-2** *vt* fijar como objetivo.

tariff [tăr'ĭf] *s* tarifa.

tarnish [tär'nĭsh] *vt & vi* empañar(se), descolorar(se); *(to spoil)* estropear(se).

tarot [tăr'ō] *s* naipe *m* de dibujos alegóricos que se usa en la adivinación.

tart¹ [tärt] *adj (taste)* acre; *(tone)* hiriente.

tart² *s (pie)* pastelillo; *(prostitute)* prostituta.

tartan [tär'tn] *s* tartán *m*.

task [tăsk] *s* tarea; *(difficult undertaking)* faena ◆ **task force** fuerza operante.

tassel [tăs'əl] *s* borla.

taste [tāst] **-1** *vt* probar; *(to discern flavors)* notar un sabor a *-vi (to distinguish flavors)* sentir sabor; *(to have a flavor)* tener sabor **-2** *s* gusto ◆ **in good taste** de buen gusto.

tasteful ['fəl] *adj* de buen gusto.

tasteless [:lĭs] *adj (flat)* sin sabor; *(insipid)* insípido; *(tacky)* cursi.

tasty [tā'stē] *adj* **-i-** sabroso.

tattoo¹ [tă-tōo'] *s* MIL *(parade)* desfile *m* militar; *(drumming)* tamboreo.

tattoo² **-1** *s* tatuaje *m* **-2** *vt* tatuar.

taunt [tônt] **-1** *vt* mofarse de, burlarse de **-2** *s* burla.

taut [tôt] *adj (tight)* tirante; *(strained)* tenso.

tawdry [tô′drē] *adj* -i- charro.

tax [tăks] -1 *s* impuesto; *(strain)* carga -2 *vt (to charge)* gravar.

taxable [tăk′sə-bəl] *adj* gravable.

taxation [-sā′shən] *s* fijación *f* de impuestos.

tax-free [′frē′] *adj* libre de impuestos.

taxi [tăk′sē] -1 *s* [*pl* **(e)s**] taxi *m* ♦ **taxi driver** taxista -2 *vi* **-ing** *or* **-ying** ir en taxi; *(airplane)* carretear.

taxpayer [tăks′pā′ər] *s* contribuyente *m/f*.

tea [tē] *s (drink)* té *m; (gathering)* reunión *f* social en la cual se sirve té.

teach [tēch] *vt* **taught** enseñar; *(students)* dar clases a; *(a subject)* dar clases de *-vi* ser maestro.

teacher [tē′chər] *s* maestro, profesor *m*.

teaching [tē′chĭng] *s* enseñanza.

teak [tēk] *s (tree, wood)* teca.

team [tēm] -1 *s* equipo; *(of animals)* yunta -2 *vt* enyugar ♦ **to team up with** unir fuerzas con.

teammate [′māt′] *s* compañero de equipo.

teamwork [:wûrk′] *s* trabajo de equipo.

teapot [tē′pŏt′] *s* tetera.

tear¹ [târ] -1 *vt* **tore, torn** *(to rend)* desgarrar, rasgar; *(to rip)* despedazar; *(to pull)* arrancar; *(to wound)* herir ♦ **to tear apart** *(to rip)* romper; *(to disunite)* dividir • **to tear off** *or* **out** arrancar • **to tear down** *(to demolish)* demoler • **to tear up** hacer pedazos; *(to uproot)* desarraigar *-vi* desgarrarse, rasgarse -2 *s* desgarradura, rasgadura.

tear² [tîr] *s* lágrima ♦ **in tear** llorando.

teardrop [tîr′drŏp′] *s* lágrima.

tearful [:fəl] *adj* lacrimoso.

tease [tēz] -1 *vt (to annoy)* fastidiar; *(to make fun of)* tomar el pelo a -2 *s* bromista *m/f*.

teaspoon [tē′spōōn′] *s* cucharita de té; *(content)* cucharadita.

teat [tēt, tĭt] *s* teta.

technical [tĕk′nĭ-kəl] *adj* técnico; *(specialized)* especializado.

technician [tĕk-nĭsh′ən] *s* técnico.

technique [:nēk′] *s* técnica.

technology [:jē] *s* tecnología.

tedious [tē′dē-əs] *adj* tedioso.

tee [tē] *s* DEP tee *m*.

teen-ager [tēnā′jər] *s* joven *m/f*, adolescente *m/f*.

teens [tēnz] *s pl (numbers)* números entre 13 y 19.

teeter [tē′tər] *vi* FAM bambolearse; *(to vacillate)* vacilar.

teethe [tē*th*] *vi* echar los dientes.

telecommunication [tĕl′ĭ-kə-myōō′nĭ-kā′shə] *s* telecomunicación *f* ♦ **telecommunications** *s sg* la ciencia de telecomunicaciones.

telegram [′-grăm] *s* telegrama *m*.

telegraph [:grăf′] -1 *s* telégrafo -2 *vt* telegrafiar.

telepathy [tə-lĕp′ə-thē] *s* telepatía.

telephone [tĕl′ə-fōn′] -1 *s* teléfono -2 *vt* telefonear, llamar por teléfono *-vi* comunicarse por teléfono.

telescope [tĕl′ĭ-skōp′] -1 *s* telescopio -2 *vt* extender; *(to compress)* comprimir *-vi* extenderse.

television [:vĭzh′ən] *s* televisión *f; (set)* televisor *m*.

telex [tĕl′ĕks′] -1 *s* télex *m* -2 *vi* enviar un télex.

tell [tĕl] *vt* **told** decir; *(to inform)* comunicar; *(to reveal)* revelar; *(to assure)* asegurar; *(to explain)* explicar *-vi* relatar, contar; *(to have an effect)* producir efecto.

telling [:ĭng] *adj (effective)* efectivo; *(significant)* significante.

telltale [:tāl′] *s (informer)* soplón *m; (gossip)* chismoso.

temper [tĕm′pər] -1 *vt & vi* templar(se) -2 *s (disposition)* temperamento; *(tendency toward anger)* mal genio; *(anger)* ira.

temperament [:prə-mənt] *s* temperamento.

temperature [:ə-chŏŏr′] *s* temperatura.

tempest [tĕm′pĭst] *s* tempestad *f*.

template [tĕm′plĭt] *s* plantilla, patrón *m*.

temple¹ [tĕm′pəl] *s* templo; *(synagogue)* sinagoga.

temple² *s* ANAT sien *f*.

temporary [tĕm′pə-rĕr′ē] -1 *adj* transitorio; *(worker)* temporero, temporario; *(position)* interino -2 *s* temporero.

tempt [tĕmpt] *vt* tentar; *(to seduce)* seducir; *(to provoke)* provocar.

temptation [tĕmp-tā′shən] *s* tentación *f*.

T

ten [tĕn] s & adj diez m ♦ **ten o'clock** las diez.

tenacity [tə-năs'ĭ-tē] s tenacidad f.

tenant [tĕn'ənt] s inquilino.

tend¹ [tĕnd] vi (to be likely) tender; (to be inclined) propender a.

tend² vt (to look after) cuidar, atender.

tendency [tĕn'dən-sē] s tendencia.

tender¹ [tĕn'dər] adj -er, -est frágil; (soft) tierno; (painful) dolorido.

tender² -1 s (offer) oferta de pago; (bid) propuesta ♦ **legal tender** dinero -2 vt ofrecer.

tendon [tĕn'dən] s tendón m.

tenement [tĕn'ə-mənt] s residencia con departamentos de alquiler.

tennis [tĕn'ĭs] s tenis m.

tenor [tĕn'ər] s sentido, tono; MÚS tenor m.

tense¹ [tĕns] -1 adj (strained) tenso -2 vt tensar -vi ponerse tenso.

tense² s GRAM tiempo.

tension [tĕn'shən] s tensión f.

tent [tĕnt] s tienda.

tentacle [tĕn'tə-kəl] s tentáculo.

tentative [tĕn'tə-tĭv] adj (experimental) experimental; (provisional) provisorio; (uncertain) indeciso.

tenth [tĕnth] s & adj décimo.

tepid [tĕp'ĭd] adj tibio.

tequila [tə-kē'lə] s tequila m/f.

term [tûrm] -1 s (time period) período, plazo; (school year) período académico; (deadline) término, fin m ♦ **in terms of** en cuanto a • **in the long term** a la larga ♦ pl (conditions) condiciones • **to come to term** (to agree) llegar a un arreglo; (to accept) aceptar -2 vt calificar de, llamar.

terminal [tûr'mə-nəl] -1 adj (fatal) fatal; (final) final -2 s (station) terminal f.

terminate [:nāt'] vt terminar; (employment) dejar cesante -vi terminar ♦ **to terminate in** tener como resultado.

terminology [tûr'mə-nŏl'ə-jē] s terminología.

terrace [tĕr'ĭs] s terraza; (balcony) balcón m.

terrain [tə-rān'] s terreno.

terrible [tĕr'ə-bəl] adj terrible; (tremendous) tremendo.

terrific [tə-rĭf'ĭk] adj terrorífico; (extraordinary) extraordinario.

territory [tĕr'ĭ-tôr'ē] s (region) región f; (jurisdiction) territorio; (sphere) esfera, sector m.

terror [tĕr'ər] s terror m ♦ **terror** or **holy terror** FAM niño travieso.

terrorism [:ə-rĭz'əm] s terrorismo.

terrorist [:rĭst] s terrorista m/f.

terrorize [:rīz'] vt aterrorizar.

test [tĕst] -1 s examen m, prueba ♦ **test case** DER caso prueba • **to put to the test** poner a prueba • **to stand the test of time** resistir el paso del tiempo -2 vt examinar; (to subject to a test) someter a prueba.

testament [tĕs'tə-mənt] s DER testamento.

testicle [tĕs'tĭ-kəl] s testículo.

testify [tĕs'tə-fī'] vi ser testigo; DER atestiguar bajo juramento -vt testimoniar, revelar; DER atestiguar bajo juramento.

testimony [tĕs'tə-mō'nē] s evidencia, prueba; DER, RELIG testimonio.

tetanus [tĕt'n-əs] s tétano(s).

text [tĕkst] s texto.

textbook ['bŏŏk'] s libro de texto.

textile [tĕk'stīl', :stəl] s & adj textil m.

texture [tĕks'chər] s textura.

than [thăn, thən] conj que <she is a better athlete than I ella es mejor atleta que yo>; de <more than half más de la mitad>; del que, de lo que <more complex than I had anticipated más complejo de lo que había previsto> ♦ **other than** aparte de, fuera de • **rather than** antes que.

thank [thăngk] vt agradecer, dar las gracias a ♦ **thank you** (for) gracias (por).

thankful ['fəl] adj agradecido.

thankless [:lĭs] adj (ungrateful) desagradecido; (not appreciated) ingrato.

thanks [thăngks] s pl gracias; (acknowledgment) reconocimiento; (gratitude) gratitud f.

thanksgiving [:gĭv'ĭng] s acción f de gracias.

that [thăt, thət] -1 adj dem [pl those] (near) ese; (distant) aquel ♦ **that one** (near) ése; (distant) aquél • **that way** (direction) por aquel camino; (manner) de ese modo -2 pron dem [pl those] (near) ése; (distant) aquél; (neuter) eso, aquello ♦ **like that** así • **that's it!** ¡eso es! **-3** *pron rel* [pl **that**] que <*the house that I sold* la casa que vendí>; quien <*the person that you've heard from* la persona de quien recibiste noticias>; el que, la que <*the closet that you keep your clothes in* el armario en el que guardas tu ropa>; lo que <*all that they knew* todo lo que ellos sabían> ♦ **at that** *(without further elaboration)* así, sin más; *(nevertheless)* sin embargo; *(furthermore)* todavía • **for all that** a pesar de eso **-4** *adv (so)* tan, así <*the steps were that high* los escalones eran así de altos> ♦ **that many** tantos • **that much** tanto **-5** *conj* que ♦ **in that** por cuanto • **so that** para que.

thaw [thô] **-1** *vi* derretirse; *(to relax)* relajarse *-vt* ♦ **to thaw out** *(food)* descongelar; *(snow)* derretir **-2** *s* derretimiento.

the [thē antes de vocal, thə antes de consonante] **-1** *art def* el, la, lo, las, los **-2** *adv* ♦ **the less...the better** cuanto menos...mejor • **the more...the more** cuanto más...más • **the sooner the better** cuanto antes mejor.

theater/tre [thē'ə-tər] *s* teatro; *(auditorium)* auditorio; MIL teatro ♦ **operating theater** quirófano.

theatrical [-ăt'rĭ-kəl] *adj* teatral.

theft [thĕft] *s* robo.

their [thâr] *pron pos* su, suyo, suya, de ellos, de ellas.

theirs [thârz] *pron pos* (el) suyo, (la) suya, (los) suyos, (las) suyas, de ellos, de ellas.

them [thĕm, thəm] *pron (as direct object)* los, las; *(as indirect object)* les; *(as object of preposition)* ellos, ellas.

theme [thēm] *s* tema *m*; *(composition)* ensayo.

themselves [thĕm-sĕlvz', thəm-] *pron (object)* se <*they prepared themselves* ellos se prepararon>; *(subject)* mismos, mismas; *(object of preposition)* sí mismos, sí mismas <*they are always bragging about themselves* están siempre haciendo alarde de sí mismos> ♦ **among themselves** entre ellos.

then [thĕn] **-1** *adv (at that time)* entonces; *(afterward)* después; *(in that case)* entonces; *(in addition)* además; *(conse-*

quently) en consecuencia ♦ **then and there** ahí mismo **-2** *s* entonces *m* ♦ **from then on** desde entonces • **since then** desde entonces • **until then** hasta entonces **-3** *adj* entonces, de entonces.

theology [thē-ŏl'ə-jē] *s* teología.

theoretic/ical [thē'ə-rĕtĭk] *adj* teórico.

theory [:rē] *s* teoría.

therapy [thĕr'ə-pē] *s* MED terapia.

there [thâr] **-1** allí, allá, ahí; *(in that matter)* en eso ♦ **here and there** aquí y allá **-2** *pron* ♦ **there are** hay • **there is** hay • **there was** había, hubo • **there were** habían, hubo • **there will be** habrá **-3** *interj* ¡vaya! ♦ **there now!** ¡ya está! • **there, there** ya, ya.

thereafter [-ăf'tər] *adv* de allí en adelante.

thereby [:bī'] *adv (by that means)* por medio de eso; *(in a specified connection)* por eso.

therefore ['fôr'] *adv* por lo tanto.

thermal [thûr'məl] *adj* termal.

thermometer [thər-mŏm'ĭ-tər] *s* termómetro.

thermostat ['-stăt'] *s* termostato.

thesaurus [thĭ-sôr'əs] *s* [pl **es** *or* **-ri**] *(dictionary)* diccionario; *(book of synonyms)* libro de sinónimos.

thesis [thē'sĭs] *s* [pl **-ses**] tesis *f*.

they [thā] *pron* ellos, ellas ♦ **they say** se dice.

thick [thĭk] **-1** *adj* grueso; *(not watery)* espeso; *(in thickness)* de grosor; *(clouds)* impenetrable; *(indistinct)* poco claro, confuso; *(beard)* tupido; *(lips)* grueso **-2** *s* ♦ **in the thick of** en lo más reñido de • **through thick and thin** contra viento y marea.

thicken ['ən] *vt & vi* espesar(se); *(to complicate)* complicar(se).

thickness [:nĭs] *s* grosor *m*, espesor *m*.

thickset [:sĕt'] *adj* corpulento.

thick-skinned [:skĭnd'] *adj (insensitive)* insensible.

thief [thēf] *s* [pl **-ves**] ladrón *m*.

thieve [thēv] *vt & vi* robar, hurtar.

thigh [thī] *s* muslo.

thimble [thĭm'bəl] *s* dedal *m*.

thin [thĭn] **-1** *adj* **-nn-** delgado; *(fine)* fino; *(sparse)* escaso; *(hair)* ralo; *(soup)* aguado **-2** *adv* débilmente, escasamente **-3** vt **-nn-** hacer adelgazar; *(to dilute)* diluir, aguar; *(to reduce)* reducir -vi adelgazar; *(to diminish)* reducirse.

thing [thǐng] s cosa; *(object)* objeto; *(commodity)* artículo; *(obsession)* obsesión f; *(situation)* asunto, cuestión f ♦ **first thing** a primera hora • **first things first** cada cosa a su debido tiempo • **for one thing** en primer lugar • **to do one's own thing** JER hacer lo que uno quiere ♦ pl *(stuff, conditions)* cosas; *(equipment)* equipo.

think [thǐngk] vt **thought** pensar (en); *(to regard)* creer, parecerle a uno; *(to remember)* recordar; *(to imagine)* imaginarse ♦ **to think about** pensar (en) • **to think of** pensar; *(to recall)* recordar; *(to have regard for)* pensar en • **to think of oneself as** creerse • **to think out** pensar bien; *(a theory, plan)* elaborar; *(a problem)* resolver • **to think over** or **through** pensar bien • **to think up** inventar -vi pensar; *(to believe)* creer, parecerle a uno ♦ **to think again** or **twice** pensarlo bien, reconsiderar • **to think back** recordar • **to think better of it** cambiar de parecer • **to think of** *(to conceive of)* ocurrírsele a uno; *(to believe)* parecerle a uno; *(to imagine)* imaginarse, figurarse.

third [thûrd] **-1** s tercero; *(part)* tercio, tercera parte **-2** adj tercero.

thirst [thûrst] s sed f; FIG deseo ardiente, ansia.

thirsty [thûr'stē] adj **-i-** sediento ♦ **to be thirsty** tener sed.

thirteen [thûr-tēn'] s & adj trece m.

thirteenth [:tēnth'] **-1** s trece m; *(part)* trezavo, decimotercera parte **-2** adj decimotercero; *(part)* trezavo.

thirtieth [thûr'tē-ĭth] **-1** s *(part)* treintavo, trigésima parte **-2** adj *(place)* trigésimo; *(part)* treintavo.

thirty [thûr'tē] adj & s treinta m.

this [thǐs] [pl these] **-1** pron éste, ésta, esto **-2** adj este, esta ♦ **this way** *(direction)* por aquí, por acá; *(manner)* de este modo, así **-3** adv *(so)* tan, así de ‹it was this long era así de largo› ♦ **this much** tanto.

thistle [thǐs'əl] s cardo.

thong [thông] s *(strip)* tira de cuero, correa; *(sandal)* sandalia de tiras.

thorn [thôrn] s espina; *(plant)* espino.

thorough [thûr'ō] adj completo; *(detailed)* detallado, minucioso; *(total)* total.

thoroughbred [:ə-brĕd'] s *(animal)* pura sangre m/f.

thoroughfare [:fâr'] s *(highway)* carretera, camino principal.

though [thō] **-1** conj aunque ♦ **as though** como si • **even though** aunque **-2** adv sin embargo, no obstante.

thought [thôt] **-1** cf **think -2** s pensamiento; *(idea)* idea; *(opinion)* opinión f, punto de vista ♦ **on second thought** pensándolo bien • **the mere thought of it** sólo en pensarlo • **to give thought to** considerar.

thoughtful [':fəl] adj pensativo; *(considerate)* atento, solícito.

thoughtless [:lǐs] adj *(unthinking)* irreflexivo, imprudente; *(inconsiderate)* falto de consideración.

thousand [thou'zənd] s mil m ♦ **by the thousand** por millar.

thousandth [:zəndth] **-1** s *(part)* milésimo, milésima parte **-2** adj milésimo.

thrash [thrăsh] vt *(to flog)* azotar; *(to flail)* agitar; *(to vanquish)* derrotar; AGR trillar ♦ **to thrash out** discutir a fondo -vi agitarse.

thrashing [':ĭng] s *(flogging)* azotaina; AGR trilla.

thread [thrĕd] **-1** s hilo; *(fiber)* fibra; *(strand)* hebra **-2** vt *(a needle)* ensartar, enhebrar; *(beads)* ensartar ♦ **to thread one's way through** abrirse paso por.

threadbare [':bâr'] adj *(cloth)* raído, gastado.

threat [thrĕt] s amenaza.

threaten [':n] vt & vi amenazar.

three [thrē] s & adj tres m ♦ **three hundred** trescientos • **three o'clock** las tres.

three-dimensional [':dĭ-mĕn'shə-nəl] adj tridimensional.

thresh [thrĕsh] vt trillar.

threshold [thrĕsh'ōld', :hōld'] s umbral m.

thrifty [thrĭf'tē] adj **-i-** económico, ahorrativo.

thrill [thrĭl] **-1** vt *(to excite)* excitar, emocionar; *(to delight)* encantar, deleitar -vi estremecerse, temblar **-2** s *(quiver)* temblor m, estremecimiento.

thriller ['ər] s FAM novela or película de aventuras excitantes.

thrive [thrīv] vi **-d** or **throve, -d** or **-n** *(to prosper)* prosperar, medrar; *(to flourish)* crecer.

throat [thrōt] s garganta ♦ **to clear one's throat** aclararse la voz.

throb [thrŏb] **-1** vi **-bb-** *(to beat)* latir, palpitar; *(motors)* vibrar **-2** s *(beat)* latido, palpitación f; *(vibration)* vibración f.

throne [thrōn] s trono.

throng [thrông] **-1** s gentío, muchedumbre f **-2** vt *(to crowd into)* atestar, llenar -vi *(to flock)* afluir.

throttle[1] [thrŏt'l] s TEC válvula de admisión.

throttle[2] vt *(to choke)* estrangular, ahogar.

through [thrōō] **-1** prep por; *(among)* a través de; *(by the agency of)* por medio de, a través de; *(during)* durante; *(between)* entre; de...a, desde...hasta <open Monday through Friday abierto de lunes a viernes> **-2** adv *(from one end to another)* de un lado al otro; *(from beginning to end)* hasta el final; *(completely)* completamente **-3** adj *(washed-up)* acabado ♦ **to be through** *(to have finished)* haber terminado; *(not to be able to take it)* no poder más • **to be through with** *(to have finished)* haber terminado con.

throughout [:out'] **-1** prep por todo, en todo; *(during every part of)* durante todo **-2** adv por todas partes; *(completely)* completamente; *(during the entire time)* todo el tiempo.

throw [thrō] **-1** vt **threw, thrown** tirar, arrojar; *(punches, jabs)* dar, asestar; *(to the ground, floor)* desmontar, echar por tierra; *(opponent)* derribar, tumbar; *(dice)* tirar, echar; *(glance)* dirigir; *(switch)* echar, conectar ♦ **to throw aside** echar a un lado, desechar • **to throw away** *(to miss)* desaprovechar; *(to discard)* tirar, desechar • **to throw back** *(to return)* devolver • **to throw down** echar por tierra, derribar • **to throw off** *(to reject)* desechar, deshacerse de; *(to emit)* despedir; *(to mislead)* engañar • **to throw on** echar-

se encima, ponerse rápidamente • **to throw out** *(to reject)* rechazar; *(to throw away)* tirar • **to throw over** *(to abandon)* abandonar; *(to overthrow)* derrocar -vi arrojar, lanzar ♦ **to throw up** vomitar, devolver **-2** s lanzamiento, tiro; *(of dice)* lance m.

throwaway ['ə-wā'] adj desechable.

thrush [thrŭsh] s tordo, zorzal m.

thrust [thrŭst] **-1** vt **thrust** *(to push)* meter con fuerza; *(to stab)* clavar; *(to force oneself into)* meterse en **-2** s empujón m, embestida; *(stab)* puñalada, estocada.

thud [thŭd] **-1** s *(sound)* ruido sordo; *(blow)* batacazo **-2** vi **-dd-** dar un batacazo.

thug [thŭg] s maleante m, matón m.

thumb [thŭm] **-1** s pulgar m **-2** vt FAM *(a ride)* hacer dedo a -vi hacer autostop.

thumbtack [:tăk'] s chinche f, chincheta.

thump [thŭmp] **-1** s puñetazo, porrazo; *(noise)* ruido sordo, baque m **-2** vt golpear, aporrear -vi golpear, aporrear; *(to throb)* latir violentamente.

thunder [thŭn'dər] **-1** s trueno; *(roar)* estruendo, estrépito **-2** vi tronar; *(to vociferate)* vociferar, tronar -vt vociferar.

thunderbolt [:bōlt'] s rayo.

thunderstorm [:stôrm'] s tormenta.

Thursday [thûrz'dē] s jueves m.

thus [thŭs] adv así, de esta manera; *(therefore)* así que, por eso.

thwart [thwôrt] vt frustrar.

thyroid [thī'roid'] adj & s tiroides f.

tic [tĭk] s tic m.

tick [tĭk] **-1** s *(sound)* tictac m; *(mark)* marca, señal f **-2** vi hacer tictac.

ticket [tĭk'ĭt] s *(for transport)* billete m, boleto; *(for movies, theater)* entrada, boleto; *(summons)* boleta <speeding ticket boleta por exceso de velocidad>; *(coupon)* cupón m ♦ **one-way ticket** boleto de ida • **round-trip ticket** boleto de ida y vuelta • **ticket office** or **window** taquilla.

tickle [tĭk'əl] vt hacer cosquillas, cosquillear; *(to delight)* deleitar -vi sentir cosquillas.

ticklish [:lĭsh] adj cosquilloso; FIG *(touchy)* quisquilloso; *(situation)* delicado.

T

tidal [tīd'l] *adj* de marea ♦ **tidal wave** marejada.

tide [tīd] *s* marea; *(current)* corriente *f.*

tidy [tī'dē] **-1** *adj* **-i-** *(neat)* ordenado, arreglado; *(clean)* limpio **-2** *vt & vi* ♦ **to tidy up** ordenar.

tie [tī] **-1** *vt* **tying** atar; *(to knot)* anudar; *(to link)* ligar; *(a contest)* empatar ♦ **to tie down** atar, sujetar • **to tie up** atar; *(to confine)* restringir, limitar **-vi** atarse; *(contestants)* empatar ♦ **to tie in (with)** relacionarse (con) **-2** *s (cord)* cuerda, atadura; *(necktie)* corbata; *(tie beam)* tirante *m;* FIG *(bond)* lazo, vínculo.

tie-in [tī'ĭn'] *s* relación *f,* conexión *f.*

tiepin [tī'pĭn'] *s* alfiler *m* de corbata.

tier [tîr] *s* fila, hilera; *(at a theater)* fila de palcos; *(of a cake)* piso.

tie-up [tī'ŭp'] *s* interrupción *f.*

tiff [tĭf] *s (irritation)* pique *m; (quarrel)* riña.

tiger [tī'gər] *s* tigre *m.*

tight [tīt] **-1** *adj (screw, knot)* apretado; *(sealed)* hermético; *(faucet, lid)* bien cerrado; *(clothes, shoes)* ajustado; *(opening)* estrecho; *(closely contested)* reñido, disputado **-2** *adv (firmly)* bien, fuertemente.

tighten [ʼn] *vt* apretar; *(a cord)* tensar; *(bonds)* estrechar **-vi** apretarse.

tightfisted [:fĭs'tĭd] *adj* FAM tacaño, avaro.

tightrope [:rōp'] *s* cuerda floja.

tile [tīl] *s (of a roof)* teja; *(of a floor)* losa, baldosa; *(of a wall)* azulejo; *(tiling)* enlosado; *(of a game)* pieza.

till[1] [tĭl] **-1** *prep* hasta (donde) **-2** *conj* hasta que.

till[2] *s (for money)* caja, cajón *m.*

tilt [tĭlt] **-1** *vt* inclinar **-vi** inclinarse **-2** *s* inclinación *f.*

timber [tĭm'bər] *s* árboles *m* maderables; *(lumber)* maderamen *m; (beam)* viga.

time [tīm] **-1** *s* tiempo; *(moment)* momento; *(instant)* instante *m; (era)* era, época; *(a specified time)* hora; *(occasion)* ocasión *f; (instance)* vez *f; (lifetime)* vida; *(duration)* duración *f* ♦ **all the time** *(every moment)* todo el tiempo; *(always)* siempre • **a long time ago** hace mucho tiempo • **(at) any time** en cualquier momento • **at all times** en todo momento • **at one time** en cierta época • **at the present time** en la actualidad • **at the same time** a la vez, al mismo tiempo • **at times** a veces • **each** or **every time** cada vez • **for the time being** por el momento • **from time to time** de vez en cuando • **hard times** tiempos difíciles • **in a short time** dentro de poco • **in time** *(on time)* a tiempo; MÚS al compás • **many a time** or **many times** muchas veces • **on time** a tiempo • **time and time again** repetidas veces • **time off** tiempo libre • **to keep up with the times** estar al tanto de las cosas • **to make time** ganar tiempo • **to pass the time** pasar el tiempo • **to take one's time** tomarse tiempo • **to waste time** perder el tiempo • **what time is it?** ¿qué hora es? **-2** *adj* del tiempo; *(on installment)* a plazos ♦ **time clock** reloj registrador • **time zone** huso horario **-3** *vt* fijar la hora or el tiempo de; *(to record)* cronometrar.

timeless [:lĭs] *adj (eternal)* eterno; *(ageless)* sin limitación de tiempo.

timely [:lē] **-1** *adj* **-i-** *(opportune)* oportuno; *(punctual)* puntual **-2** *adv* oportunamente.

time-out or **time out** [:out'] *s* DEP interrupción *f* temporal; *(break)* descanso.

timetable [:tā'bəl] *s* horario.

timid [tĭm'ĭd] *adj* **-er, -est** *(shy)* tímido.

timing [tī'mĭng] *s* oportunidad *f;* TEC, AUTO regulación *f* de tiempo.

tin [tĭn] *s* estaño; *(container)* lata.

tinfoil or **tin foil** [tĭn'foil'] *s* papel *m* de estaño.

tinge [tĭnj] **-1** *vt* **-(e)ing** matizar, teñir **-2** *s* matiz *m,* tinte *m; (trace)* vestigio.

tingle [tĭng'gəl] **-1** *vi* sentir picazón **-vt** picar, causar picazón a **-2** *s* picazón *f; (quiver)* estremecimiento.

tinker [tĭng'kər] **-1** *s* calderero remendón; *(bungler)* chapucero **-2** *vi* remendar como calderero.

tinkle [tĭng'kəl] **-1** *vi* tintinear **-vt** hacer tintinear **-2** *s* tintineo.

tinsel [tĭn'səl] *s* oropel *m.*

tint [tĭnt] **-1** *s* tinte *m; (hue)* matiz *m* **-2** *vt* matizar.

tiny [tī'nē] *adj* **-i-** minúsculo.

tip¹ [tĭp] s *(end)* punta, cabo; *(extremity)* extremidad f; *(apex)* ápice m; *(of a cigarette)* filtro ♦ **to have it on the tip of one's tongue** tenerlo en la punta de la lengua.

tip² vt **-pp-** volcar, derribar; *(to tilt)* inclinar ♦ **to tip over** volcar, derribar -vi volcar, derribar; *(to lean)* inclinarse ♦ **to tip over** volcarse.

tip³ -1 s *(gratuity)* propina; *(information)* información f; *(advice)* consejo -2 vt **-pp-** *(with money)* dar una propina; *(with information)* dar una información ♦ **to tip off** dar una información ♦ **to tip one's hand** revelar uno sus verdaderas intenciones -vi dar propinas.

tiptoe [tĭp'tō'] vi andar de puntillas.

tire¹ [tīr] vt & vi cansar(se); *(to bore)* aburrir(se).

tire² s AUTO llanta, neumático.

tired [tīrd] adj cansado; *(bored)* aburrido.

tireless [tīr'lĭs] adj incansable.

tiresome [:səm] adj cansado, tedioso.

tissue [tĭsh'ōō] s BIOL tejido; *(disposable towel)* pañuelo de papel; *(web)* red f.

tit¹ [tĭt] s ORNIT paro.

tit² s teta.

titillate [tĭt'l-āt'] vt *(to tickle)* cosquillear; *(to stimulate)* estimular.

title [tīt'l] s título; CINEM subtítulo.

titter [tĭt'ər] vi reír entre dientes.

to [tōō, tə] prep a; *(direction)* hacia; *(as far as)* hasta; *(against)* contra; *(of, for)* de, para; *(constituting)* por; *(in accord with)* según, de acuerdo con; *(as compared with)* comparado a; *(before)* menos, para; *(until)* hasta; *(for the purpose of)* para, en; *(in honor of)* por, en honor a; *(with the result)* para, ante; *(toward)* con; [not translated] <tell him if you want to díselo si quieres>.

toad [tōd] s sapo; FIG persona repulsiva.

toast¹ [tōst] -1 vt tostar; *(body, hands)* calentar -vi tostarse -2 s tostada.

toast² -1 s *(drink)* brindis m -2 vt & vi brindar (a).

toaster [tō'stər] s tostadora.

tobacco [tə-băk'ō] s [pl **(e)s**] tabaco.

toboggan [tə-bŏg'ən] s tobogán m.

today or **to-day** [tə-dā'] -1 adv hoy; *(at the present time)* actualmente -2 s hoy m; *(the present time)* hoy (en) día.

toddy [tŏd'ē] s ponche m.

toe [tō] -1 s dedo del pie; *(of a shoe, sock)* puntera ♦ **from head to toe** de pies a cabeza -2 vt ♦ **to toe the line** or **mark** conformarse.

toenail [tō'nāl'] s uña del dedo del pie.

toffee [tŏf'ē] s melcocha, arropía.

together [tə-gĕth'ər] adv juntos; *(in total)* en total, todos (juntos) ♦ **to bring together** *(to reunite)* reunir; *(to reconcile)* reconciliar • **to come** or **to get together** juntarse, reunirse • **to go together** *(to go out)* salir juntos; *(colors, flavors)* armonizar.

toil [toil] -1 vi trabajar duro -2 s esfuerzo, trabajo.

toilet [toi'lĭt] s retrete m, lavabo; *(toilette)* arreglo, aseo.

token [tō'kən] -1 s señal f, prueba; *(symbol)* símbolo; *(chip)* ficha -2 adj simbólico.

tolerance [tŏl'ər-əns] s *(acceptance)* tolerancia.

tolerant [:ənt] adj tolerante.

tolerate [tŏl'ə-rāt'] vt tolerar; *(suffering, pain)* sufrir, aguantar.

toll¹ [tōl] s peaje m; *(on a phone call)* tasa, recargo; *(loss)* bajas, número de víctimas.

toll² vt & vi *(to ring)* tañer, tocar.

tomato [tə-mā'tō, mä'-] s [pl **es**] tomate m.

tomb [tōōm] s tumba; *(place)* sepultura.

tomboy [tŏm'boi'] s FAM marimacho.

tombstone [tōōm'stōn'] s lápida.

tomcat [tŏm'kăt'] s gato macho.

tomorrow [tə-môr'ō] -1 s mañana ♦ **the day after tomorrow** pasado mañana -2 adv mañana.

ton [tŭn] s tonelada ♦ *pl* FAM montones.

tone [tōn] -1 s tono -2 vt dar tono a, modificar el tono de; *(colors)* matizar ♦ **to tone down** bajar, suavizar • **to tone up** *(muscle)* tonificar.

tongs [tôngz] s pl tenacillas; *(fire tool)* tenazas.

tongue [tŭng] s lengua; *(language)* idioma m; *(of a shoe)* lengüeta ♦ **to**

hold or **bite one's tongue** morderse la lengua, callarse.

tongue-tied [:tīd'] adj con la lengua atada.

tonic [tŏn'ĭk] s tónico; MÚS, FONÉT tónica.

tonight [tə-nīt'] adv & s esta noche.

tonnage [tŭn'ĭj] s tonelaje m.

tonsil [tŏn'səl] s amígdala.

tonsillitis [:lī'tĭs] s amigdalitis f.

too [tōō] adv (also) también; (as well as) además; (excessively) demasiado; (very) muy ♦ **not too** FAM no muy, nada • **to be too much** ser demasiado • **too little** (amount) demasiado poco; (size) muy pequeño • **too many** demasiados.

tool [tōōl] s herramienta; (utensil) utensilio, útil m; FIG instrumento.

toolbox [′bŏks'] s caja de herramientas.

toot [tōōt] -1 vi sonar, emitir sonidos -vt tocar, hacer sonar -2 s pitazo, bocinazo.

tooth [tōōth] s [pl **teeth**] diente m; (molar) muela; (of a saw) diente; (of a comb) púa ♦ **by the skin of one's teeth** por poco, por un pelo • **to have a sweet tooth** ser goloso.

toothache [′āk'] s dolor m de muelas.

toothbrush [:brŭsh'] s cepillo de dientes.

toothpaste [:pāst'] s pasta dentífrica.

toothpick [:pĭk'] s mondadientes m.

top[1] [tŏp] -1 s parte f superior or de arriba; (of the head) coronilla; (of a container) borde m; (of a mountain) cumbre f; (of a house) techo; (of a tree, hat) copa; (of a bottle, pan) tapa; (of a page) cabeza; (of a bikini) sostén m; (peak) cumbre f ♦ **at the top of** a la cabeza de • **from top to bottom** de arriba abajo • **on top** encima • **on top of it all** para colmo de males • **to come out on top** salir ganando • **to blow one's top** FAM salirse de sus casillas -2 adj de arriba; (topmost) último; (highest) más alto; (great) de categoría; (best) mejor; (maximum) máximo ♦ **top hat** sombrero de copa -3 vt -pp- (to form a top of) coronar, rematar; (to reach a top) llegar a la cumbre de; (to cover) cubrir; (to surpass) superar; (to be at the head of) estar a la cabeza de.

top[2] s (toy) peonza, trompo.

topcoat [tŏp'kōt'] s abrigo, sobretodo.

topflight [:flīt'] adj de primera categoría.

topic [tŏp'ĭk] s tópico, tema m.

topless [tŏp'lĭs] adj sin la parte superior; (woman) con el busto desnudo.

topmost [:mōst'] adj (highest) más alto, más elevado.

topping [tŏp'ĭng] s (sauce) salsa; (frosting) cobertura, garapiña.

topple [tŏp'əl] vt derribar; (government) volcar -vi (to fall) volcarse; (to totter) tambalearse.

top-secret [tŏp'sē'krĭt] adj absolutamente secreto.

topsy-turvy [tŏp'sē-tûr'vē] -1 adv patas arriba, al revés; (in disorder) en desorden -2 adj desordenado.

torch [tôrch] s antorcha; GB (flashlight) linterna.

torment -1 s [tôr'mĕnt'] tormento; (torture) tortura -2 vt [-′] atormentar; (to torture) torturar; (to pester) molestar.

torpedo [tôr-pē'dō] -1 s [pl **es**] torpedo -2 vt torpedear.

torque [tôrk] s momento or fuerza de torsión, par m de torsión.

torrent [tôr'ənt] s torrente m.

torrential [tô-rĕn'shəl] adj torrencial.

torrid [tôr'ĭd] adj tórrido; (scorching) abrasado; FIG ardiente.

tortoise [tôr'tĭs] s tortuga de tierra.

tortoiseshell [:shĕl'] s concha de carey.

torture [tôr'chər] -1 s tortura -2 vt torturar.

toss [tôs] -1 vt tirar, lanzar; (salads) revolver; (coin) echar a cara o cruz -vi (to be flung to and fro) ser agitado, revolverse; (to flip a coin) echar una moneda a cara o cruz ♦ **to toss and turn** dar vueltas en la cama -2 s lanzamiento, tiro; (rapid movement) sacudida.

tot [tŏt] s (child) nene m; (drop) trago.

total [tōt'l] -1 s total m; (entirety) totalidad f -2 adj total -3 vt & vi totalizar ♦ **to total up** to ascender a.

totalitarian [tō-tăl'ĭ-târ'ē-ən] adj totalitario.

totem [tō'təm] s tótem m.

totter [tŏt'ər] vi tambalearse.

toucan [tōō'kăn', -kän'] s tucán m.

touch [tŭch] -1 vt tocar; (to taste) probar, tocar; (to move) conmover ♦ **to touch bottom** tocar fondo -vi tocarse; (to be in contact) estar en contacto -2 s toque m; (sense) tacto; (mild attack) ataque ligero; (dash) pizca, poquito; (contact) contacto, comunicación f ♦ **by touch** al tacto • **to be out of touch with** (people) haber perdido el contacto con • **to keep in touch** mantenerse en contacto.

touchdown ['doun'] s AER aterrizaje m; DEP tanto, gol m.

touched [tŭcht] adj (moved) conmovido; FAM (mentally unbalanced) tocado de la cabeza.

touching [tŭch'ĭng] adj conmovedor.

touchy [:ē] adj **-i-** (oversensitive) susceptible, quisquilloso.

tough [tŭf] adj duro; (physically hardy) fuerte, robusto; (harsh) severo, áspero; (aggressive) agresivo.

toughen ['ən] vt & vi endurecer(se).

toupee [tōō-pā'] s peluquín m.

tour [tōor] -1 s excursión f, viaje m; (visit) visita; TEAT gira -2 vt recorrer, hacer un viaje por; TEAT presentar en gira -vi ir de viaje.

tourism [:ĭz'əm] s turismo.

tourist [:ĭst] -1 s turista m/f -2 adj de turista.

tournament [tōor'nə-mənt] s torneo.

tourney [:nē] -1 vi tornear -2 s torneo.

tow [tō] -1 vt remolcar -2 s remolque m; (tow truck) camión m remolcador.

toward(s) [tôrd(z), tə-wôrd(z)'] prep hacia; (facing) próximo a; (for) para; (with) con, para con; (near in time) alrededor de.

towel [tou'əl] s toalla, paño.

tower [tou'ər] -1 s torre f; (watch tower) atalaya -2 vi elevarse ♦ **to tower over** or **above** dominar, destacarse sobre.

towering [:ĭng] adj (very high) altísimo.

town [toun] s (city) ciudad f; (village) pueblo; (commercial center) centro ♦ **to go out on the town** FAM salir a divertirse.

toxic [tŏk'sĭk] s tóxico.

toy [toi] -1 s juguete m -2 vi jugar, juguetear ♦ **to toy with** (to play with) jugar con; (an idea) dar vueltas a.

trace [trās] -1 s (mark) pista; (footprint) huella, rastro; (bit) pizca -2 vt (to sketch) dibujar, trazar; (to follow a trail) seguir.

track [trăk] -1 s (path) camino, senda; (footprint) huella; (of a person) pista; (of things) vestigio, rastro; (of a tape recorder) pista; (railway) vía (férrea); DEP (for running) pista ♦ **to be off the track** (train) estar descarrilado; (person) estar despistado • **to be on the right track** ir por buen camino • **to keep track of** (to stay informed about) seguir con atención, estar al día con; (to follow) vigilar de cerca • **to lose track of** (people) perder de vista; (time) perder la noción de; (thought, conversation) perder el hilo de -2 vt (to trail) seguir, rastrear; (to observe) seguir ♦ **to track down** localizar.

tracksuit [:sōōt'] s chandal m.

tract[1] [trăkt] s tracto; ANAT sistema.

tract[2] s (pamphlet) folleto, opúsculo.

traction [:shən] s tracción f.

tractor [:tər] s tractor m.

trade [trād] -1 s ocupación f; (commerce) comercio, negocio; (transaction) transacción f ♦ **trade name** nombre comercial • **trade union** sindicato, gremio f -2 vi comerciar, negociar; (to be a customer) ser cliente.

trade-in ['ĭn'] s artículo entregado como pago parcial de una compra.

trademark [:märk'] s marca registrada, de fábrica; FIG sello distintivo.

trader [trā'dər] s comerciante m/f.

tradesman [trādz'mən] s [pl **-men**] comerciante m/f.

trading [trā'dĭng] s comercio.

tradition [trə-dĭsh'ən] s tradición f.

traditional [:ə-nəl] adj tradicional.

traffic [trăf'ĭk] -1 s tráfico; COM (trade) comercio, negocio -2 vi **-ck-** traficar.

trafficker [:ĭ-kər] s (of drugs) traficante m/f.

tragedy [trăj'ĭ-dē] s tragedia.

tragic [trăj'ĭk] adj trágico.

trail [trāl] -1 vt (to drag) arrastrar; (to track) rastrear; (to lag behind) rezagar -vi arrastrarse; (a plant) trepar ♦ **to trail behind** quedarse a la zaga -2 s (trace) huella, rastro; (of a person) pista; (path) camino, sendero.

T

trailer [trã'lər] s *(person)* rastreador m; *(vehicle)* remolque m; *(furnished van)* casa-remolque m.

train [trãn] -1 s tren m; *(of a dress)* cola -2 vt *(a person)* enseñar; *(a child)* disciplinar, educar; *(an animal)* domar, amaestrar; *(an athlete)* entrenar; *(a plant)* guiar -vi prepararse, formarse; *(an athlete)* entrenarse.

trained [trãnd] adj *(educated)* entrenado; *(physically)* preparado; *(animals)* amaestrado.

trainee [trã-nẽ'] s aprendiz m/f.

trainer ['nər] s DEP entrenador m; *(of animals)* amaestrador m.

training [:nĭng] s instrucción f, enseñanza; *(apprenticeship)* aprendizaje m; *(of animals)* amaestramiento; DEP entrenamiento.

trait [trãt] s rasgo distintivo, característica.

traitor [trã'tər] s traidor m.

trajectory [trə-jĕk'tə-rẽ] s trayectoria.

tram [trãm] s GB *(streetcar)* tranvía m.

tramcar ['kär'] s GB *(streetcar)* tranvía m; *(coal car)* vagoneta.

tramp [trãmp] -1 vi *(to trudge)* andar con pasos pesados -vt pisotear con fuerza -2 s *(vagrant)* vagabundo; *(prostitute)* fulana, ramera.

trample [trãm'pəl] vt pisotear -vi pisar rudamente.

trance [trãns] s trance m.

tranquil [trăng'kwəl] adj tranquilo.

tranquil(l)ity [trăng-kwĭl'ĭ-tẽ] s tranquilidad f.

transaction [trăn-săk'shən] s *(act)* negociación f; *(deal)* transacción f ♦ pl actas.

transatlantic [trăns'ət-lăn'tĭk] adj transatlántico.

transcend [trăn-sĕnd'] vt trascender; *(to surpass)* sobrepasar -vi trascender.

transcribe [trăn-skrĭb'] vt transcribir.

transcript [trăn'skrĭpt'] s transcripción f.

transfer [trăns-fûr'] -1 vt -rr- *(to convey)* trasladar; *(to shift)* transferir -vi *(to move)* trasladarse; *(to change carrier)* transbordar -2 s ['fər] *(ticket)* boleto de transbordo; *(of money)* transferencia; *(of power)* transmisión f.

transference [:əns] s transferencia.

transform [trăns-fôrm'] vt transformar.

transformation ['fər-mã'shən] s transformación f.

transfusion [:fyōō'zhən] s trasiego; MED transfusión f.

transient [:shənt] -1 adj transitorio; *(passing through)* transeúnte -2 s transeúnte m/f.

transistor [trăn-zĭs'tər] s transistor m.

transit [trăn'sĭt] s tránsito; *(transport)* transporte m; *(transition)* transición f.

transition [trăn-zĭsh'ən] s transición f.

transitive [trăn'sĭ-tĭv] adj transitivo.

translate [trăns-lãt', "] vt traducir; *(to explain)* explicar; *(to convert)* convertir.

translation [-lã'shən] s traducción f.

translator [:lã'tər] s traductor m.

translucent [trăns-lōō'sənt] adj translúcido.

transmission [trăns-mĭsh'ən] s transmisión f.

transmit [trăns-mĭt'] vt & vi -tt- transmitir.

transparency [trăns-pâr'ən-sẽ] s transparencia; *(slide)* diapositiva.

transparent [:ənt] adj transparente.

transpire [trăn-spĭr'] vi *(to reveal)* revelarse; *(to happen)* acontecer.

transplant -1 vt [trăns-plănt'] trasplantar -2 s ['"] trasplante m.

transport -1 vt [trăns-pôrt'] transportar -2 s ['"] transporte m.

transportation [trăns'pər-tã'shən] s transportación f; *(state)* transporte m.

trap [trăp] -1 s trampa ♦ trap door escotillón -2 vt -pp- *(to ensnare)* coger en una trampa; *(to catch)* atrapar; *(to seal off)* detener -vi poner trampas.

trapeze [tră-pẽz'] s trapecio.

trapper [trăp'ər] s trampero.

trash [trăsh] s desechos, desperdicios.

travel [trăv'əl] -1 vi viajar; *(to be a salesman)* ser viajante; *(to associate)* frecuentar -vt viajar por -2 s viajes.

travel(l)ed [:əld] adj que ha viajado mucho; *(frequented)* frecuentado.

travel(l)er [:ə-lər] s viajero; GB *(salesman)* viajante m ♦ travel(l)er's check cheque de viajero.

travesty [trăv'ĭ-stẽ] s parodia.

trawler [trô'lər] s *(boat)* jábega; *(fisherman)* jabeguero.

tray [trā] *s* bandeja.
treachery [trĕch′ə-rē] *s* traición *f.*
treacle [trē′kəl] *s* melaza.
tread [trĕd] -1 *vt* trod, trod(den) pisar; *(to trample)* pisotear; *(to crush)* aplastar -*vi* pisar; *(to walk)* andar, caminar -2 *s* pisada; *(horizontal step)* huella (de un escalón); *(of a tire)* banda de rodadura.
treadmill [:mīl′] *s* rueda de andar; *(routine)* rutina.
treason [trē′zən] *s* traición *f.*
treasure [trĕzh′ər] -1 *s* tesoro -2 *vt (to accumulate)* atesorar; *(to appreciate)* estimar.
treasurer [:ər] *s* tesorero.
treat [trēt] -1 *vt* tratar; *(to invite)* convidar, invitar; *(to consider)* tomar -*vi* invitar, convidar -2 *s (present)* regalo; *(invitation)* invitación *f; (delight)* placer *m.*
treatise [trē′tĭs] *s* tratado.
treatment [trēt′mənt] *s* tratamiento.
treaty [trē′tē] *s* convenio, tratado.
treble [trĕb′əl] -1 *adj* MAT triple; MÚS de soprano, de tiple -2 *s* MÚS soprano, tiple *m* -3 *vt & vi* triplicar(se).
tree [trē] *s* árbol *m.*
trek [trĕk] -1 *s* viaje largo y difícil -2 *vi* -kk- hacer un viaje largo.
trellis [trĕl′ĭs] *s (frame)* enrejado.
tremble [trĕm′bəl] *vi* temblar.
tremendous [trĭ-mĕn′dəs] *adj* terrible; *(enormous)* tremendo; *(marvelous)* extraordinario.
tremor [trĕm′ər] *s* temblor *m.*
trench [trĕnch] *s (furrow)* zanja; MIL trinchera.
trend [trĕnd] *s (direction)* dirección *f; (tendency)* tendencia; *(fashion)* moda.
trendy [trĕn′dē] *adj* -i- FAM que sigue la última moda.
trepidation [trĕp′ĭ-dā′shən] *s* aprensión *f.*
trespass [trĕs′pəs, :păs′] *vi (to enter)* entrar ilegalmente ♦ **no trespassing** prohibido el paso.
trestle [trĕs′əl] *s* caballete *m.*
trial [trī′əl] *s (testing)* prueba, ensayo; *(attempt)* tentativa; DER proceso, juicio ♦ **on trial** *(being judged)* enjuiciado, procesado • **to do something by trial and error** hacer algo por un método de tanteos.

triangle [trī′ăng′gəl] *s* triángulo.
triangular [-′gyə-lər] *adj* triangular.
tribe [trīb] *s* tribu *f;* FAM familia numerosa.
tribunal [trī-byōō′nəl] *s* tribunal *m.*
tributary [trĭb′yə-tĕr′ē] *s (river)* afluente *m.*
tribute [trĭb′yōōt] *s* tributo; *(gift)* ofrenda.
trice [trīs] *s* instante *m* ♦ **in a trice** en un abrir y cerrar de ojos.
trick [trĭk] -1 *s* truco; *(swindle)* estafa; *(prank)* travesura; *(special skill)* maña; *(of cards)* baza ♦ **a dirty trick** una trastada -2 *vt* engañar, burlar; *(to swindle)* estafar.
trickery [′ə-rē] *s* engaño.
trickle [trĭk′əl] -1 *vi* gotear ♦ **to trickle in** llegar en pequeñas cantidades -2 *s* goteo; *(small amount)* gota.
tricycle [trī′sĭ-kəl] *s* triciclo.
tried [trīd] -1 *cf* try -2 *adj* probado.
trifle [trī′fəl] *s* nadería; *(small amount)* poquito; *(dessert)* bizcocho borracho.
trifling [:flĭng] *adj* insignificante, frívolo.
trig [trĭg] *adj* acicalado.
trigger [trĭg′ər] -1 *s (of a firearm)* gatillo -2 *vt* poner en funcionamiento.
trill [trĭl] *s* gorjeo; MÚS trino.
trim [trĭm] -1 *vt* -mm- *(to make tidy)* ordenar; *(hair, nails)* recortar; *(branches)* podar; *(to ornament)* decorar -2 *s (ornamentation)* adorno; *(cuttings)* recorte *m* -3 *adj* -mm- *(in good order)* arreglado; *(elegant)* elegante.
trinket [trĭng′kĭt] *s (ornament)* dije *m; (trifle)* chuchería.
trio [trē′ō] *s* trío.
trip [trĭp] -1 *s* viaje *m; (excursion)* excursión *f* ♦ **round trip** viaje de ida y vuelta -2 *vi* -pp- *(to stumble)* dar un traspié -*vt (a person)* hacer tropezar *or* caer.
tripe [trīp] *s* CUL callos; FAM tonterías.
triple [trĭp′əl] -1 *adj & s* triple *m* -2 *vt & vi* triplicar(se).
tripod [trī′pŏd′] *s* trípode *m.*
trite [trīt] *adj* trillado.
triumph [trī′əmf] -1 *vi* triunfar -2 *s* triunfo.
trivia [trĭv′ē-ə] *s pl* trivialidades *f.*
trivial [:əl] *adj* insignificante, trivial.
troll [trōl] *s (creature)* duende *m,* gnomo.

T

trolley [trŏl'ē] s tranvía m; (carriage) carretilla.

trombone [trŏm-bōn'] s trombón m.

troop [trōōp] **-1** s (group) grupo; (of animals) manada; (of soldiers) escuadrón m; (scouts) grupo ♦ pl tropas **-2** vi ir en grupo.

trooper [trōō'pər] s (cavalryman) soldado de caballería.

trophy [trō'fē] s trofeo.

tropical [trŏp'ĭ-kəl] adj tropical.

trot [trŏt] **-1** s (gait) trote m; (jog) paso corto **-2** vi **-tt-** (to move) trotar; (to hurry) apurarse.

trouble [trŭb'əl] **-1** s (affliction) pena; (distress) apuro, aprieto; (worry) preocupación f; (difficulty) dificultad f; (bother) molestia ♦ **no trouble at all** con mucho gusto • **to be in trouble** estar en un aprieto • **to get into trouble** meterse en líos • **to start trouble** dar problemas • **to take the trouble to** tomarse la molestia de **-2** vt (to affect) afligir; (to worry) preocupar; (to bother) molestar.

troublemaker [:mā'kər] s perturbador m.

trouble-shooter [:shōō'tər] s mediador m.

troublesome [:səm] adj (worrisome) inquietante; (difficult) dificultoso.

trough [trôf] s (for drinking) abrevadero; (for feeding) pesebre m; (gutter) canalón m.

troupe [trōōp] s TEAT compañía.

trousers [trou'zərz] s pl pantalones m.

trout [trout] s [pl inv or **s**] trucha.

trowel [trou'əl] s (for leveling) palustre m; (for digging) desplantador.

truce [trōōs] s tregua.

truck [trŭk] **-1** s camión m; GB, FC vagón raso **-2** vt transportar en camión.

truculent [trŭk'yə-lənt] adj (fierce) feroz; (pugnacious) belicoso.

true [trōō] adj verdadero; (loyal) leal; (legitimate) legítimo; (accurate) exacto ♦ **to come true** realizarse, cumplirse.

truffle [trŭf'əl] s trufa.

truly [trōō'lē] adv verdaderamente; (sincerely) sinceramente ♦ **yours truly** suyo atentamente.

trump [trŭmp] s triunfo -vi ♦ **to trump up** inventar.

trumpet [trŭm'pĭt] s MÚS trompeta.

truncate [trŭng'kāt'] vt truncar.

trundle [trŭn'dl] **-1** s carriola **-2** vi rodar.

trunk [trŭngk] s tronco; (of an elephant) trompa; (luggage) baúl m; (of a car) portaequipaje m, maletera ♦ **swimming trunk** traje de baño.

trust [trŭst] **-1** s confianza; (charge) custodia ♦ **in trust** DER en depósito **-2** vt tener confianza en, fiarse de; (to believe) creer; (to hope) esperar; (to entrust) confiar.

trustee [trŭs-tē'] s (administrator) fideicomisario.

trustful [trŭst'fəl] adj confiado.

trustworthy [trŭst'wûr'thē] adj **-i-** de confianza.

truth [trōōth] s [pl **s**] verdad f; (veracity) veracidad f.

truthful [:fəl] adj (honest) sincero; (true) verídico.

try [trī] **-1** vt (to test, taste) probar; (to make an effort at) tratar <to try to ski tratar de esquiar>; DER (a case) someter a juicio; (a person) juzgar, procesar ♦ **to try on** probarse • **to try one's best** hacer todo lo posible -vi esforzarse **-2** s tentativa, intento.

trying ['ĭng] adj irritante, molesto.

T-shirt [tē'shûrt'] s camiseta.

T-square [tē'skwâr'] s escuadra en T, regla T.

tub [tŭb] s (vessel) tonel m; (bathtub) bañera; FAM (bath) baño.

tubby [tŭb'ē] adj **-i-** rechoncho.

tube [tōōb] s tubo; ANAT trompa; (television) tele f; GB (subway) metro.

tuberculosis [tōō-bûr'kyə-'-lō'sĭs] s tuberculosis f.

tubing [tōō'bĭng] s tubería.

tubular [:byə-lər] adj tubular.

tuck [tŭk] **-1** vt plegar ♦ **to tuck in** (to put in) meter; (in bed) arropar **-2** s pliegue m.

Tuesday [tōōz'dē] s martes m.

tuft [tŭft] s mechón m; (crest) copete m.

tug [tŭg] **-1** vt **-gg-** (to pull) tirar de; (to drag) arrastrar; (to tow) remolcar -vi tirar fuerte **-2** s tirón m; (tugboat) remolcador m.

tuition [tōō-ĭsh'ən] s matrícula; (instruction) enseñanza.

tulip [tōō'lĭp] s tulipán m.

tumble [tŭm'bəl] -1 vi (to roll) rodar; (to fall) caerse; (to collapse) derrumbarse ♦ **to tumble down** derrumbarse -2 s (fall) caída.

tummy [tŭm'ē] s FAM barriga.

tuna [tōō'nə] s [pl inv or **s**] atún m.

tune [tōōn] -1 s (melody) melodía; (pitch) tono; FIG armonía ♦ **in tune** afinado • **in tune with** FIG de acuerdo con • **to the tune of** por la cantidad de -2 vt MÚS afinar; MEC poner a punto ♦ **to tune in** RAD, TELEV sintonizar -vi afinar los instrumentos.

tuneful [ˈfəl] adj melodioso.

tuner [tōō'nər] s (person) afinador m; (device) sintonizador m.

tunic [tōō'nĭk] s túnica.

tunnel [tŭn'əl] -1 s túnel m -2 vt construir un túnel en.

turban [tûr'bən] s turbante m.

turbine [tûr'bĭn'] s turbina.

turbulence [tûr'byə-ləns] s turbulencia.

turbulent [:lənt] adj turbulento.

turf [tûrf] s (sod) césped m; (piece of earth) tepe m.

turkey [tûr'kē] s pavo.

turmoil [tûr'moil'] s confusión f.

turn [tûrn] -1 vt (to flip) pasar, volver; (to rotate) girar; (corner) dar la vuelta a, doblar; (to twist) torcer; (to deflect) desviar; (to direct) dirigir; (to change color) cambiar el color de; (to transform) convertir, transformar ♦ **to turn against** volverse en contra de • **to turn around** (to turn over) dar vuelta a • **to turn away** (to send away) negar la entrada a; (to deflect) rechazar • **to turn back** hacer retroceder • **to turn down** (to diminish) bajar; (to reject) rechazar • **to turn inside out** poner al revés • **to turn into** volverse • **to turn off** (radio, light) apagar; (tap, gas) cerrar; (an engine) parar • **to turn on** (water, gas) abrir la llave; (radio) poner; (light) encender; (an engine) poner en marcha; (stove, fire) encender, prender • **to turn one's back on** volver la espalda a • **to turn out** (light) apagar; (to manufacture) producir; (to evict) expulsar • **to turn over** (to reverse in position) invertir, volcar; (to transfer) entregar • **to turn up** (radio, television) subir, poner más fuerte • **to turn upside down** poner patas arriba -vi (to rotate) girar; (to change direction) dar la vuelta; (to change) cambiar; (to devote oneself) dedicarse; (to become transformed) transformarse, convertirse en; (to become) ponerse, volverse; (to ferment) avinagrarse; (to sour) ponerse rancio ♦ **to turn around** darse vuelta • **to turn back** retroceder • **to turn in** FAM (to go to bed) acostarse • **to turn off** desviarse • **to turn out** (to be found to be) resultar • **to turn to** recurrir a <who can I turn to? ¿a quién puedo recurrir?> • **to turn up** aparecer -2 s vuelta; (rotation) rotación f; (change) cambio; (opportunity) oportunidad f; (twist in shape) torcedura ♦ **at the turn of the century** al final del siglo pasado • **to take turns at** turnarse.

turnip [tûr'nĭp] s nabo.

turnout [tûrn'out'] s (attendance) concurrencia.

turnpike [:pīk'] s autopista de peaje.

turnstile [:stīl'] s torniquete m.

turntable [:tā'bəl] s (of a phonograph) plato.

turpentine [tûr'pən-tīn'] s trementina.

turquoise [tûr'kwoiz', :koiz'] adj & s turquesa.

turret [tûr'ĭt] s torreón m.

turtle [tûr'tl] s tortuga.

turtledove [tûr'tl-dŭv'] s tórtola.

tusk [tŭsk] s colmillo grande.

tussle [tŭs'əl] -1 vi forcejear -2 s forcejeo.

tutor [tōō'tər] -1 s profesor m particular; (in a family) ayo; (in universities) tutor m -2 vt dar clases particulares a -vi ser tutor.

tutorial [:tôr'ē-əl] -1 adj de tutor -2 s clase f particular.

tuxedo [tŭk-sē'dō] s [pl **(e)s**] smoking m.

TV [tē'vē'] s [pl **(')s**] televisión f; (set) televisor m.

twang [twăng] -1 vi (string) vibrar; (voice) ganguear -vt hacer vibrar -2 s sonido vibrante; (of guitar) tañido.

tweed [twēd] s tejido de lana.

tweezers [twē'zərz] s pl pinzas.

twelfth [twĕlfth] **-1** *s (part)* doceavo **-2** *adj (place)* duodécimo; *(part)* doceava.

twelve [twĕlv] *s & adj* doce *m* ♦ **twelve o'clock** las doce.

twenty [twĕn'tē] *adj & s* veinte *m*.

twice [twīs] *adv* dos veces, el doble.

twiddle [twĭd'l] *vt* hacer girar *-vi* ♦ **twiddle one's thumbs** matar el tiempo.

twig [twĭg] *s* ramita.

twilight [twī'līt'] *s (time)* crepúsculo; *(decline)* ocaso.

twin [twĭn] **-1** *s* gemelo **-2** *adj* gemelo ♦ **twin bed** cama separada *or* gemela.

twine [twīn] **-1** *s* bramante *m* **-2** *vt (to intertwine)* trenzar.

twinge [twĭnj] *s (pain)* punzada; *(remorse)* remordimiento.

twinkle [twĭng'kəl] **-1** *vi* centellear, parpadear; *(eyes)* brillar **-2** *s* centelleo, parpadeo; *(of eyes)* brillo.

twirl [twûrl] *vt* girar *-vi (to spin around)* dar vueltas; *(to whirl)* girar en redondo.

twist [twĭst] **-1** *vt* torcer; *(to twine)* enrollar; *(a cork, jar top)* dar vueltas a; *(meanings)* tergiversar, desvirtuar *-vi* torcerse, retorcerse; *(to coil)* enrollarse; *(to meander)* dar vueltas **-2** *s* torcimiento; *(of wire)* vuelta; *(of a road, river)* vuelta, recodo; *(of an ankle)* tor-

cedura; *(unexpected change)* giro imprevisto.

twit [twĭt] *s* burla; JER imbécil *m/f.*

twitch [twĭch] **-1** *vt* tirar bruscamente de *-vi* crisparse **-2** *s* tic *m*; *(tug)* tirón *m*.

two [tōō] *s & adj* dos *m* ♦ **two hundred** doscientos • **two o'clock** las dos.

two-faced [:fāst'] *adj* de dos caras; *(false)* falso.

twofold [:fōld'] **-1** *adj* doble **-2** *adv* dos veces.

two-piece [tōō'pēs'] *adj* de dos piezas.

two-way [:wā'] *adj* de doble dirección.

tycoon [tī-kōōn'] *s* magnate *m*.

type [tīp] **-1** *s* tipo **-2** *vi (with a typewriter)* escribir a máquina.

typecast ['kăst'] *vt* **-cast** TEAT encasillar.

typeface [:fās'] *s* tipografía.

typescript [:skrīpt'] *s* texto mecanografiado.

typewriter [tīp'rī'tər] *s* máquina de escribir.

typhoid [tī'foid'] *adj* tifoideo.

typhoon [tī-fōōn'] *s* tifón *m*.

typical [tīp'ĭ-kəl] *adj* típico.

typing [tī'pĭng] *s* mecanografía.

typist [tī'pĭst] *s* mecanógrafo.

typography [tī-pŏg'tə-fē] *s* tipografía.

tyranny [:nē] *s* tiranía.

tyrant [tī'rənt] *s* tirano.

U

udder [ŭd′ər] *s* ubre *f.*

UFO [yōō′ĕf-ō′] *s* [pl (′)s] AER ovni.·

ugh [ŭg, ŭk] *interj* ¡uf!

ugly [ŭg′lē] *adj* -i- feo; *(unpleasant)* desagradable; *(bad)* malo; *(sky)* amenazante.

ulcer [ŭl′sər] *s* úlcera; FIG cáncer *m.*

ulterior [ŭl-tîr′ē-ər] *adj* ulterior.

ultimate [ŭl′tə-mĭt] **-1** *adj* último; *(final)* final; *(fundamental)* fundamental; *(maximum)* máximo **-2** *s* lo último.

ultraviolet [ŭl′trə-vī′ə-lĭt] *adj* ultravioleta.

umbilical [ŭm-bĭl′ĭ-kəl] *adj* umbilical ♦ **umbilical cord** cordón umbilical.

umbrella [ŭm-brĕl′ə] *s* paraguas *m.*

unable [ŭn-ā′bəl] *adj* incapaz.

unacceptable [ŭn′ăk-sĕp′tə-bəl] *adj* inaceptable.

unaccounted [ŭn′ə-koun′tĭd] *adj* ♦ **unaccounted for** desaparecido; *(unexplained)* inexplicado.

unaccustomed [ŭn′ə-kŭs′təmd] *adj* no acostumbrado; *(unusual)* insólito.

unafraid [ŭn′ə-frād′] *adj* sin temor.

unanimous [yōō-năn′ə-məs] *adj* unánime.

unarmed [ŭn-ärmd′] *adj* desarmado; *(defenseless)* indefenso.

unassuming [ŭn′ə-sōō′mĭng] *adj* modesto.

unattached [ŭn′ə-tăcht′] *adj* suelto; *(not married)* soltero.

unauthorized [ŭn-ô′thə-rīzd′] *adj* desautorizado, sin autorización.

unavailable [ŭn′ə-vā′lə-bəl] *adj (not available)* no disponible; *(busy)* ocupado.

unaware [ŭn′ə-wâr′] **-1** *adj* ignorante ♦ **to be unaware of** no darse cuenta de • **to be unaware that** ignorar que **-2** *adv* de improviso.

unbalanced [ŭn-băl′ənst] *adj* desequilibrado.

unbearable [ŭn-bâr′ə-bəl] *adj* insoportable.

unbelievable [:lē′və-bəl] *adj* increíble.

unbend [ŭn-bĕnd′] *vt & vi* **-bent** desencorvar(se); *(to relax)* relajar(se).

unbreakable [ŭn-brā′kə-bəl] *adj* irrompible.

unbutton [ŭn-bŭt′n] *vt & vi* desabotonar(se).

uncalled-for [ŭn-kôld′fôr′] *adj (undeserved)* inmerecido; *(out of place)* inapropiado.

unceasing [ŭn-sē′sĭng] *adj* incesante.

unceremonious [ŭn-sĕr′ə-mō′nē-əs] *adj* informal; *(abrupt)* brusco.

uncertain [ŭn-sûr′tn] *adj* incierto, dudoso; *(undecided)* indeciso; *(variable)* cambiable.

uncertainty [ŭn-sûr′tn-tē] *s* incertidumbre *f.*

uncivilized [ŭn-sĭv′ə-līzd′] *adj* incivilizado.

uncle [ŭng′kəl] *s* tío ♦ **cry uncle!** ¡ríndete!

unclear [ŭn-klîr′] *adj* -er, -est confuso.

uncomfortable [ŭn-kŭm′fər-tə-bəl] *adj* incómodo; *(disquieting)* inquietante.

uncommon [ŭn-kŏm′ən] *adj* -er, -est poco común, raro; *(remarkable)* excepcional.

uncompromising [ŭn-kŏm′prə-mī′zĭng] *adj* intransigente.

unconcerned [ŭn′kən-sûrnd′] *adj* despreocupado.

unconditional [:kən-dĭsh′ə-nəl] *adj* incondicional.

unconscious [:shəs] **-1** *adj* inconsciente; MED sin sentido **-2** *s* inconsciente *m.*

uncontrollable [ŭn′kən-trō′lə-bəl] *adj* incontrolable.

unconventional [:vĕn′shə-nəl] *adj* poco convencional, desacostumbrado.

uncouth [ŭn-kōōth′] *adj* tosco.

uncover [ŭn-kŭv′ər] *vt* destapar; FIG revelar.

undamaged [ŭn-dăm′ĭjd] *adj* libre de daño.

undecided [ŭn′dĭ-sī′dĭd] *adj (not settled)* no resuelto; *(uncommitted)* no comprometido.

under [ŭn′dər] **-1** *prep* (por) debajo (de); *(beneath)* bajo; *(less than)* menos de ♦ **under repair** en reparación • **under the circumstances** dadas las circunstancias **-2** *adv* bajo, debajo; *(less)* menos.

underage [:āj′] *adj* menor de edad.

underclothes [´-klŏ*thz*´] *s pl* ropa interior.

undercover [´-kŭv´ər] *adj* clandestino.

undercut [ŭn´dər-kŭt´] *vt* **-cut, -tting** socavar; *(to sell)* vender más barato que.

underdeveloped [:dĭ-vĕl´əpt] *adj* insuficientemente desarrollado; ECON subdesarrollado.

underestimate -1 *vt* [:ĕs´tə-māt´] subestimar **-2** *s* [-mĭt] subestimación *f.*

underexpose [:ĭk-spōz´] *vt* subexponer.

undergo [´-gō´] *vt* **-went, -gone** *(to experience)* experimentar; *(to endure)* sufrir.

underground [´-ground´] **-1** *adj* subterráneo; *(clandestine)* clandestino **-2** *s* movimiento clandestino; *(resistance)* resistencia; GB *(subway)* subterráneo **-3** *adv* bajo tierra.

underline [´-līn´] **-1** *vt* subrayar **-2** *s* raya.

underlying [:lī´ĭng] *adj* subyacente; *(basic)* fundamental.

underneath [´-nēth´] **-1** *adv* (por) debajo; *(on the lower part)* en la parte inferior **-2** *prep* bajo, debajo de **-3** *s* parte *f* inferior.

undershirt [´-shûrt´] *s* camiseta.

underside [:sīd´] *s* parte *f* de abajo.

understand [:stănd´] *vt & vi* **-stood** entender, comprender; *(to infer)* sobreentender.

understanding [:dĭng] **-1** *s* comprensión *f;* *(intelligence)* entendimiento; *(opinion)* opinión *f;* *(agreement)* acuerdo **-2** *adj* comprensivo.

understood [ŭn´dər-stŏŏd´] **-1** *cf* **understand -2** *adj* entendido; *(implied)* sobreentendido ♦ **to make oneself understood** hacerse comprender.

undertake [´-tāk´] *vt* **-took, -taken** *(task)* emprender; *(duty)* encargarse de; *(to promise)* prometer.

undertaking [:tā´kĭng] *s* empresa; *(promise)* promesa.

underwear [:wâr´] *s* ropa interior.

underworld [´-wûrld´] *s (criminal world)* hampa *m.*

underwriter [:rī´tər] *s* asegurador *m.*

undeserved [ŭn´dĭ-zûrvd´] *adj* inmerecido.

undesirable [ŭn´dĭ-zīr´ə-bəl] *adj & s* (persona) indeseable.

undo [ŭn-dōō´] *vt* **-did, -done** anular; *(to untie)* desatar; *(to open)* desenvolver.

undoing [:īng] *s (of damage)* reparación *f;* *(loosening)* aflojamiento; *(downfall)* ruina.

undoubted [ŭn-dou´tĭd] *adj* indudable.

undress [ŭn-drĕs´] **-1** *vt & vi* desvestir(se) **-2** *s* desnudez *f.*

undue [ŭn-dōō´] *adj* indebido; *(improper)* impropio.

unduly [ŭn-dōō´lē] *adv* indebidamente; *(improperly)* impropiamente.

unearthly [ŭn-ûrth´lē] *adj* **-i-** extraterreno; *(terrifying)* aterrador; *(absurd)* absurdo.

uneasy [ŭn-ē´zē] *adj* **-i-** inquieto; *(worried)* ansioso; *(awkward)* incómodo.

uneducated [ŭn-ĕj´ə-kā´tĭd] *adj* inculto.

unemployed [ŭn´ĕm-ploid´] *adj* desempleado; *(idle)* no usado.

unemployment [:ploi´mənt] *s* desempleo.

unequaled [ŭn-ē´kwəld] *adj* sin igual.

unerring [ŭn-ûr´ĭng] *adj* infalible.

uneven [ŭn-ē´vən] *adj* **-er, -est** desigual.

unexpected [ŭn´ĭk-spĕk´tĭd] *adj* inesperado.

unfailing [ŭn-fā´lĭng] *adj (inexhaustible)* inagotable; *(infallible)* infalible.

unfair [ŭn-fâr´] *adj* **-er, -est** injusto.

unfaithful [ŭn-fāth´fəl] *adj* infiel; *(adulterous)* adúltero; *(inaccurate)* inexacto.

unfamiliar [ŭn´fə-mĭl´yər] *adj* desconocido.

unfasten [ŭn-făs´ən] *vt & vi* desatar(se).

unfavorable [ŭn-fā´vər-ə-bəl] *adj* desfavorable; *(negative)* negativo.

unfinished [ŭn-fĭn´ĭsht] *adj* incompleto.

unfit [ŭn-fĭt´] *adj* incapaz (for, to de); *(unsuitable)* inadecuado; *(unqualified)* incompetente.

unfold [ŭn-fōld´] *vt & vi* desdoblar(se); *(plot)* desarrollar(se); *(to open out)* abrir(se).

unforeseen [ŭn´fər-sēn´] *adj* imprevisto.

unforgivable [ŭn'fər-gĭv'ə-bəl] adj imperdonable.

unfortunate [ŭn-fôr'chə-nĭt] adj desafortunado; (regrettable) lamentable.

unfounded [ŭn-foun'dĭd] adj infundado.

unfriendly [ŭn-frĕnd'lē] adj -i- hostil.

ungrateful [ŭn-grāt'fəl] adj desagradecido.

unhappiness [ŭn-hăp'ē-nĭs] s tristeza.

unhappy [ŭn-hăp'ē] adj -i- infeliz; (unlucky) desafortunado.

unhealthy [ŭn-hĕl'thē] adj -i- enfermizo; (unwholesome) insalubre; (corruptive) malsano.

unhook [ŭn-hŏŏk'] vt desenganchar.

uniform [yōō'nə-fôrm'] adj & s uniforme m.

unify [yōō'nə-fī'] vt & vi unificar(se).

uninhabited [ŭn'ĭn-hăb'ĭ-tĭd] adj inhabitado.

union [yōōn'yən] s unión f; (labor) gremio, sindicato.

unique [yōō-nēk'] adj único en su género.

unison [yōō'nĭ-sən] s unísono; (agreement) armonía ♦ **in unison** al unísono.

unit [yōō'nĭt] s unidad f; (part) parte f; (device) aparato.

unite [yōō-nīt'] vt & vi unir(se); (to combine) combinar(se).

unity [yōō'nĭ-tē] s unidad f; (unification) unificación f; (continuity) continuidad f.

universal [yōō'nə-vûr'səl] adj universal.

universe ['-vûrs'] s universo.

university [yōō'nə-vûr'sĭ-tē] s universidad f.

unjust [ŭn-jŭst'] adj injusto.

unkempt [ŭn-kĕmpt'] adj despeinado; (messy) desarreglado.

unkind [ŭn-kīnd'] adj -er, -est poco amable.

unknown [ŭn-nōn'] adj desconocido.

unlawful [ŭn-lô'fəl] adj ilegal.

unleaded [ŭn-lĕd'ĭd] adj sin plomo.

unless [ŭn-lĕs'] conj a menos que.

unlike [ŭn'līk'] **-1** adj (not alike) nada parecido **-2** prep diferente de; (not typical of) no característico de.

unlikely [ŭn-līk'lē] adj -i- improbable; (likely to fail) poco prometedor.

unload [ŭn-lōd'] vt descargar; FIG desahogar; (to dispose of) deshacerse de.

unlock [ŭn-lŏk'] vt & vi abrir(se).

unlucky [ŭn-lŭk'ē] adj -i- desgraciado; (inauspicious) aciago ♦ **to be unlucky** tener mala suerte.

unmarried [ŭn-măr'ēd] adj soltero.

unmistakable [ŭn'mĭ-stā'kə-bəl] adj evidente.

unmitigated [ŭn-mĭt'ĭ-gā'tĭd] adj implacable; (absolute) absoluto.

unnatural [ŭn-năch'ər-əl] adj no natural.

unnecessary [ŭn-nĕs'ĭ-sĕr'ē] adj innecesario.

unnoticed [ŭn-nō'tĭst] adj inadvertido.

unofficial [ŭn'ə-fĭsh'əl] adj extraoficial.

unpack [ŭn-păk'] vt desempacar; (to unload) descargar -vi deshacer las maletas.

unpleasant [ŭn-plĕz'ənt] adj desagradable.

unplug [ŭn-plŭg'] vt -gg- destapar; ELEC desenchufar.

unpolluted [ŭn'pə-lōō'tĭd] adj no contaminado.

unpopular [ŭn-pŏp'yə-lər] adj impopular.

unprofessional [ŭn'prə-fĕsh'ə-nəl] adj no profesional.

unquestionable [ŭn-kwĕs'chə-nə-bəl] adj incuestionable.

unravel [ŭn-răv'əl] vt & vi desenredar(se), desenmarañar(se).

unreal [ŭn-rē'əl] adj irreal.

unrealistic [ŭn-rē'ə-lĭs'tĭk] adj no realista.

unreasonable [ŭn-rē'zə-nə-bəl] adj irrazonable; (excessive) excesivo.

unreliable [ŭn'rĭ-lī'ə-bəl] adj que no es de fiar.

unremarkable [ŭn'rĭ-mär'kə-bəl] adj ordinario.

unremitting [ŭn'rĭ-mĭt'ĭng] adj incesante.

unrest [ŭn-rĕst'] s desasosiego.

unroll [ŭn-rōl'] vt & vi desenrollar(se).

unsafe [ŭn-sāf'] adj peligroso.

unsatisfactory [ŭn-săt'ĭs-făk'tə-rē] adj insatisfactorio.

U

unsavory [ŭn-sā′və-rē] *adj (insipid)* soso; *(distasteful)* desabrido; *(offensive)* ofensivo.

unscathed [ŭn-skā*th*d′] *adj* ileso.

unscrupulous [ŭn-skrōō′pyə-ləs] *adj* sin escrúpulos, inescrupuloso.

unsettled [ŭn-sĕt′ld] *adj* inestable; *(not resolved)* pendiente; *(not paid)* sin liquidar; *(region)* despoblado; *(not fixed)* inconstante.

unsightly [ŭn-sīt′lē] *adj* -i- feo.

unskilled [ŭn-skĭld′] *adj (work)* no especializado; *(worker)* no cualificado.

unsociable [ŭn-sō′shə-bəl] *adj* insociable.

unsound [ŭn-sound′] *adj* -er, -est poco firme; *(defective)* defectuoso; *(unhealthy)* enfermizo.

unspeakable [ŭn-spē′kə-bəl] *adj* indescriptible; *(atrocious)* abominable.

unstable [ŭn-stā′bəl] *adj* inestable.

unsteady [ŭn-stĕd′ē] *adj* -i- inestable; *(hands)* temblorosa; *(variable)* variable.

unsuccessful [ŭn′sək-sĕs′fəl] *adj* fracasado; *(futile)* infructuoso ♦ **to be unsuccessful** no tener éxito.

unsuitable [ŭn-sōō′tə-bəl] *adj* inadecuado; *(unbecoming)* inapropiado.

unsympathetic [ŭn-sĭm′pə-thĕt′ĭk] *adj* indiferente; *(hostile)* hostil.

untangle [ŭn-tăng′gəl] *vt* desenredar.

untapped [ŭntăpt′] *adj* sin explotar.

unthinkable [ŭn-thĭng′kə-bəl] *adj* impensable.

untidy [ŭn-tī′dē] *adj* -i- desordenado.

untie [ŭn-tī′] *vt* -tying desatar.

until [ŭn-tĭl′] *prep & conj* hasta (que).

untimely [ŭn-tīm′lē] *adj* -i- inoportuno.

untold [ŭn-tōld′] *adj* nunca antes dicho; *(beyond measure)* incalculable.

untoward [ŭn-tôrd′, ŭn′tə-wôrd′] *adj* desfavorable; *(obstinate)* obstinado.

untrue [ŭn-trōō′] *adj* -er, -est falso; *(inaccurate)* inexacto; *(unfaithful)* desleal.

unused [ŭn-yōōzd′] *adj* sin usar; *(new)* nuevo.

unusual [ŭn-yōō′zhōō-əl] *adj* fuera de lo común; *(exceptional)* extraordinario.

unveil [ŭn-vāl′] *vt* quitar el velo; *(to reveal)* revelar -vi descubrirse.

unwelcome [ŭn-wĕl′kəm] *adj* inoportuno; *(news)* desagradable.

unwind [ŭn-wīnd′] *vt* -wound desenrollar -vi desenrollarse; *(to relax)* relajarse.

unwise [ŭn-wīz′] *adj* -er, -est desaconsejado.

unwitting [ŭn-wĭt′ĭng] *adj (unaware)* inconsciente.

unworthy [ŭn-wûr′thē] *adj* -i- despreciable ♦ **unworthy of** no digno de.

unwrap [ŭn-răp′] *vt* -pp- desenvolver.

up [ŭp] -1 *adv* hacia arriba, en lo alto; arriba *<I put it up there* lo puse allí arriba>; para arriba *<from ten dollars up* de diez dólares para arriba> ♦ **to be up** haberse levantado (de la cama); *(to be finished)* estar terminado, acabarse • **to come** *or* **go up to** acercarse a • **to get up** levantarse • **up!** *or* **get up!** ¡arriba! • **up above** arriba • **up against** junto a • **up and down** de arriba abajo • **up to** hasta • **up to date** al día -2 *adj (moving upward)* que va hacia arriba; *(out of bed)* levantado ♦ **it is up to you** decídelo tú • **to be up against** tener que hacer frente a • **to be up against it** estar en apuros • **to be up for** *(office)* ser candidato a; *(to feel like)* tener ganas de • **to be up to standard** satisfacer los requisitos • **to be up to something** estar tramando algo • **up to** hasta; *(capable of)* capacitado para • **what are you up to?** ¿en qué andas? • **what's up?** ¿qué pasa? -3 *prep* arriba -4 *s* ♦ **on the up and up** honesto, legal • **ups and downs** altibajos -5 *vt* -pp- *(to increase)* aumentar; *(to raise)* elevar.

update -1 *vt* [ŭp-dāt′] poner al día -2 *s* [′] información actualizada.

upheaval [ŭp-hē′vəl] *s* levantamiento; *(disruption)* trastorno.

uphill [ŭp′hĭl′] -1 *adj* ascendente; *(difficult)* arduo -2 *s* cuesta -3 *adv* cuesta arriba.

uphold [ŭp-hōld′] *vt* -held levantar; *(to support)* sostener; *(to sustain)* defender.

upkeep [ŭp′kēp′] *s* mantenimiento.

upon [ə-pŏn′] *prep* sobre.

upper [ŭp′ər] -1 *adj* superior ♦ **to have the upper hand** llevar ventaja

• **upper case** mayúsculas • **upper crust** FAM la flor y nata **-2** s *(of a shoe)* pala.

uppermost [:mōst′] *adj* más alto.

upright [ŭp′rīt′] **-1** *adj* vertical; *(honorable)* recto **-2** *adv* verticalmente **-3** s montante *m*.

uprising [ŭp′rī′zĭng] s insurrección *f.*

uproar [ŭp′rôr′] s alboroto.

uproot [ŭp-rōōt′] *vt* arrancar; FIG desarraigar.

upset [ŭp-sĕt′] **-1** *vt* **-set, -tting** *(to tip over)* volcar; *(to throw into disorder)* desordenar; *(to trouble)* afectar; *(physically, mentally)* perturbar; *(the stomach)* caer mal a; *(an opponent)* vencer inesperadamente **-2** s [″] *(trouble)* molestia **-3** *adj (worried)* preocupado ♦ **don't be upset** no te preocupes; *(angry)* no te enojes.

upside-down [ŭp′sīd-doun′] *adv* al revés; FIG patas arriba ♦ **to turn upside-down** volcar(se).

upstairs [ŭp′stârz′] **-1** *adv* arriba; *(on upper floor)* en el piso superior **-2** *adj* del piso superior **-3** s *inv* piso de arriba.

upturn [ŭp′tûrn′] s alza.

upward [ŭp′wərd] **-1** *adj* ascendente **-2** *adv or* **-wards** hacia or para arriba.

urban [ûr′bən] *adj* urbano.

urchin [ûr′chĭn] s golfillo.

urge [ûrj] **-1** *vt (to impel)* incitar; *(to exhort)* exhortar; *(to advocate)* propugnar **-2** s impulso; *(desire)* deseo.

urgency [ûr′jən-sē] s urgencia.

urgent [ûr′jənt] *adj* urgente.

urinate [yŏŏr′ə-nāt′] *vi* orinar.

urine [yŏŏr′ĭn] s orina.

urn [ûrn] s urna; *(for tea, coffee)* recipiente *m* grande.

us [ŭs] *pron* nos <*the movie impressed us* la película nos impresionó>; nosotros, nosotras <*to us* a nosotros>.

usage [yŏŏ′sĭj] s uso.

use -1 *vt* [yŏŏz] usar; *(drugs)* tomar ♦ **to be used as, for** servir de, para • **to use up** agotar **-vi** [ú. solamente en la forma imperfecta **used**] soler <*I used to go to Florida every winter* yo solía ir a la Florida todos los inviernos> ♦ **to get used to** acostumbrarse a **-2** s [yŏŏs] uso; *(usefulness)* utilidad *f* ♦ **it's no use** es inútil • **to be of no use** no servir para nada • **to put to good use** sacar partido de • **what's the use!** ¡para qué!

used [yŏŏzd] *adj* usado.

useful [yŏŏs′fəl] *adj* útil.

useless [yŏŏs′lĭs] *adj* ineficaz; *(futile)* inútil.

user [yŏŏ′zər] s usuario; *(addict)* adicto.

usher [ŭsh′ər] **-1** s acomodador *m*; *(doorkeeper)* ujier *m/f* **-2** *vt* acomodar; *(to escort)* acompañar.

usual [yŏŏ′zhōō-əl] *adj* usual; *(customary)* acostumbrado ♦ **as usual** como de costumbre.

utensil [yŏŏ-tĕn′səl] s utensilio.

uterus [:əs] s útero.

utility [yŏŏ-tĭl′ĭ-tē] s utilidad *f*; *(service)* servicio público.

utilize [yŏŏt′l-īz′] *vt* utilizar.

utmost [ŭt′mōst′] **-1** *adj* máximo; *(farthest)* más lejano **-2** s máximo ♦ **to do one's utmost** hacer todo lo posible.

utopia [yŏŏ-tō′pē-ə] s utopía.

utter[1] [ŭt′ər] *vt* decir; *(to pronounce)* pronunciar.

utter[2] *adj* total, absoluto.

utterly [ŭt′ərlē] *adv* totalmente.

uvula [yŏŏ′vyə-lə] s úvula, campanilla.

U

V

vacancy [vā′kən-sē] s vacío; (unfilled position) vacante f; (in a hotel) habitación f libre.

vacant [vā′kənt] adj (empty) vacío; (not occupied) libre; (position) vacante; (look, stare) inexpresivo, vago.

vacate [vā′kāt′] vt dejar vacante; (house) desocupar; DER anular -vi irse, marcharse.

vacation [vā-kā′shən] -1 s vacaciones f <on vacation de vacaciones> -2 vi tomar las vacaciones.

vaccinate [văk′sə-nāt′] vt & vi vacunar.

vaccine [văk-sēn′, ″] s vacuna.

vacuum [văk′yōōm] -1 s [pl s or -ua] vacío; (isolation) aislamiento ♦ **vacuum cleaner** aspiradora -2 vt & vi pasar la aspiradora (por).

vacuum-packed [′-păkt′] adj envasado al vacío.

vagina [və-jī′nə] s [pl s or -ae] vagina.

vague [văg] adj vago; (reply) ambiguo; (shape, idea) impreciso.

vain [vān] adj (fruitless) vano, inútil; (conceited) vanidoso ♦ **in vain** en vano, vanamente.

valiant [:yənt] adj & s valiente m/f.

valid [văl′ĭd] adj válido; DER (in effect) vigente.

validity [və-lĭd′ĭ-tē] s validez f.

valley [văl′ē] s valle m.

valor [văl′ər] s valor m, valentía.

valuable [văl′yōō-ə-bəl] -1 adj valioso, de valor; (information, assistance) importante, de valor -2 s ♦ pl objetos de valor.

valuation [′-ā′shən] s valoración f, tasación f; (value) valor estimado.

value [văl′yōō] -1 s valor m; (importance) importancia ♦ **to be of (no) value** (no) ser valioso • **to lose value** desvalorizarse -2 vt (to appraise) valorizar, tasar; (to rate) estimar, valorar.

valve [vălv] s ANAT, TEC válvula; MÚS llave f.

van [văn] s (truck) camioneta, furgoneta; GB FC vagón m de carga.

vandalize [:īz′] vt destrozar, destruir.

vanish [văn′ĭsh] vi desaparecer; (to fade) desvanecerse.

vanity [văn′ĭ-tē] s vanidad f; (conceit) presunción f.

vapor [vā′pər] s vapor m; (mist) niebla, bruma.

variable [vâr′ē-ə-bəl] -1 adj variable; (fickle) inconstante -2 s variable f.

variation [′-ā′shən] s variación f.

varied [vâr′ēd] adj variado.

variety [və-rī′ĭ-tē] s variedad f; (assortment) surtido ♦ **variety show** espectáculo de variedades.

various [vâr′ē-əs] adj (several) varios; (different) diversos.

varnish [vär′nĭsh] -1 s barniz m -2 vt barnizar.

vary [vâr′ē] vt variar -vi variar, cambiar.

vase [vās, vāz, väz] s jarrón m, florero.

vast [văst] adj vasto, inmenso.

vat [văt] s cuba.

vault[1] [vôlt] -1 s ARQ bóveda; (of a bank) cámara acorazada; (burial chamber) cripta -2 vt abovedar.

vault[2] -1 vt & vi saltar -2 s salto.

veal [vēl] s (carne f de) ternera.

veer [vîr] vi (to swerve) desviarse; (a boat) virar.

vegetable [vĕj′tə-bəl] -1 s verdura, legumbre f; (inactive person) vegetal m -2 adj vegetal.

vegetarian [′-târ′ē] s vegetariano.

vehement [vē′ə-mənt] adj vehemente.

vehicle [vē′ĭ-kəl] s vehículo.

veil [vāl] -1 s velo -2 vt velar.

vein [vān] s vena; GEOL, MIN veta, filón m.

velocity [və-lŏs′ĭ-tē] s velocidad f.

velvet [vĕl′vĭt] s terciopelo.

veneer [və-nîr′] s chapa, enchapado; FIG apariencia, barniz m.

venerate [vĕn′ə-rāt′] vt venerar.

venereal [və-nîr′ē-əl] adj venéreo ♦ **venereal disease** enfermedad venérea.

vengeance [vĕn′jəns] s venganza, vindicta.

venison [vĕn′ĭ-sən] s (carne f de) venado.

venom [vĕn′əm] s veneno.

vent [vĕnt] -1 s (for air) respiradero; (outlet) salida; (hole) agujero, abertura -2 vt (feelings, words) desahogar, dar rienda suelta a.

ventilate [vĕn′tl-āt′] vt ventilar.

ventilator [′-ā′tər] s ventilador m.

ventriloquist [vĕn-trĭl′ə-kwĭst] s ventrílocuo.

venture [vĕn′chər] **-1** s *(undertaking)* aventura; *(stake)* riesgo; COM empresa *or* negocio arriesgado **-2** vt *(money, opinion)* aventurar; *(to dare)* atreverse a *-vi (to dare)* atreverse; *(to go)* ir.

veracity [və-răs′ĭ-tē] s veracidad f; *(accuracy)* exactitud f.

veranda(h) [və-răn′də] s terraza, veranda.

verb [vûrb] s verbo.

verbal [vûr′bəl] adj verbal.

verbatim [vər-bā′tĭm] **-1** adj literal **-2** adv palabra por palabra, literalmente.

verdict [vûr′dĭkt] s veredicto; *(judgment)* dictamen m.

verge¹ [vûrj] s *(edge, rim)* borde m, margen m ♦ **to be on the verge of** estar a punto de.

verge² vi ♦ **to verge into** or **on** *(to pass into)* rayar en, acercarse a.

verify [vĕr′ə-fī′] vt verificar.

veritable [vĕr′ĭ-tə-bəl] adj verdadero.

vermin [vûr′mĭn] s inv *(pest)* bicho(s), sabandija(s); *(person)* sabandija.

vermouth [vər-mōōth′] s vermut m.

versatile [vûr′sə-tl] adj *(person)* de talentos variados; *(object)* de muchos usos.

verse [vûrs] s *(poetry)* verso; *(stanza)* estrofa; *(of a song)* cuplé m; BIBL versículo.

versed [vûrst] adj versado.

version [vûr′zhən] s versión f.

versus [vûr′səs] prep contra <*conjecture versus evidence* la conjetura contra la evidencia>.

vertebra [vûr′tə-brə] s [pl **s** or **-ae**] vértebra.

vertical [vûr′tĭ-kəl] adj & s vertical f.

vertigo [vûr′tĭ-gō′] s [pl **(e)s**] vértigo.

verve [vûrv] s brío, ánimo.

very [vĕr′ē] **-1** adv muy; *(truly)* de veras <*it's the very best* es de veras mejor>; *(indeed)* mucho <*are you tired? very* ¿estás cansado? mucho>; *(precisely)* precisamente, exactamente <*the very same one* exactamente el mismo>; *(as an intensive)* muy, tan <*he is so very poor* es tan pobre> ♦ **not very** poco <*it was not very interesting* fue poco interesante> • **the very best**

el *or* lo mejor • **very much (so)** muchísimo **-2** adj **-i-** absoluto, puro <*the very truth* la verdad absoluta>; *(selfsame, exact)* mismo <*at that very moment* en ese mismo momento>; *(mere)* mero, simple <*the very thought frightens us* el mero pensamiento nos espanta> ♦ **at the very end** al final de todo.

vessel [vĕs′əl] s *(container)* vaso, vasija; MARÍT nave f.

vest [vĕst] s chaleco; GB *(undershirt)* camiseta.

vestibule [vĕs′tə-byōōl′] s vestíbulo, zaguán m.

vestige [vĕs′tĭj] s vestigio.

vestry [vĕs′trē] s sacristía.

veteran [vĕt′ər-ən] adj & s veterano.

veterinarian [vĕt′ər-ə-nâr′ē-ən] s veterinario.

veto [vē′tō] **-1** s [pl **es**] veto **-2** vt vetar; *(to prohibit)* prohibir.

vex [vĕks] vt *(to bother)* fastidiar, molestar.

via [vī′ə, vē′ə] prep vía ♦ **via air mail** por vía aérea.

viable [vī′ə-bəl] adj viable.

viaduct [vī′ə-dŭkt′] s viaducto.

vibrant [vī′brənt] adj vibrante; *(energetic)* enérgico, animado.

vibrate [vī′brāt′] vi vibrar; *(to resonate)* resonar.

vicar [vĭk′ər] s vicario.

vicarious [vī-kâr′ē-əs] adj *(pleasure)* indirecto.

vice¹ [vīs] s vicio.

vice² s *(used as a prefix)* vice ♦ **vice president** vice presidente.

vicinity [vĭ-sĭn′ĭ-tē] s proximidad f; *(area)* vecindad f.

vicious [vĭsh′əs] adj *(addicted to vice)* vicioso; *(malicious)* malicioso; *(storm, attack)* violento, fuerte ♦ **vicious circle** círculo vicioso.

victim [vĭk′tĭm] s víctima.

victor [vĭk′tər] s vencedor m.

victory [vĭk′tə-rē] s victoria, triunfo.

video [vĭd′ē-ō′] adj & s vídeo.

videotape [:tāp′] s videocinta.

vie [vī] vi *vying* competir, contender.

view [vyōō] **-1** s *(sight, vista)* vista; *(systematic survey)* panorama m; *(opinion)* opinión f; *(approach)* enfoque m <*our*

V

view of the problem nuestro enfoque del problema>; *(intention)* propósito <with a view to doing something con el propósito de hacer algo>; *(chance)* posibilidad *f*, perspectiva ♦ **in view of** en vista de, considerando • **point of view** punto de vista • **to have in view** *(a project)* tener a la vista; *(to keep in mind)* tener presente **-2** *vt* ver, mirar; *(to examine)* examinar; *(to consider)* considerar, enfocar.

viewpoint [:point'] *s* punto de vista.

vigil [vĭj'əl] *s* vigilia.

vigor [vĭg'ər] *s* vigor *m*.

vile [vīl] *adj (despicable)* vil, ruin; *(loathsome)* odioso.

villa [vĭl'ə] *s* villa, quinta; GB *(residence)* chalet *m*.

village [vĭl'ĭj] *s (hamlet)* aldea; *(town)* pueblo.

villain [vĭl'ən] *s* villano, canalla *m*.

vindicate [vĭn'dĭ-kāt'] *vt* vindicar, exculpar; *(to justify)* justificar.

vine [vīn] *s (grapevine)* parra, vid *f*.

vinegar [vĭn'ĭ-gər] *s* vinagre *m*.

vineyard [vĭn'yərd] *s* viñedo, viña.

vintage [vĭn'tĭj] **-1** *s (season)* vendimia; *(crop, year)* cosecha **-2** *adj (wine)* añejo, de calidad; *(classic)* clásico.

vinyl [vī'nəl] *s* vinilo.

viola [vē-ō'lə] *s* MÚS viola.

violate [vī'ə-lāt'] *vt* violar.

violation ['-lā'shən] *s* violación *f*.

violence [vī'ə-ləns] *s* violencia.

violent [:lənt] *adj* violento; *(pain)* intenso; *(feeling)* profundo.

violet [vī'ə-lĭt] **-1** *s (plant)* violeta; *(color)* violeta *m* **-2** *adj* violado.

violin [vī'ə-lĭn'] *s* violín *m*.

violinist [:ĭst] *s* violinista *m/f*.

VIP [vē'ī-pē'] *s* FAM personalidad *f* (importante).

viper [vī'pər] *s* víbora.

virgin [vûr'jĭn] *s & adj* virgen *f*.

virile [vĭr'əl, :īl'] *adj* viril, varonil.

virtually [vûr'chōō-ə-lē] *adv* prácticamente, casi <it is virtually impossible es casi imposible>.

virtue [vûr'chōō] *s* virtud *f*; *(chastity)* castidad *f*, honra; *(advantage)* ventaja.

virtuous [vûr'chōō-əs] *adj (righteous)* virtuoso; *(chaste)* casto, puro.

virus [vī'rəs] *s* virus *m*.

visa [vē'zə] *s* visa, visado.

visibility [vĭz'ə-bĭl'ĭ-tē] *s* visibilidad *f*.

visible [vĭz'ə-bəl] *adj* visible; *(apparent)* manifiesto.

vision [vĭzh'ən] *s (sight)* vista, visión *f*; *(foresight)* clarividencia, previsión *f*; *(mental image)* visión *f*, fantasía.

visit [vĭz'ĭt] **-1** *vt* visitar; *(as a guest)* pasar una temporada en **-2** *s* visita.

visitor [vĭz'ĭ-tər] *s* visitante *m/f*, visita; *(tourist)* turista *m/f*.

visor [vī'zər] *s* visera.

vista [vĭs'tə] *s* vista, perspectiva.

visual [vĭzh'ōō-əl] *adj* visual; *(inspection, proof)* ocular ♦ **visual aids** medios visuales.

visualize [:ə-līz'] *vt & vi* visualizar.

vital [vīt'l] *adj* vital.

vitamin [vī'tə-mĭn] *s* vitamina.

vivacious [vĭ-vā'shəs, vī-] *adj* vivaz.

vivacity [vĭ-văs'ĭ-tē, vī-] *s* vivacidad *f*.

vivid [vĭv'ĭd] *adj* vívido; *(memory)* vivo.

vocabulary [vō-kăb'yə-lĕr'ē] *s* vocabulario.

vocal [vō'kəl] *adj* vocal; *(clamorous)* ruidoso.

vocation [vō-kā'shən] *s* vocación *f*.

vocational [:shə-nəl] *adj* vocacional.

vociferous [:ər-əs] *adj* vociferador.

vogue [vōg] *s* moda, boga.

voice [vois] **-1** *s* voz *f*; *(timbre)* tono <a gentle voice un tono dulce> ♦ **at the top of one's voice** a voz en cuello • **in a loud, low voice** en voz alta, baja **-2** *vt (to utter)* expresar.

void [void] **-1** *adj (empty)* vacío; *(vacant)* vacante; DER nulo, inválido **-2** *s* vacío.

volcano [vŏl-kā'nō] *s* [pl **(e)s**] volcán *m*.

volition [və-lĭsh'ən] *s* volición *f*, voluntad *f*.

volley [vŏl'ē] **-1** *s (of missiles, bullets)* descarga, andanada; *(of oaths, insults)* torrente *m*; *(in tennis)* voleo **-2** *vt* DEP volear.

volleyball [:bôl'] *s* balonvolea *m*, voleibol *m*.

volt [vōlt] *s* ELEC voltio.

voltage [vōl'tĭj] *s* voltaje *m*, tensión *f*.

voluble [vŏl'yə-bəl] *adj* locuaz.

volume [vŏl′yōōm] *s* volumen *m*.
voluntary [vŏl′ən-tĕr′ē] *adj* voluntario; *(spontaneous)* espontáneo.
volunteer [′-tîr′] **-1** *s* voluntario **-2** *vt* & *vi* ofrecer(se) voluntariamente; MIL alistar(se) como voluntario.
vomit [vŏm′ĭt] **-1** *vt* & *vi* vomitar **-2** *s* vómito.
vote [vōt] **-1** *s* voto; *(act, result)* votación *f*; *(bloc)* votos <*the labor vote* los votos de los obreros> ♦ **by a majority vote** por una mayoría de votos **-2** *vi* votar -*vt (to select)* elegir.

voucher [vou′chər] *s (document)* comprobante *m*, vale *m*.
vow [vou] **-1** *s* promesa; RELIG voto **-2** *vt (to pledge)* jurar; *(to promise)* prometer.
voyage [voi′ĭj] *s* viaje *m*, travesía.
vowel [vou′əl] *s* vocal *f*.
vulgar [vŭl′gər] *adj* vulgar; *(rude)* grosero; *(taste)* cursi.
vulgarity [-găr′ĭ-tē] *s* vulgaridad *f*, grosería.
vulnerable [vŭl′nər-ə-bəl] *adj* vulnerable.
vulture [vŭl′chər] *s* buitre *m*, gallinazo.

V

W

wad [wŏd] s taco, fajo.

waddle [wŏd'l] vi contonearse.

wade [wād] vi caminar en; (to struggle) avanzar con dificultad -vt vadear.

waffle¹ [wŏf'əl] s panqueque m al estilo de barquillo.

waffle² FAM vi (to waver) vacilar.

waft [wäft, wăft] vt llevar por el aire or sobre el agua -vi flotar.

wag [wăg] vi -gg- agitarse -vt menear.

wage [wāj] -1 s pago, sueldo ♦ pl (pay) salario -2 vt (war) hacer; (a campaign) emprender.

wager [wā'jər] -1 s apuesta -2 vt & vi apostar.

wagon [wăg'ən] s (vehicle) carro; (railway car) vagón m; (station wagon) furgoneta.

wail [wāl] -1 vi lamentarse; (to howl) aullar -2 s (cry) lamento.

waist [wāst] s cintura; (of garment) talle m.

waistcoat [wěs'kĭt, wāst'kōt'] s GB chaleco.

waistline [wāst'līn'] s cintura, talle m.

wait [wāt] -1 vi esperar ♦ to wait up esperar sin acostarse • waiting list, room lista, sala de espera -vt esperar; (to delay) retrasar ♦ to wait for esperar • to wait on (tables) servir, atender -2 s espera.

waiter [wā'tər] s camarero.

waitress [wā'trĭs] s camarera.

waive [wāv] vt (to relinquish) renunciar a; (to dispense with) suspender.

wake¹ [wāk] -1 vi -ed or woke, -ed or woken despertarse; (to be awake) estar despierto -vt despertar; (to alert) alertar ♦ to wake up despertar -2 s velatorio.

wake² s (track) huella; (of a ship) estela.

waken [wā'kən] vt & vi despertar(se).

walk [wôk] -1 vi caminar, andar; (to go on foot) ir a pie; (to stroll) pasear ♦ to walk in entrar • to walk out (on strike) declararse en huelga; (to leave) irse -vt caminar por; (a distance) caminar, andar; (to escort) acompañar ♦ to walk away or off with llevarse -2 s paseo; (hike) caminata; (pace) paso ♦ to go for or to take a walk dar un paseo.

walkway [:wā'] s pasillo.

wall [wôl] s pared f; (around a house) muro; (of city) muralla.

wallet [wŏl'ĭt] s billetera, cartera.

wallow [wŏl'ō] vi revolcarse.

wallpaper [wôl'pā'pər] -1 s papel m de empapelar -2 vt & vi empapelar.

walnut [wôl'nŭt] s nuez f; (tree, wood) nogal m.

waltz [wôlts] -1 s vals m -2 vi bailar el vals.

wan [wŏn] adj -nn- pálido.

wand [wŏnd] s varita mágica; (rod) vara.

wander [wŏn'dər] vi (to roam) vagar; (to go astray) desviarse -vt vagar por.

wane [wān] vi disminuir; (to decline) declinar.

want [wŏnt, wônt] -1 vt querer; (to desire) desear; (to lack) carecer de; (to need) necesitar ♦ wanted se busca; (by an employer) necesítase -vi querer ♦ to want for carecer de -2 s (lack) falta; (poverty) pobreza; (wish) deseo.

wanton [wŏn'tən] adj (lewd) sensual; (unrestrained) desenfrenado; (playful) juguetón.

war [wôr] -1 s guerra -2 adj de guerra -3 vi -rr- guerrear.

ward [wôrd] s distrito, barrio; (of hospital) sala; (minor) pupilo.

wardrobe [wôr'drōb'] s armario; (garments) vestuario.

warehouse [wâr'hous'] s almacén m.

warfare [wôr'fâr'] s guerra.

warm [wôrm] -1 adj tibio, caliente; (weather) cálido, caluroso; (loving) cariñoso ♦ to be warm (weather) hacer calor; (person) tener calor; (thing) estar caliente -2 vt calentar ♦ to warm up (food) recalentar; (body) hacer entrar en calor -vi calentarse.

warmth [wôrmth] s calor m; (affection) afecto.

warn [wôrn] vt & vi advertir.

warning [wôr'nĭng] -1 s advertencia; (signal) señal f; (advice) aviso -2 adj de advertencia; (device) de alarma.

warp [wôrp] -1 vt alabear, deformar -vi deformarse, torcerse -2 s alabeo, deformación f; (perversion) perversión f; TEJ urdimbre f.

warrant [wôr'ənt] s (search, arrest) orden f judicial.

warranty [:tē] s garantía; (grounds) justificación f; (authorization) autorización f.

warrior [wôr'ē-ər] s guerrero.

wary [wâr'ē] adj -i- (guarded) cauteloso.

was [wŏz, wŭz, wəz] pret de **be**.

wash [wŏsh] -1 vt lavar; (to lap) bañar; (wound, eyes) bañar; (to erode) erosionar ♦ **to wash away** or **out** (grease, stains) quitar; (to carry away) llevarse • **to wash down** limpiar; (with wine, beer) rociar -vi lavarse; (clothes) lavar ropa ♦ **to wash away** derrumbarse • **to wash out** (colors) desteñirse • **to wash up** lavarse; (the dishes) lavar los platos -2 s lavado; (clothes) ropa para lavar; (coating) baño.

washbasin [:bā'sĭn] s lavabo.

washer [wŏsh'ər] s lavador m; (disc) arandela; (machine) máquina de lavar.

washout [:out'] s derrubio; (failure) fracaso.

washroom [:rōōm'] s baño.

wasp [wŏsp] s avispa.

wastage [wā'stĭj] s desperdicio.

waste [wāst] -1 vt (money) despilfarrar; (time) perder; (talent) desperdiciar; (to exhaust) agotar -vi (goods) desperdiciarse; (time) perderse -2 s despilfarro; (wastage) desperdicios; (residue) residuos -3 adj desperdiciado; (residual) residual.

wasteful [wāst'fəl] adj despilfarrador.

watch [wŏch] -1 vi mirar; (to keep vigil) vigilar ♦ **to watch out** tener cuidado -vt mirar; (to see) ver; (to pay attention to) fijarse en; (to guard) vigilar; (to take care of) cuidar ♦ **to watch for** esperar • **to watch one's step** tener cuidado -2 s (timepiece) reloj m; (act) vigilia, vela; (group of persons) ronda, guardia; (lookout) vigía m.

watchful [:fəl] adj alerta, vigilante.

watchtower [:tou'ər] s atalaya, garita.

water [wô'tər] -1 s agua ♦ **to be in deep** or **hot water** estar en un gran aprieto • **to pass water** orinar • **to throw cold water on** echar un jarro de agua fría sobre • **water closet** inodoro, wáter • **water lily** ninfea -2 vt (a garden) regar; (animals) abrevar; (to make wet) mojar ♦ **to water down** (a drink) aguar

FIG suavizar, moderar -vi (eyes) llorar ♦ **to make one's mouth water** hacérsele agua la boca a uno.

watercolor [:kŭl'ər] adj & s (de) acuarela.

waterfall [:fôl'] s catarata, cascada.

waterfront [:frŭnt'] s (land) costanera; (dock zone) muelles m.

watermelon [:mĕl'ən] s sandía.

waterproof [:prōōf'] -1 adj impermeable -2 vt impermeabilizar.

water-resistant [wô'tər] adj resistente al agua.

watershed [:shĕd'] s línea divisoria; (area) cuenca; (critical point) momento crítico.

waterspout [:spout'] s (tornado) tromba marina; (pipe) boquilla (de surtidor).

watery [wô'tə-rē] adj -i- acuoso; (liquid) líquido; (diluted) aguado.

watt [wŏt] s vatio, watt m.

wave [wāv] -1 vi ondear; (with the hand) agitar la mano -vt agitar; (hair) ondular ♦ **to wave good-bye** decir adiós -2 s ola; (on a surface, hair) ondulación f; (of a hand) movimiento; (gesture) gesto, ademán m; (series) serie f.

waver [wā'vər] vi oscilar; (to vacillate) vacilar.

wavy [wā'vē] adj -i- (curly) ondulado.

wax[1] [wăks] -1 s cera -2 vt encerar.

wax[2] vi (to increase) crecer.

way [wā] -1 s (street) camino; (passage) pasaje m; (direction) dirección f; (method) manera, modo; (means) método; (mode) estilo; (behavior) manera de ser ♦ **all the way** hasta el final; (completely) en todo • **by the way** a propósito • **in every way** en todos los aspectos • **in my own way** a mi manera • **(in) no way** de ninguna manera • **on the way** en camino • **out of the way** lejano • **that way** por allí; (manner) así • **this way** por aquí; (thus) así • **to be in the way** estar en el camino • **to get one's way** salirse con la suya • **to get out of the way** quitar(se) de en medio • **to get under way** (to progress) progresar; (to set out) ponerse en camino • **to give way to** (to be replaced by) ceder el paso a; (to give in to) ceder ante; (despair) entregarse a • **to lead the way** enseñar el camino • **to look**

W

the other way hacer la vista gorda • **to make one's way** abrirse paso • **to stand in the way of** obstaculizar • **way in** entrada • **way out** salida; *(escape)* escapatoria • **way up** subida • **which way?** ¿por dónde? **-2** *adv* allá.

wayward [wā'wərd] *adj (naughty)* desobediente; *(unpredictable)* caprichoso.

we [wē] *pron* nosotros, nosotras.

weak [wēk] *adj* débil; *(fragile)* frágil; *(lacking skill)* flojo.

weaken [wē'kən] *vt & vi* debilitar(se).

weakness [:nĭs] *s* debilidad *f.*

wealth [wĕlth] *s (riches)* riqueza; *(profusion)* abundancia.

wealthy [wĕl'thē] *adj* **-i-** rico.

wean [wēn] *vt* destetar ♦ **to wean oneself of** dejar de.

weapon [wĕp'ən] *s* arma.

wear [wâr] **-1** *vt* **wore, worn** llevar; *(to damage)* deteriorar; *(to exhaust)* agotar ♦ **to wear down** *(to damage)* desgastar; *(to exhaust)* agotar • **to wear out** *(to consume)* consumir; *(to tire)* cansar *-vi (to last)* durar; *(to deteriorate)* desgastarse ♦ **to wear off** disiparse • **to wear thin** disminuir • **to wear out** gastarse **-2** *s* uso; *(clothing)* ropa; *(damage)* desgaste *m; (durability)* durabilidad *f* ♦ **wear and tear** deterioro.

weary [wîr'ē] *adj* **-i-** fatigado.

weasel [wē'zəl] *s* ZOOL comadreja.

weather [wĕth'ər] **-1** *s* tiempo ♦ **under the weather** FAM indispuesto **-2** *vt (to outride)* aguantar *-vi (the skin)* curtirse; *(to resist)* resistir.

weave [wēv] *vt* **wove, woven** tejer; *(to interlace)* entrelazar *-vi* tejer; *(to become interlaced)* entrelazarse.

weaver [wē'vər] *s* tejedor *m.*

web [wĕb] *s* tejido, tela; *(of a spider)* telaraña; *(net)* red *f.*

wedding [wĕdĭng] *s* boda, casamiento; *(anniversary)* bodas.

wedge [wĕj] **-1** *s* cuña; *(slice)* trozo **-2** *vt (to split)* partir; *(to fix in place)* calzar; FIG *(to crowd)* apretar.

Wednesday [wĕnz'dē] *s* miércoles *m.*

wee [wē] *adj* pequeñito.

weed [wēd] **-1** *s* mala hierba, maleza **-2** *vt* desherbar.

week [wēk] *s* semana.

weekday ['dā] *s* día *m* de trabajo.

weekend [:ĕnd'] *s* fin *m* de semana.

weekly [:lē] **-1** *adj & adv* semanal-(mente) **-2** *s* semanario.

weep [wēp] *vt* **wept** llorar; *(to lament)* lamentar *-vi* llorar; *(to grieve)* dolerse; *(to drip)* gotear.

weigh [wā] *vt* pesar; *(anchor)* levar.

weight [wāt] *s* peso; *(measured heaviness)* pesa ♦ **to gain** *or* **put on weight** engordar • **to lose weight** adelgazar.

weighty [wā'tē] *adj* **-i-** *(heavy)* pesado; *(burdensome)* gravoso.

weird [wîrd] *adj* misterioso.

welcome [wĕl'kəm] **-1** *adj* bienvenido; *(agreeable)* agradable ♦ **you're welcome!** ¡no hay de qué!, ¡de nada! **-2** *s* saludo de bienvenida **-3** *vt* dar la bienvenida a **-4** *interj* ¡bienvenido!

welfare [wĕl'fâr'] *s* bienestar *m; (benefits)* asistencia social.

well[1] [wĕl] *s* pozo; *(spring)* fuente *f; (for stairs)* caja.

well[2] [wĕl] **better, best -1** *adv* bien ♦ **as well** también • **as well as** además de; *(just as)* así como • **to do well** prosperar • **well done!** ¡bien hecho! **-2** *adj* bien ♦ **to get well** mejorar **-3** *interj* ¡bueno!

well-behaved [:bĭ-hāvd'] *adj* bien educado.

well-being [:bē'ĭng] *s* bienestar *m.*

well-done ['dŭn'] bien hecho; *(cooked)* bien cocido.

well-off [:ôf'] *adj* acomodado.

went [wĕnt] *cf* **go.**

were [wûr] *pret* de **be.**

west [wĕst] **-1** *s* oeste *m,* occidente *m* **-2** *adj* del oeste, occidental **-3** *adv* al oeste.

western [wĕs'tərn] **-1** *adj* occidental, del oeste **-2** *s* película del oeste.

westward [wĕst'wərd] *adv* hacia el oeste.

wet [wĕt] **-1** *adj* **-tt-** mojado; *(rainy)* lluvioso; *(paint)* fresco ♦ **soaking wet** calado hasta los huesos **-2** *s* mojadura **-3** *vt* **wet(ted), -tting** mojar ♦ **to wet one's whistle** FAM beber un trago *-vi* mojarse.

whale[1] [hwāl] *s* ZOOL ballena.

whale[2] *vt* zurrar *-vi* vapulear.

wharf [hwôrf] *s* [*pl* **s** *or* **-ves**] muelle *m.*

what [hwŏt, hwŭt, hwət] **-1** *pron interrog* qué; *(which)* cuál ♦ **so what?** ¿y qué? • **what for?** ¿para qué? • **what of it?** ¿y eso qué importa? **-2** *pron rel* el que ♦ **to know what's what** estar bien enterado • **what is more** más aún • **what it takes** lo que es necesario **-3** *adj interrog* qué; *(which)* cuál **-4** *adj rel* que **-5** *adv* cuánto, cómo **-6** *interj* ¡cómo!

whatever [-ĕv'ər] **-1** *pron (anything that)* lo que; *(all of what)* todo lo que; *(no matter what)* cualquier cosa; FAM qué <*whatever does he mean?* ¿qué quiere decir?> **-2** *adj (any)* cualquiera que; *(of any kind at all)* de ninguna clase.

whatsoever ['sō-ĕv'ər] var de **whatever.**

wheat [hwēt] *s* trigo.

wheel [hwēl] **-1** *s* rueda; *(steering)* volante *m*; *(of ship)* timón *m*; *(of potter)* torno **-2** *vt (to carry)* llevar sobre ruedas *-vi* girar; *(to roll)* rodar; *(to pivot)* dar una vuelta.

wheelchair [hwēl'châr'] *s* silla de ruedas.

when [hwĕn] **-1** *adv* cuándo **-2** *conj* cuando; *(as soon as)* al, en cuanto; *(if)* si **-3** *pron* cuándo **-4** *s* fecha, momento.

whenever [hwĕn-ĕv'ər] *adv & conj* cuando quiera (que); *(when)* cuando; *(every time that)* siempre que.

where [hwâr] **-1** *adv* dónde; *(from where)* de dónde; *(to where)* adónde **-2** *conj* donde, en donde; *(to where)* a donde **-3** *s* lugar *m*.

whereabouts ['ə-bouts'] **-1** *adv* dónde, por dónde **-2** *s* paradero, ubicación *f*.

whereby [:bī'] *conj* por or según el cual.

whereupon [:ə-pŏn'] *conj* con lo cual.

wherever [-ĕv'ər] *adv* dondequiera que.

whether [hwĕth'ər] *conj (if)* si; *(for alternatives)* sea...o ♦ **whether or not** de todos modos.

which [hwĭch] **-1** *pron interrog* cuál **-2** *pron rel* que <*take those which are yours* toma aquellos que son tuyos>; el cual <*my house, which is small and old* mi casa, la cual es pequeña y vieja>; lo cual, lo que <*he acted very rudely, which did not surprise me* se portó muy groseramente, lo que no me sor-

prendió>; el que, el cual <*the subject on which he spoke* el tema sobre el cual él habló> **-3** *adj interrog* qué, cuál ♦ **which one(s)?** ¿cuál(es)? • **which way?** ¿por dónde? **-4** *adj rel* cuyo; *(any)* cualquier.

whichever ['ĕv'ər] **-1** *pron* cualquiera; *(any one)* el que, lo que **-2** *adj* cualquier, cualquiera que sea.

whiff [hwĭf] *s (smell)* olor *m*; *(of smoke)* bocanada.

while [hwīl] **-1** *s* rato, tiempo ♦ **once in a while** de vez en cuando **-2** *conj (as long as)* mientras (que); *(although)* aunque, si bien.

whim [hwĭm] *s* capricho, antojo.

whimsical [:zĭ-kəl] *adj (capricious)* caprichoso.

whine [hwīn] **-1** *vi* gimotear; *(to complain)* quejarse **-2** *s* gimoteo; *(complaint)* quejido.

whip [hwĭp] **-1** *vt* **-t** or **-pped, -pping** azotar; *(cream, eggs)* batir; FAM *(to outdo)* dar una paliza a **-2** *s* azote *m*; *(dessert)* batido.

whirl [hwûrl] **-1** *vi (to spin)* dar vueltas; *(to turn)* dar una vuelta; *(dust, water)* arremolinarse *-vt* hacer girar **-2** *s* giro; *(of dust, water)* remolino; *(of events)* torbellino.

whirlpool [hwûrl'pōol'] *s* remolino.

whirlwind [:wĭnd'] *s* torbellino, remolino.

whisker [hwĭs'kər] *s* pelo ♦ *pl (of man)* barbas; *(of animal)* bigotes.

whisk(e)y [hwĭsk] *s* whisky *m*.

whisper [hwĭs'pər] **-1** *s* susurro **-2** *vi* susurrar *-vt* decir en secreto.

whistle [hwĭs'əl] **-1** *vi* silbar; *(with a device)* pitar **-2** *s (instrument)* pito, silbato; *(act, sound)* silbido, pitido.

white [hwīt] **-1** *s* blanco; *(of an egg)* clara **-2** *adj* blanco; *(pale)* pálido; *(pure)* puro.

whitewash [:wŏsh] **-1** *s* cal *f*; *(concealing)* encubrimiento **-2** *vt* enjalbegar; FIG encubrir.

who [hōō] **-1** *pron interrog* quién **-2** *pron rel* quien; que <*the man who came to see you* el hombre que vino a verte>; el cual <*my parents, who built this business* mis padres, los cuales establecieron este negocio>.

W

whoever [hōō-ĕv'ər] *pron* quienquiera que; *(the one who)* el que, quien; FAM ¿quién diablos?

whole [hōl] **-1** *adj* entero, todo; *(total)* total ♦ **a whole lot of** muchísimo **-2** *s* todo, totalidad *f*; *(complete entity)* suma ♦ **as a whole** en conjunto • **on the whole** en general.

wholesale [:sāl'] **-1** *s* venta al por mayor **-2** *adj* al por mayor; *(general)* general **-3** *adv* al por mayor; *(extensively)* en general.

wholesome [:səm] *adj* sano.

whom [hōōm] **-1** *pron interrog* a quién <*whom did you see?* ¿a quién viste?>; de quién <*from whom did you get it?* ¿de quién lo recibiste?> **-2** *pron rel* que, quien.

whose [hōōz] **-1** *pron & adj interrog* de quién **-2** *pron rel* cuyo.

why [hwī] **-1** *adv* por qué, para qué **-2** *conj* por que, por lo que **-3** *s* [pl **s**] (la) causa, (el) porqué **-4** *interj* ¡vaya!, ¡toma!

wick [wĭk] *s* mecha.

wicked [wĭk'ĭd] *adj* malvado; *(mischievous)* travieso; *(offensive)* desagradable.

wide [wīd] **-1** *adj* ancho; *(in width)* de ancho; *(extensive)* extenso; *(large)* amplio **-2** *adv (completely)* de par en par; *(to the full extent)* bien abierto ♦ **wide open** de par en par.

widow [wĭd'ō] *s* viuda.

widower [:ər] *s* viudo.

width [wĭdth] *s* anchura, ancho.

wife [wīf] *s* [pl **-ves**] esposa, mujer *f*.

wild [wīld] **-1** *adj* salvaje; *(plant)* silvestre; *(unruly)* desordenado; *(crazy)* loco, extraviado; *(frenzied)* frenético; *(extravagant)* extravagante **-2** *s* ♦ **in the wild** en estado natural.

wilderness [wĭl'dər-nĭs] *s* región *f* sin cultivar.

will[1] [wĭl] **-1** *s* voluntad *f*; DER testamento ♦ **good, ill will** buena, mala voluntad • **last will and testament** última voluntad **-2** *vt* querer; *(to order)* ordenar; DER legar.

will[2] **-1** *aux* [*pret* **would**] *(simply futurity)* <*they will come later* vendrán más tarde>; *(likelihood, certainty)* ir a <*you will regret this* lo vas a lamentar>; *(willingness)* querer; *(requirement, command)* deber; *(habitual action)* soler <*she would spend hours in the kitchen* solía pasar horas en la cocina>; *(emphasis)* <*I will do it!* ¡sí, lo haré! **-2** *vt & vi* querer.

wilt [wĭlt] *vi & vt* marchitar(se); *(to weaken)* debilitar(se).

wily [wī'lē] *adj* **-i-** astuto.

win [wĭn] **-1** *vi* **won, -nning** ganar, triunfar ♦ **to win out** salir victorioso **-vt** ganar; *(to obtain)* conseguir **-2** *s* victoria, triunfo.

wind[1] [wĭnd] **-1** *s* viento; *(air)* aire *m*; *(breath)* respiración *f*; *(flatulence)* flatulencia ♦ *pl* MÚS instrumentos de viento **-2** *vt* dejar sin aliento.

wind[2] [wĭnd] **-1** *vt* **wound** envolver; *(to entwine)* enrollar; *(to bend)* torcer; *(a watch)* dar cuerda a ♦ **to wind up** enrollar; FAM concluir, terminar **-vi** *(road)* serpentear; *(rope)* enrollarse; *(to twist)* torcerse **-2** *s* vuelta.

winding [wīn'dĭng] **-1** *s* enrollamiento; ELEC bobinado **-2** *adj* sinuoso; *(spiral)* en espiral.

windmill [wĭnd'mĭl'] *s* molino de viento.

window [wĭn'dō] *s* ventana; *(small)* ventanilla; *(pane of glass)* cristal *m*; *(of a shop)* escaparate *m*.

windshield [:shēld'] *s* parabrisas *m*.

windy [wĭn'dē] *adj* **-i-** ventoso; *(unsheltered)* expuesto al viento.

wine [wīn] **-1** *s* vino **-2** *vt* ♦ **to wine and dine** agasajar.

wing [wĭng] *s* ala *f*; *(of a chair)* oreja; FAM *(arm)* brazo.

wink [wĭngk] **-1** *vi* pestañear; *(lights)* parpadear ♦ **to wink at** guiñar el ojo a **-2** *s (blink)* pestañeo; *(hint)* guiño; *(of light)* parpadeo.

winner [wĭn'ər] *s* ganador *m*.

winning [:ĭng] *adj* victorioso; *(book, ticket)* premiado; *(charming)* encantador.

winter [wĭn'tər] *s* invierno.

wintertime [:tər-tīm'] *s* invierno.

wintry/tery [:trē] *adj* **-i-** invernal; FIG helado.

wipe [wīp] **-1** *vt* limpiar; *(to dry)* secar ♦ **to wipe away** *or* **off** quitar **-2** *s* limpieza.

wire [wīr] **-1** *s* alambre *m*, hilo; *(telegraph)* telegrafía; *(telegram)* telegrama *m* **-2** *vt* alambrar; *(a house)* instalar el alambrado de; TELEG telegrafiar -vi poner un telegrama.

wireless [wīr′lĭs] s radio m/f.

wiry [:ē] adj -i- (kinky) ensortijado, crespo; (lean) enjuto y fuerte.

wisdom [wĭz′dəm] s (knowledge) sabiduría; (common sense) cordura.

wise [wīz] -1 adj sabio; (judicious) juicioso; (sensible) sensato ♦ **to get wise** JER (to understand) caer en el chiste -2 vt & vi **to wise up** JER poner(se) al tanto.

wish [wĭsh] -1 s deseo -2 vt querer, desear; (to like to) gustar.

wistful [wĭst′fəl] adj nostálgico.

wit [wĭt] s inteligencia; (imagination) imaginación f; (cleverness) ingenio.

witch [wĭch] s bruja.

with [wĭth, wĭth] prep con; (next to) junto a; (in the employ of) en, para; (according to) de acuerdo con, según; (in comparison) a; (against) contra; (because of) de; (added to) junto con; (among) entre ♦ **with herself** or **himself** consigo • **with me** conmigo • **with you** contigo, con usted(es).

withdraw [:drô′] vt **-drew, -n** sacar, quitar; (to retract) retractar -vi (to retreat) retraerse; (to draw away) apartarse.

withdrawal [:drô′əl] s (retreat) retiro; (removal) retirada.

wither [wĭth′ər] vi secarse; (to droop) marchitarse -vt marchitar.

withhold [wĭth-hōld′, wĭth-] vt **-held** (to restrain) retener, contener.

within [:ĭn′] -1 adv dentro; (indoors) adentro; (inwardly) internamente -2 prep dentro de; (time) antes de; (not beyond) dentro de los límites de -3 s adentro.

without [-out′] -1 adv fuera -2 prep sin; (on the outside of) (a)fuera de.

withstand [wĭth-stănd′, wĭth-] vt **-stood** resistir a -vi resistirse.

witness [wĭt′nĭs] -1 s (person) testigo; (act) testimonio -2 vt atestiguar; (to provide evidence of) dar prueba de -vi atestiguar.

witty [:ē] adj -i- (clever) ingenioso; (humorous) gracioso.

wizard [wĭz′ərd] s hechicero; FIG as m.

woe [wō] s pesar m; (misfortune) infortunio.

wolf [wŏŏlf] s [pl **-ves**] lobo.

woman [wŏŏm′ən] s [pl **women**] mujer f.

womb [wŏŏm] s matriz f.

wonder [wŭn′dər] -1 s maravilla; (miracle) milagro; (astonishment) asombro ♦ **to do** or **to work wonders** hacer milagros -2 vi (to ponder) pensar; (to be doubtful) dudar ♦ **to wonder at** asombrarse de -vt preguntarse.

wonderful [:fəl] adj (astonishing) asombroso; (excellent) maravilloso.

woo [wŏŏ] vt cortejar, galantear.

wood [wŏŏd] s madera; (firewood) leña ♦ **pl** bosque.

wooded [:ĭd] adj arbolado, boscoso.

woodpecker [:pĕk′ər] s pájaro carpintero.

woodwind [wŏŏd′wĭnd′] s instrumento de viento de madera.

woodwork [:wûrk′] s carpintería.

woodworm [:wûrm′] s carcoma.

wool [wŏŏl] s lana.

woolly [:ē] adj -i- de lana; (fleecy) lanoso, lanudo; (unclear) borroso.

word [wûrd] s palabra; (news) información f ♦ **in other words** mejor dicho • **mark my words** tome nota de lo que digo • **on my word** bajo mi palabra • **take my word for it** se lo aseguro • **to have the last word** decir la última palabra • **to have** or **exchange words with someone** reñir de palabra con alguien • **to keep one's word** cumplir la palabra • **word processing** procesamiento de palabras • **word processor** procesador m de palabras ♦ **pl** (speech) discurso; (quarrel) disputa; MÚS letra.

wording [wûr′dĭng] s redacción f.

work [wûrk] -1 s trabajo; (job) empleo; (result, deed) obra ♦ **let's get to work!** ¡manos a la obra! • **work force** mano de obra ♦ **pl** (output) obra; (factory) taller; (mechanism) mecanismo -2 vi trabajar; (to be employed) tener trabajo; (to operate) funcionar; (to be effectual) surtir efecto ♦ **to work out** (to go well) salir bien -vt producir; (to handle) manejar; (metal) forjar; (to solve) resolver ♦ **to work at** ocuparse de • **to work out** resolver, solucionar • **to work up** (to excite) estimular.

W

workday [:dā'] s día m laborable.

worker [wûr'kər] s trabajador m.

working [wûr'kĭng] adj que trabaja; (hours) de trabajo; (day) laborable; (model) operativo.

workmanship [wûrk'mən-shĭp'] s destreza.

workshop [:shŏp'] s taller m.

world [wûrld] s mundo ♦ **for all the world** ni más ni menos • **to come down in the world** venir a menos • **to have the best of both worlds** tenerlo todo al mismo tiempo • **to see the world** ver mundo • **to think the world of** poner por las nubes a • **where, what in the world?** ¿dónde, qué diablos?

worldwide [wûrld'wīd'] adj mundial.

worm [wûrm] -1 s gusano; (parasite) helminto -2 vt (to make way) colarse.

worn [wôrn] -1 cf **wear** -2 adj (used) gastado; (exhausted) agotado; (trite) trillado.

worn-out [wôrn] adj (used) gastado; (exhausted) agotado.

worry [wûr'ē] -1 vi preocupar -vt (to distress) preocupar; (to bother) molestar; (to toy with) jugar con -2 s preocupación f.

worse [wûrs] -1 adj [comp de **bad, ill**] peor; (more severe) más fuerte ♦ **to get worse** empeorar -2 s ♦ **and worse** y cosas peores • **to take a turn for the worse** empeorar • **so much the worse** tanto peor -3 adv peor; (more severely) más ♦ **to be worse off** estar peor.

worship [wûr'shĭp] -1 s adoración f; (devotion) devoción f -2 vt RELIG venerar; FIG adorar -vi venerar.

worst [wûrst] -1 adj [superl de **bad, ill**] peor ♦ **in the worst way** FAM de mala manera -2 adv peor; (most severely) más ♦ **worst of all** peor aún -3 s ♦ **at worst** or **if worst comes to worst** en el peor de los casos.

worth [wûrth] -1 s valor m; (merit) mérito -2 adj que vale ♦ **for what it is worth** por si sirve de algo • **to be worth** valer; (in value) tener un valor de • **to be worth it** valer la pena.

worthless ['lĭs] adj sin valor; (contemptible) despreciable.

would [wŏŏd] cf **will²**.

would-be ['bē'] adj aspirante.

wound [wŏŏnd] -1 s herida -2 vt & vi herir.

wrap [răp] -1 vt -t or -pped, -pping envolver; (rope, chain) enrollar ♦ **to be wrapped up in** estar absorto en • **to wrap up** (to end) cerrar; (to summarize) resumir -vi enrollarse -2 s (cloak) manto.

wreath [rēth] s [pl s] guirnalda; (spiral) espiral m.

wreck [rĕk] -1 s destrucción f; (crash) choque m; (shipwreck) naufragio; (collision remains) destrozos -2 vt destrozar; (to tear down) derrumbar; (to ruin) arruinar.

wrench [rĕnch] -1 s (injury) torcedura; MEC llave f -2 vt torcer.

wrestle [rĕs'əl] vi & vt luchar (con or contra).

wretched [rĕch'ĭd] adj desgraciado, miserable.

wriggle [rĭg'əl] vi (to squirm) menearse; (to proceed) culebrear; (to get out) escabullirse.

wring [rĭng] vt **wrung** escurrir; (to wrench) torcer.

wrinkle [rĭng'kəl] -1 s arruga -2 vt arrugar; (brow) fruncir -vi arrugarse.

wrist [rĭst] s ANAT muñeca.

write [rīt] vt **wrote, written** escribir; (a will, contract) redactar ♦ **to write down** poner por escrito; (to make a note of) anotar • **to write off** (a person) dar por perdido; (to depreciate) amortizar; (a debt) cancelar -vi escribir.

writer [rī'tər] s escritor m.

writing [rī'tĭng] s escritura; (handwriting) letra; (written work) escrito ♦ **in writing** por escrito.

wrong [rông] -1 adj malo; (incorrect) erróneo; (mistaken) equivocado ♦ **to be wrong** hacer mal; (to be mistaken) equivocarse; (to be amiss) andar mal -2 adv mal ♦ **to do, get wrong** hacer, tener mal • **to go wrong** (morally) ir por mal camino; (to act mistakenly) fallar • **to have it all wrong** estar totalmente equivocado -3 s mal m; (unjust act) injusticia ♦ **to be in the wrong** no tener razón -4 vt ser injusto con; (to treat dishonorably) agraviar.

wrongful [:fəl] adj injusto.

wry [rī] adj -er, -est or -i- (twisted) forzado; (ironical) irónico.

X

xenophobia ['-fō'bē-ə] s xenofobia.
x-ray or **X-ray** [:rā'] **-1** s radiografía; FÍS rayo X **-2** tr examinar con rayos X; *(to radiograph)* radiografiar.
xylophone [zī'lə-fōn'] s xilófono.

Y

yacht [yät] s yate m.
yachting [tä'tǐng] s navegación f (en yate).
Yankee [yăng'kē] adj & s yanqui m/f.
yard¹ [yärd] s *(measure)* yarda; MARÍT verga.
yard² s *(enclosed grounds)* patio; *(surrounding grounds)* jardín m.
yarn [yärn] s hilo; FAM *(story)* cuento, historia.
yawn [yôn] **-1** vi bostezar **-2** s bostezo.
year [yîr] s año ♦ **from year to year** año tras año • **once a year** una vez al año • **school year** año escolar ♦ pl *(age)* edad <she feels her years ya siente su edad>; *(long period)* una eternidad.
yearly [:lē] **-1** adj anual; **-2** adv anualmente.
yearn [yûrn] vi añorar ♦ **to yearn for** añorar.
yeast [yēst] s levadura.
yell [yĕl] **-1** vt & vi gritar **-2** s grito.
yellow [yĕl'ō] **-1** s amarillo **-2** adj *(color)* amarillo; JER *(cowardly)* cobarde **-3** vt & vi volver(se) amarillo.
yes [yĕs] **-1** adv sí ♦ **to say yes** dar el sí • **yes indeed** claro que sí • **yes of course!** ¡por supuesto! **-2** s [pl **-es**] sí m.
yesterday [yĕs'tər-dā'] **-1** adv ayer ♦ **late yesterday** ayer a última hora **-2** s (el día de) ayer m ♦ **the day before yesterday** anteayer.
yet [yĕt] **-1** adv todavía, aún; *(still more)* aún más ♦ **not yet** todavía no **-2** conj *(nevertheless)* sin embargo; *(but)* pero.
yield [yēld] **-1** vt dar, producir; *(profit)* rendir; *(to give up)* ceder ♦ **to yield up** entregar; *(secret)* revelar -vi rendirse; *(in traffic)* ceder el paso **-2** s INDUS rendimiento; AGR cosecha; *(profit)* beneficio.
yoga [yō'gə] s yoga m.

yogurt [yō'gərt] s yogur m.
yoke [yōk] s yugo; *(pair of oxen)* yunta.
yolk [yōk] s yema.
you [yōō] pron pers [sujeto] *(familiar)* tú, vosotros, vosotras; *(formal)* usted, ustedes; [complemento] *(familiar, direct and indirect)* te, os <I'll call you later os llamo más tarde> <I handed it to you te lo di>; *(formal, direct)* lo, la, los, las <I'll see you tomorrow la veo mañana> <they invited you los invitaron>; *(formal, indirect)* le, les, se <I give you the book le doy el libro> <I give it to you se lo doy>; [después de preposición] *(familiar)* ti, vosotros, vosotras <the book is for you el libro es para ti> <he'll go with you irá con vosotras>; *(formal)* usted, ustedes <the book is for you el libro es para usted> <he'll go with you irá con ustedes> ♦ **all of you** todos vosotros, todos ustedes • **with you** contigo, con usted(es), con vosotros.
young [yŭng] **-1** adj joven; *(early life)* de juventud **-2** s pl jóvenes m/f; *(offspring)* cría (de animal).
your [yōōr, yər] adj pos *(familiar, sg)* tu(s); *(formal, sg)* su(s), de usted; *(familiar, pl)* vuestro(s), vuestra(s); *(formal, pl)* su(s), de ustedes.
yours [yōōrz] pron pers *(familiar, sg)* (el) tuyo, (la) tuya; *(formal, sg)* (el or la) de usted, el suyo, la suya; *(familiar, pl)* (el) vuestro, (la) vuestra; *(formal, pl)* (el or la) de ustedes, (el) suyo, (la) suya.
yourself [yōōr-sĕlf', yər-] **-1** pron pers *(familiar)* tú (mismo, misma) <write it down yourself escríbelo tú mismo>; *(formal)* usted (mismo, misma) <you said it yourself usted misma lo dijo> **-2** pron reflex *(familiar)* te <please, don't hurt yourself por favor, no te hagas daño>; *(formal)* se <prepare yourself now prepárese ahora>.
yourselves [:sĕlvz'] **-1** pron pers *(familiar)* vosotros (mismos), vosotras (mismas) <you yourselves wanted it vosotras mismas lo quisisteis>; *(formal)* ustedes (mismos, mismas) <you did it to yourselves se lo buscaron ustedes mismos> **-2** pron reflex *(familiar)* os <have you dressed yourselves yet? ¿os habéis vestido ya?>; *(formal)* se <give yourselves plenty of time dense suficiente tiempo>.

youth [yōōth] *s* [pl **s**] juventud *f*; *(young person)* joven *m/f*.
youthful ['fəl] *adj* joven, juvenil.
yucca [yŭk'ə] *s* yuca.

Z

zeal [zēl] *s* celo, ahínco.
zebra [zē'brə] *s* cebra.
zenith [zē'nĭth] *s* cénit *m*.
zero [zĭr'ō] **-1** *s* [pl **(e)s**] cero; *(nothing)* nada; METEOR cero grado **-2** *adj* nulo.

zest [zĕst] *s (enjoyment)* brío; *(rind)* cáscara.
zigzag [zĭg'zăg'] **-1** *s* zigzag *m* **-2** *vi* **-gg-** ir zigzagueando.
zinc [zĭngk] *s* cinc *m*.
zipper ['ər] *s* cremallera.
zodiac [zō'dē-ăk'] *s* zodíaco.
zone [zōn] *s* zona.
zoo [zōō] *s* zoo; FIG confusión *f*.
zoology [:jē] *s* zoología.
zoom [zōōm] *vi (to buzz)* zumbar; AVIA subir verticalmente ♦ **to zoom away** salir zumbando.